PÁGINA 751 GUÍA DE SUPERVIVENCIA

INFORMACIÓN PRÁCTICA IMPRESCINDIBLE PARA DISFRUTAR DE UN VIAJE SIN SOBRESALTOS

EDICIÓN ESCRITA Y DOCUMENTADA POR

China Williams,

Mark Beales, Tim Bewer, Celeste Brash, Austin Bush, Alan Murphy, Brandon Presser

bienvenidos a Tailandia

Arena entre los dedos

Las playas tailandesas son míticas: espigadas palmeras se ciernen sobre una arena nacarada, el coral florece en aguas someras y las fiestas de playa se riegan con alcohol y juerga. Con un largo litoral (en verdad dos) y unas islas de corazón selvático fondeadas entre un mar azul celeste, Tailandia es la escapada tropical tanto para los hedonistas como para los eremitas, para el príncipe y para el mendigo. Entre el mar y el cielo están las espectaculares montañas calizas. Este paraíso invita a múltiples juegos entre el plácido oleaje de Bang Saphan Yai, inmersiones con tiburones ballena en Ko Tao, escalada en los acantilados de Krabi, *kiteboarding* en Hua Hin, *spa* en Ko Samui y desmadre en cualquier playa.

Espacios sagrados

El mundo celestial es un confidente en esta nación budista, donde la devoción religiosa crea un espectáculo multicolor omnipresente. Los templos relucientes y los budas dorados enmarcan el paisaje rústico y también el moderno. Las ancestrales higueras de Bengala se envuelven ceremoniosamente en paños sagrados para honrar a los espíritus residentes, los santuarios de la buena suerte decoran las humildes tiendas de fideos y los monumentales centros comerciales, mientras los salpicaderos engalanados con guirnal-

ALAIN EVRARD/LONELY PLANET IMAGES ©

Acogedora y festiva, exótica y tropical, culta e histórica; Tailandia resplandece en todo, desde sus llamativos templos y playas doradas hasta la siempre reconfortante sonrisa tailandesa.

(izda.) Wat Phra That Doi Kong Mu (p. 380), Mae Hong Son. (abajo) Esculturas de terracota, Chiang Mai (p. 228).

FRANK CARTER/LONELY PLANET IMAGES ©

das previenen de los accidentes de tráfico. El diálogo constante de los tailandeses con las divinidades impide que el caos les reste tranquilidad. El visitante también puede sumarse a los retiros de meditación en Chiang Mai, a las escandalosas fiestas religiosas en el noreste, a los apacibles santuarios en cuevas de Kanchanaburi y Phetchaburi o a los bucólicos templos cimeros del norte.

Una mesa copiosa

La comida tailandesa engancha. Alabada en todo el mundo, la gastronomía expresa los aspectos fundamentales de la cultura tailandesa: es generosa y cálida, sociable y matizada, refrescante e informal, y, por supuesto, sabe mucho mejor en su marco natural. Cada plato integra ingredientes frescos y locales, desde el acre limoncillo y las abrasadoras guindillas hasta el carnoso marisco y el crujiente pollo frito. Con semejante abundancia tropical, la carta nacional combina los cuatro sabores fundamentales: picante, dulce, salado y agrio. Si a ello se añaden las diferencias regionales, pues ahí están los fideos en un puesto callejero de Bangkok, el marisco en los pabellones de Phuket, los tenderetes de mercado birmanos en Mae Hong Son y las exquisitas frutas tropicales por doquier. Los cursos de cocina revelan la sencillez de unos platos a primera vista complicados, sus ingredientes y procedencia.

Tailandia

Las mejores experiencias

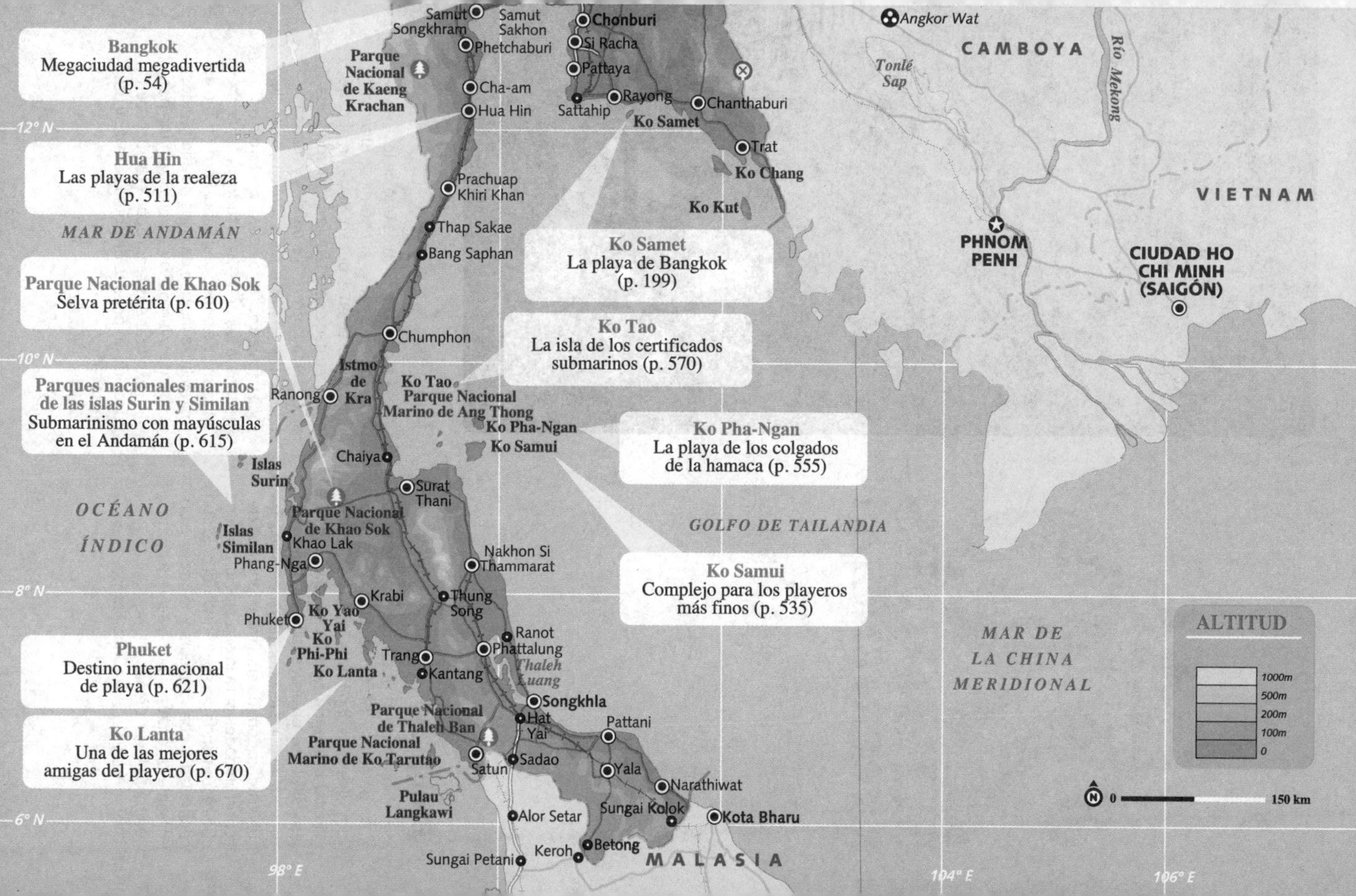

Bangkok
Megaciudad megadivertida (p. 54)
Hua Hin
Las playas de la realeza (p. 511)
Parque Nacional de Khao Sok
Selva pretérita (p. 610)
Parques nacionales marinos de las islas Surin y Similan
Submarinismo con mayúsculas en el Andamán (p. 615)
Phuket
Destino internacional de playa (p. 621)
Ko Lanta
Una de las mejores amigas del playero (p. 670)
Ko Samet
La playa de Bangkok (p. 199)
Ko Tao
La isla de los certificados submarinos (p. 570)
Ko Pha-Ngan
La playa de los colgados de la hamaca (p. 555)
Ko Samui
Complejo para los playeros más finos (p. 535)
MAR DE ANDAMÁN
OCÉANO ÍNDICO
GOLFO DE TAILANDIA
MAR DE LA CHINA MERIDIONAL
CAMBOYA
VIETNAM
MALASIA
PHNOM PENH
CIUDAD HO CHI MINH (SAIGÓN)
Angkor Wat
Tonlé Sap
Río Mekong
Samut Songkhram
Samut Sakhon
Chonburi
Si Racha
Pattaya
Sattahip
Rayong
Chanthaburi
Trat
Ko Chang
Ko Kut
Ko Samet
Phetchaburi
Parque Nacional de Kaeng Krachan
Cha-am
Hua Hin
Prachuap Khiri Khan
Thap Sakae
Bang Saphan
Chumphon
Istmo de Kra
Ranong
Ko Tao
Parque Nacional Marino de Ang Thong
Ko Pha-Ngan
Ko Samui
Chaiya
Surat Thani
Islas Surin
Islas Similan
Parque Nacional de Khao Sok
Khao Lak
Phang-Nga
Nakhon Si Thammarat
Krabi
Thung Song
Phuket
Ko Yao Yai
Ko Phi-Phi
Ko Lanta
Ranot
Trang
Phattalung
Kantang
Thaleh Luang
Songkhla
Hat Yai
Pattani
Parque Nacional de Thaleh Ban
Parque Nacional Marino de Ko Tarutao
Satun
Sadao
Yala
Narathiwat
Pulau Langkawi
Alor Setar
Sungai Kolok
Kota Bharu
Betong
Keroh
Sungai Petani
12° N
10° N
8° N
6° N
98° E
104° E
106° E
ALTITUD
1000m
500m
200m
100m
0
0
150 km

LAS 20 MEJORES EXPERIENCIAS

Bangkok

1 Comida, compras, diversión, templos, palacios... Si solo se dispone de uno o dos días en la capital de Tailandia, habrá que ajustar la agenda. Más ordenada y fácil de transitar que en el pasado, esta metrópoli engancha con sus enormes mercados, bares divertidos, comida sublime e infinidad de oportunidades para la exploración urbana. Se recomienda complementar el ocio con actividades como un curso de cocina o un masaje tailandés y así no se verá como un mero lugar de paso.

Wat Arun, junto al río Chao Phraya.

Ko Tao

2 Esta isla (p. 570) es uno de los mejores y más económicos lugares para iniciarse en el buceo. Sería un pecado perderse ese espectáculo submarino que se desarrolla entre sus cálidas y mansas aguas. Por su parte, las bucólicas calas de roca y los arrecifes de coral costeros, un imán para los peces, son todo un "aperitivo" en forma de buceo con tubo. Pero Ko Tao es maravillosa incluso para los no aficionados al submarinismo. Su reducido tamaño permite explorar sus recovecos selváticos, en busca de un pedazo de arena para disfrute personal.

Ao Chalok, Ko Tao.

1

PAOLO CORDELLI/LONELY PLANET IMAGES ©

2

RICHARD NEBESKY/LONELY PLANET IMAGES ©

VIVIANE PONTI/LONELY PLANET IMAGES ©

Provincia de Mae Hong Son

3 En la esquina noroeste del país, esta provincia (p. 375) se parece más a la vecina Myanmar (Birmania) que a cualquier parte de Tailandia. De hecho, con su remota ubicación, amenazadoras montañas y cultura y cocina únicas, Mae Hong Son es como otro país. Quien se pega el palizón para llegar hasta allí lo hace porque le apasiona salir de expedición por las cuevas de la provincia, disfrutar sobre la motocicleta de sus muchas curvas cerradas o caminar sin guía entre Mae La-Na y Soppong.

Plegarias durante el Poi Sang Long, Mae Hong Son.

Ko Pha-Ngan

4 Célebre por sus apolilladas fiestas de la luna llena e inacabables *raves* de *techno*, Ko Pha-Ngan (p. 555) ha pasado de ser una aletargada isla de bohemios a un imán de fiesteros nómadas. Las chabolas de la playa se han convertido en *boutiques* como alternativa cómoda a Ko Samui, y en las costas del norte y el este los incondicionales de la hamaca pueden alejarse lo suficiente de la vida moderna como para sentirse náufragos del s. XXI (con el estómago lleno, claro). Delante de la costa está la Sail Rock, uno de los mejores enclaves de submarinismo del golfo.

Hat Rin.

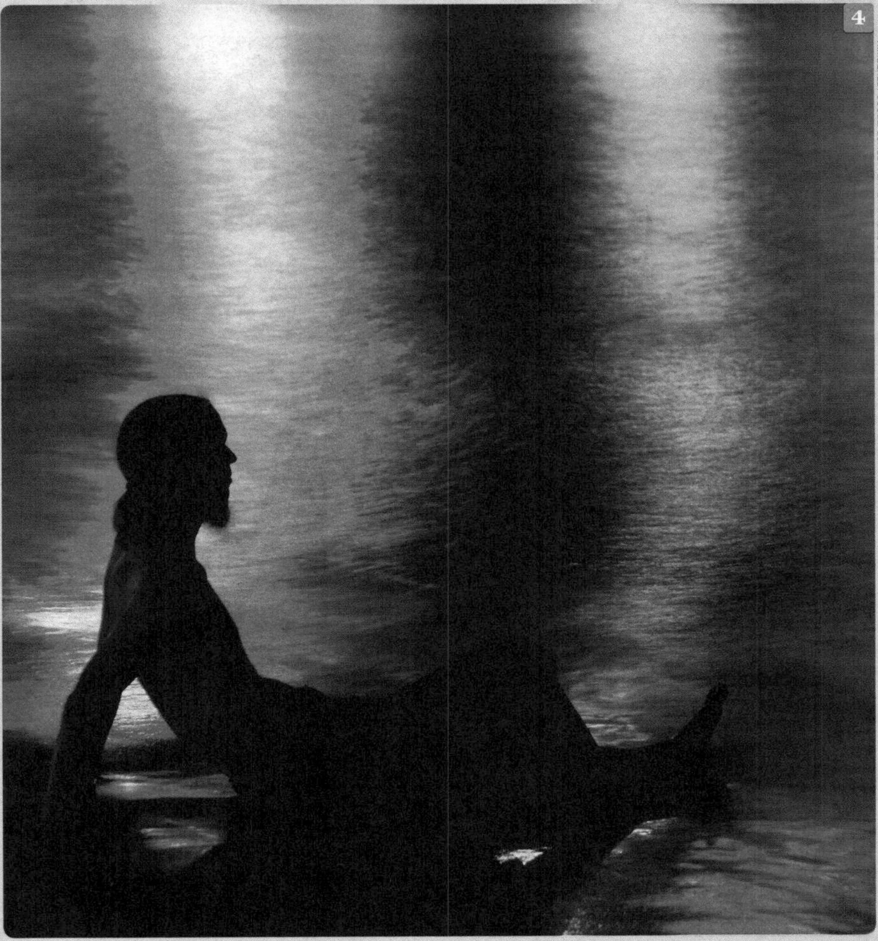

4

KIMBERLEY COOLE/LONELY PLANET IMAGES ©

ERNEST MANEWAL/LONELY PLANET IMAGES ©

6

PAOLO CORDELLI/LONELY PLANET IMAGES ©

Parques nacionales marinos de las islas Surin y Similan

5 Estos parques nacionales de fama mundial (pp. 615 y 616) han colocado a Tailandia en el punto de mira mundial del submarinismo. Los cruceros con noche a bordo zarpan de Khao Lak y dan más tiempo para sumergirse entre las rayas y los tiburones ballena de la zona. Además, se estará lejos de tierra firme y se verá cómo el sol se sumerge en el mar y centellea el cielo. Las islas son un reclamo per se con interiores selváticos y sedosas playas blancas rodeadas de buenos arrecifes de coral.

Parque Nacional Marino de las Islas Similan.

Ayutthaya

6 La otrora vibrante y reluciente capital de Ayutthaya (p. 152), infestada de templos, hoy solo insinúa su antiguo esplendor, aunque es maravillosa para pedalear por sus ruinas de estuco y ladrillo (Patrimonio Mundial por la Unesco) e imaginársela en sus días de gloria, cuando atraía a mercaderes de todo el planeta. En las afueras hay más lugares de interés, incluidos un enorme centro de artesanía, el palacio real más ecléctico que jamás se haya visto y un teatro acuático.

Wat Phra Si Sanphet.

Ko Lanta

7 Buena amiga de los playeros de pro, Ko Lanta (p. 670) luce un relajado ambiente isleño y toda una ristra de sedosas playas. Los más revoltosos desembarcan en las playas del norte para asistir a las típicas fiestas, aunque con su toque particular, mientras que los solitarios encuentran en el sur una modesta cabaña de playa y modorra general. Pero hay más, p. ej. cuevas surrealistas y aberturas calizas que son escondrijos de los tiburones y las rayas, y, ya más cultural, mercados locales y, en Ban Lanta, un histórico centro comercial.

Hat Nui.

JOHN ELK III/LONELY PLANET IMAGES ©

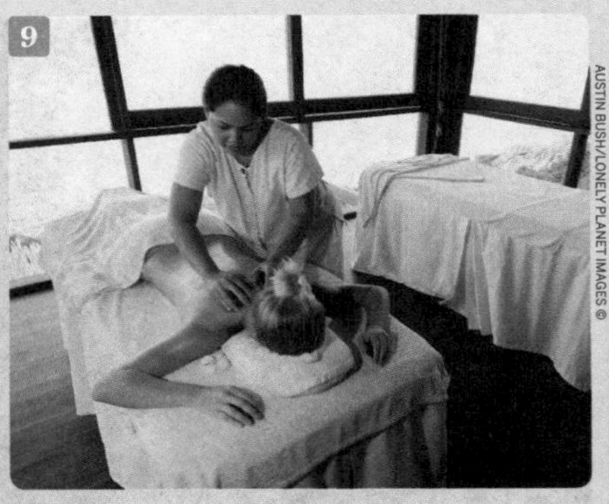

AUSTIN BUSH/LONELY PLANET IMAGES ©

KYLIE MCLAUGHLIN/LONELY PLANET IMAGES ©

Parque Histórico de Sukhotai

8 El parque histórico más impresionante del país (p. 351) retrotrae al viajero ochocientos años. Pasear en bicicleta por las ruinas de esta antigua capital es una buena forma de ver templos desmenuzados, elegantes imágenes de Buda y estanques llenos de peces. La oferta se redondea con museos interesantes y alojamientos con buena relación calidad-precio. Pese a su fama, Sukhotai raras veces está abarrotado, pero si aún así se quiere escapar de las rutas más trilladas, en el cercano Parque Histórico de Si Satchanalai-Chaliang se podría llegar a estar solo. Wat Mahathat.

Ko Samui

9 Deseoso de gustar, Samui (p. 535) es un destino civilizado de playa, con grandes complejos turísticos y muchos turistas que se van de la isla sin haber contactado con la cultura local. Chaweng es una playa de lujo donde la gente va a dejarse ver. Sin embargo, aún quedan rincones soñolientos que remiten al viejo apodo de Samui, la "isla del Coco", y algunas plácidas calas ideales para las familias. Samui también cuenta con amenidades fabulosas, desde una saludable oferta de yoga, meditación, desintoxicación y otros yins hasta el yang más fiestero.

Provincia de Chiang Rai

10 Los días del tráfico de opio del Triángulo del Oro pasaron, pero Chiang Rai (p. 303) aún resulta intrigante, solo aunque ahora en forma de diversión con aire puro provocada por el senderismo y las excursiones autoguiadas. También es un destino fabuloso para experiencias culturales únicas, p. ej., una visita a un pueblo akha o una estancia en el pueblo yunnanés-chino de Mae Salong. Desde el río Mekong hasta las montañas, Chiang Rai quizá sea la provincia más bonita de Tailandia, además de una práctica puerta a Myanmar (Birmania), Laos y China. Wat Rong Khun.

Hua Hin

11 La elección del rey, Hua Hin (p. 511) gustará por igual a los amantes del mar y de la montaña. Las playas son largas y anchas, las comidas del mercado parecen banquetes e incluso hay cultura tailandesa. Se pueden explorar las tranquilas playas del sur de la ciudad para mayor aislamiento, caminar hasta un santuario cimero o controlar el viento y el mar con una clase de *kiteboarding*. Ah, y la fiesta nunca decae: mañana, tarde y noche. Kiteboard, playa de Hua Hin.

Chiang Mai

12 Entre montañas, Chiang Mai (p. 228) alza la mirada con respeto hacia el poderoso Doi Suthep, cuyo templo sagrado flota sobre su lecho forestal. La ciudad antigua, acotada por un foso lleno de peces, está repleta de templos y zigzagueantes *sois* (callejuelas) que se exploran mejor en bicicleta. De paso, se puede charlar con un monje en algún templo y así conocer algo más a esos personajes de túnicas naranjas. Se puede curiosear en las tiendas de artesanías y, al ponerse el sol, probar algunos de los mejores platos birmanos o japoneses del norte. Wat Chiang Man.

Phetchaburi

13 Esta capital de provincia (p. 504), una alternativa cercana y tranquila a Bangkok, combina maravillosamente cultura y naturaleza. Permite explorar un antiguo palacio cimero, santuarios en cuevas sagradas y ajetreados templos. Es imprescindible pasear por el viejo barrio de tiendas-vivienda ocupadas por negocios artesanales regentados por tías y abuelitas tailandesas. Después se puede salir al Parque Nacional de Kaeng Krachan para ver gibones salvajes y aves exóticas. Phetchaburi también es un buen alto en el camino de regreso al sur.

Santuario en una cueva, Tham Khao Luang.

Parque Nacional de Khao Sok

14 Una selva profunda y oscura abraza el centro del sur del país. Los senderos surcan este ancestral bosque pluvial (p. 610), para sudar la gota gorda hasta llegar hasta espectaculares formaciones calizas que ofrecen unas vistas encomiables. Hay que llevar equipo a prueba de sanguijuelas. Este bosque es el hogar de aves y murciélagos pero también de la insólita *Rafflesia kerrii*, una de las flores más apestosas del mundo. Como recompensa se puede acampar junto al río y deleitarse con la sinfonía de la jungla.

Alojamiento en plena fronda.

CHRIS MELLOR/LONELY PLANET IMAGES ©

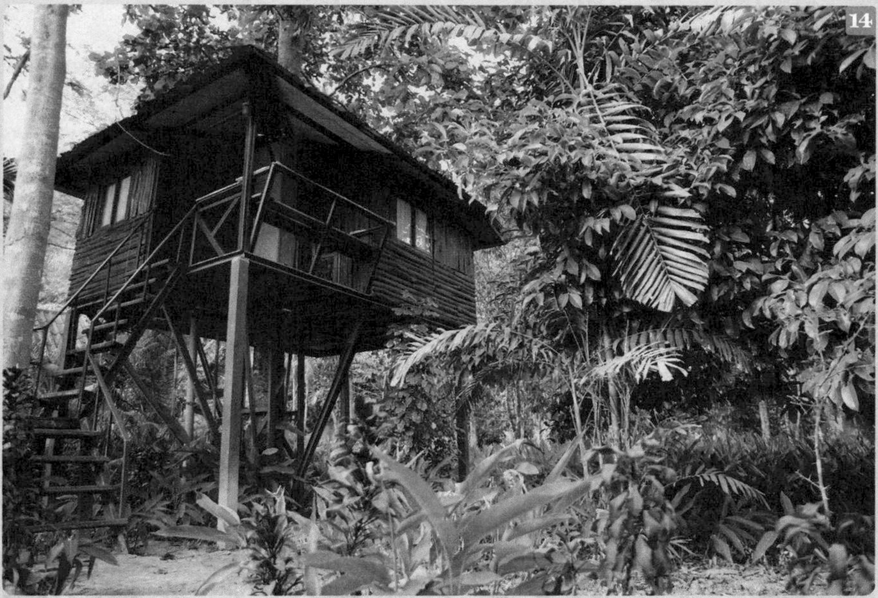

14

ANDREW BAIN/LONELY PLANET IMAGES ©

15

ANDREW BAIN/LONELY PLANET IMAGES ©

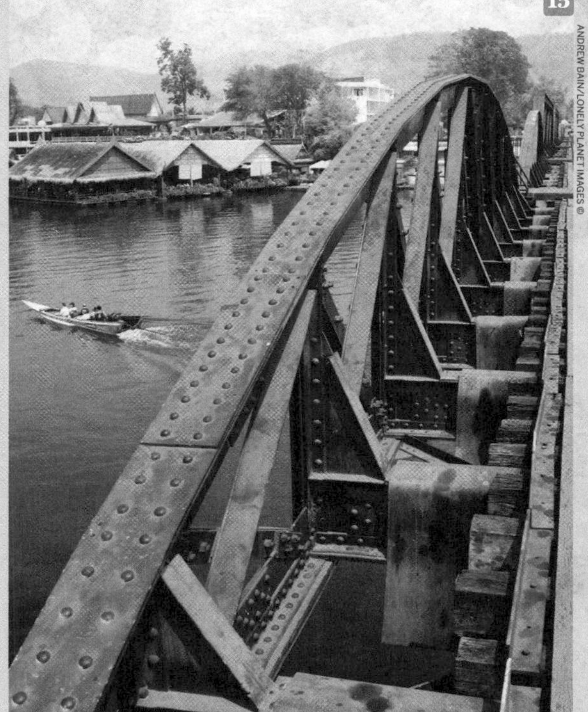

Kanchanaburi

15 Esta provincia (p. 166), donde las montañas calizas en forma de dragón contemplan la densa jungla a sus pies, es el lado salvaje del país. Se puede salir de senderismo por cascadas plateadas y ríos bravos en busca de los escurridizos tigres y gibones, para después pernoctar en una casa familiar gestionada por alguna etnia. Después de conocer el pasado bélico del oeste del país (el infame puente sobre el río Kwai está allí), conviene agarrarse fuerte para vivir el sinnúmero de actividades de aventura: *tirolina*, kayak, paseos en elefante, etc.

Puente sobre el río Kwai.

Parque Histórico de Phanom Rung

16 En lo alto de un volcán extinto, las mejores y más grandes ruinas jemeres de Tailandia (p. 420) son especiales. Cuando se discurre por el paseo, las escaleras y los puentes flanqueados por *nagas*, ya se intuye lo que vendrá, y al entrar al templo, totalmente restaurado y aún con muchas esculturas hinduistas, se vivirá un instante de atemporalidad. Aunque Phanom Rung no impresione tanto como Angkor Wat en Camboya, la experiencia vale la pena y resulta lo bastante diferente como para visitar ambos.

Río Mekong

17 Desde las históricas tiendas-vivienda de madera de Chiang Khan (p. 471) hasta las cascadas del Parque Nacional del Pha Taem (p. 438), el glorioso meandro del Mekong en el noreste de Tailandia brinda un incomparable abanico de cultura y belleza natural. La perla de Isan es también de lo mejorcito de Tailandia. Pueblos de pescadores, pinturas rupestres, templos sagrados, elefantes, un curioso parque escultórico y muchas sorpresas más aguardan al visitante. Se puede seguir el río a bordo de un barco cochambroso, en el típico barco de popa larga y hasta en bicicleta.

16

17

ANDERS BLOMQVIST/LONELYPLANETIMAGES ©

CHRISTIAN ASLUND/LONELY PLANET IMAGES ©

FRANK CARTER/LONELY PLANET IMAGES ©

Phuket

18 Destino de playa de fama mundial, Phuket (p. 621) recibe turistas de todas las edades. Volar desde Bangkok y retirarse a un complejo de cinco estrellas o a un hotel-*boutique* artístico garantiza unas vacaciones tropicales sin complicaciones. Hay playas de arena atestadas, rincones fiesteros y todas las comodidades para el descanso y la diversión del s. XXI. También se pueden hacer excursiones de un día a los manglares y centros de rescate de monos y practicar infinidad de deportes acuáticos, de submarinismo a surf (con buen tiempo).
Escena en una piscina, Ko Yao Noi.

Parque Nacional de Khao Yai

19 Aquí hay elefantes, monos, gibones, cálaos, pitones, osos, miles de murciélagos y algunos tigres astutos. Verlos es cuestión de suerte, pero las probabilidades aumentan en esta reserva Patrimonio Mundial por la Unesco (p. 415), situada a escasas horas de Bangkok. Aunque no se vean muchos animales grandes, las orquídeas, las aves, las cascadas y el aire de aventura que adquiere todo cuando se camina por la selva garantizan un día inolvidable. La mezcla de paisaje, accesibilidad y belleza de Khao Yai es difícil de igualar.

Ko Samet

20 Tan cerca de Bangkok y tan bonita, Samet (p. 199) es una playa perfecta con buen tiempo. La selva eclipsa las urbanizaciones, la playa y el mar adquieren tintes tropicales y un arbolado sendero costero discurre entre promontorios rocosos y calas preciosas. Ideal tanto para ver a la gente de día y salir de fiesta de noche en las populares playas del norte como para esconderse de todo en las playas del sur. Cuando se acaben las vacaciones, se toma el barco y se estará en Bangkok para el almuerzo.
Embarcadero, Ao Cho.

lo esencial

Moneda

» *Baht* tailandés (THB)

Idioma

» Thai

Cuándo ir

Temporada alta (nov-mar)

» Después del monzón empieza una época fresca y seca, el paisaje está radiante y las temperaturas son agradables.

» Navidad y Año Nuevo implican mucha gente y precios altos en las playas.

Temporada media (abr-jun, sep y oct)

» Calurosa y seca (abr-jun), pero menos en las zonas más elevadas.

» Playas medio vacías y brisa oceánica.

» El norte y la costa del golfo son ideales en septiembre y octubre.

Temporada baja (jul-oct)

» El monzón significa desde chaparrones de tarde hasta diluvios de varios días.

» Algunas islas cierran y circulan menos barcos con tiempo tormentoso.

» Hay que contar con un plan de viaje flexible.

Presupuesto diario

Hasta

1500 THB

» Dormir en pensiones sencillas: 300-800 THB

» Excelente comida en mercados y puestos callejeros

» Una o dos copas por noche

» Moverse en transporte público

Entre

1500 y 3000 THB

» Dormir en buenas pensiones o en hoteles de precio medio: 800-1500 THB

» Almuerzo occidental y marisco para cenar

» Algunas cervezas por la noche

» Motocicleta de alquiler

Más de

3000 THB

» Dormir en hotel-*boutique*: 3000 THB

» Buena mesa

» Circuitos privados

» Automóvil de alquiler

Dinero

» Hay cajeros automáticos por doquier, que cargan 150 THB a la cuenta. Los lugares de categoría aceptan Visa y MasterCard.

Visados

» Al aterrizar los turistas reciben un visado de 30 días; de 15 días en los pasos fronterizos terrestres; y de 60 días si se tramita antes de salir de casa.

Teléfonos móviles

» Tailandia está integrada en la red GSM con tarjetas económicas SIM de prepago. La tecnología 3G está al caer.

Transporte

» Extensa y asequible red de autobuses, económicas conexiones en avión y trenes lentos y panorámicos. Es fácil alquilar automóviles y motocicletas.

Webs

» **ABC Tailandia** (www.abctailandia.es) Información turística y cultural.

» **Autoridad de Turismo de Tailandia** (www.turismotailandes.com) Información oficial de todo tipo (eventos especiales, etc.).

» **Destino Tailandia** (www.destinotailandia.com) Su foro contiene muchos datos útiles para viajeros y residentes en el país

» **Lonely Planet** (www.lonelyplanet.es) Información sobre el destino y foro de viajeros.

» **www.tailandes.org** Aproximación al thai y diccionario español-thai en línea.

Tipos de cambio

Argentina	1 ARS	7,19 THB
Brasil	1 BRL	17,24 THB
China	10 CNY	40 THB
Colombia	100 COP	1,59 THB
EE UU	1 US$	30 THB
México	1 MXN	2,28 THB
Perú	1 PEN	11,43 THB
Zona euro	1 €	44 THB

Tipos de cambio actualizados en www.xe.com.

Teléfonos útiles

Prefijo de Tailandia	☎66
Urgencias	☎191
Prefijo internacional	☎001, 007, 008, 009 (diferentes proveedores)
Llamadas internacionales por centralita	☎100
Policía turística	☎1155

Cómo llegar

» **Aeropuerto internacional Suvarnabhumi**

Lanzadera Servicio algo irregular de autobús al aeropuerto; mejor el tren.

Airport Rail Link Servicio local (45 THB, 30 min) a la estación de Phaya Thai y servicio exprés (150 THB, 15 min) hasta la de Makkasan.

Taxi Taxis con taxímetro 200-300 THB, más 50 THB al aeropuerto y peajes; 1 h hasta la ciudad, según el tráfico.

Inglés en Tailandia

¿Ni jota de thai? Apenas se necesita. En los lugares turísticos muchos hablan inglés. Los conductores de autobuses, vendedores ambulantes y taxistas no tanto. De surgir algún problema de comunicación, el tailandés ya buscará a alguien para solventarlo. En los pueblos menos turísticos ayuda saber cómo pedir la comida y a contar en thai. Los tailandeses son pacientes (y agradecidos) con los que intentan hablarlo. Bastan unas frases para recibir amplias sonrisas y muchos elogios.

Los tailandeses tienen un alfabeto propio. Los rótulos de las calles siempre están transcritos al inglés. Al no estar estandarizada, la ortografía thai varía mucho y resulta confusa. Muchas letras no se pronuncian como parece (p. ej., la "l" final suele ser una "n").

lo nuevo

Para esta nueva edición, los autores han buscado lugares y actividades recién inaugurados, remodelados, novedosos u ocurrentes. A continuación figuran los favoritos. Para recomendaciones de última hora, véase lonelyplanet.com/thailand.

Para llegar antes a la playa

1 Desde el aeropuerto internacional Suvarnabhumi hay nuevos transportes directos a las playas de Ko Samet y Ko Chang, en el litoral oriental, que evitan tener que pasar por Bangkok.

'Kiteboarding'

2 Todos los deportes acuáticos unidos resultarían en el *kiteboarding*. Los *kiteboarders* aprovechan el viento y las olas en las concurridas Hua Hin, Pranburi y Phuket.

Alojamientos con clase para todos

3 Bangkok disfruta de albergues a la última, entre ellos el NapPark Hostel y el Lub*d, nada que ver con los dormitorios funcionales de antaño.

Volar sobre el manto forestal

4 ¿Para qué caminar si se puede rebasar el bosque en una *tirolina*? En cualquier lugar con árboles y turistas se han trazado circuitos con cuerdas, a destacar los de Ko Tao, Sangkhlaburi, Pattaya y Pai.

Submarinismo extremo

5 Ko Tao ya no es para principiantes, sino para submarinistas expertos que exploran las cuevas submarinas e incluso para inmersiones a pulmón.

Escalada por los acantilados de Krabi

6 Es conocido que Krabi es la capital de la escalada en roca de Tailandia, pero ¿se sabía que la última tendencia es la escalada libre? Se asaltan sin cuerdas los acantilados salientes sobre el mar; el océano hace de colchón.

La moderna Chiang Mai

7 Chiang Mai reluce con sus viejos encantos, pero por Th Nimmanhaemin corre la sangre nueva. Échese un vistazo a nuevos restaurantes tales como Su Casa y la terraza del At 9 Bar.

Isan a la moda

8 Más tradicional que moderno, el noreste está convirtiéndose en un elegante mundo de hoteles-*boutique* como el V-One de Khorat, el Hotel des Artists de Khao Yai y el Glacier Hotel de Khon Kaen.

Cabecillas: los guerreros de 'muay thai'

9 No entrenan para ganar peso sino para ser flacas y fantásticas máquinas de luchar, y lo hacen en los nuevos gimnasios de *moo·ay tai* (muay thai), tales como el Fairtex Sports Club de Pattaya y el Promthep Muay Thai Camp de Phuket.

Complejos de playa económicos

10 Las playas de Tailandia han convertido en un tris las cabañas de bambú en lujosas casitas. Ya no hay marcha atrás, pero aún quedan opciones económicas en destinos como Ko Kut, Ko Chang y Hua Hin, entre otros.

en busca de...

Playas

Desde calitas a litorales infinitos, las playas de Tailandia son un potente imán para los extranjeros en busca de sol. El país ya no es el paraíso que fue, pero el paisaje sigue siendo mayúsculo.

Ko Phi-Phi Esta isla del Andamán es un bombón, con escarpados acantilados calizos, aguas cerúleas y un etílico panorama fiestero (p. 662).

Ko Pha-Ngan Esta pionera isla del hedonismo playero aún acoge atronadoras fiestas de luna llena y muchos colgados en las hamacas entre juergas (p. 555).

Hua Hin Ciudad costera para playeros ávidos de arena y sofisticación (p. 511).

Islas de Trang Destino familiar con altos acantilados calizos, arenas doradas y noches sin *techno* (p. 681).

Bang Saphan Yai Con algunas cabañas económicas en la arena, este enclave continental se reconoce anclado en la década de 1990 (p. 529).

Submarinismo y buceo con tubo

La variedad de paisajes y fauna que albergan las cálidas y cristalinas aguas del golfo de Tailandia y el mar de Andamán sitúan a Tailandia entre los primeros destinos de submarinismo del mundo; las del golfo son más para principiantes.

Parques nacionales marinos de las islas Surin y Similan Estas islas del Andamán, uno de los grandes enclaves submarinistas del planeta, ofrecen espectaculares desfiladeros de roca, arrecifes de coral blando y duro y mucha fauna; hay cruceros con noche a bordo desde Khao Lak (p. 615).

Ko Lanta Los centros vecinos de alimentación de rayas, tiburones ballena y otras grandes especies pelágicas dotan de un sobresaliente submarinismo a esta isla del Andamán (p. 670).

Ko Tao La principal escuela de submarinismo del país ofrece precios asequibles, aguas someras y buenas condiciones durante todo el año. Tras el desayuno, los arrecifes costeros (p. 570) aguardan ahí al lado.

Ko Kradan Un edén para buceadores de superficie con arrecifes de coral duro y blando intactos a un tiro de piedra de la sedosa costa (p. 683).

Comida fabulosa

Deliciosa, económica y siempre a mano, así es la cocina tailandesa. Lista para disfrutar tanto en los omnipresentes puestos callejeros y los mercados nocturnos como en los restaurantes familiares.

'Curries' De sabor acre, intenso y llenó de color, así es el caldoso *curry* tailandés. Bangkok, el sur y el norte de Tailandia tienen sus propias versiones.

Cocina de Isan La comida de los trabajadores, el triunvirato de platos del noreste (*gài yâhng* [pollo a la parrilla], *sôm·đam* [picante ensalada de papaya verde] y *kôw něe·o* [arroz glutinoso]), tiene adeptos en todo el país.

Marisco Hay que ir a la costa para saborear los frutos del mar: gambas a la parrilla, calamares salteados picantes, *curries* de cangrejo, mejillones fritos.

Fruta La suculenta variedad de frutas es infinita, de venta en los mercados diurnos, donde se exponen cual gemas.

Cursos de cocina Se puede aprender los trucos del oficio en las escuelas de cocina de Bangkok (p. 88) o Chiang Mai (p. 250).

En busca de... conocimientos
Se pueden aprovechar las vacaciones para aprender thai, masaje tradicional o meditación budista en Chiang Mai (p. 255).

Cultura: templos y ruinas

Tailandia dedica muchos monumentos a los dioses, desde relucientes templos budistas hasta antiguos santuarios jemeres. De hecho, casi todos los templos más famosos pueden interpretarse como museos de arte religioso, historia e identidad regional.

Bangkok En la sede de la monarquía y el budismo tailandés, el Wat Phra Kaew (p. 58) alberga el Buda más reverenciado del país.

Ayutthaya Las ruinas de esta mítica ciudad son el silencioso testigo del origen, la identidad y la arquitectura de Tailandia (p. 152).

Sukhotai Es un placer pedalear entre los acicalados jardines de la capital de uno de los primeros reinos autóctonos de Tailandia (p. 351).

Chiang Mai El norte de Tailandia presume de su propio abolengo histórico y artístico. Intramuros, Chiang Mai atesora antiguos templos de teca decorados con tintineantes campanas (p. 228).

Phanom Rung Este puesto avanzado del antiguo Imperio jemer vigila estos campos desde hace siglos (p. 420).

Actividades al aire libre

De las montañas del norte a los bosques pluviales del sur, se puede desde practicar senderismo y piragüismo hasta recorrer la jungla a lomos de un elefante. En las montañas, aldeas tribales se aferran a su ancestral forma de vida.

Kanchanaburi Verdadero alarde de cascadas, piragüismo y paseos en elefante, a un tiro de piedra de Bangkok (p. 166).

Parque Nacional de Kaeng Krachan Desaparecer en este parque salvaje y poco visitado al sur de Bangkok (p. 508).

Parque Nacional de Khao Yai El parque nacional más antiguo del país (p. 415), lleno de elefantes, monos, serpientes y otros bichejos.

Mae Hong Son Grupos reducidos de senderistas se adentran en la montañosa frontera entre Tailandia y Birmania (p. 376).

Ko Chang Sumergirse en las selváticas colinas con guías que han jugado en ellas desde la niñez (p. 211).

Parque Nacional de Khao Sok Piragüismo y excursionismo por un antiguo bosque pluvial entre montañas calizas (p. 610).

Fiestas y celebraciones

Para los tailandeses cualquier ocasión es buena para subir el volumen de la música, prender la parrilla y abrir una botella: fiestas propias, importadas e incluso simples excusas.

Fiesta de la luna llena La celebración lunar de Ko Pha-Ngan convierte a los playeros en noctámbulos fluorescentes. Se celebran otros ciclos lunares y otras fiestas calcadas en todas las islas.

Festivales de música Desde *jazz* hasta *rock* alternativo, Tailandia acoge un impresionante cartel musical. El Fat Festival de Bangkok presenta bandas *indies*, Hua Hin prefiere el *jazz*, y Pattaya, *rock* internacional y asiático. Ko Samui apuesta por los DJ extranjeros y Pai, en ocasiones, rinde homenaje al *reggae*.

Fiestas de la fruta Los pueblos festejan su agricultura. Así, Chanthaburi homenajea sus huertos de mangostanes, *duriones* y rambutanes, mientras que Chiang Rai venera los *lichis*.

Songkran Esta fiesta, que arranca como respetable celebración del agua, en algunos lugares deriva en increíbles guerras acuáticas (p. 23)

mes a mes

Propuestas destacadas

1 **Songkran,** abril

2 **Loi Krathong,** noviembre

3 **Khao Phansaa de Ubon Ratchathani,** julio

4 **Festival Vegetariano,** septiembre

5 **Rodeo de Elefantes de Surin,** noviembre

Enero

El clima es fresco y seco y comienza la temporada alta, cuando los europeos escapan del deprimente frío invernal.

Año Nuevo chino

Los tailandeses de ascendencia china celebran el nuevo año lunar chino (las fechas varían) con una semana de limpieza doméstica y fuegos artificiales. En Phuket, Bangkok y Pattaya afecta a toda la ciudad, pero en general el *đrùđ jeen* es un acontecimiento familiar.

Febrero

Todavía temporada alta, el sol y la diversión atraen a muchos turistas de invierno.

Makha Bucha

Es uno de los tres días santos que señalan importantes momentos de la vida de Buda. El Makha Bucha coincide con la luna llena del tercer mes lunar y conmemora la predicación de Buda ante 1250 monjes iluminados que acudieron a escucharle "sin haber sido convocados". Es fiesta nacional, muy centrada en los templos. Es típico que organizaciones y colegios hagan méritos en los templos locales.

Fiesta de las Flores

Chiang Mai despliega su belleza floral durante tres días, que culminan con el desfile de carrozas engalanadas con flores.

Marzo

Se avecina la temporada calurosa y seca, y las playas empiezan a vaciarse. El viento empieza a soplar y hacen su aparición las cometas y el *kiteboarding*. Además, es la pausa semestral de los estudiantes (exámenes parciales), que salen de viaje.

Pattaya international Music Festival

Pattaya acoge este festival (gratis) lleno de bandas asiáticas de pop y *rock* que congrega a muchos universitarios de Bangkok.

Festivales de cometas

En la estación ventosa, las coloridas cometas surcan los cielos del Sanam Luang en Bangkok y de todo el país.

Temporada del mango

De marzo a junio se abre la temporada de los suculentos mangos, cortados al momento y servidos con arroz glutinoso y salsa dulce. Razón de más para ir en "verano".

Abril

El clima caluroso y seco cruza el territorio a toda velocidad y la temporada turística toca a su fin, pero aún queda el Songkran, cuando el país entero se moviliza para celebrarlo (resérvese con mucho tiempo).

Songkran

El tradicional Año Nuevo tailandés (12-14 abr) empieza reverente y acaba en una guerra pasada por agua. Por la mañana la gente visita los templos y participa en procesiones coloristas (y rociadas de agua) de imágenes de Buda. Los más jóvenes muestran su respetos a los familiares más mayores espolvoreando agua en sus manos, para después cargar sus armas de agua y salir a batallar a la calle: los comandos ambulantes y camionetas bien provistas arrojan, catapultan y rocían agua a objetivos previstos o no. Chiang Mai y Bangkok son los epicentros de este diluvio. No queda otra que ponerse a cubierto hasta que se agote la munición.

Mayo

Como preámbulo a la estación lluviosa, los festivales alientan las precipitaciones y las cosechas abundantes. Se subestima esta temporada media, cuando los precios son más bajos y hay menos turistas pero las temperaturas continúan tórridas.

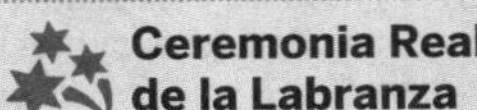

Ceremonia Real de la Labranza

Despliega antiguos rituales astrológicos y brahmánicos para iniciar la plantación del arroz. Los bueyes sagrados son uncidos a un arado de madera y roturan el suelo del Sanam Luang, en Bangkok. Esta ceremonia fue recuperada por el rey en la década de 1960 y hoy la dirige el príncipe heredero Maha Vajiralongkorn.

Festival Pirotécnico

En el noreste, donde a veces escasean las lluvias, los aldeanos elaboran cohetes de bambú (*bâng fai*) que luego disparan para alentar las precipitaciones y la cosecha de arroz. Se celebra en Yasothon, Ubon Ratchathani y Nong Khai.

Visakha Bucha

El día sagrado de Visakha Bucha cae el decimoquinto día de luna creciente del sexto mes lunar y conmemora la fecha del nacimiento, iluminación y *parinibbana* (fallecimiento) de Buda. Las actividades giran en torno a los templos.

Junio

En algunas zonas del país, la estación lluviosa se reduce a meros chaparrones vespertinos, lo cual deja el resto del día a merced de la música y la fiesta.

Festival de Jazz de Hua Hin

Las formaciones bajan hasta este retiro real para homenajear musicalmente al rey, un consumado saxofonista y compositor de *jazz*.

Phi Ta Khon

En el pueblo de Dan Sai, en el noreste del país, se da una pátina carnavalesca al sagrado día de Bun Phra Wet. La gente desfila por las calles con estridentes disfraces de "espíritus", enarbola falos de madera y bebe *whisky* de arroz. La cita conmemora una leyenda en la que una hueste de espíritus (*pěe*, a veces escrito *phi*) pasó a saludar al futuro Buda (el príncipe Vessantara o Phra Wet), la penúltima encarnación. Las fechas varían.

Julio

Con las primeras gotas, la comunidad religiosa y los asistentes a las fiestas se preparan para la Cuaresma budista, un período de reflexión y meditación. Si no asustan las lloviznas, esta época es ideal para el turismo rural, pues, con la plantación del arroz, los tonos verdes tiñen el campo.

Asahna Bucha

La luna llena del octavo mes lunar conmemora el primer sermón de Buda durante el Asahna (o Asalha) Bucha (*ah·săhn·hà boo·chah).*

Khao Phansaa

El día después del Asahna Bucha comienza la Cuaresma budista (1er día de luna menguante del 8º mes lunar), fecha en la que tradicionalmente se ordenan los monjes y cuando los religiosos se retiran a los monasterios para el estudio y meditación. Durante el Khao Phansaa, los fieles hacen ofrendas de velas y otros artículos básicos a los templos y asisten a las ordenaciones. En Ubon Ratchathani, el Desfile de las Velas es todo un acontecimiento.

Agosto

Los cielos encapotados y los aguaceros diarios marcan el ecuador de la estación lluviosa.

Cumpleaños de la Reina

El cumpleaños de la reina (12 ago) es fiesta nacional y el Día de la Madre. En Bangkok se celebra con todo un despliegue cultural por Th Ratchadamnoen y el Sanam Luang.

FELIX HUG/LONELY PLANET IMAGES ©

(arriba) El fin de la estación lluviosa es el tiempo para explorar playas como las del Parque Nacional Marino de Ko Tarutao.
(abajo) Es imposible no acabar empapado durante el Songkran, Chiang Mai.

KYLIE MCLAUGHLIN/LONELY PLANET IMAGES ©

Octubre

Empiezan los preparativos religiosos para el final de la estación lluviosa y de la Cuaresma budista. Los monzones tocan a su fin (en casi todo el país).

Festival Vegetariano

Durante el noveno mes lunar se descansa nueve días de comer carne, de acuerdo con las creencias del budismo chino sobre la purificación de cuerpo y mente. Las ciudades con grandes comunidades de chinos, como Bangkok, Hua Hin, Pattaya, Trang y Krabi, se engalanan con enseñas amarillas que anuncian a los vendedores de comida vegetariana, mientras que los que quieren hacer méritos marchan hacia sus retiros vestidos de blanco. En Phuket se llega a extremos y pueden verse caminantes en pleno trance.

Ork Phansaa

El final de la Cuaresma budista (3 meses lunares después del Khao Phansaa) lo marca la ceremonia *gàtĭn*, en la que se adquieren méritos dando nuevos hábitos a los monjes. Coincide con el llamativo fenómeno natural conocido como las "bolas de fuego *naga*". En Mae Hong Son se celebra el festival Jong Para, de estilo shan, en el que se portan castillos en miniatura hasta los templos. Las localidades próximas a los ríos y el mar lo conmemoran con competiciones de barcos de popa larga. La fiesta de barcos iluminados de Nakhon Phanom es una vieja tradición.

Día del Rey Chulalongkorn

El aniversario de la muerte de Rama V (23 oct) se celebra en el Royal Plaza de Dusit, donde centenares de devotos le dedican méritos con incienso y guirlandas de flores.

Noviembre

La estación fresca y seca ha llegado y durará poco. Sin aglomeraciones, las playas aparecen sugerentes y el paisaje luce espléndido: ideal para salir a ver cascadas.

Rodeo de Elefantes de Surin

El mayor espectáculo de elefantes de Tailandia recuerda cada tercer fin de semana de noviembre a los habitantes más célebres de esta provincia del noreste. En Surin, el colorido desfile de elefantes culmina con un banquete de frutas para ellos. Se recrean batallas históricas con *mahouts* y paquidermos engalanados para la ocasión.

Loi Krathong

Una de las fiestas más entrañables del país, el Loi Krathong se celebra la primera luna llena del decimosegundo mes lunar. Con ella se da las gracias a la diosa del río por dar vida a campos y bosques y se le pide perdón por la contaminación. Por todas las vías fluviales, y particularmente en Sukhotai, se botan pequeños barcos hechos a mano *(kràthong)* con hojas de banano y decorados con flores, que portan incienso, velas y monedas. En Chiang Mai también se la conoce como Yi Peng.

Fiesta de los Monos de Lopburi

La última semana de noviembre se mima a los impertinentes macacos de la ciudad con un gran banquete, un espectáculo que los meritorios observan con júbilo.

Diciembre

El cénit de la temporada alta retorna con cielos despejados, playas atestadas y predisposición ociosa.

Cumpleaños del Rey

El aniversario del rey es fiesta nacional y se celebra con desfiles y eventos meritorios; es también el Día del Padre. En Bangkok, Th Ratchadamnoen Klang se engalana con luces y emblemas. Todo el mundo viste camisa rosa, el color asociado a la monarquía.

Feria de Invierno y de la Cruz Roja de Chiang Mai

Durante diez días se celebra el patrimonio cultural de Chiang Mai con aires de feria campesina: mucha comida y espectáculos tradicionales.

itinerarios

Tanto si se dispone de seis días como de sesenta, estas rutas proporcionan un punto de partida para organizar un viaje inolvidable. Se pueden encontrar consejos de otros viajeros en el foro de lonelyplanet.es.

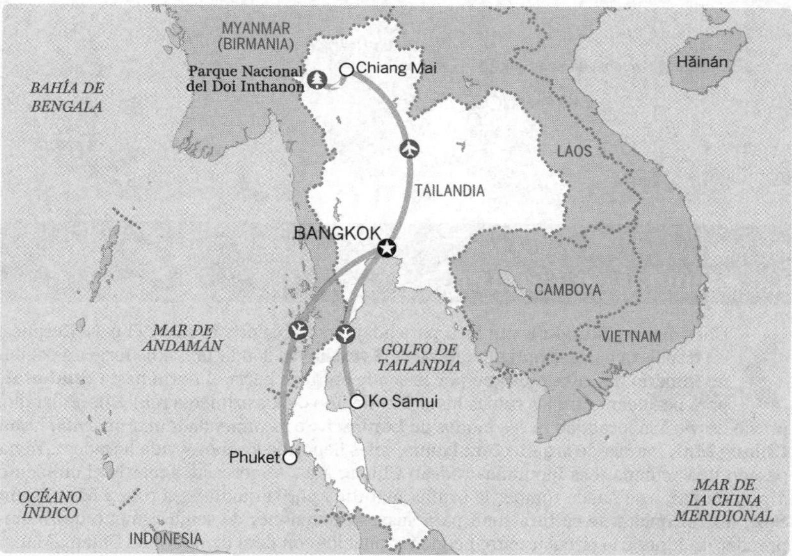

Dos semanas
Una escapadita

Aunque breve, lo asequible de los vuelos nacionales permite hacer un itinerario completo. Se empieza en **Bangkok** y de allí se vuela a los centros playeros de **Ko Samui** o **Phuket.** Aunque ambos lugares son célebres destinos de playa mundiales, tienen muchos rincones tranquilos y para todos los gustos. Antes de seguir hasta el siguiente destino, se puede recorrer la isla de compras.

Tras el deleite de la arena y la playa, se toma un avión a **Chiang Mai** para unas clases de cocina y visitar templos. Después se explora la región, llena de carreteras de montaña y desvíos que conducen a las comunidades de las tribus de la montaña. Allí está también el pico más alto de Tailandia, en el **Parque Nacional del Doi Inthanon.**

De vuelta en Bangkok, se hace recapitulación del bronceado, el libro de cocina y las anécdotas para contar en la oficina.

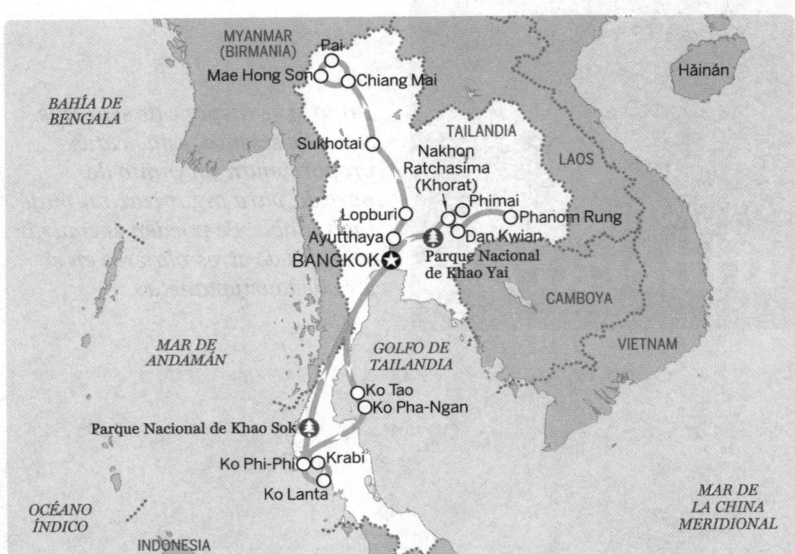

Un mes

Lo esencial de Tailandia

Unos días en **Bangkok** van bien para adaptarse al calor y el caos del país. Después, un tren lleva hasta la antigua capital de **Ayutthaya,** donde Tailandia forjó un pequeño imperio. La ruta prosigue por la senda cultural hacia el norte hasta **Sukhotai,** para pedalear entre las ruinas históricas de uno de los primeros reinos de Tailandia, previo desvío a la localidad de los monos de **Lopburi.** Se recomienda tomar un avión hasta **Chiang Mai,** mezcla de arquitectura Lanna, cafés llenos de jóvenes y vida llevadera. Ya ha pasado una semana. Las montañas rodean Chiang Mai. Al noroeste aguarda el ambiente *hippy* de **Pai,** o se puede romper la bruma matutina por la montañosa ruta a **Mae Hong Son,** un rinconcito de cultura shan para suaves excursiones de senderismo, o quizá emprender un itinerario circular entre pequeños pueblos con final de nuevo en Chiang Mai.

Como ya apetecerá la playa, lo mejor es volver a Bangkok, bien conectado con los principales reclamos del golfo de Tailandia: **Ko Pha-Ngan** para sol y fiesta y **Ko Tao** para submarinismo y buceo con tubo.

En un salto se llega a la costa del Andamán y sus famosos riscos calizos. **Ko Phi-Phi** es la isla más bonita (y una de las más caras), aunque **Ko Lanta** es también playera por antonomasia y prometedora en lo que a submarinismo se refiere, si bien los escaladores de roca no dudarán en optar por la vecina **Krabi.** De nuevo hacia el norte, apenas un desvío lleva hacia los bosques tropicales del **Parque Nacional de Khao Sok.**

Si se quiere pisar el corazón agrícola del país, en el noreste, habrá que volver a pasar por Bangkok. Primero se puede recorrer la selva del **Parque Nacional de Khao Yai.** Después se impone **Nakhon Ratchasima** (Khorat), lugar de paso para ir las ruinas de la era Angkor de **Phimai** y el pueblo alfarero de **Dan Kwian.** La senda jemer avanza hacia el este hasta **Phanom Rung,** el templo Angkor más importante e impresionante de Tailandia. El vecino Phanom Rung es un puñado de templos más pequeños y remotos conocidos por su entorno regio aunque olvidado.

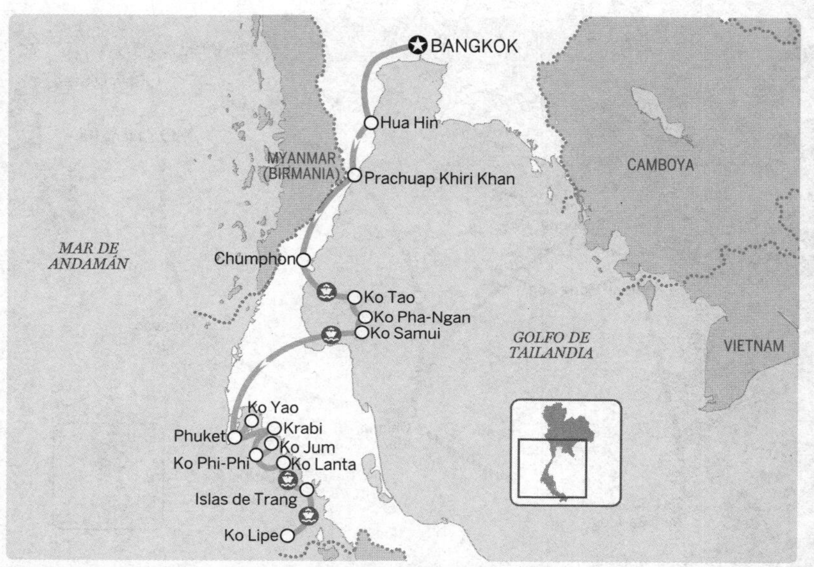

De dos a tres semanas

Islas y playas del sur

Conviene estar listo para un raudo maratón playero. Desde Bangkok, se va al sur hasta **Hua Hin,** con amplias playas de arena y comodidades urbanas, **Prachuap Khiri Khan,** una armoniosa localidad costera lejos del bullicio turístico, y **Chumphon,** trampolín a las islas del sur del golfo. Se puede nadar con los peces en **Ko Tao,** aullar en luna llena en **Ko Pha-Ngan** o pasar el rato entre cuerpos bronceados en **Ko Samui.**

La ruta cruza ahora la península y se sumerge en el mar de Andamán, con el ambiente vacacional de la isla **Phuket** o la más sosegada **Ko Yao,** con sus riscos calizos y bonitos paisajes. Se pueden escalar los pintorescos picos fálicos de **Krabi** o rodearlos en piragua, **Ko Phi-Phi** es una isla de anuncio, sin renunciar a la fiesta, mientras que **Ko Lanta,** también idílica, es más relajada. **Ko Jum** tiene mucho de nada, sin duda una ventaja.

Las cársticas **islas Trang** prometen mucho con sus mares cerúleos, pero no hay que olvidar desviarse hasta **Ko Lipe,** el último asidero de fiesta de playa a este lado del Andamán.

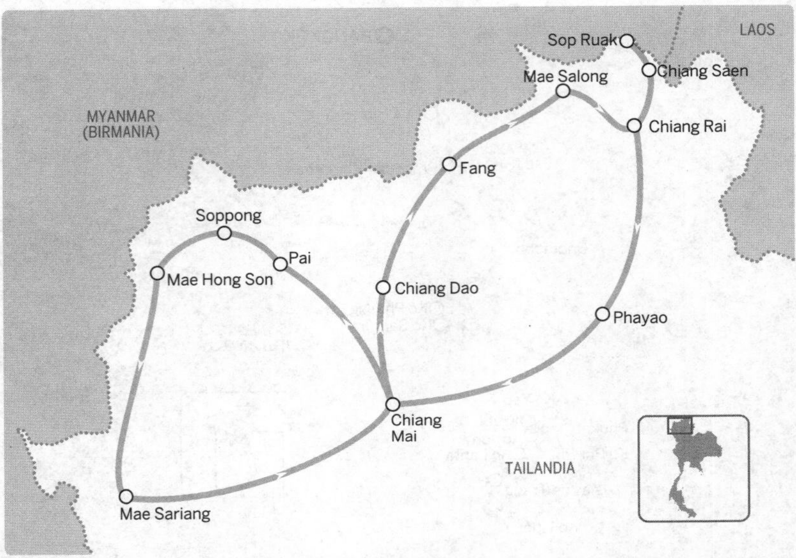

De dos a tres semanas

Norte de Tailandia

En el seno de las opulentas montañas aguardan las poblaciones de las minorías étnicas que habitan en la zona fronteriza entre Tailandia, Myanmar y Laos.

Chiang Mai es una base ideal para la exploración cultural del norte, con su rica oferta de cursos de meditación, idioma y masaje. Al noroeste, **Pai** es un retiro de montaña para paseos diurnos y jarana nocturna. A lado está **Soppong,** un edén para los espeleólogos. Más al oeste, **Mae Hong Son** es una remota región más parecida a Birmania que a Bangkok. La última parada es **Mae Sariang,** una pequeña localidad ribereña famosa por sus circuitos sostenibles de senderismo.

Se vuelve a la civilización de Chiang Mai para poner rumbo a Chiang Rai. Más montañas aguardan en la norteña **Chiang Dao,** una alternativa a Pai, pero más formal. Por la puerta de atrás de la localidad se va a Chiang Rai vía **Fang** y después una zigzagueante y montañosa ruta lleva hasta **Mae Salong,** un pueblo yunnanés dedicado al té. Una incursión por los alrededores de **Chiang Rai** permitirá alojarse con las tribus de la montaña y realizar salidas culturales y desde allí seguir hasta las otrora sórdidas localidades del Triángulo del Oro de **Chiang Saen** y **Sop Ruak.** Para evitar el gentío, **Phayao,** una agradable localidad norteña con templos, es una buena parada antes de regresar a Chiang Mai.

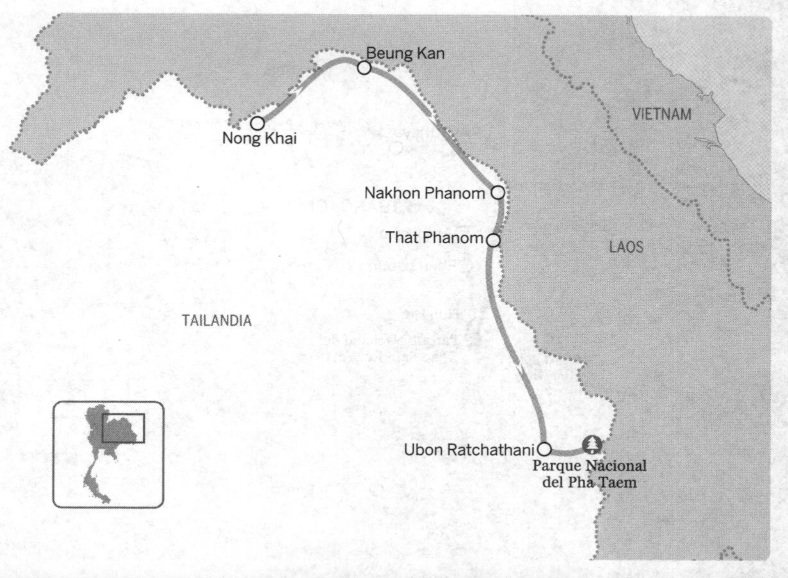

De una a dos semanas

Por el río Mekong

No hay atracciones turísticas grandiosas en el rural noreste de Tailandia (llamado Isan), pero sí un estilo de vida a la antigua usanza, gente de trato relajado e interesantes estancias que combinan alojamiento en casas particulares y paseos por los campos de arroz. La ruta más pintoresca de la región es por el río Mekong, que separa Tailandia de Laos. Pero las poblaciones fronterizas apenas reparan en estas sutilezas políticas y suelen tener más en común con sus vecinos laosianos que con Bangkok.

Buen ejemplo de ello es la encantadora **Nong Khai,** una frontera con Laos fácil de cruzar. Si resultara demasiado ajetreada, el río lleva hasta **Bueng Kan,** un pueblecito con un templo cercano construido en un afloramiento rocoso y varios alojamientos en casas particulares a un paso de hábitats de elefantes salvajes, a **Nakhon Phanom,** con su pintoresco paseo fluvial, y a **That Phanom,** una minúscula población famosa por un templo de estilo laosiano, estrella central de un vibrante festival de diez días en enero/febrero.

La cara urbana de Isan la pone **Ubon Ratchathani,** rodeada por el **Parque Nacional del Pha Taem,** rápidos fluviales y pueblos de artesanos. Desde allí se puede entrar a Laos por Pakse o tomar un tren nocturno hasta Bangkok.

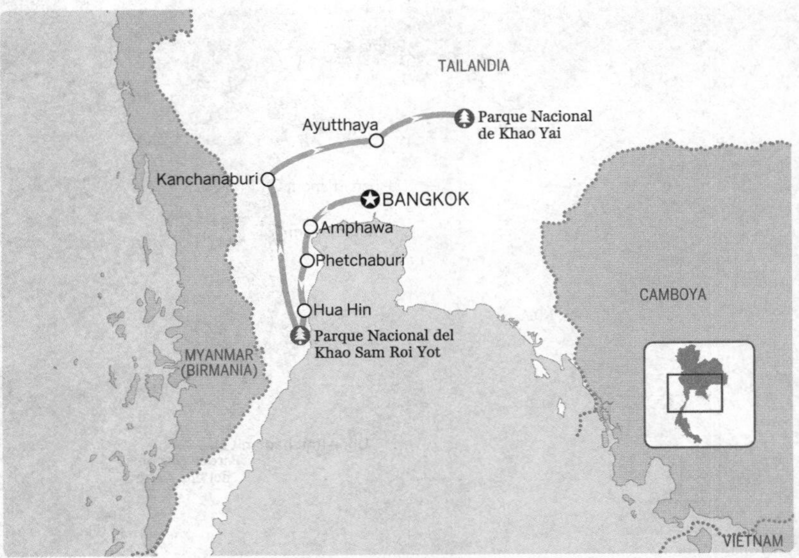

De una a dos semanas

Bangkok y alrededores

Si no sobra el tiempo, hay muchos lugares de interés a menos de 150 km a la redonda de Bangkok. Desde la capital un pintoresco tren lleva hasta **Amphawa,** una comunidad con canales y un entrañable mercado flotante. Más lejos del caótico bullicio de la capital, la ruta sigue a **Phetchaburi,** en su día retiro real con un palacio cimero e interesantes cuevas sagradas, para un interesante repaso a la historia del país. Para descanso y diversión, un poco más abajo está **Hua Hin,** con su arenoso y largo litoral que se extiende hacia el sur hasta el **Parque Nacional del Khao Sam Roi Yot,** lleno de montañas cársticas interiores y manglares costeros.

De vuelta al norte por el interior se llega **Kanchanaburi,** que desempeñó un recordado papel secundario en la Segunda Guerra Mundial. Las montañas boscosas de la zona invitan a todo tipo de actividades. Sin pasar por Bangkok se puede ir a la otrora gloriosa capital de **Ayutthaya,** toda una lección de historia tailandesa. Desde allí el tren lleva al **Parque Nacional de Khao Yai,** para una última incursión selvática antes de regresar a la jungla de asfalto de Bangkok.

» (arriba) Escena de playa, Ko Lipe (p. 689).
» (izda.) Excursión en elefante, provincia de Chiang Mai (p. 227).

Turismo responsable

Qué no hacer

No pisar nunca un billete para impedir que se lo lleve el viento; el dinero tailandés lleva la imagen de rey impresa.

No pasar nunca por encima de alguien o de sus pertenencias.

Evitar atar el calzado en la parte exterior de la mochila para no rozar a nadie sin querer.

No tatuarse a Buda, una práctica sacrílega que el Ministerio de Cultura intenta prohibir.

Qué hacer

Levantarse con respeto cuando suena el himno nacional (en una casa o edificio no hace falta), a las 8.00 y 18.00.

Ponerse de pie para escuchar el himno nacional, que suena en los cines antes de cada sesión.

Saludar a la gente con una sonrisa y un alegre *sà·wàt·dee kráp/sà·wàt·dee kâ* si es hombre/mujer.

Llevar un obsequio si se está invitado a una casa y descalzarse a la entrada.

Bajar un poco la cabeza cuando se pasa entre dos personas que charlan o cerca de un monje.

Vestir con decoro (cubrirse hasta codos y tobillos) en los templos y descalzarse siempre antes de entrar en cualquier edificio que contenga una imagen de Buda.

Extender la mano derecha mientras la izquierda sujeta con suavidad el codo derecho cuando se da o se recibe algo (una conducta muy educada).

Las aventuras experimentadas y las fotografías que las registran son buenos recuerdos del viaje, pero lo que verdaderamente permanece son aquellos momentos en los que se conecta con alguien que no habla el mismo idioma ni comparte la cultura y de repente se deja de ser un forastero. Apartarse de las zonas turísticas y mezclarse con la gente no solo no cuesta nada sino que puede desembocar en una invitación y hasta en hacer nuevas amistades.

Se puede visitar e interactuar respetuosamente con el país anfitrión de varias maneras: aprender su idioma, sus costumbres y su cultura, ofrecer el tiempo y las habilidades propias a los más desfavorecidos, o apoyar iniciativas con fines medioambientales o socialmente justas. El capítulo *Cultura y sociedad* (p. 715) permite entender mejor el rico patrimonio de Tailandia y ofrece pistas culturales.

Protocolo

La monarquía y la religión (a menudo relacionadas) se tratan con extrema deferencia en Tailandia. Los tailandeses evitan criticar o menospreciar a la familia real por temor a disgustar a alguien o, lo que es peor, ser acusado de ofensa a la Corona, lo cual podría acarrear hasta pena de cárcel. Con la creciente fragilidad del rey, las acusaciones de lesa majestad se han multiplicado entre los extranjeros, tailandeses residentes en otros países, rivales políticos y profesores universitarios.

Las imágenes de Buda son objetos sagrados. No está bien visto posar delante de ellas para fotografiarse ni por supuesto trepar por algunas de las más grandes (en los templos en ruinas); lo apropiado sería mostrar respeto por ellas con un *wâi* (un gesto tipo oración), por muy sencilla que sea. Los monjes no pueden tocar ni ser tocados por las mujeres, pues es uno de sus votos acéticos. Si una mujer desea dar algo a un monje, debe dejarlo a su alcance o depositarlo en el "paño de recepción". Las mujeres no se sientan al lado de los monjes en el transporte público y se apartan de su camino para evitar roces accidentales.

Espiritualmente, los tailandeses consideran la cabeza la parte más elevada y sagrada del cuerpo, y los pies, la parte más sucia y baja. Muchos de los tabúes asociados con los pies además responden a cuestiones prácticas. Desde siempre los tailandeses han vivido en hogares poco amueblados, un espacio que debe mantenerse limpio, de allí lo de descalzarse, pero también lleno de normas sobre los pies (y el calzado).

En los edificios religiosos, los tailandeses se sientan en posición "de sirena": con las piernas dobladas a un lado para que las plantas de los pies o los dedos no señalen a una imagen de Buda.

Para entrar en las casas particulares y los edificios religiosos hay que descalzarse, tanto por respeto como por motivos sanitarios. Los tailandeses están muy acostumbrados, y muchos hasta les quitan los cordones al calzado para que esta práctica resulte menos engorrosa; tampoco pisan el umbral de las puertas de entrada porque creen que allí es donde habita el espíritu de la casa. En algunos autobuses y en los trenes de 3ª clase se verá gente que apoya sus pies en el asiento vecino, pero siempre descalzos. De igual manera, los tailandeses tampoco se suben a una silla o a un asiento sin descalzarse antes.

Tocar la cabeza del otro o mesarle el pelo no es ninguna muestra de cariño, sino un gesto de burla e incluso de desprecio entre amigos.

Convenciones sociales y gestos

El saludo tradicional tailandés consiste en juntar las palmas de las manos a modo de oración y se conoce como *wâi*. La inclinación de la reverencia y la altura de las manos respecto a la cara dependen del estatus de la persona a la que se dirija. Los adultos no saludan con el *wâi* a los niños ni, casi nunca, a las personas del servicio (cuando están en su trabajo), pero esto depende de cada cual.

En las zonas más tradicionales no está bien visto que dos personas de diferente sexo se toquen, ya sean pareja o amigos. Ir de la mano no se aprueba fuera de ciudades importantes como Bangkok. Aunque es normal ver a personas del mismo sexo tocándose, lo hacen como signo de amistad, nunca de atracción sexual, y que un anciano agarre el muslo de un joven hay que interpretarlo igual que cuando dos amigos se dan unas palmadas en la espalda. Las tailandesas son especialmente afectuosas entre ellas y a menudo se las ve agarradas del brazo.

Siempre se agradece la modestia en el vestir, si bien esto ya no es tan cierto entre las generaciones más jóvenes. La importancia del recato también se aplica en la playa. La mayoría de tailandeses se bañan vestidos, salvo los urbanitas de la capital. De ahí que la práctica del nudismo o el *topless* no esté bien vista y, en casos, hasta sea ilegal.

Para aprender a interactuar con los tailandeses, véase p. 720.

Turismo

En general, el turismo, con todas sus pegas, repercute positivamente en la economía local de Tailandia, pues da empleo a los jóvenes y oportunidades de negocio a los emprendedores. Pero muchos viajeros buscan gastar su dinero en lugares donde más se necesita, ya sean obras benéficas o actividades que preserven las formas de vida tradicionales. Tailandia se ha esforzado para adaptarse a esta tendencia emergente de promocionar empleos en los pueblos y estancias en casas particulares. Desgraciadamente, el grueso de esta iniciativa se dirige más al mercado nacional que al internacional. Pero cada vez más los extranjeros pueden optar por este modelo de turismo a pequeña escala.

Alojamiento en casas particulares

Se puede viajar de forma independiente sin necesidad de aislarse de la cultura, p. ej., alojándose en casas particulares. Esta opción, más popular entre los turistas patrios, se diferencia de las pensiones en que se es acogido en el hogar de una familia, normalmente en pueblos apartados de las rutas turísticas. Las condiciones son básicas, en general

LOS MEJORES ALOJAMIENTOS EN CASAS PARTICULARES

» Ban Prasat, Nakhon Ratchasima
» Ban Kham Pia, Bueng Kan
» Ban Ta Klang, Surin
» Ban Mae Kampong, Chiang Mai

una esterilla o colchón plegable en el suelo, aunque hay casos que ofrecen habitaciones privadas. El precio incluye el alojamiento, comer con la familia y participar en actividades cotidianas, desde el cultivo de arroz a la elaboración de seda. El nivel de inglés varía, pero esta opción es ideal para aprender thai.

Senderismo por las tribus de la montaña

Aunque marginadas dentro del país, las minorías étnicas de las montañas son un importante reclamo turístico, y hay pequeños y grandes negocios dedicados al senderismo cultural por estos pueblos. Económicamente no está clara la repercusión económica de este tipo de actividades en dichas minorías y en su preservación. La mayoría cree que solo un pequeño porcentaje de los beneficios va a parar a las familias, pero esto quizá evite que se vean forzadas a emigrar a las ciudades. Un guía con el que hablaron estos autores estimaba que el 50% del presupuesto de un circuito se iba en gastos de comida, alojamiento y suministros a los mercaderes de las tribus.

En general, las agencias de senderismo tienen hoy mayor conciencia social que en décadas pasadas. Ahora casi todas tienden a limitar el número de participantes para reducir el impacto en el día a día local. Pero aún queda mucho por hacer. Hay que hacer hincapié en que dichas agencias están en manos tailandesas que emplean a guías tailandeses, otro obstáculo burocrático por la cuestión de la ciudadanía de estas minorías étnicas. Sin un carné de identidad tailandés las gentes de las tribus de la montaña no pueden ejercer de guía, pues no pueden conseguir la acreditación de la Autoridad de Turismo de Tailandia (TAT).

Además, los senderistas deberían ser conscientes de que muchas de estas tribus tienen su propia cultura, lo cual incluye prácticas animistas, tabúes y convenciones sociales. Por todo ello, conviene hablar con el guía para conocer el protocolo.

He aquí algunas indicaciones:.

» Preguntar siempre antes de hacer fotografías, sobre todo en interiores. Muchas creencias tradicionales juegan en contra.

» Respetar los símbolos y ritos religiosos. No tocar los tótems de la entrada de las aldeas ni los objetos sagrados que cuelgan de los árboles y, a menos que se sea invitado, no participar en las ceremonias.

» No incentivar el limosneo, sobre todo entre los niños. Solo se les puede dar caramelos si se puede concertar una visita con el dentista. Lo mejor es hablar con el guía respecto a hacer un donativo a la escuela local.

» Evitar la desnudez en público y procurar no desvestirse cerca de una ventana abierta por la que puedan curiosear los niños.

» No flirtear con nadie a menos que se esté dispuesto a casarse, y nunca beber ni tomar drogas con los aldeanos, lo cual conduce muchas veces al choque cultural.

» Sonreír siempre, aunque se queden embobados. Preguntar al guía como se dice "hola" en el idioma de la tribu.

» Evitar las demostraciones de afecto en público, que en algunos sistemas de creencias ofenden a los espíritus.

» No interactuar con el ganado, ni siquiera con los cerdos sueltos; se trata de posesiones valiosas, no juguetes. Lo mismo vale para los animales de la jungla, pues podrían ser espíritus de visita.

» No tirar nada de basura.

» Respetar los mismos tabúes para los pies que se aplican en el resto del país (no pisar el umbral de una casa, apuntar con los pies al fuego o ir calzado en los interiores; véase p. 34).

LAS MEJORES BASES PARA CAMINATAS A ALDEAS TRIBALES

» Chiang Mai
» Chiang Rai
» Mae Hong Son
» Mae Sariang

Encuentros con elefantes

A lo largo de la historia tailandesa, los elefantes han sido venerados por su fortaleza, resistencia e inteligencia, además de por trabajar codo con codo con sus *mahouts* en la recolección de teca, el transporte de mercancías por terrenos montañoso o las guerras desde tiempos inmemoriales.

Pero muchas de las funciones tradicionales de los elefantes ahora o las hacen las máquinas o han sido prohibidas (en 1989 la tala de árboles), lo que ha dejado en el paro tanto a los animales como a sus *mahouts*, algunos de los cuales se dedican a mendigar por las calles de Bangkok y de otros centros turísticos, una práctica peligrosa que el Gobierno intenta evitar con multas pero también con programas de incentivación.

Pese a ello, gran parte de los paquidermos, junto a muchos emigrantes, han encontrado trabajo en la floreciente industria turística: desde espectáculos de aire circense hasta campamentos de elefantes que ofrecen paseos por la jungla. También hay elefantes en las escuelas de formación de *mahouts*, mientras que en las reservas y centros de acogida proporcionan un retiro modesto a los animales más viejos, poco rentables para sus dueños. Para más información, véase recuadro en p. 38.

Entre la comunidad que busca el bienestar de estos animales se trabaja en encontrar la forma de prevenir los abusos y garantizar unas condiciones de vida dignas. Hasta que se dé con alguna alternativa, el turismo, al menos, soluciona el problema del desempleo de los elefantes, y los turistas más concienciados comprueban si las condiciones laborales de los animales son la norma de esta industria.

Las siguientes cuestiones evalúan la adecuación del campamento de elefantes elegido. Para recomendaciones concretas, véase *Medio ambiente, flora y fauna* (p. 745).

» ¿El campamento tiene veterinario? Los buenos someten a los animales a revisiones médicas regulares.

» ¿Cómo consiguen los ejemplares nuevos? Muchos elefantes han sido capturados en la frontera tailandesa-birmana.

» ¿Cuántas horas trabajan los animales? Una salida a paso ligero de cuatro horas al día (con descansos para beber y comer) es lo adecuado.

» ¿A cuántos adultos transporta el animal? Un elefante puede cargar sobre sus lomos 150 kg como máximo, más un *mahout* al cuello. Hay que sumar el peso del viajero y el de su acompañante y si supera esa cifra, pedir otro animal.

» ¿Los elefantes están a la sombra y hay cerca agua fresca y una fuente de alimentación?¿Qué comen? Una dieta equilibrada incluye una mezcla de fruta, hierbas, bambú y brotes de piña.

» ¿Tienen los animales heridas visibles? Esto suele ser una señal de maltrato.

Submarinismo

La popularidad de la industria submarinista de Tailandia somete los frágiles ecosistemas de coral a una enorme presión. Para ayudar a preservarlos, conviene ceñirse a estas sencillas reglas.

» Evitar tocar los organismos marinos vivos, ponerse de pie sobre el coral o arrastrar el equipo (p. ej., aletas) por los arrecifes. El más leve contacto puede dañar los pólipos del coral.

» Procurar no levantar nubes de arena al caminar por las aguas someras de un arrecife, algo muy dañino para los organismos más delicados.

» Tener mucho cuidado en las cuevas submarinas, pues las burbujas de aire pueden estacionarse en el techo y dejar en la superficie a organismos antes sumergidos.

» Participar en alguna de las campañas de limpieza de coral que patrocinan los operadores de submarinismo.

» No alimentar a los peces ni dejar que la empresa contratada se deshaga de la comida sobrante en el agua. Los peces se hacen dependientes de esta fuente de alimentación y se olvidan de las algas del coral, lo que también perjudica a los arrecifes.

Voluntariado

Cuando se está en otro país es más fácil distinguir las zonas más desfavorecidas. Tailandia aún es técnicamente un país en vías de desarrollo que carece de consolidados programas de protección social y medioambiental. Pero hay infinidad de organizaciones que atienden tanto las necesidades de los lugareños como el deseo de ayudar de los visitantes.

Desde España, pueden consultarse distintas webs con información general sobre voluntariado y ofertas específicas de trabajo en Tailandia:

Mundo Voluntario (www.mundovoluntario.com) Organizan estancias de voluntariado para colaborar con organizaciones locales; también ofertan viajes que combinan el trabajo voluntario con el turismo ético y responsable.

EL DILEMA DE LOS PAQUIDERMOS

Un elefante puede trabajar unos cincuenta años; dos *mahouts*, normalmente padre e hijo, se encargan de su entrenamiento y lo acompañan a lo largo de su vida. Las leyes tailandesas exigen la jubilación de los elefantes a los 61 años, cuando son devueltos a la naturaleza. Estos grandes mamíferos suelen vivir 80 años o más. El mantenimiento de un elefante cuesta unos 30 000 THB (1000 US$) al mes (el equivalente al salario medio-alto en Tailandia).

Los defensores del bienestar de los elefantes discrepan sobre la mejor manera para tratar a los ejemplares domesticados, unos tres mil quinientos. Sobre la mesa está el problema de los elefantes en paro acerca de emplearlos en circuitos turísticos y en los proyectos de formación de *mahouts*. Algunos activistas afirman que los elefantes no deberían ni domesticarse, ni criarse, ni montarse porque el proceso es cruel y doloroso para los animales, los cuales deberían vivir en un entorno lo más natural posible: en plena naturaleza o en una reserva protegida similar a su hábitat natural.

Los defensores del trabajo de los elefantes creen que el turismo puede proporcionar a estas criaturas domesticadas y a sus cuidadores (los *mahouts*, que suelen formar parte de una extensa tribu de arrieros de elefantes en Surin) un respetable sustento y unas condiciones laborales y de vida dignas que de otra manera no podrían permitirse. Muchos creen que no hay suficiente espacio natural para "liberar" a los animales y que sin los campamentos de elefantes, los *mahouts* y los elefantes volverían a mendigar.

Otro factor adverso es la venta de elefantes a negocios vinculados con el turismo, entre ellos las reservas (el término utilizado por estas es "rescatar", aunque suele haber una transacción comercial con el dueño del animal). Según la ley tailandesa, los elefantes cautivos se pueden comprar, vender y transportar siempre y cuando se tengan los permisos y certificados que ratifiquen su procedencia de granja y no del bosque. Pero el sistema se puede manipular fácilmente y es más lucrativo vender un elefante salvaje que criar uno. Los cazadores furtivos suelen ser lugareños que conocen las rutinas de estos animales y la técnica tradicional para acorralarlos. En otros casos son atrapados en Birmania y después transportados a través de la frontera.

Los campamentos de elefantes serios están al corriente de estas prácticas y tienen diversos métodos para detectar el fraude. El Royal Elephant Kraal & Village de Ayutthaya tiene un exitoso programa de cría y no comercia con elefantes. La Golden Triangle Asian Elephant Foundation, afiliada con los complejos turísticos de Anantara y Four Season de Sop Ruak, contrata elefantes y a sus *mahouts* en lugar de adquirir los animales. Wildlife Friends Foundation Thailand, en Phetchaburi, compra animales enfermos y viejos a precios por debajo del mercado para impedir que el *mahout* busque un sustituto procedente de la selva.

Idealistas (www.idealistas.org) Buscador de oportunidades de voluntariado a nivel mundial.

Voluntariado.net (www.voluntariado.net) Descripción del trabajo del voluntario y ofertas de trabajo.

Trabajo humanitario y educativo

La educación es la principal actividad para trabajar como voluntario. En Tailandia, el sistema público cubre 12 años de escolarización gratis a cualquiera que viva en el país legalmente, lo cual excluye a algunos miembros de las tribus de la montaña del norte y a los refugiados e inmigrantes birmanos sin papeles. Pero incluso para los miembros de estos grupos en situación legal los gastos asociados con la escuela (uniformes, material, libros, etc.) suelen ser demasiado caros. Estos costes también excluyen a muchos ciudadanos plenamente reconocidos pero pobres del noreste del país.

Aparte de necesarios, los profesores son muy venerados en Tailandia, por lo cual este trabajo brinda de paso la oportunidad de relacionarse plenamente con la comunidad. Pero si además de un empleo en el extranjero se busca un desafío cultural, conviene informarse sobre los proyectos en las zonas rurales, donde apenas se habla inglés y hay pocos extranjeros. En estos casos se aprenderá thai más rápidamente y se entrará en contacto con una forma de vida muy tradicional.

En el norte del país, sobre todo Chiang Mai y Chiang Rai, se puede trabajar con grupos desfavorecidos de las tribus de la montaña. En Chiang Mai, Mae Sot y Sangkhlaburi abundan las afligidas comunidades de refugiados birmanos y otros inmigrantes. También hay muchas plazas para profesores voluntarios en el noreste, el corazón agrícola del país. Los capítulos respectivos reseñan las posibilidades de voluntariado en orfanatos y centros de acogida.

Las siguientes organizaciones son de confianza:

Akha Association for Education and Culture in Thailand (Afect; www.akhathai.org; Chiang Rai) Esta ONG, llevada por la tribu homónima, gestiona escuelas y proyectos de información pública en las aldeas del norte de Tailandia.

Andaman Discoveries (☎08 7917 7165; www.andamandiscoveries.com; Phang-Nga) Se encarga de un centro educativo para hijos de inmigrantes birmanos, un orfanato y una escuela para niños discapacitados en el sur de Tailandia.

Cultural Canvas Thailand (☎08 6920 2451; www.culturalcanvas.com; Chiang Mai) Emplea a voluntarios en centros educativos de inmigrantes y programas de arte y justicia social en el norte de Tailandia.

Dragonfly Volunteer Projects (☎08 7963 0056; http://thai-dragonfly.com; Nakhon Ratchasima) Entrena y coloca a voluntarios en proyectos de construcción, enseñanza y de bienestar de los animales en todo el país.

Isara (☎0 4246 0827; www.isara.org; Nong Khai) Distribuye a profesores de inglés e informática por escuelas pobres de todo el país. Es uno de los pocos programas para voluntarios que es gratis, e incluye el alojamiento y algunas comidas.

LemonGrass Volunteering (☎08 1977 5300; www.lemongrass-volunteering.com; Surin) Reparte a los profesores voluntarios por aulas y campamentos de estudiantes de Surin, en el noreste.

Open Mind Projects (☎0 4241 3578; http://www.openmindprojects.org/index_espanol.html; Nong Khai) Emplea a voluntarios en puestos de tecnologías de la información, asistencia médica, educación y ecoturismo centrado en la comunidad en toda Tailandia.

Redemptorist Foundation (www.fr-ray.org; Pattaya) Gestiona diferentes proyectos educativos y de superación para personas desamparadas de Pattaya.

Travel to Teach (☎08 4246 0351; http://www.travel-to-teach.org/index-espanol.php; Chiang Mai) Ofrece puestos flexibles en escuelas, campamentos de inglés o templos de Mae Hong Son y Chiang Mai.

Volunthai (www.volunthai.com; Bangkok) Una iniciativa familiar que coloca a los voluntarios en escuelas rurales con alojamiento en casas particulares.

Trabajo medioambiental y para el bienestar de los animales

Con la creciente industrialización del país, cada día aumenta la presión sobre el medio ambiente y los animales salvajes. A pesar de que los problemas son evidentes, las soluciones no están tan claras. Hay un fuerte movimiento ecológico, pero sus esfuerzos suelen ser dispares y solo funcionan a pequeña escala. Unas cuantas ONG se esfuerzan por la conservación del medio ambiente local y han creado centros de rescate y reservas de animales salvajes domesticados y clínicas veterinarias para perros y gatos.

Los siguientes centros y reservas dependen del duro trabajo de los voluntarios:

Elephant Nature Park (☎0 5320 8246; www.elephantnaturepark.org; Mae Taeng) Acepta voluntarios, entre ellos veterinarios, para ayudar a cuidar a los elefantes residentes.

Highland Farm Gibbon Sanctuary (☎0 9958 0821; www.highland-farm.org; Mae Sot) Ofrece un hogar permanente a los gibones huérfanos, abandonados y maltratados; se exige a los voluntarios un mes de compromiso y colaboración en las tareas diarias de la granja.

Starfish Ventures (☎44 800 1974817; www.starfishvolunteers.com) Emplea a voluntarios en proyectos de protección, enseñanza y bienestar de animales en todo el país, sobre todo en Surin.

Wild Animal Rescue Foundation (WARF; www.warthai.org) Lleva el Phuket Gibbon Rehabilitation Centre y un centro educativo para la protección del medio ambiente en la provincia de Ranong (costa del Andamán). Ofrece puestos de ayuda en el cuidado de los gibones para poder reinsertarlos a su hábitat natural o para contar y vigilar nidos de tortugas marinas.

Wildlife Friends of Thailand Rescue Centre (www.wfft.org) Necesita voluntarios para cuidar osos malayos, macacos y gibones en su centro de rescate de animales de las afueras de Phetchaburi.

Islas y playas

Las mejores playas para submarinismo y buceo con tubo

Ko Tao Isla del golfo para iniciarse en el submarinismo.
Ko Kradan Edén del buceo con tubo en el Andamán, frecuentado por las excursiones de un día.
Khao Lak Puerta de entrada a las célebres islas Surin y Similan y los Burma Banks.
Ko Lanta Subestimados enclaves de submarinismo del Andamán, cercanos y prácticos.

Las mejores islas y playas para niños

Dolphin Bay Pintoresca y panorámica bahía cerca de Bangkok.
Hua Hin En el continente, complejo internacional del golfo con un largo litoral.
Ko Ngai (islas Trang) Bahía tropical somera del Andamán, con arrecifes de coral.
Ko Lanta Arena, mar, comida y una siesta bajo un cocotero.

Las mejores playas para fiestas

Ko Samui Para borracheras, la Hat Chaweng.
Ko Pha-Ngan La luna llena convierte a todos en licántropos fiesteros.
Ko Phi-Phi Las fiestas más famosas y descaradas.

Antes de partir

Los monzones y la temporada alta deciden cuándo y dónde ir. Las lluvias difieren entre las dos costas y hay microclimas secos y húmedos, pero también fuertes precipitaciones estacionales.

Cuándo ir

Mejores épocas

» **Marzo-abril** La estación cálida y seca brinda días despejados y sin apenas turistas.
» **Finales octubre-noviembre** En Ko Chang y el Andamán, la temporada media, justo después de las lluvias y antes del ajetreo de finales del año, es ideal. En el golfo hay una segunda estación lluviosa (oct-dic).

Peores épocas

» **Mayo-octubre** Llegan los monzones, algunos hoteles cierran y las tormentas cancelan ciertas travesías en barco. En el golfo las lluvias empiezan en julio.
» **Diciembre-febrero** Es la temporada alta en islas y playas. Los precios se disparan y las playas se abarrotan. El golfo presenta una segunda estación lluviosa (oct-dic).

Las playas tailandesas acaparan todos los estereotipos tropicales: arena blanca, palmeras y aguas cristalinas. Las bahías tienen aguas someras, cálidas y tranquilas, muchas veces con arrecifes de coral, lo cual convierte a Tailandia en un imán para el submarinismo y el buceo con tubo.

REPASO A LAS ISLAS Y PLAYAS DE TAILANDIA

PLAYAS	VIAJES ORGANIZADOS Y TURISMOS DE LUJO	MOCHILEROS	FAMILIAS	FIESTAS	SUBMARINISMO Y BUCEO CON TUBO	CARACTERÍSTICAS
Ko Chang y la costa oriental						
Ko Samet	✓	✓	✓	✓		De fácil acceso y preciosa escapada de playa desde Bangkok
Ko Chang	✓	✓	✓	✓	✓	Complejo internacional, playas mediocres e interior selvático
Ko Wai		✓	✓		✓	Destino primitivo para excursiones de un día, desierto por la noche
Ko Mak	✓	✓	✓			Playas mediocres, fabuloso ambiente isleño
Ko Kut	✓	✓	✓			Bonita isla semiurbanizada, ideal para disfrutar de la soledad
Hua Hin y el sur del golfo						
Hua Hin	✓	✓	✓			Complejo internacional, de fácil acceso desde Bangkok
Pranburi y alrededores	✓		✓			Tranquila y cerca de Bangkok
Ban Krut			✓			Modesta y popular entre los tailandeses
Bang Saphan Yai		✓	✓			Económica y playera
Ko Samui y el bajo golfo						
Ko Samui	✓	✓	✓	✓		Complejo internacional para playeros sociables
Ko Pha-Ngan	✓	✓	✓	✓	✓	Playas bohemias y fiesteros en la Hat Rin
Ko Tao	✓	✓	✓	✓	✓	Muchas escuelas de submarinismo
Ang Thong		✓	✓			Maravilloso paisaje cárstico, rural
Ao Khanom		✓	✓			Tranquila y poco conocida
Phuket y costa del Andamán						
Ko Chang (Ranong)		✓	✓		✓	Rústica
Ko Phayam		✓	✓			Tranquila y poco conocida
Islas Surin y Similan			✓		✓	Enclaves de submarinismo accesibles en barco con noche a bordo
Ko Yao	✓	✓	✓			Playas anodinas pero ambiente inmejorable y un paisaje precioso
Phuket	✓	✓	✓	✓	✓	Complejo internacional para playeros sociables
Ao Nang	✓	✓	✓		✓	Turística, cerca de Railay
Railay	✓	✓	✓			Centro de escalada en roca
Ko Phi-Phi	✓	✓		✓	✓	Bonita isla de fiesta
Ko Jum	✓	✓	✓			Playas mediocres, buen ambiente isleño
Ko Lanta	✓	✓	✓		✓	Playas regulares, buen ambiente isleño
Islas Trang	✓	✓	✓		✓	Ko Ngai es ideal para los niños
Ko Bulon Leh		✓	✓		✓	Playas bonitas y poco conocidas
Ko Tarutao		✓	✓			Parque nacional semiurbanizado
Ko Lipe	✓	✓	✓	✓	✓	Lugar concurrido, práctico para renovaciones de visado
Ko Adang		✓			✓	Popular destino de un día

Cultura y cocina

Mejores ciudades para comer

Bangkok Comida callejera, comida rápida internacional y alta cocina.
Hua Hin Mucho marisco y fideos
Chiang Rai Epicentro de la cocina del norte.
Chiang Mai Mercados, cocina norteña y birmana, *sushi* y ensaladas.

Mejores caminatas a aldeas tribales

Chiang Mai Perfecta para incursiones rápidas.
Chiang Rai Proyectos de cooperación financiados con caminatas por la zona.
Mae Hong Son Remoto, con actividades que requieren más implicación.
Mae Sariang Más remoto aún, despunta por el turismo responsable.

Mejores ciudades para relajarse

Pai Comunidad *hippy* en un bonito valle.
Prachuap Khiri Khan Población costera alejada de la multitud.
Nong Khai A orillas del Mekong, ideal para recorrer en bicicleta.
Mae Salong Pueblo de raíces chinas encaramado a una montaña cubierta de té.

Preparación del viaje

El monzón y las temperaturas son dos factores clave a la hora de decidir cuándo viajar. En casi todo el país se da una estación lluviosa a la que sigue un "invierno" (fresco y seco) y un "verano'" (cálido y seco). La temporada alta en Chiang Mai y el norte coincide con los meses invernales (nov-feb). Asimismo, se recomienda reservar el alojamiento y el transporte para el Songkran (abr).

Cuándo ir

Mejor época

» **Noviembre-febrero** En invierno, las temperaturas son frescas y las montañas del norte aún lucen un manto verde fruto de las lluvias previas. En las zonas altas las noches pueden ser frías. Es la mejor época para hacer excursionismo y ver cascadas.

» **Junio-octubre** La estación lluviosa no es el mejor momento para caminar por el norte, aunque sí para asistir a la siembra del arroz, sobre todo en el noreste, donde llueve menos.

Época a evitar

» **Marzo-abril** En verano, sumamente caluroso y seco, el paisaje se agosta y en Chiang Mai y el norte en general los campos de cultivo se queman para prepararlos para la siguiente cosecha.

Pese a la pobre señalización en inglés, Tailandia es un enorme "museo" para quienes sepan desenvolverse. Todas las poblaciones

JERRY ALEXANDER/LONELY PLANET IMAGES ©

TOM COCKREM/LONELY PLANET IMAGES ©

» (arriba) Comida callejera (p. 115), Bangkok.
» (izquierda) Joven lisu con su bebé, cerca de Pai (p. 384).

LOS MEJORES DESTINOS CULTURALES

Bangkok Primera parada para empaparse de la historia de Tailandia.

Chiang Mai Posee el mayor legado de templos y arquitectura del norte del país.

Ayutthaya Para deleitarse entre las ruinas de esta antigua gran capital.

Sukothai Ciudad antigua bien conservada, de visita obligada tras Ayutthaya.

Kanchanaburi Insólitos emplazamientos de la Segunda Guerra Mundial, cuevas templo y carreteras paisajísticas.

Ubon Ratchathani Templos y museos en una agradable población de Isan.

siguen la misma distribución, siempre en torno a un templo o un mercadillo, pues la comida y la religión son los elementos clave de la vida en Tailandia. Los famosos templos tailandeses muestran la evolución artística del reino, desde su herencia budista (procedente de Sri Lanka) hasta el imponente estilo militar del Imperio jemer y la aparición de una distintiva personalidad artística.

Los mercados son otro indicador geográfico y cultural, con su habitual repertorio de verduras y frutas apiladas en pequeñas pirámides. En ellos se descubrirá las especialidades agrícolas, hierbas y utensilios de cocina propios de cada región. En los del sur se pueden observar antiguas máquinas procesadoras de coco, mientras que en todo el país es fácil degustar el delicioso jugo de caña de azúcar. En los mercados del norte se preparan fantasiosos postres a base de arroz glutinoso azul.

Desde el mercado sale la calle principal, donde las familias tailandesas-chinas tradicionalmente han instalado sus negocios. Varias poblaciones aún poseen ejemplos de las viejas tiendas-vivienda (*shophouses*) que dominaban los barrios comerciales hasta hace medio siglo. Las calles del centro se dividen en bocacalles (*sois*), y estas en callejones o *troks,* que generalmente desembocan en el portal de alguna casa.

Más allá de las similitudes que se observan en todo el país, cada región cuenta con sus particularidades, reflejadas en el idioma, en la arquitectura y en la cocina, lo cual da lugar a una nueva dimensión en cuanto al patrón familiar. Las regiones fronterizas son centros de intercambio culturales separados por límites geopolíticos arbitrarios. En el norte, las culturas se asemejan más a las de las regiones montañosas de Birmania y Laos, mientras que el noreste comparte su patrimonio cultural con las áridas llanuras de Laos y Camboya. A esto hay que añadir la influencia china, muy palpable en los barrios chinos de varias ciudades tailandesas. La observación minuciosa de estas influencias ayuda a entender mejor las diferencias de esta, en apariencia, uniforme cultura.

Para descubrir estas particularidades y los numerosos reclamos de cada población, lo mejor es caminar, saborear la comida callejera, husmear por los centros comerciales y desplazarse en transporte público. Para más información sobre las especialidades culinarias de cada región, véase p. 733.

LOS MEJORES PUEBLOS Y MERCADOS DE ARTESANÍAS

Ko Kret Pequeña isla cerca de Bangkok donde se elabora cerámica al estilo mon.

Hang Dong Centro del mobiliario y las artes decorativas del norte de Tailandia.

Ban Tha Sawang La meca de la seda, cerca de Surin.

Mae Sot Población fronteriza donde poder adquirir artesanías birmanas.

Nan Ideal para textiles, joyería y artesanías del norte.

Viajar con niños

Los mejores destinos

Ko Chang y la costa oriental

Las familias con niños acuden en tropel a Ko Chang, con aguas someras donde nadar sin peligro y una bajamar ideal para buscar y ver conchas. A los no tan niños les encantará el interior selvático, el campamento de elefantes y remar entre los manglares. Las cercanas Ko Wai y Ko Kut presumen de aguas cristalinas.

Sur del golfo

Hua Hin atrae a viajeros extranjeros con su un largo litoral arenoso y templos cimeros repletos de monos. En los templos cueva de Phetchaburi a veces se ven murciélagos. Ban Krut y Bang Saphan Yai son perfectas para disfrutar de la playa en paz.

Ko Samui y el bajo golfo

Los chavales de cierta edad pueden bucear tranquilamente en Ko Tao. Las familias con niños pequeños frecuentan Ko Samui (sobre todo sus playas del norte), mientras que Chaweng es mejor para viajeros con niños mayores.

Phuket y la costa del Andamán

Además de playas, Phuket ofrece mucho entretenimiento, aunque conviene evitar a los juerguistas de Patong. La costa está salpicada de islas donde las familias se deleitan junto al mar.

Tailandia para niños

Los tailandeses son expertos en los niños, a los que siempre reciben con los brazos abiertos, convirtiéndolos en el centro de atención hasta el punto de eclipsar su timidez natural.

Pero las estrellas son los bebés, capaces de transformar a ariscos taxistas en adorables "tíos" encantados de juguetear con ellos. De llevar un pequeño en brazos, los vendedores de los puestos de comida suelen ofrecerse a sostenerlo mientras los papás comen, e incluso lo presentarán a los otros vendedores.

A cierta edad los niños desarrollan una especie de ansiedad ante los extraños que choca con lo dicho anteriormente. De hecho, el niño de 4 años de esta autora solía esconderse detrás de su falda cada vez que alguien intentaba hacerle carantoñas, y esta le excusaba diciendo que era "tímido" (*ki aye*): una forma cortés de disculparse. A quienes viajen con pequeños en edad de preescolar se les recomienda ceñirse a los centros turísticos en lugar de desplazarse a lugares remotos donde los extranjeros, en especial los niños, llaman mucho la atención.

Para reducir al mínimo los inconvenientes de viajar con los niños de un lugar a otro, consúltese *Travel with Children*, de Lonely Planet, donde se ofrece información de utilidad sobre viajes por carretera, particularmente por países en desarrollo.

Imprescindible con niños

De los muchos reclamos que ofrece Tailandia, sobresalen las playas, en su mayoría ba-

PARA PEQUEÑOS PALADARES *AUSTIN BUSH*

Comer con niños (concretamente, con bebés) en Tailandia es una experiencia liberadora, ya que los lugareños sienten gran aprecio por estos clientes. El viajero puede dar por sentado que el personal de los restaurantes hará carantoñas y jugará con sus hijos y casi con toda probabilidad, los alzará y los mecerá. Esto se puede interpretar como un merecido descanso que permitirá a los padres disfrutar de la comida.

Dado que la cocina tailandesa es sumamente picante, hay que ser muy cuidadoso a la hora de pedir, aunque en la mayoría de los casos siempre están dispuestos a hacer excepciones.

Los niños tailandeses no suelen comer picante hasta que comienzan la escuela primaria; hasta ese momento sobreviven a base de *kôw nĕe·o* (arroz glutinoso) y tentempiés de gelatina. Otros platos aptos para sus delicados paladares incluyen pollo (gàì) en todas sus variedades, como *gàì yâhng* (a la plancha), *gàì tôrt* (frito) o *gàì pàt mét má·môo·ang* (salteado con anacardos/castañas de cajú), además de *kàì jee·o* (tortilla tailandesa).

hías poco profundas perfectas para iniciarse en la natación. El agua se vuelve más cristalina a medida que se avanza hacia el sur, y los arrecifes costeros suelen recibir la visita de peces singulares.

La oferta de ocio asociada a los animales también es abundante, si bien las condiciones de estos y el trato que reciben a menudo dejan bastante que desear. Los paseos en elefante, el *rafting* en balsas de bambú y otras actividades al aire libre en las zonas de Chiang Mai y Kanchanaburi son respetuosas con la fauna y aptas para niños. Muchos lugares de playa, como Phuket o Ko Chang, también ofrecen oportunidades para observar animales y cascadas, además de la practica de deportes acuáticos, indicados para niños a partir de 6 años.

Bangkok es ideal para quienes les fascinen las obras, ya que está repleta de grúas y camiones. La capital tiene también un tren aéreo y centros comerciales llenos de escaleras mecánicas. La enorme oferta comercial de la ciudad atrae tanto a niños como a adolescentes. Para puntos de interés, véase recuadro en p. 90.

Los aficionados a los trenes no querrán perderse la oportunidad de embarcarse en un viaje nocturno en un coche cama. Aunque los momentos preferidos del hijo de esta autora durante las cinco semanas de su periplo por Tailandia fueron las travesías en lancha motora por el archipiélago de Ko Chang.

Los templos también pueden resultar atractivos para los niños. El ascenso a templos en lo alto de colinas es un modo estupendo de quemar energía y entre la espesura se pueden ver monos y santuarios en cuevas. Realizar ofrendas en un templo budista es algo que los pequeños adoran, pues incluye la quema de incienso y las reverencias frente al Buda, en las que se puede participar. Los templos también cuentan con una zona donde se predice el futuro a partir de un recipiente de bambú lleno de palos numerados que se ha de agitar hasta que cae uno. El número corresponde a una buenaventura escrita en un papelito. Una variante consiste en depositar un donativo en un bote (en algunos casos en una máquina expendedora), correspondiente al día de la semana en que se haya nacido, y, posteriormente, retirar el papelito con la buenaventura.

Antes de partir y lo básico

Las instalaciones y accesorios dirigidos a niños, p. ej., sillas para automóvil, poltronas en los restaurantes o cambiadores de pañales en los baños públicos, prácticamente no existen en Tailandia, de modo que habrá que ingeniárselas o sencillamente seguir el ejemplo de los lugareños, es decir, cargar con el niño sobre el regazo casi todo el tiempo.

Los pequeños supermercados y las tiendas 24 horas de las principales poblaciones venden leche infantil en polvo y pañales, aunque las tallas suelen ser diminutas. Para encontrar la talla 3 o superior hay que ir a un supermercado tipo Tesco Lotus, Big C o Tops Market. Las farmacias venden pomada para pieles irritadas.

El simple hecho de desplazarse puede suponer todo un reto si se tiene en cuenta que las calles tailandesas suelen estar demasiado abarrotadas como para empujar un cochecito, y peor cuanto más grande sea este. Se recomiendan los cochecitos compactos con sombrilla, mucho más manejables, además de que se pueden plegar y transportar en los *túk-túks*. Una mochila portabebés también es muy útil, aunque habrá que asegurarse de que la cabeza del pequeño no sobresalga por encima de la del que la lleve, pues abundan los obstáculos bajos.

Salud y seguridad

En general, no hay que preocuparse excesivamente por el tema sanitario, aunque no está de más poner en práctica algunas costumbres básicas, como la de lavarse las manos con frecuencia. Se debe advertir a los niños que no jueguen con los animales, ya que la rabia es común en Tailandia y los perros suelen hurgar entre la basura.

Las picaduras de mosquito a menudo dejan grandes verdugones; existen varios bálsamos para bajar la hinchazón y la picazón. A su vez, se recomienda tener presentes todas las precauciones habituales en materia sanitaria (véase p. 773).

Los que estén acostumbrados al entorno urbano tendrán mucho a su favor en las ciudades tailandesas, donde el tráfico es caótico y las aceras están siempre a rebosar. Las ciudades son muy ruidosas y pueden acarrear una sobrecarga sensorial. Se recomienda cerciorarse de que el niño conozca qué pautas de seguridad debe seguir antes de encontrarse en medio del bullicio.

de un vistazo

Bangkok

Cocina ✓✓✓
Vida nocturna ✓✓✓
Compras ✓✓✓

Siam clásico

Más allá de la moderna fachada de esta megalópolis se erigen los despampanantes templos de la realeza, custodios de los venerados símbolos del budismo tailandés. Estos grandes templos, levantados a lo largo del río Chao Phraya, fueron la demostración de poderío del Siam posterior a la devastadora guerra con Birmania. Hoy son lugares nacionales de peregrinación y están considerados los mejores ejemplos del arte y la arquitectura clásicos tailandeses.

Cuanto más mejor

Bangkok destila excesos por doquier, desde rascacielos y lujosos centros comerciales hasta atascos infinitos y locales abiertos hasta altas horas. Esto también afecta a la gastronomía, que abarca desde carritos y locales grasientos hasta cafés a la última y la alta cocina, prueba de la vocación cosmopolita de la capital. Para compras, se puede optar tanto por flamantes centros comerciales como por humildes mercados callejeros, incluido el de Chatuchak, donde hay de todo.

Cócteles de vértigo

La típica noche de fiesta en Bangkok aún gira en torno a una mesa de plástico repleta de cervezas Chang, aunque esta ambiciosa ciudad sabe cómo explotar sus rascacielos con varios bares de altura con vistas de infarto y buenos cócteles. Además, las huestes de jóvenes universitarios llenan locales *indies* a la última y viejos hangares reconvertidos con oferta de bufé, baile y bebida.

p. 54

Tailandia central

Cultura/historia ✓✓✓
Montañas ✓✓
Festivales ✓

Nacimiento de un imperio

Esta fértil llanura fluvial es el corazón cultural del país, enclave del poderoso y antiguo Reino de Ayutthaya. Hoy, los restos de Ayutthaya están declarados Patrimonio Mundial y son de visita obligada. La serena Lopburi y sus ruinas, algunas custodiadas por monos, se pueden ver en una excursión de un día. El festival de Loi Krathong se celebra a lo grande en el Palacio Real de Bang Pa-In.

Excursiones por la montaña

La apagada población de Kanchanaburi desempeñó un insólito papel en la Segunda Guerra Mundial, cuando los japoneses utilizaron a los prisioneros aliados para construir el Ferrocarril de la Muerte. La ciudad también es la puerta de entrada a las neblinosas montañas del suroeste del país, fronterizas con Birmania. Los ríos y cascadas esculpen su contorno, que con varios parques nacionales es uno de los rincones más agrestes de Tailandia.

p. 156

Ko Chang y la costa oriental

Playas ✓✓
Submarinismo ✓
Pueblos ✓✓

Cadena de islas

La frondosa Ko Chang y varias islas menores son el último territorio tailandés en las cálidas aguas del golfo antes de Camboya. Muchos turistas acuden a Ko Chang por su ambiente tropical, sus enclaves de submarinismo y su animada vida nocturna. Más al sur están Ko Kut y Ko Mak, y la pequeña Ko Wai, con aguas cristalinas, arrecifes y vistas de ensueño.

Prominencia provincial

Los turistas suelen ignorar las pequeñas poblaciones de Chanthaburi, en la costa oriental, conocida por su magnífico mercado del fin de semana, y Trat, embarcadero para Ko Chang, si bien ambas son destinos encantadores per se, que destacan por su sencillez y próspera clase media, algo inusitado en las islas.

p. 185

Provincia de Chiang Mai

Cultura/historia ✓✓✓
Cocina ✓✓
Vida nocturna ✓✓

Región de Lanna

A modo de refrescante contrapunto frente a la tumultuosa Bangkok, la agradable Chiang Mai hace gala de una historia y cultura norteñas únicas con su antigua ciudad fortificada. Los más culturales no deben perderse ni su legado arquitectónico ni sus cursos de cocina, idiomas y masaje. La ciudad celebra con fervor el Songkran con una divertida guerra de agua. Por supuesto que Chiang Mai alberga locales a la última, frecuentados por universitarios.

'Curries' y fideos

El norte de Tailandia cuenta con su propio recetario culinario, que refleja las temperaturas frescas de la región y la proximidad a Yunnan y Birmania, con *curries* contundentes y el cerdo como plato estrella de la parrilla; cocina sencilla y ajena a modas.

p. 227

Norte de Tailandia

Cultura/historia ✓✓✓
Montañas ✓✓✓
Cocina ✓✓

Reinos antiguos

Siglos atrás, las llanuras superiores del norte del país fueron testigos de la proliferación de numerosas ciudades-estado rivales, con murallas y monumentos budistas de piedra caliza, que marcaron una etapa fundamental en el arte y la historia de Tailandia. Sukothai, fácilmente accesible desde Chiang Mai, presume del casco antiguo con más personalidad de la región.

La neblina del norte

El terreno se vuelve más escarpado a medida que se avanza hacia el norte, penetrando en las tierras altas compartidas con Laos y Birmania. Las provincias de Chiang Rai y Mae Hong Son están surcadas por carreteras serpenteantes y panorámicas. Sus altos valles dan cobijo a minorías étnicas cuyas tradiciones aún fascinan a propios y extraños. La cocina mezcla influencias tailandesas, shan y yunnanesas.

p. 289

Noreste de Tailandia

Cultura/historia ✓✓
Cocina ✓✓✓
Festivales ✓✓✓

El antiguo Imperio de Angkor
El noreste fue antaño una remota frontera del gran Imperio de Angkor, cuyo territorio corresponde a lo que hoy es Camboya, que se dedicaba a levantar por doquier versiones reducidas del fabuloso Angkor Wat.

La tierra del arroz
Esta región arrocera está estrechamente ligada a la agricultura. La estación lluviosa anuncia la siembra, todavía ejecutada a mano. Los alojamientos con familias permiten dormir en medio de los arrozales, donde no faltan los típicos búfalos de agua, mientras que los festivales hacen gala de un verdadero despliegue de creencias y danzas tradicionales, con músicas únicas.

p. 402

Hua Hin y el sur del golfo

Cultura/historia ✓
Playas ✓✓
Pueblos ✓✓

La costa real
Los monarcas tailandeses tradicionalmente han elegido esta región para escapar del clima sofocante de Bangkok, y muchos residentes de la capital siguen hoy sus pasos, con parada en Phetchaburi para visitar su histórico palacio cimero y sus santuarios en cuevas, hasta la moderna población costera de Hua Hin, cuya larga y atractiva costa está mucho menos atestada que cualquier otro centro playero del país. Es muy apropiada para parejas de luna de miel y familias.

Surf y asfalto
Esta región costera ofrece la combinación perfecta de playa y ciudad. Prachuap Khiri Khan es una agradable población pequeña con asombrosos paisajes kársticos, y tanto Hua Hin como Phetchaburi poseen singulares barrios con tiendas-vivienda de mercaderes chinos.

p. 502

Ko Samui y el bajo golfo

Playas ✓✓✓
Buceo/ submarinismo ✓✓

Deportes acuáticos
Las tres islas hermanas de Samui, cada una con sus encantos, llevan décadas entre las favoritas de los amantes de las islas. Sus cálidas aguas y precios asequibles convierten Ko Tao en uno de los mejores lugares del mundo para iniciarse en el submarinismo. Junto a la orilla hay muchos enclaves para practicar el buceo con tubo.

Tomar el sol
A poca distancia se halla Ko Pha-Ngan, conocida por sus fiestas a la luz de la luna y como magnífico lugar de descanso. Ya no hay cabañas con techos de paja, pero sí el mismo ambiente sosegado de siempre. Ko Samui congrega al turismo de categoría en sus exclusivos complejos. El Parque Nacional de Ang Thong es una magnífica excursión de un día, con un descomunal conjunto de islotes de caliza que se elevan desde unas aguas color azul celeste.

p. 534

Phuket y la costa del Andamán

Playas ✓✓✓
Submarinismo ✓✓✓

Territorio Cousteau
Peces grandes, corales prístinos y aguas cristalinas caracterizan esta costa salpicada de lugares de buceo de superficie y de profundidad, desde los parques nacionales marinos de Similan y Surin hasta la frontera con Malasia. Nunca hay que olvidar las aletas y las gafas.

Catedrales kársticas
Toda la costa del Andamán está bordeada por riscos calizos cubiertos de vegetación que se alzan majestuosos sobre un mar color turquesa. El espectáculo es sobrecogedor, realzado por los diferentes deportes acuáticos que se organizan en Krabi y Ko Yao.

Sencillamente Phuket
El principal destino de playa del país destaca por el sensacional nivel de confort que brinda a los turistas. Los complejos ponen énfasis en el diseño y los mimos al viajero, y disponer de un moderno aeropuerto permite aprovechar el tiempo al máximo.

p. 601

Las reseñas aparecen en orden de preferencia del autor.

Atención a estos iconos:

Recomendación del autor

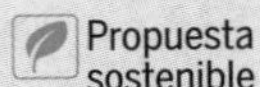

Propuesta sostenible

GRATIS Gratis

En el *Índice* se muestra la lista completa de los destinos incluidos en este libro.

En ruta

Bangkok

Sumario »

Los mejores restaurantes

» nahm (p. 117)
» Puestos callejeros de Chinatown (p. 115)
» Zona de restauración del MBK (p. 116)
» Krua Apsorn (p. 111)
» Kai Thort Jay Kee (p. 119)

Los mejores alojamientos

» AriyasomVilla (p. 105)
» Metropolitan (p. 107)
» Siam Heritage (p. 102)
» Siam@Siam (p. 103)
» Lamphu Tree House (p. 99)

Por qué ir

Bangkok, antaño paradigma de antigua metrópoli asiática, acaba de pasar por el quirófano para rejuvenecer cual vieja dama del celuloide. El *lifting* todavía no está completo, pero ya se nota en el cada vez más extenso sistema de transporte público, los climatizados y gigantescos centros comerciales o los habituales restaurantes de comida internacional.

Pero ello no significa que ya no exista la Bangkok "auténtica". El Palacio Real y el Wat Phra Kaew todavía deslumbran como hace doscientos años, y el BTS (*skytrain*) ha afectado poco a las tiendas-vivienda de Banglamphu y a los canales de Thonburi. Para vivir la Bangkok actual, hay que explorar ambos mundos. Se recomienda tomar el MRT (metro) hasta el bullicioso Chinatown, o el barco por el *klorng* hasta el Central World; el viajero descubrirá entonces que la antigua personalidad de la ciudad y su nuevo rostro se conjugan de un modo extraordinario.

Cuándo ir

Según la Organización Meteorológica Mundial, Bangkok es una de las ciudades más calurosas del mundo. Sus temperaturas experimentan muy pocas fluctuaciones, con una media que oscila entre 32 y 34°C. La época de las lluvias abarca aproximadamente de mayo a octubre, cuando se llegan a registrar 300 mm de precipitaciones al mes.

Prácticamente la única tregua que conceden el calor y la humedad coincide con el invierno, unas pocas semanas de relativo frescor entre diciembre y enero.

Historia

Bangkok, actual centro político y cultural de Tailandia, es producto de un milagro histórico. Tras la caída de Ayutthaya en 1767, el reino se fracturó en diferentes bandos rivales, situación de la cual emergió el general Taksin como figura unificadora clave. Taksin estableció su base en Thonburi, en la orilla oeste del Mae Nam Chao Phraya (río Chao Phraya), punto estratégico para el comercio marítimo en el golfo de Tailandia. Taksin demostró ser más un estratega miliciano que un gobernador popular. Más tarde fue depuesto por otro alto militar, Chao Phraya Chakri, quien, ante la posibilidad de un ataque birmano, trasladó en 1782 la capital al otro lado del río, más defendible. En 1809 su hijo le sucedió y estableció la actual dinastía real, por lo que Chao Phraya Chakri ha pasado a la historia como Rama I.

Los oficiales del monarca concibieron la nueva capital como otra Ayutthaya, completada con un barrio en una isla (Ko Ratanakosin), recuperada de los pantanos, donde se emplazaría la corte (el Gran Palacio) y un templo para venerar al auspicioso Buda Esmeralda (el Wat Phra Kaew). La ciudad emergente, que fue rodeada con unas murallas infranqueables, se llenó de palafitos y casas flotantes a salvaguarda de las inundaciones estacionales.

La modernidad irrumpió en la capital tailandesa a finales del s. XIX a medida que la estética y la tecnología europeas se filtraban por el este. Durante los reinados de Rama IV (rey Mongkut) y Rama V (rey Chulalongkorn), se asfaltó la primera calle (Th Charoen Krung) de la ciudad y se construyó un nuevo barrio real (Dusit), con palacios de estilo europeo.

Bangkok era aún una madriguera cuando los soldados estadounidenses recalaban en ella para descansar y relajarse de la Guerra de Vietnam en sus bares de *go-gós* y burdeles. Habría que esperar hasta las prósperas décadas de 1980 y 1990 para que la ciudad se transformara en una verdadera metrópoli, abarrotada de rascacielos, y un inagotable despliegue de hormigón invadiera los arrozales y espacios verdes que la rodeaban. Sin embargo, los extravagantes gustos de sus ciudadanos se han suavizado tras la crisis económica de 1997, época de la que todavía quedan muchos edificios inacabados.

Puntos de interés

En los últimos años, Bangkok se ha vuelto a reinventar y proyectos como el del BTS

BANGKOK EN...

Un día

Se madruga para tomar el **Chao Phraya Express** hacia el norte, hasta el **mercado de Nonthaburi.** De vuelta, hay que apearse en el Tha Chang para ver los museos y templos de **Ko Ratanakosin,** y luego **almorzar en Banglamphu.**

Después de refrescarse, se busca una nueva perspectiva de la ciudad mientras se toma un cóctel al atardecer en uno de los panorámicos **bares de azotea,** seguido de una gran cena tailandesa en el **nahm.**

Dos días

El **BTS** lleva en un santiamén a varios destinos de **compras,** se visita la **casa de Jim Thompson** y se disfruta de un **almuerzo bufé** en uno de los hoteles de la ciudad. Las últimas horas de luz se reservan para un **masaje tradicional tailandés,** y luego se queman más calorías en las discotecas de la **RCA.**

Tres días

Se pasa un día en el **mercado de fin de semana de Chatuchak,** y si es entre semana, en una **escuela de cocina.** Una vez aclimatado al ruido, la polución y el tráfico de Bangkok, ya se estará en condiciones de **cenar en las calles** de Chinatown.

Cuatro días

Llegado este punto, quizás se sientan ganas de escapar de la ciudad, p. ej., a **Ko Kret,** una isla sin vehículos al norte de Bangkok, o surcar los **canales de Thonburi** en un barco de popa larga.

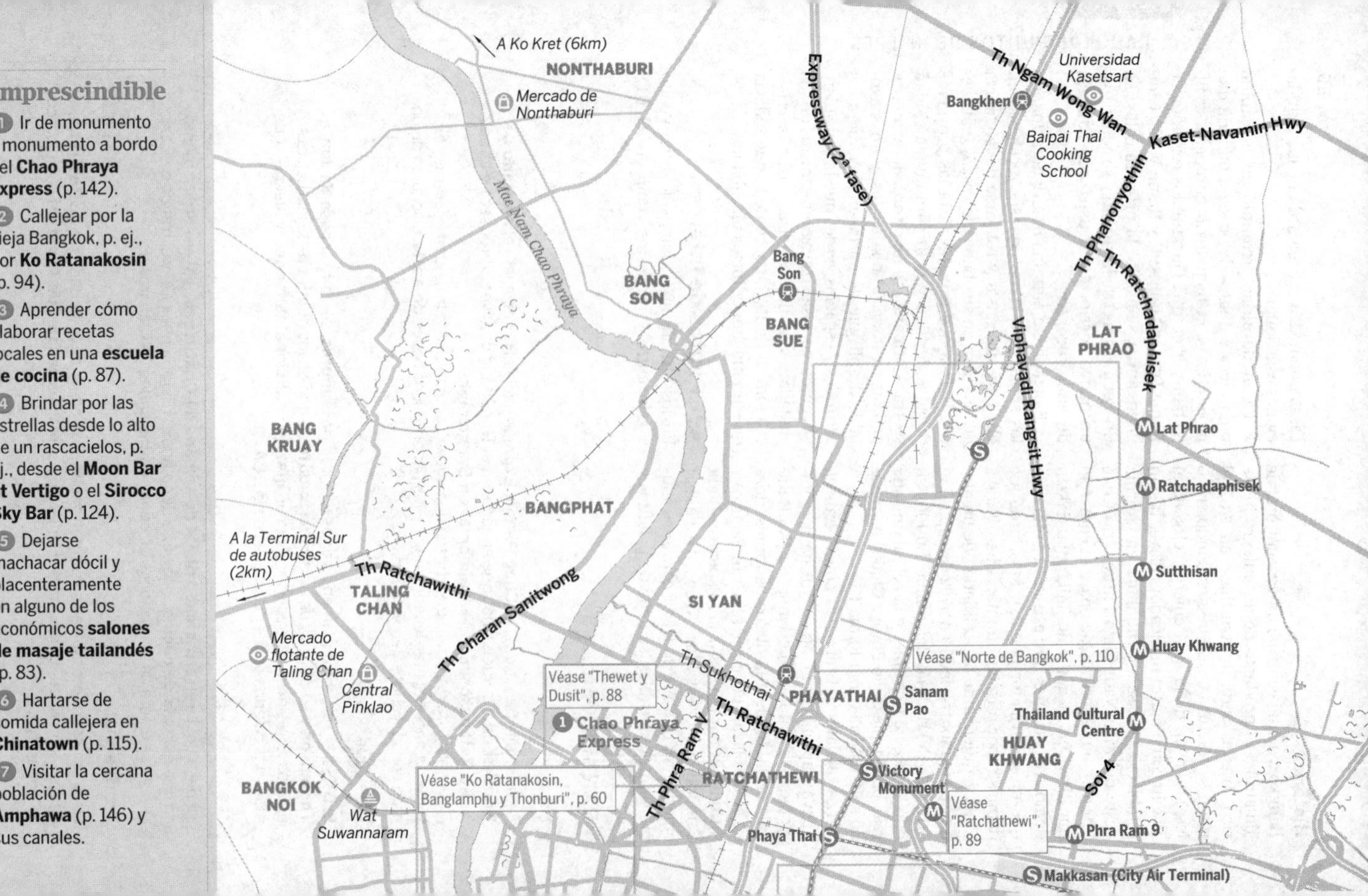

Imprescindible

1. Ir de monumento a monumento a bordo del **Chao Phraya Express** (p. 142).
2. Callejear por la vieja Bangkok, p. ej., por **Ko Ratanakosin** (p. 94).
3. Aprender cómo elaborar recetas locales en una **escuela de cocina** (p. 87).
4. Brindar por las estrellas desde lo alto de un rascacielos, p. ej., desde el **Moon Bar at Vertigo** o el **Sirocco Sky Bar** (p. 124).
5. Dejarse machacar dócil y placenteramente en alguno de los económicos **salones de masaje tailandés** (p. 83).
6. Hartarse de comida callejera en **Chinatown** (p. 115).
7. Visitar la cercana población de **Amphawa** (p. 146) y sus canales.

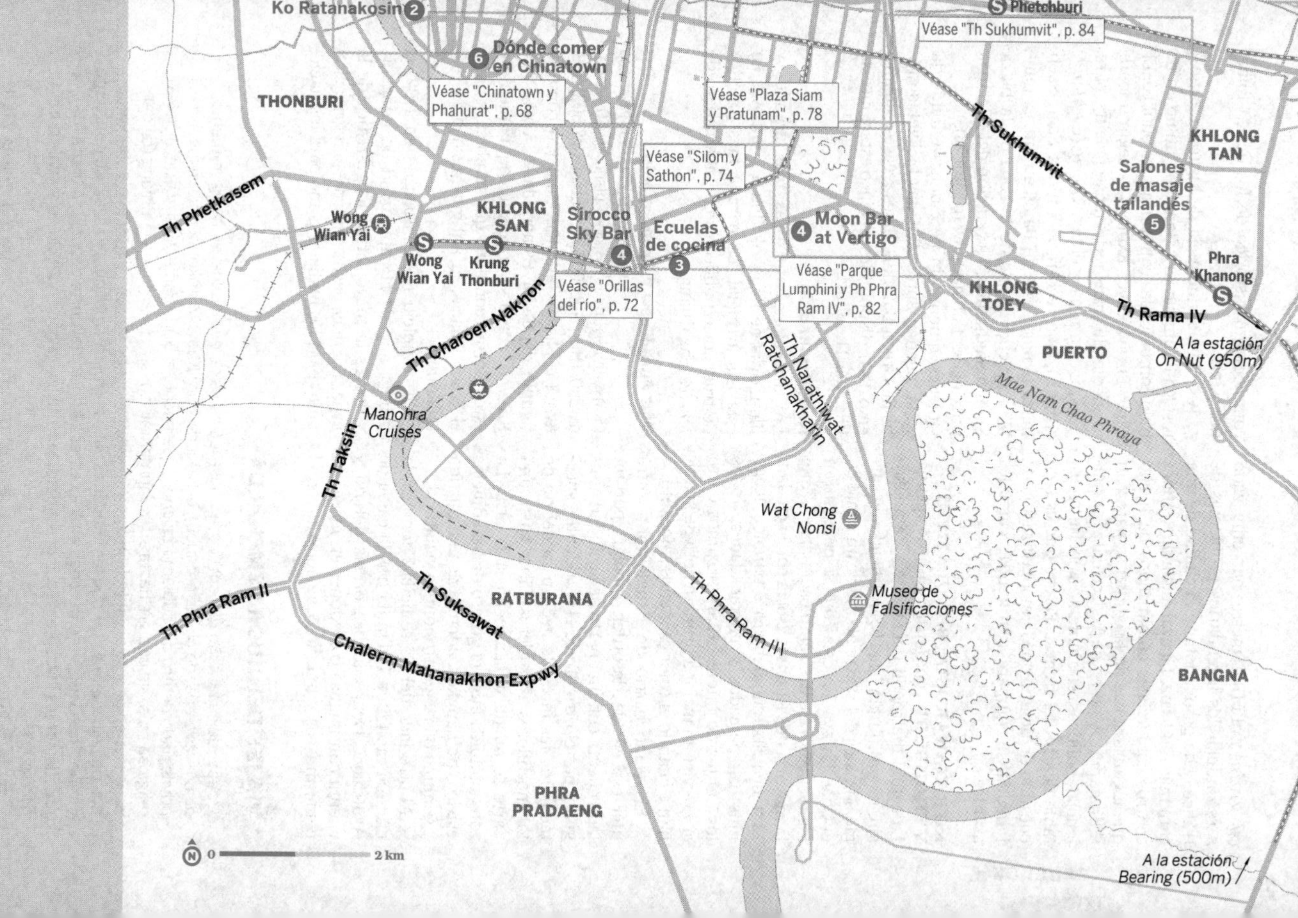
Ko Ratanakosin 2
Phetchburi
Véase "Th Sukhumvit", p. 84
6 Dónde comer en Chinatown
Véase "Chinatown y Phahurat", p. 68
THONBURI
Véase "Plaza Siam y Pratunam", p. 78
Th Sukhumvit
KHLONG TAN
Véase "Silom y Sathon", p. 74
Salones de masaje tailandés 5
Th Phetkasem
KHLONG SAN
Sirocco Sky Bar 4
Ecuelas de cocina 3
Moon Bar at Vertigo 4
Wong Wian Yai
Krung Thonburi
Phra Khanong
Véase "Orillas del río", p. 72
Véase "Parque Lumphini y Ph Phra Ram IV", p. 82
KHLONG TOEY
Th Rama IV
Th Charoen Nakhon
A la estación On Nut (950m)
PUERTO
Th Narathiwat Ratchanakharin
Mae Nam Chao Phraya
Manohra Cruisés
Th Taksin
Wat Chong Nonsi
Th Suksawat
RATBURANA
Th Phra Ram III
Museo de Falsificaciones
Th Phra Ram II
Chalerm Mahanakhon Expwy
BANGNA
PHRA PRADAENG
0
2 km
A la estación Bearing (500m)

(skytrain) y el MRT (metro) han empezado a reconducir los legendarios problemas de tráfico, y de paso a dotar a la ciudad de una cara más moderna. La avalancha de grandes centros comerciales climatizados ha hecho que algunas zonas de la ciudad se parezcan a Singapur. A pesar de las recientes turbulencias políticas, el ambiente general es estable dentro del frenesí. Parece que es solo cuestión de tiempo que la modernización de Bangkok se equipare a la de otras capitales asiáticas.

KO RATANAKOSIN, BANGLAMPHU Y THONBURI เกาะรัตนโกสินทร์/บางลำพู/ธนบุรี

La actual metrópoli nació en Ko Ratanakosin, una diminuta isla (*ko*) artificial que surgió a finales del s. XVIII al dragar un canal en el Chao Phraya. En esta zona se encuentran los resplandecientes templos y palacios que la mayoría de visitantes asocia con la ciudad. El flanco ribereño del barrio también acoge museos, mercados y universidades. Todos los puntos de interés están próximos entre sí y se visitan mejor a primera hora de la mañana, cuando el calor es menos sofocante.

El vecino barrio de Banglamphu sufre una especie de desorden bipolar: por un lado cuenta con una parte de la ciudad antigua y por el otro ofrece el estridente espectáculo de las luces de neón para delirio de los mochileros extranjeros. Si no gusta una parte se puede ir fácilmente a la otra. La zona también aloja el grueso de los edificios clásicos de Bangkok, además de una nutrida y genuina oferta gastronómica y cultural.

Al otro lado del río se halla Thonburi, la efímera capital de Tailandia tras la caída de Ayutthaya. Ocupa ambas orillas del río y cuenta con buenas conexiones en *ferry*, así como museos y templos que constituyen el complemento histórico de los de Ko Ratanakosin.

Pese a la abundancia de lugares de interés, Ko Ratanakosin y Banglamphu no están bien comunicadas con transporte público. El Chao Phraya River Express es seguramente el medio de transporte más eficiente para llegar a esta zona, y el taxi *klorng* (o *khlong*, "canal"), que recorre el Khlong Saen Saeb hasta la parte este de Banglamphu, es también práctico desde de la zona de la plaza Siam o Sukhumvit. La estación del BTS más próxima es Ratchathewi (plano p. 78).

Quienes quieran inspeccionar a fondo la zona, pueden aprovechar las bicicletas gratis de Green Bangkok Bikes (véase recuadro en p. 143), disponibles en cinco estaciones de bicis del Thonburi.

Ko Ratanakosin

Las atracciones turísticas más grandes y llamativas de Bangkok flotan pomposas en esta isla artificial. La parada más práctica de transporte público es el embarcadero de *ferries* Tha Chang.

Wat Phra Kaew y Gran Palacio

TEMPLO BUDISTA, COMPLEJO PALACIEGO

(วัดพระแก้ว/พระบรมมหาราชวัง; plano p. 60; entrada 350 THB; ⌚8.30-15.30; autobús nº 503, 508, *ferry* Tha Chang) También conocido como el templo del Buda Esmeralda, el **Wat Phra Kaew** es como se conoce coloquialmente a este enorme complejo que también incluye el Gran Palacio, la antigua residencia real tailandesa.

El complejo fue consagrado en 1782, el primer año de la capitalidad de Bangkok, y hoy es la mayor atracción turística de la urbe, además de destino de peregrinación tanto para los budistas como para los nacio-

VIAJES DEL BUDA ESMERALDA

A pesar de su tamaño (66 cm) y material (que no es de esmeralda, sino seguramente de cuarzo jaspeado o jade nefrítico), el llamado Phra Kaew Morakot ocupa un lugar privilegiado dentro del budismo tailandés. De hecho, el Buda Esmeralda era una imagen religiosa más, sin pedigrí, hasta su monumental "puesta de largo" en la Chiang Rai del s. XV. Tras precipitarse al vacío, la imagen se desprendió de su capa de escayola (una práctica utilizada para evitar que las imágenes valiosas fueran robadas) y reveló su refulgente interior. Tras varias temporadas en diferentes templos del norte del país, la figura fue robada por los invasores laosianos a mediados del s. XVI y permaneció en su país durante dos siglos.

En 1778, el rey Taksin de Tailandia declaró la guerra a Laos, recuperó la imagen y la llevó a Thonburi. Más adelante, cuando la capital se trasladó a Bangkok y el general Chakri ocupó el trono, el Buda Esmeralda fue agasajado con uno de los templos más maravillosos del país, el Wat Phra Kaew.

nalistas. Con un total de 94,5 Ha, el recinto alberga más de cien edificios que resumen dos siglos de historia monárquica y de experimentación arquitectónica. Casi todas las construcciones, reales o sagradas, son de estilo *ratanakosin,* también llamado antiguo Bangkok.

Ubicado en un *bòht* de decoración fantasiosa y custodiado por parejas de *yaksha* (gigantes míticos), el **Buda Esmeralda,** sentado en lo alto de un altar elevado y apenas visible entre tanto dorado, es el principal reclamo del templo. La diminuta figura siempre va ataviada con vestimentas reales, una para cada estación (calurosa, fría y lluviosa). En una solemne ceremonia, el rey (o, en los últimos años, el príncipe heredero) le cambia los ropajes al principio de cada temporada. Recién restaurados, los **murales budistas** flanquean las paredes interiores del *bòht,* y los **murales del 'Ramakian'** decoran las paredes interiores del templo. Pintados originariamente durante el reinado de Rama I [1782-1809], estas pinturas ilustran, desde la puerta norte y en sentido horario por todo el complejo, la famosa epopeya.

A excepción de alguna que otra antesala, en la actualidad el rey solo utiliza el **Gran Palacio** (Phra Borom Maharatchawong) en ocasiones especiales, como para la ceremonia de coronación.

En el extremo este, la **sala Borombhiman,** de inspiración francesa y antigua residencia de Rama VI, a veces se utiliza para hospedar a altos dignatarios extranjeros. El edificio que queda al oeste es la **sala Amarindra,** antiguo Palacio de Justicia y actual sede para las ceremonias de coronación.

La estructura más grande del palacio es el **Chakri Mahaprasat,** el salón del Gran Palacio. Diseñado en 1882 por arquitectos británicos, su exterior combina de manera muy peculiar formas del Renacimiento italiano y tailandesas tradicionales. A menudo a este estilo se le llama *fa·ràng sài chá·dah* ("occidental con corona tailandesa") porque cada ala está rematada con un *mon·dòp,* un chapitel profusamente ornamentado que representa una adaptación tailandesa del *mandapa* ("santuario") hinduista. El más alto, el del centro, contiene las cenizas de los reyes de la dinastía Chakri, mientras que uno lateral guarda las de sus príncipes. Los enormes harenes de los monarcas tailandeses se encontraban en el interior del palacio y estaban custodiados por mujeres entrenadas para el combate.

VESTIRSE PARA LA OCASIÓN

Prácticamente todas las mayores atracciones turísticas de Bangkok son lugares sagrados, por lo que se debe vestir y comportarse adecuadamente; en particular en el Wat Phra Kaew, el Gran Palacio y el parque Dusit, donde no se permite la entrada a los que no respeten esta norma. Nada de pantalones cortos, camisetas sin mangas, *tops* de tirantes, faldas cortas ni pantalones pirata, pues dejan al descubierto más carne que la de brazos, rodillas y cabeza. Los hombros siempre deben ir cubiertos. Esto se aplica a hombres y mujeres. A la entrada se prestan *sarongs* para cumplir con este protocolo.

Para pasear por los patios interiores se ha de usar calzado con los dedos y talones cubiertos, aunque esto no se aplica a rajatabla. Eso sí, el viajero deberá descalzarse siempre para entrar a cualquier *bòht* o *wí·hăhn* importantes. Delante de una imagen de Buda, hay que sentarse siempre con los pies hacia atrás y así evitar apuntar con ellos a la reverenciada figura, lo que supondría toda una ofensa.

La última estancia (de este a oeste) es el **salón Dusit,** de estilo *ratanakosin,* que inicialmente se utilizaba para audiencias reales y más tarde acogió los funerales reales.

En la taquilla se puede contratar un guía; no hay que hacer caso de quienes se ofrecen en la calle. Alquilar una audioguía por dos horas cuesta 200 THB. Hay dos buenas maneras de llegar al Wat Phra Kaew y el Gran Palacio: a pie (paseo corto) desde Banglamphu, vía el Sanam Luang, o en un barco de Chao Phraya Express que vaya al Tha Chang. Desde la zona de la plaza Siam (delante del **MBK,** Th Phra Ram I) se puede tomar el autobús nº 47.

La entrada al complejo incluye el acceso al **parque Dusit** (p. 81), donde está la mansión de teca Vimanmaek y el salón del trono de Abhisek Dusit.

Wat Pho TEMPLO BUDISTA

(วัดโพธิ์ (วัดพระเชตุพน); Wat Phra Chetuphon; plano p. 60; Th Sanam Chai; entrada 50 THB; ⌚8.00-21.00; autobús nº 508, 512, *ferry* Tha Tien) Aunque suele recibir menos turistas que el Wat Phra Kaew, de los grandes templos de Bangkok, este es el favorito de este autor. De hecho, el complejo

Ko Ratanakosin, Banglamphu y Thonburi

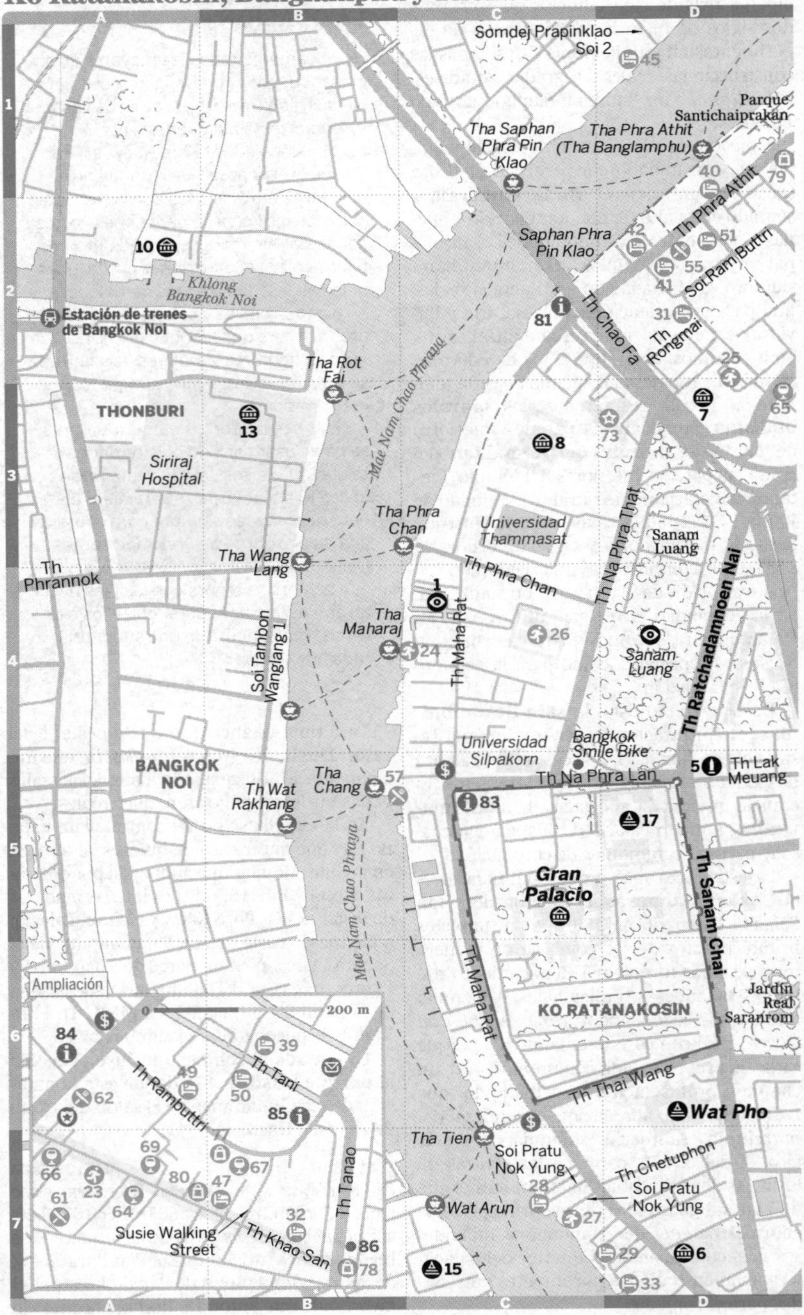

Somdej Prapinklao Soi 2
45
Parque Santichaiprakan
Tha Saphan Phra Pin Klao
Tha Phra Athit (Tha Banglamphu)
40
79
Th Phra Athit
Saphan Phra Pin Klao
42
51
55
41
Soi Ram Buttri
10
Khlong Bangkok Noi
Estación de trenes de Bangkok Noi
81
Th Chao Fa
31
Th Rongmai
25
Tha Rot Fai
THONBURI
13
Mae Nam Chao Phraya
7
65
73
8
Siriraj Hospital
Tha Phra Chan
Universidad Thammasat
Th Na Phra That
Sanam Luang
Tha Wang Lang
Th Phrannok
Th Phra Chan
1
Th Ratchadamnoen Nai
Tha Maharaj
26
24
Th Maha Rat
Soi Tambon Wanglang 1
Sanam Luang
Universidad Silpakorn
Bangkok Smile Bike
BANGKOK NOI
Tha Chang
57
Th Na Phra Lan
5
Th Lak Meuang
Th Wat Rakhang
83
17
Th Sanam Chai
Gran Palacio
Mae Nam Chao Phraya
Th Maha Rat
Jardín Real Saranrom
KO RATANAKOSIN
Th Thai Wang
Wat Pho
Tha Tien
Soi Pratu Nok Yung
Th Chetuphon
Soi Pratu Nok Yung
28
Wat Arun
27
29
6
15
33

Ampliación
0 200 m
84
39
Th Tani
49
50
Th Rambuttri
62
85
77
69
67
66
23
80
47
61
64
Th Tanao
32
Susie Walking Street
Th Khao San
86
78

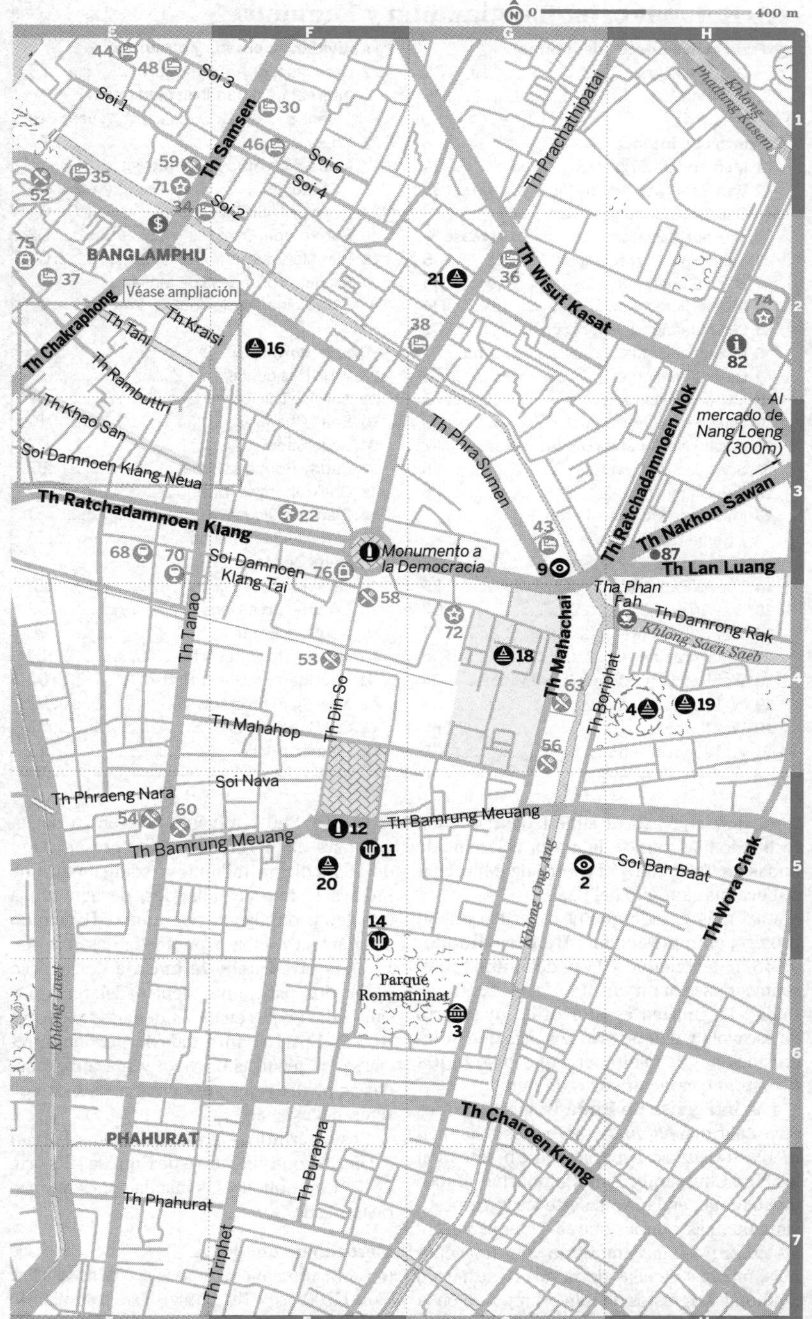
0
400 m
E
F
G
H
BANGLAMPHU
Véase ampliación
Th Samsen
Soi 1
Soi 2
Soi 3
Soi 4
Soi 6
Th Prachathipatai
Khlong Phadung Kasem
Th Wisut Kasat
Th Chakraphong
Th Tani
Th Kraisi
Th Rambuttri
Th Khao San
Soi Damnoen Klang Neua
Th Phra Sumen
Th Ratchadamnoen Nok
Al mercado de Nang Loeng (300m)
Th Nakhon Sawan
Th Ratchadamnoen Klang
Monumento a la Democracia
Soi Damnoen Klang Tai
Th Lan Luang
Tha Phan Fah
Th Damrong Rak
Khlong Saen Saeb
Th Tanao
Th Mahachai
Th Boriphat
Th Din So
Th Mahahop
Soi Nava
Th Phraeng Nara
Th Bamrung Meuang
Th Bamrung Meuang
Soi Ban Baat
Khlong Ong Ang
Th Wora Chak
Parque Rommaninat
Khlong Lawt
Th Charoen Krung
PHAHURAT
Th Burapha
Th Phahurat
Th Triphet
BANGKOK PUNTOS DE INTERÉS

Ko Ratanakosin, Banglamphu y Thonburi

Principales puntos de interés

Gran Palacio C5
Wat Pho D6

Puntos de interés

1 Mercado de amuletos C4
2 Ban Baht (poblado de los cuencos) G5
Capilla de Buddhaisawan (Phutthaisawan) .... (véase 8)
3 Museo del Correccional G6
Buda Esmeralda .... (véase 17)
4 Monte Dorado H4
5 Lak Meuang (pilar de la ciudad) D5
6 Museo de Siam D7
7 Galería Nacional D3
8 Museo Nacional C3
9 Queen's Gallery G3
10 Museo Nacional de Barcazas Reales ... A2
11 Saan Jao Phitsanu F5
12 Sao Ching-Cha F5
13 Museo de Medicina Forense de Songkran Niyosane y Museo de los Parásitos B3
14 Thewa Sathaan F5
15 Wat Arun C7
16 Wat Bowonniwet F2
17 Wat Phra Kaew D5
18 Wat Ratchanatdaram Worawihan G4
19 Wat Saket H4
20 Wat Suthat F5
21 Wat Tritosathep G2

Actividades, cursos y circuitos

22 Grasshopper Adventures F3
International Buddhist Meditation Centre .... (véase 26)
23 Khao A7
Meditation Study and Retreat Center .... (véase 26)
24 Segway Tour Thailand C4
25 Sor Vorapin Gym D2
26 Wat Mahathat C4
27 Escuela Tailandesa de Masaje y Medicina Tradicional del Wat Pho C7

Dónde dormir

28 Arun Residence C7
29 Aurum: The River Place D7
30 Baan Chantra F1
31 Baan Sabai D2
32 Buddy Boutique Hotel B7
33 Chakrabongse Villas D7
34 Diamond House E1
35 Fortville Guesthouse E1
36 Hotel Dé Moc G2
37 Lamphu House E2
38 Lamphu Tree House G2
39 NapPark Hostel B6
40 Navalai River Resort D1
41 New Merry V Guest House D2
42 New Siam Riverside D2
43 Old Bangkok Inn G3
44 Penpark Place E1

suma una larga lista de superlativos: el Buda reclinado más grande, la mayor colección de budas en Tailandia y el centro de educación pública más antiguo del país.

Casi más grande que el cobertizo que lo protege, el impresionante **Buda reclinado,** de 46 m de longitud y 15 m de altura, representa su paso al nirvana (o sea, la muerte de Buda). La imagen es de ladrillo recubierto de escayola y pan de oro. Los pies tienen incrustaciones de madreperla que ilustran 108 *lák·sà·nà* o características de Buda.

Las **imágenes de Buda** expuestas en los otro cuatro *wí·hăhns* (santuarios) también merecen visitarse. Especialmente bonitos son los Phra Chinnarat y Phra Chinnachai, ambos de Sukhotai, en la capilla este y sur, respectivamente. Las galerías que se extienden entre las cuatro capillas muestran 394 imágenes más, muchas de ellas de rasgos Ayutthaya o Sukhotai. Los restos de Rama I reposan en la base del Buda que preside el *bòht*.

El Wat Pho también es el centro nacional para la enseñanza y la preservación de la medicina tailandesa tradicional, que incluye el masaje tailandés, de acuerdo a una ley promulgada por Rama III cuando su práctica estaba a punto de desaparecer. La famosa **escuela de masaje** del templo posee dos pabellones dentro del recinto y salas adicionales en dependencias exteriores (p. 85). En el recinto todavía pueden apreciarse las técnicas de yoga y masaje grabadas en piedra y que antiguamente servían de referencia visual.

Los laberínticos jardines del *wat* abarcan 8 Ha; la zona más turística queda al norte de Th Chetuphon y las instalaciones monásticas, al sur.

Mercado de amuletos MERCADO

(ตลาดพระเครื่องวัดมหาธาตุ; plano p. 60; Th Maha Rat; 7.00-17.00; *ferry* Tha Chang) Este estrafalario y fascinante mercado ocupa las aceras de Th

- **45** Praya Palaazzo D1
- **46** Rajata Hotel F1
- **47** Rikka Inn B7
- **48** Sam Sen Sam E1
- **49** Viengtai Hotel A6
- **50** Villa Cha-Cha B6
- **51** Wild Orchid Villa D2

Dónde comer

- **52** Ann's Sweet E1
- **53** Arawy F4
- **54** Chote Chitr E5
- **55** Hemlock D2
- **56** Jay Fai G4
- **57** Khunkung B5
- **58** Krua Apsorn F4
- **59** May Kaidee E1
- **60** Poj Spa Kar E5
- **61** Ranee's A7
- **62** Shoshana A6
- **63** Thip Samai G4

Dónde beber

- Amorosa ..... (véase 28)
- **64** Center Khao San A7
- **65** Gazebo D3
- **66** Hippie de Bar A7
- **67** Molly Bar B7
- Mulligans ..... (véase 32)
- **68** Phranakorn Bar E3
- Rolling Bar ..... (véase 38)
- **69** Roof Bar A7
- **70** Taksura E3

Ocio

- **71** Ad Here the 13th E1
- Brick Bar ..... (véase 32)
- **72** Club Culture G4
- **73** Teatro Nacional D3
- **74** Estadio Ratchadamnoen H2

De compras

- **75** Book Lover E2
- **76** RimKhobFah Bookstore F3
- **77** Saraban B7
- **78** Shaman Bookstore B7
- **79** Taekee Taekon D1
- **80** Mercado de Th Khao San A7

Información

- **81** Centro de información de Bangkok C2
- **82** Autoridad de Turismo de Tailandia H2
- **83** Puesto de información turística C5
- **84** Puesto de información turística A6
- **85** Puesto de información turística B6

Transporte

- **86** Air Asia B7
- **87** Thai Airways International H3

Maha Rat y Th Phra Chan, además de un revoltijo de puestos cubiertos cerca del Tha Phra Chan. Aquí se comercia con pequeños talismanes muy codiciados entre los coleccionistas, monjes, taxistas y personajes de profesión dudosa, algunos de los cuales pueden alcanzar precios astronómicos. Se puede ver a compradores que acarrean decenas de amuletos y regatean y hojean revistas especializadas.

En la misma calle también se ven elegantes negocios familiares como herboristerías y tiendas de masaje tradicional, además de vendedores callejeros con género de segunda mano, como libros, casetes y ¡dentaduras postizas!

Museo de Siam MUSEO

(สถาบันพิพิธภัณฑการเรียนรู้แห่งชาติ; plano p. 60; www.museumsiam.com; Th Maha Rat; entrada 300 THB; ⌚10.00-18.00 ma-do; autobús nº 32, 524, *ferry* Tha Tien) Ameno e interactivo, este museo se sirve de diversos medios para presentar los orígenes y la cultura del pueblo tailandés. Situado en un palacio de la época de Rama III, en todas las salas se pasan vídeos comentados y hasta hay un simulador de una batalla de los tiempos de Ayutthaya.

Museo Nacional MUSEO

(พิพิธภัณฑสถานแห่งชาติ; plano p. 60; 4 Th Na Phra That; entrada 200 THB; ⌚9.00-15.30 mi-do; autobús nº 32, 123, 503, *ferry* Tha Chang) A menudo anunciado como el más grande del sureste asiático, este museo alberga una impresionante colección de escultura religiosa, pero resulta más interesante si se ve con una **visita guiada** (⌚9.30 mi y ju).

Casi todos los edificios que lo integran se construyeron en 1782 como palacio para el virrey de Rama I, el príncipe Wang Na. En 1874, Rama V lo convirtió en museo, con tres exposiciones permanentes.

El **ala de historia** repasa de manera espectacular los acontecimientos y figuras más importantes de la Prehistoria y las épocas

CON MUCHO ARTE

Aunque el entorno urbano de Bangkok parece atender mejor al filisteo que todo el mundo lleva dentro, la ciudad también cuenta con un panorama artístico discreto pero destacable. En los últimos años se han inaugurado galerías a un ritmo semanal y Bangkok se ha convertido en el epicentro del arte del sureste asiático. Para no perderse ninguna cita importante durante la visita a la capital de Tailandia, conviene conseguir un ejemplar (gratis) del excelente **'BAM'!** (Bangkok Art Map; www.bangkokartmap.com).

Algunas de las mejores galerías de arte, según este autor, son:

» **100 Tonson Gallery** (plano p. 78; www.100tonsongallery.com; 100 Soi Tonson, Th Ploenchit; ⌚11.00-19.00 ju-do; BTS Chit Lom) Sugerente galería que expone las obras de pintores, escultores y artistas conceptuales emergentes y destacados de la escena patria e internacional.

» **Bangkok Art and Culture Centre** (BACC; plano p. 78; www.bacc.o.th; Th Phayathai esq. Th Phra Ram 1; ⌚10.00-21.00 ma-do; BTS Siam o National Stadium) Este flamante complejo gubernamental de varios pisos concilia arte y comercio en pleno centro de Bangkok.

» **H Gallery** (plano p. 74; www.hgallerybkk.com; 201 Soi 12, Th Sathon; ⌚10.00-18.00 mi-sa, con cita previa ma; BTS Surasak) Destacado escaparate para pintores abstractos tailandeses emergentes.

» **Kathmandu Photo Gallery** (plano p. 74; www.kathmandu-bkk.com; 87 Th Pan; ⌚11.00-19.00 ma-do; BTS Surasak) La única galería de Bangkok dedicada exclusivamente a la fotografía se halla en una restaurada tienda-vivienda chino-portuguesa. La pequeña galería del piso superior programa exposiciones temporales de artistas y fotógrafos locales e internacionales.

» **Queen's Gallery** (plano p. 60; www.queengallery.org; 101 Th Ratchadamnoen Klang; entrada 30 THB; ⌚10.00-19.00 ju-ma; autobús nº 2, 15, 44, 511, taxi *klorng* Tha Phan Fah) Esta galería, fundada por la reina, consta de cinco plantas con exposiciones temporales de arte moderno e influencia tradicional.

» **Surapon Gallery** (plano p. 82; www.rama9art.org/gallery/surapon/index.html; Tisco Tower, 1er piso, Th Sathon Neua; ⌚11.00-18.00 ma-sa; MRT Lumphini) Arte contemporáneo tailandés único.

» **Tang Gallery** (plano p. 74; Silom Galleria, sótano, 919/1 Th Silom; ⌚11.00-19.00 ma-sa; BTS Surasak) La principal galería de Bangkok para artistas modernos de China se ha colocado entre lo mejor de la escena artística contemporánea de la ciudad. Para conocer la programación basta con echar un vistazo a los pósteres del vestíbulo.

Sukhotai, Ayutthaya y Bangkok. Sobresalen las inscripciones en un pilar de piedra del rey Ramakamhaeng, al parecer el vestigio más antiguo de escritura thai, el trono del rey Taksin, la sección de Rama V y la proyección de la película sobre el rey Prajadhipok, *The Magic Ring* (El anillo mágico).

La **exposición de artes decorativas y etnología** muestra toda suerte de artesanías: instrumentos musicales tradicionales, cerámica, vestimentas, telas, tallas de madera, ropajes reales y armas. El **ala de arqueología e historia del arte** reúne objetos desde la Prehistoria hasta el período Bangkok.

Aparte de las principales salas de exposición, la **capilla de Buddhaisawan (Phutthaisawan)** muestra algunos murales bien conservados y una de las imágenes de Buda más veneradas del país, el Phra Phut Sihing. Cuenta la leyenda que esta imagen procede de Sri Lanka, aunque los historiadores de arte la atribuyen al período Sukhotai del s. XIII.

Lak Meuang (pilar de la ciudad) — SANTUARIO ANIMISTA

(ศาลหลักเมือง; plano p. 60; Th Ratchadamnoen Nai esq. Th Lak Meuang; gratis; ⌚6.30-18.30; autobús nº 2, 60, 507, *ferry* Tha Chang) La piedra angular espiritual de Bangkok, el Lak Meuang, es un pilar de madera de forma fálica erigido por Rama I en 1782 durante la fundación de la nueva capital. Actualmente cubierto de pan de oro, el pilar se halla en un santuario blanco cruciforme. Como parte de la tradición animista, el pilar personifica el espíritu guardián de la ciudad (Phra Sayam Thewathirat), aunque también sirve para fines más seculares: señalización del cruce de carreteras y como km 0 de Tailandia.

Con suerte hasta se podría ver una *lá·kon gâa bon* (danza por encargo), interpretada por bailarinas ataviadas con alegres colores que ejecutan sutiles movimientos en agradecimiento al espíritu guardián por haber atendido alguna plegaria.

Galería Nacional — MUSEO

(พิพิธภัณฑสถานแห่งชาติ หอศิลป; plano p. 60; 4 Th Chao Fa; entrada 200 THB; ⌚9.00-16.00 mi-do; *ferry* Tha Phra Athit) Esta modesta galería guarda la impresionante tradición de las bellas artes del país. De estilo *ratanakosin* temprano, las paredes del edificio están decoradas con obras de arte contemporáneo, muchas de ellas de artistas subvencionados por el Gobierno. Si bien la colección permanente resulta bastante caduca y polvorienta, algunas de las muestras temporales de las espaciosas salas traseras sorprenden.

Banglamphu

Sin ser tan majestuosos como los de su barrio vecino, los lugares de interés de Banglamphu ofrecen un atisbo de la vieja Bangkok, una ciudad en vías de extinción.

Monte Dorado — TEMPLO BUDISTA

(วัดสระเกศ (ภูเขาทอง); plano p. 60; Th Boriphat; entrada 10 THB; ⌚7.30-17.30; autobús nº 8, 37, 47, taxi *klorng* Tha Phan Fah) Aunque ya se esté saturado de tantos *wats,* vale la pena echar un vistazo al Monte Dorado. Como toda cima que se precie, el templo crea una ilusión óptica que lo hace parecer más cercano de lo que en realidad está. Una sinuosa escalera se abre paso por una colina artificial a la sombra de árboles retorcidos y pasa por sepulturas y fotografías de adinerados benefactores. Una vez arriba, el caminante se verá recompensado con unas despejadas vistas de 360º de la cara más fotogénica de la capital tailandesa.

Este promontorio se creó cuando una gran *stupa,* encargada por Rama III, se vino abajo por la inconsistencia del terreno. El montículo resultante de barro y escombros fue invadido por las malas hierbas hasta que Rama IV hizo construir una pequeña *stupa* en lo alto. Más tarde Rama V le añadió la estructura y una reliquia de Buda procedente de la India (obsequio del Gobierno británico). Los muros de hormigón se levantaron durante la Segunda Guerra Mundial para evitar la erosión de la colina. Cada año, en noviembre, se celebra un gran fiesta en los jardines del *wat,* que incluye una procesión de velas.

Desde el extremo este de la ciudad, el Monte Dorado se halla a un corto paseo al sur de la terminal de barcos *klorng* del Tha Phan Fah, al oeste.

Wat Suthat y Sao Ching-Cha — TEMPLO BUDISTA Y MONUMENTO

(วัดสุทัศน์/เสาชิงช้า; plano p. 60; Th Bamrung Meuang; entrada 20 THB; ⌚8.30-21.00; autobús nº 10, 12, taxi *klorng* Tha Phan Fah) El brahmanismo es anterior a la llegada del budismo a Tailandia y sus rituales acabaron integrados por este último. El **Wat Suthat** es la sede de los sacerdotes brahmanes que en mayo celebran la Ceremonia Real de la Labranza. Empezado por Rama I y finalizado en reinados posteriores, el *wat* luce un *wí·hăhn* con imágenes de bronce dorado de Buda (entre ellas la del Phra Si Sakayamuni, uno de los bronces más grandes que quedan del estilo Sukhotai) y enormes murales (véase recuadro en p. 66) de *jataka.* El templo también tiene rango de Rachavoramahavihan, el más alto como templo real; en el *wí·hăhn,* el pedestal de la principal imagen de Buda atesora las cenizas de Rama VIII (Ananda Mahidol), hermano mayor del actual monarca.

Los sacerdotes del lugar también ofician ritos en dos templos hinduistas cercanos: el **Thewa Sathaan** (Deva Sathan), que alberga imágenes de Siva y Ganesha, y el más pequeño **Saan Jao Phitsanu** (santuario de Visnu).

Delante del templo se distingue un raquítico arco rojo: se trata del **Sao Ching-Cha** ("Columpio Gigante"), otro lugar emblemático de Bangkok como el Wat Phra Kaew. Años ha, este columpio acogía una espectacular fiesta brahmán en honor a Siva, en la que los participantes se columpiaban trazando arcos cada vez más altos para conseguir una bolsa de oro suspendida a 15 m de altura sobre un poste de bambú. El ritual, que costó la vida a no pocos participantes, fue suspendido durante el reinado de Rama VII. En el 2007, el deteriorado columpio fue sustituido por el actual, elaborado con troncos de seis tipos de teca procedentes de la provincia de Phrae.

El templo se halla a un corto paseo de la terminal de barcos *klorng* del Tha Phan Fah.

Wat Bowonniwet TEMPLO BUDISTA
(วัดบวรนิเวศวิหาร; plano p. 60; Th Phra Sumen esq. Th Tanao; gratis; ⏲8.00-17.30; autobús nº 56, 58, 516, *ferry* Tha Phra Athit) Fundado en 1826, es la sede nacional de la secta monástica minoritaria thammayut. Su fundador, el rey Mongkut, inició la tradición al ser monje, e incluso abad, del *wat*. El rey Bhumibol (Rama IX) y el príncipe heredero Vajiralongkorn, al igual que otros varones de la familia real, también han sido ordenados monjes de forma temporal. La *ubosot* atesora unos interesantes murales (véase recuadro abajo). Debido a su estatus real, hay que ser especialmente respetuoso con la vestimenta (nada de pantalones cortos ni camisetas de tirantes).

Wat Ratchanatdaram Worawihan TEMPLO BUDISTA
(วัดราชนัดดารามวรวิหาร; plano p. 60; Th Ratchadamnoen Klang esq. Th Mahachai; gratis; ⏲9.00-17.00; autobús nº 2, 15, 44, 511, taxi *klorng* Tha Phan Fah) Enfrente del Wat Saket, al otro lado de Th Mahachai, este templo data de mediados del s. XIX y junto con el Loha Prasat, un monasterio con aires de castillo, alberga un conocido mercado donde se venden *prá pim* (amuletos) budistas de todos los tamaños, formas y estilos. No solo los hay de imágenes de Buda sino también de célebres monjes tailandeses y deidades hinduistas. También se venden imágenes de Buda.

Ban Baht (poblado de los cuencos de monje) BARRIO
(บ้านบาตร; plano p. 60; Soi Ban Baht; ⏲ 10.00-18.00; autobús nº 8, 37, 47, taxi *klorng* Tha Phan Fah) Cuando el viajero empiece a lamentarse de los desaguisados del turismo, debería visitar este poblado artesano. Es el único poblado que queda de los que fundó Rama I para elaborar los *baht* (cuencos redondos) que los monjes utilizaban para su ronda limosnera matinal. Actualmente los religiosos usan boles producidos en serie en China, pero la técnica tradicional sobrevive aquí gracias a las aportaciones de los turistas.

MURALES DE TEMPLOS

Dada la riqueza relativa de Bangkok y su papel como centro cultural y artístico del país, los artistas encargados de decorar los muros de los templos de la ciudad se hallan entre sus figuras más talentosas y dichas pinturas murales están consideradas de las más bonitas de Tailandia. Algunos ejemplos excepcionales son:

» **Wat Bowonniwet** (véase arriba) Pintados durante el reinado de Rama II por un tal In Kong, entre los murales de los paneles de la *ubosot* (capilla) destacan representaciones al estilo tailandés de la vida occidental de principios del s. XIX, probablemente inspiradas en ilustraciones de revistas.

» **Wat Chong Nonsi** (วัดช่องนนทรี; plano p. 56; Th Nonsi, cerca de Th Phra Ram III; gratis; ⏲8.00-18.00; MRT Khlong Toei y taxi) Los murales más antiguos que sobreviven en Bangkok datan del período Ayutthaya tardío. Están descoloridos e incompletos, pero su retrato de la vida cotidiana, incluidas imágenes sexuales, merecen la visita.

» **Capilla de Buddhaisawan (Phutthaisawan)** (p. 63) Aunque la construcción de este templo emplazado en el Museo Nacional empezó en 1795, las pinturas seguramente se completaron durante el reinado de Rama III [1824-1851]. Entre otros pasajes, los elegantes murales ilustran los típicos temas de la concepción, el nacimiento y la infancia de Buda.

» **Wat Suthat** (p. 65) Impresionantes tanto por sus dimensiones como por su calidad, estos murales se hallan entre los más impresionantes del país. Detrás de la imagen de Buda hay un pilar con sangrientas imágenes del infierno budista.

» **Wat Suwannaram** (วัดสุวรรณาราม; plano p. 56; 33 Soi 32, Th Charoen Sanitwong, Khlong Bangkok Noi; gratis; ⏲8.00-18.00; taxi *klorng* desde el Tha Chang) Estas pinturas del interior de un templo del período Ayutthaya tardío de Thonburi albergan gráficas y elaboradas ilustraciones de escenas de batallas y de extranjeros, entre ellas de guerreros chinos y musulmanes.

» **Wat Tritosathep** (วัดตรีทศเทพ; plano p. 60; Th Prachathipatai; gratis; autobús nº 12, 19, 56) Aunque inacabados, los murales posmodernos de Chakrabhand Posayakrit de este templo de Banglamphu ya están considerados como obras maestras de arte budista tailandés.

Una media docena de familias aún se valen del martillo para unir las ocho piezas de acero que representan, según se dice, los ocho radios de la rueda del Dharma (símbolo del sendero óctuple del budismo). Las junturas se sueldan con bronce fundido al horno de leña, y posteriormente el cuenco se pule y se cubre con varias capas de laca negra. Producir un cuenco lleva un día entero, aproximadamente. Si se adquiere uno, el artesano mostrará encantado las herramientas y el procedimiento empleados.

Thonburi

Está al otro lado del Chao Phraya, pero es un lugar tan tranquilo que parecerá que se está en otra provincia. No hay muchos lugares de interés, aunque la arbolada *fàng ton* es una zona fantástica de paseo.

Wat Arun — TEMPLO BUDISTA

(วัดอรุณฯ; plano p. 60; Th Arun Amarin; entrada 50 THB; ⌚8.30-16.30; *ferry* desde el Tha Tien)
El magnífico Wat Arun se alza con su aire miliciano como el tercer punto de la tríada histórica sagrada que integra junto con el Wat Phra Kaew y el Wat Pho. Tras la caída de Ayutthaya, el rey Taksin tomó posesión de su cargo con toda la pompa en el emplazamiento de un santuario local (antiguamente llamado Wat Jaeng) y estableció un palacio real y un templo para proteger al Buda Esmeralda. El templo fue rebautizado con el nombre del dios hinduista del amanecer (Aruna) en honor a la fundación, literal e histórica, de la nueva Ayutthaya.

Cuando la capital y el Buda Esmeralda se trasladaron a Bangkok, el Wat Arun recibió su rasgo más característico: la *prang* (torre de estilo jemer) de 82 m de altura. Su construcción comenzó durante el reinado de Rama II, en la primera mitad del s. XIX, y finalizó con Rama III. Aunque no se aprecie de lejos, los intrincados **mosaicos** florales están elaborados con pequeños trozos de porcelana china, una ornamentación típica de los templos del período *ratanakosin* temprano, cuando los barcos chinos que llegaban al puerto de Bangkok desechaban toneladas de lastre de vieja porcelana china hecha añicos.

También vale la pena visitar el interior del *bòht,* cuyo Buda principal al parecer fue diseñado por el mismísimo Rama II. Los **murales** datan de la época de Rama V; destaca el impresionante fresco que retrata al príncipe Siddhartha presenciando instantes de su nacimiento, senectud, enfermedad y muerte delante de los muros de su palacio, una experiencia que lo llevó a abandonar la vida terrenal. Las cenizas de Rama II están enterradas en la base de la imagen del Buda dominante.

Los *ferries* (3,50 THB) que cruzan el río llevan desde el Tha Tien hasta el Wat Arun cada pocos minutos.

Para ver el templo con el sol poniente, hay que apostarse al otro lado del río, junto a los almacenes de Th Maha Rat. Otro excelente mirador es el Amorosa, el bar en la azotea del Arun Residence (p. 120).

Museo Nacional de Barcazas Reales — MUSEO

(พิพิธภัณฑ์เรือพระที่นั่ง; plano p. 60; Khlong Bangkok Noi; entrada 100 THB, permiso para fotografiar 100 THB; ⌚9.00-17.00; *ferry* Tha Saphan Phra Pin Klao)
Las barcazas reales son estilizadas embarcaciones de fantasiosa ornamentación que se utilizan en las procesiones ceremoniales. La tradición se remonta a la época de Ayutthaya, cuando la mayoría de la gente (realeza incl.) se desplazaba en barco. En la actualidad estas procesiones no son en absoluto frecuentes; la última tuvo lugar en el 2006 con motivo de la celebración del 60º aniversario de la ascensión del rey al trono. El resto del tiempo las barcazas se exponen en este museo de Thonburi.

Suphannahong, la barcaza personal del rey, es la más importante. Se trata de la piragua más grande del mundo, construida de un solo tronco. Se llama "Cisne Dorado" y luce una enorme talla de dicho animal en la proa. Otras barcazas menores portan tallas de otros seres de la mitología hinduista-budista tales como *nagas* (serpiente marina) y *garudas* (el ave que monta Visnu). Las fotografías ayudan a imaginar la espectacularidad de estas procesiones, en las que la barcaza mayor necesitaba de 50 remeros, 7 portadores de sombrillas, 2 timoneles y 2 navegantes, además del abanderado, el cómitre y el cantor rítmico.

La manera más práctica de llegar al museo es en taxi (hay que pedir al conductor que vaya al *reua prá têe nâng*) desde el Tha Saphan Phra Pin Klao. También se puede ir a pie desde la estación de trenes de Bangkok Noi (accesible en el *ferry* que va al Tha Rot Fai), pero el paseo es complicado y poco agradable, y está lleno de guías espontáneos que pretenden cobrar por sus servicios. El museo también es una parada opcional en las travesías en barcos de popa larga que atraviesan los canales de Thonburi.

Chinatown y Phahurat

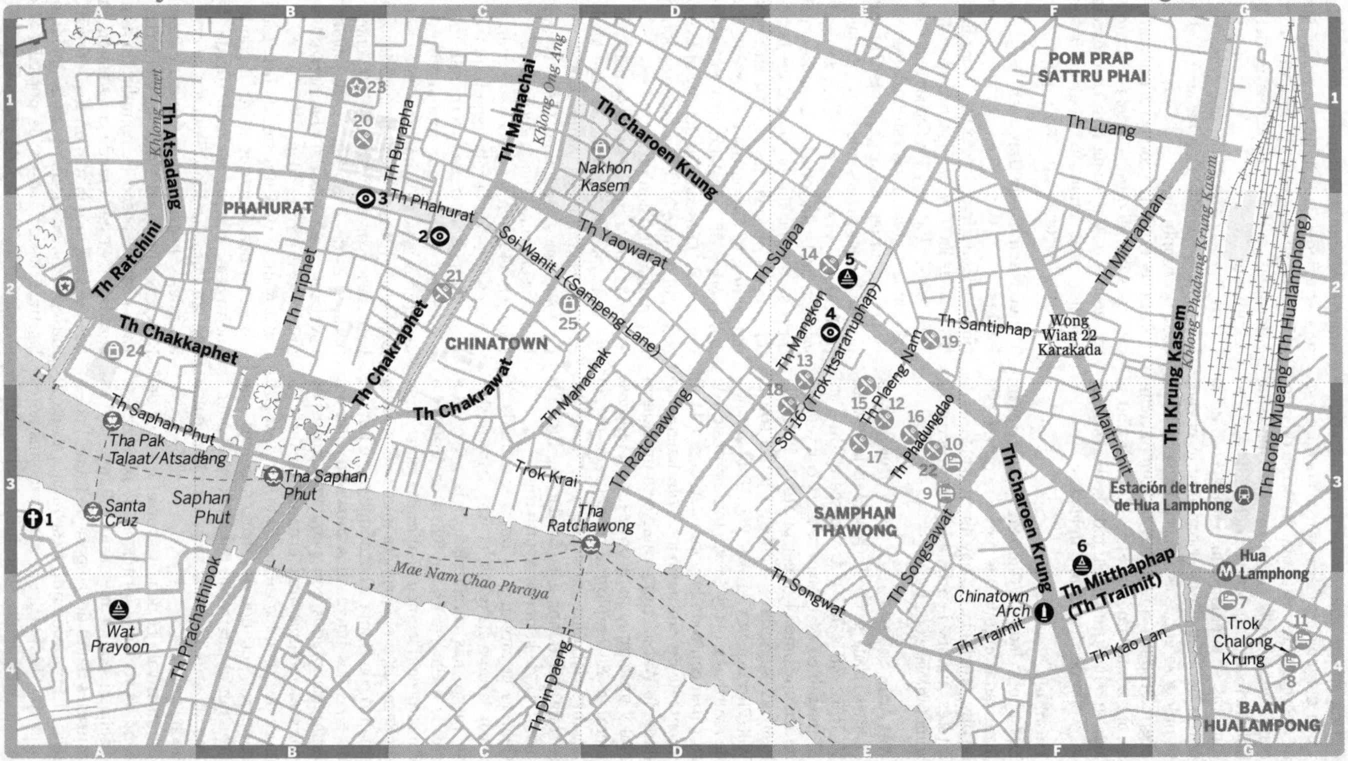

0 200 m

POM PRAP SATTRU PHAI
PHAHURAT
CHINATOWN
SAMPHAN THAWONG
BAAN HUALAMPONG
Th Atsadang
Khlong Lawt
Th Ratchini
Th Chakkaphet
Th Triphet
Th Burapha
Th Phahurat
Th Chakraphet
Th Mahachai
Khlong Ong Ang
Th Chakrawat
Th Charoen Krung
Nakhon Kasem
Th Yaowarat
Soi Wanit 1 (Sampeng Lane)
Th Mahachak
Th Ratchawong
Trok Krai
Th Suapa
Th Mangkon
Soi 16 (Trok Itsaranuphap)
Th Plaeng Nam
Th Phadungdao
Th Santiphap
Wong Wian 22 Karakada
Th Mittraphan
Th Luang
Th Maitrichit
Th Krung Kasem
Khlong Phadung Krung Kasem
Th Rong Mueang (Th Hualamphong)
Estación de trenes de Hua Lamphong
Hua Lamphong
Th Mitthaphap (Th Traimit)
Chinatown Arch
Th Traimit
Th Kao Lan
Trok Chalong Krung
Th Songsawat
Th Songwat
Th Din Daeng
Tha Ratchawong
Mae Nam Chao Phraya
Th Saphan Phut
Tha Pak Talaat/Atsadang
Tha Saphan Phut
Saphan Phut
Santa Cruz
Th Prachathipok
Wat Prayoon
1 2 3 4 5 6 7 8 9 10 11 12 13 14 15 16 17 18 19 20 21 22 23 24 25
A B C D E F G
1 2 3 4

Chinatown y Phahurat

Puntos de interés

1 Iglesia de Santa Cruz A3
2 Gurdwara Siri Guru Singh Sabha C2
3 Mercado de Phahurat B2
4 Talat Mai E2
5 Wat Mangkon Kamalawat E2
6 Wat Traimit F3
Centro del Patrimonio de Yaowarat Chinatown .... (véase 6)

Dónde dormir

7 @Hua Lamphong G4
8 Baan Hualampong G4
9 China Town Hotel E3
10 Shanghai Mansion E3
11 Siam Classic G4

Dónde comer

12 Burapa Birds Nest E3
13 Puesto de *gŏoay dĕeo kôoa gài* E2
14 Jék Pûi E2
15 Khrua Phornlamai E3
16 Lek & Rut E3
17 Mangkorn Khâo E3
18 Nay Lék Uan E3
19 Nay Mong E2
20 Old Siam Plaza B1
21 Royal India C2
22 T&K E3

Ocio

23 Teatro Real Chalermkrung B1

De compras

24 Mercado de Pak Khlong A2
25 Sampeng Lane C2

Iglesia de Santa Cruz IGLESIA CATÓLICA

(โบสถ์ซางตาครูส; plano p. 68; Th Kuti Jiin; gratis; ⏲sa y do; *ferry* desde Tha Pak Talat/Atsadang) Esta iglesia católica de 1913 reviste escaso interés, a menos que se visite en domingo. Pero vale la pena dar un paseo por el barrio, una antigua concesión portuguesa que se remonta al período Ayutthaya, tanto por su ambiente ribereño pretérito como por por los pasteles de inspiración lusitana, los famosos *kà·nŏm fa·ràng.*

CHINATOWN Y PHAHURAT

เยาวราช (สำเพ็ง)/พาหุรัด

El barrio chino de Bangkok (o Yaowarat, en honor a su calle principal, Th Yaowarat) no tiene grandes templos o museos como sus vecinos Ko Ratanakosin y Banglamphu, sino una intrincada red de callejuelas, bulliciosos mercados y tentadores puestos callejeros. Además, a diferencia de otros barrios chinos del mundo, el de Bangkok continúa sin aburguesarse, y perderse por él resulta toda una experiencia.

El barrio se remonta a 1782, cuando los chinos de Bangkok, muchos de ellos mano de obra contratada para levantar la nueva capital, fueron trasladados aquí desde la actual zona de Ko Ratanakosin por imperativo real. Desde entonces ha cambiado relativamente poco y aún se puede distinguir el sonido de diferentes dialectos chinos, adquirir hierbas medicinales o probar platos que no se encuentran en ningún otro lugar de Tailandia (véase "Ruta gastronómica por Chinatown" en p. 115).

Entrar y salir de Chinatown es un engorro debido al tráfico. Hasta hace poco, la parada del *ferry* fluvial Tha Ratchawong era el acceso más fácil al lugar, pero hoy, gracias al MRT, solo hay que andar un breve trecho desde la estación de Hua Lamphong.

En el extremo oeste de Chinatown hay un pequeño pero próspero distrito hindú, llamado Phahurat, con decenas de tiendas donde se venden todo tipo de telas y prendas.

Wat Traimit TEMPLO BUDISTA

(วัดไตรมิตร; templo del Buda de Oro; plano p. 68; Th Yaowarat esq. Th Charoen Krung; entrada 40 THB; ⏲8.00-17.00 ma-do; MRT Hua Lamphong, *ferry* Tha Ratchawong) Lo más destacado del Wat Traimit es sin duda el impresionante **Buda de oro macizo** de 3 m de alto y 5,5 toneladas de peso. Esculpida en el elegante estilo Sukhotai, la imagen fue "descubierta" hace cuarenta años bajo una capa de yeso al caerse de una grúa que la trasladaba. Se dice que dicho revestimiento era para mantener alejado a tanto curioso durante el período Sukhotai tardío y después en la época Ayutthaya, cuando la ciudad fue sitiada por los birmanos. Al parecer el templo data de principios del s. XIII.

Los donativos y la constante afluencia de turistas han aportado pingües beneficios y la imagen hoy está protegida por una flamante construcción de mármol de cuatro pisos. El 2º piso contiene la **exposición Phra Buddha Maha Suwanna Pa-**

MERECE LA PENA

MUSEOS INSÓLITOS

Si ver tigres disecados e imágenes de Buda no convence, entonces debería considerarse la visita a alguna de estas peculiares instituciones.

» **Ciudad Antigua** (Muang Boran; plano p. 145; www.ancientcity.com; 296/1 Th Sukhumvit, Samut Prakan; adultos/niños 400/200 THB; ⌚8.00-17.00) Asegura ser el mayor museo al aire libre del mundo. En sus más de 80 Ha de parque pueden verse 109 reproducciones a escala de muchos monumentos famosos del reino. Es un lugar tranquilo, ideal para recorrer en bicicleta (50 THB/día). Se encuentra fuera de los límites de Samut Prakan, accesible en el autobús con aire acondicionado nº 511 desde la estación Bearing del BTS, en el extremo este de Th Sukhumvit. Cuando se llegue a la terminal de autobuses en Pak Nam, hay que cambiar al microbús nº 36, que pasa por la entrada de la Ciudad Antigua.

» **Museo del Tipismo de Bangkok** (plano p. 72; 273 Soi 43/Saphan Yao, Th Charoen Krung; gratis; ⌚10.00-16.00 mi-do; *ferry* Tha Si Phraya) Este museo familiar en tres casas de madera supone una ojeada a la vida capitalina de las décadas de 1950 y 1960. A destacar la cocina tradicional.

» **Museo del Correccional** (plano p. 60; 436 Th Mahachai; gratis; ⌚9.00-16.00 lu-vi; autobús nº 508, taxi *klorng* al Tha Phan Fah) Antigua cárcel donde se puede conocer el doloroso mundo del castigo tailandés. Las réplicas a tamaño natural reconstruyen horrorosas ejecuciones y castigos, a la vez que recuerdan a los visitantes lo importante que es el cumplimiento de la ley.

» **Museo de Falsificaciones** (plano p. 56; ☎0 2653 5555; www.tillekeandgibbins.com/museo/museo.htm; Tilleke & Gibbins, Supalai Grand Tower, 1011 Th Phra Ram III; gratis; ⌚8.00-17.00 lu-vi solo con cita previa; MRT Khlong Toei y taxi) Esta colección privada muestra todos los botines de falsificaciones que ha reunido el bufete de abogados Tilleke & Gibbins a lo largo de los años. Muchos de los objetos falsos se exponen al lado de los auténticos.

» **Museo de Medicina Forense de Songkran Niyosane y Museo de los Parásitos** (plano p. 60; edificio de Patologías Forenses, 2º piso, Siriraj Hospital, Th Phrannok, Thonburi; entrada 40 THB; ⌚9.00-16.00 lu-sa; *ferry* Tha Wang Lang) Esta tétrica institución alberga diferentes apéndices y restos de asesinos famosos, entre ellos la camiseta ensangrentada de una víctima que fue apuñalada hasta la muerte con un consolador. Por las mismas razones se aconseja visitar el adjunto Museo de los Parásitos. El modo más fácil de llegar es con el *ferry* que cruza el río desde el Tha Chang hasta el Tha Wang Lang (orilla de Thonburi). Al salir del muelle, se gira a la derecha para entrar en el Siriraj Hospital, y una vez allí se siguen las indicaciones.

» **Museo Tailandés de Imaginería Humana** (plano p. 145; www.rosenini.com/thaihumanimagery/english.htm; Nakhon Chais, Nakhon Pathom; entrada 200 THB; ⌚9.00-17.30 lu-vi, 8.30-18.00 sa y do) Expone 120 esculturas de cera a tamaño natural. Al parecer, un grupo de artistas tailandeses pasó diez años estudiando a sus modelos para crear estas figuras, que abarcan desde famosos monjes budistas locales hasta Winston Churchill. El centro se halla en las afueras de la ciudad, en el km 31 de Th Pinklao-Nakhon Chaisi. Cualquier autobús o furgoneta Nakhon Pathom-Bangkok lleva hasta él.

timakorn (entrada 100 THB; ⌚8.00-17.00 ma-do), donde se informa de la construcción, el descubrimiento y el traslado de la brillante escultura. El 3er piso alberga el **Centro del Patrimonio de Yaowarat Chinatown** (entrada 100 THB; ⌚8.00-17.00 ma-do), un pequeño pero interesante museo multimedia sobre la historia del barrio chino local y sus habitantes.

Talat Mai MERCADO

(ตลาดใหม่; plano p. 68; Soi 16/Trok Itsaranuphap, Th Yaowarat; autobús nº 73, 159, 507, MRT Hua Lamphong, *ferry* Tha Ratchawong) Con casi dos siglos de comercio a sus espaldas, lo de "Mercado Nuevo" se ha quedado desfasado. Se trata de un estrecho callejón cubierto y encajonado entre altos edificios, donde el frenético ambiente y unas exóticas estampas y fragancias componen una especie de experiencia sensorial surrealista.

Aunque casi todos los puestos son de comida, la sección norte de Th Charoen Krung (equivalente a Soi 21, Th Charoen Krung) destaca por los artículos esenciales para los funerales tradicionales chinos: incienso, efigies de papel y dulces para ceremonias.

GRATIS **Wat Mangkon Kamalawat** TEMPLO CHINO

(วัดมังกรกมลาวาส; Neng Noi Yee; plano p. 68; Th Charoen Krung; ⌚ 9.00-18.00; autobús nº 73, 159, 507, MRT Hua Lamphong, *ferry* Tha Ratchawong) Nubes de incienso y salmodias de fondo llenan este templo budista mahayana de estilo chino. Data de 1871 y es el mayor y más importante edificio religioso de la zona. Durante el Festival Vegetariano (véase recuadro en p. 114) acoge actividades religiosas y culinarias.

Mercado de Phahurat MERCADO

(ตลาดพาหุรัด; plano p. 68; Th Phahurat y Th Chakraphet; autobús nº 82, 169, 507, *ferry* Tha Saphan Phut) Escondido detrás del centro comercial India Emporium, tan nuevo como fuera de lugar, se encuentra el mercado de Phahurat, un bazar interminable donde se dan cita llamativos tejidos de Bollywood, vendedores ambulantes de *paan* (nuez de betel para mascar) y tiendas de dulces típicos del norte de la India.

Gurdwara Siri Guru Singh Sabha TEMPLO SIJ

(plano p. 68; Th Phahurat; ⌚9.00-17.00) En un callejón que da a Th Chakraphet se alza este gran templo sij de interior similar a una mezquita. Está dedicado al *Guru Granth Sahib*, libro sagrado sij del s. XVI, cuyo autor está considerado el último de los diez grandes maestros de esta religión. Al parecer es el segundo templo sij más grande fuera de India. Antes de entrar hay que descalzarse.

ORILLAS DEL RÍO ข้างแม่น้ำ

Talat Noi BARRIO

(ตลาดน้อย; plano p. 72; Soi Phanurangsi; ⌚9.00-18.00; *ferry* Tha Si Phraya) Delimitado por el río, Th Songwat, Th Charoen Krung y Th Yotha, este antiguo barrio es una fascinante mezcla de minúsculos callejones, grasientos talleres y arquitectura tradicional. Situado enfrente de la River View Guest House, el **San Jao Sien Khong** (plano p. 72; gratis; ⌚6.00-18.00) es uno de los santuarios chinos más antiguos de la ciudad; esta zona es de las más atractivas durante el Festival Vegetariano (véase recuadro en p. 114).

SILOM Y SATHON สีลม/สาธร

El distrito financiero de Th Silom cuenta solo con un puñado de atracciones turísticas repartidas entre hoteles y restaurantes para ejecutivos y bloques de oficinas. Al acercase al río, el viajero empezará a sentir el hechizo de los colores y aromas de los residentes hindúes y musulmanes. Al norte, por Th Charoen Krung, cerca del río, se aprecia que la zona fue el barrio mercantil internacional durante la época dorada naviera de Bangkok.

En esta parte de la ciudad el tráfico se deja notar, pero el *BTS*, el MRT y el Chao Phraya Express facilitan enormemente la movilidad.

Casa de M. R. Kukrit Pramoj MUSEO

(บ้านหม่อมราชวงศ์คึกฤทธิ์ปราโมช; plano p. 74; Soi 7/ Phra Phinij, Th Narathiwat Rachananakharin; adultos/niños 50/20 THB; ⌚10.00-16.00; BTS Chong Nonsi) El escritor y hombre de Estado Mom Ratchawong (M. R. es un título honorífico real) Kukrit Pramoj antaño residió en esta entrañable casa tradicional abierta hoy al público como museo. Europeo de formación pero tailandés de corazón, M. R. Kukrit se rodeó de lo mejor de los dos mundos: cinco edificios típicos de teca, arte tailandés, libros occidentales e intensos tertulianos. Se recomienda participar en un circuito organizado para conocer mejor a su ilustre morador, quien escribió más de ciento cincuenta libros y fue primer ministro de Tailandia.

Instituto Conmemorativo Reina Saovabha (granja de serpientes) GRANJA DE SERPIENTES

(สถานเสาวภา (สวนงู); plano p. 74; www.saovabha.com; Th Phra Ram IV esq. Th Henri Dunant; adultos/niños 200/50 THB; ⌚9.30-15.30 lu-vi, hasta 13.00 sa y do; BTS Sala Daeng, MRT Si Lom) Las granjas de serpientes tienden más a carnavalescas que a humanitarias, pero esta es una excepción. Fundada en 1923, aquí se preparan antídotos contra las mordeduras de serpientes. El proceso es el siguiente: primero se extrae el veneno del animal, después se inyecta en caballos y posteriormente se cultiva y purifica el antídoto que estos últimos producen.

En los frondosos jardines hay serpientes (y música *rock* de fondo), pero el grueso de las atracciones se hallan en el edificio Simaseng, en la parte posterior del complejo, en cuya planta baja hay terrarios. En el anfiteatro al aire libre se ofrecen **extracciones de veneno** (⌚11.00 lu-vi) y **actuaciones con**

Orillas del río

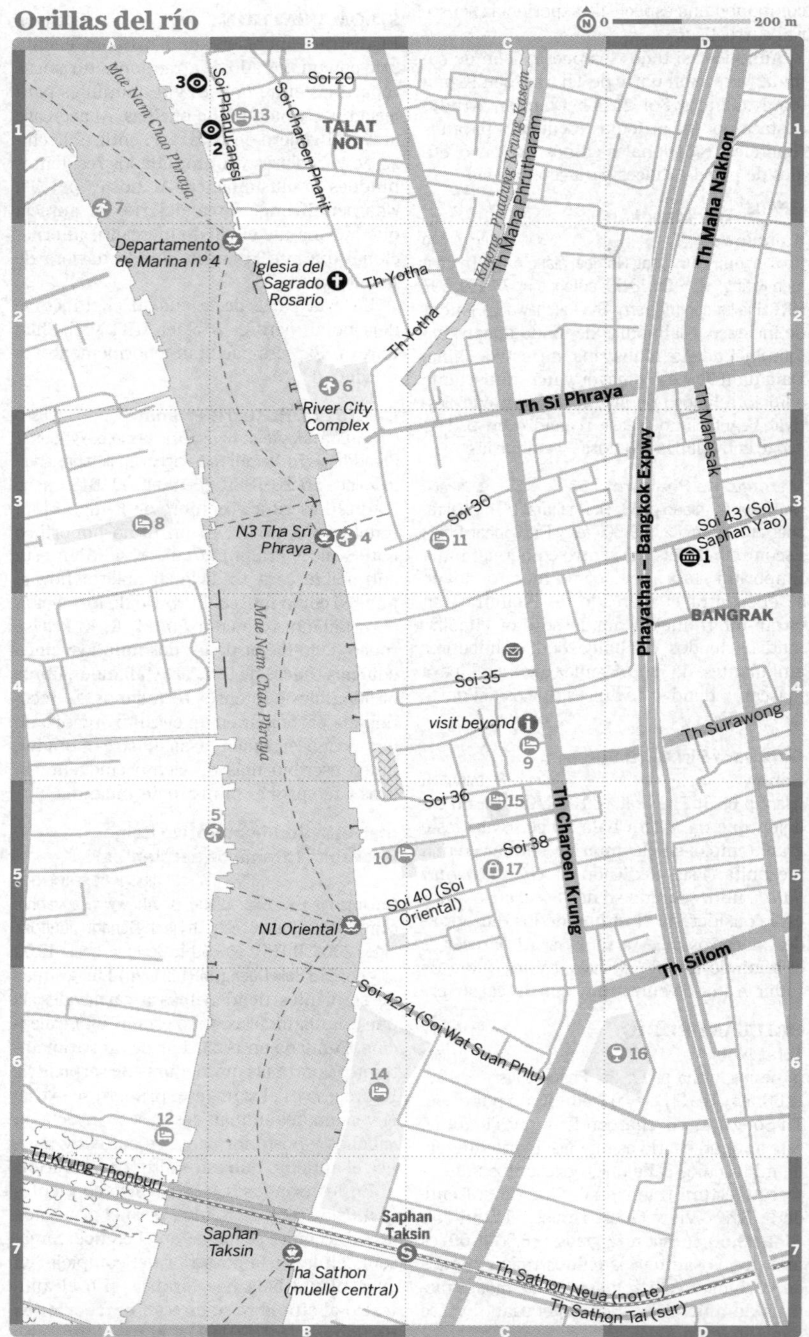

Orillas del río

Puntos de interés
1 Museo del Tipismo de Bangkok D3
2 San Jao Sien Khong B1
3 Talat Noi A1

Actividades, cursos y circuitos
4 Loy Nava B3
5 Oriental Spa B5
6 Wan Fah Cruises B2
7 Yok Yor Restaurant A1

Dónde dormir
8 Millennium Hilton A3
9 New Road Guesthouse C4
10 Oriental Hotel B5
11 P&R Residence C3
12 Peninsula Hotel A6
13 River View Guest House B1
14 Shangri-La Hotel B6
15 Swan Hotel C5

Dónde comer
Le Normandie .... (véase 10)
Lord Jims .... (véase 10)

Dónde beber
16 Sirocco Sky Bar D6

Ocio
Bamboo Bar .... (véase 10)

De compras
River City Complex .... (véase 6)
17 Thai Home Industries C5

serpientes amaestradas (⌚14.30 lu-vi y 11.00 sa y do) regulares.

Templo de Sri Mahariamman TEMPLO HINDUISTA

(วัดศรีมหาอุมาเทวี (วัดแขกสีลม); Wat Phra Si Maha Umathewi; plano p. 74; Th Silom esq. Th Pan; gratis; ⌚6.00-20.00; autobús nº 15, 504, BTS Surasak) Destaca incluso entre los *wats* dorados de Bangkok. Construido en la década de 1860 por inmigrantes tamiles en un enclave étnico todavía próspero, el templo exhibe una fachada de divinidades hinduistas polícromas entrelazadas. En el centro de la capilla principal se encuentra Jao Mae Maha Umathewi (Uma Devi, también llamada Shakti, consorte de Siva), y a lo largo de la pared interior izquierda pueden verse imágenes de Siva, Visnu y otros dioses, así como varios budas, de modo que es un lugar de culto para prácticamente cualquier asiático que no sea musulmán ni judeocristiano.

Los tailandeses lo llaman Wat Khaek. *Kàak* es una expresión coloquial para referirse a los indios, que significa "huésped", a modo de claro eufemismo dedicado a un grupo étnico que no desean ver radicado en el país. La mayoría de los hindúes tailandeses rechazan tal apelativo.

PLAZA SIAM Y PRATUNAM

สยามสแควร์/ประตูน้ำ

Principalmente comercial, con enormes complejos de varias plantas, esta parte de la ciudad también cuenta con un par de lugares de interés. Para llegar, lo mejor es el *BTS* y los taxis *klorng*.

Santuario de Erawan SANTUARIO DE BRAHMA

(ศาลพระพรหม; San Phra Phrom; plano p. 78; Th Ratchadamri esq. Th Ploenchit; gratis; ⌚6.00-23.00; BTS Chit Lom) Fue construido originalmente en 1956 para poner fin a una cadena de desgracias acaecidas durante la construcción del hotel, llamado entonces Erawan Hotel. Tras varios incidentes, desde trabajadores heridos hasta el hundimiento de un barco que llevaba mármol para la obra, se consultó a un sacerdote brahmán. Como el hotel llevaba el nombre del elefante que acompaña a Indra en la mitología hinduista, el sacerdote dictaminó que el Erawan necesitaba un jinete y sugirió que fuera Brahma. Así, se levantó su estatua y automáticamente las desgracias cesaron.

El primer Erawan Hotel fue demolido en 1987, pero el santuario corrió mejor suerte y todavía continúa siendo un importante lugar de peregrinación para los tailandeses, sobre todo aquellos que necesitan algún tipo de ayuda material. Si se quiere pedir un deseo a la imagen, se recomienda hacerlo entre 7.00 y 8.00 o entre 19.00 y 20.00 y llevar ofrendas tales como velas, incienso, azúcar de caña y plátanos, siempre en una cantidad múltiplo de siete. Especialmente populares son los elefantes de teca, pues el dinero que se saca con su venta se dona a una sociedad benéfica que lleva el actual hotel, el Grand Hyatt Erawan. Como ilustran los folletos turísticos, también es posible contratar los servicios de bailarines como agradecimiento al cumplimiento de un ruego.

Silom y Sathon

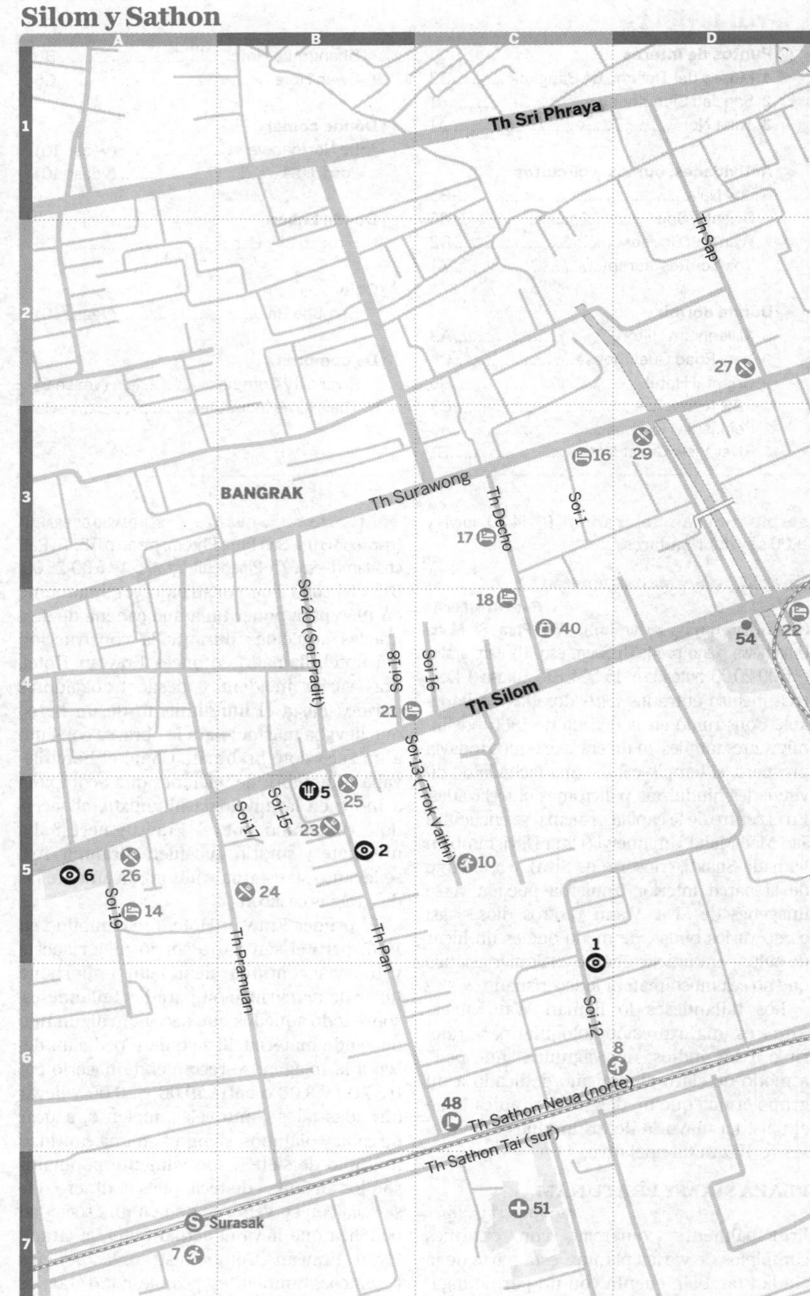

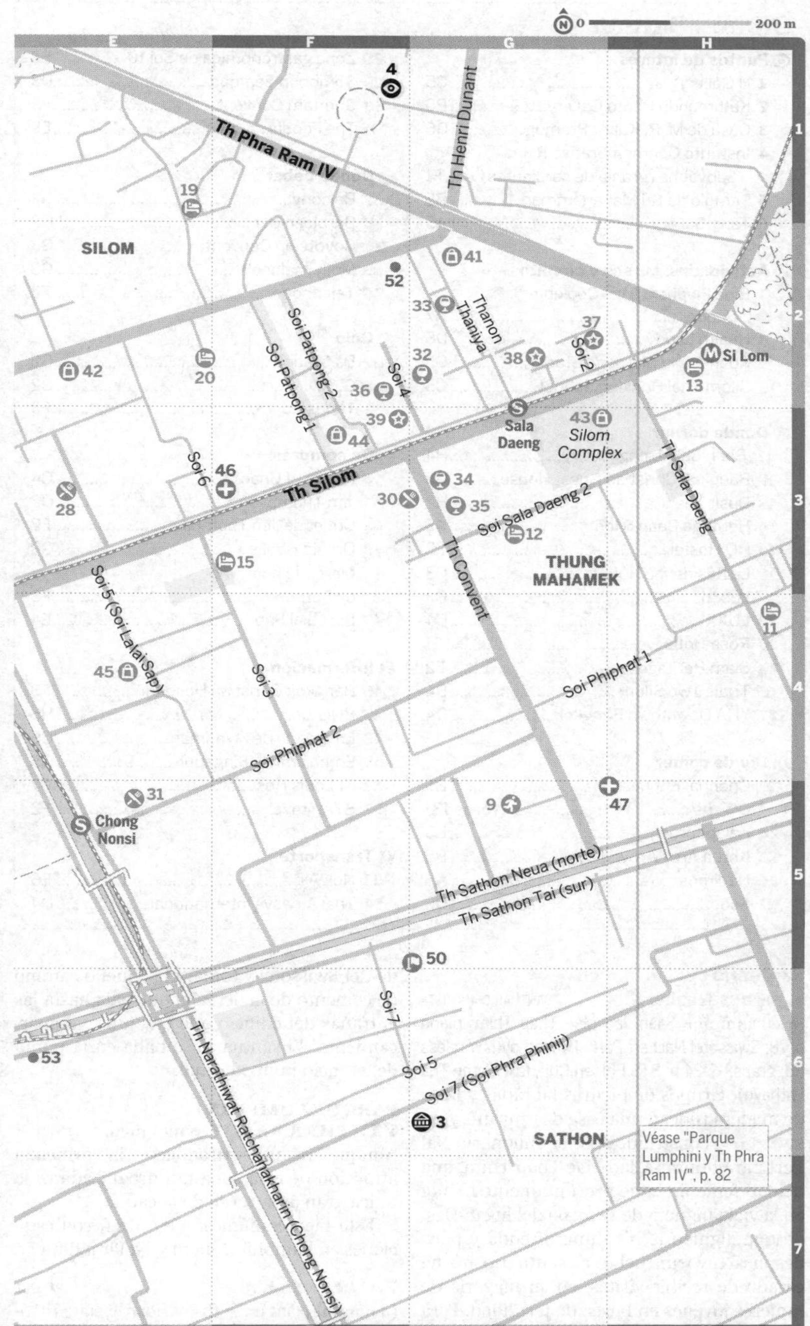
0
200 m
E
F
G
H
1
2
3
4
5
6
7
Th Phra Ram IV
Th Henri Dunant
SILOM
Thanon Thaniya
Soi Patpong 2
Soi Patpong 1
Soi 4
Soi 2
Si Lom
Sala Daeng
Silom Complex
Th Sala Daeng
Soi 6
Th Silom
Soi Sala Daeng 2
Th Convent
THUNG MAHAMEK
Soi 5 (Soi Lalai Sap)
Soi 3
Soi Phiphat 1
Soi Phiphat 2
Chong Nonsi
Th Sathon Neua (norte)
Th Sathon Tai (sur)
Soi 7
Soi 5
Soi 7 (Soi Phra Phinii)
Th Narathiwat Ratchanakharin (Chong Nonsi)
SATHON
Véase "Parque Lumphini y Th Phra Ram IV", p. 82
4
19
41
52
33
37
38
32
13
42
20
36
39
43
44
46
34
28
30
35
12
15
11
45
31
9
47
50
53
3

Silom y Sathon

Puntos de interés

1 H Gallery C5
2 Kathmandu Photo Gallery B5
3 Casa de M. R. Kukrit Pramoj G6
4 Instituto Conmemorativo Reina Saovabha (granja de serpientes) F1
5 Templo de Sri Mahariamman B5
6 Tang Gallery A5

Actividades, cursos y circuitos

7 Blue Elephant Thai Cooking School A7
8 Health Land D6
9 Ruen-Nuad Massage Studio G5
10 Silom Thai Cooking School C5

Dónde dormir

11 Baan Saladaeng H4
12 Bangkok Christian Guest House G3
13 Dusit Thani H2
14 Heritage Baan Silom A5
15 HQ Hostel F3
16 La Résidence Hotel C3
17 Lub*d C3
18 LUXX C4
19 Rose Hotel E1
20 Siam Heritage E2
21 Triple Two Silom B4
22 YHA Downtown Bangkok D4

Dónde comer

23 Chennai Kitchen B5
D'Sens .... (véase 13)
24 Kalapapruek B5
25 Khrua Aroy Aroy B5
26 Nadimos A5
27 Scoozi D2
28 Zona gastronómica de Soi 10 .... E3
29 Somboon Seafood D3
30 Somtam Convent F3
31 The Foodie E5

Dónde beber

32 Balcony G2
33 Barbican Bar G2
34 Coyote on Convent G3
35 Molly Malone's G3
36 Telephone F2

Ocio

37 DJ Station G2
38 G.O.D. G2
39 Tapas Room F3

De compras

40 House of Chao C4
41 Jim Thompson G2
42 *Outlet* de Jim Thompson E2
43 Orchid Books G3
44 Mercado nocturno de Patpong F3
45 Soi Lalai Sap E4

Información

46 Bangkok Christian Hospital F3
47 BNH H5
48 Embajada de Myanmar C6
50 Embajada de Singapur G5
51 St Louis Hospital C7
52 STA Travel F2

Transporte

53 Nok Air E6
54 Thai Airways International D4

Santuario del Lingam en el parque Nai Lert SANTUARIO ANIMISTA

(ศาลเจ้าแม่ทับทิม; Saan Jao Mae Thap Thim; plano p. 78; Swissôtel Nai Lert Park, Th Witthayu/Wireless Rd; gratis; 24 h; BTS Phloen Chit, taxi *klorng* Tha Withayu) Grupos de piedras labradas y falos de madera rodean una casa de espíritus y un **santuario** construidos por el millonario Nai Lert para honrar a Jao Mae Thap Thim, una deidad femenina que presuntamente habita en la vieja higuera de Bengala del lugar. Desde que alguien le hizo una ofrenda y poco después tuvo un bebé, el santuario no ha cesado de recibir visitas, en su mayoría de mujeres jóvenes en busca de fertilidad. Para llegar hay que colocarse delante de la entrada del Swissôtel y tomar el pequeño camino de cemento de la derecha que baja hasta las entrañas del edificio que hay junto al aparcamiento. El santuario se halla en la punta del edificio junto al canal.

PARQUE LUMPHINI Y TH PHRA RAM IV สวนลุมพินี/ถนนพระราม ๔

Aunque resulte paradójico, la principal atracción de esta zona tan urbanizada es la única gran área verde de la capital.

Está bien comunicada en MRT, con estaciones en Lumphini, Silom y Th Phra Ram IV.

Parque Lumphini PARQUE

(สวนลุมพินี; plano p. 82; Th Phra Ram IV, entre Th Withayu/Wireless Rd y Th Ratchadamri; gratis; 4.30-

21.00; BTS Sala Daeng, MRT Lumphini o Si Lom) Este parque, cuyo nombre alude al lugar de nacimiento de Buda en Nepal, es el mejor recurso para evadirse de la ciudad sin salir de ella. Los senderos a la sombra, un enorme lago artificial y los cuidados parterres de césped suponen un agradable paréntesis a los grandes bloques de cemento y al ruido del tráfico capitalinos.

Hay **botes de pedales** (40 THB/30 min), **zonas recreativas** infantiles y, los domingos por la tarde, conciertos al aire libre. Una de las mejores horas para visitarlo es antes de las 7.00, cuando el ambiente es un poco más fresco y regimientos de chinos tailandeses practican *taijiquan* (taichí). El parque vuelve a animarse al atardecer, tan pronto baja un poco la temperatura, cuando comienzan las clases de aeróbic a ritmo de *techno*. Ya de noche, los lindes del parque aparecen tomados por la prostitución, femenina y masculina.

SUKHUMVIT สุขุมวิท

En esta zona el visitante pasará más tiempo comiendo, bebiendo y tal vez durmiendo (por la alta concentración de hoteles) que visitando lugares de interés.

El BTS es el principal medio de transporte público.

Ban Kamthieng MUSEO

(บ้านคำเที่ยง; plano p. 84; Siam Society, 131 Soi Asoke/Soi 21, Th Sukhumvit; entrada adultos/niños 100/50 THB; ⌚9.00-17.00 ma-sa; BTS Asok, MRT Sukhumvit) En una casa tradicional de madera, este interesante museo evoca un pueblo del norte del país y ofrece abundante información sobre las costumbres cotidianas, creencias populares y tareas domésticas. El museo está gestionado por la Sociedad Siamesa, guardiana de la cultura tradicional tailandesa.

Mercado del Khlong Toey MERCADO DE ABASTOS

(ตลาดคลองเตย; plano p. 84; Th Ratchadaphisek esq. Th Phra Ram IV; ⌚5.00-10.00; MRT Khlong Toei) Este mercado al por mayor es uno de los más importantes de la ciudad. Conviene llegar pronto y, aunque algunos rincones no son exactamente fotogénicos, llevar la cámara para captar los *duriones* amontonados o a los alegres vendedores de pescado.

ÁREA METROPOLITANA DE BANGKOK

Aunque muy extensos, los suburbios de Bangkok son poco interesantes. Lo mejor es Dusit, el distrito real, con calles anchas, monumentos y zonas verdes.

INDISPENSABLE

CASA DE JIM THOMPSON

Este frondoso **recinto** (plano p. 78; www.jimthompsonhouse.com; 6 Soi Kasem San 2; adultos/niños 100/50 THB; ⌚9.00-17.00, visitas guiadas obligatorias en inglés y francés cada 20 min; BTS National Stadium, taxi *klorng* Tha Saphan Hua Chang) alberga la antigua casa de Thompson. Nacido en Delaware en 1906, Thompson sirvió en la Office of Strategic Services (antecesora de la CIA) en Tailandia durante la Segunda Guerra Mundial. Tras la contienda se instaló en Bangkok, donde la seda que manufacturaban sus vecinos despertó su olfato comercial; Thompson envió muestras a las empresas de moda de Milán, Londres y París, granjeándose de forma gradual una clientela fiel en todo el mundo.

Thompson fue también un coleccionista de partes de casas tailandesas en ruinas, que reensambló en la suya en 1959. Lo curioso de su casa es que la cara exterior de los muros está colocada mirando hacia el interior, de ahí que el sistema de refuerzos quede a la vista. Su pequeña pero espléndida colección de arte asiático y pertenencias personales también se exponen en la casa principal.

La historia de Thompson no termina ahí. Una tarde de 1967, mientras paseaba por las tierras altas de Cameron, al oeste de Malasia, Thompson desapareció misteriosamente. Ese mismo año su hermana fue asesinada en EE UU, lo cual alimentó no pocas teorías conspirativas ¿Fueron los espías comunistas? ¿Empresarios de la competencia? ¿Un tigre hambriento? La teoría más reciente, al parecer sustentada en pruebas consistentes, afirma que el magnate de la seda fue accidentalmente atropellado por un camionero malayo que escondió el cadáver. *Jim Thompson: The Unsolved Mystery* (Jim Thompson: el misterio sin resolver), de William Warren, es un libro excelente sobre su persona, carrera, residencia y desaparición.

Plaza Siam y Pratunam

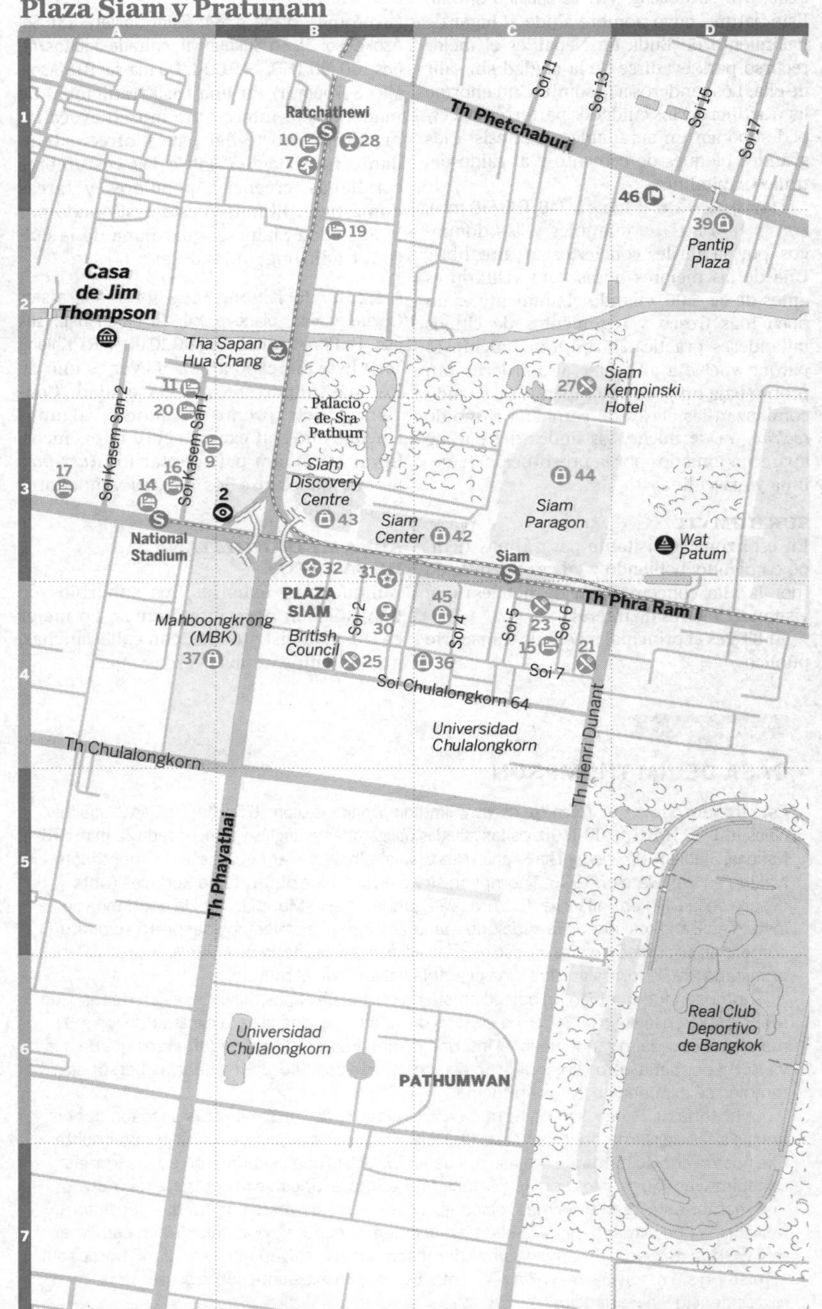

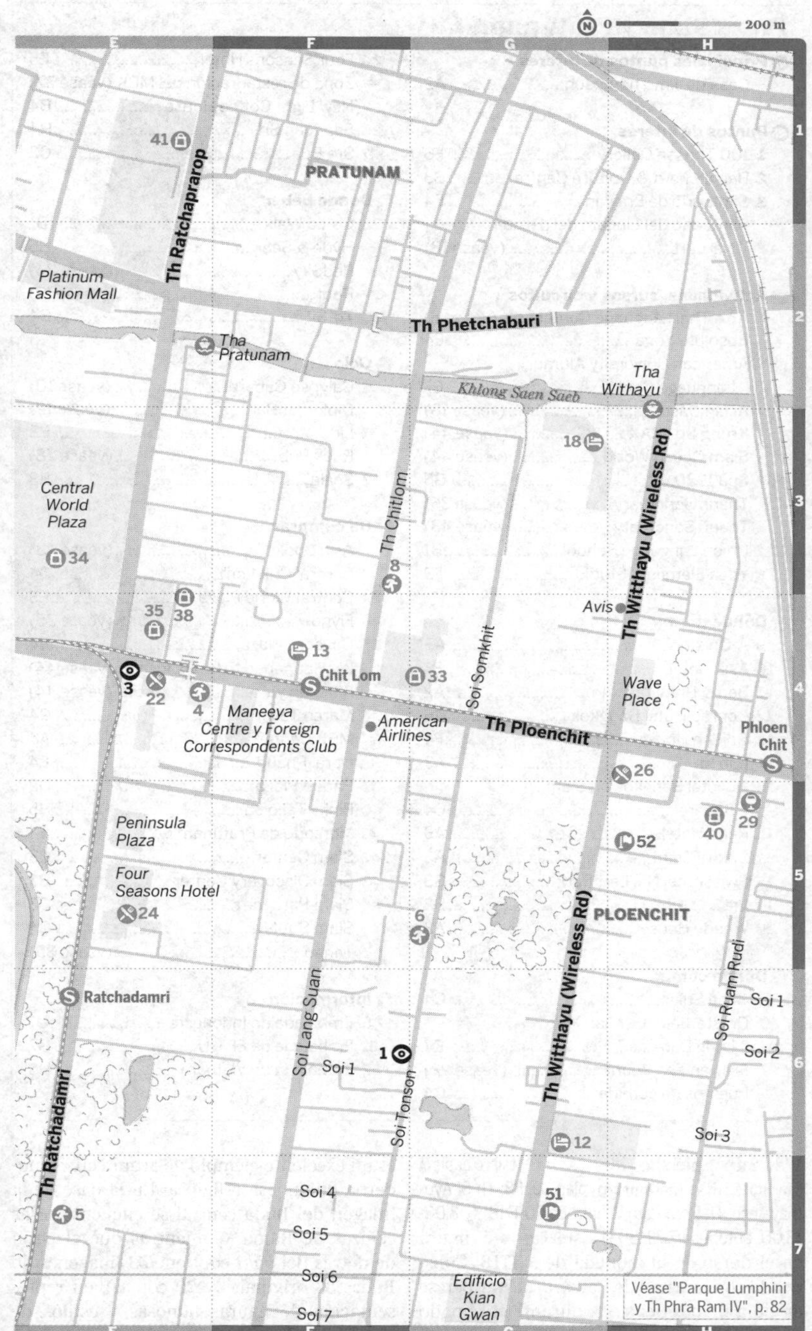
0
200 m
PRATUNAM
Th Ratchaprarop
Platinum Fashion Mall
Th Phetchaburi
Tha Pratunam
Khlong Saen Saeb
Tha Withayu
Central World Plaza
Th Chitlom
Th Witthayu (Wireless Rd)
Soi Somkhit
Avis
Chit Lom
Wave Place
Maneeya Centre y Foreign Correspondents Club
American Airlines
Th Ploenchit
Phloen Chit
Peninsula Plaza
Four Seasons Hotel
PLOENCHIT
Ratchadamri
Soi Lang Suan
Soi Tonson
Soi Ruam Rudi
Soi 1
Soi 2
Soi 3
Soi 4
Soi 5
Soi 6
Soi 7
Th Ratchadamri
Edificio Kian Gwan
Véase "Parque Lumphini y Th Phra Ram IV", p. 82

Plaza Siam y Pratunam

Principales puntos de interés

Casa de Jim Thompson........................A2

Puntos de interés

1 100 Tonson Gallery........................F6
2 Bangkok Art & Culture Centre..............B3
3 Santuario de Erawan.......................E4
Santuario del Lingam del parque Nai Lert....(véase 18)

Actividades, cursos y circuitos

AAA Thai Language Center....(véase 8)
4 Absolute Yoga.............................E4
5 American University Alumni Language Centre.....E7
Asian Oasis.................................(véase 18)
Krung Sri IMAX..............................(véase 44)
Siam Ocean World............................(véase 44)
6 Spa 1930..................................G5
Thann Sanctuary.............................(véase 35)
Thann Sanctuary.............................(véase 43)
7 Union Language School.....................B1
8 Yoga Elements Studio......................F3

Dónde dormir

9 A-One Inn.................................A3
10 Asia Hotel...............................B1
11 Bed & Breakfast Inn......................A2
12 Conrad Hotel Bangkok.....................G6
13 Golden House.............................F4
14 Lub*d....................................A3
15 Novotel Bangkok on Siam Square...........C4
16 Reno Hotel...............................A3
17 Siam@Siam................................A3
18 Swisshôtel Nai Lert Park.................G3
19 Vie......................................B2
20 Wendy House..............................A3

Dónde comer

21 Coca Suki................................C4
22 Crystal Jade La Mian Xiao Long Bao.......E4
Erawan Tea Room.............................(véase 22)
23 Puestos de comida........................C4
24 Four Seasons Hotel.......................E5
Zona de restauración del MBK (véase 37)
25 New Light Coffee House...................B4
26 Sanguan Sri..............................H4
27 Sra Bua..................................C2

Dónde beber

28 Co-co Walk...............................B1
29 Hyde & Seek..............................H5
RedSky......................................(véase 34)
Roof..(véase 17)
30 To-Sit...................................B4

Ocio

Calypso Cabaret.............................(véase 10)
Diplomat Bar................................(véase 12)
31 Lido.....................................B3
Rock Pub....................................(véase 28)
32 Scala....................................B3

De compras

Asia Books..................................(véase 43)
33 Central Chit Lom..........................G4
34 Central World Plaza......................E3
Flynow......................................(véase 35)
35 Gaysorn Plaza............................E4
It's Happened to be a Closet...(véase 44)
Kinokuniya..................................(véase 44)
36 Marco Tailors............................C4
37 MBK Center...............................A4
38 Narai Phand..............................E4
39 Pantip Plaza.............................D2
40 Pinky Tailors............................H5
41 Mercado de Pratunam......................E1
42 Siam Center..............................C3
43 Siam Discovery Center....................B3
44 Siam Paragon.............................C3
45 Siam Square..............................C4
Tango.......................................(véase 35)

Información

46 Embajada de Indonesia....................D1
51 Embajada de EE UU........................G7
52 Embajada de Vietnam......................H5

Wat Benchamabophit TEMPLO BUDISTA (วัดเบญจมบพิตร (วัดเบญจะฯ); plano p. 88; Th Si Ayuthaya esq. Th Phra Ram V; entrada 20 THB; 8.00-18.00; autobús nº 72, 503) Este **templo,** figura en el dorso de la moneda de 5 THB. Construido con mármol de Carrara, el Wat Ben se erigió a finales del s. XIX durante el reinado de Rama V. Su gran *bòht* en forma de cruz es un excelente ejemplo de arquitectura moderna tailandesa religiosa. En la base de la imagen del Buda central se encuentran las cenizas de Rama V, mientras que el patio de detrás del *bòht* contiene 53 imágenes de Buda (33 originales y 20 copias), en representación de figuras famosas y estilos de toda Tailandia y de otros países budistas.

Parque del palacio Dusit PALACIO REAL (วังสวนดุสิต; plano p. 88; entre Th Ratchawithi, Th U-Thong Nai y Th Ratchasima; adultos/niños 100/50 THB o gratis con la entrada al Gran Palacio; ⌚9.30-16.00; autobús nº 18, 28, 515) Tras su primera visita a Europa en 1897, Rama V regresó a Tailandia con la cabeza llena de castillos europeos y decidido a imitar esa arquitectura que tanto le sedujo, pero con un toque tailandés. Un buen ejemplo de ello es el parque del palacio Dusit. El palacio real, el salón del trono y otros palacios menores fueron trasladados aquí desde Ko Ratanakosin, la antigua residencia real. En la actualidad el monarca reside en otro lugar y el complejo de Dusit acoge una casa-museo y otras colecciones.

Originariamente construida en 1868 en Ko Si Chang y trasladada a su actual ubicación en 1910, la **mansión de teca Vimanmaek** suma 81 habitaciones, salones y antesalas, y se dice que es el edificio de teca dorada más grande del mundo, en cuya construcción no se utilizó ni un solo clavo de hierro. La mansión fue el primer edificio permanente en los jardines del Palacio Dusit y la residencia de Rama V a principios del s. XX. Atesora varios efectos personales del rey y numerosos objetos de arte y antigüedades de estilo *ratanakosin* temprano. Obligatorias, las visitas guiadas en inglés salen cada ½ hora entre 9.45 y 15.15 y duran aproximadamente una hora.

El cercano **Museo de Ropajes Antiguos** presenta una preciosa muestra de sedas y algodones tradicionales que constituye la colección de atuendos reales.

Inicialmente construido como salón del trono para Rama V en 1904, el pequeño **salón del trono de Abhisek Dusit** es un buen ejemplo de la arquitectura más refinada de la época. La combinación de las formas recargadas de influencia victoriana y los pórticos moriscos se entremezclan para crear un exterior imponente y distintivo tailandés. El salón acoge un excelente muestrario de objetos regionales realizados a mano por los socios de la fundación Promotion of Supplementary Occupations & Related Techniques (SUPPORT, Promoción de Actividades Suplementarias y Técnicas Aplicadas), una entidad respaldada por la reina Sirikit.

Cerca de la entrada de Th U-Thong Nai, los dos grandes establos que en su día albergaron tres elefantes blancos ahora conforman el **Real Museo del Elefante.** Una de sus estructuras muestra objetos y fotografías que explican la importancia que han desempeñado los elefantes en la historia tailandesa y sus diferentes rangos en función de las características físicas. El segundo establo acoge la estatua de un elefante blanco que

INFLUENCIA CHINA

De alguna manera Bangkok es una ciudad tan china como tailandesa. La presencia china en Bangkok se remonta a antes de su fundación, cuando Thonburi Si Mahasamut no era más que un pequeño puerto comercial chino en el Chao Phraya. En la década de 1780, durante el reinado de Rama I, se contrató mano de obra china hokkien, teochew y hakka para construir la capital. Los chinos ya vivían en la zona cuando fueron reubicados en los distritos de Yaowarat y Sampeng, el actual Chinatown.

Durante el reinado de Rama I, muchos chinos empezaron a mejorar su estatus. Controlaban muchos de los negocios y tiendas capitalinos y, como cada vez aumentaban los vínculos comerciales con China, ellos fueron responsables de la inmensa expansión de la economía de Tailandia. Los europeos que visitaron la ciudad en la década de 1820 se sorprendieron de la cantidad de barcos comerciales chinos que había, hasta el punto de que algunos creyeron que Bangkok era de mayoría china.

La nueva riqueza de algunas familias chinas de mercaderes creó una de las primeras élites de Tailandia al margen de la realeza. Conocidos como *jôw sŏoa,* estos "señores del comercio" acabaron por obtener un estatus adicional tras aceptar puestos oficiales y títulos reales, y tras ofrecer sus hijas a la Corona. Actualmente se cree que por más de la mitad de la población de Bangkok corre sangre china.

Durante el reinado de Rama III, la capital tailandesa empezó a absorber muchos elementos de la cultura china, tales como la comida, el diseño, la moda y la literatura. La creciente presencia de dicha cultura, emparejada con la tendencia de los chinos a desposarse con mujeres tailandesas y a asimilar su cultura, hizo que a principios del s. XX fuera difícil distinguir a los chinos de sus vecinos siameses.

Parque Lumphini y Th Phra Ram IV

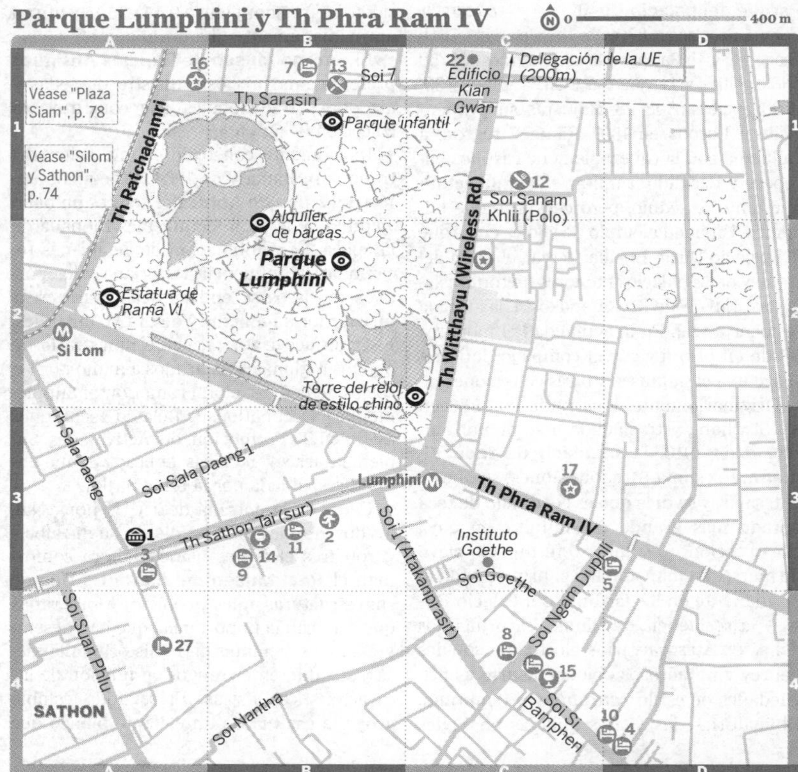

aún vive en el palacio Chitlada, residencia del actual monarca. Engalanada con ropajes reales, la estatua es una especie de santuario para los tailandeses.

Como propiedad real que es, se recomienda vestir pantalones y faldas largos (nada de piratas) y camisas con mangas.

Monumento conmemorativo a Rama V MONUMENTO

(พระบรมรูปทรงม้า; plano p. 88; Royal Plaza, Th U-Thong Nai; autobús nº 18, 28, 515) La efigie de bronce de un soberano vestido de militar puede parecer inverosímil como lugar de culto, pero los tailandeses están encantados con su devota expresión. También es cierto que no se trata de un personaje cualquiera, sino de Rama V, el rey Chulalongkorn [1868-1910], el mismo que llevó la modernidad a Tailandia a la vez que salvó al país del colonialismo europeo. Además fue una gran persona, pues abolió la esclavitud y el *corvée* (la disposición de todo ciudadano a trabajar para el Gobierno cuando fuera requerido). Por todo ello su figura es muy admirada, particularmente por la clase media, y atrae a muchos devotos (sobre todo los martes, el día que nació), que portan ofrendas de velas, flores (especialmente de color rosa), incienso y botellas de *whisky*. En este lugar también se conmemora a lo grande el aniversario de la muerte del monarca, el 23 de octubre.

El edificio neoclásico con cúpula que se alza detrás de la estatua es el **salón del trono de Ananta Samakhom** (plano p. 88; www.artsofthekingdom.com; Th U-Thong Nai; entrada 150 THB; ⌚10.00-18.00 ma-do), que fue ideado como lugar de recepciones, pero no se terminó hasta 1915, cinco años después de la muerte del rey. Hoy, el salón acoge una exposición titulada *Las artes del reino*, que al igual que el cercano salón del trono de Abhisek Dusit, muestra los productos de la fundación asistencial patrocinada por la reina Sirikit.

Parque Lumphini y Th Phra Ram IV

Principales puntos de interés
Parque Lumphini B2

Puntos de interés
1 Surapon Gallery A3

Actividades, cursos y circuitos
2 Siri Pattana Thai Language School B3

Dónde dormir
3 All Seasons Sathorn A3
4 Café des Arts Guest House D4
5 ETZzz Hostel D3
6 Ibis Sathon C4
7 Luxx XL B1
8 Malaysia Hotel C4
9 Metropolitan B3
10 Penguin House D4
11 Sukhothai Hotel B3

Dónde comer
Café 1912 .... (véase 23)
12 Kai Thort Jay Kee C1
nahm .... (véase 9)
13 Ngwan Lee Lang Suan B1
Sukhothai Hotel .... (véase 11)

Dónde beber
14 Moon Bar at Vertigo B3
15 Wong's Place C4

Ocio
16 Brown Sugar A1
17 Estadio Lumphini C3

Información
23 Alliance Française A3
22 Diethelm Travel C1
27 Embajada de Malasia A4

GRATIS **Biblioteca Nacional** BIBLIOTECA, MUSEO
(plano p. 88; ☎0 2281 5212; Th Samsen; ⏲9.00-18.30 lu-vi, hasta 17.00 sa y do; *ferry* Tha Thewet) Aunque con pocos recursos en lenguas extranjeras, destacan los libros de astrología y las cartas astrales, así como algunas grabaciones del rey, escritos sagrados en hojas de palmera y mapas antiguos.

Museo Palacio de Suan Phakkad MUSEO
(วังสวนผักกาด; plano p. 89; ☎0 2245 4934; Th Sri Ayuthaya; entrada 100 THB; ⏲9.00-16.00; BTS Phaya Thai) El Suan Phakkad es un tesoro poco visitado, formado por ocho casas tailandesas tradicionales de madera que fueron la antigua residencia de la princesa Chumbon de Nakhon Sawan y anteriormente una granja de lechugas, de la que toma el nombre. El interior de estas casas asentadas sobre pilotes rebosa de obras de arte, antigüedades y muebles, mientras que el paisajístico recinto conforma un apacible oasis en el que no faltan patos, cisnes y un jardín medio cercado.

El diminuto **pabellón de las lacas,** en la parte posterior del conjunto, data del período Ayutthaya y exhibe *jatakas* de pan de oro y murales del *Ramayana,* así como escenas de la vida cotidiana en Ayutthaya. Originariamente el edificio estaba en un terreno monacal a orillas del Chao Phraya, al sur de Ayutthaya. Las residencias más grandes al frente del complejo albergan arte budista e hinduista de estilo jemer, cerámicas Ban Chiang y una interesantísima colección de budas históricos, entre ellos uno precioso de la época U Thong tardía.

Actividades

Masaje tradicional

Un buen masaje es un derecho para todo ciudadano de Bangkok y un verdadero placer para cualquier visitante. En todo Bangkok hay establecimientos de masajes. La calidad es diversa, particularmente según ofrezcan masajes o "masajes", estos últimos anunciados con mujeres ligeras de ropa.

Quienes se pongan por primera vez en manos de un masajista local deben saber que el auténtico masaje tailandés es relajante y doloroso a la vez. Un masaje tradicional suele incluir compresas calientes con hierbas (los aceites suelen asociarse a los de tipo *sexy*).

Health Land 'SPA', MASAJE
(www.healthlandspa.com; masaje tailandés 2 h 450 THB) Ekamai (plano p. 84; ☎0 2392 2233; 96/1 Soi 10, Soi 63/Ekamai, Th Sukhumvit; ⏲9.00-23.00; BTS Ekkamai); Sathon (plano p. 74; ☎0 2637 8883; 120 Th Sathon Neua; ⏲9.00-23.00; BTS Chong Nonsi); Sukhumvit (plano p. 84; ☎0 2261 1110; 55/5 Soi 21/Asoke, Th Sukhumvit; ⏲9.00-24.00; BTS Asok, MRT Sukhumvit) Su fórmula de precios asequibles, tratamientos especializados

Th Sukhumvit

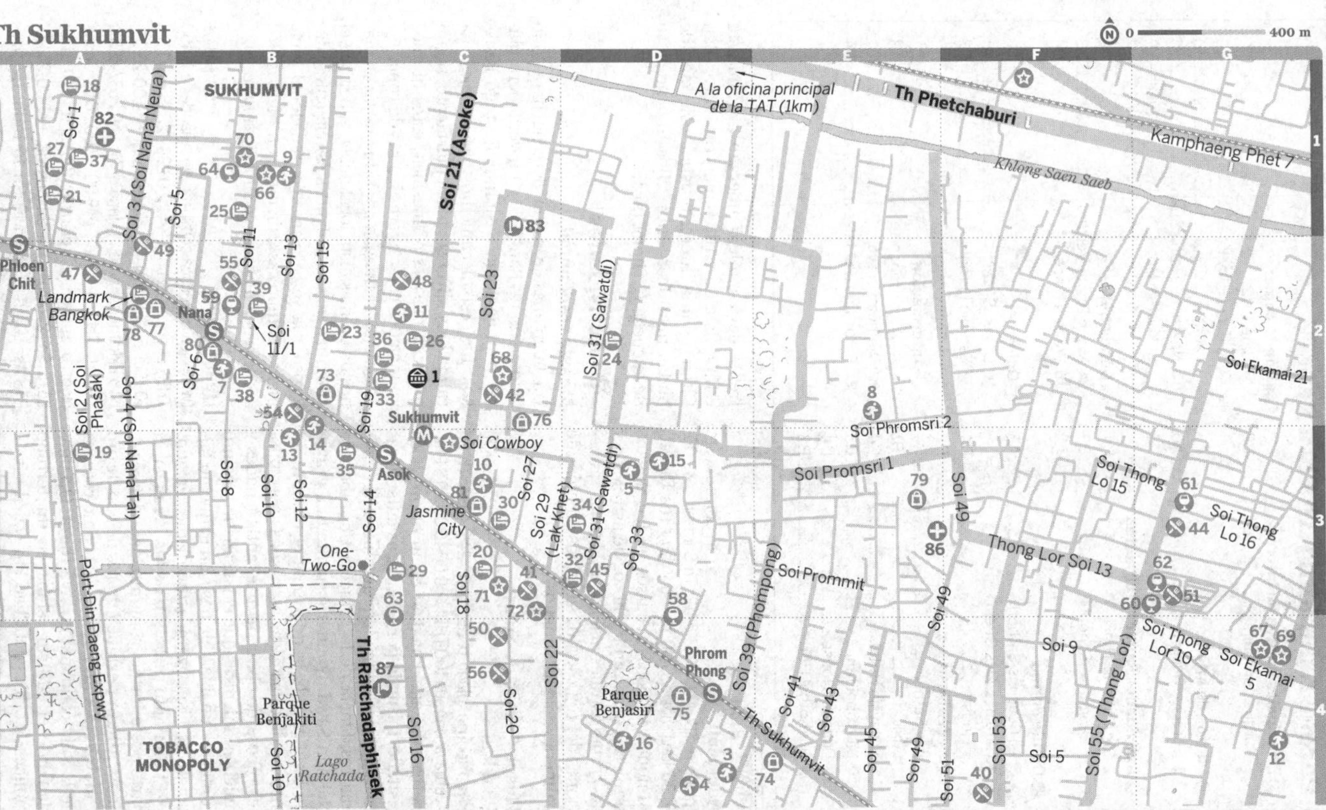

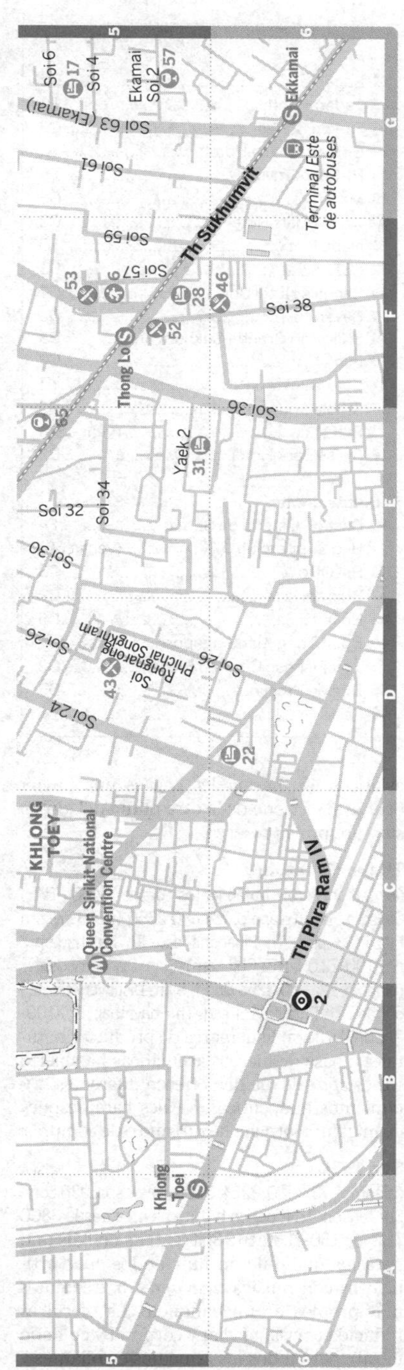

e instalaciones acogedoras ha creado el pequeño imperio de centros Health Land.

Escuela Tailandesa de Masaje y Medicina Tradicional del Wat Pho MASAJE
(plano p. 60; ☎0 2622 3550; Soi Penphat, Th Sanam Chai; masaje tailandés 220 THB/h; ⏲8.00-18.00; autobús nº 123, 508, *ferry* Tha Tien) El principal centro de formación de masajistas de todo el país (p. 59) también tiene pabellones de masajes dentro del recinto del templo (véase p. 92).

Asia Herb Association MASAJE
(www.asiaherbassociation.com; masaje tailandés 350 THB/h) Phrom Phong (plano p. 84; ☎0 2260 8864; 33/1 Soi 24, Th Sukhumvit; ⏲10.00-21.00; BTS Phrom Phong); Sawastdi (plano p. 84; ☎0 2261 2201; 20/1 Soi 31/Sawatdi, Th Sukhumvit; ⏲9.00-24.00; BTS Phrom Phong); Thong Lor (plano p. 84; ☎0 2392 3631; 58/19-25 Soi 55/Thong Lor, Th Sukhumvit; ⏲9.00-24.00; BTS Thong Lo) De propietario japonés, esta cadena posee varios locales en Th Sukhumvit y está especializada en masaje con *prà·kóp,* a base de compresas tradicionales tailandesas de 18 hierbas medicinales.

Ruen-Nuad Massage Studio MASAJE
(plano p. 74; ☎0 2632 2662; 42 Th Convent; masaje tailandés 350 THB/h; ⏲10.00-21.00; BTS Sala Daeng, MRT Si Lom) Situado en una casa de madera restaurada, este encantador establecimiento consigue evitar lo chabacano y el estilo *new age* que caracterizan a tantos centros de masajes de Bangkok. Precios asequibles.

En Th Sukhumvit existen varios centros de masaje tailandés recomendables y prestigiosos, entre ellos los siguientes:

Coran Boutique Spa MASAJE
(plano p. 84; ☎0 2651 1588; www.coranbangkok.com; 27/1-2 Soi 13, Th Sukhumvit; masaje tailandés 400 THB/h; ⏲11.00-22.00; BTS Nana)

Lavana MASAJE
(plano p. 84; ☎0 2229 4510; www.lavanabangkok.com; 4 Soi 12, Th Sukhumvit; masaje tailandés 450 THB/h; ⏲9.00-23.00; BTS Asok, MRT Sukhumvit)

Rakuten MASAJE
(plano p. 84; ☎0 2258 9433; www.rakutenspa.com; 94 Soi 33, Th Sukhumvit; masaje tailandés 250 THB/h; ⏲12.00-24.00; BTS Phrom Phong)

Baan Dalah MASAJE
(plano p. 84; ☎0 2653 3358; www.baandalahmindbodyspa.com; 2 Soi 8, Th Sukhumvit; masaje tailandés 350 THB/h; ⏲10.00-24.00; BTS Nana)

Th Sukhumvit

Puntos de interés

1 Ban Kamthieng C2
2 Mercado de Khlong Toey B6

Actividades, cursos y circuitos

3 ABC Amazing Bangkok Cyclists D4
4 Asia Herb Association D4
5 Asia Herb Association D3
6 Asia Herb Association F5
7 Baan Dalah B2
8 Bangkok Bike Rides E2
9 Coran Boutique Spa B1
10 Divana Spa C3
11 Health Land C2
12 Health Land G4
13 Lavana B3
14 Pro Language B2
15 Rakuten D3
16 World Fellowship of Buddhists D4

Dónde dormir

17 72 Ekamai G5
18 AriyasomVilla A1
19 Atlanta A3
20 Baan Sukhumvit C3
21 Bed Bangkok A1
22 Davis D6
23 Dream Bangkok B2
24 Eugenia D2
25 Federal Hotel B1
26 Fusion Suites C2
27 Golden Palace Hotel A1
28 HI-Sukhumvit F5
29 Ma Du Zi C3
30 Nana Chart Hotel C3
31 Napa Place E5
32 S31 .... D3
33 Sacha's Hotel Uno C2
34 Seven D3
35 Sheraton Grande Sukhumvit B3
36 Silq C2
37 Soi 1 Guesthouse A1
38 Stable Lodge B2
Suk 11 .... (véase 55)
39 Swiss Park Hotel B2

Dónde comer

40 Bacco - Osteria da Sergio F4
Bed Supperclub .... (véase 66)
41 Bei Otto C3
42 Bharani C2
43 Bo.lan D5
44 Boon Tong Kiat Singapore Hainanese Chicken Rice G3
45 Duc de Praslin D3
46 Face F6

'Spa'

A menos que el viajero permanezca aislado permanentemente en una burbuja climatizada, llegará un momento en el que deseará desprenderse de los efectos negativos del agresivo entorno urbano de la capital tailandesa. Para conseguirlo puede elegir entre un sencillo tratamiento exfoliante o apuntarse a un variado programa terapéutico con opciones de aromaterapia, aceites, personal especializado y quizás hasta servicio de acupuntura. Bangkok cuenta con incontables centros de *spa,* muchos de ellos integrados en hoteles de lujo y con precios prohibitivos. Para otras alternativas, consúltese www.spasinbangkok.com o considérese alguna de las siguientes.

Oriental Spa 'SPA'

(plano p. 72; ☎0 2659 9000; www.mandarinoriental.com/bangkok/spa; Oriental Hotel; paquetes de *spa* desde 2900 THB; ⏰9.00-22.00; barco lanzadera desde el Tha Sathon/muelle central) Considerado uno de los principales *spas* del mundo, también es puntero en otros tratamientos asiáticos. El masaje Jet Lag es una buena opción si se viene de la otra punta del globo, siempre previa reserva.

Thann Sanctuary 'SPA'

(www.thann.info; tratamientos desde 1400 THB) Gaysorn Plaza (plano p. 78; ☎0 2656 1424; Gaysorn Plaza, 3er piso, Th Ploenchit esq. Th Ratchadamri; ⏰10.00-22.00; BTS Chit Lom); Siam Discovery Center (plano p. 78; ☎0 2258 0550; Siam Discovery Center, 5º piso, Th Phra Ram I esq. Th Phayathai; ⏰10.00-21.00; BTS Siam) Esta marca de productos naturales a base de hierbas aromáticas ha abierto varios *spas* de día que ofrecen diferentes tratamientos terapéuticos, ideales para después de una dura jornada de turismo o de compras.

Spa 1930 'SPA'

(plano p. 78; ☎0 2254 8606; www.spa1930.com; Soi Tonson, Th Ploenchit; tratamientos desde 3800 THB; ⏰9.30-21.30; BTS Chit Lom) Es un bálsamo para los que quieran huir de los *spas* artificiosos con música *new age* e ingredientes más propios de un banquete. La oferta es reducida (masaje facial y corporal y cuidado facial), pero todos los remedios exfoliantes y aceites utilizados están basados en fórmulas herbales tradicionales tailandesas.

Divana Massage & Spa 'SPA'
(plano p. 84; ☎0 2261 6784; www.divanaspa.com; 7 Soi 25, Th Sukhumvit; tratamientos desde 2500 THB; ⊙11.00-23.00 lu-vi, 10-11.00 sa y do; BTS Asok, MRT Sukhumvit) Exclusivo ambiente tailandés en el entorno discreto y relajante de una casa con jardín.

Deportes y yoga

Para ponerse en forma en este clima extenuante se recomiendan unas instalaciones con aire acondicionado. Casi todos los gimnasios privados y hoteles de categoría disponen de salas de musculación y piscinas. Algunos alojamientos ofrecen abonos de un día, aunque cada establecimiento tiene su política.

Clark Hatch Physical Fitness Center (www.clarkhatchthailand.com) es una cadena de lujo con más de catorce gimnasios repartidos por la ciudad con sala de máquinas, clases de aeróbic, piscina, sauna y servicio de masajes.

Otras cadenas son **California Wow** (www.californiawowx.com), con siete centros, y **Fitness First** (www.fitnessfirst.co.th), con 15.

Hash House Harriers 'FOOTING'
(www.bangkokhhh.com) Es uno de los clubes deportivos más veteranos de Bangkok, orgulloso de su entusiasmo por el atletismo y de su capacidad de vencer la deshidratación a base de cerveza. Si el viajero no aspira a tanto, puede empezar con una suave carrera en algún parque de la ciudad, como el Lumphini (p. 76).

Yoga Elements Studio YOGA
(plano p. 78; ☎0 2655 5671; www.yogaelements.com; 29 edificio Vanissa, 23º piso, Th Chitlom; BTS Chit Lom) Ofrece principalmente yoga fluido *vinyasa* a precios interesantes.

Absolute Yoga YOGA
(plano p. 78; ☎0 2252 4400; www.absoluteyogabangkok.com; Amarin Plaza, 4º piso, Th Ploenchit; BTS Chit Lom) Yoga menos espiritual para los amantes de la gimnasia: clases de yoga con calor, *pilates* y *vinyasa*.

Thewet y Dusit

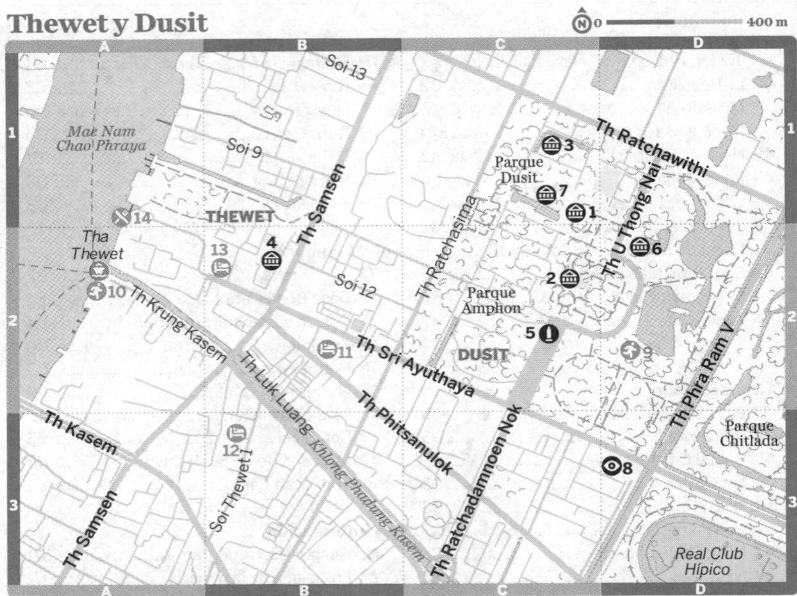

Thewet y Dusit

Puntos de interés

1 Salón del trono de Abhisek Dusit C1
2 Salón del trono de Ananta Samakhom C2
3 Parque del palacio Dusit C1
4 Biblioteca Nacional B2
5 Monumento conmemorativo a Rama V C2
6 Real Museo del Elefante D2
7 Museo-mansión de teca de Vimanmek C1
8 Wat Benchamabophit D3

Actividades, cursos y circuitos

9 Zoo Dusit D2
10 Tha Thewet A2

Dónde dormir

11 Bangkok International Youth Hostel B2
12 Phra-Nakorn Norn-Len B3
Shanti Lodge .... (véase 13)
13 Sri Ayuttaya Guest House B2
Taewez Guesthouse .... (véase 13)

Dónde comer

14 Kaloang Home Kitchen A1

Cursos

En Bangkok abundan los cursos de cocina e idiomas.

Cocina

No pocos viajeros consideran este el momento culminante de su viaje a Tailandia.

Los cursos varían en cuanto a precio y calidad, pero el típico de medio día debería incluir una introducción básica a los ingredientes y sabores locales, además de la preparación de algunos platos. Casi todas las escuelas ofrecen una lista de recetas que cambian a diario. Muchos cursos incluyen la visita a un mercado, un recetario y el almuerzo comunitario con los platos preparados.

Khao COCINA

(plano p. 60; ☎08 9111 0947; www.khaocookingschool.com; D&D Plaza, 68-70 Th Khao San; clases 1500 THB; ⌚9.30-12.30 y 13.30-16.30) A pesar de estar en el centro de Khao San, esta nueva escuela de cocina fue creada por toda una autoridad de la cocina tailandesa y ofrece clases para elaborar una amplia variedad de platos auténticos. Está en un patio detrás del D&D Inn.

Helping Hands COCINA
(☎08 4901 8717; www.cookingwithpoo.com) Célebre curso de cocina creado por una cocinera nacida en las barriadas del Khlong Toey. Las clases, que deben reservarse con antelación, comprenden cuatro platos e incluyen la visita al mercado del Khlong Toey y el transporte de ida y vuelta desde el Emporium (p. 130).

Baipai Thai Cooking School COCINA
(plano p. 56; ☎0 2561 1404; www.baipai.com; 8/91 Soi 54, Th Ngam Wong Wan; clases 1800 THB; ⊙9.30-13.30 y 13.30-17.30 ma-sa) Ubicada en una bonita villa de la periferia, esta escuela imparte dos clases diarias, de cuatro platos cada una, dirigidas por un pequeño pelotón de profesores. Facilitan el traslado.

Blue Elephant Thai Cooking School COCINA
(plano p. 74; ☎0 2673 9353; www.blueelephant.com; 233 Th Sathon Tai; clases 2943 THB; ⊙8.45-13.00 y 13.15-16.30 lu-sa; BTS Surasak) La escuela de cocina más sofisticada de Bangkok ofrece dos clases diarias. La de la mañana incluye una visita a un mercado local y la vespertina introduce con rigor a los ingredientes tailandeses.

Silom Thai Cooking School COCINA
(plano p. 74; ☎08 4726 5669; www.bangkokthaicooking.com; 68 Soi 13/Trok Vaithi, Th Silom; clases 1000 THB; ⊙9.30-13.00 y 13.40-18.00; BTS Chong Nonsi) Las instalaciones son básicas pero sus clases incluyen una visita a un mercado local y la elaboración de seis platos en 3½ horas (es la que sale más a cuenta). Facilitan el traslado.

Meditación

Aunque a veces Bangkok pueda parecer el lugar menos budista del mundo, hay varios rincones donde los extranjeros pueden prac-

Ratchathewi

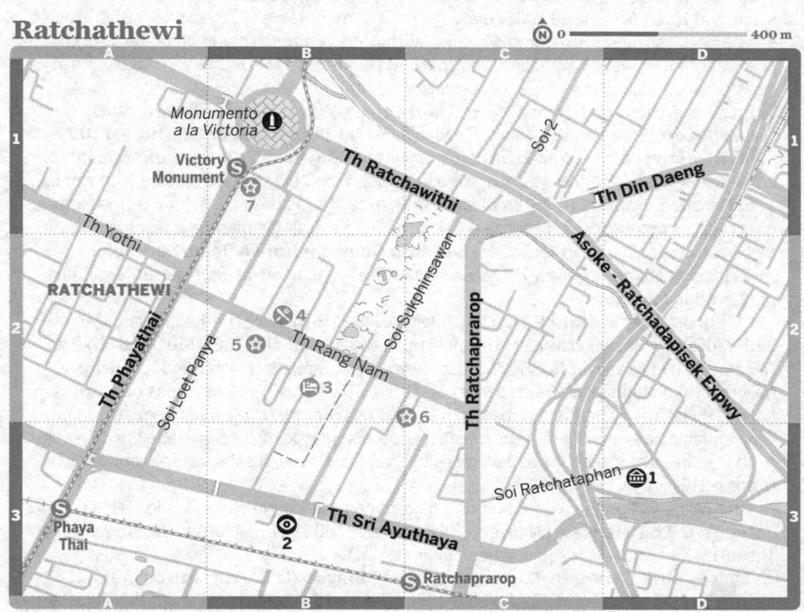

Ratchathewi

Puntos de interés
1 Fábrica y Museo de Muñecas D3
2 Museo Palacio de Suan Phakkad B3

Dónde dormir
3 Pullman Bangkok King Power B2

Dónde comer
4 Mallika B2

Ocio
5 Teatro Aksra B2
6 Raintree C2
7 Saxophone Pub & Restaurant B1

BANGKOK PARA NIÑOS

En Bangkok no hay muchas atracciones especialmente dirigidas a los más pequeños, pero lo que nunca les faltará es el afecto sincero de los lugareños. La página web www.bambiweb.org es una fuente útil para los padres en Bangkok.

La **Fábrica y Museo de Muñecas de Bangkok** (plano p. 89; ☎0 2245 3008; 85 Soi Ratchaphataphan/Mo Leng; gratis; ⏲8.00-17.00 lu-sa; BTS Ratchaprarop) exhibe una variopinta selección de muñecas tradicionales tailandesas, antiguas y modernas. El problema es llegar; hay que ir por Th Si Ayuthaya en sentido este, cruzar la autopista por debajo, y, pasado el cruce con Th Ratchaprarop, tomar la *soi* que queda a la derecha de la oficina de correos. Se debe seguir por esta sinuosa calle hasta que se empiecen a ver las señales.

Casi todas las actividades del ameno **Children's Discovery Museum** (plano p. 110; www.bkkchildrenmuseum.com; parque Reina Sirikit, Th Kamphaengphet 4; adultos/niños 70/50 THB; ⏲ 9.00-17.00 ma-vi, 10.00-18.00 sa y do) van dirigidas a niños de primaria. También hay un parque infantil detrás del edificio principal. El museo estaba cerrado por reformas en la última visita, aunque tenía previsto reabrir a finales del 2011. Está enfrente del mercado de fin de semana de Chatuchak.

Sin estar expresamente dirigido a los niños, el **Museo de Siam** (p. 63) tiene muchas muestras interactivas que les encandilarán.

El **zoo de Dusit** (plano p. 88; Th Ratchawithi; adultos/niños 100/50 THB; ⏲8.00-18.00; autobús nº 18, 28, 515), de 19 Ha, acoge más de 300 mamíferos, 200 reptiles y 800 aves en sus respectivas jaulas, así como especies autóctonas curiosas como el banteng, el gaúr, el serau común y varios rinocerontes, aparte de espacios a la sombra y un lago central con botes para alquilar y un pequeño parque infantil.

En el centro comercial con acuario **Siam Ocean World** (plano p. 78; www.siamoceanworld.co.th; Siam Paragon, sótano, Th Phra Ram I; adultos/niños 900/700 THB; ⏲10.00-21.00; BTS Siam) se ha recreado un colosal mundo submarino. Se puede curiosear por la zona de los arrecifes coralinos o asistir a la alimentación diaria de pingüinos y tiburones.

El **Parque Lumphini** (p. 76) es ideal en las frescas horas de la mañana y la noche para hacer volar cometas (en temporada) así como para estirar las piernas y respirar. Cerca de allí, en la granja de serpientes del **Instituto Conmemorativo Reina Saovabha** (p. 71), los pequeños pueden ver cómo se extrae el veneno de las mortíferas serpientes para producir antídotos.

Más apartados, el **Siam Park City** (plano p. 145; 203 Th Suansiam, Khannayao; ☎0 2919 7200; www.siamparkcity.com; Th Ratchawithi; entrada 100-600 THB; ⏲10.00-18.00) y el **Dream World** (plano p. 145; ☎0 2533 1152; www.dreamworld-th.com; 62 Moo 1, Th Rangsit-Nakornnayok, Patumthani; entrada desde 450 THB; ⏲10.00-18.00) son extensos parques lúdicos. El primero cuenta con más de treinta atracciones y un parque acuático con la mayor piscina de olas del mundo, mientras que el segundo incluye un pabellón de nieve. Ambos están al norte de la capital, accesibles en taxi desde la estación Mo Chit del BTS (plano p. 110).

Otra opción es unirse a los novicios y otros niños que echan pan y comida a los peces del río en el **Tha Thewet** (plano p. 88; Th Samsen; ⏲7.00-19.00, autobús nº 32, 315, *ferry* Tha Thewet) y ver cómo las turbias aguas bullen de peces.

Tanto el **MBK Center** (p. 129) como el **Siam Paragon** (p. 129) poseen boleras. El **Krung Sri IMAX** (plano p. 78; ☎0 2129 4631; www.imaxthai.com; Siam Paragon, Th Phra Ram I; entradas 350-450 THB; BTS Siam) proyecta versiones con efectos especiales de películas de acción y documentales de naturaleza.

ticar meditación theravada. Para información sobre budismo, véase p. 723; para conocer el protocolo en los templos, véase pp. 59 y 34. Otra fuente de información es **Dharma Thai** (www.dhammathai.org), que ofrece un resumen sobre varios *wats* y centros de meditación destacados.

House of Dhamma MEDITACIÓN
(plano p. 110; ☎0 2511 0439; www.houseofdhamma.com; 26/9 Soi 15, Th Lat Prao; MRT Lat Phrao) Helen Jandamit ha inaugurado en los suburbios de Bangkok este centro para retiros y clases de meditación *vipassana* (introspectiva). En la página web se informa sobre los

talleres programados; para visitar el centro hay que llamar antes.

Wat Mahathat MEDITACIÓN
(plano p. 60; 3 Th Maha Rat; autobús nº 32, 201, 503, *ferry* Tha Maharaj o Tha Chang) En este templo funcionan dos centros de meditación independientes. El **International Buddhist Meditation Center** (☎0 2222 6011; www.centermeditation.org; sección 5, Wat Mahathat; se aceptan donativos) ofrece clases diarias de meditación a las 7.00, 13.00 y 18.00; duran tres horas y las imparte Phra Suputh, que habla inglés. El **Meditation Study and Retreat Center** (☎0 223 6878; www.meditation-watmahadhat.com; Wat Mahathat; se aceptan donativos) ofrece un sistemático programa diario de meditación. En ambos se pueden contratar estancias más largas que incluyen alojamiento y comidas, pero los estudiantes deberán amoldarse a un estricto régimen de conducta.

World Fellowship of Buddhists MEDITACIÓN
(WFB; plano p. 84; ☎0 2661 1284; www.wfb-hq.org; 616 Benjasiri Park, Soi 24, Th Sukhumvit; ⌚8.30-16.00 do-vi; BTS Phrom Phong) Este centro de budismo theravada ofrece clases de meditación en inglés cada primer domingo de mes de 14.00 a 17.00. La comunidad también celebra interesantes foros de temática budista.

Boxeo tailandés

En el último quinquenio el *muay thai* se ha puesto tan de moda entre los extranjeros que muchos centros del país han tenido que adaptar sus programas a los luchadores foráneos. Los siguientes centros imparten cursos en inglés y aceptan a hombres y mujeres. Suelen ofrecer comida y alojamiento por un suplemento. La página web www.muaythai.com es una completa fuente de información.

Muay Thai Institute BOXEO TAILANDÉS
(plano p. 145; ☎0 2992 0096; www.muaythai-institute.net; Rangsit Stadium, 336/932 Th Prachatipat, Pathum Thani; 1er nivel 8000 THB; BTS Mo Chit y taxi) Instituto asociado con el prestigioso World Muay Thai Council, que ofrece un curso básico con tres niveles de destreza, además de otros dirigidos a entrenadores, árbitros y jueces.

Sor Vorapin Gym BOXEO TAILANDÉS
(plano p. 60; ☎0 2282 3551; www.thaiboxings.com; 13 Th Kasab, Th Chakraphong; 500/9000 THB por día/mes; autobús nº 2, 15, 44, 511, *ferry* Tha Phra Athit) Este gimnasio, muy cerca de Th Khao San, está especializado en la formación de alumnos extranjeros de ambos sexos. En otro centro, fuera de la ciudad, imparten entrenamiento más profesional.

Fairtex Muay Thai BOXEO TAILANDÉS
(fuera de plano p. 145; ☎0 2755 3329; www.fairtexbangplee.com; 99/5 Mu 3, Soi Buthamanuson, Th Thaeparak, Bangpli, Samut Prakan; cursos y alojamiento desde 1100 THB/día; BTS Chong Nonsi y taxi) Conocido y veterano campamento situado al sur de Bangkok.

Thai

Union Language School THAI
(plano p. 78; ☎0 2214 6033; www.unionlanguageschool.com; 328 CCT Office Bldg, 7º piso, Th Phayathai; cursos desde 7000 THB; BTS Ratchathewi) Con fama de ofrecer los mejores y más rigurosos cursos, en esta escuela estudian muchos misioneros. Utiliza metodologías basadas en el equilibrio entre la teoría y la práctica en módulos de 80 horas y cuatro semanas.

American University Alumni Language Centre THAI
(AUA; plano p. 78; ☎0 2252 8398; www.auathai.com; 179 Th Ratchadamri; 128 THB por clase de 1 h; BTS Ratchadamri) Este veterano instituto ofrece varios niveles de enseñanza que pueden completarse en un plazo flexible.

Pro Language THAI
(plano p. 84; ☎0 2250 0072; www.prolanguage.co.th;Times Square Bldg., 10º piso, 246 Th Sukhumvit; BTS Asok, MRT Sukhumvit; desde 10 THB por clase) Es una escuela favorita entre los profesionales extranjeros. Las clases empiezan por lo más elemental y aumentan hasta el nivel avanzado, incluidos textos de literatura tailandesa.

Siri-Pattana Thai Language School THAI
(plano p. 82; ☎0 2677 3150; siri_pattanathai@hotmail.com; YWCA, 13 Th Sathon Tai; MRT Lumphini; cursos desde 7500 THB) Imparte cursos de thai de 30 horas en clases de una o dos horas al día, además de formación para sacarse el *Ɓor hòk* (examen para ejercer de profesor).

AAA Thai Language Center THAI
(plano p. 78; ☎0 2655 5629; www.aaathai.com; 29 edificio Vanissa, 6º piso, Th Chitlom; BTS Chit Lom) Abierto por un grupo de profesores expertos, ofrece una buena relación calidad-precio y cuenta con un alumnado fiel.

Masaje tailandés

Escuela Tailandesa de Masaje y Medicina Tradicional del Wat Pho MASAJE TAILANDÉS

(plano p. 60; ☎0 2622 3550; www.watpomassage.com; 392/25-28 Soi Phen Phat; cursos desde 5000 THB; ⏰8.00-18.00; autobús nº 508, 512, *ferry* Tha Tien) Ofrece cursos básicos y avanzados de masaje tradicional tailandés. Los primeros son de 30 horas repartidas en cinco días y se dedican al masaje general o al de pies. El nivel avanzado, para el que se requiere haber superado el básico, ocupa 60 horas y se dedica al masaje terapéutico y curativo. Otros cursos avanzados son el de masaje con aceites y aromaterapia, y el masaje infantil. La escuela está fuera del recinto del templo, en una tienda-vivienda restaurada de Bangkok, en Soi Phen Phat. No tiene rótulo; está junto al restaurante Coconut Palm.

Circuitos

Para contratar un buen guía, **Tour with Tong** (☎0 81835 0240; www.tourwithtong.com; circuito de un día desde 1000 THB), que realiza excursiones por Bangkok y alrededores, y **Thai Private Tour Guide** (☎0 81860 9159; www.thaitourguide.com; circuito de un día desde 2000 THB), donde Chob y Mee gozan de buenas referencias, son buenas recomendaciones.

Para salidas guiadas más específicas, véase p. 96.

Circuitos en barco

EXCURSIONES POR EL RÍO Y LOS CANALES

Todavía es posible ver retazos de la "Venecia de Oriente" que fue Bangkok, aunque los vehículos motorizados hace tiempo que son los más utilizados para desplazarse por la ciudad. En el río y los canales se concentra una variopinta flota de embarcaciones, desde canoas de remos a barcazas de arroz. Muchas casas, comercios y templos de estas zonas aún viven encaramadas al río y ofrecen estampas de antaño, de cuando los tailandeses aún se consideraban los *jôw nám* ("señores del agua").

El medio más lógico para desplazarse entre los lugares de interés ribereños es el **Chao Phraya Express** (☎0 2623 6001; www.chaophrayaboat.co.th; entradas 9-32 THB). La estación término para la mayor parte de los servicios que van al norte es el Tha Nonthaburi y para los que van al sur, el Tha Sathon (o muelle central), cerca de la estación Saphan Taksin del BTS, aunque algunos barcos que van al sur llegan hasta el Wat Ratchasingkhon. Para más información sobre transporte fluvial, véase p. 142.

Si se desea una travesía más personalizada, se puede alquilar un barco de popa larga para recorrer los canales; para más detalles, véase recuadro en p. 93.

CRUCEROS CON CENA

Son perfectos para parejitas de enamorados y familias tranquilas, pues surcan el Chao Phraya y ofrecen vistas a las parpadeantes luces nocturnas de la ciudad, lejos del calor y el bullicio. Los cruceros van de rústicos a sofisticados, y la comida, de mediocre a poco memorable.

Loy Nava CRUCERO CON CENA

(plano p. 72; ☎0 2437 4932; www.loynava.com; menú 1766 THB; ⏰18.00-20.00 y 20.10-22.00) Funciona desde 1970 y fue posiblemente el primer crucero con cena de Bangkok. Ofrece dos excursiones diarias que parten del Tha Si Phraya, cerca del River City. Dispone de menú vegetariano.

Manohra Cruises CRUCERO CON CENA

(plano p. 56; ☎0 2477 0770; www.manohracruises. com; Bangkok Marriott Resort y Spa, Thonburi; crucero con cóctel, crucero con cena adultos/niños 2343/1712 THB; ⏰7.30-22.00) Cuenta con una flota de barcazas de teca que surcan las aguas majestuosamente. Salen del Marriott Resort, adonde se puede llegar con un servicio de enlace gratis desde el Tha Sathon (cerca de BTS Saphan Taksin; véase plano p. 72).

Wan Fah Cruises CRUCERO CON CENA

(plano p. 72; ☎0 2222 8679; www.wanfah.in.th; cruceros 1200 THB; ⏰19.00-21.00; *ferry* hasta Tha Si Phraya) Esta robusta embarcación de madera navega con elegancia al ritmo de la música y las danzas tradicionales desde el River City Complex. Se puede optar por el menú estándar o el de marisco y ofrecen traslado al hotel.

Yok Yor Restaurant CRUCERO CON CENA

(plano p. 72; ☎0 2439 3477; www.yokyor.co.th; cenas *à la carte* con recargo de 140/70 THB por adulto/niño; ⏰20.00-22.00; *ferry* desde Th Sri Phraya) Este veterano restaurante flotante a orillas de Thonburi también fleta un crucero diario con cena y alquila embarcaciones para uso privado.

CRUCEROS A BANG PA-IN Y AYUTTHAYA

Los cruceros por el río desde el norte de Bangkok hasta las ruinas de la antigua capital de Ayutthaya (p. 152) recuperan el romanticismo de las viejas travesía ribereñas. Casi todos incluyen una visita guiada a las ruinas de Ayutthaya, con parada en el palacio de verano de Bang Pa In (p. 160). Normalmente solo un trayecto, el de ida o el de vuelta, se hace en barco; el otro es en autobús.

Asian Oasis CRUCERO FLUVIAL

(plano p. 78; ☎0 2655 6246; www.asian-oasis.com; Nai Lert Tower, 7º piso, 2/4 Th Witthayu/Wireless Rd; crucero de 2 días 6450-10 450 THB, según temporada y sentido) Para navegar por el Chao Phraya a bordo de una flota de barcazas de arroz restauradas con el encanto de antaño y las comodidades modernas. La travesía en barco es río arriba o río abajo a/desde Ayutthaya; el viaje en sentido contrario se realiza en autobús.

Manohra Cruises CRUCERO FLUVIAL

(plano p. 56; ☎0 2477 0770; www.manohracruises.com; Bangkok Marriott Resort y Spa, Thonburi; crucero de 3 días 69 000 THB) El equivalente náutico del tren *Eastern & Oriental Express,* la *Mahnora Song* es una barcaza de arroz restaurada y decorada con antigüedades, alfombras persas y cuatro camarotes de lujo. El circuito dura tres días, con dos noches de excursión a Ayutthaya, y el precio es con todo incluido, excepto los impuestos y las propinas. Para travesías más largas, la *Manohra Dream,* más lujosa si cabe, tiene una capacidad máxima para dos parejas.

Circuitos en bicicleta y 'segway'

Se puede pedalear entre el cemento o acercarse hasta Phra Pradaeng (plano p. 56), un barrio situado al sur, exuberante y poco urbanizado, donde los estrechos caminos se entrecruzan con los canales de regadío que alimentan pequeñas plantaciones de frutales y pequeñas aldeas.

Para visitar la vieja Bangkok en bicicleta gratis, véase recuadro en p. 143.

Grasshopper Adventures CIRCUITOS EN BICICLETA

(plano p. 60; ☎0 2280 0832; www.grasshopperadventures.com; 57 Th Ratchadamnoen Klang; circuitos desde 750 THB; ⊙8.30-18.30 lu-vi; autobús nº 2, 15, 44, 511, taxi *klorng* Tha Phan Fah) Esta alabada agencia organiza varios circuitos singulares en bicicleta por Bangkok y alrededores, entre ellos uno nocturno y otro por las zonas verdes.

ABC Amazing Bangkok Cyclists CIRCUITOS EN BICICLETA

(plano p. 84; ☎0 2665 6364; www.realasia.net; 10/5-7 Soi 26, Th Sukhumvit; circuitos desde 1000 THB; ⊙circuitos 8.00, 10.00 o 13.00; BTS Phrom Phong) Con diez años de experiencia, esta empresa ofrece circuitos en bicicleta para desvelar la "verdadera" Asia a través de los pasos elevados que atraviesan los canales rurales de la ciudad.

Segway Tour Thailand CIRCUITOS EN 'SEGWAY'

(plano p. 60; ☎0 2221 4525; www.segwaytourthailand.com; edificio del muelle Maharaj, Tha Maharaj, después de Th Maha Rat; circuitos de medio día desde 3500 THB; ⊙9.30-18.30 ma-do; 32, 201, 503,

POR LOS CANALES

Para ver de cerca los famosos canales de la ciudad, se puede alquilar un barco de popa larga en los embarcaderos de Tha Chang, Tha Tian, Tha Oriental y Tha Phra Athit. El Tha Chang es el más caro, sin apenas posibilidad de negociar, pero también es menos probable ser engañado o sableado a posteriori con la excusa de unas propinas o tasas inesperadas.

Se recorren los canales de Thonburi **Khlong Bangkok Noi** y, más al sur, **Khlong Bangkok Yai,** vía el Museo Nacional de Barcazas Reales, el Wat Arun y un templo ribereño donde se da de comer a los peces. Las salidas más largas se desvían por el **Khlong Mon,** entre Bangkok Noi y Bangkok Yai, que ofrece estampas más típicas de los canales y las granjas de orquídeas. Los fines de semana se puede visitar el **mercado flotante de Taling Chan.** Sin embargo, para desembarcar y visitar los puntos de interés, el habitual paseo de una hora (1000 THB, hasta 6 personas) no es suficiente; es mejor optar por el de 1½ horas (1300 THB) o el de dos horas (1600 THB). La mayoría de las empresas que dan este servicio tienen rutas fijas, aunque si se desea visitar un lugar concreto, se puede pedir.

Una alternativa más económica es tomar el **barco de popa larga de servicio regular** (50 THB; 1 h; ⊙16.00-19.00) que también sale del Tha Chang, aunque no tiene viaje de vuelta y habrá que buscarse la vida para regresar desde Bang Yai, en el apartado extremo norte del Khlong Bangkok Noi.

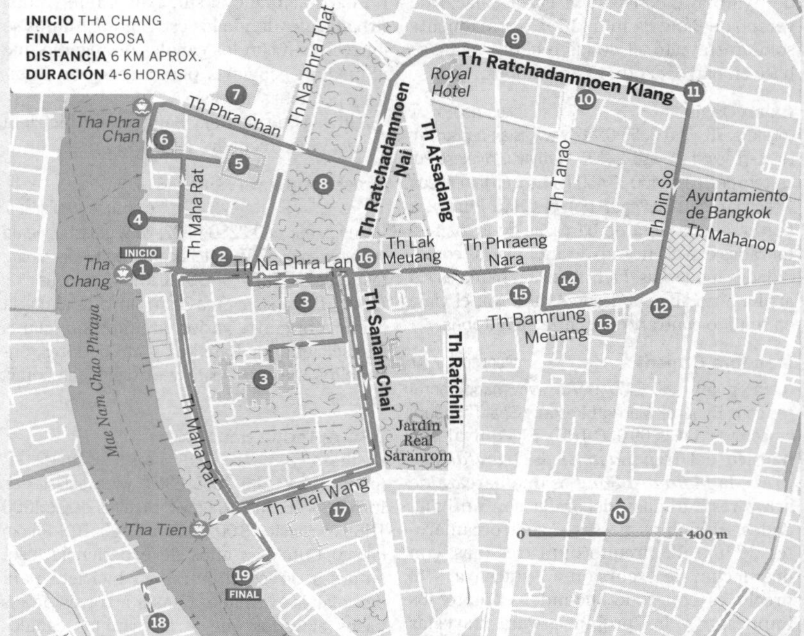

Circuito a pie

Por la vieja Bangkok

La mayor parte de los lugares de interés imprescindibles de Bangkok se concentran en el antiguo distrito real, Ko Ratanakosin, y en el vecino Banglamphu. Este itinerario abarca ambos barrios y pasa por sus atracciones principales y secundarias. Es preferible empezar temprano para tener menos calor y llegar antes que el grueso de los turistas. Tampoco hay que olvidar vestir recatadamente (faldas y pantalones largos, manga larga y calzado que cubra los dedos de los pies), para poder entrar en los templos, y ni caso a los desconocidos que amablemente se ofrezcan a aconsejar sobre visitas o compras.

La ruta empieza en el 1 **Tha Chang** y sigue por Th Na Phra Lan hacia el este para realizar un breve desvío hasta la 2 **Universidad Silpakorn,** la principal de Tailandia dedicada a las Bellas Artes. Fundada como Escuela de Bellas Artes por el artista italiano Corrado Feroci, su campus engloba parte de un antiguo palacio construido para Rama I. Si todavía no se ha estado en el 3 **Wat Phra Kaew** y el **Gran Palacio,** dos de los monumentos más célebres de Bangkok, hay que dirigirse al este hasta la entrada principal y visitarlos.

Se vuelve sobre los propios pasos, se toma Th Maha Rat y se continúa hacia el norte a través de un suplicio de herbolarios y vendedores ambulantes de amuletos. Inmediatamente después de pasar el quiosco lleno de gatos (se huele), hay que doblar a la izquierda por 4 **Trok Tha Wang,** un estrecho y recóndito callejón con un ambiente muy típico. De nuevo en Th Maha Rat, se prosigue hacia el norte. A la derecha queda el 5 **Wat Mahathat,** una de las universidades budistas más prestigiosas del país.

Cruzada la calle, se gira a la izquierda para atravesar el abarrotado Trok Mahathat y descubrir el angosto 6 **mercado de amuletos,** que se alarga hasta el final del callejón, que desemboca en el río.

Hacia el norte por la ribera, los amuletos pronto dan paso a los vendedores de comida. Cuando se vean uniformes blancos y negros, se sabrá que se acerca a la 7 **Universidad Thammasat,** que destaca por sus departamentos de Derecho y Ciencias Políticas. En su campus se desarrollaron las sangrientas manifestaciones pro democracia de octubre de 1976, en las que el Ejército mató e hirió a numerosos estudiantes.

Después de salir del mercado en el Tha Phra Chan, se cruza Th Maha Rat y se sigue hacia el este, pasando por comercios de medicina tradicional y vendedores de amuletos, hasta llegar al 8 **Sanam Luang,** el "Campo de los Reyes". En este parque se celebra cada año la Ceremonia Real de la Labranza, en la que el rey (últimamente, el príncipe heredero) inaugura oficialmente el cultivo del arroz. Durante la temporada de vuelo de cometas tiene lugar allí un importante certamen (med feb-abr).

Se cruza Th Ratchadamnoen Nai y se sigue al norte para doblar a la derecha frente al Royal Hotel y enfilar 9 **Th Ratchadamnoen Klang,** los Campos Elíseos de Bangkok. Más al este, pasado el cruce de Th Tanao, se verá el 10 **monumento al 14 de Octubre,** en memoria de los civiles muertos por el Ejército ese día del año 1973 durante una manifestación a favor de la democracia. En la distancia ya se pueden distinguir las cuatro puntas del 11 **monumento a la Democracia,** erigido en 1932 para conmemorar el paso de Tailandia del absolutismo a la monarquía constitucional. En décadas recientes, junto al monumento se han producido manifestaciones masivas, las más notables en los años 1973 y 1992.

Se dobla por Th Din So y se continúa al sur hasta llegar a los inconfundibles 12 **Wat Suthat y Sao Ching-Cha,** dos construcciones emblemáticas de Bangkok, aunque menos conocidas.

Llegados a este punto, el viajero habrá sobrepasado con creces la hora habitual del almuerzo; por suerte, se está a solo dos manzanas al oeste de Th Tanao, una de las principales zonas de restaurantes de la ciudad. Vía las 13 **tiendas de artículos religiosos** de Th Bamrung Meuang se puede recalar en el 14 **Poj Spa Kar** o el 15 **Chote Chitr.**

Tras la comida se dobla a la izquierda por Th Phraeng Nara, se cruza el Khlong Lawt y se prosigue al oeste por Th Lak Meuang para llegar al monumento que da nombre a la calle, donde habita el espíritu de la ciudad, el 16 **Lak Meuang.**

Una vez presentados los debidos respetos a la divinidad, la ruta avanza al sur por Th Sanam Chai y gira a la derecha por Th Thai Wang, que lleva hasta la entrada del 17 **Wat Pho,** con el gigantesco buda yacente y numerosos rincones tranquilos.

Si todavía quedan fuerzas, se podría ir hasta el cercano Tha Tien y cruzar al otro lado en el *ferry* para visitar el 18 **Wat Arun,** que presenta influencias de estilo jemer; otra opción sería celebrar el fin de la caminata con unas copas en el bar de azotea del Arun Residence, el 19 **Amorosa,** que podría deparar uno de los mejores atardeceres de Bangkok.

ferry Tha Maharaj) Ofrecen excursiones de medio día y un día en *segway* por Bangkok y muchos otros lugares, como Ayutthaya.

Bangkok Bike Rides CIRCUITOS EN BICICLETA
(plano p. 84; ☎0 2712 5305; www.bangkokbikerides.com; 14/1-B Soi Phromsi 2, cerca de Soi 39/Phrompong, Th Sukhumvit; circuitos desde 1000 THB; ⌚8.30-18.30 ma-do; BTS Phrom Phong) Esta sección de la agencia de viajes Spice Roads ofrece varias salidas en bicicleta por la ciudad y el campo.

Senderismo y circuitos especiales

Pese al calor y la polución, Bangkok es fascinante para explorarla a pie. Si se prefiere la ayuda de un experto, **Bangkok Private Tours** (www.bangkokprivatetours.com; circuito a pie de 1 día 3400 THB) organiza paseos guiados personalizados por la ciudad. A los sibaritas les gustarán las propuestas de **Bangkok Food Tours** (☎08 9126 3657; www.bangkokfoodtours.com; circuito a pie de medio día adultos/niños 950/750 THB), como los circuitos gastronómicos de medio día por el barrio de Bang Rak.

Fiestas y celebraciones

Aparte de las festividades nacionales (véase p. 758), siempre pasa algo en Bangkok. Consúltese la página web de la **TAT** (www.tourismthailand.org) o del **centro de información de Bangkok** (www.bangkoktourist.com) para conocer el calendario exacto. Los centros culturales también acogen diferentes festivales internacionales.

Febrero y marzo

Año Nuevo chino AÑO NUEVO
Los tailandeses de origen chino celebran el Año Nuevo lunar con una semana de limpieza del hogar, danzas del león y fuegos artificiales. Casi todas las fiestas se concentran en Chinatown. Las fechas varían.

Temporada de volar cometas VUELO DE COMETAS
Durante la estación ventosa (mar), los cielos del Sanam Luang y el parque Lumphini se amenizan con las cabriolas coloristas de multitud de cometas.

Abril y mayo

Songkran AÑO NUEVO
La celebración del Año Nuevo tailandés (med abr) se ha convertido en una guerra de pistolas y globos de agua. Las batallas más intensas se desarrollan en Th Khao San.

Ceremonia Real de la Labranza CEREMONIA DE LA LABRANZA
Su Majestad el rey (o, últimamente, el príncipe heredero) inaugura la plantación de arroz con una ceremonia en el Sanam Luang. Se celebra en mayo y las fechas varían.

Agosto

Cumpleaños de la Reina DÍA DE LA MADRE
Conocido en todo el país como el Día de la Madre, en Bangkok las celebraciones se concentran en Th Ratchadamnoen y el Gran Palacio. Cae el 12 de agosto.

Septiembre y octubre

Festival Vegetariano FESTIVAL GASTRONÓMICO
Este festival chino-budista de diez días saca a la calle a vendedores con banderas amarillas y comida vegetariana, particularmente en Chinatown. Las fechas varían.

Festival Internacional de Música y Danza FESTIVAL DE MÚSICA Y DANZA
(www.bangkokfestivals.com) Derroche de arte y cultura patrocinado por el Thailand Cultural Centre. En septiembre u octubre.

Día del Rey Chulalongkorn ACONTECIMIENTO REAL
Cada 23 de octubre se rinde homenaje a Rama V en el aniversario de su muerte ante su estatua en Dusit. Multitud de devotos acude a obtener méritos con incienso y guirnaldas de flores.

Noviembre

Loi Krathong FESTIVAL DE LA LUNA LLENA
Una bonita fiesta donde, coincidiendo con la noche de luna llena, pequeñas embarcaciones en forma de loto fabricadas con hojas de plátano y portando una vela encendida son dejadas a la deriva en el Chao Phraya. Principios de noviembre.

Festival Fat FESTIVAL DE MÚSICA
Patrocinado por la emisora de radio FAT 104.5FM, este festival anual es la cita más importante para escuchar a las bandas más *indies* de la capital. Principios de noviembre.

Bangkok Pride COMUNIDAD HOMOSEXUAL
(www.bangkokpride.org) Durante una semana las empresas y organizaciones gays de Bangkok celebran su sexualidad con desfiles, fiestas y concursos. A mediados de noviembre.

Bangkok World Film Festival FESTIVAL DE CINE
(www.worldfilmbkk.com) Tiene lugar a mediados de noviembre y presenta a cineastas independientes nacionales e internacionales.

Diciembre

Cumpleaños del Rey FESTIVAL

El 5 de diciembre todos los tailandeses celebran el aniversario de su monarca con infinidad de desfiles y fuegos artificiales.

Dónde dormir

De primeras, decidir dónde alojarse en Bangkok parece una tarea imposible, pues en casi todas las esquinas hay infinidad de hoteles. Para simplificar el asunto, hay que empezar con el presupuesto que se dispone. Banglamphu y el gueto turístico de Th Khao San concentran el mayor número de alojamientos económicos de la capital tailandesa, pero existe un problema: estos barrios no están bien comunicados. La parte baja de Th Sukhumvit es otra opción económica. En este caso el inconveniente son los turistas sexuales y los estafadores, al igual que en Chinatown, si bien por aquí pasan algo más desapercibidos. Por último, también hay una buena oferta de establecimientos baratos en Soi Ngam Duphli, cerca de Th Sathon.

Si se quiere gastar un poco más, se puede probar en el "centro urbano" de Bangkok. En Th Sukhumvit y Th Silom hay muchas opciones de precio medio que quedan cerca del *BTS* o el MRT. Las *sois* de delante del Estadio Nacional, cerca de la plaza Siam, esconden algunas opciones buenas más, también bien comunicadas con el BTS.

En la parte alta de Sukhumvit hay muchos hoteles-*boutique* y de lujo, mientras que buena parte de los establecimientos más famosos y exclusivos se asoman al río, cerca de Th Silom.

KO RATANAKOSIN, BANGLAMPHU Y THONBURI

La zona más turística de Bangkok, Ko Ratanakosin, hasta hace poco carecía de oferta hotelera. Pero con la fiebre de los hoteles-*boutique,* algunos negocios familiares se están transformando en agradables nidos para turistas.

Aunque Banglamphu sea el centro neurálgico del alojamiento económico, no es necesariamente la única ni la mejor zona de la ciudad donde buscar cobijo; sin embargo, tiene precios bajos y abundantes servicios, como cibercafés, agencias de viajes y cervecerías, y es una buena base de operaciones.

Últimamente muchos dueños de pensiones veteranas de Banglamphu han convertido sus antiguos tugurios en hotelitos, por lo que el barrio dispone ahora de numerosos establecimientos nuevos de precio medio y albergues selectos y a precios interesantes para mochileros. Aunque haya quien lo vea como un aburguesamiento de Th Khao San, hoy la zona dispone de una oferta de la que antes carecía.

Si bien resultaría imposible relacionar aquí todos los alojamientos de Banglamphu, se ofrece una selección de los más destacados, sobre todo por quedar apartados de la bulliciosa calle principal. Si se dispone de tiempo, habría que visitar varias opciones antes de decidirse; cada vez hay más ofertas atractivas para todos los bolsillos en las calles periféricas, como la ribereña Th Phra Athit, la arbolada Soi Ram Buttri o las calles residenciales secundarias que parten de Th Samsen. Sin embargo, en temporada alta (dic-feb) seguramente lo más oportuno sea quedarse con la primera cama libre que se encuentre. El mejor momento del día para dar con una vacante es a la hora del desalojo, hacia las 10.00 o las 11.00.

Th Khao San y alrededores

Diamond House HOTEL-'BOUTIQUE' **$$**

(plano p. 60; ☎0 2629 4008; www.thaidiamondhouse.com; 4 Th Samsen; h 2000-2800 THB, ste 3600 THB; ❄@📶; autobús nº 32, 516, *ferry* Tha Phra Athit) A pesar de compartir finca con un templo chino bastante chillón, en este hotel excéntrico y original no hay conflicto de diseños. Casi todas las habitaciones son tipo *loft,* con camas sobre plataformas elevadas, vidrieras de colores, tonos oscuros y exuberantes muebles. Escasean las ventanas y algunas *suites* son solo un poco más grandes que las habitaciones más económicas, pero el solárium de la azotea y el *jacuzzi* exterior compensan esto.

NapPark Hostel ALBERGUE **$**

(plano p. 60; ☎0 2282 2324; www.nappark.com; 8 Th Tani; dc 550-750 THB; ❄@📶; *ferry* Tha Phra Athit) Albergue muy bien arreglado y con dormitorios de varios tamaños; los más pequeños y caros disponen de seis camas tipo cajón dotadas de enchufes, diminutos TV, lámpara de lectura y wifi. Organizan actividades diarias de tipo cultural, como paseos en bicicleta o trabajos de voluntariado. Las zonas comunes están muy bien.

Buddy Boutique Hotel HOTEL-'BOUTIQUE' **$$$**

(plano p. 60; ☎0 2629 4477; www.buddylodge.com; 256 Th Khao San; h 3500-4500 THB, desayuno incl.; ❄@📶🏊; autobús nº 2, 15, 44, 511, *ferry* Tha Phra Athit) Este gigantesco complejo, que incluye una piscina, un gimnasio y ¡un McDonald's!, es el alojamiento más caro de Th Khao San.

PRECIO DEL ALOJAMIENTO EN BANGKOK

Alojarse en Bangkok suele salir más caro que en otras partes del país, lo cual no significa que no haya lugares con buena relación calidad-precio, pues, además de la gran oferta, pueden conseguirse importantes descuentos. En este capítulo se han clasificado los alojamientos capitalinos en tres categorías:

» **Económico** menos de 1000 THB

» **Precio medio** de 1000 a 3000 THB

» **Precio alto** más de 3000 THB

Los precios facilitados en esta guía corresponden a las tarifas sin reserva y en temporada alta, pero es importante saber que a través de internet pueden obtenerse importantes descuentos.

En el apartado **económico** ya no se encuentra ninguna cama en Banglamphu por 50 THB, pero sí plaza en un dormitorio colectivo con ventilador (o una habitación tipo zulo) por 150-200 THB, con baño compartido. Conforme el presupuesto aumenta, aparecen toallas, agua caliente y aire acondicionado. Quien desee intimidad y baño privado, por unos 700 THB conseguirá algo aceptable.

La categoría de **precio medio** es el mayor cajón de sastre de la ciudad, pues incluye desde pensiones de buena calidad hasta lugares absolutamente mediocres. A partir de 1000 THB los hoteles recuerdan a los de casa, con botones, recepcionistas uniformados y un vestíbulo impecable, aunque tampoco hay que darlo por sentado. Con un presupuesto medio tirando a bajo se pueden conseguir habitaciones muy aceptables, con un interiorismo normal, por entre 1500 y 2000 THB. Por algo más de dinero vale la pena reservar vía internet, pues a veces se obtienen buenos descuentos.

Los cada vez más hoteles de **precio alto** suelen incluir equipamientos tales como piscina, *spa*, gimnasio, salas de reuniones y una cara conexión a internet. Las cadenas más conocidas normalmente ofrecen habitaciones más espaciosas, mientras que los hoteles-*boutique* prestan mayor atención al entorno. Encabezan la lista las habitaciones que cuestan más de 10 000 THB, pero en la mayoría de los hoteles de diseño y *boutique*, y en todas las cadenas internacionales, se cotizan a 6000-9000 THB, seguramente menos si se reserva por internet. Hay que tener en cuenta que en esta categoría se suele cargar un 10% en concepto de servicio y un 7% de impuestos varios a la factura.

La decoración de las habitaciones, cómodas y bien equipadas, podría definirse de estilo señorial tropical.

Villa Cha-Cha HOTEL **$$**

(plano p. 60; ☎0 2280 1025; www.villachacha.com; 36 Th Tani; h 900-2900 THB; ❄@📶🏊; autobús nº 53, 516, *ferry* Tha Phra Athit) Tras sortear estatuas, huéspedes que descansan, un amplio restaurante y una agradable piscina, se accede a este hotel escondido pero muy solicitado. Aunque la decoración interior incluye algunos detalles toscos, como los retratos de desnudos, lo que cuenta es el ambiente sociable de *resort*.

Rikka Inn HOTEL ECONÓMICO **$$**

(plano p. 60; ☎0 2282 7511; www.rikkainn.com; 259 Th Khao San; h 1150-1450 THB; ❄@📶🏊; autobús nº 53, 516, *ferry* Tha Phra Athit) Este céntrico establecimiento es uno de los hoteles a precios interesantes que están cambiando la faz de Th Khao San. Posee habitaciones estrechas pero agradables y una piscina en la azotea.

Lamphu House HOTEL ECONÓMICO **$**

(plano p. 60; ☎0 2629 5861; www.lamphuhouse.com; 75-77 Soi Ram Buttri; h 400-980 THB; ❄@📶; *ferry* Tha Phra Athit) Escondido en una travesía de Soi Ram Buttri, este hotel hogareño y tranquilo no parece que esté tan cerca de Th Khao San. Las habitaciones son sencillas pero limpias, mientras que las más económicas tienen ventilador y comparten baños.

Viengtai Hotel HOTEL **$$**

(plano p. 60; ☎0 2280 5434; www.viengtai.co.th; 42 Th Rambuttri; h 2200-4000 THB, ste 5200 THB; ❄@📶🏊; autobús nº 53, 516, *ferry* Tha Phra Athit) Este lugar, que ya era el típico hotel chino de barrio mucho antes de que fuera "descubierta" Th Khao San, se ha consolidado como un buen alojamiento de precio medio, con habitaciones fiables aunque sin personalidad. Desayuno incluido en el precio.

Fuera de la zona de Th Khao San

Lamphu Tree House HOTEL-'BOUTIQUE' $$
(plano p. 60; ☎0 2282 0991; www.lamphutreehotel.com; 155 Wanchat Bridge, Th Prachatipatai; h 1500-2100 THB, desayuno incl.; ❄@📶🏊; autobús nº 56, 58, 516, taxi *klorng* Tha Phah Fah, *ferry* Tha Phra Athit) A pesar del nombre ("Casa del árbol"), este atractivo hotel de precio medio está bien asentado y es estupendo. En un entorno tranquilo a orillas del canal, cuenta con un bar en la azotea, una piscina, internet y un restaurante, además de con habitaciones bonitas y acogedoras. El anexo nuevo, situado a un par de manzanas, aumenta las posibilidades de conseguir habitación.

Arun Residence HOTEL-'BOUTIQUE' $$$
(plano p. 60; ☎0 2221 9158; www.arunresidence.com; 36-38 Soi Pratu Nok Yung, Th Maha Rat; h 3500-3800 THB, ste 5500 THB; ❄@📶; autobús nº 123, 508, *ferry* Tha Tien) Aunque está situado estratégicamente enfrente del Wat Arun, este edificio de madera y varias plantas a orillas del río ofrece mucho más que estupendas vistas. Las seis habitaciones tienen un aire hogareño a la vez que elegante, algunas altas y espaciosas, y otras son dos en una (la mejor es la suite del último piso, con balcón propio). También ofrece zonas comunes acogedoras, una biblioteca, un bar en la azotea y un restaurante. Desayuno incluido.

Praya Palazzo HOTEL-'BOUTIQUE' $$$
(plano p. 60; ☎0 2883 2998; www.prayapalazzo.com; 757/1 Somdej Prapinklao Soi 2, Thonburi; h 6000-11 900 THB, ste 16 500-26 500 THB; ❄📶🏊; barco lanzadera desde el Tha Phra Athit) Tras treinta largos años de letargo, esta elegante mansión del s. XIX ha despertado en forma de atractivo hotel-*boutique* junto al río. Las 17 habitaciones pueden parecer algo apretadas y las vistas del río, un poco fugaces, pero las meticulosas reformas, los bellos muebles antiguos y la atmósfera bucólica le dan un encanto añejo genuino. Desayuno incluido.

Chakrabongse Villas HOTEL-'BOUTIQUE' $$$
(plano p. 60; ☎0 2622 3356; www.thaivillas.com; 396/1 Th Maha Rat; h 5000 THB, ste 10 000-40 000 THB; ❄@🏊; *ferry* Tha Tien) Esta finca de 1908, que a veces acoge algunos miembros de la familia real tailandesa, es hoy un exclusivo hotel con tres habitaciones suntuosas pero estrechas, seis suites más grandes y varios chalés. Incluye una piscina, jardines tropicales y una terraza elevada para cenas románticas junto al río. Desayuno incluido.

Fortville Guesthouse HOTEL ECONÓMICO $
(plano p. 60; ☎0 2282 3932; www.fortvilleguesthouse.com; 9 Th Phra Sumen; h 650-970 THB; ❄@📶; autobús nº 32, 33, 64, 82, *ferry* Tha Phra Athit) El exterior de este hotel nuevo y singular combina elementos de una iglesia moderna o un castillo con un interior decorado con espejos y elementos industriales, un diseño difícil de precisar. Las habitaciones son elegantes y minimalistas; las más caras incluyen nevera, balcón y wifi gratis.

Navalai River Resort HOTEL $$$
(plano p. 60; ☎0 2280 9955; www.navalai.com; 45/1 Th Phra Athit; h 2900-4800 THB, desayuno incl.; ❄@📶🏊; autobús nº 32, 33, 64, 82, *ferry* Tha Phra Athit) El último edificio que se ha construido en la despejada Th Phra Athit es un elegante hotel con 74 habitaciones modernas, muchas con vistas al Chao Phraya. Aunque con bonitos toques de diseño tailandés, sobresale por la piscina de la azotea.

Old Bangkok Inn HOTEL-'BOUTIQUE' $$$
(plano p. 60; ☎0 2629 1787; www.oldbangkokinn.com; 609 Th Phra Sumen; h 3190-6590 THB, desayuno incl.; ❄@📶; taxi *klorng* al Tha Phan Fah) Las diez habitaciones de esta remodelada tienda-vivienda de antigüedades resultan refinadas y lujosas, con una decoración que concilia los colores intensos con un mobiliario recio de madera. Todas las habitaciones tienen ordenador y algunas, baños medio al aire libre. Opción perfecta para los recién casados.

Baan Sabai HOTEL ECONÓMICO $
(plano p. 60; ☎0 2629 1599; baansabai@hotmail.com; 12 Soi Rongmai; i 190, h 270-600 THB; ❄@; autobús nº 53, 516, *ferry* Tha Phra Athit) Este edificio antiguo y laberíntico hace honor a su nombre ("Casa confortable"), pues posee decenas de habitaciones sencillas pero cómodas y de varios precios. El ambiente es muy tradicional, sobre todo en lo concerniente al acogedor restaurante al aire libre de la planta baja.

New Siam Riverside HOTEL $$
(plano p. 60; ☎0 2629 3535; www.newsiam.net; 21 Th Phra Athit; h 1390-2990 THB, desayuno incl.; ❄@🏊; autobús nº 32, 33, 64, 82, *ferry* Tha Phra Athit) Es uno de los dos hoteles nuevos de Th Phra Athit que aprovechan bien su ubicación ribereña. Las habitaciones son cómo-

das, con pequeños baños, pero su verdadera baza son los servicios (internet, agencia de viajes, restaurante...) y el estar en una de las calles más agradables de la ciudad.

Aurum: The River Place HOTEL-'BOUTIQUE' **$$$**
(plano p. 60; ☎0 2622 2248; www.aurum-bangkok.com; 394/27-29 Soi Pansook, Th Maha Rat; h 3950-4900 THB, desayuno incl.; ❄@📶; autobús nº 123, 508, *ferry* Tha Tien) La señorial fachada europea de esta tienda-vivienda remodelada no corresponde con lo que su interior depara: 12 habitaciones modernas, cómodas y bien decoradas, casi todas con vistas fugaces del Chao Phraya.

Baan Chantra HOTEL-'BOUTIQUE' **$$**
(plano p. 60; ☎0 2628 6988; www.baanchantra.com; 120 Th Samsen; h 2400-3500 THB, desayuno incl.; ❄@📶; autobús nº 32, 516, *ferry* Tha Phra Athit) Esta bella casa restaurada, confortable y espaciosa, conserva muchos detalles de teca originales. La habitación de lujo da a un soleado patio.

Wild Orchid Villa HOTEL ECONÓMICO **$**
(plano p. 60; ☎0 2629 4378; www.wildorchidvilla.com; 8 Soi Chana Songkhram; h 280-1800 THB; ❄@📶; autobús nº 32, 33, 64, 82, *ferry* Tha Phra Athit) Las habitaciones baratas son de las más pequeñas del mundo, pero todas lucen limpias y cuidadas, en un entorno luminoso y agradable. Conviene reservar.

Penpark Place HOTEL ECONÓMICO **$-$$**
(plano p. 60; ☎0 2628 8896; www.penparkplace.com; 22 Soi 3, Th Samsen; h 300-1350 THB, ste 1800 THB; ❄@📶; autobús nº 53, 516, *ferry* Tha Phra Athit) Antigua fábrica reconvertida en un interesante hotel económico. Las habitaciones del edificio antiguo poseen poco más que una cama y un ventilador, pero el nuevo anexo alberga varias habitaciones bien equipadas, tipo apartamento, y suites.

Otras opciones económicas y de precio medio:

Hotel Dé Moc HOTEL **$$**
(plano p. 60; ☎0 2282 2831; www.hoteldemoc.com; 78 Th Prachathipatai; h 1960-2520 THB, desayuno incl.; ❄@📶🏊; autobús nº 12, 56) Las habitaciones de este hotel clásico son grandes, con techos altos y ventanas generosas, pero el mobiliario debería modernizarse. Ofrece transporte a Th Khao San y bicicletas gratis.

Sam Sen Sam PENSIÓN **$**
(plano p. 60; ☎0 2628 7067; www.samsensam.com; 48 Soi 3, Th Samsen; h 590-2400 THB; ❄@📶; *ferry* al Tha Phra Athit) Esta villa luminosa y restaurada es uno de los alojamientos más acogedores de la zona, muy bien valorado por su servicio amable y su tranquila ubicación.

Rajata Hotel HOTEL ECONÓMICO **$**
(plano p. 60; ☎0 2628 8084; www.rajatahotel.com; 46 Soi 6, Th Samsen; h 650-850 THB; ❄@📶; autobús nº 53, 516, *ferry* Tha Phra Athit) Hotel clásico, sencillo y cómodo, ideal para los que no quieren dormir en Th Khao San pero tampoco alejarse mucho.

New Merry V Guest House HOTEL ECONÓMICO **$**
(plano p. 60; ☎0 2280 3315; newmerry@gmail.com; 18-20 Th Phra Athit; i 150, h 290-700 THB; ❄@; autobús nº 32, 33, 64, 82, *ferry* Tha Phra Athit) Tiene habitaciones baratas muy justas pero impolutas, con mucha luz y alguna que otra vista.

CHINATOWN Y PHAHURAT

Yaowarat, el barrio chino de Bangkok, no es el vecindario más acogedor de la ciudad, pero permite pasar totalmente desapercibido y estar lejos de las zonas turísticas. Cuenta con alojamientos aceptables, aunque en calles bulliciosas (antes de instalarse conviene calibrar el nivel de ruido). Antaño, llegar a esta zona era una pesadilla, pero con la nueva estación del MRT Hua Lamphong esto ha mejorado mucho.

Si se llega a Bangkok en tren y no se quiere perder tiempo buscando alojamiento, hay varios establecimientos económicos y buenos cerca de la estación de Hua Lamphong, como el **Baan Hualampong** (p. 101), el **Siam Classic** (plano p. 68; ☎0 2639 6363; www.siamclassic-hostel.com; 336/10 Trok Chalong Krung; h 450-1400 THB; ❄@📶; MRT Hua Lamphong, *ferry* Tha Ratchawong) y el **@Hua Lamphong** (plano p. 68; ☎0 2639 1925; www.at-hualamphong.com; 326/1 Th Phra Ram IV; dc 200 THB, h 690-1000 THB; ❄@📶; MRT Hua Lamphong, *ferry* Tha Ratchawong).

Shanghai Mansion HOTEL-'BOUTIQUE' **$$$**
(plano p. 68; ☎0 2221 2121; www.shanghaimansion.com; 479-481 Th Yaowarat; h 2500-3500 THB, ste 4000 THB; ❄@📶; *ferry* Tha Ratchawong) Seguramente el hotel más elegante de Chinatown, y quizás de toda la ciudad, este galardonado hotel-*boutique* evoca el Shanghái de 1935 con sus vitrales, lámparas, colores intensos y el *kitsch* típico de Chinatown con un toque de humor. Para derrochar, pídase una de las habitaciones

LA GRAN DAMA DE BANGKOK

El Oriental Hotel empezó como casa de huéspedes para marineros europeos a finales del s. XIX, pero Hans Niels Andersen, el fundador de la gran East Asiatic Company (que operaba entre Bangkok y Copenhague) lo transformó en un imán para la aristocracia. Para ello contrató los servicios de un diseñador italiano, que construyó la que hoy se conoce como el "ala de los Escritores", convirtiéndose en el edificio civil más refinado de la ciudad; en esa época el resto de las construcciones señoriales las encargaba el rey.

En un marco espectacular junto al Chao Phraya, el hotel debe su fama a sus distinguidos huéspedes. Un marinero polaco llamado Joseph Conrad se alojaba aquí entre trabajo y trabajo en 1888. W. Somerset Maugham acabó en sus habitaciones aquejado gravemente de malaria contraída en su viaje desde Birmania. En pleno estado febril escuchó al director alemán discutir con el médico sobre como afectaría al negocio una muerte. Sin embargo, su recuperación y la finalización del *El caballero del salón* contribuyó al reclamo literario imperecedero de este alojamiento. Entre otros huéspedes notables cabe citar a Noël Coward, Graham Greene, John le Carré, James Michener, Gore Vidal y Barbara Cartland. Algunos escritores contemporáneos afirman que una estancia en el Oriental vence cualquier bloqueo creativo.

Para empaparse del ambiente de la antigua Bangkok marinera, se puede pasar a tomar un cóctel en el Bamboo Bar o brindar por el "río veloz" como hizo Noël Coward desde la terraza a orillas del río. Para los abstemios, no hay nada como un té a media tarde en el salón victoriano decorado con fotografías en blanco y negro de Rama V. El hotel sigue sin admitir a quien lleve pantalones cortos, camisas sin mangas o sandalias.

más grandes y luminosas, con altos ventanales a la calle.

Baan Hualampong PENSIÓN **$**
(plano p. 76; ☎0 2639 8054; www.baanhualampong.com; 336/20-21 Trok Chalong Krung; dc 250 THB, h 290-800 THB; ❄@📶; MRT Hua Lamphong) Sus fieles clientes cuentan maravillas del ambiente acogedor y las atenciones de esta pensión, muy cerca de la estación de trenes de Hua Lamphong. Tiene servicio de cocina y de lavandería, zonas de descanso y ordenadores. Desayuno incluido en el precio.

China Town Hotel HOTEL **$$**
(plano p. 76; ☎0 2225 0204; www.chinatownhotel.co.th; 526 Th Yaowarat; h 880-2500 THB; ❄@📶; MRT Hua Lamphong, *ferry* Tha Ratchawong) En este hotel frecuentado por turistas chinos, el vestíbulo hace honor a su nombre, pero en las habitaciones se echa en falta un poco de estilo. Sin embargo, se han remodelado recientemente y ofrecen una aceptable relación calidad-precio.

ORILLAS DEL RÍO

El alojamiento en ambas orillas del Mae Nam Chao Phraya tiende a fluctuar entre el hotel selecto y el albergue, con poca oferta intermedia.

Oriental Hotel HOTEL DE LUJO **$$$**
(plano p. 72; ☎0 2659 9000; www.mandarinoriental.com; 48 Soi 40/Oriental, Th Charoen Krung; h 12 799-14 799 THB, ste 23 999-140 999 THB; ❄@📶≋; barco lanzadera desde el Tha Sathon/muelle central) Para vivir una experiencia genuina de Bangkok, hay que alojarse en este señorial hotel junto al río. La mayor parte de las habitaciones están en el ala nueva, moderna y recién reformada, pero es muy agradable el ambiente pretérito de las alas "Garden" ("Jardín") y "Authors" ("del los escritores"). El hotel también posee el restaurante de postín más veterano de la ciudad, Le Normandie (p. 113), y al otro lado del río, en Thonburi, uno de los *spas* (p. 86) más recomendados de la región y una escuela de cocina. El desayuno está incluido. Para conocer la historia del hotel, véase recuadro arriba.

Shangri-La Hotel HOTEL DE LUJO **$$$**
(plano p. 72; ☎0 2236 7777; www.shangri-la.com; 89 Soi 42/1/Wat Suan Phlu, Th Charoen Krung; h 6800-7700 THB, ste 8500-15 600 THB; ❄@📶≋; BTS Saphan Taksin) Las recientes reformas han dejado a este veterano hotel como nunca. Por sus fabulosos precios, desayuno incluido, ambiente de complejo vacacional y numerosas actividades y servicios, es una buena opción para las familias.

Swan Hotel HOTEL **$$**

(plano p. 72; ☎0 2235 9271; www.swanhotelbkk.com; 31 Soi 36, Th Charoen Krung; i/d 1200/1500 THB, desayuno incl.; ❄@📶🏊; *ferry* Tha Oriental) A pesar de ser relativamente grande, este clásico hotel de Bangkok ha sabido conservar cierto aire familiar. Luce perfecto tras unas reformas recientes, aunque la decoración de las habitaciones todavía es de estilo años setenta. La agradable zona de la piscina resulta algo más atemporal.

Peninsula Hotel HOTEL DE LUJO **$$$**

(plano p. 72; ☎0 2861 2888; www.peninsula.com; cerca de Th Charoen Nakhon, Thonburi; h 10 800-15 500 THB, ste 18 800-120 000 THB; ❄@📶🏊; barco lanzadera desde el Tha Sathon/muelle central) Tras una década larga de historia, todavía parece tenerlo todo: situación (elevada sobre el río en Thonburi), reputación (no ha perdido ni un ápice de calidad) y un nivel de servicio de los más altos de Bangkok. Si el dinero no es obstáculo, se aconsejan las habitaciones de los pisos superiores (hay 38), donde se tendrá toda la ciudad a los pies. Desayuno incluido en el precio.

Millennium Hilton HOTEL **$$$**

(plano p. 72; ☎0 2442 2000; www.bangkok.hilton.com; cerca de Th Charoen Nakhorn, Thonburi; h 6200-7800 THB, ste 10 000 THB; ❄@📶🏊; barco lanzadera desde el River City y el Tha Sathon/muelle central) Ya desde el espectacular vestíbulo se intuye que es el hotel ribereño más joven y moderno de Bangkok. Las habitaciones no desmerecen, todas con amplias vistas del río y decoradas con muebles actuales y fotografías de Tailandia. El ascensor de cristal y la playa artificial son solo algunos de sus detalles más sorprendentes.

River View Guest House HOTEL ECONÓMICO **$**

(plano p. 72; ☎0 2234 5429; www.riverviewbkk.com; 768 Soi Phanurangsi, Th Songwat; h 350-1500 THB; ❄📶; *ferry* del Departamento de Marina) Tras veinte años, este altísimo hotel ha pasado por una conveniente renovación. Las habitaciones afectadas resultan espaciosas y modernas, aunque los pasillos y el exterior permanecen bastante encallados en el pasado. Para llegar desde Th Si Phraya hay que ir hacia el norte por Th Charoen Krung, girar a la izquierda por Th Songwat (antes del Arco de Chinatown) y después la segunda a la izquierda, Soi Phanurangsi. En este punto se empiezan a ver señales del lugar.

New Road Guesthouse ALBERGUE **$**

(plano p. 72; ☎0 2630 9371; www.newroadguesthouse.com; 1216/1 Th Charoen Krung; dc con ventilador/A/A 160/250 THB, h 900-2500 THB; ❄@📶; *ferry* Tha Si Phraya) Los dormitorios limpios y con ventilador de este albergue son de los más baratos de la ciudad. La agencia de viajes anexa, Visit beyond (véase p. 139), es de confianza.

P&R Residence HOTEL-'BOUTIQUE' **$$**

(plano p. 72; ☎0 2639 6091-93; pandrresidence@gmail.com; 34 Soi 30, Th Charoen Krung; h 900-1800 THB; ❄📶; *ferry* Tha Si Phraya) Aquí no hay florituras, sino habitaciones cómodas y limpias, y a unos precios bastante justos para estar en esta zona.

SILOM Y SATHON

En pleno distrito financiero, Th Silom no es la zona más encantadora de la ciudad, pero no queda lejos de la marcha nocturna y los también cercanos BTS y MRT llevan en pocos minutos a las zonas más modernas de Bangkok. No hay alojamientos económicos por Th Silom, si bien se pueden encontrar hoteles-*boutique* de precio medio con una buena relación calidad-precio en Th Sala Daeng. Algunos de los mejores hoteles de la capital ocupan este tramo de río, con *ferrys* gratis para los clientes desde el Tha Sathon (muelle central).

En Th Sathon hay varios hoteles de precio alto, casi todos carentes de personalidad. Si es importante alojarse por esta zona, véase p. 107 para más opciones en la parte baja de la misma calle.

👍 **Siam Heritage** HOTEL-'BOUTIQUE' **$$$**

(plano p. 74; ☎0 2353 6101; www.thesiamheritage.com; 115/1 Th Surawong; h 3000-3500 THB, ste 4500-9000 THB; ❄@📶🏊; BTS Sala Daeng, MRT Si Lom) Apartado de la transitada Th Surawong, este hotel con clase rezuma el encanto de un hogar tailandés, probablemente porque los dueños viven en el mismo edificio. Las habitaciones están decoradas con sedas, maderas oscuras y detalles de diseño. En la azotea hay un agradable jardín con piscina y *spa* que, como el resto del establecimiento, están atendidos por un personal profesional y encantador. Desayuno incluido. Opción muy recomendable.

Heritage Baan Silom HOTEL-'BOUTIQUE' **$$**

(plano p. 74; ☎0 2236 8388; www.theheritagehotels.com; centro comercial Baan Silom, 669 Soi 19, Th Silom; h 2100-3400 THB; ❄@📶; BTS Surasak) Escondido tras un centro comercial, este hotel que aspira a subir de categoría es una versión moderna de una mansión colonial inglesa. Las habitaciones son claras y espaciosas, cada una decorada a conciencia con bellas maderas, muebles de mimbre, cuadros y tonalidades distintas.

La Résidence Hotel HOTEL-'BOUTIQUE' **$$**
(plano p. 74; ☎0 2233 3301, www.laresidencebangkok.com; 173/8-9 Th Surawong; h 1200-2200 THB, ste 3200-3700 THB; ❄@📶; BTS Chong Nonsi) Es un hotelito-*boutique* con algunas habitaciones individuales y una decoración caprichosa. Las estándar son demasiado pequeñas, como de niños. Las que le siguen en tamaño tienen un estilo más maduro y vistoso, a base de paredes rojas y motivos modernos tailandeses. Desayuno incluido.

Baan Saladaeng HOTEL-'BOUTIQUE' **$$**
(plano p. 74; ☎0 2636 3038; www.baansaladaeng.com; 69/2 Soi Sala Daeng 2; h 1300-2300 THB, desayuno incl.; ❄📶; BTS Sala Daeng, MRT Si Lom) Entre el grupo de hoteles selectos y diminutos de Th Sala Daeng, este es el más acogedor. Los alegres colores primarios del vestíbulo se prolongan en las 11 habitaciones, las más grandes y ventiladas de las cuales están en los últimos pisos.

Triple Two Silom HOTEL **$$$**
(plano p. 74; ☎0 2627 2222; www.tripletwosilom.com; 222 Th Silom; h 3500-3800 THB, ste 5500 THB; ❄@📶; BTS Chong Nonsi) Las habitaciones parecen relucientes oficinas modernas. Pero no hay que preocuparse, pues con sus enormes baños e irresistibles camas en lo último que se pensará es en el trabajo. Los clientes pueden utilizar el jardín de la azotea, pero para piscina y gimnasio deberán ir al vecino Narai Hotel, de la misma cadena. Desayuno incluido.

Dusit Thani HOTEL DE LUJO **$$$**
(plano p. 74; ☎0 2200 9000; www.dusit.com; 946 Th Phra Ram IV; h 7900-10 000 THB, ste 12 500-32 500 THB; ❄@📶🏊; BTS Sala Daeng, MRT Si Lom) En su momento el edificio más alto del país, este venerable hotel de lujo es una prueba de cuánto han cambiado las cosas en Bangkok. La reforma acometida en el 2010 ha modernizado muchas de las habitaciones, pero el exterior aún pertenece a la década de 1960. Sin embargo, el hotel aún destaca por su buena situación y las vistas de la ciudad. Desayuno incluido.

Rose Hotel HOTEL **$$$**
(plano p. 74; ☎0 2266 8268-72; www.rosehotelbkk.com; 118 Th Surawong; h 3200-3400 THB, ste 4000-4400 THB; ❄@📶🏊; BTS Sala Daeng, MRT Si Lom) No hay que llevarse a engaño por el anodino exterior, pues su buena situación, las modernas habitaciones, piscina, gimnasio y sauna hacen de este veterano de la época de la Guerra del Vietnam una apuesta de lo más sólida. Desayuno incluido.

HQ Hostel ALBERGUE **$**
(plano p. 74; ☎0 2233 1598; www.hqhostel.com; 5/3-4 Soi 3, Th Silom; dc 380-599 THB, h 1300-1700 THB; ❄@📶; BTS Sala Daeng, MRT Si Lom) En pleno distrito financiero, este nuevo albergue posee habitaciones y dormitorios sencillos pero elegantes y zonas comunes acogedoras.

Bangkok Christian Guest House HOTEL ECONÓMICO **$$**
(plano p. 74; ☎0 2233 2206; www.bcgh.org; 123 Soi Sala Daeng 2; i/d/tr 1100/1540/1980 THB, desayuno incl.; ❄@📶👪; BTS Sala Daeng, MRT Si Lom) Pensión austera ideal para las familias, con habitaciones de hasta cinco camas y zona de juegos infantil en el 2º piso.

YHA Downtown Bangkok ALBERGUE **$**
(plano p. 74; ☎0 2266 4443; 395/4 Th Silom; dc 299 THB, h 699-1129 THB; ❄@📶; BTS Chong Nonsi) Otro albergue de mochileros cuidado y bien situado.

PLAZA SIAM Y PRATUNAM

Para alojarse en el centro, ningún lugar como la zona que rodea la plaza Siam. En ella se cruzan las dos líneas del *BTS* y se está a un corto trayecto en taxi (con permiso del tráfico) de Banglamphu.

Para aquellos con poco presupuesto pero muchas ganas de estar en el centro, existe una modesta comunidad mochilera en Soi Kasem San 1, enfrente del Estadio Nacional.

👍 **Siam@Siam** HOTEL **$$$**
(plano p. 78; ☎0 2217 3000; www.siamatsiam.com; 865 Th Phra Ram I; h 5000-700 THB, desayuno incl.; ❄@📶🏊; BTS National Stadium) El vestíbulo de este nuevo hotel recuerda a un parque de atracciones, lo que por otra parte resulta divertido. La abigarrada mezcla de colores y materiales, también en las habitaciones, conforma un estilo que se podría describir como "de trastero", en el mejor sentido de la expresión. Las estancias que están entre las plantas 14ª y 24ª ofrecen unas vistas apabullantes de la ciudad, wifi gratis y desayuno. Las instalaciones se completan con un *spa*, un restaurante en la azotea y una piscina en la 11ª planta.

Lub*d ALBERGUE $
(plano p. 78; ☎0 2634 7999; www.lubd.com; Th Pha Ram I; dc 550 THB, h 1350-1800 THB; ❄@📶; BTS National Stadium) Flamante y marchoso albergue de mochileros con 24 dormitorios (algunos solo para mujeres) de cuatro camas cada uno y varias habitaciones privadas, con o sin baño. Dispone de una agradable zona común con internet gratis, juegos y un bar. Ofrece servicios interesantes, desde lavadoras a una sala de teatro. Si estuviera lleno, tiene una **sucursal** (plano p. 74; ☎0 2634 7999; www.lubd.com; 4 Th Decho; dc 400 THB, h 1050-1400 THB; ❄@📶; BTS Chong Nonsi) en una travesía de Th Silom.

Swisshôtel Nai Lert Park HOTEL DE LUJO $$$
(plano p. 78; ☎0 2253 0123; www.swissotel.com/bangkok-nailertpark; 2 Th Witthayu/Wireless Rd; h 4100-4500 THB, ste 5200-6800 THB; ❄@📶≋; BTS Phloen Chit, taxi *klorng* Tha Withayu) Este hotel ha sufrido varias reencarnaciones en sus 30 años de vida, pero, sin duda, la última ha sido la mejor. El diseño del vestíbulo continúa en las suites, aunque las habitaciones más económicas resultan más conservadoras, con abundante madera, si bien todas son enormes y tienen balcón. Desayuno incluido.

Conrad Hotel Bangkok HOTEL $$$
(plano p. 78; ☎0 2690 9999; www.conradhotels.com; 87 Th Witthayu/Wireless Rd; h 7298-10 005 THB, ste 14 242-17 185 THB; ❄@📶≋; BTS Phloen Chit) Cuando se inauguró en el 2003 fue uno de los primeros hoteles de Bangkok decididos a atraer a una clientela joven y moderna. Desde entonces han surgido propuestas mejores en la zona, pero sus habitaciones aún son atractivas y cómodas. Desayuno incluido.

Reno Hotel HOTEL ECONÓMICO $$
(plano p. 78; ☎0 2215 0026; www.renohotel.co.th; 40 Soi Kasem San 1; h 1280-1890 THB, desayuno incl.; ❄@📶≋; BTS National Stadium, taxi *klorng* al Tha Ratchathewi) Como el vestíbulo y la fachada, casi todas las habitaciones han sido reformadas, aunque la cafetería y la piscina de este hotel de la época de la Guerra del Vietnam todavía se aferran al pasado.

Vie HOTEL $$$
(plano p. 78; ☎0 2309 3939; www.viehotelbangkok.com; 117/39-40 Th Phayathai; h/ste 4296/5030-12 530 THB, desayuno incl.; ❄@📶≋; BTS Ratchathewi) Este hotel aúna buena situación y un ambiente informal en un conjunto atractivo. Pone el énfasis en la comida y la bebida, y el servicio tiene buenas referencias. Algo mejores, las suites dúplex son espaciosas y ofrecen estupendas vistas de la ciudad.

Asia Hotel HOTEL $$$
(plano p. 78; ☎0 2217 0808; www.asiahotel.co.th; 296 Th Phayathai; h 3700-4800 THB, ste 8000-10 000 THB; ❄@📶≋; BTS Ratchathewi, taxi *klorng* al Tha Ratchathewi) Unas recientes reformas han dejado este hotel de grupos turísticos con un aspecto algo más moderno de lo que transluce el vestíbulo de los años setenta. Los aficionados al *kitsch* se tranquilizarán al saber que el Calypso Cabaret (véase recuadro en p. 125) y su espectáculo diario sobre Elvis todavía funcionan. Desayuno incluido.

Golden House HOTEL $$
(plano p. 78; ☎0 2252 9535; www.goldenhouses.net; 1025/5-9 Th Ploenchit; h 2000-2300 THB, desayuno incl.; ❄@📶; BTS Chit Lom) Con suelos de parqué y muebles empotrados de madera, las 27 habitaciones de este hotel parecen más apartamentos tailandeses modernos que habitaciones de hotel. Las camas son enormes, pero como pasa con las de las casas tailandesas, podrían terminar por combarse.

Novotel Bangkok on Siam Square HOTEL DE NEGOCIOS $$$
(plano p. 78; ☎0 2255 6888; www.novotelbkk.com; Soi 6, plaza Siam; h 4049-6403 THB, ste 5449-11 403 THB; ❄@📶≋; BTS Siam) Apto para negocios o placer, este hotel está bien situado, cerca del BTS y de la zona comercial. Desayuno incluido. Se avecinan reformas.

A-One Inn HOTEL ECONÓMICO $
(plano p. 78; ☎0 2215 3029; www.aoneinn.com; 25/13-15 Soi Kasem San 1; i/d/tr 600/750/950 THB; ❄@📶; BTS National Stadium, taxi *klorng* al Tha Ratchathewi) Las habitaciones son estrechas y sencillas, pero hay abundantes servicios para los mochileros (ordenadores, taquillas, agua y hielo a discreción).

Wendy House HOTEL ECONÓMICO $$
(plano p. 78; ☎0 2214 1149; www.wendyguesthouse.com; 36/2 Soi Kasem San 1; h 900-1200 THB, desayuno incl.; ❄@📶; BTS National Stadium, taxi *klorng* al Tha Ratchathewi) Las habitaciones son pequeñas y elementales, pero están bien equipadas (TV, nevera) para esta categoría.

Bed & Breakfast Inn HOTEL ECONÓMICO $
(plano p. 78; ☎0 2215 3004; Soi Kasem San 1; h 500-700 THB, desayuno incl.; ❄📶; BTS National Stadium, taxi *klorng* al Tha Ratchathewi) Labe-

ríntica pensión con habitaciones corrientes pero cómodas.

SUKHUMVIT

Esta calle aparentemente inacabable es la zona internacional no oficial de Bangkok y acoge el grueso de los alojamientos capitalinos. Hay un poco de todo, desde curiosos albergues de mochileros a cuchitriles de turismo sexual y establecimientos de cinco estrellas. Los dos primeros se hallan sobre todo entre el Soi 1 y Soi 4, mientras que los hoteles de lujo empiezan a aparecer a partir de Soi 12.

En general, como los visitantes con mayor presupuesto se hospedan aquí, los servicios turísticos son más caros que en Banglamphu. La ventaja es que la zona cuenta con restaurantes gastronómicos de cualquier rincón del mundo, una variada oferta noctámbula y las líneas del *BTS* y el MRT.

Parte baja de Sukhumvit

AriyasomVilla 'BED & BREAKFAST' $$$

(plano p. 84; 0 2254 880; www.ariyasom.com; 65 Soi 1, Th Sukhumvit; h 4248-9138 THB, desayuno incl.; ; BTS Phloen Chit) Al final de Soi 1 y parapetada tras un muro de árboles plumería, esta villa reformada de la década de 1940 es uno de los secretos peor guardados de Bangkok. Con suerte, se podrá disfrutar en privado de una de sus 24 amplias habitaciones, todas meticulosamente decoradas con toques de diseño tailandés y bellos muebles antiguos. También tiene un *spa* y una agradable piscina tropical. El desayuno es vegetariano y se sirve en el precioso comedor acristalado original de la casa.

Suk 11 HOTEL ECONÓMICO $

(plano p. 84; 0 2253 5927; www.suk11.com; 1/33 Soi 11, Th Sukhumvit; i/d/tr desde 535/749/1284 THB, desayuno incl.; ; BTS Nana) Muy solicitado y bien regentado, este hotel es un oasis de vegetación y madera en plena jungla urbana de Th Sukhumvit. Las habitaciones más económicas comparten baños. Aunque dispone de casi un centenar de habitaciones, habría que reservar con al menos dos semanas de antelación.

Stable Lodge HOTEL ECONÓMICO $$

(plano p. 84; 0 2653 0017; www.stablelodge.com; 39 Soi 8, Th Sukhumvit; h 1495-1695 THB; ; BTS Nana) Este autor se sintió algo decepcionado al ver que el falso estilo Tudor del restaurante de la planta baja no continuaba en las habitaciones, pero fue la única pega que encontró. Las recientes reformas han dado un poco de vida a las sencillas habitaciones, y los amplios balcones brindan fantásticas vistas de la ciudad.

Golden Palace Hotel HOTEL $$

(plano p. 84; 0 2252 5115; www.goldenpalacehotel.com; 15 Soi 1, Th Sukhumvit; h 1110-1350 THB; ; BTS Phloen Chit) Los muchos espejos de las habitaciones de la planta baja delatan su pasado como hotel de citas, pero una habitación sencilla y espaciosa en los pisos superiores solo cuesta 200 THB más. Con la piscina, la cafetería y el balneario cerca, no se necesitará ir muy lejos para entretenerse.

Federal Hotel HOTEL $$

(plano p. 84; 0 2253 0175; www.federalbangkok.com; 27 Soi 11, Th Sukhumvit; h 1050-1500 THB, desayuno incl.; ; BTS Nana) Después de cuarenta años, por fin el "Club Fed" ha hecho reformas, aunque a juzgar por la fachada nadie lo diría. Las habitaciones de arriba son cómodas y casi contemporáneas, mientras que las de la planta baja continúan ancladas en 1967. Sus mayores reclamos son la piscina bordeada de árboles plumería y la cafetería de estilo estadounidense de la década prodigiosa.

Atlanta HOTEL ECONÓMICO $

(plano p. 84; 0 2252 1650; 78 Soi 2/Phasak, Th Sukhumvit; h/ste desde 535/1820 THB, desayuno incl.; ; BTS Phloen Chit) Descaradamente anticuado y desaborido, este maltrecho tesoro ha cambiado poco desde su construcción en 1952. El fastuoso vestíbulo contrasta con las sencillas habitaciones, pero la agradable piscina (según dicen, la primera de hotel que hubo en el país) y el encantador restaurante son incentivos suficientes.

Swiss Park Hotel HOTEL $$

(plano p. 84; 0 2254 0228; 155/23 Soi 11/1, Th Sukhumvit; h/ste desde 1500/2900 THB; ; BTS Nana) Las habitaciones no son nada del otro mundo, pero su ubicación práctica y la simpatía y eficiencia del personal lo convierten en una buena opción de precio medio.

Bed Bangkok ALBERGUE $

(plano p. 84; 0 2655 7604; www.bedbangkok.com; 11/20 Soi 1, Th Sukhumvit; dc/h desde 390/800 THB, desayuno incl.; ; BTS Asok, MRT Sukhumvit) Este flamante albergue consigue mantener un aire hogareño a pesar de su diseño industrial. El servicio es amable y compensa las camas, más bien duras, del dormitorio.

PENSAR CON ANTELACIÓN

Las tarifas que se facilitan en este capítulo se corresponden con las que se aplican en la temporada alta, o sea, las más caras. No obstante, no hay ninguna razón que obligue a pagar tanto, particularmente si se planifica el viaje con suficiente tiempo. Si se reserva a través de internet, el viajero se beneficiará de un ventajoso 20% de descuento, y quizás más, en muchos de los hoteles más destacados de la capital tailandesa.

También puede ser útil llamar directamente al establecimiento en cuestión para hacer la reserva. Aunque a veces los recepcionistas se niegan a aplicar descuentos porque obtienen comisión de los clientes que se presentan sin reserva, una llamada previa puede servir para conocer el modo de actuar del lugar y así decantarse por el sistema más ventajoso de reserva.

Soi 1 Guesthouse ALBERGUE **$**
(plano p. 84; ☎0 2655 0604; www.soi1guesthouse.com; 220/7 Soi 1, Th Sukhumvit; dc 400 THB; ❄@📶; BTS Phloen Chit) Este avejentado cobijo de mochileros tiene cuatro dormitorios apretados y una acogedora zona común con billar, TV y ordenadores.

Parte alta de Sukhumvit

El tramo medio de Sukhumvit, sobre todo Soi 19, posee unos cuantos hoteles de precio medio atractivos y nada caros, como el sofisticado **Sacha's Hotel Uno** (plano p. 84; ☎0 2651 2180; www.sachas.hotel-uno.com; 28/19 Soi 19, Th Sukhumvit; h 1800-2500 THB, desayuno incl.; ❄@📶; BTS Asok, MRT Sukhumvit), el **Silq** (plano p. 84; ☎0 2252 6800; www.silqbkk.com; 54 Soi 19, Th Sukhumvit; h 2654-3560 THB, desayuno incl.; ❄@📶; BTS Asok, MRT Sukhumvit) y el moderno **Fusion Suites** (plano p. 84; ☎0 2665 2644; www.fusionbangkok.com; 143/61-62 Soi 21/Asoke, Th Sukhumvit; h con desayuno 2100-2400 THB, ste con desayuno 3200 THB; ❄@📶; BTS Asok, MRT Sukhumvit).

72 Ekamai HOTEL-'BOUTIQUE' **$$**
(plano p. 84; ☎02 714 7327; www.72ekamai.com; 72 Soi 63/Ekamai, Th Sukhumvit; h 2100 THB, ste 2500-2850 THB; ❄@📶≋; BTS Ekkamai) Este hotel ameno, juvenil y preocupado por el diseño, es todo un acierto. El rojo, el negro y los grabados de arte pop definen su estilo. Este autor hasta aseguraría que en su última visita olía como a caramelos. Las suites júnior son enormes y, como el resto de las habitaciones, están bien situadas y equipadas. Desayuno incluido.

Eugenia HOTEL-'BOUTIQUE' **$$$**
(plano p. 84; ☎0 2259 9017-19; www.theeugenia.com; 267 Soi 31/Sawatdi, Th Sukhumvit; ste 8107-9911 THB, desayuno incl.; ❄@📶≋; BTS Phrom Phong y en taxi) Aunque Tailandia nunca fue una colonia, las influencias en el diseño de este carismático hotel son evidentes. Decorado con muebles antiguos y abundantes pieles de animales, alojarse aquí es como retroceder a la Birmania de 1936. No hay nada que temer; el viajero no tendrá que pedirle al "chico" que le acerque la bañera, aunque son de cobre y muy bonitas, y las comodidades modernas van de TV de pantalla plana hasta llamadas nacionales e internacionales gratis. Pregúntese por el traslado al aeropuerto en automóvil de época.

Napa Place 'BED & BREAKFAST' **$$**
(plano p. 84; ☎0 2661 5525; www.napaplace.com; 11/3 Yaek 2, Soi 36, Th Sukhumvit; h 2200-2400 THB, ste 3400 THB; ❄@📶; BTS Thong Lo) Escondido tras los muros de un complejo urbanístico típico de la capital, probablemente se trate de su alojamiento más hogareño. Sus 12 habitaciones, todas amplias, están decoradas con madera oscura de un antiguo negocio de la familia y con telas pardas tejidas a mano. Las zonas comunitarias recuerdan al salón de una casa de clase media.

S31 HOTEL **$$$**
(plano p. 84; ☎0 2260 1111; www.s31hotel.com; 545 Soi 31, Th Sukhumvit; h 6000 THB, ste 7000-9000 THB; ❄📶≋; BTS Phrom Phong) El atrevido diseño interior y exterior de este hotel le da un aire alegre y juvenil. Los interesantes equipamientos y servicios, como las minicocinas con grandes neveras o los cursos gratis (de cocina, boxeo tailandés y yoga) demuestran que el estilo también puede tener sustancia. Desayuno incluido en el precio. Hay otros establecimientos del mismo grupo en Soi 15 y Soi 33.

Ma Du Zi HOTEL-'BOUTIQUE' **$$$**
(plano p. 84; ☎0 2615 6400; www.maduzihotel.com; Th Ratchadapisek esq. Soi 16, Th Sukhumvit; h 5000-12 000 THB, ste 12 000 THB; ❄@📶; BTS Asok, MRT Sukhumvit) Aunque su nombre significa "Ven a ver", en este hotel, un establecimiento atractivo de tamaño medio, bañado en tonos oscuros y diseño chic, la reserva

es prescriptiva. Del conjunto sobresalen los amplios baños, con grandes bañeras y duchas minimalistas.

Seven HOTEL-'BOUTIQUE' $$$

(plano p. 84; ☎0 2662 0951; www.sleepatseven.com; 3/15 Soi 31/Sawatdi, Th Sukhumvit; h 3290-5290 THB, desayuno incl.; ❄@📶; BTS Phrom Phong) Este diminuto hotel se las arregla para ser chic y hogareño, elegante y cómodo, tailandés e internacional todo al un tiempo. Cada una de sus seis habitaciones está decorada con un color diferente y con motivos astrológicos tailandeses. En general, muchas comodidades y muy bien pensadas.

Davis HOTEL-'BOUTIQUE' $$$

(plano p. 84; ☎0 2260 8000; www.davisbangkok.net; 88 Soi 24, Th Sukhumvit; h 2299-3599 THB, ste 5999-9999 THB; ❄@📶🏊; BTS Phrom Phong) Con habitaciones de temática china, japonesa, birmana y balinesa, resulta difícil explicar el diseño de este hotel, que también posee diez chalés de estilo tailandés alrededor de una piscina. Desayuno incluido.

Dream Bangkok HOTEL-'BOUTIQUE' $$$

(plano p. 84; ☎0 2254 8500; www.dreambkk.com; 10 Soi 15, Th Sukhumvit; h 3500-4000 THB, ste 6500-12 000 THB; ❄@📶🏊; BTS Asok, MRT Sukhumvit) Decoración a base de tigres disecados, espejos y cuero, pero habitaciones corrientes y estrechas, aunque con detalles curiosos, como luz azulada para conciliar el sueño. Desayuno incluido.

Sheraton Grande Sukhumvit HOTEL DE NEGOCIOS $$$

(plano p. 84; ☎0 2649 8888; www.luxurycollection.com/bangkok; 250 Th Sukhumvit; h 3500-10 000 THB, ste 16 500-55 000 THB; ❄@📶🏊; BTS Asok, MRT Sukhumvit) Cuando esta guía vea la luz, este hotel seguramente aún será mejor, y eso que ya posee una buena situación, habitaciones que se cuentan entre las más espaciosas de la ciudad y cantidad de comodidades. Desayuno incluido.

Baan Sukhumvit 'BED & BREAKFAST' $$

(plano p. 84; ☎0 2258 5622; www.baansukhumvit.com; 392/38-39 Soi 20, Th Sukhumvit; h 1430 THB, desayuno incl.; ❄@📶; BTS Asok, MRT Sukhumvit) Es uno de los tres hoteles de precio similar situados en esta pequeña travesía de Soi 20. Sus 12 habitaciones destilan un ambiente hogareño y acogedor. En Soi 18, a la vuelta de la esquina, hay otro hotel de la misma propiedad.

A pesar del entorno general refinado, esta parte de la ciudad cuenta con una selección bastante buena de albergues de mochileros:

Nana Chart Hotel ALBERGUE $

(plano p. 84; ☎0 2259 6908; www.thailandhostel.com; Soi 25 esq. Th Sukhumvit; dc 390-550 THB, h 1200-1800 THB; ❄@📶; BTS Asok, MRT Sukhumvit) Este albergue cuidado y bastante nuevo posee 68 habitaciones sencillas y económicas pero más que adecuadas, además de unos dormitorios de los mejores de la zona, todos con baño privado. Desayuno incluido.

HI-Sukhumvit ALBERGUE $

(plano p. 84; ☎0 2391 9338; www.hisukhumvit.com; 23 Soi 38, Th Sukhumvit; dc/i/d/tr desde 320/650/900/1200 THB, desayuno incl.; ❄@📶; BTS Thong Lo) Situado en una tranquila calle residencial a poca distancia del BTS, este agradable albergue destaca por sus dormitorios bien arreglados y enormes baños anexos.

PARQUE LUMPHINI Y TH PHRA RAM IV

Si en la década de 1970 el viajero se aventuró a recorrer Asia con la mochila a cuestas, debería volver a engalanarse con los abalorios del amor libre y alojarse en una pensión de Soi Ngam Duphli, una bocacalle de Th Phra Ram IV, no muy lejos del parque Lumphini. Es cierto que ha llovido mucho desde entonces, pero en la zona aún es fácil encontrar establecimientos económicos, sobre todo por Soi Si Bamphen, aunque también hay otros más selectos. Además, llegar es hoy más fácil gracias a la estación del MRT Lumphini.

👍 **Metropolitan** HOTEL $$$

(plano p. 82; ☎0 2625 3333; www.metropolitan.como.bz; 27 Th Sathon Tai, h 4951-5768 THB, ste 6945-21 186 THB; ❄@📶🏊; MRT Lumphini) Por fuera ha cambiado relativamente poco desde sus tiempos como YMCA, pero un vistazo al interior revela uno de los hoteles más selectos de la ciudad, con un minimalismo urbano y generosas suites de dos plantas con buhardilla. El desayuno, incluido en el precio, puede ser de estilo estadounidense o "ecológico". El restaurante nahm (p. 117) anexo es el más selecto de Bangkok.

LUXX XL HOTEL-'BOUTIQUE' $$

(fuera de plano p. 82; ☎0 2684 1111; www.staywithluxx.com; 82/8 Soi Lang Suan; h 2500-7000 THB, ste 13 000-22 000 THB; ❄@📶🏊; BTS Ratchadamri) En una calle arbolada, este hotel minimalista moderno no desentonaría nada en Londres o Nueva York. Tiene una **sucursal** (plano p. 74; ☎0 2635 8800; 6/11 Th Decho; h/ste desde 2200/4100 THB; ❄@📶; BTS Chong Nonsi) algo más económica en Th Decho, una travesía de Th Silom. Desayuno incluido en ambos.

Sukhothai Hotel HOTEL $$$

(plano p. 82; ☎0 2344 8888; www.sukhothai.com; 13/3 Th Sathon Tai; h 11 000-14 000 THB, ste 15 000-90 000 THB; ❄@📶🏊;; MRT Lumphini) En consonancia con el nombre, en este hotel las *stupas* de ladrillo, los patios y las esculturas antiguas reproducen un entorno de templos ancestrales. Las habitaciones superiores, recientemente reformadas, contrastan con las TV, los teléfonos e incluso los retretes de última generación. Desayuno incluido.

All Seasons Sathorn HOTEL $$

(plano p. 82; ☎0 2343 6333; www.allseasons-sathorn.com; 31 Th Sathon Tai; h 1800-2500 THB, desayuno incl.; ❄@📶; MRT Lumphini) El antiguo King's Hotel se ha reconvertido en este moderno y atractivo establecimiento económico, situado en pleno distrito diplomático. Los colores primarios y las marcadas líneas del diseño compensan la falta de luz natural en algunas habitaciones.

Malaysia Hotel HOTEL ECONÓMICO $

(plano p. 82; ☎0 2679 7127; www.malaysiahotel bkk.com; 54 Soi Ngam Duphli; h 698-998 THB, desayuno incl.; ❄@📶🏊; MRT Lumphini) En el pasado fue uno de los hoteles económicos más famosos de Bangkok, que acogió incluso a Maureen y Tony Wheeler en su viaje inaugural de mochileros por el sureste asiático. En la actualidad los fundadores de LP se alojan en otros establecimientos, pero este sigue siendo bueno por sus precios ajustados y ambiente de otros tiempos.

Penguin House HOTEL ECONÓMICO $

(plano p. 82; ☎0 2679 9991; www.penguinhouses.com; 27/23 Soi Si Bamphen; h 800-950 THB; ❄📶; MRT Lumphini) Supone una bocanada de aire fresco en esta zona de vetustos hoteles. Las habitaciones de detrás son más silenciosas; hay dos cuartos interiores para dos parejas.

ETZzz Hostel HOTEL ECONÓMICO $

(plano p. 82; ☎0 2286 9424; www.etzhostel.com; Soi Ngam Duphli; dc/h 200/900 THB; ❄📶; MRT Lumphini) Las habitaciones privadas de este flamante albergue son algo caras, pero tiene un dormitorio bien arreglado, instalaciones relucientes y está bien situado.

Ibis Sathon HOTEL ECONÓMICO $$

(plano p. 82; ☎0 2659 2888; 29/9 Soi Ngam Duphli; h 1800 THB, desayuno incl.; ❄@📶🏊; MRT Lumphini) Hotel confortable y a precios muy razonables orientado a los comerciantes.

Café des Arts Guest House HOTEL ECONÓMICO $

(plano p. 82; ☎0 2679 8438; 27/39 Soi Si Bamphen; h con ventilador/A/A 300/400 THB; ❄; MRT Lumphini) Regentado por una pareja franco-tailandesa, no parece que tenga café ni arte, pero cuenta con un restaurante de fideos en la planta baja y ocho habitaciones sencillas arriba.

ÁREA METROPOLITANA

Muchos de los hoteles referenciados a continuación resultan un poco difíciles de encontrar, pero están situados en zonas de la ciudad menos bulliciosas y son perfectos para los que no desean alojarse en el meollo de la acción.

Para instalarse cerca de alguno de los dos aeropuertos de Bangkok, véase recuadro en p. 109.

Phra-Nakorn Norn-Len HOTEL-'BOUTIQUE' $$

(plano p. 88; ☎0 2628 8188; www.phranakorn nornlen.com; 46 Soi Thewet 1, Th Krung Kasem; i/d desde 1800/2200 THB, desayuno incl.; ❄@📶; autobús nº 32, 516, *ferry* Tha Thewet) Ubicado en un recinto ajardinado acondicionado que recuerda a la Bangkok de antaño, este luminoso y alegre hotel es un lugar evocador aunque no ofrezca necesariamente una fabulosa relación calidad-precio. Las habitaciones están decoradas con sencillez pero con antigüedades y frescos, y hay wifi, servicio de masaje e infinidad de oportunidades para relajarse. El desayuno es a base de productos ecológicos procedentes del huerto de la azotea.

Bangkok International Youth Hostel ALBERGUE $

(plano p. 88; ☎0 2282 0950; 25/15 Th Phitsanu lok; dc 200 THB, h 600-900 THB; ❄@📶; autobús nº 32, 516, *ferry* Tha Thewet) Uno de los pocos alojamientos de la plácida zona de Dusit, este albergue recién reformado cuenta con habitaciones más económicas en el edificio original y otras nuevas aunque estrechas en el alto edificio que da a Th Phitsanulok. Hay un agradable balcón en la azotea y una biblioteca con libros de viajes.

Refill Now! ALBERGUE $

(☎0 2713 2044; www.refillnow.co.th; 191 Soi Pridi Bhanom Yong 42, Soi 71, Th Sukhumvit, Phra Khanong; dc/i/d 480/928/1215 THB; ❄@📶🏊; BTS Phra Khanong y taxi) Con una decoración entre catálogo de Habitat y una película de Kubrick, es el típico lugar donde hay que pensárselo dos veces antes de instalarse en el dormitorio colectivo. Tanto las impolutas habitaciones privadas como los dormitorios colectivos cuentan con biombos como el papel de fumar entre cada litera doble; también hay dormitorios solo para mujeres, una zona de descanso rabiosamente moderna y un salón de masajes. Un *túk-túk* acerca a las estaciones del BTS Thong Lo y Phra Khanong por 30 THB por persona.

Mystic Place HOTEL-'BOUTIQUE' **$$**
(plano p. 110; ☎0 2270 3344; www.mysticplacebkk.com; 224/5-9 Th Pradiphat; h 2250-3250 THB, desayuno incl.; ❄@📶; BTS Saphan Khwai y en taxi) Este hotel dispone de 36 habitaciones, cada una diseñada de forma individual y todas alegres. La que le tocó a este autor lucía una silla tapizada con animales de peluche y paredes cubiertas con grafitos. Conviene reservar con bastante antelación.

Pullman Bangkok King Power HOTEL DE NEGOCIOS **$$$**
(plano p. 89; ☎0 2680 9999; www.pullmanbangkokkingpower; 8/2 Th Rang Nam; h/ste 3861-4331/6803-7274 THB, desayuno incl.; ❄@📶🏊; BTS Victory Monument) Alternativa excelente para los que buscan un hotel de negocios fuera del centro.

Th Si Ayuthaya, en Thewet, barrio situado al norte de Banglamphu y cerca de la Biblioteca Nacional, es un agradable reducto de mochileros, frecuentado sobre todo por familias y viajeros treintañeros. La zona es arbolada y muy bonita, aunque propensa a las inundaciones durante la estación de las lluvias.

Sri Ayuttaya Guest House HOTEL ECONÓMICO **$**
(plano p. 88; ☎0 2282 5942; 23/11 Th Si Ayuthaya, Thewet; h 400-1000 THB; ❄@📶; autobús nº 32, 516, *ferry* Tha Thewet) a diferencia de la habitual precariedad que transmiten las pensiones, la decoración a base de madera y ladrillo de este establecimiento resulta agradable. las habitaciones tienen un aspecto robusto y son acogedoras; la mitad comparten baños.

Shanti Lodge PENSIÓN **$**
(plano p. 88; ☎0 2281 2497; 37 Th Si Ayuthaya; dc 250 THB, h 400-1950 THB; ❄@📶; autobús nº

ATERRIZAJE NOCTURNO

Las dudas asaltan al viajero cuando su vuelo llega hacia medianoche: ¿habrá taxis en la ciudad?, ¿quedarán habitaciones libres? Para calmar esas voces persistentes, conviene saber que casi todos los vuelos internacionales aterrizan tarde y que no pasa nada. Sí, hay taxis e incluso un servicio de tren exprés (véase p. 140).

Si no se tiene reserva de hotel, una buena zona para buscar es la parte baja de Sukhumvit, junto a la autopista; los hoteles de Soi Nana y alrededores, como el **Swiss Park** (p. 105) o el **Federal** (p. 105), no son excesivamente caros y reciben a muchos viajeros que llegan a horas intempestivas. Otra opción es acudir a Th Khao San, llena de hoteles y pensiones y siempre en constante trajín.

Cerca del aeropuerto, los siguientes alojamientos están más que bien.

Aeropuerto internacional Suvarnabhumi

La opción más cercana, buena y económica, es el **Refill Now!** (véase p. 108).

» **Grand Inn Come Hotel** (☎0 2738 8189-99; www.grandinncome-hotel.com; 99 Moo 6, Th Kingkaew, Bangpli; h desde 1800 THB, desayuno incl.; ❄@📶) Establecimiento de confianza y precio medio, 10 km al oeste del aeropuerto, que dispone de transporte de enlace con el aeropuerto y un "animado" bar de karaoke.

» **All Seasons Bangkok Huamark** (☎0 2308 7888; 5 Soi 15, Th Ramkhamhaeng; h 1366-2195 THB; ❄@📶🏊) Hotel de precio medio y 268 habitaciones a menos de 20 km al oeste del aeropuerto.

» **Novotel Suvarnabhumi Airport Hotel** (☎0 2131 1111; www.novotel.com; h desde 7146 THB, desayuno incl.; ❄@📶) Situado en el mismo recinto del aeropuerto, cuenta con más de seiscientas habitaciones de lujo.

Aeropuerto Don Muang

» **Amari Airport Hotel** (☎0 2566 1020; www.amari.com; 333 Th Choet Wutthakat; d desde 2001-3350 THB, desayuno incl.; ❄@📶🏊) Enfrente mismo del aeropuerto (plano p. 145).

Norte de Bangkok

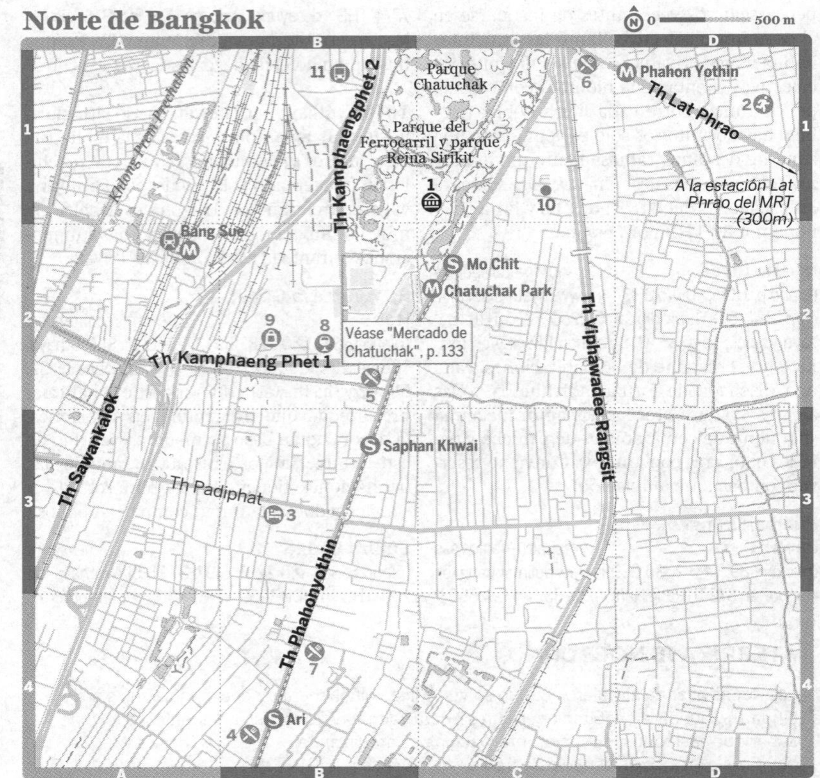

32, 516, *ferry* Tha Thewet) Pensión familiar con un aura de paz y *dharma*. Las paredes de las habitaciones más baratas son finísimas, pero hay mucha variedad y conviene inspeccionar unas cuantas antes de decidirse.

Taewez Guesthouse HOTEL ECONÓMICO **$**
(plano p. 88; ☎0 2280 8856; www.taewez.com; 23/12 Th Si Ayuthaya; h 250-530 THB; ❄@📶; autobús nº 32, 516, *ferry* Tha Thewet) Frecuentado por viajeros franceses, las habitaciones más económicas son sencillas y comparten baños, pero con una relación calidad-precio muy favorable.

Dónde comer

La comida es un asunto muy serio en esta ciudad, y de entre todos los placeres carnales de Bangkok siempre es el más seguro. Los restaurantes de la ciudad no solo atraen a visitantes de todo el mundo, sino también a ciudadanos de la metrópoli a los que no les importa lidiar con el tráfico o las inundaciones con tal de conseguir un exquisito bol de fideos o un plato de arroz.

La oferta es inacabable, desde los carromatos callejeros hasta los comedores más elegantes de los hoteles de cinco estrellas. Según la modesta experiencia de este autor, lo mejor es quedarse en un término medio: en los negocios familiares con una carta reducida.

Las influencias culinarias también son muy amplias y hay de todo, desde comida chino-tailandesa hasta musulmano-tailandesa, aparte de las diferentes cocinas regionales de todo el país. Así, además de *gŏo·ay đěe·o* (fideos de arroz) y de *curries*, también destaca la cada vez mayor selección de restaurantes de calidad internacional, desde establecimientos franceses de categoría hasta cuchitriles de *ramen* japoneses.

KO RATANAKOSIN, BANGLAMPHU Y THONBURI

A pesar de su cercanía a los *pàt tai* falsos y la insípida *đôm yam* (sopa agripicante) de Th

Norte de Bangkok

Puntos de interés
1 Children's Discovery Museum C1

Actividades, cursos y circuitos
2 House of Dhamma D1

Dónde dormir
3 Mystic Place B3

Dónde comer
4 Baan Suan Pai B4
5 Mercado de Or Tor Kor B2
6 Pathè C1
7 Phat Thai Ari B4

Dónde beber
el Ninyo .... (véase 8)
8 Fake Club B2

De compras
9 Talat Rot Fai B2

Transporte
10 Bangkok Airways C1
11 Terminal Norte y Noreste de de autobuses B1

Khao San, Banglamphu es una clásica zona de restauración. Restaurantes con solera y vendedores ambulantes legendarios abarrotan las calles de este rincón arbolado de la vieja Bangkok, especialmente por el extremo sur de Th Tanao.

Para comida occidental de calidad, es mejor apartarse de Th Khao San, aunque el barrio cuente con algún restaurante que está bien.

En cambio, el barrio real de Bangkok, pese a sus numerosos monumentos y vistas fantásticas, posee pocos restaurantes.

Krua Apsorn TAILANDESA **$$**
(plano p. 60; Th Din So; principales 70-320 THB; almuerzo y cena lu-sa; ; autobús nº 2, 25, 44, 511, taxi *klorng* al Tha Phan Fah) Frecuentado por la familia real, en el 2006 este sencillo comedor fue reconocido por el *Bangkok Post* como el mejor restaurante de la ciudad. Algunos de sus propuestas ineludibles son los mejillones fritos con hierbas, el sibarita cangrejo frito en aceite de chile amarillo y la tortilla de cangrejo al estilo español.

Jay Fai TAILANDESA **$$**
(plano p. 60; 327 Th Mahachai; principales 200-250 THB; 15.00-2.00; taxi *klorng* al Tha Phan Fah) Nadie lo diría viendo su escueto comedor, pero este restaurante tiene fama de servir los *pàt kêe mow* (fideos del borracho) más caros, y posiblemente más deliciosos, de Bangkok. La abundancia de marisco fresco y la fritura particular de la casa, cuyo resultado no es nada aceitoso, justifican los precios.

Poj Spa Kar TAILANDESA **$$**
(plano p. 60; 443 Th Tanao; principales 100-200 THB; almuerzo y cena; ; autobús nº 2, 25, 44, 511, taxi *klorng* al Tha Phan Fah) Dicen que el *pôht sà·pah kahn* es el restaurante más antiguo de Bangkok y que utiliza todavía las recetas heredadas de un antiguo cocinero de palacio. Se recomienda la sencilla pero sabrosa tortilla de limoncillo y la deliciosa *gaang sôm,* una sopa agridulce tradicional del centro del país.

Shoshana ISRAELÍ **$$**
(plano p. 60; 88 Th Chakraphong; principales 90-220 THB; almuerzo y cena; ; autobús nº 32, 516, *ferry* Tha Phra Athit) Aunque los precios han subido ligeramente desde su apertura en 1982, todavía prepara económicas y sabrosas recetas israelíes. Apuestas seguras son los fritos, muy bien ejecutados, así como la crema de berenjena.

Mercado de Nang Loeng TAILANDESA **$**
(fuera de plano p. 60; Btw Soi 8-10, Th Nakhon Sawan; 10.00-14.00 lu-sa; autobús nº 72) Este mercado típico al este de Banglamphu data de 1899. Es conocido principalmente por sus dulces típicos, pero a la hora del almuerzo es también un buen sitio para atiborrarse de platos salados. Se recomiendan los fideos caseros al huevo de Rung Reuang y los opulentos *curries* de Ratana.

Chote Chitr TAILANDESA **$$**
(plano p. 60; 146 Th Phraeng Phuthon; principales 30-200 THB; almuerzo y cena lu-sa; autobús nº 15, taxi *klorng* al Tha Phan Fah) Con solo seis mesas, este restaurante-vivienda de tercera generación es un auténtico emblema local. A veces falla, pero cuando quieren, bordan platos como los *mèe gròrp* (fideos fritos crujientes) y la *yam tòoa ploo* (ensalada de una especie de habas sin pelar).

DAVID THOMPSON: COCINERO Y ESCRITOR

David Thompson es el jefe de cocina de los restaurantes que la famosa cadena nahm posee en Londres y Bangkok y el autor de los exitosos *Thai Food* y *Thai Street Food.*

¿CÓMO DESCRIBIRÍAS LA COMIDA DE BANGKOK?

La comida en Bangkok es más urbana, y sus sabores más indómitos y agrestes se han sofisticado. Existe una gran influencia china porque Bangkok fue una ciudad china. La comida de las llanuras centrales, bien representada en Bangkok, es refinada y reúne los cuatro sabores clásicos (dulce, ácido, salado y picante).

¿PUEDES MENCIONAR ALGUNOS PLATOS CLÁSICOS DE LA CAPITAL?

Me gustan ciertos platos de Chinatown, tanto los de una ostrería que me encanta (Nay Mong, p. 115) como los fideos con albóndigas de pescado o el pato asado. También el *Ƀoo pàt pŏng gàrèe* (cangrejo frito con polvo de *curry*), si está bien hecho, está buenísimo y es asequible. Y el *pàt tai;* ya sé que resulta difícil escapar del cliché, pero es que sabe delicioso.

¿Y EL MEJOR BARRIO GASTRONÓMICO?

Esto depende de lo que se busque. Chinatown, para el pato ahumado o los fideos. Pero si se desea comida típica tailandesa, hay que acudir a los mercados. Bangkok todavía conserva reductos de la ciudad o los pueblos que antiguamente la formaron. Para comida musulmana, hay que ir a la zona de la mezquita de Haroon, cerca del Oriental Hotel (p. 101), y para saborear pasteles portugueses, a la de Santa Cruz (p. 69). Todavía quedan zonas de este tipo.

¿CUÁL ES TU RESTAURANTE PREFERIDO?

Cambia constantemente. Me gusta el Krua Apsorn (p. 111). Tiene sabor local, es bueno, no ha sido reformado y no es demasiado ostentoso. Hace comida tailandesa para los tailandeses.

¿Y EL MEJOR MERCADO?

Sin duda, el Or Tor Kor (p. 132). Aunque está desinfectado, no ha perdido su espíritu a pesar de la modernización. La comida es excelente.

¿QUÉ CONSEJO DARÍAS AL VISITANTE PRIMERIZO?

Que se lo coma todo sin pensar. Es muy improbable que se ponga enfermo, pero seguro que luego se arrepentirá si no se arriesga. Lo mejor es acudir a locales llenos de gente, pues por algo están así. Además, un poco de intoxicación alimentaria siempre añade un toque de exotismo al asunto, ¿no?

Entrevista realizada por Austin Bush.

Thip Samai TAILANDESA **$**
(plano p. 60; 313 Th Mahachai; principales 25-120 THB; ⏲17.30-1.30 cierra mi alternos; taxi *klorng* al Phan Fah) Los fideos fritos de los carritos de Th Khao San no tienen nada que ver con el plato llamado *pàt tai*. Por suerte, a menos de cinco minutos en *túk-túk* de la famosa calle está el *pàt tai Ƀràđoo pĕe,* como lo conocen los lugareños, donde preparan el *pàt tai* más fabuloso de la ciudad. Para algo diferente, se puede probar una delicada versión rebozada con huevo o los *pàt tai* fritos con *man gûng* (exquisita manteca de gambas).

Khunkung TAILANDESA **$$**
(Khun Kung Kitchen; plano p. 60; 77 Th Maha Rat; principales 75-280 THB; ⏲almuerzo y cena; ❄; autobús nº 25, 32, 503, 508, *ferry* Tha Chang) Este restaurante de la Asociación de la Armada Real se halla en una de las ubicaciones ribereñas más codiciadas de este tramo del Chao Phraya. Los lugareños acuden por la combinación de vistas ribereñas y platos sabrosos y económicos, sobre todo de marisco. La entrada al restaurante queda cerca de los cajeros automáticos del Tha Chang.

Hemlock TAILANDESA **$$**
(plano p. 60; 56 Th Phra Athit; principales 60-220 THB; ⏲ 16.00-24.00; ❄; autobús nº 32, 33, 64, 82, *ferry* Tha Phra Athit) Este restaurante saca el mayor partido al marco de esta acogedora tienda-vivienda, vestida con manteles blancos y platos que son una excelente introducción

al recetario tailandés. La inacabable carta incluye los clásicos habituales, más algunas especialidades difíciles de encontrar y una generosa variedad de opciones vegetarianas.

Ann's Sweet PASTELES $
(plano p. 60; 138 Th Phra Athit; principales 75-150 THB; ⌚almuerzo y cena; ❄; autobús nº 32, 33, 64, 82, *ferry* Tha Phra Athit) Ann, nacida en Bangkok, y un cocinero graduado en la escuela Cordon Bleu elaboran algunos pasteles occidentales genuinos que no se encuentran en ningún otro rincón de la ciudad.

CHINATOWN Y PHAHURAT

Cuando se menciona Chinatown, lo primero que les viene a la mente a la mayoría de los capitalinos son los puestos de comida callejeros (véase recuadro en p. 115). La zona también es famosa por ser el epicentro del Festival Vegetariano (véase recuadro en p. 114). En el lado oeste del barrio se halla la "Pequeña India" de Bangkok, o sea, el distrito de telas de Phahurat, que también está lleno de restaurantes hindúes y nepalíes, sobre todo en la *soi* que desemboca en Th Chakraphet.

Old Siam Plaza TAILANDESA $
(plano p. 68; Old Siam Plaza, planta baja, Th Phahurat esq. Th Triphet; principales 15-50 THB; ⌚9.00-18.30; *ferry* Tha Saphan Phut) De visita obligada para los más golosos, la planta baja de este centro comercial es un paraíso para los dulces típicos tailandeses y tentempiés, en su mayoría elaborados al momento.

Royal India HINDÚ DEL NORTE $$
(plano p. 68; 392/1 Th Chakraphet; principales 65-250 THB; ⌚almuerzo y cena; *ferry* Tha Saphan Phut) Este pequeño local ha aparecido en todas las ediciones de esta guía y sigue siendo el establecimiento más fiable de la Pequeña India de Bangkok. Cualquiera de sus deliciosos panes o ricos *curries* vale la pena, sin olvidarse de rematar el festín con un dulce casero del Punjab.

ORILLAS DEL RÍO

Le Normandie FRANCESA $$$
(plano p. 72; ☎0 2659 9000; www.mandarinoriental.com; 48 Soi Oriental/38, Th Charoen Krung; principales 750-3900 THB; ⌚12.00-14.30 y 19.00-23.00 lu-sa, 19.00-23.00 do; ❄; barco lanzadera desde el Tha Sathon/muelle central) Como se deduce de la carta, que dedica una sección entera al *foie gras,* aquí se elabora cocina francesa clásica. Más de veinte cocineros estrellados por Michelin han contribuido a elaborarla a lo largo de los años. Hay que vestir adecuadamente.

SILOM Y SATHON

Th Silom tiene un poco de todo, desde establecimientos tailandeses a la vieja usanza a algunos de los mejores restaurantes de lujo de cocina internacional.

D'Sens FRANCESA $$$
(plano p. 74; ☎0 2200 9000; Dusit Thani piso 22º, 946 Th Phra Ram IV; menú 1850-3100 THB; ⌚ 11.30-14.30 y 18.00-22.00, 18.00-22.00 sa; ❄; BTS Sala Daeng, MRT Si Lom) Esta empresa de

VEGETARIANOS EN BANGKOK

El vegetarianismo es una tendencia cada vez más de moda entre los capitalinos, aunque aún hay pocos restaurantes especializados.

Banglamphu registra la mayor oferta vegetariana, gracias a los numerosos *fa·ràngs* (extranjeros) que no comen carne. Suelen ser humildes tiendas de salteados. Este autor recomienda el **May Kaidee** (plano p. 60; 33 Th Samsen; principales 50-100 THB; ⌚almuerzo y cena; ❄; autobús nº 32, 516, *ferry* Tha Phra Athit), que además de tres locales en la zona de Th Khao San también posee una escuela de cocina vegetariana, y el **Ranee's** (plano p. 60; 77 Trok Mayom; platos 70-320 THB; ⌚desayuno, almuerzo y cena; autobús nº 32, 516, *ferry* Tha Phra Athit), con una carta con muchos platos libres de carne.

En otros barrios de la ciudad, el **Baan Suan Pai** (plano p. 110; Banana Family Park, Th Phahonyothin; principales 15-30 THB; ⌚7.00-15.00; BTS Ari), la **zona de restauración del MBK** (p. 116), el **Chennai Kitchen** (p. 114) y el **Arawy** (plano p. 60; 152 Th Din So, Phra Nakhon; platos 20-30 THB; ⌚8.00-20.00; autobús nº 10, 12, taxi *klorng* al Tha Phan Fah) ofrecen platos económicos y sabrosos. Al este de Bangkok se puede encontrar comida vegetariana más refinada, al estilo tailandés e italiano, en el **Anotai** (976/17 Soi Rama 9 Hospital, Rama 9; platos 150-303 THB; ⌚10.00-21.00 ju-ma; ❄; MRT Phra Ram 9 y taxi).

Durante el Festival Vegetariano (sep/oct), toda la ciudad enloquece por el *tofu* (véase recuadro en p. 114) y los puestos y restaurantes anuncian su dieta con banderas amarillas; la mayor concentración de puestos está en Chinatown.

los portentosos gemelos franceses Laurent y Jacques Pourcel, creadores de Le Jardin des Sens de Montpellier, con estrellas Michelin, es probablemente el mejor restaurante *fa·ràng* (extranjero) de postín de Bangkok, encaramado cual torre de control en lo alto del hotel Dusit Thani. La carta, inspirada en las tradiciones del sur de Francia, utiliza principalmente ingredientes importados de primera calidad.

Kalapapruek TAILANDESA **$$**
(plano p. 74; 27 Th Pramuan; principales 80-120 THB; ⌚8.00-18.00 lu-sa, hasta 15.00 do; ❄; BTS Surasak) Este venerable restaurante tailandés cuenta con numerosos establecimientos y puestos repartidos por varios centros comerciales de toda la ciudad, pero para este autor el mejor es el establecimiento original, que queda casi escondido. La carta es muy diversa, con especialidades de cualquier rincón del país, platos del día y, en ocasiones, opciones de rigurosa temporada.

Scoozi PIZZERÍA **$$**
(plano p. 74; 174 Th Surawong; *pizzas* 100-425 THB; ⌚almuerzo y cena; ❄; BTS Sala Daeng, MRT Si Lom) A este autor las *pizzas* al horno le saben mejor en este local, el original, aunque las de la otra **sucursal** (plano p. 84; Windsor Hotel, Soi 20, Th Sukhumvit; ❄; BTS Asok, MRT Sukhumvit), en Th Sukhumvit, también están muy bien.

Somboon Seafood CHINO-TAILANDESA **$$$**
(plano p. 74; 169/7-11 Th Surawong; principales 120-900 THB; ⌚cena; ❄; BTS Chong Nonsi) Celestial factoría de marisco a la que se accede por unas interminables escaleras. Mientras se sube y se busca mesa, podrían entrar dudas acerca de la calidad del local, principalmente por tanta cantidad, pero su famoso *curry* de cangrejo pronto las disipará, además de quedarse harto. Los menos hambrientos pueden decantarse por el pescado frito, servido entero.

The Foodie TAILANDESA **$$**
(plano p. 74; Soi Phiphat 2; principales 80-150 THB; ⌚almuerzo y cena; ❄; BTS Chong Nonsi) Este restaurante amplio, tipo cafetería, posee una carta típica del centro y sur del país, con platos difíciles de encontrar en la ciudad. Destacan la *yam sôm oh* (ensalada de pomelo picante y agridulce) y el picante *prík kĭng Ƀlah dòok foo* (siluro rebozado al *curry*).

Chennai Kitchen HINDÚ **$**
(plano p. 74; 10 Th Pan; principales 50-150 THB; ⌚10.00-15.00 y 18.00-21.30; ❄; BTS Surasak) Este restaurante mínimo ofrece una cocina vegetariana del sur de la India que se cuenta entre las más dignas de la ciudad. Las *dosas* (crujiente pan del sur de la India), largas como el brazo, son siempre una apuesta segura, pero en caso de duda es mejor pedir un *thali,* que lleva un poco de todo.

Somtam Convent TAILANDESA **$**
(plano p. 74; 2/4-5 Th Convent; principales 20-120 THB; ⌚10.30-21.00; BTS Sala Daeng, MRT Si Lom) Si bien la comida típica del noreste del país suele estar relegada a los puestos callejeros menos higiénicos, este concurrido restaurante permite saborear sin reparos las excelencias del *lâhp* ("ensalada" de carne picada), la *sôm·đam* (ensalada de papaya) y otras delicias de Isan.

Zona gastronómica de Soi 10 TAILANDESA **$**
(plano p. 74; Soi 10, Th Silom; principales 20-60 THB; ⌚almuerzo lu-vi; BTS Sala Daeng, MRT Si Lom) A estos dos edificios que parecen han-

BANDERA AMARILLA

Durante el anual Festival Vegetariano (sep/oct), Chinatown se convierte en una bacanal virtual de cocina sin carne. Las festividades se concentran en su calle principal, Th Yaowarat, y en la zona del Talat Noi (véase p. 71), pero las tiendas y puestos de toda la ciudad cuelgan banderas amarillas para anunciar su paréntesis vegetariano.

Esta costumbre no solo atañe a los ciudadanos de etnia china, pues los tailandeses también buscan esos platos especiales de temporada. Durante el festival, la mayoría de los restaurantes preparan platos tailandeses normales, como *đôm yam* (sopa agripicante) y *gaang kĕe·o wăhn* (*curry* verde), pero sustituyen la carne por derivados de la soja. Incluso en las especialidades regionales se prescinde de la carne. Entre los platos especiales del festival, destacan los fideos amarillos al estilo *hokkien,* que se sirven salteados con setas carnosas y verduras en grandes trozos.

Además de la abstinencia de carne durante diez días, las fiestas incluyen visitas especiales a los templos, siempre vestidos de blanco.

RUTA GASTRONÓMICA POR CHINATOWN

La comida callejera domina este barrio, en el que muchas de sus mejores cocinas no tienen ni paredes ni tejado.

Aunque muchos vendedores abren hasta las tantas, los puestos más populares suelen agotar sus existencias rápidamente, así que la mejor hora para disfrutar de sus bondades es entre 19.00 y 21.00. Conviene evitar los lunes, día de descanso para casi todos los vendedores de la ciudad. Un plato en cualquiera de los puestos mencionados a continuación no debería costar mucho más de 50 THB. Se puede llegar con el MRT hasta la estación Hua Lamphong y cubrir el último tramo a pie o en taxi.

Se recomienda empezar en el cruce de Th Yaowarat con Th Phadungdao. En sentido oeste, se tuerce a la derecha y se toma Th Plaeng Nam. En seguida se encuentra, a mano derecha, el **Burapa Birds Nest** (plano p. 68; Th Plaeng Nam), donde elaboran el plato más típico de Chinatown, la sopa de nido de golondrina. Enfrente mismo se verá a un señor al mando de tres cocinas de carbón en plena calle. Ese puesto se llama **Khrua Phornlamai** (ครัวพรละมัย; plano p. 68; Th Plaeng Nam) y es ideal para degustar otros platos típicos, grasosos pero deliciosos, como *pàt kêe mow* (fideos anchos de arroz fritos con marisco, guindilla y albahaca tailandesa).

Se sigue por Th Plaeng Nam y se cruza Th Charoen Krung; todo recto sin dejar la acera derecha de la calle durante unos 50 m se llega al **Nay Mong** (นายหมง; plano p. 68; 539 Th Phlap Phla Chai), un diminuto restaurante famoso por sus deliciosos *hŏy tôrt*, una especie de revoltillo de huevos con ostras o mejillones fritos.

Marcha atrás por Th Charoen Krung y a la derecha, cuando se llegue a Th Mangkorn se dobla a la derecha e inmediatamente, a mano izquierda, se verá gente que hace cola y otra sentada en taburetes de plástico con platos de arroz y *curry*. Se trata del **Jék Pûi** (เจ๊กปุ๋ย; plano p. 68; Th Mangkorn), un puesto muy conocido por sus *curries* chinos y por no tener mesas.

De nuevo cuesta abajo a la izquierda por Th Charoen Krung, se sigue hacia el este hasta llegar a Trok Itsaranuphap (Soi 16). Este estrecho callejón, llamado también **Talat Mai** (ตลาดใหม่), es la zona comercial más famosa del barrio. Aunque por la mañana es el mejor momento para visitar el mercado, si aún no es demasiado tarde, todavía es posible hacerse una idea de los ingredientes exóticos que lo caracterizan.

Al final del callejón hay un señor que fríe fideos en un *wok* de latón con una cuchara. Prepara **'gŏo·ay đĕe·o kôo·a gài'** (ก๋วยเตี๋ยวคั่วไก่; plano p. 68), un plato sencillo pero delicioso de fideos de arroz fritos con pollo, huevo y aceite de ajo.

Al salir a Th Yaowarat, se cruza la calle, donde está el bullicioso mercado. El primer puesto a mano derecha, el **Nay Lék Uan** (นายเล็กอ้วน; plano p. 68; Soi 11, Th Yaowarat), es uno de los más famosos de Bangkok de *gŏo·ay jáp nám săi*, un caldo espeso y muy picante con fideos y tripa de cerdo. Al lado hay otros puestos que venden de todo, desde *pàt tai* a *satay*.

Si se sigue hacia el este por Th Yaowarat, en la esquina con Th Yaowaphanit hay un puesto con fideos amarillos y cerdo a la barbacoa: el **Mangkorn Khăo** (มังกรขาว; plano p. 68; Th Yawarat esq. Th Yaowaphanit), un acreditado vendedor de *bà·mèe*, fideos de trigo al estilo chino y sabrosos *wontons*.

Cuesta abajo por Th Yaowarat se llega al punto de partida. A estas horas, las marisquerías **Lek & Rut** (plano p. 68; Th Yaowarat esq. Th Phadungdao) y **T&K** (plano p. 68; Th Yaowarat esq. Th Phadungdao) ya deberían estar animadas. Si aún no se está harto, basta con sumarse a los otros turistas para probar unas gambas a la parrilla y arroz frito.

gares, escondidos detrás de Soi 10, acuden principalmente oficinistas de la zona para el almuerzo. Ofrecen desde *kôw gaang* (*curries* a elegir, servidos con arroz) al estilo del sur hasta una gran variedad de fideos tailandeses.

Nadimos LIBANESA **$$**

(plano p. 74; Baan Silom, Th Silom esq. Soi 19; principales 70-400 THB; ⌚almuerzo y cena; ❄; BTS Surasak, autobús nº 15, 504) En este comedor semiformal se degustan sabrosas versiones de platos típicos libaneses, así como algunas

DÍA LIBRE

Todos los puestos de Bangkok cierran los lunes para la limpieza obligatoria de las calles (algo que apenas se percibe los martes por la mañana). Si la visita a la ciudad coincide con ese día, lo mejor es aprovechar para probar uno de los restaurantes de hotel de categoría de la ciudad, que prácticamente no cierran nunca.

especialidades difíciles de encontrar tan lejos de Beirut y numerosas opciones vegetarianas.

Krua 'Aroy-Aroy' TAILANDESA **$**
(plano p. 74; Th Pan; principales 30-70 THB; ⏲8.00-20.30, cierra 2º y 4º do de mes; BTS Surasak) Aunque a veces esté abarrotado y resulte bochornoso, la "Cocina deliciosa" casi nunca desmerece de su nombre. Se recomiendan sus *curries,* de los más sustanciosos de Bangkok, o su variable menú del día.

PLAZA SIAM Y PRATUNAM

En esta parte del centro de Bangkok reinan las zonas de restauración de los centros comerciales y los restaurantes de cadena. Pero sigue siendo Tailandia, y si se es capaz de ignorar el ambiente prefabricado, la comida suele ser buena. Si no importa la ausencia de aire acondicionado, se puede acudir a los numerosos **puestos de comida** (plano p. 78; entre Sois 5 y 6, plaza Siam; platos 30-40 THB; ⏲7.00-18.00; BTS Siam) de plaza Siam y tomar un rápido almuerzo tailandés.

Zona de restauración del MBK TAILANDESA **$**
(plano p. 78; MBK Center, 6ª planta, Th Phra Ram I esq. Th Phayathai; ⏲10.00-21.00; ❄ BTS National Stadium) La zona de restauración más veterana de Bangkok depara decenas de puestos y platos típicos de casi todo el país y del extranjero. Se recomiendan el magnífico puesto vegetariano (C8) y un vendedor muy aceptable de comida de Isan (C22). Para pagar hay que adquirir primero una tarjeta de crédito provisional en uno de los varios mostradores que hay al efecto, donde después devuelven el importe no gastado.

Crystal Jade La Mian Xiao Long Bao CHINA **$$**
(plano p. 78; Urban Kitchen, Erawan Bangkok, planta baja, 494 Th Ploenchit; platos 120-400 THB; ⏲almuerzo y cena; ❄; BTS Chit Lom) El enrevesado y largo nombre de esta excelente cadena de Singapur hace referencia a los fideos de trigo *(la mian),* marca de la casa, y a las famosas empanadillas al vapor de Shanghái *(xiao long pao).* Si se piden los fideos hechos a mano, hay que dejar a los camareros que los corten en la cocina, o se acabará lleno de lamparones.

Erawan Tea Room TAILANDESA **$$**
(plano p. 78; Erawan Bangkok, 2º piso, 494 Th Ploenchit; principales 170-450 THB; ⏲almuerzo y cena; ❄; BTS Chit Lom) Los asientos generosos, las ventanas panorámicas y la variedad de bebidas calientes convierten a este salón de té en uno de los mejores locales de Bangkok para leer el periódico. La extensa carta, con platos regionales, invita a prolongar la estancia.

Coca Suki CHINO-TAILANDESA **$$**
(plano p. 78; 416/3-8 Th Henri Dunant; principales 60-200 THB; ⏲11.00-23.00; ❄; BTS Siam) Muy popular entre las familias autóctonas, el *sù·gêe* es una especie de caldo hirviendo donde se echan los ingredientes crudos. Es uno de los restaurantes más antiguos que ofrecen esta especialidad. El local de plaza Siam revela el afán de modernidad de la marca.

Sanguan Sri TAILANDESA **$**
(plano p. 78; 59/1 Th Witthayu/Wireless Rd; principales 40-150 THB; ⏲10.00-15.00 lu-sa; ❄; BTS Ploen Chit) Si lo encuentra, el viajero podrá unirse a los hambrientos de la zona en este restaurante tailandés de la vieja escuela. Disponen de una carta reducida en inglés, pero también funciona eso de señalar con el dedo las delicias que otros ya saborean.

New Light Coffee House INTERNACIONAL-TAILANDESA **$$**
(plano p. 78; 426/1-4 plaza Siam; platos 60-200 THB; ⏲11.00-14.00 y 18.00-22.00; ❄; BTS Siam) Para viajar en el tiempo al Bangkok de la década de 1960 basta con entrar en este comedor, muy popular entre los estudiantes de la cercana Universidad Chulalongkorn. Se pueden probar platos occidentales de otra época (todos se acompañan con un rollito blando y una ensalada verde) o escoger de la larga carta tailandesa.

SUKHUMVIT

En esta interminable calle el visitante olvidará que está en Tailandia. Aquí están representadas todas las cocinas del mundo, desde la coreana a la de Oriente Medio. También se mencionan algunos restaurantes tailandeses a título anecdótico, aunque en general los establecimientos de comida autóctona no destacan.

Parte baja de Sukhumvit

Nasir al-Masri ORIENTE MEDIO $$
(plano p. 84; 4/6 Soi 3/1, Th Sukhumvit; principales 80-350 THB; 24 h; ; BTS Nana) Es uno de los varios restaurantes de Oriente Medio de Soi 3/1, fácilmente reconocible por su decoración de acero inoxidable. Impera la carne, aunque también hay buenos entrantes de verduras.

Bed Supperclub INTERNACIONAL $$$
(plano p. 84; 0 2651 3537; 26 Soi 11, Th Sukhumvit; principales 450-990 THB, menú 790-1850 THB; 19.30-22.00 ma-ju, cenas 21.00 vi y sa; ; BTS Nana) En este entorno elegante y futurista, con camas en vez de mesas y actuaciones contemporáneas en lugar de música ambiental, la comida no desmerece gracias a una carta cambiante con el apelativo de "cocina ecléctica moderna". Siempre se come a la carta, excepto los viernes y sábados, cuando se ofrece un menú sorpresa de cuatro platos a las 21.00 en punto.

Tapas Café ESPAÑOLA $$
(plano p. 84; 1/25 Soi 11, Th Sukhumvit; principales 75-750 THB; 11.00-24.00; ; BTS Nana) Si las sugestivas tapas, la refrescante sangría y un ambiente abierto y animado no fueran razones suficientes, antes de las 19.00 los platos y las bebidas están de oferta: uno gratis por cada dos.

Parte alta de Sukhumvit

Boon Tong Kiat Singapore Hainanese Chicken Rice SINGAPURENSE $
(plano p. 84; 440/5 Soi 55/Thong Lor, Th Sukhumvit; platos 60-150 THB; almuerzo y cena; ; BTS Thong Lo) El plato que da nombre al restaurante demuestra que es posible aunar sencillez e intensidad. Se recomienda encarecidamente pedir una *rojak* ("ensalada" agripicante de frutas), irónicamente llamada la "Som Tam de Singapur".

COCINA TAILANDESA UNIVERSAL

En el 2009, un pequeño grupo de extranjeros decidió abrir restaurantes tailandeses en Bangkok. Los chefs que participaron en el proyecto provocaron no poco revuelo en la prensa, con críticas no siempre positivas (en una se acusaba a un conocido restaurador foráneo de insulto a los tailandeses). Pero las aguas volvieron a su cauce y hoy la ciudad cuenta con varios restaurantes tailandeses nuevos y realmente excelentes.

» **nahm** (plano p. 82; 0 2625 3333; Metropolitan Hotel, 27 Th Sathon Tai; menú 1500 THB; cena; ; MRT Lumphini) El cocinero y escritor australiano David Thompson (véase recuadro en p. 112) está detrás del que probablemente sea el mejor restaurante tailandés de Bangkok. En gran parte inspirados en textos antiguos, sus platos abarcan desde lo exótico (rana picante salteada con guindilla, cúrcuma, albahaca y hojas de comino) a lo arriesgado (pescado fermentado hervido a fuego lento con gambas picadas y cerdo con guindilla, galanga y pimienta verde en grano), todo presentado artísticamente. Nada de comida anodina y aburguesada orientada a los extranjeros. Se recomienda reservar.

» **Bo.lan** (plano p. 84; 0 2260 2962; 42 Soi Rongnarong Phichai Songkhram, Soi 26, Th Sukhumvit; menú 1500 THB; cena ma-do; BTS Phrom Phong) Bo y Dylan (Bo.lan, juego de palabras que en thai significa "antiguo"), que habían sido chefs del nahm londinense, han dado a Bangkok una excusa convincente para reconsiderar la cocina tailandesa selecta. Su enfoque intelectual se plasma en menús de temporada y platos exclusivos.

» **Soul Food Mahanakorn** (plano p. 84; 0 2714 7708; 56/10 Soi 55/Thong Lor, Th Sukhumvit; principales 120-250 THB; cena; ; BTS Thong Lo) Este acogedor bar-restaurante, cuyo creador es natural de Pensilvania, realiza interpretaciones sabrosas pero caras de platos rústicos tailandeses, como *gài tôrt Hat Yai* (pollo frito al estilo del sur) o *gaeng hang lair* (*curry* de cerdo al estilo del norte), además de magníficos cócteles.

» **Sra Bua** (plano p. 78; 0 2162 9000; Siam Kempinski Hotel, 991/9 Th Rama I; menú 2400 THB; 12.00-15.00 y 18.00-23.00 lu-vi, 18.00-23.00 sa y do; ; BTS Siam) Dirigido por una pareja tailandesa-danesa cuyo restaurante Kiin Kiin de Copenhague posee una estrella Michelin, aquí se da un enfoque internacional a la comida tailandesa, por ejemplo en el *curry* rojo helado con langosta. Está detrás del Siam Paragon.

LOCURA POR EL 'BRUNCH'

El *brunch* dominical se ha convertido en una costumbre en Bangkok entre los residentes extranjeros, y prácticamente todos los hoteles grandes preparan unos bufés memorables cada dos días. Los siguientes son buenos ejemplos.

Los prestigiosos restaurantes del **Four Seasons Hotel** (plano p. 78; ☎0 2250 1000; 155 Th Ratchadamri; bufé 2766 THB; ⏱11.30-15.00 do; ❄; BTS Ratchadamri) montan un tentador bufé caliente para el *brunch* del domingo; imprescindible reservar.

Aunque el viajero no pueda permitirse una habitación en el Oriental Hotel, el presupuesto tal vez sí que le alcance para disfrutar de un bufé a base de marisco junto al río en el **Lord Jim's** (plano p. 72; ☎0 2659 9000; 48 Soi Oriental/38, Th Charoen Krung; bufé 1472-1943 THB; ⏱12.00-14.30 lu-vi, 11.30-15.00 sa, 11.00-15.00 do; ❄; *ferry* Tha Oriental).

En el galardonado bufé de la cadena americana **JW Marriott** (plano p. 84; ☎0 2656 7700; JW Marriott Hotel, planta baja, 4 Soi 2, Th Sukhumvit; bufé sa/do 1285/1885 THB; ⏱11.30-15.00 sa y do; ❄; BTS Nana) parece ser Navidad todo el año; también tiene fórmulas con cerveza o vino a discreción.

El **Rang Mahal** (plano p. 84; ☎0 2261 7100; Rembrandt Hotel, 26º planta, 19 Soi 20, Th Sukhumvit; bufé 850 THB; ⏱11.00-14.30 do; ❄; BTS Asok, MRT Sukhumvit), en lo alto del Rembrandt Hotel, aúna magníficas vistas con un bufé hindú todos los domingos.

Para los amantes de los dulces, el **Sukhothai Hotel** (plano p. 82; ☎0 2344 8888; 13/3 Th Sathon Tai; bufé 800 THB; ⏱14.00-17.30 vi-do; ❄; MRT Lumphini) ofrece un exclusivo bufé a base de cacao.

Sukhumvit Plaza COREANA **$$$**

(Korean Town; plano p. 84; Soi 12 esq. Th Sukhumvit; ⏱almuerzo y cena; ❄; BTS Asok, MRT Sukhumvit) Conocido en todo Bangkok como la "ciudad coreana", este conjunto de tiendas es el mejor lugar para probar auténtica comida de Seúl. La comunidad coreana se desvive por el **Myeong Ga** (plano p. 84; ☎0 2229 4658; principales 200-550 THB; ⏱cena; ❄), en la planta baja, pero hay otros establecimientos algo más económicos.

Le Beaulieu FRANCESA **$$$**

(plano p. 84; ☎0 2204 2004; 50 Soi 19, Th Sukhumvit; menú de almuerzo/cena desde 525/1950 THB; ⏱11.30-15.00 y 18.30-23.00; ❄; BTS Asok, MRT Sukhumvit) Muchos residentes consideran que este diminuto restaurante sirve la mejor cocina francesa de Bangkok. La carta abarca desde platos clásicos (*steak tartare,* bullabesa) a modernos (huevos revueltos con erizo de mar fresco), siempre preparados con ingredientes importados y productos de la marca tailandesa Royal Projects. Se recomienda reservar.

Bei Otto ALEMANA **$$$**

(plano p. 84; www.beiotto.com; 1 Soi 20, Th Sukhumvit; principales 220-590 THB; ⏱9.00-24.00; ❄; BTS Asok, MRT Sukhumvit) Hace casi veinte años que se estableció en Bangkok y su codillo de cerdo tiene fama de ser el mejor de la ciudad. La oferta se completa con una selección de cervezas alemanas y una charcutería anexa donde venden panes y salchichas.

Serenade INTERNACIONAL **$$$**

(plano p. 84; ☎0 2713 8409; 264/1 Soi 12, Soi 55/Thong Lor, Th Sukhumvit; principales 145-480 THB; ⏱almuerzo y cena; ❄; BTS Thong Lo y taxi) Este nuevo y atractivo bar de vinos destaca por sus sabrosos platos al estilo de tapeo, como las aceitunas griegas y boquerones salteados sobre *baguette* con queso manchego fundido, o el filete de lomo de vaca australiana de pasto *black angus* a la parrilla con *demiglace jim jaew.*

Bharani TAILANDESA **$**

(Sansab Boat Noodle; plano p. 84; 96/14 Soi 23, Th Sukhumvit; principales 50-200 THB; ⏱10.00-22.00; ❄; BTS Asok, MRT Sukhumvit) Este acogedor restaurante tailandés tiene un poco de todo, desde estofado de lengua de buey a arroz frito con paté de gambas. Pero su mayor reclamo son los ricos y jugosos "fideos barca", llamados así porque se solían vender desde las embarcaciones que surcaban los *klorngs* (canales) de Ayutthaya.

Bacco – Osteria da Sergio ITALIANA **$$$**

(plano p. 84; 35/1 Soi 53, Th Sukhumvit; *antipasti* 100-1200 THB, principales 250-850 THB; ⏱almuerzo y cena; ❄; BTS Thong Lo) El interior algo vulgar de esta *osteria* esconde una de las mejores cartas italianas de Bangkok, en la que abundan los entrantes deliciosos, aunque lo más destacado son las masas de pan, desde la de la *pizza* a la de la *piada*, sencillamente perfectas.

Duc de Praslin CHOCOLATERÍA $

(plano p. 84; planta baja, RSU Tower, Soi 31/1, Th Sukhumvit; principales 20-120 THB; ⏲8.00-21.00; ❄; BTS Phrom Phong) Elegante café y chocolatería para transportarse a la Vieja Europa. Además de los acertados bombones y el buen café, se puede probar un chocolate a la taza preparado en el acto con leche hirviendo y trocitos de chocolate.

Face INTERNACIONAL $$$

(plano p. 84; ☎0 2713 6048; 29 Soi 38, Th Sukhumvit; principales 310-670 THB; ⏲almuerzo y cena; ❄; BTS Thong Lo) Este atractivo local está formado en realidad por tres excelentes restaurantes: el Lan Na Thai, de selecta cocina tailandesa, el Misaki, centrado en el tema japonés, y el Hazara, que se aventura con la exótica "cocina de la frontera norte de la India".

Thonglee TAILANDESA $

(plano p. 84; Soi 20, Th Sukhumvit; principales 40-100 THB; ⏲almuerzo y cena, cierra 3er do de mes; BTS Asok, MRT Sukhumvit) Es uno de los pocos locales familiares de comida tailandesa que quedan en Th Sukhumvit. De su minúscula cocina salen platos que no se encuentran en otras partes, como el *mŏo pàt gà·Ъì* (cerdo frito con pasta de gambas) y los *mèe gròrp* (fideos fritos agripicantes).

Mokkori JAPONESA $

(plano p. 84; 8/3 Soi 55/Thong Lor, Th Sukhumvit; principales 70-130 THB; ⏲almuerzo y cena; ❄; BTS Thong Lo) Al entrar en este pequeño restaurante, los camareros dejan lo que tenían entre manos y se ponen a gritar en dirección al nuevo cliente. Sirven *ramen* al estilo japonés en un entorno genuino, que mucha gente no duda en tacharlos como los mejores de la ciudad. Además de los fideos, conviene pedir el sencillo y magnífico aperitivo de pepino troceado que se moja en una salsa de miso picante.

Mercado nocturno de Soi 38 CHINO-TAILANDESA $

(plano p. 84; Soi 38, Th Sukhumvit; principales 30-60 THB; ⏲20.00-3.00; BTS Thong Lo) Tras una larga noche de discotecas, este grupo de sencillos puestos de comida chino-tailandesa es como un oasis. En particular destaca el grupo de "famosos" vendedores ambulantes en un callejón que queda a mano derecha según se entra en la calle.

PARQUE LUMPHINI Y TH PHRA RAM IV

Kai Thort Jay Kee TAILANDESA $

(Soi Polo Fried Chicken; plano p. 82; 137/1-3 Soi Sanam Khlii (Polo), Th Withayu/Wireless Rd; principales 40-280 THB; ⏲almuerzo y cena; ❄; MRT Lumphini) Aunque la *sôm·đam,* el arroz glutinoso y la *lâhp* (una "ensalada" de carne picada) recuerden más a la cocina del noreste del país, el pollo frito que da nombre al restaurante es más sureño. Pero poco importa su procedencia, pues esa gruesa capa de crujiente ajo frito constituye una experiencia gastronómica 100% Bangkok.

Ngwan Lee Lang Suan CHINO-TAILANDESA $$

(plano p. 82; Soi Lang Suan esq. Soi Sarasin; principales 50-900 THB; ⏲7.00-3.00; BTS Ratchadamri) Esta cavernosa zona de restauración queda céntrica y abre hasta tarde, de ahí que mucha gente la frecuente de madrugada. También es un buen lugar para probar *jàp chài* (verduras estofadas al estilo chino) o un delicioso *Ъèt đŭn* (pato cocinado con especias chinas).

Café 1912 FRANCO-TAILANDESA $$

(plano p. 82; Alliance Française, 29 Th Sathon Tai; platos 50-185 THB; ⏲7.00-19.00 lu-sa, hasta 14.00 do; ❄; MRT Lumphini) La cafetería del centro cultural francés ofrece buenos platos franceses y tailandeses, así como café y dulces deliciosos.

ÁREA METROPOLITANA DE BANGKOK

Mallika TAILANDESA DEL SUR $$

(plano p. 89; 21/36 Th Rang Nam; principales 70-480 THB; ⏲10.00-22.00 lu-sa; ❄; BTS Victory Monument) Un sueño hecho realidad: auténtica comida tailandesa (en este caso del sur), con una carta en un inglés que se entiende, buen servicio y un marco impecable. Los precios son algo altos para tratarse de un local de comida casera, pero la calidad está garantizada.

Kaloang Home Kitchen TAILANDESA $$

(plano p. 88; 503-505 Th Samsen; principales 60-170 THB; ⏲11.00-23.00; autobús nº 32, 516, *ferry* Tha Thewet) No hay que echarse atrás ante la pintura desconchada y su terraza desvencijada. El ambiente relajado y la carta repleta de marisco rápidamente disipan cualquier preocupación por la posibilidad de caer en el Mae Nam Chao Phraya, y la cerveza y la brisa hacen olvidar por un rato el horrible tráfico de la capital. Se llega por Th Si Ayuthaya hasta el río.

'WHISKY' CON...

La cerveza tailandesa no suele destacar por su calidad, de modo que durante la próxima salida, ¿por qué no imitar a los autóctonos y pedir una botella de *whisky*?

Lo primero es escoger la marca. Para regalarse una noche estupenda, hay que hacerse con una botella de *bláak* (Johnnie Walker Black Label). Para presupuestos ajustados, habrá que optar por una marca de importación más barata, como Red Label o Benmore, y para una noche de lo más económica pero igual de divertida, licores nacionales como 100 Pipers o Sang Som. En muchos bares no es extraño que los clientes lleven su propia botella, si bien algunos cobran un módico suplemento por el servicio.

El segundo paso es proveerse de los refrescos para combinar, que pueden consistir en varias botellas de soda y una o dos de Coca-Cola, además de una cubitera. Los camareros suelen facilitarlas.

Combinar las bebidas es el paso más sencillo y requiere poca o ninguna acción, pues el experimentado camarero llenará el vaso con hielo, añadirá un chorrito de *whisky*, un poquito de soda, Coca-Cola hasta el borde y, finalmente, mezclará el conjunto con las pinzas para el hielo.

Si el cliente, para su vergüenza, no es capaz de terminarse la botella, puede dejarla en el bar. Basta con pedírselo al camarero, que anotará su nombre en la etiqueta y la conservará hasta la próxima visita.

Phat Thai Ari TAILANDESA **$**

(rótulo sin caracteres latinos; plano p. 110; 2/1-2 Soi Ari/7, Th Phahonyothin; principales 45-100 THB; ⏲11.00-22.00; BTS Ari) Es uno de los locales más conocidos de *pàt tai*, localizado a un par de manzanas de la *soi* homónima. Se recomienda su innovadora versión "sin fideos", en la que unas largas tiras de papaya verde crujiente sustituyen a los típicos fideos de arroz de Chanthaburi. Está situado en el estrecho callejón que lleva al Centro Phaholyothin, al norte de la estación Ari del BTS.

Pathé TAILANDESA **$**

(plano p. 110; Th Lat Phrao esq. Th Viphawadee; principales 75-160 THB; ⏲14.00-1.00; ❄; MRT Phahon Yothin) Este concurrido local es el equivalente tailandés a un restaurante estadounidense de los años cincuenta. Aúna comida tailandesa genuina, ambiente alegre y una máquina de discos rayados. No hay que perderse el helado frito.

River Bar Café TAILANDESA **$$**

(405/1 Soi Chao Phraya, Th Ratchawithi, Thonburi; principales 130-350 THB; ⏲17.00-24.00; ❄; taxi *klorng* al muelle del puente Tha Krung Thon) Ubicación ribereña perfecta, buena comida y música en directo: la combinación perfecta para pasar una gran noche en Bangkok.

Dónde beber

La antaño degenerada Bangkok, en la que cualquier cosa era posible por la noche, se ha moderado y ahora se aproxima a la sobriedad debido a una normativa estricta que limita la venta de alcohol y acorta los horarios de cierre. Pese a todo, la ciudad todavía goza de un panorama diverso y divertido de bares, con algunos establecimientos a los que se puede ir después de la 1.00.

Conviene tener en cuenta que está prohibido fumar en todos los interiores de ocio (y en algunos medio al aire libre) desde el 2008, y aunque sorprenda, en esto la ley se cumple a rajatabla.

KO RATANAKOSIN, BANGLAMPHU Y THONBURI

Durante el día, en Th Khao San hay más extranjeros que lugareños, pero cuando cae la noche los tailandeses se suman al jolgorio y la calle parece otra. Th Rambuttri y Th Phra Athit también atraen a muchos fiesteros.

Hippie de Bar BAR

(plano p. 60; 46 Th Khao San; ⏲18.00-2.00; *ferry* Tha Phra Athit) Popular entre una clientela patria, este bar tiene una oferta variada, tanto dentro como fuera. Hay comida, billares y una banda sonora que difícilmente se escuchará en ningún otro rincón de la ciudad.

Amorosa BAR

(plano p. 60; www.arunresidence.com; Arun Residence, azotea, 36-38 Soi Pratu Nok Yung; ⏲6-23.00; autobús nº 123, 508, *ferry* Tha Tien) Puede que sea el único bar de la zona, pero esto no acarrea ningún tipo de concesión: su situación en un ático ofrece apabullantes vistas del Wat Arun y es uno de los mejores lugares de la ciudad para tomar algo junto al río al atardecer.

Rolling Bar BAR
(plano p. 60; Th Prachathipatai; ⌚18.00-24.00; taxi *klorng* Tha Phan Fah) En la frenética Th Khao San este es un bar tranquilo junto al canal. Los sabrosos tentempiés y la música en directo son más excusas para quedarse.

Taksura BAR
(plano p. 60; 156/1 Th Tanao; ⌚17.00-24.00; taxi *klorng* Tha Phan Fah) No hay rótulos que indiquen cómo ir hasta esta mansión centenaria aparentemente abandonada del corazón de la vieja Bangkok, pero la clientela moderna universitaria que lo frecuenta piensa que así está mejor.

Phranakorn Bar BAR
(plano p. 60; 58/2 Soi Damnoen Klang Tai; ⌚18.00-24.00; taxi *klorng* Tha Phan Fah) Era una casucha de varios pisos hasta que unos estudiantes y artistas lo transformaron en un garito cálido y divertido para tomar copas y montar exposiciones.

Los bares o son guetos de extranjeros o de tailandeses, aunque el viajero siempre puede invertir esta tendencia. A continuación se mencionan algunas opciones populares:

Center Khao San BAR
(plano p. 60; Th Khao San; ⌚24 h; *ferry* Tha Phra Athit) Es uno de los muchos miradores para asistir en primera fila al trajín *de* Th Khao San. En el bar de arriba actúan grupos musicales de madrugada.

Mulligans BAR
(plano p. 60; Buddy Lodge, 265 Th Khao San, 1er piso; ⌚15.00-4.00; *ferry* Tha Phra Athit; ❄) Bar temático irlandés-colonial para cuando se necesite aire acondicionado.

Molly Bar BAR
(plano p. 60; Th Rambutri; ⌚20.00-1.00; *ferry* Tha Phra Athit) Los fines de semana ofrece música en directo y se pone hasta los topes; los demás días está más tranquilo. Tiene mesas fuera.

Roof Bar BAR
(plano p. 60; Th Khao San; ⌚17.00-24.00; *ferry* Tha Phra Athit) Aunque la banda sonora no siempre suene bien, las vistas de Th Khao San desde este elevado *pub* son excelentes.

SILOM Y SATHON

Barbican Bar BAR
(plano p. 74; 9/4-5 Soi Thaniya, Th Silom; ⌚16.00-1.00; BTS Sala Daeng, MRT Si Lom; ❄) Rodeado de salones de masaje con adolescentes vestidas de reina del instituto que tientan a los ejecutivos japoneses, en realidad se trata de un bar de *yuppies* conservador donde los oficinistas acuden para disfrutar de la *happy-hour* y se quedan hasta que cierran.

Coyote on Convent BAR
(plano p. 74; 1/2 Th Convent, Th Silom; ⌚11.00-24.00; BTS Sala Daeng, MRT Si Lom; ❄) Hay que

TODA LA NOCHE DE FIESTA

Salir por Bangkok ya no es lo que era desde que casi todos los *pubs* y discotecas cierran a la 1.00. Sin embargo, algunos locales se las han arreglado para abrir hasta las tantas.

En una travesía de Soi Ngam Duphli, el **Wong's Place** (plano p. 82; 27/3 Soi Si Bamphen, Th Phra Ram IV; ⌚20.00-hasta tarde; MRT Lumphini; ❄), un veterano bar de mochileros, es tan trasnochador que no vale la pena llegar antes de la medianoche.

Con una temática vagamente de Oriente Medio, el **Gazebo** (plano p. 60; 44 Th Chakraphong, 3er piso; *ferry* Tha Phra Athit) es como la cara pija de la zona de Th Khao San. Su sublime puesta en escena parece que le dé cierta permisividad frente a los estrictos horarios de cierre.

En Th Sukhumvit, el **Club Insomnia** (plano p. 84; Soi 12, Th Sukhumvit; entrada 200 THB; ⌚20.00-hasta tarde; BTS Asok, MRT Sukhumvit) y el **Scratch Dog** (plano p. 84; ☎0 2262 1234; Windsor Suites Hotel, 8-10 Soi 20, Th Sukhumvit; ⌚20.00-hasta tarde; BTS Asok, MRT Sukhumvit) recurren a éxitos del *hip-hop* y R&B para que los noctámbulos aguanten.

Para algo más vanguardista, habrá que tomar un taxi al **Shock 39,** el **Spicy,** el **Spice Club,** el **Boss** o el **Bossy.** Estos locales nocturnos de nombre creativo están todos en el centro de la ciudad y no cierran hasta bastante después del alba. Aunque podrían incluirse en las reseñas y situarse en los mapas, según la experiencia de este autor se trata de locales que viven en una realidad nocturna paralela que solo los taxistas de la ciudad conocen.

olvidarse de la prohibitiva cocina *tex-mex* y centrarse en alguno de los 75 tipos de *margaritas*. Los miércoles de 18.00 a 20.00 y los sábados de 22.00 a 24.00 se obsequia con uno de ellos a cualquier mujer que atraviese la puerta.

Molly Malone's BAR IRLANDÉS
(plano p. 74; 1/5-6 Th Convent, Th Silom; ⌚11.00-1.00; BTS Sala Daeng, MRT Si Lom; ❄) Aunque se hayan pasado un poco con las reformas, este veterano bar irlandés todavía congrega a una parroquia divertida y tiene unos camareros simpáticos y eficientes.

PLAZA SIAM Y PRATUNAM

Co-Co Walk BAR, MÚSICA EN DIRECTO
(plano p. 78; 87/70 Th Phayathai; ⌚18.00-1.00; BTS Ratchathewi) Este recinto cubierto es un festival de *pubs*, bares y música en directo, muy frecuentado por los universitarios del país. **The Tube** tiene sus raíces en Londres y se dedica sobre todo al pop británico, el **Chilling House Café** ofrece éxitos tailandeses con guitarras acústicas en vivo y unas cuantas mesas de billar, y el **69** apuesta por grupos que tocan clásicos del *rock* occidental y éxitos del momento.

Hyde & Seek BAR
(plano p. 78; Athenee Residence, 65/1 Soi Ruam Rudi, planta baja; ⌚11.00-1.00; BTS Phloen Chit; ❄) La comida inglesa sabrosa y reconfortante le permite autodenominarse "gastro bar", aunque seguramente los verdaderos motivos para acudir a este local son tener la barra mejor surtida de Bangkok y unos excelentes cócteles.

To-Sit RESTAURANTE-BAR
(plano p. 78; Soi 3, plaza Siam, Th Phra Ram 1; ⌚18.00-24.00; BTS Siam; ❄) Este local perso-

BANGKOK PARA GAYS Y LESBIANAS

Bangkok es tan gay que a su lado San Francisco parece un villorrio de Texas. Con locales nocturnos abiertos y sin complejos, y celebraciones anuales de orgullo gay, la comunidad homosexual local disfruta de una tolerancia sin parangón en el resto de esta esquina del mundo. No obstante, en los últimos años se ha experimentado un fuerte incremento del sida y otras enfermedades de transmisión sexual, lo que alerta sobre el uso del condón.

Utopia (www.utopia-asia.com) informa del ambiente de todo el sureste asiático, con locales, noticias, opiniones y servicio de viajes. **Dreaded Ned** (www.dreadedned.com) y **Fridae** (www.fridae.com) también cuenta con una agenda actualizada. La **Lesbian Guide to Bangkok** (www.bangkoklesbian.com) es la única guía en inglés de la movida lésbica de Bangkok.

A mediados de noviembre, el pequeño pero divertido **Pride Festival** (www.bangkokpride.org) pone la ciudad patas arriba durante una semana con cenas, cruceros, fiestas y concursos. El **Bed Supperclub** (véase p. 126) celebra unos "domingos confidenciales", muy concurridos, y otros locales sofisticados organizan frecuentes "circuitos de marcha" que duran todo el fin de semana; **G Circuit** (www.gcircuit.com) tiene toda la información.

En Soi 2 de Th Silom hay discotecas como **DJ Station** (plano p. 74; 8/6-8 Soi 2, Th Silom; ⌚20.00-hasta tarde; BTS Sala Daeng, MRT Si Lom), donde el personal es una mezcla de *guppies* (gays profesionales) tailandeses, trabajadores sexuales y algunos occidentales. A solo media *soi* está el **G.O.D.** (Guys on Display; plano p. 74; Soi 2/1, Th Silom; entrada 280 THB; ⌚20.00-hasta tarde; BTS Sala Daeng, MRT Si Lom), donde se tolera a los descamisados. Cerca, en Soi 4, se encontrarán los bares de toda la vida, aptos para la conversación, como el **Balcony** (plano p. 74; www.balconypub.com; 86-88 Soi 4, Th Silom; ⌚17.30-1.00; BTS Sala Daeng, MRT Si Lom) y el **Telephone** (plano p. 74; 114/11-13 Soi 4, Th Silom; ⌚17.00-1.00; BTS Sala Daeng, MRT Si Lom).

Más hacia las afueras la escena es más local, pero si se sabe un poco de thai, está muy bien. Varios bares en Th Kamphaeng Phet, como el **Fake Club** (plano p. 110; Th Kamphaeng Phet, Chatuchak; ⌚21.00-2.00; BTS Mo Chit, MRT Kamphaeng Phet) y **el Ninyo** (plano p. 110; Th Kamphaeng Phet, Chatuchak; ⌚21.00-2.00; BTS Mo Chit, MRT Kamphaeng Phet), se llenan los fines de semana de fumadores y bebedores.

El **Zeta** (29/67 Royal City Ave/RCA, cerca de Phra Ram IX; entrada 100 THB; ⌚20.00-2.00; MRT Phra Ram 9 y taxi) es un local desenfadado para chicas, donde todas las noches un grupo interpreta temas tailandeses y occidentales.

nifica todo lo que un universitario tailandés desea en sus salidas nocturnas: música tailandesa ñoña y comida barata y picante.

SUKHUMVIT

WTF GALERÍA DE ARTE, BAR

(plano p. 84; www.wtfbangkok.com; 7 Soi 51, Th Sukhumvit; ⏲18.00-1.00 ma-do; BTS Thong Lo; ❄) El Wonderful Thai Friendship combina muy bien un bar acogedor y una galería de arte. Los mejores cócteles de la ciudad y unas deliciosas tapas al estilo español es todo lo que se necesita para no cambiar de local en toda la noche.

Bangkok Bar BAR

(plano p. 84; Soi Ekamai 2, Soi 63/Ekamai, Th Sukhumvit; ⏲20.00-1.00; BTS Ekkamai; ❄) En este divertido bar de nombre poco creativo se puede bailar entre los jóvenes *indies* del lugar. Hay música en directo y la comida es lo bastante sustanciosa para acudir a cenar. Después de dos Mad Dogs, la famosa bebida de la casa, pocos pueden andar en línea recta.

Cheap Charlie's BAR

(plano p. 84; Soi 11, Th Sukhumvit; ⏲lu-sa; BTS Nana) En esta entrañable cervecería al aire libre siempre falta sitio para sentarse y el concepto del diseño se podría clasificar como "depósito de chatarra", pero es un lugar ideal para encontrarse con todo el mundo, desde turistas de viaje organizado a profesores de idiomas extranjeros.

Iron Fairies 'PUB', BAR DE VINOS

(plano p. 84; www.theironfairies.com; Soi 55/Thong Lor, Th Sukhumvit; ⏲17.00-24.00 lu-sa; BTS Thong Lo; ❄) Imagínese, a ser posible, una fábrica abandonada en el París de 1912 y se tendrá una idea de la decoración que impera en este concurrido bar de vinos y *pub*. Si se consigue uno de los pocos asientos, se podrá degustar una de las "mejores hamburguesas" de Bangkok, según los camareros. Música en directo a partir de las 21.30.

Tuba BAR

(fuera de plano p. 84; 34 Room 11-12 A, Soi Ekamai 21, Soi Ekamai/63, Th Sukhumvit; BTS Ekkamai; ❄) Mitad almacén de muebles de época de calidad mitad simpático bar de barrio, a este curioso bar le sobra personalidad. Por una vez el viajero podrá permitirse una botella entera acompañada de deliciosas alitas de pollo.

Bull's Head 'PUB'

(plano p. 84; ☎0 2259 4444; 595/10-11 Soi 33/1, Th Sukhumvit; ⏲17.00-1.00; BTS Phrom Phong; ❄) Es el más "genuino" de todos los *pubs* ingleses de Bangkok. Con una dirección y unos camareros simpáticos, y una programación apretadísima de eventos y actividades, también es un lugar fabuloso para conocer.... británicos.

HOBS 'PUB'

(House of Beers; plano p. 84; 522/3 Soi Thong Lo 16, Soi 55/Thong Lor, Th Sukhumvit; ⏲11.00-24.00; BTS Thong Lo; ❄) Las cervezas belgas, probablemente las mejores del mundo, hace tiempo que se venden en Bangkok, pero ahora han encontrado una sede permanente en este nuevo *pub*. No hay que olvidarse de acompañarlas con un plato de crujientes *frites*, que aquí se sirven con mayonesa.

☆ Ocio

Si ya es una pena que alguien se aburra en Bangkok, todavía lo es más que haya quien piense que las únicas opciones de ocio se reducen a la palabra *go-gó*. Hoy en día la vida nocturna de la capital tailandesa es tan diversa como la de cualquier ciudad moderna. Incluso para aquellos que habitualmente se acuestan a las 21.00, Bangkok aún ofrece interesantes propuestas, desde cines relucientes a espectáculos culturales tradicionales.

Música en directo

La música no puede disociarse de la noche tailandesa, y prácticamente todos los bares donde sirven cacahuetes con la copa cuentan con una banda de la casa de calidad variable. En casi todos los casos interpretan alegres versiones tailandesas de pop o sobados temas internacionales de toda la vida (si alguien se marcha de la ciudad sin haber escuchado una versión en directo de *Hotel California* es que no ha estado en Bangkok), aunque cada vez hay más establecimientos que se desvían de la norma y apuestan por grupos y actuaciones más pintorescos e inspirados.

Brick Bar BAR, MÚSICA EN DIRECTO

(plano p. 60; Buddy Lodge, sótano, 265 Th Khao San; ⏲20.00-1.00; *ferry* Tha Phra Athit; ❄) Este *pub* tipo cueva presenta un cartel cambiante de conciertos todas las noches para una clientela casi enteramente tailandesa. Conviene llegar antes de medianoche, instalarse en una mesa a unos pasos de la sección de viento y dejarse llevar por la música de Teddy Ska,

BRINDAR CON LAS ESTRELLAS

Bangkok es una de las pocas metrópolis del mundo donde a nadie parece sorprenderle que se instale un bar o restaurante en la última planta de un rascacielos. Se recomienda reservar en los más formales y en ninguno permiten entrar con pantalón corto o sandalias.

» **Moon Bar at Vertigo** (plano p. 82; Banyan Tree Hotel, 21/100 Th Sathon Tai; 17.30-1.00; MRT Lumphini) Precariamente encaramado sobre las 61 plantas de un rascacielos, ofrece un panorama urbano a vista de pájaro. Al atardecer se llena bastante, cuando conviene llegar pronto para conseguir un buen sitio.

» **Sirocco Sky Bar** (plano p. 72; The Dome, 1055 Th Silom; 18.00-1.00; BTS Saphan Taksin) Unas señoriales escaleras conducen al vertiginoso bar de este restaurante de azotea con vistas al Mae Nam Chao Phraya.

» **Nest** (plano p. 84; 0 2255 0638; www.nestbangkok.com; Le Fenix Hotel, 8º piso, 33/33 Soi 11, Th Sukhumvit; 17.00-2.00; BTS Nana) En lo alto de Le Fenix Hotel se sitúa este conjunto chic de sofás ingeniosamente escondidos y agradables divanes. Ofrece una de las cartas de comida de *pub* mejores de la ciudad y un DJ pone la música de fondo.

» **Long Table** (plano p. 84; 0 2302 2557; 48 Column Building, 25º piso, Soi 16, Th Sukhumvit; 17.00-2.00; BTS Asok, MRT Sukhumvit;) Aunque no está situado exactamente en una azotea, la zona al aire libre de este selecto restaurante-bar tailandés, con mesas largas, brinda magníficas vistas aéreas de uno de los barrios del centro más animados de Bangkok.

» **RedSky** (plano p. 78; 0 2100 1234; Centara Grand, 55º piso, Central World Plaza; 17.00-1.00; BTS Siam y Chit Lom) La más reciente apuesta gastronómica de altura es también, quizás, la más formal, incluida una completa carta de *martinis*.

» **Roof** (plano p. 78; Siam@Siam, 25º piso, 865 Th Phra Ram I; 17.30-24.30; BTS National Stadium) Además de las vistas del centro de Bangkok, cuenta con un *sommelier* especializado en *martinis* y una larga carta de vinos y champanes.

una banda con uno de los directos más potentes de la ciudad.

Living Room 'LOUNGE' DE HOTEL, 'JAZZ'
(plano p. 84; 0 2649 8888; Level I, Sheraton Grande Sukhumvit, 250 Th Sukhumvit; 18.30-24.00; BTS Asok, MRT Sukhumvit;) Cada noche, este insípido *lounge* de hotel se transforma en el mejor escenario de *jazz* de la ciudad (se recomienda consultar la programación).

Diplomat Bar 'LOUNGE' DE HOTEL
(plano p. 78; Conrad Hotel, 87, planta baja Th Witthayu/Wireless Rd; 18.00-24.00; BTS Phloen Chit;) Es uno de los pocos bares-salón de hotel que los autóctonos consideran digno de visitar. Tiene una extensa carta de *martinis* innovadores y *jazz* en directo de 18.30 a 24.00, a un volumen que permite la conversación.

Parking Toys MÚSICA EN DIRECTO
(0 2907 2228; 17/22 Soi Mayalap, Kaset-Navamin Hwy; 18.00-1.00; BTS Mo Chit y taxi;) Este establecimiento es, en esencia, una cabaña laberíntica repleta de muebles de época con una cartelera cambiante de bandas divertidas que tocan de todo, desde formaciones acústicas/clásicas a conciertos de *electro-funk*. Para llegar hay que tomar un taxi al norte desde la estación Mo Chit del BTS y decir que se va a Th Kaset-Navamin. Al pasar el segundo semáforo de esta calle, hay que buscar, a la izquierda, el pequeño rótulo de Heineken.

Saxophone Pub & Restaurant MÚSICA EN DIRECTO
(plano 60; www.saxophonepub.com; 3/8 Th Phayathai; 18.00-2.00; BTS Victory Monument;) Este clásico de la noche capitalina es el gran escenario para la música en directo. Es demasiado escandaloso para una primera cita, pero la calidad y la variedad de la programación lo convierten en un destino fabuloso para los noctámbulos melómanos.

Ad Here the 13th BAR, MÚSICA EN DIRECTO
(plano p. 60; 13 Th Samsen; 18.00-24.00; *ferry* Tha Phra Athit;) Está junto al Khlong Banglamphu y es todo lo que un garito de barrio debería ser: mucho parroquiano, cerveza fría y canciones reconfortantes interpretadas por el magistral grupo residente a partir de las 22.00. Aquí todo el mundo se

conoce, por lo que se recomienda dejar la timidez en el hotel.

Tawandang German Brewery BAR, RESTAURANTE
(Th Phra Ram III esq. Th Narathiwat Ratchanakharin; BTS Chong Nonsi y taxi; ❄) En este salón de baile, grande como un hangar y situado al sur de la ciudad, todo el año es Oktoberfest. La comida tailandesa-alemana está de rechupete, las cervezas de la casa son más que potables y los conciertos de cada noche invitan a sumarse al coro (inevitable). La música empieza a las 20.30.

Brown Sugar 'PUB', MÚSICA EN DIRECTO
(plano p. 82; 231/20 Th Sarasin; ⏲18.00-24.00; BTS Ratchadamri; ❄) Para plantarse en una esquina acogedora de laberíntico *pub* y moverse al ritmo de Zao-za-dung, la banda residente de nueve músicos. Las mesas están tan pegadas que es inevitable hacer amistades.

Titanium MÚSICA EN DIRECTO
(plano p. 84; 2/30 Soi 22, Th Sukhumvit; ⏲20.00-1.00; BTS Phrom Phong; ❄) Algunos acuden a este *"ice bar"* algo cutre por el frío y el aromático vodka, pero a este autor lo que más le gustó fue la banda de *rock* femenina del local, Unicorn.

Raintree 'PUB', MÚSICA EN DIRECTO
(plano p. 60; 116/63-64 Soi Th Rang Nam; ⏲18.00-1.00; BTS Victory Monument; ❄) Este *pub* con encanto es uno de los últimos de la ciudad donde suena el estilo "sonidos para vivir", una música tradicional tailandesa cuyos orígenes se remontan a la insurgencia comunista de los años sesenta y setenta.

Bamboo Bar 'LOUNGE' DE HOTEL, 'JAZZ'
(plano p. 72; ☎0 2236 0400; Oriental Hotel, 48 Soi 40/Oriental, Th Charoen Krung; ⏲11.00-1.00; *ferry* Tha Oriental; ❄) Este bar del Oriental es célebre por su sala de *jazz* en vivo, en una cabaña de la época colonial con ventiladores remolones y decoración de palmeras y *rattan* dentro del patio.

Fat Gut'z MÚSICA EN DIRECTO
(plano p. 84; www.fatgutz.com; 264 Soi 12, Soi 55/Thong Lor, Th Sukhumvit; ⏲18.00-2.00; BTS Thong Lo; ❄) Este *saloon* minúsculo combina música en directo y *fish and chips*. A pesar del ocasional tufillo a frito, o tal vez gracias a él, esta extraña combinación funciona. Hay *blues* a diario de 21.00 a 24.00.

Rock Pub 'PUB', MÚSICA EN DIRECTO
(plano p. 78; www.therockpub-bangkok.com; 93/26-28 Th Phayathai; ⏲21.30-2.00; BTS Ratchathewi; ❄) Los que piensen que la época del *heavy metal* ya pasó, retrocederán en el tiempo al entrar en este *pub* tipo cueva, decorado con carteles de Iron Maiden y donde los vaqueros negros y las melenas son el uniforme extraoficial.

Discotecas

La vida de muchas discotecas de Bangkok suele ser efímera. Para ponerse al día, hay que consultar **Dude Sweet** (www.dudesweet.org), promotores de fiestas mensuales enormemente populares, y **Bangkok Recorder** (www.bangkokrecorder.com), para noches temáticas rotativas y sesiones de DJ invitados de relumbrón.

Otras fuentes de información son la revista de ocio **BK** (http://bk.asia-city.com/nightlife) y, si gusta el ambiente de Th Sukhumvit, www.thonglor-ekamai.com, que ofrece un buen resumen de las pistas de baile de la zona.

Los precios de las entradas van de 100 a 600 THB, normalmente con consumición. El ambiente empieza hacia las 23.00 y siempre hay que llevar el pasaporte. Casi todos los clubes cierran a las 2.00. Para locales más trasnochadores, véase p. 121.

RCA DISCOTECA
(Royal City Avenue; cerca de Th Phra Ram IX; MRT Phra Ram 9 y taxi) En realidad es la "avenida de las discotecas". Antiguo bastión de la escena adolescente, este bulevar estilo Las Vegas

CABARÉ 'GÀTEUI'

Ver a hombres vestidos de mujeres interpretando canciones horteras se ha convertido en el último grito de los circuitos turísticos por Bangkok. Tanto el **Calypso Cabaret** (plano p. 78; ☎0 2653 3960; www.calypsocabaret.com; Asia Hotel, 296 Th Phayathai; entradas 1200 THB; ⏲funciones 20.15 y 21.45; BTS Ratchathewi) como el **Mambo Cabaret** (☎0 2294 7381; www.mambocabaret.com; 59/28 Yannawa Tat Mai; entradas 800-1000 THB; ⏲funciones 19.15, 20.30 y 22.00; BTS Chong Nonsi y taxi) ofrecen grandes momentos de musicales de Broadway y canciones pop en *playback* interpretadas por tipos de lo más dotados. El Mambo está cerca de Phra Ram III, en el extremo sur de Bangkok.

ya ha superado la etapa universitaria y hoy recibe un público de todas la edades. Algunos locales recomendables son el **808 Club** (www.808bangkok.com; entrada desde 300 THB), el **Flix/Slim**, el **Route 66** (www.route66club.com; gratis) y el **Cosmic Café** (gratis).

Tapas Room DISCOTECA
(plano p. 74; www.tapasroom.net; 114/17-18 Soi 4, Th Silom; entrada 100 THB; BTS Sala Daeng, MRT Si Lom) Local hispano-marroquí de varios pisos sin comida. De miércoles a sábado la combinación de DJ y de percusión en directo es de infarto.

Ekamai Soi 5 DISCOTECA
(plano p. 84; Soi Ekamai 5 esq. Soi 63/Ekamai, Th Sukhumvit; BTS Ekkamai y en taxi) Esta zona de ocio al aire libre es el destino predilecto de la juventud guapa de Bangkok, al menos de momento. El **Demo** (gratis), con sus ritmos explosivos y ambiente de almacén neoyorquino, es la personificación del Alpha Club, mientras que el **Funky Villa** (gratis), con su terraza y música 40 Principales, ofrece un ambiente más *chill-out*. Tiene otra entrada por Soi Thong Lor 10.

Glow DISCOTECA
(plano p. 84; www.glowbkk.com; 96/4-5 Soi 23, Th Sukhumvit; entrada desde 200 THB; BTS Asok, MRT Sukhumvit) Este local pequeño pero con una gran reputación presenta una carta con innumerables vodkas y un sistema de sonido recién modernizado; se pincha desde *hip-hop* hasta electrónica con cualquier otro género de por medio.

Nung-Len DISCOTECA
(plano p. 84; www.nunglen.net; 217 Soi 63/Ekamai; gratis; BTS Ekkamai y taxi) Joven, chillón y tailandés, el "Siéntate y relájate" es una lata se sardinas con música en directo y repleto de universitarios en la popular Th Ekamai. Para no quedarse en la calle, conviene llegar antes de las 22.00.

Bed Supperclub DISCOTECA
(plano p. 84; www.bedsupperclub.com; 26 Soi 11, Th Sukhumvit; entrada desde 600 THB; BTS Nana) Este tubo iluminado ya lleva tiempo siendo una de las discotecas predilectas de Bangkok. Se puede ir pronto para cenar (p. 84) o, si solo se quiere bailar, se aconsejan las populares noches de *hip hop* de los martes.

Q Bar DISCOTECA
(plano p. 84; www.qbarbangkok.com; 34 Soi 11, Th Sukhumvit; entrada desde 700 THB; BTS Nana) La discoteca que en 1999 introdujo a Bangkok en el ambiente *lounge* aún colea. Este espacio industrial a media luz recibe un público variado de conocidos, anónimos y prostitutas. El calendario semanal está lleno de noches temáticas.

Club Culture DISCOTECA
(plano p. 60; www.club-culture-bkk.com; entrada desde 200 THB; cerca de Th Ratchadamnoen Klang; taxi *klorng* Tha Phan Fah) En un edificio

ESTRATEGIA CINEMATOGRÁFICA

Ir al cine es todo un acontecimiento en Bangkok. Cada centro comercial posee su propia gran sala y, quizás a diferencia del resto del mundo, una Gold Class del EGV da acceso a un cine con menos de 50 butacas, en el cual se ofrecen mantas, almohadas, calentadores para las piernas y, por supuesto, servicio de comida y bebida. También está el asiento Emperor Class del Major Cineplex, que por el precio de un sobado asiento en una sala occidental ofrece un sofá-nidito de amor especialmente concebido para parejas. Aquellos que consideren excesivamente plebeyas las 16 salas y 5000 butacas del Paragon Cineplex, siempre pueden optar por el Enigma, exclusivamente para socios.

Para algo más íntimo, se recomiendan los cines clásicos independientes de plaza Siam, como el **Scala** (plano p. 78; ☎0 2251 2861; plaza Siam, Soi 1, Th Phra Ram I; BTS Siam) o el **Lido** (plano p. 78; ☎0 2252 6498; plaza Siam, Th Phra Ram I; BTS Siam), un poco más de arte y ensayo, al igual que el **House** (plano p. 84; ☎0 2641 5177; www.houserama.com; UMG Bldg, Royal City Ave, cerca de Th Petchaburi; MRT Phra Ram 9 y taxi), en la RCA, o los **centros culturales extranjeros** (más información en p. 137).

Casi todas las películas en Tailandia se ofrecen también con subtítulos en inglés; **Movie Seer** (www.movieseer.com) facilita información y horarios. Todas las proyecciones están precedidas por el himno real tailandés, durante el cual todo el mundo permanece respetuosamente en pie. Es importante tener en cuenta que la potencia del aire acondicionado obliga a llevar un jersey, si no se tiene una Gold Class, por supuesto.

de cuatro plantas de aspecto abandonado, es la más estrafalaria de las discotecas de Bangkok. Los eventos se programan sobre la marcha; consúltese la página web.

Artes escénicas tradicionales

Como centro cultural de Tailandia, Bangkok ofrece todo un despliegue de espectáculos de teatro y danza. Para contextualizar estas ancestrales tradiciones, véase pp. 729 y 731.

Teatro Real Chalermkrung ESPECTÁCULO TRADICIONAL

(Sala Chalerm Krung; plano p. 68; ☎0 2222 0434; www.salachalermkrung.com; Th Charoen Krung esq. Th Triphet; entradas 800-1200 THB; ⊙espectáculo 19.30; *ferry* Tha Saphan Phut) En un edificio tailandés *art déco* en la frontera de los barrios de Chinatown y Phahurat, este teatro proporciona un sorprendente escenario para *kŏhn* (danza-teatro con máscaras basado en historias del *Ramakian,* la versión tailandesa del *Ramayana*). Cuando se inauguró en 1933, subvencionado por la realeza, era el teatro más grande y moderno de Asia. Hoy, las actuaciones de *kŏhn* son los jueves y viernes, y duran unas dos horas, sin contar el intermedio. La etiqueta no admite pantalones cortos, camisetas sin mangas ni sandalias.

Teatro Aksra ESPECTÁCULO DE MARIONETAS

(plano 60; ☎0 2677 8888, ext 5730; www.aksratheatre.com; King Power Complex, 3er piso, 8/1 Th Rang Nam; entradas 400-600 THB; ⊙espectáculos 19.30-20.30 lu-mi, con cena 18.30-19.00 ju-do; BTS Victory Monument) Este teatro moderno acoge varios espectáculos, pero los mejores son los del *Ramakian,* con marionetas altas hasta la rodilla que requieren de tres personas para manipularlas. Los primeros días de la semana hay solo funciones, y los últimos, espectáculos con cena tailandesa tipo bufé.

Teatro Nacional ESPECTÁCULO TRADICIONAL

(plano p. 60; ☎0 2224 1352; 2 Th Rachini; entradas 60-100 THB; *ferry* Tha Chang) Tras una larga remodelación, el Teatro Nacional vuelve a levantar el telón. Ofrece representaciones de *kŏhn* el primer y segundo domingos de mes, de *lá·kon* (teatro-danza tailandés) el primer viernes de mes y música tailandesa el tercer viernes de mes.

'Muay thai' (boxeo tailandés)

Los mejores combates pueden verse en los dos estadios de Bangkok: el **estadio Lumphini** (Sanam Muay Lumphini; plano p. 82; ☎0 2251 4303; Th Phra Ram IV; entradas 3ª/2ª clase/junto al *ring* 1000/1500/2000 THB; MRT Lumphini) y el **estadio Ratchadamnoen** (Sanam Muay Ratchadamnoen; plano p. 60; ☎0 2281 4205; Th Ratchadamnoen Nok; entradas 3ª/2ª clase/junto al *ring* 1000/1500/2000 THB; autobús nº 70, 503, 509, taxi *klorng* Tha Phan Fah). Las entradas no son económicas para los extranjeros. Además, dichos precios no conllevan un servicio o asiento especial, y en el estadio Ratchadamnoen se coloca a los foráneos en lugares con poca visibilidad. Si el visitante se olvida de los ardides financieros de los promotores, estará en mejor disposición de disfrutar del espectáculo.

Los combates se alternan entre los dos estadios. En el Ratchadamnoen tienen lugar los lunes, miércoles, jueves y domingos a las 18.30; y en el Lumphini, los martes y viernes a las 18.30 y los viernes y sábados a las 17.00 y 20.30. Los aficionados afirman que los mejores son los de los martes en el Lumphini y los jueves en el Ratchadamnoen. Cada sesión consta en total de entre ocho y diez combates de cinco asaltos cada uno. Los estadios no suelen llenarse hasta las 20.00 o 21.00, cuando empiezan las principales peleas.

Fuera de los estadios hay gente que asalta al viajero en inglés. Aunque se sabe de algunos casos de timos, la mayoría de esta gente se limita a ayudar al extranjero a llegar a la taquilla adecuada y acceder sin problemas; a veces incluso aconsejan sobre los mejores combates (hay quien dice que son los de los pesos medios, entre 61,2 y 66,7 kg). Pese a todo, conviene recordar que la entrada hay que comprarla en la taquilla y no en la calle.

Para no desfallecer, antes de entrar se puede ingerir un plato de *gài yâhng* (pollo a la parrilla) u otras especialidades del noreste en los restaurantes de los alrededores del estadio Ratchadamnoen.

De compras

Bienvenidos al paraíso consumista. Con uno de los mercados al aire libre más grandes del mundo, infinidad de descomunales centros comerciales de lujo y aceras llenas de bazares por doquier, es imposible no sentirse impresionado por el trasiego comercial de esta ciudad. Sin embargo, pese a esa oferta aparentemente tan variada, Bangkok en realidad solo destaca en un sector: las baratijas. Aquí no se viene a comprar ni una Nikon SLR nueva ni un bolso Fendi (auténtico), sino cerámica, camisetas tiradas de precio, telas, cachivaches asiáticos y *software* y música piratas.

Lo difícil es orientarse entre la caótica maraña de calles y, a veces, hasta llegar a ellas. Un buen compañero de compras es el libro *Nancy Chandler's Map of Bangkok*, con todo tipo de anotaciones de las zonas comerciales, ya sean grandes, pequeñas o *đà·làht* (mercados).

Antigüedades

Las antigüedades tailandesas verdaderas escasean y resultan prohibitivas. La mayoría de los anticuarios de Bangkok reservan unas cuantas piezas auténticas para coleccionistas y ponen a la venta otras muchas que son semiantiguas o directamente falsas.

River City CENTRO COMERCIAL
(plano p. 72; www.rivercity.co.th; Th Yotha, cerca de Th Charoen Krung; ⏲ 10.00-22.00; *ferry* Tha Si Phraya) Cerca del Royal Orchid Sheraton Hotel, este centro comercial de varias plantas tiene todo en cuanto a cultura asiática del viejo mundo. En las 3ª y 4ª plantas hay tiendas de arte y antigüedades de primera. La calidad es alta y los precios están en consonancia, como se advierte por los adinerados turistas que deambulan por el lugar. Muchas tiendas cierran los domingos.

House of Chao ANTIGÜEDADES
(plano p. 74; 9/1 Th Decho; ⏲ 9.30-19.00; BTS Chong Nonsi) Esta tienda de tres pisos en una casa antigua posee todo lo necesario para decorar una mansión colonial. Especialmente interesantes resultan las puertas, portales, verjas y celosías castigadas por la intemperie que hay en la parte de atrás.

Librerías

Hay sucursales de **Bookazine** (www.bookazine.co.th) y **B2S** (www.b2s.co.th) en casi todos los centros comerciales del centro, con una aceptable selección de libros y revistas en inglés. La zona de Banglamphu concentra casi todas las librerías independientes de la ciudad, y Th Khao San, casi en exclusiva, las librerías de viejo. No se hallarán gangas, pero sí una selección bastante buena.

Asia Books (plano p. 84; www.asiabook.com; Soi 15, 221 Th Sukhumvit; ⏲8.00-21.00; BTS Asok, MRT Sukhumvit) También tiene tienda en el centro comercial Emporium (p. 130) y el Siam Discovery Center (p. 129).

Book Lover (plano p. 60; Soi Rambuttri; ⏲12.00-22.30 ma-do; autobús nº 2, 15, 44, 511, *ferry* Tha Phra Athit) Librería de viejo bien surtida.

Dasa Book Café (plano p. 84; 710/4 Th Sukhumvit, entre Soi 26 y 28; ⏲10.00-20.00; BTS Phrom Phong) Libros de segunda mano en varias lenguas.

Kinokuniya (www.kinokuniya.com) Siam Paragon (plano p. 78; 3er piso, Th Phra Ram I; ⏲10.00-22.00; BTS Siam); Emporium (plano p. 84; 3er piso, Th Sukhumvit; ⏲10.00-22.00; BTS Phrom Phong) La mayor librería del país tiene dos tiendas, ambas bien provistas de libros, revistas y libros infantiles en lenguas extranjeras.

Orchid Books (plano p. 74; www.orchidbooks.com; Silom Complex, 4ª planta, 191 Th Silom; ⏲11.00-19.00 ma-do; BTS Sala Daeng, MRT Si Lom) Es la tienda-sala de exposición en Bangkok de la editorial homónima. Tiene libros de otras editoriales nacionales, sobre todo de temática asiática.

RimKhobFah Bookstore (plano p. 60; 78/1 Th Ratchadamnoen Klang; ⏲10.00-19.00; autobús nº 2, 15, 44, 511, taxi *klorng* al Tha Phan Fah) Librería con una breve colección de publicaciones académicas en inglés sobre arte y arquitectura tailandeses.

Saraban (plano p. 60; 106/1 Th Rambuttri; ⏲9.30-22.30; autobús nº 2, 15, 44, 511, *ferry* Tha Phra Athit) Extensa selección de periódicos internacionales y guías Lonely Planet.

Shaman Bookstore Susie Walking Street (plano p. 60; Susie Walking St, cerca de Th Khao San; ⏲9.00-23.00); Th Khao San (plano p. 60; Th Khao San; ⏲9.00-23.00) Tiene dos locales en Th Khao San y la mayor selección de esta zona en libros usados.

Grandes almacenes y centros comerciales

Puede que Bangkok esté superpoblada y contaminada, pero sus grandes superficies comerciales son auténticos oasis modernos en los que impera el orden. Eso sí, como son redomadamente gélidos, muchos ciudadanos los utilizan para escapar del calor los domingos por la tarde. Tampoco es casual que las estaciones del BTS cuenten con accesos directos a algunos complejos próximos. Casi todos los centros comerciales abren de 10.00 o 11.00 a 21.00 o 22.00.

En general, la oferta es muy variada y hay pocas gangas; la mayoría de los artículos de importación son más caros de lo habitual. Otra singularidad es que los dependientes siguen al posible comprador a todas partes;

ESTRATEGIA COMERCIAL

La extensa oferta comercial de Bangkok puede abrumar. Para sacarle el máximo partido a los *bahts*, he aquí un resumen:

Centros comerciales

» **Gaysorn Plaza** (p. 129) Artesanía y recuerdos de categoría.

» **Siam Center** (p. 129) Un tesoro de marcas de moda nacionales.

» **MBK Center** (p. 129) Teléfonos móviles baratos y otros artilugios electrónicos.

» **Pantip Plaza** (p. 130) Varias plantas de equipamiento informático.

» **Siam Paragon** (p. 129) Marcas de lujo, desde Lamborghini a Fendi.

» **Siam Discovery Center** (p. 129) Complementos originales para el hogar.

Mercados

» **Mercado de fin de semana de Chatuchak** (p. 132) Desde recuerdos hasta un chándal *retro;* hay de todo.

» **Mercado de Nonthaburi** (p. 135) El mercado de abastos más pintoresco de la zona; mejor ir temprano, antes de las 7.00.

» **Mercado de Pak Khlong** (p. 135) Hay que ir bastante tarde para disfrutar de la poesía visual del mercado de flores nocturno.

» **Mercado de Pratunam** (p. 136) Toneladas de ropa barata, casi todo por menos de lo que cuestan unos calcetines en Occidente.

» **Talat Rot Fai** (p. 135) A modo de rastro madrileño.

es lo que se entiende como "servicio" tailandés. También hay que estar seguro de lo que se compra, pues no se suelen admitir devoluciones.

MBK Center — CENTRO COMERCIAL

(Mahboonkhrong; plano p. 78; www.mbk-center.co.th/en; Th Phra Ram I esq. Th Phayathai; BTS National Stadium y Siam) Este colosal centro comercial se ha convertido en un destino turístico por derecho propio. Es una torre de Babel donde suena tanto sueco como thai, y cualquier fin de semana las interminables hileras de tenderetes y tiendas se ponen a rebosar. Es el lugar más económico para comprar teléfonos móviles y sus accesorios (4ª planta), así como imitaciones de marcas (en casi todas las demás plantas). También es uno de los mejores sitios para proveerse de equipos fotográficos (plantas baja y 5ª). La extensa zona de restauración (6ª planta) es una de las mejores de la ciudad.

Siam Center y Siam Discovery Center — CENTRO COMERCIAL

(plano p. 78; Th Phra Ram I esq. Th Phayathai; BTS National Stadium o Siam) Los pasillos silenciosos que intercomunican estos dos centros comerciales parecen casi monásticos en comparación con el frenético MBK, al otro lado de la calle. El Siam Discovery Center destaca en decoración interior y dedica toda la 3ª planta al minimalismo asiático y a las telas; a este autor le encantan los sencillos diseños de **Doi Tung**, de influencia tailandesa. El anexo Siam Center, el primer centro comercial abierto en Tailandia, en 1976, acaba de sufrir una remodelación que lo ha dotado de un aspecto más actual. La moda joven es una de sus nuevas propuestas; la 2ª planta reúne varias marcas nacionales, desde **anr** hasta **senada***.

Siam Paragon — CENTRO COMERCIAL

(plano p. 78; Th Phra Ram I; BTS Siam) El centro comercial más grande y despampanante de Bangkok parece más un parque urbano que un espacio dedicado a las compras. En casi todas las plantas hay tiendas de primeras marcas, y la mayoría de los compradores disfruta del estanque del atrio o de la zona de restauración del sótano. En la 3ª planta está Kinokuniya, la mayor librería inglesa del país.

Gaysorn Plaza — CENTRO COMERCIAL

(plano p. 78; Th Ploenchit esq. Th Ratchadamri; BTS Chit Lom) Sus escaleras en espiral y los níveos salones son una pasarela de alta costura y crean un marco casi de museo para exhibir

EL ARTE DEL REGATEO

Muchas de las compras que se hagan conllevarán una ancestral costumbre casi olvidada en Occidente: el regateo. Contrariamente a lo que se ve a diario en Th Khao San, el regateo (*đòr rahkah*, en thai) no consiste en un seco intercambio de cifras y animosidad. Más bien se trata de una transacción, normalmente amistosa, donde dos personas intentan acordar un precio justo para ambas partes.

La primera regla es tener una noción aproximada del precio, para lo cual hay que preguntar antes a varios vendedores. Cuando ya se esté a punto para comprar, se suele empezar ofreciendo el 50% del precio solicitado y a partir de allí ir subiendo. Si se compran varios artículos, hay más posibilidades de obtener mejores precios. Si el vendedor acepta inmediatamente la primera oferta, entonces es que se está pagando demasiado, pero llegados a este punto es de mala educación empezar de nuevo. En general, quien mantenga una actitud más amigable y flexible durante todo el proceso saldrá más beneficiado. Conviene recordar que solo se debe empezar a regatear si realmente se quiere comprar algo y, lo que es más importante, no tiene sentido enfadarse o disgustarse por unos *bahts*. Los lugareños, quienes sin lugar a dudas tienen menos dinero que el viajero, nunca lo harían.

las piezas de los modistos más distinguidos. La moda local más puntera ocupa la "Thai Fashion Chic" de la 2ª planta, mientras que la última planta está dedicada a la decoración del hogar, con destacadas tiendas como **D&O Shop**, **Thann** (jabones aromáticos) y **Lamont** (cerámica de influencias asiáticas).

Central World Plaza CENTRO COMERCIAL
(plano p. 78; Th Ratchadamri esq. Th Phra Ram I; BTS Chit Lom) El centro comercial más a la última de Bangkok resultó bastante afectado por los disturbios de abril del 2010, aunque casi todas las tiendas están abiertas de nuevo y los grandes almacenes **Zen** se estaban reconstruyendo durante la última visita. Hay una gran tienda de la cadena de librerías **B2S**, y las fragancias de **Karmakamet** dan para una hora de afinamiento olfativo.

Emporium GRANDES ALMACENES
(plano p. 84; 622 Th Sukhumvit, esq. Soi 24; BTS Phrom Phong; ⏲10.00-22.00) Es poco probable que el viajero acceda al ambiente nocturno de la gente guapa de Bangkok, pero podrá constatar su tren de vida en este templo dedicado a la moda clásica y actual. Si se busca algo desenfadado y nacional, se recomienda **Propaganda**, donde se hallarán los irreverentes monigotes Mr P, creación del diseñador tailandés Chaiyut Plypetch, que aparecen en lámparas y muchos otros productos.

Pantip Plaza CENTRO COMERCIAL
(plano p. 78; 604 Th Petchaburi; BTS Ratchathewi) Al norte de la plaza Siam, este edificio de cinco plantas dedicado a la informática reúne desde tiendas legales a dudosos puestos de mercadillo. Muchos lugareños acuden a comprar *software* "pirateado" y periféricos de ordenador, pero la gente y los cazaclientes (*"¿DVD sex?"*) lo convierten en una de las experiencias más agotadoras de la ciudad.

Central Chit Lom GRANDES ALMACENES
(plano p. 78; www.central.co.th; 1027 Th Ploenchit; BTS Chit Lom) Considerados los mejores almacenes en cuanto a calidad y selección, posee 13 centros más en Bangkok, siendo este el más emblemático.

Moda y tejidos

En los últimos años Bangkok se ha convertido en una especie de ciudad consciente de la moda y, cada vez más, generadora de diseño en ropa. Diseñadores locales como senada*, Fly Now y Tango han demostrado que la ciudad cuenta con una cantera de creadores preparada para competir en las pasarelas internacionales. Los adolescentes modernos capitalinos visten ropa más asequible, pero también distintiva del estilo "Bangkok", como puede comprobarse en los diferentes centros comerciales.

Siam Square CENTRO COMERCIAL AL AIRE LIBRE
(plano p. 78; entre Th Phra Ram I y Th Phayathai, BTS Siam) Este universo comercial a ras de suelo está formado por una red de 12 *sois* flanqueadas de *boutiques* modernas y atrevidas, muchas de las cuales son las primeras aventuras comerciales de jóvenes diseñadores. Es un lugar fabuloso para encontrar piezas únicas y el mejor para ver a la juventud local en su salsa.

It's Happened to be a Closet MODA FEMENINA
(plano p. 78; Siam Paragon, 1ª planta, Th Phra Ram I; BTS Siam) Líos gramaticales aparte, se trata de una tienda extraordinaria para proveerse de moda diseñada y confeccionada en el país, una especie de mezcla entre Th Khao San y el Siam Paragon. También están en el Emporium y el Siam Square.

Flynow MODA FEMENINA
(plano p. 78; www.flynowbangkok.com; Gaysorn Plaza, 2ª planta, Th Ploenchit esq. Th Ratchadamri; BTS Chit Lom) Firma veterana líder en moda hecha en Bangkok, cuyas creaciones de alta costura femenina ya destacan en varias pasarelas internacionales. Tiene sucursales en el Siam Center y el Central World Plaza.

Tango ARTÍCULOS DE PIEL
(plano p. 78; www.tango.co.th; Gaysorn Plaza, 2ª planta, Th Ploenchit esq. Th Ratchadamri; BTS Chit Lom) Esta marca local se especializa en artículos de piel originales que, en algunos casos, son tan imaginativos que las capas de alegres bordados y gruesas joyas que los cubren no dejan ver la materia prima. También están en el Siam Center.

Jim Thompson PIEL
(plano p. 74; www.jimpthompson.com; 9 Th Surawong; ⌚9.00-21.00; BTS Sala Daeng, MRT Si Lom) La principal tienda de la marca es la única superviviente de la empresa de Jim Thomson, gran promotor internacional de la seda tailandesa. Vende llamativos pañuelos de seda, manteles individuales, chales y cojines. Algo más arriba, en la misma calle, tiene un **'outlet'** (plano p. 78; 149/4-6 Th Surawong; ⌚9.00-18.00), que ofrece diseños descatalogados a precios muy rebajados.

Artesanía y decoración

En los mercadillos turísticos toneladas de piezas realizadas en serie invaden los pasillos. Los centros comerciales venden productos de mayor calidad pero a precios más altos, sin embargo son las tiendas independientes las que ofrecen los mejores artículos.

Dos veces al mes pueden verse los productos de más de sesenta artesanos del país en la **Thai Craft Fair** (plano p. 84; www.thaicraft.org; Jasmine City Building, 3ª planta, Soi 23, Th Sukhumvit; ⌚9.00-18.00; BTS Asok, MRT Sukhumvit).

Thai Home Industries ARTESANÍA
(plano p. 72; 35 Soi 40/Oriental, Th Charoen Krung; ⌚9.00-18.30 lu-sa; *ferry* Tha Oriental) Visitar este edificio tipo templo, unas antiguas dependencias monacales, es como descubrir un botín asiático en un desván abandonado. Pese al extraño surtido de artículos (desde

INMORTAL 7-ELEVEN

Hay que ser muy cauteloso si se queda en un 7-Eleven, pues, según la página web de la empresa, tiene 3912 centros solo en Tailandia (que seguramente aumentarán cuando salga esta guía), es decir, más de la mitad de todos los que hay en EE UU. En Bangkok, están por todas partes. Tanto es así que no es raro ver dos en una misma calle, uno enfrente de otro.

El primer *sewên* (como se conoce en *thai*) de Tailandia se abrió en Patpong en 1991. La marca enseguida cuajó y actualmente el país se cuenta entre los tres primeros de Asia por el número de sucursales, solo por detrás de Japón y Taiwán. Los centros o son de la compañía o franquicias, adquiridas y gestionadas por comerciantes locales.

Aunque la compañía se jacta de que sus tiendas ofrecen más de dos mil artículos, los sabores frescos de la cocina tailandesa no se encontrarán en los mostradores del típico 7-Eleven de Bangkok, cuya sección gastronómica es incluso más insulsa que la de sus socios occidentales. Como pasa en todas las tiendas del país, solo se puede comprar alcohol de 11.00 a 14.00 y de 17.00 a 23.00, y los 7-Eleven que están cerca de hospitales, templos y escuelas ni siquiera lo venden, al igual que pasa con el tabaco (aunque no ponen ninguna objeción a los insanos tentempiés).

Pero a este autor le encantan los 7-Eleven por su amplia oferta de refrescos, una bendición del cielo en la sofocante Bangkok. Además, aceptan muchos tipos de tarjetas de crédito, venden una gran variedad de tarjetas telefónicas, preservativos y "literatura" (aunque, extrañamente, tienen pocos periódicos) y, por raro que parezca, un artículo de lo más práctico: las baratísimas toallitas aromatizadas, ideales para asearse un poco y quitarse el sudor en plena ruta turística. A veces, solo por la potencia del aire acondicionado vale la pena entrar en uno de estos establecimientos.

elegante cubertería hecha a mano a maquetas de barcos de madera) y el desorden, es más divertido que la típica y anónima tienda de artesanía de Bangkok.

Nandakwang ARTESANÍA
(plano p. 84; 108/2-3 Soi 23, Th Sukhumvit; ⌚9.00-17.00 lu-sa y 10.00-17.00 do; BTS Asok, MRT Sukhumvit) Con sede en Chiang Mai, esta tienda comercializa una divertida y elegante amalgama de artículos de tela, madera y cristal. Los alegres bolsos y cojines bordados a mano son especialmente bonitos. Hay otra tienda en la 4ª planta del Siam Discovery Center.

Sop Moei Arts ARTESANÍA
(plano p. 84; www.sopmoeiarts.com; Soi 49/9, Th Sukhumvit; ⌚9.30-17.00 do-vi; BTS Phrom Phong y taxi) En la sala de exposición y venta de esta organización sin ánimo de lucro pueden admirarse los llamativos tejidos realizados por los artesanos karen de Mae Hong Son (norte de Tailandia). Está casi al final de Soi 49/9, en el gran complejo Racquet Club.

Taekee Taekon ARTESANÍA
(plano p. 60; 118 Th Phra Athit; ⌚9.00-18.00 lu-sa; autobús nº 32, 33, 64, 82, *ferry* Tha Phra Athit) En representación de las principales regiones sederas de Tailandia, esta entrañable tienda presenta un bonito abanico de manteles individuales y colgantes de pared, además de pequeñas piezas de cerámica verdeceladón y una asombrosa colección de postales.

Narai Phand ARTESANÍA
(plano p. 78; www.naraiphand.com; President Tower planta baja, 973 Th Ploenchit; ⌚10.00-20.00; BTS Phloen Chit) En estas instalaciones climatizadas de gestión estatal se vende artesanía tipo *souvenir*. No se encontrará nada que no se haya visto antes en los mercados callejeros para turistas, pero comprar aquí es más práctico si no se tiene mucho tiempo ni ganas de regatear.

Mercados

Aunque los centros comerciales tienen mejores departamentos de relaciones públicas, los mercados al aire libre son más auténticos y ofrecen los mejores chollos.

GENERALISTAS

Mercado de fin de semana de Chatuchak MERCADO
(Talat Nat Jatujak; localización en plano p. 110, plano del mercado p. 133; ⌚9.00-18.00 sa y do; BTS Mo Chit, MRT Chatuchak Park y Kamphaeng Phet) Es uno de los mercados más grandes del mundo, donde parece congregarse todo lo comprable, desde zapatillas de deporte de estilo *retro* y usadas hasta crías de ardilla. Hay tanto que ver, hacer y comprar que es fácil pasar en él un día entero. Pero lo mejor es ir pronto (9.00-10.00), para evitar, en lo posible, el gentío y el calor.

Hay un centro de información y un banco con **cajeros automáticos** y **mostradores de cambio** en las **oficinas del parque Chatuchak**, casi al final del norte de las *sois* 1, 2 y 3 del mercado. Por todo el mercado hay mapas esquemáticos y aseos.

Entre semana por la mañana hay unos cuantos vendedores ambulantes y a diario un mercado de verduras, plantas y flores en su vertiente sur. Una sección de este último, llamada **mercado de Or Tor Kor** (plano p. 110; Th Kamphaeng Phet; ⌚8.00-18.00; MRT Kamphaeng Phet 1), vende exuberantes frutas y mariscos y cuenta con una zona bastante buena de puestos de comida.

En las entrañas de Chatuchack parece que no exista ningún tipo de orden ni salida posible, sin embargo el mercado está ordenado en secciones bastante coherentemente. La torre del reloj es la referencia.

Antigüedades, artesanía y recuerdos

En la sección 1 se encuentran estatuas de Buda, viejos LP y otras antigüedades variopintas, y en las secciones 25 y 26, arte y artesanía más profanos, como instrumentos musicales y artículos de las tribus de las montañas. **Baan Sin Thai** (plano p. 133; sección 24, puesto 130, Soi 1) vende una variedad de máscaras *kŏhn* y juguetes clásicos tailandeses, todo ello digno de convertirse en curiosos recuerdos, y **Kitcharoen Dountri** (plano p. 133; sección 8, puesto 464, Soi 15) se especializa en instrumentos musicales tailandeses, como flautas, silbatos y tambores, y CD de música autóctona clásica.

Otros regalos originales son las frutas y verduras de plástico a tamaño natural de **Marché** (plano p. 133; sección 17, puesto 254, Soi 1), o las versiones reducidas que venden en el cercano **Papachu** (plano p. 133; sección 17, puesto 23, Soi 1).

Ropa y accesorios

La ropa domina gran parte de Chatuchak, desde la sección 8 hasta la 24, y las secciones intermedias con número par. Las secciones 5 y 6 venden ropa usada para cualquier subcultura juvenil tailandesa, desde los *punks* a los *cowboys,* mientras que en Soi 7, donde se cruza con las secciones 12 y 14, predomi-

Mercado de Chatuchak

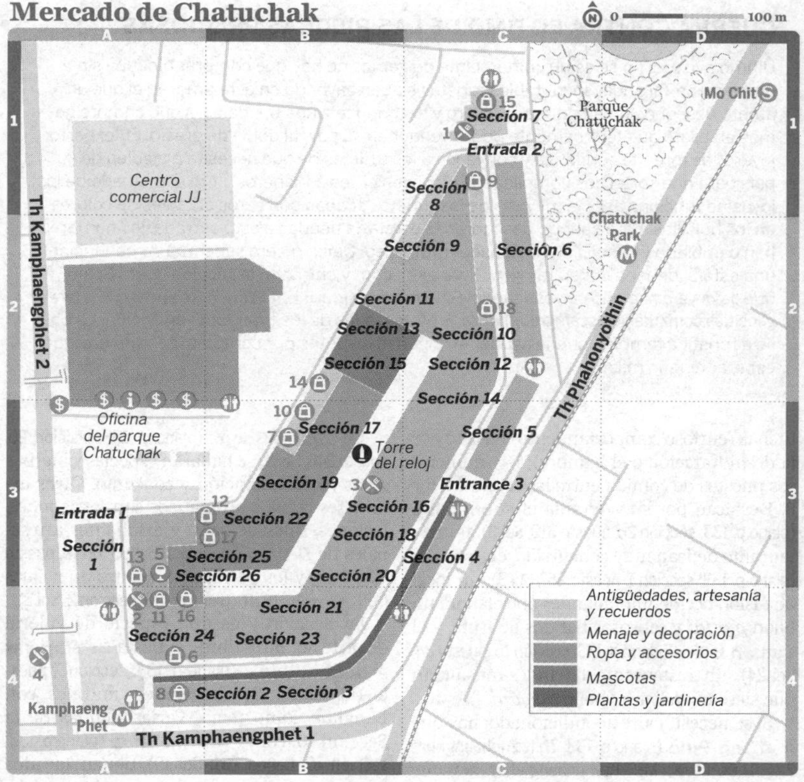

Mercado de Chatuchak

Dónde comer

1 Café Ice C1
2 Foon Talop A4
3 Saman Islam B3
4 Toh-Plue A4

Dónde beber

5 Viva's A3

De compras

6 Baan Sin Thai A4
7 D-narn B3
8 Karmakamet A4
9 Kitcharoen Dountri C1
10 Marché B3
11 Meng A4
12 N & D Tablewares B3
13 Orange Karen Silver A3
14 Papachu B2
15 Pariwat A-nantachina C1
16 Spice Boom A4
17 Tan-Ta-Nod B3
18 Tuptim Shop C2

na el *hip-hop* más *underground* y la moda *skate*. En las secciones 10 y 8 predominan las telas y ropa de tallas occidentales.

En cuanto a accesorios, diversos puestos de las secciones 24 y 26, como **Orange Karen Silver** (plano p. 133; sección 26, puesto 246, Soi 8) se especializan en joyas de plata maciza y piedras semipreciosas en bruto.

Comida y bebida

La oferta de comida típica y tentempiés es abundante para aplacar el síndrome de Cha-

GUERRA CONTRA EL TIMO DE LAS PIEDRAS PRECIOSAS

Último aviso: si no se es un comerciante de gemas no hay que comprar ninguna sin engastar en Tailandia. Incontables turistas siguen cayendo en este timo, en el que un atento desconocido engatusa al viajero y lo conduce a una tienda para que compre gemas en bruto que teóricamente podrá vender en su país al doble de precio. El "experto joyero" desprende confianza y convence a los turistas de que necesita a alguien de su país para que sortee los complicados inconvenientes aduaneros. Pero el mercado de las joyas no funciona así y la mayoría de los turistas acaban con caros cristales de colores en los bolsillos. Para cuando descubren la estafa, la tienda ya está cerrada, los nombres han cambiado y la policía puede hacer muy poco. Quien quiera saber más o denunciar una estafa, debería consultar www.2bangkok.com y entrar en la sección "Gem Scam", que lleva ya cinco años investigando este fraude, o ir al **Thai Gems Scam Group** (www.geocities.com/thaigemscamgroup) para ver fotografías de los timadores en acción. La policía turística también puede ayudar en algunas disputas por compras, pero no hay que esperar ningún milagro.

tuchak (curioso comportamiento causado por la deshidratación o el hambre); hay numerosos puestos de comida entre las secciones 6 y 8. Destacan por su veteranía el **Foon Talop** (plano p. 133; sección 26, puesto 319, Soi 8), un restaurante de Isan muy concurrido, el **Café Ice** (plano p. 133; sección 7, puesto 267, Soi 3), un local de fusión occidental-tailandés que elabora un buen *pàt tai* y sabrosos batidos de fruta, y el **Saman Islam** (plano p. 133; sección 16, puesto 34, Soi 24), un restaurante tailandés-musulmán que sirve un delicioso pollo *biryani*.

Si se necesita aire acondicionado, hay que ir al **Toh-Plue** (plano p. 133; Th Kamphaengphet 2; ⌚11.00-20.00; MRT Kamphaeng Phet; ❄), que prepara todos los platos clásicos tailandeses. Al caer la noche, se puede tomar una cerveza en el **Viva's** (plano p. 133; sección 26, puesto 149, Soi 6), un café-bar con música en directo, o bien, si ya es de noche, cruzar hasta Th Kamphaeng Phet 2 para visitar los agradables bares-whiskerías próximos al Fake Club (p. 122).

Menaje y decoración

Los extremos norte y noroeste del mercado, sobre todo las secciones 8-26, están especializados en toda clase de artículos para el hogar, desde cubos de plástico a caros *woks* de latón. Esta zona es especialmente buena para proveerse de cerámica tailandesa a buen precio, desde verdeceladón a los tradicionales cuencos decorados con gallos de Lampang.

N & D Tablewares (plano p. 133; sección 25, puesto 185, Soi 4) posee una enorme variedad de cuberterías en acero inoxidable, y **Tan-Ta-Nod** (plano p. 133; sección 22, puesto 061, Soi 5) vende platos, cuencos y otros utensilios de cocotero y palmera.

En **Spice Boom** (plano p. 133; sección 26, puesto 246, Soi 8) se hallarán especias y hierbas secas para decoración y consumo. Otros excelentes regalos aromáticos son los jabones, lociones, sales de baño y exfoliantes artesanales de **D-narn** (plano p. 133; sección 19, puesto 204, Soi 1) y los perfumes y aceites esenciales de **Karmakamet** (plano p. 133; sección 2, Soi 3).

La Sección 7 es una especie de galería de arte al aire libre, a destacar **Pariwat A-nantachina's** (plano p. 133; sección 7, puesto 118, Soi 2), donde venden murales con Bangkok como tema. Varias tiendas de la Sección 10, como **Tuptim Shop** (plano p. 133; sección 10, tienda 261, Soi 19) tienen lacados birmanos antiguos y modernos. **Meng** (plano p. 133; sección 26, puesto 195, Soi 8) exhibe una polvorienta mezcolanza de antigüedades curiosas de Tailandia y Birmania.

Mascotas

Repasar las vitrinas de las secciones 13 y 15, llenas de adorables cachorros, puede resultar muy entretenido. En dichas secciones, Soi 9 posee varias tiendas dedicadas exclusivamente a la vestimenta de animales de compañía. También cabe destacar que esta sección es tristemente célebre por la venta ilegal de especies protegidas, sobre todo reptiles y anfibios raros y amenazados, así como animales más exóticos, como monos y otros. Lonely Planet recomienda encarecidamente evitar tales adquisiciones.

Plantas y jardinería

El perímetro interior entre las secciones 2 y 4 se dedica a una gran variedad de plantas, flores, hierbas, frutales y accesorios necesarios para su cuidado. Muchas de estas tiendas también abren los días laborables por la tarde.

Mercado del Pak Khlong MERCADO
(mercado de flores; plano p. 68; Th Chakkaphet y Th Atsadang; ⌚ 24 h; *ferry* Tha Saphan Phut) Cada noche, a diario, este mercado cercano al Chao Phraya se convierte en el mayor almacén de la ciudad de flores al por mayor. Se puede ir a cualquier hora de la noche, pero siempre con la cámara a punto para inmortalizar el increíble manto multicolor de rosas, lotos y margaritas. De día, el Pak Khlong se transforma en un mercado mayorista de verduras.

Talat Rot Fai MERCADO
(plano p. 110; Th Kamphaeng Phet; ⌚18.00-24.00 sa y do; MRT Kamphaeng Phet) Situado en un extenso campo de vías abandonado, este mercado se dedica a todo lo *retro*, desde antiguas bandejas lacadas a vespas de segunda mano. No es solo un lugar para ir de compras, pues está lleno de vendedores ambulantes de tentempiés, bares instalados en furgonetas e incluso varios *pubs* fijos.

Mercado de Nonthaburi MERCADO
(plano p. 56; Tha Nam Non, Nonthaburi; ⌚5.00-8.00; *ferry* Tha Nonthaburi) Situado a un corto paseo del muelle de Nonthaburi, la estación del norte más reciente de Chao Phraya Express, se trata de uno de los mercados agrícolas más grandes y evocadores de la zona. Hay que ir pronto porque la mayoría de los vendedores cierran la parada hacia las 9.00.

UNA NOCHE EN BANGKOK NO ES SUFICIENTE PARA UN TRAJE

Muchos turistas llegan a Bangkok con la idea de hacerse trajes a medida a precios de ganga, lo cual es perfectamente posible. Los precios son casi siempre más bajos que en el país del viajero, pero los timos habituales, desde los conductores de *túk-túks* a comisión hasta los sastres chapuceros o los tejidos de mala calidad, pueden desvirtuar esta tradición. Para aumentar las posibilidades de marcharse contento (y bien vestido) hay que hacer caso de las siguientes líneas.

La regla de oro es que el precio sea justo. Si se encarga un traje, dos pantalones, dos camisas, una corbata y un *sarong* de seda por 169 US$ (oferta habitual), lo más seguro es que todo parezca y siente como un vestuario adquirido en casa por menos de 200 US$. Aunque haya ofertas de lo más tentadoras, el precio puede fluctuar mucho según el tejido. Si se lleva la tela, el precio no será siempre muy inferior, pero el acabado se aproximará más al deseado. Si se desea seda, en el *outlet* de fábrica de Jim Thompson (p. 131) se consigue calidad a buen precio. Conviene tener claro lo que se quiere antes de acudir a un sastre. En un traje, la americana puede ser cruzada o sin cruzar, y tener más o menos botones, y de igual manera con los pantalones. Si no se tiene ni idea, el sastre aconsejará con gusto. Otra posibilidad es llevar una prenda propia similar y pedir una copia.

Para la confección hay que calcular una semana. Las camisas y pantalones a veces pueden estar listos en 48 horas o menos con solo una prueba, pero aunque el sastre diga otra cosa, para que un traje siente bien se necesitan dos o tres pruebas como mínimo, aunque los más prestigiosos pueden realizar hasta cinco. Hay que recelar de aquellos que puedan terminar el encargo en menos de 24 horas.

He aquí algunas direcciones de confianza:

» **Pinky Tailors** SASTRE (plano p. 78; 888/40 Mahatun Plaza Arcade, Th Ploenchit; ⌚10.00-19.30 lu-sa; BTS Phloen Chit) Casa especializada en americanas a medida desde hace más de 35 años. Detrás del edificio Mahatun.

» **Marco Tailors** SASTRE (plano p. 78; 430/33 Soi 7, plaza Siam; ⌚9.00-19.00 lu-sa; BTS Siam) Esta veterana y fiable sastrería solo confecciona trajes de caballero y presenta una amplia selección de lanas y algodones dignos de un banquero.

» **Raja's Fashions** SASTRE (plano p. 84; 1/6 Soi 4, Th Sukhumvit; ⌚10.30-20.30 lu-sa; BTS Nana) Raja, uno de los sastres más conocidos de Bangkok, recibe críticas de todo tipo, pero en general nadie discrepa de su buen servicio y calidad.

» **Nickermann's** SASTRE (plano p. 84; www.nickermanns.net; Landmark Hotel, sótano, 138 Th Sukhumvit; ⌚10.00-21.00; BTS Nana) Las ejecutivas se pirran por los trajes chaqueta a medida de Nickermann, con pantalones y chaquetas que se adaptan muy bien a las curvas femeninas. Los vestidos de fiesta son otro de sus fuertes.

Mercado de Pratunam MERCADO
(plano p. 78; Th Petchaburi esq. Th Ratchaprarop; 10.00-21.00; taxi *klorng* al Tha Pratunam) El mercado al por mayor de ropa más grande de la ciudad es una algarabía de puestos apretujados en una manzana. Además de camisetas, vaqueros, maletas y artículos de perfumería a mansalva, todo muy económico, también se venden recuerdos.

Soi Lalai Sap MERCADO CALLEJERO
(plano p. 74; Soi 5/Lalai Sap, Th Silom; 8.00-18.00; BTS Chong Nonsi) La calle donde "se funde el dinero" reúne durante el día a vendedores de artículos económicos, especialmente ropa, relojes y artículos para el hogar. Los clientes habituales afirman que entre los puestos se cuelan prendas de marca con taras.

Sampeng Lane MERCADO
(plano p. 68; Soi Wanit 1/Sampeng Lane; *ferry* Tha Ratchawong) Este mercado al por mayor discurre casi paralelo a Th Yaowarat, que divide los barrios de Chinatown y Phahurat. Se puede tomar la estrecha arteria desde Th Ratchawong y seguir hasta que se encuentren los primeros puestos: de bolsos, artículos de hogar, ornamentos para el pelo, pegatinas, *merchandising* de animación japonesa, llaveros musicales de plástico, etc.

MERCADOS TURÍSTICOS

Los vendedores de recuerdos tienen un olfato especial para averiguar qué quieren llevarse a casa los recién llegados: entre los favoritos siempre se cuentan las camisetas picantes, los *mŏrn kwăhn* (típicos cojines triangulares), CD y *sarongs* sintéticos.

Mercado de Th Khao San MERCADO CALLEJERO
(plano p. 60; Th Khao San; 11.00-23.00; autobús nº 2, 15, 44, 511, *ferry* Tha Phra Athit) La calle principal de pensiones de Banglamphu es un bazar diurno y nocturno donde se pueden encontrar auténticas gangas, como camisetas baratas, CD piratas, elefantes de madera, ropa de cáñamo, pantalones de pescador y otros artículos que chiflan a los mochileros.

Mercado de Th Sukhumvit MERCADO CALLEJERO
(plano p. 84; Th Sukhumvit entre Soi 2 y 12, 3 y 15; 11.00-23.00; BTS Nana) En este mercado enfocado al turismo sexual y a los viajes organizados se venden básicamente bolsos y relojes de imitación, montones de DVD pornográficos, estrellas *ninja* y otros objetos de

TIMOS MÁS COMUNES EN BANGKOK

Conviene memorizar las siguientes estafas para jugar con ventaja frente a los artistas del timo en Bangkok.

» **Hoy está cerrado** No hay que hacer caso al "amable" lugareño que dice que determinado monumento está cerrado por fiesta budista o por limpieza. Son artimañas para llevar al turista a comprar gemas falsas. Véase también recuadro en p. 134.

» **Paseos en 'túk-túk' a 10 THB** Si se acepta tan tentadora oferta, puede decirse adiós al itinerario previsto para ese día. Estos falsos "recorridos turísticos" pasan de largo de todos los lugares de interés para emprender un circuito por todas las tiendas de gemas y sastrerías de dudosa reputación.

» **Taxis con tarifa plana** Hay que rechazar a los taxistas que proponen una tarifa plana (normalmente entre 100 y 150 THB por una interurbana), porque la carrera puede salir hasta el triple de cara. Fuera de las zonas turísticas es más fácil encontrar profesionales honrados. Si el conductor ha "olvidado" conectar el taxímetro, hay que decirle, *"Meter, kâ/kráp"* (si es mujer/hombre).

» **Autobuses turísticos al sur** En los largos viajes al sur, los ladrones están bien organizados y disponen de horas para rebuscar en las maletas, romper (y cerrar de nuevo) los candados del equipaje, mirar en todos los rincones y robar tarjetas de crédito, aparatos electrónicos e incluso artículos de aseo. Este tipo de robo organizado es muy viejo; para evitarlo, hay debe llevar las cosas de valor encima dentro del autobús.

» **Desconocidos simpáticos** Hay que recelar de los hombres bien vestidos que se acercan para preguntar de dónde se viene o adónde se va. A continuación suelen añadir: "Ah, pues mi hijo/hija está estudiando en la universidad de (esa ciudad)". Parecen tener un saber enciclopédico sobre las principales universidades. Como indican las autoridades de turismo, este comportamiento no es propio del carácter tailandés.

regalo de pésimo gusto pero que encandilan a muchos adolescentes.

Mercado nocturno de Patpong

MERCADO CALLEJERO

(plano p. 74; Patpong Soi 1 y 2, Th Silom; ⌚ 19.00-1.00; BTS Sala Daeng, MRT Si Lom) Este mercado atrae a más gente que los espectáculos eróticos con pelotas de *ping-pong* y se contagia de la tendencia ilícita de la calle con una avalancha de artículos de imitación muy baratos, sobre todo relojes y ropa. Conviene esmerarse con el regateo porque los precios de partida son muy altos.

Información

Peligros y advertencias

El viajero en Bangkok tiene más probabilidades de ser conquistado que coaccionado a soltar la pasta. Los artistas del timo se aprovechan de la consabida simpatía tailandesa y el flujo incesante de turistas incautos y su terreno favorito son las zonas más visitadas de la capital (Wat Phra Kaew, Wat Pho, casa de Jim Thompson, Th Khao San y santuario de Erawan). La mejor prevención es la información, de modo que antes de ir a tales lugares conviene enterarse de los fraudes más frecuentes (véase recuadro en p. 136).

Si se es víctima de una estafa, recurrir a la policía turística puede ser eficaz contra algunos delitos y negocios picarescos. Pero en general el consumidor no contará con ningún tipo de protección ni recurso frente al fraude en una transacción monetaria.

Centros culturales

Diversos centros internacionales organizan festivales de cine, conferencias, clases de idiomas y otras actividades culturales.

Alliance Française (plano p. 82; ☎0 2670 4200; www.alliance-francaise.o.th; 29 Th Sathon Tai; MRT Lumphini) En este recinto arbolado hay una **biblioteca** (⌚ 10.00-19.00 lu-vi, 8.30-17.30 sa, 10.00-13.00 do), una **librería** (⌚ 9.00-19.00 lu-sa) y el **Café 1912** (p. 119).

British Council (plano p. 78; ☎0 2657 5678; www.britishcouncil.o.th; 254 Soi Chulalongkorn 64, Th Phra Ram I; ⌚8.30-19.00; BTS Siam)

Foreign Correspondents Club of Thailand (FCCT; plano p. 78; ☎0 2652 0580; www.fccthai.com; Penthouse, Maneeya Center, 518/5 Th Ploenchit; BTS Chit Lom)

Goethe Institut (plano p. 82; ☎0 2287 0942; www.goethe.de; 18/1 Soi Goethe, entre Th Sathon Tai y Soi Ngam Duphli; ⌚9.30-18.00 ma-ju, 9.30-15.00 mi, 8.00-13.00 sa y do; MRT Lumphini)

Urgencias

Llegado el caso, o si se necesita una ambulancia, una opción es ponerse en contacto con los hospitales mencionados más adelante, donde hablan inglés. Para cuestiones policiales o de seguridad, estos son los teléfonos de urgencias:

Bomberos (☎199)

Policía/Urgencias (☎191)

Policía turística (☎1155; ⌚ 24 h) Unidad de habla inglesa que investiga las actividades criminales relacionadas con el turismo, incluidas las estafas con piedras preciosas. También puede actuar como intérprete en las relaciones con la policía normal.

Acceso telefónico y a internet

En Bangkok no faltan cibercafés, que compiten por ofrecer la conexión más rápida y económica. Las tarifas varían según la concentración y la afluencia de internautas; Banglamphu, con precios de hasta 20 THB la hora, es más barato que Sukhumvit o Silom. Muchos locales de internet ya disponen de Skype y auriculares en sus terminales, de modo que se pueden realizar llamadas internacionales por el mismo precio que la conexión a la red.

Un local práctico en el centro es la **TrueMove Shop** (Soi 2, plaza Siam; ⌚ 7.00-22.00; BTS Siam), que posee ordenadores con Skype y conexión de alta velocidad, vende teléfonos y suscripciones a móviles, y también informa sobre la red wifi para dispositivos móviles.

La conexión wifi suele ser gratis y cada vez está más extendida por toda la ciudad. Existe en tantos establecimientos y lugares públicos que aquí no hay espacio para mencionarlos. Se encontrarán directorios bastante fidedignos en www.bkkpages.com (apartado "Bangkok Directory") o www.stickmanweekly.com/WiFi/BangkokFreeWirelessInternetWiFi.htm.

Medios de comunicación

Los periódicos se venden en los quioscos de prensa. Las revistas mensuales pueden encontrarse en casi todas las librerías.

Bangkok 101 (www.bangkok101.com) Revista mensual sobre la ciudad, con reportajes ilustrados y reseñas de lugares de interés, restaurantes y ocio.

Bangkok Post (www.bangkokpost.net) Principal periódico en inglés con suplementos los viernes y fines de semana donde se recogen eventos y noticias de la ciudad.

BK (http://bk.asia-city.com) Guía del ocio semanal gratis orientada a la juventud y los más modernos.

CNNGo (www.cnngo/bangkok) Las páginas de esta guía en línea dedicadas a Bangkok son una buena fuente de información sobre restaurantes y actividades.

The Nation (www.nationmultimedia.com) Diario en inglés de orientación empresarial.

DE PRIMERA MANO

Varios residentes en Bangkok, tanto autóctonos como extranjeros, cuentan en internet sus experiencias vitales en la ciudad a través de *blogs* y páginas web. He aquí algunos de los más interesantes y divertidos:

» **2 Bangkok** (www.2bangkok.com) Rastrea noticias de interés histórico y colecciona titulares de prensa actuales y pasados.

» **Austin Bush Food Blog** (www.austinbushphotography.com/category/foodblog) Escrito por el autor de este capítulo, se centra en la gastronomía de Bangkok y otros lugares del mundo.

» **Global Post** (www.globalpost.com/bio/patrick-winn/articles) Patrick Winn, corresponsal en el sureste asiático de una agencia de noticias en línea, vive en Bangkok y le gusta descubrir su lado más insólito.

» **Greg To Differ** (www.gregtodiffer.com) "Historias, críticas y observaciones sobre la vida de los residentes extranjeros en la ciudad más loca de Asia". Con *podcast*.

» **Newley Purnell** (www.newley.com) Este escritor estadounidense que reside en Bangkok comenta de todo, desde política nacional a su profundo amor por el *pàt gà·prow* (un salteado picante).

» **Not The Nation** (www.notthenation.com) Revista en línea de contenido social, también política y deportes.

» **Stickman** (www.stickmanbangkok.com) Relacionada en el pasado con la revoltosa vida nocturna de Bangkok, ahora versa más sobre la vida, el trabajo y el amor en la ciudad.

Asistencia médica

Gracias a sus buenos hospitales, Bangkok se está convirtiendo en un destino del turismo sanitario, que busca ahorrar en revisiones dentales, cirugía electiva y tratamientos de estética. Los farmacéuticos de toda la ciudad pueden diagnosticar y tratar casi todas las dolencias leves (molestias digestivas, sinusitis, infecciones cutáneas, etc.). Los hospitales relacionados a continuación ofrecen servicio de urgencias 24 h; los teléfonos indicados deberían utilizarse en caso de necesitar una ambulancia o atención médica inmediata. La mayor parte de estos hospitales también cuentan con clínicas de día y personal de habla inglesa.

Bangkok Christian Hospital (plano p. 74; ☎0 2235 1000; www.bkkchristianhosp.th.com; 124 Th Silom; BTS Sala Daeng, MRT Si Lom)

BNH (plano p. 74; ☎0 2686 2700; www.bnhhospital.com; 9 Th Convent, cerca de Th Silom; BTS Sala Daeng, MRT Si Lom)

Hospital Bumrungrad (plano p. 84; ☎0 2667 1000; www.bamrungrad.com; 33 Soi 3/Nana Neua, Th Sukhumvit; BTS Phloen Chit)

Samitivej Hospital (plano p. 84; ☎0 2711 8000; www.samitivejhospitals.com; 133 Soi 49, Th Sukhumvit; BTS Phrom Phong y en taxi)

St Louis Hospital (plano p. 74; ☎0 2210 9999; www.saintlouis.o.th; 215 Th Sathon Tai; BTS Surasak)

Dinero

El horario de los bancos en Bangkok suele ser de 8.30 a 15.30, aunque las sucursales en centros comerciales y lugares más frecuentados cierran más tarde. Hay cajeros automáticos por toda la ciudad. Muchos bancos disponen de oficinas de cambio de moneda y en las zonas turísticas hay agencias de cambio bien visibles. Para cambiar billetes de 1000 THB conviene acudir a las tiendas 7-Eleven u otros lugares de confianza; los vendedores ambulantes y los taxistas no suelen llevar cambio para billetes de 500 THB o superiores.

Correos

Oficina principal de correos (plano p. 72; Th Charoen Krung; ⌚8.00-20.00 lu-vi, hasta 13.00 sa y do; *ferry* Tha Si Phraya) Cerca de Soi 35, ofrece servicios de lista de correos y embalaje. Las otras oficinas, repartidas por toda la ciudad, también tienen dichos servicios.

Lavabos públicos

Escasean. De necesitar uno, es preferible acudir a un centro comercial, un restaurante de comida rápida o, aún mejor, a un hotel de categoría. Los centros comerciales pueden cobrar entre 2 y 5 THB por su uso; algunos centros más nuevos disponen de instalaciones para discapacitados. Digan lo que digan, en Bangkok cada vez hay menos retretes a la turca.

Información turística

Las oficinas de turismo oficiales facilitan planos, mapas, folletos y consejos sobre lugares de interés y actividades. No hay que confundir este servicio oficial gratis con las agencias de viajes autorizadas que reservan excursiones y transportes a cambio de una comisión. Muchas veces, dichas agencias incorporan elementos con el nombre del organismo nacional de turismo (TAT) para confundir al turista.

Centro de información de Bangkok (plano p. 60; ☎0 2225 7612-4; www.bangkoktourist.com; 17/1 Th Phra Athit; ⏰8.00-19.00 lu-vi y 9.00-17.00 sa y do; autobús nº 32, 33, 64, 82, *ferry* Tha Phra Athit) Oficina de turismo municipal que proporciona mapas, folletos y orientación. Por toda la ciudad hay puestos amarillos de información, atendidos por estudiantes voluntarios. También gestiona otros 20 **puestos de información turística** (⏰9.00-17.00 lu-sa) en las zonas turísticas.

Autoridad de Turismo de Tailandia (TAT; ☎1672; www.tourismthailand.org) Oficina central (fuera de plano p. 84; ☎0 2250 5500; 1600 Th Petchaburi Tat Mai; ⏰8.30-16.30; MRT Phetchaburi); Banglamphu (plano p. 60; ☎0 2283 1500; Th Ratchadamnoen Nok esq. Th Chakrapatdipong; taxi *klorng* Phan Fah; ⏰8.30-16.30); aeropuerto internacional Suvarnabhumi (☎0 2134 0040; 2º piso, entre puertas 2 y 5; ⏰24 h).

Agencias de viajes

Bangkok está repleta de agencias de viajes que reservan billetes de autobús y avión. Algunas son de confianza, pero otras son meros chanchullos que expiden billetes falsos o prometen servicios que luego no prestan. Pídase consejo a otros viajeros antes de realizar una compra importante en una agencia de viajes. Suele ser mejor sacar los billetes de autobús y tren directamente en las estaciones y no a través de agencias.

Las siguientes son de confianza:

Diethelm Travel (plano p. 82; ☎0 2660 7000; www.diethelmtravel.com; Kian Gwan Bldg II, 14º piso, 140/1 Th Witthayu/Wireless Rd; BTS Phloen Chit)

STA Travel (plano p. 74; ☎0 2236 0262; www.sta travel.co.th; Wall Street Tower, 14º piso, 33/70 Th Surawong; ⏰9.00-17.00 lu-vi, hasta 12.00 sa; BTS, MRT Si Lom)

visit beyond (plano p. 72; ☎0 2630 9371; www.visitbeyond.com; New Road Guest House, 1216/1 Th Charoen Krung; *ferry* Tha Oriental; ⏰8.00-12.00 y 15.00-19.00)

ℹ Cómo llegar y salir

Avión

Bangkok tiene dos aeropuertos. El **aeropuerto internacional Suvarnabhumi** (plano p. 145; ☎0 2132 1888; www.bangkokairportonline.com), 30 km al este del centro urbano, empezó a funcionar y a recibir vuelos comerciales nacionales e internacionales en el 2006 tras varios años de aplazamientos. El aeropuerto ha heredado el código BKK que antiguamente utilizaba el viejo aeropuerto Don Muang. La página web no oficial del aeropuerto facilita información práctica en inglés a tiempo real de llegadas y salidas.

El antiguo **aeropuerto Don Muang** (plano p. 145; ☎0 2535 1111; www.donmuangairportonli ne.com) de Bangkok para vuelos nacionales e internacionales, 25 km al norte del centro, quedó apartado del servicio comercial en septiembre del 2006 para reabrirse parcialmente cinco meses después y absorber el excedente de tráfico de Suvarnabhumi. Cuando se redactaba esta guía, corrían rumores de su inminente cierre, pero todavía opera algunos vuelos nacionales.

Para hoteles cercanos a los aeropuertos, véase recuadro en p. 109. Para información sobre el transporte a/desde los aeropuertos, véase p. 141.

AEROLÍNEAS Las siguientes compañías cubren destinos nacionales y algunas también internacionales. Para una lista de las aerolíneas internacionales, véase p. 764.

Air Asia (☎en todo el país 0 2515 9999; www.airasia.com) Aeropuerto internacional Suvarnabhumi (4º piso, aeropuerto internacional Suvarnabhumi); Th Khao San (plano p. 60; 127 Th Tanao; ⏰11.00-22.00) Para vuelos de Suvarnabhumi a Chiang Mai, Chiang Rai, Hat Yai, Krabi, Nakhon Si Thammarat, Narathiwat, Phuket, Ranong, Surat Thani, Ubon Ratchathani y Udon Thani.

Bangkok Airways (☎en todo el país 1771; www.bangkokair.com) Oficina central (plano p. 110; 0 2270 6699; 99 Moo 14, Th Viphawadee; ⏰8.00-17.30 lu-vi); aeropuerto internacional Suvarnabhumi(plano p. 145; ☎02 134 3960; 4º piso, aeropuerto internacional Suvarnabhumi) De Suvarnabhumi a Chiang Mai, Ko Samui, Krabi, Lampang, Phuket, Sukhotai y Trat.

Nok Air (☎en todo el país 1318; www.nokair.com) Aeropuerto Don Muang (1er piso, Don Muang Airport); oficina central (plano p. 74; ☎02 627 2000; Rajanakarn Bldg, 17º piso, 183 Th Sathon; ⏰) Aerolínea filial de Thai; vuela de Don Muang a Buriram, Chiang Mai, Hat Yai, Loei, Mae Sot, Nakhom Phanom, Nakhon Si Thammarat, Nan, Narathiwat, Phitsanulok, Phuket, Roi Et, Sakon Nakhon, Surat Thani, Trang, Ubon Ratchathani y Udon Thani.

One-Two-Go (☎en todo el país 1126; www.flyorientthai.com) Aeropuerto Don Muang (1er piso, aeropuerto Don Muang; ⏰5.00-20.00); oficina principal (plano p. 84; ☎0 2229 4260; 18 Th Ratchadaphisek; ⏰8.30-17.30 lu-vi, hasta 12.00 sa) División nacional de Orient Thai; vuela de Don Muang a Chiang Mai, Chiang Rai, Hat Yai, Nakhon Si Thammarat, Phuket, Trang y Udon Thani.

Solar Air (☎en todo el país 02 535 2455; www.solarair.co.th) Aeropuerto Don Muang (1er piso, aeropuerto Don Muang) Tiene aviones de 19 plazas entre Don Muang y Chumphon, Hua Hin, Loei, Mae Sot, Phrae Nan y Roi Et.

Thai Airways International (THAI; ☎ en todo el país 02 356 1111; www.thaiair.com) Banglamphu (plano p. 60; ☎0 288 7000; 6 Th Lan Luang; ⌚ 8.00-17.00 lu-sa y 9.00-13.00 do); Silom (plano p. 74; ☎0 2288 7000; 485 Th Silom; ⌚ 8.00-17.00 lu-sa); aeropuerto internacional Suvarnabhumi(☎02 134 5483; 4º piso, aeropuerto internacional Suvarnabhumi) Ofrece vuelos nacionales entre Suvarnabhumi y Chiang Mai, Chiang Rai, Hat Yai, Khon Kaen, Ko Samui, Krabi, Phuket, Surat Thani, Ubon Ratchathani y Udon Thani.

Autobús

Bangkok es el centro de transporte por carretera para todo el país. Para viajes de largo recorrido a destinos turísticos populares, se recomienda comprar los billetes directamente a las compañías pertinentes ubicadas en las estaciones de autobuses en lugar de hacerlo a través de las agencias de viajes de centros turísticos como Th Khao San. Para conocer los timos más habituales que afectan al transporte, véase recuadro en p. 136.

ESTACIONES DE AUTOBUSES Hay tres terminales principales, dos de ellas mal ubicadas respecto al centro urbano; la tercera, en el centro de transporte público del aeropuerto Suvarnabhumi, ofrece servicios interprovinciales. Desde casi todas partes se tarda una hora en llegar a las tres.

Terminal Este (Ekamai; plano p. 84; ☎0 2391 2504; Soi Ekamai/40, Th Sukhumvit; BTS Ekkamai) Servicios a Pattaya, Rayong, Chanthaburi y otros destinos del este, excepto Aranya Prathet. La gente suele llamarla *sà·tăh·nee èk·gà·mai* (estación de Ekamai). Está cerca de la estación Ekkamai del BTS.

Terminal Norte y Noreste (Mo Chit; plano p. 110; ☎para rutas al norte 0 2936 2841, ext 311/442, para rutas al noreste 0 2936 2852, ext 611/448; Th Kamphaeng Phet) Esta ajetreada estación, al norte del parque Chatuchak, también es conocida como *kŏn sòng mŏr chít* (estación de Mo Chit); no hay que confundirla con la estación Mo Chit del BTS. Los autobuses salen de ella a destinos de todo el norte y el noreste. Los servicios a Aranya Prathet (cerca de la frontera camboyana) también parten de aquí y no de la Terminal Este, como cabría suponer. Para llegar a la estación hay que tomar el BTS hasta Mo Chit o el MRT hasta el parque Chatuchak y allí hacer transbordo al autobús nº 3, 77 o 509, o tomar un mototaxi.

Terminal Sur (Sai Tai Mai; fuera de plano p. 56; ☎0 2435 1199; Th Bromaratchachonanee, Thonburi) La terminal más nueva de la ciudad está bastante alejada del centro, al oeste. Se la conoce popularmente como *săi đâi mài* y es una de las más agradables y mejor organizadas del país. Además de ser el punto de partida de todos los autobuses que van al sur de Bangkok, se ocupa de los servicios a Kanchanaburi y al oeste del país. La forma más fácil para llegar a la estación es el taxi, pero también se puede tomar el autobús nº 79, 159, 201 o 516 desde Th Ratchadamnoen Klang o el nº 40 desde el monumento a la Victoria.

Centro de transporte público de Suvarnabhumi (p. 145; ☎0 2132 1888; aeropuerto Suvarnabhumi) A 3 km del aeropuerto de Suvarnabhumi, esta terminal tiene servicios bastante frecuentes a destinos del este y noreste, como Aranya Prathet (para ir a la frontera de Camboya), Chanthaburi, Ko Chang, Nong Khai (para ir a la frontera de Laos), Pattaya, Rayong, Trat y Udon Thani. Se puede llegar desde el aeropuerto con un autobús de enlace gratis.

Furgoneta

Las de gestión privada, llamadas *rót đôo*, son un medio rápido y bastante cómodo de desplazarse entre Bangkok y las provincias colindantes. Salen de la parada principal, al norte del monumento a la Victoria (plano p. 89), hacia Aranya Prathet (para ir a la frontera de Camboya; 230 THB, 3½ h, 6.00-18.00), Lopburi (130 THB, 2 h, 4.30-21.00), Mae Klong (Samut Songkhram, para ir a Amphawa; 70 THB, 1 h, 5.30-21.00), Muak Lek (para ir a Khao Yai; 120 THB, 2½ h, 8.00-20.00), Nakhon Pathom (60 THB, 1 h, 6.00-21.00) y la Terminal Sur de autobuses (35 THB, 1 h, 6.30-21.00).

Desde el lado este del monumento salen servicios a Ayutthaya (60 THB, 1 h, 5.00-20.30), Ban Phe (para ir a Ko Samet; 200 THB, 2½ h, 6.00-21.00), Pattaya (97 THB, 2 h, 6.00-20.00) y al aeropuerto internacional Suvarnabhumi (40 THB, 1 h, 5.00-22.30).

Tren

Estación de Hua Lamphong (plano p. 68; ☎0 2220 4334, información y reservas 1690; www.railway.co.th; Th Phra Ram IV; MRT Hua Lamphong) Es la terminal para los principales servicios ferroviarios al sur, norte, este y noreste. Para información sobre clases de trenes y servicios, véase p. 772.

Los billetes se pueden sacar en persona en la oficina de reservas (solo hay que seguir los rótulos; 8.30-16.00). En las otras ventanillas despachan billetes para el mismo día, sobre todo de 3ª clase. De 5.00 a 8.30 y de 16.00 a 23.00 las reservas por adelantado se pueden hacer en las ventanillas 2-11. En la ventanilla de información facilitan los horarios. Hay que intentar esquivar al sonriente personal de "información" que procura dirigir a los recién llegados a la agencia de viajes del entresuelo.

Hua Lamphong cuenta con duchas, servicio de correo, consigna, cafés y zonas de restauración.

Para llegar a la estación desde Sukhumvit, se debe tomar el MRT hasta la parada Hua Lamphong. Desde el oeste (Banglamphu, Thewet), hay que tomar el autobús nº 53.

Estación de Bangkok Noi (plano p. 60; cerca del Siriraj Hospital, Thonburi) Realiza servicios poco frecuentes (y muy caros para los extranjeros) a Nakhon Pathom, Kanchanaburi y Nam Tok. A la estación se puede llegar en el *ferry* hasta el Tha Rot Fai. Los billetes se sacan en la misma estación.

Estación de Wong Wian Yai (plano p. 56) Pequeña estación donde hay que apearse de la línea de cercanías del ramal Mahachai para ir a Samut Sakhon (véase p. 145).

Cómo desplazarse

Aparte del tráfico en las horas punta, que es una pesadilla, también se producen embotellamientos puntuales, que pueden entorpecer hasta el trayecto más corto, en cualquier día y hora de la semana. Si se puede, el río, los canales o el BTS son siempre las mejores opciones; de lo contrario hay que calcular unos 45 minutos para completar cualquier desplazamiento.

A/desde el aeropuerto

Cuando se elaboraba esta guía, todavía funcionaban los dos aeropuertos de Bangkok. El flamante Suvarnabhumi acogía la inmensa mayoría de los vuelos, pero el viejo Don Muang todavía daba servicio a algunos vuelos nacionales. Si hubiera que hacer transbordo entre ambos, hay que calcular al menos una hora, pues los dos aeropuertos se hallan en extremos opuestos de la ciudad. Las furgonetas los conectan de 6.00 a 17.00 (30-50 THB).

AEROPUERTO INTERNACIONAL SUVARNABHUMI

Desde la terminal de Suvarnabhumi salen directamente hacia la ciudad los siguientes transportes terrestres: taxis con taxímetro, limusinas de los hoteles, trenes de enlace con el aeropuerto, vehículos particulares y autobuses privados. Si no hubiera taxis disponibles en la terminal o la cola fuera demasiado larga, se puede aprovechar el servicio de enlace del aeropuerto para ir a la parada de taxis del centro de transporte público.

El centro de transporte público está a 3 km de Suvarnabhumi y suma una terminal de autobuses públicos, una parada de taxis con taxímetro y un aparcamiento para estancias largas. Hay dos servicios de autobús de enlace gratis, uno expreso y otro normal, que conectan el centro de transporte con las terminales de pasajeros.

AUTOBÚS LOCAL Varios autobuses locales con aire acondicionado dan servicio al centro de transporte público del aeropuerto. Algunas líneas de autobús más utilizadas por los turistas con destino a la ciudad son la 551 (monumento a la Victoria), 554 (Don Muang) y 556 (Th Khao San), así como la línea de furgonetas 552 (a la estación On Nut del BTS); el billete cuesta a partir de 25 THB. Desde estos puntos se puede continuar en transporte público o en taxi hasta el hotel.

Los autobuses interurbanos a destinos del este tales como Pattaya, Rayong y Trat paran también en el centro de transporte público.

Desde la ciudad se puede tomar el BTS hasta On Nut, y luego, desde cerca de la entrada del mercado y enfrente de Tesco, tomar la furgoneta 522 (25 THB, 40 min. aprox., 6.00-21.00) o AE3 (150 THB) hasta el aeropuerto.

TREN DE ENLACE AL AEROPUERTO (AIRPORT RAIL LINK) En el 2010 se terminó de construir el tan esperado tren elevado que conecta el centro de Bangkok con el aeropuerto Suvarnabhumi. El sistema consta de un servicio local que realiza seis paradas y termina en la estación de Phaya Thai (plano p. 89; 30 min,

MERECE LA PENA

ESCAPADA A LA ISLA DESDE BANGKOK

Se puede aliviar el estrés urbano con una escapada de medio día a **Ko Kret**, una isla peatonal en medio del Chao Phraya, en los lindes septentrionales de Bangkok. De hecho es una isla artificial, resultado de dragar un canal en un acusado meandro del río. La isla es el hogar de uno de los asentamientos más antiguos de la etnia mon, la que fuera cultura dominante en el centro de Tailandia entre los ss. VI y X. Los mon son unos consumados alfareros y Ko Kret continúa con la ancestral tradición de elaborar piezas de barro cocido con arcilla local.

Si se va entre semana, quizás el viajero sea el único visitante. Hay un par de templos y algunos lugares para comer, pero el auténtico reclamo del lugar es empaparse de su bucólico ambiente ribereño. Los fines de semana las cosas cambian drásticamente y Ko Kret se transforma en un destino muy popular para los urbanitas. La comida, bebida y artículos en venta también se multiplican.

El medio más conveniente para llegar es en autobús (nº 33 desde el Sanam Luang) o en taxi hasta Pak Kret, para luego cruzar el río en *ferry* desde el Wat Sanam Neua.

45 THB), conectada por una pasarela con la estación del BTS en Phaya Thai, y un servicio exprés que conecta sin paradas las estaciones de Phaya Thai y Makkasan con el aeropuerto (15 min, 150 THB). Makkasan, también conocida como Terminal Aérea Urbana de Bangkok (plano p. 56), está a un breve paseo desde la estación Phetchaburi del MRT; si el viajero llega tres horas como mínimo antes de la salida, puede utilizar los servicios de facturación en dos compañías aéreas (Thai Airways y Lufthansa). Ambas líneas de trenes funcionan de 6.00 a 24.00.

El tren de enlace con el aeropuerto se toma en la planta B1 del aeropuerto Suvarnabhumi.

TAXI Al salir de la terminal no hay que hacer ningún caso a los pillos que van a la caza del turista ni a los rótulos que señalan hacia los "taxis oficiales del aeropuerto" (con una tarifa fija de 700 THB). Hay que bajar a la 1ª planta y ponerse a la cola para los taxis públicos (suele avanzar rápido). Los taxis que se reservan a través de estos mostradores deberían usar siempre el taxímetro, pero muchas veces intentan no hacerlo, así que hay que insistirles en inglés *"Meter, please"* ("taxímetro, por favor"). El taxi con taxímetro desde el aeropuerto suele costar: 200-250 THB a Th Sukhumvit; 250-300 THB a Th Khao San; y 500 THB a Mo Chit. Los peajes (a cargo del pasajero) cuestan entre 25 y 45 THB. También se aplica un recargo adicional de 50 THB para todas las carreras desde el aeropuerto, que se paga directamente al conductor.

AEROPUERTO DON MUANG

Ya no hay autobuses exprés a/desde el aeropuerto Don Muang.

AUTOBÚS El lento y abarrotado autobús urbano nº 59 se detiene en la carretera delante del aeropuerto y sigue hasta Banglamphu vía Th Khao San y el monumento a la Democracia; no se permite llevar equipaje. Los autobuses con aire acondicionado son más rápidos y en ellos es bastante probable conseguir plaza; las rutas más convenientes son:

Autobús nº 510 Monumento a la Victoria y Terminal Sur de autobuses.

Autobús nº 513 Th Sukhumvit y Terminal Este de autobuses.

Autobús nº 29 Terminal Norte de autobuses, monumento a la Victoria, plaza Siam y estación de trenes de Hua Lamphong.

TAXI Al igual que en Suvarnabhumi, los taxis públicos salen de delante del vestíbulo de llegadas y hay un suplemento de aeropuerto de 50 THB que se añade al precio final de la carrera. Un viaje a Banglamphu, con el suplemento del aeropuerto y los peajes de la autopista, cuesta unos 400 THB; a Sukhumvit o Silom, un poco menos.

TREN La pasarela que cruza de la Terminal 1 al Amari Airport Hotel también proporciona acceso a la estación de Don Muang, de la que salen trenes rumbo a la estación de Hua Lamphong cada 1-1½ horas de 4.00 a 11.30 y después prácticamente cada hora entre 14.00 y 21.30 (3ª clase entre 5 y 10 THB, 1 h).

Barco

En su día fue el medio de transporte más utilizado en la ciudad, y todavía hoy hay servicios que navegan por el imponente Chao Phraya y algunos *klorngs interiores.*

RUTAS POR LOS CANALES

Con los años los barcos que surcan los *klorngs* de Bangkok y Thonburi han disminuido, pero el aumento de tráfico ha reavivado el debate sobre la conveniencia de recuperarlos. De momento, los taxis acuáticos navegan por el Khlong Saen Saeb (de Banglamphu a Ramkhamhaeng) y son una manera fácil de ir de Banglamphu a la casa de Jim Thompson, a los centros comerciales de la plaza Siam (hay que apearse en el Tha Hua Chang para ambos) y a otros puntos más al este por Sukhumvit, con transbordo obligatorio en el Tha Pratunam. Estos barcos los utilizan principalmente los trabajadores y amarran en los muelles solo unos segundos, por lo que hay que subir y bajar rápido. Las tarifas oscilan entre 9 y 21 THB; el horario es de 6.00 a 19.00, aproximadamente.

RUTAS POR EL RÍO

Chao Phraya Express (☎0 2623 6001; www.chaophrayaboat.co.th) Esta compañía proporciona uno de los medios de transporte más panorámicos (y eficientes) de la ciudad y opera los barcos que van por el Chao Phraya hasta destinos del sur y el norte de Bangkok. El muelle central atiende a varios nombres, Tha Sathon y Saphan Taksin, y está conectado con la estación del BTS Saphan Taksin, en el extremo sur de la ciudad. Casi todos los visitantes van hacia el norte, hasta las paradas designadas con una N de prefijo.

Los billetes cuestan de 13 a 32 THB y normalmente se sacan a bordo, aunque algunos de los muelles más grandes tienen taquillas. Siempre hay que conservar el billete.

La compañía dispone de barcos exprés (indicados con una bandera naranja, amarilla o amarilla y verde), locales (sin bandera) y turísticos (los más grandes). Durante las horas punta conviene fijarse bien en las banderas para no equivocarse de destino. Pídase un mapa de rutas en los muelles más grandes.

Local (⏲6.00-8.30 y 15.00-18.00 lu-vi; 9-13 THB) La línea local (sin bandera) pasa por todos los muelles de la compañía entre el Wat Ratchasingkhon, en el sur-centro de Bangkok, rumbo norte hasta Nonthaburi, con paradas frecuentes.

Turístico (⏲9.30-15.30; 19 THB, bono diario niños/adultos 80/150 THB) El barco turístico es más caro pero ofrece abundantes asientos y

PEDALEAR GRATIS

Impulsado en el 2008, **Bangkok Smile Bike** es un programa de patrocinio municipal destinado a animar a los visitantes a utilizar gratis unas pequeñas bicicletas verdes para visitar ciertas zonas de la antigua Bangkok y Thonburi. La extensa ruta turística por los principales lugares de interés emplea señales de tráfico bastante claras e incluye algunos tramos de carril verde específicos.

Hay cinco estaciones repartidas entre Ko Ratanakosin y Banglamphu. El punto recomendado de inicio y final es la esquina suroeste del Sanam Luang (plano p. 60), enfrente de la entrada principal al Wat Phra Kaew. En Thonburi hay seis estaciones; el punto de inicio ideal es a los pies del puente Saphan Phra Pin Klao, y el final, el Saphan Phut, llamado también Memorial Bridge. El servicio funciona de 10.00 a 17.00 y se requiere un documento de identidad.

comentarios en inglés (aunque a veces resulten difíciles de entender); zarpa del Tha Sathon y para en 10 muelles de los lugares turísticos principales, pero al norte llega solo hasta el Tha Phra Athit (Banglamphu).

Exprés naranja (⌚5.50-18.40 lu-vi, 6.00-18.40 sa y do; 14 THB) Es la línea más frecuente y circula entre el Wat Ratchasingkhon y Nonthaburi con paradas continuas.

Exprés amarillo (⌚6.10-8.40 y 15.45-19.30 lu-vi; 19-28 THB) Funciona entre Ratburana y Nonthaburi, con paradas en los muelles más importantes.

Exprés verde-amarillo (⌚6.15-8.05 y 16.05-18.05pm lu-vi; 11-31 THB) Este barco solo funciona en las horas punta y lo toman los autóctonos que se desplazan entre la periferia y el centro; lleva directamente al muelle de Pakkret, en el extremo norte de Bangkok.

Exprés azul (⌚7.00-7.45 y 17.05-18.25pm lu-vi; 11-32 THB) Otra línea que solo funciona en horas punta y va directamente hasta Nonthaburi.

Existen también *ferries* de quilla plana que cruzan el río entre Thonburi y Bangkok. Estos muelles suelen estar al lado de los de Chao Phraya Express y el trayecto cuesta 3,5 THB.

BTS ('skytrain')

La forma más cómoda de viajar por la "nueva" Bangkok (Silom, Sukhumvit y plaza Siam) es el *rót fai fáh,* BTS *o skytrain,* una red ferroviaria elevada que "sobrevuela" los omnipresentes embotellamientos de tráfico de la ciudad. Los trayectos que en otra época se alargaban hasta una hora ahora se han reducido a 15 minutos. Otra ventaja del BTS es que brinda una agradable vista de pájaro sobre la ciudad, permitiendo atisbar las zonas verdes y los edificios históricos que no son visibles a ras de calle.

Hasta la fecha, circulan dos líneas del **Sistema de Transporte Skytrain de Bangkok** (BTS; ☎0 2617 7300; www.bts.co.th): Sukhumvit y Silom.

La línea Sukhumvit arranca en el norte de la ciudad, en la estación Mo Chit, cerca del parque Chatuchak, y baja por Th Phayathai hacia el sur hasta la estación de enlace Siam, en Th Phra Ram I, para luego girar al este por Th Ploenchit y Th Sukhumvit y terminar en la estación Bearing, en Soi 107, Th Sukhumvit.

La línea Silom parte de la estación National Stadium, cerca de la plaza Siam, traza una curva cerrada al suroeste y sigue por Th Ratchadamri, luego por Th Silom hasta Th Narathiwat Ratchanakharin y enfila Th Sathon hasta terminar el recorrido en Wong Wian Yai, al otro lado del Mae Nam Chao Phraya, en Thonburi.

Los trenes de ambas líneas pasan con mucha frecuencia entre 6.00 y 24.00. Los precios del billete oscilan de 15 a 40 THB, en función del destino. Casi todas la máquinas expendedoras solo admiten monedas de 5 y 10 THB, pero se puede cambiar en las ventanillas de información. Las taquillas atendidas por personal también están allí donde se compran las tarjetas multiviaje. Los folletos disponibles en las ventanillas de información explican las diferencias entre los diferentes bonos para turistas y usuarios habituales.

Autobús

La red de autobuses públicos de la ciudad está gestionada por la **Autoridad del Transporte Público de Bangkok** (☎184; www.bmta.co.th); su página web es una buena fuente de información sobre todas las rutas de autobús, pero ello no quita que el sistema de autobuses de Bangkok sea confuso y pocas veces esté rotulado en inglés. Si el viajero se empeña en usarlo, tal vez para ahorrar, el billete para servicios con aire acondicionado suele costar a partir de 11 THB y para los autobuses corrientes (con ventilador), desde 6,50 THB. Los autobuses verdes, más pequeños, son de compañías privadas y el billete cuesta 5 THB.

Casi todas las líneas circulan de 5.00 a 22.00 o 23.00, salvo los autobuses "nocturnos", que empiezan a las 3.00 o 4.00 hasta media mañana.

La *Bangkok Bus Guide*, de Thinknet, que se vende en Kinokuniya y Asia Books (p. 128), es el plano más actualizado que se puede encontrar. Las siguientes líneas de autobús resultan prácticas para los turistas que viajan entre Banglamphu y la zona de la plaza Siam:

Autobús nº 15 Desde el Tha Phra, en la orilla de Thonburi del río, hasta el Sanam Luang (para ir al Wat Phra Kaew) con paradas en el MBK (que conecta con el BTS) y Th Ratchadamnoen Klang (para ir a Th Khao San).

Autobús nº 47 Del puerto del Khlong Toei al Departamento Territorial, por Th Phahonyothin, en el norte de Bangkok, con paradas en Th Phra Ram IV, MBK, Th Ratchadamnoen y Sanam Luang.

Automóvil

Para estancias cortas, el viajero hará bien si se olvida del automóvil. Si se necesita transporte privado, es preferible alquilar un automóvil con chófer en el hotel o un taxi de confianza. Un operador fiable es **Julie Taxi** (☎08 1846 2014; www.julietaxitour.com), que cuenta con diferentes tipos de vehículos y ofrece un servicio excelente.

En caso de querer conducir, por toda la ciudad se pueden alquilar automóviles y motocicletas, p. ej., en las agencias internacionales como **Avis** (plano p. 78; ☎0 2251 2011; www.avisthailand.com; 2/12 Th Withayu/Wireless Rd; ⊙8.00-18.00; BTS Phloen Chit), enfrente de la embajada suiza, o locales como **Thai Rent A Car** (☎0 2318 8888; www.thairentacar.com; 2371 Th Petchaburi; MRT Phetchaburi y taxi); ambas disponen de oficinas en el aeropuerto Suvarnabhumi o cerca. Las tarifas son desde unos 1200 THB al día, seguro aparte. Hay que tener permiso de conducir internacional y pasaporte.

MRT (metro)

La primera línea de metro de Bangkok se inauguró en el 2004 y depende de la **Autoridad Metropolitana de Transporte Rápido** (MRTA; ☎0 2624 5200; www.mrta.co.th). Los tailandeses lo llaman *rót fai fáh đâi din*.

La línea azul cubre 20 km y va desde la estación de trenes de Hua Lamphong hasta Bang Sue, con 18 estaciones entremedio, de las que cuatro conectan con el BTS y una con el enlace del aeropuerto. El billete cuesta entre 16 y 41 THB; los billetes para niños y con descuentos se pueden comprar en las taquillas. Los trenes circulan con una frecuencia de siete minutos de 6.00 a 24.00, salvo en las horas punta (6.00-9.00 y 16.30-19.30), cuando hay que esperar más de cinco minutos. La principal ventaja que tienen los visitantes es que ahora la zona de hoteles de Sukhumvit está bien comunicada con la estación de trenes de Hua Lamphong y con un extremo de Chinatown, y el mercado de fin de semana de Chatuchak y la Terminal Norte de autobuses por el extremo de Bang Sue.

Hay un ambicioso plan para ampliar hasta cuatro veces más el MRT para que llegue al norte de Bangkok, Samut Prakan y Th Ramkhamhaeng, pero la espera podría ser larga si hay que hacer caso del enlace al aeropuerto.

Mototaxi

El telón de fondo de la Bangkok moderna no sería el mismo sin esos grupos de mototaxistas descarados, numerados y vestidos con chalecos que aguardan al final de casi todas las calles largas. Un trayecto hasta el final (*sùt soy*), o la entrada (*bàhk soy*) de una *soi* suele costar un promedio de 10-15 THB. Las carreras más largas deben negociarse con antelación y pueden costar 20-100 THB.

A veces, si se pide, facilitan cascos, aunque a juzgar por la manera de conducir de algunos chavales, cualquier parte del cuerpo está potencialmente en peligro. En particular, conviene apretar bien las piernas, pues los motoristas están acostumbrados a llevar pasajeros con las extremidades más cortas que la media occidental. Las señoras que lleven falda deberían sentarse de lado y recoger bien cualquier prenda que cuelgue para evitar que se enrede en la rueda o la cadena.

Taxi

Los *Táak·see mee·đêu* (taxis con taxímetro) se introdujeron en Bangkok en 1993 y desde entonces la bajada de bandera ha subido muy poco. Ahora está a 35 THB. Aunque muchos visitantes primerizos duden a la hora de utilizar este servicio, en general, los taxis en Bangkok son nuevos y espaciosos, y los conductores son amables y serviciales. Ir a casi cualquier punto del centro cuesta entre 60 y 80 THB, y los peajes de la autopista, entre 20 y 45 THB, dependiendo del punto de partida, que también corren a cuenta del pasajero.

Taxi Radio (☎1681; www.taxiradio.co.th) y otros servicios de teletaxi 24 horas cargan 20 THB a la cantidad que marca el taxímetro. Suele haber siempre disponibles, salvo en las horas punta, cuando cierran los bares (1.00-2.00) o diluvia.

Por lo general es mejor parar un taxi que está en movimiento que subir a los estacionados, pues estos muchas veces se niegan a conectar el taxímetro. No hay que tener manías en apearse de un taxi que no use taxímetro.

'Túk-túk'

Un trayecto en el vehículo de tres ruedas más emblemático de Tailandia es una experiencia que ningún recién llegado quiere perderse, aunque en pocos segundos muchos advierten que es difícil ver algo con un techo tan bajo.

Los conductores de *túk-túks* tienen un olfato especial para el dinero fresco y no es raro que lleven al cliente más lejos del destino solicitado, cobrándole por ello, por supuesto. En particular, hay que ir con cuidado con los conductores que ofrecen recorridos turísticos por 10 o 20 THB, pues se trata de una estratagema muy estudiada para llevar al cliente a comercios muy caros. Una carrera corta no debería superar los 50 THB.

ALREDEDORES DE BANGKOK

Si alguien se muere por salir de la capital pero le falta tiempo, debería considerar una excursión de un día a algunas de las localidades y provincias vecinas. A las puertas de Bangkok se hallan todos los encantos provinciales de Tailandia: ancestrales monumentos religiosos, mercados flotantes, tesoros arquitectónicos y apacibles aldeas de pescadores.

De Bangkok a Amphawa

El pintoresco pueblo de Amphawa, en Samut Songkhram y a orillas de un canal, está solo 70 km al suroeste de Bangkok. No obstante, si se organiza bien el día, se puede realizar una excursión más larga que combine tren, barco y un breve trayecto en la parte trasera de una camioneta. ¿Por qué? Porque muchas veces el viaje es igual de importante que el destino.

La aventura empieza con la localización en Bangkok de la **estación de trenes de Wong Wian Yai** (plano p. 56; BTS Wong Wian Yai), en Thonburi. Al norte de la rotonda (Wong Wian Yai) hay un mercado de abastos bastante vulgar, que camufla la sencilla terminal de esta línea de cercanías, llamada en inglés Mahachai Shortline, o ramal de Mahachai. Hay que tomar uno de los trenes que salen cada hora (10 THB, 1 h, 5.30-20.10) hacia Samut Sakhon y ya se estará en camino.

Solo 15 minutos después de salir de la estación, la densidad urbana da paso a pueblos achaparrados en los que hasta se puede ver el interior de casas, templos y tiendas. Más adelante, las palmeras, los pequeños arrozales y los pantanales llenos de colocasias y cañas de las Indias flanquean la ruta, con algún que otro apeadero intercalado. Los cenagales se evaporan al llegar a **Samut Sakhon,** una concurrida localidad portuaria que dista pocos kilómetros del golfo de Tailandia y pone el punto final al primer tramo del trayecto en tren.

Tras abrirse paso por el que debe de ser uno de los mercados de productos frescos más trepidantes del país, se llega a un amplio puerto atestado de jacintos de agua y barcas de pesca. Antes del s. XVII, la localidad era conocida como Tha Jiin ("Muelle Chino") por la gran cantidad de juncos chinos que fondeaban aquí.

Alrededores de Bangkok

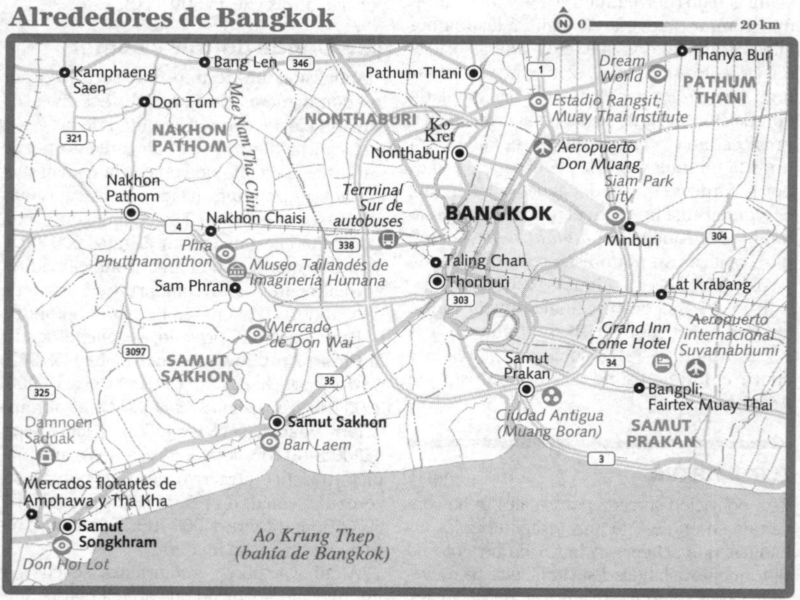

En el imponente edificio del *ferry*, la marisquería **Tarua Restaurant** (rótulo sin caracteres latinos; 859 Th Sethakit, Samut Sakhon; platos 60-200 THB; almuerzo y cena) ofrece vistas del puerto y dispone de carta en inglés. El *ferry* lleva a **Ban Laem** (3-5 THB).

En la otra orilla se alza el santuario de Jao Mae Kuan Im del **Wat Chong Lom**, una fuente de 9 m de altura con la forma de la diosa budista mahayana de la misericordia. Un breve trayecto en mototaxi (10 THB) desde el muelle lleva hasta el Wat Chong Lom. Oportunamente situada junto al santuario está Tha Chalong, una estación de la que salen trenes hacia el próximo destino de la excursión, Samut Songkhram (10 THB, 1 h, 10.10, 13.30 y 16.40).

El viajero sabrá que ha llegado a **Samut Songkhram**, también conocido como Mae Klong, cuando le parezca que el tren se ha estrellado contra el mercado de abastos de la localidad. De hecho, el mercado se instala directamente sobre las vías del tren y los vendedores recogen precipitadamente sus mercancías cuando el tren se aproxima.

En la desembocadura del Mae Nam Mae Klong se halla la atracción turística más famosa de la provincia: un banco de conchas fosilizadas conocido como **Don Hoi Lot.** El banco en realidad solo se puede ver durante la estación seca, cuando el río alcanza el nivel más bajo (normalmente abr y may), aunque la mayoría acude de visita a las inamovibles marisquerías que hay a ambas orillas del Don Hoi Lot. Para llegar se puede tomar una *sŏrng·tăa·ou* delante del Hospital de Somdet Phra Phuttalertla, en el cruce de Th Prasitpattana y Th Tamnimit; el viaje dura unos 15 minutos (15 THB). Otra opción, si es por la tarde y el nivel del agua es suficiente, es alquilar una barca en el muelle del mercado de Mae Klong (*tâh đà·làht mâa glorng*) para realizar un pintoresco recorrido de ida y vuelta de unos 45 minutos (1000 THB).

Para llegar al destino final se puede alquilar una barca (800 THB) o montar en una *sŏrng·tăa·ou* (8 THB) cerca del mercado y cubrir el último tramo de 10 minutos hasta **Amphawa.**

Amphawa อัมพวา

Esta población surcada por canales se ha convertido en un destino muy visitado por los urbanitas, que acuden en busca de un entorno típicamente tailandés. Esta influencia ha provocado cierto aburguesamiento, pero los canales, los edificios antiguos de madera, los evocadores cafés y el pintoresco tráfico fluvial todavía conservan gran encanto. De viernes a domingo, Amphawa celebra un mercado flotante (p. 147). Otra posibilidad es acudir entre semana, cuando probablemente no haya más turistas.

Puntos de interés

A unos pasos del puente peatonal central de Amphawa se encuentra el **Wat Amphawan Chetiyaram**, un grácil templo enclavado en el mismo lugar donde se supone que estuvo la casa familiar de Rama II, y donde pueden verse unos bonitos murales. A un breve paseo del templo está el **parque conmemorativo del Rey Buddhalertla (Phuttha Loet La) Naphalai** (entrada 20 THB; 8.30-17.00), un museo situado en un conjunto de casas tradicionales de la región central de Tailandia, rodeado de 1,5 Ha de parque. El lugar está dedicado a Rama II y alberga una biblioteca de libros y antigüedades del Siam de principios del s. XIX.

Por la noche, los barcos de popa larga surcan las tranquilas aguas de Amphawa con motivo de la danza de las *hìng hôy* (luciérnagas), mucho más numerosas durante la estación húmeda. De viernes a domingo, varias agencias organizan excursiones desde diferentes muelles, que cuestan 60 THB por asiento. El resto de días, alquilar una barca por dos horas cuesta 500 THB.

Dónde dormir y comer

Amphawa es un destino muy socorrido por los domingueros de Bangkok. Los fines de semana parece como si la mitad de las casas ofrezcan habitaciones. El alojamiento puede ser desde poco más que un colchón en el suelo y una mosquitera hasta un albergue más selecto tipo pensión. Las habitaciones con ventilador cuestan a partir de unos 200 THB, mientras que si tienen aire acondicionado y, normalmente, baño compartido, parten de unos 1000 THB, la mitad los días laborables.

Para algo más privado, se puede acudir al **Ploen Amphawa Resort** (08 1458 9411; www.ploenamphawa.com; Th Rim Khlong; h 1400-2500 THB, desayuno incl.;), el **Chababaan-Cham Resort** (08 1984 1000; Th Rim Khlong; h 1900-2400 THB, desayuno incl.;), un complejo turístico atractivo pero un poco caro, cerca del canal, o el **Baan Ku Pu** (0 3472 5920; Th Rim Khlong; d 1000 THB;), un conjunto de bungalós de madera.

Amphawa posee restaurantes sencillos y un mercado nocturno que abre a diario. Si la

MERECE LA PENA

MERCADOS FLOTANTES

(ตลาดน้ำ)

Las fotografías de los mercados flotantes, con canoas de madera rebosantes de frutas y verduras llevadas por mujeres ataviadas con vestidos de tonos índigo y sombreros de paja, se han convertido en un seductor icono del país. Pero más bien se trata de un pedacito sentimental de su historia, pues, en los últimos veinte años, Tailandia ha sustituido los canales por carreteras y las embarcaciones por motocicletas y automóviles. Los mercados flotantes, antaño auténticos centros comerciales para los agricultores y amas de casa, definitivamente han quedado relegados.

El más promocionado es el de **Damnoen Saduak** (plano p. 145; ⌚7.00-16.00 sa y do), 104 km al suroeste de Bangkok y al norte de Samut Songkhram, en la carretera de Nakhon Pathom. Aunque hoy es poco más que un mercado de recuerdos turísticos, se trata de uno de los de más fácil acceso desde Bangkok. Los autobuses climatizados nº 78 y 996 van directamente desde la Terminal Sur en Thonburi (fuera de plano p. 56) hasta Damnoen Saduak (80 THB, 2 h, cada 20 min, 6.00-21.00); casi todos paran delante de los embarcaderos que bordean Th Sukhaphiban 1, que es la ruta terrestre hasta la zona del mercado flotante. Alquilar una barca cuesta unos 300 THB por persona y hora. Una *sŏrng·tăa·ou* (5 THB) de color amarillo cubre con cierta frecuencia la ruta entre el mercado y la parada de autobuses local.

El pariente más próximo de los antiguos mercados flotantes es el **Taling Chan** (plano p. 56; ⌚7.00-16.00 sa y do), al oeste de Bangkok, muy diferente al de Damnoen Saduak. En la carretera de acceso al Khlong Bangkok Noi, el Taling Chan, parece, a primera vista, otro mercado de productos frescos frecuentado por agricultores vecinos. Pero todo cambia cuando del canal emergen varios muelles flotantes donde se montan improvisados comedores a los que se amarran canoas-cocinas. Muchos lugareños acuden para ponerse las botas a base de gambas a la parrilla y fideos. El Taling Chan está en Thonburi, accesible con el autobús con aire acondicionado nº 79 (16 THB, 25 min) desde cualquier parada de Th Ratchadamnoen Klang o Banglamphu, en Bangkok. En cualquier muelle grande de la capital se alquilan barcos de popa larga para ir al Taling Chan y al cercano Khlong Chak Phra.

Sin ser técnicamente flotante, el **mercado de Don Wai** (plano p. 145; Talat Don Wai; ⌚6.00-18.00) está a orillas de un río de la provincia de Nakhon Pathom. A principios del s. xx, cuando empezó, era un mercado flotante de agricultores y comerciantes de pomelo y árboles de Jack. Como muchas otras atracciones turísticas dirigidas a los tailandeses, su principal reclamo es la comida, como fruta, dulces tradicionales y *bèt pálóh* (pato a las cinco especias), que se puede degustar a bordo de grandes embarcaciones que surcan el Nakhon Chaisi (60 THB, 1 h). La manera más fácil de llegar es en microbús (45 THB, 35 min) desde al lado del Central Pinklao (plano p. 56), en Thonburi.

El **mercado flotante de Amphawa** (ตลาดน้ำอัมพวา; đalat nám ampáwah; plano p. 145; ⌚16.00-21.00 vi-do), 7 km al noroeste de Samut Songkhram, es también muy frecuentado por los capitalinos. Hay otros mercados flotantes cerca de la capital que se instalan las mañanas de ciertos días con una fase lunar especial, entre ellos el **mercado flotante del Tha Kha** (plano p. 145; ⌚7.00-12.00 fines de semana del 2º, 4º y 12º día de luna creciente y luna menguante). El lugar ocupa un abierto y aireado *klorng* flanqueado de vegetación y antiguas casas de madera. En la **oficina de la TAT** (☎0 3475 2847) de Amphawa facilitarán las fechas exactas.

visita es en fin de semana, se podría comer en el divertido **mercado flotante de Amphawa** (*đà·làht nám am·pá·wah;* platos 20-40 THB; ⌚ 4-21.00 vi-do), donde los *pàt tai* y otros platos de fideos se sirven directamente de las barcas.

Cómo llegar y salir

Para un itinerario muy agradable hasta Amphawa, véase p. 145. Aunque se puede volver por la misma ruta, es mucho más práctico tomar una de las frecuentes furgonetas que salen del mercado de Samut Songkhram (y, los fines de semana, desde Amphawa) y que, en Bangkok, paran en el monumento a la Victoria (70 THB, 1 h, 5.30-20.00), en Ratchathewi. Otra opción es parar uno de los autobuses a/desde Damnoen Saduak que circulan por la carretera cerca de Amphawa y llegan hasta la Terminal Sur de autobuses de Bangkok (80 THB, 1 h).

Nakhon Pathom

นครปฐม

120 000 HAB.

Esta típica localidad del centro de Tailandia conserva el Phra Pathom Chedi para demostrar que es la ciudad más antigua del país. Su nombre, que proviene del pali *nagara pathama* ("primera ciudad"), ya aporta cierta legitimidad a su alegato.

En general bastante tranquila, Nakhon Pathom es un buen destino para disfrutar de la vida cotidiana de provincias y poner en práctica los conocimientos de thai recién adquiridos entre una comunidad que seguro agradecerá el esfuerzo.

Puntos de interés

Phra Pathom Chedi TEMPLO BUDISTA

(พระปฐมเจดีย์; gratis) En el centro de la ciudad, con 127 m de altura, es el monumento budista más alto del mundo. La *stupa* original, que permanece oculta en el interior de una enorme cúpula vidriosa de color naranja, fue construida a principios del s. VI por budistas theravada de Dvaravati (posiblemente al mismo tiempo que la famosa *stupa* de Shwedagon de Myanmar). Pero, a principios del s. XI el rey jemer Suriyavarman I de Angkor conquistó la ciudad y construyó una *prang* brahmán (*stupa* de estilo hindú/jemer) sobre el santuario. Los birmanos de Bagan, por orden del rey Anawrahta, saquearon la población en 1057 y la *prang* permaneció a su suerte hasta que Rama IV (el rey Mongkut) decidió restaurarla en 1860. El templo es más interesante los fines de semana, cuando las familias de la zona acuden a presentar sus respetos.

En el lado este del monumento, el *bòht acoge un* **buda de estilo Dvaravati** sentado en pose europea similar al que hay en el Wat Phra Meru en Ayutthaya. De hecho es posible que provenga de allí.

También son interesantes los muchos ejemplos de esculturas chinas hechas con piedras verdosas que llegaron a Tailandia como lastre de algunos barcos chinos en el s. XIX. Delante del *bòht* hay un **museo** (entrada con donativo; ⌚9.00-16.00 mi-do), con interesantes esculturas Dvaravati y otras antigüedades. Dentro del complejo se halla la **cueva de Lablae**, un túnel artificial que alberga un santuario con diversas imágenes de Buda.

El **'wat'** que rodea la *stupa* disfruta del rango más alto, el de Rachavoramahavihan; solo otros cinco templos detentan tal honor en Tailandia. Las cenizas del rey Rama VI están enterradas en la base del Phra Ruang Rochanarit, de la época Sukhotai, un gran Buda de pie situado en un *wí·hăhn* al norte del *wat*.

Phutthamonthon TEMPLO BUDISTA

(พุทธมณฑล) Al sureste de la ciudad se alza este buda de pie de estilo Sukhotai diseñado por Corrado Feroci. Con sus 15,8 m, es el más alto del mundo y está rodeado por 400 Ha ajardinadas que acogen esculturas que representan las principales etapas en la vida de Buda (p. ej., una rueda *Dharma* de 6 m cincelada a partir de un solo bloque de granito).

Todos los autobuses que circulan entre Bangkok y Nakhon Pathom pasan por la carretera de acceso que va al parque en Phra Phutthamonthon Sai 4; una vez allí el viajero puede seguir a pie, hacer autostop o parar una *sŏrng·tăa·ou* que entre al parque. Desde Nakhon Pathom también se puede tomar un autobús Salaya de color blanco y púrpura; la parada está en Th Tesa, delante de la oficina de correos.

Mercado de Don Wai MERCADO

(ตลาดดอนหวาย) En las orillas del Mae Nam Nakhon Chaisi se encuentra otro destino recomendable. Para información sobre cómo llegar, véase p. 147.

Dónde comer

Nakhon Pathom cuenta con un formidable mercado en la carretera entre la estación de trenes y el Phra Pathom Chedi; al parecer su *kôw lăhm* (arroz glutinoso con coco al vapor servido en una caña de bambú) es el mejor del país. En esta zona hay muchos y muy buenos vendedores ambulantes y restaurantes.

Cómo llegar y salir

Nakhon Pathom está 64 km al oeste de Bangkok. La ciudad no dispone de una estación de autobuses, pero casi todos los vehículos llegan y salen de cerca del mercado y la estación de trenes.

El modo más práctico y rápido de llegar a Nakhon Pathom es en *rót đoo* (furgoneta compartida) desde el monumento a la Victoria de Bangkok (60 THB; plano p. 89). Salen en cuanto se llenan, normalmente desde las 6.00 hasta, aproximadamente, las 18.00.

También se puede ir en tren desde la estación de Hua Lamphong de Bangkok (14-60 THB, 1 h). Salen durante todo el día y son más frecuentes. Nakhon Pathom también se encuentra en el ramal ferroviario que parte de la estación de Bangkok Noi, en Thonburi (plano p. 60) y llega a la estación Nam Tok, en Kanchanaburi, aunque al ser considerada una "línea turística" las tarifas resultan exorbitadas para los extranjeros.

Tailandia central

Sumario »

Los mejores restaurantes

» Blue Rice (p. 174)
» Sai Thong (p. 158)
» Baan Watcharachai (p. 158)
» Khao Tom Hor (p. 164)
» Jukkru (p. 174)

Los mejores alojamientos

» Baan Lotus (p. 158)
» Tony's Place (p. 158)
» Noom Guest House (p. 164)
» Jolly Frog (p. 172)
» Sabai@Kan (p. 172)

Por qué ir

Casi tan llena de historia como de naturaleza, Tailandia central ofrece de todo, desde preciosas cascadas hasta ruinas de antiguos templos. Las cordilleras coronadas de nubes que separan Tailandia de Myanmar (Birmania) y la jungla virgen, con sus tigres, elefantes y leopardos, atraen a los amantes de la naturaleza. Para los apasionados de la historia, al norte de Bangkok está Ayutthaya, antigua capital de Siam y otrora una de las ciudades más espléndidas del planeta, cuyas bien conservadas ruinas se recorren bien en bicicleta. Más al norte, en la pequeña localidad de Lopburi los monos corretean por templos de estilo jemer.

Al noroeste de Bangkok, el senderismo y las actividades de aventura son el gancho de Kanchanaburi, también visitada en recuerdo de los que murieron en la construcción del Ferrocarril la Muerte durante la Segunda Guerra Mundial.

En el montañoso noroeste, en Thong Pha Phum y Sangkhlaburi viven diversos grupos étnicos.

Cuándo ir

Las tres estaciones del país se reproducen tal cual en Tailandia central; en Kanchanaburi puede hacer un sol abrasador mientras la lluvia azota Sangkhlaburi. La región es calurosa de febrero a junio, lluviosa de octubre a enero y relativamente fresca de octubre a enero; la única constante es la humedad.

Debido a la altitud, Sangkhlaburi y los parques nacionales circundantes son más frescos que otras zonas. Ayutthaya y Lopburi se asientan en una vasta llanura que recibe lluvias y experimenta un calor de manera similar a Bangkok.

Imprescindible

1. Recorrer apartados parques nacionales como el de **Si Nakharin** (p. 180) en busca de esquivos tigres, elefantes y gibones.
2. Subir los siete niveles de las cascadas de **Erawan** (p. 176), entre las más impactantes del país.
3. Pedalear por las ruinas de los templos y palacios de **Ayutthaya** (p. 160).
4. Descubrir la relajada **Sangkhlaburi** (p. 181) y pasar el tiempo con los grupos étnicos que allí viven.
5. Ver corretear a los monos por los templos en ruinas de **Lopburi** (p. 161).
6. Visitar los museos de la Segunda Guerra Mundial y recordar ese triste episodio en **Kanchanaburi** (p. 166).
7. Disfrutar en la zona de Sangkhlaburi de **actividades de aventura** (p. 181), como lanzarse en *tirolina*, montar en elefante por la jungla o ir en kayak por los ríos.

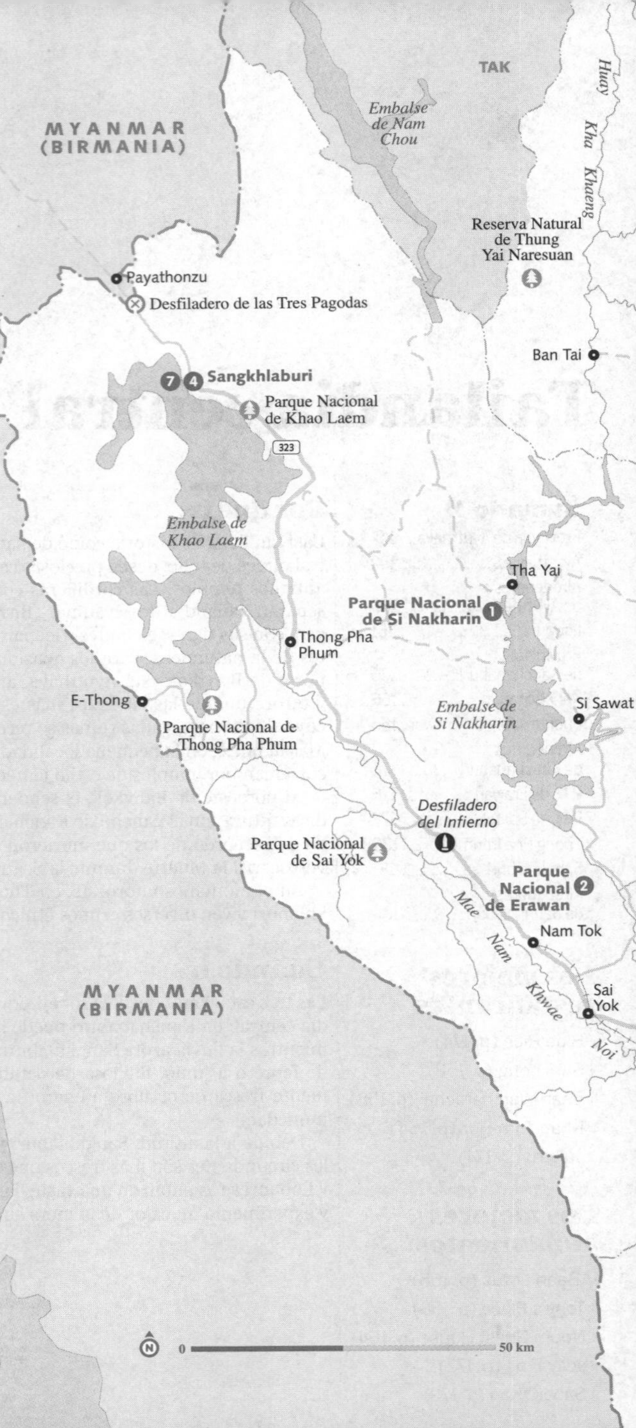

Sawang Yai
Hua Thanon
Phaisali
NAKHON SAWAN
Thap Huay Salao
Reserva Natural de Huay Kha Khaeng
1
Uthai Thani
Hang Nam
Tak Fa
UTHAI THANI
Thung Men
Wat Sing
32
Ta Khli
Wong Sawang
333
Chainat
Nong Muang
Hua Chang
311
11
Ban Rai
Chang Thong
CHAINAT
Ban Mee
Nong Pun
Huay Taphoen
Hankha
LOPBURI
Embalse de Krasiaw
Singburi
Dan Chang
Huay Krasiaw
SINGBURI
Sam Chuk
5 Lopburi
Parque Nacional de Chaloem Ratanakosin
Nong Khon
333
ANG THONG
Sa Krachom
SUPHANBURI
Ang Thong
Nong Ri
32
Suphanburi
KANCHANABURI
309
U-Thong
3 AYUTTHAYA
Bophloi
AYUTTHAYA
Bang Pa In
Thung Khok
Bang Sai
Mae Nam Khwae Yai
3358
Lat Ya
323
340
6 Kanchanaburi
Kamphaeng Saen
Mae Nam Tha Chin
Pathum Thani
Aeropuerto Don Muang
Dan Makham Tia
Nakhon Pathom
338
Nong Tak Ya
4
Thonburi
BANGKOK
Chom Beung
35
Samut Prakan
Ratchaburi
Samut Sakhon
RATCHABURI

PROVINCIA DE AYUTTHAYA

Ayutthaya

พระนครศรีอยุธยา

137 553 HAB.

Antaño una de las ciudades más deslumbrantes y dinámicas de Asia, los templos en ruinas de Ayutthaya son una prueba de su antiguo esplendor. Sus lugares más famosos se han restaurado parcialmente, por lo cual resulta más fácil imaginar cómo fueron entonces, mientras que algunos templos siguen en activo.

Capital de Siam de 1350 a 1767, Ayutthaya, importante puerto comercial cuando la navegación seguía los vientos alisios, deslumbraba a los comerciantes internacionales con sus cientos de rutilantes templos y fastuosos palacios. El imperio llegó a dominar una zona mayor que Inglaterra y Francia juntas y tuvo 33 reyes que entablaron más de setenta guerras durante 417 años. Pero fue su hábil diplomacia la que logró que ninguna potencia occidental se adueñara jamás de Siam.

Ayutthaya libró su última batalla en 1767, cuando los birmanos saquearon la ciudad. Lo que quedó permaneció a su suerte hasta el inicio de la importante obra de restauración. En 1991 la Unesco declaró Patrimonio Mundial las ruinas de Ayutthaya.

Además de templos, Ayutthaya ofrece un creciente número de atracciones centradas en productos y artesanías locales.

Puntos de interés

En tiempos se alzaban orgullosos en Ayutthaya 400 refulgentes templos. Hoy en el corazón de la ciudad se ven más de una docena restaurados, además de varios en activo. Figuras decapitadas de Buda, columnas desmoronadas y balaustradas deshechas evocan imágenes de una ciudad antaño poderosa.

Para una mejor orientación, en esta guía se han agrupado los puntos de interés en dos secciones: "dentro de la isla" y "fuera de la isla"; es fácil desplazarse en bicicleta por ellos, aunque también es útil contratar un guía si se desea ampliar la información histórica.

Casi todos los templos abren de 8.00 a 16.00, y para acceder a los más famosos se paga entrada individual. Un pase de un día (disponible en los museos o las ruinas) para visitar el grueso de los monumentos cuesta 220 THB.

Las ruinas simbolizan la realeza y la religión, los dos pilares fundamentales de la sociedad tailandesa, así que hay que mostrarse respetuoso (véase p. 34).

DENTRO DE LA ISLA

Los siguientes lugares están en el centro de Ayutthaya.

Wat Phra Si Sanphet TEMPLO

(วัดพระศรีสรรเพชญ์; entrada 50 THB) Las tres *chedis (stupas)* de este templo de finales del s. XIV son quizá la imagen más emblemática de Ayutthaya. Era el mayor de la ciudad y lo utilizaron varios reyes. Su interior acogió un buda (Phra Si Sanphet) de 16 m de alto recu-

AYUTTHAYA EN...

Dos días

Se madruga para recorrer el **Parque Histórico** antes de que el sol pegue fuerte. Tras almorzar unos fideos en el **Lung Lek,** se va hacia el norte de la isla para llegar a la representación vespertina del **mercado flotante y teatro acuático Ayuthaya Klong Sabua.** Al día siguiente se da un breve paseo en elefante entre las ruinas y se acaba la visita con una degustación de productos locales en el **mercado flotante de Ayothaya.**

Cuatro días

Se deja la ciudad para visitar el **palacio de Bang Pa In** y el cercano **Centro de Artes y Oficios Bang Sai.** Al volver hay que parar en el **Wat Phanan Choeng** y asegurarse la buena suerte retornando peces al río.

Una semana

Da tiempo para ver los templos y la campiña circundante. Se va en bicicleta al **Wat Yai Chai Mongkhon** y a los vecinos mercados musulmanes antes de regresar a la isla para dar un paseo en bote al atardecer. Si sobraran algunos días, se podrían dedicar a aprender a manejar elefantes con **Ayuthaya Elephant Palace.**

bierto de 250 kg de oro, pero acabó fundido por los conquistadores birmanos.

Museo Nacional de Chao Sam Phraya MUSEO

(พิพิธภัณฑสถานแห่งชาติเจ้าสามพระยา; adultos/niños 150 THB/gratis; 9.00-16.00 mi-do) El museo más grande de la ciudad expone 2400 piezas, desde una cabeza de bronce de Buda de 2 m de altura hasta refulgentes tesoros hallados en las criptas del Wat Phra Mahathat y el Wat Ratburana.

Wihaan Mongkhon Bophit EDIFICIO HISTÓRICO

(วิหารมงคลบพิตร) Junto al Wat Phra Si Sanphet, este santuario alberga uno de los budas de bronce más grandes de Tailandia, de 17 m de alto. Debido a las tormentas y los incendios, la figura se ha remozado varias veces.

En 1955 el primer ministro birmano visitó el lugar y donó 200 000 THB para contribuir en su restauración a modo de –tardío– acto de expiación por el saqueo que su país infligió doscientos años atrás.

Wat Phra Mahathat TEMPLO

(วัดพระมหาธาตุ; entrada 50 THB) Aquí está la imagen más fotografiada de Ayutthaya: una cabeza de Buda en arenisca misteriosamente apresada entre las entrelazadas raíces de un árbol. El templo, erigido en 1374 durante el reinado de Borom Rachathirat I, tiene además una *prang* (*chedi* de estilo jemer) central e hileras de budas decapitados. Nadie sabe cómo acabó así dicha cabeza. Algunos dicen que, abandonada tras el saqueo birmano, los árboles crecieron a su alrededor. Según otros, unos ladrones intentaron robarla pero desistieron ante su excesivo peso.

Wat Ratburana TEMPLO

(วัดราชบูรณะ; Ratcha-burana; entrada 50 THB) Su *prang* es una de las más destacadas de la ciudad, con elaboradas tallas de lotos y criaturas míticas. El templo, al norte del Wat Phra Mahathat, lo erigió en el s. xv el rey Borom Rachathirat II en el lugar de cremación de sus dos hermanos, que murieron mientras se peleaban por el trono. Los ladrones se hicieron con muchos tesoros en 1957; solo algunos fueron detenidos, pero la posterior excavación oficial del yacimiento sacó a la luz varios budas más que había en la cripta.

Wat Thammikarat TEMPLO

(วัดธรรมิกราช) Al oeste del Wat Ratburana, este templo es un sitio agradable para sentarse entre ruinas. Su característica más relevante es una *chedi* central rodeada por esculturas de *singhas* (leones guardianes). Los lugareños creen que el templo es anterior al período Ayutthaya, aunque esta opinión no se sustenta en ninguna prueba arquitectónica.

'TÚK-TÚKS' A MEDIDA

Los *túk-túks* (triciclos a motor) de Ayutthaya se diferencian del clásico modelo tailandés por su carenado aerodinámico. Parecidos a la famosa máscara de Darth Vader, zumban por las calles con todo tipo de colores y dibujos. Un conductor veterano los recuerda con el mismo aspecto desde hace más de cincuenta años. Se piensa que quizá los primeros se fabricaron en Japón, lo que explicaría su curvo morro a lo samurái.

Wat Suwan Dararam TEMPLO

(วัดสุวรรณดาราราม) Pese a no ser de los lugares más visitados, este templo en el sureste de la isla destaca por sus diferentes estilos arquitectónicos. El rey Rama I diseñó el exterior en el más antiguo estilo *uposatha,* mientras que Rama III fue el responsable del interior. La línea algo curva del borde del templo y su sencillo acabado son típicos del período Ayutthaya tardío. Al lado hay un *wí·hăhn* de la época de Rama IV, con un resplandeciente mosaico exterior.

Centro de Estudios Históricos de Ayutthaya MUSEO

(ศูนย์ศึกษาประวัติศาสตร์อยุธยา; Th Rotchana; adultos/estudiantes 100/50 THB; 9.00-16.30 lu-vi, hasta 17.00 sa y do) Un impresionante diorama de la ciudad muestra lo espectacular que fue Ayutthaya. El museo, de planta abierta, ofrece también líneas cronológicas, ejemplos de vida rural tradicional y vídeos.

Museo Nacional de Chantharakasem MUSEO

(พิพิธภัณฑสถานแห่งชาติจันทรเกษม; Th U Thong; entrada 100 THB; 9.00-16.00 mi-do) Alberga una colección de arte budista, esculturas, armas antiguas y armarios lacados. El museo forma parte del Wang Chan Kasem (palacio de Chan Kasem), construido para el rey Naresuan por su padre en 1577.

Museo del Millón de Juguetes MUSEO DEL JUGUETE

(พิพิธภัณฑ์ล้านของเล่นเกริกยุ้นพันธ์; adultos/niños 50/20 THB; 9.00-16.00 lu-do) Con Godzilla, sol-

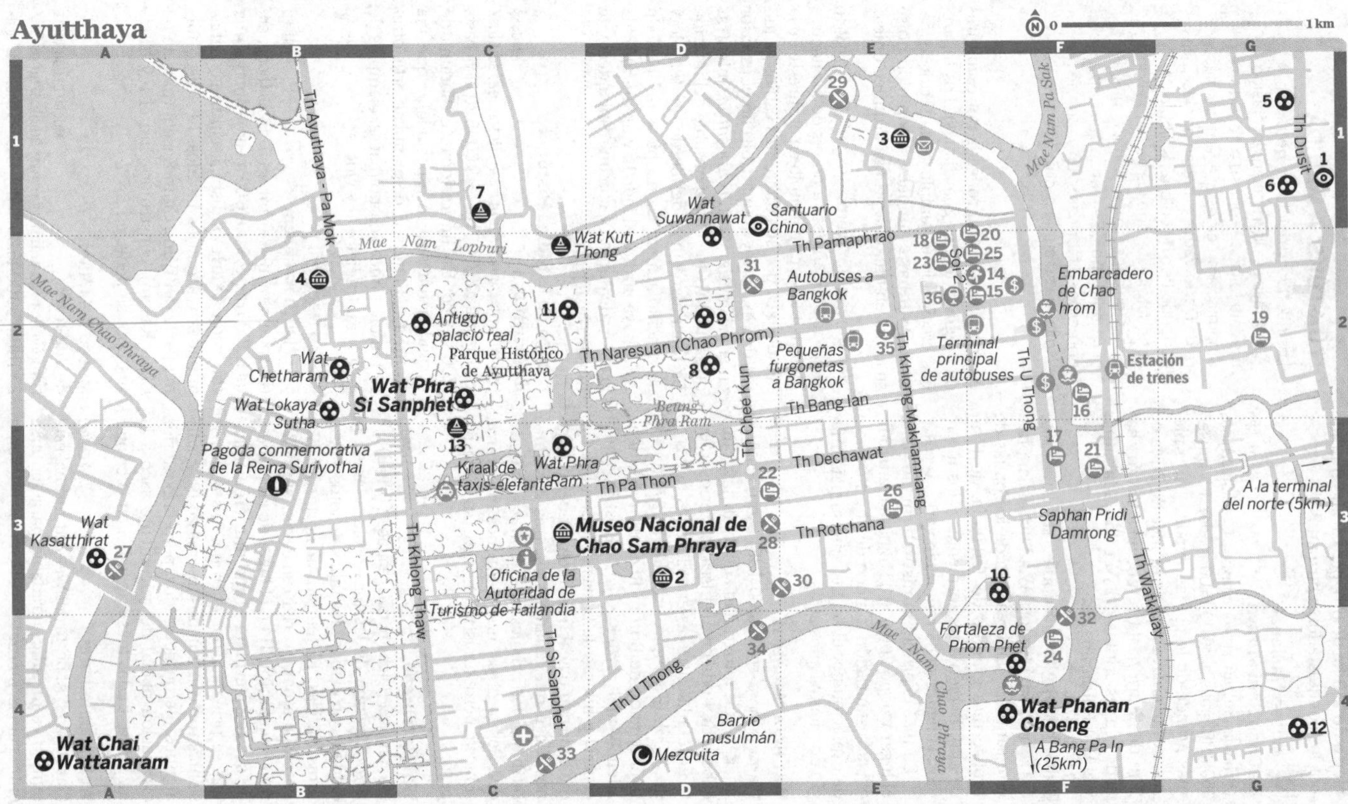
Ayutthaya
0
1 km
Th Ayuthaya - Pa Mok
Mae Nam Lopburi
Mae Nam Chao Phraya
Wat Kuti Thong
Wat Suwannawat
Santuario chino
Th Pamaphrao
Soi 2
Autobuses a Bangkok
Embarcadero de Chao hrom
Mae Nam Pa Sak
Th Dusit
Antiguo palacio real
Parque Histórico de Ayutthaya
Th Naresuan (Chao Phrom)
Pequeñas furgonetas a Bangkok
Terminal principal de autobuses
Th U Thong
Estación de trenes
Wat Chetharam
Wat Phra Si Sanphet
Wat Lokaya Sutha
Beung Phra Ram
Th Bang Ian
Th Chee Kun
Th Khlong Makhamriang
Pagoda conmemorativa de la Reina Suriyothai
Kraal de taxis-elefante
Wat Phra Ram
Th Pa Thon
Th Dechawat
A la terminal del norte (5km)
Wat Kasatthirat
Museo Nacional de Chao Sam Phraya
Th Rotchana
Saphan Pridi Damrong
Oficina de la Autoridad de Turismo de Tailandia
Th Khlong Thaw
Th Si Sanphet
Th Watkluay
Fortaleza de Phom Phet
Mae Nam Chao Phraya
Th U Thong
Barrio musulmán
Mezquita
Wat Phanan Choeng
A Bang Pa In (25km)
Wat Chai Wattanaram

Ayutthaya

Principales puntos de interés

Museo Nacional de Chao Sam Phraya C3
Wat Chai Wattanaram A4
Wat Phanan Choeng F4
Wat Phra Si Sanphet C2

Puntos de interés

1 Mercado flotante de Ayutthaya G1
2 Centro de Estudios Históricos de Ayutthaya D3
3 Museo Nacional de Chantharakasem E1
4 Museo del Millón de Juguetes B2
5 Wat Ayuthaya G1
6 Wat Kudi Dao G1
7 Wat Na Phra Meru C1
8 Wat Phra Mahathat D2
9 Wat Ratburana D2
10 Wat Suwan Dararam F3
11 Wat Thammikarat C2
12 Wat Yai Chai Mongkhon G4
13 Wihaan Mongkhon Bophit C3

Actividades, cursos y circuitos

14 Tour With Thai F2

Dónde dormir

15 Ayothaya Hotel F2
16 Baan Are Gong F2
17 Baan Khun Phra F3
18 Baan Lotus Guest House E2
19 Bann Thai House G2
20 Chantana Guest House F2
21 Krungsri River Hotel F3
22 Promtong Mansion D3
23 PU Inn Ubonpon E2
24 River View Place Hotel F4
25 Tony's Place F2
26 Wiang Fa Hotel E3

Dónde comer

27 Baan Watcharachai A3
28 Gahn Glooay D3
29 Mercado nocturno de Hua Raw E1
30 Krua Nai Pan E3
31 Lung Lek D2
32 Paa Grung Gao F4
33 Puestos de Roti Sai Mai C4
34 Sai Thong D4
Tony's Place .... (véase 25)

Dónde beber

35 Spin E2
36 Calle de los farolillos E2

daditos de plomo y un Superman de tamaño natural, este museo creado por el profesor adjunto Krirk Yoonpun es fascinante. Hay juguetes de todo el mundo, tanto nuevos como antiguos. También muestra amuletos budistas y antiguas monedas tailandesas.

FUERA DE LA ISLA

Al otro lado de las aguas que rodean el centro de Ayutthaya hay varios templos famosos. A algunos es fácil llegar en bicicleta, pero se necesitará una motocicleta hasta otros. Los circuitos nocturnos en barca alrededor de la isla son otra forma de ver los lugares de interés.

Wat Phanan Choeng TEMPLO

(วัดพนัญเชิง; entrada 20 THB) Este bullicioso templo alberga una de las imágenes de Buda más veneradas de Ayutthaya, el Phra Phanan Choeng, de 1325 y 19 m de altura. Se halla en el *wí·hăhn,* rodeado por 84 000 budas que recubren las paredes.

En los terrenos también hay un santuario chino, donde se lanzan petardos para tener suerte, y una zona a orillas del río donde se compran bolsas de peces que trae suerte liberar.

Situado al sureste de la ciudad antigua, al templo se llega en *ferry* (5 THB) desde el muelle cercano a la fortaleza de Phom Phet. Se puede cargar la bicicleta.

Wat Chai Wattanaram TEMPLO

(วัดไชยวัฒนาราม; entrada 50 THB) Hace cuarenta años la jungla cubría este templo erigido en 1630 por el rey Prasat Thong, que por su impresionante *prang* central de estilo jemer y 35 m de altura es hoy uno de los más fotografiados de Ayutthaya. Es un lugar ideal para contemplar el atardecer. Está al oeste de la isla y es accesible en bicicleta por el cercano puente.

GRATIS **Mercado flotante de Ayutthaya** MERCADO

(ตลาดน้ำอโยธยา; 9.00-20.00) Frecuentado por tailandeses y turistas, vende tentempiés, artesanía y ropa. Dispuesto en plataformas de madera sobre el agua, al estar cubierto es ideal cuando el calor aprieta. Hay espectáculos tradicionales durante el día y se alquilan

Se alquilan audioguías (150 THB) en el Wat Phra Si Sanphet, el Wat Phra Mahathat y el Wat Chai Wattanaram. Las de inglés dan una información tan buena sobre el contexto y tantos detalles que es fácil imaginarse cómo eran antaño los lugares comentados.

barcos de popa larga (20 THB) para recorrerlo. Se halla al este de la ciudad antigua, junto a Th Dusit, cerca del Wat Kudi Dao.

Barrio extranjero PARAJE HISTÓRICO
(หมู่บ้านชาวต่างประเทศ) Los gobernantes de Ayutthaya fueron hábiles diplomáticos y, gracias a su tolerancia hacia otras religiones y culturas, en la ciudad se asentaron hasta cuarenta grupos étnicos. Los primeros fueron los portugueses en 1511, seguidos por los holandeses, los británicos y los japoneses. Hasta dos mil comerciantes y diplomáticos lusitanos vivieron en la zona, donde hubo tres iglesias católicas. Un pequeño grupo de tailandeses católicos continúa residiendo hoy cerca del lugar.

A los portugueses se deben las armas de fuego que ayudaron a los tailandeses a derrotar a los birmanos en 1520, los cuales, en agradecimiento, les concedieron tierras para edificar. En 1767 los invasores birmanos quemaron el asentamiento, y no fue hasta 1985 cuando una fundación portuguesa acometió la restauración del conjunto.

En una fosa, en el **asentamiento portugués** al sur de la isla, se exponen los restos de los esqueletos de 40 colonos portugueses. Búsquese la curiosa casa de espíritus con figuras de san José y san Pablo. Al oeste del asentamiento portugués está el **barrio musulmán**, donde se monta un mercado nocturno los miércoles y los sábados. La zona es pintoresca e ideal para ir en bicicleta. De camino se puede parar en el **Wat Phutthaii Sawan**, con su buda reclinado y su *prang* de estilo jemer.

LO MEJOR DE AYUTTHAYA

- **Wat Phra Si Sanphet** (p. 152)
- **Wat Phanan Choeng** (p. 155)
- **Wat Chai Wattanaram** (p. 152)
- **Wat Yai Chai Mongkhon** (p. 157)
- **Wihaan Mongkhon Bophit** (p. 153)

Pueblo japonés MUSEO
(หมู่บ้านญี่ปุ่น; adultos/niños 50/20 THB; ⌚8.30-16.30) En Ayutthaya se establecieron hasta mil quinientos japoneses; algunos eran comerciantes y otros, refugiados de la persecución en su país de los cristianos en el s. XVI. El lugar ofrece una presentación en vídeo sobre el tema y una gigantesca imagen electrónica de un óleo del antiguo asentamiento en su apogeo, obra de artistas holandeses. Está 5 km al sur del asentamiento portugués.

Phu Khao Thong MONUMENTO
(เจดีย์ภูเขาทอง) Salvados los 79 escalones de esta *chedi*, al noroeste de la isla, se tendrán espléndidas vistas de la ciudad. Levantada originariamente por los birmanos durante sus quince años de ocupación, la parte superior es un añadido tailandés. Tiene delante la estatua del conquistador rey Naresuan, rodeada de muchas más de gallos de pelea. Según la leyenda, mientras Naresuan permaneció como rehén en Birmania, sus invencibles gallos salvaguardaron su fama de temible.

Wat Na Phra Meru TEMPLO
(วัดหน้าพระเมรุ; Phra Mehn; entrada 20 THB) Fue uno de los escasos templos en salvarse de la ira de los invasores birmanos en 1767, pues lo utilizaron como base.

El *wí·hăhn* alberga un magnífico buda de arenisca verde de hace mil quinientos años, procedente de Sri Lanka. Sus prominentes rasgos faciales y cejas juntas son típicas del período Dvaravati. El *bòht* (santuario central) tiene un techo de madera tallada que representa el cielo budista.

'Kraal' de elefantes CERCADO DE ELEFANTES
(เพนียดคล้องช้าง) En el pasado, los elefantes salvajes, una vez capturados, eran recluidos en *kraals* ("cercados") donde todos los años el rey escogía los mejores ejemplares para emplearlos como fuerza de trabajo o máquinas de guerra. Restaurado con 980 troncos de teca, este *kraal* está al noreste de la isla.

Bahn Thanon Dusit TEMPLOS
(บ้านถนนดุสิต) En bicicleta por esta zona rural al este de la isla, se obtiene el perfil más pintoresco de la ciudad. El frondoso patio del **Wat Maheyong** es un popular lugar de retiro de meditación los fines de semana. Un poco más adelante están el **Wat Kudi Dao**, invadido por la vegetación, y el **Wat Ayuthaya**, que data del primer período Ayutthaya y donde se instala un modesto mercado nocturno cada miércoles.

Wat Yai Chai Mongkhon TEMPLO

(วัดใหญ่ชัยมงคล; entrada 20 THB) Aquí lo más destacado es un buda reclinado de 7 m de largo; según se dice, trae suerte lograr que una moneda se pegue a sus pies. El rey U Thong mandó construir este monasterio en 1357 para albergar a monjes de Sri Lanka. La *chedi* campaniforme se erigió más tarde, en honor de la victoria del rey Naresuan sobre Birmania.

Actividades y circuitos

Como mejor se ven las ruinas de la isla es en bicicleta. Para abarcar más cosas por la campiña circundante, hay guías y excursiones de dos días como los de **Tour With Thai** (☎0 3523 1084; www.tourwiththai.com; Th Naresuan).

Se conciertan salidas en bote (200 THB/h) en el muelle cercano al mercado nocturno o en las pensiones. Estas últimas ofrecen circuitos por las ruinas al atardecer de dos horas (200 THB), aunque pueden cancelarse si no hay un mínimo de participantes.

Para conocer mejor la historia de Ayutthaya, se pueden contratar guías a través de la TAT (p. 160).

Fiestas y celebraciones

Loi Kratong FESTIVIDAD CULTURAL

En noviembre, hay que ir al Centro de Artes y Oficios Bang Sai para asistir al Loi Kratong, durante el cual se botan cientos de bellos barquitos lotiformes con velas y varitas de incienso en el río. A finales de febrero el centro muestra sus trabajos en su feria anual.

Regatas de los Barcos-Cisne REGATAS

Las Regatas de los Barcos-Cisne se celebran en septiembre en el Chao Phraya, con salida desde el Centro de Artes y Oficios Bang Sai. Tripulaciones nacionales y extranjeras compiten en los típicos barcos de popa larga.

Songkran FIESTA DEL AGUA

Aunque en Bangkok y Chiang Mai haya derivado en una loca guerra acuática, aquí la celebración del Año Nuevo tailandés es más bien un momento para hacer méritos y honrar a las personas mayores. Normalmente es del 12 al 14 de abril.

ESPLENDOR NOCTURNO

Si los templos en ruinas ya son bellos de día, de noche, iluminados, resultan espectaculares. Esto es lo que pasa con muchos de ellos al anochecer, cuando irradian un esplendor etéreo. El Wat Ratburana, el Wat Chai Wattanaram, el Wat Phra Ram y el Wat Mahathat se iluminan de 19.00 a 21.00. Aunque los templos estén cerrados, merece la pena dar un paseo por ellos o cenar en un restaurante cercano.

AYUDA PARA UN VIEJO AMIGO

En Tailandia, con los elefantes se han ganado guerras, construido ciudades y transportado reyes. Pero ahora son ellos los que precisan ayuda, pues al habérseles recortado drásticamente su hábitat natural, se ven reducidos a mendigar por las calles. En el país ya solo quedan unos cuatro mil ejemplares, entre salvajes y domesticados.

Ayuthaya Elephant Palace (☎0 8066 87727; www.elephantstay.com) colabora con un exitoso programa de cría y ofrece breves paseos en ellos por las ruinas. Esta organización sin ánimo de lucro los protege comprando ejemplares enfermos o maltratados, incluso machos que han matado a aldeanos.

Laithongrien Meepan fundó el centro en 1996 tras adquirir un elefante para regalar a su hija. Las australianas Ewa Nakiewicz y Michelle Reedy, antes guardianas de un zoo, llevan el programa Elephant Stay (12 000 THB por un mín. de 3 noches), donde los visitantes aprenden a montar en estos animales, a bañarlos y a ganarse su confianza.

Cuidar de un elefante no sale barato, pues pueden engullir 150 kg de comida al día; lo que se cobra por los paseos y el Elephant Stay ayuda solo a cubrir gastos. A su vez, algunos elefantes contribuyen a su sustento con el arte de sus trompas, p. ej., en películas como *Alejandro Magno*, de Oliver Stone, y hasta con sus boñigas, que luego se transforman en papel, marcadores de libros y álbumes de fotos.

El lugar no está pensado para turistas ocasionales, pero quienes dedican un tiempo a vivir con estas grandes mascotas acostumbran a salir completamente admirados por el animal nacional de Tailandia.

Dónde dormir

Los mochileros van a Soi 2, Th Naresuan, con un puñado de pensiones. A lo largo del paseo fluvial, mucho más pintoresco, hay alojamientos de categoría media y alta. Durante la temporada baja (abr-nov) se pueden conseguir sustanciosos descuentos.

Baan Lotus Guest House PENSIÓN $
(0 3525 1988; 20 Th Pamaphrao; i 200 THB, d 400-600 THB;) En un amplio y frondoso terreno, esta antigua escuela de teca, el alojamiento preferido de estos autores, ofrece un toque limpio y fresco. El personal también tiene el encanto de la vieja escuela.

Tony's Place PENSIÓN $$
(0 3525 2578; www.tonyplace-ayutthaya.com; 12/18 Soi 2, Th Naresuan; h 200-1200 THB;) Aunque sus habitaciones económicas son sencillas, para los mochileros acomodados ofrece otras renovadas y espaciosas.

Promtong Mansion PENSIÓN $$
(0 3524 2459; www.promtong.com; junto a Th Dechawat; i/d/tr 500/700/1100 THB;) Recomendable pensión de cuatro pisos, en parte gracias a su personal entusista y porque queda apartada de la vía principal.

Baan Thai House HOTEL-'BOUTIQUE' $$$
(0 35245 555; junto a Th Dusit; h 2100-2800 THB; P) Junto a la isla, es un espléndido complejo con una docena de inmaculadas villas de estilo tailandés situadas entre exuberantes jardines. Un *túk-túk* (triciclo a motor) a la ciudad antigua cuesta 80 THB.

PU Inn Ubonpon PENSIÓN $
(0 3525 1213; www.puguesthouse.com; 20/1 Soi Thaw Kaw Saw; h 200-900 THB; @) Habitaciones limpias y luminosas, y un alegre personal que le da un aire radiante y ayuda a concertar excursiones.

Chantana Guest House PENSIÓN $
(0 3532 3200; chantanahouse@yahoo.com; 12/22 Soi 2, Th Naresuan; h 400-500 THB;) Se distingue de los alojamientos más destartalados de esta calle por su personal amable, habitaciones limpias y el balcón; por este último vale la pena pagar 50 THB más.

Baan Khun Phra PENSIÓN $
(0 3524 1978; www.bannkunpra.com; 48/2 Th U Thong; dc/d 250/600 THB;) Encantadora propiedad de teca construida hace unos cien años y repleta de antigüedades, p. ej., espadas tailandesas junto a la cama. Los dormitorios colectivos son para hasta cuatro personas.

Krungsri River Hotel HOTEL $$$
(0 3524 4333; www.krungsririver.com; 27/2 Th Rotchana; h 1800-5738 THB; @) Este cuatro estrellas es el mejor alojamiento en la ciudad por sus espléndidas vistas al río y habitaciones sencillas pero estilosas.

Baan Are Gong PENSIÓN $
(0 3523 5592; siriporntan@yahoo.com.sg; junto a Th Rotchana; i 150 THB, d 350-500 THB;) Una cordial familia chino-tailandesa regenta esta centenaria pensión de teca en la *soi* que da a la estación de trenes. El *ferry* a la isla (3 THB) también queda cerca.

Wiang Fa Hotel PENSIÓN $
(0 3524 3252; 1/8 Th Rotchana; h 500 THB; P) Pensión de dos pisos con habitaciones pequeñas, aunque compensadas con un patio abierto, un café con gofres y un ambiente relajado.

Ayothaya Hotel HOTEL $$$
(0 3523 2855; www.ayothayahotel.com; 12 Soi 2, Th Naresuan; h 650-3800 THB; @) Dentro del recinto de las ruinas, cuenta con un personal amable y numerosos servicios. Vale la pena echar una ojeada a las habitaciones de atrás, de estilo *retro*. Atención a los descuentos en temporada baja.

River View Place Hotel HOTEL $$$
(0 3524 1444; www.riverviewplacehotel.com; 35/5 Th U Thong; h desde 2000 THB; @) Habitaciones amplias y acogedoras en uno de los enclaves más pintorescos de la isla, con vistas al río.

Dónde comer

La riqueza cultural de Ayutthaya ha dado lugar a una variada gastronomía, desde dulces tentempiés musulmanes hasta pescado y marisco. Además de los restaurantes adaptados a los paladares occidentales de Soi 2, Th Naresuan, hay excelentes lugares por la parte sur de Th U Thong.

Sai Thong TAILANDESA $
(Th U Thong; platos 90-150 THB; 9.30-22.00) Este restaurante de la vieja escuela es el mejor de la isla, con una buena carta de 180 platos y música en directo. Además de lo habitual, sirve interesantes variaciones como pollo marinado en *whisky*.

Baan Watcharachai TAILANDESA $$
(rótulo sin caracteres latinos; junto a Th Worachate; platos 100-200 THB) Al lado del Wat Kasatthi-

rat, el comensal se sienta en el barco de madera amarrado fuera para tomar *yam ɓlah dùk fòo* (ensalada de siluro crujiente).

Mercado nocturno de Hua Raw MERCADO **$**
(Th U Thong) Con sencillas mesas junto al río, ofrece platos tailandeses y musulmanes, estos últimos indicados con la medialuna y estrella en verde.

Puestos de Roti Sai Mai POSTRES **$**
(Th U Thong; ⌚10.00-20.00) Ayutthaya es célebre por el dulce musulmán *roh·dee săi măi,* hilos de azúcar de palma sobre una tortita que luego se enrolla. Hay varios puestos frente al Hospital de Ayutthaya.

Lung Lek FIDEOS **$**
(rótulo sin caracteres latinos; Th Chee Kun; platos 30-40 THB; ⌚8.30-16.00) Frente al Wat Ratburana, este restaurante de toda la vida prepara los fideos más deliciosos del lugar. Ideal para tomar algo entre templos.

Gahn Glooay TAILANDESA **$**
(rótulo sin caracteres latinos; Th Rotchana esq. Th Chee Kun; platos 120-150 THB; ⌚17.00-24.00) En este restaurante de ambiente informal y karaoke se ve cómo se relajan los tailandeses.

Tony's Place OCCIDENTAL **$**
(Soi 2, Th Naresuan; platos 60-100 THB) En la pensión homónima, supone una parada ideal para repostar, con sencillos platos tailandeses/occidentales, opciones vegetarianas para picar y muchos viajeros.

Krua Nai Pan TAILANDESA **$$**
(rótulo sin caracteres latinos; Th U Thong esq. Th Chee Kun; platos 80-250 THB) Tiene clase, paneles de madera y estupendos platos del noreste, en particular la sopa, muy picante.

Pae Krung Gao TAILANDESA **$$**
(Th U Thong; platos 100-200 THB) Renombrado restaurante tailandés junto al río con cocina de primera. La carta en inglés es una versión abreviada de la tailandesa; si se desea algo en concreto, solo hay que pedirlo.

Dónde beber y ocio

En la isla la vida nocturna es limitada, dada la proximidad de las veneradas ruinas. Los mochileros salen por Soi 2, Th Naresuan, a escuchar música en directo en la calle de los farolillos (Street Lamp). Los jóvenes tailandeses toman combinados de fruta con vodka en el **Spin** (Th Naresuan esq. Th Khlong Makhamriang).

Fuera de la isla hay una serie de bares junto a Th Rotchana, cerca de la terminal norte de autobuses. De ellos, el Khlawng Phleng (rótulo sin caracteres latinos) es el mejor y el menos salaz, con música en directo y ambiente animado.

Mercado flotante y teatro acuático Ayuthaya Klong Sabua TEATRO
(ตลาดน้ำอยุธยาคลองสระบัว; www.ayutthayafloatingmarket.com; entrada 99-199 THB; ⌚10.00-17.30 sa y do) Promocionado como el único teatro acuático del reino, los artistas parecen deslizarse sobre el agua y representan espectáculos tradicionales que incluyen efectos espectaculares, como escupir fuego. Se ofrecen cinco pases diarios entre 11.00 y 16.30. Las entradas, con bufé incluido, cuestan menos después de las 14.30. Está a unos 2 km por la calle que pasa por el Wat Na Phra Meru. El mercado no es gran cosa

Información

Peligros y advertencias

Que haya bastantes semáforos en los cruces de la ciudad no debe hacer bajar la guardia, sobre todo si se va en bicicleta. Recuérdese la norma de circulación no escrita del país: los más grandes y rápidos tienen preferencia. En la bicicleta hay que llevar las bolsas encima y no en las cestas, mas fáciles de robar.

De noche grupos de perros deambulan por las calles; hay que evitar el contacto visual y guardar las distancias.

Urgencias

Policía turística (☎urgencias 1155; Th Si Sanphet)

Acceso a internet

Por Soi 2, Th Naresuan, hay varios establecimientos que cobran 30 THB por hora.

Asistencia médica

Hospital de Ayutthaya (☎urgencias 1669, 0 3532 2555-70; Th U Thong esq. Th Si Sanphet) Tiene servicio de urgencias y médicos que hablan inglés.

Dinero

Hay numerosos cajeros automáticos por Th Naresuan, cerca del centro comercial Amporn.

Bank of Ayuthaya (Th U Thong cerca de Th Naresuan)

Kasikorn Bank (Th Naresuan)

Siam City Bank (Th U Thong)

Siam Commercial Bank (Th Naresuan)

Correos

Oficina principal de correos (Th U Thong; ⌚8.30-16.30 lu-vi, 9.00-12.00 sa y do)

Información turística

Autoridad de Turismo de Tailandia (TAT; ☎0 3524 6076; 108/22 Th Si Sanphet; ⌚8.30-16.30) La oficina junto a la comisaría de policía ofrece un buen surtido de folletos y planos gratis.

ℹ Cómo llegar y salir

Barco

Los barcos de varias empresas de circuitos surcan el río hasta Bangkok (véase p. 92)

Autobús

La parada de autobuses provinciales de Ayutthaya está en Th Naresuan, a un breve paseo de la zona de las pensiones. Algunos destinos son:

Bang Pa In (25 THB, cada hora a la hora y 20 min; en *sŏrng·tăa·ou*)

Lopburi (40 THB, 2 h, cada 45 min)

Suphanburi (60 THB, 2 h, cada 30 min) Para ir a Kanchanaburi.

Para Bangkok, los autobuses y microbuses salen de paradas en Th Naresuan hacia las siguientes zonas de la capital:

Monumento a la Victoria (60 THB, 1½ h, cada hora, 5.30-19.00)

Rangsit (40 THB, 1 h, cada 15 min)

Terminal Sur (Sai Tai Mai) (70 THB, 1 h, cada 30 min. 4.30-19.00)

Terminal Norte (Mo Chit) (50 THB, 1½ h, cada 20 min) Para también en el aeropuerto Don Muang.

Los autobuses hacia el norte del país tienen la terminal 5 km al este de la ciudad vieja, junto a Th Rotchana; un *túk-túk* hasta ella cuesta 100 THB. Algunos destinos:

Chiang Mai (403-806 THB, 9 h, frecuentes)

Nan (386-497 THB, 8 h, 1 matinal y 2 vespertinos)

Phitsanulok (224-227 THB, 5 h, frecuentes)

Sukothai (255-328 THB, 6 h, cada 2 h)

Tren

La estación queda al este del centro, con servicios a:

Bang Pa In (3 THB)

Estación de Hua Lamphong de Bagkok (normal/rápido/expreso 15 THB/20 THB/315 THB, 1½ h, frecuentes por la mañana y por la noche)

Estación de Bang Sue de Bangkok (normal/rápido/expreso 15/20/315 THB, 1½ h, frecuentes matinales y vespertinos) Muy a mano para la zona de Th Khao San.

Chiang Mai (normal/rápido/expreso 586/856/1198 THB, 5 diarios)

Khon Kaen (normal/rápido/expreso 173/265/375 THB, 6 h, 4 diarios)

Pak Chong (normal/rápido/expreso 23/73/130 THB, frecuentes) La estación más cercana al Parque Nacional de Khao Yai.

El *ferry* que cruza el río desde el centro urbano (4 THB) lleva rápido a la estación de trenes, accesible también en *sŏrng·tăa·ou* (50 THB).

ℹ Cómo desplazarse

Es fácil conseguir un *săhm·lór* (triciclo a pedales; también escrito *săamláw)* o un *túk-túk*. Siempre debe acordarse el precio de antemano. Las carreras por la isla cuestan 30-40 THB.

Al estar casi todas las ruinas juntas, se recomienda verlas en bicicleta o elefante. Las pensiones alquilan bicicletas (30 THB) y motocicletas (200 THB). Se ofrecen breves paseos por el parque histórico en elefante (200-500 THB) o en calesa (300 THB). Los elefantes están en un *krahl* en Th Pa Thon.

Para información sobre alquiler de barcos de popa larga para circuitos por la isla, véase p. 157.

Alrededores de Ayutthaya

PALACIO DE BANG PA IN บางปะอิน

Es el **palacio** (entrada 100 THB; ⌚8.00-16.00) más ecléctico del país, con una curiosa diversidad de estilos. Rama V (el rey Chulalongkorn) [1868-1910] restauró la construcción original del s. XVII y, aunque algo disonantes, los pabellones de estilo tailandés, chino y europeo reflejan las variadas influencias del monarca.

Destacan la réplica del puente del Tíber de Roma, el impresionante **Wehut Chamrun**, de estilo chino, el observatorio **Withun Thatsana**, de resonancias victorianas, y, en medio de un estanque, un pabellón tailandés con una estatua del propio rey Chulalongkorn.

En 1880 la reina Sunanta se ahogó en él durante un viaje. Nadie osó tirarse para intentar salvarla, pues la ley prohibía entonces a los cortesanos tocar a su majestad; tras la desgracia, su marido cambió esta ley. Un obelisco de mármol erigido en su memoria se alza en los jardines del palacio.

Para desplazarse se alquilan carruajes sin conductor (1ª hora/hora adicional 400/100 THB).

El **Wat Niwet Thamaprawat,** situado por detrás del aparcamiento del palacio, es un templo realmente insólito. Concebido para asemejarse a una catedral, su traza gótica, vidrieras y caballeros con armaduras realmente chocan con las imágenes de Buda. Un funicular accionado a mano por un monje lleva gratis a la otra orilla.

Desde Ayutthaya, hay que tomar una *sŏrng·tăa·ou* pública (25 THB, 1 h, frecuentes) en la parada de autobuses provinciales de Th Naresuan hasta la estación de autobuses de Bang Pa In, donde hay mototaxis para llegar hasta palacio (30 THB), a 4 km. En tren (3ª clase 3 THB, 30 min), la estación queda un poco más cerca del palacio que la de autobuses, aunque igualmente se necesitará un mototaxi (20 THB) para cubrir el tramo final. Otra opción es contratar un *túk-túk* (400 THB ida y vuelta, aprox.).

CENTRO DE ARTES Y OFICIOS BANG SAI ศูนย์ศิลปาชีพบางไทร

Unos 17 km al suroeste del palacio, el **Centro de Artes y Oficios Bang Sai** (⌚9.00-17.00) ofrece 30 cursos de capacitación, entre ellos de cerámica, máscaras y tejido de seda. Creado en 1984 con apoyo de la reina Sirikit, sus 180 Ha incluyen el pabellón **Sala Phra Ming Kwan,** donde se vende una amplia gama de artículos, y un excelente pueblo de artesanos. El **jardín de aves** (20 THB) y el mayor **acuario** (adultos/niños 100/50 THB) de agua dulce del país fascinarán a los niños. Pero se recomienda no ir los lunes, pues algunas atracciones cierran.

Para llegar, se toma un tren hasta Bang Pa In y luego un mototaxi o una *sŏrng·tăa·ou.*

PROVINCIA DE LOPBURI

26 500 HAB.

Lopburi ลพบุรี

Esta lánguida y agradable ciudad destaca, además de por su condenada banda de monos, por sus templos en ruinas.

Las ruinas, todas en la parte antigua de la ciudad, reflejan la importancia del lugar durante los imperios Dvaravati, jemer, Sukhotai y Ayutthaya.

Es una de las ciudades más antiguas de Tailandia, desarrollada en la época Dvaravati (ss. VI-X) con el nombre de Lavo. La enorme influencia jemer aún se aprecia en la arquitectura y el arte. Durante el período Ayutthaya, Lopburi acogió a numerosos dignatarios extranjeros como segunda capital, lo que repercutió en avances en la arquitectura, la astronomía y la literatura.

En la actualidad el centro de atención local son los monos, que corretean por la ciudad en busca de comida y juerga. Aunque estos macacos viven entre las ruinas, no hay que extrañarse si también se ven sus pícaras caras acechando por la ventana del hotel.

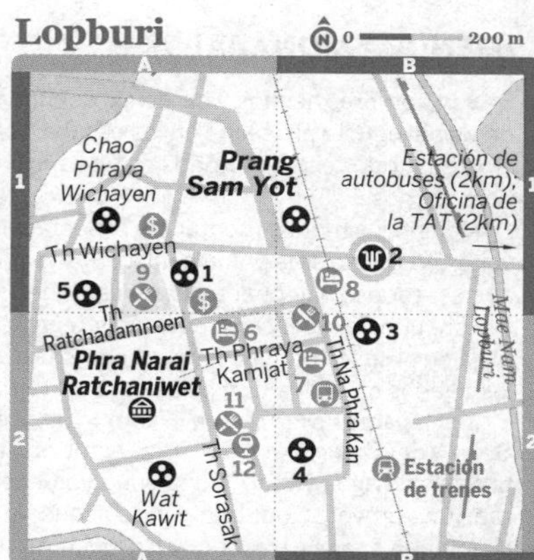

Lopburi

Principales puntos de interés

Phra Narai Ratchaniwet A2
Prang Sam Yot B1

Puntos de interés

1 Prang Khaek A1
2 San Phra Kan B1
3 Wat Nakhon Kosa B2
4 Wat Phra Si Ratana Mahathat B2
5 Wat Sao Thong Thong A1

Actividades, cursos y circuitos

Nature Adventure .... (véase 7)

Dónde dormir

6 Nett Hotel A2
7 Noom Guest House B2
8 Sri Indra Hotel B1

Dónde comer

9 Mercado central A1
10 Khao Tom Hor B2
11 Thaisawang House A2

Dónde beber

Noom Guest House .... (véase 7)
12 Sahai Phanta A2

¡MENUDA MONADA!

Se ven hombres hechos y derechos con tirachinas, ancianas con palos de 2 m y cocodrilos de juguete al acecho en los escaparates de las tiendas. Esto es Lopburi, y aquí se emplean todos estos métodos en un vano intento de repeler la invasión de sus emblemáticos monos.

A diario los monos montan un espectáculo público con sus saltos de un lado a otro, volteretas y carreras por la ciudad. Los vecinos se ven relegados a papeles secundarios, a hacer todo lo que puedan para mantenerlos a raya.

Este tipo de macaco ya es parte integral de la identidad de Lopburi. Si el viajero se aloja en el casco antiguo los verá cómo cruzan raudos por los cables eléctricos, aporrean los tejados de chapa o se pelean por un tomate.

Sus lugares favoritos son el **San Phra Kan** (santuario de Kala; Th Wichayen) y la **Prang Sam Yot** (Th Wichayen). Al visitar estos enclaves hay que esconder en los bolsos las botellas de agua y todo lo que pueda parecer comida. Una botella a la vista será considerada una provocación. También se aconseja llevar la cámara fotográfica sin su bolsa.

Aunque pueda parecer que los lugareños los aborrecen, jamás les harán ningún daño, pues prevalece el precepto budista de respetar toda forma de vida. Además, algunos de estos animales son "descendientes" del dios hinduista Kala, por lo que traería muy mal karma lastimar a uno. Estos animales están por todas partes, también en forma de recuerdos; hasta hay una "cerveza de mono", elaborada por el Lopburi Inn Hotel and Resort.

Para que los micos dejen de robar comida a los turistas, junto al San Phra Kan hay un comedero donde todos los días de 10.00 a 16.00 se les reparten pilas de fruta y verdura que se zampan en un santiamén.

Hay que tener cuidado cuando se ande cerca de ellos, pues, por muy lindos que parezcan, son animales salvajes; si se ve una cría, téngase en cuenta que su protectora madre no andará muy lejos. Basta con fijarse en los brazos de los jóvenes guías que se ofrecen a mostrar estos lugares para tener claro que estas monadas, a veces, muerden.

Lopburi, que está 150 km al norte de Bangkok, es conocida por sus campos de girasoles, jalea de coco y muebles de *rattan,* aunque sus principales cultivos son la caña de azúcar y el arroz.

Puntos de interés

Phra Narai Ratchaniwet MUSEO
(วังนารายณ์ราชนิเวศน์; entrada por Th Sorasak; entrada 150 THB; ⌚galería 8.30-16.00 mi-do, terrenos del palacio 8.00-17.30) La visita de Lopburi empieza por lo que fuera el palacio real. En sus terrenos se halla el **Museo de Lopburi** (oficialmente llamado Museo Nacional de Somdet Phra Narai), que alberga muestras de historia local. Consta de tres edificios separados: el pabellón de Phiman Mongkut, dedicado a escultura y arte de los períodos Lopburi, jemer, Dvaravati, U Thong y Ayutthaya, el salón del trono Chantara Phisan, con pinturas y artefactos en memoria del rey Narai, y el edificio del Phra Pratiab, de estilo europeo, que exhibe una muestra de artesanía tradicional y utensilios de caza.

Erigido entre 1665 y 1677 con la colaboración de ingenieros italianos y franceses, el palacio se usaba para recibir a dignatarios extranjeros. En Th Sorasak está su entrada principal, la **Pratu Phayakkha.** A la izquierda del visitante quedan los restos del estanque y el antiguo salón de recepciones.

Más adelante se encuentran los establos de los elefantes, y por la parte de atrás del recinto, el salón del trono **Suttha Sawan,** donde murió el rey Narai.

En el palacio puede sacarse un pase de un día (150 THB), válido para visitar todas las ruinas.

Prang Sam Yot MONUMENTO
(ปรางค์สามยอด; Th Wichayen; entrada 50 THB; ⌚8.00-18.00) Es la atracción más famosa y fotografiada de Lopburi. Estas tres torres unidas simbolizaron en su día el trimurti hinduista de Siva, Visnu y Brahma; dos de ellas contienen hoy los restos de budas de estilo *Lopburi*. Las torres, a las que se puede acceder, ofrecen cierto alivio del calor... ¡y de los monos!

Guías jóvenes muestran el templo por un pequeño donativo; aunque su inglés sea muy pobre, mantienen a raya a los monos con tirachinas. El monumento representa el más notable exponente de arquitectura jemer-Lopburi y gana mucho por la noche, cuando se ilumina.

Wat Phra Si Ratana Mahathat TEMPLO

(วัดพระศรีรัตนมหาธาตุ; Th Na Phra Kan; entrada 50 THB; ⌚7.00-17.00) Enfrente de la estación de trenes, este *wat* jemer del s. XIII fue en tiempos el monasterio más grande la ciudad. En la Phra Prang central se ven bajorrelieves de la vida de Buda, y en su puerta en forma de arco, imágenes al estilo del período Lawo. La *prang* del noroeste tiene ángeles de estilo U Thong, con unas inusuales caras oblongas y halos.

Ban Wichayen EDIFICIO HISTÓRICO

(บ้านวิชาเยนทร์; Th Wichayen; entrada 50 THB; ⌚9.00-16.00) El rey Narai construyó este palacio tailandés-europeo como residencia para los embajadores extranjeros. Su huésped más famoso fue el diplomático y comerciante griego Constantine Phaulkon. El palacio queda al otro lado de la calle, al noreste del Wat Sao Thong Thong.

Prang Khaek RUINAS

(ปรางค์แขก) En una parcela triangular bordeada al norte por Th Wichayen, esta torre de ladrillo de estilo jemer del s. XI es el monumento más antiguo de Lopburi, originalmente quizá un templo dedicado de la diosa hinduista Siva.

Wat Nakhon Kosa RUINAS

(วัดนครโกษา; Th Na Phra Kan) Está pasada la estación de trenes y data del s. XII, posiblemente como santuario hinduista. La *chedi* principal es del período Dvaravati, mientras que el *wí·hăhn* se debe al rey Narai. Por la parte de atrás se ve una colección de budas descabezados.

Wat Sao Thong Thong RUINAS

(วัดเสาธงทอง; Th Wichayen) Al noroeste del palacio, este templo destaca por las sorprendentes ventanas de estilo gótico que añadió el rey Narai para que se usara como capilla cristiana.

Wat Khao Wong Kot TEMPLO, CUEVA

(วัดเขาวงกต) Unos 30 km al oeste de Lopburi, este templo está junto a una enorme cueva de murciélagos. A la derecha de la entrada empiezan los 280 escalones que llevan a la cueva. Desde Lopburi, se puede llegar en un tren (6/26 THB) que vaya hacia el norte hasta la estación de Ban Mee y luego en mototaxi. También hay autobuses (23 THB) cada hora a Ban Mee. No obstante, si se quiere ver el éxodo vespertino de los murciélagos se necesitará contar con transporte privado, pues el último tren/autobús de regreso a Lopburi es a las 16.45/17.30.

Presa de Pa Sak Jolasid PARAJE DE 'PICNIC'

(เขื่อนป่าสักชลสิทธิ์) Mucha gente va de *picnic* a este embalse de casi 5 km de largo donde hay varios puestos de comida y bebida. Los visitantes dan cortos paseos en tranvía (25 THB) por su orilla. Hay *camping* y bungalós. Los autobuses que desde Lopburi van al este a Wang Moung (50 km; 33 THB, 2 h, cada 30 min) paran junto a la presa.

MERECE LA PENA

PUNTOS DE INTERÉS DE SARABURI

Saraburi es una provincia pequeña enclavada entre las más famosas Ayutthaya y Lopburi. Ofrece unas pocas atracciones, dos de las mejores, por suerte, casi juntas.

Wat Phra Puttachai

La supuesta silueta del Buda que se ve en la roca del cerro da nombre a este templo cueva. Detrás de otros seis budas hay pinturas prehistóricas de hace tres mil años; observándolas con atención se disciernen gallinas e imágenes religiosas. Desde lo alto del cerro hay magníficas vistas de la llanura. Está en la carretera 3042, a 5 km de la carretera 1.

Parque Nacional de Nam Tok Sam

(☎0 2562 0760; www.dnp.go.th; adultos/niños 200/100 THB) Desde el templo anterior, 2 km por la carretera se llega a este parque de 44 km², con una llanura central. Ofrece buen senderismo y la oportunidad de ver faisanes, muntíacos, jabalíes y mariposas. Aunque el parque no tenga los "tres millones de cascadas" que promete su nombre, la Nam Tok Sam Lan, la Nam Tok Rak Sai y la Nam Tok Pho Hin Dat están cerca de la entrada principal y merece la pena visitarlas. Desde la oficina principal, los guías pueden acompañar al visitante en una caminata de tres horas. Hay tiendas (200-400 THB) y bungalós (600-2400 THB).

Actividades

Khao Chin Lae ESCALADA EN ROCA

Esta montaña de 240 m, a 20 km de Lopburi, tiene más de cuarenta vías de escalada, de fáciles a difíciles. Quienes la coronen se verán recompensados con las vistas de los famosos campos de girasoles de Lopburi (nov-jun, que es cuando están en flor). Si solo se quieren ver los girasoles, basta con tomar el autobús que va al este desde Lopburi al Khao Noi (15 THB) y pedir al conductor que pare en el Khao Chin Lae. Los campos están a un breve paseo, y además en muchos se puede entrar.

Para más información sobre el Khao Chin Lae, contáctese con **Nature Adventure** (☎0 3642 7693; www.noomguesthouse.com; 15-17 Th Phraya Kamjat).

Fiestas y celebraciones

Fiestas del Rey Narai FIESTAS TRADICIONALES

Se celebran del 16 al 22 de febrero en el Phra Narai Ratchaniwet. Los lugareños, ataviados con trajes típicos, organizan un vistoso desfile que concluye en el antiguo palacio real; uno de los momentos estelares de las fiestas es la representación de *lákon ling* (una obra tradicional protagonizada por monos).

Fiesta de los Monos FIESTA DE LOS MONOS

Los macacos de verdad cobran especial protagonismo la última semana de noviembre con ocasión de la Fiesta de los Monos, que congrega a miles de personas para verlos devorar un auténtico banquete.

Dónde dormir

En la ciudad antigua solo hay alojamientos económicos, pero a cambio se puede ir a pie a todas las ruinas importantes. En la parte nueva de la ciudad hay unas pocas opciones de precio medio, casi todas cerca de los autobuses urbanos que llevan a las atracciones.

Noom Guest House PENSIÓN $

(☎0 3642 7693; www.noomguesthouse.com; Th Phraya Kamjat; h 150-300 THB; ❄📶) Los bungalós con techo de bambú y vistas a un frondoso jardín convierten a este establecimiento en uno de los alojamientos más agradables del lugar. Las habitaciones de la planta alta comparten baño. A la vuelta de la esquina, una pensión asociada acoge cualquier excedente de clientela.

Nett Hotel PENSIÓN $

(☎0 3641 1738; netthotel@hotmail.com; 17/1-2 Th Ratchadamnoen; h 300-550 THB; ❄📶) Todavía es uno de los alojamientos que salen más a cuenta, esta pensión no puede estar más céntrica, y encima con habitaciones renovadas y limpias. Las más baratas tienen ventilador y duchas con agua fría.

Thepthani Hotel PENSIÓN $

(☎0 3641 1029; Th Phra Narai Maharat; h 400 THB; ❄) Llevada por el Departamento de Turismo y Hostelería de la Universidad de Rajabhat, ofrece habitaciones impolutas y un personal amable. Delante para un autobús azul (10 THB) que circula entre la ciudad nueva y el casco antiguo.

Sri Indra Hotel PENSIÓN $

(☎0 3641 1261; 3-4 Th Na Phra Kan; h 200-350 THB; ❄) Enfrente de la estación de trenes, ofrece vistas al San Phra Kan, servicio excelente y habitaciones sencillas (las más baratas con ventilador).

Residence 1 HOTEL $$

(☎0 3661 3410; Th Kanklorngchonbratahn; h 600-1200 THB; ❄📶🏊) A las afueras de la ciudad, aunque accesible a pie desde la estación de autobuses, destaca por tener piscina, aunque algunas habitaciones carecen de luz natural.

Lopburi Inn Hotel HOTEL $$

(☎0 3641 2300; www.lopburiinnhotel.com; 28/9 Th Phra Narai Maharat; h 700-950 THB; ❄📶🏊) Por si no se estuviera harto de monos, aquí se es recibido por varias estatuas de simios (1 de bronce de 3 m y 30 pequeñas). Las habitaciones de más categoría cuentan con baños enormes.

Lopburi Inn Resort CENTRO VACACIONAL $$

(☎0 3642 0777; www.lopburiinnresort.com; 1144 M.3 Th Pahonyohtin, Tambon Tha Sala; h 900-1300 THB; ❄📶🏊) El complejo más elegante de Lopburi tiene piscina y espaciosos terrenos, aunque las habitaciones necesitan una reforma. Un microbús recorre los 5 km que lo separan de la ciudad vieja.

Dónde comer y beber

Los mercados callejeros de Lopburi son ideales para descubrir nuevos sabores. Los miércoles se monta uno en Th Phraya Kamjat, mientras que por la noche hileras de vendedores de fideos y dulces atienden en Th Na Phra Kan.

Khao Tom Hor TAILANDESA-CHINA $

(Th Na Phra Kan esq. Th Ratchadamnoen; platos 30-80 THB) El sitio más concurrido de la ciudad ofrece excelentes platos chino-tailandeses como *salid tôrd* (pescado salado frito) y *pàd gàprow gài* (pollo con hojas de albahaca). Servicio rápido y eficiente.

Teu TAILANDESA $
(rótulo sin caracteres latinos; Th Pratoo Chai; platos 40-70 THB; ⏲15.00-00.30) Para comer entre lugareños, con taburetes de plástico, un fantástico *gaang Ƀàh néua (curry)* y cerveza espumosa y helada. Hay sitio fuera, frente a un herboso borde, y dentro, junto a la caótica cocina. Hay que buscar el gran rótulo rojo.

Mercado central MERCADO $
(junto a Th Ratchadamnoen y Th Surasongkhram; ⏲6.00-17.00) Hay que deambular por estos estrechos callejones y disfrutar de sus colores y aromas. Se ven fresas rojo sangre, langostinos naranjas y plateado pescado junto a *kôw đom mùd* (arroz envuelto en hojas de coco), *đa·go peu·ak* (crema de taro con leche de coco) y *gài tôrt* (pollo frito). En el centro hay un pabellón vegetariano.

Thaisawang House TAILANDESA-VIETNAMITA $
(Th Sorasak; platos 60-100 THB; ⏲8.30-20.00) Frente al Phra Narai Ratchaniwet, ofrece una larga carta tailandesa-vietnamita y raciones generosas. Se recomiendan los panqueques al vapor. Ojo con el altarcito rodeado de figuritas de juguete que hay detrás del mostrador.

Noom Guesthouse BAR
(Th Phraya Kamjat) Uno de los pocos del casco antiguo, frecuentado por residentes extranjeros y con cervezas Chang y Leo.

Sahai Phanta BAR
(Th Sorasak) A la vuelta de la esquina del anterior, anima a la clientela con una banda de *karabao*. Sin rótulo en inglés, se identifica por la gigantesca publicidad de "Benmore" sobre su tejado.

Good View BAR
(Th Naresuan; platos 80-150 THB; ⏲17.00-1.00) Dispuesto en tres niveles y con un pescado estupendo, es el mejor de los restaurantes y bares al aire libre de Th Naresuan, en la ciudad nueva.

ℹ Información

Hay bancos en el casco antiguo de Lopburi y junto a la estación de autobuses. Varios cibercafés y tiendas de juegos en línea se apiñan en Th Na Phra Kan, con tarifas entre 15 y 20 THB por hora. El **Zon Coffee Bar** (Th Naresuan) tiene wifi gratis.

Autoridad de Comunicaciones de Tailandia (CAT; Th Phra Narai Maharat; ⏲8.30-16.30)

Hospital Muang Narai (☎0 3661 6300; Th Pahonyohtin)

Policía (☎0 3678 0042) La comisaría está 2 km al oeste de la ciudad antigua.

Oficina de correos (Th Phra Narai Maharat)

TAT (☎0 3642 2768-9; Th Phra Narai Maharat; ⏲8.30-16.30) Aunque quede a desmano, 5 km al este del casco antiguo, en Th Phra Narai Maharat, vale la pena acercarse por el excelente plano que facilitan gratis.

ℹ Cómo llegar y salir

Autobús y furgoneta

La **estación de autobuses** (Th Naresuan) de Lopburi está a 2 km del casco antiguo. Algunos destinos son:

Ayutthaya (40 THB, 2 h, cada 30 min)

Terminal Norte (Mo Chit) de Bangkok (80 THB, 3 h, cada 30 min)

Khorat (Nakhon Ratchasima) (2ª/1ª clase 120/155 THB, 3½ h, cada hora)

Suphanburi (60 THB, 3 h, cada 90 min) Para autobuses a Kanchanaburi.

Otros destinos cercanos son Singburi y Ang Thong. Un mototaxi entre la estación y el casco antiguo cuesta 30 THB.

Las **furgonetas** (KO Travel; ☎0 3661 8755) para Bangkok salen cada 20 minutos desde Th Na Phra Kan de 3.30 a 20.00; en la capital paran junto al monumento a la Victoria (110 THB). En sentido contrario salen de 5.00 a 20.00. Los bultos demasiado grandes pagan billete.

Tren

Accesible a pie desde el casco antiguo, la **estación de trenes** (Th Na Phra Kan) ofrece servicios a:

Ayutthaya (normal/rápido/expreso 13/20/336 THB, frecuentes durante el día)

Estación de Hua Lamphong de Bangkok (normal/rápido/expreso 28/50/345 THB, frecuentes de día) Los expresos/normales tardan 3/4 h. En Bangkok es mejor salir en la estación de Bang Sue, más cerca del metro que lleva al centro.

Phitsanulok (normal/rápido/expreso 49/99/393 THB, frecuentes)

Para estancias cortas, se puede dejar el equipaje en la consigna de la estación por 10 THB por bulto y día.

ℹ Cómo desplazarse

Las *sŏrng·tăa·ous* y los autobuses urbanos que circulan por Th Wichayen y Th Phra Narai Maharat entre el casco antiguo y la ciudad nueva cobran 10 THB por pasajero, mientras que un *săhm·lór* lleva a cualquier punto del casco antiguo por 30 THB.

PROVINCIA DE KANCHANABURI

849 361 HAB.

Pese a ser la tercera provincia más grande de Tailandia, se trata de un lugar tranquilo y nada explotado.

Con una escarpada cordillera a lo largo de la frontera de Myanmar, la zona atrae a los amantes de la naturaleza con sus cascadas, parques nacionales y numerosas cuevas revestidas de cristales.

Los viajeros suelen pasar unos días en la ciudad de Kanchanaburi para ver los monumentos de la Segunda Guerra Mundial antes de dirigirse hacia el noroeste de acampada en los parques nacionales, territorio del tigre, el elefante y el gibón.

En el lejano noroeste hay apartados asentamientos donde viven grupos étnicos huidos del régimen militar de Myanmar. Estos pueblos fronterizos son un oasis de calma que a menudo retienen al viajero más de lo planeado.

Kanchanaburi กาญจนบุรี

47 147 HAB.

Es una base de operaciones ideal para recorrer el salvaje oeste de Tailandia.

Hoy es una ciudad animada y activa, aunque los museos y monumentos de la Segunda Guerra Mundial evocan tiempos más aciagos. Los japoneses se sirvieron de prisioneros de guerra aliados y reclutaron mano de obra en el sureste asiático para construir una vía férrea hasta Myanmar. La desgarradora historia de esta obra faraónica se relata en el libro de Pierre Boulle *El puente sobre el río Kwai,* cuya versión cinematográfica de 1957 la hizo famosa en todo el mundo. Sin duda, el puente es una de las principales atracciones de Kanchanaburi, mientras que las calles de la zona donde se concentran las pensiones llevan los nombres de los países que intervinieron en el conflicto.

Enclavada en el valle ligeramente elevado del Mae Nam Mae Klong y rodeada de campos de tapioca, caña de azúcar y maíz, la ciudad está solo a 130 km de Bangkok. Es un destino de fin de semana para los capitalinos, aunque estos prefieran meterse en los atronadores barcos de karaoke en vez de disfrutar de su tranquilo ambiente.

Los viajeros se congregan por Th Mae Nam Khwae, ahora una versión en pequeño de la zona de Th Khao San de Bangkok. La calle es céntrica y está a diez minutos de paseo de la estación de trenes. Casi todos los alojamientos bordean el río o flotan sobre él, aunque hay alguno de precio medio en Th Saengchuto. Como las atracciones de la ciudad están bastante alejadas unas de otras, lo mejor es alquilar una bicicleta o una motocicleta.

Puntos de interés

Puente del Ferrocarril de la Muerte (puente sobre el río Kwai) PARAJE HISTÓRICO
(สะพานข้ามแม่น้ำแคว; Th Mae Nam Khwae) Este puente ferroviario de 300 m de largo, todo un símbolo al sufrimiento durante la Segunda Guerra Mundial, es la mayor atracción de la ciudad, lo que significa que habrá que esquivar a los numerosos vendedores, además de caminar con cuidado por sus listones de metal y madera. Como la parte central del puente fue destruida por las bombas aliadas en 1945, los arcos exteriores son los únicos elementos que quedan de la estructura original. Una vez se cruza, hay algunos cafés y zonas verdes al borde del río.

La primera versión del puente, acabada en 1943, era de madera, pero fue sustituida más tarde por otra de acero. Durante la última semana de noviembre y la primera de diciembre se ofrece cada noche un espectáculo de luz y sonido que rememora el ataque aliado contra el "Ferrocarril de la Muerte" en 1945. Para esos días hay que reservar el alojamiento.

El puente salva el Khwae Yai, situado a 2,5 km del centro de Kanchanaburi; se puede llegar a pie desde Th Mae Nam Khwae o tomar una *sŏrng·tăa·ou* (10 THB) que vaya hacia el norte por Th Saengchuto. Un pequeño tren hace recorridos frecuentes (20 THB) por el puente desde la cercana estación.

Cementerio de guerra de los aliados PARAJE HISTÓRICO
(สุสานทหารพันธมิตรดอนรัก; Th Saengchuto; ⌚8.00-18.00) Enfrente del Centro Ferroviario Tailandia-Birmania, la Comisión de Tumbas de Guerra mantiene impecable este camposanto. Casi la mitad de los 6982 prisioneros aliados que hay enterrados en él eran británicos, y casi todo el resto, de Australia y los Países Bajos. Se estima que en la construcción de la línea ferroviaria murieron al menos cien mil

personas, en su mayoría jornaleros de países asiáticos cercanos, aunque ninguno de estos tenga una tumba que los identifique. En un lateral hay una pequeña oficina con listas de los nombres y su ubicación en el cementerio.

Centro Ferroviario Tailandia-Birmania MUSEO

(ศูนย์รถไฟไทย - พม่า; www.tbrconline.com; 73 Th Chaokanen; adultos/niños 100/50 THB; 9.00-17.00) Este informativo museo explica el papel que Kanchanaburi tuvo en la Segunda Guerra Mundial, mediante vídeos, maquetas y detallados paneles. En nueve galerías se relata la historia de la construcción del ferrocarril, el trato que recibían los prisioneros y qué pasó tras completarse la vía. En la planta de arriba hay una exposición de objetos de aquellos días, como el ajedrez en miniatura de un prisionero aliado, y una excelente colección de libros relacionados con el tema. Un conmovedor vídeo de los prisioneros aliados supervivientes logra que aquellas muertes aún no sean una mera estadística.

Museo de Guerra Jeath MUSEO

(พิพิธภัณฑ์สงคราม; Th Wisuttharangsi; entrada 30 THB; 8.00-17.00) Este pequeño museo se parece a las *ata* de bambú donde vivían los prisioneros aliados. Los laterales de la larga cabaña están recubiertos de recortes de prensa, cartas y dibujos: un cruel recordatorio de los castigos infligidos por los japoneses. Los archivos se centran sobre todo en el cirujano sir Edward *Desgastado* Dunlop, que salvó cientos de vidas con sus operaciones y lucha por atajar enfermedades básicas. El museo lo llevan los monjes del aledaño **Wat Chaichumphon** (Wat Tai), que también merece una visita. "Jeath" es el acrónimo de los países implicados en el ferrocarril: Japón, Inglaterra (England), Australia/América, Tailandia y Holanda. El museo queda en el extremo oeste de Th Wisuttharangsi (Visutrangsi).

Calle peatonal patrimonial CALLE HISTÓRICA

En el corazón del casco antiguo, más de veinte carteles amarillos explican la historia y arquitectura de esta fascinante calle patrimonial. Se recomienda dedicar al menos una hora a recorrerla y ver sus diversos estilos arquitectónicos, entre ellos chino, tailandés y chino-portugués. Uno de sus antiguos vecinos fue Boonpong Sirivejabhand, que ayudó a los prisioneros aliados a enviar mensajes codificados a casa. Muchas tiendas datan de principios del s. XX y siguen en manos de las mismas familias. Hay que fijarse en el antiguo hotel que, en su tiempo, cobraba 1 THB por noche.

Cementerio de guerra de los aliados de Chung Kai PARAJE HISTÓRICO

(สุสานทหารพันธมิตรช่องไก่) Durante la Segunda Guerra Mundial Chung Kai acogió uno de los principales campos de prisioneros, que incluía un hospital y una iglesia cercanos construidos por ellos mismos. Hay conmovedores epitafios en casi todas las tumbas, 1400 de soldados de la Commonwealth y 300 de holandeses.

KANCHANABURI EN...

Dos días

Por suerte, muchas de las principales atracciones están céntricas y, en su mayoría, pueden verse en dos días. Se empieza en el **Centro Ferroviario Tailandia-Birmania** y después se cruza la calle hasta el **cementerio de guerra de los aliados.** Tras pasar la tarde por el **puente del Ferrocarril de la Muerte,** se va al otro lado de la ciudad a dar un paseo histórico y tomar un café por la encantadora **calle peatonal patrimonial.** El segundo día se toma un tren por el Ferrocarril de la Muerte para ver la **cascada de Sai Yok Noi** y parte de la verde campiña.

Cuatro días

Se sale de la ciudad hacia el norte para visitar el **Parque Nacional de Erawan** y el imprescindible **desfiladero del Infierno.**

Una semana

Da tiempo a recorrer localidades más apartadas como **Sangkhlaburi,** donde se puede pasear en bote entre la neblinosa mañana y lanzarse en *tirolina.* Es imprescindible alojarse una noche en las cabañas de árbol del **Parque Nacional de Thong Pha Phum,** muy visitadas por los cálaos bicornes.

Provincia de Kanchanaburi

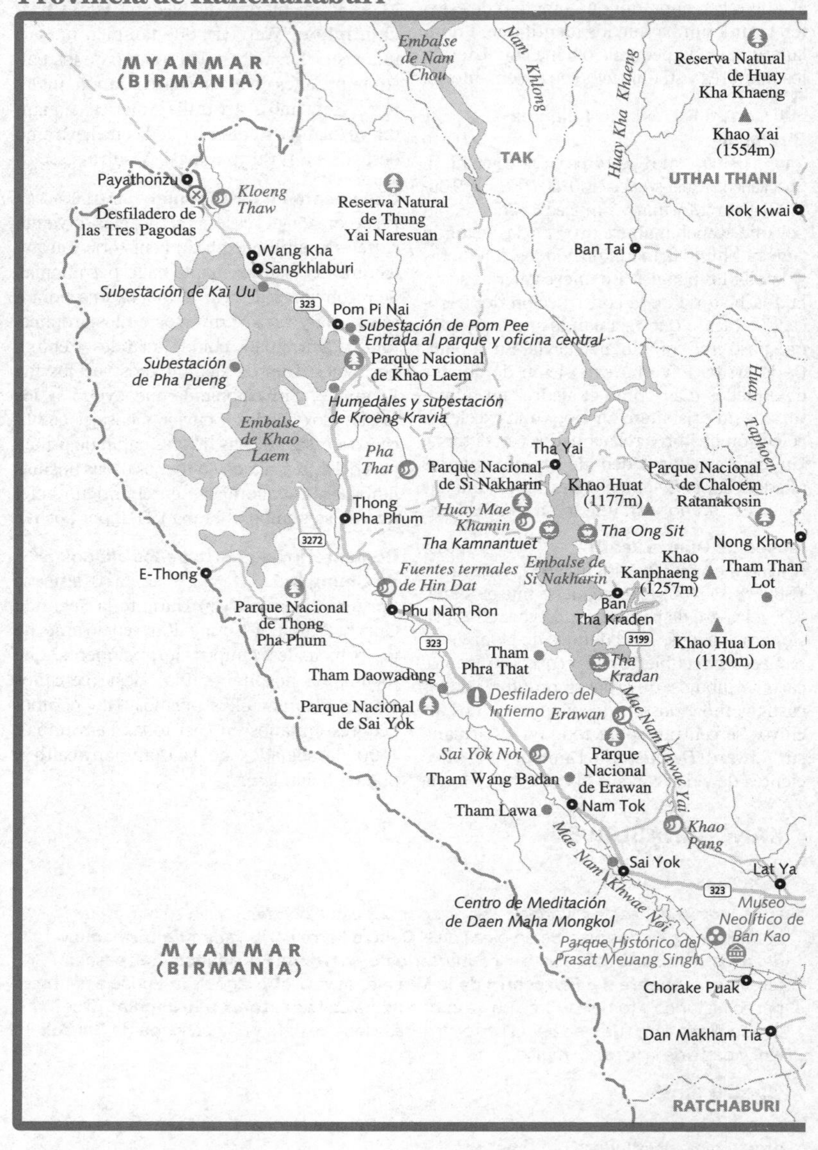

El cementerio está 4 km al sur del centro de Kanchanaburi, al otro lado del río Khwae, accesible fácilmente en bicicleta.

Lak Meuang PUNTO DE INTERÉS
(ศาลหลักเมือง; Pilar de la Ciudad; Th Lak Meuang) El monolito urbano está en el centro del casco antiguo y se dice que aloja a los espíritus locales. Si se sigue por la calle cuesta abajo se llega a la estatua del rey Rama III y la restaurada muralla de la ciudad, que tuvo más de 400 m de largo y seis bastiones. Se conservan tres cañones originales.

Wat Tham Seua y Wat Tham Khao Noi TEMPLOS

(วัดถ้ำเสือ / วัดถ้ำเขาน้อย) En lo alto de un cerro, estos monasterios cercanos entre sí resultan interesantes por la gran diferencia de sus estilos. El Wat Tham Khao Noi ("monasterio de la Cueva de la Pequeña Colina") tiene una pagoda de estilo chino y un diseño intrincado, mientras que el vecino y más grande Wat Tham Seua ("monasterio de la Cueva del Tigre") presenta varios tipos de *chedis* y un buda de 18 m de altura recubierto de mosaico dorado. Ante el buda corre una cinta transportadora con bandejitas de plata donde se depositan los donativos que luego caen en un recipiente central. Se puede llegar arriba a pie o en teleférico (10 THB).

Los monasterios quedan unos 14 km al sur del centro de la ciudad. Si se va en motocicleta, en la carretera principal hay que tomar el desvío a la derecha al llegar al Tha Meuang, torcer a la derecha y cruzar la Kheuan Meuang (presa de la ciudad) y de nuevo a la derecha en la otra orilla. En bicicleta, se cambia la carretera principal por las secundarias que bordean el río. Hay que seguir Th Pak Phraek y cruzar el puente hacia el Wat Tham Mangkon Thong. Pasado el puente se tuerce a la izquierda y se sigue el río durante 14 km, punto en el que deberían verse las pagodas sobre el cerro a la derecha. Desde la estación de autobuses de Kanchanaburi hay autobuses (10 THB) a Ratchaburi cada 20 minutos; hay que apearse en el hospital del Tha Meuang y allí tomar un mototaxi (40 THB).

Museo de la Segunda Guerra Mundial MUSEO

(พิพิธภัณฑ์สงครามโลกครั้งที่สอง; entrada 40 THB; ⌚8.00-18.00) Al sur del puente del Ferrocarril de la Muerte, este curiosísimo museo tiene de todo, desde recuerdos de la guerra hasta pinturas de antiguas reinas de la belleza.

Consta de dos edificios. Uno expone en su interior vagones usados por los japoneses para el transporte de prisioneros, viejas fotografías y figuras de cera poco conseguidas de prisioneros aliados. En las paredes hay garabateadas notas sobre la historia de la zona, aunque las traducciones al inglés resultan cómicamente inapropiadas. Un letrero sobre las víctimas de un bombardeo aliado reza: "los cuerpos yacían manga por hombro bajo el puente". Otro dice simplemente: "Inglaterra fue empujada al mar por Dunquerque". El otro edificio, que parece un templo chino, es más grande y mucho más opulento, o chabacano, según se mire. La planta de arriba ofrece la mejor vista del cercano puente del Ferrocarril de la Muerte al atardecer.

Kanchanaburi

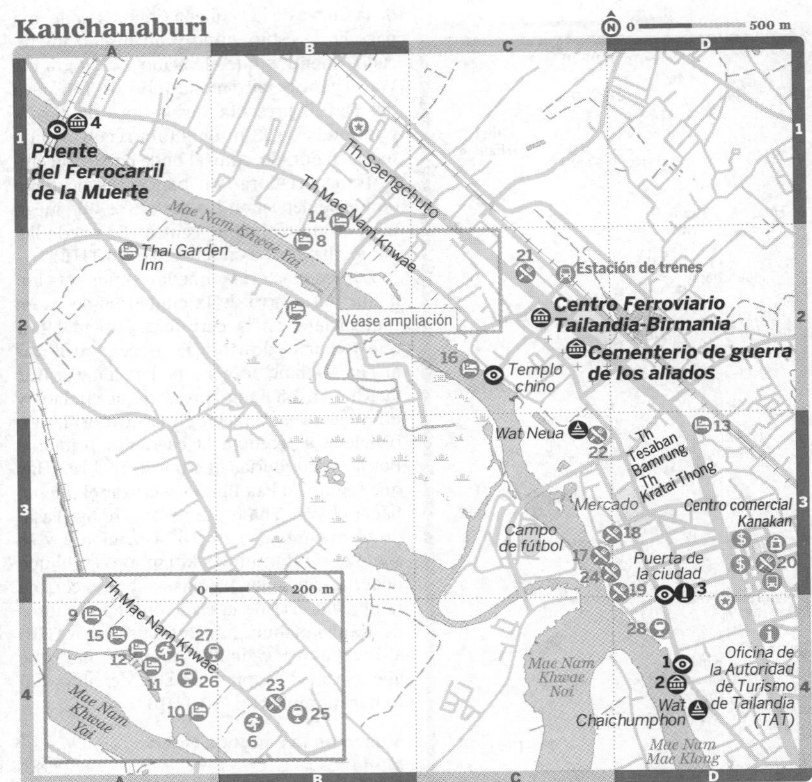

Entre ambos templos hay un santuario familiar piramidal cuya decoración exterior es a base de cuencos pintados.

Wat Bahn Tham TEMPLO

(วัดบ้านถ้ำ) Este templo es famoso por la red de cuevas que hay en la colina, que, según la creencia popular, alberga muchos secretos. Una escalera sube hasta la "boca de dragón", por la que se accede a las cinco cavernas cercanas a la cima. Una de ellas tiene un buda de pie, iluminado solo por el haz de luz que penetra a través de la cumbre del cerro. En otra hay una piedra que, según dicen, se parece a Bua Khli, una inocente a la que su marido asesinó hace cuatro siglos. Como supuestamente la piedra aloja su alma, los lugareños la pintan y visten a lo largo de todo el año. Un pasadizo bloqueado lleva a un pueblo habitado por gigantes, según la leyenda.

Para llegar al templo, sito 15 km al sur de la ciudad, se cruza la Kheuan Meuang (presa de la ciudad) y se gira a la derecha en la otra orilla. Hay que seguir la carretera que discurre paralela al río hasta que, a la izquierda, se vea el templo.

Actividades y cursos

Cocina tailandesa

Apple & Noi Thai Cooking Course CURSO DE COCINA

(www.applenoi-kanchanaburi.com; Apple'i Retreat, Bahn Tamakahm; curso 1250 THB) Si no se distingue una *sôm·đam* de una *đôm yam,* Khun Noi puede solucionarlo. El curso de un día empieza en el mercado local y acaba, cuatro platos más tarde, en la mesa de la cocina.

Senderismo y ciclismo

Es fácil concertar paseos en elefante, excursiones a las mejores cascadas de Tailandia y salidas en balsas de bambú con las agencias

Kanchanaburi

Principales puntos de interés
Cementerio de guerra de los aliados ... C2
Puente del Ferrocarril de la Muerte....... A1
Centro Ferroviario Tailandia-Birmania C2

Puntos de interés
1 Calle peatonal patrimonial D4
2 Museo de Guerra Jeath D4
3 Lak Meuang D3
4 Museo de la Segunda Guerra Mundial .. A1

Actividades, cursos y circuitos
Apple & Noi's Thai Cooking Course .... (véase 7)
AS Mixed Travel .... (véase 7)
5 Good Times A4
6 River Kwai Canoe Travel Services B4

Dónde dormir
7 Apple's Retreat B2
8 Bamboo House B2
9 Blue Star Guest House A4
10 Jolly Frog A4
11 Ploy Guesthouse A4
12 Pong Phen A4
13 River Kwai Hotel D3
14 Sabai@Kan B1
15 Sam's House A4
16 VN Guest House C2

Dónde comer
Blue Rice .... (véase 7)
17 Restaurantes flotantes C3
18 Vendedores de comida D3
19 Jukkru D3
20 Mercado D3
21 Mercado nocturno C2
22 Saisowo C3
23 Sri Rung Rueng B4
24 Thai Seri C3

Dónde beber
25 Buddha Bar B4
26 No Name Bar A4
27 Sugar Member A4
28 Tham Naan D4

de circuitos locales, que también ofrecen actividades más osadas, como circuitos en bicicleta, piragüismo y caminatas por la jungla con noche fuera.

En principio, cuanto más al norte se vaya, más salvaje se pone la cosa. La mayoría de las carreteras de Kanchanaburi están en buen estado y son perfectas para recorrer en bicicleta o motocicleta, mientras que algunas rutas para todoterreno llevan a cascadas y cuevas poco visitadas. Varias excursiones incluyen pasar la noche en un poblado mon o karen y una combinación de *rafting*, senderismo y paseos en elefante.

Si el tiempo apremia, la campiña de Kanchanaburi depara paisajes maravillosos, y nada mejor que una bicicleta para disfrutarlos. Una ruta especialmente pintoresca es la que arranca detrás mismo de las pensiones para mochileros; desde el extremo norte de Th Mae Nam Khwae hay que cruzar el puente de Sutjai y doblar a la derecha para explorar Bahn Thamakham y Bahn Hua Hin, donde el limoncillo, el trigo, la tapioca y las tecas embeben el sol mientras en la lejanía las montañas brumosas conforman un imponente telón de fondo.

Algunos circuitos organizados se cancelan si no hay suficientes participantes, así que conviene averiguar este extremo antes de formalizar la reserva. Las agencias siguientes gozan de probada reputación.

AS Mixed Travel SENDERISMO, BICICLETA
(☎0 3451 2017; www.applenoi-kanchanaburi.com; Apple's Retreat) Empresa bien organizada y profesional. Puede montar excursiones personalizadas según las preferencias y el presupuesto del viajero.

Good Times Travel SENDERISMO, BICICLETA
(☎0 3462 4441; www.good-times-travel.com; 63/1 Tha Mae Nam Khwae) Además de todas las excursiones de un día habituales, ofrece paquetes de aventura a zonas más apartadas y circuitos en bicicleta.

Kayak

Es una de las formas más divertidas de desplazarse por la zona.

River Kwai Canoe Travel Services KAYAK
(☎0 3451 2017; riverkwaicanoe@yahoo.com; Th Mae Nam Khwae) Ofrece excursiones de uno o dos días que incluyen la visita a las principales atracciones.

Dónde dormir

Casi todos los alojamientos de Kanchanaburi se hallan en un tramo de 1 km en Th Mae Nam Khwae. Muchos de los económicos ofrecen vistas de la ribera, a veces desde casas flotantes, y fácil acceso a las principa-

¿POR QUÉ UN PUENTE SOBRE EL RÍO KHWAE?

La construcción del "Ferrocarril de la Muerte" fue una proeza de ingeniería de la época. No obstante, los prisioneros y peones reclutados que lo construyeron pagaron un alto precio: unos cien mil murieron debido a las condiciones extremas.

El ferrocarril se hizo durante la ocupación japonesa de Tailandia (1942-1943) en la Segunda Guerra Mundial a fin de unir 415 km del accidentado terreno entre Tailandia y Birmania (Myanmar) y así garantizar una ruta alternativa de abastecimiento para la conquista nipona de otros países asiáticos del oeste. Algunos juzgaron imposible el proyecto, pero la vía se construyó.

Las obras comenzaron el 16 de septiembre de 1942 en las estaciones ya existentes de Thanbyuzayat en Myanmar y de Nong Pladuk (Ban Pong) en Tailandia. Aunque los ingenieros japoneses calcularon que se tardarían cinco años en conectar ambos puntos, los oficiales nipones forzaron a los trabajadores a completarlo en 16 meses; la vía era de 1 m de ancho. Se tendieron puentes y se adaptaron las laderas de la montaña, en gran parte a mano y con herramientas rudimentarias.

Cuando los japoneses exigieron mayor diligencia, las condiciones empeoraron. Las exiguas provisiones de arroz estaban a menudo rociadas de queroseno como consecuencia de los bombardeos aliados sobre los almacenes y el cólera, la malaria y la disentería, además de los fuertes castigos, campaban a sus anchas.

Las vías se unían por fin 37 km al sur del desfiladero de las Tres Pagodas; un tren-burdel inauguró la hazaña.

El puente que cruza el río Kwai junto a Kanchanaburi (llamado "puente del Ferrocarril de la Muerte") duró solo 20 meses, pues fue bombardeado por los aliados en 1945, y en vez de como línea de abastecimiento, pronto la ruta sirvió de vía de escape para los japoneses. Tras la guerra, los británicos se hicieron con el control del lado birmano del ferrocarril y, por miedo a que los separatistas karen usaran la ruta, arrancaron 4 km de las vías que llevaban al desfiladero de las Tres Pagodas.

Del lado tailandés, Ferrocarriles Estatales de Tailandia (SRT) asumió el control y sus trenes continúan rodando sobre 130 km del tendido original entre Nong Pladuk, al sur de Kanchanaburi, y Nam Tok. Para información de transporte, véase p. 175.

les atracciones. Los complejos de precio alto se sitúan al otro lado del río y fuera de la ciudad. En la otrora zona de mochileros de Soi Th Rong Hip Oi quedan pocas opciones, en parte debido al ruido de los barcos de karaoke que por allí pasan (aunque ahora las molestias son menores), pero algunas están bien.

En Th Saengchuto unos cuantos hoteles de precio medio se dirigen a los tailandeses de fin de semana. Para informarse sobre otras opciones, visítese **Kanchanaburi Info** (www.kanchanaburi-info.com).

Apple's Retreat PENSIÓN **$**
(0 3451 2017; www.applenoi-kanchanaburi.com; 153/4 M.4 Bahn Tamakahm; h 490-690 THB;) El aire hogareño lo aporta su experto personal, que brinda la mejor sonrisa de lugar. Todas las habitaciones, limpias y ordenadas, dan a un cuidado jardín. Con intención ecológica, las habitaciones carecen de TV y nevera. Los cursos de cocina de un día de Noi tienen mucho éxito.

Jolly Frog PENSIÓN **$**
(0 3451 4579; 28 Soi China; i 70 THB, d 150-400 THB;) Favorito de los mochileros, su amplio jardín y variedad de habitaciones compensan algunas carencias, entre ellas la deficiente organización del personal o las cisternas de los váteres. También hay wifi gratis y un buen restaurante.

Sabai@Kan HOTEL **$$**
(0 3462 5544; www.sabaiatkan.com; 317/4 Th Mae Nam Khwae; h 1300-1600 THB;) Este complejo-*boutique* a dos niveles queda muy a mano en la calle principal. Las habitaciones, con abundante luz natural, dan a la piscina.

Pong Phen PENSIÓN **$$**
(0 3451 2981; www.pongphen.com; Th Mae Nam Khwae; h 150-1000 THB;) Es el alojamiento con piscina que sale más a cuenta. Ofrece desde sencillas habitaciones para mochileros hasta otras más amplias con balcón. El restaurante sirve platos occidentales y tailandeses decentes.

Sam's House PENSIÓN $$
(☎0 3451 5956; www.samsguesthouse.com; Th Mae Nam Khwae; d 400-800 THB; ❄) Una pasarela sobre jacintos conduce a las habitaciones, sencillas pero limpias y casi todas con balcón. Las estructuras triangulares y enrevesadas tallas de madera le añaden carácter.

Blue Star Guest House PENSIÓN $
(☎0 3451 2161; bluestar_guesthouse@yahoo.com; 241 Th Mae Nam Khwae; h 150-650 THB; ❄📶) Los árboles arropan esta colección de bungalós de madera, dándole un aire natural y apartado. Los más caros están junto al río. Se recomienda ver algunos antes, pues los hay muy diferentes.

U Inchantree Kanchanaburi HOTEL $$$
(☎0 3452 1584; www.ukanchanaburi.com; 443 Th Mae Nam Khwae; h desde 2825 THB; ❄📶🏊) En este espléndido complejo-*boutique,* situado 1 km al norte del puente, han pensado en casi todo: reproductor de mp3 gratis en todas las habitaciones, piscina infinita, restaurante a tres niveles junto al río, gimnasio y biblioteca. El servicio es impecable, y desde las habitaciones se vislumbra el famoso puente, a solo unos pocos metros.

Bamboo House PENSIÓN $
(☎0 3462 4470; bambooguesthouse@hotmail.com; 3-5 Soi Vietnam, Th Mae Nam Khwae; h 200-500 THB; ❄) Ideal para sentirse lejos del mundanal ruido, en amplios terrenos despejados, con habitaciones en el mismo río e impresionantes vistas del famoso puente al atardecer. Las más baratas comparten baños.

VN Guest House PENSIÓN $
(☎0 3451 4082; www.vnguesthouse.net; 44 Soi Th Rong Hip Oi; h 280-450 THB; ❄📶) Aún es el mejor alojamiento de Soi Th Rong Hip Oi por sus bellas vistas al río y casas flotantes. Los fines de semana hay que contar con que desfilarán por delante unos cuantos barcos de karaoke.

Ploy Guesthouse PENSIÓN $$
(☎0 3451 5804; www.ploygh.com; 79/2 Th Mae Nam Khwae; h 750-1000 THB; ❄🏊) Si se da con sus esquivos recepcionistas, se conseguirán habitaciones estilosas, algunas con baño al aire libre, y una agradable terraza en la azotea.

Felix River Kwai Resort HOTEL $$$
(☎0 3455 1000; www.felixriverkwai.co.th; 9/1 M.3 Bahn Tamakahm; i 4800 THB, d 5300 THB, ste desde 8700 THB; ❄📶🏊) Se anuncia como el único complejo de cinco estrellas de Kanchanaburi, y sus instalaciones, opulencia y servicio así lo confirman. Está 2 km al oeste del puente. Las obras de renovación sin duda harán que continúe siendo el mejor complejo del lugar.

Kasem Island Resort HOTEL $$
(☎0 3451 3359, in Bangkok 0 2254 8871; h 1000-1800 THB; ❄🏊) Sito en su propia isla en el Mae Nam Mae Klong, se trata de un sosegado complejo con un surtido de habitaciones de madera algo anticuadas, todas frente al río y con balcón privado. Un barco enlaza gratis con Th Chaichumphon.

River Kwai Hotel HOTEL $$$
(☎0 3451 3348; www.riverkwai.co.th; 284/15-16 Th Saengchuto; h desde 1800 THB; ❄📶🏊) Una renovación a fondo le ha insuflado nueva vida: habitaciones en tonos pastel, ascensor, gimnasio y *spa*. Ideal para alojarse en el centro

NADA DE BÚFALOS

La película *El puente sobre el río Kwai* dio fama mundial a esta terrible historia real y también al río, pero hizo que una generación pronunciara mal el nombre del puente. Lo correcto es Khwae, y no Kwai. De lo contrario, lo que los tailandeses entienden es río Búfalo, algo que siempre les hace mucha gracia.

'BLUES' DEL KARAOKE

El viajero está sentado bajo la fronda mientras escucha el rumor de las hojas, con los pies a remojo en el río. Pero de repente una atronadora música irrumpe desde un barco.

Al atardecer y de noche, sobre todo los fines de semana, estos barcos-karaoke pasean por el río a autobuses enteros de turistas coreanos y de la capital. Semejante escándalo hacía poco apetecibles las pensiones de Soi Rong Hip Oi, pero ahora casi han desaparecido las travesías que funcionaban toda la noche. Los puentes hacen de barrera para estas embarcaciones, así que no afectan a las pensiones de Mae Nam Khwae. Si se quiere probar el karaoke flotante, se pueden alquilar barcos por 4000 THB, comida y bebida aparte.

urbano, el hotel además alberga el Glitzy, el único local nocturno de la ciudad.

Royal River Kwai Resort & Spa HOTEL **$$$**
(☎0 3465 3342; www.royalriverkwairesort.com; 88 Kanchanaburi-Saiyok Rd; h 1750-3360 THB; ❄📶🏊) Uno de los mejores complejos del lugar, con preciosas habitaciones de estilo tailandés, enormes terrenos y una gran piscina. El *spa,* con estancias frente al río, ofrece diversos tratamientos. Está 4 km al norte de la ciudad.

Dónde comer

En Kanchanaburi hay muchas opciones gastronómicas, desde mercados hasta restaurantes ribereños. Los establecimientos diseminados por Th Mae Nam Khwae sirven *pizzas,* hamburguesas y platos tailandeses. Para algo más auténtico hay un sinfín de puestos de fritos y bebidas en el **mercado nocturno** (Th Saengchuto; ⏲ju-ma), cerca de la estación de trenes. También hay varios **restaurantes flotantes** (Th Song Khwae) de calidad, normalmente llenos de turistas nacionales o coreanos en viaje organizado. El **mercado** (Th Saengchuto) que hay cerca de la estación de autobuses es conocido por sus excelentes *hŏy tôrt* (mejillones rebozados).

Blue Rice TAILANDESA **$**
(153/4 M.4 Bahn Tamakahm; platos 50-100 THB) Además de servir los clásicos platos tailandeses, su chef Apple ha creado ingeniosas versiones, entre ellas un arroz que lleva su nombre o la maravillosa *yam sôm oh.*

Jukkru TAILANDESA **$**
(rótulo sin caracteres latinos; Th Song Khwae; platos 60-100 THB) Muy renombrado, este restaurante se llena todas las noches gracias a sus platos sencillos pero deliciosos. Se reconoce por las mesas y sillas azules del exterior, además de por la fascinante colección de objetos birmanos y el altar en la parte de atrás.

Sri Rung Rueng TAILANDESA, OCCIDENTAL **$**
(Th Mae Nam Khwae; platos 60-150 THB) Platos de pasta, filetes y nueve páginas de bebidas conforman la amplia carta. Los platos tailandeses, aunque con concesiones al gusto occidental, están sabrosos y siempre se elaboran al momento.

Saisowo FIDEOS **$**
(rótulo sin caracteres latinos; Th Chaokunen; platos 20-25 THB; ⏲8.00-16.00) Veterano local de fideos cuyo éxito entre los lugareños despeja cualquier duda. Pruébese la excelente *gŏoay đěeo đôm yam kài kem* (sopa de fideos con huevos salados).

Thai Seri TAILANDESA-CHINA **$**
(rótulo sin caracteres latinos; platos 80-150 THB) Alejado de los ruidosos barcos de karaoke, este agradable restaurante flotante ofrece una mezcla de cocina china y tailandesa con alguna que otra sorpresa, como los excelentes *tôrt man Ƀlah mèuk* (pasteles de pulpo).

Dónde beber

Los turistas acostumbran a pasar las veladas por Th Mae Nam Khwae, con bares, billares y cada vez más prostitutas, aunque la mayoría de estas se concentran en el extremo sur de la calle. Para lugares baratos de verdad, muchos bares de acera sirven chupitos de licores locales por solo 10 THB. Por su parte, los tailandeses prefieren Th Song Khwae, con un puñado de bares y locales nocturnos.

Tham Naan BAR
(Th Song Khwae) El mejor de los bares de esta calle, con música en directo y onda *country.*

Sugar Member BAR
(Th Mae Nam Khwae) Su simpático personal a la última compartirá cubos de *whisky* con el cliente toda la noche.

No Name Bar BAR
(Th Mae Nam Khwae) Clientela de extranjeros residentes.

Buddha Bar BAR
(Th Mae Nam Khwae) Mochileros con rastas.

Información

Urgencias

Policía turística (☎0 3451 2668, 1155; Th Saengchuto)

OJO CON LA HOJA

Los campos de tapioca diseminados por Kanchanaburi no tienen nada de excepcional, sin embargo a muchos turistas les llaman la atención sobremanera. Los guías de los circuitos, cuando ven que algunos arrancan furtivamente sus hojas y las meten en el bolso, explican pacientemente que estas plantas, por mucho que se parezcan a la marihuana, son solo tapioca.

Acceso a internet

Los cibercafés de Th Mae Nam Khwae cobran 30 THB por hora.

Asistencia médica

Hospital Thanakarn (☎0 3462 2366, urgencias 0 3462 2811; Th Saengchuto) Cerca del cruce con Th Chukkadon, es el centro sanitario mejor equipado para atender a extranjeros.

Dinero

Hay varios bancos en Th Saengchuto cerca del mercado y de la terminal de autobuses.

AS Mixed Travel (☎0 3451 2017; Apple's Retreat) Cambia divisas fuera del horario de los bancos.

Bangkok Bank (Th U-Thong) Cerca del mercado.

Krung Thai Bank (Th Saengchuto) Cerca del puente sobre el río Kwai.

Thai Military Bank (Th Saengchuto) Próximo a la estación de autobuses.

Correos

Oficina principal de correos (Th Saengchuto; ⌚8.30-16.30 lu-vi, 9.00-12.00 sa y do)

Teléfono

En Th Mae Nam Khwae se pueden hacer llamadas de larga distancia desde muchas tiendas particulares.

Autoridad de Comunicaciones de Tailandia (CAT; ⌚8.30-16.30 lu-vi)

Información turística

Autoridad de Turismo de Tailandia (TAT; ☎0 3451 2500; Th Saengchuto; ⌚8.30-16.30) Facilita mapas regionales y planos de la ciudad.

ℹ Cómo llegar y salir

Autobús

La estación de autobuses de Kanchanaburi está al sur de la ciudad en Th Saengchuto. Algunos destinos son:

Terminal Norte (Mo Chit) de Bangkok (2ª/1ª clase 95/122 THB, 2 h, cada 90 min, 6.30-18.00) Perfecto si se va al norte de Tailandia.

Terminal Sur (Sai Tai Mai) de Bangkok (2ª/1ª clase 84 THB/99 THB, 2 h, cada 15 min, 16.00-20.00)

Ratchaburi (2ª/1ª clase 47/65 THB, 2 h, frecuentes) Para ir al sur y luego hacer transbordo a un autobús a Hua Hin o Phetchaburi.

Sangkhlaburi (2ª/1ª clase 180/192 THB, 4 h, frecuentes, 7.30-16.30)

Suphanburi (47 THB, 2 h, cada 20 min, hasta 17.30) Con conexiones a Ayutthaya y Lopburi.

De la misma estación salen microbuses a destinos como:

Monumento a la Victoria de Bangkok (110 THB, 2 h, cada 10 min, hasta 20.00) Para en la Terminal Sur (Sai Tai Mai).

Terminal Norte (Mo Chit) (120 THB, 2 h, cada 90 min, hasta 18.00)

Srimongkol Transport (☎08 4471 8282, 350 THB) Opera servicios con aire acondicionado a Rayong vía Pattaya.

Tren

La estación de trenes está 2 km al noroeste de la de autobuses y cerca de la zona de las pensiones. Kanchanaburi está en la línea Bangkok Noi-Nam Tok, que incluye un tramo del histórico Ferrocarril de la Muerte. SRT la promociona como ruta histórica y cobra a los extranjeros 100 THB por cualquier trayecto, independientemente de la distancia. Si se viene desde la terminal de Bangkok Noi (Thonburi), dicha cantidad es razonable, pero resulta excesiva para trayectos cortos en Kanchanaburi. La parte más histórica del recorrido empieza al norte de Kanchanaburi, donde el tren cruza el famoso puente, y acaba en la estación de Nam Tok. Algunos destinos son:

Nam Tok (2 h, 5.30, 10.30 y 16.19) La cascada de Sai Yok Noi queda a una pequeña caminata. Desde Nam Tok salen a las 5.20, 12.55 y 15.15.

Terminal Bangkok Noi de Thonburi (3 h, 7.19 y 14.44) Los trenes salen de la capital a las 7.44 y 13.55.

SRT opera un **tren turístico** (☎0 3451 1285) a diario entre Kanchanaburi y Nam Tok (300 THB ida). Es el mismo que lleva a los pasajeros de 100 THB. Si solo se quiere cruzar el puente del Ferrocarril de la Muerte, un pequeño tren con los colores del arco iris (20 THB, 15 min, frecuentes) lo hace de 8.00 a 10.00 y de 12.00 a 15.00.

ℹ Cómo desplazarse

Barco

El *ferry* que cruza el Mae Klong cuesta 5 THB por persona y trayecto.

Los barcos de popa larga ofrecen excursiones de 1½ horas a distintos lugares de interés ribereños. Los precios parten de 800 THB, aunque son negociables. Se zarpa del muelle de Th Chukkadon o del Museo de Guerra Jeath.

Motocicleta

Las pensiones y tiendas de Th Mae Nam Khwae alquilan motocicletas/bicicletas por 150/50 THB al día.

Transporte público

Los trayectos desde la estación de autobuses a la zona de las pensiones cuestan 50/30 THB en *săhm·lór*/mototaxi. Las *sŏrng·tăa·ous* públicas suben y bajan por Th Saengchuto por 10 THB; para la zona de pensiones, hay que apearse en el cementerio. Se puede caminar entre la estación de trenes y la zona de pensiones.

Alrededores de Kanchanaburi

Más allá de la capital provincial la naturaleza es muy bella. Desde Kanchanaburi se pueden visitar algunos lugares destacados en excursiones de un día, pero para otros habrá que pernoctar fuera.

La mejor época para ver las cascadas es durante la estación de las lluvias (jun-oct) o cuando las aguas alcanzan su nivel más alto (nov-dic).

En el norte de la provincia, las pequeñas localidades de **Thong Pha Phum** y **Sangkhlaburi** son sosegados enclaves totalmente vírgenes. Desde ellas se puede hacer excursiones a los cercanos parques nacionales, que ofrecen la oportunidad de patearse la densa jungla, alojarse con grupos étnicos y ver fabulosas cascadas y cuevas. Forman parte del **Complejo Forestal Occidental**, una de las mayores áreas naturales protegidas de Asia.

La entrada a los parques es de 200 THB para los extranjeros. Aunque la mayoría de lugares disponen de bungalós e instalaciones de *camping*, es importante reservar (☎0 2562 0760; www.dnp.go.th).

Las oficinas centrales de los parques tienen folletos y mapas gratis y (casi todas) guías oficiales de senderismo. Las temperaturas oscilan entre 8 y 45°C, según la época del año, así que es importante pensar la ropa que se lleva.

Algunas empresas de circuitos de Kanchanaburi ciudad organizan circuitos a los parques con guías que hablan inglés.

PARQUE NACIONAL DE ERAWAN

อุทยานแห่งชาติเอราวัณ

Con sus siete niveles, la majestuosa **cascada** homónima del **Parque Nacional de Erawan** (☎0 3457 4222; entrada 200 THB; ⏲8.00-16.00, niveles 1-2 17.00) es una de las más famosas de Tailandia. Concretamente se conoce como Erawan al nivel superior debido a su semejanza con Erawan, el elefante de tres cabezas de la mitología hinduista. Aunque es fácil llegar a pie a los tres primeros niveles, se precisará buen calzado y cierto aguante para completar los 1,5 km restantes. Los niveles 2 y 4 son impresionantes; cuidado con los monos, que pueden robar las pertenencias mientras se disfruta de un chapuzón.

Otro lugar famoso de este parque de 550 km² es la **Tham Phra That**, una cueva con diferentes formaciones calizas. Guías con lámparas de parafina conducen a los visitantes entre la penumbra, rocas translúcidas, brillantes cristales y cavernas llenas de murciélagos. Para los geólogos el mayor interés del lugar reside en la línea de una falla, claramente visible. La cueva está 12 km al noroeste de la entrada del parque, accesible solo en transporte propio o con un guía; también se puede negociar el transporte con el personal del parque. La vía de acceso es una pista de tierra, con una subida muy empinada hasta la entrada. Otros 5 km al norte se encuentra el enorme y pintoresco **embalse de Si Nakharin.**

Aproximadamente un 80% de Erawan es bosque, y muchos de los árboles que lo pueblan se ven a través de tres senderos naturales de entre 1 y 2 km. Los observadores de aves pueden espiar a buceros, pájaros carpinteros y periquitos desde las zonas de acampada y los senderos específicos. En el parque también habitan tigres, elefantes, cobras y gibones.

La capacidad de los **bungalós del parque** (☎0 2562 0760; www.dnp.go.th; bungalós 800-5000 THB, *camping* 150-300 THB) es de entre 2 y 50 personas. Si se lleva tienda, se paga 30 THB por los servicios.

Los autobuses de Kanchanaburi paran junto a la entrada de la cascada de Erawan (50 THB, 1½ h, cada hora, 8.00-17.20). El último de regreso sale a las 16.00. Dentro del parque se pueden alquilar bicicletas por 20-40 THB al día.

DESFILADERO DEL INFIERNO

ช่องเขาขาด

Para comprender bien las penalidades sufridas durante la construcción del ferrocarril Birmania-Tailandia en la Segunda Guerra Mundial, resulta imprescindible visitar este **conjunto conmemorativo a la guerra** (www.dva.gov.au/commem/oawg/thailand.htm; entrada con donativo; ⏲9.00-16.00). Se empieza por el museo del nivel superior, luego se observa el panorama desde la terraza del mismo y a continuación se recorre el sendero que discurre paralelo a la vía original.

Cerca del inicio de la ruta se encuentra la tristemente famosa zanja de ferrocarril llamada el **desfiladero del Infierno** (localmente conocida como zanja de Konyu). El nombre proviene del endiablado ritmo al que se construyó: turnos ininterrumpidos de 500 prisioneros a razón de 16-18 horas diarias durante tres meses; por la noche las antorchas proyectaban las fantasmagóricas sombras de los guardianes japoneses e iluminaban los demacrados rostros de los prisioneros, razón por la cual se dijo que la escena parecía como sacada del "Infierno de Dante".

La mala higiene, la falta de atención médica y la brutalidad en el trato acarrearon la muerte de unos quince mil prisioneros aliados y de decenas de miles de peones civiles llegados de diversos países del sureste asiático.

Durante la última visita, los funcionarios tailandeses habían cortado un tercio del sendero, por lo que no se podía acceder al **puente del Castillo de Naipes,** así llamado por haberse derrumbado tres veces.

Facilitan un mapa del sendero y una excelente audioguía. El museo se encuentra 80 km al noroeste de Kanchanaburi por la carretera 323, accesible con el autobús Sangkhlaburi-Kanchanaburi (60 THB, 1½ h, frecuentes). El último servicio de regreso a Kanchanaburi pasa a las 16.45.

PARQUE NACIONAL DE SAI YOK

อุทยานแห่งชาติไทรโยค

Los 500 km² de este **parque nacional** (☎0 3468 6024; www.dnp.go.th; entrada 200 THB) albergan montañas calizas, cascadas y cuevas, además de animales muy poco comunes.

El parque está bien señalizado y los folletos informan de los senderos y de cómo alquilar canoas, balsas o bicicletas. Una ruta ciclista conduce hasta la cueva de los Murciélagos Nariz de Cerdo de Kitti, descubierta en 1973. Este murciélago es el mamífero más pequeño del mundo.

Cerca del centro de visitantes, la Nam Tok Sai Yok Yai ("cascada de Sai Yok Yai"), más un arroyo que una cascada, vierte sus aguas en el río Khwae Noi cerca de un puente colgante. En este parque se rodaron las famosas escenas de la ruleta rusa de la película *El cazador* (1978).

En el bosque de teca hay elefantes, tigres, jabalíes, cálaos gorginegros y gibones, además del cangrejo real rojo, blanco y azul, que fue descubierto en este lugar en 1983.

Los **bungalós** (☎0 2562 0760; bungalós 800-2100 THB) del departamento forestal tienen capacidad para hasta siete personas. Junto al puente colgante hay varias pensiones-balsa con fantásticas vistas; no hay que preocuparse por la comida, pues hay restaurantes flotantes cerca e hileras de puestos junto al centro de visitantes.

Unos 18 km al sur del parque está la **Tham Lawa** (entrada 200 THB), de 500 m y con cinco amplias cavernas que albergan imponentes estalactitas y estalagmitas. Lo mejor es ir en transporte privado; si no, hay que tomar el tren hasta la estación de Nam Tok y conseguir allí un mototaxi.

La entrada al parque está 100 km al noroeste de Kanchanaburi y a 5 km de la carretera 323. El autobús Sangkhlaburi-Kanchanaburi (55 THB, 2 h, frecuentes) pasa junto al desvío del parque; desde allí hasta la entrada hay que ir en mototaxi. Hay que decir al conductor del autobús que se va a *"nâm đòk sai yôhk yài"*. El último de regreso para Kanchanaburi pasa a las 17.10.

Cerca del puente colgante alquilan barcos de popa larga (800 THB/h aprox., negociables) para hacer excursiones por el río y hasta la **Tham Daowadung** (se aconseja llevar un guía y una linterna).

¿REFUGIO DEL TIGRE O TRAMPA TURÍSTICA?

Creado como refugio para cachorros abandonados, hoy el **templo del Tigre** tiene más de Disney que de *dhamma.* ¿Qué otro templo pondría un enorme monigote de tigre a las puertas y cobraría 600 THB por entrar? Aun así, toda una avalancha de turistas acude atraída por la idea de fotografiarse en un cañón junto a tigres encadenados.

El templo ha recibido múltiples acusaciones de que allí se droga y se maltrata a los animales, y hasta de que se comercia con ellos, todo lo cual ha sido negado por la entidad.

Una de las explicaciones que se dan para justificar la pacífica actitud de los felinos es que comen y se ejercitan justo antes de sus apariciones públicas, y que están acostumbrados al contacto humano desde su nacimiento.

Hace años que hablan de hacer un templo, un centro educativo y un plan de reforestación, pero parece que la cosa va para largo. Ahora algunos operadores turísticos rehúsan ir al templo del Tigre, y Lonely Planet tampoco lo recomienda ya.

Es importante investigar un poco antes de decidirse. En www.care-forthewild.org aparece un detallado informe sobre los presuntos malos tratos.

CASCADA DE SAI YOK
น้ำตกไทรโยคน้อย

Muy popular entre los tailandeses, esta es una cascada de suave desnivel, con una poza donde chapotear. Está a un minuto a pie de la carretera principal y se llena los fines de semana; la gente se sienta en alfombrillas, come *sôm·đam* y se encarama por las rocas. Se pueden comprar unas bolsas de taro o boniato fritos en las tiendas de la carretera principal para comerlas junto a la cascada.

La cascada está 60 km al noroeste de Kanchanaburi por la carretera 323, accesible con el autobús Sangkhlaburi-Kanchanaburi (50 THB, 1 h, frecuentes); hay que decir al conductor que se va a la *"nám đòk sai yôhk nóy"*. El último de vuelta sale a las 17.30. La estación de trenes de Nam Tok está a 2 km (100 THB); para horarios de los trenes, véase p. 175.

PARQUE HISTÓRICO DEL PRASAT MEUANG SINGH
อุทยานประวัติศาสตร์ปราสาทเมืองสิงห์

Este **parque histórico** (entrada 100 THB; ⌚8.30-17.00) protege los restos de un enclave jemer del s. XIII que pudo haber sido una escala en la ruta comercial por el Mae Nam Khwae Noi. Las restauradas ruinas son de estilo bayon y cubren 73,6 Ha.

Todos los santuarios del parque son de bloques de laterita y están emplazados en un enorme terreno herboso rodeado de estratos de murallas también de latelita y las murallas de la ciudad. Secciones de las murallas muestran siete estratos adicionales de muros de tierra, lo que sugiere un simbolismo cosmológico.

La Meuang Singh, o Ciudad del León, tiene dos monumentos principales y dos ruinas con poco más que los fundamentos. En el centro, el santuario principal, el **Prasat Meuang Singh**, mira hacia el este (punto cardinal de casi todos los templos de Angkor). Los muros que lo rodean tienen puertas en cada punto cardinal, y los estanques y fosos que hay a su alrededor representan a los continentes y océanos.

En los terrenos hay además un **enterramiento**, excavado en 1986, con esqueletos y cerámica que al parecer se remontan a hace dos mil años.

El Prasat Meuang Singh queda 40 km al oeste de Kanchanaburi, y lo mejor es ir en transporte privado. Los trenes de Kanchanaburi a Nam Tok paran cerca en la estación de Tha Kilen (100 THB); para horarios de los trenes, véase p. 175. Aunque de aquí a la entrada hay solo 1 km, como el lugar es extenso, es mejor disponer de algún medio de transporte particular.

CENTRO DE MEDITACIÓN DAEN MAHA MONGKOL
แดนมหามงคล

Si se sueña con un mundo sin estrés, teléfonos móviles, televisión ni correo electrónico, este es el lugar. Este **centro de meditación** (⌚7.00-17.00), fundado en 1986, es un popular retiro enmarcado en espaciosos y cuidados terrenos. Las clases de meditación de dos horas (4.00 y 18.00) las dirige Tamara, una inglesa que lleva varios años instalada aquí. Se cruza el puente de teca sobre el Mae Nam Khwae Noi para entrar y lo primero que hay que hacer es presentar los respetos ante el buda de madera del pabellón de meditación. En el centro viven unas trescientas personas, en su mayoría permanentemente. Aunque casi todas son monjas, hay una zona separada para hombres. Si bien no se cobra ni por las visitas ni por el alojamiento, se agradecen los donativos. Las visitas de un día también son bien recibidas; hay alojamiento básico para quien quiera quedarse más tiempo. Otra obligación es ponerse la camisa y el pantalón blancos que facilitan a la entrada.

El centro está bien señalizado junto a la carretera 323, a 12 km del templo del Tigre. En tren, hay que apearse en la estación de Maha Mongkol.

PARQUE NACIONAL DE THONG PHA PHUM
อุทยานแห่งชาติทองผาภูมิ

Este **parque** (☎0 3453 2114; distrito de Thong Pha Phum) acoge la cascada de **Jorgrading** y sencillas casitas de árbol como **alojamiento** (☎0 2562 0760; www.dnp.go.th; 600-1200 THB).

Los 62 km que separan Thong Pha Phum del parque se hacen por una carretera si-

UNA MINA ESPIRITUAL

La abandonada mina de estaño y wolframio de Pilok, en E-Thong, debe su nombre a un hecho sobrenatural. Tras un brote de malaria en la mina, varios trabajadores murieron. Poco después los lugareños empezaron a ver extrañas apariciones por las cercanías y, en la creencia de que eran los espíritus de los mineros *(pěe)* que les gastaban bromas *(lok)*, les gritaban *"pilok"*. La mina se quedó con ese nombre, como el subdistrito.

nuosa pero buena a la que dan sombra unos árboles colosales. La cascada principal está a 5 km de la entrada.

A 8 km más por la carretera 3272 está el pueblo fronterizo de **E-Thong**, de población mayoritariamente birmana. Sin llegar a ser un segundo Pai, el sitio cada vez tiene más fama de lugar tranquilo. Quien se aloje en la **Nao Prai Homestay** (mrtripop@hotmail.com; h 600-1200 THB) puede preguntar por Khun Tripop, que habla inglés y organiza caminatas. Niños emprendedores ofrecen su propio circuito guiado por el pueblo, la antigua mina de Pilok y el barrio birmano.

Del mercado de Thong Pha Phum salen *sŏrng·tăa·ous* amarillas a E-Thong (170 THB, 1½ h, 10.30, 11.30 y 12.30), que regresan a las 6.30 y 7.30.

PARQUE NACIONAL DE KHAO LAEM อุทยานแห่งชาติเขาแหลม

Con el inmenso embalse de Khao Laem en el centro, este **parque** (☎0 3453 2099; distrito de Thong Pha Phum), de 1497 km², es de lo más pintoresco.

Muchos ornitólogos acuden a los **humedales de Kroeng Kravia**, cuya avifauna incluye la irena azul y el malcoha sombrío. Al pantanal se llega desde la subestación de Kroeng Kravia, 45 km al sur de Sangkhlaburi.

En el lugar se han documentado más de 260 especies de animales, entre ellas gibones, ciervos y jabalíes. Alrededor de los humedales hay varias cascadas e imponentes montañas calizas.

La cascada de **Kra Teng Jeng** empieza a 400 m de la entrada del parque; una sombreada senda de 4km lleva a sus principales saltos. Se necesita un guía.

Aproximadamente 1 km al norte de la entrada del parque está la **subestación de Pom Pee**, donde se alquilan barcos de popa larga para cruzar los humedales hasta las subestaciones de Pha Pueng o Kai Uu, o para regresar al asentamiento mon de Wang Kha (o Ka). Uno para ocho personas cuesta unos 2000 THB. Pom Pee también tiene un *camping* y **bungalós** (☎0 2562 0760; www.dnp.go.th; h desde 900 THB), mientras que el parque principal solo ofrece una zona de acampada.

La cascada de **Dai Chong Thong**, de 15 m, se halla unos 12 km al sur de la entrada del parque. La oficina central del parque está 28 km al sur de Sangkhlaburi. Desde Thong Pha Phum salen *sŏrng·tăa·ous* a los

NATURALMENTE PROTEGIDAS

La mayor área protegida en tierra firme del sureste asiático se compone de la **Reserva Natural de Thung Yai Naresuan** y la **Reserva Natural de Huay Kha Khaeng**, declarada Patrimonio Mundial en 1991 por la Unesco. El conjunto tiene 6200 km² y alberga una increíble variedad de fauna y flora.

La zona, situada en el extremo noroeste de Kanchanaburi, y prolongándose hasta las provincias vecinas, se trata principalmente de una jungla montañosa con ríos y arroyos que separan las verdes tierras bajas y los valles.

Las reservas no son parques nacionales sino zonas protegidas y para entrar se requiere un permiso, que se se puede obtener a través de la P Guest House en Sangkhlaburi (véase p. 183).

El conjunto constituye uno de los últimos hábitats naturales para unos 700 tigres, que comparten el espacio con 400 especies de aves, 96 de reptiles y 120 de mamíferos, como leopardos, gaúres, osos y quizá hasta algún rinoceronte de Java.

Thung Yai Naresuan (Campo Grande) debe su nombre a la vasta llanura central cubierta de hierba, que el rey Naresuan utilizó como base militar. Huay Kha Khaeng tiene más servicios y *campings*, aunque no hay restaurantes ni bungalós. El área incluye la ruta naturalista del Khao Hin Daeng, accesible en transporte privado vía Uthai Thani por la carretera 333 y luego por la 3438.

Hay dos **zonas de acampada** dentro de Huay Kha Khaeng: el puesto de guardabosques de Cyber y Huay Mae Dee. El primero está a 7 km de la oficina principal y tiene a tiro de caminata varias cascadas y valles. La pista de todoterrenos de 37 km a través del tupido bosque hasta Huay Mae Dee pasa por un pueblo karen. Pueden contratarse guías (solo hablan thai) en ambos puntos. Hay parcelas para acampar (30 THB por tienda), pero habrá que llevar todo el equipo.

Como mejor se llega a la oficina principal es en transporte privado. El autobús solo llega hasta Lan Sak, a 35 km de automóvil de la oficina.

humedales de Kroeng Kravia (35 THB, 1 h, cada 45 min).

La **Lake House Adventure** (www.lakehouseadventure.com; adultos/niños/dc 15 900/12 000/12 900 THB) es una casa flotante que ofrece una relajante travesía de cinco días hasta Sangkhlaburi, que incluye paseos en elefante, kayak y una visita a un pueblo karen.

PARQUE NACIONAL DE SI NAKHARIN อุทยานแห่งชาติศรีนครินทร์

El corazón de este **parque** (☎0 3451 6667; distrito de Si Sawat) de 1500 km² es el embalse de Nakharin, que alimentan varios cursos de aguas circundantes. La cascada de siete saltos de **Huay Mae Khamin**, una de las más hermosas de Tailandia, queda cerca de la entrada del parque. También hay fuentes termales, cuevas calizas y una ruta de senderismo.

Durante años llegar aquí exigía arduas travesías en todoterreno o en barco, pero esto ha cambiado, pues está a punto de concluirse una carretera que une el parque con el **Parque Nacional de Erawan,** lo que implica que ya pueden visitarse ambas cascadas en un día. Para quien quiera hacer la ruta a la antigua, un *ferry* de automóviles cruza el embalse entre el Tha Ong Sit, en el este, y el Tha Kamnantuet, en el oeste. El *ferry* funciona de 6.00 a 20.00 y sale en cuanto se llena; también se puede alquilar a razón de 300 THB por vehículo. Después de la travesía (45 min), la entrada del parque queda a 7 km del Tha Kamnantuet. También se puede alquilar una lancha motora en el lado este del muelle del Tha Kradan (1500 THB, aprox.).

Hay un **'camping'** (☎0 2562 0760; www.dnp.go.th; h 150-700 THB) y **bungalós** (900-2700 THB).

PARQUE NACIONAL DE CHALOEM RATANAKOSIN

อุทยานแห่งชาติเฉลิมรัตนโกสินทร์

El **parque** (☎0 3451 9606; distrito de Nong Preu) más pequeño de la zona ofrece mucho en sus 59 km². Destacan las cuevas de **Tham Than Lot Noi** y **Tham Than Lot Yai.** La primera no tiene nada de particular pero conduce hasta un agradable sendero natural de 2,5 km al término del cual se abre la segunda cueva, enorme y con recortadas estalactitas.

Para dormir hay **bungalós** (☎0 2562 0760; www.dnp.go.th; h 600-2700 THB) o **tiendas** (250-600 THB). Otra opción es alojarse con una simpática familia karen en la **Khao Lek Homestay** (100-300 THB), alimentada por energía solar; para más información, pregúntese en las agencias de circuitos de Kanchanaburi. Casi todos los visitantes llegan en transporte privado por la carretera 3086.

Thong Pha Phum ทองผาภูมิ

62 848 HAB.

La vida discurre con tranquilidad en esta ciudad dominada por las montañas, a menudo relegada por los viajeros a un mero alto en el camino a Sangkhlaburi.

Pero Thong Pha Phum tiene su encanto. Además, como solo hay una calle principal, con el Mae Nam Khwae Noi que discurre en paralelo por su lado este, es fácil de recorrer. No hay muchos servicios, aparte de algunos bancos y unas pocas pensiones.

El centro de la localidad es el mercado, con decenas de puestos, un lugar perfecto para desayunar a base de plátanos fritos, tentempiés dulces o fideos. Detrás suyo, el **Krua Tom Nam** es un restaurante de tres niveles con vistas al río. Hay otros restaurantes que denotan la importante población birmana y de otras comunidades étnicas que viven en la ciudad; las grandes cazuelas metálicas llenas de apetitosos *curries* son típicas de los mon.

De noche, el iluminado **templo** en lo alto de la colina proyecta una suave luz sobre las casas dormidas. Se llega a él por la carretera del río en dirección a la general; hay que cruzar un puente peatonal y subir la cuesta.

Además de su proximidad a Sangkhlaburi, la ciudad cada vez ofrece más actividades de aventura cercanas. El **Phuiyara Resort** (www.phuiyararesort.com; h 1000-1500 THB) cuenta con un parque con *tirolinas,* puentes de cuerda y redes de escalada, además de circuitos en *quad* y de senderismo. También organiza excursiones a la Reserva Natural de Thung Yai Naresuan (véase recuadro en p. 179).

Al sur de Thong Pha Phum están las **fuentes termales de Hin Dat** (entrada 50 THB; ⏲6.00-22.00). Por si no bastara con los efectos relajantes de sus dos piscinas termales, cerca hay un pabellón de masajes.

A las *bòr nám rórn* ("fuentes termales") se llega en el autobús Sangkhlaburi-Kanchanaburi por la carretera 323 hasta el mojón del km 105, a 1 km de paseo.

En la misma carretera de las fuentes termales se halla la **Nam Tok Pha That** (200 THB), una bonita cascada de varios saltos que no recibe muchas visitas.

La presa de **Kheuan Khao Laem**, conocida en la zona como la presa de Vachiralongkorn, está 9 km al noroeste de la ciudad. En los alrededores hay algunos **bungalós** (☎0 3459 8030; h 600-800 THB; ❄) y se puede jugar al golf y al tenis, hay un campo de tiro y hasta es posible hacer un circuito en barco por el embalse.

Entre los alojamientos de la ciudad, el **Som Jainuk Hotel** (☎0 3459 9001; 29/10 Mu 1; h 200-500 THB; ❄) ofrece sencillas habitaciones con ventilador o bungalós de piedra con balcón. Pero lo mejor es su dueña, June, que habla inglés y puede dar valiosos consejos para viajar. Cerca de la entrada a la ciudad, el **Barn Cha Daan** (☎0 3459 9035; Mu 1; h 450 THB; ❄) tiene habitaciones dispuestas en distintos niveles por un patio arbolado.

Cómo llegar y salir

Los autobuses climatizados salen de enfrente del Siam City Bank en la carretera principal. Los billetes se venden detrás del restaurante **Krua Ngobah** (☎0 3459 9377), frente al mismo banco. Algunos destinos son:

Terminal Norte (Mo Chit) de Bangkok (2ª/1ª clase 179/227 THB, 5 h, cada 90 min) Salidas hasta las 15. 40.

Sangkhlaburi (2ª/1ª clase 62/79 THB, 2 h, 4 diarios)

Los autobuses urbanos salen del mercado.

Cómo desplazarse

En el mercado se puede intentar negociar con los conductores de mototaxis, que quizá accedan a alquilar su vehículo por unos 300 THB al día. Las *sŏrng·tăa·ous* recorren la calle principal; una carrera interurbana cuesta unos 10 THB.

Sangkhlaburi สังขละบุรี

47 147 HAB.

Mientras que para la mayoría de visitantes Sangkhlaburi significa el final del camino, para muchos residentes representa el inicio de un nuevo viaje. Pocos lugares de Tailandia tienen semejante mezcla de etnias, incluidos birmanos, karen, mon, tailandeses y algunos laosianos, lo que resulta en un auténtico cóctel de culturas, creencias e idiomas.

Muchos de ellos han llegado a través de la frontera birmana urgidos por necesidades económicas o por temor a la represión.

Esta apartada ciudad domina el inmenso Kheuan Khao Laem (embalse de Khao Laem), al que debe su existencia, pues fue fundada cuando un antiguo pueblo situado en la confluencia de los tres ríos que hoy surten el pantano quedó inundado por el mismo.

Varias ONG locales ayudan a sobrevivir a las comunidades étnicas y luchan por sus escasos derechos, por lo que siempre se necesitan cooperantes (p. 182).

La última semana de junio la ciudad bulle durante el **Día Nacional Mon.**

Puntos de interés y actividades

Wang Kha ASENTAMIENTO MON

(วังคา) Un destartalado **puente de madera** (Saphan Mon), según se dice el más largo de este tipo en Tailandia, lleva a este asentamiento mon donde se realojó a los habitantes del pueblo inundado al construirse la presa. Muchos mon que llegaron a Tailandia huyendo de los conflictos de Birmania, se instalaron en Wang Kha, que ahora ofrece un carácter propio e inconfundible. Los niños juegan a una especie de críquet y las mujeres, muchas de las cuales lucen el tradicional maquillaje blanco, fuman enormes puros.

Al final del puente está la **Dok Bua Homestay** (☎08 6168 6655; h 300-500 THB), con casas-balsa y habitaciones normales. El **mercado diurno** del pueblo siempre está animado. Al norte del mismo, el **Wat Wang Wiwekaram** (Wat Mon) es el centro espiritual de los mon en Tailandia. El templo tiene dos complejos separados el uno del otro por 640 m. A la derecha de la intersección en forma de T se alza el *wí·hăhn*, con múltiples tejados, puertas de madera tallada y balaustradas de mármol, mientras que a la izquierda está la Chedi Luang Phaw Uttama, del mismo estilo que la de Mahabodhi en Bodhgaya (India); de noche, los 6 kg de oro que la cubren relucen iluminados por los focos. Solo los hombres pueden subir hasta lo alto de la misma. En el mismo patio hay otra *chedi* con síntomas de envejecimiento y un mercado de artesanía.

PRUEBA

Subir a la **Chedi Luang Phaw Uttama** presenta un reto. En medio de la escalera hay una huella de Buda y, sobre ella, decenas de monedas. La prueba es simple y la recompensa, inmensa: si se consigue que la moneda caiga en equilibrio sobre el canto, la buena suerte seguirá al lanzador por siempre.

¿QUIÉNES SON LOS MON?

El pueblo mon está orgulloso de su historia, pero hoy corre peligro de desaparecer. Además de introducir el budismo theravada en la región, su reino de Dvaravati abarcó buena parte de las llanuras centrales de Tailandia y Birmania entre los ss. VI y XI.

Muchos mon han huido del opresivo régimen birmano y viven como refugiados en Sangkhlaburi. Menos de medio millón de personas hablan el idioma mon y luchan para conservar su patrimonio, creencias e independencia.

Durante siglos se han producido conflictos entre los birmanos y los mon. Al colonizar Birmania, los británicos se aprovecharon de esta tensión y prometieron a los mon la independencia a cambio de su apoyo. Una vez que Birmania se independizó en 1948, los mon se movilizaron en favor de la autodeterminación, pero las protestas fueron aplastadas con rapidez, sus dirigentes asesinados y sus aldeas arrasadas. En 1974 se creó un Estado semiautónomo (Monland) y en 1996 se declaró una tregua, pero los enfrentamientos no han cesado.

En palabras del sexagenario Lai Phipit, uno de tantos que abandonaron su patria debido a la violencia: "Cuando era pequeño, llegaron los soldados y ordenaron a todos los hombres y niños que fueran a acarrear armas para combatir a los comunistas. El que se negara sería fusilado. Mi familia decidió huir a Tailandia".

De los 47 000 vecinos de Sangkhlaburi, 23 800 son de grupos étnicos. Por su parte, Tailandia se limita a tolerar su presencia. Los mon reciben un carné de identidad tailandés que no les da casi ningún derecho; hasta el desplazamiento lo tienen restringido, con puestos de control alrededor de Sangkhlaburi y el desfiladero de las Tres Pagodas. Muchos mon trabajan por 150 THB al día o menos, por debajo del salario mínimo tailandés (aun así más de lo que ganarían en Birmania) y temen tanto ser multados, deportados o hasta agredidos, que muchos se autoimponen un toque de queda.

Los mon aún sufren en Birmania, y son comunes las denuncias por violaciones, palizas y detenciones. Encajonados entre un país donde se les reprime y otro donde apenas gozan de derechos, se teme que sus tradiciones y cultura se pierdan para siempre.

Un pueblo mon al lado de E-Thong que conserva su cultura ofrece alojamiento en una **casa particular** (450 THB) y un espectáculo tradicional. Para más información, llámese al **Phuiyara Resort** (☎0 3468 5632).

El templo fue el hogar del respetado monje Luang Phaw Uttama. Nacido en Birmania en 1910, el religioso se refugió en Tailandia en 1949 huyendo de la guerra civil y fue uno de los puntales de la comunidad mon; contribuyó a la seguridad de la zona cuando el emplazamiento anterior del pueblo quedó sumergido por la construcción de la presa. Murió en el 2006, a los 97 años de edad, en el Hospital Srirat de Bangkok, donde todas las facturas fueron sufragadas por la reina.

Se recomienda alquilar un **barco privado** (400 THB) y sumergirse en la neblina que envuelve el embalse antes del amanecer. Las excursiones pasan bajo el puente de madera y junto al antiguo templo mon, que según la época del año a veces está totalmente sumergido.

Embalse de Khao Laem LAGO

(เขื่อนเขาแหลม) Este enorme lago se formó en 1983 cuando se construyó la **presa de Vachiralongkorn** (conocida en la zona como presa de Khao Laem) en el río Khwae Noi. El lago anegó por completo el pueblo que había en la confluencia de los ríos Khwae Noi, Ranti y Sangkhalia. En la estación seca se ve claramente sobresalir el **Wat Sam Prasop.**

La hora mágica del lugar es al alba, cuando los sonidos de la naturaleza y las azuladas neblinas envuelven sus aguas.

Baan Unrak ORFANATO, VOLUNTARIADO

(บ้านอนุรักษ์; casa de la Alegría; www.baanunrak.org) En este gran edificio naranja que domina la ciudad se cuida a niños huérfanos o abandonados de los grupos étnicos.

Además del orfanato, Baan Unrak gestiona un centro textil con el fin de proporcionar ingresos a las mujeres locales, ayuda a las madres solteras y trabaja con enfermos de VIH/sida.

Los niños en acogida, en su mayoría de etnia karen, se educan en la filosofía neohumanista de la casa, basada en el vegetarianismo, el amor universal y la meditación.

Debido al elevado número de refugiados que hay en la ciudad, existe una gran demanda de estos servicios, por lo que siempre se precisan voluntarios. Generalmente, solo se aceptan cooperantes para un período mínimo de seis meses, aunque también admiten visitantes. Los niños protagonizan exhibiciones de yoga en la residencia cada miércoles a las 18.00.

Centro de Aprendizaje de las Tribus de la Montaña ESCUELA, VOLUNTARIADO
(ศูนย์การศึกษาตามอัธยาศัยไทยภูเขา) Esta apartada escuela para gentes de las tribus de montaña está en la ladera de una montaña 10 km al sur de Sangkhlaburi. Cuando la monja budista Pimjai Maneerat llegó para meditar a este bosque en 1997, los lugareños le pidieron que les enseñara. El centro que ella fundó ahora es una rudimentaria escuela para 70 niños, aunque queda muy apartada. Los estudiantes, en su mayoría karen, aprenden thai y asignaturas básicas; sin el centro, no recibirían educación alguna. Como la monja Pimjai lleva la escuela prácticamente sola, siempre son bienvenidos voluntarios que puedan echar una mano en la enseñanza, particularmente con el inglés, o en las faenas diarias.

Hay alojamiento básico para cualquiera que desee quedarse unos días. Para más información, contáctese con la P Guest House.

Dónde dormir

P Guest House PENSIÓN $$
(0 3459 5061; www.pguesthouse.com; 8/1 Mu 1; h 250-950 THB;) Muy conocida por sus fabulosas vistas y personal angloparlante, hay que llamar antes para conseguir habitación. Estas son sencillas, con ventilador y baños compartidos. También organiza excursiones y alquila motocicletas, bicicletas y piraguas.

The Nature Club CENTRO VACACIONAL DE AVENTURA $$$
(0 3459 5596; www.thenatureclubresort.com; h 800-2500 THB, tiendas 300 THB) Para los sedientos de emociones y amantes de la naturaleza, este gigantesco complejo a las afueras de Sangkhlaburi ofrece el recorrido en *tirolina* más largo del país (800 m), lagos y piraguas. Las actividades están abiertas a todo el mundo.

Ban Thor Phan CENTRO VACACIONAL DE SALUD $$$
(0 3459 5018; h 2500-36 000 THB;) Sanación con cristales, baños de clorofila y yoga son algunos de los tratamientos holísticos que ofrece este impresionante retiro, con habitaciones frescas y relajantes.

Burmese Inn PENSIÓN $$
(0 3459 5146; www.sangkhlaburi.com; 52/3 Mu 3; h 400-800 THB;) Tras una renovación, hasta las habitaciones más baratas resultan agradables, todas con TV y agua caliente. El restaurante sirve algunos platos birmanos y tailandeses.

Dónde comer y beber

Las pensiones suelen ser los lugares preferidos para comer, sobre todo por estar a orillas del río. Pero, como en casi todas las localidades del país, el mercado ofrece la mayor variedad culinaria. No hay que dejar pasar la oportunidad de probar alguno de los deliciosos *curries* (20 THB) birmanos y tailandeses. La vida nocturna consiste en tomar una cerveza en la pensión de turno o en el Western Bar and Country, donde también preparan estupendas hamburguesas y muchos platos tailandeses.

Baan Unrak Bakery PANADERÍA $
(tentempiés 25-90 THB) Ideal para los vegetarianos y los lamineros. Forma parte de la organización Baan Unrak.

De compras

Los interesados en los tejidos karen hallarán artículos auténticos en la Baan Unrak Bakery o en la tienda fuera de la P Guest House, todos ellos elaborados en la cooperativa de mujeres de Baan Unrak.

Weaving for Women ROPA, ARTESANÍA
(www.weavingforwomen.org) En la misma calle de la P Guest House, vende artículos tejidos a mano por refugiadas mon y karen.

Información

El Siam Commercial Bank (con cajero automático) está cerca del mercado, al igual que varios lugares para conectarse a internet (15-20 THB/h). Para llamadas internacionales, hay un teléfono frente a la oficina de correos en la calle principal.

Cómo llegar y salir

El descampado que hay al otro lado del mercado se usa como estación de autobuses. Algunos destinos son:

Kanchanaburi (150 THB, 5 h) El autobús nº 8203 sale a las 6.40, 8.15, 9.45 y 13.15, y para en Sai Yok y Kanchanaburi.

Para Bangkok, hay que ir a la taquilla cercana al mercado o a la oficina de furgonetas que hay detrás del mismo.

Terminal Norte (Mo Chit) de Bangkok (2ª/1ª clase 228/293 THB, 7 h) Salen autobuses a las 7.30, 9.00, 10.30 y 14. 30. El de las 14.30 es de 1º clase.

Kanchanaburi (175 THB, 3½ h, cada 30 min, 6.00-16.00) Los microbuses paran en Thong Pha Phum (80 THB).

Un mototaxi a las pensiones cuesta unos 15 THB. Sangkhlaburi dista unos 230 km de Kanchanaburi y 74 km de Thong Pha Phum.

Alrededores de Sangkhlaburi

DESFILADERO DE LAS TRES PAGODAS ด่านเจดีย์สามองค์

Aunque dichas pagodas (*prá jair·dee săhm ong*) no sean gran cosa, la localidad fronteriza merece una visita por su fuerte influencia birmana.

Al otro lado de la frontera está Payathonzu, localidad con un **mercado de recuerdos** y **casas de té.** Si se planea visitarla, pregúntese por el lugar antes de salir, pues Myanmar suele cerrar la frontera debido a combates entre militares birmanos y ejércitos étnicos. En la última visita, el paso había reabierto por primera vez en tres años, aunque solo para ciudadanos tailandeses.

Si no se pudiera cruzar, el **mercado** del lado tailandés está lleno de *whisky* birmano, además de joyas, puros y extraños brebajes medicinales. A la entrada de un restaurante de fideos hay una cápsula del tiempo enterrada por prisioneros de guerra aliados en 1995 para celebrar el 50º aniversario del Ferrocarril de la Muerte. Se abrirá el 20 de abril de 2045.

Si la frontera estuviera abierta, los extranjeros pueden obtener un pase de un día pero no ampliaciones de visado. Hay que dejar el pasaporte y presentar una fotografía tamaño carné en la oficina de inmigración tailandesa. Además, en la oficina de inmigración de Myanmar se pide una copia de la página del pasaporte donde aparece la fotografía, una segunda foto y 500 THB o 10 US$. Cuando se regresa a Tailandia, se devuelve el pasaporte. Cerca de la oficina de inmigración hay una pequeña copistería.

El desfiladero tiene un largo historial de violencia y contrabando, y aun hoy se rumorea que es una importante ruta de estraperlo, en particular de madera, piedras semipreciosas y anfetaminas.

Las *sŏrng·tăa·ous* verdes salen de la estación de Sangkhlaburi (30 THB, 40 min, cada 40 min). La frontera queda a un corto trecho a pie de la parada de *sŏrng·tăa·ous* del desfiladero de las Tres Pagodas.

Ko Chang y la costa oriental

Sumario »

Los mejores restaurantes

» Mum Aroi (p. 195)
» Barrio Bonito (p. 221)
» Cool Corner (p. 210)
» Pan & David Restaurant (p. 191)

Los mejores alojamientos

» Birds & Bees Resort (p. 195)
» Tubtim Resort (p. 202)
» Ban Jaidee Guest House (p. 209)
» Bang Bao Sea Hut (p. 219)
» Paradise Cottages (p. 218)

Por qué ir

Para los capitalinos hace mucho tiempo que la costa oriental significa escapada de fin de semana. Pionera de los complejos de playa del país, la zona es un modelo que hoy se repite en otros puntos de la costa tailandesa. Pese a la industrialización galopante del país, algunas de las playas próximas a la capital, como las de Ko Samet, han conservado su espectacular entorno natural. Más lejos, Ko Chang y sus islas hermanadas ofrecen el mejor edén "tropical" de la región, no exento de gentío.

Más allá de las estribaciones y del curvado litoral está Camboya, por lo que esta costa ejerce y ha ejercido siempre de vínculo práctico y cultural entre ambos países. Durante los días de movilidad fronteriza de la época colonial, de alguna manera, los franceses ocuparon muchas ciudades tailandesas continentales. Quienes se acerquen a estos rincones menos explorados encontrarán los restos del viejo Siam, una exquisita cocina de mercado y esa prosperidad desenvuelta que define la vida cotidiana de los tailandeses.

Cuándo ir

La mejor época para visitar la zona es al final de la estación lluviosa (nov, aprox.) y preferentemente antes del comienzo de la temporada alta (dic-mar), cuando el clima es fresco, el paisaje está verde y los precios son razonables. En Ko Chang, Navidad y Año Nuevo son la temporada alta. En marzo, con el comienzo de la estación calurosa, cae la ocupación.

La estación lluviosa va de mayo a octubre, período en el que algunos establecimientos de Ko Chang bajan la persiana y las cercanas Ko Wai, Ko Mak y Ko Kut cierran a cal y canto. Ko Samet, bastante más seca, es la mejor opción durante el monzón.

Imprescindible

1. Rastrear la playa y realizar caminatas por la selva de **Ko Chang** (p. 213).
2. Flotar todo el día sobre las aguas cristalinas de **Ko Kut** (p. 224).
3. Nadar entre peces en las transparentes calas de **Ko Wai** (p. 222).
4. Saltar de cala en cala en la bonita **Ko Samet** (p. 199), tan cerca y a la vez tan lejos de Bangkok.
5. Pasear por el casco antiguo y ver a los comerciantes de gemas en **Chanthaburi** (p. 204).
6. Cumplir con los recados en los mercados de **Trat** (p. 208), llenos de amas de casa.
7. Apartarse del ajetreo de Bangkok en un visita alternativa a **Si Racha** (p. 188) y una excursión de un día a **Ko Si Chang** (p. 190).
8. Admirar la obra maestra moderna del **santuario de la Verdad** (p. 192) de Pattaya, testamento exquisitamente labrado de las habilidades artísticas del budismo y el hinduismo.
9. Hartarse de marisco junto al mar, el principal atractivo por el que los tailandeses van a la playa.

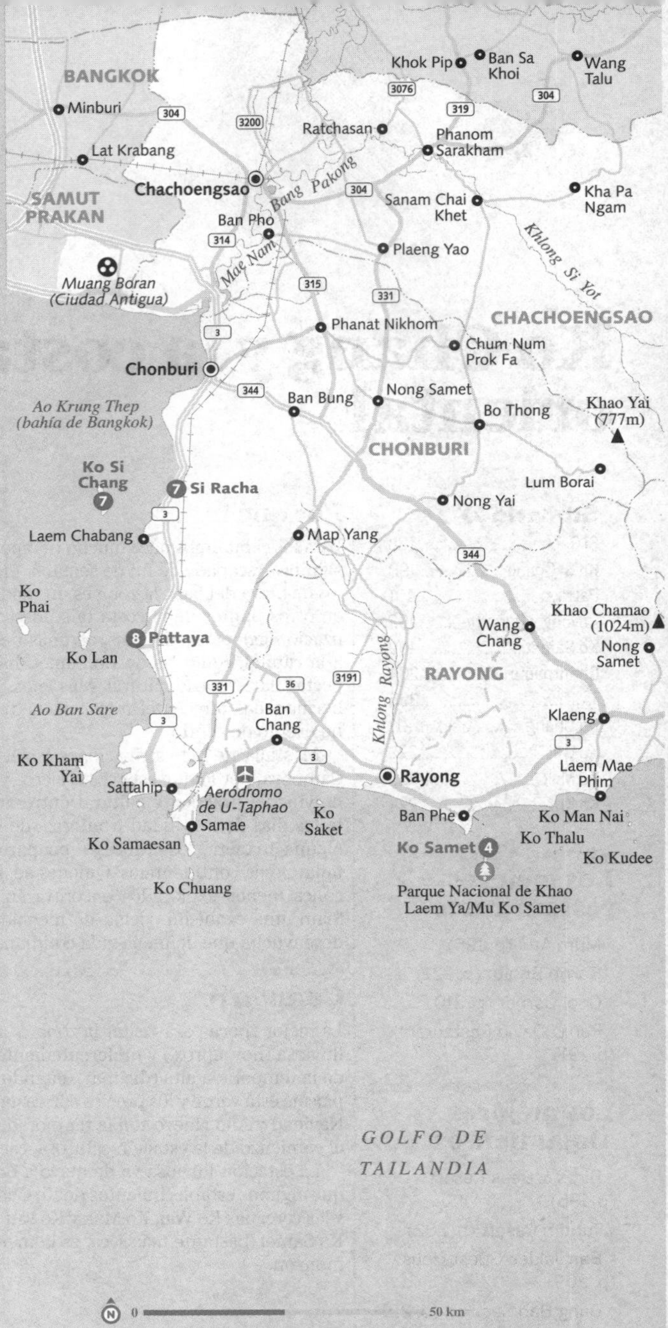

BANGKOK
Minburi
Lat Krabang
SAMUT PRAKAN
Chachoengsao
Ban Pho
Muang Boran (Ciudad Antigua)
Bang Pakong
Mae Nam
Khok Pip
Ban Sa Khoi
Wang Talu
Ratchasan
Phanom Sarakham
Sanam Chai Khet
Kha Pa Ngam
Plaeng Yao
Khlong Si Yot
CHACHOENGSAO
Phanat Nikhom
Chum Num Prok Fa
Chonburi
Ao Krung Thep (bahía de Bangkok)
Ban Bung
Nong Samet
Bo Thong
Khao Yai (777m)
CHONBURI
Ko Si Chang 7
7 Si Racha
Lum Borai
Nong Yai
Laem Chabang
Map Yang
Ko Phai
Ko Lan
8 Pattaya
Khao Chamao (1024m)
Wang Chang
Nong Samet
RAYONG
Khlong Rayong
Ao Ban Sare
Ban Chang
Klaeng
Ko Kham Yai
Sattahip
Aeródromo de U-Taphao
Rayong
Laem Mae Phim
Samae
Ko Saket
Ban Phe
Ko Man Nai
Ko Thalu
Ko Samaesan
Ko Samet 4
Ko Kudee
Ko Chuang
Parque Nacional de Khao Laem Ya/Mu Ko Samet
GOLFO DE TAILANDIA
0 — 50 km

Lam
Prachinburi
Sa Kaew
348
Watthana Nakhon
Ang Sila
Non Mak Mun
Huay Jot
33
Sai Yoi
317
CAMBOYA
Aranya Prathet
Khao Chakan
Poipet
3395
Sai Diaw
Non Sao-Eh
Sisophon
Khlong Hat
Khao Takrup (660m)
Wang Mai
3395
317
Khao Daeng
Thun Khanan
CHANTHABURI
Tamun
Battambang
Khao Soi Dao Nua (1566m)
Pung Ngon
Nong Chek Soi
Takra
Ban Pakard
Parque Nacional de Khao Chamao/ Khao Wong
Pong Nam Ron
Psar Pruhm
Parque Nacional de Khao Khitchakut
Pailin
Si Yaek Kong Din
317
Nong Khla
Makham
Ban Pa-Ah
3
Tha Mai
5 Chanthaburi
Chang Thun
Parque Nacional de Nam Tok Phlio
Nong Sii
Laem Sadet
3157
Ta Chalap
Chak Yai
Laem Singh
Khlung
Pong
Dan Chumpon
3159
Laem Ko Proet
Tha Chot
TRAT
3271
3156
3
CAMBOYA
Trat
6
Ban Noen Sung
Bang Kradan
Laem Muang
318
Laem Ngop
Ao Trat
Tha Sen
1 Ko Chang
Laem Sok
Parque Nacional Marino de Mu Ko Chang
Mai Rut
Ko Wai 3
Ko Kradat
Ko Mak
Ko Rayang
Khlong Yai
Ko Mai Si
2 Ko Kut
Hat Lek
Krong Koh Kong

Si Racha

ศรีราชา

68 292 HAB.

Esta apagada localidad costera aúna sus raíces pesqueras con la industria moderna. Los bloques de condominios de primera línea de mar eclipsan todo un laberinto de deteriorados embarcaderos, y los buques de carga amarrados en el puerto de Laem Chabang comparten los canales con sencillas y coloridas barcas de pesca.

Las localidades tailandesas, sobre todo las de apariencia moderna, son expertas en camuflarse para parecer una población tailandesa cualquiera. En el caso de Si Racha, es necesario conocer un poco la historia reciente para entender por qué se ven tantos restaurantes japoneses (pues se dirigen a los trabajadores extranjeros de las cercanas fábricas de automóviles) y BMW por sus calles. De hecho, las inmediaciones del puerto de Laem Chabang, el muelle de aguas profundas más transitado de Tailandia, acoge fábricas, instalaciones petroquímicas y plantas químicas: el grueso de la economía fabril tailandesa. Dicho de otra manera, en esta localidad se mueve el dinero, como demuestran el nuevo edificio del ayuntamiento, ajardinado cual complejo turístico, y el impecable Health Park.

Desde el punto de vista turístico, Si Racha atrae por lo que le falta; no hay pensiones, bares de chicas ni congestión de tráfico, ideal si lo que se busca es un lugar tranquilo y sin turistas. También está cerca del aeropuerto Suvarnabhumi de Bangkok.

Puntos de interés

Aunque con pocas atracciones turísticas, Si Racha invita a un agradable paseo.

Ko Loi ISLA

Esta pequeña isla de roca, una maravilla local, está conectada a tierra firme por un largo embarcadero en el extremo norte del muelle de Si Racha. En ella se respira un ambiente festivo alrededor de un **templo tailandés-chino** (horas de sol), decorado con un par de estanques enormes con tortugas de todos los tamaños y edades. Desde la isla también se puede ir hasta Ko Si Chang, frente a la costa.

Health Park JARDÍN

Al lado de la costa, seguramente se trata de uno de los parques municipales mejor cuidados del país. La brisa marina lo mantiene fresco e incluye una zona infantil, un café con sombra y wifi, una pista de *footing* y mucha actividad vespertina.

Dónde dormir

Los alojamientos más auténticos (entiéndase básicos) son los hoteles de madera en los muelles.

LA SALSA DEL GALLO CON CUALQUIER OTRO NOMBRE

A juzgar por la extraordinaria popularidad de la salsa Sriracha Hot Chili en EE UU, cabría esperar que la ciudad homónima fuera un santuario de la misma. Pero nadie en Si Racha parece conocer dicho condimento, y mucho menos que los chefs estadounidenses de alta cocina la utilicen para todo, desde cócteles a adobos, y que las revistas de cocina, como *Bon Appetit*, la coloquen junto al aceite de trufa como condimento imprescindible.

Pero todo esto tiene una explicación: la salsa que se vende en EE UU de hecho se inventó en aquel país. Un inmigrante vietnamita que vivía en la periferia de Los Ángeles creó una salsa de guindilla para acompañar los fideos en base a los recuerdos que tenía de las salsas picantes vietnamitas. Los primeros tarros los vendió en su automóvil, pero su negocio acabó convirtiéndose en la compañía Huy Fong Foods.

En la actualidad, las características botellas con el logo del gallo de la empresa se distribuyen por todo EE UU y Australia, pero no en los países asiáticos, según un portavoz de la empresa, aunque ocasionalmente se ve en alguna tienda de fideos de Tailandia. De cómo ha llegado esta salsa estadounidense, de nombre thai y de inspiración vietnamita hasta aquí, la compañía Huy Fong Foods no tiene ni idea.

Pero eso no significa que Tailandia no tenga su propia versión de salsa de guindilla y vinagre (*nám prík sěe rah·chah*). De hecho, muchos creen que el condimento debía provenir de Si Racha y después cruzó Asia sufriendo diferentes modificaciones. En Tailandia, las salsas tipo Si Racha, incluidas marcas tan populares como Golden Mountain o Sriraja Panich, se utilizan con *kài jee·o* (tortilla) y *hŏy tôrt* (tortilla de mejillones fritos) y suelen ser más homogéneas y de consistencia más diluida que las de la marca del gallo.

Siriwatana Hotel HOTEL $
(☎0 3831 1037; Soi Siriwatana, Th Jermjompol; h 200 THB) Este hotel de madera se sostiene sobre pilotes encima del mar (de hecho si se mira por el agujero del retrete se ve el agua) y ofrece habitaciones sencillas y económicas.

Samchai HOTEL $
(☎0 3831 1800; Soi 10, Th Jermjompol; h 300 THB) Búsquese el rótulo de "Hotel" para encontrar otro establecimiento de madera en el embarcadero, pero un poco más cómodo y grande. Las sinuosas líneas amarillas en el suelo de cemento recuerdan a un puerto.

Seaview Sriracha Hotel HOTEL $$
(☎0 3831 9000; 50-54 Th Jermjompol; h 900-1200 THB; ❄@) Las habitaciones son holgadas y cómodas, algunas con vistas al mar y a los embarcaderos. Las que dan a la calle acusan un poco el ruido, pero el silencio se impone relativamente pronto.

Dónde comer y beber

Si Racha es célebre por el marisco.

Moom Aroy PESCADO Y MARISCO $$
(rótulo sin caracteres latinos; platos 100-350 THB; ⏲almuerzo y cena) Su nombre significa "Esquina Deliciosa", y así es. A este lugar se va a disfrutar del marisco de Si Racha con vistas del muelle y de las poteras. Queda al norte de la ciudad; hay que girar a la izquierda en el Hospital Samitivet Sriracha y buscar el tanque con el pez de 2 m que hay delante.

Bang Saen PESCADO Y MARISCO $$
(platos 100-250 THB; ⏲almuerzo y cena) La calidad de una playa depende de sus marisquerías, al menos así lo piensan los tailandeses, y vale la pena hacerles caso. Este complejo de playa, 18 km al norte de Si Racha, no está mal para darse un baño, pero a los domingueros capitalinos y a los estudiantes universitarios lo que de verdad les chifla es la comida y las vistas. Accesible solo en transporte privado.

Puestos de marisco de Ko Loi PESCADO Y MARISCO $
(platos 40-160 THB; ⏲almuerzo y cena) Encaramados al malecón de Ko Loi, estos humildes puestos se especializan en marisco fresco. No hay carta en inglés pero todo está rico.

Plaza nocturna MERCADO $
(Th Jermjompol y Th Si Racha Nakorn; platos desde 50 THB; ⏲17.00) Este mercado nocturno, aunque pequeño, es más que suficiente para calmar las ansias de comida callejera.

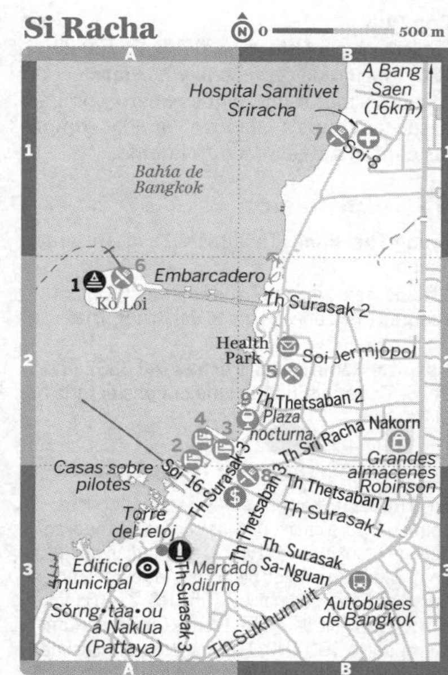

Si Racha

Puntos de interés
1 Templo tailandés-chino......A2

Dónde dormir
2 Samchai......A2
3 Seaview Sriracha Hotel......A2
4 Siriwatana Hotel......A2

Dónde comer
5 Asami Sriracha......B2
6 Puestos de marisco de Ko Loi......A2
7 Moom Aroy......B1
8 Picha Cake Garden......B3

Dónde beber
9 Pop Pub......B2

Picha Cake Garden PANADERÍA $
(Th Jermjompol esq. Th Surasak 1; café 40 THB; ⏲desayuno, almuerzo y cena) En pleno trajín callejero surge este oasis: manjares horneados, café y un inmaculado marco climatizado con wifi.

Asami Sriracha JAPONESA $$
(Th Jermjompol; platos 150-250 THB; ⏲almuerzo y cena) Restaurante con mesas enfocado a la comunidad japonesa local: fideos *udon* y combinados *katsu*.

Pop Pub BAR
(Th Jermjompol; platos 60-220 THB; ⌚17.00-23.00) Este híbrido de cervecería y bar musical del muelle es más roquero que popero y prepara desde tentempiés salados a comidas completas e infinidad de sustento líquido.

Información

Krung Thai Bank (Th Surasak 1 esq. Th Jermjompol)

Oficina de correos (Th Jermjompol) Unas cuantas manzanas al norte del Krung Thai Bank.

Hospital Samitivet Sriracha (☎0 3832 4111; Soi 8, Th Jermjompol) El mejor considerado de Si Racha.

Cómo llegar y desplazarse

En Si Racha no hay una estación de autobuses como tal, pero casi todas las compañías operan desde Th Sukhumvit (Hwy 3) e inmediaciones. Los gubernamentales pasan por las estaciones de Bangkok Este (Ekamai; 88-155 THB, 2 h), Bangkok Norte (Mo Chit; 100 THB, 1½ h) y Suvarnabhumi (aeropuerto; 100 THB, 1 h), con llegadas y salidas cada hora desde una oficina que hay al lado del IT Mall (Tuk Com) en Th Sukhumvit.

Las furgonetas que van a Bangkok paran delante de los grandes almacenes Robinson en Th Sukhumvit y salen con frecuencia rumbo a las diferentes estaciones de autobuses de Bangkok (100-120 THB) y al monumento a la Victoria (100 THB).

Todos los autobuses desde Bangkok continúan hasta Pattaya (50 THB) y a otros puntos del este. Las blancas *sŏrng·tăa·ous* (pequeñas camionetas) van de la torre del reloj de Si Racha hasta las proximidades del mercado de Naklua en Pattaya (25 THB, 30 min).

Las compañías privadas de autobuses tienen oficinas en Th Sukhumvit, al sur del cruce con Th Surasak, y cubren los siguientes destinos de largo recorrido: Nong Khai (506 THB, 12 h, 1 nocturno), Khorat (380 THB, 5 h, 2 nocturnos) y Phuket (848-1138 THB, 1 nocturno).

Un tren circula a diario entre Bangkok y Pattaya y para en Si Racha. Sale de la estación de Hua Lamphong a las 6.55 y regresa de Si Racha a las 14.50 (3ª clase 100 THB, 3 h). La estación de trenes de Si Racha está 3 km al este del muelle.

Los *túk-túks* (triciclos motorizados) van a puntos de toda la localidad por 30-40 THB.

Ko Si Chang เกาะสีชัง

5012 HAB.

Este otrora retiro de playa de la realeza conserva un ambiente de pueblo de pescadores y suficientes atracciones como para completar un día de excursión desde Si Racha. Los capitalinos escapan aquí los fines de semana para comer marisco, posar frente al mar y hacer méritos en los templos locales.

Puntos de interés

GRATIS **Palacio de Phra Chudadhut** PARAJE HISTÓRICO
(⌚9.00-17.00 ma-do) Rama V (el rey Chulalongkorn) utilizaba este antiguo palacio en verano pero, cuando los franceses ocuparon temporalmente la isla en 1893, se abandonó. El salón principal del trono, una magnífica estructura dorada de teca conocida como la mansión de teca Vimanmek, se trasladó a Bangkok en 1910 (véase p. 81).

Lo que hoy se puede ver son los desvanecidos cimientos de estilo victoriano que delatan los gustos arquitectónicos del rey. **Ruen Vadhana** y **Ruen Mai Rim Talay** albergan exposiciones históricas sobre las visitas del rey a la isla y sus proyectos en políticas sociales, incluida una charla a la gente de la zona en plan tertulia de té. En lo alto de la colina está el **Wat Asadang Khanimit**, un templo que atesora una pequeña cámara consagrada donde Rama V solía meditar. La inigualable imagen de Buda del interior la modeló un monje de la zona hace más de cincuenta años. Cerca hay un farallón de roca envuelto en una tela sagrada, llamada piedra de la Campana porque suena como tal cuando se la golpea.

Como propiedad real que es hay que vestir de forma adecuada (piernas y brazos cubiertos), pero al carecer de peso administrativo se hace un poco la vista gorda. Lamentablemente, los jardines están muy dejados, algo sorprendente si se tiene en cuenta lo cerca que queda Bangkok y el respeto que se profesa en todo el país al monarca.

Museo de Cholatassathan ACUARIO
(entrada con donativo; ⌚9.00-17.00 ma-do) Situado antes de llegar al palacio, este museo exhibe unas pocas muestras marinas con alguna que otra explicación en inglés. Resulta interesante el tanque táctil, donde los visitantes locales señalan las especies comestibles más buenas. El Aquatic Resources Research Institute realiza aquí investigaciones sobre el coral.

San Jao Phaw Khao Yai TEMPLO
(⌚horas de sol) El reclamo más imponente de la isla es el ornamentado templo de la época

en la que los mercaderes chinos anclaban en estas resguardadas aguas. Durante el Año Nuevo chino (feb) la comunidad china del continente invade la isla. También hay cuevas sagradas, varios entarimados y buenas vistas del océano. Está al este de la localidad, cual vigía de las barcazas que aguardan silenciosas en el mar.

Wat Tham Yai Phrik TEMPLO
(วัดถ้ำยายปริก; se agradece donativo; ⌚amanecer-atardecer) Este monasterio budista se construyó alrededor de varias cuevas de meditación que se adentran en la sierra caliza central de la isla y ofrece vistas preciosas desde su *chedi (stupa)* cimera. De toda Tailandia acuden monjes y *mâa chee* (monjas) a este plácido entorno. Siempre hay alguien que ofrece visitas informales y charlas sobre budismo; también se puede participar en retiros de meditación de varios días.

Hat Tham Phang PLAYA
En el lado suroeste de la isla, la Hat Tham Phang ("playa de la Cueva Caída") tiene unas instalaciones sencillas y se alquilan tumbonas y sombrillas. Está bien para tomar el sol, pero no para bañarse.

Actividades

Hay lugareños que organizan salidas de **buceo con tubo** hasta la cercana Koh Khang Khao ("isla del Murciélago"). Pídase información en el Pan & David Restaurant.

En la Hat Tham Phang alquilan **kayaks marinos** (150 THB/h). Se puede bajar por la costa a remo hasta Koh Khang Khao, buena también para practicar buceo de superficie.

Si Chang Healing House MASAJES
(☎0 3821 6467; 167 Mu 3 Th Makham Thaew; ⌚8.00-18.00 ju-ma) Ofrece masajes y tratamientos de belleza (400-800 THB) en un laberíntico jardín delante del Pan & David Restaurant.

Dónde comer

Hay algunos restaurantes pequeños; se recomienda el marisco preparado con sencillez.

Pan & David Restaurant INTERNACIONAL $$
(☎0 3821 6629; 167 Mu 3 Th Makham Thaew; platos 50-260 THB; ⌚desayuno, almuerzo y cena mi-lu) Con pollo de corral, helados caseros, café de puchero y excelentes platos tailandeses, no extraña que haya que reservar. Está a 200 m del palacio.

Lek Tha Wang PESCADO Y MARISCO $
(platos 60-150 THB; ⌚almuerzo y cena) Cerca de la entrada al palacio, este famoso restaurante es donde los tailandeses van a comer caracolas y otros mariscos. Para el resto de mortales siempre hay *đôm yam gûng* (sopa de gambas agripicante) y pescado frito.

ℹ Información

La terminal de *ferries* está en la única población de la isla, encarada al continente. Una carretera en mal estado comunica el pueblo con el resto de lugares de interés.

Kasikornbank (99/12 Th Atsadang) Con cajero automático y oficina de cambio.

Oficina de correos (Th Atsadang) Cerca del muelle.

www.koh-sichang.com Excelente fuente de información local.

ℹ Cómo llegar y desplazarse

Los barcos a Ko Si Chang salen cada hora entre 7.00 y 20.00 del muelle de Ko Loi en Si Racha (por trayecto 40 THB). Desde Ko Si Chang, regresan cada hora entre 6.00 y 18.00. Zarpan a las horas en punto.

Los *túk-túks* de Ko Si Chang llevan a cualquier lugar por 40-60 THB. Los circuitos por la isla cuestan 250-300 THB; seguramente habrá que regatear.

En el muelle alquilan motocicletas.

Pattaya พัทยา

215 888 HAB.

Pattaya no se disculpa por la industria que le da de comer. Clubes de *go-gós*, salones de masaje y bares de chicas de alterne ocupan varias manzanas del centro urbano y dejan en ridículo a los barrios rojos de Bangkok. Pero a la luz del día la ciudad no es tan sórdida, cuando las familias rusas y del este de Europa, recién aterrizadas en vuelos chárteres, superan en número a las *drag queens*. Además, hace poco que los tailandeses de la capital han visto en esta ciudad un destino asequible de fin de semana, un lugar donde comer junto al mar sin gastar mucho y en el que bañarse en sus, comparadas a las de Hua Hin, aguas transparentes, aunque esto tampoco significa que la Ciudad del Pecado se haya redimido.

Pattaya rodea la **Ao Pattaya,** una amplia bahía en forma de media luna que en la década de 1960 se convirtió en uno de los primeros destinos de playa del país. Aquella pequeña zona de baño y de pesca de la ba-

Pattaya y Naklua

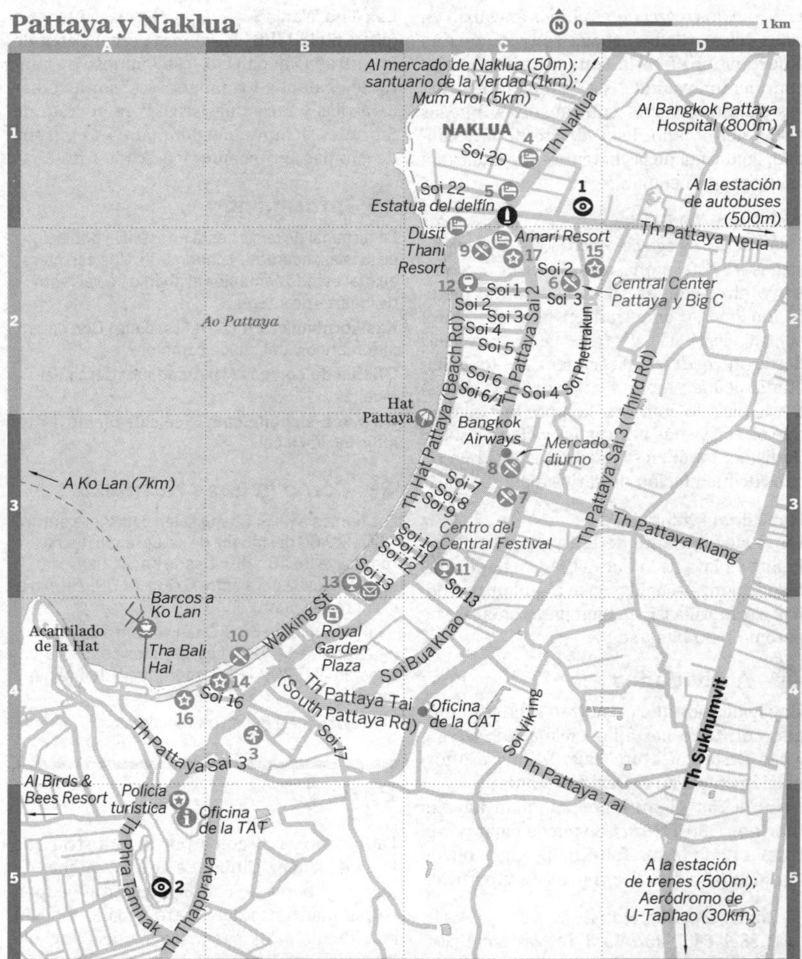

hía ahora es un puerto industrial, uno de los núcleos fabriles de Tailandia. Hay lugareños que se bañan en sus aguas, aunque resulta evidente que están sucias. El paseo marítimo sí que invita a un garbeo a la sombra de los árboles y con bonitas vistas de la costa.

Los optimistas aseguran que la Hat Jomtien, al sur del centro, es un rincón apto para familias. Es cierto que se ven muchos menos bares de chicas, y aunque tienen que pasar veinte años para que Jomtien se considerara *retro,* de momento se puede calificar de anticuada, con muchísimos hoteles y restaurantes mediocres para grupos en viaje organizado. Al norte de Pattaya (Pattaya Neua) despunta un pequeño Bangkok, con modernas torres de pisos y respetables hoteles corporativos. Al norte de la ciudad queda **Naklua,** que es un poco más reluciente que Jomtien y algo más prometedora para los turistas alternativos de Pattaya.

Puntos de interés y actividades

Santuario de la Verdad MONUMENTO
(ปราสาทสัจธรรม; ☎0 3836 7229; www.sanctuaryoftruth.com; 206/2 Th Naklua; entrada 500 THB;

Pattaya y Naklua

Puntos de interés
1 Fairtex Sports Club C1
2 Khao Phra Tamnak A5

Actividades, cursos y circuitos
3 Thais 4 Life B4

Dónde dormir
4 Garden Lodge Hotel C1
5 Woodlands Resort C1

Dónde comer
6 Zona de restauración y parque del Central Festival C2
La Baguette .... (véase 5)
7 Leng Kee C3
8 Mae Sai Tong C3
9 Mantra C2
10 Nang Nual B4

Dónde beber
11 Green Bottle C3
12 Gulliver's C2
13 Hopf Brew House B3

Ocio
14 Blues Factory B4
15 Differ C2
16 Lima Lima A4
17 Tiffany's C2

8.00-18.00) Completamente de madera (no hay ni un clavo de metal) y con unas maravillosas vistas del océano, este santuario parece un escenario imaginado: parte instalación de arte, parte santuario y parte monumento cultural. El ornamentado "templo" lo concibió Lek Viriyaphant, un rico tailandés que gastó su fortuna en este y otros proyectos (como la Ciudad Antigua, cerca de Bangkok) con la idea de recuperar y conservar técnicas de construcción y arquitectura en peligro de extinción. Pese a que hace treinta años que se empezó, el edificio aún no está acabado.

El santuario se divide en cuatro alas dedicadas a las iconografías religiosas tailandesa, jemer, china e india. Cada pulgada de los 20 pisos del edificio está revestida con tallas de madera de dioses y diosas hinduistas y budistas; una consolidación artística de siglos de mitos religiosos bajo un mismo techo unificador para una mayor iluminación espiritual. A los no familiarizados con el simbolismo budista, la experiencia les resultará más instructiva que trascendente. No obstante, el edificio y el marco son preciosos.

Las visitas son guiadas y salen cada media hora de 8.30 a 17.00. A las 11.30 y a las 15.30 se ofrecen actuaciones de danza tailandesa. Desde Pattaya, un mototaxi cuesta 50-70 THB.

Anek Kusala Sala (Viharn Sien) MUSEO
(อเนกกุศลศาลา (วิหารเซียน); 0 3823 5250; junto a Th Sukhumvit; entrada 50 THB; 9.00-17.00) Los grupos organizados suelen parar en este museo que atesora más de trescientas piezas decorativas chinas, principalmente estatuas de bronce y latón de personajes históricos y deidades budistas, confucianas y taoístas. Fundado por Sa-nga Kulkobkiat, un tailandés que creció en China, el museo se creó para cimentar el entendimiento entre las dos culturas, aunque su mayor logro ha sido esta impresionante colección de arte, insólitamente bien explicada en inglés (además en la taquilla se facilitan guías bilingües).

El 1er piso es un abarrotado pabellón con los inmortales chinos, desde Pangu, el gigante cósmico, hasta Guan Yin, la diosa de la caridad. La terraza del 2º piso es lo más espectacular del museo, con enormes estatuas de monjes shaolin en diferentes poses de artes marciales. Cerca hay una colección de estatuas de la vida cotidiana (una adivina, una modista, un vendedor de licores) tan conmovedora que los visitantes dejan monedas de 1 THB.

El museo está 16 km al sur del centro de Pattaya; tómese Th Sukhumvit hasta el desvío al Wat Yan Sangwararam. Hay una *sŏrng·tăa·ou* (25 THB) entre Pattaya y Sattahip que para en el desvío, desde donde se puede parar a algún motorista para cubrir los 3 km que quedan hasta el museo (50 THB); lo difícil es encontrar a alguien para regresar a la calle principal (aunque se puede negociar con los motoristas para que esperen).

Ko Lan PLAYA
(เกาะล้าน) Los visitantes de un día invaden esta pequeña isla, 7 km frente al litoral del centro de Pattaya, para disfrutar del sol y de la arena. Los fiesteros de Bangkok ahogan la resaca en las tumbonas, mientras que las aguas son un circuito de motos acuáticas, bananas hinchables y otros

Hat Jomtien

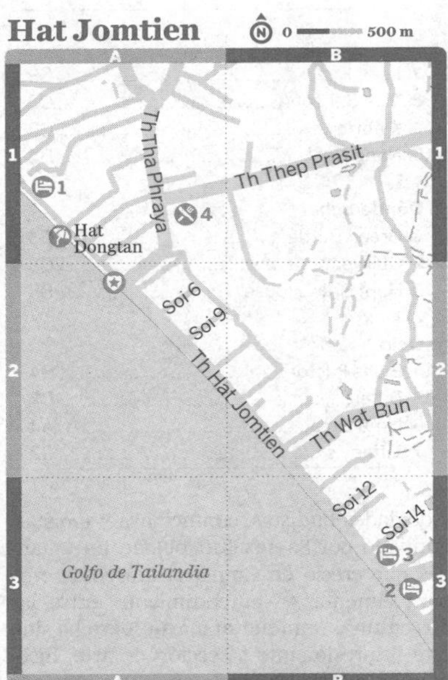

Hat Jomtien

Dónde dormir

1 Rabbit Resort A1
2 RS Seaside B3
3 Summer Beach Inn B3

Dónde comer

4 Sam's Mexican & American Grill A1

artilugios flotantes. Hay unas cinco playas en la isla, todas de fácil acceso en motocicleta, por lo que nunca se estará solo. Las embarcaciones salen del muelle de Bali Hai de Pattaya (30 THB, 5 diarios), en el extremo sur de Walking St. A las 18.00 zarpa el último barco desde Ko Lan.

Khao Phra Tamnak MIRADOR

(เขาพระตำหนัก; plano p. 192; horas de sol) Un buda dorado gigante se sienta en lo alto de esta colina boscosa entre Jomtien y el sur de Pattaya (Pattaya Tai) para recordar que la religión no ha dado la espalda a esta Gomorra contemporánea. La serena imagen de Buda del Wat Phra Yai se remonta a la época en la que Pattaya era un pueblecito de pescadores y desde esta encumbrada posición casi se puede imaginar los tiempos anteriores a las minifaldas y las *happy hours* de cerveza Chang. Es posible subir a pie desde el extremo sur de Walking St, vía un pequeño santuario chino.

Fairtex Sports Club GIMNASIO, 'MUAY THAI'

(plano p. 192; 0 3825 3888; www.fairtex-muaythai.com; 179/185-212 Th Pattaya Neua; 800 THB por sesión) Los profesionales estresados, los fans de las artes marciales y los atletas intrépidos frecuentan este centro deportivo tipo complejo turístico para practicar *muay thai* (boxeo tailandés) y sudar en los ratos libres. Las sesiones diarias incluyen entrenamiento con guantes, técnicas de proyección y agarre, entrenamiento como ejercicio y trabajo para esculpir el cuerpo. Algunos campeones de boxeo tailandés del país y luchadores internacionales de artes marciales mixtas también entrenan en este lugar.

Tras cuarenta años entrenando a luchadores de *muay thai,* Fairtex inauguró en el 2005 este centro para dar unas comodidades más occidentales a los visitantes extranjeros interesados en la lucha y el ejercicio físico. Disponen de paquetes con alojamiento (piscina e instalaciones deportivas incl.).

Flight of the Gibbon ACTIVIDADES AL AIRE LIBRE

(08 9970 5511; www.treetopasia.com; circuitos desde 3000 THB) Este recorrido en *tirolina* de 3 km cuenta con 26 plataformas distribuidas sobre el bosque del Khao Kheeo Open Safari en Chonburi, a 50 minutos de Pattaya. Es un circuito de un día con actividades adicionales que se pagan aparte, como un recorrido por la selva con obstáculos y una visita a un zoo vecino. Los niños de más de 1 m de altura pueden tirarse solos en *tirolina;* en caso contrario, deben hacerlo en tándem con un adulto.

Fiestas y celebraciones

Pattaya International Music Festival MÚSICA

A mediados de marzo, el paseo marítimo de Pattaya se convierte en un escenario al aire libre de tres días de música. En el 2011, bandas de Corea, Japón, Malasia y Laos encabezaron el cartel junto a clásicos patrios tales como Modern Dog y Tattoo Colour.

Dónde dormir

Los turistas "alternativos" (o sea, que pasen del turismo sexual y los viajes organizados) deberían evitar el centro de la ciudad y alojarse por Naklua, Jomtien o alguna zona de

Pattaya Neua. Incluso aunque no apetezca visitar Pattaya, cabe pernoctar en la zona si se tiene que ir al aeropuerto Suvarnabhumi (a 110 km) y no se quiere pasar por Bangkok.

RS Seaside HOTEL $$
(plano p. 194; ☎0 3823 1867; www.rs-seaside.com; Th Hat Jomtien; h desde 650 THB; ❄≋) Con habitaciones pequeñas y un personal simpático en recepción, este hotel con buena relación calidad-precio está en la parte de la ciudad frecuentada por los viajes organizados. El precio de la habitación incluye dos desayunos.

Summer Beach Inn HOTEL $$
(plano p. 194; ☎0 3823 1777; Th Hat Jomtien; h 650-1500 THB; ❄@) Habitaciones limpias y cómodas con casi todas las comodidades modernas en un hotel bastante alto alejado de los vicios de Pattaya.

Rabbit Resort HOTEL $$$
(plano p. 194; ☎0 3825 1730; www.rabbitresort.com; Hat Dongtan; h desde 4000 THB; ❄@≋) Impresionantes bungalós y chalés en un bosque en primera línea de mar, escondidos entre Jomtien y Pattaya Tai. Tiene muebles y decoración tailandeses y unos baños especialmente estilosos, con toques de granito y guijarros. Una bonita escapada de Pattaya.

Birds & Bees Resort HOTEL $$$
(☎0 3825 0556; www.cabbagesandcondoms.co.th; Soi 4, Th Phra Tamnak; h desde 4500 THB; ❄@≋) Para refugiarse en un complejo turístico de jardines tropicales surcado por zigzagueantes senderos y decorado con irónicas obras de arte. Los conejos residentes se ocultan tras los matorrales y los niños chapotean en la piscina hasta parecer uvas pasas. Hay una playa semiprivada y una salubridad insólita para tratarse de un complejo asociado a la PDA, la ONG tailandesa responsable de la exitosa campaña para fomentar la utilización del preservativo y la planificación familiar.

Garden Lodge Hotel HOTEL $$
(plano p. 192; ☎0 3842 9109; Soi 20 esq. Th Naklua; h 950-1450 THB; ❄≋) Bonitas habitaciones con balcones en un jardín ornamental con una piscina a la sombra.

Woodlands Resort HOTEL $$$
(plano p. 192; ☎0 3842 1707; www.woodland-resort.com; Soi 22 esq. 164/1 Th Naklua; h desde 3700 THB; ❄@≋) Sorprendentemente asequible, este complejo es modesto y eficiente, con un jardín tropical, dos piscinas (una con una entrada "de playa" para los más jóvenes) y habitaciones luminosas y holgadas con muebles de teca.

Dónde comer

Al ser una ciudad turística, con infinidad de restaurantes mediocres y caros, conviene no ser demasiado exigente. Casi todas las cartas son bilingües (normalmente en inglés y ruso).

Mum Aroi TAILANDESA $$
(☎0 3822 3252; 83/4 Soi 4, Th Naklua; platos 180-240 THB; ⊙cena) La "Esquina Deliciosa" es un restaurante de cristal y cemento encaramado junto al mar al final del pueblo de pescadores de Naklua. Las viejas barcas permanecen abandonadas a su suerte frente

CAMPEÓN DE 'MUAY THAI': YODSAENKLAI FAIRTEX

Khun Yod es un célebre luchador de *muay thai* (*moo·ay tai*), aunque nadie lo diría. Persona humilde y, al ser ya veterano, un poco más bajito que los vigorosos chavales que pueden dar patadas altas a la cabeza, Yod empezó a luchar a los 8 años, en parte para ayudar en la economía familiar. Su primer combate fue en una feria de un templo de su provincia natal de Nong Banglamphu y lo perdió. Pero a partir de entonces se ganó el apodo de "Computer Wizard" ("Mago Informático") por su estilo de combate técnico y metódico. Tricampeón en Lumphini, ahora combate en el circuito internacional, y en sus manos ya tiene el supercampeonato de pesos medios de Muay Thai WBC. En los últimos dos años ha peleado en 12 países y siempre viaja con un sobre de fideos Mama y un hervidor de arroz.

En Pattaya, Yod recomienda una carrerita tempranera por el paseo de la playa y subir por Khao Phra Tamnak, o un plato de *sôm·đam lao* (ensalada de papaya verde picante al estilo laosiano) en el puesto que queda justo delante del edificio municipal. Como dictan los cánones, Yod adoptó el apellido del gimnasio en el que entrena (Fairtex) y donde se le puede encontrar preparándose para el próximo combate.

ESCUADRÓN BENÉFICO

Un contrapunto natural al prominente libertinaje urbano de Pattaya es la sólida red de organizaciones benéficas de la ciudad. Entre las muchas almas caritativas locales, el padre Ray Brennan, un sacerdote estadounidense de la Redemptorist Order ("Orden Redentora") que murió en el 2003, dejó un legado que hoy incluye seis proyectos benéficos bajo la tutela de la Redemptorist Foundation. También fundó el orfanato de Pattaya y una escuela para sordos, hoy gestionadas por la diócesis católica. Todo prospera gracias a la generosidad de benefactores y voluntarios.

El **Pattaya Orphanage** (orfanato de Pattaya; ☎0 3842 3468; www.thepattayaorphanage.org; Th Sukhumvit, norte de Pattaya) se fundó en la década de 1970 cuando un feligrés entregó un bebé al padre Ray del que no podía hacerse cargo. Se corrió la voz de que el religioso ofrecía sus cuidados por los daños colaterales de la presencia estadounidense en la zona durante la Guerra de Vietnam, y hoy el orfanato cuida de niños huérfanos debido a todo tipo de calamidades (pobreza, drogadicción, VIH/sida), además de ayudar a encontrarles padres adoptivos. Para ayudar al orfanato se puede costear una comida, donar objetos útiles o trabajar de voluntario durante largos períodos.

La **Redemptorist Foundation** (volunteer@fr-ray.org) gestiona escuelas para invidentes y discapacitados y una casa y centro de acogida para niños de la calle, muchos de ellos víctimas de la industria de sexo infantil. También lleva un centro de día para niños de trabajadores que, de lo contrario, acompañarían a sus padres a peligrosos empleos. Los voluntarios rotan por diferentes centros, enseñando inglés, jugando con los niños y dirigiendo proyectos de arte. Se exige un compromiso mínimo de seis meses; contáctese con la fundación para informarse al respecto.

Si no se dispone de tanto tiempo, basta con pasar por **Thais 4 Life** (www.thais4life.com; Soi Yen Sabai Condotel, Th Phra Tamnak; ⏲12.00-18.00 lu-sa), una librería benéfica cuya recaudación se invierte en tratamientos médicos para indigentes, huérfanos y becas para uniformes escolares.

al litoral y la refrescante brisa marina envuelve a los comensales mientras disfrutan sus fantásticos platos tailandeses, incluidos *sôm·đam ƃoo* (ensalada picante de papaya con cangrejo) y *ƃlah mèuk nêung ma-now* (calamar al vapor con zumo de lima). Para llegar hay que alquilar un *baht bus* (100 THB por trayecto).

Zona de restauración y parque del Central Festival INTERNACIONAL $
(plano p. 192; Th Pattaya Sai 2; platos desde 60 THB; ⏲almuerzo y cena) El restaurante más glamuroso para probar *pàt tai* está en este nuevo centro comercial al estilo Bangkok.

Sam's Mexican & American Grill MEXICANA-ESTADOUNIDENSE $$
(plano p. 194; ☎08 6142 8408; 472/9 Th Tha Phraya, Jomtien Plaza; platos 80-200 THB; ⏲cierra do) En cuanto a cocina forastera, en Tailandia no destaca la mexicana, pese a compartir su pasión por las guindillas y las limas. Pero este lugar es la excepción que confirma la regla.

Nang Nual TAILANDESA $$
(plano p. 192; ☎0 3842 8478; Walking St; platos 100-200 THB; ⏲almuerzo y cena) La marisquería más famosa de Pattaya podría ser un lugar cazaturistas, pero mantiene unos precios asequibles y los platos están bien sin llegar a espectaculares. Más puntos a su favor son la terraza, con grandes vistas de la bahía, y el manejo del personal con el inglés.

Mae Sai Tong TAILANDESA $
(plano p. 192; Th Pattaya Klang; platos 50 THB) Al lado del mercado diurno, este puesto es célebre por servir *kôw nĕe·o má·môo·ang* (mango maduro con arroz glutinoso) todo el año. La competencia debe esperar a la estación seca y calurosa para llenar.

Leng Kee TAILANDESA-CHINA $
(plano p. 192; Th Pattaya Klang; platos 50-80 THB; ⏲almuerzo y cena) Como en Bangkok y otras localidades tailandesas costeras, Pattaya disfruta de un próspero barrio chino con familias de segunda y tercera generación que equilibran sabiamente su bagaje multicultural. Mucha gente almuerza pato con arroz en este sencillo restaurante, pero es para el Año Nuevo chino cuando toca su punto álgido, momento en que toda la carta cambia a vegetariana y aparecen los dorados fideos de la buena suerte.

La Baguette PANADERÍA $
(plano p. 192; ☎0 3842 1707; 164/1 Th Naklua; platos desde 120 THB; ⊙desayuno, almuerzo y cena) Integrado en el Woodlands Resort, este impecable café sirve apetitosos pastelitos, café exprés y crepes aún mejores, si cabe. De paso, se puede aprovechar su wifi.

Mantra INTERNACIONAL $$$
(plano p. 192; ☎0 3842 9591; Th Hat Pattaya; platos 240-800 THB; ⊙cena lu-sa, *brunch* y cena do) Con una estética industrial moderna, este lugar es también divertido aunque solo sea para tomarse un cóctel. Las sedas naturales recubren el local y la madera oscura, el amplio comedor. La carta combina sabores japoneses, tailandeses e hindúes, y el *brunch* del domingo concita a mucha gente.

Ban Amphur TAILANDESA $
(platos desde 100 THB; ⊙almuerzo y cena) Muchos tailandeses van a cenar a este pueblo de pescadores, 15 km al sur de Pattaya, donde media docena de marisquerías bordean la carretera de la playa; algunas son tan grandes que los camareros utilizan *walkie-talkies*. Una buena elección será aquella que no esté ni demasiado llena ni demasiado vacía. Solo se puede llegar con transporte privado.

Dónde beber

Pese a la proliferación de cervecerías bulliciosas e idénticas, aún quedan algunos establecimientos que están bien para tomar una copa.

Hopf Brew House BAR
(plano p. 192; ☎0 3871 0650; Th Hat Pattaya) Bar genuino de madera oscura y edén para cerveceros de mediana edad. Las cervezas son caseras y las *pizzas* se cuecen al horno de leña.

Gulliver's BAR
(plano p. 192; ☎0 3871 0641; Th Hat Pattaya) La fachada neoclásica no tiene nada que ver con el interior de este sosegado bar de deportes.

Green Bottle BAR
(plano p. 192; ☎0 3842 9675; 216/6-20 Th Pattaya 2) Este bar informal, fundado en 1988, ofrece cervezas económicas y diversión.

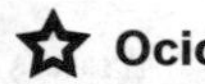

Ocio

Aparte de la oferta sexual, Pattaya disfruta de una joven escena noctámbula concentrada en Walking St, una zona semipeatonal llena de bares y locales para todos los gustos.

Lima Lima LOCAL NOCTURNO
(plano p. 192; Walking St) Territorio de DJ internacionales y una mezcla de turistas occidentales y rusos, del país y residentes extranjeros.

Differ LOCAL NOCTURNO
(plano p. 192; Soi Phettrakun) El eslogan de este club, popular entre los capitalinos de fin de semana, es "pásatelo bien, siéntete diferente". Está enfrente del Big C.

Blues Factory MÚSICA EN DIRECTO
(plano p. 192; ☎0 3830 0180; www.thebluesfactorypattaya.com; Soi Lucky Star, Walking St) El mejor escenario de Pattaya para conciertos de verdad.

Tiffany's TEATRO
(plano p. 192; ☎08 4362 8257; www.tiffany-show.co.th; 464 Th Pattaya 2; entrada 500-800 THB; ⊙18.00, 19.30 y 21.00) Inaugurado en 1974, Pattaya seguramente inventó el cabaré de travestidos, un espectáculo de lentejuelas, satén y canciones sentimentales extraídas de musicales.

Información

Peligros y advertencias

En Pattaya hay tanta gente borracha que al oscurecer es inevitable que surjan los problemas (peleas, carteristas y conducción temeraria). Hay que ir con mucho ojo y huir de cualquier situación sospechosa lo antes posible.

Urgencias

Policía turística (☎urgencias 1155) La comisaría principal está al lado de la oficina de la Autoridad de Turismo de Tailandia (TAT), en Th Phra Tamnak, aunque también hay puestos por las playas de Pattaya y Jomtien.

Acceso a internet

Hay cibercafés por doquier y casi todos los hoteles tienen wifi o terminales conectados a internet.

Medios de comunicación

Explore Pattaya, una revista quincenal gratis, informa sobre eventos, atracciones, hoteles y restaurantes. *What's On Pattaya* es parecida pero mensual. *Pattaya Mail* (www.pattayamail.com) es el semanario de la ciudad en inglés. Pattaya 24 Seven (www.pattaya24seven.com) es una guía en línea de la ciudad.

Asistencia médica

Bangkok Pattaya Hospital (☎0 3842 9999; www.bph.co.th; 301 Th Sukhumvit, Naklua; ⊙24 h) Asistencia sanitaria de primera.

CIRCUNVALAR BANGKOK

Cada vez hay más autobuses y furgonetas que conectan la costa este con el aeropuerto de Suvarnabhumi, lo que evita tener que pasar por Bangkok. Esto gusta especialmente a los visitantes hartos del invierno o los recién casados ansiosos por llegar a su nido de playa. Con un poco de planificación, Ko Samet tiene las playas más bonitas de las cercanas al aeropuerto y particularmente las del sureste están muy bien para pasar la luna de miel. En la terminal de autobuses del aeropuerto, hay que consultar el horario a Rayong y una vez allí tomar una *sŏrng·tăa·ou* hasta el muelle de *ferries* a Ko Samet.

Dinero

Hay bancos y cajeros automáticos estratégicamente repartidos por toda la ciudad.

Correos

Oficina de correos (plano p. 192; Soi 13/2, Th Pattaya Sai 2)

Información turística

Autoridad de Turismo de Tailandia (TAT, Tourism Authority of Thailand; plano p. 192; ☎0 3842 8750; 609 Th Phra Tamnak; ⌚8.30-16.30) Se halla en el extremo noroeste del parque Rama IX. El atento personal facilita folletos y mapas.

Cómo llegar y salir

Avión

El aeropuerto internacional de Pattaya se llama U-Taphao y está 33 km al sur de la ciudad. Esta antigua base militar ahora recibe algunos vuelos comerciales, sobre todo chárteres. **Bangkok Airways** (☎0 3841 2382; www.bangkokair.com; 179/85-212 Th Pattaya Sai 2) tiene vuelos a Phuket (desde 3000 THB) y Ko Samui (3600 THB).

Barco

Un nuevo *ferry* rápido conecta Pattaya con Hua Hin (adultos/niños 1500/900 THB, 3½ h). Hay tres servicios semanales desde Pattaya a las 8.30 en temporada alta (2 en la baja), que regresan desde Hua Hin a las 12.30 los mismos días. Para reservas e información, contáctese con **Thai Living Ferry** (☎0 3836 4515; www.thailivingferry.com).

Autobús

La estación principal de Pattaya está en Th Pattaya Neua. Hay servicios a los siguientes destinos:

Terminal Este de Bangkok (Ekamai; 91 THB, 1½ h, frecuentes, 6.00-21.00)

Terminal Norte de Bangkok (Mo Chit; 105 THB, 2 h, frecuentes, 6.00-21.00)

Estación de Suvarnabhumi (aeropuerto) de Bangkok (124 THB, 1½ h, cada hora, 7.00-15.00)

Muchos autobuses provinciales de 2ª clase paran en Th Sukhumvit (no en la estación de autobuses); desde esa calle hay otros con destino Rayong (83 THB, 1½ h) y Si Racha (65 THB, 30 min). También hay una *sŏrng·tăa·ou* blanca que sale del mercado de Naklua hacia Si Racha (25 THB, 30 min).

También hay microbuses a Ko Chang y Ko Samet (250 THB, aprox.); las agencias de viajes venden billetes y organizan recogidas.

Tren

Hay un servicio diario que circula entre Pattaya y la estación de Hua Lamphong de Bangkok (3ª clase 31 THB, 3¾ h). Sale de Bangkok a las 6.55 y regresa a las 14.20. Los horarios pueden variar y conviene comprobarlos en la **estación de trenes de Pattaya** (☎0 3842 9285), situada en una bocacalle de Th Sukhumvit, al norte de Th Hat Pattaya Neua.

Cómo desplazarse

Localmente conocidas como "baht buses" ("autobuses murciélago"), las *sŏrng·tăa·ous* realizan una ruta circular por las calles más importantes de la ciudad; basta con subir y pagar 10 THB al bajar. Si se va directamente de Jomtien a Naklua, hay que hacer transbordo en la rotonda del delfín en Pattaya Neua. Además se puede tomar un *baht bus* hasta la estación de autobuses, también desde la rotonda del delfín. Si se va más lejos, se puede alquilar uno, pero hay que acordar el precio de antemano.

Rayong y Ban Phe ระยอง/บ้านเพ

106 737/16 717 HAB.

Es bastante probable que el viajero pare en una de estas dos localidades de camino a Ko Samet. Rayong cuenta con autobuses frecuentes a todas partes y el pequeño puerto de Ban Phe, con *ferries* a Ko Samet. Las *sŏrng·tăa·ous* azules comunican ambas poblaciones (25 THB, 45 min, frecuentes).

Dónde dormir

Rayong President Hotel PENSIÓN **$**
(☎0 3861 1307; Th Sukhumvit, Rayong; h desde 550 THB; ❄) Está al otro lado de la estación de autobuses, en Th Sukhumvit, en una calle lateral que empieza junto

al Siam Commercial Bank; búsquese el rótulo.

Christie's Guesthouse PENSIÓN $
(☎0 3865 1976; fax 0 3865 2103; 280/92 Soi 1, Ban Phe; h desde 500 THB; ❄) Lugar cómodo cerca del muelle para aquellos que buscan una cama, una comida o un libro.

Cómo llegar y salir

Los autobuses de Rayong circulan a/desde los siguientes destinos:

Terminal Este de Bangkok (Ekamai; 127-146 THB, 3 h, cada hora, 6.00-21.30)
Terminal Norte de Bangkok (Mo Chit; 146 THB, 4 h, cada hora, 6.00-19.00)
Terminal Sur de Bangkok (Sai Tai Mai; 150 THB, 5 h, 5 diarios)
Estación de Suvarnabhumi (aeropuerto) de Bangkok (165 THB, 2½ h, 8 diarios)
Chanthaburi (80 THB, 2½ h, frecuentes)

Los autobuses que salen de la estación de Ban Phe (cerca del Tha Thetsaban) tienen como destino la Terminal Este de Bangkok (Ekamai; 157 THB, 4 h, cada hora, 6.00-18.00). De Ban Phe también hay furgonetas frecuentes a:

Pattaya (250 THB, 2 h, 3 diarios)
Monumento a la Victoria de Bangkok (250 THB, 4 h, cada hora, 7.00-18.00)
Laem Ngop (350 THB, 4-5 h, 2 diarios) Para barcos a Ko Chang.

Para más información sobre barcos a/desde Ko Samet, véase p. 204.

Ko Samet

เกาะเสม็ด

Esta idílica isla ofrece un paisaje en el que no falta de nada, incluidas pequeñas calas de arena bañadas por cristalinas aguas color aguamarina. Por supuesto, toda esta belleza habrá que compartirla con los muchos capitalinos que cada fin de semana se dejan caer por la isla, bien comunicada con Bangkok, además de con los no pocos grupos de turistas de viajes organizados.

Pero dada su proximidad y popularidad, sorprende que Ko Samet esté tan poco urbanizada, con un interior denso y selvático que se extiende hasta las puertas de hoteles. Casi todos los edificios quedan apartados de la costa por ley, ocultos discretamente detrás de la línea de los árboles. No hay edificios altos ni mucho tráfico (la carretera interior sigue sin asfaltar), y el paso de una playa a otra se realiza a pie, como antes, por senderos arbolados que bordean la costa.

Puntos de interés y actividades

En realidad en Ko Samet no se va de playa en playa, sino de cala en cala. El sendero costero atraviesa cabos de roca, bosques con la serenata de las chicharras y una cala tras otra a cuál más impresionante donde el ambiente se relaja a medida que se avanza hacia el sur.

Hat Sai Kaew PLAYA
Si se empieza por la esquina noreste de la isla, la Hat Sai Kaew ("playa de Arena de Diamante") es la franja de arena más amplia y blanca de la isla, con todo el bullicio previsible de un complejo vacacional de primera: playeros, vendedores de *sarongs,* lanchas que desembarcan a los visitantes de un día y muchos restaurantes que también hacen de miradores. Por la noche el bullicio no decae, con fiestas hasta altas horas y sesiones de karaoke.

En el extremo sur de la playa están las **estatuas del príncipe y la sirena,** que conmemoran el papel literario de Samet en *Phra Aphaimani,* la gran epopeya tailandesa de Sunthorn Phu. El relato sigue las penalidades de un príncipe exiliado en un reino submarino gobernado por un gigante mujeriego que roza lo enfermizo (que a su vez tiene su propia y solitaria estatua en la Hat Puak Tian en Phetchaburi). Una sirena ayuda al príncipe a escapar a Ko Samet, donde derrota al gigante con el sonido de una flauta mágica.

Ao Hin Khok y Ao Phai PLAYAS
Menos animadas que su vecina del norte, estas dos preciosas bahías están separadas por cabos rocosos. Las frecuentan gente más joven y marchosa que la tropa mundana de la Hat Sai Kaew, con fiestas que se alargan hasta el amanecer.

Ao Phutsa (Ao Tub Tim) PLAYA
Aún más lejos se halla la amplia y arenosa bahía, muy del gusto de los amantes de la tranquilidad, las familias y las parejas que

CUOTA DE ENTRADA A LA PLAYA

Ko Samet forma parte de un parque nacional y como tal se cobra entrada (adultos/niños 200/100 THB) a todos los visitantes, que se paga en la oficina de Parques Nacionales de la Hat Sai Kaew; desde el muelle, la *sŏrng·tăa·ou* para a sus puertas. Hay que conservar la entrada para revisiones posteriores.

Ko Samet

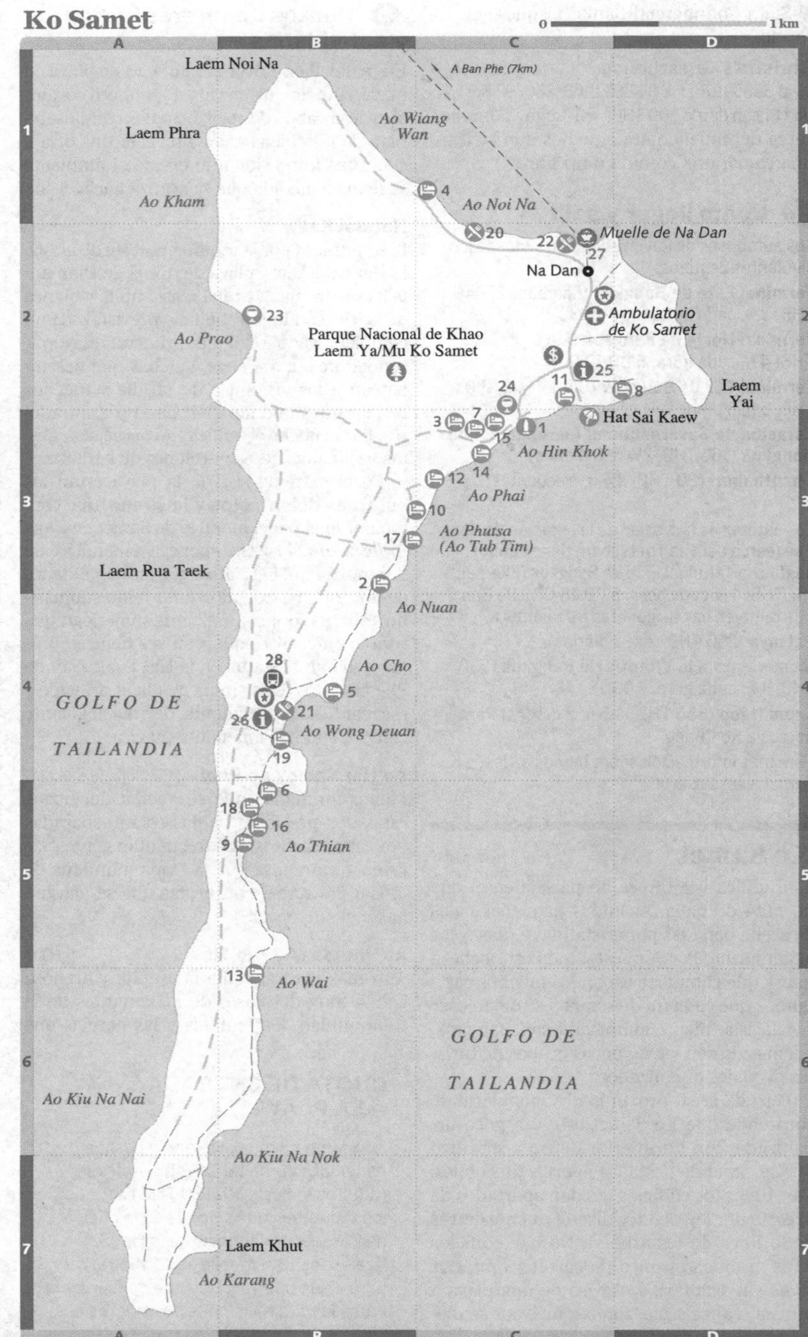
0
1 km
A
B
C
D
1
2
3
4
5
6
7
A Ban Phe (7km)
Laem Noi Na
Laem Phra
Ao Wiang Wan
Ao Kham
4
Ao Noi Na
20
22
Muelle de Na Dan
27
Na Dan
23
Ao Prao
Parque Nacional de Khao Laem Ya/Mu Ko Samet
Ambulatorio de Ko Samet
25
11
8
Laem Yai
24
3
7
1
15
Hat Sai Kaew
Ao Hin Khok
14
12
Ao Phai
10
17
Ao Phutsa (Ao Tub Tim)
Laem Rua Taek
2
Ao Nuan
Ao Cho
28
5
21
26
Ao Wong Deuan
19
GOLFO DE TAILANDIA
6
18
16
9
Ao Thian
13
Ao Wai
GOLFO DE TAILANDIA
Ao Kiu Na Nai
Ao Kiu Na Nok
Laem Khut
Ao Karang

Ko Samet

Puntos de interés

1 Estatuas del príncipe y la sirena C3

Dónde dormir

2 Ao Nuan B3
3 Ao Pai Hut B3
4 Baan Puu Paan C1
5 Blue Sky B4
6 Candlelight Beach B5
7 Jep's Bungalows C3
8 Laem Yai Hut Resort D2
9 Lung Dam Apache B5
10 Pudsa Bungalow C3
11 Saikaew Villa C2
12 Samed Villa C3
13 Samet Ville Resort B6
14 Silver Sand C3
15 Tok's C3
16 Tonhard Bungalow B5
17 Tubtim Resort B3
18 Viking Holiday Resort B5
19 Vongduern Villa B4

Dónde comer

20 Ban Ploy Samed C2
21 Baywatch Bar B4
Jep's Restaurant .... (véase 7)
22 Rabeang Bar C2
Summer Restaurant .... (véase 4)

Dónde beber

23 Ao Prao Resort B2
24 Naga Bar C2
Silver Sand Bar .... (véase 14)

Información

25 Oficina principal de Parques Nacionales C2
26 Oficina de Parques Nacionales B4

Transporte

27 Terminal de *ferries* C2
28 Parada de *sŏrng·tăa·ous* B4
Parada de *sŏrng·tăa·ous* .... (véase 27)

necesitan tener acceso a la "civilización" pero sin más estímulos.

Ao Wong Deuan PLAYA

Hermana pequeña de la Hat Sai Kaew, la Ao Wong Deuan es una bahía larga en forma de media luna abarrotada de gente, en buena parte turistas en viajes organizados.

Ao Thian PLAYA

Los grandes pedruscos que salpican la "playa a la Luz de las Velas" aíslan pequeños rincones de arena y crean un ambiente de lugar desierto. Es una de las playas más informales de Samet, gloriosamente solitaria entre semana, mientras que los fines de semana los universitarios de Bangkok ofrecen serenatas de guitarra a las estrellas hasta altas horas.

Ao Wai PLAYA

La cala "Vagón de cola" es un bonito enclave apartado de todo, aunque en realidad solo está a 1 km de la Ao Thian.

Ao Prao PLAYA

En la costa oeste, la Ao Prao bien merece una visita para disfrutar de una copa a última hora de la tarde, aunque la pequeña playa se ve empequeñecida por los grandes y caros complejos turísticos que prometen (pero no dan) tranquilidad.

Circuitos

Ko Samet, junto a otras nueve islas vecinas, forma parte del Parque Nacional de Khao Laem Ya/Mu Ko Samet. Aunque hay algunas urbanizaciones en las otras islas, casi todo el mundo las visita en un día. **Ko Kudee** tiene una pequeña y linda franja de arena, aguas cristalinas ideales para bucear con tubo y una bonita y corta ruta senderista. Ko Man Nai acoge el **Rayong Turtle Conservation Centre** (Centro de Conservación de Tortugas de Rayong), dedicado a la cría de tortugas marinas en peligro de extinción, que incluye un pequeño centro de visitantes.

Los operadores de circuitos en barco montan los chiringuitos en las playas populares y ofrecen dos salidas diferentes (desde 1500 THB).

Dónde dormir

Aunque los complejos turísticos comienzan a reemplazar a los bungalós, los alojamientos de Ko Samet aún sorprenden por su sencillez y estilo antiguo, en comparación con otros enclaves playeros de Tailandia. Entre semana los precios no ofrecen la mejor relación calidad-precio (h con ventilador desde 800 THB), pero si se tiene en cuenta que los fines de semana se doblan, hasta parecen atractivos.

VACACIONES DE TRABAJO

Se puede trabajar como voluntario en el Centro de Conservación de Tortugas de Rayong a través de **Starfish Ventures** (www.starfishventures.co.uk; 4 semanas 800 £, alojamiento incl.). Las actividades incluyen el control del progreso de los animales, la liberalización de los quelonios en el océano y la explicación del proyecto a los visitantes de un día procedentes de Ko Samet. El alojamiento es en una aldea de pescadores y cada día se va a trabajar en lancha motora hasta Ko Man Mai. Es bastante relajado (se trabaja de 8.00 a 15.00 o 16.00, 4 días semanales) y el tiempo libre se puede aprovechar para disfrutar de las bonitas playas cercanas.

Advertencia para los madrugadores: las playas de Hat Sai Kaew, Ao Hin Khok, Ao Phai y Ao Wong Deuan son las más populares y fiesteras, con música hasta muy tarde.

HAT SAI KAEW

Laem Yai Hut Resort PENSIÓN $
(☎0 3864 4282; Hat Sai Kaew; h 800-1000 THB; ❄) Este conjunto multicolor de cabañas corroídas por la intemperie se esparce por un umbrío jardín en el extremo norte de la playa. Su ambiente relajado crea un universo alternativo de mochileros en una playa muy consolidada entre los viajeros organizados.

Saikaew Villa HOTEL $$
(☎0 3864 4144; Hat Sai Kaew; h 800-2000 THB; ❄) La opción más cercana al muelle ofrece habitaciones grandes o pequeñas, con ventilador o aire acondicionado, y un ambiente de campamento de verano. La calidad y privacidad varían en cada habitación.

AO HIN KHOK Y AO PHAI

Tok's HOTEL $$
(☎0 3864 4072; Ao Hin Khok; h 1500 THB; ❄) Sus elegantes chalés trepan escalonadamente por la floreada y umbría ladera y sitúan a este alojamiento en una respetable propuesta de precio medio.

Jep's Bungalows PENSIÓN $$
(☎0 3864 4112; www.jepbungalow.com; Ao Hin Khok; h 500-1600 THB; ❄@) El bueno y viejo Jep aún tiene cabañas económicas con ventilador desperdigadas por una arbolada ladera, como en los viejos tiempos (y de eso solo hace cinco años). Las habitaciones climatizadas son igual, solo que más frescas.

Ao Pai Hut PENSIÓN $
(☎0 3864 4075; Ao Hin Khok; h 600-1000 THB; ❄) Igualita que la anterior, esta pensión cuenta con básicos bungalós de madera encaramados entre la arboleda.

Silver Sand HOTEL $$
(☎0 3864 4300; www.silversandsamed.com; Ao Phai; h 1500-2200 THB; ❄@) Casitas contemporáneas con seductoras camas y baños impecables aportan ese pedacito de sofisticación que necesitaba la sencilla Ko Samet. El jolgorio noctámbulo del bar Silver Sands, frecuentado por viajeros homosexuales, puede ser considerable.

Samed Villa HOTEL $$
(☎0 3864 4094; www.samedvilla.com; Ao Phai; h 1800-2500 THB; ❄) Preciosos y cómodos bungalós que se asoman o al mar o a un arreglado jardín.

AO PHUTSA Y AO NUAN

👍 **Tubtim Resort** HOTEL $$
(☎0 3864 4025; www.tubtimresort.com; Ao Phutsa; h 800-2500 THB; ❄@) Tiene un poco de todo, desde habitaciones con ventilador hasta otras más fabulosas. Los bungalós más caros son bonitos y refinados, pero los económicos resultan espartanos, si bien todos están a un paso de la misma playa de ensueño.

Pudsa Bungalow PENSIÓN $$
(☎0 3864 4030; Ao Phutsa; h 700-1500 THB; ❄) Los mejores bungalós, cerca de la playa, lucen madera que el mar ha arrastrado hasta la orilla, pero como quedan junto al camino principal, es inevitable escuchar la cháchara de los caminantes a horas intempestivas. Buena opción si se es uno de esos parlanchines.

Ao Nuan PENSIÓN $$
(h 700-2000 THB) Este curioso alojamiento, compuesto por sencillos bungalós de madera ocultos entre la vegetación y un restaurante, inventó el *chillaxin'* en Ko Samet. Que no tengan teléfono no significa que no hagan reservas, para lo cual basta con personarse en el único alojamiento de una playa realmente solitaria.

AO WONG DEUAN Y AO THIAN ('PLAYA A LA LUZ DE LAS VELAS')

Los *ferries* circulan entre la Ao Wong Deuan y Ban Phe (50 THB por trayecto), con más frecuencia los fines de semana.

Para llegar a la Ao Thian, hay que tomar un *ferry* hasta la Ao Wong Deuan y una vez allí ir hacia el sur hasta rebasar el cabo. Además está a un paseo del lado oeste de la isla, por el sendero señalizado cerca del Tonhard Bungalow.

Blue Sky PENSIÓN **$**
(☎08 1509 0547; h 600-1200 THB; ❄) Este alojamiento, algo insólito en la Ao Wong Deuan, cuenta con bungalós ubicados en el rocoso cabo. Pese a su sencillez y buenos precios, otras playas ofrecen mejor relación calidad-precio.

Candlelight Beach PENSIÓN **$**
(☎08 1762 9387; h 700-1200 THB; ❄) En la playa, estos bungalós con ventilador y aire acondicionado con porches encarados al mar disfrutan de una atmósfera natural y arbolada.

Lung Dam Apache PENSIÓN **$**
(☎08 1452 9472; h 800-1200 THB; ❄) En plena arena, estos bungalós climatizados crean un humilde conjunto empapado de la estética campesina tailandesa a base de materiales reciclados.

Tonhard Bungalow PENSIÓN **$$**
(☎08 1435 8900; h 700-1500 THB; ❄) En una zona arbolada de la playa, en un entorno relajado y agradable, ofrece bungalós que van de más a menos básicos.

Viking Holiday Resort HOTEL **$$**
(☎0 3864 4353; www.sametvikingresort.com; h 1200-2000 THB; ❄@) El alojamiento de "mayor categoría" de la Ao Thian dispone de nueve habitaciones grandes y cómodas. Se recomienda reservar.

AO WAI

Esta playa está a 1 km de la Ao Thian, accesible también desde Ban Phe en lancha motora.

Samet Ville Resort HOTEL **$$$**
(☎0 3865 1682; www.sametvilleresort.com; h con desayuno 2000-5300 THB; ❄) En el único complejo de esta apartada y fantástica playa hay que intentar "encontrar el cielo" sobre la fronda del bosque. Es un lugar sin pretensiones un pelín dejado para los aficionados a los complejos turísticos. Pero la oferta es apabullante y para todos los bolsillos.

AO NOI NA

Baan Puu Paan PENSIÓN **$$**
(☎0 3864 4095; h 700-1200 THB; ❄@) Entre la carretera principal y el mar, al noroeste del muelle de Na Dan, en este lugar llevado por ingleses corre el aire. Si fuera más caro seguro que sería tildado de hotel-*boutique,* con sus colores rústicos y cabañas solitarias sobre el océano. Alejado del mundanal ruido (se necesita transporte privado), es un buen lugar para llevarse un libro bien gordo.

Dónde comer y beber

Buena parte de los hoteles y pensiones tienen restaurantes que hacen las veces de bares al anochecer. La comida y el servicio no matan, pero tampoco hay tantas alternativas. También son muy habituales las barbacoas nocturnas, si bien hay que saber escoger una que parezca llevada por profesionales, es decir, con mucho trajín y comensales, nada de ambiente aburrido.

Los fines de semana, Ko Samet es un bullicioso destino de noctámbulos con grupos en viajes organizados que pasan las noches cantando karaoke o jóvenes que nunca tienen suficiente cerveza y música *techno.* Los bares dependen de la clientela, claro, pero suele haber ambiente en las playas Hat Sai Khao, Ao Hin Khok, Ao Phai y Ao Wong Deuan.

Jep's Restaurant INTERNACIONAL **$$**
(Ao Hin Khok; platos 60-150 THB; ⏲desayuno, almuerzo y cena) Bajo las ramas de un árbol combado y alegrado con lucecitas, este bonito establecimiento ofrece un poco de todo en plena playa.

Summer Restaurant INTERNACIONAL **$$$**
(Baan Puu Paan, Ao Noi Na; platos 250-400 THB; ⏲cena) En un refrescante marco con vistas al puerto, este restaurante propone una carta multicultural, desde *tikka* de pollo a pechugas del mismo animal al estilo cajún.

Ban Ploy Samed TAILANDESA **$$$**
(☎0 3864 4188; Ao Noi Na; platos 300-600 THB; ⏲cena) Restaurante flotante al que se llega mediante una combinación de barco y poleas, para comer pescado y marisco frescos, principalmente al vapor.

Rabeang Bar TAILANDESA **$**
(Na Dan; platos 50-100 THB; ⏲desayuno, almuerzo y cena) Sobre el agua y al lado de la terminal de *ferries,* este bar y sus ricos platos hacen olvidar que se acerca el momento de abandonar la isla.

Naga Bar BAR

(Ao Hin Khok; bebidas desde 60 THB) Bar de playa especializado en organizar juegos para acompañar el copeo: lanzamiento de monedas, combates de *muay thai* y cubos de *whisky* para envalentonarse.

Silver Sand Bar BAR

(Ao Phai; bebidas desde 60 THB) Este local ha evolucionado (¿o involucionado?) de servir cenas a ofrecer cócteles por litros y pista de baile. Frecuentado por homosexuales.

Baywatch Bar BAR

(Ao Wong Deuan; bebidas desde 80 THB) Unos cuantos *chill-outs* abren cada atardecer frente a la playa. Cócteles cargados y ambiente nocturno divertido.

Ao Prao Resort BAR

(Ao Prao; bebidas desde 80 HB) En el lado de la isla donde se pone el sol, este complejo turístico tiene un restaurante con vistas al mar perfecto para una copa vespertina. Se necesita contratar el transporte.

Información

Hay varios cajeros automáticos en Ko Samet, incluidos los que están cerca del muelle de Na Dan y la Ao Wong Deuan.

En los hoteles de casi todas las playas hay terminales de internet o wifi.

Ambulatorio de Ko Samet (☎0 3861 1123; ⏰8.30-21.00 lu-vi, 8.30-16.30 sa y do) En la carretera principal entre Na Dan y la Hat Sai Kaew. Para urgencias fuera de horas, llámese a los números de móvil colgados de la pared.

Oficina principal de Parques Nacionales (entre Na Dan y Hat Sai Kaew) Tiene otra oficina en la Ao Wong Deuan.

Comisaría de policía (☎1155) En la carretera principal entre Na Dan y la Hat Sai Kaew. Hay otra en la Ao Wong Deuan.

Cómo llegar y salir

Para ir a Ko Samet hay muchas opciones desde Ban Phe, en tierra firme. Cada muelle es de una compañía de *ferries*, pero los precios son los mismos (ida/ida y vuelta 50/100 THB, 40 min, cada hora 8.00-16.00). Los barcos atracan en Na Dan, el puerto principal de Ko Samet, y regresan al continente con la misma frecuencia.

Quien se aloje en la Ao Wong Deuan o más al sur, puede tomar un *ferry* directo del continente a la playa (por trayecto 50 THB, 1 h, 2 diarios).

Comprar el billete en el continente implica soportar un verdadero bombardeo publicitario de alquiler de lanchas (2500 THB por embarcación, hasta 10 pasajeros). Pero si se tiene prisa, las lanchas llevan a la playa que se quiera, pagando, claro.

Las agencias de venta de billetes del continente también presionarán para que se reserve el alojamiento...caro. Lo mejor es ir a la isla y buscarse allí la vida.

Cómo desplazarse

Por su reducido tamaño, Ko Samet es perfectamente explorable a pie. Una red de pistas de tierra comunica buena parte del oeste de la isla.

Las *sŏrng·tăa·ous* verdes aguardan la llegada de los barcos en el muelle y paran en varias playas de toda la isla (20-80 THB). Si no se llenan, o no arrancan o habrá que pagar entre 200 y 500 THB por todo el vehículo.

En la mitad norte de la isla se alquilan motocicletas (300 THB/día). Las pistas están en mal estado y son peligrosas, lo que incluye el polvo que levantan los vehículos más grandes. Siempre hay que comprobar el estado de los frenos y tomar las curvas con prudencia.

Chanthaburi จันทบุรี

99 819 HAB.

Esta ciudad demuestra que no es oro todo lo que reluce. Aquí son las piedras preciosas lo que brilla, entre ellas zafiros, rubíes, jade y otras gemas de colores, y atrae a comerciantes internacionales, incluidos africanos y del sureste asiático. Gracias al negocio de las gemas y a su historia multicultural (francesa, vietnamita y china), la llamada "Ciudad de la Luna" es una urbe muy polifacética para tratarse de una típica ciudad tailandesa y bien merece una visita para apreciar este santuario económico y religioso que Tailandia ha cuidado durante tanto tiempo en la región.

El casco antiguo (también conocido como la Comunidad del Frente Marítimo de Chantaboon) es el mejor lugar para repasar la historia de inmigración e intervención extranjera en la ciudad. La presencia de los vietnamitas en la ciudad comienza en el s. XIX, tras la persecución religiosa y política de los refugiados cristianos en la Cochinchina (sur de Vietnam), continúa en las décadas de 1920 y 1940, huyendo de los franceses, y se repite en 1975, esta vez tras la instauración del comunismo en el sur de Vietnam. Los franceses ocuparon Chanthaburi entre 1893 y 1905, en plena disputa con Siam por las fronteras de Indochina.

DE PRIMERA MANO

VIVIR CON LA HISTORIA

Pratapan Chatmalai es la líder de la Asociación de la Comunidad del Frente Marítimo de Chantaboon. Creció allí y recuerda con cariño lo unido que estaba este barrio multicultural. En la actualidad trabaja para conservar las anécdotas y el carisma de dicha comunidad.

¿Qué hace su organización?

Ahora esta comunidad es una ciudad de "abuelitas". El casco antiguo envejece y los jóvenes se han marchado. Quiero conservar la cultura del barrio para que la próxima generación aprenda de ella e intento ayudar a la gente de la zona a vivir bien. Llevamos la Learning House para que la gente pueda conocer la vida cotidiana de antaño.

¿Qué recomienda ver o hacer a los turistas en el casco antiguo?

Hay una historia única y un estilo de vida particular. Recomiendo ver la catedral, los santuarios chinos y las casas antiguas. Cada casa es diferente porque mezcla estilos tailandeses, chinos y occidentales. También comer en los restaurantes de la zona. Hay fideos de marisco, helado a la antigua usanza y *dim sum.* Si alguien está cansado puede darse un masaje en una vieja casa de estilo tailandés.

¿Qué parte del barrio le gusta más?

Me gusta todo porque es como un museo viviente y puedo caminar y hablar del pasado con la gente y así hacerles felices.

Conversación con China Williams

Puntos de interés y actividades

Mercado de gemas MERCADO

(ตลาดพลอย; Th Si Chan esq. Trok Kachang; ⌚vi, sa y do) Los fines de semana las calles y callejuelas cercanas a Th Si Chan (o "calle de las Gemas") rebosan de algarabía mercantil. La ciudad respira entonces un ambiente de típico mercado tailandés, aunque incongruentemente humilde dada la mercancía que se vende. La gente se reúne alrededor de mesas provisionales o incluso de la palma extendida del comerciante en cuestión, ante montoncitos de gemas sin montar. En las tiendas formales, los inflexibles inspectores analizan el género con lupa en busca de calidad y autenticidad. Pero este es un deporte para ver desde la grada, en absoluto recomendable para los neófitos.

En las montañas que rodean Chanthaburi hay varias minas de las que se extrajeron los zafiros y rubíes que hasta mediados del s. XIX guarnecían el palacio y que los comerciantes shan (birmanos) convirtieron en lucrativa mercancía. Hoy las gemas que se extraen en la zona no cotizan tanto en los mercados internacionales, pero los comerciantes de Chanthaburi rastrean el globo en busca de piedras preciosas y semipreciosas, que luego traen hasta aquí para vender a otros trotamundos.

Famosa por su zafiro amarillo, el "Mekong Whiskey", la mina de **Khao Phloi Waen,** a 6 km de la ciudad, es la única que queda en activo en la zona.

Comunidad del frente marítimo de Chantaboon BARRIO HISTÓRICO

(Th Sukhaphiban) A orillas del Mae Nam Chanthaburi se extiende 1 km de antiguas tiendas-vivienda de madera que se promocionan cual museo vivo de historia. Se trata de un lugar genuinamente tailandés para pasear por el tiempo, aunque con más comida que información.

Para una didáctica introducción a la comunidad, se recomienda pasarse por la **Learning House** (☎08 1945 5761; ⌚9.00-17.00). En el 2º piso se exponen fotografías históricas de la vida cotidiana, además de dibujos arquitectónicos de los paneles de ventilación de las casas, exquisitamente labrados. Buena parte del pasado inmigrante de la comunidad queda plasmado en estos característicos paneles, con tallas de caracteres chinos e incluso de flores de lis francesas.

Hace unos trescientos años, los primeros en instalarse en las fértiles orillas del río fueron granjeros y mercaderes, los cuales

Chanthaburi

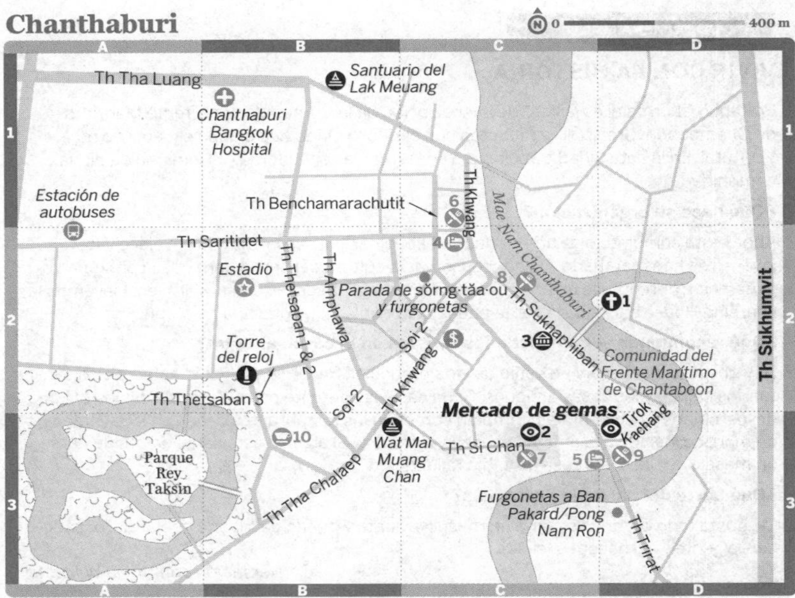

Chanthaburi

Principales puntos de interés
Mercado de gemas D3

Puntos de interés
1 Catedral D2
2 Tiendas de gemas C3
3 Learning House C2

Dónde dormir
4 Kasemsarn Hotel C2
5 River Guest House C3

Dónde comer
6 Chanthorn Phochana C1
7 Muslim Restaurant C3
8 Tiendas de fideos de marisco C2
9 Sony Yadaw D3

Dónde beber
10 Coffee Room B3

fundaron un enclave comercial agrícola. Los comerciantes chinos y otras comunidades en busca de una vida mejor se refugiaron en esta zona, de ahí su diversidad demográfica, mientras que los católicos vietnamitas llegaron huyendo de la persecución religiosa en su país. Mucho antes de que los diferentes grupos se casaran entre sí cada uno tenía su pequeña parcela de territorio. En la actualidad, las generaciones más veteranas todavía viven en destartaladas casas, pero gracias a Khun Pratapan son muchos los turistas nacionales que vienen para pasar el fin de semana, comer especialidades chinas, tailandesas y vietnamitas, y escuchar viejas historias.

Catedral IGLESIA
(orilla este del Mae Nam Chanthaburi; ⌚horas de sol) Esta catedral de estilo francés, situada al cruzar el puente peatonal desde Th Sukhaphiban, es el hito arquitectónico de la ciudad. Sus raíces se encuentran en la pequeña capilla que levantaron unos misioneros en 1711, tras la llegada de los católicos vietnamitas y un sacerdote francés. A ella le siguieron cuatro reconstrucciones entre 1712 y 1906, resultado de las cuales es este edificio, el más grande de su estilo en Tailandia.

Parque Rey Taksin PARQUE
(สวนสาธารณะสมเด็จพระเจ้าตากสิน; Th Tha Chalaep; ⌚horas de sol) Las familias de *picnic* y los corredores de *footing* llenan el principal oasis

PASO FRONTERIZO: DE BAN PAKARD A PSAR PRUHM

Desde esta esquina costera es más rápido llegar a Angkor Wat (Camboya) que ir al noreste hasta la concurrida frontera de Aranya Prathet.

Las **furgonetas** (08 1949 0455) salen de una parada al otro lado desde la River Guest House, en Chanthaburi, hacia Ban Pakard/Pong Nam Ron (150 THB, 1½ h, 3 diarios). Desde allí se cruza la frontera con las formalidades habituales (una fotografía tamaño carné y 20 US$ por el visado), y se va hasta Pailin, donde hay medios para llegar a la panorámica Battambang; al día siguiente se toma el barco hasta Siem Reap.

de la ciudad, también un lugar agradable para un paseo vespertino.

Fiestas y celebraciones

Fiesta de la Fruta COMIDA

Esta fiesta anual se celebra la primera semana de junio y es una buena oportunidad para probar los maravillosos productos agrícolas de la zona, sobre todo el rambután, el mangostán y el *durion*, tan acre.

Dónde dormir

Los alojamientos acostumbran a llenarse, por lo que conviene haber reservado, sobre todo de viernes a domingo, cuando los comerciantes de gemas están por la ciudad.

River Guest House HOTEL $

(0 3932 8211; 3/5-8 Th Si Chan; h 150-400 THB;) Los cubículos de este hotel no matan pero son de lo mejorcito que se puede conseguir por este precio. Eso sí, el personal es encantador y la zona comunitaria, muy agradable. Hay que pedir una habitación apartada de la carretera.

Kasemsarn Hotel HOTEL $$

(0 3931 1100; www.kasemsarnhotel.net; Th Benchamarachutit 98/1; h 1200-1500 THB;) Frecuentado por los capitalinos, este hotel ofrece habitaciones grandes y modernas, con generosos descuentos entre semana.

Dónde comer y beber

Tiendas de fideos de marisco TAILANDESA $

(Th Sukhaphiban; platos 25-50 THB: almuerzo y cena) El casco antiguo, a lo largo del Mae Nam Chanthaburi, es donde se encontrarán más turistas tailandeses comiendo los consabidos fideos de arroz en versión local; hay otros tentempiés caseros cerca.

Sony Yadaw HINDÚ $

(Th Si Chan; platos 30-100B; desayuno, almuerzo y cena;) Muchos comerciantes de gemas del sureste asiático recalan en este pequeño restaurante vegetariano tan de su tierra.

Chanthorn Phochana TAILANDESA-CHINA $

(0 3931 2339; 102/5-8 Th Benchamarachutit; platos 30-120 THB; desayuno, almuerzo y cena) Su despampanante despliegue de platos tailandeses-chinos incluye especialidades tales como papaya salteada y vino local de mangostán. Pruébense los rollitos vietnamitas y cómprese una bolsa de "patatas" fritas de *durion* (más ricas de lo que parecen) para el siguiente viaje en autobús. Se pone a tope los fines de semana.

Muslim Restaurant TAILANDESA-MUSULMANA $

(08 1353 5174; Soi 4 esq. Th Si Chan; platos 25-50 THB; 9.30-21.00) Diminuto establecimiento con excelentes *paratha, biryani, curries* y té *chai*.

Coffee Room CAFÉ $

(Th Tha Chalaep; bebidas desde 50 THB; desayuno y almuerzo) Al otro lado del parque Rey Taksin, este café de estilo urbano es el preferido por los selectos comerciantes y visitantes procedentes de Bangkok.

Información

Hay bancos con ventanilla de cambio y cajero automático por toda la ciudad.

Bank of Ayudhya (Th Khwang)

Chanthaburi Bangkok Hospital (0 3935 1467; Th Tha Luang; 6.00-21.00) Integrado en el grupo Bangkok, con servicio de urgencias.

Cómo llegar y desplazarse

Hay autobuses desde la estación de Chanthaburi a los siguientes destinos:

Terminal Este de Bangkok (Ekamai; 187 THB, 3½ h, cada hora 6.00-23.30)

Terminal Norte de Bangkok (Mo Chit; 187 THB, 4 h, 2 diarios)

Trat (70 THB, 1½ h, cada 1½ h, 6.30-23.30)

Khorat (266 THB, cada hora, 6.00-18.00) Para el noreste.

Sa Kaew (106-137 THB, cada hora 6.00-22.00) Destino para cambiar a los autobuses que van al paso fronterizo de Aranya Prathet.

Las furgonetas salen de una parada próxima al mercado y van a Trat (80 THB) y a Rayong

(100 THB). Para Ko Samet, hay que tomar una furgoneta directa a Ban Phe (120 THB).

Una carrera en mototaxi por la ciudad cuesta entre 20 y 30 THB.

Trat

ตราด

21 590 HAB.

Como importante punto de tránsito continental para ir a Ko Chang y a la costa de Camboya, sin duda se subestiman los encantos de la provincia de Trat. El barrio de pensiones ocupa una evocadora zona de tiendas-vivienda de madera surcado por sinuosas *sois* y rebosante de vida: niños en bicicleta, amas de casa de compras, pequeños comercios de baratijas y artículos de primera necesidad. Como el destino final del viajero aún queda un poco lejos, por qué no alargar un poco la estancia y disfrutar de todo aquello que no se encontrará en las islas: fruta fresca asequible, exquisitos fideos y mucho trajín.

Puntos de interés

La especialidad de Trat es un **aceite medicinal de hierbas** (conocido como *nám·man lĕu·ang*) curalotodo, desde artritis a picaduras de bichos. De venta en farmacias, Mae Ang-Ki (Somthawin Pasananon) es quien lo elabora, según una receta secreta familiar (procedente de China) que ha pasado de generación en generación. Hay que irse de la localidad con dos botellitas de este mejunje o nunca de habrá estado en Trat, al menos eso es lo que se dice.

Otro negocio local próspero es la **cría de salanganas.** Si se baja por Th Lak Meuang, pronto se percibe que los últimos pisos de muchas tiendas-vivienda se han transformado en corrales de vencejos para "cultivar" nidos de estas aves, una exquisitez entre la comunidad china. Los nidos de salanganas eran bastante insólitos (y caros) porque solo podían recogerlos expertos escaladores que se atrevían a trepar por escarpadas cuevas de la costa. Pero en la década de 1990 algunos emprendedores acertaron al reproducir dicho entorno en las partes altas de las tiendas-vivienda, y su idea se ha convertido en un gran negocio tanto en Trat como en todo el sureste asiático. Ahora muchos ayuntamientos trabajan en cómo silenciar la contaminación acústica de este filón de oro.

Mercado cubierto MERCADO

Se expande al este de Th Sukhumvit hasta Th Tat Mai y en él se vende un poco de todo, también aquello que se ha olvidado poner en la maleta. Sin apenas percibirlo, el viajero se topará con el **mercado diurno,** lleno de frutas, verduras y comida para llevar.

Dónde dormir

En Trat hay muchas pensiones sitas en casas tradicionales de madera por Th Thana Charoen y alrededores. Será difícil gastar más aunque se quiera.

PARQUES NACIONALES CERCA DE CHANTHABURI

Desde Chanthaburi se puede llegar fácilmente a dos parques nacionales y realizar bonitas excursiones de un día. Como ambas son zonas palúdicas, conviene tomar las precauciones habituales.

El **Parque Nacional de Khao Khitchakut** (อุทยานแห่งชาติเขาคิชฌกูฏ; ☎0 3945 2074; entrada 200 THB; ⊙8.30-16.30) está 28 km al noreste de la ciudad. La cascada de **Nam Tok Krathing** es su mayor reclamo, aunque solo vale la pena visitarla después de la estación lluviosa.

Para ir al Khao Khitchakut, hay que tomar una *sŏrng·tăa·ou* junto a la oficina de correos, cerca del lado norte del mercado en Chanthaburi (35 THB, 45 min). La *sŏrng·tăa·ou* para a 1 km de las oficinas del parque, en la carretera 3249, y el resto se hace a pie. Regresar es más complicado: o se espera o se hace autostop.

El **Parque Nacional de Nam Tok Phlio** (อุทยานแห่งชาติน้ำตกพลิ้ว; ☎0 3943 4528; entrada 200 THB; ⊙8.30-16.30), en un desvío de la carretera 3, está 14 km al sureste de Chanthaburi y es mucho más popular. Un agradable sendero de 1 km da la vuelta a las cascadas, agitadas por las carpas de río. Para llegar al parque, tómese una *sŏrng·tăa·ou* en el lado norte del mercado en Chanthaburi (40 THB, 30 min). El autobús deja a 1 km de la entrada de la reserva.

En ambos parques es posible alojarse; hay que reservar a través del **sistema de reservas del parque** (☎0 2562 0760; www.dnp.go.th).

Provincia de Trat

0 — 20 km

CHANTHABURI
Khlong Krabi
Chamcar Stoeng
Bo Rai
Khlung
3157
Pong
3
3159
Tha Chot
Bang Kradan
3156
3271
Trat
Aeropuerto de Trat
Ban Noen Sung
CAMBOYA
Laem Muang
Laem Ngop
Ko Chang
Ao Trat
Tha Sen
Laem Sok
Parque Nacional Marino de Mu Ko Chang
Hat Mai Rut
Mai Rut
Ko Khlum
Ko Wai
Ko Kradat
318
Ko Rang
Ko Mak
Khlong Yai
GOLFO DE TAILANDIA
Ko Kut
Hat Lek
Krong Koh Kong

Trat

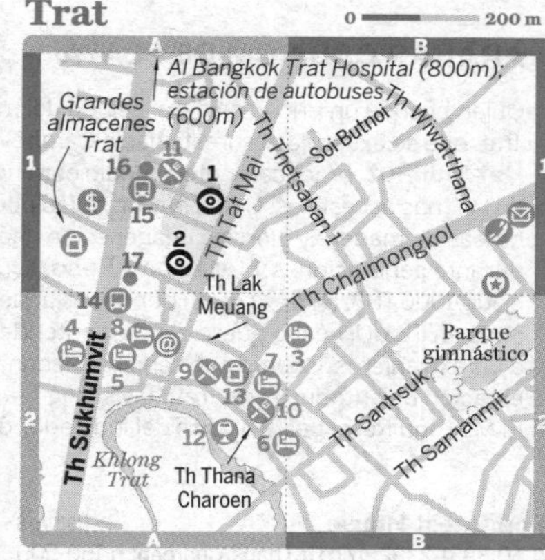

Ban Jaidee Guest House PENSIÓN $
(☎0 3952 0678; 6 Th Chaimongkol; h 200 THB; 📶) En un encantador barrio, esta plácida y típica casa de madera ofrece habitaciones sencillas con baños compartidos (duchas con agua caliente incl.). Los cuadros y objetos de arte hechos por los propietarios decoran las zonas comunitarias. Imprescindible reservar.

Residang Guest House PENSIÓN $
(☎0 3953 0103; www.trat-guesthouse.com; 87/1-2 Th Thana Charoen; h 260-600 THB; ❄📶) Además de colchones gruesos, duchas con agua caliente y wifi, las habitaciones con ventilador tienen balcón y los propietarios saben todo acerca del transporte.

Garden Guest House PENSIÓN $
(☎0 3952 1018; 87/1 Th Sukhumvit; h 120-200 THB) Una encantadora abuelita lleva esta pensión engalanada con flores y retazos de la vida tailandesa. Solo una de las ocho habitaciones tiene baño privado.

Rimklong HOTEL $$
(☎08 1861 7181; 194 Th Lak Meuang; h 800 THB; ❄) El que será el primer hotel-*boutique* de la ciudad estaba en construcción durante la última visita a la ciudad.

Trat

Puntos de interés
- 1 Mercado diurno A1
- 2 Mercado cubierto A1

Dónde dormir
- 3 Ban Jaidee Guest House B2
- 4 Garden Guest House A2
- 5 Pop Guest House A2
- 6 Residang Guest House A2
- 7 Rimklong A2
- 8 Sawadee A2

Dónde comer
- 9 Cool Corner A2
- Mercado diurno .... (véase 1)
- 10 Kluarimklong Cafe A2
- 11 Mercado nocturno A1

Dónde beber
- 12 Oscar Bar A2

De compras
- 13 Tratosphere Books A2

Transporte
- 14 Family Tour (furgonetas a Bangkok) . A2
- 15 Furgonetas a Chanthaburi A1
- 16 *Sŏrng•tăa•ous* a la estación de autobuses, Laem Ngop A1
- 17 *Sŏrng•tăa•ous* al Tha Centrepoint (Laem Ngop) A1

Sawadee PENSIÓN $
(☎0 3951 2392; sawadee_trat@yahoo.com; 90 Th Lak Meuang; h 100-300 THB) En una tienda-vivienda remodelada, esta sencilla pensión familiar tiene habitaciones con ventilador con baño compartido.

MERECE LA PENA

ARAÑAR CADA CM DE PLAYA

Quien busque un rincón costero alejado del mundanal ruido, el litoral de la provincia de Trat, que se extiende al sureste hacia Camboya, está bordeado por playas de arena. La **Hat Mai Rut,** prácticamente a medio camino entre Trat y la frontera de Hat Lek, es una de las más accesibles. Cerca hay un típico pueblo de pescadores repleto de coloristas barcas de madera y olores e imágenes de una pequeña industria familiar desarrollada durante generaciones. El **Mairood Resort** (☎08 414858; www.mairood-resort.com; km 53; h 500-1000 THB; ) es un bonito alojamiento que lleva un tailandés que vivió muchos años en EE UU, hecho que le ayuda a entender y explicar bien la idiosincrasia de esta zona a los extranjeros. Cuenta con sencillas cabañas junto al mar y en los manglares. Desde la estación de autobuses de Trat, hay *sŏrng·tăa·ous* a Hat-Lek que paran en la Hat Mai Rut. El Mairood Resort está a 3 km del indicador del km 53 de la carretera.

Pop Guest House PENSIÓN $
(☎0 3951 2392; 1/1 Th Thana Charoen; h 150-500 THB; ) Tal vez se acabe aquí sin quererlo, no en vano los propietarios son generosos con los taxistas, incansables cazaclientes. Las habitaciones están limpias y son económicas, pero no es el único.

Dónde comer y beber

Trat se lo debe todo a la comida callejera: hay que dirigirse al mercado diurno en Th Tat Mai para tomar un *gah·faa bohrahn* (café a la antigua), al mercado cubierto para almorzar fideos y al mercado nocturno para cenar salteados.

 **Cool Corner** CAFÉ $
(☎08 4159 2030; 49-51 Th Thana Charoen; platos 50-150 THB; ⏲desayuno, almuerzo y cena) Llevado por Khun Morn, una mujer polifacética (escritora, artista y viajera) de Bangkok, este café gusta a las mentes creativas de Trat (extranjeros o no), que han fijado su residencia en esta ciudad por su reducido tamaño, proximidad a la capital y estilo de vida despreocupado. Para tratarse de Trat, es un lugar sofisticado, lo que incluye un ambiente fantástico, música *phat* (*cool*) y unos *lassies* de mango para relamerse.

Kluarimklong Cafe TAILANDESA $
(☎0 3952 4919; Soi Rimklong esq. Th Thana Charoen; platos 70-90 THB; ⏲almuerzo y cena) Este establecimiento combina con acierto deliciosa comida tailandesa, un marco moderno y climatizado, y precios de lo más asequibles.

Oscar Bar BAR
(Th Thana Charoen) Muchos artistas y propietarios de negocios de Trat se citan en este bar de esquina al final de la jornada laboral.

De compras

Tratosphere Books LIBRERÍA
(23 Soi Rimklong; ⏲8.00-22.00) Un buen lugar para ojear libros de segunda mano y artesanías tailandesas. A Serge, el propietario, gran conocedor de su querida ciudad, le gusta compartir sus secretos con los clientes.

Información

Th Sukhumvit, más conocida como Th Ratanuson, atraviesa toda la ciudad.

Bangkok Trat Hospital (☎0 3953 2735; Th Sukhumvit; ⏲24 h) El mejor hospital de la región. Queda 400 m al norte del centro urbano.

Krung Thai Bank (Th Sukhumvit) Tiene un cajero automático y ventanillas de cambio.

Comisaría de policía (☎1155; Th Santisuk esq. Th Wiwatthana) A un corto paseo a pie del centro.

Oficina de correos (Th Tha Reua Jang) Al este del centro comercial Trat.

Sawadee@Cafe Net (☎0 3952 0075; Th Lak Meuang; 1 THB/min; ⏲10.00-22.00) Con internet y Skype.

Locutorio (Th Tha Reua Jang) Cerca de la oficina de correos.

Trat Map (www.Tratmap.com) Portal con direcciones de negocios y lugares de interés en Trat.

Cómo llegar y desplazarse

Avión

El aeropuerto está a 40 km de la ciudad, a una carrera en taxi de solo 500 THB. **Bangkok Airways** (☎aeropuerto de Trat 0 3955 1654-5, en Bangkok 0 2265 5555; www.bangkokair.com) vuela a los siguientes destinos:

Bangkok (solo ida desde 2090 THB, 3 diarios)

Ko Samui (solo ida desde 3390 THB, 3 semanales) Vía Bangkok.

Phuket (solo ida desde 4090 THB, 3 semanales) Vía Bangkok.

Autobús y furgoneta

La estación de autobuses de Trat queda fuera de la ciudad y tiene servicios a los siguientes destinos:

Terminal Este de Bangkok (Ekamai; 248 THB, 4½ h, cada hora, 6.00-23.30)

Terminal Norte de Bangkok (Mo Chit; 248 THB, 5½ h, 2 matinales)

Estación de Suvarnabhumi (aeropuerto) de Bangkok (248 THB, 4-4½ h, 5 diarios)

Chanthaburi (70 THB, 1½ h, cada 1½ h, 6.30-23.30)

Hat Lek (120-150 THB, 1 h) Las furgonetas salen en cuanto se llenan; hay más por la mañana.

También hay muchas opciones para desplazarse por la ciudad. Desde una parada en Th Sukhumvit, al norte del mercado cubierto, salen furgonetas a Chanthaburi (80 THB) en cuanto se llenan. **Family Tour** (☎08 1996 2216; Th Sukhumvit esq. Th Lak Meuang) fleta furgonetas hasta el monumento a la Victoria de Bangkok (300 THB, 5 h, cada hora, 8.00-17.00) y siguen hasta Th Khao San (350 THB).

Las *sŏrng·tăa·ous* locales salen de Th Sukhumvit, cerca del mercado, rumbo a la estación de autobuses (20-60 THB, según el número de pasajeros).

Barco

Los muelles para ir a Ko Chang están en Laem Ngop, 30 km al suroeste de Trat.

Hay tres muelles en Laem Ngop, cada uno de una compañía de *ferries,* pero los más prácticos son los de Koh Chang Ferry (desde el Tha Thammachat) y Centrepoint Ferry (desde el Tha Centrepoint). Para información sobre precios y horarios, véase p. 222.

Desde Trat, las *sŏrng·tăa·ous* compartidas salen de una parada de Th Sukhumvit y van al Tha Centrepoint (50 THB por persona para 6 pasajeros, 45 min), en Laem Ngop. Para llegar al Tha Thammachat, pregúntese por los traslados al muelle cuando se saque el billete o se alquile una *sŏrng·tăa·ou* (60 THB por persona para 6 pasajeros o 300 THB por el vehículo). El precio es el mismo si se va de la estación de autobuses de Trat directamente hasta el muelle.

Desde Bangkok, se puede tomar un autobús en la Terminal Este de Bangkok (Ekamai) directo al Tha Centrepoint (250 THB, 5 h, 3 matinales). Este recorrido incluye una parada en la estación de autobuses de Suvarnabhumi (aeropuerto) y otra en la de Trat. En sentido contrario, hay dos autobuses por la tarde desde Laem Ngop.

Para saltarse Ko Chang e ir directamente a las islas vecinas (Ko Wai, Ko Mak y Ko Kut), consúltense las secciones correspondientes de transporte.

Ko Chang เกาะช้าง

7033 HAB.

Con empinados y selváticos picos que brotan del mar, la pintoresca Ko Chang ("isla del Elefante") conserva un espíritu de lugar remoto y agreste pese a su actual estatus de enclave de veraneo para viajes organizados, similar a Phuket, aunque con playas más bonitas que maravillosas. Pero lo que le falta de arena a Ko Chang se compensa con un insólito cóctel de naturaleza accesible (verde jungla y colonias submarinas) y vibrante oferta fiestera (un buen colofón a una incursión por la naturaleza puede ser una de las muchas fiestas de cerveza y copas por litros en la Lonely Beach).

Hasta hace poco más de diez años Ko Chang no tenía 24 horas de electricidad,

PASO FRONTERIZO: DE HAT LEK A KRONG KOH KONG

Entre las fronteras costeras, la tailandesa-camboyana más cercana está en la localidad tailandesa de Hat Lek, desde la que se accede a la localidad camboyana de Krong Koh Kong. Por este paso se puede llegar hasta Sihanoukville (por Krong Koh Kong) o Ko Chang (por Trat).

Para salir de Tailandia, tómese una furgoneta en la estación de autobuses de Trat a Hat Lek (120-150 THB) y sígase hasta la oficina camboyana de inmigración.

En la frontera facilitan visados camboyanos de turista por 1200 THB (otros pasos fronterizos cobran 20 US$) y solo aceptan el pago en *bahts.* No hay discusión al respecto. Conviene llevar una fotografía tamaño carné e ignorar a los recaderos que tramitan certificados o demás papeleo "médico".

En la frontera camboyana, tómese un taxi privado (10 US$) o motocicleta (3 US$) hasta Koh Kong, donde se puede tomar otro transporte para Sihaunokville (4 h, 1-2 diarios) y Phonm Penh (5 h, 2-3 diarios hasta 11.30). En esta frontera también se puede renovar el visado tailandés, pero hay que tener en cuenta que la validez de los visados obtenidos en las fronteras terrestres se ha acortado a 15 días. El paso cierra a las 20.00.

Ko Chang

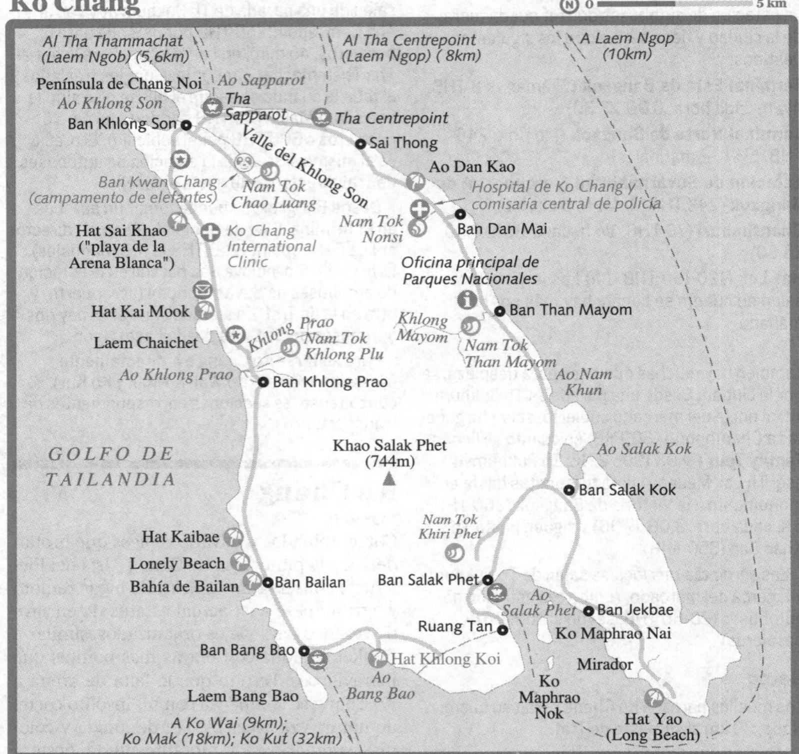

aún era una zona palúdica, había pocas carreteras asfaltadas y aún menos vehículos motorizados. Aún hoy hay que sudar tinta para llegar hasta ella, pese a que la isla recibe un flujo constante de visitantes, muchos de ellos turistas rusos en viajes organizados, mochileros en ruta a Camboya y playeros que desaparecen entre las islas aún más remotas del Parque Nacional Marino de Mu Ko Chang. A lo largo de la populosa costa oeste hay pequeños centros con un nivel de vida superior a las infraestructura general de la isla, un problema extensible a muchas ciudades tailandesas, aunque Ko Chang se esfuerza por lograr un saneamiento aceptable y unos medios de transporte alternativos para poder atender al creciente flujo de visitantes.

Puntos de interés

Si bien Ko Chang ya muestra dolorosos síntomas de modernidad, la segunda isla más grande de Tailandia aún tiene mares de tintes tropicales, selvas pobladas de animales salvajes y una variedad de deportes acuáticos para lucir músculos.

COSTA OESTE

Esta costa acapara las playas más amplias y arenosas de la isla y el grueso de las urbanizaciones, comunicadas por frecuentes *sŏrng·tăa·ous* públicas. Se recomienda usar calzado para meterse en el agua, sobre todo los niños, pues hay muchas rocas. Estas plácidas y someras aguas son ideales para nadadores primerizos, pero al tanto con las resacas durante las tormentas y la estación lluviosa (may-sep).

Hat Sai Khao ('playa de Arena Blanca') PLAYA

(หาดทรายขาว) En el tramo más largo y lujoso de arena de la isla no caben más hoteles para viajes organizados y playeros convencidos. Encontrar un hueco donde colocar la toalla en temporada alta no es fácil, a menos que se espere a las horas más sofocantes de la tarde o se camine hasta rebasar el KC Grande Resort hacia la zona mochilera del extremo norte de la playa. A lo largo de la carretera principal, el pueblo está desagradablemente abarrotado, menos en sus extremos.

Hat Kai Mook ('playa de la Perla') PLAYA

(หาดไข่มุก) Aquí las perlas son grandes guijarros que llenan la costa que culminan en cabos llenos de peces. Esta playa está bien nadar y tomar el sol, pero también para practicar buen buceo con tubo y disfrutar de la comida y las vistas desde el encaramado y elegante restaurante Saffron by the Sea.

Ao Khlong Prao PLAYA

(อ่าวคลองพร้าว) Este bonito arco de arena acotado entre dos grandes cabos montañosos y partido por la mitad por dos estuarios ofrece un sosegado contrapunto al ajetreo de la Hat Sai Khao. Cuando baja la marea los rastreadores de playas pasean por las onduladas arenas para ver los animalitos que han quedado al descubierto tras la retirada de las aguas. En Khlong Prao destacan los extensos complejos turísticos donde el principal pasatiempo es tomar el sol en las piscinas junto al mar cuando la marea alta engulle buena parte de la playa.

Con transporte privado se puede salir de la playa para ver algunas cascadas. La más grande es la **Nam Tok Khlong Plu** (aparcamiento 200 THB; ⏲8.00-17.00), de tres niveles y con una sugerente poza. Se llega a través de 600 m de sendero selvático; se recomienda visitarla después de la estación de lluvias y por la mañana, antes de que llegue el grueso de gente.

Hat Kaibae PLAYA

(หาดไก่แบ้) Vecina de Khlong Prao, esta playa es una de las favoritas entre las familias y parejas de treintañeros; una fina franja de arena bordea una bahía salpicada de islas lo bastante alejada de los lugares frecuentados por los viajes organizados como para tener un poco de privacidad. Se puede remar hasta una isla cercana y la bajamar permite pasar un buen rato de rastreo por la playa.

Lonely Beach ('Playa Solitaria') PLAYA

El refugio mochilero de Ko Chang está un poco dejado pero siempre a punto para la diversión. De día, la mayoría de gente cura en la playa la resaca, mientras que la música a toda pastilla, las copas cargadas y la gente joven y sin complejos acaparan las noches.

Ban Bang Bao PUEBLO

(บ้านบางเบ้า) Casi al final de la carretera de la costa oeste, Bang Bao era un antiguo y típico pueblo de pescadores, a modo de muelles interconectados. Pero los lugareños han cambiado sus redes por el anzuelo turístico y hoy alquilan parte de sus hogares para que monten tiendas de recuerdos y restaurantes. Aunque no constituya una experiencia típica, el comercio resultante es 100% tailandés, casi igual que cualquier mercado del continente, donde se aprovecha cualquier espacio para vender algo. Si se sigue el muelle hasta el final se encontrará un gran océano azul y barcas a la espera de clientes con ganas de ir más allá del horizonte. La mayoría de visitantes va al pueblo a comer pescado y marisco, y algunos deciden quedarse a pasar la noche. Después del atardecer hay menos taxis y todo es más caro.

Khlong Kloi PLAYA

En el extremo este de la Ao Bang Bao, esta playa de arena desprende un aire a secreto

ECOLOGÍA CONTRA DIVERSIÓN: NO DAR DE COMER A LOS ANIMALES

En muchos de los circuitos en barco que rodean la isla, los operadores sorprenden a sus clientes con una parada en un acantilado rocoso para dar de comer a los monos. De entrada parece algo inocente e incluso entretenido, pero las consecuencias a largo plazo desmienten esto. Los animales pasan a depender de esta fuente de alimentación y cuando, en temporada baja, hay menos barcos, los animales más jóvenes y vulnerables no saben buscarse la vida en el bosque.

Lo mismo pasa con los peces en las salidas de submarinismo o para navegar (la comida se vende en el muelle). Es una manera fantástica de enseñar a los pequeños un banco de peces de colores, pero el problema es que estos animales abandonan los arrecifes de coral en busca de un sustento más fácil. Además, sin los esfuerzos diarios de los peces para sanear el coral, este pronto se cubre de algas, que acaban por asfixiarlo. ¿Es esto divertido?

KO CHANG EN...

Cuatro días

Tumbarse en la playa, cambiar de lado y repetir. Una vez quemado o aburrido del sol, quizá ya se esté dispuesto a salir a explorar la isla. Se puede ir un día de **excursión** por la selva u optar por el **kayak.** Se puede tomar una *sŏrng·tăa·ou* hasta **Bang Bao** para almorzar o para cenar temprano y hacer la digestión mientras se compran recuerdos. Al día siguiente es buena idea alquilar una motocicleta y darse un garbeo por la **costa este.**

Una semana

Posiblemente habrá quien desee agradecer los placeres obtenidos de la isla con unos días de trabajo voluntario en el **Koh Chang Animal Project** o el **Koh Chang Pony Rehabilitation Project.** Otra idea es acercarse a las islas cercanas de **Ko Wai** o **Ko Kut** para un poco de turismo isleño.

aunque haya más gente y todas las comodidades necesarias (cerveza, fruta, comida, masajes), además de unas cuantas pensiones para quienes quieran disfrutar del lugar a solas. Accesible solo en transporte privado.

NORTE DEL INTERIOR

Prácticamente todo el montañoso interior de Ko Chang es parque nacional. Es un lugar exuberante, habitado por muchos animales y enhebrado por cascadas de tonalidades plateadas. Para información sobre circuitos de excursionismo, véase p. 215.

Ban Kwan Chang CAMPAMENTO DE ELEFANTES

(บ้านควาญช้าง; ☎08 1919 3995; changtone@yahoo.com; ⊙8.30-17.00) En un precioso entorno boscoso, este campamento invita a una plácida e íntima experiencia con sus nueve elefantes residentes. En una hora de visita (900 THB) se les puede alimentar, bañar y dar un paseo a lomos de uno de ellos. El traslado al hotel está incluido en la entrada. No hay que olvidar embadurnarse con repelente de mosquitos.

El dueño del campamento, Pittaya Homkrailas, es un respetado entusiasta de la conservación del medio ambiente que trabaja para preservar las relaciones entre los elefantes y *mahouts*. Otra de sus preocupaciones es la custodia de los manglares del sureste de la Ao Salak Kok, en el este de la isla.

COSTA ESTE

Todavía apacible y sin urbanizar, esta costa consta principalmente de suaves colinas de cocoteros y palmeras, y pueblos de pescadores discretos que han resistido a la fiebre turística del oeste. Para descubrir sus pintorescas bahías y manglares se necesitará un vehículo privado.

Nam Tok Than Mayom CASCADA

(น้ำตกธารมะยม; entrada al parque 200 THB; ⊙8.00-17.00) Por la oficina del parque, cerca del Tha Than Mayom, se puede llegar a tres cascadas repartidas a lo largo del arroyo Khlong Mayom. Las vistas desde lo alto quitan el hipo y cerca hay piedras grabadas con las iniciales de Rama V, Rama VI y Rama VII.

Ao Salak Kok BAHÍA DE MANGLARES

(อ่าวสลักคอก) Para las inmobiliarias, esta espesura de manglares no es más que un solar desaprovechado. Pero los pescadores de la zona saben que su belleza y su utilidad residen en su importancia medioambiental. Los manglares son los viveros del océano, que han nutrido a generaciones de especies marinas, aves y crustáceos.

Por su estado salvaje, esta bahía es hoy el mayor ejemplo de ecoturismo de Ko Chang. Los aldeanos, que colaboran con Khun Pittaya, del campamento de elefantes de Ban Kwan Chang, gestionan un aplaudido proyecto para conservar el medio ambiente y la forma de vida tradicional. Alquilan kayaks a través de la Salak Kok Kayak Station y llevan un restaurante.

Ban Salak Phet PUEBLO

(บ้านสลักเพชร) En la esquina sureste de la isla, este pueblo de pescadores y comerciantes sorprende por su vitalidad, lleno de niños en bicicleta y perros que bostezan. Así es como era gran parte de Ko Chang hace menos de 25 años. Más allá del centro local está la **Ao Salak Phet,** una preciosa bahía azul estoicamente vigilada por islas corcovadas. La mayoría de visitantes acude para disfrutar del pescado y marisco o para recorrer las solitarias sendas que desembocan en una playa aislada.

Nam Tok Khiri Phet CASCADA
(น้ำตกคีรีเพชร) Esta pequeña cascada con una poza honda, a 2 km de Ban Salak Phet, está a 15 minutos a pie de la carretera. Suele estar más tranquila que otras cascadas más grandes y desde la zona de la Ao Salak Phet es también fácil de abordar.

Actividades

Kayak

Ko Chang traza una impresionante y heroica silueta vista desde el mar a bordo de un kayak. Las aguas suelen estar calmadas y las islas frente a la costa invitan a una visita. Casi todos los hoteles alquilan kayaks abiertos (desde 300 THB/día), muy prácticos para escapadas próximas a la costa.

KayakChang KAYAK
(☎08 7673 1923; www.kayakchang.com; Amari Emerald Cove Resort, Khlong Prao) Alquila kayaks cerrados (desde 1000 THB/día), más manejables y rápidos, y organiza salidas de uno y varios días a otras islas del archipiélago.

Salak Kok Kayak Station KAYAK
(☎08 1919 3995; alquiler de kayak 100 THB/h) En el lado este de la isla, se pueden explorar los manglares de la Ao Salak Kok y de paso apoyar un buen proyecto de turismo ecológico. Esta compañía alquila kayaks individuales y gestiona estancias en casas particulares y excursiones a pie, todo ello integrado en un proyecto comunitario diseñado para promover el turismo en la zona sin deteriorar la forma de vida tradicional.

Senderismo

La oferta senderista de Ko Chang está bien desarrollada, algo atípico en Tailandia, sin duda favorecida por sus exuberantes bosques repletos de aves, monos, lagartos y preciosas flores, y los guías bilingües, gentes que conocen y aman su tierra y disfrutan de compartirla con los visitantes.

El Sr. Tan de **Evolution Tour** (☎0 3955 7078; www.evolutiontour.com) o el Sr. Lek de **Jungle Way** (☎08 9247 3161; www.jungleway.com) encabezan la caminata de un día (800-1400 THB) por el valle del Khlong Son. No es una ruta fácil, pero incluye una parada para bañarse en la cascada y otra en el campamento de elefantes de Ban Kwan Chang. Ambas empresas organizan también excursiones de varios días. Además, el Sr. Tan también ofrece caminatas aptas para familias y una excursión que va al oeste desde Khlong Son a la Hat Sai Khao.

Koh Chang Trekking SENDERISMO, OBSERVACIÓN DE AVES
(☎08 1588 3324; www.kohchangtrekking.info) Los observadores de aves deberían contactar con Koh Chang Trekking, que organiza salidas de uno y dos días (1000-2000 THB) por el parque nacional y excursiones a lo alto del cercano Khao Chom Prasat, con sus dos picos de roca.

Salak Phet Kayak Station SENDERISMO
(☎08 7834 9489; desde 1500 THB) Excursiones guiadas con noche incluida por el Khao Salak Phet, el pico más alto de Ko Chang (744 m), que regalan unas maravillosas vistas del amanecer y del atardecer. Aunque de altitud modesta, este es uno de los pocos sitios del país que combina vistas de pájaro y paisajes costeros; se puede dormir en una tienda o al raso.

Voluntariado

Koh Chang Animal Project VOLUNTARIADO
(☎08 9042 2347; www.kohchanganimalproject.org; Ban Khlong Son) Este centro benéfico, fundado en el 2002 por la estadounidense Lisa McAlonie, cuida y da cobijo a animales maltratados, heridos o abandonados. Además emplea a lugareños para esterilizar, castrar y ofrecer otros servicios veterinarios a los animales. Los dueños de mascotas y perros pulgosos de la isla conocen muy bien a Lisa. Los voluntarios, sobre todo veterinarios o ayudantes, son siempre bienvenidos para colaborar, aunque solo sea para darles un poco de cariño a las mascotas. Llámese antes. La mayoría de conductores de *sŏrng·tăa·ous* saben cómo llegar; hay que decirles que se va a la "Ban Lisa" ("casa de Lisa") en Khlong Son.

Koh Chang Pony Rehabilitation Project VOLUNTARIADO
(☎08 9723 4278; ponyproject.org; Ban Khlong Son) En la misma calle que la casa de Lisa, este centro trabaja para rescatar y rehabilitar equinos maltratados y/o abandonados. Los voluntarios dan de comer, asean y adiestran a los ponis y caballos que se recuperan de las heridas o esperan la adopción de una persona buena.

Cursos

Se puede hacer una pausa entre los días de asueto y tomar algunas clases que ayuden al enriquecimiento corporal y mental. Khlong Prao acoge dos escuelas de cocina muy bien consideradas. Las clases suelen ser de 4 a 5 horas e incluyen una visita al

ESTATUS DE PARQUE NACIONAL

Partes de Ko Chang están protegidas y mantenidas como parque nacional. Aunque los trabajos de conservación se desarrollan de forma irregular, hay que pagar unos 200 THB de entrada al parque cuando se visitan varias cascadas (el importe figura en las reseñas y se ha de pagar in situ). La oficina del parque nacional (☎0 3955 5080; Ban Than Mayom; ⊙8.00-17.00) está en el lado este de la isla, cerca de la Nam Tok Than Mayom.

El nudismo y el *topless* están prohibidos por ley en el Parque Nacional Marino de Mu Ko Chang, lo que incluye las playas de Ko Chang, Ko Kut, Ko Mak, etc.

mercado (1200 THB por persona); resérvese con antelación.

Koh Chang Thai Cookery School COCINA
(☎0 3955 7243; Blue Lagoon Bungalows, Khlong Prao) Lonchas, tropezones y *sautés* en una cocina al aire libre a la sombra junto al estuario.

KaTi COCINA
(☎0 3955 7252; ctra. Ppal., Khlong Prao) Al cruzar la calle desde el Tropicana Resort, una madre y su hija enseñan recetas familiares.

Baan Zen YOGA, MEDITACIÓN
(☎08 6530 9354; www.baanzen.com; Khlong Prao; clases desde 5500 THB) Escondido en una calle de tierra entre el Noren Resort y Coco Massage, en Khlong Prao, en este marco apacible y relajante se imparten clases de yoga, *reiki* y meditación.

Sima Massage MASAJES
(☎08 1489 5171; ctra. ppal., Khlong Prao; masaje 250 THB/h; ⊙8.00-22.00) Enfrente del Tropicana Resort, este centro está considerado por los lugareños como el mejor de la isla, lo cual es todo un piropo para tratarse de un lugar donde hasta se dan masajes en el 7-Eleven.

Bailan Herbal Sauna SAUNA
(☎08 6252 4744; Ban Bailan, enfrente del Bailan Inn; ⊙16.00-21.00) Aunque lo de sudar podría considerarse una consecuencia lógica en un ambiente tropical, al sur de la Lonely Beach, esta sauna practica una antigua tradición del sureste asiático. En plena fronda, las cabañas de tierra se calientan con toda suerte de hierbas beneficiosas para la salud. También se ofrecen masajes y tratamientos faciales. Un bar de zumos pone el refrescante colofón a tanto vapor.

Dónde dormir

Los viajes organizados han distorsionado los precios de los alojamientos de Ko Chang, que en general se han disparado, aunque la calidad está garantizada, suficiente en cualquier caso para atraer a nuevos clientes. La oferta para los viajeros con menos presupuesto se ve perjudicada por la uniformidad de las tarifas.

Unos pocos lugares cierran durante la estación lluviosa (abr-oct), cuando los precios caen en picado. Conviene reservar y aprovecharse de los descuentos que se obtienen vía internet durante la temporada alta (nov-mar), los fines de semana y las fiestas importantes.

COSTA OESTE

En esta costa, la Lonely Beach aún es la mejor opción económica, la Hat Kai Bae la que ofrece mejor relación calidad-precio, y la Hat Sai Khao el destino más caro.

HAT SAI KHAO

La playa más bonita de la isla también es la más cara. En sus extremos norte y sur hay opciones económicas y de precio medio para aquellos que deseen estar cerca de la mejor playa. Hay un enclave palpitante de mochileros al norte del KC Grande Resort accesible solo por la playa. A continuación figuran solo dos propuestas, pero hacia el norte hay más.

En el extremo sur se pueden encontrar buenos alojamientos económicos y de precio medio, pero esta punta de la playa es más rocosa, sin arena durante la pleamar.

Por supuesto, si el dinero no es un problema, en la Hat Sai Khao es fácil tirar la casa por la ventana.

Independent Bo's PENSIÓN $
(☎08 5283 5581; h 350-550 THB) Lugar multicolor en una selvática ladera que desprende ese ambiente creativo y *hippy* por el que fue famosa Ko Chang. Cada bungaló es alegre y diferente. Las habitaciones más económicas están cuesta arriba por la selva. Todos se adjudican por orden de llegada.

Rock Sand Beach Resort PENSIÓN $$
(☎08 4781 0550; www.rocksand-resort.com; h 550-2000 THB; ❄) Pasado el Bo's se halla este alojamiento económico un poco mejor. Los bungalós sencillos con ventilador comparten baños y las habitaciones climatizadas

INDISPENSABLE

SUBMARINISMO Y BUCEO CON TUBO

Muchos enclaves próximos a Ko Chang deparan toda suerte de corales, peces y aguas poco profundas para principiantes, además de otros sitios más profundos.

A solo 30 minutos de trayecto de la punta sur de la isla hay montañas submarinas, incluidas en el parque marino de Ko Chang. Allí están **Hin Luk Bat** y **Hin Rap,** de roca y con incrustaciones de coral a una profundidad de entre 18 y 20 m. Son un edén para los bancos de peces y algunas tortugas.

La zona más intacta, con diferencia, está alrededor de **Ko Rang,** una isla deshabitada en la que está prohibido pescar por su estatus de parque marino. Allí la visibilidad es mucho mejor que cerca de Ko Chang, entre 10 y 20 m. A todo el mundo le encanta **Hin Gadeng,** unos pináculos de roca espectaculares con corales visibles a unos 28 m. En el lado este de Ko Rang, **Hin Kuak Maa** (Three Finger Reef o "arrecife de los Tres Dedos") es otro favorito, con una pared con coral incrustado y una pendiente de 2 a 14 m que atrae a una multitud de fauna marina.

Ko Yak, Ko Tong Lang y **Ko Laun** son lugares con aguas poco profundas, ideales tanto para principiantes como para expertos. Estas pequeñas islas rocosas se pueden circunnavegar y ofrecen mucho coral, bancos de peces, morenas, barracudas, peces globo, rayas y alguna tortuga.

Ko Wai, protegida por arrecifes, presenta una buena variedad de corales duros y blandos multicolores y es ideal para el buceo con tubo. Es una isla popular para excursiones de un día, aunque hay alojamientos sencillos.

Los operadores de submarinismo calculan que aproximadamente un 30% de los arrecifes de la zona sufrieron con el fenómeno de blanqueo del coral del 2010. En respuesta, los responsables clausuraron algunas zonas del parque marino de Ko Rang; pregúntese a las empresas turísticas al respecto.

Las salidas de submarinismo cuestan entre 2800 y 3500 THB. Un certificado PADI en mar abierto sale por 14 500 THB. Aunque últimamente los operadores siguen abiertos durante la estación lluviosa (jun-sep), la visibilidad y el estado del mar pueden decepcionar. Se recomiendan las siguientes empresas:

» **BB Divers**
(☎0 3955 8040; www.bbdivers.com) Con sede en Bang Bao y oficinas en la Lonely Beach, Khlong Prao y la Hat Sai Khao.

» **Scuba Zone**
(☎0 3961 9035; www.scuba-kohchang.com) Instalada en la Hat Sai Khao y muy recomendable.

más caras ofrecen vistas del mar. El restaurante, muy popular, flota sobre las aguas azules y cristalinas.

Koh Chang Hut Hotel HOTEL **$$**
(☎08 1865 8123; h 600-1500 THB; ❄📶) Junto al Plaloma Cliff Resort, en el extremo sur de la playa y el acantilado, este hotel está a un corto paseo de la playa y no cuesta mucho. La habitaciones frente al mar, más caras, disfrutan de buenas vistas, pero las más económicas, que dan a la calle, resultan más ruidosas.

Keereeelé HOTEL **$$**
(☎0 3955 1285; www.keereeele.com; h 2000 THB; ❄📶🏊) Este nuevo hotel de varios pisos en el lado interior de la carretera ofrece habitaciones modernas y cómodas, algunas con vistas a las verdes montañas de detrás. La playa está a 300 m por la acera.

Sai Khao Inn PENSIÓN **$$**
(☎0 3955 1584; www.saikhaoinn.com; h 800-1800 THB; ❄) En un entorno ajardinado en el lado interior de la carretera, esta pensión tiene un poco de todo: bungalós, búnkeres de cemento, habitaciones grandes y hasta para taxistas (según el folleto).

AO KHLONG PRAO

Aquí lo que predominan son los complejos de categoría, aunque también hay unos pocos económicos intercalados. Además hay algunos más baratos en la carretera principal, a un pequeño paseo de la playa, pero ojo con el tráfico, que además de ruidoso puede ser peligroso.

Blue Lagoon Bungalows PENSIÓN $
(☎08 6330 0094; h 600-1000 THB; ❄) Este lugar ajardinado y más que agradable ofrece sencillos bungalós de madera con porches privados junto a un sosegado estuario. Una pasarela de madera conduce a la playa.

Tiger Huts PENSIÓN $
(☎08 1762 3710; h 600 THB) Lo único que distingue a estas cabañas de madera de las chabolas es la instalación interior del agua. No son muy cómodas ni acogedoras, pero su ubicación, en la parte más amplia y bonita de la playa, seguro que es la envidia de los caros complejos vecinos.

Aana HOTEL $$$
(☎0 3955 1539; www.aanaresort.com; h desde 7000 THB; ❄@≈) Sus casitas privadas están exquisitamente encaramadas sobre el bosque y la bahía, abordable en kayak por el río. Las estancias son románticas, con verandas y vistas.

Lin Bungalows PENSIÓN $$
(☎08 4120 1483; h 800-1200 THB; ❄) Delante del Blue Lagoon, ofrece diferentes modalidades de bungalós de hormigón encarados a la playa.

Baan Rim Nam PENSIÓN $$
(☎08 7005 8575; www.iamkohchang.com; h desde 1100 THB; ❄🛜) Esta antigua casa de pescadores se cierne sobre un río flanqueado por manglares; los kayaks y la información salen gratis.

Sofia Resort PENSIÓN $$
(☎0 3955 7314; www.jussinhotel.net; h 900-1200 THB; ❄🛜≈) Comodidad y precios fantásticos pero en la carretera principal y sin acceso directo a la playa.

Boonya Resort PENSIÓN $
(☎0 3955 7361; h desde 800 THB; ❄🛜≈) Otra opción en la carretera principal que sería fabulosa si las camas fueran algo más que somieres de muelles.

HAT KAIBAE

Esta playa cuenta con la oferta más variada para alojarse en la isla, desde hoteles-*boutique* hasta cabañas económicas y bungalós de precio medio. Es una playa fabulosa para familias y mochileros acomodados.

👍 **KB Resort** HOTEL $$
(☎0 1862 8103; www.kbresort.com; h 2000-3500 THB; ❄@≈) Sus bungalós de color limón tienen alegres baños y relucen plácidamente junto al mar. Ideales para escuchar los suaves lametazos de las olas mientras los niños construyen ciudades en la arena. Mejor pasar de los bungalós con ventilador, que no valen lo que cuestan.

Buzza's Bungalows PENSIÓN $
(☎08 7823 6674; h desde 400 THB; ❄@) Conjunto de macizos bungalós de hormigón con porches, encarados los unos a los otros, que crea un relajado ambiente de viajeros. Está a un corto y fácil paseo de la playa.

Kaibae Hut Resort HOTEL $$
(☎0 3955 7142; h 700-2500 THB; ❄) A lo largo de una panorámica franja de playa, ofrece precios sensatos y alojamientos de lo más diverso: cabañas con ventilador un poco maltrechas, bungalós de hormigón un poco más lujosos y modernas habitaciones de hotel. El gran restaurante al aire libre enciende cada noche la barbacoa y hay mucho espacio para que correteen los niños.

Garden Resort HOTEL $$
(☎0 3955 7260; www.gardenresortkohchang.com; h desde 2500 THB; ❄@≈) En el lado interior de la carretera principal, estos bungalós en un jardín con sombra tienen grandes ventanales y una piscina de agua salada. Los simpáticos dueños, también padres, se muestran de lo más atentos con los retoños de los huéspedes.

GajaPuri Resort & Spa HOTEL $$$
(☎0 2713 7689; www.gajapuri.com; h desde 6900 THB; ❄@≈) Las casitas de madera pulida relucen con sus toques tailandeses. Las desmesuradas camas y las sábanas a estrenar, los porches soleados para leer y la preciosa playa parecen más lujosos si se han conseguido con descuento por internet.

Porn's Bungalows PENSIÓN $
(☎08 9251 9233; www.pornsbungalows-kohchang.com; h 800-900 THB) La comunidad rastafari de Kaibae remolonea a la sombra de un palmeral cocotero junto a la playa en bungalós de madera con ventilador y duchas con agua caliente. Las estancias se adjudican por orden de llegada.

Siam Cottage PENSIÓN $
(☎08 9153 6664; www.siamcottagekohchang.com; h 500-800 THB; ❄) Estos destartalados bungalós de madera apilados en perpendicular a la playa no ofrecen mucha privacidad pero sí una bonita franja de arena a sus pies.

LONELY BEACH

Esta playa gusta mucho a los fiesteros con mochila y es uno de los lugares más económicos para instalarse en la isla, aunque los alojamientos en primera línea de mar se han refinado y quienes miran más por su bolsillo se han visto obligados a desplazarse al pueblo del interior. Los mochileros más acomodados pueden optar por imaginativos alojamientos de precio medio y así evitar los típicos complejos turísticos. Este extremo de la isla está menos urbanizado y la jungla se arrellana justo al otro lado de la corta calle comercial.

Paradise Cottages HOTEL **$$**
(08 5831 4228; www.paradisecottagekohchang.com; h 700-1200 THB;) En este relajado enclave mochilero impera la tranquilidad, con hamacas que penden sobre el agua, restaurante con vistas y típicas cabañas de cemento, bonitas y funcionales. Aunque esté en primera línea de mar, la playa, demasiado cenagosa y rocosa, no es buena para bañarse.

Oasis Bungalows PENSIÓN **$**
(08 1721 2547; www.oasis-khochang.com; h desde 350 THB;) Al final de una *soi* interior, esta pensión ofrece bungalós básicos de madera en un bonito jardín con flores y árboles frutales. El restaurante de la ladera se asoma al océano por encima de los árboles e invita a conocer a otros viajeros. Para ir a la playa hay que atravesar el pueblo y bajar por la carretera principal. Si estuviera llena, hay muchas otras opciones parecidas en la misma *soi*.

Warapura Resort HOTEL **$$**
(08 3987 4777; www.warapuraresort.com; h 2000-3500 THB;) Chic por lo relativamente económico que es, este hotel presenta un conjunto de adorables casitas escondidas entre el pueblo y la playa de manglares. Hay una piscina de cara al océano, más ideal para contemplarlo que para disfrutarlo.

Kachapura PENSIÓN **$**
(08 60500754; www.kachapura.com; h 500-1800 THB;) Es la hermana modesta del Warapura, económica pero acogedora. Las pasarelas de madera surcan un jardín con sombra y llevan hasta los limpios y ordenados bungalós, sencillos pero bien mantenidos. Está en pleno pueblo, sin acceso directo a la playa.

Mangrove HOTEL **$**
(08 1949 7888; h 1000 THB) Al sur de la Lonely Beach, este alojamiento ecológico hace lo imposible para dejar la menor huella humana posible. Se deja caer por una boscosa montaña y tiene preciosos aunque sencillos bungalós expresamente diseñados con puertas tipo acordeón que se abren a las vistas y la brisa. El ambiente combina una privacidad rústica a la vez que chic.

BAN BANG BAO

Pese a su pátina turística, Ban Bang Bao aún es un lugar entrañable para alojarse, sobre todo para aquellos que prioricen el paisaje al baño en el mar. El alojamiento es principalmente en remodeladas casas del muelle, a un paso de los *ferries* que navegan entre las islas. Gracias al flujo constante de visitantes de un día, hay un regular transporte diurno a playas donde sí se puede nadar. Los más noctámbulos deberían alquilar una motocicleta o alojarse en otro sitio ya que las *sŏrng·tăa·ou* resultan caras de ver y de precio por la noche.

Bang Bao Sea Hut HOTEL **$$**
(08 1285 0570; h 2500 THB;) Con bungalós individuales en los lindes del muelle, este alojamiento es uno de los más atípicos de Ko Chang. Cada "cabaña" (más lujosas de lo que suena) está rodeada por un porche privado donde se sirve el desayuno, con postigos que se abren al mar.

Bang Bao Cliff Cottage PENSIÓN **$**
(08 5904 6706; www.cliff-cottage.com; h 350-700 THB) Parcialmente escondidas en una ladera verde al oeste del muelle, cuenta con bastantes cabañas sencillas con techo de paja que dan a una cala de roca. Casi todas tienen vistas al mar, espectaculares en dos de ellas. A un paso hay varios enclaves para practicar buceo de superficie.

Ocean Blue PENSIÓN **$**
(08 1889 2348; www.oceanbluethailand.com; h 800 THB) Típica casa de muelle con un largo corredor de madera pulida y habitaciones sencillas y limpias con ventilador. Los aseos son cubículos, con duchas de agua fría, pero el océano queda, literalmente, bajo los pies. El personal se muestra curioso y divertido.

Nirvana HOTEL **$$$**
(0 3955 8061; www.nirvanakohchang.com; h 3500-7000 THB;) El mejor complejo de Ko Chang vive en su propio mundo en una península rocosa, entre la jungla. Lejos del mundanal ruido y de la isla, ofrece cómodos bungalós de estilo tailandés, todos diferentes, con fabulosas vistas del mar. La playa adjunta es bucólica aunque impracticable para el baño.

INTERIOR NORTE Y COSTA ESTE

El norte y el este de la isla, menos urbanizados que la costa oeste, transmiten una verdadera sensación de aislamiento. Se necesitará transporte propio, y en casos hasta ir en grupo para no sentirse tan solo.

Jungle Way PENSIÓN $
(☎08 9247 3161; www.jungleway.com; valle de Khlong Son; h 200-400 THB) Ko Chang guarda un secreto: un interior selvático y guías angloparlantes que han crecido jugando en él. Lek, un guía local, y su familia llevan esta agradable pensión, inmersa en los bosques y junto al murmullo de un arroyo. Los bungalós son sencillos pero adecuados y el restaurante sacia a cualquiera. Recogida en el muelle gratis.

Amber Sands HOTEL $$
(☎0 3958 6177; www.ambersandsbeachresort.com; Ao Dan Kao; h 2000-2700 THB; ❄@≋) Emparedado entre manglares y una tranquila playa de arena rojiza, este hotel ofrece ocho cómodos bungalós con grandes ventanales y definidas vistas del mar. Los sudafricanos Cheryl y Julian lo llevan de manera profesional. Es como un mundo aparte, pero a solo 15 minutos del muelle.

The Souk PENSIÓN $
(☎08 1553 3194; Ao Dan Kao; h 700 THB; @) Junto al Amber Sands, esta original pensión tiene siete bungalós *pop-art* (solo con ventilador) a un precio de fábula. Incluye muchos espacios para relajarse y un ambiente urbano en el porche abierto del restaurante y coctelería. Las parejas jóvenes y quienes alargan su estancia elogian este modesto descubrimiento. Acceso fácil al muelle del *ferry*.

Salak Phet Homestay CASA PARTICULAR $
(☎08 1294 1650; Ban Salak Phet; h 300 THB, comidas incl.) Integrado en un proyecto de ecoturismo, ofrece alojamiento en una de las casas sobre pilotes del pueblo de pescadores de Salak Phet. El alojamiento es sencillo: un saco de dormir en el suelo de una habitación pequeña y baños compartidos funcionales. Como se come con la familia, seguro que se aprenderá algo de thai. **Salak Phet Kayak Station** (☎08 7834 9489) ayuda con la gestión.

Treehouse Lodge PENSIÓN $
(☎08 1847 8215; Hat Yao; h 300 THB) El primer Treehouse Lodge en la Lonely Beach creó un verdadero revuelo en Ko Chang como paraíso de la tranquilidad. Pero llegó la civilización y sus primeros propietarios se largaron a Ko Pha Ngan en el 2009. Con el mismo nombre y ambiente, el nuevo Treehouse se trasladó a la remota Hat Yao (Long Beach o "Playa Larga"), en la península más al suroeste. Las sencillas cabañas (con baños a juego) respiran paz junto a una ladera con vistas a una playa de fina arena. La carretera a la Hat Yao está asfaltada solo hasta el mirador, de ahí que se recomiende alargar la estancia. En Trat hay que preguntar por los taxis directos a la Long Beach.

The Spa Koh Chang Resort HOTEL $$
(☎0 3955 3091; www.thespakohchang.com; Ao Salak Kok; h 1200-3000 THB; ❄📶≋) En un frondoso jardín protegido por los manglares de la bahía, este complejo-*spa* es popular por sus tratamientos de salud (yoga, meditación, ayuno, etc.). Los elegantes bungalós descienden por una floreada ladera, aunque no tiene acceso a la playa.

Dónde comer y beber

Casi todos los alojamientos de la isla tienen restaurantes correctos aunque no sobresalientes. Cada dos por tres hay fiestas en las playas que van desde el ambiente veterano y tosco de la Hat Sai Khao al más joven y marchoso de la Lonely Beach.

COSTA OESTE

Oodie's Place INTERNACIONAL $$
(☎0 3955 1193; Hat Sai Khao; platos 150-280 THB; ⏲almuerzo y cena) El músico local Oodie lleva este polifacético restaurante con excelente comida francesa, deliciosas especialidades tailandesas y música en directo a partir de las 22.00. Después de bastantes años, sigue como el preferido entre los residentes extranjeros.

Norng Bua TAILANDESA $$
(Hat Sai Khao; platos 80-200 THB; ⏲desayuno, almuerzo y cena) Popular cabaña de salteados, ingredientes frescos y servicio rápido. De aliño: salsa de guindilla y pescado.

Invito Al Cibo ITALIANA $$$
(☎0 3955 1326; Koh Chang Hut, Hat Sai Khao; platos 250-550 THB; ⏲almuerzo y cena) Aunque el lujoso Invito ya hace tiemo que desapareció, su chef jefe se ha embarcado en esta nueva aventura con bonitas vistas del mar.

Saffron on the Sea TAILANDESA $$
(☎0 3955 1253; Hat Kai Mook; platos 150-350 THB; ⏲desayuno, almuerzo y cena) Propiedad de un artista huido de Bangkok, este agradable hotel-*boutique* cuenta con un holgado comedor en primera línea de mar y un ambiente relajado y romántico. Los platos se preparan al estilo isleño, más dulce que picante.

KaTi Culinary TAILANDESA $
(☎08 1903 0408; Khlong Prao; platos 80-150 THB; ⏲almuerzo y cena) Esta popular escuela de cocina es igualmente famosa por su restaurante. Además de comida, también sirven imaginativos licuados de frutas, como el de lichi, limón y menta.

Iyara Seafood PESCADO Y MARISCO $$
(☎0 3955 1353; Khlong Prao; platos 150-300 THB; ⏲almuerzo y cena) No es la típica marisquería de la isla, pues después de comer en el bonito pabellón de bambú se invita a los comensales a dar un paseo en kayak por el cercano estuario.

Nid's Kitchen TAILANDESA $
(Hat Kaibae; platos 30-80 THB; ⏲almuerzo y cena) Pequeño y acogedor restaurante al norte del GajaPuri Resort donde la tía Nid prepara, cual maga del *wok*, todos los clásicos tailandeses. La cerveza está fría.

Porn's Bungalows Restaurant TAILANDESA $
(Hat Kaibae; platos 40-150 THB; ⏲almuerzo y cena) En un árbol, este restaurante de madera de la pensión rastafari es el salón a pie de playa por antonomasia. No pasa nada si se bebe más de la cuenta y tampoco hay que preocuparse por la vestimenta para la cena.

Barrio Bonito MEXICANA $$
(☎08 0092 8208; Lonely Beach; platos 150-250 THB; ⏲desayuno, almuerzo y cena) Este aireado establecimiento tiene a toda la isla encandilada con su exquisita comida mexicana. La pareja franco-mexicana que lo lleva sabe lo que se hace, y la piscina puede contrarrestar el efecto del picante.

Magic Garden TAILANDESA $
(☎0 3955 8027; Lonely Beach; platos 60-120 THB; ⏲cena) Es una oda al *chill - laxin'* (relax total) de la Lonely Beach. Aquí cada cual recoge su comida, se sirve unas Changs, mira la película y después baja a la playa para escuchar a los DJ.

Bailan Bay Resort Restaurant TAILANDESA $$
(Ao Bailan; platos 150-250 THB; ⏲almuerzo y cena) Restaurante cimero al sur de la Lonely Beach donde sirven picantes *sôm·đam* con vistas.

Ruan Thai PESCADO Y MARISCO $$
(Ban Bang Bao; platos 100-300 THB; ⏲almuerzo y cena) Todo fresco (en el acuario de la entrada colea la futura cena) y servido en raciones generosas por un más que solícito personal (incluso ayudan a pelar el cangrejo).

Buddha View Restaurant INTERNACIONAL $$
(☎0 3955 8157; Ban Bang Bao; platos 250-350 THB; ⏲desayuno, almuerzo y cena) Recién llegado al panorama gastronómico de Bang Bao, incluye una imaginativa terraza donde el comensal puede meter los pies en el agua para que los pececitos le mordisqueen los dedos. Las vistas son casi panorámicas, pero la oferta para comer se reduce a los típicos filetes, pasta y pescado y marisco.

INTERIOR NORTE Y COSTA ESTE

Blues Blues Restaurant TAILANDESA $
(☎08 5839 3524; Ban Khlong Son; platos 50-100 THB; ⏲almuerzo y cena) A esta artística cabaña (decorada con las acuarelas del propietario) de salteados, muy querida por su veteranía, eficiencia y precios ajustados, se llega a través de la fronda tropical, a unos 600 m del desvío a Ban Kwan Chang.

Jungle Way Restaurant TAILANDESA $
(☎08 9247 3161; Ban Khlong Son; platos 60-70 THB; ⏲desayuno, almuerzo y cena; ✎) Este restaurante de pensión ofrece un marco natural y cocina casera. Así que, mientras el *wok* crepita lentamente, se recomienda subir al mirador con vistas a la selva.

Paradise Behind the Sea Restaurant TAILANDESA $$
(☎08 1900 2388; Ban Hat Sai Daeng; platos 110-280 THB; ⏲desayuno, almuerzo y cena) Si se sale de excursión por la costa este, no hay que olvidar parar en este restaurante junto a un acantilado, tanto por las vistas como por la comida. Sirve platos vietnamitas y tailandeses en un ambiente refrescado por la brisa. Lang Talay es su nombre en thai.

Información

Peligros y advertencias

Es preferible no conducir de Ban Khlong Son al sur hasta la Hat Sai Khao porque la carretera es empinada, traicionera y está en mal estado, con algunas curvas muy cerradas. Además, durante las tormentas son frecuentes los desprendimientos de tierra. Si se alquila una motocicleta hay que ceñirse a las playas de la costa oeste y vigilar cuando se viaje entre la Hat Kaibae y la Lonely Beach. También se recomienda vestir ropa resistente si se va en bicicleta o moto.

La policía realiza frecuentes redadas antidroga en los alojamientos de la isla. La posesión de sustancias ilegales puede acarrear desde una multa prohibitiva hasta la cárcel.

Cuidado con los timos de los billetes económicos del microbús que va de Siem Reap a

Ko Chang, que pueden suponer la pérdida de tiempo y dinero.

Aunque en Ko Chang el riesgo de contraer malaria es muy pequeño, se recomienda aplicarse repelente de mosquitos con generosidad.

Urgencias

Comisaría de policía (☎0 3958 6191; Ban Dan Mai)

Oficina de la policía turística (☎1155) Está al norte de Ban Khlong Prao. Hay puestos más pequeños en las playas de Hat Sai Khao y Hat Kaibae.

Acceso a internet

En la costa oeste es fácil conectarse a internet y buena parte de pensiones tiene wifi gratis.

Asistencia médica

Ambulatorio de Bang Bao (☎0 3955 8088; Ban Bang Bao; ⌚8.30-18.00) Para dolencias leves.

Hospital de Ko Chang (☎0 3952 1657; Ban Dan Mai) Hospital público con buena fama y precios asequibles. Está al sur de la terminal de *ferries*.

Ko Chang International Clinic (☎0 3955 1151; Hat Sai Khao; ⌚24 h) Vinculado al Bangkok Hospital Group, acepta casi todos los seguros médicos y es caro.

Dinero

Hay bancos con cajeros automáticos y mostradores de cambio de moneda por todas las playas de la costa oeste.

Correos

Oficina de correos de Ko Chang (☎0 3955 1240; Hat Sai Khao) En el extremo sur de la Hat Sai Khao.

Información turística

La revista *Koh Chang Guide* (www.whitesandthailand.com) se encuentra (gratis) por toda la isla e incluye mapas prácticos de playas.

El exhaustivo portal I Am Koh Chang ("Yo Soy Koh Chang"; www.iamkohchang.com) es obra de un irreverente británico residente. Su sección "KC Essentials A-Z" rebosa de opiniones e información.

ℹ Cómo llegar y salir

Tanto desde Bangkok como desde Camboya, se tarda un día en llegar a Ko Chang.

A/DESDE EL CONTINENTE: los barcos a Ko Chang salen de los muelles continentales, llamados genéricamente Laem Ngop (más información en p. 211), al suroeste de Trat. En Ko Chang se desembarca en el Tha Sapparot o el Tha Centrepoint, según el muelle de salida y la compañía de barcos.

El Tha Sapparot queda más cerca de las playas de la costa oeste y recibe *ferries* de vehículos procedentes del continental Tha Thammachat. **Koh Chang Ferry** (☎0 3955 5188) opera este servicio (solo ida 80 THB, 30 min, cada hora, 6.30-19.00).

Cuando se preparaba esta guía, el *ferry* de automóviles asociado al Tha Centrepoint competía duramente para ofrecer los mejores precios, más servicios y un autobús entre Bangkok y Laem Ngop. Es cierto que se ahorra en el transporte terrestre con el nuevo servicio de autobús, pero el Tha Centrepoint (en Ko Chang) queda más lejos de las playas de la costa oeste, por lo que el tiempo final que se gana es insignificante. **Centrepoint Ferry** (☎0 3953 8196) ofrece este servicio (ida/ida y vuelta 80/100 THB, 45 min, cada hora, 6.00-19.30). En temporada alta los servicios de fin de semana funcionan hasta las 21.00.

Además hay un nuevo autobús directo entre la estación de Suvarnabhumi (aeropuerto) de Bangkok y Ko Chang (308 THB, 6 h) para embarcar en el *ferry* de automóviles, con paradas en Trat y Chanthaburi. El autobús sale de Suvarnabhumi a las 7.30 y de Ko Chang a las 13.30. En Ko Chang, el autobús llega y sale de Khlong Son. Otra opción sería una furgoneta directa desde el monumento a la Victoria de Bangkok al Tha Sapparot en Ko Chang (solo ida 300 THB, 4 h, cada hora).

A/DESDE LAS ISLAS VECINAS: en la parte sur de la isla, el Tha Bang Bao es el muelle del que parten los barcos para las islas vecinas. Hay un *ferry* diario de **Bang Bao Boats** (www.bangbaoboat.com), conocido con los contradictorios nombres de barco "exprés" o "lento", que recorre las islas de Ko Wai, Ko Mak, Ko Kut, y regresa. Las lanchas motoras cubren el mismo itinerario pero con mayor frecuencia y rapidez. Con mala mar se recomienda optar por el barco lento.

Para información sobre cómo llegar y salir, véanse las islas respectivas.

ℹ Cómo desplazarse

Las *sŏrng·tăa·ous* compartidas esperan a los barcos para llevar a los pasajeros a las diferentes playas (Hat Sai Khao 50 THB, Khlong Prao 60 THB y Lonely Beach 100 THB). Sus conductores, comparados con los de otras islas, suelen ser honrados, sobre todo de día, cuando hay más demanda. Un trayecto a una playa vecina de la costa oeste debería costar 40-50 THB.

En la costa oeste se alquilan motocicletas por 150-200 THB al día. Las montañosas y sinuosas carreteras de Ko Chang son bastante peligrosas (véase p. 221), por lo que conviene asegurarse que la motocicleta esté en perfectas condiciones.

Ko Wai

เกาะหวาย

Diminuta y primitiva, Ko Wai ofrece aguas cristalinas, excelentes arrecifes de coral para bucear con tubo y bonitas vistas de Ko Chang. Es cierto que habrá que compartir buena parte de las tardes con los visitantes de un día, pero el resto del tiempo se disfrutará en paz.

Casi todos los bungalós cierran en temporada baja (may-sep), cuando hay mala mar y las inundaciones son habituales.

Dónde dormir

Ko Wai Paradise PENSIÓN $

(h 300-500 THB) Bonitos bungalós de madera (algunos con baño compartido) en una playa bucólica, con bancos de coral delante de la costa (a compartir con los visitantes de un día).

Good Feeling PENSIÓN $

(☎08 8503 3410; h 300-500 THB) Cabañas de madera (algunas con baño compartido) esparcidas por un cabo rocoso con calas privadas de arena.

Grandma Hut PENSIÓN $

(☎08 1841 3011; h 250-500 THB) Sencilla y remota pensión en la rocosa punta noreste de la isla; los lancheros la conocen porque está cerca de la Ao Yai Ma.

Ko Wai Pakarang PENSIÓN $$

(☎08 4113 8946; www.kohwaipakarang.com; h 600-2500 THB; ❄@) Más cercana, esta pensión se asoma a la modernidad con recios bungalós climatizados y muchos visitantes de un día.

Cómo llegar y desplazarse

Los barcos atracan en el muelle más cercano a la que posiblemente sea la pensión del viajero; si no fuera así, habrá que caminar entre 15 y 30 minutos por una estrecha senda forestal.

Bang Bao Boat (www.bangbaoboat.com) comunica las islas del archipiélago con su servicio de *ferry* diario entre Ko Chang y Ko Kut. Los barcos zarpan de Ko Chang a las 9.00 para Ko Wai (solo ida 300 THB, 1 h) y siguen hasta Ko Mak (solo ida 300 THB, 1 h) y Ko Kut (500 THB, 3 h). Se puede regresar a Ko Chang a las 13.00.

Varias compañías de lanchas motoras van de Ko Wai a:

Ko Chang (solo ida 400 THB, 15 min, 2 diarios)
Ko Mak (solo ida 350 THB, 30 min, 2 diarios)
Ko Kut (solo ida 700 THB, 1 h, 2 diarios)
Laem Ngop (450 THB, 2-3 h, 1 diario)

¿EN BUSCA EL PARAÍSO?

¿Aún no se ha dado con la isla ideal? Ko Rayang, privada y con un diminuto complejo turístico, se merece una oportunidad. El **Rayang Island Resort** (☎0 3950 1000; www.rayang-island.com; h 2500-3800 THB) tiene 15 bungalós sencillos de uno y dos dormitorios (sin A/A ni agua caliente), electricidad racionada y posibilidad de buceo con tubo a las puertas. Una motora (170 THB) desde el Tha Makathanee, en Ko Mak, lleva directamente al paraíso.

Ko Mak

เกาะหมาก

Con solo 16 km², esta isla carece de tráfico acelerado, urbanizaciones invasivas, ruidosas cervecerías o playas abarrotadas. El manso oleaje acaricia bahías ribeteadas con palmeras y se respira un ambiente relajado por doquier. Sin embargo, no es un destino estelar porque su interior está dedicado al cultivo de coco y el caucho y la supuesta presencia de jejenes ahuyenta a los visitantes.

Es más fácil visitarla en temporada alta; fuera de ella (may-sep) no circulan tantos barcos y las urbanizaciones de bungalós cierran. Además las tormentas arrastran mucha basura hasta las playas del sur.

Actividades

Para chapuzones y paseos por la playa se recomienda la **Ao Suan Yai,** un amplio arco de arena y aguas cristalinas al noroeste; quienes se alojen en otra parte de la isla pueden acercarse en bicicleta o motocicleta. Delante de la costa aflora **Ko Kham,** una isla privada en la que se está edificando un complejo turístico de gran lujo.

Koh Mak Divers (☎08 3297 7723; www.kohmakdivers.com; salidas de submarinismo 2200-3000 THB) ofrece salidas de submarinismo por el Parque Nacional Marino de Mu Ko Chang, a 45 minutos de trayecto.

Dónde dormir y comer

Casi todas las pensiones económicas están en la Ao Khao, una playa aceptable en el suroeste de la isla, mientras que los complejos se expanden por la más pintoresca Ao Suan Yai, al noroeste.

Hay unos cuantos chiringuitos de salteados caseros en la carretera principal entre la Monkey Island y el Makathanee Resort. Los más inquietos pueden salir a explorar otras bahías con la excusa de disfrutar de una comida o una copa vespertina.

Monkey Island PENSIÓN **$$**
(☎08 9501 6030; www.monkeyislandkohmak.com; Ao Khao; h 350-3000 THB; ❄@) La pensión adalid del lugar cuenta con tres tipos de bungalós de adobe o de madera, con nombres imaginativos (Baboon, Chimpanzee y Gorilla) y diversas comodidades (baño compartido o privado o porche privado). Todos tienen algún toque divertido y el restaurante (también de moda) prepara una encomiable cocina tailandesa a ritmo pausado. En el más puro estilo tailandés playero, el bar adjunto monta buenas fiestas nocturnas a diario.

Baan Koh Mak PENSIÓN **$$**
(☎08 9895 7592; www.baan-koh-mak.com; Ao Khao; h desde 1200 THB; ❄) Luminosa y original, esta pensión proporciona una respetable morada, con manos de pintura coloristas y colchones mullidos, a los mochileros sofisticados.

Island Huts PENSIÓN **$**
(☎08 7139 5537; Ao Khao; h 350-450 THB) Repartidas por la playa, estas destartaladas cabañas tienen las comodidades justas: playa, baño y colchón.

Ao Kao Resort PENSIÓN **$$**
(☎08 3152 6564; www.aokaoresort.com; h 1200-2500 THB; ❄) Varios bungalós sencillos pero estilosos en un bonito recodo de la bahía. Se puede optar por una casa típica tailandesa, con sus consabidas florituras de madera y bonitos balcones. Es frecuentada por familias porque la zona de baño está justo delante y el rocoso cabo alberga un nutrido ecosistema marino.

Lazy Day Resort PENSIÓN **$$**
(☎08 1882 4002; www.kohmaklazyday.com; h 2250-2700 THB; ❄) Al lado de la anterior, esta eficiente pensión ofrece bungalós con grandes ventanales que dan a un jardín con césped y desayuno incluido en el precio.

Koh Mak Resort HOTEL **$$**
(☎0 3950 1013; www.kohmakresort.com; Ao Suan Yai; h 1700-5400 THB; ❄≋) No es el alojamiento con la mejor relación calidad-precio de la isla, pero se ahorrarán unos *baths* en transporte para bañarse en la mejor playa.

ℹ Información

Como no hay ni bancos ni cajeros automáticos, hay que llevar suficiente efectivo. Las lanchas amarran en el muelle del Koh Mak Resort, en la Ao Suan Yai. El principal muelle de carga está en la Ao Nid, en el este de la isla.

Ball's Cafe (☎08 1925 6591; Ao Nid Pier; ⌚9.00-18.00) Cibercafé, agencia de viajes y cafetería, todo en uno. Khun Ball es un activo promotor local; lleva www.kohmak.com, además de otras iniciativas medioambientales.

Ambulatorio de Ko Mak (☎08 9403 5986; ⌚8.30-16.30) Atiende urgencias de tipo primeros auxilios y afecciones comunes. Está en la carretera que cruza la isla, cerca de la Ao Nid Pier.

Policía (☎0 3952 5741) Cerca del ambulatorio.

ℹ Cómo llegar y desplazarse

Cada compañía utiliza un muelle distinto en la isla, pero no hay que preocuparse, pues las pensiones y hoteles suelen pasar a recoger gratis al huésped.

Un *ferry* lento sale de Ko Mak a Laem Ngop (muelle continental; solo ida 200 THB, 3 h, 1 matinal en días determinados); zarpa del continente en días alternos. Compruébese con una agencia los días y horas de salida, que pueden cambiar.

Ao Thai Marine Express (☎08 1863 3525; www.kohkoodspeedboat.com) opera motoras que salen del continental Tha Dan Kao, 5 km al este de Trat, a Ko Mak (450 THB). Las horas de salida dependen de la demanda.

Bang Bao Boat (www.bangbaoboat.com) es el *ferry* que recorre las islas del archipiélago a diario de Ko Chang a Ko Kut. Los barcos salen de Ko Chang a las 9.00, pasan por Ko Mak (solo ida 400 THB, 1½-2 h) y siguen hasta Ko Kut (solo ida 300 THB, 1-2 h, sale a las 13.00). En sentido contrario, se puede tomar hasta Ko Wai (solo ida 300 THB, 45 min) y Ko Chang (400 THB, 2½ h).

Varias compañías de motoras van de Ko Mak a:

Ko Chang (solo ida 550 THB, 45 min, 3 diarios)
Ko Kut (solo ida 400 THB, 45 min, 2 diarios)
Laem Ngop (muelle continental; ida 450 THB, 1 h, 4 diarios)
Ko Wai (solo ida 350 THB, 30 min, 2 diarios)

Una vez en la isla, es fácil desplazarse en bicicleta (40 THB/h) o motocicleta (200 THB/día).

Ko Kut

เกาะกูด

Esta isla es ciertamente paradisíaca: las playas son gráciles arcos de arena, el agua es transparente, hay más cocoteros que urbanizaciones y la sensación de aislamiento y parsimonia se apodera del viajero nada más desembarcar. Ah, y ni atisbo de vida nocturna, ni siquiera para salir a cenar, pero ahí esta la gracia.

Es la cuarta isla más grande de Tailandia (la mitad de Ko Chang), ya veterana entre los complejos turísticos para grupos organizados y la élite en busca de privacidad. La última novedad es que los Beckham han comprado una casa de veraneo. También llama la atención el nuevo complejo Soneva Kiri de Six Senses, con aeródromo privado y precios a partir de 2000 US$ por noche. Pero también es cierto que la isla se está haciendo más igualitaria y los viajeros independientes, sobre todo familias y parejas, se encontrarán en ella como en casa.

Puntos de interés y actividades

Playas PLAYAS

Las playas doradas bañadas por un mar color aguamarina ribetean la costa oeste de la isla. La **Hat Khlong Chao**, una de las mejores, fácilmente podría competir en belleza con la Hat Chaweng de Samui; las aguas translúcidas son poco profundas y muy tranquilas. La **Ao Noi** es una bonita playa con algún que otro peñasco, un hondo desnivel y un oleaje constante para bañistas expertos. La **Ao Prao** es otra preciosa franja de arena. En Ko Kut no hay transporte público, pero se pueden alquilar motocicletas para explorar las playas de la costa oeste, con poco tráfico y carretera asfalta desde Khlong Hin, en el suroeste, hasta la Ao Noi, en el noreste.

Con sus plácidas calas rocosas y manglares, Ko Kut también está muy bien para practicar el **buceo con tubo** y **kayak.** Casi todos los complejos facilitan el equipo.

Nam Tok Khlong Chao CASCADA

Se pueden hacer bonitas excursiones a dos cascadas. La Nam Tok Khlong Chao, la más grande y popular, es amplia y bonita, con una poza impresionante, aunque no se tendrá en exclusiva, y menos los fines de semana. Está a un rápido paseo por la selva, o se puede remontar el Khlong Chao en kayak. Más al norte queda la **Nam Tok Khlong Yai Ki,** más pequeña pero también con una buena poza.

Dónde dormir

En temporada baja (may-sep) circulan menos barcos y los complejos de bungalós cierran. Los fines de semana y festivos de la temporada alta los tailandeses de vacaciones ocupan los hoteles. En las fechas más concurridas hay que llamar antes para asegurarse de que las lanchas llegan al muelle deseado.

Se pueden conseguir mejores tarifas en la zona de la preciosa Hat Khlong Chao si se opta por una pensión del pueblo, a 5-15 minutos a pie de la playa. A las familias les podrían gustar las de precio medio y económicas de la Ao Ngam Kho, que tienen un pequeño tramo de arena en el extremo norte de la bahía, aunque el resto es arrecife de coral, muy rocoso. Conviene llevar calzado de goma.

La Ao Bang Bao también gusta a los viajeros independientes, aunque la playa y los alojamientos son mediocres.

Por supuesto, darse un caro capricho en Ko Kut es muy fácil.

Bann Makok HOTEL $$

(☎08 1934 5713; Khlong Yai Ki; h 2500-3000 THB; ❄@) Los lancheros sentirán envidia del viajero cuando le dejen en este hotel-*boutique* engullido por los manglares: un laberinto de ocho habitaciones diseñadas para parecer un típico pueblo de pescadores, por supuesto con muelle, hecho con maderas recicladas y pintadas en tonalidades de otra época. Los porches y rincones comunitarios para leer son de lo más placenteros, al arrullo de las aves.

Tinkerbell Resort HOTEL $$$

(☎08 1813 0058; www.tinkerbellresort.com; Hat Khlong Chao; h desde 7900 THB, comidas incl.; ❄@≋) Complejo construido con materiales naturales muy bien integrado en el entorno, p. ej., altas cercas de bambú para mayor privacidad y casitas con techumbre de paja. Las habitaciones, luminosas y ventiladas, están en plena playa, la más bonita que se haya visto jamás.

Mangrove Bungalows PENSIÓN $$

(☎08 5279 0278; Ban Khlong Chao; h 600-1200 THB; ❄) Arrellanada a sus anchas junto a los manglares del Khlong Chao, esta pensión ofrece grandes bungalós con suelos de madera pulidos y duchas de agua caliente. Un restaurante pende sobre un tranquilo canal; a 10 minutos a pie de la playa.

Mark House Bungalows PENSIÓN $$

(☎08 6133 0402; www.markhousebungalow.com; Ban Khlong Chao; h 800-1200 THB; ❄) Justo detrás de los complejos costeros, es el alojamiento económico que queda más cerca de la playa. Los bungalós se hallan junto al canal y se respira un ambiente como de siesta.

Koh Kood Ngamkho Resort PENSIÓN $
(☎08 1825 7076; www.kohkood-ngamkho.com; Ao Ngam Kho; h 650 THB; @) Tío, sobrina y sobrino llevan una de las mejores opciones económicas de la zona: un complejo de cabañas rústicas equipadas con sábanas nuevas, baños imaginativos y puertas delanteras plegables que se abren a una ladera boscosa. El restaurante es fabuloso (*curries* con leche de coco recién elaborados, salteados picantes). En la última visita, el tío Joe quería vender el terreno; ojalá lo haya reconsiderado.

Dusita HOTEL $$
(☎08 1523 7369; Ao Ngam Kho; h 700-1200 THB; ❄) Estos bungalós ocupan holgadamente un umbrío jardín frente al mar; un lugar ideal para familias que necesitan espacio para que los peques correteen.

Ao Noi Resort PENSIÓN $$
(☎0 3952 4979; www.kohkoodaonoi.com; Ao Noi; h 1200-2000 THB; ❄) Esta aldea de cabañas con techumbre de paja es solo aceptable. El alojamiento ha perdido encanto, aunque se disfrutará de una playa semiprivada con palmeras y un oleaje vigoroso. Las habitaciones con ventilador son muy caras.

The Beach Natural Resort HOTEL $$
(☎08 6009 9420; www.thebeachkohkood.com; Ao Bang Bao; h 1200-2600 THB, desayuno incl.; ❄@) Bungalós en un jardín a la sombra en un tramo rocoso de playa. El servicio supera la amabilidad tailandesa, que ya es decir. Los tailandeses lo ocupan los fines de semana para descacharrantes sesiones de karaoke; mejor ir entre semana.

Siam Beach PENSIÓN $$
(☎08 4332 0788; Ao Bang Bao; h 1200-2000 THB, desayuno incl.; ❄@) Aunque no se ha esforzado mucho en sus bungalós, monopoliza la parte más arenosa de la playa, que en este caso es lo que cuenta.

ℹ Información

No hay bancos ni cajeros automáticos, pero los complejos más importantes cambian dinero. En el interior, en Ban Khlong Hin Dam, un **hospital** (☎0 3952 5748; ⏲8.30-16.30) atiende pequeñas urgencias. La **comisaría de policía** (☎0 3952 5741) queda cerca. El acceso a internet sigue siendo un poco irregular, aunque muchos complejos tienen, como mínimo, un terminal.

ℹ Cómo llegar y desplazarse

A Ko Kut se puede ir desde el muelle continental de Laem Sok, 22 km al sureste de Trat, el punto más cercano para el transbordo de autobuses.

Ninmoungkorn Boat (☎08 6126 7860) opera un servicio con aire acondicionado (solo ida 350 THB, 2 h, 1 diario) que atraca en la Ao Salad, en la esquina noreste de la isla, con transporte de enlace terrestre gratis (45 min cada trayecto, aprox.) en cada lado de la travesía.

Las motoras también van y vienen de Laem Sok (ida 450-600 THB, 1½ h, 3 diarios) y dejan en el muelle del hotel.

Bang Bao Boat (www.bangbaoboat.com) es el *ferry* que recorre diariamente las islas del archipiélago desde Ko Chang, con salida a las 9.00, hasta Ko Kut (solo ida 700 THB, 5-6 h). En sentido opuesto, se puede tomar hasta Ko Mak (solo ida 300 THB, 1-2 h) y Ko Wai (solo ida 400 THB, 2½ h).

Varias compañías de lanchas motoras salen de Ko Kut hasta Ko Chang (solo ida 900 THB, 45 min, 3 diarios) con paradas en Ko Mak y Ko Wai.

Para desplazarse, se puede alquilar una motocicleta (300 THB/día) o una bicicleta de montaña (100-150 THB/día).

Provincia de Chiang Mai

Sumario »

Los mejores restaurantes

» New Delhi (p. 261)
» Lert Ros (p. 261)
» Palaad Tawanron (p. 265)
» Ai Sushi (p. 266)
» Chiang Dao Nest (p. 281)

Los mejores alojamientos

» Villa Duang Champa (p. 253)
» Mo Rooms (p. 256)
» Riverside House (p. 258)
» Sakulchai (p. 258)
» Chiang Dao Nest (p. 280)

Por qué ir

La provincia de Chiang Mai, con sus refrescantes, neblinosas y frondosas montañas, hace mucho que atrae a exploradores de las estribaciones del sur del Himalaya.

Sus atractivos incluyen la relajada ciudad de Chiang Mai, con su casco antiguo medio amurallado y su foso (sus célebres templos, construidos con dinero procedente de la teca, retrotraen a un comercio ancestral dependiente de los bosques), y una oferta apta para todo tipo de viajeros, desde fiesteros hasta aquellos que prefieren relajarse con una copa junto a una piscina de agua salada.

Fuera de la ciudad, muy cerca, aguarda la naturaleza y dos de los picos más altos de Tailandia, el Doi Inthanon (2565 m) y el Doi Chiang Dao (2195 m), y para escapar del bochorno de las llanuras hay mucho bosque, más que en otras partes del norte, una zona apta para el ciclismo, el excursionismo, los paseos en elefante, la observación de aves y el *rafting*.

Cuándo ir

Para viajar por la provincia de Chiang Mai se recomienda la estación fresca (nov-feb, aprox.), cuando las temperaturas son suaves y las lluvias escasean. De noche y a primera hora de la mañana refresca, sobre todo en las cotas más altas, donde la chaqueta no sobra.

De marzo a junio Chiang Mai suele vivir su "estación de fuego", cuando una espesa calima de polvo y humo procedente de la quema de los rastrojos de los arrozales circundantes se cierne sobre la ciudad. Abril es fantástico, sobre todo por el Songkran.

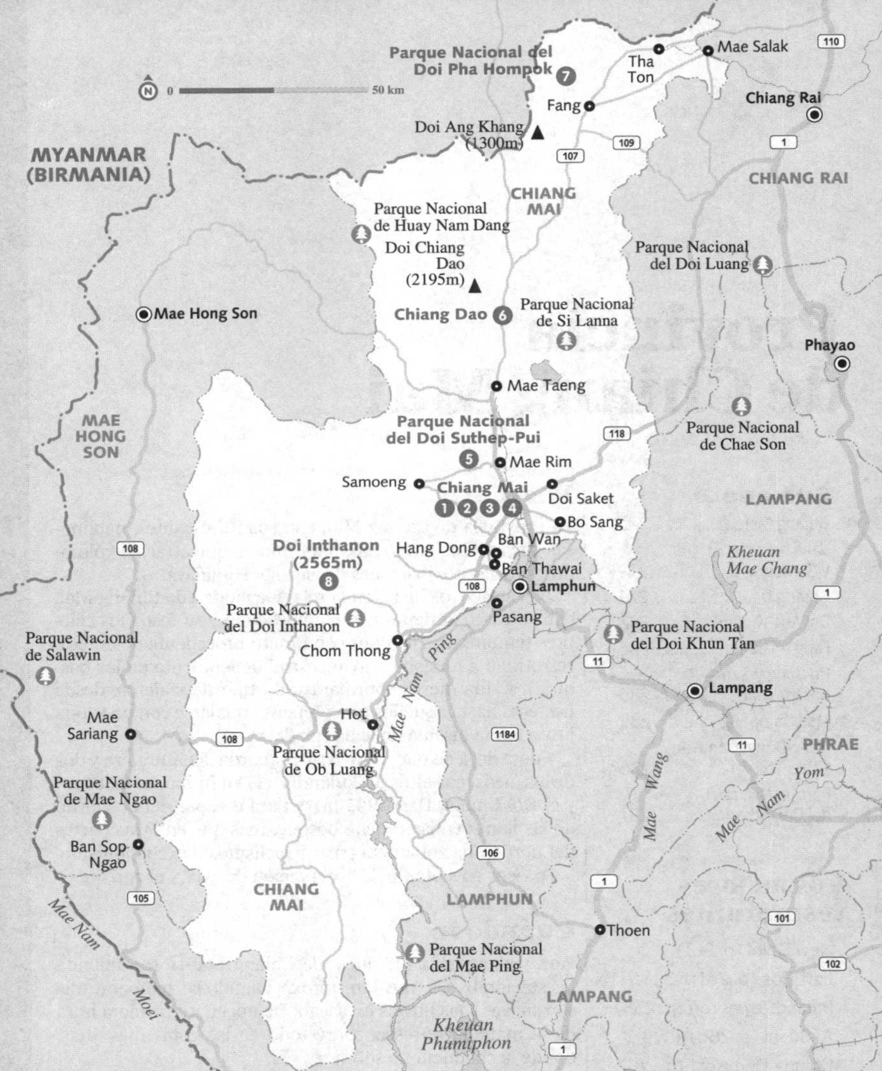

Imprescindible

1 Visitar los sagrados **Wat Phra Singh** (p. 231) y **Wat Chedi Luang** (p. 231).

2 Conseguir algunos chollos en los mercados de **Saturday Walking Street** (p. 240) y **Sunday Walking Street** (p. 230).

3 Tumbarse para un **masaje** tradicional o un **curso de meditación** (p. 250).

4 Hacer un **crucero por el río** (véase recuadro en p. 235) para esquivar el incesante tráfico urbano y pasar junto a casas calzadas sobre pilotes.

5 Escapar del implacable calor urbano en el fresco y exuberante **Parque Nacional del Doi Suthep-Pui** (p. 245).

6 Explorar la cueva mística del **Doi Chiang Dao** (p. 280) y después probar su deliciosa comida.

7 Arrugarse y ponerse guapo en las medicinales aguas termales del **Parque Nacional del Doi Pha Hompok** (p. 284).

8 Subir al **Doi Inthanon** (p. 287) y posar entre coníferas y rododendros.

CHIANG MAI

เชียงใหม่

174 000 HAB.

La segunda ciudad de Tailandia, afortunadamente, es muy diferente a Bangkok. Desenfadada, Chiang Mai condensa casi todo lo que hace única e impresionante a Tailandia.

Penetrando en las laderas de las montañas del norte de Tailandia y acurrucada junto al Doi Suthep, Chiang Mai acoge centenares de templos sagrados, con *chedis* con gabletes en la punta de los tejados que apuntan al cielo y que después se esparcen protectoramente como si hubieran caído en picado. Los imperecederos trazos Lanna de la ciudad son más evidentes en los venerados centros de oración, y por supuesto en la pintoresca ciudad antigua, rodeada por un foso y llena de templos. Los montes circundantes, de legendarios y místicos atributos, vigilan la humeante urbe y velan por ella.

Chiang Mai es despreocupada, creativa y reverencial. Es una ciudad con corazón, por lo que no extraña que sea la sede de casi todas las ONG que trabajan con refugiados birmanos. En realidad, la ciudad es dinámica y moderna sin perder su lado práctico. Vale, hay tráfico, polución y espantosos edificios de hormigón, pero es 100% tailandesa. Afortunadamente los estudiantes universitarios mantienen el aspecto y espíritu juvenil de Chiang Mai. Hay que bajar a Th Nimmanhaemin, llena de locales nocturnos, bares y discotecas, para vislumbrar el futuro de la urbe.

Tampoco hay que olvidarse de la gastronomía. Entre sus especialidades están los bares japoneses de *sushi* por los alrededores de la universidad, los *curries* y las ensaladas birmanas y, cómo no, la cocina tailandesa, desde la exquisita comida de los puestos callejeros hasta los restaurantes ribereños con manteles blancos, buenos vinos y velas flotantes.

Historia

Chiang Mai y otras provincias del norte del país tienen más vínculos históricos con el estado Shan de la actual Myanmar (Birmania), vecindades de Laos e incluso con las montañas del sur de China que con Bangkok y el centro de Tailandia.

Se cree que fue el rey Phaya Mengrai (o Mangrai) quien fundó el reino de Lanna y lo expandió por el valle del río Ping. Cuando alcanzó el valle, construyó una capital temporal en Wiang Kum Kam (p. 235). Allá por 1296, el rey Mengrai reubicó la capital en un lugar más pintoresco, entre el Doi Suthep y el río Ping, bautizándola como Nopburi Si Nakhon Ping Chiang Mai (o Chiang Mai, que significa "Nueva Ciudad Amurallada"). Aún hoy quedan vestigios de las primeras murallas de tierra por Th Kamphaeng Din.

En los ss. XIV y XV el reino de Lanna se expandió hasta la sureña Kamphaeng Phet y la norteña Luang Prabang, en Laos, época en la que Chiang Mai se convirtió en un importante centro religioso y cultural, y en la sede del 8º Sínodo Mundial del Budismo Theravada, celebrado en 1477.

Pero el reino Lanna pronto tuvo que hacer frente a los desafíos de Ayutthaya, la poderosa y próspera ciudad-Estado de la llanura central de Tailandia que más tarde consolidaría el norte bajo el control siamés y contribuiría a constituir la identidad "tailandesa". Pese a ello fueron los birmanos quienes tomaron el reino en 1556, una ocupación que duró doscientos años.

La toma de Ayutthaya en 1767 por los birmanos marcó otro punto de inflexión en la historia de Chiang Mai. No obstante, Phraya Taksin reorganizó a las derrotadas tropas tailandesas en el sur de Ayutthaya, en la actual Bangkok, y empezó una campaña para expulsar a los invasores. Chao Kavila, un jefe (o *jôw meuang*) del vecino principado de Lampang, ayudó a "liberar" el norte de Tailandia del control birmano, lo que desembocó en la integración final del reino de Lanna en el expansivo reino tailandés con capital en Bangkok.

Durante el mandato de Kavila, Chiang Mai se convirtió en un importante centro comercial. En 1800, Kavila construyó las monumentales murallas de ladrillo que rodean el centro de la ciudad, la cual se expandió hacia el sur y el este, estableciendo un puerto fluvial al final de la actual Th Tha Phae (que significa "muelle de Balsas"). Muchos de los templos de estilo *shan* y birmano tardíos se deben a los acaudalados mercaderes de teca que llegaron de Birmania durante este período.

Muchos factores de orden político y tecnológico impidieron la independencia del estado de Lanna. El Gobierno central, con sede en Bangkok, designó Chiang Mai como un centro administrativo en 1892 durante la expansión del poder colonial en las vecinas Birmania y Laos. La llegada del ferrocarril a Chiang Mai en 1921 acabó por comunicar el norte con el centro de Tailandia. En 1927, el rey Rama VII y la reina Rambaibani hicieron su entrada en la ciudad encabezando una caravana de 84 elefantes, convirtiéndose así en los primeros monarcas tailandeses del centro del país que visitaban el norte. En 1933, Chiang Mai pasó a ser oficialmente una provincia de Siam.

En el 2001 el entonces primer ministro oriundo de Chiang Mai, Thaksin Shinawatra, trató de convertir su ciudad en uno de los principales centros de tecnología de la información del país con proyectos como la ampliación del aeropuerto y la construcción de grandes avenidas. El golpe de Estado del 2006 puso fin al Ejecutivo de Thaksin y desencadenó la insatisfacción política (p. ej., las protestas de los camisas rojas en Bangkok y el norte, Chiang Mai incl., en el 2010), lo cual, junto a la recesión económica global, ha frenado dichos proyectos.

Planos

Vale la pena hacerse con un ejemplar del *Map of Chiang Mai,* de Nancy Chandler, de venta en librerías, que muestra los principales puntos de interés de la ciudad (centros comerciales y rincones curiosos incl.). El *Groovy Map Chiang Mai Map'n'Guide,* también de venta en librerías, añade los nombres en thai y más locales de ocio nocturno.

Puntos de interés

Moverse por Chiang Mai es fácil. La mayoría de visitantes se instala en la ciudad antigua, que se recorre fácilmente a pie o en bicicleta; los templos más famosos están en Th Ratchadamnoen.

La ciudad antigua tiene cuatro puertas, que coinciden con los puntos cardinales: la Pratu Tha Phae da al este y conduce a Th Tha Phae, una calle principal que la comunica con la zona del río; la Pratu Suan Dok sale al foso oeste y conecta la ciudad antigua con las arboladas inmediaciones de la Universidad de Chiang Mai y el Doi Suthep; la puerta norte es la Pratu Chang Pheuak; y la sur se llama Pratu Chiang Mai.

CIUDAD ANTIGUA เมืองเก่า

Los edificios del casco antiguo de Chiang Mai son de dimensión humana, y son las *stupas* de los templos las que marcan los puntos más elevados. El viento matutino hace tintinear las pequeñas campanas que decoran los aleros antes de que las motocicletas arranquen.

Una de las mejores maneras de explorar esta zona es recorrer en bicicleta sus callejuelas y *sois,* pues el tráfico es mínimo y muchas calles laterales son frondosas y residenciales. Todo este entramado acaba por desembocar en la muralla, original en algunos tramos y reconstruida, erosionada o castigada por la intemperie en otros.

Sunday Walking Street MERCADO
(ถนนเดินวันอาทิตย์; plano p. 236; Th Ratchadamnoen; ⏲4.00-24.00 do) Este "Paseo Dominical" ofrece una experiencia comercial única: una cornucopia de productos y cultura local más el recuerdo del tradicional comercio ambulante de las antiguas caravanas chinas.

Los puestos flanquean Th Ratchadamnoen desde la plaza de delante de la Pratu Tha Phae hasta el Wat Phra Singh y también algunas manzanas de Th Phra Pokklao. Muchos productos se elaboran artesanalmente en Chiang Mai o cerca, a destacar los pañuelos de algodón, las sandalias de cuero y las tallas de madera. El mercado muestra la faceta más *hippy* de la ciudad y vende accesorios chic étnicos, camisetas de algodón sin teñir y bolsos de loneta "save the planet".

Por el camino hay templos con puestos de comida del norte y demás delicias para cargar pilas y seguir con las compras. Hay que

SOI BAN HAW

Entre el vecindario tailandés-musulmán de Soi 11, una bocacalle de Th Chiang Khlan cerca del bazar nocturno de Chiang Mai, hay una reliquia de cuando la ciudad era un mero desvío de la Ruta de la Seda: la centenaria **Matsayit Chiang Mai** (plano p. 236; Soi 1, Th Charoen Prathet), o mezquita de Ban Haw, fundada por los *jeen hor.* En los últimos dos siglos, la comunidad musulmana de la ciudad ha crecido y ha acogido a los yunnaneses musulmanes que huían del malestar que reinaba en las vecinas Laos y Birmania.

También hay unos cuantos restaurantes sencillos y vendedores ambulantes que ofrecen *curries* tailandeses-musulmanes, *kôw soy* (pollo al *curry* con fideos), *kôw mòk gài* (*biriani* de pollo) y *néu·a òp hŏrm* (ternera seca "fragante"), una especialidad de la comunidad yunnanesa-musulmana de Chiang Mai. Un vendedor callejero prepara un delicioso *roh·đee* (pan hindú plano).

ir pronto, antes de que el lugar se abarrote. Si no se puede ir en domingo, el sábado se monta el **Saturday Walking Street** (p. 240) en Th Wualai.

Wat Phra Singh TEMPLO

(วัดพระสิงห์; plano p. 236; Th Singharat; donativo recomendado) Este *wat* es el templo más visitado de Chiang Mai y debe su fama al buda que alberga, el Phra Singh (Buda León), el más reverenciado de la ciudad, además de a su bonita colección de arte y arquitectura clásica Lanna.

Pese a semejante estatus, se sabe muy poco de este buda, considerado uno de los ejemplos más bellos de arte religioso Lanna gracias a sus marcados rasgos humanos y a su moño en forma de loto. Como hay otras dos imágenes casi idénticas en Nakhon Si Thammarat y en Bangkok, nadie sabe a ciencia cierta cuál es la genuina ni puede documentar su lugar de procedencia. Lo que sí se conoce es que, hoy, este Phra Singh, parte fundamental en las ceremonias religiosas del Songkran, llegó a este templo en la década de 1360.

El Phra Singh se halla en el Wihan Lai Kham, un pequeño santuario que queda detrás del jardín del templo, junto a la *chedi*. El exterior del santuario es de estilo clásico Lanna, con un tejado de tres niveles y aleros tallados. Por dentro, la pared posterior presenta un suntuoso estarcido *lai·krahm* (estampado dorado).

La *chedi* principal del Wat Phra Singh, de base octogonal, es también de estilo clásico Lanna. Fue levantada por el rey Pa Yo en 1345 en honor a su padre. Más cerca de la entrada se halla el *wí·hăhn* (santuario) principal, que acoge otro buda más grande pero menos importante, conocido como Thong Thip, y un *garuda* (el símbolo real) en la fachada, lo que da una pista de la relación del templo con la monarquía.

Hacia las 11.00 se verán monjes que almuerzan en el suelo del templo. Pero también hay preciosos jardines a la sombra para pasear cuando aprieta el calor y conmovedores eslóganes que dan que pensar (p. ej., "El verdadero mal es la ignorancia").

Centro de Arte y Cultura de la Ciudad de Chiang Mai MUSEO

(หอศิลปวัฒนธรรมเชียงใหม่; plano p. 236; ☎0 5321 7793; Th Ratwithi; adultos/niños 90/40 THB; ⏰8.30-17.00 ma-do) Es un buen punto de partida para conocer la historia de la ciudad. Al entrar, y antes que nada, se asiste a la proyección de una película promocional de visionado obligatorio sobre la historia de Chiang Mai. El 1er piso presenta agradables exposiciones sobre elementos religiosos y culturales del norte del país, mientras que las salas del 2º piso se han transformado en escenarios históricos: una primitiva aldea Lanna, un templo y un tren. Desde este último piso se aprecia mejor la belleza del edificio post colonial de 1924, la antigua sede provincial de la ciudad. La obra fue premiada por la Real Sociedad de Arquitectos Siameses en 1999 por su fidedigno trabajo de restauración.

i ESCAPAR DEL CALOR: UNA CUESTIÓN CULTURAL

Los *wats* son uno de los mayores reclamos turísticos de la ciudad y, por citar algunos, el **Phra Singh**, el **Chedi Luang** y el **U Mong** cuentan con unos jardines preciosos, a menudo con sombra y frescos para cuando aprieta el calor. Los templos se visitan por razones históricas, culturales y arquitectónicas pero también para escapar del bochorno de las calles: no hay mejor forma para relajarse mientras se visita Chiang Mai.

Wat Chedi Luang TEMPLO

(วัดเจดีย์หลวง; plano p. 236; Th Phra Pokklao; donativo recomendado) Digno de ver, este templo se construyó en torno a una *chedi* de estilo Lanna de 1441 y que, al parecer, fue una de las construcciones más altas de la antigua Chiang Mai, aunque hoy está medio en ruinas. Algunos dicen que su estado se debe a un terremoto del s. XVI y otros lo achacan a los cañonazos del rey Taksin durante la reconquista de la ciudad en 1775. El famoso Phra Kaew (Buda Esmeralda), hoy en el Wat Phra Kaew de Bangkok (p. 58), descansaba en el nicho este en 1475, hoy ocupado por una reproducción de jade subvencionada por el rey y tallada en 1995 con motivo del 60º aniversario de la *chedi* (según algunos cálculos) y del 70º de la ciudad.

La Unesco y el Gobierno japonés financiaron una restauración de la *chedi*, pero, pese a sus buenas intenciones, esta intervención se nota demasiado, sobre todo en los nuevos pórticos, en las guardianas *nagas* y en las nuevas imágenes de Buda en tres de los cuatro nichos cardinales. De las cinco esculturas de elefantes del frontispicio de la cara

Chiang Mai y alrededores

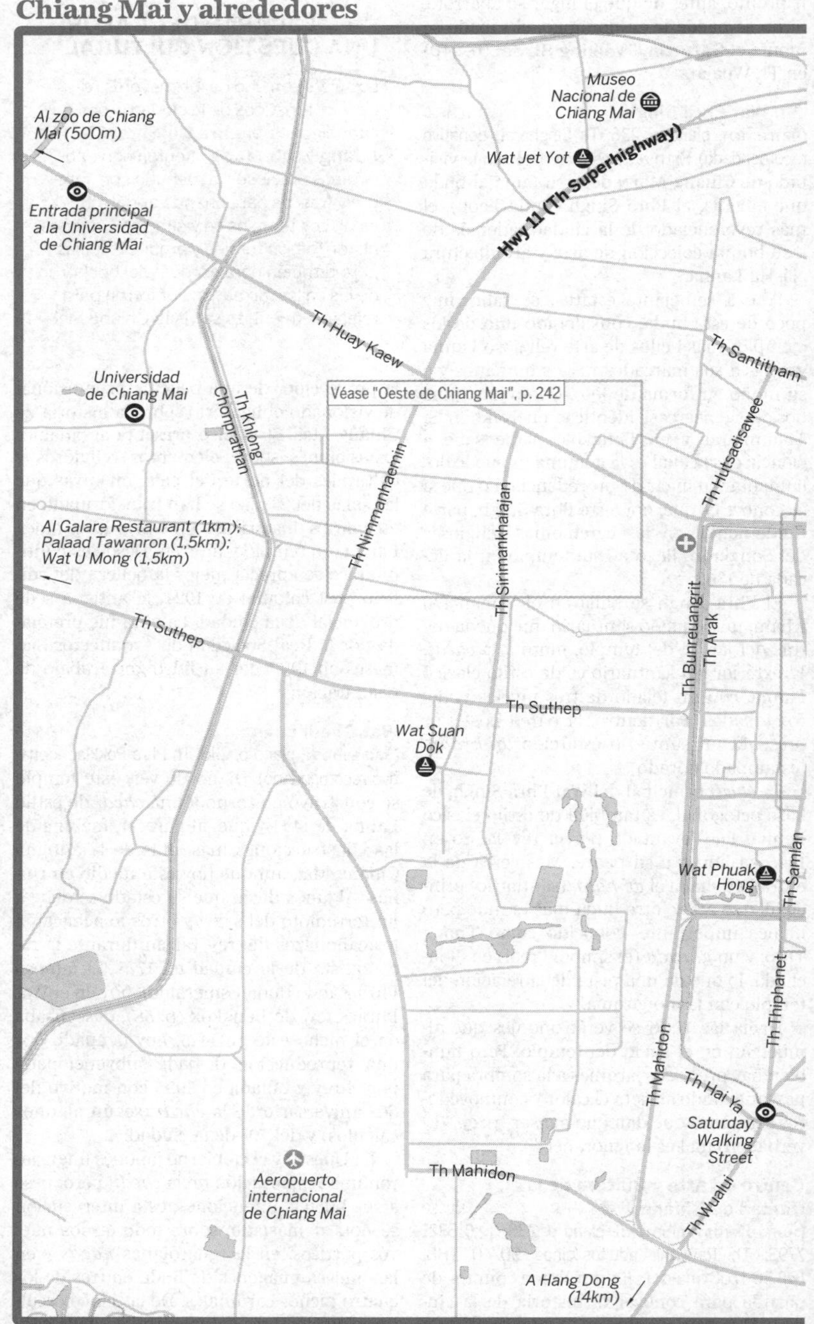

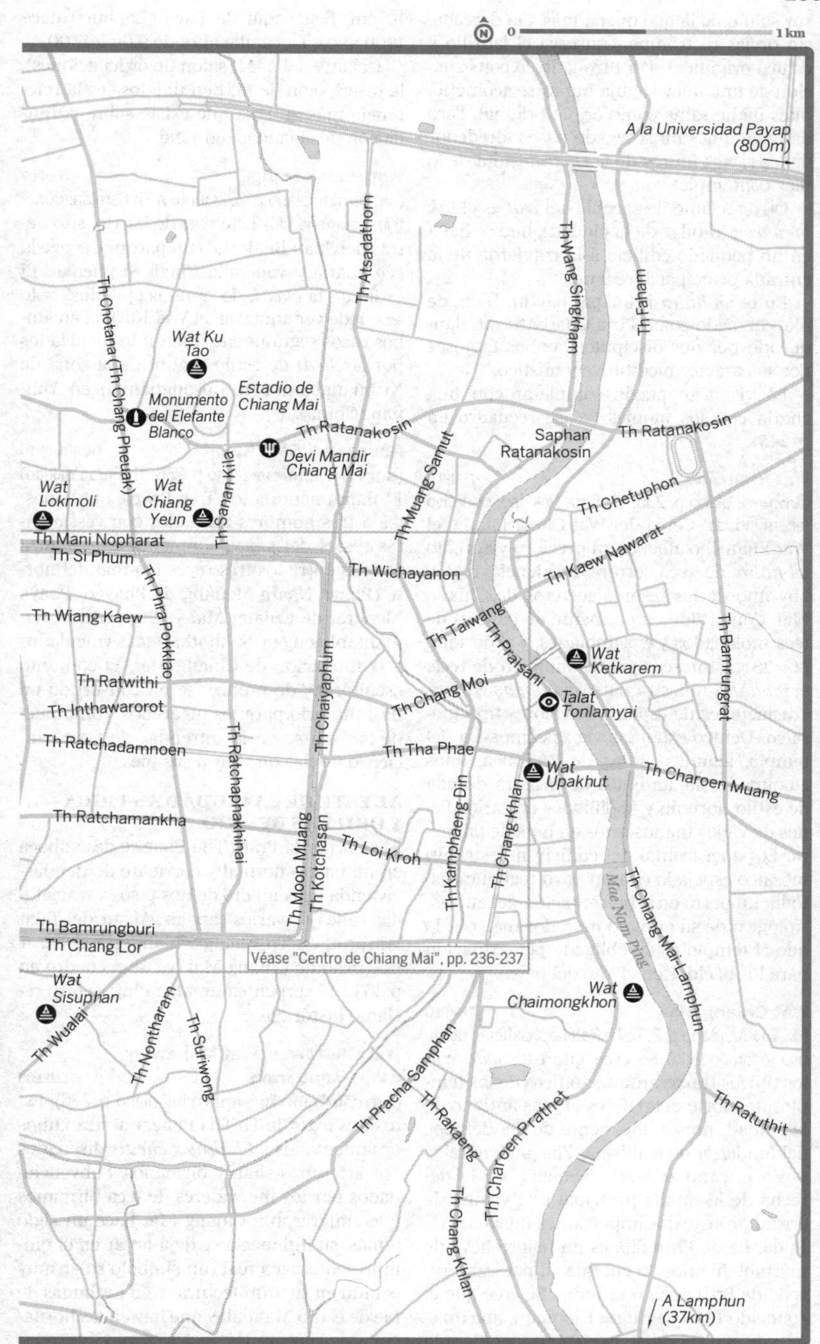
0
1 km
A la Universidad Payap (800m)
Th Wang Singkham
Th Faham
Th Atsadathorn
Th Chotana (Th Chang Pheuak)
Wat Ku Tao
Estadio de Chiang Mai
Monumento del Elefante Blanco
Th Ratanakosin
Devi Mandir Chiang Mai
Th Muang Samut
Saphan Ratanakosin
Th Ratanakosin
Wat Lokmoli
Wat Chiang Yeun
Th Sanan Kila
Th Chetuphon
Th Mani Nopharat
Th Si Phum
Th Kaew Nawarat
Th Phra Pokklao
Th Wichayanon
Th Wiang Kaew
Th Taiwang
Th Praisani
Th Bamrungrat
Wat Ketkarem
Th Ratwithi
Th Chang Moi
Talat Tonlamyai
Th Inthawarorot
Th Chaiyaphum
Th Ratchadamnoen
Th Ratchaphakhinai
Th Tha Phae
Wat Upakhut
Th Charoen Muang
Th Ratchamankha
Th Loi Kroh
Th Moon Muang
Th Kotchasan
Th Kamphaeng Din
Th Chang Khlan
Mae Nam Ping
Th Chiang Mai-Lamphun
Th Bamrungburi
Th Chang Lor
Véase "Centro de Chiang Mai", pp. 236-237
Wat Sisuphan
Th Wualai
Th Nontharam
Th Suriwong
Wat Chaimongkhon
Th Pracha Samphan
Th Rakaeng
Th Charoen Prathet
Th Ratuthit
Th Chang Khlan
A Lamphun (37km)

sur solo una, la que queda más a la derecha, sin orejas ni trompa, conserva el ladrillo y estuco originales. Por otro lado, la construcción de una nueva aguja nunca se acometió, pues nadie sabía cómo era la original. Pero da igual, pues un sosegado paseo alrededor de los recios muros de la *chedi* resulta de lo más contemplativo.

Otro reclamo destacable del *wat* es el *làk meu·ang* (o pilar de la ciudad), que se halla en un pequeño edificio a la izquierda de la entrada principal al recinto.

En el *wí·hăhn* principal hay un buda de pie, conocido como Phra Chao Attarot, flanqueado por dos discípulos, ambos famosos por su carácter meditativo y místico.

La visita se puede completar con una charla con los monjes (véase recuadro en p. 245).

Wat Phan Tao TEMPLO

(วัดพันเถา; plano p. 236; Th Phra Pokklao; donativo recomendado) Cerca del Wat Chedi Luang, el Wat Phan Tao alberga un precioso y antiguo *wí·hăhn* de teca, otrora residencia real y hoy uno de los tesoros secretos de Chiang Mai. Construido enteramente de paneles de teca moldeados y ensamblados, y soportado por 28 gigantescos pilares también de teca, el *wí·hăhn* muestra barcazas *nagas* con incrustaciones de espejos de colores tipo mosaico. Dentro están las viejas campanas del templo, algunas piezas de cerámica, unos cuantos budas antiguos de madera dorada de estilo norteño y apolillados armarios llenos de viejos manuscritos en hoja de palmera. El panel frontal del edificio muestra un mosaico espejado con un pavo real que custodia un perro en representación del año astrológico de su antiguo morador real, por lo que el templo es de obligada peregrinación para los nacidos en el año del perro.

Wat Chiang Man TEMPLO

(วัดเชียงมั่น; plano p. 236; Th Ratchaphakhinai; donativo recomendado) Se cree que este *wat,* con los típicos trazos arquitectónicos de los templos del norte del país, es el más antiguo de la ciudad, presumiblemente de los tiempos del fundador de la misma, Phaya Mengrai.

En el santuario más pequeño de la derecha de la capilla principal una vitrina de cristal protege dos importantes imágenes de Buda. La de Phra Sila es un bajorrelieve de mármol de unos 30 cm que, al parecer, procede de Sri Lanka o la India. Se cree que el conocido Phra Sae Tang Khamani, una **imagen de cristal de un buda sedente** de solo 10 cm, llegó aquí de Lavo (Lopburi) hace 1800 años. La capilla abre de 9.00 a 17.00.

Delante del *bòht* (salón de ordenaciones), la inscripción de 1581 en una losa es la referencia más antigua que existe sobre la fundación de la ciudad, en 1296.

Wat Phuak Hong TEMPLO

(วัดพวกหงส์; plano p. 232; junto a Th Samlan; donativo recomendado) Este *wat* de barrio, sito detrás del Suan Buak Hat (un parque), acoge la centenaria y venerada Chedi Si Pheuak. El estilo de la *chedi,* de "anillos apilados", solo se puede ver aquí y en el Wat Ku Tao, en ambos casos seguramente fueron influenciados por la *chedi* de estilo thai lü de la zona de Xishuangbanna (o Sipsongpanna) en Yunnan (China).

Anusawari Sam Kasat MONUMENTO

(อนุสาวรีย์สามกษัตริย์; plano p. 236; Th Phra Pokklao) El monumento a los Tres Reyes, que muestra a tres hombres ataviados con vestimentas reales del s. XIV, conmemora la alianza forjada entre los tres reyes lao-thai del norte (Phaya Ngam Meuang de Phayao, Phaya Mengrai de Chiang Mai y Phaya Khun Ramkhamhaeng de Sukhothai) más vinculados a la fundación de Chiang Mai. El conjunto escultórico, de bronce, se ha convertido en un santuario para los lugareños, como puede apreciarse en las ofrendas de flores, incienso y velas que hay a sus pies.

AL ESTE DE LA CIUDAD ANTIGUA Y ORILLAS DEL RÍO

Al salir por la Pratu Tha Phae se desemboca en un barrio normal y corriente de tiendas-vivienda de cemento de dos pisos y transitadas calles de varios carriles. Al sur del Talat Warorot, en Th Chang Khlan, está el bazar nocturno de Chiang Mai (véase recuadro en p. 271). El serpenteante Mae Ping es otro reclamo histórico.

Wat Chetawan, Wat Mahawan y Wat Bupparam TEMPLOS

(วัดเชตวัน/วัดมหาวัน/วัดบุปผาราม; plano p. 236) Estos tres *wats* de Th Tha Phae muestran unos ornamentados *wí·hăhns* y *chedis* diseñados por artesanos shan y birmanos. Subvencionados por los mercaderes de teca birmanos que emigraron a Chiang Mai hace un siglo o más, su influencia se deja notar en el omnipresente pavo real (un símbolo solar muy común en su arquitectura) y en los budas de pie de estilo Mandalay que hay en las hornacinas de las paredes.

Talat Tonlamyai MERCADO

(plano p. 232; Th Praisani; ⏲24 h) De cara al río se halla el principal **mercado de flores** naturales de la ciudad (*gàht dòrk mái*). Los generosos ramos de asters, rosas y coreopsis se cultivan en el clima más fresco de las tierras altas circundantes y se transportan hasta aquí por la noche para evitar que el calor del día los mustie. Las tribus de la montaña cultivan variedades que crecen en temperaturas incluso más frías, como el sauce cabruno (*Salix Caprea*). Después vienen las voluptuosas flores tropicales, como el jazmín, las orquídeas y los capullos de loto, que brotan con el calor. Este mercado siempre está lleno, pero aún lo está más durante las grandes fiestas de la ciudad, como el Loi Krathong y, cómo no, el Festival de las Flores.

Wiang Kum Kam RUINAS HISTÓRICAS

(เวียงกุมกาม; ⏲8.00-17.00) Estas excavaciones acercan al viajero a la esencia del país. Se recomienda recorrerlas tranquilamente en un coche de caballos (200 THB). El cochero suele bromear con los lugareños que viven entre estos ancestrales restos, 3 km² de cimientos de ladrillo medio enterrados con más peso histórico que espectaculares, aunque lo que de verdad cuenta es el apacible **entorno rural**.

Wiang Kum Kam, el primer asentamiento histórico de la zona de Chiang Mai, fue fundado por los mon como ciudad satélite del reino de Hariphunchai. En 1286 lo ocupó Phaya Mengrai y lo utilizó como capital Lanna durante diez años antes de la construcción de la propia Chiang Mai. En el s. XVI la ciudad se abandonó debido a una devastadora inundación provocada por el cambio del curso del Ping.

En el yacimiento se han encontrado más de mil trescientas losas inscritas, ladrillos, campanas y una *chedi*. Destaca una losa de principios del s. XI de cuatro piezas con inscripciones que ahora se expone en el Museo Nacional de Chiang Mai, pues demuestra que la escritura thai antecede en cien años o más a la famosa inscripción Sukhotai de 1293 del rey Ramkhamhaeng.

Un buen modo de llegar a Wiang Kum Kam es en bicicleta, para lo cual hay que seguir unos 3 km por Th Chiang Mai-Lamphun (ctra. 106) al sureste y buscar la señal a mano derecha. Desde el desvío quedan unos 2 km. También se puede alquilar un *túk-túk* o una *sŏrng·tăa·ou* roja por unos 100 THB (solo ida).

Chinatown BARRIO HISTÓRICO

Al oeste del mercado por Th Chang Moi se halla el pequeño barrio chino de la ciudad, por supuesto señalizado por un llamativo **arco** de estilo chino y con las típicas **tiendas-vivienda** de dos pisos. Casi todas las tiendas son negocios familiares que venden artículos para el hogar y joyas de oro amarillo, además de antiguas boticas que huelen a corteza de árbol y a hierbas secas. También hay dos **templos** chinos y casas de clanes. El barrio también acoge a una pequeña población sij que se dedica principalmente a la venta de telas; su lugar de culto es el cercano **templo sij de Tamdhari** (plano p. 236; Th Ratchawong), de la secta namdhari.

Talat Warorot MERCADO

(ตลาดวโรรส; plano p. 236; Th Chang Moi esq. Th Praisani; ⏲6.00-17.00) Si se sigue Th Chang Moi hacia el río se descubrirá un hervidero

CRUCEROS POR EL RÍO

Casi todos los tramos del Mae Ping son bucólicos, con orillas verdes y pequeñas casas sobre pilotes. Se organizan varios recorridos por el río, diurnos y nocturnos.

» **Scorpion Tailed River Cruise** (plano p. 236; ☎08 1960 9398; www.scorpiontailed.com; Th Charoenrat; tarifa 500 THB) se centra en la historia del río mientras lo surca en los típicos barcos de cola de escorpión. Estos cruceros didácticos (5 diarios) duran 1½ horas. Salen del embarcadero del Wat Srikhong cerca de Rim Ping Condo y hacen una parada para un tentempié en el hermanado Scorpion Tailed Boat Village.

» **Mae Ping River Cruises** (☎0 5327 4822; www.maepingrivercruise.com; Wat Chaimongkhon, 133 Th Charoen Prathet) ofrece cruceros diurnos de dos horas (450 THB) en barcos de popa larga cubiertos que atraviesan el campo y van hasta una pequeña granja donde se degustan algunos tentempiés a base de fruta. El crucero de 1½ horas (550 THB) con cena tailandesa (menú) sale a diario a las 19.00 desde la ribera opuesta de la Ban Kaew Guest House; está bien señalizado.

» **Riverside Bar & Restaurant** (p. 265) también realiza un crucero después de cenar.

Centro de Chiang Mai

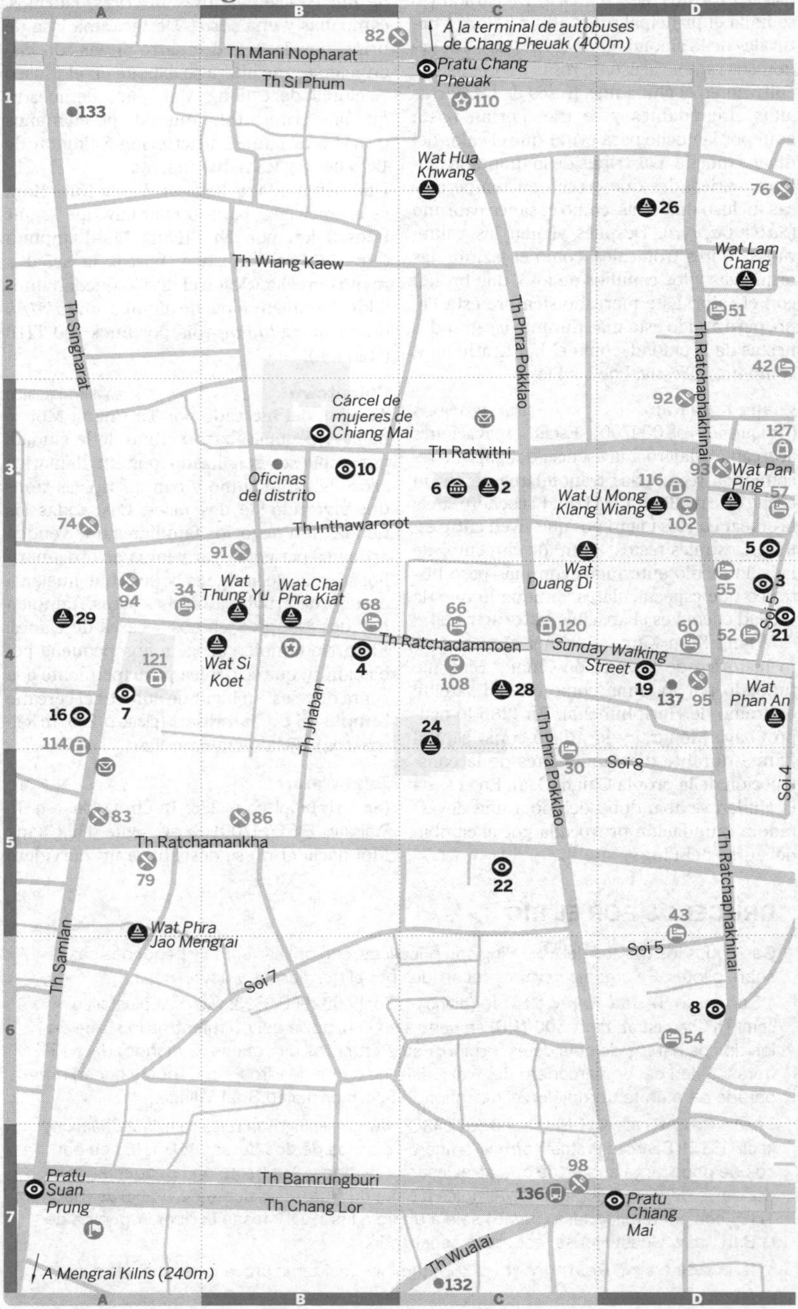

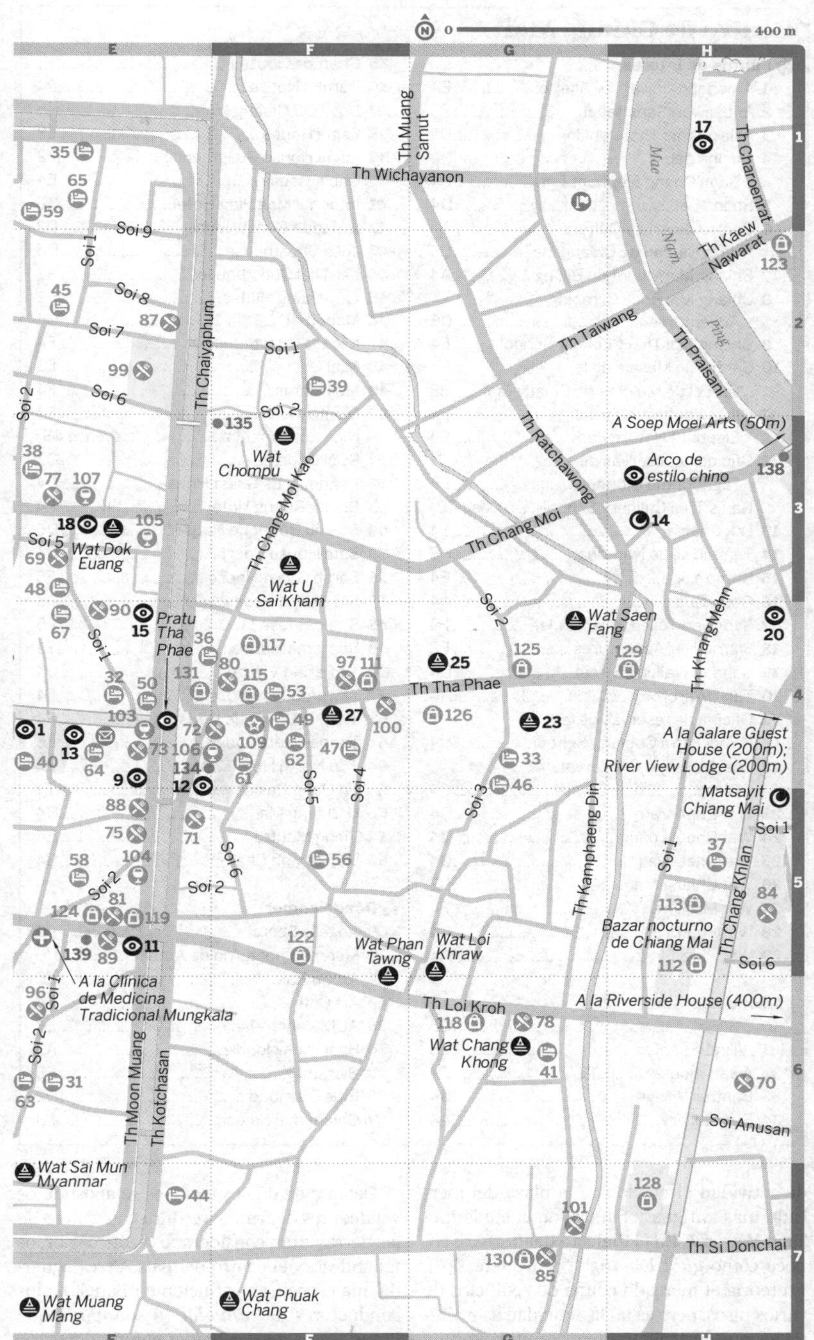

PROVINCIA DE CHIANG MAI PUNTOS DE INTERÉS

Centro de Chiang Mai

Puntos de interés

1 American University Alumni ... E4
2 Anusawari Sam Kasat ... C3
3 Asia Scenic Thai Cooking ... D3
4 Oficina del Baan Chang Elephant Park ... B4
5 Baan Thai ... D4
6 Centro de Arte y Cultura de la Ciudad de Chiang Mai ... C3
7 Chiang Mai Mountain Biking ... A4
8 Chiang Mai Rock Climbing Adventures ... D6
9 Chiang Mai Thai Cookery School ... E4
10 Centro de Masaje de la Cárcel de Mujeres de Chiang Mai ... B3
11 Oficina de reservas del Elephant Nature Park ... E5
12 Oficina de reservas de Flight of the Gibbon ... E4
Gap's Thai Culinary School ... (véase 40)
13 Lek Chaiya ... E4
14 Templo sij de Namdhari ... H3
15 Namo Yoga ... E4
16 Oasis Spa ... A4
17 Scorpion Tailed River Cruise ... H1
18 Siam River Adventures ... E3
19 Sunday Walking Street ... D4
20 Talat Warorot ... H4
21 Oficina de reservas de la Thai Farm Cooking School ... D4
22 Thai Massage Conservation Club ... C5
23 Wat Bupparam ... G4
24 Wat Chedi Luang ... C4
25 Wat Chetawan ... G4
26 Wat Chiang Man ... D2
27 Wat Mahawan ... F4
28 Wat Phan Tao ... C4
29 Wat Phra Singh ... A4

Dónde dormir

30 3 Sis ... C5
31 All in 1 ... E6
32 Awanahouse ... E4
33 Banthai Village ... G4
34 Buri Gallery ... A4
35 Charcoa House ... E1
36 Daret's House ... E4
37 Dusit D2 Chiang Mai ... H5
38 Eagle House ... E3
39 Eagle House Guesthouse ... F2
40 Gap's House ... E4
41 Imperial Mae Ping Hotel ... G6
42 Jonadda Guest House ... D2
43 Julie Guesthouse ... D5
44 Lai-Thai Guesthouse ... E7
45 Lamchang House ... E2
46 Manathai ... G4
47 Micasa Guesthouse ... F4
48 Mini Cost ... E3
49 Mo Rooms ... F4
50 Montri Hotel ... E4
Nice Apartments ... (véase 48)
51 RCN Court ... D2
52 Rendezvous Guest House ... D4
53 Roong Ruang Hotel ... F4
54 Sa Thu Boutique House ... D6
55 Safe House Court ... D4
56 Sarah Guest House ... F5
57 Siri Guesthouse ... D3
58 Smile House 1 ... E5
59 Supreme House ... E1
60 Tamarind Village ... D4
61 Tawan Guesthouse ... F4
62 Thapae Boutique House ... F4
63 Thapae Gate Lodge ... E6
64 Top North Hotel ... E4
65 Tri Gong Residence ... E1
66 U Chiang Mai ... C4
67 Vieng Mantra ... E4
68 Villa Duang Champa ... B4

Dónde comer

69 Angel's Secrets ... E3
70 Mercado nocturno de Anusan ... H6
71 Aroon Rai ... E5
72 Art Cafe ... F4
73 AUM Vegetarian Food ... E4
74 Baan Nok Noodle ... A3
75 Bierstube ... E5
76 Blue Diamond ... D2
77 Chiangmai Saloon ... E3

de actividad alrededor de la plaza del mercado más antigua y famosa de la ciudad: el Talat Warorot. En el dialecto del norte se conoce como *gàht lŏo·ang* ("gran mercado"). En teoría el mercado ocupa dos edificios de varios pisos, pero es tal la actividad a su alrededor que cuesta definir sus límites.

Delante de dichos edificios se apostan los vendedores de fruta y verdura con género de las tierras altas, considerados exóticos por los tailandeses del centro del país. Cerca aguarda una especie en extinción en Bangkok: los conductores de *săhm·lôr* (o *săamláw*) que llevan a casa a los cargados compradores.

78 Chiangmai Saloon G6
79 Coffee Lovers A5
80 da Stefano F4
81 Dada Kafe E5
82 Puestos de comida nocturnos C1
83 Vendedores nocturnos A5
84 Zona de restauración del Galare H5
Ginger Kafe .... (véase 87)
85 Good Health Store G7
86 Heuan Phen B5
87 House E2
88 Jerusalem Falafel E5
89 Juicy 4U E5
90 Lert Ros E4
91 Mangsawirat Kangreuanjam B3
Moxie .... (véase 37)
92 Nayok Fa D3
93 New Delhi D3
94 Pak Do Restaurant A4
95 Pho Vieng Chane D4
96 Pum Pui Italian Restaurant E6
Rachamanka .... (véase 29)
97 Ratana's Kitchen F4
Safe House Court .... (véase 55)
98 Talat Pratu Chiang Mai C7
99 Talat Somphet E2
100 Taste From Heaven F4
Tea House .... (véase 129)
101 Tianzi Tea House G7

Dónde beber

102 Archers D3
103 Black Canyon Coffee E4
104 John's Place E5
105 Kafe E3
Mix Bar .... (véase 37)
Pinte Blues Pub .... (véase 75)
106 Rooftop Bar F4
107 UN Irish Pub E3
108 Writer's Club & Wine Bar C4

Ocio

109 Inter F4
110 North Gate Jazz Co-op C1
Estadio de *muay tai* Thapae .... (véase 64)

De compras

Backstreet Books .... (véase 117)
111 Book Zone F4
112 Bazar nocturno de Chiang Mai H5
113 Edificio del bazar nocturno de Chiang Mai H5
114 Dor Dek Gallery A4
115 Elements F4
116 Freedom Wheel Chairs Workshop D3
117 Gecko Books F4
118 Gecko Books G6
119 Gecko Books E5
120 Herb Basics C4
121 HQ Paper Maker A4
Kesorn .... (véase 129)
122 KukWan Gallery F5
123 La Luna Gallery H2
124 Lost Book Shop E5
125 Lost Heavens G4
126 Nova G4
127 On the Road Books D3
128 Pantip Plaza H7
129 Siam Celadon H4
130 Suriwong Book Centre G7
131 Travel Shoppe E4

Información

132 Baan Kingkaew Orphanage C7

Transporte

133 Cacti Bike A1
134 Dang Bike Hire E4
Mr Mechanic .... (véase 105)
135 North Wheels F3
136 Parada de autobús de la Pratu Chiang Mai C7
137 SM Travel D4
138 Parada de *sŏrng•tăa•ou* H3
139 Tony's Big Bikes E5

Si se consigue abrirse camino a través de los puestos ambulantes, al final se llega al interior del mercado, donde se venden encurtidos, *curries* precocinados y *kâap mŏo* (cortezas de cerdo) envasados. También hay muchos puestos de ropa económica, telas, enseres de cocina, productos económicos de cosmética y artesanía.

Wat Ketkaram BARRIO

(แม่ปิง/วัดเกตการาม; plano p. 232; Th Charoenrat) El río por excelencia de la ciudad es el **Mae Ping** (véase recuadro en p. 235). Una comunidad de mercaderes chinos y misioneros occidentales se asentó en su orilla este, justo enfrente del Talat Warorot. Hoy el barrio recibe el nombre de Wat Ket, a modo de diminutivo del vecino Wat Ketkaram, un templo del s. xv que alberga un variopinto museo de curiosidades.

Si Th Charoenrat tuviera aceras, la zona competiría con la ciudad antigua por su encanto y ambiente pretérito. Pero el tráfico acelerado necesita del estrecho espacio que hay entre los edificios. Para evitarla, conviene adentrarse en el barrio por alguna de sus pequeñas bocacalles o por detrás del templo.

AL SUR DE LA CIUDAD ANTIGUA

Es una combinación de pintorescos barrios de anticuarios y de espacios modernos impersonales. Famosa por sus **platerías**, por toda Th Wualai se escucha el repiqueteo sobre la plata (o, para ser más precisos, el aluminio) de los orfebres. Para sacar más partido de la visita a Th Wualai se recomienda visitar el Saturday Walking Street a primera hora, cuando la calle se corta al tráfico rodado.

Saturday Walking Street MERCADO

(ถนนเดินวันเสาร์; plano p. 232; Th Wualai; ⌚16.00-24.00 sa) Menos comercial que el Sunday Walking Street, este mercado es famoso por sus artesanías genuinas. Aunque tal vez esto sea una exageración, ya que la mayoría de los vendedores trabaja en ambos lugares. Pero el evocador y viejo barrio, con sus platerías y ancianas ataviadas con sedas tailandesas, lo hace parecer más auténtico. También es menos bullicioso, lo que invita a recorrerlo por la noche.

Wat Sisuphan TEMPLO

(วัดศรีสุพรรณ; plano p. 236; Soi 2, Th Wualai; donativo recomendado) Aunque fundado en 1502, solo algunos pilares y vigas de madera del *wí·hăhn* sobreviven de su estructura original. Los **murales** del interior son una mezcla interesante de elementos budistas taoístas, zen y theravada. La *ubosot* (capilla) vecina es presumiblemente la única sala de ordenaciones del país de plata (mejor dicho, de una aleación de aluminio y plata), magnífica tras una reciente renovación. El templo organiza charlas con monjes e imparte clases de meditación (véase recuadro en p. 245). Es uno de los pocos templos de Chiang Mai donde se puede ver el Festival de Poy Luang (o Poy Sang Long), una ordenación en grupo de jóvenes novicios budistas típica shan que se celebra a finales de marzo.

AL OESTE DE LA CIUDAD ANTIGUA

Th Nimmanhaemin es la avenida más elegante de Chiang Mai, una transitada calle de varios carriles con unas cuantas bocacalles residenciales con casas ajardinadas de la década de 1970 reconvertidas en sofisticados locales, sobre todo de ocio nocturno.

TENDER LA MANO A LOS NIÑOS

Quienes tengan destreza con los niños y quieran dedicar un poco de su tiempo a ayudar a los pequeños más desfavorecidos de Chiang Mai, quizás se sientan atraídos por ayudar a arrancar una sonrisa a los huérfanos del **Baan Kingkaew Orphanage** (☎0 5327 5650; www.baan-kingkaew-orphanage.org; 75 Wualai Rd). Este orfanato, inaugurado hace cuarenta años, ahora se encarga de unos cincuenta menores de 10 años y funciona gracias a cuidadores cualificados y voluntarios (mín. 1 mes). Se ha de rellenar una solicitud (hay que pasar para recogerla) y superar una rigurosa entrevista con el director.

Los elegidos se encargan del cuidado de niños de temprana edad dos veces al día: por la mañana y después de las 15.30. Los voluntarios también colaboran con el lavado de la ropa. El orfanato está bastante céntrico, cerca de la ciudad antigua, por el Saturday Walking Street cuesta abajo.

Best Friend Library BIBLIOTECA

(plano p. 242; 302/2 Soi 13, Th Nimmanhaemin; ⌚11.30-20.00 lu-sa) Esta biblioteca pública benéfica y centro de consulta para temas de Myanmar (Birmania) también vende libros, vídeos y otros artículos sobre dicho país cuyos beneficios se destinan a ONG que trabajan directamente con refugiados birmanos y niños de la calle.

Wat U Mong TEMPLO

(วัดอุโมงค์; plano p. 232; Soi Wat U Mong, Th Khlong Chonprathan; donativo recomendado) Este **'wat' del bosque** es de visita obligada. No solo ofrece un aislado entorno verde, indispensable para la meditación, sino que también es célebre por su red de **túneles** bajo el terraplén de la *chedi* principal.

El templo se utilizó por primera vez durante el mandato de Phaya Mengrai en el s. xiv. Al parecer, los túneles, revestidos de ladrillo, fueron creados para el monje clarividente Thera Jan hacia 1380. Posteriormente el monasterio fue abandonado y no volvió a abrirse

PENURIAS DE LOS TRABAJADORES INMIGRANTES DE CHIANG MAI

Cuando se viaja a la "tierra de las sonrisas", exactamente ¿qué sonrisas se encuentran? Tailandia no es solo el hogar de un crisol étnico de culturas sino también el de aproximadamente tres millones de trabajadores inmigrantes de los países vecinos, sobre todo de Laos, Camboya y, especialmente, Myanmar (Birmania).

Desde la década de 1980, los refugiados de Myanmar cruzan la frontera tailandesa, en su huida del conflicto armado que tiene lugar en las zonas étnicas y de la persecución de los defensores de la democracia. Los ocho campamentos de desplazados (IDP) en el lado birmano de la frontera proporcionan cierta seguridad a 20 000 personas y nueve más en Tailandia ofrecen mayor seguridad pero menos derechos a 100 000 refugiados, en su mayoría karen. Además se calcula que hay otro millón de desplazados en Birmania.

A falta de vías para legalizar su situación, muchos más birmanos viven y trabajan en Tailandia sin papeles, aunque ya tienen un peso en la economía y sociedad del país. Durante los últimos veinte años el Gobierno tailandés ha permitido a estos sin papeles que se registraran cada año para obtener un permiso de trabajo temporal. Pero últimamente el Gobierno se ha embarcado en un complicado proceso para pedir a los países de origen que verifiquen la nacionalidad de los inmigrantes y les expida un pasaporte temporal.

Muchos inmigrantes, en su mayoría birmanos, trabajan explotados; quienes los emplean les pagan un salario mínimo, plenamente conscientes de las dificultades a las que se enfrentarán sus empleados si intentan emprender un desagravio. Los sin papeles también temen que las autoridades les arresten, detengan y deporten.

Solo en la provincia de Chiang Mai se calcula que hay entre 150 000 y 200 000 trabajadores inmigrantes. La inmensa mayoría es del estado Shan, lindante con el norte de Tailandia. Estos inmigrantes trabajan en la construcción de pisos de protección oficial, condominios, centros comerciales y prisiones en Chiang Mai. Si se echa un vistazo a los barracones que hay junto a las obras se constatarán las condiciones en las que viven. Si la construcción carece de redes de seguridad, si el andamiaje es de bambú y si los trabajadores van descalzos, entonces allí trabajan inmigrantes por poco más de 3 US$ al día. Que las mujeres trabajen en las obras también es normal en Tailandia.

Además algunas mujeres inmigrantes trabajan en el servicio doméstico en condiciones laborales totalmente precarias, pues carecen de todo derecho laboral. Pero no todas están dispuestas a sufrir abusos e injusticias: así, una joven asistenta a la que se le debían dos años de salario, se dio cuenta de cómo su empleador presumía de sus servicios ante sus invitados. Ella, que no dominaba el thai, transcribió todo lo que escuchaba al respecto y acudió a una ONG. Como resultado, el señorito tuvo que emplearla legalmente y con unas condiciones más favorables. Además de ponerle nombre y apellidos.

Un buen número de inmigrantes también trabaja en los grandes huertos de naranjas y *lichis* del distrito de Fang al norte de Chiang Mai. Viven en chozas de bambú en pequeñas comunidades y trabajan en estas plantaciones a jornada completa. Casi todo el tiempo lo pasan rodeados de pesticidas peligrosos, apenas se les prepara adecuadamente y ni se les ofrece ropa de protección.

Las necesidades de los trabajadores inmigrantes abarcan desde la información de sus derechos a la asistencia sanitaria, educativa y de bienestar. Algunas ONG les ofrecen sus servicios y/o su apoyo para procurar atender dichas necesidades. La **MAP Foundation** (www.mapfoundationcm.org) y **Migrants from Mekong Neighbourhood** (MMN; www.mekongmigration.org) son dos organizaciones de este tipo con sede en Chiang Mai. Quien quiera ayudar a estos trabajadores o saber más de este tema, pueden contactar con ellas a través de sus páginas web.

Reiko Harima de Migrants from Mekong Neighbourhood.
Jackie Pollock de MAP Foundation.

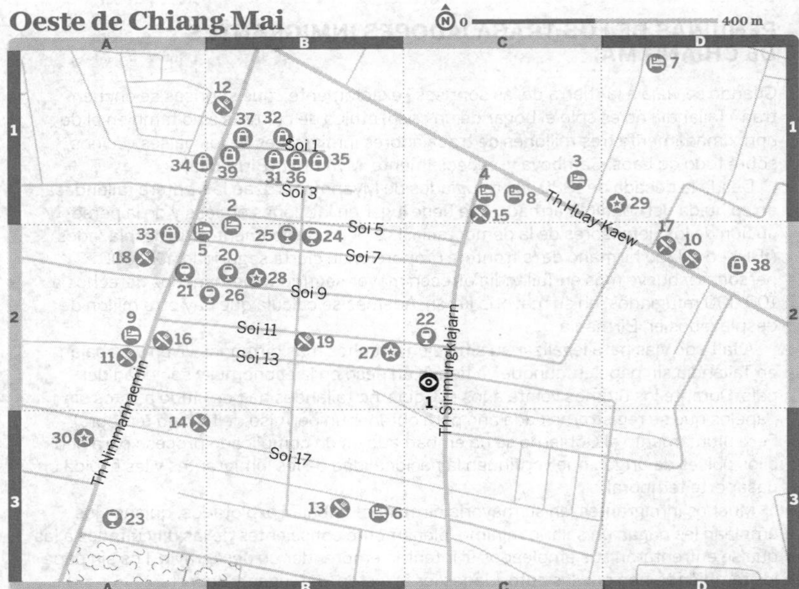

hasta que un príncipe local financió su restauración a finales de la década de 1940. Ajan Buddhadasa Bhikkhu, conocido monje y profesor del Wat Suanmok, en el sur del país, envió a este *wat* a unos cuantos religiosos para restablecer una comunidad monástica en la década de 1960, época en que falleció.

En los jardines de la colina de los túneles se puede ver la imagen maravillosamente grotesca de un buda en ayuno, de prominentes costillas y venas, junto con una gran y muy venerada *chedi*. También hay un pequeño lago artificial, rodeado de *gù·dì* (casitas monásticas).

Al Wat U Mong se puede llegar por una serie de pequeñas bocacalles desde Th Suthep, cerca de la Universidad de Chiang Mai. Al llegar a la universidad, aparecen indicadores. Como existe otro templo con el mismo nombre en Chiang Mai, si se toma una *sŏrng·tăa·ou* o un *túk-túk*, hay que decirle al conductor que se va al "Wat U Mong Thera Jan".

Wat Suan Dok TEMPLO

(วัดสวนดอก; plano p. 232; Th Suthep; donativo recomendado) Construido en un antiguo jardín de flores en 1373, este templo no reviste tanto interés arquitectónico como otros de la ciudad antigua, pero resulta muy fotogénico, particularmente por su *chedi* blanqueada con los azulados picos del Doi Suthep y el Doi Pui en el horizonte.

El Wat Suan Dok también está unido espiritualmente al templo que corona el Doi Suthep gracias a una auspiciosa reliquia traída de Chiang Mai por el Phra Sumana Thera, un monje de Sukhotai. Según cuenta la leyenda, la reliquia se duplicó milagrosamente: una pieza fue consagrada en la gran *chedi* central del templo (recientemente cubierta por hojas de pan de oro) y la otra se utilizó como "guía" para la fundación del Wat Doi Suthep. Esta *chedi* principal es un ejemplo arquetípico de arquitectura Lanna con las primeras influencias Sukhotai. La otra *chedi* del recinto alberga las cenizas de diferentes miembros de la familia real Lanna.

El Wat Suan Dok es hoy el hogar de una gran comunidad de monjes y novicios residentes, la mayoría alumnos del monasterio de la Universidad Budista de Mahachulalongkorn, y a menudo organiza populares charlas con los monjes (véase recuadro en p. 245), integradas en los retiros de meditación en inglés.

Universidad de Chiang Mai UNIVERSIDAD

(มหาวิทยาลัยเชียงใหม่; plano p. 232; Th Huay Kaew) La principal universidad pública de la ciudad se fundó en 1964. Situado 2 km al oeste

Oeste de Chiang Mai

Puntos de interés
1 Best Friend Library C2

Dónde dormir
2 Baan Say-La B2
3 Dome C1
4 H C1
5 Miso A2
6 Pann Malee Home B3
7 Sakulchai D1
8 Sweet Room C1
9 Yesterday The Village A2

Dónde comer
Ai Sushi .... (véase 17)
10 Amazing Sandwich D2
11 Burmese Restaurant A2
12 Hong Tauw Inn B1
13 I-Berry B3
14 Khun Churn A3
Lemontree .... (véase 17)
15 Ninja Ramen & Japanese Food C1
16 Salad Concept A2
17 Salsa Kitchen D2
18 Smoothie Blues A2
19 Su Casa B2

Dónde beber
20 94° Coffee B2
21 At 9 Bar A2
22 Dayli C2
23 Glass Onion A3
Impresso Espresso Bar .... (véase 19)
24 Outdoors B2
25 Pinocchio's B2
26 Wawee Coffee B2

Ocio
27 Bridge Bar B2
28 Monkey Club B2
29 Sudsanan D1
30 Warm-Up A3

De compras
31 Adorn with Studio Naenna B1
32 Aka B1
33 Chabaa A2
Elephants .... (véase 36)
34 Ginger A1
35 Gongdee Gallery B1
36 Kachama B1
37 Koland B1
38 Shinawatra D2
39 Srisanpanmai B1

del centro urbano, el campus principal, de 2,9 km², ha conservado buena parte de su carácter boscoso original. Arquitectónicamente, los edificios del campus son cubículos teñidos de hollín, pero el verde entorno confiere al conjunto un idílico marco educativo típicamente tailandés, lleno de carriles bici y algunos cafés.

Hay dos entradas principales al campus: una por Th Suthep y la otra por Th Huay Kaew. Al preguntar por el lugar, los tailandeses suelen referirse a la zona de Th Suthep como *lăng mor* ("detrás de la universidad") y a la de Th Huay Kaew como *nâh mor* ("delante de la universidad").

Museo de Arte de la Universidad de Chiang Mai

(Th Nimmanhaemin; gratis; ⌚9.00-17.00 ma-do) Cerca del cruce de Th Suthep y Th Klorng Chonprathan, este museo programa exposiciones temporales de arte contemporáneo tailandés e internacional. A este autor le llamaron la atención artistas locales como Tanakarn Songlin y Tiwawan Srisombat por su visión conmovedora y alegre de la cotidianidad. Aunque algunas exposiciones temporales no lleguen a entusiasmar, siempre destacan por su creatividad. Las esculturas expuestas en el jardín de la universidad, delante de la tienda del museo, son las únicas obras permanentes, p. ej., un cangrejo de madera vieja y metal oxidado.

Zoo de Chiang Mai ZOO

(สวนสัตว์แหล่งเพาะพันธุ์ไม้ป่าเขตร้อนเชียงใหม่; fuera de plano p. 232; ☎0 5322 1179; www.chiangmaizoo.com; 100 Th Huay Kaew; adultos/niños 100/50 THB; ⌚8.00-17.00) A los pies del Doi Suthep, este zoo ocupa un parque bien lozano y alberga un grupo bastante completo de animales. Aunque para ver a las estrellas del lugar (los pandas y un acuario) hay que pagar entrada aparte. El **acuario** (adultos/niños 520/390 THB) tiene el túnel submarino más largo de Asia (113 m) y reproduce los diferentes hábitats acuáticos del país, desde los ríos del norte a los manglares y las costas oceánicas, pero también la cuenca del Amazonas.

Casi todos los animales parecen estar bien tratados, a excepción de la cría de elefante que hay en una pasarela para deleite de los visitantes (con la pata encadenada) y de algunos animales visiblemente afligidos (p. ej., porque andan en círculo) en sus recintos de hormigón.

El aparcamiento cuesta 10 THB para motocicletas y bicicletas y 50 THB para automóviles y furgonetas.

Chiang Mai Nigth Safari ZOO

(เชียงใหม่ไนท์ซาฟารี; ☎0 5399 9000; www.chiangmainightsafari.com; ctra. 121/Th Klorng Chonprathan; ⌚11.00-23.00) Esta atracción abre de día pero triunfa de noche con su **'Ronda del Depredador'** y el **'Safari por la Sabana'** (adultos/niños 500/300 THB), cuando un tranvía de planta abierta transporta a los visitantes por el parque. El tranvía con comentarios en inglés sale a las 19.45 y a las 21.30 y el circuito dura unas dos horas. La diferencia entre este lugar y el zoo de Chiang Mai radica en que aquí algunos animales, tales como ñúes, jirafas, rinocerontes blancos y cebras, campan a sus anchas y acostumbran a acercarse bastante a los vehículos. En la "Ronda del Depredador" hay unas zanjas profundas que mantienen a raya a los tigres, leones, osos negros asiáticos y cocodrilos.

De día se puede hacer la **'Ruta del Jaguar'** (adultos/niños 100/50 THB), un paseo de 1,2 km, que rodea el lago del Cisne, donde más de cincuenta especies (de conejos a grullas) merodean en libertad salvo, claro está, el animal estrella del itinerario.
El Nigth Safari se halla a 12 km del centro de Chiang Mai (unos 100 THB en *sŏrng·tăa·ou*). Las agencias de viajes también gestionan reservas y traslados al hotel.

AL NORTE DE LA CIUDAD ANTIGUA

Al traspasar la Pratu Chang Pheuak ("puerta del Elefante Blanco", en referencia al elefante que llevó la reliquia sagrada hasta el Doi Suthep), los lugares de interés que quedan al norte del casco histórico no atraen a tantos turistas, algo que de por sí ya agradará a muchos. Estos lugares suelen estar demasiado lejos y apartados entre sí para visitarlos a pie, por lo que se recomienda alquilar algún tipo de transporte.

Wat Jet Yot TEMPLO

(วัดเจ็ดยอด; plano p. 232; Th Superhighway) Particularmente interesante para los aficionados a los templos, el Wat Jet Yot se construyó para acoger el 8º Concilio Budista Mundial de 1477. En la parte de atrás del recinto se hallan las ruinas del viejo *wí·hăhn,* teóricamente una reproducción del templo de Mahabodhi en Bodhgaya (India), aunque las proporciones no concuerdan. Algunos eruditos afirman que eso es porque se copió a partir de una pequeña tablilla votiva que mostraba dicho templo en una perspectiva distorsionada.

Aunque haya desaparecido gran parte del estuco original, aún se pueden contar las *jèt yôrt* ("siete agujas") que representan las siete semanas que, al parecer, pasó Buda en Bodhgaya tras su iluminación. De los relieves de estuco originales, se conservan algunas ilustraciones de bodhisattva (santos budistas, normalmente asociados al budismo mahayana) en los muros exteriores.

Wat Chiang Yeun TEMPLO

(วัดเชียงยืน; plano p. 232; Th Mani Nopharat) Otro templo local único es este del s. XVI, justo al noreste de la Pratu Chang Pheuak. Además de la gran *chedi* típica del norte, su principal atracción es una **puerta** y **pabellón birmanos de estilo colonial** situados al oeste de los jardines de la escuela contigua. Históricamente esta zona de Chiang Mai estuvo habitada por shan, como todavía reflejan algunas de sus tiendas, que suministran a los visitantes de los templos shan y birmanos productos como hojas de té encurtidas (*mêeang,* en thai) y los típicos fideos.

Wat Ku Tao TEMPLO

(วัดกู่เต้า; plano p. 232; Soi 6, Th Chang Pheuak) Al norte del foso, este templo de 1613 muestra, con una particular *chedi* de anillos apilados de mayor a menor tamaño, un diseño thai lü muy común en Yunnan (China). Al parecer, la *chedi* atesora las cenizas de Tharawadi Min, hijo del rey birmano Bayinnaung, gobernador de Lanna entre 1578 y 1607.

Museo Nacional de Chiang Mai MUSEO

(พิพิธภัณฑสถานแห่งชาติเชียงใหม่; plano p. 232; ☎0 5322 1308; www.thailandmuseum.com; junto a Th Superhighway; entrada 100 THB; ⌚9.00-16.00 mi-do) Fundado en 1973 y gestionado por el Departamento de Bellas Artes, este museo ejerce de celador oficial de los objetos Lanna y de conservador de la historia del norte de Tailandia. Supone un bonito apéndice al municipal Centro de Arte y Cultura de la Ciudad de Chiang Mai (p. 231), pues muestra más piezas de arte y otros objetos, y cuenta con exposiciones que sobrepasan los límites de la ciudad. La sección más cuidada es la de **arte Lanna,** con una selección de imágenes de Buda de todos los estilos, con sus respectivas explicaciones. A excepción de esta muestra del piso superior, el museo ha perdido un poco de lustre, aunque vale

CHARLA CON UN MONJE

Quienes sientan curiosidad por el budismo, Chiang Mai es un lugar fabuloso para conocer sus enseñanzas y ritos, pero también la cultura tailandesa y la vida monacal. Algunos templos de la ciudad ofrecen "charlas con monjes", donde un monje o novicio de la casa atiende a cualquier pregunta de los extranjeros. Este sencillo intercambio les permite practicar su inglés mientras comentan sus rutinas diarias, enseñanzas budistas o incluso cómo se las arreglan con sus túnicas. Conviene recordar que vestir con decoro es una muestra de respeto (rodillas y hombros cubiertos). Las mujeres deberían reparar en no tocar a los monjes o a sus pertenencias y no darles directamente nada.

El **Wat Suan Dok** (plano p. 232; www.monkchat.net; Th Suthep; ⌚17.00-19.00 lu, mi y vi) cuenta con su propia sala para acoger estas charlas; hay que entrar al *wat* por la entrada principal y caminar aproximadamente 100 m por los jardines del templo.

El **Wat Chedi Luang** (plano p. 236; Th Phra Pokklao; ⌚13.00-18.00 lu-vi) y el **Wat Sisuphan** (plano p. 232; 100 Th Wualai; ⌚17.30-19.00 ma, ju y sa) tienen mesas para estos encuentros.

la pena visitarlo para tener una perspectiva histórica del norte de Tailandia.

Museo Tribal MUSEO

(พิพิธภัณฑ์ชาวเขา; ☎0 5321 0872; tribalmuseumchiangmai.com; junto a Th Chang Pheauk) Con vistas a un lago en Suan Ratchamangkhala, en las afueras al norte de la ciudad, este museo octogonal alberga artesanía, indumentaria, joyas, complementos, enseres domésticos, aperos agrícolas, instrumentos musicales y adornos ceremoniales. Durante la última visita, estaba cerrado por reformas.

Embalse de Huay Teung Thao EMBALSE

(อ่างเก็บน้ำห้วยตึงเฒ่า; entrada 20 THB; ⌚8.00-atardecer) A los tailandeses les encanta tumbarse junto al agua, y este embalse considerable, a los pies del noroeste del Parque Nacional del Doi Suthep-Pui, es algo más que un pedacito de paisaje. En sus márgenes se suceden las cabañas flotantes de bambú (10 THB por persona) donde los tailandeses acuden a comer "tapas" de bichos fritos (otro pasatiempo local), compartir una botella de *whisky* y perfeccionar el arte de la relajación. El pantano está unos 12 km al noroeste de Chiang Mai. En automóvil o motocicleta, hay que tomar la carretera 107 al norte durante unos 10 km (síganse las señales del Mae Rim) y después girar al oeste pasado el campamento militar; el pantano queda a 2 km.

PARQUE NACIONAL DEL DOI SUTHEP-PUI อุทยานแห่งชาติดอยสุเทพ – ปุย

Los picos sagrados de Chiang Mai, el **Doi Suthep** (1676 m) y el **Doi Pui** (1685 m), sobresalen cual espíritus custodios de la ciudad y proporcionan un refugio boscoso y fresco. Los fundadores de la ciudad los utilizaron como brújula divina para localizar una ubicación favorable. El Suthep debe su nombre al ermitaño Sudeva, que vivió en sus laderas muchos años, y es el emplazamiento del sagrado Wat Phra That Doi Suthep.

Este **parque nacional** (☎0 5321 0244; adultos/menores de 14 años 100/50 THB, automóvil 30 THB; ⌚8.00-atardecer), de 265 km² de terreno montañoso, aúna naturaleza, **aldeas de las tribus de la montaña** y atracciones turísticas, como el Wat Phra That Doi Suthep. A pesar del gentío el parque sigue siendo un excelente lugar de esparcimiento para los lugareños. La mayoría no se aparta de la carretera principal, con visitas al templo, el palacio de invierno y una aldea típica hmong.

El flanco este de la montaña se conserva verde y fresco durante gran parte del año. El monte empieza en las húmedas tierras bajas y se eleva a una fresca (a veces fría) zona neblinosa donde el musgo se apodera de los rincones y la bruma, de la carretera. En un hábitat tan diverso prosperan más de trescientas **especies de aves** y casi dos mil de **helechos** y **plantas de flor.** Durante la estación de lluvias abundan las **mariposas** y las flores.

Hay senderos para realizar **caminatas** y **ciclismo de montaña,** pero también **zonas de acampada** y para **observar aves,** además de cascadas, como la **Nam Tok Monthathon** (la entrada al parque se paga aquí), una de las más pintorescas, a 2,5 km de la carretera asfaltada al Doi Suthep. Sus pozas tienen agua todo el año, pero cuando están mejor para bañarse es durante el monzón anual o justo después. Casi a los pies de la montaña, la **Nam Tok Wang Bua Bahn** es gratis y está llena de lugareños que disfrutan a lo grande, aunque es más una sucesión de rápidos que una cascada.

Para ciclismo de montaña, el parque cuenta con los senderos de sentido único que utilizaban antiguamente las tribus para transportar mercancías e ir de caza. En dichas rutas nunca hay mucha gente y sí abundantes descensos. Como no están bien señalizados, se recomienda apuntarse a un circuito guiado (véase "Actividades" en p. 247).

El pago de la entrada al parque se efectúa en algunas cascadas. No se paga entrada general para visitar los lugares de interés que hay junto a la carretera principal, pero sí para cada atracción.

El **alojamiento** (www.dnp.go.th; *camping* 60-90 THB, bungalós 400-2500 THB) en el parque nacional incluye elegantes bungalós junto a las oficinas del parque, aproximadamente 1 km al norte del templo, y el *camping* del Doi Pui, cerca de su cima.

El parque se halla 16 km al noroeste del centro de Chiang Mai y se puede llegar en las *sŏrng·tăa·ous* compartidas que salen desde la entrada principal de la Universidad de Chiang Mai de Th Huay Kaew. Un billete de ida cuesta desde 40 THB, en función del destino final en el parque y del número de pasajeros. También se puede alquilar una *sŏrng·tăa·ou* (camioneta de pasajeros) por unos 500 THB (ida y vuelta) o una motocicleta (no sin antes comprobar el seguro de viaje para el acompañante) por mucho menos. Las *sŏrng·tăa·ous* también salen de la Pratu Chang Pheuak y del zoo de Chiang Mai. Los ciclistas entrenados pueden subir los 13 km hasta el templo, aunque mejor hacerlo a primera hora de la mañana o a última de la tarde, cuando hay menos tráfico.

Wat Phra That Doi Suthep TEMPLO

(วัดพระธาตุดอยสุเทพ; entrada 30 THB) Cual faro que proyecta una purificadora luz sobre la llanura urbana, el Wat Suthep, en lo alto del Doi Suthep, se ve claramente desde Chiang Mai, apostada a sus pies. El templo, uno de los más sagrados del norte del país, recibe a muchos peregrinos que acuden a hacer méritos a la reliquia budista consagrada en su pintoresca *chedi* dorada y brinda unas vistas sublimes, si las nubes y la calima (mar-jun) lo permiten, además de atesorar una interesante colección de arte y arquitectura Lanna.

Fundado en 1383 durante el reinado de Keu Naone, sus orígenes están teñidos de un misticismo sorprendente. Cuenta la leyenda que un monje de Sukhotai que estaba de visita aconsejó al rey Lanna que llevara el gemelo de una reliquia milagrosa (consagrada en el Wat Suan Dok) hasta la montaña y fundara allí un templo. La reliquia se cargó a lomos de un elefante blanco para que fuera el animal quien "escogiera" el lugar más propicio. El elefante cayó fulminado en un punto del Doi Suthep, 13 km al oeste de Chiang Mai, y allí mismo se levantó el templo en el año de la cabra.

Al templo se asciende por una extenuante escalera de 306 peldaños flanqueada por una barandilla en forma de *naga,* para que cada cual alterne los ejercicios de meditación con los cardiovasculares o, para los más remolones, mediante un tranvía (20 THB). Primero se llega a una explanada llena de imágenes y santuarios importantes que documentan la historia del templo. Cerca de un engalanado árbol de Jack hay un santuario dedicado a Sudeva, el ermitaño que vivió en la montaña, y no muy lejos, una estatua del elefante portador de la reliquia. Se puede seguir la visita en sentido horario hasta llegar a un mirador y a un pequeño santuario dedicado al rey que fundó el templo.

Un segundo tramo de escaleras conduce al claustro principal y a la fotografiada **'chedi' dorada** del templo, coronada por un paraguas de cinco niveles construido para conmemorar la independencia de la ciudad de Birmania y su adscripción a Tailandia. La mayoría de devotos visitan el lugar por la *chedi* (y la reliquia de Buda consagrada en su interior) y no por la imagen del Buda residente.

Dentro del recinto del monasterio, el **International Bhuddism Center** imparte diferentes cursos religiosos para visitantes; para más información, véase p. 250.

EL LARGO PASEO

En julio, cuando empieza el año académico, los nuevos estudiantes de la Universidad de Chiang Mai emprenden su peregrinación anual a pie hasta el Wat Suthep. Esta decana tradición reúne a unos diez mil participantes y otros miembros de la universidad por la sinuosa carretera que sube por la montaña. Su finalidad es familiarizar a los nuevos estudiantes con el espíritu de la ciudad, que, al parecer, reside en la montaña, así como ver a su venerada imagen de Buda. Pero también es una buena oportunidad para que los chavales puedan entablar amistades de por vida.

Phra Tamnak Bhu Bhing TEMPLO
(พระตำหนักภูพิงค์; Bhu Bhing Palace; entrada 50 THB; ⌚8.30-11.30 y 13.00-15.30) Este palacio real de invierno, rodeado de jardines abiertos al público, se halla 4 km después del templo. Cuando está la familia real, lo que ocurre muy pocas veces, el lugar cierra. Los **jardines** tienen flores de climas más fríos, como las exóticas (para los tailandeses) rosas. El **estanque** gana interés cuando, al compás de la música compuesta por el rey, se accionan las fuentes. Aunque sin ser de visita obligada, los jardines están bien si gustan los bosques con senderos pavimentados.

Aldeas hmong CULTURAL
หมู่บ้านชาวม้ง
Al rebasar el palacio la carretera se bifurca a la izquierda para acabar en la cima del Doi Pui. Desde allí, otra carretera avanza 2 km más hasta **Ban Doi Pui**, una aldea hmong. Tampoco hay que esperar gran cosa, pues se trata básicamente de un mercado turístico con artesanías y recuerdos de ese pueblo. Un diminuto **museo** (entrada 10 THB) informa un poco sobre las tribus de la montaña y el cultivo del opio.

La también hmong **Ban Kun Chang Kian,** al norte del *camping* del Doi Pui, resulta más interesante. Después de pasar el palacio, en lugar de torcer a la izquierda hay que girar a la derecha. La carretera está asfaltada hasta el *camping* y después, los últimos 500 m, son una accidentada pista de tierra. Para evitar incidencias, se puede aparcar el automóvil en el centro de visitantes del *camping* y seguir a pie para disfrutar del horizonte montañoso y los rosados árboles (llamados *páyah sĕua krôhng*) en flor. La aldea cuenta con una sencilla cafetería rodeada de cafetales.

Actividades

Las montañas, ríos y caminos que circundan la ciudad proponen toda suerte de deportes de aventura que ha empezado a eclipsar las rutas de senderismo.

El lugar es excepcional para las salidas en bicicleta. La zona verde más próxima, el Doi Suthep (p. 245), cada día es más famosa para el **ciclismo de montaña** campo a través. Para **motoristas** y **ciclistas** de largo recorrido, la ruta Mae Sa-Samoeng (p. 278) es la escapada más próxima e impresionante a las montañas.

Chiang Mai es uno de los destinos más famosos de Tailandia para **'encuentros' con elefantes,** los cuales, afortunadamente, se parecen más a reservas naturales o escuelas de *mahouts* (cuidadores) que a atracciones de feria, tan típicas hasta hace poco.

Los **escaladores de roca** se dirigen a los Crazy Horse Buttress, un impresionante conjunto de riscos calizos situados detrás de la Tham Meuang On, cerca de Sankamphaeng, 45 km al este de Chiang Mai. Si ser tan espectaculares como los acantilados costeros de Krabi, ofrecen unas vistas muy bucólicas.

También se puede practicar **'rafting' en aguas bravas.** El Mae Taeng queda al norte de la ciudad y atraviesa los parques nacionales del Doi Chiang Dao y de Huai Nam Dang. El río baja impetuoso durante nueve meses al año (jul-mar, aprox.), un período sorprendentemente largo en este clima monzónico. La ruta de *rafting* de 10 km atraviesa rápidos de niveles II-IV y algunos de nivel V. En un trecho especialmente emocionante, el río desciende casi 60 m en aproximadamente 1,5 km. Después de una fuerte tormenta, sobre todo en septiembre, el río baja tan crecido e incontrolable que el riesgo de ahogarse es más que serio. Cuando se escoja una agencia de *rafting,* hay que preguntar por los estándares de seguridad de la empresa y el nivel mínimo de preparación requerido (además de comprobar la cobertura del seguro de viaje propio).

Flight of the Gibbon 'TIROLINA'
(☎08 9970 5511; www.treetopasia.com; Mae Kampong; circuitos de 3 h 3000 THB) Esta agencia de aventura de Chiang Mai ha tendido una *tirolina* que atraviesa la cúpula del bosque a unos 1300 m por encima del nivel del mar. Casi 2 km de cable con 18 plataformas recorren el perfil de las montañas como lo haría un gibón de rama en rama para bajar de las mismas. También organiza actividades como ciclismo de montaña (5800 THB), escalada en roca (6300 THB), *rafting* (6500 THB) o excursionismo (7900 THB) de dos días, que incluye la pernoctación en una casa particular en Mae Kampong (véase p. 286), una preciosa aldea a gran altura a una hora en automóvil al este de Chiang Mai.

Elephant Nature Park
RESERVA DE ELEFANTES
(plano p. 236; oficina de reservas ☎0 5320 8246; www.elephantnaturepark.org; 1 Th Ratchamankha; circuitos de 1/2 días 2500/5800 THB) Khun Lek (Sangduen Chailert) ha ganado numerosos premios por su reserva de elefantes en el valle del Mae Taeng, a 60 km (1½ h en au-

SENDERISMO EN CHIANG MAI

Cada año, miles de visitantes salen de senderismo por las montañas del norte de Tailandia con la esperanza de ver un paisaje montañoso de cuento, interactuar con culturas primitivas y montar en elefante. Pero la mayoría sale decepcionada de sus expectativas a lo Indiana Jones; hoy las salidas por la selva duran menos de una hora, las tribus de la montaña no muestran mucho interés por los visitantes de las tierras bajas y los compañeros de caminata suelen ser aburridos.

Casi todas las empresas ofrecen el mismo tipo de circuito: un trayecto de una hora en microbús de Chiang Mai a Mae Taeng o Mae Wang, una breve salida hasta un campamento de elefantes, una hora de paseo en elefante hasta una cascada, otra hora de *rafting* río abajo y pernoctación en un pueblo de las tribus de la montaña o cerca. El día pasa volando y después se tiene que matar el tiempo entre extraños hasta la hora de ir a dormir, sin amenidades sociales.

Chiang Mai no es el único punto de partida para salir de senderismo hasta las tribus de la montaña, pero sí el más accesible. Casi todas las pensiones de la ciudad hacen las veces de agencia de viajes a cambio de una comisión que, a su vez, les permite ofrecer habitaciones económicas. Las salidas de un día suelen costar 1000 THB y las de varios (3 días/2 noches), 1500 THB. Los precios incluyen transporte, guía, almuerzo y, en el caso de pernoctación, el alojamiento (en temporada más caro). Tal vez las excursiones más caras ofrezcan una experiencia mejor.

Para consejos generales a la hora de escoger una buena agencia y qué lugares visitar, véase p. 247.

tomóvil) de Chiang Mai. Esta zona boscosa proporciona un hábitat de semilibertad a elefantes que han sido rescatados de situaciones de abuso o jubilados del trabajo. Los visitantes pueden ayudar a asearlos y ver la manada, pero no hay ni espectáculo ni paseos. Se puede trabajar como voluntario durante cuatro semanas; para más información, véase la página web.

Patara Elephant Farm RESERVA DE ELEFANTES
(☎08 1992 2551; www.pataraelephantfarm.com; circuito de un día 5800 THB) Esta granja de Patara, más cara e interactiva, ofrece un enfoque algo diferente. Su primera misión es la de combatir la disminución de la población de elefantes en Tailandia a través de un programa de cría y el desarrollo de un modelo de turismo seguro. Cada visitante "adopta" uno de los seis elefantes residentes durante un día. Así, las actividades con "su" elefante incluyen darle de comer, bañarlo, aprender algún truco básico de *mahout* y montarlo hasta una cascada. Los circuitos se reducen a seis personas y el precio incluye el traslado al hotel. La granja está a 30 minutos en automóvil al sur de Chiang Mai, en la zona de Hang Dong.

Baan Chang Elephant Park RESERVA DE ELEFANTES
(☎0 5381 4174; www.baanchangelephantpark.com; circuito de 1 día para 1-2 personas 4200 THB) Otra buena opción, en esta reserva se enseña cómo cuidar a los elefantes. Los circuitos incluyen el cuidado de un elefante durante un día y el conocimiento de su comportamiento y forma de vida (alimentación y baño incl.). Aunque se cruza la selva a lomos de un animal (a pelo), el centro se opone totalmente a enseñar trucos a los paquidermos. El programa de entrenamiento es en Mae Taeng, 50 minutos al norte de Chiang Mai.

Chiang Mai Rock Climbing Adventures ESCALADA EN ROCA
(plano p. 236; ☎08 6911 1470; www.thailandclimbing.com; 55/3 Th Ratchaphakhinai; curso de escalada 2000-6500 THB) Realiza el mantenimiento de muchas de las rutas de escalada en los Crazy Horse Buttress y su propietario, un residente extranjero, edita una guía sobre escalada en roca en el norte de Tailandia. También organiza salidas de espeleología en la misma zona. La oficina de Th Ratchaphakhinai alquila y vende equipo de escalada, facilita el contacto con otros interesados y cuenta con un rocódromo para practicar. También imparte clases a principiantes para subidas en varias etapas; las salidas incluyen los guías, el equipo, los traslados al hotel y el almuerzo.

Peak ESCALADA EN ROCA
(☎0 5380 0567; www.thepeakadventure.com; curso de escalada 1800-2500 THB) Imparte cursos

MIMOS Y MAMPORROS

Aunque haya algunos balnearios excepcionales en Chiang Mai, la ciudad destaca por algo mucho más modesto: el masaje tailandés tradicional. A veces los salones consisten solo en varios colchones en el suelo donde el masajista dobla, estira y golpea los cuerpos contraídos hasta dejarlos como la gelatina sin necesidad de trucos *new wave*.

Muchos templos de la ciudad antigua tienen una *săh·lah* ("*sala*") de masaje en el recinto, retomando su ancestral tradición de almacén del conocimiento y curación.

El **Centro de Masaje de la Cárcel de Mujeres de Chiang Mai** (plano p. 236; 100 Th Ratwithi; masaje podal/tradicional 150-180 THB; ⌚8.00-16.30) ofrece fantásticos masajes corporales y podales, ejecutados por las internas como parte de su programa de reinserción social. Estas masajistas son reclusas a las que solo les quedan seis meses para salir, momento en el cual se les entregará todo el dinero que hayan ganado con su trabajo. Otras iniciativas de reinserción incluyen clases de tejido y pastelería, cuyos resultados también se pueden comprobar en el recinto.

Ban Hom Samunphrai (☎0 5381 7362; www.homprang.com; 93/2 Moo 12; tratamientos 500-1300 THB) es un viaje en el tiempo hasta los antiguos métodos tradicionales. Está a 9 km de Chiang Mai, cerca del McKean Institute. Maw Hom ("doctor en plantas medicinales") es una médica homologada en plantas medicinales y masajes terapéuticos. Gestiona un tradicional baño al vapor herbal que recrea lo que antaño se podía ver en todas las aldeas. También se ofrece masaje tradicional.

Thai Massage Conservation Club (plano p. 236; 99 Th Ratchamankha; masajes 150-250 THB) solo emplea a masajistas invidentes, considerados expertos por su desarrollado sentido del tacto.

Dheva Spa (☎0 5388 8888; www.mandarinoriental.com/chiangmai/spa/; Mandarin Oriental Dhara Dhevi, 51/4 Th Chiang Mai-San Kamphaeng; tratamientos desde 3500 THB), el *spa* más espléndido de la ciudad, también es la forma más económica para acceder a los exclusivos e impresionantes jardines del lujoso complejo turístico Mandarin Oriental Dhara Dhevi; una noche en él saldría mucho más cara. Pruébese el masaje *tok sen*, una antigua técnica Lanna que se vale de un mazo de madera para golpear los puntos de presión.

Oasis Spa (plano p. 236; ☎0 5392 0111; www.chiangmaioasis.com; 4 Th Samlan; tratamientos 1900-6500 THB) cuenta con un plácido jardín surcado por pasarelas elevadas que conducen a casitas privadas para recibir tratamientos individuales o en pareja: exfoliante, de envoltura corporal, masaje tradicional y ayurvédico.

introductorios y avanzados de escalada en roca en los Crazy Horse Buttress. También cuenta con una oferta de suaves salidas de aventura, a destacar las realizadas en *quad*, de senderismo, de *rafting* en aguas bravas y un curso de cocina de supervivencia en la selva. Se recomienda reservar directamente con la compañía y evitar las agencias de viajes.

Siam River Adventures 'RAFTING'
(plano p. 236; ☎089 515 1917; www.siamrivers.com; 17 Th Ratwithi; circuitos desde 1800 THB) En cuestión de seguridad, es la más reputada. Los guías poseen el título de Swiftwater Rescue ("Rescate en aguas bravas") y hay personal adicional apostado en los tramos más peligrosos con cuerdas de auxilio. La salidas se pueden combinar con expediciones en elefante y estancias en aldeas. También organizan excursiones en kayak.

Chiang Mai Mountain Biking BICICLETA DE MONTAÑA
(plano p. 236; ☎08 1024 7046; www.mountainbikingchiangmai.com; 1 Th Samlan; circuitos desde 1450-2700 THB) Ofrecen toda suerte de circuitos en bicicleta de montaña con guía (también combinaciones de senderismo y ciclismo) por el Doi Suthep para todos los niveles.

Click and Travel CICLISMO
(☎0 5328 1553; www.clickandtravelonline.com; circuitos 950-1500 THB; 👪) Se especializa en circuitos de medio día y día entero por Chiang Mai. Son salidas culturales a pedales (aptas para las familias) en las cuales se visitan templos y lugares de interés fuera del centro urbano. El precio incluye el traslado al hotel; se puede reservar e informarse a través de internet o por teléfono.

700-Year Anniversary Stadium NATACIÓN
(☎0 5311 2301; 185 Th Klorng Chonprathan) Moderno complejo deportivo con una piscina olímpica.

Anantasiri Tennis Courts TENIS
(☎0 5322 2210; junto a Th Superhighway; ⏲6.00-20.00 a diario) Las mejores instalaciones de tenis de Chiang Mai. Están en una bocacalle de Th Superhighway, cerca del Museo Nacional de Chiang Mai.

Gymkhana Club CLUB DEPORTIVO
(☎0 5324 1035; www.chiengmaigymkhana.com; Th Ratuthit) Panorámico club deportivo y social con pistas de *squash* y tenis, y campo de golf y de prácticas abierto a los clientes ocasionales por una cuota de día. Está junto a Chiang Mai-Lamphun Rd.

Centre of the Universe NATACIÓN
(www.therealcentreoftheuniverse.com) La única piscina de agua salada de Chiang Mai está 6 km al norte del centro urbano.

Namo YOGA
(plano p. 236; ☎0 5332 6648; www.namochiangmai.com; 109/1 Th Moon Muang; clases 200 THB) Escondido en un tranquilo callejón cerca de la entrada a Tha Pae, aquí imparten clases de yoga sin reserva previa a las 10.30 y 18.00 (lu-vi), y talleres de masaje de medio día.

Cursos

Meditación budista

Los siguientes templos ofrecen cursos de meditación *vipassana* y retiros para angloparlantes. Los participantes deben vestir ropa blanca sencilla (de venta en los templos). De acuerdo con los preceptos budistas, no hay precios marcados, pero se agradecen los donativos. Conviene consultar las características del curso y las rutinas diarias en sus páginas web.

International Buddhism Center MEDITACIÓN
(IBC; ☎0 5329 5012; www.fivethousandyears.org; Wat Phra That Doi Suthep) Con sede en el templo del Doi Suthep, ofrecen retiros de meditación de nivel principiante a avanzado y de 3 a 21 días.

Northern Insight Meditation Centre MEDITACIÓN
(☎0 5327 8620; www.watrampoeng.com; Wat Ram Poeng) Situado 4 km al sur de la ciudad, ofrece cursos intensivos de 26 días o más. Las jornadas empiezan a las 4.00 y se come en silencio. El nombre formal del Wat Ram Poeng es Wat Tapotaram. Se ha de llevar ropa interior blanca, un despertador, pasaporte y fotografías tamaño carné, además de respetar las normas estrictas que rigen este lugar. Para más información, véase la página web.

Wat Sisuphan MEDITACIÓN
(plano p. 232; ☎0 5320 0332; 100 Th Wualai) Ofrece una introducción a la meditación de dos horas que utiliza las cuatro posturas: de pie, caminando, sentado y acostado.

Wat Suan Dok MEDITACIÓN
(plano p. 232; ☎0 5380 8411 ext. 114; www.monkchat.net; Th Suthep) Retiros de meditación de dos días, siempre los martes y los miércoles. Al final de cada mes se alargan a cuatro días (ma-vi). Los participantes deberían inscribirse con antelación y encontrarse en el Wat Suan Dok para el traslado al lugar, 15 km al noreste de Chiang Mai. Consúltense las cancelaciones en la página web.

Cocina

Los cursos de cocina tailandesa son otro de los pilares de unas vacaciones instructivas en Chiang Mai. Hay decenas de escuelas, y normalmente cuestan unos 1000 THB al día, ya sea en un evocador caserón urbano o en un jardín o granja de las afueras. Suelen ofrecerse cinco o seis veces por semana y los menús suelen variar cada vez. Los cursos consisten en una introducción a las hierbas y especias tailandesas, una visita a un mercado local y la elaboración de un menú. La clase culmina con la ingestión de los resultados y con un recetario impreso de regalo.

Asia Scenic Thai Cooking COCINA
(plano p. 236; ☎0 5341 8657; www.asiascenic.com; 31 Soi 5, Th Ratchadamnoen) Llevado por Khun Gayray, mochilera experimentada con buen nivel de inglés.

Baan Thai COCINA
(plano p. 236; ☎0 5335 7339; www.baanthaicookery.com; 11 Soi 5, Th Ratchadamnoen) Está en la ciudad y permite escoger los platos que se quieran preparar. Casi siempre se incluye una visita al mercado local, una forma ideal para conocer las frutas y verduras de la zona.

Chiang Mai Thai Cookery School COCINA
(plano p. 236; ☎0 5320 6388; www.thaicookeryschool.com; oficina de reservas, 47/2 Th Moon Muang) Es una de las primeras escuelas de cocina de Chiang Mai, localizada en un entorno rústico en las afueras de la ciudad. También ofrece una "clase maestra" con un menú típico del norte de Tailandia. Parte de

los beneficios se destinan a la educación de niños desfavorecidos.

Gap's Thai Culinary Art School COCINA
(plano p. 236; ☎0 5327 8140; www.gaps-house.com; 3 Soi 4, Th Ratchadamnoen) Afiliada a la pensión Gap's House (donde se puede reservar), da sus clases fuera de la ciudad, en la casa del propietario.

Thai Farm Cooking School COCINA
(plano p. 236; ☎08 7174 9285; www.thaifarmcooking.com; oficina de reservas, 2/2 Soi 5, Th Ratchadamnoen) Clases de cocina en una granja ecológica a 17 km de Chiang Mai.

Idiomas

Como ciudad universitaria que es, Chiang Mai fomenta el aprendizaje del thai.

American University Alumni IDIOMAS
(AUA; plano p. 236; ☎0 5327 8407; www.learnthaiinchiangmai.com; 73 Th Ratchadamnoen; curso en grupo 4200 THB) Cursos de thai de seis semanas centrados en el dominio de los tonos, la conversación y las bases de escritura y lectura. Las clases son de lunes a viernes y duran dos horas. También ofrecen clases particulares.

Universidad Payap IDIOMAS
(fuera de plano p. 232; http://ic.payap.ac.th; Kaew Nawarat Campus, Th Kaew Nawarat) Esta universidad privada fundada por la Iglesia de Cristo de Tailandia imparte un curso académico de thai a través del **centro de idiomas extranjeros** (☎0 5385 1478 ext. 475), que abarca todos los niveles en módulos de 60/120 horas (8000/20 200 THB).

Boxeo tailandés

Lanna Muay Thai Boxing Camp BOXEO
(Kiatbusaba; ☎0 5389 2102; www.lannamuaythai.com; 161 Soi Chang Khian, Th Huay Kaew; 400/8000 THB día/mes) Clases de introducción al *muay thai* para extranjeros y tailandeses. Algunos estudiantes Lanna han ganado combates importantes, entre ellos el famoso transexual Parinya Kiatbusaba. No es fácil encontrar el campamento, por lo que se recomienda ir en *túk-túk* o *sŏrng·tăa·ou*.

Masaje tailandés

Los siguientes cursos, acreditados oficialmente, proporcionan a los estudiantes las herramientas fundamentales para practicar el masaje tailandés de forma profesional. Las organizaciones internacionales de masaje han reconocido algunas de estas escuelas como centros de formación.

Chetawan Thai Traditional Massage School MASAJES
(☎0 5341 0360; www.watpomassage.com; 7/1-2 Soi Samud Lanna, Th Pracha Uthit; curso básico tradicional 8500 THB) La delegación de la escuela de masaje del Wat Pho de Bangkok fundó esta cerca de la Universidad Rajabhat, fuera de la ciudad.

Lek Chaiya MASAJES
(plano p. 236; ☎0 5327 8325; www.nervetouch.com; 27-29 Th Ratchadamnoen; cursos desde 5000 THB, masaje h/550 THB 1 ½) Khun Lek aprendió de su madre el *jàp sên* (cuya traducción literal sería "tocar los nervios"), una técnica de masaje del norte de Tailandia similar a la acupresión, y se convirtió en una profesional reconocida antes de jubilarse y legar su negocio y saber a su hijo. Los cursos duran de tres a cinco días. La mitad del tiempo se dedica a aprender el masaje tradicional tailandés y el resto, a la técnica del tacto de nervios y terapias herbales. Para disfrutar un masaje *jàp sên,* solo hay que ponerse en manos de un profesional (550 THB) o de Jack (950 THB), el hijo de Lek.

Old Medicine Hospital MASAJES
(OMH; ☎0 5327 5085; www.thaimassageschool.ac.th; 78/1 Soi Siwaka Komarat, Th Wualai; curso de 5 días 6000 THB) Asentado en la tradición, más propia del norte de Tailandia, fue uno de los primeros centros en abrirse a los extranjeros. Ofrecen dos cursos de 10 días al mes y otros más cortos de masaje podal y con aceites. De diciembre a febrero las clases suelen ser más numerosas.

Thai Massage School of Chiang Mai MASAJES, YOGA
(TMC; plano p. 236; ☎0 5385 4330; www.tmcschool.com; 203/6 Th Chiang Mai-Mae Jo; cursos 6500-7500 THB) Al noreste de la ciudad, esta escuela ofrece un sólido programa oficial de estudios. Incluye tres niveles preparatorios y un curso intensivo de formación de profesorado. También ofrece otro de un día de yoga tailandés.

Fiestas y celebraciones

Chiang Mai es célebre por el Festival de las Flores, el Songkran y el Loi Krathong; durante estas épocas conviene reservar alojamiento con mucha antelación.

Feria de Invierno y de la Cruz Roja de Chiang Mai FERIA
Esta feria de diez días (fin dic-ppios ene) se celebra detrás del Centro de Arte y Cultura

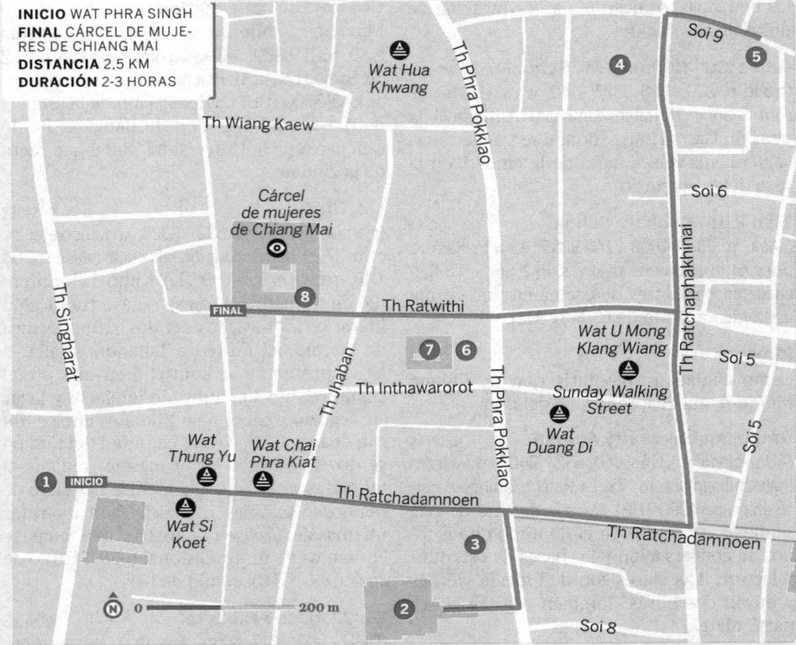

Circuito a pie

Por los templos de la ciudad antigua

No hay visita a Chiang Mai que se precie sin una calurosa jornada de templos por la ciudad antigua. Este itinerario recorre los más famosos. Conviene madrugar no solo para escapar algo del calor, sino también para conocer los diferentes momentos en la vida de un templo: las idas y venidas de los monjes, los rituales de los meritorios y descubrir quién se queda dormido cuando medita. No hay que olvidar vestir con decoro (hombros y rodillas tapados), descalzarse antes de entrar y sentarse en la posición de "sirena" (con las piernas y pies hacia atrás) mientras se observa el interior de un santuario.

Se empieza por el mejor, el 1 **Wat Phra Singh,** que atesora el buda más venerado de la ciudad (Phra Singh) y es un magnífico ejemplo de arquitectura Lanna. Se baja por Th Ratchadamnoen y se gira a la derecha por Th Phra Pokklao hasta el 2 **Wat Chedi Luang,** otro recinto venerable. Para saber en qué consiste el budismo, se puede charlar con un monje en el lado oeste de la *chedi*. Luego se retrocede hasta el encantador 3 **Wat Phan Tao,** un templo de teca más fotogénico que venerado. Si el calor no aprieta, se gira a la derecha por Th Ratchadamnoen y después a la izquierda por Th Ratchaphakhinai hasta el 4 **Wat Chiang Man,** el más antiguo de la ciudad.

Como quizás ya se sienta apetito, los principales puestos de arroz quedan un poco lejos, si se va al norte por Th Ratchaphakhinai y se gira a la derecha por Soi 9 se llegará a la panadería 5 **Blue Diamond,** favorita entre los residentes extranjeros. Con las fuerzas ya repuestas, se sigue al sur por Th Ratchaphakhinai y se tuerce a la derecha por Th Ratwithi, donde se puede saludar con la cabeza al 6 **Anusawari Sam Kasat,** el monumento a los Tres Reyes, de camino al didáctico y refrigerado 7 **Centro de Arte y Cultura de la Ciudad de Chiang Mai.**

Si ya duelen los pies, un poco más por Th Ratwithi se llega al 8 **Centro de Masaje de la Cárcel de Mujeres de Chiang Mai.** El lugar no está en la misma prisión, sino en el edificio que queda en la acera sur de la calle con el letrero "Prison Shop" ("tienda de la cárcel").

de la Ciudad de Chiang Mai y tiene un aire campechano, con puestos de comida norteña y muestras culturales.

Festival de las Flores FLORES

Esta celebración agrícola (llamada *têt·sà·gahn mái dòrk mái prà·dàp*) dura tres días a principios de febrero e incluye muestras de arreglos florales, espectáculos culturales y concursos de belleza. Su punto culminante es un desfile que empieza en el Saphan Nawarat, baja por Th Tha Phae y desemboca en el Suan Buak Hat.

Año Nuevo chino de Chiang Mai AÑO NUEVO

El barrio chino de la ciudad anuncia su año nuevo en febrero con especial énfasis en la comida y los actos culturales.

Songkran AÑO NUEVO

El tradicional Año Nuevo tailandés se celebra a mediados de abril con un entusiasmo que roza el pandemonio. Miles de asistentes se atrincheran a orillas del foso en una verdadera batalla de agua. Es prácticamente imposible permanecer seco durante los cinco días que dura la fiesta.

Fiesta de Intakin RELIGIOSO

Esta festividad religiosa (o *ngahn tam bun sŏw in·tá·gin*) se celebra en el Wat Chedi Luang a mediados de mayo, concentrada alrededor del *làk meu·ang* (pilar de la ciudad), para propiciar que la deidad custodia de la ciudad garantice la llegada a tiempo del monzón anual.

Loi Krathong RÍO

Desde finales de octubre hasta principios de noviembre las orillas del río de Chiang Mai se llenan de gente que bota unas barquitas en forma de loto expresamente elaboradas para rendir el tributo debido al espíritu del río. En Chiang Mai a este festival también se le llama Yi Peng, y algunos *kon meuang* (norteños) lo festejan soltando centenares de globos cilíndricos de aire caliente con llamitas que iluminan poéticamente el cielo nocturno.

Dónde dormir

Chiang Mai es generosa con el viajero ahorrador, pues hay mucha competencia y las pensiones mantienen los precios a raya. Además, al ser una ciudad universitaria, no pocos alojamientos ofrecen descuentos por semana y mes o alquileres mensuales a precio fijo, electricidad y agua aparte.

Un puñado de hoteles conceptuales-*boutique* se sitúan entre las categorías de precio medio y alto.

Muchos alojamientos económicos y de precio medio alquilan bicicletas y motocicletas, además de ofrecer internet y wifi gratis. Si se llama antes, los hay que pasan a recoger al viajero sin ningún cargo a la terminal de trenes o autobuses y de paso evitan pagar comisión a un conductor.

Los hoteles de precio alto son principalmente grandes establecimientos corporativos. Resultan más interesantes los acogedores hoteles-*boutique,* que suelen conciliar las comodidades modernas con antiguos elementos Lanna. En lo alto de la escala se hallan los complejos turísticos que han recreado un entorno natural con arrozales y construcciones históricas.

CIUDAD ANTIGUA

Hay muchas pensiones en las bocacalles de Th Moon Muang, sobre todo en Soi 7 y Soi 9, y otras tantas en la esquina sureste de la ciudad antigua que da a Th Ratchamankha y en las *sois* de baja numeración que dan a Th Moon Muang.

Mini Cost HOTEL $

(plano p. 236; ☎0 5341 8787; www.minicostcm.com; 19/4 Soi 1, Th Ratchadamnoen; h 750-1050 THB; ❄@) Un servidor se quedó muy impresionado con este hotel con habitaciones contemporáneas, tipo apartamento, con sillones, colores balsámicos y toques de interiorismo tailandés muy atípicos en Chiang Mai. Además es un lugar magnífico, tranquilo pero cerca de todo lo que hay por la Pratu Tha Phae. Uno de los pocos alojamientos genuinos de precio medio en la ciudad con habitaciones por menos de 1000 THB.

Villa Duang Champa HOTEL $$

(plano p. 236; ☎0 5332 7199; www.duangchampa.com; 82 Th Ratchadamnoen; h 2500 THB, h en pensión 700 THB; ❄@) Excelente hotelito con habitaciones sencillas de cemento, exquisitamente amuebladas y con bonitos acabados modernos. Ocupa un edificio colonial notable por su sencillez, ligereza y ventanas con postigos. Casi todas las habitaciones tienen un rinconcito para sentarse, y la nº 1, su propio balcón cerrado para arrellanarse cómodamente. Las habitaciones del hotel salen más a cuenta que las de la pensión, oscuras y estrechas.

Gap's House PENSIÓN $

(plano p. 236; ☎0 5327 8140; www.gaps-house.com; 3 Soi 4, Th Ratchadamnoen; h 500-750 THB;

(❄@📶) La abigarrada vegetación que envuelve este edificio Lanna da la bienvenida a esta curiosa joyita. Las habitaciones de madera de estilo tailandés están en plena fronda selvática y son más frescas de lo habitual. Algunas incluyen muebles antiguos pero huelen un poco a humedad y tienen paredes como de papel de fumar. Las de cemento son más económicas y más resistentes, pero también más sencillas. Conviene llevar repelente de insectos. El lugar también es conocido por su curso de cocina (p. 251) y por su bufé vegetariano de cena.

Vieng Mantra HOTEL **$$$**

(plano p. 236; ☎0 5332 6640; www.viengmantra.com; 9 Soi 1, Th Ratchadamnoen; h 2000-4500 THB; ❄@📶🏊) Este hotel, acurrucado en su propio jardín frondoso, es como un oasis junto a la bulliciosa Soi 1. El edificio, de estilo Lanna, muestra líneas suaves y limpias donde destaca el maridaje de cemento y madera, y las habitaciones rodean un patio interior con piscina y tienen balcones con mullidos asientos. Con esas bonitas zonas al fresco, el bar y la piscina, el viajero no querrá marcharse nunca. Los precios sin reserva salen más económicos, pero quizás esté completo.

Safe House Court PENSIÓN **$**

(plano p. 236; ☎0 5341 8955; www.safehousecourt.com; 178 Th Ratchaphakhinai; h 350-550 THB; ❄@📶) Algo coloca a esta económica pensión por delante de la competencia. Puede que sea su boscosa ubicación junto a una calle principal, la excelente comida de su restaurante vecino o su encanto *art déco* y su simpático personal. En cualquier caso, las habitaciones son luminosas y alegres y las del piso superior incluyen un balconcito con vistas a los tejados de los templos cercanos. internet, televisión por cable y grandes sonrisas completan la oferta.

3 Sis HOTEL **$$**

(plano p. 236; ☎0 5327 3243; www.the3sis.com; 1 Soi 8, Th Phra Pokklao; d 1300-1800 THB; ❄@📶) Las habitaciones bastante grandes y con ventanas de doble cristal que dan a la calle del edificio delantero quizás sean las mejores. Sin embargo, las del "centro vacacional" tienen bonitos suelos de madera, limpias paredes blancas, nevera y televisión por cable. Las que tienen baño adjunto están bien pero hay que comprobar que la ducha funcione correctamente. La sala abierta comunitaria del vestíbulo, con su ambiente relajado, exhibe mucha madera, agua y sofás de bolitas.

Tamarind Village HOTEL **$$$**

(plano p. 236; ☎0 5341 8896-9; www.tamarindvillage.com; 50/1 Th Ratchadamnoen; h 6000-18 000 THB; ❄@📶🏊) Uno de los primeros hoteles del "resurgimiento Lanna" ocupa un viejo huerto de tamarindos y recrea los tranquilos espacios de un templo a través de casas con soportales y patios ajardinados. Es tan grande como un complejo turístico, pero sin perder intimidad. Los senderos flanqueados de bambú y el muro blanqueado que rodea el recinto lo aíslan del mundanal ruido. Programan exposiciones con regularidad, como una de joyería tailandesa que había hace poco.

Nice Apartments PENSIÓN **$**

(plano p. 236; ☎0 5321 8290; 15 Soi 1, Th Ratchadamnoen; h 320 THB; ❄) Este incondicional de toda la vida ofrece habitaciones económicas y limpias con nevera, aire acondicionado y ventilador en una ubicación de primera en la ciudad antigua: un verdadero chollo. Encima el personal es simpático de verdad. Hay que pasar después de las 11.00 (hora del desalojo) por si quedaran habitaciones libres. En su salón al fresco se sirve té, café y fruta gratis.

Wanasit Guesthouse PENSIÓN **$**

(☎0 5381 4042; 6 Soi 8, Th Rachamankha; i con ventilador/A/A 250/350 THB, d 300/400 THB) En una apacible y bien señalizada *soi*, esta acogedora pensión es para gente tranquila. La terraza en la azotea y las habitaciones limpias y bien equipadas, aunque ya sin lustre, se cuentan entre sus ventajas. Además, todas las habitaciones tienen balcón. El simpático propietario facilita suculenta información de Chiang Mai.

Sa Thu Boutique House HOTEL **$$**

(plano p. 236; ☎0 5390 3737; www.sathuboutique.com; 31 Soi Prapokklao, Th Ratchaphakhinai; h superior/de lujo 1200/1800 THB; 🏊) Apartado en una bocacalle de la transitada Ratchaphakhinai Rd, esta joyita tipo *boutique* está bien ventilada y tiene un personal entusiasta. Las habitaciones de lujo ofrecen una relación calidad-precio mejor, con puertas francesas que dan a pequeños patios. Los muebles hacen juego con el entorno minimalista y los acabados son originales y divertidos. La única pega son los minúsculos baños. Las tarifas sin reserva previa suelen ser mejores que las que se ofrecen en la página web.

Julie Guesthouse PENSIÓN $
(plano p. 236; ☎0 5327 4355; www.julieguesthouse.com; 7 Soi 5, Th Phra Pokklao; dc 80 THB, h 100-350 THB; 📶) Medio albergue medio pensión, este alojamiento monopoliza el ambiente mochilero joven. El jardín del café está lleno de viajeros primerizos, que por la noche se retiran a la terraza cubierta de la azotea, llena de hamacas. Sin aire acondicionado, TV ni nevera en las habitaciones.

Lamchang House PENSIÓN $
(plano p. 236; ☎0 5321 0586; 24 Soi 7, Th Moon Muang; h 200 THB) Uno de los alojamientos más económicos de la ciudad, esta antigua casa de madera ofrece habitaciones básicas con ventilador, un poco decoradas a la tailandesa y con baños compartidos. Las de la planta baja son algo oscuras, pero a cambio hay un agradable patio delantero y un restaurante anejo.

Smile House 1 PENSIÓN $
(plano p. 236; ☎0 5320 8661; www.smileguesthouse.com; 5 Soi 2, Th Ratchamankha; h 300-1000 THB; ❄🏊) Alrededor de una vieja casa tailandesa crece esta pequeña aldea mochilera. Queda apartada en un rinconcito de la ciudad antigua, en una apacible *soi*. Los viajeros hablan bien de esta pensión, particularmente los mochileros jóvenes, que valoran mucho la piscina. El propietario confirmó que la vieja casa en su día fue el "refugio" de Kun Sa, el siniestro caudillo shan-chino del opio.

Rachamankha HOTEL $$$
(☎0 5390 4111; www.rachamankha.com; 6 Th Ratchamankha; h desde 6000 THB; ❄@📶🏊) Otra apuesta del arquitecto Ong-ard Satrabhandu, el mismo del Tamarind Village, pero en esta ocasión lo que se recrea es un ancestral monasterio de Lampang. Para la reputación que tiene, las habitaciones no son nada ostentosas, y las superiores hasta resultan bastante pequeñas. Las "de lujo" son más espaciosas, con camas con baldaquín y baños que doblan el espacio habitable. La biblioteca, una sala con luz a raudales que huele a madera pulida y a papel mohoso, es una maravilla. Está bien indicado cerca de la Pratu Suan Dokr.

Siri Guesthouse PENSIÓN $
(plano p. 236; ☎0 5332 6550; 31/3 Soi 5, Th Moon Muang; h con ventilador/A/A 350/450 THB; ❄) Se recomiendan las habitaciones superiores, más luminosas y espaciosas. Las más económicas son adecuadas, aunque son cubículos pequeños en la planta baja. Está bien situada en la ciudad antigua, en un lugar tranquilo, y tiene un café.

Thapae Gate Lodge PENSIÓN $
(plano p. 236; ☎0 5320 7134; www.thapaegatelodge.com; 38/7 Soi 2, Th Moon Muang; h 350-500 THB; ❄@) Al otro lado de la calle del All in 1, esta pensión alemano-tailandesa es una buena elección. Las habitaciones son compactas pero están hábilmente amuebladas, y unas pocas (económicas incl.) tienen un pequeño balcón. Por un poco más se tendrá aire acondicionado, TV y espacio extra. Algunas camas están un pelo abombadas, compruébense antes.

Awanahouse PENSIÓN $
(plano p. 236; ☎0 5341 9005; www.awanahouse.com; 7 Soi 1, Th Ratchadamnoen; h 225-850 THB; ❄@🏊) Esta otrora pequeña pensión se ha convertido en un edificio estándar de pisos en una *soi* tranquila. Es un alojamiento un poco institucional pero tiene habitaciones grandes y luminosas, algunas con balcones, TV y nevera. Las más económicas cuentan con ventilador y baño compartido; a mayor precio, más espacio, vistas y lujos (como A/A). Destaca la zona *chill-out* de la azotea, con vistas a las montañas circundantes.

Rendezvous Guest House PENSIÓN $
(plano p. 236; ☎0 5321 3763; 3/1 Soi 5, Th Ratchadamnoen; h 500-900 THB; ❄) Sus surtidas y limpias habitaciones lucen un bonito mobiliario moderno, si bien algunos baños precisan reformas; todas incluyen TV, caja fuerte y nevera. Presume de dar buena información mochilera a sus clientes: tarifas de taxis por la ciudad, microbuses a lugares como Pai, consejos para la renovación de visados y sobre actividades. Pídase una habitación con balcón.

RCN Court PENSIÓN $
(plano p. 236; ☎0 5341 8280-2; www.rcnguesthouse.com; 35 Soi 7, Th Moon Muang; h con ventilador/A/A 350/550 THB; ❄@📶) Este alojamiento básico es conocido por sus asequibles tarifas mensuales (desde 6300 THB) y por su plácida y céntrica ubicación delante de un *wat* y de muchos árboles. Las habitaciones, aunque nada del otro mundo, tienen televisión por cable y nevera. Hay una cocina al fresco para uso de los huéspedes, un pequeño patio delantero y un gimnasio.

Montri Hotel HOTEL $$
(plano p. 236; ☎0 5321 1069/70; 2-6 Th Ratchadamnoen; h 2100; ❄) Ideal para quienes busquen comodidades. Las habitaciones son modernas y bastante grandes, decoradas en tonalidades apagadas y bien equipadas con caja fuerte, minibar y baños relucientes. El bar-restaurante Brix es muy turístico, pero

para nada pretencioso, con platos occidentales en contenido y precio. La terracita adjunta es ideal para una cerveza por la tarde en esta concurrida esquina (tráfico y humo incl.) ¡Pagar la habitación con tarjeta de crédito se premia con un 20% de descuento!

Top North Hotel HOTEL $$
(plano p. 236; ☎0 5327 9623; www.topnorthgroup.com; 41 Th Moon Muang; h estándar/superior/de lujo 850/1200/1500 THB; ❄🏊) Tipo complejo turístico y muy grande para estar en la ciudad antigua. Las habitaciones estándar y superiores están en el edificio más viejo y las hay de todo tipo (en especial las que tienen baño deberían mirarse con lupa). Las de lujo, en el ala más nueva, están mucho mejor. Pero su verdadero reclamo es la céntrica piscina de agua salada, además del bar.

Buri Gallery PENSIÓN $$
(plano p. 236; ☎0 5341 6500; www.burigallery.com; 102 Th Ratchadamnoen; h superior/de lujo 1000/2000 THB; ❄@📶🏊) Ocupa un edificio de teca remodelado y decorado con artesanías Lanna. Algunas habitaciones superiores son bastante estrechas, lúgubres y de tamaño variable, por lo que conviene ver varias antes; las paredes son como de papel de fumar. Las de lujo son más tranquilas e incluyen pequeñas terrazas. Si bien los precios tienden a altos, el servicio es personal, digno de un hotel.

Charcoa House HOTEL $$
(plano p. 236; ☎0 5321 2681; www.charcoa.com; 4 Soi 1, Th Si Phum; h 1400-2500 THB; ❄@📶) Habitaciones pequeñas pero bonitas, con maderos a la vista y paredes encaladas.

U Chiang Mai HOTEL $$$
(plano p. 236; ☎0 5332 7000; www.uchiangmai.com; 70 Th Ratchadamnoen; h superior/de lujo 4800/6000 THB; ❄📶🏊) Enfocado a los negocios, se deja la habitación a las 24 h de haberla ocupado.

Tri Gong Residence PENSIÓN $$
(plano p. 236; ☎0 5321 4754; www.trigong.com; 8 Soi 1, Th Si Phum; h 700-1000 THB; ❄@📶) Habitaciones grandes con muebles aceptables, televisión por cable y nevera.

All In 1 PENSIÓN $
(plano p. 236; ☎0 5320 7133; www.allin1gh.com; 31 Soi 2, Th Moon Muang; h 400-700 THB; ❄@📶) Habitaciones limpias con televisión por cable y un bar exterior en un jardín que da a la calle.

Supreme House PENSIÓN $
(plano p. 236; ☎0 5322 2480; 44/1 Soi 9, Th Moon Muang; h 150 THB) Ambiente informal y precios económicos para poder disfrutar de los bares cercanos.

Jonadda Guest House PENSIÓN $
(plano p. 236; ☎0 5322 7281; 23/1 Soi 2, Th Ratwithi; h 250-450 THB; ❄) Habitaciones muy sencillas pero inmaculadas.

AL ESTE DE LA CIUDAD ANTIGUA

El tráfico es más intenso fuera de la ciudad antigua, cuyo ruido a menudo estropea el ambiente mesurado de Chiang Mai. Sin ser tan pintoresca como la ciudad antigua, Th Tha Phae resulta muy práctica para hacer turismo y salir de fiesta; incluso queda más cerca del bazar nocturno. Los hoteles corporativos, con salas de reuniones y demás servicios para el mundo de la empresa, están cerca del bazar nocturno de Chiang Mai.

👍 **Mo Rooms** HOTEL $$
(plano p. 236; ☎0 5328 0789; www.morooms.com; 263/1-2 Th Tha Pae; h pequeña/mediana/grande 2800/3200/3500 THB; ❄@🏊) Este peculiar hotel de diseño es una rara avis en Chiang Mai y una opción fabulosa para los amantes del arte. Cada una de las 12 habitaciones es única, inspirada en un animal del zodíaco chino y diseñada por un artista local nacido bajo ese signo. Se recomiendan la rata, la cabra y el mono, pero se puede preguntar si se pueden ver algunas; es como visitar una galería. Quizás sea un poco caro, pero tiene una sofisticada coctelería con vistas a la calle.

👍 **Baan Kaew Guest House** PENSIÓN $
(☎0 5327 1606; www.baankaew-guesthouse.com; 142 Th Charoen Prathet; h 800 THB; ❄📶) Favorita de este autor, esta pensión de dos pisos queda apartada de la calle, detrás de la residencia del propietario. Las habitaciones son bastante convencionales, con nevera y televisión por cable, pero las superiores tienen balconcitos, son luminosas y están ventiladas. No dan gato por liebre, es un lugar muy agradable, con jardín propio, y está en una zona tranquila de la ciudad, pero también muy práctica, delante del muelle de los cruceros fluviales y el elegante Wat Chaimongkhon (plano p. 232).

DusitD2 Chiang Mai HOTEL $$$
(plano p. 236; ☎0 5399 9999; www.dusit.com; 100 Th Chang Khlan; h desde 3500 THB; ❄@📶🏊) Diseñado para impresionar, este logrado ho-

tel apuesta por la modernidad urbana con su blanco reluciente y naranja cegador del vestíbulo. Las habitaciones con muebles modelados, un diseño inteligente, los acabados meditados como las luces para la lectura y una calidez que desafía el interiorismo más actual, no decepcionan. Las de lujo, con sofá y cojines junto a las ventanas y vistas al Doi Suthep, están muy bien pero, ya puestos, se recomienda una suite, que son como apartamentos pequeños (con vestidor).

Yaang Come Village HOTEL-'BOUTIQUE' **$$$**
(☎0 5323 7222; www.yaangcome.com; 90/3 Th Si Donchai; h 5000-10 000 THB; ❄@🛜🏊) Este homenaje a una aldea thai lii, inspirado en los viajes de su propietario por la región de Yunnan (China), ofrece un giro inteligente a la reproducción de un hotel Lanna. Las habitaciones de lujo son mucho mejores que las superiores, con una correcta combinación de tradición, lujo y confort hogareño. Pero todas son espaciosas, con murales, telas y muebles de teca, y balcones que dan a la "aldea" equipados con asientos mullidos. Con todo, los precios son un poco altos, aunque podrían menguar un poco si no se reserva. Está unos 300 m al oeste del Chedi en una calle principal.

Banthai Village HOTEL **$$$**
(plano p. 236; ☎0 5325 2789; www.banthaivillage.com; 19 Soi 3, Th Tha Phae; h superior/de lujo 3100/4100 THB; ❄@🛜🏊) Este relajado y estilizado alojamiento-*boutique* estilo aldea arrocera concentra toda la actividad alrededor de una larga y estrecha piscina y un bar exterior. Con solo 33 habitaciones, consigue el equilibrio perfecto entre intimidad y privacidad. Las habitaciones superiores son más pequeñas pero están mejor ubicadas en un edificio independiente con vistas al jardín (mejor las del 1er piso). Las habitaciones están en casas adosadas de estilo Lanna con accesorios originales, enormes bañeras de piedra y duchas efecto lluvia. La gente con problemas de movilidad debería ir al tanto con los suelos, que están un poco inclinados.

Daret's House PENSIÓN **$**
(plano p. 236; ☎0 5323 5440; 4/5 Th Chaiyaphum; i/d 160/220 THB) Un clásico mochilero con una ubicación fantástica y muchas habitaciones sencillas y muy usadas que recuerdan a las de Th Khao San. Pero aquí se está en territorio Lanna, y Kun Daret, que suele estar en el café de abajo, es todo afabilidad. El agua caliente se paga aparte.

Micasa Guest House PENSIÓN **$**
(plano p. 236; ☎0 5320 9127; 2/2 Soi 4, Th Tha Pae; h 300-1000 THB; ❄@🛜) Sus esfuerzos por crear una atmósfera de sofisticación, y con su preciosa zona comunitaria que se extiende hasta la *soi*, se notan sus aspiraciones de pensión-*boutique*. Aunque por lo que realmente sobresale es por sus habitaciones económicas, un poco superiores a la media. Otros pluses son internet gratis, intercambio de libros, bicicletas de calidad en alquiler y una buena y servicial oficina de circuitos para moverse por el norte de Tailandia.

Roong Ruang Hotel HOTEL **$**
(plano p. 236; ☎0 5323 4746; www.roongruanghotel.com; 398 Th Tha Phae; h 450-900 THB; ❄@) Con una ubicación privilegiada cerca de la Pratu Tha Phae, este hotel está muy bien para ser de la vieja escuela. Por fuera no impresiona, pero el patio interior lo aísla del ruido del tráfico. Las habitaciones del edificio nuevo son mejores (espaciosas y con duchas enormes), aunque las más económicas (oscuros cubículos) son correctas para pasar la noche.

Tawan Guesthouse PENSIÓN **$**
(plano p. 236; ☎0 5320 8077; 4 Soi 6, Th Tha Phae; h 200-300 THB) Esta sencilla pensión destaca por su impresionante jardín con fuentes y estanques de *kòi*, todo unificado por parras de buganvillas en flor y por la enorme sombra de un árbol con zarcillos a modo de cabellera. Las habitaciones no tienen nada de especial: algunas se hallan en una vieja casa de madera y otras están en una frágil cabaña de bambú.

Eagle House PENSIÓN **$**
(plano p. 236; ☎0 5387 4126; www.eaglehouse.com; 16 Soi 3; Th Chang Moi Kao; h 150-380 THB; ❄) Nada más salir de la ciudad antigua y a la sombra aguardan habitaciones con ventilador o aire acondicionado, y algunas con baño privado, bastante sencillas pero seguras y limpias. También hay una lavandería, servicio de intercambio de libros y cajas de seguridad. Los dueños organizan celebrados circuitos con sensibilidad ecológica e informan al detalle sobre Chiang Mai y más allá. Tienen una sucursal en la ciudad antigua.

Sarah Guest House PENSIÓN **$**
(plano p. 236; ☎0 5320 8271; http://sarahgh.hypermart.net; 20 Soi 4, Th Tha Phae; i 250-400 THB, d 300-450 THB; ❄@🛜) Este veterano alojamiento de mochileros se halla en un tranquilo jardín y todavía lo lleva su fundador, un residente inglés. Solo tiene 12 habitacio-

nes sencillas (con ventilador o A/A), equipadas con recios muebles de madera y grandes baños.

Manathai HOTEL $$$
(plano p. 236; ☎0 5328 1666; www.manathai.com; 39/9 Soi 3, Th Tha Phae; h desde 3500 THB; ❄@≋) Este hotel-*boutique* combina elementos Lanna y coloniales, con resultados algo arabescos.

Thapae Boutique House PENSIÓN $$
(plano p. 236; ☎0 5328 4295, www.thapaeboutiquehouse.com; 4 Soi 5, Th Tha Phae; h superior/de lujo 1000/1200 THB; ❄@) Las habitaciones superiores son un chollo.

Lai-Thai Guesthouse PENSIÓN $
(plano p. 236; ☎0 5327 1725; www.laithai.com; 111/4-5 Th Kotchasan; h 600-700 THB; ❄ᯤ≋) Habitaciones cómodas pero un poco estrechas con televisión por cable y mini nevera. Precios aceptables pero situada junto a una transitada calle.

Imperial Mae Ping Hotel HOTEL $$
(plano p. 236; ☎0 5328 3900; www.imperialhotels.com; 153 Th Si Donchai; h desde 2400 THB; ❄@ᯤ≋) Cerca del bazar nocturno, este hotel grande y moderno combina con gracia idiosincrasia asiática y contemporaneidad. Las habitaciones superiores ofrecen mejor relación calidad-precio que las de lujo.

ORILLAS DEL RÍO

Riverside House PENSIÓN $
(fuera de plano p. 236; ☎0 5324 1860; www.riversidehousechiangmai.com; 101 Th Chiang Mai-Lamphun; h 500-800 THB; ❄@ᯤ) Al lado de la TAT, esta agradable y eficiente pensión ofrece habitaciones económicas fabulosas alrededor de un bonito jardín. Las mejores son, obviamente, las más caras, pero lo merecen por estar en un muevo edificio en la parte de atrás. Las estancias de la parte delantera comparten un balcón, mientras que las traseras los tienen privados. Pero todas están muy bien y limpias.

River View Lodge HOTEL $$
(fuera de plano p. 236; ☎0 5327 1109; www.riverviewlodgch.com; 25 Soi 4, Th Charoen Prathet; h 1500-2200 THB; P❄@≋) Este ventilado alojamiento ribereño apuesta por la calidez y una hospitalidad algo anticuada con habitaciones sencillas y espaciosas pero un poco caras. Sin embargo, el precio se debe sobre todo a la piscina y los grandes y preciosos jardines, muy tranquilos en un callejón sin salida. Ideal para estancias cortas.

Galare Guest House PENSIÓN $$
(fuera de plano p. 236; ☎0 5381 8887; www.galare.com; 7 Soi 2, Th Charoen Prathet; h 1100 THB; ❄P) Justo al lado del River View Lodge, este moderno alojamiento no tiene tanto encanto pero sale más económico. Hay mesas sobre el césped, prácticamente a orillas del río, donde se puede comer. Las habitaciones, aunque algo anodinas y anticuadas, son espaciosas, están muy limpias y dan a una amplia veranda compartida.

Baan Orapin B&B $$
(☎0 5324 3677; www.baanorapin.com; 150 Th Charoenrat; h desde 2100-3400 THB; ❄@≋) Alojamiento familiar con casa solariega de teca y un hermoso jardín que pertenece a la misma familia desde 1914. Las lujosas residencias para huéspedes (15 en total) se localizan en edificios independientes y modernos repartidos por toda la propiedad. Está justo al lado de Sop Moei Arts.

Hollanda Montri PENSIÓN $
(☎0 5324 2450; http://hollandamontri.com; 365 Charoenrat Rd; h con ventilador/A/A 450/550 THB; ❄) Muy recomendado por los lectores, este alojamiento queda un poco fuera de la ciudad y es bastante rudimentario, pero el marco fluvial es bonito si lo que se quiere es huir del ajetreo de la ciudad antigua. En realidad, tampoco hay tantos alojamientos económicos junto al río. Presta bicicletas gratis. Está al norte del Saphan Ratanakosin.

AL OESTE DE LA CIUDAD ANTIGUA

Aunque un poco más cara que las zonas de los mochileros, aquí se estará más cerca de la Universidad de Chiang Mai y del mejor ocio nocturno.

Sakulchai HOTEL $
(plano p. 242; ☎0 5321 1982; Soi Plubpueng, Th Huay Kaew; h 450-650 THB; ❄ᯤ) Recientemente remodelado, este hotel se ha convertido en uno de los mejores chollos de Chiang Mai, situado al final de una tranquila *soi* sin salida. Sus modernas y espaciosas habitaciones son como de categoría media pero a precios económicos. Lo frecuentan más tailandeses que extranjeros; se habla poco inglés.

H HOTEL $$
(plano p. 242; ☎0 5322 0444; www.h-designhotel.com; 1 Th Sirimungklajarn; h desde 1590 THB; ❄ᯤ) Menudo descubrimiento este nuevo hotel de cemento, tipo monolito cubista. Aparte del nombre, entre pretencioso y tonto, el personal hace lo imposible por complacer y

la arquitectura se ha centrado en lo importante: el espacio. Las habitaciones son enormes (hasta las más pequeñas) y los baños, modernos y amplios. La luz entra a raudales por los ventanales y los muebles son decididamente minimalistas para acentuar la sensación de espacio. Quizás se hayan pasado un poco con los colores del interior, pero en conjunto impresiona, y más para tratarse de Chiang Mai. El Mango Chilli Restaurant que hay debajo es la referencia para localizarlo.

Sweet Room PENSIÓN **$**

(plano p. 242; ☎0 5321 4668; sweet_room_cafe@hotmail.com; 81 Th Huay Kaew; i/d 700/1000 THB; 📶) Pues sí que es dulce (*sweet,* en inglés), pero también único y personal, aunque su estrecha fachada no lo delate. Dentro aguardan seis espaciosas habitaciones, cada una individualmente decorada. Teniendo en cuenta que dos habitaciones comparten baño exterior en cada nivel, el precio resulta un poco osado, pero la decoración es exquisita, muy contemporánea, y un servidor se atrevería a decir que con un poco de regateo probablemente se conseguiría bajar algo la tarifa, sobre todo para estancias largas. En las habitaciones de atrás se evitará el ruido de la calle. La cocina y una pequeña sala de estar ocupan la 1ª planta, y hay un fabuloso y pequeño café en la planta baja.

Uniserv-International Center Hostel ALBERGUE **$**

(☎0 5394 2881; 239 Th Nimmanhaemin; h 600 THB; ❄@) No se puede estar más cerca de la universidad, pues comparte espacio con el concurrido International Center de la misma. El desayuno está incluido en el precio y ofrece tarifas mensuales. Las grandes y anticuadas habitaciones incluyen cómodos sillones y modernos baños, y algunas tienen vistas. Está señalizado en Th Nimmanhaemin, al norte de Th Suthep.

Dome HOTEL **$$**

(plano p. 242; ☎0 5340 5400; www.thedomechiangmai.com; 1 Soi Plubpueng, Th Huay Kaew; h estándar/de lujo/suite 700/900/1200 THB; ❄📶) Es lo que se ve: un alojamiento moderno y cómodo con habitaciones convencionales que están bien; se recomiendan las de lujo, más espaciosas aunque más caras. Las tarifas semanales y mensuales salen más a cuenta: una buena opción si se quiere estar por la zona una temporada. El nuevo restaurante-bar de la planta baja es un valor añadido.

Baan Say-La PENSIÓN **$$**

(plano p. 242; ☎08 1930 0187; www.baansaylaguesthouse.com; Soi 5, Th Nimmanhaemin; h 500-1500 THB; ❄) En la ciudad antigua una habitación con baño compartido costaría la mitad o menos, pero aquí se está en el moderno barrio de Nimmanhaemin, y eso se cotiza. Las habitaciones de esta pensión bohemia-chic con baños compartidos son muy básicas pero ofrecen televisión por cable y sábanas aceptables, aunque los colchones vivieron mejores tiempos. Otras habitaciones tienen camas con baldaquín y muebles de *rattan.* Las fotografías en blanco y negro decoran las paredes y los salones comunitarios disponen de grandes tumbonas.

Miso PENSIÓN **$**

(plano p. 242; ☎0 5389 4989; 9 Soi 7, Th Nimmanhaemin; h desde 500 THB) Sobre todo es un restaurante coreano y una agencia de viajes, pero con unas pocas habitaciones económicas y aceptables encima. La verdad es que el personal anda un poco liado, pero el simpático dueño seguramente ajustará el precio, siempre y cuando se soporten los estridentes colores del cuarto de baño. Básicamente sencillo y limpio, no se encontrará nada más económico cerca de la calle Nimmanhaemin. También para largas estancias.

International Hotel Chiangmai ALBERGUE **$**

(☎0 5322 1819; www.ymcachiangmai.org; 11 Soi Sermsak, Th Hutsadisawee; h 600-1800 THB; ❄@📶🏊) El edificio es horroroso, pero las dependencias de este YMCA se salvan por sus excelentes habitaciones con vistas al Doi Suthep y la piscina. Eso sí, hay que pasar de los dormitorios colectivos, demasiado caros. El interior es cálido y agradable, con toda suerte de habitaciones deslucidas pero limpias; las estándar están bien, aunque por 100 THB más se tendrán unas vistas fantásticas desde el 6º piso. Algunas además tienen sillones de cuero. Para llegar, hay que entrar a Th Hutsadisawee desde la esquina de Th Huay Kaew con Th Mani Nopharat y después tomar la primera a la izquierda.

Pann Malee Home PENSIÓN **$$**

(plano p. 242; ☎0 5328 9147; www.pannmalee.com; junto a Soi 17, Th Nimmanhaemin; h 1000-1400 THB; ❄) Alojarse en esta remodelada vivienda unifamiliar es como visitar a un amigo; cada habitación tiene su propia decoración con el ecléctico gusto de la propietaria, pero en general se respira un aire muy acogedor. Al parecer cada una refleja las personalidades de los miembros de su familia. Por unos *bahts* más se dispondrá de más espacio, menos escaleras y un marco un poco más bonito.

Yesterday the Village HOTEL-'BOUTIQUE' **$$**
(plano p. 242; ☎0 5321 3809; www.yesterday.co.th; 24 Th Nimmanhaemin; h desde 2000 THB; ❄@) Las zonas comunitarias de este reconvertido complejo de apartamentos están exquisitamente decoradas con ilustraciones de época, antiguos tocadiscos y TV que pronto pasarán también a la historia. Las estancias son lujosas, los acabados de los baños impresionan y las habitaciones superiores tienen balcón pero no vistas; las de lujo son más elegantes que las superiores y, en conjunto, ofrecen un trato mejor.

SpicyThai Backpackers ALBERGUE **$**
(plano p. 242; ☎0 5340 0444; www.spicyhostels.com/spicythai-backpackers.html; 4/80 Nanthawan Village, Th Nimmanhaemin; dc 250 THB; ❄@) Este albergue ofrece dormitorios para mujeres y hombres (por separado) en la antigua residencia del embajador estadounidense. Recomendado por los lectores, se encuentra cerca de la esquina de Th Nimmanhaemin con Th Huay Kaew.

OTRAS ZONAS

Tri Yaan Na Ros HOTEL-'BOUTIQUE' **$$$**
(☎0 5327 3174; www.triyaannaros.com; 156 Th Wualai; h desde 2500 THB; ❄≋) Este minúsculo hotel-*boutique,* sito en el Saturday Walking Street, en una casa hábilmente restaurada, con sus aposentos con galería y estrechos pasajes, es ideal para pasar la luna de miel. Es como una madriguera, junto a una transitada calle pero apartado del incesante fragor del tráfico. Las habitaciones (ocho) son propuestas íntimas y anticuadas de estilo Lanna con bonitas camas con baldaquín. Suelen ofrecer descuentos si no se ha reservado. El simpático propietario cae bien al momento.

Viangbua Mansion APARTOTEL **$$**
(☎0 5341 1202; www.viangbua.com; 3/1 Soi Viangbua, Th Chang Pheuak; h/apt por semana 5600/1400 THB; ❄@☎) Al norte de la Pratu Chang Pheuak, este hotel de varios pisos y con clase no está en el mejor enclave para hacer turismo, pero ofrece muchas comodidades para los clientes de larga estancia. Las habitaciones incluyen muebles contemporáneos, nevera, un pequeño salón y, algunas, cocina. También aceptan clientes para solo una noche.

Four Seasons Chiang Mai CENTRO VACACIONAL **$$$**
(☎0 5329 8181; www.fourseasons.com; Th Mae Rim-Samoeng Kao; h desde 18 000 THB; ❄@☎≋) El primer complejo turístico de Chiang Mai cuenta con suites y residencias con glorietas distribuidas por 8 Ha de jardines acicalados y campos de arroz arados por búfalos de agua. Está al norte de la ciudad, en las laderas boscosas de la montaña, pero no le falta de nada: escuela de cocina, un galardonado *spa,* piscina y pistas de tenis.

Mandarin Oriental Dhara Dhevi CENTRO VACACIONAL **$$$**
(☎0 5388 8888; www.mandarinoriental.com; 51/4 Th Chiang Mai-San Kamphaeng; h desde 16 000 THB; ❄@☎≋) Casi un reino en sí mismo, este asombroso complejo turístico recrea una aldea Lanna en miniatura, con senderos que atraviesan un recinto amurallado y rodeado de arrozales. Las reconstrucciones arquitectónicas son tan fidedignas que el lugar se ha convertido en una atracción, con circuitos guiados y demostraciones de artesanía para los huéspedes. Las habitaciones son, cómo no, aristocráticas, y los jardines, escenario de no pocos banquetes de boda. El ala colonial es más económica pero resulta menos impresionante. Queda 5 km al este de la ciudad antigua.

Dónde comer

Aunque pueda sorprender, el panorama gastronómico de Chiang Mai es sencillo y saludable. Los modestos establecimientos familiares y las zonas de restauración al aire libre dominan las calles más concurridas de la ciudad. Cuando se pone el sol, brotan los puestos callejeros (18.00, aprox.) donde venden todo tipo de platos, económicos y buenísimos. Todos están bien, pero los lugareños recomiendan los de la esquina de Th Mani Nopharat y Th Chang Pheuak, con sillas y mesas desplegadas por la ancha Th Mani Nopharat.

También hay infinidad de restaurantes vegetarianos, desde cafés de mochileros hasta establecimientos de instituciones religiosas. Además se puede echar un vistazo a los mercados de barrio y los pequeños escaparates para probar la especialidad regional: *kôw soy* (o *khao soi*), unos fideos al *curry* al parecer herencia de los shan yunnaneses, normalmente acompañados de verduras encurtidas y una espesa salsa de chile.

CIUDAD ANTIGUA

Los residentes también aprueban la *gàp kôw* (comida precocinada y servida con arroz) de los vendedores ambulantes nocturnos que se apostan en el tramo de Th Samlan que queda al sur de Th Ratchadamnoen.

New Delhi HINDÚ **$$**
(plano p. 236; Th Ratwithi; principales 100-180 THB; ⏲cena) En esta sencilla casa de comidas sirven algunos de los platos hindúes más deliciosos que puedan probarse en el norte de Tailandia. La comida es sobre todo del norte de la India, preparada con cariño y pericia, a destacar los platos "*handi*", exquisitamente especiados. El servicio deja mucho que desear, pero todo se perdona en cuanto aparecen los deliciosos *curries*.

Pum Pui Italian Restaurant ITALIANA **$$**
(plano p. 236; ☎0 5327 8209; 24 Soi 2, Th Moon Muang; platos 150-250 THB; ⏲almuerzo y cena) Los ingredientes frescos, el buen hacer y un romántico entorno ajardinado son toda una tentación para una cena íntima. La carta está llena de platos de pasta, *pizzas* y *risottos*, además de buenas bebidas italianas para disfrutar sin prisas.

Jerusalem Falafel DE ORIENTE MEDIO **$$**
(plano p. 236; 35/3 Th Moon Muang; *meze* 100 THB, principales 220 THB, bandeja de *meze* desde 500 THB; ⏲9.00-23.00) Nada de otro restaurante de Oriente Medio en el gueto mochilero, sino una exótica importación digna de encomio. Este animado establecimiento se presta a las reuniones con amigos y a comer un surtido de *meze* tales como *falafel, shashlik, hummus* y *tabouli*. Sirve yogur, *haloumi* y queso feta caseros.

Safe House Court TAILANDESA **$**
(plano p. 236; 178 Th Ratchaphakhinai; platos 50-80 THB; ⏲7.00-22.00) Mejor evitar las tentaciones occidentales del tipo sándwiches e ir a por los platos tailandeses, económicos y logrados, a destacar las especialidades regionales, las ensaladas especiadas y buenas opciones vegetarianas. Es un lugar agradable y familiar en un frondoso jardín, ideal también para leer un libro o una bebida tranquila (ojo con los mosquitos por la noche). También preparan exquisitos batidos de frutas.

Baan Nok Noodle FIDEOS **$**
(plano p. 236; Th Singharat; fideos 25-35 THB; ⏲10.00-18.00, cierra mi) Los lugareños recomiendan este local de fideos tailandés para picar algo en la calle, tal vez tras la visita al cercano Wat Phra Singh. Los hay de varios tipos, con sopa picante o consomé (de cerdo), pero el plato de la casa es *tom yum baan nok,* con fideos pequeños. También hay opciones vegetarianas.

Lert Ros TAILANDESA DEL NORESTE **$**
(plano p. 236; Soi 1, Th Ratchadamnoen; plato pequeño/grande 30/50 THB; ⏲13.00-21.00) Este sencillo restaurante tailandés tiene delante grandes parrillas en las que se asan tentadores pescados enteros. Prepara platos al estilo del noreste, a escoger entre varios de carne y arroz muy picantes, tilapias (pescado) y *sôm·đam* (ensalada de papaya verde picante). Para la cena hay que llegar pronto o tarde, pues es muy popular y la mejor de las opciones económicas de la zona. Carta con fotografías.

Angel's Secrets VEGETARIANA **$**
(plano p. 236; Soi 1 esq. 5; platos 60-90 THB; ⏲desayuno y almuerzo, cierra lu; ✎) Un seto aísla esta casa de comidas al fresco de la calle. Amueblada con sencillez pero forma cálida, sirve platos vegetarianos deliciosos y recién hechos. Hay muchas alternativas saludables para desayunar, a destacar las crepes con rellenos siempre frescos o un bol de frutas. Además, el personal es muy simpático. Para regresar.

House ASIÁTICA DE FUSIÓN **$$$**
(plano p. 236; ☎0 5341 9011; 199 Th Moon Muang; platos 200-800 THB; ⏲18.00-23.00) Restaurante con mayúsculas para regalarse un capricho. Ocupa una casa de mediados del s. xx (la antigua residencia de un príncipe birmano exiliado), hoy equipada con toda suerte de adornos coloniales. La carta, más propia del Pacífico, combina cordero y salmón de importación con especias y técnicas culinarias locales. Para algo más ligero, sirve suculentas tapas en el bar de temática marroquí al aire libre, o incluso en las "tiendas" montadas al fresco.

Rachamankha TAILANDESA **$$$**
(plano p. 236; ☎0 5390 4111; Rachamankha Hotel, 6 Th Ratchamankha; platos 300-1000 THB) Oculto detrás del Wat Phra Singh, en los suntuosos jardines del hotel-*boutique* homónimo y con almidonados manteles blancos, ambiente de anticuario y una carta preferentemente tailandesa pero con guiños a Myanmar (Birmania), Yunnan y Europa.

Pak Do Restaurant TAILANDESA $
(plano p. 236; Th Samlan; platos 30-35 THB; ⏲7.00-1ª hora de la tarde) Al otro lado de la calle del Wat Phra Singh, esta madrugadora tienda de *curries* expone delante sus propuestas en grandes ollas. Para ver lo que contienen hay que imitar a los lugareños y levantar las tapas. Una buena elección si apetece arroz por la mañana.

Heuan Phen TAILANDESA DEL NORTE $
(plano p. 236; ☎0 5327 7103; 112 Th Ratchamankha; platos 50-150 THB; ⏲almuerzo y cena) En este conocidísimo restaurante todo está a la vista, desde la comida a los grupos de visitantes y el comedor abarrotado de antigüedades. Una buena recomendación son los tiernos frutos del árbol de Jack con pasta picante. De día la comida se sirve en una gran cantina en la parte delantera.

Dada Kafe BAR DE ZUMOS $
(plano p. 236; Th Ratchamankha; desayunos 60-80 THB; ⏲8.00-22.00) Muy popular para desayunar, este local se vende como una alternativa saludable. Hay sillas y mesas sencillas pero cómodas y una carta con sándwiches, platos de pasta y principales tailandeses, todo recién hecho. Su especialidad son los zumos, y afirma tener la solución líquida a base de frutas para muchas dolencias (acné, cardiopatías e hipertensión incl.); de lo que no cabe duda es de que están deliciosos.

Nayok Fa RESTAURANTE $
(plano p. 236; Th Ratchaphakhinai; platos 30-35 THB; ⏲10.00-18.00) Este entrañable establecimiento prepara platos al momento en los enormes *woks* de la entrada. Pruébense los *pàt see·éw* (fideos anchos salteados con ternera, cerdo o pollo) o el lechón con arroz.

Fern Forest Cafe CAFÉ $
(plano p. 236; 2/2 Soi 4, Th Singharat; postres 70 THB; ⏲8.30-20.30) Pues sí, este local está entre helechos (*ferns* en inglés) y otras plantas. Si a eso se le añade una apacible ubicación, el sonido del agua, mullidos asientos y unos postres maravillosos, pues el lugar gana por goleada. Sirven exquisitos postres occidentales (p. ej., pastel de zanahoria) y sándwiches, aunque no se permite apoltronarse en el precioso jardín si solo se toma un refresco de frutas o un café. El frescor del jardín lo convierte en el lugar perfecto para escapar del calor vespertino. Desde arriba de Th Singharat, en la ciudad antigua, hay que enfilar al sur y antes de llegar a Th Ratwithi se verá el restaurante señalizado en una *soi* que queda a mano izquierda.

AUM Vegetarian Food VEGETARIANA $
(plano p. 236; 66 Th Moon Muang; platos 50-60 THB; ⏲8.00-17.00; 🌿) Sus delicias vegetales incluyen café ecológico de Laos, zumos de temporada e infinidad de salteados, sopas, ensaladas y arroces de estilo tailandés. Tiene un comedor con cojines en el suelo y mesas bajas. También ofrece una reducida carta japonesa más cara (p. ej., *maki* de chile dulce).

Blue Diamond PANADERÍA $
(plano p. 236; 35/1 Soi 9, Th Moon Muang; principales 50-60 THB; ⏲7.00-21.00 lu-sa) Popular pero un poco menos frenético que otros restaurantes para viajeros de la zona, aquí hornean su propio pan y sirven café local. El lugar es ideal para desayunar o almorzar una ensalada vegetal (la carta incluye muchos platos tailandeses vegetarianos), al son del borboteo del agua y a la sombra del jardín.

Bierstube ALEMANA $
(plano p. 236; 33/6 Th Moon Muang; platos 60-150 THB; ⏲desayuno, almuerzo y cena) Este acogedor pero algo tétrico establecimiento de madera es la versión gastronómica de una vieja taberna alemana. Lleva tantos años en activo que su edad podría calibrarse por la expansiva cintura de sus parroquianos. También sirven platos tailandeses y occidentales y es popular para tomar una copa nocturna, no en vano es un poco más elegante que otros establecimientos de la misma calle.

Chiangmai Saloon INTERNACIONAL, BAR $$
(plano p. 236; 30 Th Ratwithi; principales 120-200 THB; ⏲desayuno, almuerzo y cena; @) Bienvenidos al Salvaje Oeste a la tailandesa. Aunque sea muy *kitsch*, este agradable y viejo garito sirve muchos platos evocadores y mezcla la ternera australiana con técnicas latinoamericanas. Si bien hay alguna opción vegetariana, es principalmente para carnívoros, con palomitas, billar, internet y cacahuetes gratis. El restaurante original está en Th Loi Kroh.

Pho Vieng Chane COMIDA CALLEJERA $
(plano p. 236; Th Ratchadamnoen; platos 30-70 THB; ⏲almuerzo y cena) Comida vietnamita de calle detrás del Wawee Coffee. Se recomiendan los rollitos al vapor y las sopas de fideos.

Mangsawirat Kangreuanjam VEGETARIANA $
(plano p. 236; Th Inthawarorot; platos 25-35 THB; ⏲8.00-14.00; 🌿) Los cocineros sirven varias cazuelas de platos tailandeses 100% vegetarianos y siempre elaborados a diario.

COCINA DE MERCADO

A los expertos en mercados les encantarán los recintos cubiertos y tiendas de ultramarinos de Chiang Mai, pues tienen de todo, desde fideos para desayunar a tentempiés para el almuerzo y sopas para la cena. Una bolsa de *man gâa·ou*, un fruto seco tostado similar a la bellota que se recolecta al final de la estación lluviosa, dejará boquiabiertos a los amigos.

Al norte del cruce de Th Ratwithi, el **Talat Somphet** (plano p. 236; Soi 6, Th Moon Muang; ⏲6.00-18.00) vende todo lo necesario para un festín tailandés, incluidos *curries*, dulces y frutas para llevar. Muchas escuelas de cocina visitan este mercado. Desafortunadamente, su proximidad a la zona turística ha animado a los fruteros a subir los precios.

El madrugador **Talat Pratu Chiang Mai** (plano p. 236; Th Bamrungburi; ⏲4.00-12.00 y 18.00-24.00) es la despensa de Chiang Mai, con todo tipo de comidas y platos preparados. Para ayudar a los monjes, hay que ir pronto para encontrar a la mujer que vende ofrendas de comida (20 THB). Al mediodía se calma el ambiente, pero los fuegos vuelven a arder al atardecer para el gran y popular mercado nocturno que se monta al otro lado de la calle.

Los aficionados a los mercados se quedarán noqueados en el **Talat Thanin** (junto a Th Chang Pheuak; ⏲5.00-1ª hora de la tarde). Los carniceros ocupan un ala acristalada para no perturbar a los estómagos sensibles, la sección de frutas y verduras es como un botín tropical y la de comidas preparadas brinda las últimas tendencias gastronómicas de la ciudad. Para fideos y salteados, un poco más adentro está el centro de alimentación cubierto. Fácil de encontrar, Th Chang Pheuak es la calle principal que sale de la ciudad por el norte.

El **Talat Ton Phayom** (Th Suthep) hace las veces de mercado local y de parada para recuerdos para los tailandeses de visita en la ciudad. La sección de comida envasada ofrece todo tipo de obsequios comestibles (como bolsas de *kâap mŏo* y *sâi òo·a*). Como la mayoría de clientes son universitarios, los precios se mantienen a raya. Este lugar queda cerca de Th Suthep, próximo a la esquina con Th Khlorng Chonprathan.

Juicy 4U BAR DE ZUMOS $
(plano p. 236; 5 Th Ratchamankha; desayuno 60-80 THB, zumos 50-80 THB; ⏲8.30-17.30) Zumos para combatir la resaca, sándwiches al gusto y deliciosos desayunos.

Coffee Lovers CAFÉ $
(plano p. 236; 175/1 Th Ratchamankha; principales 40-60 THB; ⏲7.00-18.00) En este lugar saben cómo preparar los huevos, lo que lo convierte en una gran opción para el desayuno. También hay deliciosos zumos.

Ginger Kafe CAFÉ $$
(plano p. 236; 199 Th Moon Muang; platos 100-250 THB; ⏲10.00-23.00) Comparte jardín con el House.

AL ESTE DE LA CIUDAD ANTIGUA

El pequeño Chinatown de Chiang Mai, por Th Chang Moi, es delicioso para indagar sobre sabores a primera hora de la mañana. En Th Khang Mehn se encontrará *kà·nŏm jeen* y otros platos de fideos. Al lado de la tienda Top Charoen Optical hay una calleja que madruga gracias a un popular puesto de *nám đow·hôo* (leche de soja), servida caliente y con rosquillas fritas al estilo chino.

Taste From Heaven VEGETARIANA $
(plano p. 236; 237-239 Th Tha Phae; platos 60-110 THB; ⏲almuerzo y cena;) Este buen restaurante vegetariano prepara apetitosos *curries* y platos de fusión con ingredientes hindúes (p. ej., *samosas*). Además es muy agradable, éticamente sano (la recaudación se destina al Elephant Nature Park; véase p. 247) y cuenta con un jardín fresquito en la parte de atrás.

da Stefano ITALIANA $$
(plano 240; ☎0 5387 4187; 2/1-2 Th Changmoi Kao; principales 180-250 THB; ⏲11.30-23.00) Este sencillo restaurante, uno de los mejores italianos de la ciudad, decorado con fotografías del Mediterráneo, está escondido en una *soi* justo al salir de la ciudad antigua. Todo esta bueno, pero bordan la lasaña y el tiramisú.

Aroon Rai TAILANDESA $
(plano p. 236; 45 Th Kotchasan; principales 40-80 THB; ⏲8.00-22.00) En este humilde restaurante, de estilo tailandés al aire libre, preparan los mejores *curries* de la ciudad, o eso dicen. Lo que sí tienen es variedad: sopa, fideos, *curries* con arroz y hasta rana.

Lo frecuentan los tailandeses y los viajeros ahorradores. Solo con ver las salchichas del norte y las ollas de *curries* de la entrada ya se despierta el apetito.

Antique House TAILANDESA DEL NORTE **$$**
(71 Th Charoen Prathet; platos 80-200 THB; ⏲almuerzo y cena) Es como de postal: una pintoresca casa de dos pisos de teca, un jardín repleto de antigüedades de madera y música suave todas las noches. Es mejor para cenar que para almorzar, por la magia del lugar. Para comer, sirve excelente pescado, sobre todo el pargo (*tab-tim*) al estilo chino o tailandés, que cada cual, si así lo desea, puede asárselo. También hay *rod duen* (¡gusanos fritos crujientes!). Esta al norte de la ciudad antigua, en una bocacalle de Th Chang Pheuak.

Whole Earth Restaurant RESTAURANTE **$$**
(plano p. 236; 88 Th Si Donchai; platos 150-350 THB; ⏲11.00-22.00) Multicolor casa de teca con parras colgantes, estanques con *kòis* y orquídeas en los recodos de las ramas de los árboles. Los tailandeses lo escogen para invitar a alguien especial. El cliente es tratado como un rey y los platos parecen exóticos (tailandeses-hindúes y vegetarianos) sin resultar complicados.

Just Khao Soy 'KÔW SOY' **$**
(plano p. 236; 108/2 Th Charoen Prathet; principales 100-150 THB, tapas 50 THB; ⏲almuerzo y cena) Se trata de la versión *gourmet* de los *kôw soy,* servidos en paletas de artista de madera y preparados ceremonialmente. Primero se pide la carne (o verduritas), con pollo de granja en la carta, después se escoge el grado de picante, el tipo de fideos y la salsa, y así se crea un delicioso y contundente caldo. Quizás sea un poco caro para lo que ofrece, pero el resultado es exquisito. El arte Lanna decora las paredes de bambú.

La-Own TAILANDESA **$**
(Th Charoen Prathet; platos 40-80 THB; ⏲almuerzo y cena) La parrilla-barbacoa de la entrada suele estar vacía, pero en este caso no es ningún mal augurio. Los platos están muy meditados e incluyen muchas variantes de pescado y pollo, p. ej., arroz frito con pescado y albahaca. Aunque se anuncie como un "restaurante de pollo a la parrilla", su excelente carta tailandesa va mucho más allá. El restaurante está cerca del río, en la concurrida Th Charoen Prathet, cerca de la esquina con Th Tha Phae.

Mercado nocturno de Anusan COCINA DE MERCADO **$$**
(plano p. 236; Th Chang Khlan; platos 100-350 THB; ⏲cena) Más al sur de la zona de restauración del Galare, el Anusan es un bullicioso mercado de abastos famoso por las marisquerías chino-tailandesas. Hay un conjunto de mesas rodeado de puestos donde cada "restaurante" atiende su sección. Cerca hay otros restaurantes independientes, algunos de los cuales tienen tanques con gambas que anuncian la especialidad de la casa. En general son más caros de lo normal; es el tipo de lugares donde los tailandeses celebran las ocasiones especiales. Un buen ejemplo es el **Lena Restaurant**, donde un kilo de suculentas gambas a la parrilla cuesta 300 THB, pero también preparan pescado con especias tailandesas y albahaca.

Tianzi Tea House SALUDABLE **$**
(plano p. 236; Th Kamphaeng Din; platos 60-120 THB; ⏲10.00-22.00) Normalmente este tipo de comida tan sana solo se encuentra en los garitos para *hippies,* pero aquí el entorno está más cuidado: una *săh·lah* bastante abierta, decorada con flores y tamizada por la luz del sol. Entre sus propuestas ecológicas y macrobióticas hay queso yunnanés de *tofu.*

Ratana's Kitchen INTERNACIONAL-TAILANDESA **$**
(plano p. 236; 320-322 Th Tha Phae; platos 30-150 THB; ⏲7.30-23.30) Pese a todo lo dicho sobre las temperaturas frescas de Chiang Mai, el calor aprieta al mediodía, el momento ideal para acudir al Ratana. No es precisamente un hito culinario pero los platos y los precios están muy bien y queda cerca de la Pratu Tha Phae, perfecto para los turistas fatigados.

Good Health Store SALUDABLE **$**
(plano p. 236; Th Si Donchai; menús de desayuno 75-120 THB; ⏲7.00-14.00 lu-sa) Tienda de productos sin aditivos químicos y plantas medicinales donde además preparan desayunos saludables.

Art Cafe INTERNACIONAL **$$**
(plano p. 236; Th Tha Phae esq. Th Kotchasan; platos 80-200 THB; ⏲desayuno, almuerzo y cena) Popular lugar de encuentro al salir de Tha Pae. Sirven platos tailandeses, italianos, mexicanos y estadounidenses.

Moxie INTERNACIONAL-TAILANDESA **$$$**
(plano p. 236; ☎0 5399 9999; DusitD2 Chiang Mai, 100 Th Chang Khlan; platos 200-450 THB; ⏲6.30-

22.30) En el hotel DusitD2, aquí se sirven esculturas comestibles a base de ingredientes tailandeses, japoneses e italianos.

ORILLAS DEL RÍO

Después del Saphan Nakhon Ping está Th Faham, conocida como el gueto de los *kôw soy* de Chiang Mai. Allí se encuentran el **Khao Soi Lam Duan** (Th Faham; platos 40-60 THB), que también sirve *kà·nŏm rang pêung* (que traducido sería "pastelito colmena", un gofre con sabor a coco), el **Khao Soi Samoe Jai** (Th Faham; platos 30-65 THB) y el **Khao Soi Ban Faham** (Th Faham; platos 35-55 THB). Este lugar es perfecto para descubrir el *kôw soy* favorito.

Chedi TAILANDESA-HINDÚ $$$
(☎0 5325 3333; 123 Th Charoen Prathet; principales 500-1000 THB; ⏲cenas) El antiguo consulado británico se ha convertido en una escultura minimalista entre comedidos jardines zen, el homenaje más ambicioso de la ciudad a la modernidad. Además de buena comida hindú (los lectores recomiendan el *jinga masala*), también ofrece una de las pocas cartas de vino de calidad de Chiang Mai. El lugar es caro pero su servicio resulta intachable, ideal para comer de fábula a orillas del río con velas flotantes que centellean en el agua. Para disfrutar de este marco sin arruinarse, también es posible pasarse para una copa en el bar.

Love at First Bite PANADERÍA $
(28 Soi 1, Th Chiang Mai-Lamphun; postres 50-90 THB; ⏲10.30-18.00, cierra lu) Escondido en una *soi* residencial de la orilla oriental del río, este célebre obrador lo frecuentan los tailandeses de clase media que saben de tartas. Es normal ver a gente que posa delante de la vitrina para la típica fotografía de recuerdo. Está en el lado este del río, unos 500 m al norte de la oficina de turismo.

Riverside Bar & Restaurant INTERNACIONAL-TAILANDESA $$
(Th Charoenrat; platos 100-200 THB; ⏲10.00-1.00) Este laberíntico conjunto de construcciones de madera lleva ya veinte años como el restaurante ribereño más popular de la ciudad. La comida (tailandesa, occidental y vegetariana) es un aliciente menor comparado con el ambiente. La clientela es una mezcla de tailandeses y *fa·ràngs*. Se puede comer en el interior o al fresco: la zona del bar interior huele a humedad, ha perdido lustre y es bastante ruidosa, pero una vez fuera, junto al río, todo se apacigua. Algunos veteranos optan por comer en la embarcación amarrada antes del crucero nocturno de las 20.00. Está en el río, 300 m al norte del Saphan Nawarat.

Good View TAILANDESA $$
(13 Th Charoenrat; platos 100-250 THB; ⏲10.00-1.00) Al lado del Riverside, el "Buenas Vistas" hace honor a su nombre con una terraza al fresco de estilo contemporáneo. Sigue una fórmula similar al Riverside, pero la comida es más tailandesa y la música, más variada.

Mahanaga INTERNACIONAL-TAILANDESA $$$
(☎0 5326 1112; 431 Th Charoenrat/Faham; platos 30-500 THB; ⏲17.30-24.00) Esta sucursal del conocido restaurante de fusión de Bangkok es todo estilo y romanticismo, con velas, casas Lanna tradicionales y árboles espigados. La carta es tailandesa, con recetas clásicas a base de carnes importadas de primera, como el entrecot australiano a la parrilla con salsa picante. Está en la misma calle que el Riverside Bar, pero 1 km más al norte.

Huan Soontaree TAILANDESA $
(☎0 5387 2707; 46/2 Th Wang Singkham; platos 120-150 THB; ⏲16.00-1.00) Los capitalinos que van a Chiang Mai frecuentan este rústico restaurante, además de por la comida, por su dueña, Soontaree Vechanont, una famosa cantante del norte muy popular en la década de 1970. Soontaree actúa de 20.30 a 22.00 de lunes a sábado. La carta es una agradable combinación de especialidades del norte, noreste y centro del país. Está en la orilla oeste del río, unos 4 km al norte de la ciudad.

AL OESTE DE LA CIUDAD ANTIGUA

En la zona del oeste del Wat Suan Dok, en Th Suthep, hay algunos restaurantes vegetarianos (*ah·hăhn Jair*) populares. Th Nimmanhaemin y las *sois* aledañas están en una zona boyante donde se inauguran restaurantes y cafés cada mes. Aquí se encuentra la mejor comida birmana y japonesa de la ciudad, buenos restaurantes tailandeses en las laderas del Doi Suthep, incursiones en los sabores mexicanos y algunos cafés de categoría con estudiantes acicalados que sueñan con el día en el que podrán permitirse todo esto.

Palaad Tawanron TAILANDESA $$
(☎0 5321 6039; Th Suthep; platos 120-320 THB; ⏲almuerzo y cena) Ubicado espectacularmente en un barranco rocoso, junto a una cascada (en época de lluvias) cerca del Doi Su-

thep, este restaurante propone una amplia carta tailandesa en la que abunda el marisco y pescado, a destacar el pez cabeza de serpiente, las gambas de agua dulce y el róbalo. Hay una gran zona al aire libre para sentarse con vistas a un pequeño embalse con Chiang Mai al fondo. Por la noche este lugar es mágico, y mucho más fresco que la ciudad. Síganse las señales al final de Th Suthep.

Khun Churn VEGETARIANA **$**
(plano p. 242; Soi 17, Th Nimmanhaemin; bufé 100 THB; ⏲almuerzo; 🖉) A los tailandeses les encantan los bufés, y aquí se prepara el bufé libre por excelencia. En realidad es uno de los mejores de las inmediaciones, con un sinfín de logrados platos vegetarianos, ensaladas y sencillas bebidas de fruta. El espacio al exterior, a la sombra, invita a alargar la estancia.

Hong Tauw Inn TAILANDESA **$**
(plano p. 242 95/17-18 Nantawan Arcade, Th Nimmanhaemin; platos 70-130 THB; ⏲11.00-23.00) Resulta todo un alivio cruzar el umbral de esta acogedora posada tailandesa como las de antes, decorada con una pátina de ajados relojes de péndulo y antigüedades, y así escapar de los garitos modernos que han monopolizado la zona. Además, la extensa carta incluye especialidades regionales tales como *naem mog sai ou* (salchicha picante del norte a la parrilla con hierbas). De ambiente informal, personal angloparlante y comida tailandesa económica y aceptable, se trata de un restaurante ideal para iniciarse en la gastronomía del país, muy popular también entre los tailandeses por su punto genuinamente picante. La *sôm·đam* y los *curries* nunca fallan.

Su Casa TAPAS **$$**
(plano p. 242; ☎0 5381 0088; 28 Soi 11, Th Nimmanhaemin; tapas 70-100 THB; ⏲almuerzo y cena) Animada joya mediterránea donde el chef crea tapas típicas y entrantes con mucho arte, productos frescos y algunos ingredientes importados. Los pulpitos al limón y el chorizo están muy ricos. Además cuenta con una terraza y sirve jarras de *margarita*.

Ai Sushi JAPONESA **$**
(plano p. 242; Th Huay Kaew; platos 50-100 THB; ⏲cena) Este bar de *sushi* tal vez sea el mejor japonés de la ciudad. El ritmo se acelera por la noche, cuando se llena de habituales. Es posible sentarse en la barra para ver a los chefs de *sushi* en acción, en las pequeñas mesas del interior o fuera, en plena Huay Kaew Rd. Todo está buenísimo y recién elaborado; muy recomendable el *ebi tem maki* (crujiente rollito con gambas). Los platos de salmón también gustan mucho. Servicio diligente.

Pun Pun TAILANDESA, VEGETARIANA **$**
(Wat Suan Dok, Th Suthep; principales 30-40 THB; ⏲desayuno y almuerzo; 🖉) Este discreto restaurante al fresco (y con sombra) prepara platos vegetarianos tailandeses de primera. La comida, sencilla y picante, está exquisita, incluidos una excelente *sôm·đam* y buenísimos batidos de frutas. Si se entra por la calle Suthep, pasado el Wat Suan Dok y la oficina "para charlar con un monje", el restaurante queda a mano derecha.

Royal Project Restaurant TAILANDESA DEL NORTE **$$**
(Th Huay Kaew; principales 70-300 THB; ⏲9.00-18.00) En este restaurante del Royal Project se toma buena cocina tailandesa y, de paso, se apoya a varias iniciativas agrícolas. Lo frecuentan tailandeses de celebración, el personal de la universidad, que está enfrente, y muchas familias. En su carta figura la trucha arcoíris, algo raro para un restaurante tailandés, pero este se especializa en platos del norte, algunos estrictamente de temporada. Está delante del Huay Kaew Fitness Park y al lado de la estación CM Animal Quarantine. En el recinto también hay un supermercado de primera que vende fruta y verdura, de cultivo ecológico en lo posible, y trucha ahumada envasada.

Salsa Kitchen MEXICANA **$$**
(plano p. 242; Th Huay Kaew; principales 130-150 THB; ⏲11.00-23.00) Prepara platos mexicanos genuinos tales como burritos, enchiladas, *fajitas* y tacos. Las quesadillas de pollo estaban riquísimas, aunque las raciones son enormes. Favorito entre los residentes extranjeros, muchos tailandeses también lo visitan, y suele estar lleno por la noche. El mejor mexicano de la ciudad.

Burmese Restaurant BIRMANA **$**
(plano p. 242; Th Nimmanhaemin esq. Soi 14; platos 30 THB; ⏲almuerzo y cena) Este sencillo y económico restaurante, que está detrás de otro con sillas de plástico que vende frituras en la acera, sirve exquisitas especialidades birmanas. Se recomiendan la ensalada de hoja de tamarindo, el *curry* de asaduras de cabra o las albóndigas de bagre (pescado) con salsa de carne.

100% Isan Restaurant TAILANDESA DEL NORTE $
(Th Huay Kaew; platos 60-200 THB; almuerzo y cena) Justo delante de la puerta principal de la Universidad de Chiang Mai, esta tienda con luz de fluorescente triunfa por sus platos típicos del noreste: *sôm·đam, kôw nĕe·o* y *gài yâhng*. Con solo escuchar la música del mortero que antecede a la *sôm·đam* a los estudiantes ya se les cae la baba.

Implaphao Restaurant TAILANDESA $
(ctra. 121; platos 700-160 THB; 11.00-22.30) A los tailandeses les encanta comer junto al agua, y aquí, un lugar tipo granero, montan muchas cenas festivas a base de *plah pŏw* (pescado relleno de hierbas aromáticas a la parrilla) y *đôm yam gûng*. Está 10 km al sureste de Chiang Mai, delante del Talat Mae Huay.

NinjaRamen & Japanese Food JAPONESA $
(plano p. 242; Th Sirimungklajarn; principales 60-110 THB; almuerzo y cena) Las sopas de *ramen*, las empanadillas de *wanton* y los *ramen* con finas lonchas de cerdo son algunos de los platos de la extensa carta de este excelente restaurante japonés. También prepara fideos *soba* y *udon*, y versiones divertidas de *sashimi* y *sushi*. Suele estar hasta la bandera, así que se recomienda ir pronto para conseguir mesa.

Galare Restaurant TAILANDESA DEL NORTE $$
(fuera de plano p. 232; 65 Th Suthep; platos 100-220 THB; 10.00-22.00) En las afueras de Chiang Mai, se trata de un restaurante al aire libre acurrucado junto a un pequeño lago y un verdoso parque con vistas a la ciudad. Las mesas de *picnic* de madera se reparten entre parterres tapizados de flores. En comparación con el apacible entorno, la comida, típica del norte, no pasa de regular. Es un buen sitio para escapar del tráfico de la ciudad.

D-Lo BIRMANA $
(*soi* junto a Th Huay Kaew; principales 30-50 THB; almuerzo y cena) Nuevo restaurante birmano y, según los entendidos, muy auténtico. En la pequeña carta figuran varios *curries* (como uno de cabra) y ensaladas (p. ej, ensalada de albóndigas de pescado). El servicio es atento y las sonrisas, cálidas y sinceras. Está en una calleja que da a Huay Kaew; hay que buscar la señal del Holiday Garden Hotel; está más o menos a mitad de la calle, a mano derecha.

Amazing Sandwich CAFÉ $
(plano p. 242; 20/2 Th Huay Kaew; sándwiches 100 THB; a diario) Se autodefine como una "isla en un mar de arroz", los residentes extranjeros hacen cola para confeccionarse sus propios sándwiches. Hace poco han ampliado la oferta a *pizzas*, hamburguesas y desayunos. Mejor si se pide para llevar, ya que el comedor no es para echar cohetes.

I-Berry HELADERÍA $
(plano p. 242; junto a Soi 17, Th Nimmanhaemin; helados desde 60 THB) La conocida cadena de heladerías de Bangkok ha convertido esta bonita cabaña de madera en la sensación del momento. Estudiantes y lugareños se presentan cámara al hombro con la esperanza de toparse con su famoso propietario, el cómico Udom Taepanich (apodado "Nariz"). Si no estuviera, hay una enorme escultura amarilla que, al parecer, reproduce el trazo fisonómico más destacable de la estrella. Los helados están bastante ricos.

Salad Concept ENSALADAS $
(plano p. 242; Th Nimmanhaemin; ensalada básica 50 THB; almuerzo y cena;) Aquí cada cual puede prepararse su propia ensalada con ocho tipos de lechuga, cinco ingredientes más y un aliño. Algunos ingredientes son un poco calóricos.

Boat TAILANDESA $
(Th Huay Kaew; principales 30-40 THB; desayuno, almuerzo y cena) Es muy popular entre los tailandeses tanto por lo confortable del lugar como por sus precios económicos, aunque su verdadero reclamo es ver a la gente pasar. Está 300 m al noroeste de Th Khlorng Chonprathan, a mano izquierda del Huay Kaew de camino al Doi Suthep desde la ciudad.

Lemontree TAILANDESA $
(plano p. 242; Th Huay Kaew; principales 40-70 THB; 11.00-22.00) La larga trayectoria de este comedor atrae a muchos tailandeses de la zona. Sirve buenos *curries* y otras comidas calentitas al instante. Las raciones son generosas y los platos principales son mucho mejores que los aperitivos.

Smoothie Blues CAFÉ $
(plano p. 242; 32 Th Nimmanhaemin; platos 100-150 THB; 7.30-21.00) Favorito de los residentes extranjeros, este local es famoso por sus desayunos pero también por sus sándwiches, bocadillos y licuados de frutas.

UN PEDAZO DE MYANMAR (BIRMANIA) EN CHIANG MAI

Cada vez más turistas van a Mae Sot para desayunar pan *nan* y soja, comprar en el mercado fronterizo, embobarse con la frontera oficial o no oficial que cruza por encima y por debajo del puente y deambular por esta localidad bilingüe y bicultural. Pero en Chiang Mai la oferta birmana no se queda corta. En los templos shan de **Wat Pa Pao** y **Wat Ku Tao**, con suerte, hasta se podrá ver la colorista y fascinante fiesta de Poy Sanlong (ordenación de novicios). El Wat Pa Pao además acoge un proyecto de escuela piloto para niños shan creado conjuntamente por el Ministerio de Educación y la comunidad shan. También se puede visitar el **Wat Sai Moon**, un templo birmano en el foso. Para saborear la gastronomía birmana, se recomienda el **restaurante D-Lo** (p. 267), donde además suele reunirse una interesante mezcla de personas. Un poco más hacia el interior, de camino a Mae Joe, está el **Mee Mee Shan Burmese** del mercado de Ruamchoke, igual de delicioso. Los viernes por la mañana se puede pasar por el mercado que da a Chang Klan Soi 1, delante de la mezquita, a por unos fideos (*mohinga*) birmanos o un *tofu* shan blando y todo tipo de delicias étnicas.

Jackie Pollock – MAP Foundation

OTRAS ZONAS

Chiang Mai transluce su herencia china en su devoción por los productos derivados del cerdo, sobre todo en la *sâi òo·a* (salchicha de cerdo), una especialidad del norte. Una buena *sâi òo·a* debería tener un sabor intenso y picante a limoncillo, jengibre y cúrcuma. Los salchicheros más famosos son el **Mengrai Sai Ua** (Th Chiang Mai-Lamphun), cerca del Holiday Inn, en la orilla este del río, y el **Sai Ua Gao Makham** (ctra. 121), un pequeño puesto en el Talat Mae Huay (mercado del Mae Huay), pocos kilómetros al sur del Nigth Safari de camino a Hang Dong.

Wrap & Roll INTERNACIONAL-TAILANDESA **$$**

(88 Soi 2, Th Wualai; principales 60-130 THB; ⏲almuerzo y cena) Cerveza fría, vinos por copas, bebidas heladas de soda con lima natural y platos conseguidos como rollitos de primavera recién elaborados o flautas más saludables, que se pueden consumir en las mesas del exterior mientras se observa el trajín del Saturday Walking Street.

Vegetarian Centre of Chiang Mai VEGETARIANA **$**

(14 Th Mahidol; platos 15-30 THB; ⏲6.00-14.00 lu-vi; ☑) Patrocinado por la Fundación Asoke, un movimiento ascético budista, este restaurante sirve económicos platos vegetarianos propios de cafetería. Queda 500 m al sur de la ciudad antigua.

Spirit House INTERNACIONAL-TAILANDESA **$$**

(Soi Viangbua, Th Chang Pheuak; platos 100-200 THB; ⏲desde 17.00) A veces los restaurantes más entrañables son solo una prolongación del alma que hay detrás. Este comedor es el imaginativo punto de venta de antigüedades de un estadounidense, un maestro en muchos otros negocios. Este antiguo chef de Nueva Orleans se autodefine como un "chiflado por la comida" y elabora una carta diaria en función de lo que le parece interesante en el mercado. Cabe añadir un entorno arbolado y un ambiente rústico. Está junto a la concurrida Th Chang Pheuak, cerca del mercado.

Dónde beber

El **Riverside** (p. 265) es un bar-restaurante fabuloso para tomar una copa junto al río, particularmente al atardecer.

Pub 'PUB'

(189 Th Huay Kaew) En una antigua casita de estilo Tudor apartada de la calle, a esta venerable institución de Chiang Mai le falta poco para conseguir el ambiente de *pub* inglés rural. La *happy hour* del viernes por la noche, con cerveza Tiger de barril helada, concita a muchos residentes extranjeros. Está a unos 200 m pasada Th Nimmanhaemin en la acera oeste de Th Huay Kaew.

Writer's Club & Wine Bar BAR

(plano p. 236; 141/3 Th Ratchadamnoen) Llevado por un antiguo corresponsal de prensa extranjera, este modesto garito lo frecuentan residentes extranjeros y tiene una buena carta de cervezas frías y cócteles. También sirven comida típica de *pub* inglés.

Archers BAR

(plano p. 236; 33/4 Th Ratchaphakhinai; 📶) Relajado restaurante-bar más recomendable por sus cervezas y el ambiente de la calle que por su comida. Es un buen lugar para tomarse un par de cervecitas por la tarde con el periódico o el portátil (wifi gratis). Popular entre los residentes extranjeros y viajeros.

Dayli BAR

(plano p. 242; Soi 11, Th Nimmanhaemin) Este gigantesco bar-restaurante al fresco francamente es un poco cutre, pero sirve cerveza fría y económica y los camareros son atentos. Las sillas y mesas de plástico que quedan a la derecha de la entrada son un poco más nuevas y están más limpias; hacia la izquierda la higiene empieza a desaparecer. Tiene un aire destartalado y la sombra de árboles y palmeras aportan un ambiente un poco *kitsch,* pero los viernes y sábados por la noche se monta un buen sarao.

Rooftop Bar BAR

(plano p. 236; Th Kotchasan) Este roñoso bar de mochileros está bien para salir de fiesta. Está decorado con los colores rastafari, con muchos grafitos, y la alegre clientela se sienta alrededor de mesas pequeñas y bajas sobre un suelo de bambú para admirar las vistas de la Pratu Tha Phae, con el Doi Suthep de fondo, hasta que empieza el baile.

UN Irish Pub 'PUB'

(plano p. 236; 24/1 Th Ratwithi) Este bar y restaurante de dos pisos es un incondicional entre los viajeros de Chiang Mai. Hay Guinness de barril, una terraza y pantallas de TV (el fútbol y el rugbi son de lo más popular).

At 9 Bar BAR

(plano p. 236; Th Nimmanhaemin y Soi 9; ⌚18.00-24.00) Para tener una visión global de Th Nimmanhaemin, se recomienda ir a este bar al fresco en un 1er piso. Hay Chang de barril.

Pinte Blues Pub BAR

(plano p. 236; 33/6 Th Moon Muang) Lleva más de veinte años a dieta de café exprés, cerveza y música *blues*. Conviene agudizar el oído, ya que es fácil pasarlo de largo.

John's Place BAR

(plano p. 236; Th Moon Muang) Otro bar de la vieja escuela, este en el triángulo formado por Th Ratchamankha y Soi 2, con neón y barrigones cerveceros. Súbanse las escaleras empapeladas con pósteres de paisajes tailandeses descoloridos hasta la azotea donde una cervecita fría pasa bien al atardecer o más tarde. El bar de abajo es un buen lugar para charlar con los expatriados de la zona.

Kafe BAR

(plano p. 236; Th Moon Muang) Coqueto y con un par de mesas al sol acurrucadas junto a Soi 5, este local de madera suele estar lleno de tailandeses y mochileros cuando el resto de locales están vacíos. La fórmula es sencilla: cerveza fría económica y servicio eficaz.

Mix Bar BAR

(plano p. 236; DusitD2 Chiang Mai, 100 Th Chang Khlan) La refinada coctelería del DusitD2 brinda un selecto elixir tras el trasiego del mercado nocturno. El último fin de semana del mes organiza fiestas frecuentadas por gays.

Glass Onion BAR

(plano p. 242; Rooms Boutique Mall, Th Nimmanhaemin; ⌚20.00-hasta tarde) Este pequeño *lounge*-bar está escondido en el extremo de un paseo peatonal. Mientras los jovencitos se torturan reventándose los tímpanos en las discotecas de Th Nimmanhaemin, aquí se da cita un público más adulto y con ganas de copas y conversación, gays incluidos. Los viernes por la noche se reserva para las chicas, y de 19.00 a 21.00 hay *happy hour*.

El **Pinocchio's** (plano p. 242; Soi 7, Th Nimmanhaemin) y el **Outdoors** (plano p. 242; Soi 7, Th Nimmanhaemin) son dos grandes bares al fresco muy marchosos los fines de semana. Por la tarde no hay nadie, pero por la noche los abarrotan una clientela joven y guapa. El Pinocchio's es más refinado y se llena de estudiantes tailandeses más jóvenes, mientras que el Outdoors tiene un ambiente más mezclado, con tailandeses, residentes extranjeros y turistas. Eso sí, las grandes pantallas de TV en ambos locales alejan cualquier pretensión ambiental.

Cafés y 'teterías'

El talante sociable y creativo de Chiang Mai ha incorporado la pasión global por la cultura de café, sobre todo atendida por bares de cadenas locales y por el grano *arábica* propio. Casi un reclamo por derecho propio, Soi Kaafae (la callejuela del café en Soi 9, Th Nimmanhaemin) está amenizada por dos cafeterías con frondosos jardines para sentarse y mucho nativo con el ordenador portátil. A un lado de la calle está el **Wawee Coffee** (plano p. 242; Soi 9, Th Nimmanhaemin), sucursal de una cadena local que empezó en el Mae Sa Elephant Camp y después creció sin parar (hay otro en Th Ratchadamnoen, en la ciudad antigua); y al otro, el **94° Coffee** (plano p. 242; Soi 9, Th Nimmanhaemin).

Black Canyon Coffee CAFÉ
(plano p. 236; 1-3 Th Ratchadamnoen) Cadena local con muchas sucursales por la ciudad, esta justo delante de la Pratu Tha Phae y siempre llena de "mirones".

Impresso Espresso Bar CAFÉ
(plano p. 242; 28/1 Soi 11, Th Nimmanhaemin; café 50 THB) Aparte de las grandes franquicias de cafés, esta joyita es un lugar privilegiado también para ver gente (dentro y fuera). El personal controla la cafetera y además sirven licuados de frutas, cócteles sin alcohol y tés.

Tea House 'TETERÍA'
(plano p. 236; Th Tha Phae; ⌚9.30-18.00) En las montañas del norte se cosecha el té Assam que se sirve en esta *tetería* "victoriana", que comparte espacio con Siam Celadon. Es un espacio maravilloso para tomarse un té de jazmín y un tentempié.

☆ Ocio

Sudsanan MÚSICA EN DIRECTO
(plano p. 242; Th Huay Kaew) Delante de la gasolinera Shell un camino privado lleva hasta esta casa de madera e iluminación cálida. Tailandeses melenudos y residentes extranjeros, sobre todo de las ONG de la zona, se encuentran aquí para disfrutar de las profesionales y eclécticas actuaciones que van desde samba hasta *pleng pêu·a chee·wít* (canciones para la vida). Es uno de los mejores locales de la ciudad, muy carismático, ideal para conocer bandas tailandesas locales. Durante algunos temas especialmente lacrimógenos se ve a mucha gente emocionada.

Bridge Bar MÚSICA EN DIRECTO
(plano p. 242; Soi 11, Th Nimmanhaemin) Este pequeño bar de barrio está muy bien. Es una buena alternativa a los grandes bares-restaurantes que hay por estas *sois* y programa bandas locales los fines de semana por la noche y, a veces, entre semana. Advertencia: la música está muy alta.

North Gate Jazz Co-Op 'JAZZ'
(plano p. 236; Th Si Phum) Este estrecho y pequeño club de *jazz* congrega a más músicos, locales y extranjeros, que clientes, sobre todo las noches de los martes, cuando se abre el micro a los aficionados.

Riverside Bar & Restaurant MÚSICA EN DIRECTO
(9-11 Th Charoenrat) En el parpadeante marco del Mae Ping, el Riverside es uno de los decanos en lo referente a música en directo. Las bandas de versiones integradas por *hippies* tailandeses de cierta edad se apoderan del escenario central y el público también invade la pequeña sala con *rock* para corear las canciones. El antídoto perfecto a la sobredosis de electrónica. Como restaurante (véase p. 265) también es recomendable.

Inter MÚSICA EN DIRECTO
(plano p. 236; 271 Th Tha Phae) Pequeño local frecuentado por viajeros y mochileros que se alojan por la Pratu Tha Phae. Algunas noches el ambiente se dispara, extendiéndose por las aceras. Pueden participar aquellos con talento musical.

Warm-Up DISCOTECA
(plano p. 242; ☎0 5340 0676, 306 253; 40 Th Nimmanhaemin) El garito más moderno y la mejor sala de baile de Chiang Mai siempre ha gustado a la gente guapa y joven. En la pista principal los DJ pinchan *hip-hop,* mientras que el *house* se reserva para el *lounge* y las bandas de *rock/indie* tocan en el jardín. La clientela son jóvenes a la última, con vaqueros ajustados, pelos de punta, vestiditos con brillos y zapatos puntiagudos de tacón. Hasta los *fa·ràng* se suman a la fiesta.

Monkey Club DISCOTECA
(plano p. 242; 7 Soi 9, Th Nimmanhaemin) Este club mezcla cenas con baile y música en directo en un jardín de iluminación tropical, programa bandas de la zona con solistas y atrae a una clientela de estudiantes tailandeses y algunos residentes extranjeros que quizás prefieran el níveo bar y club acristalado. Los más jóvenes se lo pasan pipa.

Discovery DISCOTECA
(12 Th Huay Kaew) Grande, bulliciosa y totalmente pachanguera, es la discoteca indicada para lanzarse a la pista y desmelenarse con los últimos ritmos de baile, y afortunadamente aquí no hace falta ser moderno para pasárselo bien. Está enfrente del Kad Suan Kaew.

Bubbles DISCOTECA
(Pornping Tower Hotel, Th Charoen Prathet). Es un pelín sórdida, pero parece que eso es lo que gusta a los noctámbulos más empedernidos y fiesteros, particularmente turistas. En la pista suena de todo, también *techno-trance.*

Estadio de 'muay thai' Thapae BOXEO
(plano p. 236; ☎08 6187 7655; Th Moon Muang; entrada normal/VIP 400/600 THB; ⌚21.00 varias noches) Ubicado en pleno meollo mochilero, los combates están enfocados a un público extranjero, y se rematan con un espectáculo de cabaré.

Estadio de 'muay thai' Kawila BOXEO
(junto a Th Charoen Muang) Cerca del Talat San Pakoy, este estadio local de boxeo tailandés tiene muy buena fama. Lamentablemente, un incendio destrozó el edificio y estaba en obras en la última visita, aunque ya debería estar operativo a lo largo del 2012. Para llegar hay que preguntar a alguien por el barrio.

Centro de Arte y Cultura de la Universidad de Chiang Mai CINE
(plano p. 232; Facultad de Arte y Diseño de Medios de Comunicación; gratis; ⌚19.00 do) Para matar el gusanillo de cine de autor, cada semana la universidad programa sesiones de películas extranjeras, a menudo en ciclos temáticos; las proyecciones son en el auditorio principal.

Good View MÚSICA EN DIRECTO
(13 Th Charoenrat) Versiones modernas de clásicos; está al lado del Riverside Bar & Restaurant.

Le Brasserie MÚSICA EN DIRECTO
(37 Th Charoenrat) Popular a última hora de la noche, cuando se llena de admiradores de Took, legendario guitarrista local. El *rock* y el *blues* de siempre figuran en la programación. Está 500 m al norte del Saphan Nawarat, junto al río.

Gallery MÚSICA EN DIRECTO
(27 Th Charoenrat) Música tradicional tailandesa a diario de 19.00 a 21.00. El precioso y arbolado marco ribereño casa bien con la oferta. Está al lado de La Brasserie.

Major Cineplex CINE
(Central Airport Plaza, 2 Th Mahidol)

Vista Movie Theatre CINE
(Centro comercial Kad Suan Kaew, Th Huay Kaew)

De compras

Chiang Mai, rodeada de pequeñas fábricas y talleres familiares, es el centro artesano del país. En la ciudad destacan varias calles comerciales: el famoso bazar nocturno al este de la ciudad antigua, el Saturday Walking Street en Th Wualai, el Sunday Walking Street en Th Ratchadamnoen y, junto al río, Th Charoenrat, para tejidos étnicos de calidad. Th Nimmanhaemin, al oeste de la ciudad antigua y cerca de la Universidad de Chiang Mai, cuenta con un puñado de *boutiques* contemporáneas frecuentadas por los tailandeses que van a la caza de lo último.

Los pueblos artesanos se hallan en los confines de la ciudad, al sur y al este. Hang Dong (p. 286) está considerado el centro del mueble de la zona.

CIUDAD ANTIGUA

Mengrai Kilns CERÁMICA
(fuera de plano p. 236; ☎0 5327 2063; www.mengraikilns.com; 79/2 Th Arak) En la esquina suroeste del foso interior, esta tienda mantiene viva la vieja tradición tailandesa de la cerámica verdeceladón.

HQ Paper Maker PAPEL
(plano p. 236; ☎0 5381 4718; www.hqpapermaker.com; 3/31 Th Samlan; ⌚8.30-17.30) Esta tiendecita vende papel artesano al por menor, por ejemplo papel de morera *(săh)*, otra especialidad de Chiang Mai. Lo hay de diferentes colores y diseños, como hojas impresas con alfabeto thai del norte.

Herb Basics PRODUCTOS NATURALES
(plano p. 236; ☎0 5323 4585; Th Ratchadamnoen; ⌚9.00-18.00 lu-sa, 2-21.00 do) Todos estos pro-

DE COMPRAS NOCTURNAS

El **bazar nocturno de Chiang Mai** (plano p. 236; Th Chang Khlan; ⌚19.00-24.00), un legado de las primeras caravanas de mercaderes yunnaneses que hacían un alto en el camino en su antigua ruta comercial entre Simao (China) y Mawlamyaing (costa del golfo de Martabán de Myanmar), es uno de los mayores reclamos de la noche de la ciudad, sobre todo para las familias. Hoy se venden los típicos recuerdos turísticos que se pueden encontrar en las calles de Bangkok. Como manda la tradición, los vendedores ambulantes se apiñan junto a la peatonal Th Chang Khlan entre Th Tha Phae y Th Loi Kroh. Entremedio hay edificios dedicados al comercio, como el del **mercado nocturno de Chiang Mai,** repleto de antigüedades y tiendas de artesanía. Al otro lado de la calle se halla el **bazar nocturno de Galare,** con ropa de calidad y menaje para el hogar. Detrás de las tiendas está la **zona de restauración del Galare** (plano p. 236). El **mercado de Anusan** es menos claustrofóbico y tiene puestos con gorros de punto, jabones tallados y otros artículos propios de la industria rural. Más hacia el interior tiene también una **zona de restauración** (p. 264).

El encanto no reside en la calidad y las ofertas, sino en la variedad y cantidad y en la destreza y paciencia necesarias para encontrar algo.

ductos que huelen tan bien, como la crema labial, el jabón y el champú de hierbas, están elaborados en Chiang Mai.

Lost Book Shop LIBROS
(plano p. 236; 34/3 Th Ratchamankha) Libros usados sin precintar para ojear con tranquilidad; lo lleva el mismo dueño de Backstreet Books.

On the Road Books LIBROS
(plano p. 236; 38/1 Th Ratwithi) Veterana librería de segunda mano con una buena selección de lecturas de calidad.

AL ESTE DE LA CIUDAD ANTIGUA

Elements REGALOS, JOYAS
(Red Ruby; plano p. 236; 400-402 Th Tha Phae) Bolsos bordados, colecciones de joyas divertidas y otros abalorios al lado del Roong Ruang Hotel.

Nova JOYAS
(plano p. 236; www.nova-collection.com; 201 Th Tha Phae; ⌚10.00-20.00 lu-sa, 12.30-20.30 do) Para joyas contemporáneas, este estudio elabora a mano anillos (7000-8000 THB), colgantes y pendientes excepcionales, de plata, oro y piedras preciosas. Aceptan encargos.

Lost Heavens ARTE TRIBAL
(plano p. 236; 228-234 Th Tha Phae) Arte tribal digno de un museo, incluidos tejidos, alfombras, antigüedades y hasta piezas rituales de la tribu yao (o mien).

Kesorn ARTE TRIBAL
(plano p. 236; 154-156 Th Tha Phae) El coleccionista se quedará prendado en esta abarrotada tienda que comercia desde hace muchos años con piezas antiguas, principalmente tejidos, abalorios y artesanía de las tribus de la montaña.

Siam Celadon CERÁMICA
(plano p. 236; www.siamceladon.com; 158 Th Tha Pae; ⌚8.00-18.00) Esta consolidada empresa vende bonita cerámica verdeceladón, vidriada y agrietada, en un precioso edificio de teca. Se puede disfrutar de la casa victoriana y de sus exquisitas grecas con un té muy inglés en la vecina Tea House Siam Celadon (p. 270).

KukWan Gallery TEJIDOS, REGALOS
(plano p. 236; 37 Th Loi Kroh) Un poco apartada de la calle, esta encantadora casa de teca alberga bobinas de algodón y seda naturales. También es ideal para comprar regalos, p. ej., pañuelos, colchas y manteles de colores discretos.

Pantip Plaza ELECTRÓNICA
(plano p. 236; Th Chang Khlan) Cerca del bazar nocturno, este reluciente centro comercial es una agradable alternativa a sus equivalentes de hormigón de Bangkok. El recinto está lleno de acreditados vendedores de equipos electrónicos, como ordenadores y cámaras, y ni rastro de vendedores de *software* pirata.

Suriwong Book Centre LIBROS
(plano p. 236; 54 Th Si Donchai; ⌚8.00-20.00) Una institución de Chiang Mai cuyo fuerte son las revistas y libros tailandeses. También cuenta con una sección pequeña pero rigurosa de títulos tailandeses y del sureste asiático de no ficción en inglés.

Backstreet Books LIBROS
(plano p. 236; 2/8 Th Chang Moi Kao) Esta laberíntica tienda vecina de Gecko Books tiene una buena selección de novelas de misterio y suspense, además de una considerable sección de mapas, si bien algunos se han quedado bastante obsoletos.

Book Zone LIBROS
(plano p. 236; Th Tha Phae) Nuevas guías de viaje y literatura para viajeros, más ficción contemporánea, justo enfrente del Wat Mahawan.

Gecko Books LIBROS
(plano p. 236; 2/6 Th Chang Moi Kao) Esta cadena de Chiang Mai tiene varias sucursales, a destacar las de Th Ratchamankha y Th Loi Khro, con libros nuevos y usados precintados (todo un fastidio).

ORILLAS DEL RÍO

La Luna Gallery ARTE
(plano p. 236; ☎0 5330 6678; www.lalunagallery.com; 190 Th Charoenrat) En la vieja hilera de tiendas-vivienda de la ribera este del río, esta galería profesional representa a un selecto ramillete de emergentes artistas del sureste asiático. Muchos lienzos hacen crítica social y son una ventana a los diferentes estilos artísticos de la región. Los elefantes pintados a mano (1000 THB) podrían ser un precioso regalo.

Vila Cini TEJIDOS
(☎0 5324 6246; www.vilacini.com; 30-34 Th Charoenrat) Piezas de seda y algodón de primera, confeccionadas a mano, que recuerdan a las de la marca Jim Thompson. El marco es evocador: una preciosa casa de teca con suelos de mármol y una estrecha y desvencijada escalera que conduce a un patio porticado. Está en el lado este de la calle, unos 400 m al norte del Saphan Nawarat.

DE COMPRAS POR UNA CAUSA

Chiang Mai ejerce en parte como conciencia de Tailandia porque atiende a los inmigrantes necesitados procedentes de Myanmar (Birmania) y a los aldeanos de las tribus de la montaña que carecen de la ciudadanía para poder acceder a la educación, a un trabajo bien remunerado y a la seguridad social. Tener la pobreza tan cerca anima al residente medio a implicarse en organizaciones privadas (ONG) que ayudan a desarrollar fuentes legales de ingresos.

La **Dor Dek Gallery** (plano p. 236; ☎08 9859 6683; Th Samlan) vende artesanía hecha por los niños de la calle empleados por la Volunteers for Children Development Foundation. Esta organización privada lleva un orfanato y un programa de entrenamiento de trabajo para niños expatriados. Los beneficios se reparten entre los artistas, el fondo educativo del programa y la compra de material. El lugar está especialmente bien para bolsos, monederos y regalos para niños, todo hecho a mano.

En el **Freedom Wheel Chairs Workshop** (plano p. 236; ☎0 5321 3941; www.freedomwheelchairs.org; 133/1 Th Ratchaphakhinai) se puede comprar una silla de ruedas (9500 THB) que se donará a una persona discapacitada sin ingresos. Llevado por una tailandesa superviviente de la poliomielitis y su marido, el taller compra y personaliza estas sillas y otros productos ortopédicos para personas necesitadas.

Adorn with Studio Naenna (p. 274) es la tienda-exposición de la ciudad de un proyecto textil que se desarrolla en las aldeas y que ofrece a las mujeres jóvenes del distrito de Chom Thong, en Chiang Mai, una forma viable de obtener algunos ingresos sin necesidad de tener que abandonar a sus familias para ir a trabajar a la ciudad. También conserva las técnicas tradicionales de tejido y utiliza fibras y tintes naturales para suavizar el impacto medioambiental.

Otros establecimientos de artesanía para este tipo de tejidos de las aldeas son la **KukWan Gallery** (p. 272), **Sop Moei Arts**, **Thai Tribal Crafts** y el **Hill-Tribe Products Promotion Centre** (abajo).

Soep Moei Arts TEJIDOS

(plano p. 236; ☎0 5330 6123; www.sopmoeiarts.com; 150/10 Th Charoenrat) De entre las muchas tiendas de artesanías de las tribus de la montaña, esta ha conseguido darle un toque moderno a las manualidades de los pwo karen, una tribu que vive en la provincia de Mae Hong Son. El resultado son telas exquisitamente genuinas en forma de fundas de almohadas, manteles y tapices. Aunque todo arrancó con un proyecto sanitario en un pueblo hace unos treinta años, desde entonces son las tradiciones textiles y la cestería las que tiran de su desarrollo económico.

Thai Tribal Crafts ARTESANÍA TRIBAL

(☎0 5324 1043; www.ttcrafts.co.th; 208 Th Bamrungrat) Los indígenas llevan esta tienda que comercializa elaboradas piezas de punto y ganchillo de varias tribus de la montaña. Está cerca del McCormick Hospital. La gestión corre a cargo de los responsables de una organización de comercio justo. Queda justo en la esquina de Th Bamrungrat con Th Kaew Nawarat.

AL OESTE DE LA CIUDAD ANTIGUA

Cerca de la Universidad de Chiang Mai, Th Nimmanhaemin está considerada como la zona más moderna de la ciudad. Cuenta con diversos centros comerciales repletos de diminutas tiendas de ropa y artículos de regalo. No hay que pasar por alto las tiendas de arte y decoración que se suceden en Soi 1, una bocacalle de Th Nimmanhaemin, ni su festival de arte y diseño del mes de diciembre.

Elephants TALLAS DE MADERA

(plano p. 242; 8 Soi 1, Th Nimmanhaemin) Fundada por el Sr. Phet Wiriya, un apasionado del arte de tallar madera y desarrollar novedades, como utilizar madera de cassia de la zona y cambiar las posturas de los elefantes, en esta maravillosa tienda se exhiben y venden los resultados.

Hill-Tribe Products Promotion Centre ARTESANÍA TRIBAL

(21/17 Th Suthep) Financiado por la realeza, en este centro venden recuerdos turísticos y artesanías de las tribus de la montaña. Cuenta con trajes de seis tribus. Todos los beneficios se invierten en proyectos para el bienestar de dichas etnias. Está junto a la entrada del Wat Suan Dok.

Srisanpanmai SEDA

(plano p. 242; 6 Soi 1, Th Nimmanhaemin) Las vitrinas exponen todo un compendio textil del pueblo Lanna. Desde los motivos multicolor del arcoíris de Myanmar (Birmania) hasta las piezas de dobladillo ancho de Chiang Mai, la tienda se especializa en telas hechas a la vieja usanza.

Adorn with Studio Naenna TEJIDOS

(plano p. 242; 22 Soi 1, Th Nimmanhaemin) Patricia Cheeseman, una experta artista de tejidos tailandeses-laosianos, ha impulsado la reproducción de los taciturnos colores de las montañas en sedas y algodones usando tintes naturales como parte de un proyecto de aldea. El proceso de producción se puede ver en el estudio. Es una de las mejores tiendas de telas de Chiang Mai.

Studio Naenna TEJIDOS

(www.studio-naenna.com; 138/8 Soi Chang Khian, Th Huay Kaew) Si gusta el género, la galería principal de esta cooperativa textil está a las afueras de la ciudad, aproximadamente 1 km al noroeste del cruce de Th Huay Kaew con Th Khlorng Chonprathan, en Soi Chang Khian.

Shinawatra SEDA

(plano p. 242; www.shinawatrathaisilk.co.th; 18 Th Huay Kaew) Esta venerable tienda familiar de seda ya tenía fama antes de que el sobrino del dueño, Thaksin Shinawatra, se convirtiera en el polémico primer ministro, aunque los colores y diseños no casan bien con los gustos foráneos.

Koland ARTE 'KITSCH'

(plano p. 242; Soi 1, Th Nimmanhaemin) El presidente Mao saluda a los visitantes de la tienda más en la onda de la manzana, que vende una mezcla de cerámicas locales y arte *kitsch* de China.

Kachama TEJIDOS

(plano p. 242; www.kachama.com; 10 Soi 1, Th Nimmanhaemin) Sofisticado estudio de una gran artista textil cuyos productos, siempre inspirados en la tradición, son más para colgar que para llevar.

Gongdee Gallery GALERÍA DE ARTE

(plano p. 242; gongdeegallery.com; 30 Soi 1, Th Nimmanhaemin) Además de una de las *showrooms* más grandes del barrio, es la principal incubadora de jóvenes artistas con talento de esta *soi*. Hay una mezcla de adornos para el hogar, muebles y pinturas. Conviene fijarse en los budas tipo icono bizantino y en los altares pintados por el artista Barinya de Chiang Mai.

Aka MOBILIARIO

(plano p. 242 ; www.aka-aka.com; Soi 1, Th Nimmanhaemin) El diseñador de muebles tailandeses y artes decorativas Eakrit Pradissuwana ha creado un estilo contemporáneo para asiófilos modernos. Los muebles son de líneas puras y minimalistas, pero siempre con un carisma muy "oriental".

Chabaa ROPA

(plano p. 242; www.atchabaa.com; Nimman Promenade, 14/32 Th Nimmanhaemin) Si Putumayo hiciera ropa en lugar de editar discos, eso sería Chabaa, una tienda especializada en elegancia étnica global. Venden *tops* y faldas bordados con alegres colores y grandes joyas.

Ginger ROPA, ACCESORIOS

(plano p. 242; 6/21 Th Nimmanhaemin) Resplandecientes vestidos, brillantes chinelas, fabulosa joyería y coloristas accesorios para arreglarse y salir de noche.

ℹ Información

Peligros y advertencias

Comparada con Bangkok, Chiang Mai es una delicia para los turistas, y los malentendidos con los conductores de *sŏrng·tăa·ous* y *túk-túks* son mínimos.

En cuanto al tráfico, si bien las calles principales están muy concurridas, se circula con fluidez.

La quema de rastrojos en los campos circundantes son la principal causa de la neblina que cubre Chiang Mai en marzo y abril.

Muchas pensiones económicas de Chiang Mai rechazan a los clientes que no quieran participar en sus circuitos de senderismo, pero el grueso de los alojamientos es bastante claro en este sentido y ofrece habitaciones a los no senderistas por un período limitado.

Urgencias

Policía turística (☎0 5324 7318, 24 h urgencias 1155; Th Faham; ⊙6.00-24.00) Integrada por voluntarios extranjeros políglotas, la oficina principal está en la orilla este del río, al sur de la Superhighway. También hay algunos agentes por el Sunday Walking Street.

Acceso a internet

Casi todas las pensiones de Chiang Mai ofrecen internet gratis y muchas tienen wifi. Además hay muchos cibercafés por Th Tha Phae, Moon Muang y Ratchamankha.

Información en la Red

1 Stop Chiang Mai (www.1stopchiangmai.com) Sitio web con los lugares de interés de la ciudad que hace especial hincapié en las excursiones de un día y actividades de aventura.

Chiang Mai Sawadee (http://chiangmai.sawadee.com) Práctica guía en línea de Chiang Mai con información del aeropuerto, alojamientos y mapas.

Guidelines (www.guidelineschiangmai.com) Revista mensual con ensayos interesantes sobre la historia del norte del país. También guía del visitante.

Medios de comunicación

Chiangmai Mail (www.chiangmai-mail.com) Periódico semanal en inglés con noticias locales y regionales y política de la zona.

Citylife (www.chiangmainews.com) Revista de tendencias con reseñas sobre restaurantes y bares, política y gente; incluye una sección de clasificados.

Irrawaddy News Magazine (www.irrawaddy.org) Respetada publicación que abarca noticias de Myanmar (Birmania), el norte de Tailandia y otras zonas del sureste asiático.

Asistencia médica

Chiang Mai Ram Hospital (☎0 5322 4880; www.chiangmairam.com; 8 Th Bunreuangrit) Recomendado por la mayoría de residentes extranjeros, es el hospital más moderno de la ciudad.

Hospital Lanna (☎0 5399 9777; www.lanna-hospital.com; Th Superhighway) Uno de los mejores hospitales de la ciudad y menos caro que el Chiang Mai Ram.

Centro de Malaria (☎0 5322 1529; 18 Th Bunreuangrit) Hace análisis de sangre para controlar la malaria.

Clínica de Medicina Tradicional Mungkala (plano p. 236; ☎0 5327 8494; 21-27 Th Ratchamankha; ⏰9.00-12.30, 2.30-19.00) Acreditado centro de medicina tradicional china con tratamientos de acupuntura, masajes y medicinas naturales.

McCormick Hospital (☎0 5392 1777; www.mccormick.in.th; 133 Th Kaew Nawarat) Antiguo hospital de misioneros, recomendable para casos leves.

Dinero

Todos los bancos tailandeses importantes tienen sucursales y cajeros automáticos por toda Chiang Mai, particularmente en Th Tha Phae.

Western Union (☎0 5322 4979) Para transferencias monetarias, tiene mostradores en el Central Airport Plaza, el centro comercial Kad Suan Kaew, Th Huay Kaew y en todas las oficinas de correos.

Correos

Oficina principal de correos (☎0 5324 1070; Th Charoen Muang; ⏰8.30-16.30 lu-vi, 9.00-12.00 sa y do) Hay otras oficinas prácticas en Th Singharat/Samlan, Th Mahidon en el aeropuerto internacional de Chiang Mai, Th Charoen Prathet, Th Phra Pokklao, Th Ratchadamnoen, Th Chotana y la Universidad de Chiang Mai. La oficina de Th Ratchadamnoen es una buena opción para enviar paquetes, pues el personal ayuda gustoso con el embalaje.

Teléfono

Muchos cibercafés disponen de auriculares para que los usuarios puedan conectarse con Skype. También hay algunos locutorios en las zonas turísticas y muchos teléfonos que funcionan con tarjeta en tiendas y bares de toda la ciudad.

Autoridad de Comunicaciones de Tailandia (CAT; ☎0 5324 1070; Th Charoen Muang; ⏰24 h) Queda apartada, junto a la oficina principal de correos.

Información turística

Autoridad de Turismo de Tailandia (TAT; ☎0 5324 8604; www.tourismthailand.org; Th Chiang Mai-Lamphun; ⏰8.30-16.30) El personal habla inglés, facilita mapas y recomienda guías de circuitos, pero no hace reservas de hotel. Está al cruzar el Saphan Lek, en la orilla este del río.

Agencias de viajes

Travel Shoppe (☎0 5387 4280; www.travel-shoppe.com; 2/2 Th Chaiyaphum) Excelente agencia de viajes, a la salida de la Pratu Tha Phae. Están acostumbrados a tratar con extranjeros.

ℹ Cómo llegar y salir

Avión

Los vuelos regulares utilizan el **aeropuerto internacional de Chiang Mai** (plano p. 232; www.chiangmaiairportonline.com), 3 km al sur del centro de la ciudad antigua. Si no se indica lo contrario, las siguientes compañías aéreas vuelan a/desde el aeropuerto Suvarnabhumi de Bangkok.

Air Asia (☎0 2515 9999; www.airasia.com) Va a Bangkok y Kuala Lumpur cada día.

Bangkok Airways (☎0 5328 9338-9; www.bangkokair.com) Vuela a diario a Bangkok y sigue hasta Samui.

Korean Air (☎662-620 6900; www.koreanair.com) Dos vuelos semanales directos a Chiang Mai y Seúl en cada sentido.

Lao Airlines (☎0 5322 3401; www.laoairlines.com) Vuela a Luang Prabang a diario.

Nok Air (☎1318; www.nokair.com) Vuela al

AUTOBUSES DESDE LA TERMINAL ARCADE DE CHIANG MAI

DESTINO	PRECIO (THB)	DURACIÓN (H)	FRECUENCIA
Bangkok	605-810	9½	cada 30 min (6.30-21.30)
Chiang Khong	215-275	6½	3 diarios
Chiang Rai	135-265	3-4	cada 30 min (5.30-17.00)
Chiang Saen	165-220	3½-4	2 diarios
Khon Kaen	505	12	10 diarios
Khorat	560-660	12	11 diarios
Lampang	20-100	2	cada hora (6.30-21.30)
Lamphun	35	1	cada hora (6.30-21.30)
Mae Hong Son (vía Pai)	145-170	7-8	8 diarios
Mae Hong Son (vía Mae Sariang)	180-340	9	6 diarios
Mae Sai	165	5	2 diarios
Mae Sariang	100-200	4-5	6 diarios
Mae Sot	240-310	6-6½	2 diarios
Nan	150-420	6	11 diarios
Pai	75-85	4	12 diarios
Phayao	115-150	2½-3	6 diarios
Phrae	140-280	3½-4	7 diarios
Phitsanulok (2ª clase)	210-320	5-6	muy frecuentes
Sukhotai (2ª clase)	220	5-6	muy frecuentes
Udon Thani (2ª clase)	410-620	12	4 diarios

aeropuerto Don Muang de Bangkok y hasta Udon Thani. Nok Air es una subsidiaria de Thai Airways.

Orient Thai Airlines (☎1126; www.flyorientthai.com) Cuatro conexiones diarias con el aeropuerto Don Muang de Bangkok y tres semanales con Pai (gestionadas por Kan Air).

Silk Air (☎0 5390 4985; www.silkair.com) Tres vuelos semanales a Singapur.

Thai Airways International (THAI; ☎0 5321 1044/7; www.thaiair.com) Seis vuelos diarios a Bangkok, como mínimo, más muchos otros nacionales, aunque pocos son directos.

Autobús

La **terminal de autobuses Arcade** (Th Kaew Nawarat) es la de largo recorrido y se halla a unos 3 km de la ciudad antigua, a una carrera en *túk-túk* o *sŏrng·tăa·ou* de 50-80 THB. La mayor compañía que opera en esta terminal es Green Bus Thailand. Pasada la terminal principal están las taquillas para Pai, Mae Hong Son y Mae Sariang.

De la terminal también salen microbuses, a menudo más rápidos y temerarios que los autobuses, hacia Mae Hong Son (250 THB) y Pai (150 THB), entre otros destinos.

Desde Bangkok, las compañías más fiables salen de la Terminal Norte y Noreste (Mo Chit). No se aconseja ir al norte con una compañía de autobuses que salga de los enclaves turísticos de la capital, especialmente desde Th Khao San. Normalmente prometen demasiado y cumplen poco.

Para recorridos por la provincia de Chiang Mai, se puede utilizar la **terminal de autobuses de Chang Pheuak** (fuera de plano p. 236; Th Chang Pheuak), al norte de la ciudad antigua y con detinos como Chiang Dao (40 THB, 1½ h, cada 30 min), Chom Thong (34 THB, 2 h, cada 20 min), Fang (80 THB, 3 h, cada 30 min), Hang Dong (15 THB, 30 min, cada 20 min) y Tha Ton (90 THB, 5 diarios, 4 h).

También hay una parada de *sŏrng·tăa·ou* en Th Praisani, entre el Talat Warorot y el río Ping, para ir a localidades cercanas como Lamphun, Bo Sang, San Kamphaeng y Mae Rim. Las *sŏrng·tăa·ous* y autobuses también aparcan en la orilla este del río, cerca del Saphan Lek, de camino a Lamphun, Lampang y Chiang Rai (por una carretera más antigua y lenta).

Tren

La **estación de trenes** (fuera de plano p. 232; Th Charoen Muang) de Chiang Mai está 2,5 km al este de la ciudad antigua y cuenta con un cajero automático, una sala de consigna (20 THB por bulto) y un mostrador de reservas en la ventanilla de billetes regulares. Para información sobre horarios y tarifas, contáctese con **Ferrocarriles Estatales de Tailandia** (☎línea directa gratis 1690; www.railway.co.th) o recójanse los horarios en la estación.

Desde Bangkok, todos los servicios a Chiang Mai salen de la estación de Hua Lamphong. Cuando se recababa información para esta guía, había seis servicios diarios a Chiang Mai (y 6 en sentido opuesto) y el viaje duraba entre 12 y 15 horas. Los siguientes precios corresponden a asientos en vagones con aire acondicionado; sin reserva, los vagones son con ventilador.

Los trenes rápidos salen de Bangkok a las 14.30 y llegan a Chiang Mai al día siguiente a las 5.10. El billete cuesta 391/251 THB para un asiento de 2ª/3ª clase y 541/491 THB para litera inferior/superior en vagones de 2ª clase.

Los exprés salen de Bangkok a las 22.00 y llegan a Chiang Mai a las 12.45 del día siguiente. Cuestan 431/291 THB por un asiento de 2ª/3ª clase, 541 THB por uno de 2ª clase con aire acondicionado, 581/531 THB por una litera inferior/superior en vagón de 2ª clase y 821/751 THB por una litera inferior/superior en vagón de 2ª clase con aire acondicionado.

Los Sprinter (trenes exprés diésel) salen de Bangkok a las 8.30 y 19.20 y llegan a Chiang Mai a las 20.30 y 7.40, respectivamente. Los billetes cuestan 611 THB por un asiento de 2ª clase con aire acondicionado.

Los exprés especiales salen a las 18.00 y 19.20 y llegan al día siguiente a las 7.15 y 9.45. Los billetes cuestan 1253 THB por una litera de 1ª clase y 881/791 THB por una litera inferior/superior en un vagón de 2ª clase con aire acondicionado.

Entre los trenes de Chiang Mai a Bangkok se incluyen los siguientes: exprés (sale a las 14.50 y llega a las 5.30), exprés especial (sale a las 16.30 y 17.55 y llega a las 18.40 y 7.00, respectivamente), Sprinter (sale a las 21.00 y 8.45 y llega a las 9.10 y 20.25) y rápido (sale a las 6.45 y llega a las 21.10).

Cada vez es más difícil reservar una litera a menos que se haga con mucha antelación; los grupos organizados a veces reservan vagones enteros y los asientos pueden escasear durante los festivos como el Songkran (med abr), el Día de Chulalongkorn (oct) y el Año Nuevo chino (fin feb-ppios mar). Para información sobre reservas, véase p. 772)

ℹ Cómo desplazarse

A/desde el aeropuerto

Solo hay un servicio de taxi acreditado en el aeropuerto que cobra una tarifa fija de 150 THB. El autobús urbano nº 6 (15 THB) va hacia el oeste hasta la Universidad de Chiang Mai y tiene paradas por el camino; poco práctico si se está alojado en la ciudad antigua. Muchas pensiones y hoteles facilitan el traslado al aeropuerto.

En cualquier punto de la ciudad se puede alquilar un *túk-túk* o una *sŏrng·tăa·ou* roja hasta el aeropuerto por 60-80 THB; a la inversa, normalmente se puede tomar alguno en el aeropuerto para ir a la ciudad antigua, pero siempre hay que esperar.

Bicicleta

Es una buena manera para moverse por Chiang Mai. Se alquilan destartaladas bicicletas de paseo de piñón fijo por unos 60 THB en algunas pensiones y en varios establecimientos del foso este. Conviene revisarlas antes, pues los frenos pueden ser poco fiables. **Chiang Mai Mountain Biking** (plano p. 232; ☎0 5381 4207; www.mountainbikingchiangmai.com; 1 Th Samlan) alquila cuidadas bicicletas de montaña y de ciudad por el día y organiza circuitos en bicicleta de montaña.

Si se quiere comprar una bicicleta o se necesita repararla, se recomienda **Cacti Bike** (plano p. 232; ☎0 5321 2979; 94/1 Th Singharat), que también las alquila (80-350 THB/día, según el modelo), desde sencillas máquinas de paseo a verdaderas bicicletas de montaña con todos los accesorios. Para estas últimas hay que dejar un depósito de 250 US$ o el pasaporte. Como alternativa está **SM Travel** (plano p. 236 ☎0 5320 6844; 87 Th Ratchadamnoen), que, además de estar en un lugar práctico, tiene precios más económicos y, por tanto, menor calidad (bicicletas de montaña 100-200 THB).

Automóvil y camioneta

Se pueden alquilar transportes en varios puntos de la ciudad, particularmente en Th Moon Muang. Siempre hay que asegurarse de que el vehículo disponga de seguro a terceros, que suele traducirse en una franquicia de 5000 THB. Esta póliza no incluye los daños personales ni los gastos médicos de cualquier persona implicada en un accidente. Se deben mirar bien todas las cláusulas para saber qué incluye y qué no.

Una de las compañías mejor consideradas es **North Wheels** (plano p. 236; ☎0 5387 4478; www.northwheels.com; 70/4-8 Th Chaiyaphum), que ofrece recogidas y traslados al hotel, servicio de 24 horas de asistencia en carretera y seguro a todo riesgo. Otra buena opción es **Thai Rent a Car** (Petchburee Car Rent; ☎0 5328

1345; www.thairentacar.com; 81/1 Th Arak), situada en la esquina suroeste de la ciudad antigua.

La tarifa estándar de alquiler por día para automóviles pequeños tales como Toyota Yaris u Honda Jazz es de 900-1300 THB. Se ofrecen tarifas por semana y mes y la gasolina nunca se incluye en el precio, aunque sí kilometraje ilimitado.

Budget Car Rental (☎0 5320 2871; 201/2 Th Mahidol), enfrente del Central Airport Plaza, es otra compañía.

Motocicleta

Las agencias de Th Moon Muang e incluso algunas pensiones alquilan una Honda Dream de 100cc manual por 130- 150 THB al día (automática 200 THB) y una Honda o Yamaha de 125 a 150cc por 250 THB al día. Hay pocos establecimientos que alquilen motocicletas de 400cc (600-900 THB), y una de 650cc puede salir por 1300 THB.

Casi todas las agencias facilitan un seguro por unos 50 THB al día, aunque siempre hay que preguntar por su cobertura. A veces incluyen gratis la posible reparación, pero cobrarán una franquicia de 1500 THB en caso de accidente y 10 000 THB por robo.

Si se sale de ruta por los alrededores de Chiang Mai, se recomienda consultar los consejos e itinerarios en **Golden Triangle Rider** (www.gt-rider.com).

Entre los establecimientos más consolidados y fiables están:

Dang Bike Hire (plano p. 232; ☎0 5327 1524; 23 Th Kotchasan; ⏲9.00-17.00 diarios)

Mr Mechanic (plano p. 232; ☎0 5321 4708; www.mr-mechanic1994.com; 4 Soi 5, Th Moon Muang) Tiene otras dos tiendas en la ciudad antigua.

Tony's Big Bikes (plano p. 232; ☎0 5320 7124; 17 Th Ratchamankha) Alquila máquinas cuidadas de 125 a 400cc, todas con matrícula. También imparte clases de conducción, aconseja sobre itinerarios y tiene taller.

'TÚK-TÚKS' CONTRA 'SŎRNG·TĂA·OUS'

Los *túk túks* son más caros y sus conductores, más propensos a timar, pero ofrecen un servicio de puerta a puerta y muchos conductores hablan inglés. Las *sŏrng·tăa·ous* son más económicas, los conductores no timan tanto (también porque muchos son tailandeses) y usarlas permite codearse con los lugareños, pero los chóferes apenas hablan inglés y las rutas no siempre son directas.

'Sŏrng·tăa·ou', 'túk-túk' y 'săhm·lór'

Los residentes de Chiang Mai sin vehículo propio confían en las *sŏrng·tăa·ous* rojas (o *rót daang*) y en los *túk-túks*.

Las *sŏrng·tăa·ous* son taxis compartidos; se pueden parar en la calle, se comunica el destino al conductor, el cual, de ir en esa dirección, asiente con la cabeza. Por el camino pueden recoger a otros pasajeros si las paradas quedan de paso o cerca. Un trayecto corto cuesta unos 20 THB por cabeza (p. ej., entre la ciudad antigua y el río o de Th Nimmahemin hacia el oeste) y para carreras más largas, a partir de 40 THB por persona, en función de la distancia y de la maña para negociar de cada cual. Desde la zona ribereña hasta Th Nimmahemin se pagarán unos 30-40 THB. En general, no hay que temer que los conductores de *sŏrng·tăa·ous* quieran cobrar más. La mayoría ofrece los precios establecidos y normalmente patrullan las calles con su mujer al lado por la noche y los fines de semana.

Los *túk-túks* solo funcionan en régimen de alquiler y son más caros que las *sŏrng·tăa·ous*. Por la noche, en las zonas de ocio, la mayoría de los conductores no se corta en pedir unos optimistas 100 THB.

Chiang Mai aún cuenta con algunos *săhm·lór* (triciclos a pedales), los cuales acostumbran a estacionar en el Talat Warorot y cobran unos 20-30 THB para casi cualquier trayecto.

Taxi

En Chiang Mai no abundan los taxis con taxímetro por la calle. Lo mejor es llamar a **Taxi Meter** (☎0 5326 2878; www.taxichiangmai.com). Una carrera dentro del área metropolitana no pasa de los 150 THB. También se pueden organizar circuitos por la ciudad y alrededores.

NORTE DE LA PROVINCIA DE CHIANG MAI

Hacia el norte, la provincia de Chiang Mai se hace cada vez más montañosa y escarpada conforme se aproxima Myanmar (Birmania). Entre sus maravillas se encuentra el precioso valle del Mae Sa y los picos boscosos de los alrededores de Chiang Dao.

Valle del Mae Sa y Samoeng

น้ำตกแม่สา/สะเมิง

Este circuito cerrado por el Mae Sa y Samoeng va desde la extensión de cemento de las tierras bajas a la frontera boscosa de las tierras altas y constituye una sencilla salida de la urbe. Los 100 km de la ruta suponen una buena excursión de un día en transporte privado o una escapada al campo con pernoctación en Samoeng. **Golden Triangle Rider** (www.gt-rider.com) edita un mapa detallado de la zona.

Hay que ir al norte de Chiang Mai por la carretera 107 (Th Chang Pheuak) hacia Mae Rim y después torcer a la izquierda por la carretera 1096. Poco a poco la ruta se hace más rural pero con suficientes reclamos turísticos: viveros de orquídeas, parques de mariposas, granjas de serpientes y lugares por el estilo. Además también se alquilan *quads* y toda suerte de todoterrenos.

A solo 6 km del cruce de Mae Rim, la **Nam Tok Mae Sa** (adultos/niños 100/50 THB, automóvil 30 THB) forma parte del Parque Nacional del Doi Suthep-Pui. La cascada es un lugar pintoresco para ir de *picnic* o adentrarse en la espesura, es decir, una de las escapadas de fin de semana favoritas de los ciudadanos de Chiang Mai.

Pasada la entrada a la cascada la carretera empieza a subir zigzagueante. Poco después de un campamento de elefantes está el **jardín botánico Reina Sirikit** (☎0 5384 1000; www.qsbg.org; ctra. 1096; adultos/niños 30/10 THB; ⏲8.30-17.00), que presenta una ladera rasa con 227 Ha de especies exóticas autóctonas con fines conservacionistas y de investigación. Destaca el invernadero de cristal que está antes de alcanzar la cima de la montaña. El trayecto hasta el invernadero depara grandes vistas, pero ya en lo alto se disfrutará de maravillas como colecciones de lirios acuáticos y lotos, con algunos ejemplares colosales, y bonitos arbustos florales de hasta dos y tres pisos de altura, y un enorme **invernadero tropical**, con su cascada interior, donde se puede pasear por una plataforma elevada para disfrutar de una visión global del bosque. Para moverse por el complejo se puede tomar el autobús de la casa (30 THB) o el vehículo propio (100 THB). Las motocicletas están prohibidas.

Delante del jardín botánico y en lo alto de la ladera, el **Botanic Resort** (☎0 5381 8628; www.botanicresort.org; ctra. 1096; h 1500-4800 THB; ❄🏊) ofrece aire fresco, vistas y relajación total en habitaciones casi lujosas.

Después del jardín la carretera sigue cuesta arriba hasta el fértil valle del Mae Sa, en su día una cuenca de altura donde se cultivaban amapolas de opio. Ahora los agricultores de las tribus de la montaña han replantado sus **bancales en terraza** con chiltomas (pimientos dulces), coles, flores y frutales, que después venden a los proyectos agrícolas reales con la etiqueta Doi Kham. El proyecto real en la aldea hmong de **Nong Hoi** se halla a unos 1200 m sobre el nivel del mar, accesible por un desvío que hay en el pueblo de Pong Yeang.

Sito en la cuña occidental del valle, el **Proud Phu Fah** (☎0 5387 9389; www.proudphufah.com; km 17, ctra. 1096; h 4500-7000 THB; ❄@📶🏊) Es un pequeño hotel-*boutique* con casitas perfectamente acondicionadas para crear la ilusión de estar en plena selva. Cada casita tiene además una zona de patio junto al agua. El restaurante al aire libre sirve comida tailandesa saludable (platos 100-150 THB) y ofrece vistas panorámicas del valle.

Al rebasar el Proud Phu Fah, la carretera serpentea por la sierra con altibajos hasta llegar a una zona de coníferas. Más allá, el paisaje se despliega en una cascada de montañas. Al final la carretera desciende en espiral hasta **Samoeng**, una preciosa aldea. Quien quiera pasar la noche en ella, puede probar en el sencillo y bastante destartalado **Samoeng Resort** (☎0 5348 7074; ctra. 6033; h 400-500 THB; ❄), que no llega a ser un complejo turístico sino un conjunto de bungalós de cemento aceptables en un entorno frondoso, unos 2,5 km a las afueras de la población. Para llegar hay que tomar la carretera 1349 desde Samoeng (en la localidad hay un desvío a mano derecha).

ℹ Cómo llegar y salir

El transporte público solo llega a una sección de la zona. Las *sŏrng·tăa·ous* van a Samoeng (70 THB, 2¾ h, 2 matinales) desde la terminal de autobuses de Chang Pheuak en Chiang Mai. En Samoeng, los vehículos paran cerca del mercado, delante del Hospital de Samoeng.

Chiang Dao

เชียงดาว

En un marco exuberante y selvático y pegada a las paredes calizas de un inmenso *doi* (monte), Chiang Dao es un destino muy socorrido para escapar de las húmedas llanuras de Chiang Mai. De eso saben mucho los alojamientos, que hacen lo posible por atraer a familias y a viajeros treintañeros que buscan comer bien, tranquilidad y el ambiente rústico del norte. La atracción estrella de este lugar de esparcimiento es el **Doi Chiang Dao**, supuestamente el monte calizo más alto de Tailandia. Es un pico de tupida vegetación con una venerada **cueva santuario** excavada en la base y senderos frecuentados por avistadores de aves y senderistas.

La localidad de Chiang Dao es poco más que un ceniciento cruce de caminos que acoge un colorista **mercado matinal** (⌚7.00-12.00) los martes donde las tribus de la montaña venden su género. La parte más encantadora de la localidad queda 15 km al oeste por la carretera que conduce a la Tham Chiang Dao ("cueva de Chiang Dao"). La aldea circundante y las pensiones se arremolinan a los pies del monte.

Desde el cruce principal de cuatro caminos de Chiang Dao, los viajeros en vehículo propio pueden dirigirse al este hasta aldeas lahu, lisu y akha, que quedan a menos de 15 km. Aproximadamente 13,5 km al este de la carretera 107 se halla la aldea lisu de Lisu Huay Ko, con alojamientos rústicos. Si no se cuenta con transporte propio, las pensiones de Chiang Dao organizan expediciones de **senderismo** para visitar tribus de la montaña.

Puntos de interés

Algunas pensiones alquilan bicicletas de montaña por 100 THB al día, lo cual siempre es mejor que ir a pie.

Tham Chiang Dao CUEVA

(ถ้ำเชียงดาว; entrada 20 THB) Cuando el calor aprieta, el lugar más fresco de la localidad es la **cueva de Chiang Dao**, un complejo subterráneo que, al parecer, se extiende de 10 a 14 km por las entrañas del Doi Chiang Dao. Hay cuatro cavernas interconectadas abiertas al público. La Tham Phra Non (360 m) es el tramo inicial, iluminado con luz eléctrica, y se puede visitar por libre. Alberga varios santuarios religiosos (muy típicos en Tailandia) que están considerados como lugares sagrados de meditación. También hay unas estalactitas surrealistas que irremediablemente remiten al imaginario de Salvador Dalí.

Para explorar las otras grutas, la Tham Mah (735 m), la Tham Kaew (474 m) y la Tham Nam (660 m), se puede contratar un guía con farolillo de gas presurizado por 100 THB para un máximo de cinco personas. Las mujeres de la aldea capitanean circuitos guiados y señalan las formaciones subterráneas que tienen nombre.

Una leyenda local cuenta que este complejo subterráneo fue el hogar de un *reu·sěe* (ermitaño) durante miles de años y que el sabio estuvo tan íntimamente vinculado a las deidades que convenció a algunos *tair·wá·dah* (el equivalente budista de los ángeles) para crear siete maravillas mágicas en el interior de las cavernas: un arroyo que fluye desde el pedestal de un buda de oro macizo, un almacén de tejidos divinos, un lago místico, una ciudad de *nagas*, un elefante sagrado inmortal y la tumba del ermitaño. Se dice que semejantes maravillas fantásticas se hallan en el interior, más allá de la última de las cavernas iluminadas.

Hay un complejo de templos al salir de la caverna y un arroyo con enormes carpas y siluros a los que se puede dar de comer (que puede contarse como donación en la realización de méritos). Los vendedores ambulantes se instalan al lado del aparcamiento y venden raíces y plantas medicinales que se cultivan en los bosques cercanos.

Doi Chiang Dao MONTE

(ดอยเชียงดาว) Este monte (también llamado Doi Luang) pertenece al Parque Nacional del Doi Chiang Dao y se eleva a 2195 m sobre el nivel del mar. Con una excursión de dos días se puede llegar a la cima. Al parecer, la ladera sur es uno de los lugares más accesibles del mundo para ver al trepador gigante y al faisán de Hume. Las pensiones locales organizan expediciones para la **observación de aves** con noche incluida.

A pie por cuenta propia, se puede seguir hacia el final de la carretera de la cueva hasta el **Samnak Song Tham Pha Plong** (centro monástico de la Tham Pha Plong), donde los monjes budistas a veces meditan. Hay una larga y empinada escalera que sube a la montaña y lleva hasta una gran *chedi* rodeada de bosque y precipicios calizos.

Dónde dormir

Hay muchas pensiones por la carretera que va a la Tham Chiang Dao con vistas de la montaña y jardines de mariposas.

Chiang Dao Nest BUNGALÓS **$$**

(☎08 6017 1985; http://nest.chiangdao.com; h 550-1600 THB; @📶🏊) Estos sencillos bungalós, con una fantástica relación calidad-precio, cumplen con los requisitos básicos correctamente: camas cómodas, intimidad e interiores como una patena. Los más próximos al restaurante brindan unas vistas tremendas desde los destartalados porches traseros. Los más apartados tienen pocas vistas pero mucha privacidad y un frondoso marco ajardinado. Hay una piscina solitaria en un entorno boscoso con vistas a las montañas. En general, se respira un ambiente fantástico, generado en parte por los simpáticos propietarios y el personal, lo cual hace que la clientela, sobre todo residentes extranjeros de Chiang Mai, repita. Aunque su verdadero atractivo es el sensacional restaurante.

Malee's Nature Lovers Bungalows BUNGALÓS **$$**
(☎08 1961 8387; www.maleenature.com; h 650-1150 THB; @) Con su camaradería mochilera a la vieja usanza, este alojamiento tiene un ambiente viajero más rústico que el vecino Nest. Los bungalós más económicos son bastante sencillos, pero incluyen techos altos, ventiladores y baños decentes. Los "bungalós de luna de miel", más caros, son excelentes, con techos altos, nevera y un porche que los rodea, y están situados en una zona elevada que da a los jardines, para que corra el aire. Facilitan mucha información sobre actividades en la zona y el transporte público.

Chiang Dao Rainbow BUNGALÓS **$$**
(☎08 4803 8116; bungalós pequeños/grandes 650/750 THB, h 380 THB) Los dos bungalós de teca reciclada son grandes, con suelos crujientes (por supuesto), camas con dosel y ventanas con postigos que dan a los arrozales y las montañas. Además hay habitaciones más económicas en la casa de atrás y abundante información de actividades posibles por Chiang Dao y alrededores, tales como visitar las aldeas de las tribus de la montaña o las cascadas. Es un lugar que cuesta encontrar; búsquese el desvío que no queda lejos del cruce de la carretera de circunvalación con la carretera 107 (casi enfrente de Aurora Resort en la carretera de circunvalación). Hay una pequeña señal y muchas banderolas tailandesas.

Nature Guest House BUNGALÓS **$**
(☎08 9955 9074; h 550 THB; @ wifi) Más próximo a la localidad, este tranquilo alojamiento se halla en un acicalado jardín con vistas a las montañas. Los bungalós de ladrillo y madera con terrazas son sencillos pero elegantes. Una opción muy apacible. Alquilan motocicletas y bicicletas de montaña.

Hobby Hut BUNGALÓS **$**
(☎08 0034 4153; h 250 THB) Estas sencillas cabañas son la opción mochilera por antonomasia de Chiang Dao. Se autopromocionan como sencillo alojamiento rústico tailandés para disfrutar de la "comida casera de mamá", pues se puede comer con la familia. Las cabañas de madera son muy sencillas, con baño compartido, y despuntan en el jardín para atrapar la brisa. También alquilan bicicletas por 80 THB al día.

Chiang Dao Nest 2 BUNGALÓS **$$**
(☎0 5345 6242; nest.chiangdao.com; h 500-950 THB; @) Se encarga del exceso de cupo del Chiang Dao Nest y está 600 m pasado el desvío a la cueva, en el lado izquierdo de la carretera.

Chiang Dao Hut BUNGALÓS **$**
(☎0 5345 6384; www.chiangdaohut.com; h 500 THB) Cerca del Chiang Dao Nest 2, este lugar es una preciosidad. Tiene solo tres cabañas, pero todas espaciosas, limpias y con ventiladores, agua caliente y TV.

Dónde comer

Chiang Dao cuenta con un maravillosa despensa de productos frescos de granja (sin aditivos químicos) gracias a los vecinos proyectos agrícolas reales.

A diario se instala un **mercado de alimentos** junto a la calle mayor que atraviesa Chiang Dao. El **mercado de los martes por la mañana** es el más multicolor, con gentes de las tribus de la montaña que venden sus enseres.

Chiang Dao Nest INTERNACIONAL **$$$**
(☎0 6017 1985; platos 300-500 THB; ⊙desayuno, almuerzo y cena) El restaurante del Nest sirve sofisticada comida europea de fusión en un balsámico jardín. Wicha, el propietario y chef, se formó en el Reino Unido y propone una carta de mercado con los productos agrícolas de la zona, p. ej., *soufflé* al horno con doble de queso, crema de espinacas y ensalada de verduras asadas o pastel de queso y fruta de la pasión al horno. Eso sí, no es barato.

Chiang Dao Rainbow TAILANDESA-MEDITERRÁNEA **$$**
(☎08 4803 8116; menú 250 THB) Este imprescindible restaurante tiene dos cartas: la tailandesa del norte y la griego-mediterránea. Se puede comer a la carta o de menú, y hay muchos platos vegetarianos.

Cómo llegar y desplazarse

Chiang Dao está 72 km al norte de Chiang Mai por la carretera 107. Los autobuses a Chiang Dao (40 THB, 1½ h, frecuentes) salen de la terminal de Chang Pheuak de Chiang Mai. Los autobuses utilizan la estación de autobuses de Chiang Dao, desde donde se puede tomar una *sŏrng·tăa·ou* hasta la pensión. La mayoría de los conductores cobran 150 THB hasta las pensiones de la carretera de la cueva. También hay autobuses a Fang (60 THB). Casi todos los alojamientos alquilan bicicletas de montaña y algunos gestionan el alquiler de ciclomotores y automóviles. También es posible alquilar una *sŏrng·tăa·ou* por unos 1000 THB al día para visitar la zona.

Doi Ang Khang

ดอยอ่างขาง

Bienvenidos a la "pequeña Suiza" de Tailandia, llamada así por su clima fresco y su paisaje montañoso. Apartada en la esquina norte de la provincia, subir en vehículo hasta aquí es una buena manera de escapar del bochorno de las llanuras que se extienden a sus pies, a 1300 m. En el Doi Ang Khang se cultivan muchas flores, frutas y verduras de climas más templados que en Tailandia están consideradas como exóticas y que se introdujeron como sustituto del opio. No obstante, es la sensación de invierno lo que atrae a muchos tailandeses, sobre todo en enero, cuando las heladas y las pequeñas nevadas no son infrecuentes. Para los más habituados a estaciones frías, el Doi Ang Khang hace de frontera con Myanmar (Birmania) y permite asomarse a esas lindes.

La Autoridad de Turismo de Tailandia de Chiang Mai facilita un mapa básico de las rutas de ciclismo y senderos hasta los pueblos de las tribus de la montaña, muchos de los cuales reciben ayudas de los proyectos agrícolas reales. El ecologista Angkhang Nature Resort es otra buena fuente de información sobre la zona y organiza salidas de ciclismo, en mula o de senderismo hasta las aldeas tribales.

La vía principal para subir a la cumbre es la carretera 1249 (que brinda unas vistas fabulosas; aunque no hay que apartar los ojos de la carretera), mientras que la 1178 es una vía secundaria que serpentea por una sierra hasta las laderas occidentales de la montaña. La aldea de **Ban Luang** es un lugar interesante para empaparse de ambiente yunnanés. Situado 19 km al sur del desvío al parque por la carretera 107 hay otro al oeste que lleva a **Ban Mai Nong Bua**, a 12 km, una aldea del Kuomintang (KMT) en la que se respira un aire yunnanés pretérito.

Cerca de la cima del Doi Ang Khang y la aldea yunnanesa de **Ban Khum** se halla la **Royal Agricultural Station** (www.angkhang.com; entrada 50 THB), con huertos de frutales y otros (como un jardín de bonsáis). El restaurante sirve platos clásicos tailandeses y hay varios alojamientos.

Antes de llegar a la estación, el **Angkhang Nature Resort** (☎0 5345 0110; www.oamhotels.com/angkhang; h desde 2500 THB; @❄) dispone de grandes bungalós en la ladera de detrás del edificio de recepción. Son bastante lujosos, con habitaciones de buen tamaño, más propias de un hotel. Cabe destacar los pequeños porches de madera con bonitas vistas al jardín. En el complejo, el atractivo vestíbulo tiene chimeneas de piedra que refuerzan el ambiente de refugio invernal. El alojamiento organiza muchas actividades al aire libre (en la pared del vestíbulo hay un mapa con la oferta). El restaurante del recinto se surte de ingredientes de la zona.

A los pies de la ladera hay un par de restaurantes al aire libre que sirven un buen surtido de platos con tendencia a la cocina tailandesa y yunnanesa musulmana.

ℹ Cómo llegar y salir

El Doi Angkhang está a unos 25 km del cruce de las carreteras 107 y 1249; desde el mismo hay 13 km hasta Fang. También se puede ir al Doi Ang Khang en transporte público, pero no a todos los puntos de la montaña. Desde la terminal de Chang Pheuak de Chiang Mai salen autobuses a Fang (90 THB, 3 h, cada 30 min). Hay que decir al conductor que se va al desvío de la carretera 1249, donde una *sŏrng·tăa·ou* lleva hasta Ban Khum (alquiler 1500 THB), que queda cerca de la cima.

Fang y Tha Ton

ฝาง/ท่าตอน

Para la mayoría, Fang es tan solo un rótulo en la carretera que conduce a Tha Ton, el embarcadero para los cruceros fluviales hasta Chiang Rai. Pero al callejear por esta ciudad grande y bulliciosa se descubrirán algunas bocacalles flanqueadas por tiendecitas sitas en edificios de madera y el **Wat Jong Paen** (cerca del New Wiang Kaew Hotel), de estilo shan y birmano, que cuenta con un impresionante *wí·hăhn* de tejados sobrepuestos. La ciudad de Fang fue fundada por Phaya Mengrai en el s. XIII, aunque el lugar ya era conocido mil años antes como parada de las caravanas de *jeen hor*. Al estar tan cerca de Myanmar, el distrito circundante es una red "encubierta" de *yah bâh* (metanfetamina).

En la calle principal hay bancos con cajeros automáticos y servicio de cambio de divisas.

Tha Ton es una comunidad minúscula situada a orillas de un precioso meandro del Mae Nam Kok, flanqueado por algunos restaurantes ribereños y el muelle para los cruceros fluviales para Chiang Rai.

Hay una **oficina de la policía turística** (☎1155) cerca del puente, en la orilla del embarcadero.

Puntos de interés y actividades

Wat Tha Ton TEMPLO

(☎0 5345 9309; www.wat-thaton.org) En Tha Ton, este templo se aferra a un lado de una boscosa colina. Tiene nueve niveles salpicados de santuarios, imágenes de Buda y una *chedi*. Cada nivel brinda unas vistas asombrosas del montañoso valle hacia Myanmar y las llanuras de Tha Ton. Desde los pies hasta el noveno nivel hay unos 3 km (30 min de caminata). En el corto recorrido hasta el primer nivel se encuentra una imagen de Kuan Yin, diosa china de la compasión; el monje para contactos internacionales tiene su oficina aquí. También hay un centro de plantas medicinales con los tradicionales servicios de masaje, acupuntura y saunas públicas.

Aldeas de la zona ALDEAS ÉTNICAS

En un perímetro de 20 km de Fang y Tha Ton aguardan varias aldeas, habitadas por palaung (una tribu karenica que llegó de Myanmar hace unos 16 años), lahu negros, akha y yunnaneses. Las pensiones y hoteles de Tha Ton organizan salidas de senderismo y *rafting*.

Excursión en barco hasta Chiang Rai EXCURSIÓN EN BARCO

(☎0 5305 3727; tarifa 350 THB; ⏲salidas 12.30) Desde Tha Ton se puede salir medio día en un barco de popa larga hasta Chiang Rai. Las embarcaciones normales transportan 12 pasajeros como máximo. Es un poco turístico porque todos los pasajeros son turistas y las aldeas que hay por el camino venden refrescos de cola y recuerdos. Es mejor ir al final de la estación lluviosa, en noviembre, cuando hay más agua. Río abajo, el viaje puede durar entre tres y cinco horas, depende de las condiciones fluviales y de la pericia del timonel. La verdad es que se puede hacer el recorrido en barco en un día desde Chiang Mai y tomar un autobús de vuelta en Chiang Rai tan pronto como se llegue, pero se recomienda pernoctar en Tha Ton.

Algunos viajeros realizan el viaje en barco hasta Chiang Rai en dos o tres etapas, deteniéndose primero en **Mae Salak** (90 THB), una gran aldea lahu, o en **Ban Ruammit** (300 THB), un poblado karen. Ambos son bastante turísticos, pero se puede evitar a los visitantes si se participa en una de las **expediciones a las tribus de la montaña** que salen desde allí hasta otras aldeas shan, tailandesas y de las tribus de la montaña o si se apuesta por excursiones más largas al sur de Mae Salak hasta Wawi, una gran comunidad multiétnica de pueblos *jeen hor*, lahu, lisu, akha, shan, karen, mien y tailandeses. Las zona de Wawi tiene muchas aldeas de tribus de la montaña de diversas etnias, entre ellas la mayor comunidad akha de Tailandia (Saen Charoen) y el asentamiento lisu más antiguo (Doi Chang). Como alternativa se podría salir de expedición desde Mae Salak al sur directamente hasta la localidad de Mae Suay, y allí tomar un autobús para seguir hasta Chiang Rai o regresar a Chiang Mai.

Otra opción de viaje (mucho más lenta) es río arriba desde Chiang Rai, posible a pesar de los rápidos. También se pueden alquilar barcos (2200 THB, 6 personas).

Dónde dormir

La mayoría de los visitantes que pernoctan prefieren alojarse en Tha Ton.

Apple Resort PENSIÓN **$$**

(☎0 5337 3144; bungalós en el jardín con ventilador/A/A 350/500 THB, bungalós ribereños 1000/1200 THB; ❄) Recién inaugurado y en pleno río, al otro lado del muelle, este complejo invita a sentirse bien. Tiene bungalós de refinada decoración, luminosos, alegres y ventilados con fantásticos porches delanteros a orillas del agua. Los del jardín valen lo que piden y son bastante espaciosos; el único inconveniente son las camas individuales, que son pequeñísimas. Los baños, con acceso independiente a la ducha en todas las habitaciones, son excelentes. Los precios incluyen el desayuno.

Old Tree's House HOTEL **$$**

(☎08 5722 9002; www.oldtreeshouse.net; bungalós 1200-1400 THB; ❄📶🏊) Al final de un pronunciado camino privado y acurrucado en una ladera, este hotel es un gran descubrimiento, con bungalós de lujo en un entorno verdoso. Se trata de un pequeño complejo turístico de inteligente diseño con muchos recovecos e incluso una plataforma en un árbol para disfrutar de las vistas o secarse después de un chapuzón en la piscina. En este lugar ribereño las ausencias las compensan con creces las espectaculares vistas de las montañas al otro lado de la frontera, en Myanmar (Birmania). Los precios incluyen un surtido minibar y el desayuno. Está 400 m más allá de Tha Ton, bien señalizado en un desvío de la carretera.

Thaton Garden Riverside PENSIÓN $
(☎0 5345 9286; h 300-600 THB) Junto con el Thaton Chalet y al lado del puente, este no es el lugar más afable de la zona, pero es el mejor alojamiento económico de Tha Ton, con habitaciones con aire acondicionado y ventilador. Vale la pena invertir en una climatizada y con terraza junto al río. Está convenientemente ubicado cerca del centro de la ciudad.

Garden Home HOTEL $$
(☎0 5337 3015; h 600-1800 THB) Un apacible lugar junto al río, a unos 150 m del puente, con bungalós con techumbre de paja repartidos entre árboles de *lichis* y buganvillas. Además hay unos cuantos bungalós de piedra y otros tres más grandes y lujosos en el río con bonitas verandas, TV y nevera. Desde el puente, hay que girar a la izquierda cuando se vea la señal del Thaton River View Hotel.

Thaton River View HOTEL $$
(☎0 5337 3173; thatonriverview@hotmail.com; h 1700 THB; ❄) Aquí se paga por la ubicación y no por sus rudimentarias instalaciones, con habitaciones en bungalós que se asoman a los verdes matorrales que orillan el río y comunicados por pasarelas de madera flanqueadas por plumerías rojas. Las habitaciones son bastante sencillas, pero están limpias y resultan prácticas, aunque sentarse en los porches comunitarios a ras de agua, sobre todo con una bebida fría por la noche, es un verdadero placer. Ideal para quien busque un lugar tranquilo y cómodo para pasar un par de días junto al río.

Thaton Chalet HOTEL $$$
(☎0 5337 3155/7; www.thatonchalet.com; h 1400-2200 THB; ❄) Al lado del puente, este hotel de cuatro pisos es un poco más institucional y, pese al nombre, las habitaciones son 100% de hotel, aunque las de lujo tienen enormes balcones con vistas al río y son muy espaciosas, con muchas sillas de mimbre. Los baños, en cambio, necesitan una remodelación urgente. Las mejores son las habitaciones esquineras, con grandes ventanales y maravillosas vistas del río y más allá.

Areeya Phuree HOTEL $$
(☎0 5305 3658; http://areeyaphuree.com; h 1000 THB, dc de albergue 225 THB; ❄) En la orilla del muelle, río abajo junto al agua, este extenso alojamiento estaba de reformas y había cambiado de propietario en la última visita, pero un servidor pudo ver que las habitaciones estaban bien, quizás un poco oscuras, aunque con "baños ajardinados" (de piedra y con muchas plantas). También hay dormitorios de albergue. El enclave ribereño es bonito, plácido y cerca de la ciudad.

INDISPENSABLE

UNA OPORTUNIDAD PARA LIBERARSE DE LAS PREOCUPACIONES

El **Parque Nacional del Doi Pha Hompok** (☎0 5345 3517; adultos/niños 200/100 THB) cuenta con un complejo termal (*bòr nám rórn; bor nâam hórn*, en thai del norte) 10 km al oeste de Fang, en Ban Meuang Chom, cerca de la estación agrícola, en un desvío de la carretera 107 al final de la carretera 5054 (el parque también se conoce como Doi Fang o Parque Nacional de Mae Fang). En lo alto de la montaña las temperaturas medias son de 2° y 14°C en verano e invierno. De noviembre a febrero las temperaturas medias del parque son de 14°-19°C.

En un campo salpicado de peñascos, los aproximadamente cuarenta manantiales ocupan lugares bucólicos y, si se llega antes de los autobuses de circuitos, a primera hora de la mañana, muy tranquilos. El agua está entre 50° y 87°C: a los tailandeses les gusta hervir huevos en ella.

Tras pasear por la red de senderos que rodea arroyos y fumarolas que expulsan vapor (a veces a 30 m de altura) y agua hirviendo, el visitante se podrá beneficiar de sus poderes curativos. Un baño público cuesta solo 20 THB, sin tiempo límite. Los más pudorosos pueden disfrutar de un baño privado por 50 THB.

La oficina del parque puede gestionar el **alojamiento** (por tienda de 3/6/8 personas 225/450/600 THB, bungalós de 4/6/10 personas 600/1000/2000 THB). A los campistas se les facilita sacos de dormir, almohadas, mantas, etc.

Dónde comer

En los puestos de la calle mayor de Fang se come bien. También hay restaurantes de especialidades yunnanesas como *kôw soy, man·toh* (panecillos al vapor; *mantou,* en mandarín) y *kôw mòk gài,* más *gŏo·ay đĕe·o* (fideos de arroz) y otros clásicos.

En Tha Ton, casi todos los hoteles de categoría tienen restaurantes junto al río y hay una ristra de sencillos **restaurantes chino-tailandeses** (platos 25-35 THB) junto al embarcadero.

Chankasen TAILANDESA **$**
(209 Rimnumkok, Tha Ton; principales 60-80 THB; ⏲desayuno, almuerzo y cena) La comida es correcta en este agradable y emprendedor restaurante tailandés, si bien su verdadero reclamo es el comedor, en pleno río. Convenientemente situado junto al embarcadero.

Sunshine Cafe CAFÉ **$**
(Tha Ton; desayuno 70 THB; ⏲desayuno y almuerzo) Perfecto para un café recién hecho (30 THB) por la mañana. También prepara toda suerte de desayunos occidentales, que pueden incluir *muesli,* fruta fresca y yogur. Está en la calle principal, justo antes del puente.

Cómo llegar y salir

Autobús y 'sŏrng·tăa·ou'

Desde Chiang Mai, los autobuses a Fang (90 THB, 3 h, cada 30 min) salen desde la terminal de Chang Pheuak, y las furgonetas con aire acondicionado (150 THB, 3 h, cada 30 min), desde detrás de la misma, de la esquina de Soi Sanan Kila.

Desde Fang hay unos 23 km hasta Tha Ton (30 THB; 40 min; 5.30-17.00). Las *sŏrng·tăa·ous* amarillas salen del mercado.

El río no es la única vía para llegar a puntos del norte de Tha Ton. Las *sŏrng·tăa·ous* amarillas salen de la orilla norte del río de Tha Ton rumbo a Mae Salong (70 THB, 1½ h, solo por la mañana).

Para ir directamente a Mai Sai (80-90 THB) o Chiang Rai (100-110 THB), hay que tomar el autobús de la tarde que sale desde el puente.

Si se va a la provincia de Mae Hong, al oeste, no es necesario hacer primero el viaje al sur hasta Chiang Mai. En Mae Malai, en el cruce de las carreteras 107 (la de Chiang Mai-Fang) y 1095 se puede tomar un autobús hasta Pai por 70 THB; si se viene de Pai, conviene apearse en este cruce para tomar un autobús que vaya al norte, hasta Fang.

Motocicleta

Se puede viajar con ellas entre Tha Ton y el Doi Mae Salong, 48 km al noreste, por una carretera montañosa asfaltada pero a veces traicionera. De camino hay un par de aldeas lisu y akha. Los aproximadamente 27 km que median entre la aldea de Muang Ngam y el Doi Mae Salong son muy empinados y sinuosos, especialmente peligrosos durante la estación de lluvias. En condiciones favorables, el recorrido se puede completar en 1½ horas.

SUR DE LA PROVINCIA DE CHIANG MAI

Inmediatamente al sur de Chiang Mai aparece el valle del Ping, una fértil llanura agrícola con algunas aldeas artesanas también dignas de mención. Más al sureste se halla el pico más elevado del país, el Doi Inthanon.

Bo Sang y San Kamphaeng บ่อสร้าง/สันกำแพง

Al sureste de Chiang Mai se halla Bo Sang, conocido en todo el país como el "pueblo de las sombrillas". En esencia es un mercado turístico repleto de tiendas de artesanías con sombrillas pintadas (normalmente procedentes de otros sitios), abanicos, plata, esculturas, cerámica verdeceladón y objetos lacados. La oferta es similar a la del bazar nocturno de Chiang Mai, pero aquí hay más cantidad y variedad.

A finales de enero, el **Festival de la Sombrilla de Bo Sang** *(têtsàgahn rôm)* presenta una multicolor procesión de sombrillas de día y paraguas con farolillos por la noche. Aunque suene turístico, es absolutamente tailandés, y hay muchas formaciones musicales del norte que actúan en las tiendas-vivienda de la calle principal.

Más abajo, por la carretera 1006, se halla **San Kamphaeng,** conocido por sus tejidos de algodón y seda. Su calle principal está flanqueada de tiendas, pero los pequeños telares se encuentran en las bocacalles.

Cómo llegar y salir

Hay *sŏrng·tăa·ous* blancas frecuentes a Bo Sang (20 THB) y San Kamphaeng (20 THB) desde Chiang Mai durante el día desde la parada que hay en Th Praisani cerca del Talat Warorot. Bo Sang está a 10 km de Chiang Mai y San Kamphaeng, a 14 km.

Mae Kampong แม่กำปอง

Si se atraviesa el valle del Ping por la carretera 1317 se verán arrozales y pastos de vacas hasta el distrito de Mae On. La carretera empieza angosta y remonta las colinas arboladas de Mae Kampong, una zona que seduce a sus visitantes por su interesante combinación de naturaleza y actividades culturales. La mayoría de los visitantes opta por familiarizarse con la zona con **Flight of the Gibbons** (p. 247), un circuito en *tirolina* por el dosel del bosque.

A unos 1300 m de altitud, la aldea de **Ban Mae Kampong** produce *mêeang* (hojas de té encurtidas), el equivalente norteño a la nuez de areca. La mayoría de los aldeanos se gana la vida con ello y sale al bosque a recolectarlas. A primera hora de la mañana los recolectores se detienen en el templo local, donde toman una reconstituyente infusión herbal que les prepara el monje.

La aldea en sí está integrada por un conjunto de laberínticas cabañas que desafían la gravedad, agazapadas en la pronunciada ladera. La brisa fresca mece las flores y los sonidos de los insectos de la selva se sobreponen unos a otros. Varias familias participan en un **programa de alojamiento en casas particulares** (☎0 5331 5111, 08 9559 4797; por persona 1/2 noches 550/900 THB) que incluye tres comidas y alojamiento sencillo.

La estrecha carretera atraviesa la aldea hasta alcanzar la cima del monte y desciende serpenteante hasta el **Parque Nacional de Chae Son**, con cascadas y aguas termales.

Si gusta la soledad en plena naturaleza, se puede pernoctar en uno de los refugios que hay al sur de la aldea. El riachuelo de guijarros que cruza el **Tharnthong Lodge** (☎08 6420 5354; www.tharnthonglodges.com; h 1200-4000 THB) tiene un puente de madera que lleva a seis casas repartidas por la propiedad. Si no se quiere pernoctar, el restaurante está bien, con comida tailandesa asequible (platos 80-160 THB).

Otra opción es el **Baan Chom Nok Chom Mai** (☎08 9559 9371; h 600 THB), un sencillo alojamiento con habitaciones buenas.

Mae Kampong está 48 km al este de Chiang Mai. Se llega por la carretera 1317 que va a San Kamphaeng. En Ban Huay Kaew hay que girar a la derecha en el cruce en forma de T y seguir las indicaciones hasta Ban Mae Kampong.

Hang Dong, Ban Wan y Ban Thawai หางดง/บ้านวัน/บ้านถวาย

Tan solo 15 km al sur de Chiang Mai hay una auténtica "carretera del mueble", con tiendas y talleres especializados en artes decorativas, tallas, antigüedades y mobiliario contemporáneo.

Las tiendas que hay por la carretera 108 en Hang Dong no se pueden explorar a pie, y hasta en automóvil cuesta lo suyo. Al norte del centro de Hang Dong, cerca de Amarin Place, **Siam Lanna Art** (☎0 5382 3419; ctra. 108; ⏲cierra do) es un lugar curioso para los aficionados a los trastos viejos. Es fenomenal para curiosear, aunque nadie parece saber los precios.

Hay más tiendas en Ban Wan, en Th Thakhilek, la primera calle a la izquierda después del Talat Hang Dong. Cerca del cruce, hay un conjunto de tiendas que venden réplicas de antigüedades (no de teca, ni siquiera reciclada). Al bajar la calle se halla **Chili Antiques & Arts** (☎08 9952 7898; chiliantiques.com; 125 Th Thakhilek), una impresionante tienda-exposición de budas de bronce y madera, esculturas, tallas de madera y decoración. Al otro lado de la calle, **Piak Antiques** (☎0 5344 1157; www.piakantique.com; Th Thakhilek) vende muebles hechos con madera maciza recuperada. **Crossroads Asia** (☎0 5343 4650; Chaiyo Plaza, 214/7 Th Thakhilek) comercia con arte étnico y antigüedades de toda Asia; los favoritos de este autor son los farolillos de latón y las máscaras tribales del 1er piso. Con su arte folclórico, sus estatuas de bronce y su colección de budas, **World Port Services** (☎0 5343 4200; Th Thakhilek) resulta algo más curioso que el resto. Para los críos, hay que pasarse por **Kala Design** (☎08 1034 5495; Th Thakhilek), con maravillosas reproducciones de animales en madera y un poco más barata.

Si se toma a la derecha en el cruce de la carretera se llega al **Ban Thawai Tourism Village**, que es un mercado peatonal de 3 km y tiendas con todo para la decoración del hogar. Después de la zona 5 se halla el taller de Sriboonmuang, un ejemplo de lo que hizo famoso a Ban Thawai. En los cobertizos de la fábrica, los trabajadores lijan y pulen los pequeños ejércitos de elefantes de madera, caballos de juguete y muñecas.

Para descansar, se puede recalar en el **Pana Botanicals** (www.panabotanicals.com; Th Thakhilek; platos 80-90 THB), una bonita casa de madera con terraza y vistas a unos extensos jardines ideal para tomarse un té de menta o un café con hielo. También hay comida tailandesa. Después se pueden escoger algunos productos de baño ecológicos y elaborados en la zona.

Aunque muchas de estas tiendas son mayoristas, también venden al por menor, además de encargarse de los envíos. Se recomienda ir en transporte privado, aunque hay una *sŏrng·tăa·ou* que va de la Pratu Chiang Mai a Hang Dong (20 THB) y a Ban Thawai (30 THB).

Parque Nacional del Doi Inthanon อุทยานแห่งชาติดอยอินทนนท์

El monte más elevado de Tailandia es el Doi Inthanon (o Doi In), que se alza 2565 m sobre el nivel del mar, una altura considerable en el reino pero nada espectacular si se compara con sus hermanos del Himalaya. Los 1000 km² del **parque nacional** (☎0 5328 6730; adultos/niños 200/100 THB, automóvil/motocicleta 30/20 THB; ⊙8.00-atardecer) que rodean el pico albergan rutas de senderismo, cascadas y dos monumentales *stupas* construidas en honor del rey y la reina de Tailandia. Tanto para los turistas como para los lugareños supone una popular escapada de un día desde Chiang Mai, sobre todo durante el Año Nuevo, cuando, por extraño que parezca, hiela.

Hay ocho cascadas por la montaña. La **Nam Tok Mae Klang** (en el km 8) es la más grande y la de más fácil acceso. La **Nam Tok Wachiratan** (km 20,8) es otra popular parada con vendedores ambulantes de comida a sus pies y una enorme y espumosa lengua de agua de 50 m. Si lo que se quiere es algo más movido, se puede practicar rápel con Peak (p. 248). La **Nam Tok Siriphum** (km 30) parece un río plateado desde el mirador de Ban Mong Khun Klang, una aldea hmong. En febrero la aldea construye y organiza una pista para carros de madera por una pendiente muy pronunciada. Por la carretera que sube a la cima se ven arrozales en bancales e invernaderos cubiertos cuidados por hmong y karen.

Unos 3 km antes de llegar a la cima del Doi Inthanon, la **Phra Mahathat Naphamethanidon** y la **Nophamethanidon** (entrada hasta ambas 40 THB), en el km 41-42, son dos *chedis* construidas por las Fuerzas Aéreas Reales Tailandesas para celebrar los 60º cumpleaños del rey y de la reina en 1989 y 1992, respectivamente. A los pies de la *chedi* octogonal hay una sala que acoge un buda de piedra.

El encanto del parque reside en llegar a lo más alto para ver a los tailandeses en un clima más frío, algo especialmente reconfortante si se llega desde las sofocantes llanuras. A los tailandeses les encanta abrigarse con chaquetas y gorros y posar entre coníferas y rododendros. Casi en plena cima hay una *chedi* dedicada a uno de los últimos reyes Lanna (Inthawichayanon). Desde allí sale una bonita pasarela que atraviesa el espeso y fresco bosque que desemboca en un café, la obligada tienda de recuerdos y el principio del **sendero de Ang Ka,** una pasarela de 360 m que atraviesa una ciénaga llena de musgo. Atravesar el bosque por este sendero es una experiencia maravillosa (si no hay mucha gente, claro).

MERECE LA PENA

SAN PA THONG สันป่าตอง

Más al sur por la carretera 108, en las afueras de San Pa Thong, el **Kaomai Lanna Resort** (☎0 5383 4470; www.kaomailanna.com; km 29, Th Chiang Mai-Hot; h 2400-3500 THB; ❄🏊) es casi un motivo en sí para llegar tan lejos. Este complejo turístico ha convertido muchas de las antiguas cabañas donde se secaba tabaco en cómodos alojamientos en un exuberante entorno ajardinado. Con pasarelas cubiertas de plantas y construcciones tomadas por las trepaderas, el lugar rezuma personalidad. Las habitaciones son coquetas y presentan cómodos futones y suelos de madera. El estudio de yoga, el *spa* y la piscina garantizan una estancia relajada.

El lugar era uno de los muchos tabacales del norte de Tailandia que abastecía al mercado internacional antes de que China tomara el relevo. El complejo también organiza circuitos a las cercanas **aldeas artesanas** (que no mercados de *souvenirs*). El buen restaurante tailandés que hay al aire libre está abierto a todo el mundo.

Sin embargo, quien desee pasar la noche tan lejos, necesitará vehículo propio, tanto si se va a Chiang Mai como si se viene del Doi Inthanon.

Las vistas desde el Doi Inthanon son mejores durante la temporada fría y seca (nov-feb). Aunque tampoco hay que esperar mucho, pues durante casi todo el año una neblina propia de la condensación del aire cálido y húmedo que se origina a los pies de la montaña envuelve la cima de modo un tanto fantasmagórico. Se recomienda llevar una chaqueta o un jersey. Las vistas de subida son mucho mejores.

El parque es uno de los destinos predilectos del sureste asiático para naturalistas y observadores de aves. En las laderas más altas, envueltas en la bruma, crecen muchas orquídeas, líquenes, musgos y epifitos, y viven unas cuatrocientas **especies de aves**, más que en cualquier otro lugar de Tailandia. Casi todas las aves se encuentran entre 1500 y 2000 m; la mejor temporada para verlas es de febrero a abril, especialmente en las *beung* ("ciénagas") que hay cerca de la cima. En la montaña también habitan macacos de Assam, langures de Phayre y cualquier otro mono y gibón insólito o más común, gatos indios de algalia, muntíacos de Reeves y ardillas gigantes voladoras; en total unas setenta y cinco especies de mamíferos.

Dónde dormir y comer

El parque ofrece **alojamiento** (reservas ☎08 8587 5680; www.dnp.go.th) en cómodos bungalós (desde 1000 THB) junto al centro de información (los mejores dan al agua) y en el km 31 hay un **restaurante** (principales 30-80 THB) que sirve platos tailandeses decentes, aunque en realidad es un comedor para turistas en viaje organizado. Además hay un *camping* (parcelas 60-90 THB) delante del centro de información, o en la Nam Tok Mae Pan.

Al salir del parque hay algunos alojamientos en la carretera 1009, pasables para una o dos noches.

Touch Star Resort BUNGALÓS $$$

(☎0 5303 3594; www.touchstarresort.com; bungalós 1600-2200 THB; ❄) Un poco más cómodos y lujosos, los bungalós más económicos son bastante pequeños y rudimentarios por dentro pero tienen pequeños y bonitos porches con vistas a unos extensos jardines, lo más destacable de este lugar. Está bien señalizado en una pequeña bocacalle de la carretera 1009, justo antes de entrar al parque. También tiene un buen restaurante que sirve platos típicos tailandeses.

Ratchaphruek Hotel HOTEL $

(☎0 5334 1901; www.ratchaphruekhotel.com; h superior/de lujo 550/650 THB; ❄📶) Cerca del desvío de la carretera 108, con habitaciones correctas, cómodas y sin florituras, algunas mejor que otras. Advertencia: tiene un bar con karaoke.

Little Home Inthanon Resort BUNGALÓS $

(☎0 5303 3555; www.littlehomeinthanonresort.com; bungaló con ventilador/A/A 400/600 THB; ❄) Bungalós cuadrados con buena relación calidad-precio pero un poco oscuros. Se puede aparcar el automóvil delante, como en un motel.

Cómo llegar y salir

Aunque la mayoría de los visitantes se mueva en transporte privado o en viaje organizado desde Chiang Mai, el transporte público también llega al parque. Los autobuses salen de la terminal de Chang Pheuak y las *sŏrng·tăa·ous* amarillas, de la Pratu Chiang Mai, rumbo a Chom Thong (70 THB), la localidad más cercana al parque, a 58 km de Chiang Mai. Hay autobuses que van directos a la puerta del parque, que queda cerca de la Nam Tok Mae Klang, pero los que van a Hot pueden parar en Chom Thong.

Desde Chom Thong hay *sŏrng·tăa·ous* frecuentes que llegan hasta la puerta del parque de la Nam Tok Mae Klang (30 THB), unos 8 km al norte. Casi cada hora hasta el final de la tarde salen *sŏrng·tăa·ous* del desvío de Mae Klang, justo a las puertas del parque, hasta la cima del Doi Inthanon (90 THB).

Norte de Tailandia

Sumario »

Los mejores restaurantes

» Laap Khom Huay Pu (p. 392)
» Lung Eed Locol Food (p. 309)
» Ban Mai (p. 347)
» Sue Hai (p. 315)
» Bamee Chakangrao (p. 363)

Los mejores alojamientos

» Fern Resort (p. 380)
» Boklua View (p. 344)
» Riverside Guesthouse (p. 400)
» Pukha Nanfa Hotel (p. 340)

Por qué ir

Quizá la reputación de "montañoso" del norte de Tailandia haga reír a un suizo o a un nepalí, pero los fértiles valles que hay entre estas montañas relativamente elevadas son la cuna de casi todo lo relacionado con la cultura thai.

Es decir, estos viejos montes son ideales para disfrutar de una excepcional experiencia tailandesa. Las atracciones culturales de la región son en general sencillas pero indiscutiblemente gratificantes, como ver templos budistas en Phrae, alojarse en casas particulares en la rural Sukhotai o comer en el mercado vespertino de Lampang. Para divertimentos más enérgicos, esta accidentada geografía depara múltiples actividades, como visitar un parque nacional en Phitsanulok, entregarse al *rafting* en Nan o atreverse con una ruta por carretera hasta Phayao.

Cuándo ir

El norte de Tailandia es ideal en invierno (nov-ene), cuando las temperaturas diurnas en las cotas más altas rondan unos agradables 20-23°C y las nocturnas pueden bajar, en algunos lugares, hasta casi 0°C.

En la época más calurosa del año (mar-may) el termómetro asciende hasta los 40°C, a lo que cabe sumar las humaredas provocadas por la quema de rastrojos. En general, si se planea hacer senderismo, es mejor evitar la época de lluvias (jun-oct).

Historia

El pasado del norte de Tailandia se ha caracterizado por los cambios de poder entre varios principados independientes. Una de las influencias culturales tempranas más importantes fue el reino mon de Hariphunchai (actual Lamphun), que dominó el norte desde finales del s. VIII hasta el s. XIII. El arte y los budas de ese período son muy particulares, como puede constatarse en el Museo Nacional de Hariphunchai, en Lamphun.

Los thai, que seguramente emigraron de China a partir del s. VII, unificaron varios principados en el s. XIII, crearon Sukhotai y arrebataron Hariphunchai a los mon. En 1238 Sukhotai se proclamó independiente bajo el reinado de Si Intharathit y rápidamente amplió su esfera de influencia. A resultas de ello, y debido a su influencia en el arte y la cultura tailandesa actual, Sukhotai está considerado como el primer reino tailandés. El rey Mengrai fundó Chiang Mai en 1296, tras conquistar Hariphunchai.

Más adelante, Chiang Mai, aliado con Sukhotai durante los ss. XIV y XV, pasó a formar parte del gran reino de Lan Na Thai ("millón de campos de arroz thai"), más conocido popularmente como Lanna, que llegó a abarcar hacia el sur hasta Kamphaeng Phet y hacia el norte hasta Luang Prabang (Laos). El s. XV fue la época dorada de Lanna. Durante cierto tiempo la capital de Sukhotai se trasladó a Phitsanulok (1448-1486), y Chiang Mai se convirtió en un importante centro religioso y cultural. Sin embargo, en el s. XVI se debilitaron muchas alianzas tailandesas, ocasión que los birmanos aprovecharon para apoderarse de Chiang Mai en 1556 y ejercer el control sobre Lanna durante los dos siglos siguientes. Tras la conquista birmana de Ayutthaya en 1767, los tailandeses se reagruparon y, bajo el mando del rey Kawila, recuperaron Chiang Mai en 1774 y expulsaron a los birmanos más hacia el norte.

A finales del s. XIX, Rama V de Bangkok se esforzó por integrar la región septentrional en el poder central para protegerse de la amenaza colonial. Con la llegada del ferrocarril a Chiang Mai en 1921, dichos vínculos se estrecharon y antes de mediados del s. XX las provincias del norte ya estaban englobadas en el reino de Siam.

Idioma

Los dialectos regionales del país varían enormemente entre sí e incluso pueden resultar ininteligibles para un nativo hablante de thai. El *găm méuang*, el dialecto thai del norte, no es una excepción, y además de exigir el dominio de un conjunto de tonos totalmente distinto, posee una gran cantidad de vocabulario específico; también tiene un ritmo más lento que los otros tres dialectos

DIALECTO DEL NORTE

Los lugareños solían interpretar como ofensivo que otros tailandeses les hablaran en *găm méuang*, una actitud burlesca que se remonta a cuando los habitantes del centro los consideraban un pueblo atrasado. Hoy, la mayoría de los norteños están orgullosos de su lengua natal e incluso existe una popular serie de televisión ambientada en Bangkok en la cual muchos personajes se expresan al modo del norte.

Para ayudar al visitante a arrancar unas sonrisas de los nativos, he aquí una breve selección de frases comunes:

» *Ôo găm méuang bòr jâhng*	No hablo thai del norte
» *A yăng gór ?*	¿Qué ha dicho usted?
» *An née tôw dai?*	¿Cuánto cuesta esto?
» *Mee kôw nêung bòr?*	¿Tiene arroz glutinoso?
» *Lám đáa đáa*	Delicioso
» *Mâan lâ*	Sí/correcto
» *Bòr mâan*	No
» *Sow*	20
» *Gàht*	Mercado
» *Jôw*	(Palabra cortés usada por las mujeres; equivalente a *ka* del thai del centro)
» *Ɓàht só! Nôrng née ngáhm kànàht!*	¡Vaya, es usted guapísimo/a!

principales de Tailandia, característica que se refleja en el talante pausado de sus hablantes.

El dialecto thai del norte también posee su propia escritura, basada en un antiguo alfabeto mon que en su origen fue exclusivo de los textos budistas. Esta escritura se hizo tan popular durante el período Lanna que se exportó y fue usado por los thai lü en China, los khün del estado oriental de Shan y por otros grupos de hablantes de thai-kadai radicados entre Lanna y China. Aunque hoy pocos lugareños saben leer el thai del norte o "de Lanna", a veces se emplea en la señalización para añadir un rasgo cultural distintivo.

Para algunas palabras y frases útiles en thai del norte, véase recuadro en p. 290.

PROVINCIA DE LAMPHUN

Lamphun ลำพูน

14 000 HAB.

Capital provincial y una de las ciudades más antiguas de Tailandia, Lamphun, tranquilamente asentada a orillas del Mae Kuang, afluente del Mae Ping, es sobre todo una parada cultural de camino a Chiang Mai. La vieja muralla fortificada y los templos antiguos recuerdan su pasado como el enclave más septentrional del antiguo reino mon de Dvaravati, entonces llamado Hariphunchai (750-1281 d.C.). Durante un tiempo la ciudad estuvo gobernada por Chama Thewi, la legendaria reina mon.

El viaje de 26 km entre Chiang Mai y Lamphun es uno de sus principales atractivos: una preciosa carretera rural a tramos sombreada por altas dipterocarpáceas.

Puntos de interés

Wat Phra That Hariphunchai TEMPLO

(วัดพระธาตุหริภุญชัย; Th Inthayongyot; entrada 20 THB) Este templo budista disfruta de gran prestigio por datar del antiguo período mon. Fue construido en el solar del palacio de la reina Chama Thewi en 1044 (o en 1108 o en 1157, según otras fuentes), pero permaneció abandonado hasta que Khru Ba Sriwichai, un famoso monje del norte, lo restauró en la década de 1930. Muestra una interesante arquitectura, un par de bellas imágenes de Buda y dos *chedis* (*stupas*) originales Hariphunchai. La más antigua es la Chedi Suwan (1418), cuyo fino chapitel de ladrillo se alza hasta los 21 m. Algo posterior es la Phra Maha That Chedi, de 46 m de altura, considerada ejemplo clásico de la arquitectura Lanna del s. xv, con su pedestal cuadrado y remate redondo en forma de campana.

Detrás del templo está el **Kad Khua Moong Tha Sing**, un mercadillo de recuerdos situado en un puente cubierto donde venden productos locales del movimiento OTOP (One Tambon, One Product) como *lam yai* (*longan*) seco y seda.

Museo Nacional de Hariphunchai MUSEO

(พิพิธภัณฑสถานแห่งชาติหริภุญไชย; Th Inthayongyot; entrada 100 THB; 9.00-16.00 mi-do) Enfrente del Wat Phra That Hariphunchai, este informativo museo está gestionado por el Departamento de Bellas Artes y muestra una colección de objetos mon y Lanna, así como budas del reino de Dvaravati y una galería con inscripciones mon y Lanna en piedra. Su conservadora logra contagiar su entusiasmo por el museo y el patrimonio de Lamphun. En la pequeña librería pueden encontrarse algunos títulos en inglés.

Wat Chama Thewi TEMPLO

(วัดจามเทวี) Este *wat* (popularmente conocido como Wat Kukut) alberga una original *chedi* Hariphunchai del s. xiii. Restaurada numerosas veces, la Chedi Suwan Chang Kot, como se la conoce, hoy presenta una mezcolanza de estilos, si bien está considerada uno de los ejemplos más tardíos de arquitectura Dvaravati. Cada lado de la *chedi* está ocupado por cinco hileras de tres imágenes de Buda que van disminuyendo de tamaño en cada nivel superior. Los budas de pie, aunque de factura reciente, imitan el estilo Dvaravati.

El templo está aproximadamente a 1,5 km del Wat Phra That Hariphunchai; para ir se puede tomar un mototaxi (20 THB) delante del museo.

GAMA DE PRECIOS DE ALOJAMIENTO DEL NORTE

En esta guía se reseñan los precios de temporada alta. Para más información sobre las diferentes categorías de alojamiento, véase recuadro en p. 98.

- **Económico** hasta 600 THB
- **Precio medio** de 600 a 1500 THB
- **Precio alto** desde 1500 THB

Imprescindible

1 Explorar alguno de los numerosos y variados parques, como el histórico **Parque Nacional del Phu Hin Rong Kla** (p. 349), en Phitsanulok, o el escarpado **Parque Nacional de Salawin** (p. 401), en Mae Hong Song.

2 Practicar senderismo y *rafting* en Um Phang, donde al final del camino espera la cascada más grande y bella del país, la **Nam Tok Thilawsu** (p. 371).

3 Convertirse en todo un *mahout* (cuidador de elefantes) en el **Centro para la Conservación del Elefante Tailandés** (p. 302) de Lampang.

4 Salirse de lo habitual y visitar ciudades como **Phayao** (p. 329) o **Phrae** (p. 331), llenas de encanto.

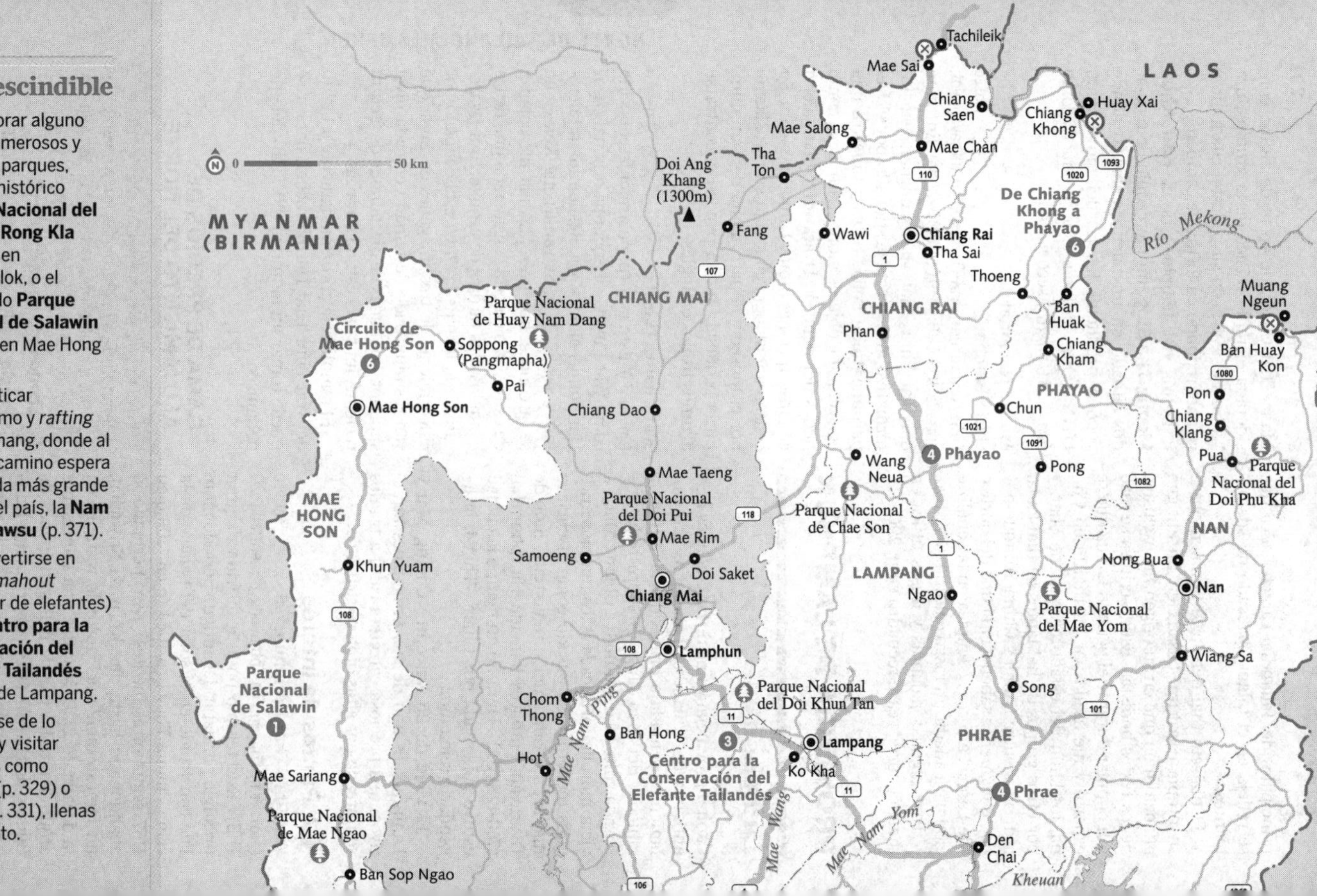

» 5 Recorrer en bicicleta las formidables ruinas de la "edad de oro" tailandesa de los **parques históricos de Sukhotai** (p. 351) y **Si Satchanalai-Chaliang** (p. 359).

6 Alquilar un vehículo para recorrer el legendario **circuito de Mae Hong Son** (p. 376) o la larga ruta de **Chiang Khong a Phayao** (p. 330).

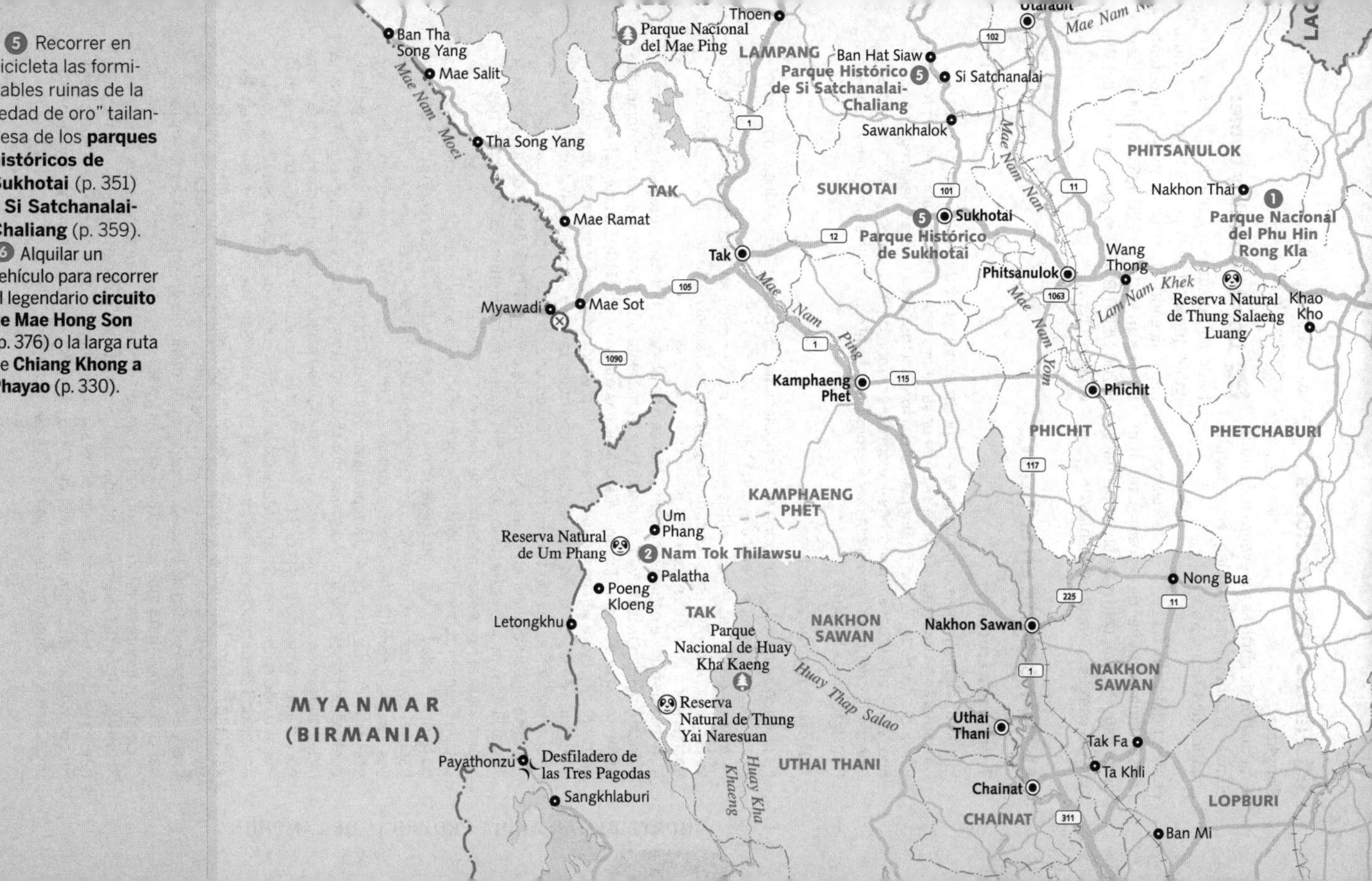

Fiestas y celebraciones

Songkran FIESTA DEL AGUA

A mediados de abril, es un evento más tradicional y tranquilo que la enloquecida batalla acuática de Chiang Mai.

Festival del Lam Yai FIESTA DEL 'LONGAN'

La segunda semana de agosto Lamphun acoge este festival, centrado en su producto agrícola estrella. Consta de desfiles de carrozas hechas con esta fruta y, por supuesto, un certamen de Miss Lam Yai.

Dónde dormir y comer

Dada su cercanía a Chiang Mai, es improbable que el viajero pernocte en Lamphun, pero, llegado el caso, el muy competente **Lamphun Will** (0 5353 4865; Th Chama Thewi; h 1200-1750 THB;) está enfrente del Wat Chama Thewi.

EL TRANSPORTE EN EL NORTE

Transporte público

El tren es el medio más cómodo para ir al norte, aunque hay una sola línea y comparativamente es bastante lenta. Si se tiene prisa, ahora casi todas las capitales de provincia del norte de Tailandia tienen aeropuerto. Casi todos los lugares de la región son accesibles en autobús o microbús, excepto las comunidades fronterizas con Myanmar (Birmania), donde las *sŏrng·tăa·ous* (camionetas, también escrito *săwngthăew*) son el transporte más habitual.

Automóvil y motocicleta

Se pueden alquilar en la mayoría de las poblaciones. Si no se sabe conducir motocicletas, es fácil aprender y merece la pena hacerlo.

A pesar de los riesgos evidentes que comporta conducir en Tailandia, la motocicleta es el transporte ideal para descubrir la geografía rural del norte del país, pues permite apartarse de las rutas más trilladas.

A menos que se quiera ir campo a través o se planee ir por carreteras sin asfaltar en la estación húmeda, es muy improbable que se necesite una de esas grandes motocicletas todoterreno que se alquilan en Chiang Mai. Las máquinas de 110-150 cc con transmisión automática que se ven por todo el país son lo bastante rápidas y potentes para abordar la mayoría de las carreteras. Si se desea algo más grande y cómodo para las largas rectas, una opción es la Honda Phantom de 200 cc, una *chopper* hecha en Tailandia.

Las tarifas de alquiler en Chiang Mai van desde unos 150 THB al día por una Honda Wave/Dream de 125 cc hasta los 1200 THB al día por una Honda CB1000. Para más información al respecto y consejos de seguridad, véase p. 770.

Una buena introducción a los viajes con motocicleta por el norte de Tailandia es la ruta de Samoeng, de 100 km, que puede completarse en medio día. Este recorrido se extiende hacia el norte desde Chiang Mai por las carreteras 107, 1096 y 1269, llenas de curvas y bellos parajes, y constituye un buen aperitivo de lo que deparará un itinerario más largo por esas latitudes. La ruta de 470 km por la provincia de Chiang Rai, que atraviesa los bellos pueblos de Fang y Tha Ton, y discurre por las carreteras 107, 1089 y 118, es otro periplo habitual que puede interrumpirse con una estancia en la ciudad de Chiang Rai. Pero la ruta norteña por excelencia es la de Mae Hong Son (véase recuadro en p. 376), un itinerario de 950 km que empieza en Chiang Mai y salva las 1864 curvas de la carretera 1095, con la posibilidad de pernoctar en Pai, Mae Hong Son y Mae Sariang, antes de iniciar el regreso a Chiang Mai por la carretera 108. Menos conocida pero igual de divertida es la ruta que sigue las carreteras 1155 y 1093 desde Chiang Khong, en la provincia de Chiang Rai, hasta la poco visitada ciudad de Phayao, una excursión de un día que ofrece algunos de los paisajes de montaña más espectaculares del país.

La mejor fuente de información para viajar en motocicleta por el norte es **Golden Triangle Rider** (GT Rider; www.gt-rider.com), que también publica magníficos mapas. Su página web contiene abundante información sobre alquiler de motocicletas (con lugares recomendados en Chiang Mai y Chiang Rai) y seguros, además de una gran variedad de propuestas de circuitos con mapas y un foro interactivo.

Establecimientos de fideos y arroz FIDEOS $
(Th Inthayongyot) Hay una hilera al sur del Wat Phra That en la calle principal.

Cómo llegar y salir

Desde Chiang Mai, las *sŏrng·tăa·ous* azules y los autobuses blancos salen hacia Lamphun (20 THB, cada 30 min) de una parada en Th Praisani delante del Talat Warorot y de otra en la orilla este del río en Th Chiang Mai-Lamphun, al sur de la TAT. Hay más servicios desde la terminal de Chang Pheuak. Cualquiera de ellas puede dejar en Th Inthayongyot, en la parada de delante del Museo Nacional y el Wat Phra That Hariphunchai.

Los microbuses morados (20 THB, cada 20 min 6.00-17.00) y las *sŏrng·tăa·ous* azules (15 THB) regresan a Chiang Mai de la parada que hay enfrente del Museo Nacional o de la terminal de autobuses de Th Sanam.

Alrededores de Lamphun

PARQUE NACIONAL DEL DOI KHUN TAN อุทยานแห่งชาติดอยขุนตาล

Este **parque nacional** (☎0 5354 6335; entrada 200 THB), de 224 km², está a caballo de los montes que separan las provincias de Lamphun y Lampang. Su altitud oscila entre los 350 m de las tierras bajas de bambusales hasta los 1363 m de la cima del Doi Khun Tan, cubierta de pinares. En el parque abundan las flores silvestres, entre ellas orquídeas, jengibre y lirios. En la oficina central del parque tienen buenos mapas de senderismo que abarcan desde breves recorridos por las cercanías del edificio hasta rutas para ascender a las cuatro cimas del parque, y otra a la **Nam Tok Tat Moei** (7 km ida y vuelta). El túnel ferroviario más largo del país (1352 m) cruza estas montañas. Se inauguró en 1921 tras seis años de arduos trabajos por parte de miles de obreros laosianos, varios de los cuales se dice que murieron presa de los tigres.

Cerca de la oficina central del parque hay **bungalós** (☎0 2562 0760; www.dnp.go.th; bungalós 1500-2700 THB) y un restaurante, especialmente concurridos los fines de semana durante la estación fría.

El principal punto de acceso es la estación de trenes de Khun Tan. Para información sobre horarios y precios de otros destinos, llámese a **Ferrocarriles Estatales de Tailandia** (☎atención al cliente 1690; www.railway.co.th) o véase su web. Una vez en la estación de Khun Tan, se cruzan las vías y se sigue un empinado sendero cuesta arriba señalizado de 1,3 km hasta la oficina central del parque. En automóvil, hay que tomar la carretera principal de Chiang Mai a Lampang hasta el desvío de Mae Tha y desde allí seguir las indicaciones por una carretera sin asfaltar durante 18 km, siempre cuesta arriba.

PROVINCIA DE LAMPANG

Lampang ลำปาง

59 000 HAB.

Esta ciudad, con sus laboriosos elefantes, elegantes mansiones de antiguos magnates del sector maderero e impresionantes templos de la época Lanna, muchos de ellos de madera, parece condensar todos los clichés del norte de Tailandia, pero de forma positiva. A pesar de ello, Lampang no recibe muchos visitantes, por lo que la sensación de lugar por descubrir es más fuerte aquí que en otros destinos del norte más turísticos.

Historia

Aunque la provincia de Lampang estaba ya habitada en el s. VII, durante el período Dvaravati, cuenta la leyenda que la ciudad fue fundada por el hijo de la reina Chama Thewi, que desempeñó un papel relevante en la historia del reino de Hariphunchai (ss. VIII-XIII).

Como Chiang Mai, Phrae y otras antiguas ciudades del norte, Lampang se levantó en forma de rectángulo amurallado a orillas de un río, en este caso el Mae Wang. A finales del s. XIX y principios del XX, Lampang, al igual que la cercana Phrae, se convirtió en un importante centro de comercio nacional e internacional de teca. Una gran compañía maderera británica instalada en Birmania envió a supervisores expertos para que enseñaran a los leñadores birmanos y tailandeses de la zona. Estos supervisores, bien pagados, se asociaron con comerciantes madereros birmanos independientes que operaban en Lampang para patrocinar la construcción de más de una docena de templos, algunos de los cuales todavía sobreviven.

Puntos de interés

Wat Phra Kaew Don Tao TEMPLO
(วัดพระแก้วดอนเต้า; entrada 20 THB; ⊙6.00-18.00) Este *wat* es uno de los cuatro templos del norte de Tailandia que cobijó al auténtico Buda Esmeralda, concretamente de 1436 a 1468, actualmente en el Wat Phra Kaew de Bangkok. La *chedi* princi-

pal muestra influencias de Hariphunchai, mientras que el adyacente *mon·dòp* (pequeña edificación cuadrada con remate de aguja, integrada en un *wat*), de 1909 y decorado con mosaicos de vidrio según el estilo típico birmano, contiene una imagen de Buda de estilo Mandalay. En el templo puede visitarse el **Museo Lanna** (entrada con donativo; ⌚7.00-18.00), donde se exponen objetos de origen Lanna, sobre todo litúrgicos y de madera.

El bello **Wat Suchadaram,** anexo al conjunto de edificios del templo, se remonta a 1809. Su nombre alude a Mae Suchada, protagonista de una leyenda local.

Wat Pongsanuk Tai TEMPLO

(วัดปงสนุกใต้; Th Pongsnook; gratis; ⌚5.30-20.30) A pesar de haber perdido gran parte de su personalidad en una reciente restauración, su *mon·dòp* es todavía uno de los pocos ejemplos que quedan en la ciudad del estilo Lanna auténtico, que destaca sobre todo por las estructuras de madera de lados abiertos. Para hacerse una idea de su aspecto original, se recomienda echar una ojeada al portalón de madera tallada en la entrada a la escalera del lado norte.

En los terrenos del templo hay un par de museos menores con muestras locales y escasa información en inglés.

Baan Sao Nak MUSEO

(บ้านเสานัก; 85 Th Radwattana; entrada 50 THB; ⌚10.00-17.00) En el viejo barrio de Wiang Neua ("Ciudad del Norte"), este edificio se construyó en 1895 al estilo Lanna tradicional. Esta enorme casa de madera de teca, sostenida por 116 columnas de base cuadrada, fue en su tiempo propiedad de una *kun·yĭng* ("señora", título honorífico) de la ciudad. Toda ella está decorada con antigüedades birmanas y tailandesas, aunque lo mejor es la estructura en sí y los cuidados jardines.

Wat Chedi Sao TEMPLO

(วัดเจดีย์ซาว; gratis; Th Pratuma) Sus *sow* ("veinte", en thai del norte) encaladas *chedis* de estilo Lanna dan nombre a este templo, localizado unos 6 km al norte del centro por Th Pamaikhet. Pero su verdadero tesoro es un buda sedente de oro macizo (s. XV), expuesto en un **pabellón** (⌚8.00-17.00) acristalado sobre un estanque cuadrado. Se dice que la imagen esconde en la cabeza un fragmento del cráneo de buda y en el pecho una hoja de palmera con antiguas inscripciones en pali. La cabeza y los ropajes del buda están adornados con piedras preciosas. Parece que fue un campesino quien encontró la imagen junto a las ruinas del cercano Wat Khu Kao en 1983. Los monjes residentes elaboran y venden medicinas herbales, como *yah mòrng*, parecido al bálsamo de tigre.

Wat Si Rong Meuang y Wat Si Chum TEMPLOS

(วัดศรีรองเมือง/วัดศรีชุม) Artesanos birmanos erigieron a finales del s. XIX el Wat Si Rong Meuang en Th Thakhrao Noi y el Wat Si Chum en Th Thipawan. Ambos son de estilo birmano, con varios tejados de chapa a dos aguas superpuestos y elaboradas tallas de madera.

Actividades

Carros de caballos CIRCUITO GUIADO

Lampang es conocida en toda Tailandia como la Meuang Rot Mah ("ciudad de los carros de caballos") porque es la única de todo el país donde todavía se usa este medio de transporte, aunque hoy se reserva solo para los turistas. Por todas partes se ven carros engalanados con flores artificiales de vivos colores y conducidos por

MELÓN MILAGROSO

Se dice que el diminuto Wat Suchadaram, situado en el Wat Phra Kaew Don Tao, se levanta sobre el antiguo melonar (*dorn đôw*) de la Mae ("madre") Suchada, una aldeana muy devota. Cuenta la leyenda que durante una hambruna se presentó un monje y Mae Suchada le regaló un melón. Al partirlo, el monje halló dentro una gran piedra verde, que con la ayuda de Mae Suchada y la intervención divina de Indra, se convirtió en una imagen de Buda. Pero los habitantes del pueblo, que creyeron que la colaboración entre el monje y Mae Suchada había ido demasiado lejos, decapitaron a la mujer. Tras percatarse de su grave error (tal muerte provocó otra hambruna), construyeron un templo en su honor. Hoy, una copia del Buda Esmeralda se conserva en el Wat Phra That Lampang Luang.

cocheros con sombreros de vaquero. Un paseo de 15 minutos por la ciudad cuesta 150 THB, un recorrido de 30 minutos por la orilla del Mae Wang sale por 200 THB, y un circuito de una hora con paradas en el Wat Phra Kaew Don Tao y el Wat Si Rong Meuang, 300 THB. Están estacionados cerca de los hoteles principales y al este del mercado de Th Boonyawat.

Samakhom Samunphrai Phak Neua MASAJES
(rótulo sin caracteres latinos; ☎08 9758 2396; 149 Th Pratuma; masaje 300 THB/h, sauna 150 THB; ⊙8.00-19.30) Al lado del Wat Hua Khuang, en el barrio de Wiang Neua por Th Pamaikhet, en este rústico establecimiento se ofrece masaje tailandés tradicional del norte y saunas herbales. Un mototaxi hasta el lugar cuesta unos 20 THB.

Salones de masaje tailandés MASAJES
(Th Talad Gao; ⊙8.00-21.00) En el extremo este de Th Talad Gao hay varios que cobran unos 150 THB por hora.

Dónde dormir

Riverside Guest House PENSIÓN $$
(☎0 5422 7005; www.theriverside-lampang.com; 286 Th Talad Gao; h 350-900 THB, ste 1800 THB; ❄📶) Aunque económico, este recinto ajardinado con casas de madera renovadas es con mucho el alojamiento más agradable de Lampang. Pídase una de las dos habitaciones del piso superior del edificio principal, con grandes balcones al Mae Wang, o la amplia suite de dos estancias. Dispone de numerosas mesas a la sombra para charlar o comer, además de motocicletas para alquilar y otras comodidades.

Wienglakor Hotel HOTEL $$$
(☎0 5431 6430-5; www.wienglakor.com; 138/35 Th Phahonyothin; h con desayuno 1000-1700 THB, ste con desayuno 3000 THB; ❄@📶) Es el hotel de más categoría de Lampang. El vestíbulo está decorado con gusto, a base de madera de teca al estilo de los templos del norte, lo mismo que las habitaciones, que en el caso de las de lujo disfrutan de zona de estar y vestidor. El bonito comedor en el jardín y el estanque con peces le aportan distinción.

Pin Hotel HOTEL $$
(☎0 5422 1509; 8 Th Suandawg; h con desayuno 600-900 THB, ste con desayuno 1300-1800 THB; ❄@📶) Excelente alojamiento de precio medio con habitaciones impolutas, amplias y apartadas con televisión por cable, minibar y baños espaciosos. La agencia de viajes adyacente reserva vuelos nacionales e internacionales.

R-Lampang PENSIÓN $
(☎0 5422 5278; www.h-lampang.com; Th Talad Gao; h 350-1000 THB; ❄📶) Son dos lindas casas de madera junto al Mae Nam Wang. Unos laberínticos corredores pintados de vivos colores y adornados con osos de peluche llevan a espaciosas habitaciones con aire acondicionado y a otras más apretadas y económicas con ventilador y baños compartidos. Una tienda anexa vende comidas ligeras, bebidas y recuerdos.

Akhamsiri Home HOTEL $
(☎0 5422 8791; www.akhamsirihome.com; 54/1 Th Pahmaikhet; h 450 THB; ❄@📶) Su apostilla sería "comodidades de categoría media a precio económico". En un cuidado complejo residencial, todas las habitaciones, amplias y frescas, tienen TV, nevera y jardín/balcón. Hay un café anexo, y alquilan motocicletas y bicicletas.

Lampang Wiengtong Hotel HOTEL $$
(☎0 5422 5801/2; www.lampangwiengthonghotel.com; 138/109 Th Phahonyothin; h con desayuno 700-1500 THB, ste con desayuno 2500-3200 THB; ❄@📶🏊) El hotel más grande de Lampang tiene algunas de las habitaciones más espaciosas que este servidor conozca, pero también opciones económicas angostas que incluyen las bañeras más pequeñas jamás vistas fuera de Tokio.

Asia Lampang Hotel HOTEL $$
(☎0 5422 7844; www.asialampang.com; 229 Th Boonyawat; h 550-850 THB, desayuno incl.; ❄@📶) Las habitaciones de la planta baja son muy sencillas y algo oscuras. Por un poco más, salen a cuenta las habitaciones revestidas de madera de un par de pisos más arriba.

Ton Nam Guest House PENSIÓN $
(☎0 5422 1175; wannaka_123@hotmail.com; 175/2 Th Talad Gao; h 500 THB; ❄@) Esta vieja casa de madera ofrece cuatro acogedoras habitaciones con aire acondicionado y baño privado.

Tip Inn Guest House PENSIÓN $
(☎0 5422 1821; 143 Th Talad Gao; h con ventilador/A/A 450/350 THB; ❄@📶) Hogareña alternativa a los muy anodinos hoteles económicos de la ciudad. Además es el

Lampang

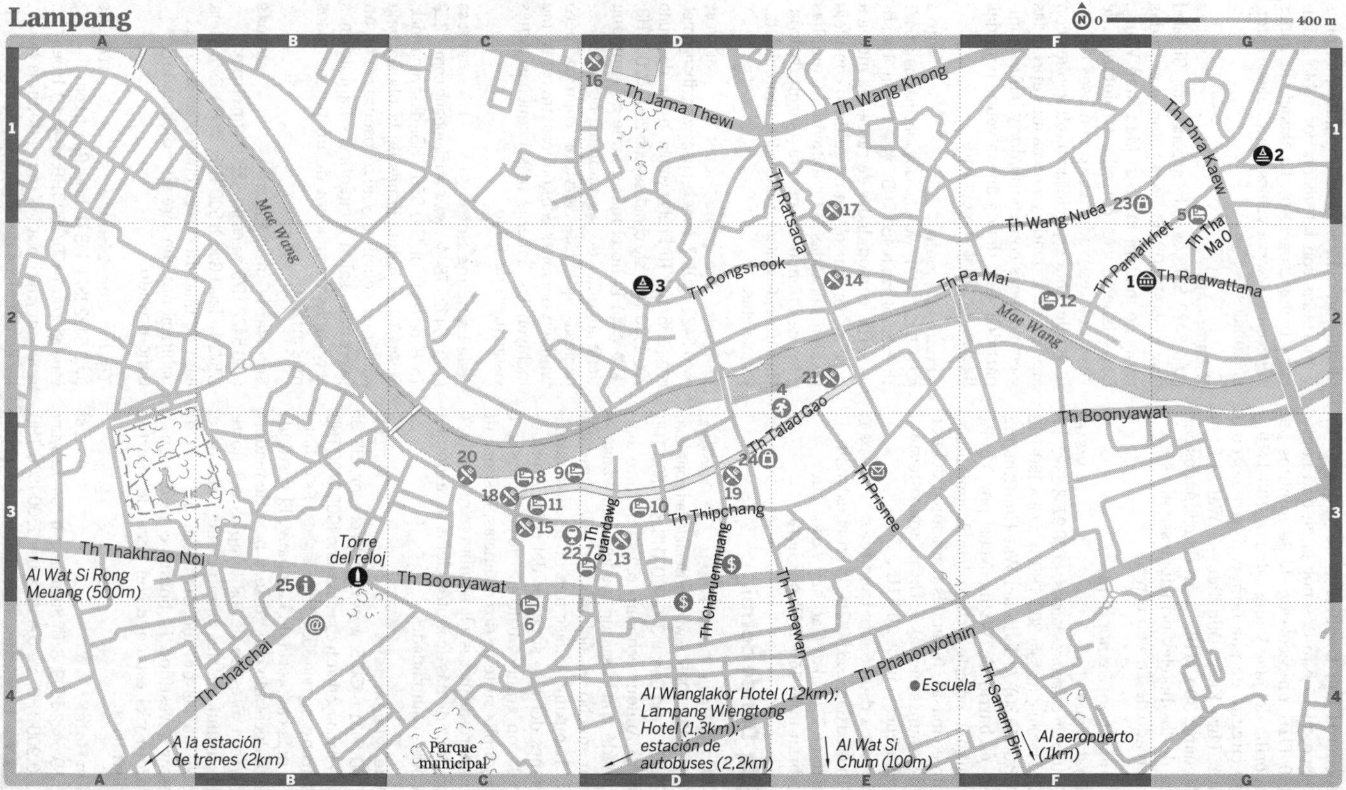

0 — 400 m

Th Jama Thewi
Th Wang Khong
Th Phra Kaew
Th Ratsada
Th Wang Nuea
Th Pamaikhet
Th Tha Ma O
Th Radwattana
Th Pongsnook
Th Pa Mai
Mae Wang
Mae Wang
Th Talad Gao
Th Boonyawat
Th Thipchang
Th Suandawg
Th Charuenmuang
Th Prisnee
Th Thipawan
Th Thakhrao Noi
Torre del reloj
Th Boonyawat
Th Chatchai
Th Phahonyothin
Escuela
Th Sanam Bin
Al Wat Si Rong Meuang (500m)
A la estación de trenes (2km)
Parque municipal
Al Wianglakor Hotel (1,2km); Lampang Wiengtong Hotel (1,3km); estación de autobuses (2,2km)
Al Wat Si Chum (100m)
Al aeropuerto (1km)

Lampang

Puntos de interés
1 Baan Sao Nak F2
2 Wat Phra Kaew Don Tao y Wat Suchadaram G1
3 Wat Pongsanuk Tai D2

Actividades, cursos y circuitos
4 Salones de masaje tailandés E2

Dónde dormir
5 Akhamsiri Home G1
6 Asia Lampang Hotel C4
7 Pin Hotel D3
8 Riverside Guest House C3
9 R-Lampang C3
10 Tip Inn Guest House D3
11 Ton Nam Guest House C3
12 TT&T Back Packers Guesthouse F2

Dónde comer
13 Aroy One Baht D3
14 Mercado vespertino E2
15 Grandma's Café C3
16 Khawng Kin Ban Haw D1
17 Khun Manee E1
18 Krua 312 .... C3
19 Papong D3
20 Riverside Bar & Restaurant C3
21 Vegetarian Food E2

Dónde beber
22 Gibbon C3
Relax Bar & Restaurant .... (véase 20)

De compras
23 Calle cultural F1
24 Calle peatonal D3

Información
Sanuksabai .... (véase 7)
25 Oficina de información turística B3

único alojamiento en medio de la histórica Th Talad Gao.

TT&T Back Packers Guesthouse PENSIÓN $
(☎0 5422 1303; 82 Th Pa Mai; h 200-400 THB; ❄@) El emplazamiento ribereño y las agradables zonas de descanso de la planta baja compensan el tener que compartir el baño.

Dónde comer

A pesar de su tamaño, Lampang cuenta con un buen elenco de restaurantes en los que degustar comida del norte y occidental, sobre todo.

Si se desea comprar alimentos o probar la comida local, en el **mercado vespertino** (Th Ratsada; ⊙16.00-20.00) se ofrecen a diario humeantes cestas de arroz glutinoso y decenas de acompañamientos.

Aroy One Baht TAILANDESA $
(Th Suandawg esq. Th Thipchang; principales 15-40 THB; ⊙16.00-24.00) Algunas noches parece que toda Lampang se encuentre en esta casa de madera, y con motivo: la comida es sabrosa e increíblemente barata, el servicio es rapidísimo, y el marco, con balcón y jardín, de lo más entretenido.

Papong TAILANDESA DEL NORTE $
(125 Th Talad Gao; principales 30-40 THB; ⊙almuerzo y cena) Si es fin de semana, hay que parar en este concurrido local donde sirven *kà·nŏm jeen* (fideos de arroz frescos acompañados de *curries* varios). Los *curries* hierven en una sucesión de ollas de barro y para pedirlos basta con señalar el que más apetezca. La especialidad de la tía Pawng es *kà·nŏm jeen nám ngée·o,* un delicioso caldo con cerdo y tomate típico del norte.

Riverside Bar & Restaurant INTERNACIONAL-TAILANDESA $$
(328 Th Thipchang; principales 80-210 THB; ⊙almuerzo y cena) La música en directo, el bar bien surtido y una extensa carta de platos autóctonos y occidentales atraen a una nutrida clientela de lugareños y foráneos, sobre todo las noches de la *pizza* casera (ma, ju, sa y do), a esta cabaña de madera que parece a punto de precipitarse al Mae Wang.

Khawng Kin Ban Haw TAILANDESA DEL NORTE $$
(rótulo sin caracteres latinos; 72 Th Jama Thewi; principales 50-110 THB; ⊙almuerzo y cena) Aunque fuera del centro urbano, vale la pena visitarlo. Tiene más éxito al anochecer, cuando una botella de *whisky* se considera el acompañamiento normal de la comida. Es un buen sitio para probar platos del norte, p. ej., la *gaang kaa gòp* (sopa de rana con hierbas) o el *lâhp kôo·a* (*lâhp* frito con especias autóctonas).

ESPECIALIDADES NORTEÑAS

De forma similar a lo que ocurre con la lengua thai, la comida tailandesa adopta una forma ligeramente distinta al cruzar las provincias, y la cocina del norte no es una excepción, pues refleja su clima relativamente frío y el curso de las estaciones, por no mencionar la afición al cerdo, las verduras y toda clase de fritos. Tradicionalmente, los norteños se alimentaban casi exclusivamente de *kôw nĕe·o* (arroz glutinoso), llamado *kôw nêung* en el dialecto local. La leche de coco es muy rara en el norte, cuya cocina es probablemente la menos picante de Tailandia y suele inclinarse más por los sabores amargos o amargos y picantes.

Paradójicamente (y por suerte), puede ser bastante difícil encontrar comida norteña genuina fuera de Chiang Mai y otras ciudades importantes. Hay relativamente pocos restaurantes que la sirvan, y la inmensa mayoría de la comida local auténtica solo se vende en los tenderetes, dentro de unas bolsas para llevar. Por ello, cuando se dé con un restaurante típico, no hay que dejar pasar la oportunidad de probar algunos de los siguientes platos:

» *Gaang hang·lair* Sustancioso *curry* de cerdo de origen birmano (*hang* es una corrupción del birmano *hin*, que significa *curry*), habitual en festivales y ceremonias.

» *Kâap mŏo* Los chicharrones fritos son un acompañamiento habitual y delicioso.

» *Kôw gân jîn* Hojas de banano rellenas de arroz mezclado con sangre y cocidas al vapor; se sirven con aceite de ajo.

» *Kôw soy* Este plato de fideos con base de *curry* es muy popular; de posible origen birmano e introducido en el norte de Tailandia por comerciantes chinos.

Grandma's Café TAILANDESA $
(361 Th Thipchang; principales 30-70 THB; ⏲10.00-18.00) Quizá la abuela haya elegido las viejas sillas de teca y los estores de encaje, pero seguro que no los tonos grises y el aire minimalista de esta cafetería a la moda. Sea como fuere, merece una visita por su café de Java y su carta de arroces que raramente superan los 50 THB.

Krua 312 TAILANDESA $
(Th Thipchang; principales 45-80 THB; ⏲almuerzo y cena) Encantadora tienda-vivienda de madera, llena de fotografías en blanco y negro de Lampang y del rey, donde sirven buenos *curries* aptos para paladares extranjeros, además de fideos y arroces.

Vegetarian Food VEGETARIANA-TAILANDESA $
(Th Talad Gao; principales 25-35 THB; ⏲8.00-18.00 lu-sa; ✍) También en una tienda-vivienda, pero en este caso con una amplia oferta vegetariana a la tailandesa.

INDISPENSABLE

KHUN MANEE

Lampang es célebre por sus *kôw đaan*, pasteles de arroz frito con azúcar de palma por encima, cuya elaboración puede verse en esta **fábrica** (rótulo sin caracteres latinos; 35 Th Ratsada) junto a Th Ratsada; búsquese la flecha amarilla.

Dónde beber

El tramo de Th Thipchang cerca del Riverside Bar & Restaurant es la zona de marcha nocturna, con unos cuantos restaurantes/*pubs* agradables al aire libre, como el **Relax Bar & Restaurant** (Th Thipchang; ⏲18.00-24.00) y el **Gibbon** (Th Thipchang; ⏲19.00-24.00).

De compras

Calle peatonal (Walking Street) MERCADO
Quizá para imitar el éxito de los mercados callejeros de Chiang Mai, Lampang tiene ahora el suyo en la encantadora Th Talad Gao (también llamada Kat Korng Ta). Salpicada de viejas tiendas-vivienda de diversos estilos (inglés, chino y birmano), esta calle se cierra al tráfico los sábados y domingos de 16.00 a 22.00, para llenarse de puestos de recuerdos, artesanía y comida. Una **calle cultural** similar se monta en Th Wang Nuea de 6.00 a 9.00 los domingos y los viernes de 18.00 a 21.00.

Información

En Th Boonyawat hay muchos bancos con cajero automático, entre ellos el Siam City Bank y Krung Thai Bank.

M@cnet (Th Chatchai; 15 THB/h; ⏲9.00-22.00) Acceso a internet.

» *Kà·nŏm jeen nám ngée·o* Fideos de arroz frescos servidos con un caldo de cerdo y tomate.

» *Lâhp kôo·a* Literalmente "*lâhp frita*", este plato se basa en la famosa "ensalada" de carne picada tailandesa, que se fríe con una mezcla de hierbas y especias secas amargas y picantes.

» *Lôo* Sangre cruda mezclada con una pasta de *curry,* que se sirve sobre intestinos fritos y fideos crujientes; el plato más "visceral" del norte.

» *Năam* Cerdo crudo fermentado, una delicia agria que sabe mucho mejor de lo que suena.

» *Nám prík nùm* Guindillas verdes, chalotas y ajo a la parilla y luego trituradas hasta formar una pasta que se sirve con arroz glutinoso, verduras poco hervidas y cortezas de cerdo fritas.

» *Nám prík òrng* Salsa de guindilla de origen shan elaborada con tomates y carne picada de cerdo; la boloñesa de la región.

» *Sâi òo·a Salchicha de cerdo a la parrilla aderezada con abundantes hierbas frescas.*

» *Đam sôm oh* La versión norteña de la *sôm·đam* sustituye el pomelo por papaya verde.

» *Đôm yam* En el norte este clásico tailandés se sazona con algunas de las especias secas amargas y picantes de la *lâhp kôo·a*.

Oficina de correos (Th Prisnee; ⌚8.30-16.30 lu-vi, 9.00-12.00 sa)

Sanuksabai (8 Th Suandawg; ⌚8.00-17.00 lu-sa) Esta agencia contigua al Pin Hotel gestiona billetes de avión, por lo que no hace falta ir al aeropuerto.

Oficina de la Autoridad de Turismo de Tailandia (TAT; ☎atención al cliente 1672, Lampang 0 5423 7229; Th Thakhrao Noi; ⌚10.00-16.00 lu-sa) Su eficiente personal facilita un buen mapa de la zona e informa sobre puntos de interés y actividades locales.

ℹ Cómo llegar y salir

Avión

El aeropuerto de Lampang está a unos 1,5 km del centro, en el extremo este de la carretera Asia 1. Una *sŏrng·tăa·ou* del aeropuerto al centro cuesta 50 THB.

Bangkok Airways (☎atención al cliente 1771, Lampang 0 5482 1522; www.bangkokair.com; aeropuerto de Lampang) vuela al aeropuerto internacional Suvarnabhumi de Bangkok (2405 THB, 1 h, 1 diario) y a Sukhotai (1915 THB, 30 min, 1 diario).

Autobús

La terminal de autobuses de Lampang está casi a 2 km del centro, en la esquina de la carretera Asia 1 y Th Chantarasurin (20 THB en *sŏrng·tăa·ou* compartida). La utilizan también los microbuses, como los que van a Phrae (85 THB, 2 h, frecuentes, 7.00-16.30).

DESTINO	PRECIO (THB)	DURACIÓN (H)	FRECUENCIA
Bangkok	347-625	9	frecuentes 7.30-11.30 y 18.30-21.00
Chiang Mai	67-134	2	cada hora 8.00-20.30
Chiang Rai	143	3½	15.30, 18.30 y 21.30
Mae Sot	181-232	4	cada hora 9.00-24.00
Nan	150-300	4	cada hora 9.00-24.00
Phitsanulok	193	4½	cada hora 5.00-19.00
Phrae	78-157	2	cada hora 9.00-24.00
Sukhotai	162	3½	cada hora 5.00-19.00

Tren

La histórica **estación de trenes** (☎0 5421 7024; Th Phahonyothin) de Lampang fue construida en 1916 y queda a una buena caminata de casi todos los hoteles. Entre otros servicios importantes, hay trenes a Bangkok (256-1272 THB, 12 h, 6 diarios) y a Chiang Mai (23-50 THB, 3 h, 6 diarios). Para información sobre horarios y precios de otros destinos, llámese a **Ferrocarriles Estatales de Tailandia** (☎atención al cliente 1690; www.railway.co.th) o consúltese su web.

Alrededores de Lampang

WAT PHRA THAT LAMPANG LUANG วัดพระธาตุลำปางหลวง

Este antiguo **complejo de templos budistas** (gratis) abarca varias construcciones religiosas interesantes, entre ellas el que quizá sea el templo de madera de estilo Lanna más bello del norte de Tailandia. Se trata del **Wihan Luang,** de lados abiertos, que data de 1476 y considerada la estructura de madera más antigua existente en el país. El impresionante *wí·hăhn* tiene un tejado de tres niveles sustentado por enormes pilares de teca y murales de *jataka* (historias de las vidas anteriores de Buda) pintados sobre paneles de madera en la parte superior de su perímetro interior. Un enorme *mon·dòp* dorado situado en la parte posterior del *wí·hăhn* contiene un buda de 1563.

Al norte del *wí·hăhn* principal se alza el sencillo **Wihan Ton Kaew,** de 1476. La *chedi* de estilo Lanna que hay detrás del *wí·hăhn* principal, construida en 1449 y restaurada en 1496, mide 45 m de alto.

El *wí·hăhn* que hay al norte de la *chedi* es el **Wihan Nam Taem,** construido a principios del s. s. XVI y que, sorprendentemente, todavía conserva restos de las pinturas murales originales, que se cuentan entre las más antiguas del país.

El **Wihan Phra Phut,** al sur de la *chedi* principal, se remonta al s. XIII y es el edificio más antiguo del recinto.

Por desgracia, solo los hombres pueden entrar en la cámara oscura para ver una imagen del *wí·hăhn* y la *chedi* en el **Haw Phra Phutthabaht,** un pequeño edificio blanco situado detrás de la *chedi*. La imagen se proyecta invertida sobre una tela blanca con gran definición de colores y formas.

El dintel que preside la entrada al recinto presenta un impresionante relieve de un dragón, un motivo antaño habitual en los templos del norte. Esta puerta podría ser del s. XV.

El jardín botánico que hay en la parte exterior de la puerta sur del *wat* acoge tres **museos.** En uno se muestran esencialmente objetos festivos y algunas imágenes de Buda. En otro, llamado "Casa del Buda Esmeralda", se guarda una miscelánea de monedas, billetes, budas, cajas de plata, artículos lacados y otros objetos etnográficos, así como tres pequeños budas ricamente cubiertos con pan de oro y colocados en un altar detrás de un enorme cuenco de plata repujada. El tercer museo, pequeño y primoroso, exhibe estanterías con budas, cajas lacadas, manuscritos y cerámica, todo muy bien descrito en thai e inglés.

El Wat Phra That Lampang Luang está en Ko Kha, 18 km al suroeste de Lampang. Desde Lampang, hay que parar una *sŏrng·tăa·ou* (20 THB) que vaya al este por Th Boonyawat. Desde la parada de *sŏrng·tăa·ou* en Ko Kha quedan 3 km hasta el templo, que se pueden hacer en mototaxi (40 THB). Desde la estación de autobuses de Lampang, una *sŏrng·tăa·ou* cuesta 350 THB.

En automóvil o bicicleta por carretera, hay que cruzar un puente y torcer a la derecha, seguir las señales 3 km más y pasar otro puente hasta que se divise el templo a la izquierda.

CENTRO PARA LA CONSERVACIÓN DEL ELEFANTE TAILANDÉS Y ALREDEDORES ศูนย์อนุรักษ์ช้างไทย

Sito en el Amphoe Hang Chat, a 33 km de Lampang, este **centro de elefantes** (TECC, Thai Elephant Conservation Center; ☎0 5424 7876; www.thailandelephant.org; niños/adultos 40/80 THB autobús de enlace incl.; ⊙baño de elefantes 9.45 y 13.15, espectáculos públicos 10.00, 11.00 y 13.30) fomenta la participación del elefante asiático en la industria del ecoturismo, además de proporcionar cuidados y tratamiento veterinario a ejemplares enfermos procedentes de todo el país. Para más información sobre la difícil situación del elefante en Tailandia, véase recuadro en p. 38.

Las exhibiciones de elefantes que se ofrecen aquí son menos turísticas y más educativas que en otros lugares y se centran en el trabajo de estos animales con troncos, así como en sus habilidades pictóricas y musicales con xilófonos gigantes. También puede visitarse, siempre con los elefantes como protagonistas, una exposición de historia y cultura, una galería de arte y un cementerio, y dar **paseos en elefante** (10/30/60 min 50/400/800 THB, ⊙8.00-15.30) por el bosque.

Para conocer los secretos del *kwahn cháhng* (cuidador de elefantes) o *mahout,* la **Escuela de Formación de Mahouts** (☎0 5424 7875; www.thailandelephant.

org; 1/2/3/6/10/30 días 3500/5800/8500/20 000/35 000/100 000 THB) del TEEC ofrece varios cursos de formación de entre un día y un mes. Es muy popular el de un día, en el que se aprende a dar unas pocas órdenes sencillas, se experimenta con papel de boñiga, se monta en elefante por la jungla y se hace un circuito por el hospital de paquidermos. El programa de tres días incluye, además de una introducción general al cuidado y adiestramiento de estos grandes animales, todas las comidas y dos noches de alojamiento, una en un bungaló de madera bien equipado y otra en un campamento de la jungla.

Asimismo se ofrecen combinados de estancia y actividades en sencillas cabañas con los *mahouts* o en los bungalós del **Chang Thai Resort** (bungalós 1/2 dormitorios 1000/1500 THB). Hay tres restaurantes en el recinto.

Todos los ingresos de las entradas y las tiendas de recuerdos se destinan al hospital de elefantes del centro, que cuida a animales viejos, abandonados o enfermos llegados de todo el país, además de trabajar por su conservación mediante diversos programas de investigación y cría.

Cerca del TECC pero independiente, se encuentra el **Hospital de Elefantes de la FAE** (Friends of the Asian Elephant, Amigos del Elefante Asiático; ☎08 1914 6113; www.elephant-soraida.com; ⏲8.00-17.00), que afirma ser el primero de este tipo en el mundo. Aunque se aprecian y atienden las visitas, no hay que olvidar que se trata de un centro médico, por lo que no se ofrecen visitas guiadas ni espectáculos. Eso sí, se agradecen encarecidamente los donativos. En junio del 2008, el hospital implantó con éxito una pata ortopédica a un paquidermo.

Para llegar a ambos centros se puede tomar el autobús que vaya a Chiang Mai o una *sŏrng·tăa·ou* (26 THB, 40 minutos) desde la terminal principal de autobuses de Lampang. Hay que informar al conductor del destino y apearse en el mojón del km 37. El centro está a 1,5 km de la carretera; los autobuses del centro de elefantes llevan hasta él. Una alternativa es alquilar una *sŏrng·tăa·ou* azul por 600 THB en la terminal de autobuses de Lampang.

Con transporte propio, de paso que se va al centro de elefantes se puede visitar el **mercado de Thung Kwian**, situado a 25 km de Lampang. Muy frecuentado por los lugareños, constituye un curso acelerado de gastronomía y artesanía norteñas, donde se puede encontrar de todo, desde *rót dòo·an* (gusanos fritos) hasta los característicos cuencos del gallo de Lampang.

MERECE LA PENA

WAT LAI HIN วัดไหล่หิน

Si se visita el Wat Phra That Lampang Luang y se dispone de transporte propio, se recomienda acercarse al bello **Wat Lai Hin** (gratis), también cerca de Ko Kha. Construido por artistas de Chiang Tung (Myanmar), este pequeño templo es uno de los más representativos del estilo Lanna que hay en la zona e influyó en el diseño del Mandarin-Oriental Dhara Dhevi Hotel de Chiang Mai. En él se rodó la famosa película tailandesa *Suriyothai* (2001). En los terrenos hay un interesante **museo popular** que los monjes pueden abrir al visitante.

Si se viene desde Ko Kha, el templo está a unos 6 km por una carretera que se desvía 1 km antes de llegar al Wat Phra That Lampang Luang.

PROVINCIA DE CHIANG RAI

La provincia más septentrional de Tailandia tiene un poco de todo: grandes montañas, entre las más espectaculares del país, en su extremo este; llanuras aluviales junto al río Mekong, parecidas a las de Isan; y territorio fronterizo con Myanmar y Laos, países desde los que se puede acceder fácilmente a China.

En términos de población, Chiang Rai es una de las provincias tailandesas con mayor diversidad étnica, incluidas algunas importantes minorías de las tribus de la montaña, grupos shan y thai y, más recientemente, inmigrantes chinos.

Chiang Rai เชียงราย

62 000 HAB.

La provincia de Chiang Rai disfruta de tantos lugares interesantes que su capital a menudo pasa desapercibida. Pero si se dedica suficiente tiempo a descubrirla, Chiang Rai se revela como una pequeña y deliciosa urbe de ambiente distendido, buenos alojamientos y mejor gastronomía. También es

la base de operaciones lógica para realizar excursiones a los rincones más apartados de la provincia.

Fundada por Phaya Mengrai en 1262 dentro del reino lao-thai de Lanna, Chiang Rai no se convirtió en territorio siamés hasta 1786, y en provincia hasta 1910.

Puntos de interés

Museo de Oub Kham MUSEO

(พิพิธภัณฑ์อูบคำ; www.oubkhammuseum.com; 81/1 Military Front Rd; adultos/niños 300/200 THB; 8.00-18.00) De propiedad privada, este museo alberga una impresionante colección de objetos de prácticamente todos los rincones del antiguo reino de Lanna. Entre los expuestos, algunos verdaderas rarezas, hay desde un probador de comida de hueso de mono empleado por los reyes de Lanna hasta un impresionante trono labrado de Chiang Tung (Myanmar). Las visitas son con guía (también en inglés) e incluyen el recorrido por una cueva artificial dorada, en la que no faltan las luces de discoteca y unas falsas antorchas, que contiene varias imágenes de Buda. Los jardines del museo son igual de *kitsch* e incluyen la estatua de una enorme *naga* (serpiente mítica con poderes mágicos) dorada y un sinfín de cascadas y fuentes. Una experiencia singular e instructiva a partes iguales.

Está a 2 km del centro de la ciudad, en un lugar complicado de encontrar; un *túk-túk* hasta allí cuesta unos 50 THB.

Museo y Centro de Educación de las Tribus de la Montaña MUSEO

(พิพิธภัณฑ์และศูนย์การศึกษาชาวเขา; www.pdacr.org; 620/25 Th Thanalai 3er piso; entrada 50 THB; 9.00-18.00 lu-vi, 10.00-18.00 sa y do) Se recomienda pasarse por este museo y centro de artesanía antes de visitar cualquier tribu de la montaña. El centro, gestionado por la entidad benéfica Population & Community Development Association (PDA, Asocia-

Chiang Rai

Puntos de interés
1 Museo y Centro de Educación de las Tribus de la Montaña C2
2 Wat Jet Yot B4
3 Wat Klang Wiang B2
4 Wat Phra Kaew A2
5 Wat Phra Singh A2

Actividades, cursos y circuitos
6 Akha Hill House B1
7 Eagle Adventure B3
8 Jao Nang Studio C2
PDA Tours & Travel .... (véase 1)

Dónde dormir
9 Baan Bua Guest House B4
10 Baan Waraborde C4
11 Diamond Park Inn C4
12 Jansom House B4
13 Jitaree Guest House B1
14 Moon & Sun Hotel C2
15 Orchids Guest House B4
16 The North B3
17 Wiang Inn B4

Dónde comer
18 BaanChivitMai Bakery C4
19 Doi Chaang B3
20 Muang Thong B4
21 Nam Ngiaw Paa Nuan B4
22 Mercado nocturno C3
23 Old Dutch B3
24 Pangkhon Coffee C2
25 Phu-Lae C3
26 Rosprasoet A3
27 Somkhuan Khao Soi C2
28 Wawee Coffee C2

Dónde beber
29 Cat Bar B4
30 Easy House B4
31 Golden Triangle Inn B3

De compras
32 Centro del bazar nocturno B3
33 Fair Trade Shop B3
34 Orn's Bookshop A4
35 Calle peatonal B2

Información
36 Oficina principal de correos B2
37 Overbrook Hospital A2
38 Oficina de la Autoridad de Turismo de Tailandia (TAT) B1
39 Policía turística C3

Transporte
40 Air Agent B3
Budget Rent-A-Car .... (véase 31)
41 Terminal de autobuses C4
42 Fat Free B3
43 North Wheels C3
44 Sombat Tour C4
45 ST Motorcycle B3

ción para el Desarrollo de la Población y la Comunidad), no es un dechado de presentación visual, pero reúne abundante información sobre las diversas tribus de Tailandia y temas relacionados. La visita empieza con un pase de diapositivas de 20 minutos sobre estas comunidades. Entre lo expuesto destacan los atuendos típicos de seis tribus principales, ejemplos del uso del bambú, utensilios y otros objetos de interés antropológico. Su apasionado director se entusiasma hablando de los diferentes pueblos de la montaña, su historia, sus intereses y los proyectos en los que la institución colabora. La PDA también organiza excursiones muy recomendables.

Wat Phra Kaew TEMPLO

(วัดพระแก้ว; gratis) El Wat Pa Yia ("monasterio del Bosque de Bambú"), su nombre en el dialecto local, es el templo budista más venerado de la ciudad. Se dice que en 1434 cayó un rayó sobre su *chedi,* y que al desmoronarse dejó al descubierto el Phra Kaew Morakot o Buda Esmeralda, en realidad de jade. Tras un largo viaje que incluyó una prolongada estancia en Vientián (véase recuadro en p. 58), este talismán nacional se encuentra hoy en el templo homónimo de Bangkok.

En 1990, Chiang Rai encargó a un artista chino que esculpiera una nueva imagen en jade. Bautizada como Phra Yok Chiang Rai ("Buda de jade de Chiang Rai"), no se trata de una réplica exacta del Buda Esmeralda, pues con sus 48,3 cm de diámetro de base y 65,9 cm de altura es 1 mm más baja que la imagen original. Se guarda en el impresionante **Haw Phra Yoke,** cuyas paredes están decoradas con bellas pinturas murales modernas, algunas de las cuales representan el viaje del Phra Kaew Morakot original y la compleja ceremonia que acompañó la llegada de la imagen actual a Chiang Rai.

El salón de oración principal, de madera, es una estructura de tamaño medio bien conservada. Detrás tiene una *chedi* de finales del s. XIV en el típico estilo Lanna. La adyacente construcción de dos pisos de madera es un **museo** (gratis; ⌚9.00-17.00) con diversas piezas Lanna.

Tham Tu Pu y la cueva de Buda TEMPLO
(ถ้ำตูปู่ถ้ำพระ) Por Th Winitchaikul, cruzado el puente, en la orilla norte del Mae Nam Kok se encontrará un desvío que conduce a estas dos cuevas. Sígase esta calle 1 km más y tómese un camino de 200 m que llega al pie de un risco de piedra caliza. Allí, una empinada escalera conduce a una cámara principal que contiene una polvorienta estatua de Buda; es la Tham Tu Pu. Si se sigue por el mismo camino 3 km más se llega a la cueva de Buda, a orillas del Mae Nam Kok, donde hay un pequeño pero en activo templo budista, un monje solitario y varios gatos. El templo fue uno de los varios lugares que visitó el rey Rama V a principios del s. XX.

Pero lo realmente interesante es el bucólico paisaje que rodea a las cuevas, perfecto para una hacer una relajada excursión en bicicleta, que se puede conseguir en Fat Free.

Wat Phra Singh TEMPLO
(วัดพระสิงห์; Th Singhaclai; gratis) El rey Mahaphrom de Chiang Rai construyó a finales del s. XIV este *wat*, hermano del templo homónimo de Chiang Mai. Sus partes originales muestran el típico estilo thai norteño en madera, con tejados espectacularmente bajos. Las impresionantes puertas de madera se atribuyen a artistas locales. El *wí·hăhn* principal alberga una copia del Phra Singh de Chiang Mai.

Wat Jet Yot TEMPLO
(วัดเจ็ดยอด; Th Jet Yod; gratis) Su *chedi* de siete agujas es similar a su homónima de Chiang Mai, pero sin la decoración en estuco. Más interesante desde un punto de vista estético es el techo de madera de la galería delantera del *wí·hăhn* principal, que luce un excepcional fresco astrológico tailandés.

Wat Klang Wiang TEMPLO
(วัดกลางเวียง; Th Ratanaket esq. Th Utarakit; gratis) Pese a su aspecto moderno, tiene al menos quinientos años. Esto se debe a la amplia remodelación sufrida a principios de la década de 1990, que confirió a varias de sus estructuras un peculiar estilo Lanna moderno, aunque el elegante *hŏr đrai* (depósito de manuscritos) aparenta conservar su aspecto original.

Wat Phra That Doi Chom Thong TEMPLO
(วัดพระธาตุดอยจอมทอง; gratis) En lo alto de un cerro, este templo budista ofrece vistas parciales del río y recibe ocasionalmente su brisa. La *chedi* de estilo Lanna probablemente data de los ss. XIV-XVI, y quizá cobija en su interior una *chedi* mon anterior. El rey Mengrai, fundador de Chiang Rai, decidió el emplazamiento de la ciudad mientras oteaba el horizonte desde este punto. El templo está al oeste del centro de la ciudad en Th Kraisorasit.

Actividades

Senderismo

Casi todas las pensiones y hoteles de Chiang Rai ofrecen excursiones de senderismo, en general por las zonas del Doi Tung, el Doi Mae Salong y Chiang Khong. Muchas de las agencias locales son meras intermediarias de los guías, que están asociados con alguna pensión, de modo que puede salir más barato contratar con estas últimas directamente. Al igual que en todo el norte de Tailandia, la mejor garantía la ofrecen los guías de la TAT.

Los precios de las excursiones dependen del número de días y los participantes, así como del tipo de actividades. Las tarifas de las agencias aquí reseñadas van de 2500 a 4300 THB por persona para caminatas de dos noches para dos personas. Normalmente el precio lo incluye todo: alojamiento, transporte y comida.

Para más información sobre normas y tabúes que hay que conocer antes de visitar una aldea tribal, véase p. 36.

Las siguientes agencias tienen prestigio y organizan salidas de senderismo y visitas culturales. En algunos casos, los beneficios se destinan a proyectos de desarrollo comunitarios.

Mirror Foundation SENDERISMO
(☎0 5373 7616; www.themirrorfoundation.org; 106 Moo 1, Ban Huay Khom, Tambon Mae Yao) Aunque más cara, hacer senderismo con esta ONG sin ánimo de lucro ayuda a la formación de guías locales. Ofrece caminatas de uno a tres días atravesando los poblados akha, karen y lahu de Mae Yao, al norte de Chiang Rai.

PDA Tours & Travel SENDERISMO
(☎0 5374 0088; www.pda.o.th/chiangrai/package_tour.htm; 620/25 Th Thanalai, 3er piso, Museo y Centro de Educación de las Tribus de la Montaña;

⌚9.00-18.00 lu-vi, 10.00-18.00 sa y do) Se pueden realizar caminatas de uno a tres días a través de esta ONG, cuyos beneficios revierten a proyectos comunitarios tales como educación sobre el VIH/sida, clínicas móviles, becas de educación y creación de bancos propiedad de los pueblos.

Akha Hill House SENDERISMO
(☎08 9997 5505; www.akhahill.com; Akha Hill House) Ofrece caminatas de uno a siete días. Empiezan con un paseo río arriba en una barca típica y siguen con una excursión a la Akha Hill House y alrededores, a unos 23 km de Chiang Rai y a una altitud de 1500 m. Parte de los beneficios que generan las pensiones y sus actividades se destinan a una escuela local. Solicítese información en la Akha Hill House.

Dragon Sabaii Tours SENDERISMO
(☎08 548 0884; www.thailandhilltribeholidays.com; Mae Sariang) Sita en el sur de Mae Hong Son, esta agencia también organiza, previa solicitud, caminatas y circuitos guiados responsables en Chiang Rai. Más información en su web.

Eagle Adventure Tour SENDERISMO
(☎08 7265 0527; www.thaieagletour.com; casa de la ciudad, Th Phahonyothin) Con sede en Chiang Rai, ofrece el surtido habitual de caminatas y circuitos guiados.

Smiling Albino SENDERISMO, CICLISMO
(www.smilingalbino.com) Empresa ya veterana en Chiang Rai que ofrece diversos circuitos, en su mayor parte de senderismo y en bicicleta y motocicleta.

Otras actividades

Suwannee CURSO DE COCINA
(☎08 4740 7119; www.chiangraicookingclass.com; clases 950 THB; ⌚9.30-14.00) Sus cursos de cocina duran casi todo el día, a lo largo del cual se visita un mercado y se preparan cuatro platos. Aunque la casa de Suwanee está a unos 3 km del centro, ella puede pasar a recoger a los clientes en casi todas las pensiones y hoteles.

Boomerang Adventure Park ESCALADA EN ROCA
(☎08 4173 2757; www.thailandrocks.com; medio día/1 día 500/900 THB; ⌚10.00-19.00) Además de escalada en roca, este complejo al aire libre ofrece *tirolina*, golf con disco volador y senderismo sin guías. Entre semana hay que llamar antes. Está a 3 km de Chiang Rai, entre la Tam Tu Pu y la cueva de Buda.

Kamlar SAUNA HERBAL
(Th Thanalai; sauna herbal 100 THB/½ h, masaje tailandés 150 THB/h; ⌚9.00-18.00 lu-sa, 13.00-18.00 do) Sauna herbal y masaje tradicional en una casa de madera cerca de la esquina de Th Thanalai con Th Baanpa Pragarn.

Jao Nang Studio RETRATO DE ESTUDIO
(645/7 Th Utarakit; ⌚10.00-19.00) Vestirse como un miembro de la realeza de Lanna y retratarse para la posteridad es como una cita obligada para los tailandeses que visitan Chiang Mai y Chiang Rai. Gran surtido de trajes y fondos.

Dónde dormir

Con una buena oferta y unas tarifas que han subido poco en los últimos dos años, Chiang Rai todavía ofrece una buena relación calidad-precio. Los alojamientos se localizan principalmente en el centro, en la zona de Th Jet Yod y Th Phahonyothin.

Legend of Chiang Rai HOTEL **$$$**
(☎0 5391 0400; www.thelegend-chiangrai.com; 124/15 Moo 21, Th Kohloy; h 3900-5900 THB, villa 8100 THB; ❄@🛜🏊) Unos 500 m al norte de Th Singhaclai, este es uno de los pocos hoteles de la ciudad que están junto al río. Se trata de un refinado complejo parecido a una aldea Lanna tradicional, con habitaciones sencillas a la vez que lujosas y románticas con mobiliario de *rattan* en tonos crema. Todas tienen una agradable zona de estar exterior, cristales esmerilados para mayor intimidad y luminosos baños con grandes duchas. Las villas disponen de pequeñas piscinas privadas. El conjunto lo remata una piscina de horizonte infinito y un *spa* al lado del río.

Ben Guesthouse HOTEL **$$**
(☎0 5371 6775; www.benguesthousechiangrai.com; 351/10 Soi 4, Th Sankhongnoi; h 250-850 THB, ste 1500-3000 THB; ❄@🛜🏊) Pese a lo soso del nombre y a lo apartado del centro, para este autor se trata de uno de los mejores alojamientos económicos del norte, un limpísimo complejo que ofrece un poco de todo, desde habitaciones baratas con ventilador hasta suites inmensas, además de una casa al completo (12 000 THB). Queda a 1,2 km (60 THB en *túk-túk*) del centro, al final de Soi 4 en Th Sankhongnoi (que cambia a Th Sathanpayabarn en el cruce con Th Phahonyothin).

Baan Warabordee HOTEL **$$**
(☎0 5375 4488; baanwarabordee@hotmail.com; 59/1 Th Sanpannard; h 600-800 THB; ❄@🛜) En

una moderna villa tailandesa de tres pisos reconvertida, este delicioso y pequeño hotel ofrece habitaciones frescas decoradas con maderas oscuras y telas ligeras. Los cordiales dueños facilitan información de la zona.

Jansom House HOTEL $

(☎0 5371 4552; 897/2 Th Jet Yod; h 450-500 THB, desayuno incl.; ❄@📶) Hotel de tres plantas con habitaciones holgadas y muy limpias que dan a un pequeño patio central lleno de plantas. Por estos precios nadie esperaría televisión por cable, suelos de baldosas y baños bonitos.

Moon & Sun Hotel HOTEL $$

(☎0 5371 9279; www.moonandsun-hotel.com; 632 Th Singhaclai; h 500-800 THB, ste 1100 THB; ❄📶) Este hotelito claro y limpio tiene habitaciones grandes y modernas, algunas con camas con dosel y todas con escritorio, televisión por cable y nevera. Las *suites* disfrutan de una espaciosa zona de estar.

Mantrini HOTEL $$$

(☎0 5360 1555; www.mantrini.com; 292 Moo 13, Robwiang on the Superhighway; h con desayuno 2650-3190 THB, ste con desayuno 9600 THB; ❄@📶🏊) Para diseño, este es el lugar. Destacan las dos "Sweet Rooms", habitaciones de simulado estilo victoriano que combinan con éxito una máscara africana y un caballito balancín. Está 1 km fuera de la ciudad, cerca del Central Plaza, pero ofrece un servicio de enlace con el centro.

Diamond Park Inn HOTEL $$

(☎0 5375 4960; www.diamondparkinn.com; 74/6 Moo 18, Th Sanpannard; h con desayuno 1100 THB, ste con desayuno 1400-1500 THB; ❄@📶🏊) Nueva y estupenda opción de precio medio. Las habitaciones son grandes y bonitas, con muebles modernos y camas en una plataforma elevada. Las más caras, con bañera y amplios balcones, son tan grandes que dan la sensación de cierta vaciedad.

Le Meridien Chiang Rai Resort HOTEL $$$

(☎0 5360 3333; www.lemeridien.com; 221/2 Moo 20, Th Kwaewai; h 7500-8000 THB, ste 15 500-22 250 THB; ❄@📶🏊) El más nuevo de los hoteles de lujo de Chiang Rai se halla a 2 km del centro urbano en un bello tramo del Mae Nam Kok. Las inmensas habitaciones están decoradas en grises, blancos y negros, y en el complejo hay dos restaurantes y piscina infinita, además de las consabidas comodidades de esta categoría.

Golden Triangle Inn HOTEL $$

(☎0 5371 1339; www.goldentriangleinn.com; 590 Th Phahonyothin; i/d 700/800 THB, desayuno incl.; ❄📶) Parecida a una gran casa tailandesa (hogareño toque de dejadez incl.), este hotel ofrece 31 habitaciones con suelos de baldosa o madera y mobiliario de madera. En el complejo hay también un restaurante, una oficina de Budget (alquiler de automóviles) y una eficiente agencia de viajes. Su popularidad obliga a reservar con tiempo.

Wiang Inn HOTEL $$$

(☎0 5371 1533; www.wianginn.com; 893 Th Phahonyothin; h 2826-3226 con desayuno THB, ste con desayuno 7062-11 770 THB; ❄@📶🏊) Un amplio y moderno vestíbulo da acceso a este céntrico hotel de negocios. Pese a sus más de treinta años, las habitaciones, decoradas con algún toque tailandés, se mantienen muy bien.

Lek House HOTEL $

(☎0 5371 1550; lekhousehotel@live.co.uk; Th Ratyotha esq. Th Baanpa Pragarn; h con desayuno 350-550 THB, ste con desayuno 1350 THB; ❄@📶🏊) Este complejo morado ofrece un puñado de reducidas pero bonitas habitaciones con aire acondicionado, aunque poco las separa de los baños. Las que tienen ventilador son muchos más sencillas. La piscina está abierta a los no clientes. Está cerca de la esquina de Th Ratyotha (prolongación de Th Thanalai) con Th Baanpa Pragarn.

The North HOTEL $

(☎0 5371 9873; www.thenorth.co.th; 612/100-101 Sirikon Market; h con ventilador/A/A 350/450 THB; ❄@📶) A un paso de la estación de autobuses, da un poco de color a la sosa zona del mercado. Las 18 habitaciones combinan el estilo moderno con el tailandés, y las más caras se abren a agradables zonas de descanso.

Baan Bua Guest House HOTEL $

(☎0 5371 8880; www.baanbuaguesthouse.com; 879/2 Th Jet Yod; h 300-500 THB; ❄@📶) Tranquilo alojamiento con una secuencia de 17 habitaciones sencillas, todas limpias, acogedoras y de color verde claro, alrededor de un agradable jardín.

Orchids Guest House HOTEL $

(☎0 5371 8361; www.orchidsguesthouse.com; 1012/3 Th Jet Yod; h 400 THB; ❄@📶) Esta colección de limpísimas habitaciones en un complejo residencial es una buena opción económica. Entre otros servicios, ofrece acceso a internet y traslados al aeropuerto (250 THB).

Baan Rub Aroon Guesthouse PENSIÓN $$
(☎0 5371 1827; www.baanrubaroon.net; 893 Th Ngam Meuang; dc 300 THB, h 550-850 THB; ❄@📶) Aunque las habitaciones, todas con baño compartido, no son tan estupendas como cabría esperar visto el precioso exterior de esta villa, es un lugar ideal si se busca algo tranquilo y hogareño.

Buffalo Hill Guesthouse HOTEL $$
(Pankled Villa; ☎0 5371 7552; www.pankledvilla.com; Th Prachasanti; bungalós 600-700 THB, desayuno incl.; ❄📶) Apartado del ajetreo urbano, este arbolado complejo de bungalós rústicos está como a 1 km por Th Prachasanti, en el extremo sur de Th Phahonyothin.

Jitaree Guest House HOTEL $
(☎0 5371 9348; Soi Flat Tamruat; h 200 THB; 📶) Habitaciones frescas con ventilador en un complejo estilo apartamentos. Está en el pequeño enclave mochilero al lado de Th Singhaclai, cerca del puente nuevo.

Dónde comer

El mercado nocturno tiene bastantes puestos que ofrecen tentempiés y comidas, desde *wonton* frito hasta pescado fresco, y mesas para disfrutarlos. Para comer dentro, hay varios restaurantes por Th Phahonyothin y calles adyacentes junto al mercado nocturno.

Lung Eed Locol Food TAILANDESA DEL NORTE $
(Th Watpranorn; principales 30-60 THB; 🕘11.45-21.00 lu-sa) Suculenta cocina tailandesa del norte en una rústica cabaña. Aunque hay una carta en inglés en la pared, se recomienda pedir el sublime *lâhp gài* (carne picada de pollo frita con hierbas y coronada con crujiente chalota y ajo fritos). Está en Th Watpranorn cerca del cruce con la Superhighway.

Nam Ngiaw Paa Nuan VIETNAMITA-TAILANDESA $
(Vietnamese Restaurant; Th Sanpannard; principales 10-100 THB; 🕘9.00-17.00) Un poco escondido, aquí sirven una singular mezcla de platos vietnamitas y del norte de Tailandia. Por su comida sabrosa, servicio cordial y agradable ambiente rústico, es una pena que no abran también por la noche.

Paa Suk TAILANDESA DEL NORTE $
(rótulo sin caracteres latinos; Th Sankhongnoi; principales 10-25 THB; 🕘8.00-15.00 lu-sa) Este concurrido local ya va por la tercera generación de la misma familia de propietarios. Su especialidad es un plato local llamado *kà·nŏm jeen nám ngée·o* (caldo ligero de cerdo o ternera y tomate que se sirve sobre fideos de arroz frescos). Está entre Soi 4 y Soi 5 en Th Sankhongnoi (llamada Th Sathanpayabarn donde se cruza con Th Phahonyothin); hay que buscar el letrero amarillo.

Phu-Lae TAILANDESA DEL NORTE $$
(673/1 Th Thanalai; principales 80-320 THB; 🕘almuerzo y cena; ❄) Los turistas tailandeses adoran este restaurante con aire acondicionado por su sabrosa, si bien algo ennoblecida, cocina norteña. Se recomiendan especialidades locales como *gaang hang·lair* (panceta de cerdo en un cremoso *curry* estilo birmano, servido con ajo encurtido) y *sâi òo·a* (salchichas de hierbas).

Old Dutch HOLANDESA-INTERNACIONAL $$
(541 Th Phahonyothin; principales 150-300 THB; ❄) Acogedor restaurante enfocado a extranjeros para cuando se esté harto de tanto arroz. Tiene platos holandeses y de otras cocinas occidentales bien elaborados, además de una buena panadería anexa.

Somkhuan Khao Soi TAILANDESA DEL NORTE $
(rótulo sin caracteres latinos; Th Singhaclai; principales 25 THB; 🕘8.00-15.00 lu-vi) El cordial señor Somkhuan sirve sabrosos cuencos de *kôw soy* (fideos al *curry* del norte) en un sencillo puesto callejero bajo dos gigantescos árboles.

Muang Thong CHINA-TAILANDESA $
(Th Sanpannard esq.Th Phahonyothin; principales 20-90 THB; 🕘24 h) La comida de este establecimiento veterano al aire libre, con el habitual repertorio de platos chino-tailandeses, sabrosos, salados y especiados, sienta bien a todo el mundo.

Rosprasoet MUSULMANA-TAILANDESA $
(Th Itsaraphap; principales 25-50 THB; 🕘7.00-20.00) En este restaurante al lado de la mezquita de Th Itsaraphap preparan deliciosos platos musulmanes, como *kôw mòk gài,* la versión tailandesa del pollo *biryani*.

Dónde beber y ocio

Th Jet Yot es la zona de bares de Chiang Rai. Entre otros, destacan el **Cat Bar** (1013/1 Th Jet Yod; 🕘17.00-1.00), con billar y música en directo, y el **Easy House** (Th Jet Yod esq. Th Pemavipat; 🕘11.00-24.00), de ambiente amigable y al aire libre.

CULTURA DE CAFÉ AL ESTILO DE CHIANG RAI

Aunque relativamente pequeña, Chiang Rai posee un gran número de cafés de estilo occidental de gran calidad. Ello se debe en parte a que muchos de los mejores granos de Tailandia se cultivan en los rincones más remotos de esta provincia. A continuación se recomiendan algunos de los mejores locales de la ciudad.

BaanChivitMai Bakery (www.baanchivitmai.com; Th Prasopsook; ⌚7.00-21.00 lu-sa; ❄@📶) Además de excelente café, en esta popular panadería se pueden degustar dulces suecos sorprendentemente auténticos. Las ganancias revierten en la BaanChivitMai, una organización que dirige hogares y proyectos educativos para niños vulnerables, huérfanos o enfermos de sida.

Doi Chaang (542/2 Th Ratanaket; ⌚7.00-23.00; ❄@📶) Es la marca más famosa de café de Chiang Rai, a la venta en lugares tan lejanos como Canadá y Europa.

Wawee Coffee (Th Singhaclai esq. Th Srikerd; ⌚7.00-21.00; ❄@📶) El café de esta otra excelente marca local es amplio y moderno, base de un buen surtido de imaginativas bebidas.

Pangkhon Coffee (Th Singhaclai; ⌚7.00-19.00; 📶) Diminuto café-bar que sirve granos locales.

De compras

Calle peatonal MERCADO

(Th Thanalai; ⌚16.00-22.00 sa) Centrado en todo lo relacionado con Chiang Rai, desde artesanía hasta platos típicos, no hay que perderse este animado mercado callejero. Se monta en Th Thanalai entre el Museo de las Tribus de la Montaña y el mercado matinal.

Fair Trade Shop ARTESANÍA

(www.ttcrafts.co.th; 528/8 Th Baanpa Pragarn; ⌚9.00-17.00 lu-sa) Esta tienda de comercio justo vende llamativas ropas y adornos de las tribus de montaña, cuyos beneficios se destinan a varios programas de desarrollo.

Bazar nocturno MERCADO

(⌚18.00-23.00) Está pegado a la estación de autobuses, junto a Th Phahonyothin. Aunque más pequeño que el de Chiang Mai, está bien para comprar artesanías.

Orn's Bookshop LIBRERÍA

(junto a Soi 1, Th Jet Yod; ⌚8.00-20.00) Excelente surtido de libros en muchas lenguas.

Información

Urgencias

Policía turística (☎atención al cliente 1155, Chiang Rai 0 5374 0249; Th Phahonyothin; ⌚24 h) Hablan inglés y tienen agentes de guardia las 24 horas.

Acceso a internet

Conectarse a internet cuesta unos 30 THB por hora y hay lugares por toda la ciudad, sobre todo por el mercado nocturno. Además, casi todos los establecimientos ofrecen servicio de llamadas internacionales.

Easy Fly (Th Phahonyothin; ⌚8.30-21.00) Enfrente del Wiang Inn, con varios terminales.

Asistencia médica

Overbrook Hospital (☎0 5371 1366; www.overbrookhospital.com; Th Singhaclai) Hospital moderno con personal angloparlante.

Dinero

Hay muchos bancos con servicio de cambio de divisas y cajeros automáticos en Th Phahonyothin y Th Thanalai.

Correos

Oficina principal de correos (Th Utarakit; ⌚8.30-16.30 lu-vi, 9.00-12.00 sa y do) Está al sur del Wat Phra Singh.

Información turística

Oficina de la Autoridad de Turismo de Tailandia (TAT; ☎atención al cliente 1672, Chiang Rai 0 5374 4674; tatchrai@tat.o.th; Th Singhaclai; ⌚8.30-16.30) Aunque su inglés es limitado, el personal se esfuerza en atender y facilita una pequeña selección de mapas y folletos.

Cómo llegar y salir

Avión

El **aeropuerto de Chiang Rai** (☎0 5379 8000) está unos 8 km al norte de la ciudad. Un taxi del aeropuerto al centro cuesta 200 THB. En sentido contrario se puede optar por un taxi o *túk-túk* por unos 250 THB. La terminal cuenta con varios restaurantes, un puesto de cambio de divisas, una oficina de correos y varias compañías de alquiler de automóviles.

AUTOBUSES Y FURGONETAS EN CHIANG RAI

Los autobuses a destinos dentro de la provincia de Chiang Rai, así como los servicios lentos con ventilador a Chiang Mai, Lampang, Nan y Phayao, salen de la estación de autobuses del centro de la ciudad.

Para Bangkok, **Sombat Tour** (☎0 5371 4971; Th Prasopsook; ⏲6.00-19.00) tiene una oficina frente a la terminal de autobuses interprovinciales, pero en ella solo se pueden tomar los servicios vip; los restantes salen de la nueva terminal.

DESTINO	PRECIO (THB)	DURACIÓN (H)	FRECUENCIA
Ban Huay Khrai (por el Doi Tung)	23	½	cada 20 min, 6.00-20.00
Ban Pasang (por el Doi Mae Salong)	20	½	cada 20 min, 6.00-16.00
Chiang Khong	65	2½	cada hora, 5.20-17.45
Chiang Mai	142	7	cada 45 min, 6.30-12.00
Chiang Saen	32	1½	cada 20 min, 6.20-18.30
Lampang	102	5	cada 45 min, 6.30-12.00
Mae Sai	39	1½	cada 20 min, 6.00-20.00
Nan	164	6	9.30
Phayao	44	2	cada 30 min, 9.30-15.10

Para viajar más allá de Chiang Rai o si se tiene prisa, hay que ir a la **nueva estación de autobuses** (☎0 5377 3989), 5 km al sur del centro en la carretera 1. Las *sŏrng·tăa·ous* que la unen con la estación vieja funcionan de 5.00 a 21.00 (10 THB, 20 min). También salen de ella furgonetas, p. ej., a Phayao (68 THB, 1½ h, cada 45 min, 6.00-19.30) y Phrae (150 THB, 4 h, cada 45 min, 6.00-17.00).

DESTINO	PRECIO (THB)	DURACIÓN (H)	FRECUENCIA
Bangkok	448-716	11-12	cada hora, 7.00-11.30 y 18.30-9.00
Chiang Mai	142-263	3-7	cada hora, 6.30-17.45
Kamphaeng Phet	280	7	7.00, 8.30, 13.00
Khon Kaen	316-553	11-12	9.00, 10.15, cada 2 horas, 14.00-21.00
Nakhon Ratchasima (Khorat)	473-710	12-13	6.15, 11.30, 13.30, 15.30, 17.00, 19.00
Lampang	102-286	4-5	cada hora, 6.00-15.45
Mae Sai	26-84	1-1½	cada 15 min, 6.00-18.00
Mae Sot	354-455	12	7.45, 8.15
Phayao	44-141	1½-2	cada hora, 6.00-19.30
Phrae	148-244	4	cada hora, 6.00-19.30
Phitsanulok	249-374	6-7	cada hora, 6.00-19.30
Sukhothai	223-244	8	7.30, 8.30, 10.30, 14.30

En la ciudad, **Air Agent** (☎0 5374 0445; 869/18 Th Phahonyothin; ⏲8.00-22.00) reserva vuelos nacionales e internacionales.

El **aeropuerto Don Muang de Bangkok** (1550 THB, 1¼ h, 2 diarios) está atendido por la aerolínea **One-Two-Go** (Orient Thai; ☎atención al cliente 1126; www.flyorientthai.com; aeropuerto de Chiang Rai)

El **aeropuerto internacional Suvarnabhumi de Bangkok** (2164-3120 THB, 1¼ h, 6 diarios) está atendido por **Air Asia** (☎atención al cliente 02 515 9999, Chiang Rai 0 5379 3543; www.airasia.com; aeropuerto de Chiang Rai) y **THAI** (☎atención al cliente 02 356 1111; www.thaiair.com) centro urbano (☎0 5371 1179; 870 Th Phahonyothin; ⏲8.00-17.00

lu-vi) oficina del aeropuerto (☎0 5379 8202; ⏲8.00-20.00)

A **Chiang Mai** (1399 THB, 40 min, 2 diarios) se va con **Kan Air** (☎atención al cliente 02 551 6111, Chiang Rai 0 5379 3339; www.kanairlines.com; aeropuerto de Chiang Rai)

Barco

También se puede ir a Chiang Rai en barco por el Mae Nam Kok desde Tha Ton (véase p. 282).

Para los barcos río arriba hay que ir al **muelle CR** (☎0 5375 0009), 2 km al noroeste del centro vía Th Kraisorasit. Hay barcos de pasajeros a diario a las 10.30 vía Ban Ruammit (80 THB, 1 h) y Tha Ton (350 THB, 4 h). En el muelle también se puede fletar una embarcación entera a Ban Ruammit/Tha Ton por 700/3800 THB.

Un *túk-túk* hasta el muelle cuesta unos 50 THB.

Cómo desplazarse

Una carrera en *túk-túk* sin salir del centro de Chiang Rai cuesta unos 40 THB. Las *sŏrng·tăa·ous* compartidas cuestan 20 THB por persona.

En **Fat Free** (0 5375 2532; 542/2 Th Baanpa Pragarn; 80-450 THB/día; ⏲8.30-18.00) alquilan bicicletas y en **ST Motorcycle** (☎0 5371 3652; 1025/34-35 Th Jet Yod; 150-1000 THB/día; ⏲8.00-20.00), motocicletas bien cuidadas, además de en muchas pensiones.

Las siguientes compañías de alquiler de automóviles tienen oficina en Chiang Rai.

Avis Rent-A-Car (☎0 5379 3827; www.avisthailand.com; aeropuerto de Chiang Rai; ⏲8.00-18.00)

Budget Rent-A-Car (☎0 5374 0442/3; www.budget.co.th; 590 Th Phahonyothin; ⏲8.00-18.00) En el Golden Triangle Inn.

National Car Rental (☎0 5379 3683; aeropuerto de Chiang Rai; ⏲8.00-18.00)

North Wheels (☎0 5374 0585; www.northwheels.com; 591 Th Phahonyothin; ⏲8.00-18.00)

Thai Rent A Car (☎0 5379 3393; www.thairentacar.com; aeropuerto de Chiang Rai; ⏲7.00-18.00)

Alrededores de Chiang Rai

WAT RONG KHUN วัดร่องขุ่น

Unos 13 km al sur de Chiang Rai se halla el insólito y popular **Wat Rong Khun** (Wat Blanco; gratis), comenzado en 1997 por el célebre pintor tailandés convertido en arquitecto Chalermchai Kositpipat.

De lejos, el templo parece de porcelana, pero al aproximarse se descubre que ese efecto lo produce una combinación de encalado con pequeñas incrustaciones de espejo. Tras cruzar el puente y la escultura de unos brazos extendidos que simbolizan el deseo, se entra en el ámbito sagrado del *wat*, donde en vez de los tradicionales pasajes de la vida de Buda, el artista ha plasmado escenas contemporáneas que representan el *samsara* (ciclo de transmigraciones, o de renacimientos, provocados por el karma). Pueden verse imágenes como la de un avión estrellándose contra las Torres Gemelas y, por raro que parezca, un Keanu Reeves caracterizado de Neo en *Matrix* domina la primera pared terminada de esta obra todavía en curso. En una galería aneja se venden reproducciones de las obras de Chalermchai Kositpipat, de corte bastante *new age*.

Para llegar, se puede tomar uno de los autobuses regulares que van de Chiang Rai a Chiang Mai o Phayao y solicitar parada en el Wat Rong Khun (20 THB).

Mae Salong (Santikhiri)

แม่สลอง (สันติคีรี)

20 000 HAB.

Para hacerse una idea de China sin cruzar la frontera, se puede visitar esta ambientada población encaramada en las montañas de detrás de Chiang Rai. Aunque Mae Salong ya está totalmente integrada en la ruta turística, su privilegiado emplazamiento, población china, tribus de la montaña y plantaciones de té la convierten en un destino especial, pues no difiere mucho de cualquier pequeña ciudad de la provincia de Yunnan, en el sur de China. También es un lugar ideal para relajarse un par de días y realizar varias excursiones por sus alrededores.

Puntos de interés

Mercados

Un pequeño pero interesante **mercado matinal** se monta a diario de 6.00 a 8.00 en un cruce próximo a la Shin Sane Guest House. Lo visitan tanto residentes como gentes de las tribus de las proximidades. Otro **mercado**, este abierto todo el día, se instala en el extremo sur de la ciudad y reúne a vendedores de artesanía tribal, tiendas de té y unos cuantos restaurantes sencillos.

Templos

Para admirar las fabulosas vistas que se dominan desde el **Wat Santikhiri**, hay que pasar todo el mercado y subir 718 peldaños,

Triángulo de Oro y alrededores

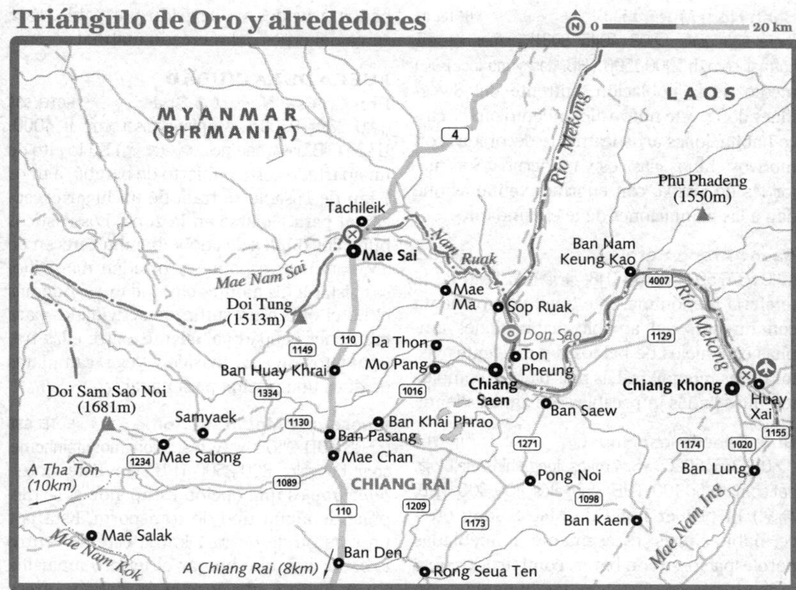

o ir en automóvil. El *wat* pertenece a la tradición mahayana y es de estilo chino.

Pasado el Khumnaiphol Resort, monte arriba se llega a un **mirador** con algunas casas de té y la **tumba** de un famoso general del Kuomintang (KMT). A veces hace guardia en él un soldado que explica (en thai o yunnanés) la historia del KMT en la zona. Al sur del desvío que conduce a la tumba está el **Museo-Monumento a los Mártires Chinos**, un intrincado edificio de estilo chino que es más monumento que museo.

Actividades

Senderismo

La Shin Sane Guest House y la Little Home Guesthouse facilitan mapas gratis con rutas de senderismo aproximadas a aldeas akha, lisu, mien, lahu y shan de la zona. Las aldeas akha y lisu están a menos de medio día de caminata.

Las mejores excursiones son las que se dirigen al norte de Mae Salong, entre Ban Thoet Thai y la frontera con Myanmar. Antes de partir en esta dirección conviene informarse sobre la situación política. Los ejércitos shan y wa se disputan el control de esta parte de la frontera entre Tailandia y Myanmar y se producen enfrentamientos ocasionales. Esta frontera registra un continuo tráfico de anfetaminas y, en menor medida, de heroína, canalizado a través de varios pueblos.

La Shin Sane Guest House organiza **excursiones a caballo** de tres a cuatro horas hasta cuatro aldeas cercanas por 500 THB.

Dónde dormir

Desde que se abrió la carretera Mae Salong-Tha Ton, cada día son menos los visitantes que deciden pernoctar en Mae Salong, razón por la cual, excepto en temporada alta (noviembre), en general los precios de los alojamientos son bastante negociables.

DENTRO DE LA CIUDAD

Todos los alojamientos están en la calle principal o al lado.

Little Home Guesthouse PENSIÓN **$$**
(☎0 5376 5389; www.maesalonglittlehome.com; h/bungalós 300/800 THB; @) Cerca del cruce del mercado, esta pensión ofrece unas pocas habitaciones básicas pero acogedoras en una bonita casa de madera y, en la parte de atrás, bungalós amplios y cuidados. El restaurante anexo sirve comida local. El dueño es muy amable y tiene uno de los mapas más fidedignos de la zona.

Baan Hom Muen Li HOTEL $$
(hotel-*boutique*; ☎08 4045 8031; osmanhouse@hotmail.com; h 1000-1500 THB, desayuno incl.) En medio de la población, enfrente del Sweet Maesalong, este nuevo alojamiento ofrece cinco habitaciones artísticamente decoradas con motivos chinos clásicos y modernos. Son mejor las de arriba, con enormes ventanas que dan a las plantaciones de té circundantes.

Saeng Aroon Hotel HOTEL $
(☎0 5376 5029; h 300 THB; ❄@) Al lado de la tetetería homónima, este hotel nuevo cuenta con un personal amable, habitaciones amplias con suelos de baldosas y excelentes vistas de las montañas. Las más baratas comparten unos baños impecables con agua caliente.

Shin Sane Guest House HOTEL $
(☎0 5376 5026; www.maesalong-shinsane.blogspot.com; h 50-100 THB, bungalós 200-300 THB; @) El primer hotel de Mae Salong ofrece habitaciones escasamente amuebladas pero espaciosas con baños compartidos; son mucho más confortables los bungalós, con baños privados y televisión por cable. Está cerca del cruce del mercado matinal.

FUERA DE LA CIUDAD

Phu Chaisai Resort & Spa HOTEL $$$
(☎0 5391 0500; www.phu-chaisai.com; h 4000-11 720 THB, desayuno incl.; ❄@) En lo alto de un apartado cerro cubierto de bambú, a unos 7 km de Pasang, se trata de un lugar excepcional para alojarse en la zona. Los rústicos bungalós dúplex de adobe/bambú carecen de TV, como corresponde, y brindan maravillosas vistas a los montes circundantes. Además el hotel ofrece un sinfín de actividades para mantener ocupado al cliente, entre ellas tratamientos de *spa*, masaje y yoga, caminatas de día y una piscina para nadar.

Maesalong Mountain Home HOTEL $$$
(☎08 4611 9508; www.maesalongmountainhome.com; bungalós 800-2500 THB;) Este hotel-*boutique* es una opción estupenda si se dispone de algún tipo de transporte. Está por un camino de tierra 1 km al este de centro urbano; hay que buscar el letrero amarillo. En medio de una granja en activo, ofrece

UN HOGAR LEJOS DE CASA

Los primeros pobladores de Mae Salong fueron el 93° Regimiento del Kuomintang (KMT). Procedentes de China, estos desertores huyeron a Myanmar tras la revolución china de 1949, pero fueron expulsados del país vecino en 1961 por el Gobierno de Yangón. Tras cruzar la frontera con sus caravanas de ponis, los antiguos soldados y sus familias se instalaron en los pueblos de las montañas del norte de Tailandia, donde recrearon una sociedad como la de su tierra natal en Yunnan.

Después de que Tailandia les garantizara la condición de refugiados en la década de 1960, se realizaron esfuerzos por integrarlos. Pero los frutos no llegaron hasta finales de la década de 1980, pues muchos de ellos seguían empeñados en participar en el comercio de opio del Triángulo de Oro, un negocio a tres bandas junto con el señor de la guerra Khun Sa y el Ejército Shan Unido. Debido a lo montañoso y escarpado del terreno y a las pocas carreteras asfaltadas, el mundo exterior se mantenía bastante ajeno a lo que sucedía en Mae Salong y los yunnaneses podían desoír fácilmente los intentos oficiales para suprimir las actividades relacionadas con el opio y controlar la región.

El tristemente célebre Khun Sa se instaló en la cercana Ban Hin Taek (hoy llamada Ban Thoet Thai) hasta comienzos de la década de 1980, cuando fue finalmente derrotado por los tailandeses. La retirada de Khun Sa a Myanmar pareció operar un cambio de actitud en la zona y el Gobierno finalmente consiguió avanzar en la pacificación de Mae Salong y alrededores.

Con la intención de desterrar la imagen de feudo del opio de la zona, se cambió el nombre oficial del pueblo por el de Santikhiri ("Monte de la Paz"). Aunque hasta los años ochenta las mercancías se subían en caballo hasta Mae Salong, hoy la carretera de 36 km desde Pasang está asfaltada. Pese a todo, la localidad es distinta a cualquier otra de Tailandia. El yunnanés todavía se usa como lengua franca, la televisión china es la más vista y sus habitantes prefieren la comida china.

En un intento por erradicar el negocio del opio y la amenaza más reciente del tráfico de *yah bâh* (anfetaminas), el Gobierno tailandés ha impulsado programas para animar a las tribus a cultivar té, café y frutales.

nueve bungalós luminosos y ventilados, con envidiables porches y enormes baños. Otra ventaja es una cercana plantación de té donde se exhiben gigantescas teteras y estatuas de leones.

Maesalong Flower Hills Resort HOTEL $$$
(☎0 5376 5496; www.maesalongflowerhills.com; h con desayuno 1800 THB, bungalós con desayuno 2300-7000 THB;) Sito 2 km al este del centro urbano, este despliegue de jardines florales no tiene pérdida. Incluye un buen surtido de habitaciones y bungalós, algunos bastante grandes, lo cual, junto con la enorme piscina, lo convierten en ideal para las familias.

Dónde comer

Un auténtico desayuno chino, a base de *ɓah·tôrng·gŏh* (bastoncitos muy fritos) y leche de soja caliente, en el mercado matinal es un buen modo de comenzar la jornada.

De hecho, muchos turistas tailandeses acuden a Mae Salong solo para saborear platos yunnaneses como *màn·tŏh* (bollos chinos al vapor) servidos con pata de cerdo estofada y encurtidos, o pollo negro estofado con hierbas. Los fideos de trigo al huevo caseros son otra especialidad local, en este caso servidos con un caldo con cerdo y una fuerte pasta de guindilla. Pueden degustarse en varios sitios de la ciudad.

En los innumerables salones de té venden tés cultivados en la zona (sobre todo *oolong* y de jazmín) y ofrecen degustaciones gratis.

Sue Hai CHINA $
(principales 60-150 THB; 7.00-21.00) Esta sencilla tetería familiar con comida yunnanesa tiene una carta en inglés de especialidades locales como setas fritas en salsa de soja o el delicioso cerdo curado frito con guindilla fresca, además de sabrosos cuencos de fideos caseros. Más o menos está en el centro de la población.

Nong Im Phochana CHINA $
(principales 60-150 THB; almuerzo y cena) Enfrente del Khumnaiphol Resort, en el extremo sur de la población, este restaurante al aire libre realza sus platos con verduras del lugar.

Sweet Maesalong CAFÉ $
(principales 45-185 THB; 8.30-18.00) Acogedor y moderno café con una amplia carta de cafés preparados con variedades locales. También ofrece algunos platos principales y horneados sorprendentemente sofisticados. Está más o menos en el centro de la población.

Mae Salong Villa CHINA $
(principales 60-150 THB; almuerzo y cena) Se dice que el restaurante de este hotel, al este del centro, ofrece la comida yunnanesa más auténtica del lugar, p. ej., pato ahumado sobre hojas de té.

Información

Enfrente del Khumnaiphol Resort, el Thai Military Bank tiene un cajero automático. Al lado hay un **cibercafé** (20 THB/h; 9.00-23.00).

Cómo llegar y salir

A Mae Salong se puede llegar por dos rutas: por la carretera original (1130), llena de curvas, que se dirige al oeste desde Ban Pasang, y por la más nueva (1234), que viene del sur y es la más directa desde Chiang Mai. La primera es más espectacular.

Para llegar en autobús, desde Chiang Rai hay que tomar el de Mae Sai hasta Ban Pasang (20 THB, 30 min, cada 20 min, 6.00-16.00), donde hay *sŏrng·tăa·ous* azules que suben a Mae Salong (60 THB, 1 h, 7.00-17.00). Para volver a Ban Pasang, las *sŏrng·tăa·ous* paran cerca del 7-Eleven. Dejan de circular hacia las 17.00, pero se puede alquilar una en cualquier sentido por unos 500 THB.

Hay otra carretera desde Tha Ton (véase p. 282).

Las *sŏrng·tăa·ous* amarillas a Tha Ton paran cerca de la Little Home Guesthouse a las 8.20, 10.20, 12.20 y 13.50 (60 THB, 1 h).

Mae Sai

แม่สาย

22 000 HAB.

A primera vista, la ciudad más septentrional de Tailandia puede parecer poco más que un vasto mercado al aire libre, pero es una buena base de operaciones para explorar el Triángulo de Oro, el Doi Tung, Mae Salong, y, al estar enfrente de Myanmar, algunas de las zonas más apartadas del estado birmano de Shan.

Debido a los ocasionales disturbios en Myanmar y a las disputas entre los gobiernos tailandés y birmano, la frontera puede cerrarse temporalmente. Lo mejor es informarse de la situación antes de salir hacia Mae Sai.

Puntos de interés y actividades

Wat Phra That Doi Wao TEMPLO
(วัดพระธาตุดอยเวา) Por una escalera que hay cerca de la frontera se puede subir al Wat Phra That Doi Wao, el cual queda al oeste de la calle principal, para admirar unas fabulosas vistas de Mae Sai y Myanmar. Al parecer,

Mae Sai

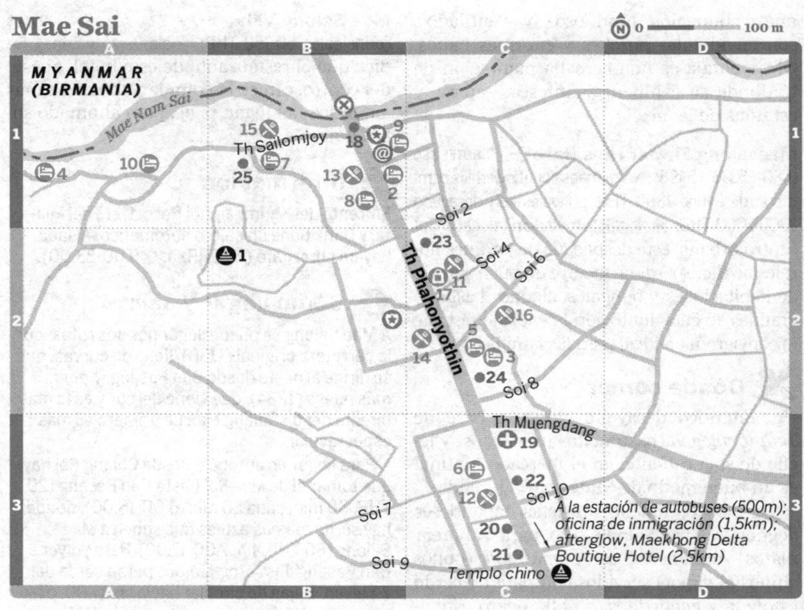

Mae Sai

Puntos de interés
1 Wat Phra That Doi Wao B2

Dónde dormir
2 Khanthongkham Hotel B1
3 Little Bear C2
4 Maesai Guest House A1
5 Maesai Hotel C2
6 Piyaporn Place Hotel C3
7 S-House Hotel B1
8 Top North Hotel B1
9 Wang Thong Hotel B1
10 Yeesun Guesthouse A1

Dónde comer
11 Bismillah Halal Food C2
12 Kik Kok Restaurant C3
13 Mercado nocturno B1
14 Vendedores de tentempiés y bebidas . C2
15 Sukhothai Cuisine B1
16 Ying Ping Yunnan Restaurant C2

De compras
17 Mercado de gemas C2

Información
18 Inmigración B1
19 Overbrook Clinic C3

Transporte
20 Chok-Roong Tawee Tour C3
Mototaxis a la estación de autobuses .... (véase 17)
21 Pornchai C3
22 *Sŏrng•tăa•ous* a Ban Huay Khrai C3
23 *Sŏrng•tăa•ous* a estación de buses C2
24 *Sŏrng•tăa•ous* a Sop Ruak y Chiang Saen C2
25 Toom Motorbike B1

este *wat* se construyó en memoria de unos dos mil soldados birmanos que murieron en su lucha contra el KMT en este lugar en 1965. Por la ciudad circulan diferentes versiones de los hechos, incluida una en la que los héroes fueron los soldados del KMT.

Dónde dormir

Khanthongkham Hotel HOTEL **$$**
(☎0 5373 4222; www.kthotel.com; 7 Th Phahonyothin; h 800-950 THB, ste 1300-1650 THB; ❄@📶) Las enormes habitaciones están decoradas con gusto en maderas claras y tejidos ma-

rrones, todas equipadas con TV de pantalla plana y baños cómodos, al igual que las en particular espaciosas suites. La pega es que muchas habitaciones carecen de ventana.

Maesai Guest House HOTEL $
(☎0 5373 2021; 688 Th Wiengpangkam; bungalós h 200-600 THB; 📶) Está situado en un edificio de color verde junto a Th Phahonyothin. Las habitaciones con ventilador salen bien de precio, con las camas montadas sobre una base de cemento. Las más caras disponen de aire acondicionado, colchones delgados y muebles muy de andar por casa.

Maekhong Delta Boutique Hotel HOTEL $$$
(☎0 5364 2517; www.maekhonghtel.com; 230/5-6 Th Phahonyothin; h 1200-3500 THB, desayuno incl.; ❄@📶) Sorprende su nombre, dado que el delta del Mekong queda muy lejos en Vietnam, y todavía más el vago estilo de refugio alpino de las habitaciones. Sea como fuere, es un lugar acogedor y confortable, aunque queda casi a 4 km del centro urbano.

PASO FRONTERIZO: DE MAE SAI A TACHILEIK

Mae Sai, enfrente de la localidad birmana de Tachileik, es un paso fronterizo abierto a los turistas extranjeros. Pero como sucede con todas las fronteras terrestres con Myanmar, existen varias objeciones, de modo que la siguiente información está sujeta a cambios; se recomienda informarse en Tailandia antes de viajar.

En general es muy sencillo cruzar a Tachileik para un día y un poco más complicado obtener un permiso y visado de dos semanas para visitar Kengtung, tranquilo pero interesante enclave de cultura tailandesa 160 km al norte de Tachileik.

La oficina de inmigración tailandesa, situada antes del puente, oficialmente abre de 7.00 a 18.30. Tras cumplimentar las habituales formalidades, se cruza el puente y se va a su respectiva de Myanmar. Ahí hay que pagar 500 THB y hacerse la fotografía para el DNI temporal para pasar el día en la localidad; el pasaporte se retiene en la oficina. De regreso a Tailandia, la oficina de inmigración tailandesa entregará al viajero un nuevo visado de 15 días (véase p. 762).

En **Tachileik** no hay mucho que hacer aparte de comer birmano e ir de compras; los precios son similares a los del lado tailandés, y se aceptan *bahts*. Hay un interesante mercado matinal, y puede ser entretenido pasar un rato en las casas de té.

Para quedarse más tiempo o visitar Kengtung, hay que ir directamente a la adyacente oficina de turismo. Allí se pagan 10 US$ y 50 THB para tramitar un pase válido para 14 días; el pasaporte se retiene en la frontera. Además es obligatorio contratar un guía para toda la estancia. Los guías cuestan 1000 THB al día, de los que 400 THB van a Myanmar Travels & Tours (MTT), agencia de viajes estatal. Si no se tiene ya concertado un guía con sede en Kengtung que espere en la frontera, MTT asignará uno y además habrá que pagarle el alojamiento y comida durante la estancia. Algunos guías con sede en Kengtung recomendados son **Sai Leng** (☎+95 9490 31470; sairoctor.htunleng@gmail.com), **Freddie** (Sai Yot; ☎+95 9490 31934; yotkham@gmail.com) y **Paul** (Sai Lon; ☎+95 9490 30464, +95 842 2812).

Kengtung (llamada Chiang Tung por los tailandeses y normalmente escrita Kyaingtong por los birmanos) es una aletargada pero histórica capital de la cultura khün y una de las ciudades más interesantes de todo el estado Shan de Myanmar. Los khün hablan un thai del norte emparentado con el shan y el thai lü y su escritura es parecida a la de la antigua de Lanna. Asentada en torno a un pequeño lago y salpicada de desgastados **templos budistas** y decrépita **arquitectura colonial** británica, Kengtung es mucho más pintoresca que Tachileik.

Algunos alojamientos en la ciudad son el **Princess Hotel** (☎+95 842 1319; kengtung@mail4u.com.mm; i/d 30/50 US$; ❄) o la **Harry's Trekking House** (☎+95 842 1418; 132 Mai Yang Rd; h 7-20 US$), más económica pero a desmano.

Los autobuses para Kengtung (10 000 MMK, 5 h) salen hacia las 8.00 y 12.00 de la polvorienta estación de autobuses de Tachileik, sita a 2 km de la frontera, un recorrido de 10/40 THB en *sŏrng·tăa·ou*/mototaxi. Si no, se puede alquilar un taxi por unos 2500 THB o, si no importa esperar, tomar un asiento delantero/trasero en un taxi compartido por 15 000/10 000 MMK.

Para más información sobre Kengtung, véase la guía *Myanmar (Birmania)*, de Lonely Planet.

Wang Thong Hotel HOTEL $$$
(0 5373 3389-95; www.wangthong-maesai.com; 299 Th Phahonyothin; h/ste 900/2500 THB, desayuno incl.;) Este confortable hotel de negocios de nueve pisos se halla solo a unos minutos del paso fronterizo. Las habitaciones no tienen nada especial, pero son espaciosas. Hay un *pub*, una discoteca y un concurrido restaurante. Ofrece descuentos en temporada baja.

Piyaporn Place Hotel HOTEL $$
(0 5373 4511-3; www.piyaporn-place.com; 77/1 Th Phahonyothin; h/ste 800/1800 THB, desayuno incl.;) En la vía principal junto a Soi 7, este hotel de negocios de siete pisos sale a cuenta. Las amplias habitaciones se antojan de lo más actual, con suelos de madera, un pequeño sofá y las habituales comodidades de un cuatro/cinco estrellas como baño, televisión por cable y minibar.

afterglow HOTEL $$
(0 5373 4188; www.afterglowhostel.com; 139/5 Th Phahonyothin; h 690-990 THB;) Aunque se define como albergue, los dormitorios colectivos no estaban aún terminados en la última visita. Sin embargo, quizá se trate del alojamiento más a la última de Mae Sai, con un café en la planta baja y habitaciones de ambiente minimalista. Está a unos 4 km de la frontera, enfrente del Maekhong Delta Boutique Hotel.

Top North Hotel HOTEL $
(0 5373 1955; topnorth_hotel@hotmail.com; 306 Th Phahonyothin; h 400-700 THB;) A un breve paseo del puente que cruza a Myanmar, este hotel, más antiguo, tiene amable personal y habitaciones espaciosas. Hay que pedir una de las que dan atrás, menos ruidosas.

Yeesun Guesthouse HOTEL $
(0 5373 3455; www.yeesunguesthouse.com; 816/13 Th Sailomjoy; h 400 THB;) Hotel familiar de cuatro pisos con una excelente relación calidad-precio. Las habitaciones tienen mobiliario y camas confortables, aunque resultan algo sosas.

S-House Hotel HOTEL $
(0 5373 3811; www.i-house-hotel-maesai.com; 384 Th Sailomjoy; h con ventilador/A/A 500/600 THB;) Habitaciones amplias con balcones que dan a los montes al final de la parte cubierta de Th Sailomjoy, lejos del paso fronterizo.

Maesai Hotel HOTEL $
(0 5373 1462; 125/5 Th Phahonyothin; h con ventilador/A/A 250/450 THB) En este edificio verde junto a Th Phahonyothin salen a cuenta las habitaciones con ventilador y camas dispuestas sobre una plataforma de cemento. Las de aire acondicionado son más caras y tienen camas endebles y mobiliario barato.

Little Bear HOTEL $
(0 5364 0933; junto a Soi 6, Th Phahonyothin; h 280-480 THB;) Habitaciones sencillas pero cuidadas alegradas un poco por el bar que hay junto al vestíbulo.

Dónde comer

Cada noche se monta un animado **mercado nocturno** (17.00-23.00) en Th Phahonyothin. De día, frente a la comisaría de policía se instalan varios **vendedores de tentempiés y bebidas** (Th Phahonyothin).

Bismillah Halal Food MUSULMANA-TAILANDESA $
(Soi 4, Th Phahonyothin; principales 25-40 THB; 6.00-18.00) Regentado por musulmanes birmanos, este pequeño restaurante ofrece un excelente *biryani* y otros platos musulmanes, incluidos *roti* y *samosas*.

Sukhothai Cuisine FIDEOS $
(399/9 Th Sailomjoy; principales 30-40 THB; 7.00-16.00) Restaurante al aire libre donde tomar los fideos homónimos, *satay* y otros platos sencillos. La carta con fotografías facilita identificar los distintos tipos de fideos.

Ying Ping Yunnan Restaurant CHINA $$
(Soi 6, Th Phahonyothin; principales 100-350 THB; 11.00-22.00;) Salón de banquetes chino para una velada especial. La carta incluye una gran variedad de platos que suenan a exóticos y que, efectivamente, difícilmente se encontrarán en ningún otro sitio, como la humilde sopa de fideos al estilo de Yunnan.

Kik Kok Restaurant TAILANDESA $
(Th Phahonyothin; principales 30-120 THB; 6.00-20.00;) Prepara una enorme variedad de platos tailandeses, incluidas varias opciones vegetarianas. Tiene carta en inglés.

De compras

En Mae Sai el comercio está omnipresente, aunque la mayoría de la oferta no resulta muy interesante para los viajeros occidentales. Comerciantes de lugares tan alejados como Chanthaburi frecuentan el pequeño mercado de gemas que hay frente a la comisaría de policía; en las aceras de Soi 4 se ven algunos mercaderes que cuentan su preciada mercancía.

ℹ Información

Hay varios bancos con cajero automático cerca de la frontera.

Inmigración Oficina principal (☎0 5373 1008; ctra. 110; ⏲8.30-16.30 lu-vi); frontera (⏲7.00-18.30) La oficina principal está a unos 3 km de la frontera cerca de Soi 17, y hay otra a la entrada del puente fronterizo.

Cibercafé (40 THB/h) Detrás del Wang Thong Hotel, junto a su aparcamiento.

Overbrook Clinic (☎0 5373 4422; 20/7 Th Phahonyothin; ⏲8.00-17.00) Asociada al moderno Hospital de Chiang Rai, esta pequeña clínica en la vía principal tiene médicos que hablan inglés.

Policía turística (☎115) Tiene un puesto enfrente del paso fronterizo, antes de inmigración.

ℹ Cómo llegar y salir

En la calle principal, Th Phahonyothin, junto a Soi 8, hay una señal que indica la parada de autobús ("bus stop"). Desde allí las *sŏrng·tăa·ous* van a Chiang Saen (50 THB) vía Sop Ruak (45 THB, cada 40 min, 8.00-13.00). Las *sŏrng·tăa·ous* a Ban Huay Khrai (Doi Tung) paran junto a Soi 10 (25 THB, 6.30-17.00).

La **estación de autobuses** (☎0 5371 1224; ctra. 110) de Mae Sai está a 1,5 km de la frontera, es decir, a un trayecto de 15 THB en una *sŏrng·tăa·ou* compartida desde la esquina de Th Phahonyothin con Soi 2; o a una carrera de 40 THB en mototaxi desde la parada en la esquina de Th Phahonyothin con Soi 4. Quien vaya a Bangkok se ahorrará el viaje a la estación de autobuses si compra el billete en **Chok-Roong Tawee Tour** (rótulo sin caracteres latinos; ☎0 5364 0123; junto a Th Phahonyothin esq. Soi 9; ⏲8.00-17.30), una agencia contigua al concesionario de motocicletas.

Destinos desde Mae Sai:

Bangkok (483-966 THB, 13 h, frecuentes, 16.00-17.45)

Chiang Mai (165-320 THB, 5 h, 5 diarios, 6.45-15.30)

Chiang Rai (39 THB, 1½ h, cada 20 min, 5.45-20.00)

Fang (81 THB, 3 h, 7.00)

Mae Sot (388-499 THB, 12 h, 6.15 y 6.45)

Nakhon Ratchasima (Khorat) (507-760 THB, 15 h, 6 diarios)

Tha Ton (61 THB, 2 h, 7.00)

ℹ Cómo desplazarse

Una carrera interurbana en *sŏrng·tăa·ou* compartida cuesta 15 THB. Los mototaxis salen por unos 20-40 THB.

Se puede alquilar una motocicleta en **Pornchai** (☎0 5373 1136; 4/7 Th Phahonyothin; 250-300 THB/día; ⏲8.00-17.00) y en **Toom Motorbike** (☎08 2106 8131; Th Sailomjoy; 200 THB/día; ⏲9.00-17.00).

Alrededores de Mae Sai

POR EL DOI TUNG ดอยตุง

Aproximadamente a medio camino entre Mae Chan y Mae Sai por la carretera 110 se halla el desvío (al oeste) al Doi Tung, cuyo nombre significa "pico de la Bandera" (*đung* es "bandera", en thai del norte). El rey Achutarat de Chiang Saen mandó izar una gigantesca insignia en su cima para señalar el lugar donde en el año 911 se levantaron dos *chedis,* las cuales todavía se conservan y reciben peregrinos budistas tailandeses, shan y chinos.

Pero el principal atractivo del Doi Tung es el camino, más "fácil" de realizar por la carretera 1149, asfaltada en su mayor parte hasta la cumbre, pero empinada, estrecha y llena de curvas, por lo que hay que conducir con precaución.

◉ Puntos de interés

Doi Tung Royal Villa EDIFICIO HISTÓRICO

(☎0 5376 7011; www.doitung.org; entrada 70 THB; ⏲6.30-17.00) Con la esperanza de que las tribus locales se sentirían tan honradas con la presencia real que hasta dejarían de cultivar opio, la difunta reina madre construyó la Doi Tung Royal Villa, un palacio de verano en la falda del Doi Tung, cerca del embalse de Pa Kluay, y actualmente un museo. La iniciativa real también fomentó la adopción de nuevos métodos agrícolas para detener malas prácticas como la de tala y quema. El opio ha sido sustituido por otros cultivos como el café, la nuez de macadamia y diversas frutas. El resto de la finca también está abierta al público, incluidos el **jardín de Mae Fah Luang** y el **arboreto de Mae Fah Luang** (entrada 70 THB; ⏲7.00-17.00). A su vez se ha instalado un hotel de lujo, un restaurante, un café y una tienda de artesanía en el Doi Tung. Cerca del aparcamiento, el **bazar del Doi Tung** es un pequeño mercado al aire libre donde venden productos agrícolas locales, comida preparada y artesanía tribal. El complejo es muy frecuentado por grupos de turistas.

Wat Phra That Doi Tung TEMPLO

En la cumbre, a 1800 m, está el Wat Phra That Doi Tung, construido alrededor de dos *chedis* gemelas de estilo Lanna. Las *chedis* fueron restauradas a principios del s. xx por el monje Khruba Siwichai de Chiang Mai, famoso por sus prodigiosos proyectos arquitectónicos. Los peregrinos hacen sonar la habitual hilera de campanas del templo para obtener méritos. Aunque el *wat* no sea muy impresionante, los bosques que lo rodean sí que lo son. Desde el lado amurallado del templo se disfruta de una vista de pájaro de la serpenteante carretera por la que se ha llegado. Cerca del *wat* parte un camino que lleva a una fuente, y alrededor hay otros senderos más cortos.

Un poco por debajo de la cumbre está el más pequeño **Wat Noi Doi Tung**, donde se instalan vendedores de comida y bebida.

Dónde dormir y comer

El **Ban Ton Nam 31** (☎0 5376 7003; www.doitung.org; Proyecto de Desarrollo del Doi Tung, distrito de Mae Fah Luang; h 2500-3000 THB, desayuno incl.; ❄📶) ofrece 46 habitaciones confortables en las antiguas dependencias del personal de servicio de la reina madre. Las más caras gozan de mejores vistas. También hay un **restaurante** (platos 80-250 THB; ⊙7.00-21.00) autoservicio con platos hechos con productos locales y café del Doi Tung.

Cómo llegar y salir

Las *sŏrng·tăa·ous* desde Mae Sai (25 THB) van a Ban Huay Khrai, el desvío al Doi Tung, desde donde se puede seguir en *sŏrng·tăa·ou* (60 THB, 1 h).

Con vehículo propio se puede afrontar el reto de recorrer los 24 km de la asfaltada aunque estrecha carretera 1149 entre el Doi Tung y Mae Sai. Desde la Doi Tung Royal Villa basta con seguir los indicadores al Wat Phra That Doi Tung. La carretera avanza pegada a la frontera con Myanmar, por detrás de las enormes montañas calizas que quizá ya se hayan visto desde la carretera 110, y desemboca en Soi 7 de Mae Sai. Hay al menos tres controles militares en ruta, por lo que se debe llevar el pasaporte.

Si se prefiere dar la vuelta completa, desde Mae Sai hay que tomar la carretera 110 hacia el sur y luego la 1149 que sube al Doi Tung. Se regresa a Mae Sai por las carreteras antes mencionadas, de forma que gran parte del viaje discurre cuesta abajo.

Desde Mae Salong, la carretera 1334 desciende serpenteando por la montaña hasta un exuberante valle, para luego ascender de nuevo hacia la 1149 y el Doi Tung. Está totalmente asfaltada y en buen estado, aunque es un poco empinada y curvada en algunos tramos.

Chiang Saen เชียงแสน

11 000 HAB.

Esta aletargada ciudad ribereña fue centro de un antiguo reino thai en el s. VII. Dispersas por la ciudad moderna pueden verse las ruinas de aquel imperio, así como algunos edificios de interés, varias *chedis,* imágenes de Buda, columnas de *wí·hăhn* y las murallas de adobe de la ciudad. Chiang Saen llegó a asociarse con otros reinos thai vecinos y con Myanmar en el s. XVIII, y no se convirtió en territorio propiamente siamés hasta la década de 1880.

En la actualidad amarran en Chiang Saen enormes barcazas, procedentes de China, cargadas de fruta, piezas de recambio y toda clase de artículos de importación, lo cual mantiene operativa la antigua ruta chino-siamesa. Pese a este intercambio, y a la comercialización de la cercana Sop Ruak, la ciudad ha cambiado poco a lo largo de la última década, lo que la hace más agradable que Sop Ruak para alojarse.

Solo los vecinos pueden cruzar el Mekong a la ciudad laosiana de Ton Pheung, aunque los extranjeros que posean un visado chino pueden realizar excursiones por el río hasta Jinghong, en la provincia de Yunnan.

Puntos de interés y actividades

Wat Phra That Pha Ngao TEMPLO

(วัดพระธาตุผาเงา; gratis) Sito 3 km al sur de la ciudad en el pueblo de Sop Kham, este complejo budista contiene una amplia sala de oraciones erigida para albergar una estatua de Buda parcialmente excavada de la época de Chiang Saen. Las paredes de ladrillo están en parte cubiertas por murales en relieve de estuco pintados para que la superficie parezca de cobre o madera pulida. Hay un precioso *hŏr đrai* de teca dorada, y una empinada carretera que sube hasta una pagoda y templo en lo alto del cerro, con vistas sobre la zona y el Mae Nam Khong.

Wat Chedi Luang TEMPLO

(วัดเจดีย์หลวง; gratis) Detrás del museo, hacia el este, se encuentran las ruinas del budista Wat Chedi Luang, con una *chedi* octogonal de 18 m de estilo clásico de Chiang Saen o Lanna. Los arqueólogos no se ponen de acuerdo sobre su datación exacta, que sitúan entre los ss. XII y XIV.

Wat Pa Sak TEMPLO

(วัดป่าสัก; gratis) A unos 200 m de la **Pratu Chiang Saen** (antiguo acceso principal a la

Chiang Saen

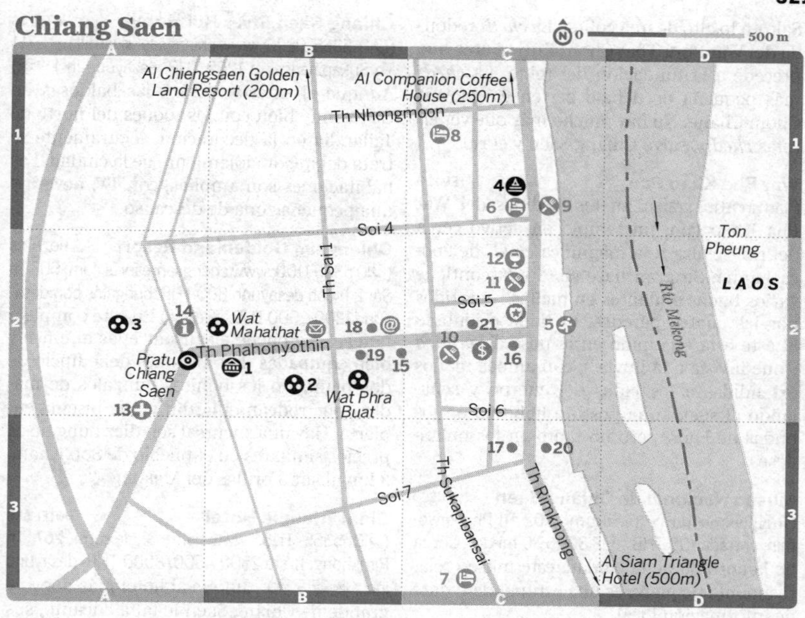

Chiang Saen

Puntos de interés
1 Museo Nacional de Chiang Saen B2
2 Wat Chedi Luang B2
3 Wat Pa Sak A2
4 Wat Pha Khao Pan C1

Actividades, cursos y circuitos
5 Barcos a Sop Ruak y Chiang Khong C2

Dónde dormir
6 Chiang Saen Guest House C1
7 Chiang Saen River Hill Hotel C3
8 Sa Nae Charn Guest House C1

Dónde comer
9 Vendedores vespertinos de comida C1
10 Puestos de comida C2
11 Kiaw Siang Hai C2

Dónde beber
12 2 be 1 .... C2

Información
13 Hospital de Chiang Saen A2
14 Centro de visitantes A2

Transporte
15 Angpao Chaingsaen Tour B2
16 Parada de autobús C2
17 Chiang Saen Tour and Travel C3
18 Motorcycle Rental B2
19 Sombat Tour B2
20 *Sŏrng•tăa•ous* a Chiang Khong C3
21 *Sŏrng•tăa•ous* a Sop Ruak y Mae Sai C2

parte oeste de la ciudad) están los restos del Wat Pa Sak, donde puede verse lo que queda de siete monumentos reunidos en un **parque histórico** (entrada 50 THB). La *chedi* principal, de mediados del s. XIV, combina elementos de estilo Hariphunchai y Sukhotai con una posible influencia bagan y todavía conserva buena parte de sus bellos relieves de estuco.

Wat Phra That Chom Kitti y Wat Chom Chang TEMPLO
(วัดพระธาตุจอมกิตติ; gratis) Las ruinas de ambos *wats* están unos 2,5 km al norte del Wat Pa

Sak, en lo alto de una colina. La *chedi* redonda del Wat Phra That Chom Kitti se cree que precede a la fundación del reino. La *chedi* más pequeña de debajo perteneció al Wat Chom Chang. No hay mucho más que ver en estas *chedis,* salvo Chiang Saen y el río.

Wat Pha Khao Pan TEMPLO
(วัดผ้าขาวป้าน; gratis) En los jardines del Wat Pha Khao Pan, un templo en activo cerca del río, se alza una magnífica *chedi* de época Lanna. Su gran base cuadrada contiene varios budas andantes en nichos repartidos por las cuatro paredes. El buda orientado al este está esculpido en la pose de *mudra* ("que invoca a la lluvia"), con ambas manos extendidas a los lados del cuerpo y señalando al suelo, una postura habitual en los budas de Laos, pero no tanto en los tailandeses.

Museo Nacional de Chiang Saen MUSEO
(พิพิธภัณฑสถานแห่งชาติเชียงแสน; 702 Th Phahonyothin; entrada 100 THB; ⌚8.30-16.30 mi-do) Cerca de la entrada de la ciudad, este museo relativamente pequeño es una estupenda fuente de información local.

Salidas por el Mekong CRUCERO FLUVIAL
Del embarcadero salen motoras de cinco pasajeros a Sop Ruak (500/600 THB por barco ida/ida y vuelta, 1 h) y hasta Chiang Khong (2000/2500 THB por barco ida/ida y vuelta, 1½ h).

También se puede tomar un barco de pasajeros a Jinghong, en la provincia china de Yunnan. Para más información, véase recuadro en p. 324.

Dónde dormir

Chiang Saen carece de alojamientos de calidad, sobre todo de gama alta, para lo cual es mejor la cercana Sop Ruak.

Viang Yonok HOTEL $$$
(☎0 5365 0444; www.viangyonok.com; lago de Chiang Saen; bungalós 2000-2400 THB, desayuno incl.; ❄@📶🏊) La oferta de este bien ajardinado complejo con siete bungalós está llena de actividades; hay que ser un cliente muy difícil para no tener suficiente con la piscina, la sala de pesas, las bicicletas, los kayaks y la observación de aves. Las únicas pegas son el mobiliario, algo acartonado, y la distancia a la ciudad. Está unos 5 km al oeste de Chiang Saen por la carretera de Mae Chan y el letrero del hotel no está claro; hay que tomar el desvío que hay aproximadamente 1 km antes de la gasolinera de Esso.

Chiang Saen River Hill Hotel HOTEL $$
(☎0 5365 0826; www.chiangsaenriverhill.net; 714 Th Sukapibansai; h 1200 THB, desayuno incl.; ❄) Aunque el exterior rosa y las baldosas no casen muy bien con los toques del norte de Tailandia en la decoración, seguramente se trata del mejor alojamiento de la ciudad. Las habitaciones son amplias, con TV, nevera y una pequeña zona de descanso.

Chiengsan Goldenland Resort HOTEL $$
(☎0 5365 1100; www.chengsanresorts.com; 663 Th Sai 1; h con desayuno 800 THB, bungalós con desayuno 1200-2000 THB; ❄📶🏊) En este complejo hotelero se puede elegir entre las amplias y bien equipadas habitaciones del edificio de dos plantas o los bonitos bungalós de madera que rodean el jardín y una piscina cubierta. Hay una sucursal son diez bungalós a precios similares en el pueblo de Sop Kham, 3 km al sur a orillas del Mekong.

Siam Triangle Hotel HOTEL $$$
(☎0 5365 1115; www.siamtriangle.com; 267 Th Rimkhong; h/ste 2500-4500/8000 THB, desayuno incl.; ❄@📶🏊) Aunque al hotel más nuevo y grande de Chiang Saen le falta encanto, sus gigantescas suites salen muy a cuenta por tener *jacuzzis* con vistas al río, ordenadores portátiles y lavandería gratis. Está nada más salir de la localidad, unos 500 m al sur de la antigua muralla.

Chiang Saen Guest House HOTEL $
(☎0 5365 0196; 45/2 Th Rimkhong; h 150-650 THB, bungalós 200 THB; ❄📶) Céntrica y situada cerca del río y de los tenderetes nocturnos, esta veterana pensión dispone de habitaciones sencillas a precios interesantes y bungalós de fachada triangular. Su práctica localización permite llegar a pie tanto al río como al centro de la ciudad.

Sa Nae Charn Guest House HOTEL $
(☎0 5365 1138; 641 Th Nhongmoon; h 200-500 THB; ❄) Un singapurense mayor regenta este lugar con habitaciones sencillas pero que, según aumentan de precio, añaden comodidades como TV y aire acondicionado.

Dónde comer y beber

Para comer platos de arroz y fideos baratos, hay que acudir a los puestos de comida del mercado y alrededores, entre la calle del río y la parada de autobuses de la calle principal que atraviesa la ciudad desde la carretera. Los vendedores vespertinos se instalan en este último lugar y permanecen abiertos hasta casi medianoche.

Jinda's Kitchen TAILANDESA DEL NORTE $
(ctra. 1290; principales 20-130 THB; ⌚8.00-16.00) Acogedor restaurante de carretera con más de cincuenta años en funcionamiento. Se recomiendan los famosos fideos del norte *kôw soy* o *kà·nŏm jeen nám ngêe·o,* o también un *curry* o la salchicha casera que figuran en la carta en inglés. Está aproximadamente a medio camino entre Chiang Saen y Sop Ruak.

Kiaw Siang Hai CHINA $$
(rótulo sin caracteres latinos; 44 Th Rimkhong; principales 50-200 THB; ⌚8.00-20.00) Un chino auténtico (y de ello dan fe los marineros de ese país que paran en Chiang Saen), con muchas opciones además de fideos y *wonton.* Pruébese el *tofu* picante frito al estilo de Sichuan o una de las sopas de hierbas chinas. El lugar se identifica por los gigantescos tarros de cerámica que tiene delante.

Vendedores vespertinos de comida TAILANDESA $
(Th Rimkhong; principales 30-60 THB; ⌚16.00-23.00) Durante los meses secos venden arroz glutinoso, ensalada de papaya verde, pollo a la parrilla, pulpo seco y otras exquisiteces que la gente disfruta sentada en esterillas por la ribera frente a la Chiang Saen Guest House. Entre las especialidades se cuentan el pescado o pollo asado a la parrilla, que se come con arroz glutinoso y *sôm·đam* (ensalada de papaya verde).

2 be 1 BAR
(Th Rimkhong; ⌚18.00-1.00) Junto al río, este moderno bar con mesas dentro y fuera se ambienta con vistosas luces y música *house.*

ℹ Información

Hospital de Chiang Saen (☎0 5377 7017-7035) De carácter público, está al sur del Wat Pa Sak. Hablan poco inglés.

Companion Coffee House (Th Rimkhong; ⌚8.00-19.00; wifi) Cafetería con un ordenador y wifi. Está al norte de la ciudad, cerca de Soi 2.

Internet (Th Phahonyothin; 20 THB/h; ⌚10.00-20.00) Hay dos establecimientos, uno enfrente del otro, una manzana al este del Wat Chedi Luang.

Oficina de correos (Th Phahonyothin) Casi enfrente del Wat Chedi Luang.

Siam Commercial Bank (Th Phahonyothin) En la calle principal que va de la carretera principal al río Mekong, con servicio de cambio de divisas y cajero automático.

Centro de visitantes (☎0 5377 7084; Th Phahonyothin; ⌚8.30-16.30) Ofrece un buen relieve que muestra los principales yacimientos de ruinas así como fotografías de diversas *chedis* antes, durante y después de su restauración.

ℹ Cómo llegar y salir

Las *sŏrng·tăa·ous* azules que van a Sop Ruak (20 THB) y Mae Sai (50 THB) esperan en un puesto en el extremo este de Th Phahonyothin de 7.20 a 12.00. Las *sŏrng·tăa·ous* verdes para Chiang Khong (100 THB) aparcan en un puesto de Th Rimkhong, al sur de la oficina de inmigración del río, de 7.30 a 12.00. Después de las 12.00 solo se puede fletar el vehículo entero (800-1000 THB).

Chiang Saen no tiene terminal de autobuses, sino una parada cubierta en el extremo este de Th Phahonyothin, donde los vehículos recogen y dejan pasajeros. De esta parada salen autobuses frecuentes a Chiang Rai (37 THB, 1½ h, 5.30-17.00) y dos diarios a Chiang Mai (2ª clase A/A/1ª clase 165/212 THB, 5 h, 7.15 y 9.00).

Para Bangkok, Sombat Tour (☎08 1595 4616; Th Phahonyothin) ofrece unos doce asientos en un autobús vip (920 THB, 12 h, 17.00) que sale a diario de una pequeña oficina junto al Krung Thai Bank.

ℹ Cómo desplazarse

Los mototaxis y *săhm·lórs* realizan trayectos cortos por la ciudad (20 THB). Estacionan cerca de la parada de autobús, en ambas aceras.

Una buena manera de ver la zona de Chiang Saen es sobre dos ruedas. En **Motorcycle Rental** (☎08 9429 5798; 247/1 Th Phahonyothin; ⌚9.00-17.00) y en **Angpao Chiangsaen Tour** (☎0 5365 0143; www.angpaochiangsaentour.com; Th Phahonyothin; ⌚9.00-20.00) alquilan bicicletas de montaña y motocicletas. En la segunda también facilitan vehículos con conductor y ofrecen excursiones por las cercanías.

Alrededores de Chiang Saen

SOP RUAK สบรวก

Las fronteras de Myanmar, Tailandia y Laos coinciden en Sop Ruak, el "centro" oficial del Triángulo de Oro, en la confluencia del Nam Ruak y el Mekong.

En términos históricos, "Triángulo de Oro" hace referencia a una zona geográfica mucho mayor, que se extendía miles de kilómetros cuadrados por el interior de Myanmar, Laos y Tailandia, y en la que imperaba el comercio del opio. No obstante, los hoteleros y operadores turísticos han querido sacar provecho de este apelativo utilizándolo como apodo del pequeño pueblo de Sop Ruak, pues sugiere aventuras transgresoras, exóticas zonas fronterizas y caravanas de opio.

Pero todo esto no son más que cuentos y hoy la única caravana que puede encontrarse el viajero es la inacabable recua de autocares turísticos de viajes organizados. El opio ha quedado relegado a los museos e incluso este antaño bello escenario está parcialmente oculto tras cajeros automáticos, incontables tenderetes turísticos y estridentes anuncios de varios templos.

Lo más interesante respecto al tema son la House of Opium y el Hall of Opium, dos museos recomendables. También son entretenidos los paseos en barca de una hora. En definitiva, solo hay que considerar la visita al pueblo si se ha reservado habitación en alguno de los destacados hoteles de lujo de la zona.

Puntos de interés y actividades

Hall of Opium MUSEO

(หอฝิ่น; entrada 200 THB; ⏲8.30-16.00 ma-do) La Fundación Mah Fah Luang ha creado este impresionante espacio de 5600 m² en una parcela de 40 Ha, 1 km al norte de Sop Ruak frente al Anantara Golden Triangle Resort & Spa. El objetivo es convertirlo en la principal instalación mundial de exposición e investigación sobre el uso de los opiáceos. La muestra multimedia incluye una fascinante historia del opio y examina los efectos de su consumo sobre el individuo y la sociedad. Muy ecuánime, vale la pena verla.

House of Opium MUSEO

(บ้านฝิ่น; www.houseofopium.com; entrada 50 THB; ⏲7.00-19.00) Es un pequeño e interesante museo histórico sobre la cultura del opio. Muestra diferentes herramientas utilizadas en la plantación, cultivo, uso y comercio de la resina del *Papaver somniferum*, como pipas, pesos o balanzas, junto con fotografías y mapas con explicaciones en inglés. Se encuentra en el extremo sureste del pueblo, casi enfrente del Phra Chiang Saen Si Phaendin.

Phra Chiang Saen Si Phaendin MONUMENTO

(พระเชียงแสนสี่แผ่นดิน; gratis; ⏲7.00-21.00) Lo primero que se ve al llegar a Sop Ruak es esta gigantesca estatua de Buda, financiada por una fundación chino-tailandesa y situada a horcajadas sobre una plataforma en forma de barco. Se pide a los visitantes que hagan un donativo echando unas monedas desde una plataforma elevada que hay detrás de la estatua.

Wat Prathat Pukhao TEMPLO

(วัดพระธาตุภูเข้า; gratis) Junto a la House of Opium hay una escalera que sube al budista Wat Prathat Pukhao, la mejor atalaya para ver el encuentro de Laos, Myanmar y Tailandia en el Mekong.

Cruceros por el río Mekong CRUCERO FLUVIAL

(crucero de 1 h en barco máx. 5 personas 400 THB) Las excursiones en botes de popa larga locales pueden concertarse a través de varias agencias locales o en los diversos embarcaderos. La más solicitada incluye un circuito alrededor de una isla grande y un circuito río arriba para ver el casino-hotel birmano.

También es posible visitar un pueblo de Laos, en la extensa isla fluvial de **Don Sao,** situada aproximadamente a mitad de camino entre Sop Ruak y Chiang Saen. La oficina de inmigración laosiana no tiene reparos en admitir visitantes de un día a la isla sin visado. Hay que abonar una tasa de entrada de 20 THB. No hay muchas cosas que ver, pero

UN DÍA EN BARCO A JINGHONG

Aunque antaño se podía ir de Chiang Saen a la ciudad china de Jinghong en un barco carguero, ahora solo se permite hacerlo en uno de pasajeros a través de **Maekhong Delta Travel** (☎0 5364 2517; www.maekhongtravel.com; Maekhong Delta Boutique Hotel, 230/5-6 Th Phahonyothin, Mae Sai; ida 820 CNY/3500 THB; ⏲9.00-17.00), en Mae Sai.

El viaje de Chiang Saen a Jinghong dura 15 horas si el tiempo acompaña. En los meses más secos (normalmente mar-may) los barcos no navegan debido a las rocas y bajíos. Suelen zarpar de Chiang Saen los lunes, miércoles y viernes a las 17.00, aunque puede haber cambios; es importante llamar antes.

Para esta travesía se necesita un visado chino, que puede conseguirse a través de varias pensiones de Chiang Saen, pero es más rápido gestionarlo en Chiang Mai o Bangkok. Si ya se tiene uno, los billetes se pueden obtener en casi todas las pensiones y hoteles locales o a través de **Chiang Saen Tour and Travel** (☎0 5377 7051; chiangsaen2004@yahoo.com; 64 Th Rimkhong; ⏲8.00-18.00).

existe una oficina de correos desde la que pueden mandarse postales con matasellos laosiano, unas cuantas tiendas de recuerdos y el Sala Beer Lao, con cerveza y aperitivos del país vecino.

Dónde dormir y comer

La única razón para alojarse en Sop Ruak o alrededores son sus hoteles de categoría, que figuran entre los mejores del norte de Tailandia. Para presupuestos ajustados, se recomienda Chiang Saen. Hay varios restaurantes turísticos con vistas al Mekong.

Four Seasons Tented Camp HOTEL **$$$**
(0 5391 0200; www.fourseasons.com; mín. 3 noches 225 450-255 450 THB;) Si se ajusta a la agenda (y al presupuesto), este complejo ofrece 15 tiendas en la falda de una colina y una de las experiencias turísticas más exclusivas de Tailandia. Situado en unos terrenos de selva cercados junto al río a las afueras de Sop Ruak, precisa un breve trayecto en barca para llegar a él. Las tiendas son lujosas y están decoradas en estilo safari con mobiliario colonial, incluida una increíble bañera de cobre y resina. Desde la tienda nº 15 se ve la zona de baños de los elefantes. No hay TV ni puertos para iPod, pues se anima a los huéspedes a vivir en comunión con la naturaleza y a participar en las actividades diarias, desde entrenamiento de elefantes hasta tratamientos de *spa*. Es en régimen de todo incluido, desde la recogida en el aeropuerto hasta la comida y bebida.

Anantara Golden Triangle Resort & Spa HOTEL **$$$**
(0 5378 4084; www.anantara.com; h/ste 16 500/18 000 THB, desayuno incl.;) Este premiado complejo turístico ocupa un gran terreno perfectamente ajardinado enfrente del Hall of Opium. Las habitaciones combinan temáticas tailandesa e internacional y todas poseen un balcón con vistas al Mekong. *Jacuzzi,* pistas de *squash* y tenis, gimnasio, sauna y balneario rematan su lujosa oferta. Entre las atracciones especiales destacan el Torneo de Copa del Rey de Polo con Elefantes y las estancias de uno a tres días para aprender a cuidar elefantes.

Cómo llegar y salir

Hay *sŏrng·tăa·ous* frecuentes a Chiang Saen (20 THB, cada 20 min 7.00-12.00) y Mae Sai (45 THB, cada 40 min 8.00-13.00), que se pueden parar con una seña por la calle principal. Los 9 km entre Chiang Saen y Sop Ruak pueden completarse cómodamente en bicicleta.

Chiang Khong เชียงของ

12 000 HAB.

Más remota y animada que Chiang Saen, Chiang Khong fue antaño un importante mercado para las tribus de la montaña de la zona y para el comercio con el norte de Laos. En su tiempo, la ciudad formó parte de una pequeña *meuang* (ciudad-estado) llamada Juon y fundada en el año 701 por el rey Mahathai. Con el transcurso de los siglos, Juon pagó tributo sucesivamente a Chiang Rai, Chiang Saen y Nan, para finalmente ser ocupada por los siameses en la década de 1880. El territorio de Chiang Khong se extendió hasta la provincia china de Yunnan hasta que gran parte de la orilla norte del río Mekong se convirtió en la Indochina francesa en 1893.

La ciudad actual es una puerta de entrada a Laos muy frecuentada por los viajeros (véase recuadro en p. 328). Huay Xai, en la otra orilla del Mekong, está a dos días de lenta travesía en barco desde Luang Prabang. Además, Huay Xai queda a solo ocho horas en autobús de Boten, un paso fronterizo legal de entrada y salida de China.

Dónde dormir

Casi todo el alojamiento en Chiang Khong es de tipo económico.

Rai Saeng Arun HOTEL **$$$**
(0 5391 8255; www.raisaengarun.com; 2 Moo 3, Ban Phakub; bungalós 3000-3750 THB, desayuno incl.;) A 22 km de Chiang Khong en la carretera 4007 que lleva a Chiang Saen, este complejo reúne 14 bungalós en un bonito entorno natural. Algunos están en la falda de la colina, otros junto a campos de arroz surcados por un arroyo y tres a orillas del Mekong. Todos son elegantes y confortables, con balcón y ducha al aire libre, y están conectados por pasarelas elevadas sobre los arrozales. El restaurante, que da al Mekong, trabaja con verduras y hierbas del huerto ecológico del hotel. Ofrece descuentos considerables en temporada baja.

Baanrimtaling PENSIÓN **$**
(0 5379 1613; maleewan_th@yahoo.com; 99/2 Moo 3; dc 100-120 THB, h 150-450 THB;) Aunque las habitaciones son bastante normales para su precio y la ubicación no es precisamente ideal, por su ambiente casero y amable servicio el viajero podría prolongar su estancia más de lo previsto. También

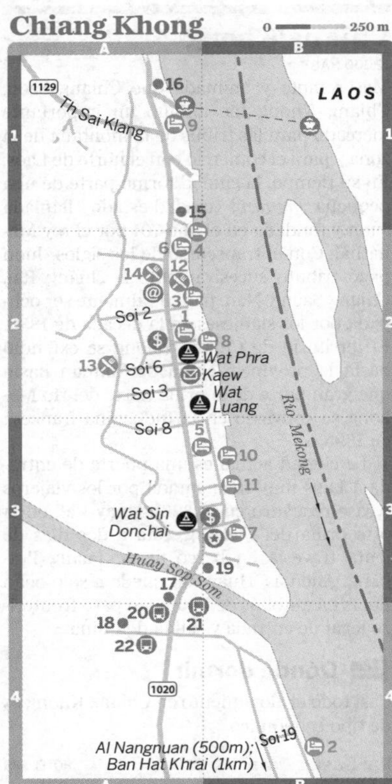

cuenta con estupendas vistas al río y ofrece wifi, utilización de bicicletas y traslado al muelle gratis. Para rematar, hay clases de cocina tailandesa.

Namkhong Riverside Hotel HOTEL $$
(☎0 5379 1796; www.namkhongriverside.com; 174-176 Th Sai Klang; h 800-1200 THB, desayuno incl.; ❄@📶) Este moderno hotel de tres pisos tiene un sinfín de habitaciones limpias y cuidadas, la mayoría con balcón al río; las más baratas están en la planta baja. Todas sufren a diario la contaminación acústica nocturna de las fiestas de karaoke.

Portside Hotel HOTEL $
(☎0 5365 5238; portsidehotel@hotmail.com; 546 Th Sai Klang; h con ventilador/A/A 300/500 THB; ❄@📶) Este hotel a buen precio ofrece dos pisos de habitaciones cuidadas aunque algo apretadas. Carece de vistas al río, pero a cambio cuenta con una zona común en la azotea.

Chiang Khong

Dónde dormir
1 Baan-Fai Guest House........A2
2 Baanrimtaling........B4
3 Ban Tammila........A2
4 Boom House........A2
5 Chiang Khong Green Inn........A3
6 Chiang Khong Teak Garden Hotel........A2
7 Chiangkhong River View Hotel........B3
8 Namkhong Riverside Hotel........B2
9 Portside Hotel........A1
10 PP Home........B3
11 Rimnaum Guest House........B3

Dónde comer
12 Bamboo Mexican House........A2
13 Khao Soi Pa Orn........A2
14 Lomtawan........A2
Rim Nam........(véase 11)

Información
15 Easy Trip........A1
16 Oficina de inmigración........A1
17 Mercado........A3
18 Mercado........A4
19 Mercado........B3

Transporte
20 Autobuses a Bangkok........A4
21 Autobuses a Chiang Mai y Chiang Rai........A4
22 *Sŏrng•tăa•ous* a Chiang Saen........A4

Chiang Khong Green Inn HOTEL $
(☎0 5379 1009; www.chiangkhong-greeninn.com; 89/4 Th Sai Klang; h con ventilador/A/A 200/580 THB; ❄@📶) Aunque las habitaciones más baratas de este nuevo alojamiento para mochileros son estrechas y comparten baños, las climatizadas son amplias y disponen de TV. Todos los huéspedes tienen acceso gratis a ordenadores y a la conexión wifi.

Chiang Khong Teak Garden Hotel HOTEL $$$
(☎0 5379 2008; www.chiangkhongteakgarden.com; 666 Th Sai Klang; h 1500-1800 THB; ❄@📶) Los nuevos bungalós del alojamiento más nuevo y caro de Chiang Khong están bien equipados y resultan acogedores, aunque ofrecen poco carácter. El precio depende de si dan al río o al jardín.

PP Home PENSIÓN $
(Baan Pak Pon; ☎0 5365 5092; baanpakpon@hotmail.co.th; h 350-600 THB; ❄@📶) Esta bonita casa de madera es de los pocos alojamientos

EL SILURO GIGANTE DEL MEKONG

El tramo del Mekong que pasa por Chiang Khong es un importante hábitat del *ɓlah bèuk* (siluro gigante del Mekong, *Pangasianodon gigas*), uno de los peces de agua dulce más grandes del mundo. Tarda entre 6 y 12 años, nadie lo sabe seguro, en alcanzar su tamaño adulto, de 2 a 3 m de largo y de hasta 300 kg de peso. Aunque solo se han hallado ejemplares de ese tamaño en ciertos tramos, se cree que nacen donde lo hace el río, en la provincia de Qinghai, en el norte de China, desde donde descienden hasta el curso medio, donde pasan gran parte de su vida adulta.

En Tailandia y Laos su carne, de sabor suave, se considera una exquisitez. Se pescan entre finales de abril y junio, cuando la profundidad del agua es solo de 3 a 4 m y los peces remontan el río. Ban Hat Khrai, a 1,5 km de Chiang Khong, tiene fama de ser uno de los pocos sitios donde aún se captura algún ejemplar. Antes de echar las redes, los pescadores celebran cada año una ceremonia especial para propiciar a Chao Mae Pla Beuk, la diosa protectora del siluro gigante. Entre los diversos rituales destaca el sacrificio de pollos realizado a bordo de las barcas de pesca. Concluida la ceremonia, los pescadores echan a suertes quién será el primero en lanzar la red y cómo se sucederán los turnos.

En los últimos años únicamente se han logrado capturar unos pocos ejemplares, y a veces ninguno. El gremio de los pescadores de siluro está restringido exclusivamente a los naturales de Ban Hat Khrai. Los pescadores venden la carne en dicha localidad a partir de 500 THB/kg, aunque una pieza entera puede alcanzar los 100 000 THB en Bangkok, motivo por el cual casi todas las capturas acaban en la capital.

Aunque el *ɓlah bèuk* figura en la lista de especies amenazadas de la Convención sobre el Comercio Internacional de Especies en Peligro de Extinción (CITES), todavía se discute el grado de peligro que realmente corre. Debido a esta situación, el Departamento de Pesquerías Interiores de Tailandia desarrollo un programa para su cría en cautividad. Cada vez que se pesca una hembra, se la mantiene viva hasta que se consigue un macho, entonces se extraen los huevos de la hembra (mediante un masaje en los ovarios), se colocan en una bandeja y a continuación se fertilizan con el esperma del macho. El programa no tuvo el éxito esperado hasta el 2001, año en que sobrevivieron 70 000 crías. Los peces se distribuyeron por varias piscifactorías del país, algunas de las cuales han obtenido resultados moderadamente satisfactorios en su cría, principalmente en los estanques de la provincia tailandesa central de Suphanburi. Gracias a ello, el *ɓlah bèuk* vuelve figurar en las cartas de muchos restaurantes de todo el país.

Actualmente las mayores amenazas para la supervivencia del siluro gigante del Mekong son los proyectos para construir 11 presas en el río, un obstáculo potencial para la migración del pez, y las voladuras en los rápidos del río a su paso por China, que lo privan de importantes áreas de cría.

que quedan en manos de lugareños. Tiene habitaciones amplias revestidas de madera, todas con balcón privado al río, y un par más nuevas en el anexo de hormigón.

Chiangkhong River View Hotel HOTEL **$**

(☎0 5379 1375; www.chiangkhong.com/riverviewhotel.htm; 141 Moo 12; h 500 THB; ❄📶) En el extremo sur de la ciudad, este edificio alto alberga diminutas habitaciones casi idénticas, todas con TV y nevera. De propiedad local y a buen precio.

Rimnaum Guest House HOTEL **$**

(☎0 5365 5680; suti_ja@hotmail.com; 166 Moo 12; h con ventilador/A/A 350/500 THB; ❄📶) Ofrece 20 habitaciones idénticas pero espaciosas y limpias junto al río.

Baan-Fai Guest House PENSIÓN **$**

(☎0 5379 1394; 108 Th Sai Klang; h 100-200 THB; 📶) En una bonita casa tailandesa de madera, las habitaciones no están del todo a la altura del exterior pero sí limpias. Opción decente si se anda mal de fondos.

Ban Tammila HOTEL **$**

(☎0 5379 1234; baantammila@hotmail.com; 113 Th Sai Klang; h y bungalós 350-650 THB; ❄📶) Aunque el exterior parezca un poco andrajoso, las estilosas habitaciones y bungalós están cuidados y decorados en colores cálidos.

Boom House HOTEL **$**

(☎0 5365 5136; www.boomhouseresort.com; 406/1 Th Sai Klang; dc 100 THB, h 250-400 THB;

❄📶) Buen surtido de habitaciones, sosas pero cuidadas, dispuestas en varios niveles; las más caras tienen aire acondicionado, TV y nevera.

Dónde comer y beber

Khao Soi Pa Orn TAILANDESA DEL NORTE **$**
(rótulo sin caracteres latinos; Soi 6; principales 15-30 THB; ⌚8.00-16.00) Aquí hacen una versión de la famosa sopa norteña de fideos al *curry*, la *kôw soy*, en la cual sustituyen la leche de coco por una cremosa mezcla de cerdo picado y tomate. Para encontrarlo hay que buscar el gigantesco pilar de la carretera en el extremo este de Soi 6.

Nangnuan TAILANDESA **$$**
(Ban Hat Khrai; principales 30-150 THB; ⌚8.00-21.00) Situado "en el primer lugar de reproducción del gran siluro", como dice la carta, no extraña que este restaurante se centre en el pescado de agua dulce del Mekong, preparado de diversas maneras. Carta en inglés.

Bamboo Mexican House INTERNACIONAL **$**
(Th Sai Klang; principales 30-180 THB; ⌚7.00-20.00) La chef de este pequeño restaurante-panadería aprendió a preparar algunos platos mexicanos gracias a unos huéspedes de aquellas latitudes de su antigua pensión. Abre pronto y ofrecen cajas de almuerzo para la travesía hasta Luang Prabang.

Rim Nam TAILANDESA **$$**
(principales 30-120 THB; ⌚11.00-21.00) En la Rimnaum Guest House, este sencillo restaurante con zona interior y al aire libre domina el Mekong. La carta bilingüe es mucho más corta que la tailandesa; las *yam* (ensaladas picantes) son su especialidad, pero pueden preparar casi cualquier cosa.

Lomtawan TAILANDESA **$$**
(354 Th Sai Klang; principales 60-180 THB; ⌚almuerzo y cena) Es un lugar acogedor para cenar a la luz de las velas, aunque sin vistas al río. La carta en inglés es extensa e incluye propuestas atractivas, como *curry* verde con salmón. Tras la cena, el lugar se transforma en un acogedor bar con música en directo.

Información

En la ciudad hay varios bancos con cajero automático y servicio de cambio de divisas.

Easy Trip (☎0 5365 5174, 0 86997 7246; www.discoverylaos.com; Th Sai Klang; ⌚9.00-19.00) Profesional, esta agencia de viajes organiza barcos y autobuses a Laos, así como microbu-

PASO FRONTERIZO: DE CHIANG KHONG A HUAY XAI

Los barcos de popa larga a la localidad laosiana de Huay Xai (30 THB, frecuentes, 8.00-18.00) salen de un embarcadero del extremo norte de Chiang Khong. También hay un *ferry* de vehículos que cruza unas pocas veces al día (excepto do) entre el principal punto de inmigración tailandés y el muelle de embarcaciones lentas de Huay Xai; cuesta 500 THB para motocicletas y 1000 THB para automóviles (1500 THB el de las 17.00).

Los extranjeros pueden adquirir un visado de 30 días para Laos a la llegada a Huay Xai por 30-42 US$, según la nacionalidad. Hay un recargo de 1 US$ pasadas las 16.00 y los fines de semana, y si no se tiene una fotografía de carné cobran 40 THB más. De regreso a Tailandia, inmigración sellará de nuevo el pasaporte, lo que significa un nuevo visado para 15 días (véase p. 762).

Una vez en Laos se puede proseguir por carretera hasta Luang Nam Tha y Udomxai, o en barco por el Mekong hasta Luang Prabang. Para ir a la capital, **Lao Airlines** (☎+856 211 026, +856 211 494; www.laoairlines.com) opera tres vuelos semanales de Huay Xai a Vientián (94 US$).

Con buen tiempo, la agradable travesía en barco (900 THB, 10.00) hasta Luang Prabang dura dos días, incluida una noche en el pueblo de Pak Beng. Conviene evitar los barcos ruidosos y rápidos (1450 THB, 6-7 h) que cubren la ruta Huay Xai-Luang Prabang, pues a veces sufren accidentes. Reservar los billetes en una agencia como Easy Trip (arriba) cuesta un poco más, pero se ocupan de todos los trámites, arreglan el transporte desde el hotel al muelle y facilitan una bolsa con el almuerzo para el viaje.

Si ya se tiene un visado chino, se puede pasar más o menos directamente a China desde Chiang Khong. Tras obtener un visado laosiano de 30 días a la llegada a Huay Xai, solo hay que subir a un autobús que vaya directo a la ciudad de Mengla (110 000 MMK, 8 h, 8.30 diario), en Xishuangbanna, o a Jinghong (150 000 MMK, 10 h, 7.30 ma, ju y sa) vía el pueblo fronterizo laosiano de Boten.

ses a Chiang Mai (250 THB) y Pai (450 THB), y reserva vuelos nacionales y a Laos. Muchas pensiones de Chiang Khong ofrecen servicios similares.

Internet (Th Sai Klang; 30 THB/h; ⌚10.00-22.00) En la calle principal, casi enfrente de la Bamboo Mexican House.

Cómo llegar y salir

En Chiang Khong no hay estación oficial de autobuses, los cuales recogen y dejan a los pasajeros en diversos puntos cerca del mercado, al sur del centro. Hay que llegar a la parada al menos 30 minutos antes o haber comprado el billete en la oficina o en Easy Trip. También parten de esta zona las *sŏrng·tăa·ous* a Chiang Saen (100 THB, frecuentes, 7.30-12.00).

Bangkok (493-888 THB, 14 h, frecuentes, 15.05-16.10)

Chiang Mai (211-272 THB, 2½ h, cada 30 min, 4.30-15.45)

Chiang Rai (65 THB, 2½ h, cada 30 min, 4.30-15.45)

Phayao (111-142 THB, 3 h, cada 30 min, 4.30-15.45)

Cómo desplazarse

El trayecto en *săhm·lór* desde la estación de autobuses hasta el Tha Reua Bak, el paso fronterizo de Laos, cuesta 30 THB.

PROVINCIA DE PHAYAO

Phayao

พะเยา

20 000 HAB.

Pocas personas, incluidos muchos tailandeses, conocen esta bonita y tranquila ciudad. Tal vez con unas ganas excesivas de remediar esto, un folleto turístico describe Phayao como "la Viena del sureste asiático". Aunque seguramente exagera, Phayao es sin duda una de las ciudades más agradables del norte de Tailandia. Al estar situada en Kwan Phayao, un extenso humedal, da una sensación de paraíso natural que no poseen otras ciudades del país, y sus calles flanqueadas de árboles y templos, junto con las antiguas casas de madera del "centro", le dan un agradable aire de autenticidad.

Así pues, se trata de un lugar ideal para hacer un alto en el camino a/desde Chiang Rai, o como última parada del trayecto por carretera propuesto desde Chiang Khong.

Puntos de interés y actividades

Kwan Phayao HUMEDAL

(กว๊านพะเยา) Este vasto humedal, el más extenso del norte de Tailandia, es el símbolo de Phayao. Aunque su origen es natural, el nivel del agua se controla para que no llegue a agostarse en la época seca. Rodeado de montañas, las marismas son un entorno realmente bello, escenario también de una de las puestas de sol más espectaculares de Tailandia. Al atardecer pueden verse deportistas practicando el remo. El muelle está en el extremo sur de Th Chai Kwan, de donde parten las **excursiones en barca** (20 THB) a las ruinas del **Wat Tiloke Aram**, un templo de quinientos años de antigüedad sumergido, como otros, en el Kwan Phayao, y cuya reconstrucción ya está prevista. Además de objetos budistas, estas aguas albergan al menos cincuenta clases de peces autóctonos y existe una pequeña **zona de reproducción de peces** donde por 5 THB se les puede dar de comer.

Wat Sri Khom Kham TEMPLO

(วัดศรีโคมคำ) El templo más importante de Phayao se cree que se remonta a 1491, aunque la construcción actual se terminó en 1923. La inmensa sala de oraciones alberga el Phra Jao Ton Luang, la mayor estatua de Buda del país de la época Chiang Saen. Con sus 18 m de altura, cuenta la leyenda que su construcción se prolongó más de treinta años. No es el buda más bello o proporcionado de Tailandia, pero sin duda impresiona. La sala de ordenaciones que se alza sobre el Kwan Phayao presenta unas bonitas pinturas murales modernas. En el recinto del *wat* hay también un jardín de esculturas budistas, entre las que destacan unas grandes y sangrientas representaciones del infierno.

Contiguo al templo, el **Salón de Exposiciones de Phayao** (Th Phahonyothin; entrada 40 THB; ⌚8.30-16.30) es un museo de dos plantas atestado de objetos y con bastante información en inglés sobre la historia y cultura locales. Destaca una excepcional estatua de un buda "negro" y un fósil de dos cangrejos abrazados cuyo rótulo reza: "Amante maravilloso". El templo y el museo están a unos 2 km del extremo norte de Th Chaykawan.

Wat Li TEMPLO

(วัดลี) Enfrente del desvío a Phayao y junto a la carretera 1, este *wat* tiene un pequeño **museo** (entrada con donativo; ⌚9.00-15.00) con una discreta colección de objetos de tiempos anteriores a Chiang Saen.

Wat Phra That Jom Thong TEMPLO
(วัดพระธาตุจอมทอง) Se trata de una bonita *chedi* en lo alto de una colina boscosa a 3 km de la ciudad.

Dónde dormir

Huean Phak Jum Jai PENSIÓN $
(☎0 548 2659; 37/5-6 Th Phrasart; h 600 THB; ❄📶) Del puñado de alojamientos estilo hotel cercanos a Kwan Phayao que dicen ser casas particulares, este es uno de los mejores. Las amplias y limpias habitaciones están decoradas con madera bonita. Su letrero reza "Home Stay & Guest House" y está junto a Th Chaykawan, a un breve paseo desde la ribera.

Gateway Hotel HOTEL $$$
(☎0 5441 1333; 7/36 Soi 2, Th Pratu Khlong; h con desayuno 1000-1200 THB, ste con desayuno 2500 THB; ❄@📶🏊) Pese a ser el hotel más lujoso del lugar, las habitaciones están un poco gastadas. Desde las que tienen "vistas al mar" del piso superior se tiene un magnífico panorama del Kwan Phayao. Está junto a la terminal de autobuses.

Tharn Thong Hotel HOTEL $
(☎0 5443 1302; 56-59 Th Donsanam; d 170-300 THB; ❄📶) Posee habitaciones con ventilador en el edificio principal y otras más confortables con aire acondicionado en el complejo de detrás. Queda cerca de la comisaría de policía.

Wattana Hotel HOTEL $
(☎0 5443 1203; 69 Th Donsanam; con ventilador/ A/A 150/280 THB; ❄) Al lado del Tharn Thong, ofrece habitaciones similares pero menos arregladas.

Dónde comer y beber

Para tratarse de una ciudad pequeña, sorprende que tenga tantas opciones para comer, en general bastante buenas. Durante el día, decenas de vendedores ambulantes ofrecen repertorios similares de pescado a la parrilla y ensalada de papaya en el extremo norte de Th Chaykwan. Kaat Boran, un mercado nocturno con muchos puestos de comida, se instala a diario de 18.00 a 22.00 alrededor del monumento al rey Ngam Muang. Otro extenso **mercado nocturno** (Th Rob Wiang) se monta cada día en el lado norte de Th Rob Wiang.

MERECE LA PENA

LA LARGA RUTA HACIA PHAYAO

Si se está en Chiang Khong y se dispone de vehículo, las carreteras 1155 y 1093 son algunas de las más espectaculares de Tailandia; discurren aferradas a las empinadas laderas de la frontera con Laos, cerca de cascadas, parques nacionales y con vistas increíbles. Si se necesita una excusa, Phayao, capital de la provincia homónima, es una ciudad poco visitada, bien surtida de alojamientos y con buena comida.

Desde Chiang Khong, basta con dirigirse al sur por la carretera 1020 y seguir las señales hasta **Phu Chi Fa,** un parque nacional cercano a la frontera. En Tailandia, todo está bien indicado, aunque no estaría de más llevar un buen mapa, como *Golden Triangle*, de Golden Triangle Rider.

En Doi Pha Tang, pueblo situado en lo alto de un cerro, se puede dar un pequeño rodeo hasta la **Pratu Siam,** uno de los miradores más impresionantes del país, a 1653 m de altitud. Allí hay comida y alojamiento básico.

La carretera 1093 se estrecha y se torna cada vez menos transitada conforme se aproxima la cima del Phu Chi Fa, con vistas aéreas de Laos. Hay varias vías hasta lo alto, pero la más utilizada es la que pasa por Ban Rom Fah Thai. Existen diversos alojamientos y algunos restaurantes sencillos a ambos lados del Phu Chi Fa.

Dejando atrás el parque, pero sin abandonar la carretera 1093, hay que seguir hasta **Ban Huak,** un pintoresco pueblo de la provincia de Phayao, a 2 km de la frontera con Laos, donde se celebra un mercado fronterizo los días 10 y 30 de cada mes; es posible alojarse en casas particulares y en la cercana **Nam Tok Phu Sang,** una cascada de aguas termales.

Desde Ban Huak se continúa hasta Chiang Kham y luego se toma la carretera 1021 hasta Chun, a solo un tramo recto de Phayao (vía Dok Kham Tai, otro destino a considerar).

Completar la excursión lleva un mínimo de seis horas, incluidas las paradas para tomar fotografías, café y comer.

Además hay muchos restaurantes junto al agua en el Kwan Phayao, desde Th Thakawan hasta el parque público.

Chue Chan TAILANDESA $$
(Th Chaykawan; platos 80-240 THB; ⏲almuerzo y cena; ❄) Aclamado sin reservas por los mejores críticos gastronómicos del país, la extensa carta de este restaurante, en inglés e ilustrada, abarca platos que no se encuentran en otras partes, como pata de cerdo rellena o pescado agrio frito con huevo. Es el edificio más alto del concurrido tramo de restaurantes de Th Chaykawan.

Khao Soi Saeng Phian TAILANDESA DEL NORTE $
(rótulo sin caracteres latinos; Th Thakawan; platos 25-40 THB; ⏲9.00-15.00) Los mejores cuencos de *kôw soy* por estos pagos salen de la cocina de este restaurante familiar, situado a una manzana del río. También hay *kà·nŏm jeen nám ngée·o* y otros platos de fideos. Los aficionados a los fideos del norte tienen al menos cuatro casas más con una carta similar en un radio de una manzana desde el cruce de Th Thakawan con Th Rajchawong.

ℹ Información

En Th Donsanam, cerca del mercado matinal, hay varios bancos con cajeros automáticos y servicio de cambio de divisas.

Internet@Cafe (Th Pratu Khlong; 20 THB/h; ⏲10.00-22.00) Hay más cibercafés por Th Donsanam.

Oficina de correos (Th Donsanam; ⏲8.30-16.30 lu-vi, 9.00-12.00 sa y do)

ℹ Cómo llegar y salir

En el extremo norte de Th Chaykawan, la estación de autobuses de Phayao tiene mucho movimiento, más que nada porque la población se halla en la principal carretera norte-sur. Así, si se va a Bangkok hay casi cuarenta autobuses que pasan por la estación procedentes desde puntos más al norte.

También hay furgonetas a Chiang Rai (62 THB, 1 h) y Phrae (98 THB, 2 h) aproximadamente cada hora de 7.00 a 19.00.

Algunos destinos desde Phayao son:

Bangkok (400-801 THB, 11 h, frecuentes, 8.45-9.30 y 19.45-20.00)

Chiang Mai (115-230 THB, 3 h, cada hora, 7.30-17.30)

Chiang Rai (62-99 THB, 2 h, cada 40 min, 7.00-17.00)

Nan (123 THB, 4 h, 13.30)

PROVINCIA DE PHRAE

Phrae es una provincia rural y montañosa que suele asociarse con la teca. Pero a pesar de la prohibición nacional de talar estos árboles, no hay un solo bosque intacto y los pocos ejemplares que quedan se encuentran amenazados (véase recuadro en p. 332).

Phrae แพร่

18 000 HAB.

Al pasear por el casco antiguo de Phrae, sorprende su similitud con el de Luang Prabang, en Laos: abundante vegetación, casas tradicionales de madera, bellos templos y una gran cantidad de monjes por las calles. Por otro lado, su localización a orillas del Mae Nam Yom y su antigua muralla invitan a compararla también con Chiang Mai. Por último cabe destacar a sus ciudadanos, que se cuentan entre los más simpáticos del país, y su gastronomía. Pues bien, a pesar de todo lo dicho, el colmo de su atractivo es que aún es un destino poco frecuentado.

👁 Puntos de interés

Wat Luang TEMPLO
(วัดหลวง) El *wat* más antiguo de Phrae probablemente data de la época de la fundación de la ciudad, entre los ss. XII y XIII. El **Phra That Luang Chang Kham,** la gran *chedi* octogonal de estilo Lanna, se alza sobre una base cuadrada con cuatro elefantes a modo de soporte. Como suele ser habitual en Phrae y Nan, la *chedi* a veces se envuelve con una tela thai lü.

La galería del *wí·hăhn* principal es de estilo típico Luang Prabang-Lan Xang, pero lamentablemente ha sido tapiada con laterita. Delante del *wí·hăhn* está la ya en desuso **Pratu Khong,** parte de la antigua entrada a la ciudad, que incluye una estatua de Chao Pu, un antiguo gobernante de Lanna.

El recinto también alberga un **museo** con antigüedades del templo, cerámica y arte religioso de los períodos Lanna, nan, bago y mon. En la 2ª planta hay un buda sedente del s. XVI especialmente delicado. También pueden verse algunas fotografías del s. XIX con explicaciones en inglés, entre ellas unas imágenes truculentas de una decapitación. El museo suele abrir solo los fines de semana, pero los monjes a veces permiten visitarlo si se solicita.

EL TIGRE DANZANTE

Los **Kaeng Sua Ten** ("rápidos del Tigre Danzante") son una serie de afloramientos rocosos en el Mae Nam Yom, en el distrito de Song, en Phrae. Integrados en el Parque Nacional del Mae Yom, estos bellos rápidos son también el escenario de uno de los conflictos medioambientales más antiguos de Tailandia.

Desde principios de la década de 1980, el Gobierno ha anunciado en repetidas ocasiones sus planes de construir una presa en el Mae Nam Yom a la altura de los rápidos. Los habitantes de Tambon Sa-lab, la población más cercana a los mismos, se ha opuesto siempre al proyecto, a veces de forma violenta. Alegan que la presa obligaría a unas 2700 familias a dejar sus casas e inundaría 3200 Ha de terreno, incluidas algunas de las últimas arboledas de teca dorada que quedan en el país.

Gente de otras partes de Phrae y del norte de Tailandia anhelan la presa, lo que ayudaría –dicen– a controlar las terribles inundaciones del Mae Yom en la estación de las lluvias y a paliar la escasez de agua durante las habituales sequías. Los políticos de Bangkok también dicen que la presa proporcionará más electricidad al país y riego para los agricultores de las provincias al sur de Phrae. Pero tal vez otro motivo sea que la presa figura entre las políticas de desarrollo rural impulsadas por el rey desde hace varias décadas, y que en 1995 él mismo defendió públicamente su construcción.

En realidad, las razones oficiales a favor de la presa han fluctuado poco coherentemente entre la necesidad de electricidad y la de riego, dependiendo del momento. Incluso el Banco Mundial ha rechazado financiar el proyecto porque la evaluación del impacto medioambiental hecha por el Gobierno era incompleta. Además, muchos opositores han señalado que el futuro emplazamiento de la presa se halla justo encima de una línea de falla tectónica.

En el 2008, el primer ministro Samak Sundaravej propuso retomar los planes de su construcción. Ante los temores expresados sobre su posible impacto ambiental, afirmó que ya no había tecas y que en la zona solo quedaban "tres estúpidos pavos reales"; estos comentarios los hizo en el Día Mundial del Medio ambiente, y añadió que la presa reduciría los efectos del calentamiento global. Los habitantes de Sa-lab respondieron a estos comentarios con la quema de una efigie del primer ministro y "ordenando" a varios árboles de teca dorada cerca de Kaeng Sua Ten con hábitos monásticos de color naranja, con el fin de convertirlos en sagrados y así menos susceptibles de ser talados.

En el 2010 se habló de reactivar el proyecto, aunque por ahora todo está en punto muerto, más por la inestabilidad política del país que por un cambio en la estrategia oficial. Lo cierto es que el proyecto de la presa en los Kaeng Sua Ten ha hecho pensar a muchos acerca del concepto de desarrollo en Tailandia y seguirá personificando el conflicto entre la Tailandia rural pobre, que no puede decidir sobre su entorno, y el Gobierno central de Bangkok, que a menudo actúa de forma autoritaria.

Casa Vongburi MUSEO

(บ้านวงศ์บุรี; 50 Th Kham Leu; entrada 30 THB; ⏲9.00-17.00) Este museo ocupa la casa de teca de dos pisos del último príncipe de Phrae. Fue construida entre 1897 y 1907 para Luang Phongphibun y su esposa Chao Sunantha, que poseían una próspera concesión de teca en la ciudad. Las elaboradas tallas sobre aguilones, aleros, balcones, puertas y ventanas están bien conservadas. Muchas de sus 20 habitaciones exhiben antigüedades de teca de finales del s. XIX, documentos (p. ej., concesiones de esclavos de principios del s. XX), fotografías y otros objetos de la época dorada de la teca. Casi todo está rotulado en inglés y thai.

Wat Phra Non TEMPLO

(วัดพระนอน) Al oeste del Wat Luang se encuentra este templo de 300 años de antigüedad cuyo nombre responde a su muy venerado *prá norn,* un buda reclinado. El *bòht* (santuario central) tiene doscientos años y luce un impresionante tejado con un pórtico exento en dos niveles y una fachada de madera tallada y dorada con escenas del *Ramayana.* El *wí·hăhn,* detrás del *bòht,* contiene el buda, envuelto en tela thai lü ornamentada con cuentas y laminillas de metal.

Wat Jom Sawan TEMPLO

(วัดจอมสวรรค์) Fuera del casco antiguo en Th Ban Mai, este templo budista construi-

Phrae

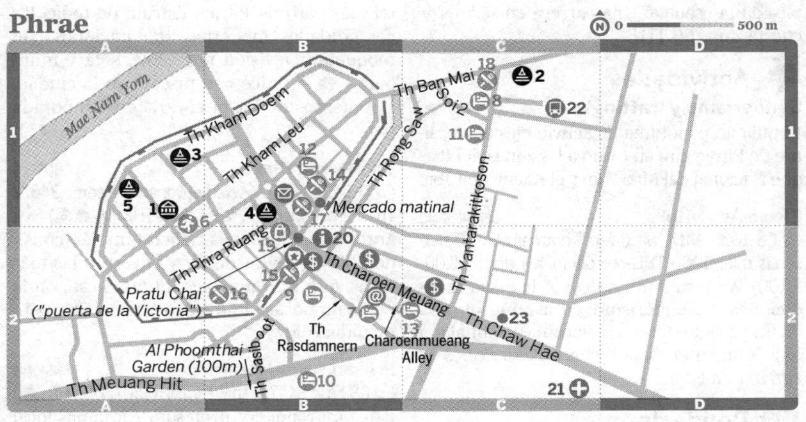

Phrae

Puntos de interés

1 Casa Vongburi....A1
2 Wat Jom Sawan....C1
3 Wat Luang....A1
4 Wat Phra Baht Ming Meuang....B1
5 Wat Phra Non....A1

Actividades, cursos y circuitos

6 Phrae Adventure....A1

Dónde dormir

7 Bua Khao....B2
8 Maeyom Palace Hotel....C1
9 Nakhon Phrae Hotel....B2
10 Nakhon Phrae Tower....B2
11 Paradorn Hotel....C1
12 Priwan's Homestay....B1
13 Thep Vong Place....C2

Dónde comer

14 Khao Soi Nok Noy....B1
15 Mercado nocturno....B2
16 Nok Bin....B2
17 Pan Jai....B1
18 Sod Cheon....C1

De compras

19 Maw Hawm Anian....B2

Información

20 Loving Hut....B2
21 Hospital de Phrae....C2

Transporte

22 Terminal de autobuses....C1
23 *Sŏrng•tăa•ous* al Wat Phra That Cho Hae....C2

do por shan de la zona a finales del s. XIX y principios del XX muestra muchas influencias shan y birmanas. Desde su reciente renovación, es más una pieza de museo que un templo en activo.

Wat Phra Baht Ming Meuang — TEMPLO

(วัดพระบาทมิ่งเมือง) Enfrente de la oficina de correos del casco antiguo, este *wat* abarca dos complejos religiosos antes separados (uno de ellos con un **museo** que abre esporádicamente), una escuela budista, una vieja *chedi,* una insólita torre del tambor octogonal enteramente de teca y el muy venerado Phra Kosai, muy similar al Phra Chinnarat de Phitsanulok.

Baan Pratubjai — MUSEO

(บ้านประทับใจ; entrada 40 THB; 8.00-17.00) La "Mansión Impresionante", una gran casa de teca de estilo tailandés, en cuya construcción se emplearon más de 130 troncos de más de trescientos años, está a las afueras de la ciudad. Su reconstrucción duró cuatro años (fue reinaugurada en 1985) y en ella se empleó madera antigua proveniente de nueve casas rurales. Destacan las columnas del interior, bellamente talladas. La casa está repleta de vendedores ambulantes de recuerdos y decorada algo chabacanamente, por lo que no hay que tomarse muy en serio lo de "impresionante".

Difícil de encontrar, lo mejor es salir por la puerta oeste de la antigua muralla de la población y seguir los letreros, a la derecha pasada la escuela. Una carrera en *săhm·lór* cuesta unos 60 THB.

Actividades

Senderismo y 'rafting'

El pujante panorama de actividades al aire libre de Phrae gira en torno a las zonas del Parque Nacional del Mae Yom y el Kaeng Sua Ten.

Phrae Adventure SENDERISMO
(08 1033 9317; wa_divers@hotmail.com; 2 personas mín., 1000 THB por persona y día; 8.00-20.00) Wa y su equipo llevan diversas expediciones de senderismo, en las que se pasa de uno a siete días en el Parque Nacional del Mae Yom en Phrae, así como excursiones de *rafting* en Nan.

Dónde dormir

Phoomthai Garden HOTEL $$
(0 5462 7359; www.phoomthaitravel.com; 31 Th Sasiboot; h con desayuno 900-1500 THB, bungalós con desayuno 1500 THB;) Aunque está a un buen trecho a pie del casco antiguo (unos 300 m al sur de la antigua muralla en Th Sasiboot), es la mejor opción de la ciudad en todos los sentidos. Las habitaciones son modernas y confortables, todas con balcón al bonito jardín. También cuenta con unos cuantos bungalós de madera con grandes baños y agradables bañeras.

Bua Khao HOTEL $
(0 5451 1372; 8 Soi 1, Th Charoen Meuang; h 350-600 THB;) Algo retirada de la calle principal, esta enorme estructura de teca posee habitaciones más bien pequeñas pero encantadoras. El servicio es excelente y hay una agradable sala comunitaria en la planta baja (también con mucha madera).

Paradorn Hotel HOTEL $$
(0 5451 1177; www.phraeparadorn.ob.tc; 177 Th Yantarakitkoson; h con desayuno 360-650 THB, ste con desayuno 800 THB;) El que probablemente sea el mejor hotel económico de la ciudad posee una inconfundible fachada de estilo birmano. Las habitaciones con ventilador disfrutan de balcón privado y todos los precios incluyen un sencillo desayuno. El hotel se reparte a ambos lados de Th Yantarakitkoson e incluye un museo dedicado al movimiento de liberación tailandés.

Maeyom Palace Hotel HOTEL $$$
(0 5452 1028-34; wccphrae@hotmail.com; 181/6 Th Yantarakitkoson; h con desayuno 1600-2000 THB, ste con desayuno 3500-4000 THB;) Enfrente de la terminal de autobuses, el hotel más caro de Phrae disfruta de todas las comodidades modernas (habitaciones con moqueta, televisión por cable, sofá y minibar) y es el único con piscina en la ciudad. Descuentos de hasta el 30% en temporada baja.

Thep Vong Place HOTEL $
(0 5452 1985; www.thepvongplace.com; 346/2 Th Charoen Meuang; h 350-500 THB;) Sus grandes habitaciones tienen también considerables aparatos de TV y nevera, y las más caras, aún más muebles. El hotel está en la pequeña bocacalle rotulada como Charoenmeuang Alley.

Priwan's Homestay PENSIÓN $
(08 1764 8447; 1 Th Weera; i/d 150/200 THB;) Este emprendedor profesor de idiomas local ha abierto su amplísima casa de madera a los extranjeros. En total son seis habitaciones, todas sencillas, un baño para compartir y un laberíntico restaurante vegetariano.

Nakhon Phrae Hotel HOTEL $
(0 5451 1122; nkphrae@phrae.ksc.co.th; 69 Th Rasdamnern; h 290-400 THB;) Por ser el más cercano al casco antiguo este hotel grande se ha convertido en el alojamiento económico más popular, que no el mejor. Sin duda las habitaciones, con diminutos baños, acusan los años, aunque en general son confortables y están limpias.

Nakhon Phrae Tower HOTEL $$
(0 5452 1321; nakornphrae@yahoo.com; 3 Th Meuang Hit; h con desayuno 550-650 THB, ste con desayuno 1800-2500 THB.;) Del mismo grupo que el Nakhon Phrae, este hotel de negocios es grande y está algo más lejos del casco antiguo.

Dónde comer y beber

Un pequeño pero ajetreado mercado nocturno se instala cada día al atardecer justo fuera del cruce de la Pratu Chai ("puerta de la Victoria"). El vendedor que hay enfrente del santuario chino elabora sabrosas *sôm·đam*, pequeños pero ricos cuencos de *kà·nŏm jeen nám ngée·o* y *kôw sôm*, un plato del norte a base de arroz con tomates.

Hay varios restaurantes de comida local por la carretera 1022 según se acerca el Wat Phra That Cho Hae.

Pan Jai TAILANDESA DEL NORTE $
(rótulo sin caracteres latinos; 2 Th Weera; principales 20-40 THB; 7.00-16.00) Local al aire libre que combina lo más apreciado en un

restaurante: comida autóctona deliciosa, un entorno agradable, buen servicio y precios bajos. Destacan los *kà·nŏm jeen* (fideos de arroz frescos servidos con varios *curries* y especias), además de un par de buenas sopas de fideos y una gran variedad de platos de arroz, entre otros. Los platos están a la vista, por lo que basta con señalar el deseado.

Sod Cheon CHINA-TAILANDESA $
(Th Yantarakitkoson; principales 30-90 THB; 11.00-4.00) En un cruce 50 m al norte del Maeyom Palace Hotel, este sencillo pero concurrido restaurante chino-tailandés permite escoger entre varias sopas chinas o tomar el plato tailandés favorito. Ideal para cenar tarde.

Loving Hut VEGETARIANA $
(Th Charoen Meuang; principales 25-55 THB; 10.00-20.30;) A la entrada del casco antiguo, este lugar pintado de amarillo vivo tiene una gruesa carta en inglés llena de propuestas vegetarianas a la tailandesa.

Khao Soi Nok Noy TAILANDESA DEL NORTE $
(rótulo sin caracteres latinos; Th Weera; platos 25-55 THB; 10.00-15.00) En este restaurante-jardín solo ofrecen *kôw soy*, servida con pollo, vaca o cerdo.

De compras

Phrae es famosa por las *sêua môr hôrm*, las camisas de algodón color índigo típicas de los campesinos que se ven por todo el norte de Tailandia. La tela se hace a sus afueras, en Ban Thung Hong.

Maw Hawm Anian ROPA
(rótulo sin caracteres latinos; 36 Th Charoen Meuang; 7.00-20.30) Buen lugar para comprar las citadas camisas, a unos 60 m de la puerta sureste (Pratu Chai) que lleva al casco viejo.

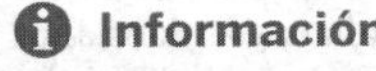

Información

Government Savings Bank (Th Rong Saw; 8.30-15.30 lu-vi) El cajero automático está junto a la comisaría de policía.

Krung Thai Bank (Th Charoen Meuang; 8.30-15.30 lu-vi) Cambio de divisas y cajero automático.

Cibercafé (Soi 1, Th Charoen Meuang; 15 THB/h; 10.00-22.00) Internet/juegos en línea en la misma *soi* que el hotel Bua Khao.

Nok Bin (24 Th Wichairacha; 10.00-18.00) La periodista local Khun Kung y su marido han creado un alegre café que también funciona como informal centro de información para visitantes. Imprimen un mapa turístico de Phrae que actualizan con frecuencia y ayudan con el alquiler de bicicletas o motocicletas.

Hospital de Phrae (0 5452 2444) Al este de Th Chaw Hae, en el sureste del centro.

Oficina de correos (Th Charoen Meuang; 8.30-16.30 lu-vi, 9.00-12.00 sa)

Cómo llegar y salir

Avión

Solar Air (atención al cliente 02 535 2455; www.solarair.co.th; aeropuerto de Phrae) vuela al aeropuerto Don Muang de Bangkok los lunes y viernes, y a la inversa los domingos y viernes (2790 THB, 1½ h).

Autobús y furgoneta

La terminal de autobuses de Phrae está mejor situada que la de muchas otras ciudades del país y próxima a un par de alojamientos. Hay también furgonetas frecuentes a Lampang (85 THB, 2 h, 7.00-17.00) y Nan (78 THB, 2 h, 6.00-18.15).

Algunos destinos en autobús son:

Bangkok (318-636 THB, 8 h, frecuentes, 9.15-12.00 y 18.30-22.30)

Chiang Mai (137-274 THB, 4 h, cada hora, 6.00-17.00)

Chiang Rai (114-320 THB, 4 h, frecuentes, 7.00-16.00)

Lampang (76-157 THB, 2 h, cada hora, 6.00-17.00)

Mae Sai (152-349 THB, 5 h, frecuentes, 7.00-16.00)

Nan (58-162 THB, 2 h, cada hora, 7.00- 20.30)

Phayao (70-196 THB, 2 h, frecuentes, 7.00-16.00)

Tren

La **estación de trenes de Den Chai** (0 5461 3260) está a 23 km de Phrae. Hay *sŏrng·tăa·ous* azules frecuentes entre la estación de autobuses de Phrae y Den Chai (40 THB) de 6.00 a 17.30.

Desde la estación de Den Chai hay trenes a Bangkok (155-1291 THB, 9-11 h, 8 diarios) y Chiang Mai (72-549 THB, 4-6 h, 7 diarios), entre otros destinos principales. Para otros servicios, llámese a **Ferrocarriles Estatales de Tailandia** (atención al cliente 1690; www.railway.co.th) o véase su web.

Cómo desplazarse

Un *săhm·lór* a cualquier lugar del casco antiguo cuesta 30 THB. Hay mototaxis en la terminal de autobuses; uno desde allí hasta, p. ej., a la Pratu Chai cuesta unos 40 THB.

Alrededores de Phrae

WAT PHRA THAT CHO HAE วัดพระธาตุช่อแฮ

En una colina unos 9 km al sureste de la ciudad y cerca de la carretera 1022, este **'wat'** (gratis) es famoso por su *chedi* dorada de 33 m de altura. Cho Hae es el nombre de la tela que los fieles enrollan a su alrededor, una especie de raso cuyos orígenes se cree se remontan a Xi-shuangbanna (Sipsongpanna, literalmente "doce mil campos de arroz", en thai del norte), en China. Como el Wat Doi Suthep de Chiang Mai, es un importante centro de peregrinación para los tailandeses del norte. Una escalera *naga* conduce al recinto del templo.

El interior del *bòht* está decorado algo recargadamente con un techo de madera dorado, columnas rococó y paredes con mosaicos de capullos de loto. A la imagen del **Phra Jao Than Jai,** de aspecto similar a la del Phra Chinnarat de Phitsanulok, se le atribuye la virtud de conceder fertilidad a las mujeres devotas.

La carretera que conduce al *wat* atraviesa paisajes pintorescos y pasa por numerosos restaurantes de comida local. Las *sŏrng·tăa·ous* entre Phrae y el Phra That Cho Hae (20 THB) salen de cerca del Talat Phrae Preeda, en Th Chaw Hae, de 6.00 a 16.30; fuera de ese horario se puede fletar una por 400 THB.

PHAE MEUANG PHI แพะเมืองผี

El nombre de **Phae Meuang Phi** (gratis) significa "Tierra de espectros", en referencia al fenómeno geológico que puede verse unos 18 km al noreste de Phrae junto a la carretera 101. La erosión ha dado lugar a curiosas columnas de tierra y roca que parecen setas gigantes. Esta zona ha sido declarada parque provincial y recientemente se han incorporado unos cuantos senderos y miradores. Hay pabellones de *picnic* y vendedores ambulantes de *gài yâhng* (pollo picante a la parrilla), *sôm·đam* y arroz glutinoso cerca de la entrada.

Es complicado llegar a la Phae Meuang Phi en transporte público; fletar una *sŏrng·tăa·ou* cuesta unos 600 THB, o también se puede preguntar a Khun Kung de Nok Bin (p. 335) por otras opciones.

PROVINCIA DE NAN

Enclavada en el rincón noreste de Tailandia, Nan es una provincia remota con bellezas naturales por descubrir. Fuera del valle del Mae Nam Nan, la tribus de la montaña predominantes son la mien y, en menor medida, la hmong, y dispersos por toda la provincia se encuentran cuatro grupos menos conocidos que raramente se ven fuera de esta zona: thai lü, mrabri, htin y khamu.

A día de hoy los extranjeros pueden cruzar la frontera a Laos desde el pueblo de Ban Huay Kon, 140 km al norte de Nan (véase p. 343).

Nan น่าน

20 000 HAB.

Debido a su remota situación, no es fácil que el viajero vaya a parar aquí por casualidad. Además, su casco antiguo, en general monótono, no se presta para enviar una bella postal a casa. Pero si el visitante se ha tomado la molestia de llegar hasta aquí, se verá recompensado por una ciudad rica en cultura e historia. Muchos de sus habitantes son thai lü, descendientes de los inmigrantes de Xishuangbanna, en el sur de China. Este legado cultural se percibe claramente en el arte y la arquitectura de la ciudad, sobre todo en sus bellos templos. También puede descubrirse la influencia Lanna en las ruinas de las antiguas murallas y en varios *wats* primitivos.

Historia

Nan fue durante siglos un reino aislado e independiente, con pocos vínculos con el mundo exterior. Existen abundantes indicios de que la zona estuvo habitada en tiempos prehistóricos, pero hasta que varios *meuang* pequeños no se fusionaron para dar lugar a Nanthaburi a mediados del s. XIV, la ciudad no se convirtió en una potencia con la que luchar. Hacia finales del s. XIV, Nan se transformó en uno de los nueve principados tailandeses-laosianos del norte y comprendía Lan Na Thai. La ciudad-Estado prosperó durante el s. XV con el nombre de Chiang Klang ("Ciudad Media"), en referencia a su ubicación, aproximadamente a medio camino entre Chiang Mai ("Ciudad Nueva") y Chiang Thong ("Ciudad de Oro", la actual Luang Prabang). Los birmanos tomaron el reino en 1558 y se llevaron a su país a gran parte de la población como esclavos. La ciudad quedó prácticamente abandonada hasta que la Tailandia occidental consiguió liberarse de los birmanos en 1786. A partir de entonces, la dinastía local recuperó la

PINTURAS MURALES DEL WAT PHUMIN

El Wat Phumin es la Capilla Sixtina del norte de Tailandia. Las imágenes plasmadas en sus muros se pueden ver hoy reproducidas en toda clase de artículos, desde las baratijas del bazar nocturno de Chiang Mai hasta las postales que se venden en Bangkok. Sin embargo, tan alegres escenas fueron realizadas durante una época que fue testigo del fin de Nan como reino semindependiente y, cosa realmente extraña en el arte religioso tailandés, plasman también la situación política y social del momento.

Las pinturas, encargadas por Jao Suliyaphong, el último rey de Nan, incluyen la *Khaddhana Jataka*, una narración relativamente críptica sobre una de las vidas de Buda, que según afirma el historiador David K. Wyatt en su excelente obra *Reading Thai Murals* (Lectura de los murales tailandeses), nunca había sido ilustrada en el mundo budista. La historia, que puede contemplarse en el lado izquierdo de la pared norte del templo, representa a un huérfano en busca de sus padres. Wyatt argumenta que esta narración fue elegida como metáfora del reino de Nan, que también había sido abandonado por sus "padres" sucesivos: los reinos de Sukhotai, Chiang Mai y Ayutthaya. Más o menos por la misma época de las pinturas, Nan fue incorporado totalmente al reino de Siam por el rey Rama V y gran parte de su territorio fue asignado a Francia. El supuesto descontento con esta situación puede verse en una escena de la pared oeste que muestra a dos monos machos intentando copular delante de un fondo que, de forma no casual, recuerda a la bandera francesa.

Las pinturas también tienen valor por su belleza artística, algo muy a considerar dado la limitada paleta de colores de que disponía el artista, Thit Buaphan. También fascinan por sus estampas realistas y directas de la vida en Nan a finales del s. XIX. Una escena de tres miembros de una tribu de la montaña en la pared oeste incluye detalles como el bocio gigantesco en un hombre y un perro que ladra, lo que sugiere que era un grupo foráneo. Las múltiples representaciones de un hombre ataviado con un chal de mujer, a menudo enfrascado en tareas tradicionalmente femeninas, son algunas de las imágenes más antiguas de un *gà·teu·i* (transexual). Para rematar, el artista se autorretrató en la pared oeste coqueteando con una mujer. Si se considera que Thit Buaphan tardó más de veinte años en completar los murales, se le puede perdonar este exceso.

soberanía, manteniéndose semiautónoma hasta 1931, cuando finalmente, aunque a regañadientes, Nan aceptó someterse totalmente a la tutela de Bangkok.

Puntos de interés

Wat Phumin TEMPLO

(วัดภูมินทร์; gratis) El templo budista más famoso de Nan es célebre por sus exquisitos murales realizados a finales del s. XIX por el artista thai lü Thit Buaphan. Para conocer más sobre la importancia histórica de estas pinturas, véase recuadro arriba.

El exterior del templo adopta la forma de un *bòht* cruciforme, construido en 1596 y restaurado durante el reinado de Chao Anantavorapitthidet [1867-1874]. El *bòht* ilustra el trabajo de los arquitectos thai lü, y el ornamentado altar que ocupa su centro posee cuatro lados con sus respectivos budas sedentes de estilo Sukhotai en la postura de *mahn wí·chai* ("victoria sobre Mara", con una mano tocando el suelo).

Museo Nacional de Nan MUSEO

(พิพิธภัณฑสถานแห่งชาติน่าน; Th Pha Kong; entrada 100 THB; 9.00-16.00) Inaugurado en 1973, este museo ocupa el palacio de los dos últimos señores feudales de Nan, un edificio de 1903. En cuanto al contenido, es uno de los mejores centros de arte provinciales del país, y además casi todo está rotulado en inglés.

La planta baja alberga exposiciones etnológicas sobre los diversos grupos étnicos de la provincia, con plata, telas, útiles tradicionales y trajes típicos, entre otros. La segunda planta recorre la historia de Nan, con secciones de arqueología, arquitectura local, vestiduras reales, armas, cerámica y arte religioso. Entre la colección de budas hay curiosos ejemplos Lanna y con las características orejas caídas de la zona. También se expone un raro colmillo negro de elefante, posiblemente un regalo hecho a un señor de Nan hace trescientos años por el jefe khün de Chiang Tung (Kengtung).

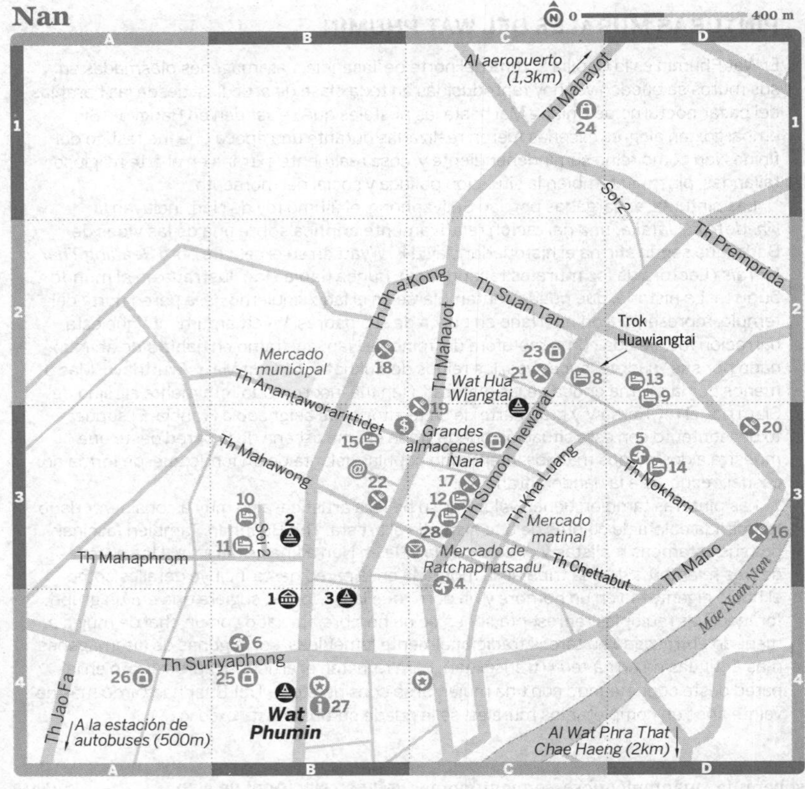

Wat Phra That Chae Haeng TEMPLO

(วัดพระธาตุแช่แห้ง; gratis) Fuera del centro urbano hacia el sureste, 2 km más allá del puente sobre el Mae Nam Nan, este templo budista de 1355 es el más sagrado de la provincia. Está ubicado en lo alto de una colina que domina la ciudad y el valle y rodeado por un recinto amurallado cuadrado. El *bòht,* de influencias thai lü, presenta un tejado de tres niveles con aleros de madera tallada y relieves de dragones sobre las puertas. Una *chedi* dorada de estilo Lanna se alza sobre una gran base cuadrada junto al *bòht;* si se visita a la puesta del sol, la *chedi* parece que tenga luz propia.

Wat Phra That Chang Kham TEMPLO

(วัดพระธาตุช้างค้ำ; gratis; Th Mahayot) Es el segundo templo en importancia de la ciudad. Se desconoce la fecha de su fundación, pero el *wí·hăhn* principal, de 1458, posee una enorme imagen sedente de Buda y unas tenues pinturas murales que han podido ser recuperadas en parte; se cuenta que, a mediados del s. xx, un abad del templo ordenó encalarlas para que no distrajeran a los fieles durante sus sermones.

En el mismo *wí·hăhn* hay una serie de rollos con inscripciones del período Lanna (con caracteres Lanna) que no incluyen únicamente las habituales escrituras budistas sino también la historia, leyes y astrología de la época. A un lado puede verse un *tam·mâht* ("asiento *dhamma",* usado por los monjes al impartir enseñanzas).

La *chedi* que se alza detrás del *wí·hăhn* data del s. XIV, probablemente de cuando se fundó el templo. Presenta unos soportes en forma de elefante similares a los de Sukhotai y Si Satchanalai.

Junto a la *chedi* hay un pequeño y menos destacado *bòht* de la misma época. El abad actual del *wat* cuenta una interesante historia sobre el *bòht* y el buda que antaño albergaba. Según el religioso, en 1955, el historia-

Nan

dor del arte A. B. Griswold quiso comprar dicha imagen, de 145 cm, aparentemente rudimentaria de un buda andante de estilo Sukhotai de escayola. Tras abonar los 25 000 THB acordados, Griswold se disponía a sacar la imagen del *bòht,* cuando se le cayó de las manos, resquebrajándose la escayola y quedando al descubierto un buda de estilo Sukhotai de oro macizo. Por supuesto, el abad hizo devolverlo a Griswold. Se desconoce si el historiador sospechaba algo. El abad calla al respecto. El buda, el mayor que existe de esta clase en Tailandia, puede verse hoy tras una mampara de cristal en la *hŏr đrai* (biblioteca Tripitaka), adyacente al *wí·hăhn*.

Wat Hua Khuang TEMPLO
(วัดหัวขวง; gratis) Situado frente al Wat Phra That Chang Kham en diagonal, este templo tiene una inconfundible *chedi* de estilo Lanna/Lan Xang con cuatro nichos para estatuas de Buda, un bello *hŏr đrai* de madera y un notable *bòht* con veranda de madera tallada al estilo de Luang Prabang. Dentro destaca el techo de madera labrada y un enorme altar de *naga*. Se ignora su edad, pero a juzgar por los estilos podría tratarse de uno de los *wats* más antiguos de la ciudad.

Actividades

Senderismo y 'rafting'

Nan no posee una infraestructura para practicar senderismo comparable a Chiang Rai o Chiang Mai; además, la mayoría de los visitantes, sobre todo los tailandeses, optan por surcar el río en vez de caminar. El *rafting* en aguas bravas por el Mae Nam Wa, en el norte de Nan, solo es posible cuando el nivel del agua es alto (sep-dic), aunque parece que la mejor época es al principio de la época de lluvias. Los rápidos, de grado I a IV, atraviesan paisajes de selva virgen y aldeas perdidas.

Nan Adventure Tour 'RAFTING'
(☎08 6701 4777; Th Nokham; 2 días y 1 noche 3500 THB por persona, 3 días y 2 noches desde 4500 THB por persona) Esta empresa regentada por el amistoso señor Boy organiza excursiones de *rafting* y/o kayak de dos a tres días, con todo incluido.

Nan Touring 'RAFTING'
(☎08 1961 7711; www.nantouring.com; Th Suriyaphong; 3 días y 2 noches 5500 THB por persona) Ofrece diversas excursiones de *rafting* para grupos de al menos cinco personas.

Otras actividades

Nan Seeing Tour CICLISMO, CIRCUITOS
(☎0 81472 4131; www.nanseeingtour.com; Nan Coffee, Th Sumon Thewarat; 2 días y 1 noche/3 días y 2 noches 1850/3850 THB por persona, mín. 4 personas) El Nan Coffee es la sede informal de esta nueva empresa de gestión local que ofrece expediciones sobre dos ruedas por Nan y alrededores. Un paquete de tres días empieza con bicicletas de montaña en la ciudad de Nan y acaba con motocicletas todoterreno por el campo. Los precios son con todo incluido.

Fhu Travel SENDERISMO
(☎0 5471 0636, 08 1287 7209; www.fhutravel.com; 453/4 Th Sumon Thewarat; mín. 2 personas, excursión fácil 1 día 1600 THB por persona, 2 días y 1 noche 2800 THB por persona, 3 días y 2 noches 3700 THB por persona) Ofrece caminatas a aldeas mabri, mon, mien, thai lü y tin, además de paseos en elefante, excursiones de *rafting* y kayak, y circuitos por la ciudad. Más de veinte años en activo la avalan.

Dónde dormir

Pukha Nanfa Hotel HOTEL $$$
(☎0 5477 1111; www.pukhananfahotel.com; 369 Th Sumon Thewarat; h 2500-4600 THB; ❄@📶) Tras el cambio de propiedad, el poco memorable Nan Fah Hotel se ha convertido en un encantador hotel-*boutique*. Las habitaciones son acogedoras y estilosas, y la madera antigua se resalta con los tejidos, artesanía y arte locales. Viejos anuncios y fotografías le añaden sabor añejo. El lugar queda muy a mano y cuenta con un personal eficiente.

Fah Place HOTEL $
(☎0 5471 0222; 237/8 Th Sumon Thewarat; h 400-500 THB; ❄📶) Este hotel nuevo, regentado por una familia, es con mucho el mejor de la ciudad, por no decir de la región. Las enormes habitaciones tienen bonitos muebles de teca y mullidas camas que solo se encuentran en hoteles que cuestan diez veces más. Los baños son también muy grandes y, como las habitaciones, están decorados con bonitos azulejos. También llevan el similar **Sukkasem Hotel** (☎0 5471 0222; 119-121 Th Anantaworarittidet; h 400-800 THB; ❄📶).

Nan Guest House HOTEL $
(☎08 1288 8484; 57/15 Th Mahaphrom; h 250-400 THB; ❄@📶) En una tranquila zona residencial a un breve paseo de casi todos los templos más famosos de Nan, este veterano alojamiento está bien mantenido y ofrece impolutas y amplias habitaciones, la mitad de ellas con baño privado y agua caliente. También llevan un café cercano que ofrece horneados caseros y otras comidas. El hotel está al final de Soi 2, junto a Th Mahaphrom.

Srinual Lodge HOTEL $$
(rótulo sin caracteres latinos; ☎0 5471 0174; 40 Th Nokham; h/ste 400/1300 THB; ❄📶) Este edificio de ladrillo de dos plantas, situado lo más cerca posible del río, ofrece 25 habitaciones "rústicas" (a base de troncos, bambú y telas autóctonas) que parecen confortables.

Nan Boutique Hotel HOTEL $$$
(☎0 5477 5532; www.nanboutiquehotel.com; Th Kha Luang; h 1400-2800 THB; ❄📶) Muy bien cuidado, este complejo con aire de barrio residencial de las afueras no tiene mucho carácter pero sí algunas de las habitaciones más modernas y mejor equipadas de la ciudad.

Dhevaraj Hotel HOTEL $$
(☎0 5471 0078; www.dhevarajhotel.com; 466 Th Sumon Thewarat; h con desayuno 900-1500 THB, ste con desayuno 3500 THB; ❄@📶🏊) No todas las habitaciones están a la altura de su cuidado exterior *retro,* p. ej., las más baratas lucen algo viejas y ajadas. No obstante, a su favor juegan los buenos precios y la localización.

Phai Lueng Guest House HOTEL $
(☎08 1594 2062; Th Mahaphrom; h 250-550 THB; ❄📶) Aunque las habitaciones están bastante desnudas, esta casa de madera a la antigua rebosa carácter. Ideal para quien prefiera el encanto al confort.

Amazing Guest House PENSIÓN $
(☎0 5471 0893; 23/7 Th Rat Amnuay/Suntisuk; h 150-450 THB; ❄📶) Las habitaciones del edificio principal tienen suelos de madera, camas limpias y duchas con agua caliente compartidas. Fuera, en la parte de atrás, hay otras de hormigón con baños privados. El lugar queda aproximadamente 1 km al norte de la ciudad. Se llega al norte por Th Mahayot, a la izquierda por Th Prempracharat y de nuevo a la izquierda por Th Rat Amnuay, también rotulada Th Suntisuk.

SP Guest House HOTEL $$
(☎0 5477 4897; www.fornan.com/spguesthouse.html; Trok Huawiangtai; h 400-700 THB; ❄📶) Con un ambiente muy hogareño, ofrece 14 habitaciones en general amplias y con muebles baratos pero alegres.

Numchock Guest House PENSIÓN $
(08 1998 1855; 37 Th Rat Amnuay/Suntisuk; con ventilador/A/A 200/350 THB;) Enfrente de la Amazing Guest House, otra familia local ha transformado parte de su residencia en una atractiva pensión.

Dónde comer y beber

Sorprendentemente, Nan ofrece uno de los panoramas gastronómicos más tristes del norte de Tailandia.

El **mercado nocturno** (Th Pha Kong; 17.00-23.00) brinda unas pocas opciones decentes de comida callejera.

Pu Som Restaurant TAILANDESA DEL NORTE $
(rótulo sin caracteres latinos; 203/1 Th Mano; principales 30-70 THB; almuerzo y cena) Este concurrido restaurante parece un granero de Texas, decorado con sombreros vaqueros, cráneos de vaca, pistoleras y un sinfín de imágenes con el hombre de Marlboro. La oferta, claro, se centra en la carne de ternera al estilo local como *lâhp* o *néu·a nêung* (al vapor sobre hierbas y servida con una deliciosa salsa de galanga).

Yota Vegetarian Restaurant VEGETARIANA TAILANDESA $
(Th Mahawong; principales 10-35 THB; 7.00-15.00;) La señora más simpática de la ciudad no permitirá que el cliente se vaya con hambre de su concurrido establecimiento, quizá el que sale más a cuenta de Nan. Cierra en cuanto se acaba la comida y no abre por la noche.

Som Tam Thawt TAILANDESA $
(rótulo sin caracteres latinos; Th Sumon Thewarat; principales 15-30 THB; 10.00-21.00) Diminuto restaurante conocido por su *sôm·đam tôrt* (*sôm·đam* frita), un tentempié crujiente a la par que refrescante. También hay estupendos aperitivos de fruta y platos sencillos.

Goodview Nan TAILANDESA $
(203/1 Th Mano; platos 35-150 THB; 11.00-24.00) Uno de los nuevos restaurantes de la ciudad que aprovechan las vistas al Mae Nam Nan. También funciona como *pub*. Carta en inglés y música en directo por la noche.

Pizza Da Dario ITALIANA-TAILANDESA $
(Th Mahayot; pizza 100-160 THB; almuerzo y cena;) *Pizzas* y pasta, entre otros platos occidentales y tailandeses.

Nan Coffee CAFÉ $
(Th Sumon Thewarat; bebidas de café 25-35 THB; 7.30-19.00) Bien situado, sirve buen café y comidas ligeras. Tiene también algunos recuerdos a la venta y hace además de oficina informal de Nan Seeing Tour.

De compras

Nan es de los mejores lugares del norte de Tailandia para comprar recuerdos, particularmente textiles, como telas de estilo thai lü. Las más típicas tienen motivos florales, geométricos y animales en rojo y negro sobre fondo blanco, siempre en algodón. Uno de los diseños preferidos es el de *lai nám lăi* (agua en movimiento), que muestra motivos escalonados de riachuelos, ríos y cascadas. El *appliquè* hmong y los bordados mien también son de excelente calidad, al igual que los cestos y esteras htin de bambú y hierba.

Kad-Nan MERCADO
(www.kad-nan.com; Th Mahayot; 10.00-22.00) La versión local del mercado de fin de semana Chatuchak de Bangkok tiene tiendas de adornos locales, artesanía, ropa, restaurantes (hasta uno de comida griega), cafés y bares. Aunque el mercado abre desde las 10.00, es mejor visitarlo ya anochecido, cuando casi todas las tiendas y restaurantes están aún operativos y la música en directo le añade cierto aire de feria.

Amnouy Porn y Jangtrakoon ARTESANÍA
(Th Sumon Thewarat; 8.00-19.00) Estas tiendas contiguas venden diversos artículos locales, en especial tejidos y ropa.

OTOP ARTESANÍA
(Th Suriyaphong; 8.00-19.00) El punto de venta de esta iniciativa de desarrollo financiada por el Estado tiene de todo, desde tentempiés locales hasta plata.

Peera TEJIDOS
(26 Th Suriyaphong; 8.00-19.00) A un breve paseo del Wat Phumin, esta tienda vende tejidos locales de calidad, a destacar las faldas y blusas de señora.

Nan Silver PLATA
(430/1 Th Sumon Thewarat; 7.30-19.00) Pequeña pero con clase, esta tienda reúne un enorme surtido de artículos de plata y diseño, todo de producción local.

Información

Kan Internet (Th Mahayot; 15 THB/h; 9.00-22.00) Por la ciudad hay otros lugares para conectarse a internet por unos 20 THB/h.

Oficina principal de correos (Th Mahawong; 8.30-16.30 lu-vi, 9.00-12.00 sa y do) En el centro.

Phunan Holiday (☎0 5477 2018; 494 Th Sumon Thewarat; ⊙9.00-18.30 lu-sa) En esta risueña agencia reservan billetes de avión y ofrecen otros servicios locales, desde senderismo hasta alquiler de automóviles con conductor.

Siam Commercial Bank (Th Anantaworarittidet) Cajero automático y servicio de cambio de divisas. Hay muchos más cajeros automáticos cerca del Pukha Nanfa Hotel.

Centro de información turística (☎0 5475 1169; Th Pha Kong; ⊙8.30-16.30) Enfrente del Wat Phumin, esta eficiente oficina está escondida tras los vendedores callejeros y cafés.

Cómo llegar y salir

Avión

Un taxi del aeropuerto al centro cuesta desde unos 100 THB por persona; llámese a **Mr Klay** (☎08 6188 0079).

Algunos destinos desde Nan son:

Aeropuerto Don Muang de Bangkok (1690 THB, 1 h 20 min, 1-2 diarios) con **Nok Air** (☎atención al cliente 1318, Nan 0 5477 1308; www.nokair.co.th; aeropuerto de Nan) y **Solar Air** (☎atención al cliente 02 535 2455; www.solarair.co.th; aeropuerto de Nan).

Chiang Mai (990 THB, 45 min, 2 diarios) con **Kan Air** (☎atención al cliente 02 551 6111, Nan 0 5477 1308; www.kanairlines.com; aeropuerto de Nan) y **Nok Mini** (☎atención al cliente 0 5328 0444; www.nokmini.com; aeropuerto de Nan).

Autobús

En Nan, todos los autobuses, furgonetas y *sŏrng·tăa·ous* salen de la estación de autobuses sita al borde suroeste de la ciudad. Un mototaxi de la estación al centro cuesta 25 THB.

Si se va a enlazar con la estación de trenes de Den Chai en Phrae, se puede tomar cualquier autobús que vaya a Chiang Mai o Bangkok.

Bangkok (424-773 THB, 10-11 h, frecuentes, 8.00-10.00 y 18.10-19.45)

Chiang Mai (223-412 THB, 5 h, frecuentes, 7.30-22.30)

Chiang Rai (176 THB, 5 h, 9.00)

Lampang (120 THB, 4 h, frecuentes, 7.30-22.30)

Phayao (123 THB, 3 h, 13.30)

Phrae (85 THB, 2 h, frecuentes, 7.30- 22.30)

Cómo desplazarse

Una carrera dentro de la ciudad en *săhm·lór* cuesta 20-30 THB.

Varios establecimientos alquilan bicicletas por unos 50 THB al día y motocicletas por unos 180-300 THB, p. ej., la Amazing Guest House, el Fah Place, la **Oversea Shop** (☎0 5471 0258; 488 Th Sumon Thewarat; bicicletas 80 THB/día, motocicletas 200 THB/día; ⊙8.30-17.30) y la Nan Guest House.

Alrededores de Nan

RESERVA FORESTAL DE LA THAM PHAH TUP ถ้ำผาตูบ

Este **conjunto de cuevas** calizas está unos 10 km al norte de Nan, integrado en una reserva natural de creación bastante reciente. Se han contabilizado 17 grutas, nueve de ellas fácilmente localizables a través de senderos, aunque no están señalizadas.

Desde la estación de autobuses de Nan se puede tomar un autobús o una *sŏrng·tăa ·ou* hacia Pua o Thung Chang, que paran en el desvío a las cuevas (30 THB).

NAN RIVERSIDE GALLERY หอศิลป์ริมน่าน

Fundada en el 2004 por Winai Prabipoo, un artista de Nan, esta **galería de arte** (www.nanartgallery.com; km 20, ctra. 1080; entrada 20 THB; ⊙9.00-17.00 ju-ma), 20 km al norte de Nan por la carretera 1080, expone obras contemporáneas de influencia local en un edificio de dos plantas. La planta baja acoge las interesantes exposiciones temporales de escultura, cerámica y dibujo, y arriba puede verse la colección permanente de pintura, al parecer inspirada principalmente por los murales del Wat Phumin. El singular edificio, lleno de luz, era un antiguo granero de arroz con una torrecilla aflechada. La tienda y el café dan directamente al Mae Nam Nan, y tiene unos inmaculados jardines ideales para pasear. Desde Nan, se llega con cualquier autobús o *sŏrng·tăa ·ou* (30 THB) que vaya hacia el norte.

WAT NONG BUA วัดหนองบัว

Unos 30 km al norte de Nan, cerca de la localidad de Tha Wang Pha, el cuidado pueblo thai lü de Nong Bua es famoso por el **Wat Nong Bua** (gratis), de estilo lü. Con el típico tejado doble y pórtico de madera tallada, el *wí·hăhn* es sencillo pero llamativo; nótense las cabezas de *naga* talladas en las esquinas del tejado. En su interior tiene interesantes murales de *jataka*, al parecer obra de Thit Buaphan, el mismo artista que pintó los del Wat Phumin. No hay que olvidarse de dejar un donativo en el altar para el mantenimiento y restauración del templo.

Detrás del *wat* hay una casa thai lü con telares en funcionamiento, donde se pueden adquirir las bonitas telas indígenas.

Desde la terminal de autobuses de Nan salen autobuses y *sŏrng·tăa ·ous* (35 THB) al norte hacia Tha Wang Pha. Hay que apearse en Samyaek Longbom, un cruce triple que hay antes de Tha Wang Pha, continuar a pie al oeste hacia un puente que cruza el Mae Nam Nan y girar a la izquierda. Sígase hasta llegar a otro pequeño puente, tras el cual el Wat Nong Bua queda a mano derecha. En total son 3 km desde la carretera.

PARQUE NACIONAL DEL DOI PHU KHA อุทยานแห่งชาติดอยภูคา

Este **parque nacional** (☎0 5470 1000; entrada 200 THB) se centra en el Doi Phu Kha, el monte más alto de la provincia (2000 m), situado entre los distritos de Amphoe Pua y Amphoe Bo Kleua, en la parte noreste de la provincia de Nan y a unos 75 km de la capital de la provincia. Hay varios **poblados** htin, mien, hmong y thai lü en el parque y sus cercanías, así como un par de **cuevas** y **cascadas** e infinitas oportunidades de practicar **senderismo** por el bosque. Las oficinas del parque tienen un mapa sencillo y el personal puede conseguir un guía local para hacer excursiones cortas o largas, además de *rafting* en el Nam Wa. Suele hacer frío en invierno y es particularmente húmedo en época de lluvias.

El parque cuenta con una gran variedad de **bungalós** (☎0 2562 0760; www.dnp.go.th; 2-7 personas 300-2500 THB), un restaurante y una tienda con productos básicos.

Para llegar al parque en transporte público desde Nan, primero hay que tomar un autobús o *sŏrng·tăa·ou* al norte hasta Pua (50 THB), apearse en el 7-Eleven y allí cruzar la carretera para tomar una de las tres *sŏrng·tăa·ous* (50 THB, 30 min) que salen a diario a las 7.30, 9.30 y 11.30.

BAN BO LUANG บ้านบ่อหลวง

También llamado Ban Bo Kleua ("Pueblo del Pozo de Sal"), Ban Bo Luang es una pintoresca localidad htin, situada al sureste del Parque Nacional del Doi Phu Kha, cuya ocupación principal ha sido y es la extracción de sal de pozos. Es fácil encontrar los yacimientos más importantes, situados hacia el centro del pueblo.

Si se dispone de transporte propio, el pueblo es una buena base de operaciones para visitar los parques nacionales próximos, el Doi Phu Kha y el **Parque Nacional de Khun Nan** (☎08 4483 7240; entrada gratis). Este último está pocos kilómetros al norte de la población y cuenta con una ruta de 2 km que parte del centro de visitantes y termina en un mirador desde el que se divisan las poblaciones de los alrededores y el cercano Laos.

PASO FRONTERIZO: DE BAN HUAY KON A MUANG NGEUN

Situado 140 km al norte de Nan, Ban Huay Kon es un pueblo muy tranquilo en las montañas próximas a la frontera con Laos. Hay un alegre **mercado** los sábados por la mañana, pero los extranjeros acuden al pueblo porque su paso fronterizo recientemente se ha convertido en internacional; hay 35 km a la ciudad de Hongsa (Laos), 152 km a Luang Prabang (90 km en barco), 295 km a Mengla (China) y 406 km a Dien Bien Phu (Vietnam).

Tras pasar el **puesto de inmigración tailandés** (☎0 5469 3530; ⊙8.00-17.00), los extranjeros pueden adquirir un visado laosiano de 30 días por 30-42 US$, según la nacionalidad; hay un recargo de 1 US$ o 50 THB pasadas las 16.00 y los fines de semana. Luego se recorren 2,5 km hasta el pueblo laosiano de Muang Ngeun, donde es posible alojarse en la **Phouxay Guesthouse** (☎020-214 2826; Nan-Hongsa Rd; h 50 000 MMK), o, para proseguir el viaje, ir a la pequeña **'Estación de Coches de Pasajeros'** (☎020-245 0145, 020-244 4130), junto al mercado. De ella salen las *sŏrng·tăa·ous* a Hongsa (40 000 MMK, 1½ h) de 14.00 a 16.00 y a Pak Kaen (35 000 MMK, 1 h) hacia las 7.30 y 14.00, con lo que se llegará a tiempo para tomar los barcos lentos a Huay Xai y Pak Beng, respectivamente.

Para ir a Ban Huay Kon, de Den Chai (en Phrae) salen tres furgonetas a diario (100 THB, 3 h) que llegan a Nan hacia las 5.00, 8.00 y 9.00. La única alternativa es tomar un autobús de Nan a Pon (105 THB, 2½ h, cada 30 min, 6.00-18.00). Desde Pon hay dos *sŏrng·tăa·ous* a diario que cubren los 30 km restantes hasta Ban Huay Kon (100 THB, 1 h, 9.30 y 12.00). En sentido inverso, las furgonetas salen de Ban Huay Kon a las 10.00, 13.00 y 14.30.

Entre Ban Huay Kon y la frontera hay alojamiento sencillo tipo bungalós. Pregúntese en el pueblo.

De entre el puñado de alojamientos de Ban Bor Luang el mejor es el **Boklua View** (☎08 1809 6392; www.bokluaview.com; Ban Bo Luang; h y bungalós 1850 THB, desayuno incl.; ❄@🛜🏊), un bonito y bien llevado complejo en una ladera que domina el pueblo y el Nam Mang que lo atraviesa. Sirven buena comida, sobre todo pollo frito con especias del norte. Cuesta abajo está el más económico **Oon Ai Mang** (rótulo sin caracteres latinos; ☎08 1374 7994; Ban Bo Luang; bungalós 500-650 THB, desayuno incl.), con tiendas y bungalós de madera muy sencillos con baños compartidos al borde del Nam Mang. Fuera del pueblo hay algunos lugares similares estilo pensión.

En el pueblo también hay algunos restaurantes pequeños y sencillos.

Para ir a Ban Bo Luang desde Nan, hay que tomar un autobús o *sŏrng·tăa·ou* al norte hasta Pua (50 THB), apearse en el 7-Eleven y cruzar la carretera para tomar una de las *sŏrng·tăa·ous* que van al pueblo (80 THB, 1 h) a diario a las 7.30, 9.30 y 11.30.

PROVINCIA DE PHITSANULOK

Phitsanulok

พิษณุโลก

84 000 HAB.

Hasta Phitsanulok llegan relativamente pocos viajeros por sus propios medios, pero sí muchos viajes organizados, seguramente porque la ciudad es una buena base para visitar las históricas Sukhotai, Si Satchanalai y Kamphaeng Phet. Debido a que buena parte de la ciudad quedó arrasada por un gran incendio en 1957, su arquitectura es bastante indefinida. Aun así, esta dinámica y acogedora urbe posee lugares y museos de interés, a destacar el Wat Phra Si Ratana Mahathat, que guarda uno de los budas más venerados del país.

Además, los incondicionales del senderismo pueden realizar excursiones hasta los parques nacionales cercanos y a las reservas naturales de Thung Salaeng Luang y el Phu Hin Rong Kla, antigua base de operaciones estratégica del Partido Comunista de Tailandia (CPT).

👁 Puntos de interés

Wat Phra Si Ratana Mahathat TEMPLO

(วัดพระศรีรัตนมหาธาตุ; gratis; ⏲6.00-21.00) El nombre completo de este templo es Wat Phra Si Ratana Mahathat, pero habitualmente lo abrevian a Wat Phra Si o Wat Yai. El *wí·hăhn* principal, aunque parece pequeño desde fuera, alberga el Phra Phuttha Chinnarat, de bronce, una de las imágenes de Buda más veneradas e imitadas de Tailandia, probablemente solo superada en importancia por el Buda Esmeralda del Wat Phra Kaew de Bangkok.

Según cuentan, la construcción del *wat* fue encargada durante el reinado de Li Thai en 1357. Cuando se terminó, el rey quiso que albergara tres imágenes de bronce de gran calidad, por lo que mandó buscar a escultores de renombre en Si Satchanalai, Chiang Saen y Hariphunchai (Lamphun), además de cinco brahmanes. Las dos primeras fundiciones salieron bien, pero la tercera requirió de tres intentos antes de ser declarada la mejor. Cuenta la leyenda que de la nada apareció un sabio vestido de blanco para ayudar en la selección final y luego desapareció. Esta última imagen se bautizó como Buda Chinnarat (Rey Victorioso) y se convirtió en la pieza estelar del *wí·hăhn*. Las otras dos, el Phra Chinnasi y el Phra Si Satsada, fueron más tarde trasladadas al real Wat Bowonniwet de Bangkok.

La imagen es de estilo Sukhotai tardío, pero lo que la hace única es el aura flamígera alrededor de la cabeza y el torso que termina en unas cabezas de dragón-serpiente. La cabeza de este buda es algo más ancha de lo habitual en Sukhotai, lo que le da mayor sensación de solidez.

Un santuario lateral se ha convertido en **museo** (gratis; ⏲9.00-17.30 mi-do), donde se muestran antiguos budas, cerámica y otros objetos históricos.

A pesar del carácter sagrado del templo, su tranquilidad se ve perturbada por altavoces que no paran de solicitar donativos e irradiar música tailandesa, y por vendedores ambulantes que promocionan sus artículos, desde hierbas a billetes de lotería. Se aconseja acudir muy temprano (mejor antes de las 7.00) para disfrutar de su tranquilidad y recogimiento, y obtener buenas fotografías. Independientemente del tiempo que haga, hay que vestir con decoro, evitando el pantalón corto y las camisetas sin mangas.

Cerca, en el mismo lado del río, está el **Wat Nang Phaya,** contemporáneo suyo.

Wat Ratburana TEMPLO

(วัดราชบูรณะ; gratis; ⏲6.00-20.30) Enfrente del Wat Phra Si Ratana Mahathat, este templo recibe menos visitas, aunque en algunos as-

INDISPENSABLE

FOLCLORE, BUDAS Y AVES

El brigada Thawee Buranakhet, un famoso experto del folclore tailandés que también ha sido cartógrafo militar, fundidor de estatuas de Buda y aficionado a las aves, a partir de sus diversas experiencias e intereses ha creado en Phitsanulok tres atracciones realmente recomendables.

El **Museo Popular del Brigada Thawee** (26/43 Th Wisut Kasat; adultos/niños 50/20 THB; ⌚8.30-16.30) tiene una notable colección de herramientas, textiles y fotografías de la provincia de Phitsanulok. Ocupa cinco edificios tradicionales tailandeses con jardines bien cuidados, y todo lo expuesto está acompañado de interesantes descripciones en inglés. Los aficionados a la gastronomía encontrarán muy interesante la reproducción de una cocina tradicional y las diversas trampas de caza. Es especialmente inquietante la descripción de la castración de los bueyes, aparentemente sin el uso de herramientas afiladas.

En la acera de enfrente y también propiedad suya, hay una pequeña **Fundición de Imágenes de Buda** (gratis; ⌚8.00-17.00) donde se hacen budas de bronce de todos los tamaños. Se puede observar el proceso y admirar las fotografías expuestas sobre el método de fundición a la cera perdida. Algunas de las imágenes más grandes requieren un año o más de trabajo. En una pequeña tienda de regalos venden imágenes de bronce de distintos tamaños.

Además de la fundición, también puede visitarse una exposición de gallos de pelea, que se crían y venden por todo el país. El nombre oficial de esta sección es "Centro para la Conservación del Gallo Popular".

Anexo a la fundición, su último proyecto es el **Jardín de Aves de Tailandia** (adultos/niños 50/20 THB; ⌚8.30-17.00). Esta colección de aviarios alberga especies autóctonas, incluidas algunas amenazadas como el lindo tilopo de Jambú o el cálao de casco de aspecto prehistórico. Desgraciadamente, las jaulas son en general demasiado pequeñas y para nada reproducen su entorno natural.

Los museos están al sur de Phitsanulok en Th Wisut Kasat; un *túk-túk* hasta allí cuesta unos 60 THB.

pectos sea más interesante que su célebre vecino. Además de un *wí·hăhn* que contiene un buda de oro de 700 años, una *ùbohsòt* con bellas pinturas murales, posiblemente de mediados del s. XIX, y dos *hŏr đrai*, el templo posee otras aportaciones de interés bastante chocantes que permiten comprender un poco más las fascinantes particularidades del budismo tailandés.

Lo más vistoso es la gran barca de madera decorada con guirnaldas que sirvió originalmente para transportar al rey Rama V en su visita oficial a Phitsanulok. Actualmente se cree que la barca concede deseos a aquellos que realizan una ofrenda y se arrastran por debajo o a lo largo de ella tres o nueve veces. Junto al *wí·hăhn* se alza un árbol sagrado con una escalera a ambos lados, por las que los visitantes suben y, tras dejar su ofrenda, hacen sonar una campana y bajan de nuevo, y repiten este ritual un total de tres o nueve veces. Al lado del árbol hay un inmenso *gong* que, si se frota del modo adecuado, genera una extraña resonancia. Cerca de cada uno de estos lugares hay una persona que, además de vender monedas, incienso y flores para las ofrendas, informa a los visitantes de cómo hay que ejecutar correctamente todo.

Actividades

Phae Hatha Thai Massage MASAJES

(Th Wangchan; masaje con ventilador/A/A 150/180 THB/h; ⌚10.00-21.00) En este centro ubicado en una balsa flotante la relajación adopta una nueva forma.

Dónde dormir

Lithai Guest House HOTEL $

(☎0 5521 9626; 73/105 Th Phayalithai; h 250-460 THB, desayuno incl.; ❄@☞) Tan limpio que reluce, las 60 luminosas habitaciones de este hotel no tienen mucho encanto, pero salen muy a cuenta. Casi todas poseen baño y agua caliente, televisión por cable, abundante mobiliario y nevera. El precio incluye el desayuno y agua embotellada. Alberga además una agencia de venta de billetes de avión, un café y un restaurante.

Phitsanulok

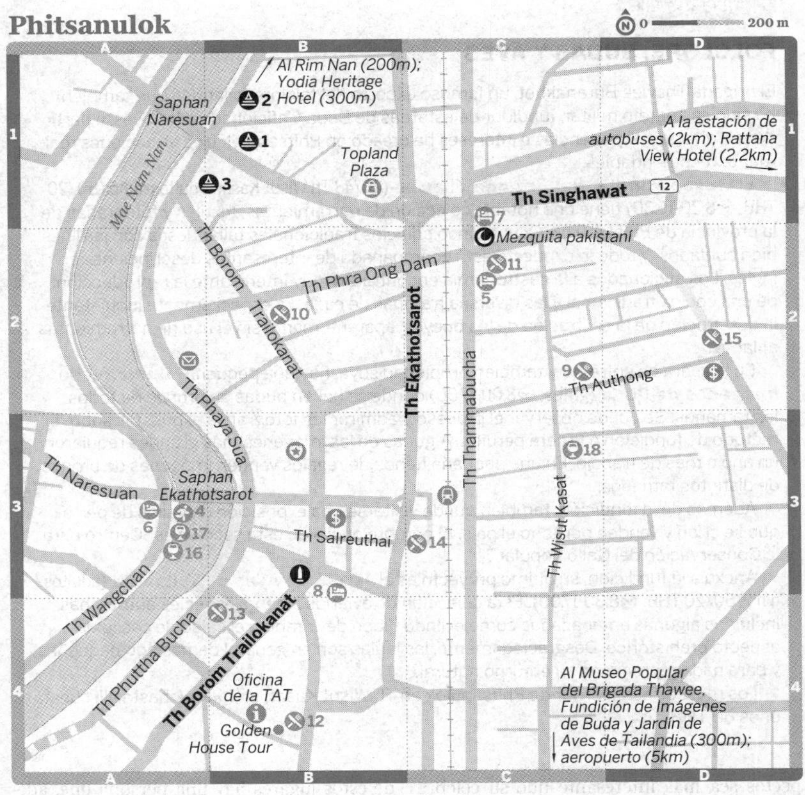

Golden Grand Hotel HOTEL **$$**
(☎0 5521 0234; www.goldengrandhotel.com; 66 Th Thammabucha; h 690-850 THB, desayuno incl.; ❄@📶) Las habitaciones lucen impecables, como si nadie hubiera dormido nunca en ellas, con magníficas vistas de la ciudad desde las de las plantas altas. La única pega podría ser el color verde menta. Servicio atento.

Yodia Heritage Hotel HOTEL **$$$**
(☎08 1613 8496; www.yodiaheritage.com; 89/1 Th Phuttha Bucha; h con desayuno 2950 THB, ste con desayuno 4200-8900 THB; ❄@🏊) En un tranquilo tramo del Mae Nam Nan, este nuevo hotel-*boutique* es lo más lujoso de Phitsanulok. Las suites son enormes, con bañeras a la par y una piscina semiprivada.

Rattana View Hotel HOTEL **$$**
(☎0 5522 1999; 847 Th Mitraphap; h 450-1400 THB, desayuno incl.; ❄📶🏊) Una manzana al este de la estación principal de autobuses, este hotel es otra opción atractiva, con bonitas habitaciones con balcones amplios y una atmósfera de nuevo y limpio. Tiene restaurante en la planta baja y un *spa* enfrente, en el edificio Amway.

Kraisaeng Place HOTEL **$**
(☎0 5521 0509; 45 Th Thammabucha; h 350-450 THB; ❄📶) Parece más un pequeño edificio de pisos que un hotel, pero las habitaciones están bien equipadas y tienen un precio interesante. Atentos a las dobles, pues solo cuestan un poco más y cuentan con zona de estar. Lo negativo es el ruido del tráfico.

Grand Riverside Hotel HOTEL **$$$**
(☎0 5524 8333; www.tgrhotel.com; Th Naresuan esq. Th Wangchan; h con desayuno 1600-1800 THB, ste con desayuno 3000 THB; ❄@📶) Con vistas al Mae Nam Nan desde su margen oeste, este imponente hotel de negocios ofrece todos los servicios esperados en un establecimiento relativamente nuevo y de precio elevado.

Phitsanulok

Puntos de interés

1 Wat Nang Phaya B1
2 Wat Phra Si Ratana Mahathat B1
3 Wat Ratburana B1

Actividades, cursos y circuitos

4 Phae Hatha Thai Massage A3

Dónde dormir

5 Golden Grand Hotel C2
6 Grand Riverside Hotel A3
7 Kraisaeng Place C1
8 Lithai Guest House B3

Dónde comer

9 Ban Mai C2
10 Daeng B2
11 Fah-Ke-Rah C2
12 Jaroen Tham B4
13 Bazar nocturno B4
14 Mercado nocturno C3
15 Mercado nocturno D2

Dónde beber

16 Calito A3
17 Sabai Boat A3
18 Wood Stock C3
Wow! .... (véase 17)

Las habitaciones de lujo cuentan con una sala de estar y vistas al río.

Dónde comer

Phitsanulok se toma en serio la cocina, y prueba de ello son sus tres mercados nocturnos. El más conocido es el **bazar nocturno** (platos 40-80 THB; 17.00-3.00), sobre todo de ropa, pero que cuenta con varios restaurantes junto al río especializados en *pàk bûng loy fáh* (literalmente "enredadera de campanillas que flota en el aire"); para prepararla, el cocinero saltea una ración de *pàk bûng* en el *wok* y luego la lanza al aire hacia el camarero, que la recoge en un plato. La diversión está asegurada cuando un grupo de turistas intentan atrapar las verduras volantes. Otro **mercado nocturno** (principales 20-40 THB; 17.00-24.00) se alinea a ambos lados de Th Phra Ong Dam al norte de Th Authong. Además un tercer y concurridísimo **mercado nocturno** (principales 20-60 THB; 16.00-20.00), al sur de la estación de trenes, ofrece sobre todo comida para llevar como *kôw nĕe·o hòr* (paquetitos de hoja de plátano con arroz glutinoso y diversos acompañamientos); hay dos vendedores confrontados cerca de la entrada por Th Ekathotsarot al mercado.

Otro plato que se asocia con Phitsanulok es el *gŏoay·đĕe·o hôy kăh* (literalmente, fideos "con las piernas colgando"), cuyo nombre se debe a la forma en que los clientes se sientan a comérselo en un alto banco frente al río. El **Rim Nan** (rótulo sin caracteres latinos; 5/4 Th Phaya Sua; principales 20-35 THB; 9.00-16.00), al norte del Wat Phra Si Ratana Mahathat, es uno de unos pocos restaurantes parecidos que hay en Th Phutta Bucha que ofrecen fideos y esa curiosa forma de sentarse.

Ban Mai TAILANDESA $$

(93/30 Th Authong; principales 60-150 THB; 11.00-14.00 y 17.00-22.00;) En este favorito del lugar reverberan las voces categóricas, abundan los muebles anticuados y un gato siamés sobrealimentado parece ser el amo del comedor, vaya, como en casa de los abuelos. Pero la comida no tiene nada de andar por casa, pues aquí se degustan platos poco corrientes y elaborados a la perfección, entre ellos *gaang pèt Ƀèt yâhng* (un *curry* de pato ahumado) o *yam đà·krái* (ensalada de limoncillo).

Fah-Ke-Rah MUSULMANA-TAILANDESA $

(786 Th Phra Ong Dam; principales 5-20 THB; 6.00-14.00) El más famoso de los varios cafés tailandeses-musulmanes que hay cerca de la mezquita, en Th Phra Ong Dam, sirve gruesos *roh·đee* (crujientes panqueques) con *gaang mát·sà·màn (curry* musulmán), yogur fresco elaborado a diario y, por solo 20 THB, *roh·đee gaang* (*roh·đee* servidos con un pequeño bol de *curry*).

Daeng VIETNAMITA-TAILANDESA $

(rótulo sin caracteres latinos; Th Borom Trailokanat; platos 40-120 THB; almuerzo y cena;) Frente al Pailyn Hotel y con un letrero de "Food & Drink" ("Comida y bebida") en inglés, este pequeño establecimiento pertenece a una popular cadena de comida vietnamita-tailandesa que nació en Nong Khai. El plato estrella es *năam neu·ang* (albóndigas de cerdo a la parrilla con hierbas frescas, todo envuelto en hojas de arroz).

Jaroen Tham VEGETARIANA-TAILANDESA $

(Comida vegetariana; Th Sithamatraipidok; platos 15-20 THB; 8.00-15.00;) A la vuelta de la esquina de la oficina de la TAT, en este senci-

AUTOBUSES Y FURGONETAS DE PHITSANULOK

Phitsanulok es una ciudad bien comunicada, pues en ella se cruzan varias rutas de autobús. La **estación de autobuses** (☎0 5521 2090) está 2 km al este de la ciudad en la carretera 12. De la terminal de autobuses parten también las furgonetas, con salidas frecuentes para Mae Sot (163 THB, 4 h, 7.00-14.30).

DESTINO	PRECIOS (THB)	DURACIÓN (H)	FRECUENCIA
Bangkok	224-380	5	cada hora, 7.20-24.00
Chiang Rai	249-320	5	cada hora, 8.00-24.00
Mae Sai	280-456	6	cada hora, 5.30-24.00
Nan	238	6	24.00, 2.00
Phrae	150	4	24.00, 2.00
Mae Sot	210	5	1.00, 3.00
Chiang Mai	211-317	6	cada hora, 8.00-24.00
Lampang	155-265	4	cada hora, 8.00-24.00
Sukhothai	28-50	1	cada hora, 5.40-18.00
Kamphaeng Phet	53-74	3	cada hora, 5.00-18.00

llo establecimiento sirven platos vegetarianos acompañados de un potente arroz integral.

Dónde beber y ocio

Hay unos pocos *pubs* flotantes a lo largo de Th Wangchan enfrente del Grand Riverside Hotel, entre ellos el **Sabai Boat** (rótulo sin caracteres latinos; Th Wangchan; platos 40-140 THB; ⊙11.00-23.00) y el **Wow!** (Th Wangchan; platos 50-150 THB; ⊙17.00-24.00), ambos también con servicio de comida.

Wood Stock BAR
(148/22-23 Th Wisut Kasat; platos 35-70 THB; ⊙17.00-24.00) Tiene mobiliario que está muy bien de los años sesenta y setenta, música en directo y una carta breve y barata de *gàp glâam* (picoteo a la tailandesa).

Calito BAR
(☎08 1953 2629; 84/1 Th Wangchan; platos 70-100 THB; ⊙18.00-24.00) En tierra firme, ofrece una extensa carta de platos tailandeses y cerveza de barril fría.

Información

Hay varios establecimientos para conectarse a internet salpicados por la zona de la estación de trenes, cerca del Topland Plaza y en la orilla oeste del río cerca del Saphan Ekathotsarot. Distintos bancos ofrecen servicio de cambio de divisas y cajeros automáticos. También hay algunos cajeros dentro del complejo del Wat Phra Si Ratana Mahathat.

Golden House Tour (☎0 5525 9973; 55/37-38 Th Borom Trailokanat; ⊙7.00-19.00 lu-sa) Esta agencia de viajes con experiencia reserva billetes de avión y concierta transporte por tierra en Phitsanulok y alrededores.

Krung Thai Bank (35 Th Naresuan; ⊙hasta 20.00) Ventanilla de cambio de divisas abierta fuera de horas.

Oficina principal de correos (Th Phaya Sua; ⊙8.30-16.30 lu-vi, 9.00-12.00 sa y do)

Oficina de la Autoridad de Turismo de Tailandia (TAT; ☎atención al cliente 1672, Phitsanulok 0 5525 2742; tatphlok@tat.o.th; 209/7-8 Th Borom Trailokanat; ⊙8.30-16.30) Junto a Th Borom Trailokanat, su amable personal facilita planos gratis de la ciudad y un folleto de circuitos a pie.

Policía turística (☎1155; Th Ekathotsarot)

Cómo llegar y salir

Avión

El **aeropuerto** (☎0 5530 1002) de Phitsanulok está 5 km al sur del centro. Golden House Tour tiene un tablón en el aeropuerto que indica su servicio de furgoneta a los hoteles (200 THB por persona). Un *túk-túk* de la ciudad al aeropuerto cuesta 150 THB.

Nok Air (☎atención al cliente 1318; www.nokair.co.th; Phitsanulok aeropuerto) opera vuelos entre Phitsanulok y el aeropuerto Don Muahg de Bangkok (1290 THB, 50 min, 2 diarios).

Tren

La estación de trenes de Phitsanulok (con consigna), a un paseo desde muchos alojamientos, es una estación importante, pues en ella paran prácticamente todos los trenes que van al norte y el sur, p. ej., a Bangkok (80-1164 THB, 5-7 h, 11 diarios) y a Chiang Mai (143-1145 THB, 7-9 h, 6 diarios), entre otros destinos importantes. Para horarios y precios actualizados, llámese a **Ferrocarriles Estatales de Tailandia** (☎gratis 24 h 1690; www.railway.co.th) o consúltese su web.

Cómo desplazarse

Las carreras en los *săhm·lórs* estilo Darth Vader típicos del lugar cuestan desde 60 THB. Fuera de la estación de trenes un letrero indica los precios en *túk-túk* a distintos destinos de la ciudad.

Budget (☎0 5530 1020; www.budget.co.th) tiene una oficina de alquiler de automóviles en el aeropuerto y precios desde 1500 THB al día.

Alrededores de Phitsanulok

PARQUE NACIONAL DEL PHU HIN RONG KLA อุทยานแห่งชาติภูหินร่องกล้า

Entre 1967 y 1982, el monte conocido como **Phu Hin Rong Kla** (☎0 5523 3527; entrada 200 THB; ⏲8.30-17.00) sirvió de cuartel general estratégico para el Partido Comunista de Tailandia (CPT) y su brazo armado, el Ejército de Liberación Popular de Tailandia (PLAT). Esta cumbre remota y de fácil defensa era perfecta para la insurgencia. La provincia china de Yunnan está a solo 300 km y fue allí donde los cuadros del CPT se formaban en tácticas revolucionarias. Así pasó hasta 1979, cuando se produjo la ruptura entre los comunistas chinos y los vietnamitas, y el CPT se puso del lado vietnamita.

Durante casi veinte años, la zona que rodea el Phu Hin Rong Kla fue un campo de batalla entre las tropas tailandesas y los comunistas. En 1972, el Gobierno tailandés lanzó una importante pero infructuosa ofensiva contra el PLAT. El campamento del CPT en el Phu Hin Rong Kla registró una especial actividad después de que las tropas tailandesas mataran a cientos de estudiantes en Bangkok durante el levantamiento estudiantil y obrero de octubre de 1976. Muchos estudiantes huyeron a las montañas para unirse al CPT y se creó un hospital y una escuela de estrategia política y militar. Hacia 1978, las filas del PLAT habían aumentado a 4000 miembros. En 1980 y 1981 el Gobierno consiguió recuperar parte del territorio del CPT, pero el golpe decisivo tuvo lugar en 1982, cuando decretó una amnistía para todos los estudiantes que se hubieran unido a los comunistas después de 1976. El abandono de la mayoría de los estudiantes quebró la espina dorsal del movimiento, que dependía de sus afiliados. El avance militar a finales de 1982 provocó la rendición del PLAT, y la zona del Phu Hin Rong Kla fue declarada Parque Nacional en 1984.

Puntos de interés y actividades

El parque ocupa alrededor de 307 km² de montañas escarpadas y bosques, gran parte de los cuales están cubiertos por roca y flores silvestres. La oficina central del parque está a unos 1000 m de altitud, por lo que siempre hace fresco, incluso en la estación calurosa. Los puntos de interés principales no suelen estar muy lejos de la carretera principal que atraviesa el parque. Entre ellos destacan las ruinas del baluarte del CPT (una rústica sala de reuniones y la escuela de estrategia política y militar), su edificio administrativo. Al otro lado de la carretera, frente a la escuela, hay una noria que diseñaron estudiantes de ingeniería.

El parque puede estar abarrotado los fines de semana y festivos, por lo que se recomienda visitarlo entre semana.

Pha Chu Thong PARAJE HISTÓRICO

Un sendero de 1 km lleva hasta el Pha Chu Thong ("risco de la Izada de la Bandera", llamado a veces risco de la Bandera Roja), donde los comunistas izaban la bandera roja para anunciar sus victorias militares. En esta misma zona se encuentran un **refugio antiaéreo,** un **puesto de observación** y las ruinas del principal **cuartel general del CPT,** que era el punto más inaccesible del territorio antes de la construcción de la carretera. Los edificios del parque, hechos de madera y bambú y sin instalaciones de agua o electricidad, demuestran lo básicas que eran allí las condiciones de vida.

En las oficinas centrales del parque hay un pequeño **museo** que exhibe reliquias de la época guerrillera, aunque con pocas explicaciones en inglés. Al final de la carretera que se adentra en el parque hay un pequeño **pueblo hmong blanco.**

Caminatas PASEOS

Si no interesa la historia, el parque también tiene **cascadas, senderos** y **vistas panorámicas,** además de unas interesantes formaciones rocosas, unos enormes

MERECE LA PENA

LA CARRETERA VERDE

El tramo de la carretera 12 entre Phitsanulok y Lom Sak se conoce como la "Carretera Verde" y discurre paralelo al Lam Nam Khek, un pintoresco río con numerosos rápidos. Se pasa junto a cascadas, complejos turísticos y las reservas naturales del Phu Hin Rong Kla y Thung Salaeng Luang.

La oficina de la TAT de Phitsanulok facilita un mapa con los lugares de interés que hay en estos 130 km. Tal vez sería mejor saltarse las dos primeras cascadas, la **Nam Tok Sakhunothayan** (km 33) y **Kaeng Song** (km 45), que los fines de semana se llenan de visitantes. La tercera, **Kaeng Sopha**, en el km 72, comprende una zona más amplia con saltos pequeños y rápidos que se pueden vadear entre rocas; según las lluvias hay más o menos piedras. Cuando el Lam Nam Khek lleva suficiente agua (normalmente sep-nov), cualquier complejo de este tramo organiza excursiones de **'rafting' en aguas bravas.**

Más al este por la carretera se halla la **Reserva Natural de Thung Salaeng Luang** (☎0 5526 8019; entrada 200 THB; ⏲8.00-17.00), de 1262 km², una de las mayores y más importantes reservas de fauna y flora de Tailandia. La entrada se encuentra en el km 80; en su oficina facilitan información sobre senderismo y alojamiento.

Con vehículo propio, se puede girar hacia el sur en el mojón del km 100 y tomar la carretera 2196 rumbo al **Khao Kho** (Khow Khor), otra guarida de montaña usada por el CPT durante la década de 1970.

Después de la excursión adicional al **Khao Kho** se tienen dos opciones: regresar a la carretera Phitsanulok-Lom Sak, o tomar la carretera 2258, que se desvía de la 2196 y desemboca en la 203. Desde esta última se puede seguir hacia el norte hasta Lom Sak o al sur hacia Phetchabun.

Hay alojamientos tipo complejo de vacaciones a lo largo de casi toda la Carretera Verde, con los económicos agrupados cerca de Kaeng Song, hacia el km 45, y en los diversos **parques nacionales** (☎0 2562 0760; www.dnp.go.th; parcela 30 THB, tienda para 2-8 personas 150-600 THB, bungalós 300-5000 THB). Varios restaurantes a orillas del Nam Khek aprovechan las buenas vistas y la brisa.

Para más libertad, es preferible hacer esta ruta con vehículo propio. Los autobuses entre Phitsanulok y Lom Sak cuestan 50/70 THB normal/con aire acondicionado por trayecto. Durante el día se puede parar otro autobús para proseguir el viaje, pero después de las 16.00 se hace más difícil.

peñascos salientes llamados **Lan Hin Pum** y una zona de grandes grietas donde se escondían las tropas del PLAT durante los ataques aéreos llamada **Lan Hin Taek.** En el **centro de visitantes** (⏲8.30-16.30) tienen mapas.

Dónde dormir y comer

Golden House Tour, cerca de la oficina de la TAT en Phitsanulok, reserva alojamientos.

Real Departamento Forestal de Tailandia ZONA DE ACAMPADA $$

(☎0 2562 0760; www.dnp.go.th; tienda para 2-8 personas 150-600 THB, bungalós 300-2100 THB) Los bungalós para entre 3 y 15 personas, en tres zonas diferentes del parque, deben reservarse con antelación a través de este ente. También se puede plantar la propia tienda o alquilar una, así como alquilar sacos de dormir (60 THB). Cerca del *camping* y los bungalós hay restaurantes y puestos de comida. Los mejores son la Duang Jai Cafeteria (con una recomendable *sôm·đam* de zanahoria) y el Rang Thong.

Cómo llegar y salir

La oficina central del parque está a unos 125 km de Phitsanulok. Para llegar, primero hay que tomar un autobús a primera hora de la mañana a Nakhon Thai (46-97 THB, 2 h, cada hora, 5.00-18.00), desde donde se puede fletar una *sŏrng·tăa·ou* al parque (800 THB) en el cercano mercado. Desde Phitsanulok, Golden House Tour cobra 1700 THB por un automóvil con conductor (gasolina aparte). Es un viaje muy agradable para realizar en motocicleta, pues hay poco tráfico, aunque debe ser suficientemente potente para sortear bien los tramos más empinados.

PROVINCIA DE SUKHOTAI

Sukhotai สุโขทัย

37 000 HAB.

El reino de Sukhotai ("Aumento de la felicidad") floreció entre mediados del s. XIII y finales del s. XIV. Este período a menudo se califica de "edad de oro" de la civilización tailandesa, durante el cual el arte religioso y la arquitectura dieron lugar a los estilos considerados más clásicos. Las ruinas de la antigua Sukhotai, conocidas hoy como *meuang gòw* ("ciudad dorada"), ocupan cerca de 45 km² de edificios parcialmente reconstruidos y es uno de los yacimientos arqueológicos más visitados del país.

Situada 12 km al este del parque histórico, a orillas del Mae Nam Yom, Nueva Sukhotai no reviste mucho interés. Sin embargo, posee un ambiente agradable y sosegado, una buena red de transporte público y atractivos alojamientos, por lo que constituye una buena base desde la que visitar la parte antigua.

Historia

Sukhotai se suele considerar la primera capital de Siam, aunque esto no es del todo preciso (véase recuadro abajo). Anteriormente esta zona había sido ocupada por el Imperio jemer hasta 1238, cuando dos gobernantes tailandeses, Pho Khun Pha Muang y Pho Khun Bang Klang Hao, decidieron unirse y formar un nuevo reino tailandés.

El reino de Sukhotai duró doscientos años y tuvo nueve reyes, el más famoso de los cuales fue Ramkhamhaeng [1275-1317], al que se le atribuye el desarrollo de la primera escritura thai. Asimismo se considera que sus inscripciones son la muestra más primitiva de literatura thai. Ramkhamhaeng llegó a expandir el reino hasta abarcar una superficie incluso mayor que la de la actual Tailandia. En 1438, Sukhotai fue absorbido por Ayutthaya.

¿EL PRIMER REINO?

La fundación de Sukhotai en 1238 a menudo se describe como el nacimiento del primer reino thai. Pero el reino de Chiang Saen ya se había creado cinco siglos antes, y cuando se fundó Sukhotai ya existían otros reinos thai como el de Lanna y el de Phayao. Aunque sin duda la profunda influencia de Sukhotai en el arte, la lengua, la literatura y la religión de la sociedad tailandesa actual, por no mencionar la extensión del reino en su momento álgido a principios del s. XIII, son poderosas razones para la divulgación de este relevante, aunque técnicamente incorrecto, dato histórico.

Puntos de interés

PARQUE HISTÓRICO DE SUKHOTAI อุทยานประวัติศาสตร์สุโขทัย

Las ruinas de Sukhotai, declaradas Patrimonio Mundial por la Unesco, son uno de los espacios históricos más impresionantes de Tailandia. El parque comprende los restos de 21 enclaves históricos y cuatro grandes estanques intramuros y otros 70 enclaves repartidos en un radio de 5 km.

La arquitectura de los templos de Sukhotai se caracteriza por la clásica *chedi* en forma de capullo de loto, con una aguja cónica rematando una construcción de cuatro lados montada sobre una base de tres niveles. Algunos conjuntos muestran otras ricas formas arquitectónicas introducidas o modificadas durante el período, como las *chedis* cingalesas en forma de campana y las de estilo Srivijaya de dos niveles.

A pesar de las numerosas visitas que el parque recibe, el lugar es tan extenso que no es difícil recorrerlo con tranquilidad. Algunos de los restos más impresionantes están fuera de las murallas, por lo que es esencial disponer de una bicicleta o motocicleta para visitarlo todo.

De las cinco zonas en que se dividen las ruinas, para acceder a la central, la norte y la oeste hay que pagar una entrada aparte de 100 THB.

Zona central

Es la principal **zona** (plano p. 352; entrada 100 THB, más 10/30/50 THB bicicleta/motocicleta/automóvil; ⌚6.30-20.00) del parque, la que alberga algunas de sus ruinas mejor conservadas y más impresionantes del mismo. En la taquilla se puede alquilar por 150 THB una audioguía, disponible en inglés, japonés y tailandés.

Wat Mahathat TEMPLO

(วัดมหาธาตุ; plano p. 352) Terminado en el s. XIII, el mayor *wat* de Sukhotai está rodeado por una muralla de ladrillo de 206 m de largo por 200 de ancho y un foso que, según se cree, representa la muralla exterior del universo y el mar cósmico. Las agujas de las *chedis* exhiben el célebre motivo del capullo

Parque Histórico de Sukhotai

Parque Histórico de Sukhotai

Puntos de interés

1 Museo Nacional de Ramkhamhaeng C2
2 Wat Chang Lom D2
3 Wat Mahathat C2
4 Wat Phra Phai Luang B1
5 Wat Sa Si B2
6 Wat Si Chum B1
7 Wat Si Sawai B2
8 Wat Trapang Thong C2

Dónde dormir

9 Old City Guest House C2
10 Orchid Hibiscus Guest House D3
11 PinPao Guest House D2
Thai Thai .... (véase 10)
12 Tharaburi Resort C3
Vitoon Guest House .... (véase 9)

Dónde comer

Coffee Cup .... (véase 9)
Puestos de comida .... (véase 9)

de loto y todavía se conservan algunas de las majestuosas figuras originales de Buda entre las ruinosas columnas del antiguo *wí·hăhn*. Dentro de las murallas del monasterio se alzan 198 *chedis*, material más que suficiente para una larga visita del considerado por muchos el centro espiritual y administrativo de la antigua capital.

Museo Nacional de Ramkhamhaeng

MUSEO

(พิพิธภัณฑสถานแห่งชาติรามคำแหง; plano p. 352; ☎0 5561 2167; entrada 150 THB; ⏲9.00-16.00) Es un buen punto de partida para explorar las ruinas del parque. Entre su impresionante colección de objetos de Sukhotai se cuenta una réplica de la célebre inscripción de Ramkhamhaeng, considerada el primer ejemplo de escritura thai.

Wat Si Sawai

TEMPLO

(วัดศรีสวาย; plano p. 352) Al sur del Wat Mahathat, este santuario budista (ss. XII-XIII) tiene tres torres de estilo jemer y un pintoresco foso. Fue construido originalmente por los jemeres como templo hinduista.

Wat Sa Si

TEMPLO

(วัดสระศรี; plano p. 352) También conocido como "monasterio del Estanque Sagrado", el templo se alza en una isla al oeste del monumento de bronce del rey Ramkhamhaeng (el tercero de Sukhotai). Este sencillo edificio de clásico estilo del reino alberga un gran buda, una *chedi* y las columnas del derruido *wí·hăhn*.

Wat Trapang Thong TEMPLO
(วัดตระพังทอง; plano p. 352) Este pequeño templo aún habitado y con excelentes relieves de estuco está junto al museo; se llega por una pasarela que atraviesa el gran estanque lleno de lotos que lo rodea. Este estanque, emplazamiento original del Loi Krathong, es la principal fuente de abastecimiento de agua de la comunidad de Sukhotai.

Zona norte

Es fácil llegar en bicicleta a esta **zona** (plano p. 352; entrada 100 THB, más 10/30/50 THB bicicleta/motocicleta/automóvil; ⌚7.30-17.30), 500 m al norte de las murallas de la ciudad antigua.

Wat Si Chum TEMPLO
(วัดศรีชุม; plano p. 352) Este *wat*, situado al noroeste de la ciudad antigua, contiene un impresionante *mondòp* con un buda sedente de ladrillo y estuco de 15 m. Los elegantes y ahusados dedos del buda son un recurrente motivo fotográfico. Los arqueólogos especulan acerca de si esta imagen se corresponde a la del Phra Atchana mencionado en la famosa inscripción de Ramkhamhaeng. El pasadizo en el muro del *mon·dòp* que conduce a la parte superior está cerrado, de modo que ya no se pueden admirar las inscripciones de *jataka* del techo del túnel.

Wat Phra Phai Luang TEMPLO
(วัดพระพายหลวง; plano p. 352) Situado extramuros en la zona norte, este *wat* un tanto aislado muestra tres torres del s. XII de estilo jemer y mayores que las del Wat Si Sawai. Pudo haber sido el centro de Sukhotai cuando la gobernaban los jemeres de Angkor antes del s. XIII.

Zona oeste

Es la **zona** (plano p. 352; entrada 100 THB, más 10/30/50 THB por bicicleta/motocicleta/automóvil; ⌚7.30-17.30) más extensa, cuyo punto más alejado queda 2 km al oeste de la muralla de la ciudad antigua; para explorarla se necesitará una bicicleta o motocicleta. Aparte del Wat Saphan Hin, comprende varias ruinas, en general, sin nada especial.

Wat Saphan Hin TEMPLO
(วัดสะพานหิน; plano p. 352) Sito en la cresta de un cerro que se alza 200 m sobre el llano, su nombre significa "puente de Piedra" debido al sendero y escalera de pizarra que aún hoy llevan hasta él. Está 3 km al oeste de las murallas de la ciudad antigua y brinda una buena perspectiva de las ruinas de Sukhotai al sureste y de las montañas al norte y el sur.

Lo único que queda del templo original son unas pocas *chedis* y el derruido *wí·hăhn*, consistente en dos hileras de columnas de laterita que flanquean una estatua de Buda erguido sobre una terraza de ladrillo.

INDISPENSABLE

MUSEO DE SANGKALOK

Este pequeño pero exhaustivo **museo** (fuera de plano p. 356; ☎0 5561 4333; 203/2 Mu 3, Th Muangkao; adultos/niños 100/50 THB; ⌚8.00-17.00) es una excelente introducción al producto más famoso de la antigua Sukhotai: la cerámica. Exhibe una impresionante colección original de piezas de alfarería tailandesa de setecientos años de antigüedad halladas en esta zona, más algunas procedentes de Vietnam, Myanmar y China. En la 2ª planta hay ejemplos de alfarería artística, entre ellas unas bellas y singulares estatuas de Buda.

Otros puntos de interés

Hay unos pocos que merecen la pena visitar justo fuera de las zonas de pago.

Wat Chang Lom TEMPLO
(วัดช้างล้อม; plano p. 352) Junto a la carretera 12, en la zona este, el Wat Chang Lom ("Monasterio Rodeado de Elefantes") dista 1 km de la entrada principal del parque. Su gran *chedi* campaniforme se sostiene sobre una base con 36 elefantes esculpidos.

Wat Chetupon TEMPLO
(วัดเชตุพน; fuera de plano p. 352) Sito 1,4 km al sur de las murallas de la ciudad, antaño tenía un *mon·dòp* de cuatro lados con las cuatro posturas clásicas de Buda (sedente, reclinada, erguida y caminante). Las gráciles líneas del buda caminante aún se adivinan.

Wat Chedi Si Hong TEMPLO
(วัดเจดีย์สี่ห้อง; fuera de plano p. 352) Enfrente del Wat Chetupon, su *chedi* principal conserva gran parte de los relieves de estuco originales, que todavía muestran vívidas representaciones de elefantes, leones y personas.

Actividades

Cycling Sukhothai CIRCUITOS EN BICICLETA
(fuera de plano p. 356; ☎0 5561 2519; www.cycling-sukhothai.com; 600/750 THB medio día/1 día, circuito al anochecer 300 THB) Un apasionado del ciclismo belga, Ronny Hanquart, organiza una serie de divertidos e instructivos circuitos a pedales por la zona. Hace casi veinte años que vive en Sukhotai y sus circuitos siguen itinerarios temáticos, como el "Dharma & Karma Tour", que incluye una visita al curioso **Wat Tawet**, un templo cuyas estatuas representan el infierno budista, o el "Historical Park Tour", con paradas en *wats* y pueblos poco frecuentados. También monta otros personalizados.

Además, ofrece transporte gratis a sus clientes. La oficina se encuentra cerca de la Sabaidee House.

Festivales

Loi Krathong TRADICIONAL
Se festeja durante cinco días de noviembre en la Sukhotai histórica; la ciudad es uno de los destinos más populares de Tailandia para esta festividad. Además de las mágicas linternas flotantes, hay fuegos artificiales, danzas tradicionales y un espectáculo de luz y música.

Dónde dormir

Casi todos los alojamientos están en Nueva Sukhotai, incluidas algunas de las opciones económicas con mejor calidad-precio del norte de Tailandia. Abundan las pensiones y hoteles limpios y alegres, y muchos ofrecen bonitos bungalós y servicios gratis como recogida en la estación de autobuses, wifi y bicicletas.

Por otro lado, cada vez hay más oferta cerca del parque, particularmente de precio alto. Las tarifas suben durante el Loi Krathong.

NUEVA SUKHOTAI

Ruean Thai Hotel HOTEL $$$
(plano p. 356; ☎0 5561 2444; www.rueanthaihotel.com; 181/20 Soi Pracha Ruammit; h 1200-3600 THB;) A primera vista, este complejo resultón podría confundirse con un templo o un museo. Las habitaciones de la planta superior son muy tailandesas, con muebles viejos de teca y mucha personalidad. Las que están junto a la piscina son algo más modernas, y también hay otras, sencillas pero con aire acondicionado, en un edificio de hormigón de la parte de atrás. El servicio es atento. Si se pide, pasan a recoger gratis a la estación de autobuses.

At Home Sukhothai HOTEL $$
(plano p. 356; ☎0 5561 0172; www.athomesukhothai.com; 184/1 Th Vichien Chamnong; h 400-800 THB, desayuno incl.;) En la casa de la infancia del propietario, de 50 años, y tras unas reformas recientes, el lugar está como nuevo, pero sin perder su ambiente hogareño. En la parte de atrás hay un estanque de lotos, y casi todos los servicios adicionales, desde la comida al masaje tailandés, se concentran en la parte delantera.

Lotus Village HOTEL $$$
(plano p. 356; ☎0 5562 1484; www.lotus-village.com; 170 Th Ratchathani; h y bungalós 720-2850 THB, desayuno incl.;) Este conjunto de tranquilos bungalós de madera elevados es casi un poblado. También hay habitaciones más pequeñas en un edificio de madera y un *spa* muy completo. La decoración es de temática birmana e hindú.

Sila Resort HOTEL $$
(plano p. 356; ☎0 5562 0344; www.sila-resort@hotmail.com; 3/49 Th Kuhasuwan; h 400 THB, bungalós 500-1000 THB;) Con acogedores bungalós de madera, cabañas de estructura triangular, habitaciones limpias, una villa tailandesa y un restaurante, este complejo dispuesto a modo de pueblo recuerda a Disneylandia. Sensación a la que ayuda el alegre y colorido paquete de ofertas, con la única pega de que se encuentra a una buena caminata del centro de Nueva Sukhotai.

Ananda HOTEL $$$
(fuera de plano p. 356; ☎0 5562 2428-30; www.anandasukhothai.com; 10 Moo 4, Th Muangkao; h con desayuno 2600-3300 THB, ste con desayuno 5500 THB;) La etiqueta de "Museum Gallery Hotel" puede despertar curiosidad por saber qué esconde, pero este hotel-*boutique* de impactante arquitectura no pasa de atractivo. Recuerda en parte a una iglesia de barrio con influencias Sukhotai y sus 32 habitaciones combinan la madera oscura con las sedas en tonos terrosos. También cuenta con un *spa* y una tienda de antigüedades. Está a unos 2 km del centro, al lado del Museo de Sangkalok.

Ban Thai HOTEL $
(plano p. 356; ☎0 5561 0163; banthai_guesthouse@yahoo.com; 38 Th Prawet Nakhon; h con baño compartido 200 THB, bungalós 300-500 THB;) Este batiburrillo de habitaciones y pequeños

bungalós alrededor de un acogedor jardín es la opción económica más solicitada de la ciudad. Ambiente cordial.

Sabaidee House HOTEL $

(fuera de plano p. 356; ☎0 5561 6303; www.sabaideehouse.com; 81/7 Moo 1, Tambol Banklouy; h 200-600 THB; ❄@📶) Tras pasar de alojamiento particular a alegre pensión, este hotel ha seguido los pasos de la mayoría de opciones económicas de Sukhotai y ahora ofrece cinco bonitos bungalós. Todavía ofrece habitaciones más baratas en la casa principal, por no hablar de ventajas como bicicletas y traslado desde la estación de autobuses gratis. Está 1,5 km al oeste del Mae Nam Yom, en una calle lateral unos 200 m antes del cruce con la carretera 101; búsquese el letrero.

Baan Georges Hotel HOTEL $$

(plano p. 356; ☎08 6100 7651; www.baan-georges.com; 28/54 Soi Chaiwannasut; h 700-1500 THB, desayuno incl.; ❄@📶🏊) Los dueños del Poo Restaurant han abierto su nueva villa de tres pisos como hotel. Las amplias habitaciones disponen de TV, nevera, aire acondicionado y baños de aspecto *hi-tech*. Destacan las estancias familiares con literas, la piscina y una cocina-comedor al aire libre en la azotea.

TR Room & Bungalow HOTEL $

(plano p. 356; ☎0 5561 1663; www.sukhothaibudgetguesthouse.com; 27/5 Th Prawet Nakhon; h 250-400 THB, bungalós 400 THB; ❄@📶) Las habitaciones son sencillas pero están muy arregladas, y en la parte de atrás hay cinco amplios bungalós para quienes necesiten más espacio. Dispone de una acogedora terraza y es una muy buena opción económica.

4T Guesthouse HOTEL $$

(plano p. 356; ☎0 5561 4679; www.4tguesthouse.ob.tc; 122 Soi Mae Ramphan; h 300-400 THB, bungalós 600-900 THB; ❄@📶🏊) En esta relajada pensión tipo complejo vacacional no hay ni una hoja fuera de lugar. Su oferta de bungalós y amplias habitaciones abarca todos los presupuestos y se refuerza con la piscina.

Hung Jeng PENSIÓN $

(plano p. 356; ☎0 5561 0585; hangjeng@hotmail.com; 44/10 Th Prawet Nakhon; h 150-350 THB; ❄@📶) Un letrero sobre la puerta reza acertadamente "Bienvenidos con los brazos

DE PRIMERA MANO

RONNY HANQUART: DIRECTOR DE CYCLING SUKHOTHAI

Mejor templo

No hay que perderse el Wat Mahathat (p. 351) ni el majestuoso Buda del Wat Si Chum (p. 353).

Mejor museo

Si se visita el Parque Histórico de Si Satchanalai (p. 359), se recomiendan los hornos excavados por el río Yom (p. 360).

Mejor momento para la visita

Por la mañana temprano hace más fresco y hay menos gente. Tras una siesta bajo alguno de los grandes árboles del parque, ya se puede seguir hasta el anochecer. Sukhotai está verde durante el monzón (may-oct) y resulta muy agradable durante la estación fresca (dic-may).

Mejor lugar para huir de las multitudes

La zona oeste (p. 353) es bastante grande y tiene un bello fondo natural.

Mejor atardecer

El Wat Sa Si (p. 352), en la zona central, es un buen punto.

Lugar secreto

El Wat Tawet, donde se explica la moral hinduista y budista a través de unas doscientas estatuas, es interesante para los amantes del arte y lo *kitsch*.

Mejor actividad no relacionada con templos

¿Una excursión por el campo en bicicleta de montaña? Es sencillo y precioso, arrozales y aldeas incluidas.

Nueva Sukhothai

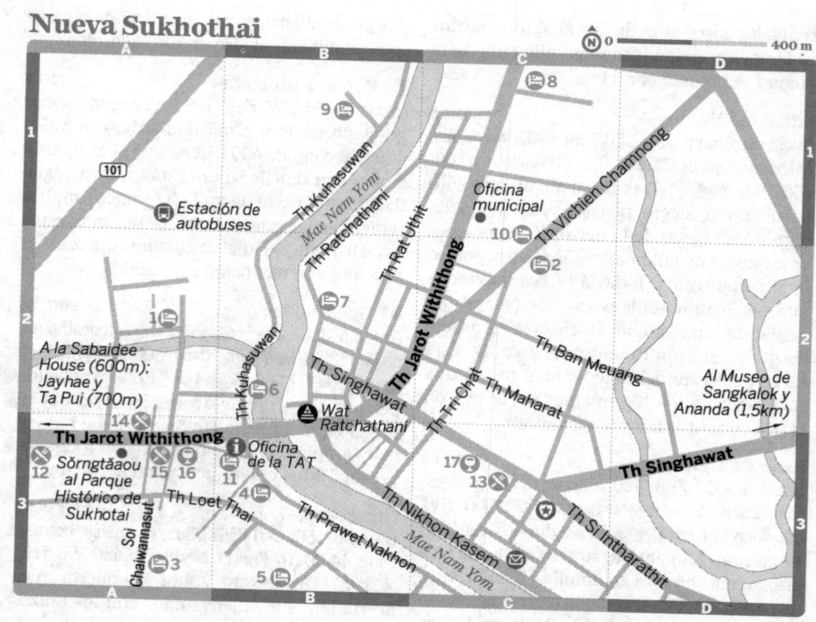

Nueva Sukhotai

Dónde dormir

1 4T Guesthouse A2
2 At Home Sukhothai C2
3 Baan Georges Hotel A3
4 Ban Thai B3
5 Hung Jeng B3
6 J&J Guesthouse B2
7 Lotus Village B2
8 Ruean Thai Hotel C1
9 Sila Resort B1
10 Sukhothai Guesthouse C1
11 TR Room & Bungalow B3

Dónde comer

12 Chula A3
13 Dream Café C3
14 Mercado nocturno A3
15 Poo Restaurant A3

Dónde beber

16 Chopper Bar A3
17 Terrace & Trees C3

abiertos", pues esa es exactamente la impresión que se tiene en esta colorida casa llena de recovecos y cuidada por una familia particularmente encantadora. Las habitaciones comparten baños y balcones.

Sukhothai Guest House HOTEL $$
(plano p. 356; ☎0 5561 0453; www.sukhothaiguesthouse.com; 68 Th Vichien Chamnong; h 450-750 THB; ❄@📶) Los 12 bungalós con terraza de esta veterana pensión atestan un sombreado jardín, mientras que la zona común está llena de una ecléctica mezcla de adornos. Los dueños son simpáticos y organizan circuitos locales.

J&J Guest House HOTEL $
(☎0 5562 0095; www.jjguest-house.com; 12 Th Kuhasuwan; bungalós con ventilador/A/A 500/600 THB; ❄@📶) En un pulido jardín junto al río, ofrece ocho bungalós nuevos, frescos y relativamente amplios.

PARQUE HISTÓRICO DE SUKHOTAI

Orchid Hibiscus Guest House HOTEL $$
(plano p. 352; ☎0 5563 3284; orchid_hibiscus_guest_house@hotmail.com; 407/2 ctra. 1272; h/bungalós 900/1300 THB; ❄@📶🏊) Esta serie de habitaciones y bungalós dispuestos en unos terrenos tranquilos y ajardinados tiene como eje una piscina y, como nota destaca-

da, su "desayuno asombroso". Las habitaciones están impolutas e incorporan detalles de diseño. Se encuentra unos 500 m al sur de la carretera 12 por la carretera 1272; el cruce está entre los km 48 y 49.

Thai Thai HOTEL $$

(plano p. 352; ☎08 4932 1006; thai_thai_guesthouse@hotmail.com; ctra. 1272; bungalós 1000-1200 THB, desayuno incl.; ❄@📶) Junto a la Orchid Hibiscus, ofrece diez bungalós de madera, muy bien equipados con TV, nevera, agua caliente y aire acondicionado, en un lindo jardín.

Vitoon Guesthouse PENSIÓN $

(plano p. 352; ☎0 5569 7045; www.vitoonguesthouse.com; 49 Moo 3; h con ventilador/A/A 300/600 THB; ❄@) Es uno de los dos únicos alojamientos económicos que quedan cerca de la ciudad antigua. Aunque las habitaciones con ventilador acusan los años, las climatizadas del edificio más nuevo lucen impecables y a muy buen precio.

PinPao Guest House HOTEL $$

(plano p. 352; ☎0 5563 3284; orchid_hibiscus_guest_house@hotmail.com; Hwy 12; h 900 THB; ❄@📶🏊) Esta casa grande tiene diez habitaciones que se cuentan entre las más alegremente coloridas que nadie haya visto, si bien muchas carecen de ventana. Afiliada a la Orchid Hibiscus Guest House, está en la carretera 12 frente al desvío de la 1272.

Tharaburi Resort HOTEL $$$

(plano p. 352; ☎0 5569 7132; www.tharaburiresort.com; 321/3 Moo 3, ctra. 1272; h con desayuno 1200-4200 THB, ste 5000-6500 THB; ❄@📶🏊) Este hotel-*boutique* algo caro consta de tres estructuras principales divididas en 20 habitaciones y suites decoradas individualmente. Algunas tienen motivo (marroquí, japonés, chino) y estupendas antigüedades, suntuosas sedas y otros exquisitos detalles. Las económicas son más sencillas, mientras que las *suites* parecen pequeñas casas, y también disponen de habitaciones dúplex para familias.

Old City Guest House HOTEL $

(plano p. 352; ☎0 5569 7515; 28/7 Moo 3; h 150-700 THB; ❄📶) Enorme complejo con un sinfín de habitaciones de estilo y precio diversos (véanse varias antes de elegir), casi todas con aire acondicionado y TV.

Dónde comer y beber

Aquí lo típico son los *gŏo·ay đĕe·o sù·kŏh·tai* o "fideos a la Sukhotai", que se presentan en un caldo ligeramente dulce con cerdo, cacahuete molido y judías verdes finamente cortadas. Los sirven en el **Jayhae** (fuera de plano p. 356; Th Jarot Withithong; platos 25-40 THB; ⏲7.00-16.00) y el **Ta Pui** (fuera de plano p. 356; Th Jarot Withithong; platos 25-35 THB; ⏲7.00-15.00), sitos uno enfrente del otro en Th Jarot Withithong, 1,3 km al oeste del Mae Nam Yom.

También son recomendables los puestos del diminuto **mercado nocturno** (plano p. 356; Th Jarot Withithong) de la ciudad nueva. Casi todos están habituados a atender extranjeros y hasta facilitan cartas bilingües. Por su parte, cerca de la taquilla del parque histórico hay puestos de comida (plano p. 352) y sencillos restaurantes al aire libre.

Dream Café TAILANDESA $

(plano p. 356; 86/1 Th Singhawat; platos 80-150 THB; ⏲almuerzo y cena; ❄) Comer aquí es como hacerlo en un museo o una tienda de antigüedades, rodeado de mobiliario y adornos eclécticos pero selectos. La explicativa carta detalla los sencillos platos tailandeses, para que el comensal sepa qué pedir y cómo comerlo. Se recomienda una de las perfectas *yam* (ensaladas) o alguna de las opciones de pescado de río. Servicio atento.

Chula TAILANDESA $

(plano p. 356; Th Jarot Withithong; platos 30-90 THB; ⏲almuerzo y cena) Aunque tiene la misma gracia que un hangar, se trata de un favorito del lugar, con una oferta consistente. Se toma un plato de los ya preparados o se eligen los ingredientes crudos expuestos para que los frían allí mismo.

Poo Restaurant INTERNACIONAL-TAILANDESA $

(plano p. 356; 24/3 Th Jarot Withithong; platos 30-150 THB) Aunque de aspecto sencillo, ofrece una variada carta con desayunos, sándwiches sustanciosos, cervezas belgas y hasta algunos platos tailandeses.

Coffee Cup INTERNACIONAL-TAILANDESA $

(plano p. 352; Moo 3, antigua Sukhotai; platos 30-150 THB; ⏲7.00-22.00) Si se está alojado en la ciudad antigua o se es madrugador, se recomienda desayunar en este cibercafé, con café fuerte y pan recién horneado.

Chopper Bar BAR

(plano p. 356; Th Prawet Nakhon; ⏲17.00-24.30) Desde el anochecer, viajeros y lugareños acuden aquí en busca de copas, música en directo y posibles ligues. Está a un paso de la pequeña sucesión de pensiones de Sukhotai.

AUTOBUSES Y FURGONETAS DESDE SUKHOTAI

La **estación de autobuses** (☎0 5561 4529; ctra. 101) de Sukhotai está casi 1 km al noroeste del centro. Hay servicios frecuentes al sur hasta Bangkok, que paran también en Phitsanulok, Kamphaeng Phet y Ayutthaya, y al norte hasta Chiang Mai vía Lampang.

También hay furgonetas a Mae Sot (130 THB, 3 h, cada 2 h, 9.15- 16.15) y *sŏrng·tăa·ous* frecuentes a Kamphaeng Phet (39 THB, 2 h) durante todo el día.

Para llegar a la estación sin sucumbir ante los conductores de *túk-túk* ávidos de ganancias, basta con tomar la *sŏrng·tăa·ou* que va al Parque Histórico de Sukhotai y apearse en la estación de autobuses (20 THB, 10 min, 6.00-17.30). Por otra parte, si se está alojado cerca del parque histórico, los autobuses a Bangkok (262-380 THB, 6 h, 9.00 y 20.20) y Chiang Mai (300 THB, 5 h, frecuentes, 7.30-20.30) pueden tomarse cerca de la Vitoon Guesthouse.

DESTINO	PRECIO (THB)	DURACIÓN (H)	FRECUENCIA
Bangkok	255-380	6-7	cada 30 min, 7.50-23.00
Chiang Mai	218	6	cada 30 min, 7.15-16.30
Chiang Rai	249	9	6.40, 9.00, 11.30
Kamphaeng Phet	55-70	1½	7.50-23.00
Khon Kaen	234	7	8.30-16.00
Lampang	162	3	cada 30 min, 7.15-16.30
Nan	185	4	15.00, 16.00
Phitsanulok	28-39	1	cada 30 min, 6.00-18.00
Sawankhalok	19-27	1	cada hora, 6.00-18.00
Si Satchanalai	46	1½	11.00

Terrace & Trees BAR
(plano p. 356; Th Singhawat; ⊙17.00-24.30) Justo detrás del Sawasdipong Hotel, este nuevo bar-restaurante, uno de los más de moda de la ciudad para copear, ofrece música en directo de calidad variable.

Información

Hay bancos con cajero automático por el centro de la ciudad nueva, sobre todo en la zona oeste del Mae Nam Yom, además de unos pocos en la ciudad antigua. En la ciudad nueva también es fácil conectarse a internet, al igual que en muchas pensiones.

Comisaría de policía (☎0 5561 1010) En la ciudad nueva.

Oficina de correos (Th Nikhon Kasem, Nueva Sukhotai; ⊙8.30-12.00 y 13.00-16.30 lu-vi, 9.00-12.00 sa y do)

Hospital de Sukhotai (☎0 5561 0280; Th Jarot Withithong, Nueva Sukhotai)

Oficina de la Autoridad de Turismo de Tailandia (TAT; ☎atención al cliente 1672, Sukhotai 0 5561 6228; Th Jarot Withithong; ⊙8.30-16.30) Cerca del puente de la ciudad nueva, esta nueva oficina cuenta un buen surtido de planos, mapas y folletos.

Policía turística (Parque Histórico de Sukhotai) Para una urgencia, llámese al 1155 o váyase a la comisaría que hay enfrente del Museo de Ramkhamhaeng.

Cómo llegar y salir

Avión

El aeropuerto de Sukhotai está a 27 km de la ciudad por la carretera 1195 y a unos 11 km de Sawankhalok. Un servicio de furgonetas (180 THB) une el aeropuerto y la ciudad nueva.

Bangkok Airways (☎atención al cliente 1771, Sukhotai 0 5564 7224; www.bangkokair.com; aeropuerto de Sukhotai) vuela al aeropuerto internacional Suvarnabhumi de Bangkok (3480 THB, 80 min, 2 diarios) y a Lampang (2115 THB, 30 min, 1 diario).

Cómo desplazarse

Un trayecto en *săhm·lór* por la ciudad nueva no debería superar los 40 THB. Un servicio frecuente de *sŏrng·tăa·ou* une Nueva Sukhotai con el parque histórico (20 THB, 30 min, 6.00-17.30); salen de Th Jarot Withithong junto al Poo Restaurant y paran en la estación de autobuses de Sukhotai.

El transporte de la estación de autobuses al centro de la ciudad nueva cuesta 60 THB en un vehículo alquilado. Los mototaxis cobran 40 THB.

Si se va directo a la antigua Sukhotai, el servicio cuesta 180/150 THB en *sŏrng·tăa·ou*/mototaxi.

La mejor forma de moverse por el parque histórico es en bicicleta. Las alquilan en las tiendas que hay delante de la entrada del parque por 30 THB al día. Dentro del parque funciona un servicio de tranvía (80 THB, 1 h, 8.00-7.00) que recorre la zona central, pero con explicaciones solo en thai.

En el Poo Restaurant y en casi en todas las pensiones de la ciudad nueva alquilan motocicletas a partir de unos 250 THB por 24 horas.

Alrededores de Sukhotai

PARQUE HISTÓRICO DE SI SATCHANALAI-CHALIANG

อุทยานประวัติศาสตร์ศรีสัชนาลัย

No hay que perderse este conjunto más rústico de impresionantes ruinas Sukhotai que, con imaginación y sentido aventurero, encandilarán al viajero.

En medio de las colinas 50 km al norte de Sukhotai, los restos de los ss. XIII-XV de las antiguas ciudades de Si Satchanalai y Chaliang tienen el mismo estilo sencillo que las del Parque Histórico de Sukhotai, pero en un marco más tranquilo. El parque ocupa aproximadamente 720 Ha y está rodeado por un foso de 12 m de ancho. Chaliang, 1 km al sureste, es otra ciudad antigua, del s. XI, aunque sus dos templos datan del s. XIV.

Las principales poblaciones de la zona son las cercanas Ban Hat Siaw y Sawankhalok.

Si Satchanalai

Esta **zona** (entrada 100 THB, más 50 THB por automóvil; ⌚8.00-16.30) comprende la mayor parte de las ruinas. En el parque, un **centro de información** (⌚8.30-17.00) ofrece planos gratis y contiene una pequeña exposición que explica resumidamente la historia y los monumentos. Alquilan bicicletas junto a la entrada (20 THB).

Wat Chang Lom TEMPLO

(วัดช้างล้อม) Este exquisito templo, en pleno centro de la antigua Si Satchanalai, posee una *chedi* en forma de campana rodeada de elefantes. Está un poco mejor conservado que su equivalente de Sukhotai. Según reza una inscripción, fue construido por el rey Ramkhamhaeng entre 1285 y 1291.

Wat Khao Phanom Phloeng TEMPLO

(วัดเขาพนมเพลิง) En la colina que domina el Wat Chang Lom están las ruinas del Wat Khao Phanom Phloeng, con una *chedi*, un gran buda sedente y columnas de piedra que antaño sostenían el techo del *wí·hăhn*. Desde este altozano se puede apreciar el trazado general de la, en su día, gran ciudad. Al oeste de Phanom Phloeng se distingue otra colina algo más alta, rematada por una gran *chedi* de estilo Sukhotai, que es todo lo que queda del Wat Khao Suwan Khiri.

Wat Chedi Jet Thaew TEMPLO

(วัดเจดีย์เจ็ดแถว) Junto al Wat Chang Lom, estas ruinas contienen siete hileras de *chedis*, la mayor de las cuales es una copia de una que hay en el Wat Mahathat de Sukhotai. El interesante *wí·hăhn* de ladrillo y estuco incorpora ventanas con barrotes de forja que parecen de madera torneada, siguiendo una técnica ancestral hindú empleada en todo el sureste asiático. En el tejado se sobreponen un *prasat* (pequeño edificio ornamentado de planta cruciforme y aguja puntiaguda) y una *chedi*.

Wat Nang Phaya TEMPLO

(วัดนางพญา) La *chedi* al sur del Wat Chedi Jet Thaew es de estilo cingalés de los ss. XV-XVI, un poco posterior al resto de Si Satchanalai. Los relieves de estuco del gran *wí·hăhn* de laterita que se alza delante de la *chedi*, hoy protegidos por un tejado de cinc, datan del período Ayutthaya, cuando la ciudad se llamaba Sawankhalok. Los orfebres de la zona todavía repujan un diseño conocido como *nahng pá·yah*, inspirado en estos relieves.

Chaliang

A un breve paseo en bicicleta desde Si Satchanalai, este **yacimiento** (plano p. 360) más antiguo tiene dos templos notables. No siempre piden la entrada en el Wat Chao Chan.

Wat Phra Si Ratana Mahathat TEMPLO

(วัดพระศรีรัตนมหาธาตุ; entrada 20 THB; ⌚8.00-17.00) Estas ruinas consisten en una gran *chedi* de laterita construida en 1448-1488 y flanqueada por dos *wí·hăhns*. Uno de los *wí·hăhns* guarda un gran buda sedente de estilo Sukhotai, otro de pie más pequeño y un bajorrelieve del famoso buda andante, curvilíneo y sin estructura ósea, característico de Sukhotai. El otro *wí·hăhn* contiene otras imágenes menos relevantes.

BUEN PRECIO

La entrada de 220 THB da acceso a Si Satchanalai, el Wat Chao Chan (Chaliang) y el Centro para la Conservación y el Estudio de los Hornos de Sangkalok en Si Satchanalai.

MERECE LA PENA

MUSEO NACIONAL DE SAWANWORANAYOK

En la ciudad de Sawankhalok, cerca del Wat Sawankhalam, en la ribera oeste del río, este **museo** (☎0 5564 1571; 69 Th Phracharat, Sawankhalok; entrada 50 THB; ⏲9.00-16.00) de patrocinio estatal alberga una impresionante colección de objetos de los ss. XII al XV. La planta baja se centra en la alfarería antigua de la zona, mientras que la 2ª planta exhibe bellas estatuas de Buda en bronce y piedra de la época Sukhotai.

Wat Chao Chan TEMPLO
(วัดเจ้าจันทร์; entrada 100 THB; ⏲8.00-17.00) Este *wat* en ruinas se encuentra unos 500 m al oeste del Wat Phra Si Ratana Mahathat. Su principal atractivo es una gran torre de estilo jemer (que ha sido restaurada) similar a otras más tardías de Lopburi, que probablemente data del reinado de Jayavarman VII [1181-1217]. En el *wí·hăhn* sin cubierta que queda a la derecha pueden apreciarse los contornos de un gran buda de pie de laterita desgastado debido a su exposición a los elementos atmosféricos.

Hornos de Sawankhalok
En su día hubo más de doscientos grandes **hornos** (gratis) alfareros en la zona que rodea Si Satchanalai. En China –el mayor importador de cerámica tailandesa durante los periodos Sukhotai y Ayutthaya– las piezas producidas aquí se conocían como "Sangkalok", corrupción de Sawankhalok. En la zona aún hay artistas alfareros y uno de ellos todavía utiliza un horno de leña subterráneo.

Aparte de en el centro, hay varios emplazamientos de hornos, apenas reconocibles, por la carretera que pasa al norte de Si Satchanalai.

Centro para la Conservación y el Estudio de los Hornos de Si Satchanalai MUSEO
(ศูนย์ศึกษาและอนุรักษ์เตาสังคโลก; entrada 100 THB; ⏲9.00-16.00) Sito 5 km al noroeste de las ruinas de Si Satchanalai, este museo muestra grandes hornos de alfarería subterráneos y muchas piezas de cerámica intactas. Estas últimas resultan interesantes pese a la falta de explicaciones en inglés.

Dónde dormir y comer

Cerca del parque la oferta de alojamiento y restaurantes es limitada. Con transporte propio, lo mejor es alojarse en Sawankhalok, 20 km al sur del parque, o en Ban Hat Siaw, unos 9 km al sur del mismo.

Parque Histórico de Si Satchanalai-Chaliang

Sukhothai Heritage Resort HOTEL $$$
(☎0 5564 7564; www.sukhothaiheritage.com; 999 Moo 2, aeropuerto de Sukhotai; h con desayuno 4000-5900 THB, ste con desayuno 11 600 THB; ❄@📶🏊) El alojamiento más lujoso de la zona es este complejo propiedad de Bangkok Airways. Está cerca del aeropuerto, a unos 32 km del Parque Histórico de Si Satchanalai. Casi una continuación del parque histórico, sus bajas estructuras de ladrillo con altos tejados a dos aguas tienen intercalados relajantes estanques llenos de lotos y culminan en un espacio tipo templo, pero las grandes pantallas planas de TV y el mobiliario moderno rápidamente resitúan al huésped en el presente.

Home Stay PENSIÓN $
(☎08 1935 2835; h y bungaló 500 THB; Chaliang; ❄📶🏊) A un paso del Wat Phra Si Ratana Mahathat de Chaliang, esta casa grande tiene tres habitaciones cuidadas y confortables con baños compartidos, y un bungaló junto a la piscina. No hay comida, pero se puede conseguir cerca de la entrada del parque, preferiblemente antes de las 18.00.

Papong Homestay PENSIÓN $
(☎0 5563 1557, 08 7313 4782; h 500 THB; Chaliang; ❄) Llevada por lugareños y cerca del parque histórico, esta pensión ofrece tres cuidadas y cómodas habitaciones con baños privados.

Si Satchanalai Hotel and Resort HOTEL $
(☎0 5567 2666; 247 Moo 2, ctra. 101; h 200-500 THB, bungalós 1200 THB; ❄) Aunque no parece ni un hotel ni un *resort,* este es el único alojamiento formal que hay cerca del parque histórico. Las habitaciones son anodinas pero están cuidadas, y los amplios bungalós resultan adecuados para las familias. Está unos 6 km al norte del parque, en el arcén oeste de la carretera 101.

Mukda HOTEL $
(rótulo sin caracteres latinos; ☎0 5567 1024; Ban Hat Siaw; h 200-500 THB; ❄) Aunque sus bungalós rosas sean sencillos, están bien para dormir relativamente cerca del parque histórico. Queda en el extremo norte de Ban Hat Siaw, en el desvío para Utaradit.

Saengsin Hotel HOTEL $
(☎0 5564 1259/1424; 2 Th Thetsaban Damri, Sawankhalok 3; i/d 220/360 THB; ❄) Hotel veterano con habitaciones limpias y confortables y un café. Está 1 km al sur de la estación de trenes, en la calle principal que cruza Sawankhalok. En la misma calle hay dos opciones más.

ℹ Cómo llegar y salir

AUTOBÚS

El Parque Histórico de Si Satchanalai-Chaliang está junto a la carretera 101 entre Sawankhalok y Ban Hat Siaw, accesible desde Nueva Sukhotai con el autobús a Si Satchanalai (46 THB, 1½ h, 11.00) o con uno de los tres que hay a Chiang Rai (46 THB) a las 6.40, 9.00 y 11.30; hay que pedir que pare en la *"meuang gòw"* (ciudad antigua). El último servicio de regreso a Nueva Sukhotai sale a las 16.30.

Desde Sawankhalok, sirve casi cualquier servicio que salga de la terminal de autobuses (24-50 THB, frecuentes 7.00-17.00), que está junto a la carretera.

TREN

La estación de trenes original de Sawankhalok es una de las atracciones de la población. El rey Rama VI construyó un ramal ferroviario de 60 km desde Ban Dara (pequeña ciudad situada en la línea principal del norte) hasta Sawankhalok solo para poder visitar las ruinas. Aunque parezca mentira, hay un expreso diario especial de Bangkok a Sawankhalok (482 THB, 7 h, 10.50). Dicho tren vuelve a las 19.40 a Bangkok, adonde llega a las 3.30. También se puede tomar este tren hasta Phitsanulok (328 THB, 3½ h, 17.55). Es un "Sprinter" con vagones de 2ª clase con aire acondicionado sin literas. El precio del billete incluye la cena y el desayuno.

ℹ Cómo desplazarse

Se pueden alquilar bicicletas (20 THB/día) en una tienda que hay en la entrada al Wat Phra Si Ratana Mahathat y también cerca de los puestos de comida de la entrada del parque histórico.

PROVINCIA DE KAMPHAENG PHET

Kamphaeng Phet กำแพงเพชร

30 000 HAB.

Situada a mitad de camino entre Bangkok y Chiang Mai, Kamphaeng Phet significa literalmente "Muro de Diamante", en referencia a la supuesta resistencia de sus antiguas fortificaciones. Tal grado de seguridad estaba de sobra comprobado, pues la ciudad ejerció en el pasado de parapeto al reino de Sukhotai primero y al de Ayutthaya después frente a los ataques birmanos y de Lanna. Hoy todavía se conservan algunas partes de la muralla, así como las impresionantes ruinas de diversos edificios religiosos. La

MERECE LA PENA

BAN NA TON CHAN

Este pintoresco pueblo de la Sukhotai rural ha creado un premiado **programa de alojamiento en casas particulares** (☎08 9885 1639; http://homestaynatonchan.blogspot.com; 350 THB por persona) en el que participan unos veinte hogares. Los precios incluyen la cena y el desayuno (para almorzar, pruébese el *kôw bóep*, típico plato de fideos local), además de participar en actividades habituales como cocinar, hacer muebles o tejer. Los lugareños se muestran encantados de abrir sus casas y compartir sus conocimientos, aunque hay que tener en cuenta que su nivel de inglés es bastante limitado.

El pueblo está 15 km al este de la carretera 101, accesible por un desvío señalizado al norte de Ban Hat Siaw. Un mototaxi/*săhm·lór* desde cerca del 7-Eleven de Ban Hat Siaw cuesta 150/350 THB.

ciudad moderna, una de las capitales de provincia más agradables de Tailandia, se extiende junto a un largo y poco profundo tramo del Mae Nam Ping.

Puntos de interés

Parque Histórico de Kamphaeng Phet PARQUE HISTÓRICO

(อุทยานประวัติศาสตร์กำแพงเพชร; ☎0 5571 1921; entrada 100-150 THB, 20/50 THB motocicleta/automóvil; ⏲8.00-17.00) Este parque, declarado Patrimonio Mundial por la Unesco, engloba las ruinas de varios edificios que se remontan al s. XIV, aproximadamente coetáneos del célebre reino de Sukhotai. Los monumentos budistas de Kamphaeng Phet siguieron construyéndose hasta el período Ayutthaya, casi doscientos años más tarde, y por tanto poseen elementos de ambos estilos, Sukhotai y Ayutthaya, por lo que este conjunto arquitectónico constituye una escuela de arte budista única en toda Tailandia.

El parque se divide en dos partes diferenciadas, que pueden visitarse con una entrada combinada (150 THB). La **ciudad antigua** (entrada 100 THB) está rodeada de una muralla (la "puerta del Diamante" a que hace referencia el nombre de la ciudad) y antiguamente estuvo habitada por monjes de la secta *gamavasi* ("que viven en comunidad"). Esta sección del recinto está presidida por el **Wat Phra Kaew**, actualmente en ruinas, al lado del cual se levantaba el palacio real. No está ni de lejos tan restaurado como los de Sukhotai, pero es más pequeño, más entrañable y menos visitado. Las estatuas de Buda, maltratadas por la intemperie, han adoptado formas esbeltas y porosas que pueden recordar a las esculturas de Alberto Giacometti. Unos 100 m al sureste del Wat Phra Kaew está el **Wat Phra That**, que se distingue por la gran *chedi* de base circular rodeada de columnas.

Pero la mayor parte de las ruinas de Kamphaeng Phet se concentran 1,5 km al norte de las murallas, en una zona antes habitada por los monjes de la secta *arani* ("que viven en el bosque"; entrada 100 THB). La entrada combinada que se saca en la ciudad antigua también vale para esta zona, en cuya entrada hay un excelente **centro de visitantes** (⏲8.30-16.30). Cuenta con más de cuarenta conjuntos de templos, entre ellos el **Wat Phra Si Iriyabot**, que contiene imágenes muy dañadas de Buda en todas las posturas: erguido, sedente, andante y yacente, todas de estilo Sukhotai clásico.

Al noroeste de esta zona, el **Wat Chang Rawp** ("Templo Rodeado de Elefantes") es una construcción amurallada con contrafuertes en forma de paquidermos. Por la misma zona hay más templos en ruinas, en muchos casos solo cimientos de ladrillo con algún que otro buda desgastado.

Wat Phra Borommathat TEMPLO

(วัดพระบรมธาตุ; gratis) Al otro lado del Mae Nam Ping se localizan los restos abandonados del Phra Borommathat, en una zona habitada mucho antes del esplendor de Kamphaeng Phet, aunque las ruinas que se ven son posteriores al período Sukhotai clásico. El recinto contiene varias *chedis* pequeñas y una grande del Sukhotai tardío coronada por un paraguas de estilo birmano que se le añadió a principios del s. XX.

Museo Nacional de Kamphaeng Phet MUSEO

(พิพิธภัณฑสถานแห่งชาติกำแพงเพชร; ☎0 5571 1570; Th Pindamri; entrada 100 THB; ⏲9.00-12.00 y 13.00-16.00 mi-do) Este museo exhibe en la planta baja el consabido panorama general de los diversos períodos del arte tailandés, mientras que arriba alberga una colección de objetos de la zona de Kamphaeng Phet, a destacar una inmensa estatua de Siva, que es la mayor escultura hinduista de bronce del país. Esta imagen se exhibía en el cercano **San Phra Isuan** (santuario de Siva) hasta que en 1886 un turista robó las manos y la cabeza de la figura, que posteriormente fueron restituidas. La imagen actual es una reproducción.

Fuentes termales de Phra Ruang AGUAS TERMALES

(บ่อน้ำร้อนพระร่วง; entrada 30 THB; ⌚8.30-18.00) Localizado 20 km a las afueras de Kamphaeng Phet por la carretera de Sukhotai, este conjunto termal es una especie de balneario rural a la tailandesa. Las terapéuticas aguas se han encauzado hacia siete salas de baño privadas (50 THB). Además hay una piscina exterior para el baño de pies y varios lugares dedicados al masaje tradicional tailandés. El transporte público no llega a las fuentes, pero se puede preguntar en la Three J Guest House por una bicicleta o motocicleta.

Museo regional de Kamphaeng Phet MUSEO

(พิพิธภัณฑ์เฉลิมพระเกียรติกำแพงเพชร; ☎0 5572 2341; Th Pindamri; entrada 10 THB; ⌚9.00-16.00) Consta de una serie de estructuras de madera calzadas sobre pilotes de estilo tailandés dispuestas en unos bonitos terrenos ajardinados. Los tres edificios principales albergan exposiciones sobre historia y prehistoria, así como acerca de los diversos grupos étnicos de la provincia.

Wat Khu Yang TEMPLO

(วัดคูยาง; gratis) Este templo budista alberga una preciosa *hŏr đrai* de madera del s. XIX.

Dónde dormir

Three J Guest House PENSIÓN $$

(☎0 5571 3129; www.threejguesthouse.com; 79 Th Rachavitee; h 250-700 THB; ❄@📶) Agradable colección de bungalós de troncos, pulcros y con terraza, asentados en un bonito jardín. Los más baratos comparten un baño limpio y los más caros tienen aire acondicionado. La dirección es amable y hospitalaria y ofrece abundante información. Alquilan bicicletas y motocicletas y organizan visitas a un complejo turístico rural propio situado cerca de Klong Wang Chao.

Chakungrao Riverview HOTEL $$$

(☎0 5571 4900-8; www.chankungraoriverview.com; 149 Th Thesa; h con desayuno 1000-1300 THB, ste con desayuno 5000 THB; ❄@📶) El hotel más elegante de Kamphaeng Phet esconde unas cuantas habitaciones bonitas tras su vulgar fachada. Todas están decoradas con gusto, a base de madera oscura y tonos verdes, con balcones y vistas al río o a la ciudad. En las enormes suites aplican importantes descuentos.

Navarat HOTEL $$

(☎0 5571 1211; 2 Soi Prapan; h 700-1100 THB; ❄📶) Una reciente renovación ha quitado algunas arrugas a este hotel de la década de 1970, pero no todas. Las habitaciones "nuevas" parecen algo sobrevaloradas, pero están limpias y son acogedoras, y algunas tienen buenas vistas.

Ko Chokchai Hotel HOTEL $

(rótulo sin caracteres latinos; ☎0 5571 1531; 19-43 Soi 8, Th Ratchadamnoen 1; h 260-320 THB; ❄@📶) Este edificio estilo cartón de huevos es una buena opción económica, con habitaciones algo justas pero cuidadas. Frecuentado por comerciantes tailandeses, está en el centro de la ciudad nueva.

Hay también varios complejos vacacionales a la tailandesa junto al río en Nakhon Chum, en su margen este.

Grand View Resort HOTEL $$$

(rótulo sin caracteres latinos; ☎0 5572 1104; www.grandviewresortkpp.com; 34/4 Moo 2, Nakhon Chum; h 290-5000 THB, desayuno incl.; ❄📶) El primero que se encuentra a mano izquierda, es similar a muchos otros en calidad y precio.

Techno River Resort HOTEL $$$

(rótulo sin caracteres latinos; ☎0 5579 9800; 27/27 Moo 2, Nakhon Chum; h 450-2500 THB, desayuno incl.; ❄📶) El más elegante de todos, con muchas habitaciones limpias, aunque algo impersonales.

Dónde comer y beber

Definitivamente Kamphaeng Phet no es un destino gastronómico, si bien cuenta con algunos lugares medianamente interesantes. Un animado mercado nocturno se monta a diario cerca del río al norte del Navarat Hotel.

Bamee Chakangrao TAILANDESA $

(rótulo sin caracteres latinos; Th Ratchadamnoen; platos 25-30 THB; ⌚8.30-15.00) Los fideos finos de trigo y huevo (*bà·mèe*) son una de las especialidades de la ciudad, y este famoso restaurante es uno de los mejores lugares para probarlos; los elaboran a diario en la parte de atrás del restaurante. También sirven brochetas de cerdo.

Kamphaeng Phet

Kamphaeng Phet Phochana TAILANDESA $
(rótulo sin caracteres latinos; platos 25-50 THB; ⌚6.00-1.00) Muy popular, aquí sirven casi todos los platos favoritos tailandeses, desde *pàt tai* hasta *kôw man gài* (arroz con pollo al estilo de Hainan). También es un buen lugar para probar *chŏw góoay* (gelatina vegetal, un producto típico de Kamphaeng Phet). Es la fachada con los colores del arcoíris que hay cerca de la rotonda.

Piggy TAILANDESA $
(rótulo sin caracteres latinos; Th Ratchadamnoen; por persona 70 THB; ⌚cena) *El mŏo gà·tá* (cerdo a la parrilla en una cazuela) es uno de los platos más solicitados. Es sencillo: el comensal escoge los ingredientes del bufé, los asa y después los añade al caldo. Está en una esquina, donde quizá haya clientes en plena labor.

Phayao Bakery INTERNACIONAL-TAILANDESA $
(Th Thesa; platos 45-120 THB; ❄) Con sus cristales tintados, a veces parece que está cerrado, sin embargo dentro reina un ambiente informal y familiar. Sirven café de verdad, una gran variedad de productos horneados y helados varios. Tiene aire acondicionado.

Mae Ping Riverside RESTAURANTE, BAR
(rótulo sin caracteres latinos; 50/1 Moo 2, Nakhon Chum; platos 40-120 THB; ⌚almuerzo y cena) Cerveza de barril, música en directo, comida decente y brisa. Es uno de los primeros de la calle que discurre paralela al río.

Rong Tiam BAR
(rótulo sin caracteres latinos; Soi 9, Th Thesa 1; ⌚17.00-1.00) Simpático *pub* ubicado en una tienda-vivienda de antigüedades reconvertida en un bar con música en directo (desde 20.30), tentempiés y cerveza.

Información

Casi todos los bancos importantes tienen sucursales con cajero automático en las calles principales cercanas al río y en Th Charoensuk.

Kamphaeng Phet

Puntos de interés

1 Museo Nacional de Kamphaeng Phet C2
2 Museo Regional de Kamphaeng Phet C2
3 San Phra Isuan C2
4 Wat Khu Yang C3
5 Wat Phra Borommathat A3
6 Wat Phra Kaew B2
7 Wat Phra That B2

Dónde dormir

8 Chakungrao Riverview C3
9 Grand View Resort B3
10 Ko Chokchai Hotel C4
11 Navarat C4
12 Techno River Resort B3
13 Three J Guest House D3

Dónde comer

14 Bamee Chakangrao C4
15 Kamphaeng Phet Phochana C2
16 Mercado naocturno C4
17 Phayao Bakery C4
18 Piggy C3

Dónde beber

19 Mae Ping Riverside B3
20 Rong Tiam C3

Hay un par de cibercafés en Th Thesa y Th Ratchadamnoen.

Oficina principal de correos (Th Thesa) Al sur de la ciudad antigua.

Comisaría de policía (☎0 5571 1199, urgencias 1155)

Centro de información turística (⌚8.00-16.30) Frente al Museo Nacional, tiene algunos planos y folletos. Hay otro centro, con un enfoque más histórico, en el grupo de ruinas al norte de la muralla de la ciudad.

Cómo llegar y salir

La **estación de autobuses** (☎0 5579 9844) está 1 km al oeste del Mae Nam Ping. De ella salen furgonetas frecuentes a Mae Sot (140 THB, 2½ h, 8.00-18.00) y *sŏrng·tăa·ous* a Sukhotai (39 THB, 2 h, cada hora, 13.00-20.00). Desde Sukhotai o Phitsanulok, hay que apearse en la ciudad antigua o en la rotonda de Th Thesa para no tener que volver a la ciudad en *sŏrng·tăa·ou*. Se puede reservar billete para Bangkok y subir a los autobuses cerca de la rotonda en **Win Tour** (☎0 5571 3971; Th Kamphaeng Phet).

DESTINO	PRECIO (THB)	DURACIÓN (H)	FRECUENCIA
Bangkok	210-315	5	11.30-1.00
Chiang Rai	280	9	11.30-1.30
Chiang Mai	268-313	5	12.00-1.00
Mae Hong Son	468-838	11	20.00, 22.00, 23.00, 24.00
Sukhothai	70	1	cada hora, 13.00-20.00
Phitsanulok	56-78	2½	cada hora, 5.00-18.00

Cómo desplazarse

La forma menos cara de ir de la estación de autobuses a la ciudad es en una *sŏrng·tăa·ou* roja (15 THB por persona) hasta la rotonda del otro lado del río. Desde allí un *săhm·lór* a cualquier punto de la ciudad cuesta 20-30 THB. Un mototaxi desde la estación de autobuses hasta la mayoría de los hoteles del centro sale por 40 THB.

Vale la pena alquilar una bicicleta o una motocicleta para visitar las zonas que quedan fuera de la ciudad antigua. En la Three J Guest House alquilan bicicletas/motocicletas por 50/200 THB al día.

PROVINCIA DE TAK

Tak es una provincia agreste y montañosa. Por su proximidad a Myanmar posee una historia compleja y una mezcla de culturas singular.

La mayor parte de la provincia está cubierta de bosques y montañas y constituye un excelente destino para los amantes del senderismo. Hay aldeas hmong, musoe (lahu), lisu y karen blancas y rojas por el oeste y el norte del territorio. En la década de 1970 estas montañas fueron un hervidero de actividad de la guerrilla comunista. Pero desde los años ochenta, el antiguo líder del CPT local participa en el desarrollo de complejos turísticos y prácticamente toda la provincia está abierta a los foráneos, a pesar de conservar cierto aire indómito.

Sobre todo la parte occidental de Tak siempre se ha distinguido claramente de otras regiones de Tailandia por la fuerte influencia de las culturas karen y birmana. En los distritos fronterizos de Mae Ramat, Tha Song Yang y Mae Sot, situados entre Tailandia y Myanmar, existen campos de refugiados, consecuencia directa de la lucha armada entre la Unión Nacional de Karen (KNU) y el Gobierno de Myanmar.

Mae Sot

แม่สอด

120 569 HAB.

A pesar de su localización remota y tamaño relativamente pequeño, Mae Sot es una de las ciudades tailandesas con mayor diversidad cultural y una fascinante mezcolanza étnica: hombres birmanos ataviados con *longyi* (*sarongs*), mujeres hmong y karen vestidas a la manera tradicional de su tribu, musulmanes barbudos, militares tailandeses y extranjeros que trabajan para alguna ONG; se habla más birmano y karen que thai, los rótulos de los comercios están en thai, birmano y chino; y gran parte de la arquitectura de los templos es birmana. Mae Sot también se ha convertido en el centro fronterizo más importante del comercio de jade y piedras preciosas, controlado en su mayor parte por inmigrantes chinos e hindúes de Myanmar.

Aunque la ciudad carece de los típicos puntos de interés y la mayoría de los turistas la visitan solo para tramitar el visado, el bullicioso mercado, los buenos restaurantes y una divertida vida nocturna retienen más tiempo al viajero del que había previsto.

Puntos de interés y actividades

Mercado fronterizo y Myawadi MERCADO

(ตลาดริมน้ำเมย/เมียวดี) En la orilla tailandesa del Mae Nam Moei hay un gran mercado a cubierto donde se venden legalmente productos birmanos de uso diario y aparatos electrónicos chinos baratos.

La verdad es que la mayoría de la gente acude aquí para cruzar a Myawadi, en Myanmar (Birmania), si la frontera está abierta (p. 370). Hay *sŏrng·tăa·ous* que cubren el trayecto hasta la frontera (20 THB, frecuentes, 6.30-17.30), 5 km al oeste de Mae Sot; pídase ir a Rim Moei ("Borde del Moei"). La última de regreso a Mae Sot sale de Rim Moei a las 17.30.

Sauna herbal SAUNA

(entrada 20 HB; 15.00-19.00) El Wat Mani cuenta con instalaciones separadas para hombres y mujeres de sauna herbal. Se encuentra hacia la parte posterior del recinto del monasterio, pasadas las *gù·dì* (dependencias) de los monjes.

Curso de cocina CURSO DE COCINA

(0 5554 6584; borderlineshop@yahoo.com; 674/14 Th Intharakhiri; clases 1000 THB; 8.30-12.00 y 13.00-16.00 ma-do) Impartido en la Borderline Shop, este curso enseña a elaborar platos shan, birmanos y Karen e incluye una visita al mercado, la preparación de la comida y la bebida, un libro de recetas y comentar los resultados en el café adyacente. El precio es menor cuanta más gente se apunte.

Fiestas y celebraciones

Campeonato de boxeo tailandés BOXEO TAILANDÉS

Alrededor de abril, boxeadores tailandeses y birmanos se encuentran en esta competición celebrada a la antigua usanza fuera de la ciudad. Los combates se disputan en un *ring* circular y constan de cinco asaltos: los cuatro primeros de tres minutos y el quinto de duración indefinida. Los boxeadores luchan con las manos vendadas con cuerdas de cáñamo hasta que uno de ellos sangra o cae noqueado. Cada año cambia el lugar de celebración, por lo que hay que preguntar.

Feria Tailandesa-Birmana de Gemas FERIA DE GEMAS

Se celebra en abril.

Dónde dormir

Muchos establecimientos de Mae Sot son económicos y están enfocados a los empleados de las ONG, que suelen contratar estancias largas.

Ban Thai Guest House HOTEL $$

(0 5553 1590; banthai_mth@hotmail.com; 740 Th Intharakhiri; h 250-800 THB;) Este conjunto de cinco casas tailandesas reformadas en un callejón bordeado de hibiscos posee habitaciones de madera amplias y elegantes, con muebles de estilo tailandés, cojines para tumbarse y telas típicas. Las zonas de estar comunes tienen televisión por cable, DVD y wifi gratis. Alquilan bicicletas y motocicletas y tienen servicio de lavandería. Es muy frecuentado por trabajadores de las ONG para estancias largas, por lo que se recomienda reservar.

Rujira HOTEL $$

(0 5554 4969; rujira_tom@hotmail.com; 3/18 Th Buakjoon; h 350-1000 THB, desayuno incl.;)

NORTE DE TAILANDIA PROVINCIA DE TAK

Alrededores de Tak y Mae Sot

Tarifas interesantes, habitaciones grandes tipo apartamento y abundantes detalles acogedores. Además reina un agradable ambiente familiar, con mucho sitio para sentarse al aire libre, un restaurante y un precioso café. La única pega es que está a un buena caminata del centro.

Irawadee Resort HOTEL **$$$**
(☎0 5553 5430; www.irawadee.com; 758/1-2 Th Intharakhiri; h/ste 850/1800 THB, desayuno incl.; ❄📶) Este nuevo monstruo de ladrillo ofrece habitaciones decoradas en estilo birmano (¿o quizá chino imperial?). Los amplios baños tienen duchas al aire libre. De dudoso gusto pero divertido y confortable.

Bai Fern Guesthouse HOTEL **$**
(☎0 5553 1349; www.bai-fern.com; 660 Th Intharakhiri; h 150-300 THB; ❄@) En esta casa grande algo retirada de la calle ofrecen habitaciones cuidadas aunque sosas, todas con baños compartidos bien equipados. El servicio es muy amable en lo referente al uso de la cocina, la nevera y el wifi en la zona común.

Poon Na Gunn Hotel HOTEL **$$**
(☎0 5553 4732; www.poonnagunn.com; 10/3 Th Intharakhiri; h 780-975 THB, desayuno incl.; ❄📶) El hotel que se desearía hallar siempre: habitaciones decoradas con gusto, limpias, amplias y con una pequeña veranda. Está unos 2 km al este de la ciudad.

DK Mae Sot Hotel HOTEL **$**
(☎0 5554 2648; 298/2 Th Intharakhiri; h con ventilador o A/A 250-450 THB; ❄📶) Si en este veterano hotel de tres pisos mejoraran las camas, toallas y sábanas, sería un gran chollo. Mientras tanto, las amplias habitaciones son normales, aunque muy bien situadas.

Ban Pruk Sa Guesthouse PENSIÓN **$**
(☎0 5553 2656; www.banpruksa.com; 740 Th Intharakhiri; h 200-500 THB; ❄📶) Enfrente a la Ban Thai Guest House, esta cuidada villa ofrece

Mae Sot

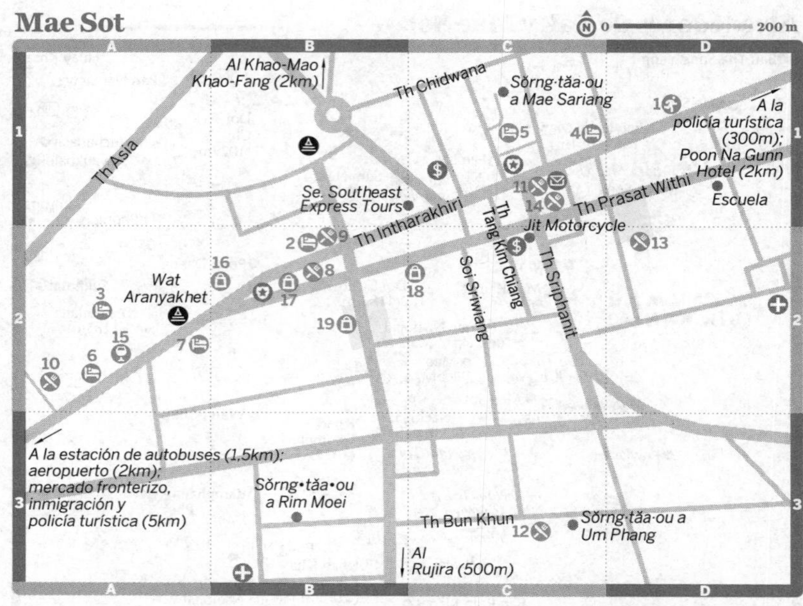

Mae Sot

Actividades, cursos y circuitos
- Curso de cocina ....(véase 16)
- 1 Sauna herbal D1

Dónde dormir
- 2 Bai Fern Guesthouse B2
- Ban Pruk Sa Guesthouse ....(véase 2)
- 3 Ban Thai Guest House A2
- 4 DK Mae Sot Hotel C1
- 5 Green Guest House C1
- 6 Irawadee Resort A2
- 7 Phan Nu House A2

Dónde comer
- 8 Aiya B2
- 9 Bai Fern B2
- 10 Casa Mia A2
- 11 Khrua Canadian C1
- 12 Lucky Tea Garden C3
- 13 Mercado nocturno D2
- 14 Phat Thai Mae Sot C1

Dónde beber
- 15 Mali Bar A2
- Water Bar ....(véase 15)

De compras
- 16 Borderline Shop B2
- 17 Fair Trade Shop B2
- 18 Tiendas de gemas C2
- 19 Mercado municipal B2

unas pocas habitaciones sin pretensiones aunque amplias y confortables.

Phan Nu House HOTEL $

(☎08 1972 4467; 563/3 Th Intharakhiri; h 250-500 THB; ❄📶) Consta de 19 habitaciones holgadas en un complejo residencial algo apartado de la calle. Casi todas tienen aire acondicionado, TV, nevera y agua caliente, por lo que salen muy a cuenta.

Green Guest House HOTEL $

(☎0 5553 3207; krit.sana@hotmail.com; 406/8 sub-soi junto a Th Intharakhiri; dc 100 THB, h 270-250 THB) Esta tranquila y agradable pensión llevada por una maestra y su marido ofrece un surtido de habitaciones de buen tamaño con TV y muebles decentes a buenos precios, en una ubicación céntrica y con un bonito jardín.

Dónde comer

Mae Sot es una encrucijada gastronómica excepcional. Para disfrutar de un desayuno entretenido, hay que dirigirse a la zona que queda al sur de la mezquita, donde varios restaurantes musulmanes bulliciosos sirven té dulce, *roti* y *nanbya,* el pan típico de *tandoor.* El animado mercado diurno de la ciudad es perfecto para probar especialidades birmanas como *mohinga,* el plato nacional extraoficial, o *curries* birmanos con arroz. En el mercado nocturno predominan los platos tailandeses y chinos.

Khao-Mao Khao-Fang TAILANDESA **$$**
(rótulo sin caracteres latinos; 0 5553 2483; 382 Moo 5, Mae Pa; principales 80-220 THB; almuerzo y cena) Diseñado por un botánico del país, parece una jungla en la que en lugar de lámparas de araña haya lianas y orquídeas, con mucha agua en movimiento. Su carta tailandesa es de las más interesantes que se puedan encontrar, con materia prima de la zona como las hierbas y verduras o el pescado del Mae Nam Moei. Pruébese alguna de las deliciosas *yam* (ensaladas especiadas), que llevan desde cedoaria hasta setas locales. Está al norte de la ciudad, entre los indicadores del km 1 y 2 en la carretera de Mae Ramat.

Lucky Tea Garden BIRMANA **$**
(Th Bun Khun; principales 10-50 THB; 5.30-21.00) Este acogedor café permite conocer un auténtico salón de té birmano sin tener que cruzar la frontera. Ofrece té dulce, sabrosos tentempiés y, por supuesto, música pop birmana. Si se tiene hambre, se puede probar uno de los mejores *biryanis* de la ciudad.

Phat Thai Mae Sot TAILANDESA **$**
(rótulo sin caracteres latinos; Th Prasat Withi; principales 25-45 THB; 12.00-21.00) Este acogedor lugar sirve *pàt tai* con un toque local: chicharrones y cerdo a la barbacoa. Es difícil de encontrar; búsquese la casa de madera con anuncios a la antigua.

Casa Mia INTERNACIONAL-TAILANDESA **$$**
(Th Don Kaew; principales 30-180 THB; 7.30-22.00) Escondido en una calle secundaria, este sencillo restaurante sirve la pasta casera más barata del mundo, pero muy buena. También prepara especialidades tailandesas y birmanas y postres muy ricos, como la tarta de plátano y nata.

Aiya BIRMANA-TAILANDESA **$**
(533 Th Intharakhiri; platos 40-90 THB; almuerzo y cena ma-do;) Enfrente de la Bai Fern Guest House, este es un local sencillo donde degustar buena comida birmana, sobre todo vegetariana.

Khrua Canadian INTERNACIONAL-TAILANDESA **$$**
(3 Th Sriphanit; platos 40-280 THB; 7.00-22.00;) El canadiense Dave elabora su propia mezcla de café y también ofrece *bagels* caseros, embutidos, quesos y una extensa carta de desayunos. Las raciones son generosas y la carta, variada. Además, facilita buena información de la zona.

Bai Fern INTERNACIONAL-TAILANDESA **$$**
(0 5553 3343; Th Intharakhiri; platos 45-300 THB; 8.00-22.00) Acogedor (decorado con madera), este local está siempre lleno.

Dónde beber y ocio

Mae Sot posee una activa escena nocturna, sobre todo los fines de semana. En el tramo de Th Intharakhiri que queda al oeste del Wat Aranyakhet hay unos cuantos bares al aire libre.

Mali Bar BAR
(Th Intharakhiri; 18.00-24.00) Frecuentado por gente de las ONG y atendido por birmanos, este bar algo oscuro tiene billar y banda sonora de músicas de mundo.

Water Bar BAR
(Th Intharakhiri; 17.00-24.00) Más típico tailandés, con mesas al aire libre, cerveza de barril, tentempiés y un televisor grande para ver deportes.

De compras

Célebre por el comercio de gemas, Mae Sot es el principal centro de jade y gemas a lo largo de la frontera. El ajetreo de estos rutilantes tesoros en las tiendas de Th Prasat Withi, al este del mercado matinal, es digno de verse. A la hora de comprar, hay que regatear duramente.

Mercado municipal MERCADO
Este mercado es uno de los más extensos y animados de Tailandia. Además de los habituales puestos de verduras y productos desecados, reúne una amplia y exótica oferta de artículos provenientes de Myanmar, como libros, lápices de *thanaka* (fuente de los polvos amarillos que la gente luce en la cara), abundancia de hojas de té en conserva, extraños cosméticos y chancletas de terciopelo

de Mandalay. A diferencia de muchos otros mercados del país, no hace falta levantarse a las 6.00 para visitarlo. También es un buen sitio para probar auténtica comida birmana.

Borderline Shop ARTESANÍA

(www.borderlinecollective.org; 674/14 Th Intharakhiri; ⌚10.00-18.00 ma-sa, 14.00-18.00 do) Para comprar arte y artesanía hecha por mujeres refugiadas. Las ganancias revierten en dicho colectivo y en una fundación de ayuda a los niños. La galería del piso de arriba vende pinturas; también ofrece un curso de cocina y cuenta con un **'jardín de té'** (⌚9.00-18.00 ma-do) al aire libre.

Fair Trade Shop ARTESANÍA

(www.weave-women.org; 656 Th Intharakhiri; ⌚9.00-17.00 lu-sa) Esta tienda de comercio justo, una de las tres sucursales que hay en el norte de Tailandia, se especializa en tejidos de vivos colores realizados por birmanas desplazadas.

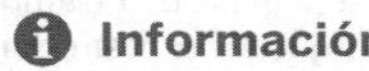

Información

Hay varios bancos con cajero automático. Aunque en el centro no hay muchos cibercafés, se hallará un par en Th Intharakhiri, al oeste de Se, uno de ellos en Southeast Express Tours. Mae Sot carece de oficina de turismo oficial, pero Khrua Canadian es una buena fuente de información local.

Inmigración (☎0 5556 3000; ⌚8.30-12.00 y 13.00-16.30 lu-vi) Junto al puente de la Amistad, tramita ampliaciones de visado.

Policía turística (☎1155; 738/1 Th Intharakhiri) Tiene una oficina al este del centro urbano y en el mercado junto al puente de la Amistad.

Cómo llegar y salir

Avión

El diminuto aeropuerto de Mae Sot está a 2 km del centro en la carretera del puente de la Amistad. Un mototaxi al aeropuerto cuesta 40 THB. Aunque las aerolíneas tienen oficinas en él, los billetes pueden sacarse en agencias del centro como **Se. Southeast Express Tours** (522/3 Th Intharakhiri).

Destinos desde Mae Sot:

Aeropuerto Don Muang de Bangkok (1890-2690 THB, 90 min, 2 diarios) con **Nok Air** (☎atención al cliente 1318, Mae Sot 0 5556 3883; www.nokair.co.th; aeropuerto de Mae Sot) y **Solar Air** (☎0 5556 3608; www.solarair.co.th; aeropuerto de Mae Sot).

Chiang Mai (1899 THB, 50 min, 3 semanales) con **Kan Air** (☎atención al cliente 02 551 6111, Mae Sot 08 1585 4489; www.kanairlines.com; aeropuerto de Me Sot).

PASO FRONTERIZO: DE MAE SOT A MYAWADI

Mae Sot es, al menos cuando la situación está tranquila, un paso fronterizo legal con Myanmar. Pero como en todas las demás entradas por tierra a ese país, la situación es inestable; durante la última visita, la frontera estaba firmemente cerrada debido a combates entre el ejército birmano y grupos escindidos del Ejército Budista Democrático Karen (DKBA, en sus siglas en inglés). Incluso con la frontera abierta, las visitas a Myanmar se restringen a un número limitado de días y a una zona concreta, y los viajeros deben dejar el pasaporte en la frontera y regresar por donde entraron.

Cuando la frontera está abierta, hay que cumplimentar los trámites de inmigración en el **puesto de inmigración tailandés** (☎0 5556 3000; ⌚6.30-18.30) del puente de la Amistad. Tras unos pocos minutos de papeleo para salir oficialmente de Tailandia, ya se puede cruzar a pie el puente de 420 m con arcos.

En la otra punta del puente está el **puesto de inmigración de Myanmar.** Tras rellenar en él los permisos para un día de estancia, pagar una tasa de 10 US$ o 500 THB y dejar el pasaporte en depósito, el viajero ya es libre de pasear por Myawadi, siempre que esté de regreso en el puente antes de las 17.30 hora de Myanmar (½ h menos que en Tailandia) para recoger el pasaporte y tramitar la salida con inmigración. De nuevo en Tailandia, el puesto de inmigración tailandés del puente expedirá al viajero un nuevo visado con validez para 15 días (p. 762).

Myawadi es una ciudad birmana bastante típica, con monasterios, escuelas, tiendas, etc. El templo más importante es el **Shwe Muay Wan,** una *chedi* campaniforme dorada tradicional con muchos kilos de oro y rematada con más de 1600 piedras preciosas y semipreciosas. También es notable el templo budista de **Myikyaungon** (Wat Don Jarakhe, en thai), famoso por su santuario en forma de cocodrilo. Por el sur de la ciudad se ven sus milenarias murallas de tierra, probablemente erigidas por los mon originales de la zona.

Autobús y furgoneta

Todos los autobuses de largo recorrido salen de la estación de autobuses, 1,5 km al oeste del centro en Th Intharakhiri. De esta misma estación parten furgonetas frecuentes a Phitsanulok (157 THB, 4 h) y Sukhotai (125 THB, 3 h) de 7.00 a 14.00.

Destinos en autobús desde Mae Sot:

Bangkok (307-613 THB, 8 h, frecuentes, 20.00-21.45)
Chiang Mai (253-326 THB, 6 h, 6.00 y 8.00)
Chiang Rai (379-488 THB, 10 h, 6.00 y 8.00)
Lampang (193-248 THB, 4 h, 6.00 y 8.00)
Mae Sai (416-535 THB, 12 h, 6.00 y 8.00)

'Sŏrng·tăa·ou'

Salen de diversos puntos de la ciudad. Las *sŏrng·tăa·ous* naranjas para Mae Sariang (200 THB, 6 h, 6 diarios 6.20-12.20) parten de la vieja estación de autobuses cercana al centro urbano, mientras que las azules para Um Phang (120 THB, 4 h, cada hora 6.30-15.30) lo hacen de una oficina de Th Bun Khun. Al oeste de allí, desde Th Bun Khun, también salen algunas para Rim Moei (20 THB, 15 min, frecuentes, 6.00-17.30).

Cómo desplazarse

Casi toda Mae Sot puede visitarse a pie. Los mototaxis y los *săhm·lórs* cobran 20 THB por una carrera dentro de la ciudad.

Varios establecimientos ligados al turismo alquilan vehículos, p. ej., el restaurante Bai Fern, que también alquilan motocicletas, como la Ban Thai Guest House y la Ban Pruk Sa Guesthouse. Se alquilan bicicletas en Borderline Shop, además de promocionar un circuito por la zona.

Jit Motorcycle (☎0 5553 2099; 127/4-6 Th Prasat Withi; motocicletas 150 THB/día; ⏲8.00-17.00) Alquila motocicletas.

De Mae Sot a Um Phang

La carretera 1090 va al sur desde Mae Sot a Um Phang, a 150 km. Este tramo solía apodarse la "Carretera de la Muerte", pues la guerrilla impedía efectuar trabajos en la zona. Aunque la actividad guerrillera cesó en la década de 1980, esta sinuosa y empinada ruta atraviesa increíbles paisajes de montaña pero aún se cobra vidas tanto por la rotura de los frenos como por sus peligrosas curvas.

Por el camino se pueden realizar excursiones cortas a las cascadas de **Nam Tok Tharak** (a 26 km de Mae Sot) y **Nam Tok Pha Charoen** (41 km). La primera se desploma por un peñasco de rocas calizas cuya textura rugosa facilita la escalada. La zona se ha convertido en una especie de parque, con bancos al pie del salto para refrescarse y un par de aseos exteriores. Los fines de semana se instalan vendedores ambulantes.

Después del Ban Rom Klao 4, más o menos a mitad de camino entre Mae Sot y Um Phang, está Um Piam, un gran pueblo karen y birmano donde viven cerca de veinte mil refugiados, que fueron trasladados aquí desde los campamentos cercanos a Rim Moei. En esta zona hay también varios pueblos hmong.

Hay *sŏrng·tăa·ous* frecuentes entre Mae Sot y Um Phang (120 THB, 4 h).

Um Phang y alrededores

อุ้มผาง

En la confluencia del Mae Nam Klong y el Huay Um Phang, **Um Phang** es un pueblo de mayoría karen que ha crecido sobremanera. Muchos pueblos karen de la zona son muy tradicionales y no es raro ver elefantes en ellos, sobre todo en **Palatha,** situado 25 km al sur de Um Phang, donde las *yaeng* (sillas de montar elefantes) y otros arreos son habituales en los corredores de las casas.

Al sur de Um Phang está la **Reserva Natural de Um Phang,** declarada Patrimonio Mundial por la Unesco. Cerca se halla la mayor cascada del país.

Puntos de interés

Nam Tok Thilawsu CASCADA
(น้ำตกทีลอซู) Es la mayor cascada de Tailandia: se calcula que tiene 200 m de altura y alcanza los 400 m de ancho durante la estación de las lluvias. Los tailandeses, especialmente fanáticos con estos temas, consideran también que es la más hermosa del país. Detrás de la cascada hay una cueva poco profunda y varias pozas naturales en distintos niveles aptas para el baño. La Nam Tok Thilawsu exhibe toda su fuerza después de la estación lluviosa (nov-dic), cuando el agua corre por los peñascos calizos que flanquean el Mae Nam Klong.

La inmensa mayoría de las personas visitan las cascadas en un viaje organizado, aunque también se puede ir por libre. Con vehículo, hay que tomar el desvío de la carretera 1167, al norte de Um Phang. Tras 12 km se dobla a la izquierda en el control policial y se toma la carretera 1288. Síganse 6 km más hasta llegar al puesto de control de la reserva, donde hay que abonar el precio de la entrada. Hasta la oficina del parque quedan todavía 30 km de pista.

Si no se dispone de vehículo propio, es fácil contratar una camioneta en Um Phang

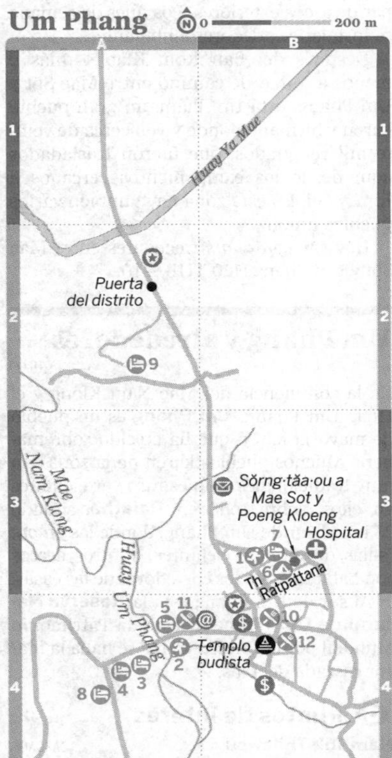

Um Phang

Actividades, cursos y circuitos

1 BC Adventure Tour B3
Napha Tour .... (véase 7)
Trekker Hill .... (véase 7)
Tu Ka Su Cottage .... (véase 8)
2 Weera Tour A4

Dónde dormir

3 Ban Phurkchaya A4
4 Ban Suansak Resort A4
5 Garden Huts A4
6 Phudoi Camp Site & Resort B3
7 Trekker Hill B3
8 Tu Ka Su Cottage A4
9 Umphang Country Huts A2

Dónde comer

10 Bankrusun B4
11 Khrua Ton Makham A4
12 Mercado matinal/vespertino B4
Phudoi Restaurant .... (véase 6)

(ida y vuelta 1800-2500 THB). Otra opción es tomar una *sŏrng·tăa·ou* a Poeng Kloeng hasta el puesto de control de la reserva (30 THB, cada hora 6.30-15.30) y organizar el transporte desde ahí, aunque no es seguro que haya camionetas esperando.

Reserva Natural de Um Phang RESERVA NATURAL
(เขตรักษาพันธุ์สัตว์ป่าอุ้มผาง; ☎0 5557 7318; entrada 200 THB) Los saltos de la Nam Tok Thilawsu quedan cerca de la oficina central de la reserva, la cual se sitúa a unos 50 km de Um Phang en dirección a Sangkhlaburi, en la provincia de Kanchanaburi. El sendero de 2 km entre la oficina y la cascada incluye placas informativas muy didácticas. Rodeando los saltos y a lo largo del río se extienden algunas de las áreas mas densas de bosque natural de Tailandia, y el senderismo por esta zona podría calificarse de superior. Se calcula que estos bosques albergan más de mil trecientas variedades de palmeras, pero también es habitual encontrar bambús gigantes e higueras estranguladoras.

Esta reserva enlaza con las de Thung Yai Naresuan y Huay Kha Kaeng (también Patrimonio Mundial de la Unesco), que a su vez lindan con los parques nacionales de Khlong Lan y Mae Wong, lo que en conjunto supone el mayor corredor de fauna de Tailandia y unos de los mayores bosques intactos del sureste asiático.

Se puede **acampar** (50-100 THB) en la zona de la oficina central de la reserva en cualquier época del año, aunque se recomienda reservar de noviembre a enero, cuando las cascadas son muy visitadas. También es la única época del año en que habitualmente se puede comprar comida en la oficina; en otros meses habrá que llevarla.

Tham Ta Khu Bi CUEVA
(ถ้ำตะโค๊ะบิ) Desde Ban Mae Klong Mai, solo unos kilómetros al norte de Um Phang en la carretera principal a Mae Sot, la carretera 1167 se dirige al suroeste junto a la frontera entre Tailandia y Myanmar. Por el camino hay una extensa red de cuevas llamada la Tham Ta Khu Bi, que en karen parece que significa "Mango Plano". No hay guías y se necesita una linterna.

Poeng Kloeng PUEBLO
(บ้านเปิงเคลิ่ง) Después de 12 km, hay que girar a la izquierda por la carretera 1288, que con-

duce hasta el puesto de control de la Reserva Natural de Um Phang. Pasado este punto, la carretera empeora pero continúa más de 70 km hasta terminar en Poeng Kloeng, un pueblo de mercado karen, birmano, indobirmano, talaku y thai donde las carretas de búfalos son más comunes que las motocicletas. Este pintoresco enclave, entre picos puntiagudos y peñascos, bien merece el viaje aunque no se prosiga más allá. Desde la parada de *sŏrng·tăa·ou* de Um Phang salen servicios a Poeng Kloeng (100 THB, 2½ h, cada hora, *6.30-15.30*).

Letongkhu y Sangkhlaburi PUEBLOS

(เลตองคุ) Unos 12 km al sur de Poeng Kloeng por una pista llena de baches (transitable en todoterreno durante la estación seca), cerca de la frontera birmana se llega a Letongkhu, un pueblo a orillas del Mae Nam Suriya y junto al monte Sam Rom. Según la escasa información antropológica de que se dispone, aunque la mayor parte de sus habitantes hablan karen, pertenecen a la secta lagu o talaku, que practica una mezcla de budismo con chamanismo y animismo. Letongkhu es uno de los seis pueblos de este tipo que hay en Tailandia; en Myanmar se supone que hay una treintena más. Cada pueblo posee un jefe espiritual y temporal llamado *pu chaik* (al que los tailandeses llaman *reu·sĕe,* o *rishi,* es decir, "sabio") que lleva el pelo largo, normalmente recogido en un moño, y viste de blanco, amarillo o marrón, según la subsecta.

Los misioneros cristianos evangelistas infiltrados en esta región han intentado convertir a los talaku, lo que ha propiciado una mayor susceptibilidad de este pueblo hacia los visitantes. Si se visita Letongkhu, hay que procurar no entrar en ningún lugar del pueblo sin haber sido invitado. Tampoco hay que hacer fotografías sin autorización. Si se trata a los habitantes con respeto, no tiene por qué haber problemas.

Sangkhlaburi está a 90 km de Poeng Kloeng y se puede llegar en una excursión de cuatro o cinco días de caminata. La ruta que va a Sangkhlaburi tiene varias bifurcaciones, la principal de las cuales atraviesa la frontera y discurre un tramo por Myanmar para luego retornar a Tailandia.

Como la situación por toda esta zona fronteriza es delicada y resulta muy fácil perderse, caer enfermo o hacerse daño, se recomienda ir siempre con guía a la hora de hacer senderismo por el sur de Um Phang. Si se habla thai, tal vez se consiga uno en Poeng Kloeng. Otra posibilidad es acudir a Um Phang, donde, siempre previa reserva, hay unas pocas empresas del ramo. La mejor época del año es de octubre a enero.

Actividades

Senderismo y 'rafting'

En teoría, casi todas las pensiones de Um Phang pueden organizar excursiones que combinan senderismo y *rafting* por la zona. Dado que aquí predominan los turistas tailandeses, solo unos cuantos guías han tratado con extranjeros y, por tanto, pocos se defienden en inglés. Las agencias reseñadas más adelante tienen guías que hablan inglés.

La típica excursión de tres días (2 noches) combina caminatas y *rafting,* y paseos en elefante a modo de opción muy popular. Casi todas visitan la Nam Tok Thilawsu y llegan más allá, pero también se pueden solicitar excursiones más largas o cortas, así como a otros destinos.

Las salidas de *rafting* más cortas son las de un día por el Mae Klong desde Um Phang a la Nam Tok Thilawsu, y las más largas, las de tres días desde Palatha a la Nam Tok Thi Lo Re. La principal época de *rafting* va de noviembre a febrero.

Um Phang Khi es una zona "nueva" de *rafting* al noreste de Um Phang. Oficialmente hay 47 tramos (algunas agencias afirman que 67) de rápidos de grado III (dificultad moderada) y IV (alta) en plena estación lluviosa. La temporada de *rafting* en Um Phang Khi es corta, de agosto a octubre, pues fuera de esos meses el nivel del agua no es suficiente.

Los precios son con todo incluido, a partir de unos 4000 THB por persona (2 o más personas) por una excursión de tres días de *rafting* y senderismo. Los paseos en elefante y otros extras se pagan aparte.

Trekker Hill SENDERISMO, 'RAFTING'

(☎0 5556 1090; 620 Th Pravitpaiwan, Um Phang) Muy recomendable, esta empresa, la que tiene más guías que hablan inglés, ofrece un gama de excursiones de uno a cuatro días.

BC Adventure Tour SENDERISMO, 'RAFTING'

(☎0 5556 1020; www.boonchuaytour.com) Ofrece varias excursiones y guías experimentados en el trato con senderistas extranjeros.

Napha Tour SENDERISMO, 'RAFTING'

(☎0 5556 1287; Th Pravitpaiwan, Um Phang) Ofrece un programa de excursiones variado y guías que hablan inglés.

Tu Ka Su Cottage SENDERISMO, 'RAFTING'
(☎0 5556 1295; www.tukasu.net; 40 Moo 6, Um Phang) Si ninguna de las empresas citadas estuviera operativa, en este complejo pueden conseguirse guías angloparlantes.

Weera Tour SENDERISMO, 'RAFTING'
(rótulo sin caracteres latinos; ☎0 5556 1368) Situada junto a la carretera general, monta circuitos excelentes, aunque no tiene muchos guías que hablen inglés.

Dónde dormir

La mayoría de los alojamientos de Um Phang acogen a numerosos grupos turísticos del país, de modo que no todo son facilidades para los viajeros extranjeros. Muchas de las habitaciones son para cuatro o más personas, pero si se viaja solo o en pareja se puede negociar el precio, sobre todo en la estación de lluvias.

Tu Ka Su Cottage HOTEL **$$$**
(☎0 5556 1295; www.tukasu.net; 40 Moo 6, Um Phang; h 600-2000 THB, desayuno incl.;) Es el alojamiento mejor de Um Phang y el más limpio. El conjunto de atractivas casitas de piedra y ladrillo, con varias habitaciones, está rodeado de jardines de flores y frutales exóticos. Todos los baños tienen ducha y agua caliente y parecen exteriores. Los bungalós más baratos son amplios, confortables y a precios interesantes. El dueño es una gran fuente de información local. Hay wifi gratis.

Umphang Country Huts HOTEL **$$$**
(rótulo sin caracteres latinos; ☎0 5556 1079; www.umphangcountryhut.com; h 500-2500 THB) Estas cabañas enclavadas entre boscosas colinas están junto a la carretera principal 2 km antes de Um Phang. Algunas de las habitaciones de precio medio tienen dos niveles y balcón que da a un riachuelo. Las más económicas disponen de baño pero no de agua caliente. En la última visita, estaban de reformas.

Baan Farang HOTEL **$$**
(☎08 3388 4223; h 700-1200 THB, desayuno incl.;) A 3 km de Um Phang, junto a la carretera principal cerca del cruce a Thilawsu, esta atractiva parcela tiene siete acogedoras cabañas, las más caras a orillas del río.

Garden Huts HOTEL **$$**
(Boonyaporn Garden Hut; ☎0 5556 1093; www.boonyapornresort.com; 8/1 Moo 6, Um Phang; h 200-1500 THB) Una señora mayor encantadora lleva estos bungalós de distinto confort y tamaño frente al río. También hay agradables zonas de estar, un cuidado jardín y, en el edificio nuevo, habitaciones amplias con TV.

Ban Phurkchaya HOTEL **$$$**
(rótulo sin caracteres latinos; ☎0 5556 1308; www.banphurkchaya.com; 186 Moo 6, Um Phang; h 600-2000 THB, desayuno incl.;) Bonito complejo con habitaciones también adorables. Las del edificio principal son algo menos vistosas, pero tan limpias y confortables como el resto. Aunque sin rótulo en inglés, no tiene pérdida.

Phudoi Camp Site & Resort HOTEL **$**
(☎0 5556 1049; www.phudoi.com; 637 Th Pravitpaiwan, Um Phang; tienda 150 THB, bungalós con ventilador/A/A 400/500 THB;) Está orientado a grupos turísticos con reserva previa y dispone de bungalós entre jardines en la falda de la montaña cerca del centro del pueblo. Son estructuras de troncos, amplias y con galería. También hay una zona de acampada y un restaurante.

Trekker Hill HOTEL **$**
(☎0 5556 1090; 620 Th Pravitpaiwan; dc/h 100/300 THB;) Se dice que a veces pagan a los conductores de *sŏrng·tăa·ous* para captar clientes. Sea como fuere, está rústica colección de cabañas en una empinada ladera es una buena opción, con habitaciones con agua caliente y vistas sobre el valle y Um Phang. El restaurante sirve tres comidas al día y tiene televisión por satélite.

Ban Suansak Resort HOTEL **$**
(☎08 9839 5308; h 300-500 THB) Ofrece 13 habitaciones en un edificio de dos pisos y tres bungalós para hasta diez personas. Los colchones parecen muy finos, pero todo está impecable, incluido el restaurante. Está al salir de la población por la carretera de Palatha.

Dónde comer

Um Phang cuenta con varios restaurantes muy sencillos, un mercado matinal y otro vespertino y un par de tiendas pequeñas.

Khrua Ton Makham TAILANDESA **$**
(rótulo sin caracteres latinos; principales 30-70 THB; almuerzo y cena) En este rústico restaurante la carta en thai es mucho más completa que la inglesa. Está bajo un enorme tamarindo (*ton makham*), al lado de un cibercafé.

Phudoi Restaurant TAILANDESA **$$**
(principales 40-170 THB; 8.00-22.00) Cuando abre, suele ser el único recurso pasadas las 21.00. Tiene carta bilingüe y comida decente.

Bankrusun CAFÉ $
(principales 20-35 THB; ⏲6.30-20.30) Propiedad de un músico tailandés, esta tienda de recuerdos y cafetería ofrece buen café, bebidas y desayunos sencillos.

Información

Aunque hay dos cajeros automáticos en Um Phang, no es mala idea llevar efectivo. Un café grande camino de Ban Palatha ofrece acceso a **internet** (15 THB/h; ⏲16.00-21.00 lu-vi, 7.00-21.00 sa y do).

Cómo llegar y salir

Hay *sŏrng·tăa·ous* frecuentes de Um Phang a Mae Sot (120 THB, 4 h, cada hora, 6.30-13.30) que salen de una parada en lo alto de Th Ratpattana.

De Mae Sot a Mae Sariang

La carretera 105 avanza hacia el norte bordeando la frontera de Myanmar desde Mae Sot hasta Mae Sariang (226 km), en la provincia de Mae Hong Son. Esta carretera asfaltada y sinuosa pasa por las pequeñas poblaciones de **Mae Ramat**, **Mae Salit**, **Ban Tha Song Yang** y **Ban Sop Ngao** (Mae Ngao). Los densos bosques de esta región conservan algunas arboledas de teca y los pueblos karen todavía recurren ocasionalmente a los elefantes como fuerza de carga.

La **Nam Tok Mae Kasa**, entre los km 13 y 14 de la carretera, es una bonita cascada delante de una cueva. También hay un manantial de aguas termales en el cercano pueblo de Mae Kasa.

En Mae Ramat se recomienda visitar el **Wat Don Kaew**, detrás de la oficina del distrito, que alberga un gran buda de mármol de estilo Mandalay.

En el km 58, y después de pasar varios controles de carretera, se atraviesa el inmenso pueblo de refugiados de **Mae La**, donde se calcula que viven 60 000 birmanos. El pueblo tiene una longitud de al menos 3 km.

Pueden verse extensas grutas calizas en la **Tham Mae Usu**, en el km 94, cerca de Ban Tha Song Yang (hay otro pueblo con el mismo nombre más al norte). Desde la carretera se ha de andar 2 km hasta las grutas. Están cerradas durante la estación lluviosa, cuando el río que discurre por su interior bloquea la entrada.

En los confines septentrionales de la provincia de Tak se halla el pueblo karen de **Ban Tha Song Yang**, en un bello enclave al borde de un peñasco calizo a orillas del Mae Nam Moei. Se trata de la última población importante de Tak antes de iniciar el ascenso a las montañas y espesas selvas del Parque Nacional de Mae Ngao, en la provincia de Mae Hong Son.

Ban Sop Ngao es un pueblo de carretera, el primero de Mae Hong Son. Alberga la oficina central del parque y está a 40 km de Mae Sariang, donde se puede encontrar de una amplia oferta de comida y alojamiento.

Dónde dormir y comer

No hay muchos lugares para pernoctar y comer en esta ruta. La base más práctica es Tha Song Yan (no se trata del pueblo del mismo nombre situado en el extremo norte de la provincia de Tak). Está cerca del km 90 y cuenta con varios restaurantes. Mae Salit, un poco más al norte, también dispone de alojamiento sencillo y comida.

Thasongyang Hill Resort HOTEL $$
(☎0 5558 9088; www.thasongyanghill.9nha.com; km 85, ctra. 105, Ban Tha Song Yang; h 200-800 THB; ❄📶) Al norte de Tha Song Yang, se puede escoger entre las grandes y modernas habitaciones en un largo edificio o los atractivos bungalós del jardín. Hay un par de hoteles similares en la zona, pero este es el más agradable.

Per-pron Resort HOTEL $
(☎08 1774 5624; 110 Moo 2, Mae Salit; bungalós 300-350 THB) Al sur de Mae Salit, cuenta con unos pocos bungalós rústicos que dan al Mae Nam Moei.

Cómo llegar y salir

Las *sŏrng·tăa·ous* a Mae Sariang (200 THB, 6 h, 6 diarias, 6.20-12.20) salen de la vieja estación de autobuses de Mae Sot, cerca del centro.

PROVINCIA DE MAE HONG SON

A la provincia más remota de Tailandia solo se puede llegar por carreteras de montaña increíblemente ensortijadas o en un arriesgado vuelo hasta su capital. Aunque en la pasada década ha experimentado cierta eclosión turística y se han abierto muchos complejos hoteleros en la capital y alrededores, pocos viajeros se aventuran más allá de Pai.

Mae Hong Son แม่ฮ่องสอน

6000 HAB.

La lejana Mae Hong Son, rodeada de montañas, encajará bien en la idea preconcebida que muchos viajeros tienen de una ciudad del norte de Tailandia. La palpable influencia birmana y el tenso aire de ciudad fronteriza no contradicen este presentimiento, pero lo mejor es que apenas se ven *túk-túks* ni cazaturistas. Esto no significa que Mae Hong Son sea un territorio inexplorado, pues los grupos turísticos ya hace años que la visitan, pero su gran potencial de actividades, desde tratamientos de *spa* hasta senderismo, hace que cada experiencia sea única.

La mejor época para visitarla es entre noviembre y marzo, cuando la población exhibe toda su belleza. Durante la estación de lluvias (jun-oct) viajar a los rincones más apartados de la provincia puede resultar difícil por la escasez de carreteras asfaltadas. Durante los meses más cálidos, el valle del Mae Nam Pai se llena del humo por la quema de rastrojos. El único problema en invierno es que las noches son muy frías, por lo que hay que no hay que olvidar llevar un jersey grueso y unos buenos calcetines para las mañanas y las tardes, y un saco de dormir o varias mantas.

Historia

Mae Hong Son ha permanecido aislada de Tailandia geográfica, cultural y políticamente durante gran parte de su corta existencia. En sus orígenes, a principios del s. XIX, fue un centro de adiestramiento de elefantes y no varió apenas hasta 1856, cuando los conflictos armados en Birmania provocaron la llegada de miles de shan a la zona. En los años siguientes, Mae Hong Son prosperó como centro maderero y siguió siendo un reino independiente hasta 1900, cuando el rey Rama V lo incorporó a Tailandia.

Puntos de interés

Con sus vivos colores, *stupas* encaladas y el brillo de las filigranas de cinc, los templos de estilo birmano y shan de Mae Hong Son sorprenderán al visitante, que se preguntará si realmente está en Tailandia.

Wat Jong Kham y Wat Jong Klang TEMPLOS

(วัดจองคำ/วัดจองกลาง; gratis) El Wat Jong Kham fue construido hace casi doscientos años por los thai yai (shan), grupo étnico que constituye aproximadamente la mitad de la población de la provincia de Mae Hong Son. Por su parte, el Wat Jong Klang alberga unas centenarias pinturas de *jataka* sobre cristal y un **museo** (donativo recomendado; 8.00-18.00) donde se exhiben unos muñecos de madera de 150 años de antigüedad procedentes de Mandalay que representan algunos de los aspectos más truculentos de la rueda de la vida. Incluye varias zonas vetadas a las mujeres, algo bastante habitual en los templos budistas shan birmanos.

MERECE LA PENA

CIRCUITO DE MAE HONG SON

Una de las rutas en motocicleta más populares del norte de Tailandia empieza en Chiang Mai y atraviesa a lo largo la provincia de Mae Hong Son para luego regresar a la ciudad por otro camino: casi 1000 km en total.

El itinerario arranca en realidad 34 km al norte de Chiang Mai, al girar por la carretera 1095 y trazar la primera de sus 1864 curvas. Es una ruta lenta, que empieza a ascender casi en seguida, aunque por el camino hay numerosos lugares para pernoctar. Así, muchas de las poblaciones con buena oferta de alojamiento y comida están separadas por menos de 70 km. Entre las mejores para descansar destacan Pai, a 130 km de Chiang Mai, Soppong, 40 km más allá, y Mae Hong Son, a 65 km de Soppong.

Al llegar a Khun Yuam, 70 km al sur de Mae Hong Son, se puede optar por tomar la carretera 1263 hacia Mae Chaem, para luego regresar a Chiang Mai por el Doi Inthanon, la montaña más alta del país, o bien continuar al sur hasta Mae Sariang y seguir la carretera 108 hasta Chiang Mai vía Hot, aunque las distancias entre las poblaciones de este tramo del circuito son mayores y es preferible contar con una motocicleta más potente y cómoda.

Un excelente compañero de viaje es el mapa *Mae Hong Son Loop Guide Map*, de Golden Triangle Rider, a la venta en casi todas las librerías de Chiang Mai, que marca con precisión las distancias entre las poblaciones de toda la ruta, así como posibles excursiones adicionales y otras informaciones útiles.

De noche, ambos templos, iluminados, se reflejan fotogénicamente en el Nong Jong Kham.

Wat Hua Wiang TEMPLO
(วัดหัวเวียง; Th Phanit Wattana; gratis) Este *wat,* al este de Th Khunlum Praphat, se caracteriza por el trabajado tejado de madera dispuesto en niveles del *bòht* y un venerado buda de bronce procedente de Mandalay.

Otros templos TEMPLOS
También son dignos de ver el **Wat Kam Kor** (gratis), famoso por su singular corredor cubierto, y el **Wat Phra Non** (gratis), que alberga el mayor buda reclinado de la ciudad.

Actividades

Senderismo y circuitos en barco

Su localización al borde de una selva montañosa convierte a Mae Hong Son en una excelente base aventurera. El senderismo no es un negocio a gran escala como en otras partes del país, y los visitantes que quieran embarrarse las botas encontrarán paisajes naturales relativamente vírgenes y poblados aislados. Las excursiones se pueden arreglar en varias pensiones y agencias de viajes.

Las travesías en barcas típicas por el cercano Mae Pai cada vez están más solicitados, y las mismas pensiones y agencias de senderismo que ofrecen excursiones desde Mae Hong Son pueden montar también rutas por el río. La excursión más común parte del **Tha Pong Daeng,** 4 km al suroeste de Mae Hong Son. Las barcas bajan 15 km por el río hasta el pueblo de "mujeres jirafa" de **Huay Pu Keng** y después paran en **Ban Nam Phiang Din,** población fronteriza a 20 km del muelle, antes de regresar. La travesía dura aproximadamente 1½ horas hasta Ban Nam Phiang Din y cuesta 1000 THB por barca, con capacidad para hasta ocho pasajeros.

Las caminatas de varios días para dos participantes cuestan desde 1000 THB por persona y día. Como en el resto del país, los precios bajan notablemente conforme aumentan el número de participantes y de días.

Nature Walks SENDERISMO
(☎0 5361 1040, 08 9552 6899; www.trekkingthailand.com; natural_walks@yahoo.com) Sus salidas de senderismo son las más caras, pues John, natural de Mae Hong Son, es el mejor guía de la ciudad. Se pueden realizar desde itinerarios por la naturaleza diurnos hasta excursiones largas de varios días por la provincia. John también programa circuitos naturalistas a medida, como los que realiza para ver orquídeas de marzo a mayo. No tiene oficina; solo correo electrónico y teléfono.

Provincia de Mae Hong Son

Friend Tour SENDERISMO
(☎0 5361 1647; PA Motorbike, 21 Th Pradit Jong Kham; ⏲7.30-19.30) Recomendada y con casi veinte años de experiencia, esta agencia ofrece senderismo, paseos en elefante y *rafting,* así como circuitos de un día. Está en PA Motorbike.

Long Time Tours SENDERISMO
(☎08 9838 6865; 21 Th Pradit Jong Kham; ⏲8.00-17.00) Otra empresa local que organiza circuitos.

Nam Rin Tour SENDERISMO
(☎0 5361 4454; 21 Th Pradit Jong Kham) Aunque el señor Dam las anuncie como "Malas noches, malos chistes", sus caminatas reciben buenas críticas.

'Spa' de barro

Pooklon Country Club 'SPA'
(☎08 6198 0722; Ban Mae Sanga; ⏲8.00-18.30) Este autodenominado "club de campo" se promociona como el único *spa* con tratamientos de barro del país. El barro, descubierto por unos geólogos en 1995, se pasteuriza y mezcla con hierbas antes de utilizarse en diversos tratamientos (facial 60 THB). También ofrecen sesiones de aguas termales

Mae Hong Son

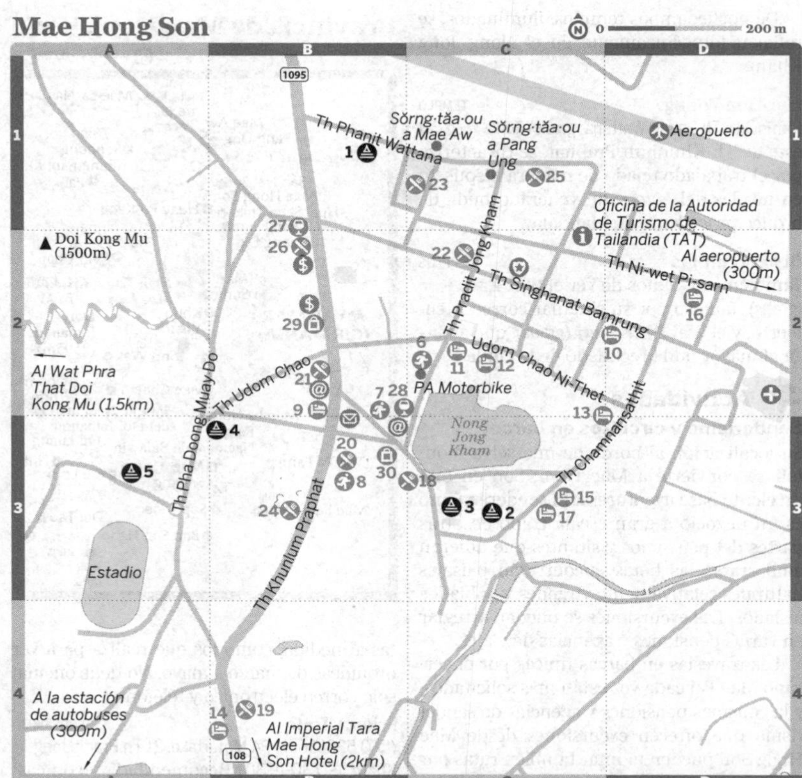

(60 THB) y, los fines de semana, de masaje (200 THB/h).

Pooklon está 16 km al norte de Mae Hong Son, en el distrito de Mok Champae. Si no se dispone de vehículo propio, se puede tomar la *sŏrng·tăa·ou* diaria a Mae Aw, aunque para regresar habrá que buscarse la vida.

Circuitos

Rosegarden Tours CIRCUITOS
(☎0 5361 1681; www.rosegarden-tours.com; 86/4 Th Khunlum Praphat; circuitos desde 600 THB) Con guías que hablan inglés y francés, se centra en circuitos culturales y de puntos de interés.

Tour Merng Tai CIRCUITOS
(☎0 5361 1979; www.tourmerngtai.com; 89 Th Khunlum Praphat; circuitos en furgoneta 1800 THB/día) Se dedica sobre todo a circuitos por la población en furgoneta y bicicleta, aunque también organiza caminatas.

Fiestas y celebraciones

Fiesta de Poi Sang Long CEREMONIA DE ORDENACIÓN
Se celebra en marzo, sobre todo en el Wat Jong Klang y el Wat Jong Kham, con motivo de la ordenación de jóvenes shan como novicios en una ceremonia llamada *boàat lôok gâaou*. De acuerdo a la costumbre shan, los muchachos van ataviados con ornamentadas vestimentas (y no con el sencillo hábito blanco), llevan flores en la cabeza y la cara maquillada.

Fiesta de Jong Para FESTIVIDAD BUDISTA
Es otro importante acontecimiento local que se celebra hacia el final del retiro budista de las lluvias, normalmente en octubre, tres días antes de la luna llena del 11º mes lunar, por tanto varía cada año. El festival empieza con la ofrenda que hacen los shan a los monjes de los templos en una procesión de maquetas de castillos. Un momento importante de la celebra-

Mae Hong Son

Puntos de interés
1 Wat Hua Wiang B1
2 Wat Jong Kham C3
3 Wat Jong Klang C3
4 Wat Kam Kor B3
5 Wat Phra Non A3

Actividades, cursos y circuitos
6 Friend Tour C2
Long Time Tours .... (véase 30)
7 Nam Rim Tour B2
Rosegarden Tours .... (véase 21)
8 Tour Merng Tai B3

Dónde dormir
9 Baiyoke Chalet Hotel B2
10 Coffee Morning D2
11 Friend House C2
12 Jongkam G.H. C2
13 Jongkham Place C2
14 Mountain Inn & Resort B4
15 Palm House C3
16 Residence@MaeHongSon D2
17 Romtai C3

Dónde comer
18 Baan Tua Lek C3
19 Ban Phleng B4
20 Fern Restaurant B3
21 La Tasca B2
22 Mae Si Bua C2
23 Mercado matinal C1
24 Mercado nocturno B3
25 Mercado nocturno C1
26 Restaurante sin nombre B2

Dónde beber
27 Crossroads B1
28 Sunflower Café B2

De compras
29 Maneerat B2
30 Mercado nocturno B3

ción son los espectáculos de teatro y danzas populares en el patio del *wat,* algunos de los cuales son exclusivos del noroeste de Tailandia.

Loi Krathong TRADICIONAL
Esta festividad nacional de noviembre normalmente se celebra con *gràtong* (barquitos hechos con hojas de loto) que la gente vota en el estanque, lago o río más cercano, pero en Mae Hong Son lo que lanzan son unos globos llamados *gràtong sàwăn* (*gràtong* del cielo) desde el Doi Kong Mu.

Dónde dormir

Aparte de un par de opciones de precio medio destacables, Mae Hong Son no dispone de un sugestiva oferta de alojamiento. Al ser una localidad turística, los precios fluctúan a lo largo del año y fuera de la temporada alta (nov-ene) vale la pena buscar descuentos.

DENTRO DE LA CIUDAD

Baiyoke Chalet Hotel HOTEL $$$
(☎0 5361 3132; trv1864@hotmail.com; 90 Th Khunlum Praphat; h 1280-1800 THB, desayuno incl.; ❄@📶) A la buena ubicación se suma el confort. Como también se aprecia en el vestíbulo, las habitaciones están bien decoradas con maderas nobles y motivos locales. Lo malo es el ruido del restaurante/sala de estar de la planta baja; mejor pedir una habitación alejada de la calle o en un piso alto. En temporada baja los precios caen a la mitad.

Residence@MaeHongSon HOTEL $$
(☎0 5361 4100; www.theresidence-mhs.com; 41/4 Th Ni-wet Pi-sarn; h 900-1400 THB; ❄@📶) Nuevo y alegre edificio amarillo con 11 habitaciones acogedoras y una terraza comunitaria en la azotea. Abundan los muebles de teca y por las numerosas ventanas entra la luz natural a raudales. El amable dueño (prestan bicicletas gratis) habla inglés

Romtai HOTEL $$$
(☎0 5361 2437; www.maehongson-romtai.com; Th Chamnansathit; h 600-1200 THB, bungalós 1500-1700 THB; ❄📶) Detrás de los templos a orillas del lago y tras una anodina recepción se esconde una gran variedad de opciones de alojamiento, desde habitaciones amplias y limpias hasta bungalós que dan a un exuberante jardín con estanques de peces.

Jongkham Place PENSIÓN $$$
(☎0 5361 4294; 4/2 Th Udom Chao Ni-Thet; bungalós/ste 800/2000 THB; ❄📶) De gestión familiar y junto al lago, ofrece cuatro bonitos bungalós de madera y dos suites tipo ático, siempre con TV, nevera y aire acondicionado.

INDISPENSABLE

WAT PHRA THAT DOI KONG MU

En lo alto del Doi Kong Mu (1500 m), al oeste de la población, está este **'wat'** (วัดพระธาตุดอยกองมู; gratis), también llamado Wat Plai Doi. La vista de niebla que cada mañana cubre el valle es impresionante, mientras que en otros momentos del día lo que se ve es un precioso panorama de la población y los valles circundantes. Dos *chedis* shan, de 1860 y 1874, albergan las cenizas de monjes del estado de Shan de Myanmar. En la parte posterior del *wat* se puede admirar un alto y estilizado buda erguido y la zona del oeste.

Mountain Inn & Resort HOTEL $$$
(☎0 5361 1802; www.mhsmountaininn.com; 112/2 Th Khunlum Praphat; h con desayuno 1500-2800 THB, ste con desayuno 4500 THB; ❄📶) Habitaciones limpias y acogedoras con detalles decorativos tailandeses. Tiene un bonito patio ajardinado con pequeños estanques, bancos y parasoles. Las habitaciones normales salen más a cuenta que las de lujo, pues incluyen una terraza sobre el jardín.

Coffee Morning HOTEL $
(☎0 5361 2234; 78 Th Singhanat Bamrung; h 300-500 THB; @📶) Esta antigua casa de madera acoge un bonito café/librería y cuatro habitaciones sencillas pero confortables. Aunque en temporada alta no salen muy baratas (los baños son compartidos), el internet gratis y el ambiente del café lo compensan.

Palm House HOTEL $
(☎0 5361 4022; 22/1 Th Chamnansathit; h 350-600 THB; ❄📶) Este edificio de cemento de dos pisos ofrece varias habitaciones sosas pero limpias con TV, agua caliente y ventilador/aire acondicionado. El amable dueño habla inglés y puede concertar transporte.

Friend House HOTEL $
(☎0 5362 0119; 20 Th Pradit Jong Kham; h 150-400 THB; 📶) Habitaciones muy limpias, desde las más que básicas con baños compartidos y agua caliente hasta las más amplias con baños privados.

Jongkam GH PENSIÓN $
(☎08 1594 5323; 7 Udom Chao Ni-Thet; h 200-400 THB) Habitaciones con ventilador y colchones en el suelo en un jardín a orillas del lago.

FUERA DE LA CIUDAD

Unos pocos kilómetros al suroeste hacia Ban Huay Deua y Ban Tha Pong Daeng, a orillas del río hay unos pocos *resorts,* término que en Tailandia puede designar cualquier alojamiento en o cerca de una zona rural. En temporada baja es normal que los precios caigan hasta el 40% y durante todo el año se ofrecen descuentos si se reserva por internet.

👍 **Fern Resort** HOTEL $$$
(☎0 5368 6110; www.fernresort.info; 64 Moo 10, Tambon Pha Bong; bungalós 2500-3500 THB, desayuno incl.; ❄@📶🏊) Este hotel veterano y ecológico es uno de los alojamientos más agradables del norte de Tailandia. Los 40 bungalós de madera de estilo shan, elegantemente decorados, se asientan entre arrozales y riachuelos. En las cercanías hay senderos que conducen al contiguo Parque Nacional de Mae Surin. Para que el turismo reporte beneficios a la comunidad, casi todos los empleados son de las aldeas de la zona. La pega es que está 7 km al sur de la población, si bien recogen gratis al cliente en el aeropuerto o la terminal de autobuses, y los frecuentes servicios de enlace a/desde Mae Hong Son paran en el Fern Restaurant.

Sang Tong Huts HOTEL $$$
(☎0 5362 1680; www.sangtonghuts.com; Th Makhasanti; bungalós 800-3000 THB; @📶🏊) En una zona boscosa al borde de la población, este conjunto de bungalós enormemente variado, aunque todos son amplios y bonitos, es uno de los mejores alojamientos del lugar. Además, los sabrosos horneados y la piscina compensan la distancia del centro urbano, aproximadamente 1 km al noreste de Th Khunlum Praphat, junto a Th Makhasanti; de camino a Pai, hay que girar a la izquierda en el semáforo más al norte de la población y seguir las indicaciones. Se recomienda reservar siempre.

Imperial Tara Mae Hong Son Hotel HOTEL $$$
(☎0 5368 4444-9; www.imperialhotels.com/taramaehongson; 149 Moo 8; h con desayuno 2200-2800 THB, ste con desayuno 2900-5400 THB; ❄@🏊) Las 104 habitaciones de este hotel de lujo tienen suelos de madera y están decoradas con gusto. Las cristaleras que dan a una terraza aportan un toque diferente respecto a los establecimientos de negocios convencionales, e incluye las más habituales sauna, piscina y gimnasio, entre otras instalaciones, todo unos 2 km al sur del centro.

Pana Huts HOTEL $$
(☎0 5361 4331; www.panahuts.com; 293/9 Moo 11, Th Makhasanti; h y bungalós 700-800 THB; 📶) En una zona boscosa de las afueras de la población, estas seis cabañas de bambú algo caras incluyen baños con agua caliente y terraza. La zona común tiene un adecuado aire rústico, con techo de hojas de teca, bancos de madera y una chimenea para templar el ambiente en las noches frías. Está aproximadamente 1 km al noreste de Th Khunlum Praphat, junto a Th Makhasanti; por la carretera a Pai, hay que girar a la izquierda en el semáforo más al norte de la población y seguir las indicaciones.

Dónde comer y beber

El mercado matinal de Mae Hong Son es un lugar fascinante para desayunar. En su extremo norte varios vendedores ofrecen platos poco corrientes como *tòo·a òon* (fideos birmanos complementados con espesas gachas de garbanzos y trocitos de verdura frita), pasteles de harina de garbanzo y *tofu*. Otros puestos de la misma zona ofrecen una versión local del *kà·nŏm jeen nám ngée·o,* muchas veces copado con *kahng pòrng,* un aperitivo shan a base de verduras picadas y rebozadas.

También hay dos buenos mercados nocturnos. El que está cerca del aeropuerto ofrece sobre todo comida del norte para llevar, mientras que el situado en el extremo sur de Th Khunlum Praphat tiene comida tailandesa más genérica.

Ban Phleng TAILANDESA DEL NORTE $
(rótulo sin caracteres latinos; 108 Th Khunlum Praphat; principales 45-100 THB; ⏲almuerzo y cena) En este popular restaurante al aire libre ofrecen unos cuantos platos típicos muy sabrosos; se acertará si se pide cualquier cosa que ponga "Maehongson style" ("al estilo de Mae Hong Son") en la carta en inglés. Está al sur del centro; hay que buscar las banderas blancas al borde de la vía.

Restaurante sin nombre TAILANDESA $$
(Th Khunlum Praphat; principales 30-170 THB; ⏲almuerzo y cena) Que en verdad no tenga nombre (por una cuestión de impuestos) no afecta a la bondad de su gustosa cocina tailandesa del centro. Aparte de la breve carta en inglés, las verduras frescas que hay en la entrada también facilitan la elección.

Mae Si Bua TAILANDESA DEL NORTE $
(51 Th Singhanat Bamrung; principales 20-30 THB; ⏲almuerzo) Como si se tratara de la abuelita shan del comensal, la tía Bua prepara a diario una gran variedad de *curries,* sopas y salsas shan. El delicioso *gaang hang·lair* es un sustancioso *curry* elaborado con tripa de cerdo cuyo sabor recuerda a la salsa barbacoa americana.

Fern Restaurant INTERNACIONAL-TAILANDESA $$
(Th Khunlum Praphat; principales 70-180 THB; ⏲10.30-22.00) Seguramente se trata del restaurante más lujoso del lugar, pero no hay que olvidar que se está en Mae Hong Son. Con todo, el servicio es profesional y la comida, decente. La extensa carta incluye platos tailandeses, regionales e incluso europeos. Algunas noches hay música en vivo.

La Tasca ITALIANA $$
(Th Khunlum Praphat; principales 89-209 THB; ⏲almuerzo y cena) Este acogedor y veterano establecimiento, es uno de los pocos de la ciudad que sirve comida occidental bastante genuina, p. ej., pasta casera, *pizzas* y *calzone*.

Baan Tua Lek CAFÉ $
(51 Th Singhanat Bamrung; principales 20-30 THB; ⏲7.00-21.00; ❄📶) Pequeña y moderna, en esta cafetería hacen buen café y algunos dulces y tartas.

Crossroads BAR
(61 Th Khunlum Praphat; ⏲8.00-1.00) Este alegre bar-restaurante es una encrucijada en todos los sentidos, desde su ubicación en una de las principales intersecciones de Mae Hong Son hasta su clientela, que incluye desde tiernos mochileros hasta curtidos lugareños. Sirven hasta filetes.

Sunflower Café BAR
(Th Pradit Jong Kham; ⏲7.00-24.00) Local al aire libre con cerveza de barril, música en vivo y vistas del lago. También sirven comidas (35-180 THB) y organizan excursiones.

De compras

De octubre a febrero, la pasarela que rodea el lago Jong Kham se convierte en un animado **mercado nocturno** (⏲17.00-22.00).

Hay unas cuantas tiendas de recuerdos bien surtidas cerca del extremo sur de Th Khunlum Praphat, entre ellas **Maneerat** (80 Th Khunlum Praphat; ⏲8.00-21.00), con una extensa variedad de ropa shan y birmana, además de cajas lacadas birmanas.

Información

Casi todos los bancos del extremo sur de Th Khunlum Praphat tienen cajero automático. Algunos, como el Bangkok Bank y el Kasikornbank, también ofrecen servicio de cambio de moneda.

Hay unos pocos lugares con internet por la misma zona.

Mae Hong Son Internet (88 Th Khunlum Praphat; 30 THB/h; ⏲8.30-23.00)

Oficina principal de correos (Th Khunlum Praphat; ⏲8.30-16.30 lu-vi)

Hospital Srisangwal (☎0 5361 1378; Th Singhanat Bamrung) Cuenta con todos los servicios, incluido el de urgencias.

Oficina de la Autoridad de Turismo de Tailandia (TAT; ☎atención al cliente 1672, Mae Hong Son 0 5361 2982; www.travelmaehongson.org; Th Ni-wet Pi-sarn; ⏲8.30-16.30) Facilita mapas y folletos básicos.

Policía turística (☎atención al cliente 1155, Mae Hong Son 0 5361 1812; Th Singhanat Bamrung; ⏲8.30-16.30)

Cómo llegar y salir

Avión

Son muchos los viajeros que prefieren ganar tiempo con un vuelo de Chiang Mai a Mae Hong Son a ahorrar unos *bahts* en autobús. Hay cuatro vuelos diarios (1590-1890 THB, 35 min) operados por **Kan Air** (☎atención al cliente 02 551 6111, Mae Hong Son 0 5361 3188; www.kanairlines.com; aeropuerto de Mae Hong Son) y **Nok Air** (☎atención al cliente 1318, Mae Hong Son 0 5361 2057; www.nokair.co.th; aeropuerto de Mae Hong Son).

Un *túk-túk* al centro cuesta unos 80 THB.

Autobús

La estación de autobuses de Mae Hong Son está 1 km al sur de la ciudad. **Prempracha Tour** (☎0 5368 4100) opera los servicios interprovinciales y **Sombat Tour** (☎0 5361 3211), los que unen Mae Hong Son con Bangkok.

Otros destinos desde Mae Hong Son:

Bangkok (718-838 THB, 15 h, 3 diarios, 14.00-16.00)

Chiang Mai (ruta norte, 127 THB, 8 h, 8.30 y 12.30)

Chiang Mai (ruta sur, 178 THB, 9 h, frecuentes, 6.00-21.00)

Khun Yuam (50 THB, 2 h, frecuentes, 6.00-21.00)

Mae Sariang (95 THB, 4 h, frecuentes, 6.00-21.00)

Pai (70 THB, 4½ h, 8.30 y 12.30)

Soppong (40 THB, 2 h, frecuentes, 6.00-21.00)

Furgoneta

De la misma estación de autobuses salen también las furgonetas con aire acondicionado, muy utilizadas para desplazarse por la provincia.

Chiang Mai (250 THB, 6 h, cada hora, 7.00-15.00)

Pai (150 THB, 2½ h, cada hora, 7.00-16.00)

Soppong (150 THB, 1½ h, cada hora, 7.00-16.00)

Cómo desplazarse

El centro de Mae Hong Son puede recorrerse fácilmente a pie. Es una de las pocas ciudades de Tailandia que no tiene un mototaxi en cada esquina, aunque pueden encontrarse algunos cerca de la entrada al mercado matinal; cobran 20-30 THB por una carrera interurbana y 100 THB al Doi Kong Mu (ida y vuelta). Hay también unos pocos *túk-túks*, casi todos en la parada de autobús; cobran 40 THB por viaje y 80 THB a/desde el aeropuerto o la estación de autobuses.

Como casi todas las atracciones de Mae Hong Son están fuera de la población, alquilar una motocicleta o una bicicleta es una buena opción.

PA Motorbike (☎0 5361 1647; 21 Th Pradit Jong Kham; ⏲7.30-19.30) Frente a la Friend House, alquila motocicletas (250 THB/día) y camionetas (1500-2500 THB/día).

PJ (☎08 4372 6967; Th Khunlum Praphat; ⏲8.00-19.30) Alquila motocicletas (150 THB/día).

Titan (Th Khunlum Praphat; ⏲10.00-22.00) Alquila bicicletas de montaña de calidad (80 THB/día).

Alrededores de Mae Hong Son

FUENTES TERMALES DE PHA BONG บ่อน้ำร้อนผาบ่อง

En el pueblo shan de Pha Bong, 11 km al sur de la capital, se encuentra este parque público con **fuentes termales** (baño privado/sala de baños 50/400 THB; ⏲8.00-atardecer), donde es posible disfrutar de un baño privado o alquilar una sala al completo. También dan masajes (150 THB/h). Se puede llegar con cualquier autobús que vaya al sur.

PARQUE FORESTAL DE LA THAM PLA อุทยานแห่งชาติถ้ำปลา

(adultos/niños 100/50; ⏲6.00-18.00) Este **parque provincial**, 16 km al norte de Mae Hong Son, se concentra alrededor de la Tham Pla, o cueva de los Peces, una cavidad subterránea llena de agua donde viven cientos de carpas de la variedad *Neolissochilus soroides*. Estos peces llegan a medir 1 m y solo se encuentran en las provincias de Mae Hong Son, Ranong, Chiang Mai, Rayong, Chanthaburi y Kanchanaburi. Aunque se alimentan de vegetales e insectos, la gente del lugar cree que son exclusivamente vegetarianas y solo les dan fruta y verdura, a la venta en la entrada del parque.

Hay un sendero de 450 m que parte de la entrada del parque, pasa por un puente colgante sobre un riachuelo y llega hasta la cueva. Cerca puede verse una **estatua** del *rishi* hinduista Nara, según dicen protector de los peces sagrados. El recinto del parque es un lugar muy bucólico y arbolado, muy agradable para pasear; hay mesas de *picnic* y venden comida.

Los autobuses a Pai pasan por el parque, pero alquilar una motocicleta es la mejor forma de llegar hasta él.

POBLADOS KAYAN DE LAS MUJERES JIRAFA หมู่บ้านกะเหรี่ยงคอยาว

Estos pueblos son los reclamos turísticos más cacareados de Mae Hong Son, pero también los más controvertidos. El apodo de "mujeres jirafa" procede de la costumbre de algunas féminas kayan (a veces también llamadas padaung, un término shan) de llevar unas pesadas espirales metálicas alrededor del cuello. Este ancho collarín presiona la clavícula y la caja torácica, de modo que sus cuellos parecen alargados de forma anormal. Circula un mito según el cual si se quitaran estas anillas, se les doblaría el cuello y morirían asfixiadas. Lo cierto es que las mujeres se las ponen y quitan a voluntad y no hay pruebas de que esta deformación ponga en riesgo su salud.

Nadie sabe a ciencia cierta cómo se inició esta costumbre. Según una teoría, serviría para que las mujeres no resultaran atractivas para los hombres de otras tribus. Otros cuentan que era para impedir que los tigres se las llevaran agarradas por el cuello, pero lo más probable es que se trate simplemente de un adorno. Hasta hace relativamente poco, esta costumbre estaba en franca decadencia, pero el dinero que aporta el turismo y posiblemente también la influencia de las autoridades locales, ávidas de sacar provecho de los kayan, la ha hecho resurgir.

Sea como fuere, actualmente estos pueblos figuran en el itinerario de todos los circuitos turísticos por Mae Hong Son. Los pueblos son a menudo ridiculizados como si fueran zoos humanos, y sin dejar de ser del todo cierto, también son una especie de mercados rurales curiosísimos, en los que las mujeres se ganan casi todo el sustento vendiendo recuerdos y bebidas. Algunos kayan afirman que están contentos con su situación actual, aunque la condición de apátridas que comparten con todos los refugiados birmanos no tiene nada de envidiable, y si antes eran agricultores independientes, hoy dependen de las ayudas externas y del turismo para sobrevivir. Se puede ver un reportaje del periodista Patrick Winn sobre estos pueblos en www.globalpost.com/dispatch/thailand/110128/thailand-tourism-burma-refugee-chiang-mai.

Si se desea ver alguno de los tres poblados kayan de la zona, se puede solicitar la excursión en cualquier agencia de viajes de Mae Hong Son. El más promocionado es **Huai Seua Thao**, a unos 7 km de Mae Hong Son. Más apartado pero también en el circuito turístico, **Kayan Tayar** está cerca del pueblo shan de Ban Nai Soi, 35 km al noroeste de Mae Hong Son. Ambos cobran a los no tailandeses una entrada de 250 THB por persona. Otra comunidad de "mujeres jirafa" es la de **Huay Pu Keng**, incluida en las excursiones en barcas típicas que zarpan del Tha Pong Daeng.

MAE AW Y ALREDEDORES แม่ออ

Una interesante excursión de un día desde la capital provincial es Mae Aw, un reducto chino con mucho ambiente situado en la misma frontera de Myanmar, 43 km al norte de Mae Hong Son.

La carretera a Mae Aw es una ruta preciosa que atraviesa pueblos ribereños muy cuidados, como **Mok Champae**, para luego ascender abruptamente y serpentear por impresionantes parajes de montaña. Se puede parar en la **cascada de Pha Sua**, después de unos 5 km monte arriba, o en el **palacio de verano de Pang Tong**, una finca real poco utilizada, situada a pocos kilómetros de la cascada.

Si apetece dar un agradable rodeo, hay que desviarse a la izquierda en Ban Na Pa Paek y continuar 6 km hasta el pueblo shan de **Ban Ruam Thai**. Hay varios lugares para pernoctar y comer, y la carretera termina 500 m más adelante en el **Pang Ung**, un sereno embalse de montaña rodeado de pinos al que acuden muchos tailandeses cuando quieren sentirse un poco suizos.

Hay que regresar a Ban Na Pa Paek por el mismo camino. Hasta Mae Aw quedan 6 km en dirección norte, a través de colinas con plantaciones de té y café. El nombre moderno de esta ciudad en thai es Ban Rak Thai ("Pueblo que Ama a los Tailandeses"). Fue fundada por combatientes yunnaneses del KMT huidos de los comunistas en

1949. La ciudad está enclavada al borde de un gran embalse y los rostros de la gente y los rótulos son típicamente chinos. La principal actividad de la población es el té y existen numerosos locales donde probarlo, así como varios restaurantes de cocina yunnanesa.

Una corta pista de tierra lleva hasta el paso fronterizo, pero no es recomendable aventurarse sin ir acompañado de un guía, pues la zona se encuentra en una peligrosa ruta de la droga.

Dónde dormir y comer

Ban Din Guest House HOTEL $$

(☎08 4854 9397; Mae Aw/Ban Rak Thai; h 300-750 THB) Esta pensión y otras similares situadas alrededor del embalse de Mae Aw ofrecen alojamiento sencillo en bungalós de adobe.

Guest House and Home Stay PENSIÓN $$

(☎0 5307 0589, 08 3571 6668; Ban Ruam Thai; h 400-1500 THB) Fue la primera pensión de Ban Ruam Thai, aunque actualmente hay muchas casas particulares que ofrecen habitaciones a partir de 200-400 THB. Consiste en varias cabañas sencillas de bambú situadas en una pendiente y rodeadas de plantas de café, té y frutales. Aunque no se esté alojado, se recomienda parar para tomar un té o un café; el dueño, muy cafetero, tiene un tostadero donde los visitantes pueden tostarse su dosis y molerla.

Gee Lee Restaurant CHINA $$

(rótulo sin caracteres latinos; Mae Aw/Ban Rak Thai; principales 40-250 THB; ⌚8.00-19.00) Fue uno de los primeros locales de Mae Aw en servir a los visitantes platos al estilo yunnanés. La pierna de cerdo guisada y los revueltos (fritos) de verduras autóctonas son sus especialidades. Está en la esquina del lago, antes de llegar al cruce que lleva al centro.

Cómo llegar y salir

Hay tres *sŏrng·tăa·ous* diarias en dirección a Mae Aw: dos llegan solo hasta Ban Ruam Thai (80 THB, 1 h, 9.00 y 15.00) y la otra hasta Mae Aw (70 THB, 1 h, 14.00). Las tres salen del mercado municipal de Mae Hong Son en cuanto se llenan, cosa que puede retrasar un par de horas su horario previsto. Por ello, puede merecer la pena juntar a un grupo de personas y alquilar un vehículo al completo; los conductores de *sŏrng·tăa·ous* preguntados dieron un precio de 1000 THB para ambos destinos; cualquier agencia de circuitos de Mae Hong Son concertará un vehículo por unos 1500 THB.

Otra opción es hacer esta bonita ruta en motocicleta. Pero hay que asegurarse de llevar suficiente carburante, pues la única gasolinera que hay está en Ban Na Pa Paek, al final de un ascenso muy largo.

Pai ปาย

2000 HAB.

Posiblemente se oirán rumores de que Pai es la Khao San del norte de Tailandia. Aunque sin duda es una exageración, en los últimos años esta pequeña localidad ha empezado a parecerse a una isla turística tailandesa, pero sin playas. En la zona del "centro", las pensiones ya parecen superar en número a las residencias privadas, hay internet a cada paso y por la noche las calles resuenan con la música en directo y la marcha.

Sin embargo, a diferencia de las islas, Pai (que se pronuncia "bai") es un destino popular entre tailandeses y extranjeros. En el apogeo de la estación fresca (dic y ene) la invaden miles de tailandeses procedentes de Bangkok, y en algunas partes parece más el mercado semanal de Chatuchak que una apartada localidad de Mae Hong Son. En esta época no son raros los embotellamientos de tráfico y el alojamiento escasea hasta el punto que muchos visitantes tienen que dormir en tiendas.

A pesar de todo, su popularidad todavía no ha afectado al entorno, una postal perfecta de valle entre montañas. Abundan los alojamientos tranquilos fuera de la calle principal y las actividades relajadas en plena naturaleza, además de una animada escena musical y artística, y las raíces shan de la ciudad todavía pueden palparse en sus templos, callejuelas silenciosas y en el ameno mercado nocturno.

Puntos de interés

Muchos de los atractivos de Pai están situados en sus alrededores.

Templos budistas

Wat Phra That Mae Yen TEMPLO

(วัดพระธาตุแม่เย็น) Este templo enclavado en lo alto de una colina ofrece buenas vistas del valle. Desde el cruce principal de la ciudad hay que andar hacia el este 1 km, cruzar un río y atravesar una aldea para llegar a la escalera (353 peldaños) que conduce a la cima. También se puede llegar por la carretera asfaltada de 400 m que sube a la colina por otro lado.

Pai

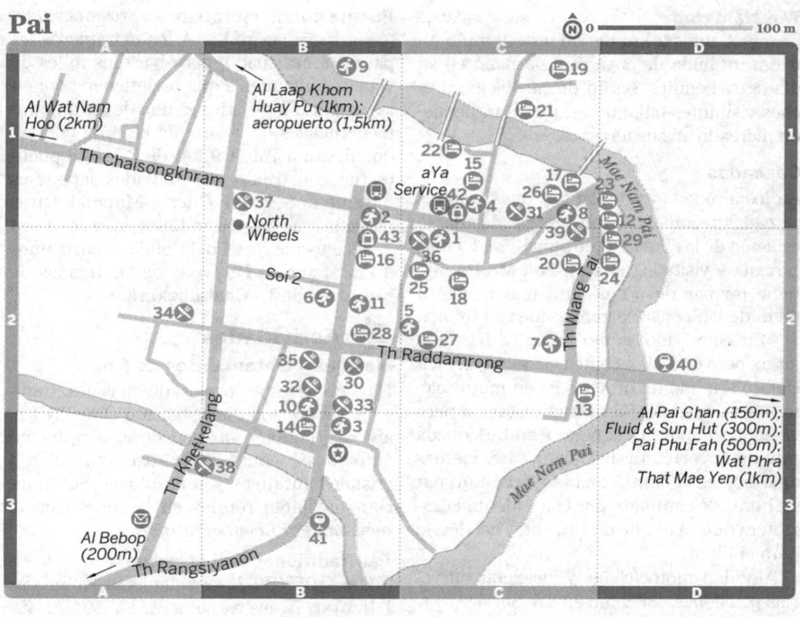

Pai

Actividades, cursos y circuitos

1 Back Trax C2
2 Duang Trekking B1
3 Mam Yoga House B3
4 Pai Adventure C1
5 Pai Cookery School C2
6 Pai Kayak B2
7 Pai Traditional Thai Massage C2
8 Pai Zip Line C1
9 Rose Gym B1
Taste of Pai .... (véase 1)
10 Thai Adventure Rafting B2
11 Thom's Pai Elephant Camp B2

Dónde dormir

12 Baan Pai Village D1
13 Baan Tawan Guest House C2
14 Blue Lagoon Hotel B3
15 Breeze of Pai Guesthouse C1
16 Charlie's House B2
17 Hotel des Artists C1
18 Mr Jan's Guest House C2
19 Pai Country Hut C1
20 Pai Fah C2
21 Pai Nai Fun C1
22 Pai River Villa C1
23 Pai RiverCorner D1
24 Pai Vimaan Resort D2
25 Pravee's House C2
26 Rim Pai Cottage C1
27 Tayai's House C2
28 TTK B2
29 Villa De Pai D2

Dónde comer

30 Amido's Pizza Garden B2
31 Big's Little Cafe C1
32 Burger House B2
33 Charlie & Lek Health Restaurant B2
34 Mercado vespertino A2
Good Life .... (véase 39)
35 Je-In Pai B2
Khanom Jeen Nang Yong .... (véase 4)
36 Mama Falafel C2
37 Nong Beer B1
38 Mercado de Saengthongaram B3
TTK .... (véase 28)
39 Witching Well C2

Dónde beber

40 Don't Cry D2
41 Ting Tong B3

De compras

42 Siam Books C1
43 Calle peatonal B2

Wat Nam Hoo TEMPLO
(วัดน้ำฮู) A unos 2 km de Pai, este templo alberga un buda de cuya cabeza manó en su día agua bendita, según dicen. Recibe muchos visitantes tailandeses, y hay un pequeño mercado en sus terrenos.

Cascadas
En los alrededores de Pai hay unas cuantas cascadas recomendables, sobre todo tras la estación de las lluvias (oct-ppios dic). La más cercana y visitada, la **Nam Tok Mo Paeng**, tiene un par de pozas para nadar. Está a 8 km de Pai por la carretera que va también al Wat Nam Hoo; como paseo es bastante largo, pero está bien como excursión en bicicleta o a modo de breve viaje en motocicleta. Más o menos a la misma distancia pero en sentido opuesto, la **Nam Pembok** queda junto a la carretera de Chiang Mai. La más apartada es la **Nam Tok Mae Yen**, a un par de horas de caminata por la accidentada carretera que va al este de Pai, antes del desvío para el Fluid.

Alquilan motocicletas y bicicletas en varias pensiones, así como en aYa Service.

Otros puntos de interés

Ban Santichon PUEBLO
(บ้านสันติชน) A unos 4 km de Pai, este asentamiento del Kuomintang (KMT) tiene algo de parque temático chino, con un pequeño mercado, deliciosa comida yunnanesa, paseos en poni y **alojamientos de adobe** (☎08 1024 3982; bungalós 1000-1500 THB) al estilo de Yunnan.

Fuentes termales de Tha Pai FUENTES TERMALES
(บ่อน้ำร้อนท่าปาย; adultos/niños 200/100 THB; ⏲6.00-19.00) Cruzado el Mae Nam Pai y 7 km al sureste de Pai por una carretera asfaltada, estas termas están a 1 km de la carretera en un cuidado parque local. Lo atraviesa un pintoresco arroyo que en puntos se mezcla con las fuentes termales, lo cual da lugar a agradables zonas de baño. El agua también se desvía a un par de *spas* cercanos (véase p. 387).

Cañón de Pai CAÑÓN
(เหวปาย) A 8 km de Pai por la carretera de Chiang Mai, una escalera pavimentada sube hasta una elevada atalaya que domina altos peñascos y el valle de Pai. Este último puede seguirse por un sendero, pero, al no haber sombra, es mejor recorrerlo por la mañana o por la tarde.

Puente conmemorativo PUNTO DE INTERÉS
(สพานประวัติศาสตร์ท่าปาย) A los extranjeros les parecerá anticuado, pero para los miles de viajeros tailandeses que se detienen aquí en la temporada turística es una de las fotografías cruciales de la ruta de las "762 curvas" que llevan a Pai. A 9 km de Pai, este puente fue construido por soldados japoneses durante la Segunda Guerra Mundial. Otras instantáneas imprescindibles en la zona son la del enorme cartel del Coffee in Love, unos 3 km al sur de Pai, y las de las tiendas de camisetas de Th Chaisongkhram.

Actividades

Masajes y tratamientos de 'spa'
Hay numerosos locales de masajes tradicionales por toda la población (150 THB/h, aprox.). También ofrecen otras terapias no autóctonas, como *reiki*, acupuntura con cristales curativos y reflexología. Se anuncian mediante rótulos en la calle o en el mensual *Pai Events Planner*.

Pai Traditional Thai Massage MASAJE
(PTTM; ☎0 5369 9121; www.pttm1989.com; 68/3 Soi 1, Th Wiang Tai; masaje por 1/1½/2 h 180/270/350 THB, sauna 80 THB por visita, curso de masaje de 3 días 2500 THB; ⏲9.00-21.00) Veterano establecimiento de propiedad local para regalarse un excelente masaje tailandés del norte y/o una sauna (solo en la temporada fresca) para cocerse en *sà·mŭn·prai* (hierbas medicinales). Los cursos de masaje de tres días empiezan los lunes y viernes (3 h/día). La amable pareja que lo lleva está titulada por el Old Medicine Hospital de Chiang Mai.

Hay unos cuantos locales autóctonos cerca de las fuentes de Tha Pai que aprovechan las propiedades curativas de las aguas termales.

Pai Hotsprings Spa Resort 'SPA'
(☎0 5306 5748; www.paihotspringsparesort.com; 84-84/1 Moo 2, Ban Mae Hi; masaje 1 h 300 THB, baño termal 100 THB; ⏲7.00-22.00) Hotel estilo complejo vacacional que también ofrece masajes y baños termales.

Aroma Pai Spa 'SPA'
(☎0 5306 5745; www.aromapaispa.com; 110 Moo 2, Ban Mae Hi; baño termal 50 THB, tratamientos de *spa* desde 850 THB; ⏲7.00-21.00) Baños en salas privadas y una piscina común, así como diversos tratamientos de *spa*.

Spa Exotic 'SPA'
(☎0 5306 5722; www.spaexotic.com; 86 Moo 2, Ban Mae Hi; ⏲7.00-19.00) Contiguo al anterior, va un paso más allá y canaliza las aguas ter-

¿PROBLEMAS EN EL PARAÍSO?

En septiembre del 2005 una serie de avalanchas de barro e inundaciones devastaron Pai, llevándose por delante complejos de pensiones y los puentes de la localidad. En unos pocos días la infraestructura turística del lugar, que no había parado de crecer desde los años ochenta, pareció haber sufrido un revés quizá insalvable.

Pero el lugar no tardó en recuperarse. Al año siguiente se estima que 367 869 turistas visitaron Pai. Muchos de ellos fueron extranjeros, atraídos por el alojamiento barato y su fama de tranquilo destino natural. Pero en el 2006, por primera vez la mayoría de visitantes fueron tailandeses, en gran parte atraídos por las películas de amor tailandesas *Rak Jung* y *Feliz cumpleaños*, rodadas en Pai.

A pesar de su inmensa popularidad, Pai es un buen ejemplo de desarrollo turístico en Tailandia. A diferencia de otros destinos del país, sus habitantes han tenido un papel significativo en la evolución de la ciudad. La conservación de la naturaleza y la cultura han sido aspectos fundamentales y hoy constituyen la base de una animada escena artística y musical que deja a casi todos los visitantes con una impresión muy positiva.

El turismo también ha llevado prosperidad a la comunidad agrícola, antaño aislada. Los precios de las zonas más cotizadas de la población han llegado a alcanzar los 65000 US$ el acre (4000 m^2, aprox.), y muchos vecinos están empleados en diversos trabajos relacionados con el turismo o complementan su salario con la venta de artesanía. Las carreteras y otras infraestructuras han mejorado y en el 2007 el aeropuerto de Pai empezó a recibir vuelos. Los lugareños en general están de acuerdo en que los turistas y su dinero son bien recibidos.

Por otra parte, la enorme afluencia de visitantes también ha generado una serie de problemas nuevos: la localidad ya empieza a experimentar dificultades para gestionar el creciente volumen de basura y aguas residuales; los vecinos se quejan de que no pueden dormir por culpa de la música y las juergas; el uso de las drogas está extendido; y las fuerzas policiales del lugar han tenido muy mala prensa en lo concerniente a los turistas y el turismo, desde la breve ofensiva contra el llamado "baile ilegal" en los bares hasta la controvertida muerte a tiros de un viajero canadiense a principios del 2008.

Hasta cierto punto, las inundaciones del 2005 han sido como una llamada de atención. Ahora se cumplen estrictamente los horarios de cierre de los bares, el tratamiento de las aguas residuales va camino de ser obligatorio y ya se considera la necesidad de un nuevo vertedero. Pero si Pai continúa con su nivel de popularidad, está por ver si podrá mantener el mismo grado de desarrollo responsable que lo ha convertido en un destino tan atractivo.

males hasta los baños de sus bungalós. El baño para los no huéspedes cuesta 80 THB.

'Rafting' y kayak

También es muy popular el *rafting* y, en menor medida, el kayak por el Mae Nam Pai durante la temporada de lluvias (jun-feb, aprox.). La excursión más típica es la que va de Pai a Mae Hong Son; en función del nivel del agua, se atraviesan rápidos que van de grado I a V. Los precios con todo incluido (equipamiento de *rafting*, material de acampada, sacos impermeables y seguro) son de unos 1200-1500 THB por persona para la excursión de un día y de 1800-2500 THB para las de dos días. Algunas empresas son:

Pai Adventure 'RAFTING'
(☎0 5369 9385; www.thailandpai.net; Th Chaisongkhram) Las excursiones de uno a tres días de *rafting* en aguas bravas que organiza esta empresa recomendada pueden combinarse con caminatas y otras actividades. También ofrece un curso de supervivencia en la jungla, previa solicitud.

Thai Adventure Rafting 'RAFTING'
(☎0 5369 9111; www.thairafting.com; Th Chaisongkhram) Llevada por franceses, organiza excursiones de uno y dos días que incluyen visitas a una cascada, a un banco de fósiles y a unas fuentes termales; se pasa una noche en su campamento permanente a orillas del río. Tiene dos oficinas en Th Chaisongkhram.

Back-Trax 'RAFTING'
(☎0 5369 9739; backtraxinpai@yahoo.com; Th Chaisongkhram) Con más de una década de experiencia, ofrece excursiones de *rafting*

de varios días, así como salidas de *inner tubing* (en neumáticos) y, cómo no, clases de *reiki*.

Pai Kayak KAYAK
(☎0 5306 4426; www.paikayak.com; Pai Let'i Go Tour, Th Rangsiyanon) En la temporada de lluvias organiza dos excursiones diarias de kayak (10.00 y 15.00) de dos horas por el Mae Nam Pai.

Senderismo

Las caminatas guiadas cuestan entre 700 y 1000 THB por persona y día con todo incluido, en grupos de dos o más. La mayoría se centra en los poblados lisu, lahu y karen del vecino Soppong y alrededores. Se pueden concertar a través de agencias con sede en pensiones como la veterana **Duang Trekking** (☎0 5369 9101; http://sites.google.com/site/lungtangtrekking/; Duang Guest House, Th Chaisongkhram) o de empresas específicas, como todas las de *rafting* arriba reseñadas.

Otras actividades

Fluid INSTALACIÓN DEPORTIVA
(Ban Mae Yen; entrada 60 THB; ⌚9.00-18.30) Complejo de gimnasio/piscina a las afueras de Pai, más o menos frente al Sun Hut. En la temporada fresca tiene una sala de vapor herbal (80 THB/h).

Pai Zip Line 'TIROLINA'
(☎0 5404 9010; Th Chaisongkhram; 800 THB; ⌚8.00-18.00) A 7 km de Pai cerca de la cascada de Pembok, esta nueva empresa ofrece un viaje sobre el dosel del bosque que concluye con un chapuzón en las cascadas; unas dos horas en total.

Thom's Pai Elephant Camp PASEOS EN ELEFANTE
(☎0 5369 9286; www.thomelephant.com; Th Rangsiyanon; paseo en elefante 500-1500 THB por persona) Es la empresa más arraigada de paseos en elefante de todo Pai. Se pueden montar a pelo o en silla y algunas salidas incluyen un divertido remojón con los animales. Siempre se concluye con un baño en las bañeras de aguas termales.

Cursos

Se dan clases de masaje tailandés en Pai Traditional Thai Massage y de cocina tailandesa en el hotel Sipsongpanna.

Pai Cookery School COCINA TAILANDESA
(☎08 1706 3799; Soi Wanchaloem; clases 600-1000 THB; ⌚11.00-13.00 y 14.00-18.30) Con una década de experiencia, ofrece una serie de cursos que abarcan de tres a seis platos e incluyen la visita al mercado para comprar los ingredientes. Hay que avisar con un día de antelación.

Taste of Pai COCINA TAILANDESA
(☎0 5369 9453; Th Chaisongkhram; clases 700 THB; ⌚9.00-15.30) Las clases de esta nueva empresa duran casi todo el día. Tras la visita al mercado, se preparan seis platos.

Rose Gym BOXEO TAILANDÉS
(☎08 7855 6433; www.muaythaibox.com; Ban Mae Hi; clases de medio día/1 día 250/400 THB; ⌚8.00-10.00 y 16.00-18.00) Clases de *muay thai*, al otro lado del Nam Pai.

Mam Yoga House YOGA
(☎08 9954 4981; www.mamyoga.paiexplorer.com; Th Rangsiyanon; curso de 1 día desde 200 THB; ⌚10.00-12.00 y 15.00-17.00) Al norte de la comisaría de policía, Mam da clases de hatha yoga y cursos en grupos reducidos.

S Wirasut BOXEO TAILANDÉS
(☎08 0678 5269; clases 400 THB; ⌚8.00-12.00 y 14.00-17.00) Chalee y Kot instruyen en el *muay thai* en este rústico gimnasio aproximadamente 1 km fuera de Pai, en el desvío justo antes del Fluid.

Dónde dormir

Desde la última visita de Lonely Planet a la zona, hace un par de años, Pai ha experimentado un gran incremento de los alojamientos, que ahora alcanzan, según los rumores, más de quinientos hoteles, pensiones y complejos. Aunque el "centro" de la localidad ha cambiado poco al respecto, la verdad es que hay decenas de nuevos complejos en un radio aproximado de 3 km a la redonda. Pero a pesar de tanta oferta, en plena temporada del turismo tailandés (dic-ene) resulta casi imposible encontrar una habitación libre y se ofrecen tiendas por unos 100 THB.

Pero hay que recordar que en Pai los precios fluctúan mucho y que fuera de temporada las tarifas de casi todos los establecimientos de categoría media y alta caen muchísimo, a veces hasta el 60%. Aquí se reseñan tarifas de temporada alta para clientes de paso.

DENTRO DE LA CIUDAD

Pai solía ser un destino muy barato para alojarse y muchos viajeros todavía recuerdan aquellos días en un bungaló junto al río por 50 THB. Pero las inundaciones del 2005 destrozaron gran parte de los establecimientos baratos, los cuales ya han sido reemplazados por otros de precio económico superior o medio. No obstante, todavía quedan algunos establecimientos bien de precio fuera del centro, que es donde deberían dirigirse quienes busquen un paisaje bucólico.

Rim Pai Cottage HOTEL **$$$**
(☎0 5369 9133; www.rimpaicottage.com; Th Chaisongkhram; bungalós 1300-5000 THB, desayuno incl.; ❄📶) Los hogareños bungalós de este complejo hotelero se distribuyen a lo largo de un bonito tramo aislado y arbolado del Nam Pai. Por dentro rebosan romanticismo, con mosquiteras y detalles decorativos tailandeses, y tienen unos baños abiertos especialmente agradables. Hay infinidad de rincones acogedores para descansar junto al río y el conjunto despide un evidente aire de pueblo. En temporada baja los precios caen en picado.

Baan Pai Village HOTEL **$$**
(☎0 5369 8152; www.baanpaivillage.com; Th Wiang Tai; bungalós 500-1500 THB, desayuno incl.; ❄@📶) Bien mantenido, ofrece una serie de bungalós de madera entre serpenteantes senderos. Aunque no son demasiado amplios, tienen ventanales correderos de suelo a techo, amplios baños bastante lujosos, esterillas de *rattan* y cojines tailandeses (triangulares) para descansar, además de una espaciosa terraza para disfrutar del jardín. También hay unas pocas cabañas de bambú, más baratas y sencillas.

Hotel des Artists HOTEL **$$$**
(☎0 5369 9539; www.hotelartists.com; Th Chaisongkhram; h 3600-4000 THB, desayuno incl.; ❄📶) Tras muchos años, por fin alguien ha caído en el potencial de esta preciosa mansión de madera de estilo shan. Sus 15 habitaciones, aunque algo abarrotadas, mezclan con gusto elementos de diseño panasiático y occidental, con las camas sobre una plataforma. Todas tienen balcón y las más caras dan al río.

Pai River Villa HOTEL **$$$**
(☎0 5369 9796; www.wangchangpuek.com; h con desayuno 1000 THB, bungalós con desayuno 1200-2500 THB; ❄📶) Ofrece algunos de los bungalós ribereños de precio medio más bonitos del lugar. Los que disponen de aire acondicionado son amplios y disfrutan de anchos balcones para holgazanear junto al río y con vistas al monte, mientras que los que tienen ventilador son bastante más estrechos. También hay una casa adyacente con 11 habitaciones.

Pai RiverCorner HOTEL **$$$**
(☎0 5369 9049; www.pairivercorner.com; Th Chaisongkhram; h 3270-6540 THB, desayuno incl.; ❄@📶🏊) Pensado para los amantes del diseño, este hotel ofrece nueve habitaciones con bellos muebles tailandeses, preciosos colores e infinidad de detalles de lujo, todas con balcón que da al río y algunas con sala de estar y *spa* interior.

Pai Vimaan Resort HOTEL **$$$**
(☎0 5369 9403; wwww.paivimaan.com; Th Wiang Tai; h con desayuno 3500-4500 THB, bungalós con desayuno 8000 THB; ❄📶) Lo más destacado son los cinco bungalós estilo tienda a orillas del río, todos enormes, con aire acondicionado, TV y otras comodidades modernas un concepto diferente de acampar. Los espaciosos y aireados bungalós de tres pisos disfrutan de estupendas vistas al río desde el piso superior. También hay habitaciones en la estructura principal de madera.

Baan Tawan Guest House HOTEL **$$**
(☎0 5369 8116; www.pai-baantawan.com; 117 Moo 4, Th Wiang Tai; h con desayuno 1000-3000 THB, bungalós con desayuno 1800-3000 THB; ❄@📶) Sus viejos y encantadores bungalós de dos pisos de teca recuperada son su atractivo principal, y más preciado, aunque también tiene espaciosas habitaciones en un edificio grande de dos pisos.

Breeze of Pai Guesthouse HOTEL **$$**
(☎08 1998 4597; helendavis2@yahoo.co.uk; Soi Wat Pa Kham; h 400 THB, bungalós con ventilador/A/A 500/800 THB; ❄📶) Este cuidado complejo cerca del río consta de nueve bonitas y espaciosas habitaciones y seis grandes bungalós de estructura triangular. Está cerca de la movida local pero sin acusar el ruido, y su simpático dueño inglés da buenos consejos sobre la zona.

Pai Country Hut HOTEL **$**
(☎08 4046 4458; Ban Mae Hi; bungalós 500 THB, desayuno incl.; 📶) Los bungalós de bambú son sumamente sencillos, pero también cuidados, con baño y tentadoras hamacas. Pese a no estar exactamente en la ribera, es la opción más atractiva de las varias similares que hay por la zona.

Pai Nai Fun HOTEL **$$$**
(☎08 9123 5042; www.painaifun.com; Ban Mae Hi; bungalós 600-2200 THB, desayuno incl.; ❄📶) Al otro lado del río, ofrece muchas opciones, desde cabañas de estructura triangular hasta bungalós de adobe. Ya no es nuevo, pero

sí más tranquilo que alojarse en el pueblo. Además, presta bicicletas gratis.

Blue Lagoon Hotel HOTEL $$$
(☎0 5369 9998; www.paibluelagoon.com; Th Rangsiyanon; h 1000-1800 THB; ❄📶🏊) Este hotel de dos pisos de estilo suburbano, piscina y plantas tropicales incluidas, parece más de Las Vegas que de Pai. Tiene habitaciones grandes para familias.

Pai Fah HOTEL $$$
(☎0 5306 4446; www.paifahhotel.com; Th Wiang Tai; h con ventilador 1500 THB, con A/A 1800-2500 THB; ❄@📶) Esta autodefinida "casa *boutique*" ofrece habitaciones sencillas aunque limpias y luminosas en una villa de dos pisos a un paso del ajetreo de Pai.

Villa De Pai HOTEL $$$
(☎0 5369 9109; 87/1 Th Wiang Tai; bungalós 1400-3000 THB, desayuno incl.; 📶) Bungalós al borde del río algo vetustos pero limpios y convenientemente situados.

TTK PENSIÓN $
(☎0 5369 8093; 8/10 Th Raddamrong, también escrito Ratchadamnoen; h 400-600 THB; ❄📶) Detrás del restaurante israelí homónimo, sus habitaciones carecen totalmente de diseño pero están impolutas y quedan a mano.

Tayai's House PENSIÓN $
(☎0 5369 9579; junto a Th Raddamrong; h 400-600 THB; ❄) Habitaciones con ventilador y aire acondicionado, sencillas pero limpias, en un frondoso complejo a un breve paseo de la calle principal.

Pravee's House HOTEL $
(☎0 5369 9368; Soi Wanchaloem; h con ventilador/A/A 500/600 THB; ❄📶) Las habitaciones de este complejo ajardinado no están a la altura de su exterior, pero sirven en caso de apuro.

Charlie's House PENSIÓN $
(☎0 5369 9039; Th Rangsiyanon; h 200-600 THB; ❄) Veterano complejo a las afueras de Pai llevado por lugareños.

Mr Jan's Guest House PENSIÓN $$$
(☎0 5369 9554; Soi Wanchaloem 18; h 300-2000 THB; 📶) Propiedad de un lugareño, las habitaciones están dispuestas en un jardín de hierbas medicinales, aunque pueden ser sosas y algo oscuras.

FUERA DE LA CIUDAD

Para quienes dispongan de vehículo propio, hay muchos más alojamientos fuera de Pai de los que caben aquí. Casi todos se dirigen al turismo tailandés más que extranjero, es decir, son la gama de precio medio y alto, y más concretamente, complejos de bungalós con aire acondicionado.

Bulunburi HOTEL $$$
(☎0 5369 8302; www.bulunburi.com; 28 Moo 5 Ban Pong; bungalós 1350-3300 THB, desayuno incl.; ❄@) El bucólico marco de un apartado valle con arrozales y arroyos es tan atractivo como su oferta de alojamiento. La estructura más aparente del complejo, el vestíbulo cónico sin paredes, exhibe bonitos murales y una chimenea central. La misma tónica de buen gusto continúa en los bungalós, todos grandes, estilosos y bien equipados. Está a unos 2,5 km del centro urbano por la carretera de Mae Hong Son; el desvío, aproximadamente a 1 km de Pai, está bien señalizado.

Bueng Pai Resort HOTEL CENTRO VACACIONAL $$$
(☎08 9265 4768; www.paifarm.com; 185 Moo 5 Ban Mae Hi; bungalós 400-1800 THB; 📶🏊) Frecuentado por amantes del yoga y pescadores, consta de 12 sencillos bungalós estratégica y bellamente emplazados por una granja en activo y una laguna con peces de agua dulce. En la temporada turística Run y Orn sirven comidas elaboradas con productos de cultivo propio y ecológico, y durante todo el año prestan equipo de pesca. Está a 2,5 km de Pai, junto a la carretera de las fuentes termales de Tha Pai; búsquese la señal.

Pairadise HOTEL $$
(☎0 5369 8065; www.pairadise.com; 98 Moo 1 Ban Mae Hi; bungalós 800-1500 THB; ❄📶) Muy frecuentado por occidentales aficionados al yoga y la meditación, este hotel bien cuidado está situado en lo alto de una cresta en las afueras de la ciudad, sobre el valle de Pai. Los amplios bungalós están decorados con pinturas murales de lotos dorados y tienen bonitos baños rústicos y terrazas con hamaca. En la parte central hay un estanque con una cascada, que hace las veces de piscina. Está casi 1 km al este de Pai; búsquese la indicación pasado el puente.

Sipsongpanna HOTEL $$$
(☎0 5369 8259, 08 1881 7631; 60 Moo 5, Ban Juang, Wiang Neua; bungalós 1000-2500 THB, desayuno incl.; @📶) Este lugar ofrece un ambiente sosegado verdaderamente tailandés, sin artificios. Los bungalós de adobe, a orillas del río, son rústicos y un tanto extravagantes por la mezcla de colores vivos, camas sobre plataformas elevadas y puertas cristaleras que dan

a un amplio porche. Todavía quedan algunos de los originales de madera, aunque progresivamente van siendo sustituidos. Cuenta con una cafetería vegetariana e imparten cursos de cocina tailandesa también vegetariana. Está a unos 2,5 km del centro junto a la carretera de Mae Hong Son; búsquese el bien señalizado desvío, como a 1 km de Pai.

Phu Pai HOTEL $$$

(0 5306 5111; www.phupai.com; 93 Moo 1, Mae Na Theung; bungalós 3500-7500 THB, desayuno incl.;) Se autodefine como "complejo de arte", y en verdad que se trata de un logrado conjunto de lujosos bungalós de inspiración local. Pero lo mejor son las vistas; casi todos los bungalós bordean los arrozales, y la piscina de horizonte infinito brinda una magnífica panorámica del valle de Pai. Está a unos 4 km del centro urbano, junto a la carretera de Mae Hong Son; búsquese el desvío bien indicado pasada la pista del aeropuerto, a unos 1,3 km de Pai.

Pai Chan HOTEL $$$

(08 1180 3064; www.paichan.com; 191 Moo 1 Ban Mae Hi; bungalós 600-2000 THB, desayuno incl.;) Aunque desde el aparcamiento no parezca gran cosa, más de cerca revela bonitos y confortables bungalós sólidos de madera, todos con un amplio balcón a los arrozales o a una tentadora piscina. Está 300 m al este de Pai junto a la carretera de las fuentes termales de Tha Pai; búsquese la indicación tras pasar el puente.

Sun Hut HOTEL $$$

(0 5369 9730; www.thesunhut.com; 28/1 Ban Mae Yen; bungalós 900-1900 THB, desayuno incl.;) Este veterano y rústico lugar es uno de los alojamientos más singulares de la zona, enmarcado en lo que parece una jungla atravesada por un arroyo. Los bungalós están agradablemente distanciados unos de otros, y los más caros tienen porche y encanto de sobras. El servicio es amable y simpático, hay un huerto ecológico, un restaurante vegetariano y una bonita zona comunitaria con hamacas y huéspedes que sestean. Está 300 m al este del Mae Nam Pai por la carretera de las fuentes de Tha Pai.

PuraVida HOTEL $$$

(08 9635 7556; www.puravidapai.com; 65 Moo 3 Wiang Nua; bungalós 1600 THB;) Una cordial pareja holandesa-tailandesa cuida estos ocho cucos bungalós en una ajardinada ladera de la tranquila zona de Wiang Nua; los de "luna de miel" ofrecen algo más de intimidad, pero todos disponen de aire acondicionado, TV, nevera y agua caliente. Está a unos 4 km del centro junto a la carretera de Mae Hong; búsquese el desvío bien señalizado que hay a 1 km de Pai.

Lychee Garden Bungalow PENSIÓN $$

(08 5471 9220; 159 Moo 2 Wiang Nua; bungalós 500-1500 THB;) Sus cuatro bungalós en un exuberante jardín de *lichis* no son los más lujosos de la zona, pero están limpios y tienen buenas camas, TV, aire acondicionado y agua caliente. Es fácil sentirse en familia con la pareja israelí-tailandesa que lo lleva. Están a unos 2,5 km del pueblo junto a la carretera de Mae Hong Song; búsquese el desvío bien señalizado como a 1 km de Pai.

Amy's Earth House PENSIÓN $

(08 6190 2394; www.amyshouse.net; Ban Mae Khong; bungalós 600 THB;) Afirma ser el primer alojamiento de adobe de Pai. Los sencillos pero amplios bungalós tienen duchas al aire libre y se hallan en una ajardinada ladera sobre el valle. El lugar queda a unos 3,5 km del centro junto a la carretera de Mae Hong Song; búsquese el bien indicado desvío pasada la pista del aeropuerto, a unos 1,3 km de Pai.

Pai Treehouse HOTEL $$$

(08 1911 3640; www.paitreehouse.com; 90 Moo 2 Mae Hi; bungalós 1200-12 000 THB, desayuno incl.; @) Con sus bungalós de madera suspendidos de un gigantesco árbol, es el hotel soñado por cualquier niño. De no poder conseguir ninguna de las tres solicitadas cabañas arborícolas, hay otras muy agradables en el suelo, muchas cerca del río. En la extensa finca hay también elefantes y terrazas flotantes sobre el Mae Nam Pai, todo imbuido por un fantástico ambiente familiar. Está a 6 km de Pai, justo antes de llegar a las fuentes termales de Tha Pai.

Pai Phu Fah HOTEL $$$

(08 1906 2718; www.paiphufah.com; 178/1 Moo 1 Ban Mae Hi; h y bungalós 900-1900 THB;) Tiene un buen surtido de opciones de alojamiento, desde bungalós a habitaciones, casi todas a buen precio. Está unos 500 m al este del Mae Nam Pai en la carretera de las fuentes termales de Thai Pai (7 km al este de Th Raddamrong).

Dónde comer

A primera vista, parece que Pai tiene una impresionante variedad de restaurantes para su tamaño, pero pronto se comprobará que en general la calidad es mediocre. Hasta la comida tailandesa es bastante sosa, y curiosamente las mejores opciones quizá sean los restaurantes chinos e israelíes. Además, fuera de la temporada turística (nov-feb, aprox.), muchos de los mejores establecimientos cierran, aunque los aquí reseñados, en principio, abren todo el año.

Durante el día, hay comida para llevar en el **mercado de Saengthongaram** (Th Khetkelang). También se pueden comprar sabrosos platos locales para llevar en el **mercado vespertino** (*gàht láang*; Th Raddamrong) que se monta a diario desde aproximadamente las 15.00 hasta el anochecer. En la temporada turística todas las noches por Th Chaisongkhram y Th Rangsiyanon se instalan varios vendedores de todo tipo de comida y bebida en puestos y furgonetas acondicionadas.

Laap Khom Huay Pu TAILANDESA DEL NORTE $
(rótulo sin caracteres latinos; Ban Huay Pu; principales 35-60 THB; 9.00-22.00) Para escapar de las rastas y el *tofu,* este restaurante local es carnívoro sin remilgos. Se aconseja pedir la especialidad de la casa, el *lâhp kôo·a* (carne picada de vacuno o cerdo frita con hierbas y especias), acompañado de un bol de arroz glutinoso, un plato de hierbas amargas y una Singha fría, que es la mejor comida de Pai. El restaurante está en la carretera de Mae Hong Son, aproximadamente 1 km al norte del centro, pasado el desvío para Sipsongpanna.

Restaurante yunnanés CHINA $$
(rótulo sin caracteres latinos; Ban Santichon; principales 25-200 THB; 8.00-20.00) Local al aire libre ubicado en el pueblo chino de Ban Santichon con cocina tradicional yunnanesa al estilo local. Destacan los *màntŏ* (bollos al vapor), que aquí sirven con pata de cerdo estofada con hierbas chinas. Hay varios platos con verduras autóctonas cultivadas en la población y otras propuestas más exóticas, como el pollo negro. Pero siempre se puede recurrir a los excelentes fideos, elaborados a mano y acompañados con una deliciosa salsa de cerdo picado, ajo y sésamo. El restaurante se encuentra en un edificio de adobe detrás de la gigantesca roca de Ban Santichon, unos 4 km al oeste de Pai.

Mama Falafel ISRAELÍ $
(Soi Wanchaloem; menú de almuerzo 80-90 THB; 11.00-20.00) Esta simpática nativa de Pai lleva desde el 2002 cocinando sabrosos *falafel, hummus,* escalopes y otros platos judíos/israelíes. Los menús del día ganan en cantidad y calidad. Los viernes o sábados hay *hamin* (estofado judío) acompañado de pan *challah.*

Khanom Jeen Nang Yong TAILANDESA $
(rótulo sin caracteres latinos; Th Chaisongkhram; principales 20 THB; almuerzo y cena) Se especializa en *kà·nŏm jeen,* unos fideos finos de arroz en un caldo tipo *curry,* particularmente sustanciosos y especiados como *kà·nŏm jeen nám ngée·o,* con chicharrones. Pero no hay que preocuparse por los nombres; basta con señalar la olla de barro que parezca más apetitosa. Está en el mismo edificio de Pai Adventure.

Burger House ESTADOUNIDENSE $$
(Th Rangsiyanon; principales 80-210 THB; 9.00-20.30) Indicado cuando se antoje hincar el diente a una hamburguesa jugosa y enorme. La "Barbarian Burger" lleva doble de carne, doble de queso y salsa especial. Para un desayuno revitalizante, el Truck Driver Special ("Especial del camionero") puede llevar toda la mañana digerirlo.

Je-In Pai VEGETARIANA $
(Th Raddamrong; principales 40-80 THB; 10.00-20.00;) Frente a la oficina del distrito, este sencillo local al aire libre sirve comida vegana y vegetariana tailandesa, rica y barata. En el almuerzo se elige de las bandejas metálicas de delante. Hay también buena fruta y batidos de leche.

Nong Beer TAILANDESA $
(Th Khetkalang esq. Th Chaisongkhram; principales 30-60 THB; 10.00-20.00) Aunque este concurridísimo autoservicio recuerde a los de los centros comerciales (con tiques en lugar de dinero), está bien para comida tailandesa auténtica y barata, de *kôw soy* a *curries* con arroz. Cierra cuando se acaba la comida, normalmente hacia las 20.00.

Big's Little Cafe INTERNACIONAL $
(Th Chaisongkhram; principales 55-100 THB) Ofrece platos occidentales de fuerte influencia inglesa, desde sándwiches de bacón hasta hamburguesas, además de desayunos y unas sabrosas salchichas caseras.

Witching Well INTERNACIONAL $
(Th Wiang Tai; platos 40-80 THB) Llevado por extranjeros, es el sitio ideal para auténticos sándwiches, pasta, horneados y tartas. Sus desayunos no se encuentran en ningún otro lugar de Pai.

TTK ISRAELÍ $

(The Thai Kebab; Th Raddamrong; platos 40-150 THB; ⌚8.30-20.30; ☑) La amplia carta abarca recetas israelíes tanto clásicas como sorprendentes, además de desayunos y platos tailandeses vegetarianos.

Good Life INTERNACIONAL $

(Th Wiang Tai; platos 60-140 THB; ☑☑) En este ecléctico y concurrido café, la hierba de trigo y los libros de segunda mano (p. ej., *El áloe como respuesta*) hacen de decoración. Además del sinfín de tés, cafés, zumos y otras ricas bebidas, sirven desayunos y platos tailandeses vegetarianos.

Amido's Pizza Garden PIZZERÍA $$

(Th Raddamrong; *pizzas* 150-340 THB; ⌚cena) Para lo lejos que queda Nápoles, hay que reconocer que aquí hacen unas *pizzas* de lo más auténticas.

Charlie & Lek Health Restaurant TAILANDESA $

(Th Rangsiyanon; principales 30-140 THB; ⌚11.00-14.00 y 18.00-21.00) Concurrido lugar de comida del centro de Tailandia apta para extranjeros: mucho vegetal y sabores suaves.

Dónde beber y ocio

En Pai hay decenas de bares, demasiados para reseñarlos todos, y además el panorama local de este sector es tan cambiante que pocos seguirán abiertos cuando se lean estas líneas. Por lo tanto, a continuación se reseñan algunos de los lugares más veteranos situados fuera del centro urbano.

Como reseña general del "centro" de Pai, casi todos los bares de copas al aire libre y en furgonetas se sitúan en Th Chaisongkhram; los locales principalmente de interior y tipo *reggae* se hallan en Th Wiang Tai; los bares/restaurantes estilo "pensión", sobre todo en Th Rangsiyanon; y unos pocos bares con música en directo, en el extremo este de Th Raddamrong.

Bebop MÚSICA EN DIRECTO

(Th Rangsiyanon; ⌚18.00-1.00) Legendario local muy frecuentado por los viajeros con música en vivo (*blues*, R&B y *rock*) a diario (a partir de las 21.00, aprox.).

Ting Tong BAR

(Th Rangsiyanon; ⌚19.00-1.00) Este extenso recinto con techos de bambú, plataformas de cemento, mesas en rincones y árboles altísimos es uno de los bares más grandes de la ciudad. Normalmente ponen música *reggae*/mezclas y de vez en cuando hay conciertos en vivo.

Don't Cry BAR

(Th Raddamrong; ⌚18.00-hasta tarde) Situado al otro lado del río, es la clase de bar de *reggae* que no se pensaba volver a encontrar después de Ko Phangan. Muy soporífero, permanece abierto hasta que el último cliente desiste.

De compras

Durante la temporada turística (nov-feb), todos los días al caer la tarde se monta un paseo peatonal a lo largo de Th Chaisongkhram y Th Rangsiyanon. En el extremo oeste de la primera hay un sinfín de tiendas que venden chucherías de Pai para turistas nacionales.

Siam Books LIBRERÍA

(☎0 5369 9075; Th Chaisongkhram) Tiene la mayor selección de libros nuevos y usados.

Información

Pai tiene muchos establecimientos con servicios de internet (20-30 THB/h), sobre todo por el extremo oeste de Th Raddamrong.

Hay varios puestos de cambio y cajeros automáticos en Th Rangsiyanon y Th Chaisongkhram.

Pai Explorer (www.paiexplorer.com) es el mapa local gratis en inglés. Por el pueblo puede conseguirse el *Pai Events Planner* (PEP), un mapa mensual gratis que cubre el calendario cultural local, viajes e inauguraciones de bares y restaurantes.

Cómo llegar y salir

Avión

El aeropuerto de Pai, 1,5 km al norte por la carretera 1095, ofrece un vuelo diario a Chiang Mai (1890 THB, 25 min) con **Kan Air** (☎atención al cliente 02 551 6111, Pai 0 5369 9955; www.kanairlines.com; aeropuerto de Pai).

Autobús

De la pequeña estación de Pai salen autobuses (con ventilador) y microbuses (de propano) para Chiang Mai y destinos de Mae Hong Son.

Chiang Mai (72-150 THB, 3-4 h, frecuentes, 8.00-16.00)

Mae Hong Son (70 THB, 4½ h, 11.00 y 13.00)

Soppong (40 THB, 1½ h, 11.00 y 13.00)

Furgoneta

Operan igualmente desde la estación de autobuses. Los billetes también pueden reservarse en **aYa Service** (☎0 5369 9940; www.ayaservice.

com; 22/1 Moo 3 Th Chaisongkhram), que tiene furgonetas con aire acondicionado cada hora a Chiang Mai (150 THB, 3 h, frecuentes, 8.00-16.00), así como una a diario a Chiang Rai (550 THB, 5 h) y a Mae Sai (850 THB, 6 h) a las 5.30 y otra a Chiang Khong (650 THB, 7 h) a las 20.00.

Chiang Mai (150 THB, 3 h, cada hora, 7.00-16.30)

Mae Hong Son (150 THB, 2½ h, cada hora, 8.30-17.30)

Soppong (100 THB, 1 h, cada hora, 8.30-17.30)

Cómo desplazarse

La mayor parte de Pai puede recorrerse a pie. Los mototaxis esperan en la parada de taxis de delante de la estación de autobuses; cobran 100 THB a Ban Santichon y 120 THB a la Nam Tok Mo Paeng.

Para excursiones locales, alquilan bicicletas o motocicletas en varios sitios de Pai.

aYa Service (☎0 5369 9940; www.ayaservice.com; Th Chaisongkhram; bicicleta por 24 h 80-700 THB) Más de cien bicicletas y mucho ajetreo. Hay otro par de negocios similares muy cerca.

North Wheels (www.northwheels.com; Th Khetkelang; motocicleta/automóvil por 24 h 150/1500 THB; ⊙7.00-20.00)

Soppong

สบป่อง

Soppong (a veces llamado también Pangmapha, que en realidad es el nombre con que se conoce el distrito) es un pequeño pueblo con mercado que está a un par de horas al noroeste de Pai y a unos 70 km de Mae Hong Son. Aunque no tiene mucho para ver, en los alrededores hay densos bosques, ríos de aguas bravas y espectaculares afloramientos calizos, además de ser el lugar por excelencia del norte de Tailandia para practicar espeleología. La mejor fuente de información sobre espeleología y senderismo es el propietario del Cave Lodge, en la cercana Tham Lot, la cueva más accesible de la zona.

Además hay varios pueblos shan, lisu, karen y lahu que pueden visitarse fácilmente a pie.

Si el viajero para por aquí un martes por la mañana, podría echar un vistazo al **mercado** del pueblo.

Actividades

Senderismo y 'rafting'

El Cave Lodge, cerca de la Tham Lot, a 9 km de Soppong, tiene guías con experiencia y organiza salidas recomendables de kayak, senderismo y espeleología por la zona.

Poodoi Namfaa Tour & Trekking SENDERISMO, 'RAFTING'
(☎08 4372 5295) Esta nueva empresa ofrece diversas actividades al aire libre, todas con guías locales musoe, lisu y karen, a destacar las excursiones de *rafting* de dos días por los ríos Nam Khong y Nam Pai (1500 THB por persona, mín. 4 participantes, todo incl.). Las expediciones de senderismo de dos días cuestan a partir de 800 THB por persona (mín. 2). La oficina está en el extremo oeste del pueblo.

Dónde dormir y comer

Todo el alojamiento de Soppong, claramente señalizado con carteles, se concentra básicamente en la calle principal. No hay muchas opciones para comer, pero prácticamente todas las pensiones tienen restaurante.

Soppong River Inn HOTEL **$$**
(☎0 5361 7107; www.soppong.com; bungalós 300 THB, h 700-1500 THB; ❄@☜) Es el alojamiento más atractivo de Soppong. Combina cinco habitaciones en un intrincado edificio junto al río y un puñado de sencillos bungalós separados. Situadas entre jardines exuberantes con caminitos, las habitaciones tienen mucho encanto y todas son ligeramente distintas. Se recomienda el River Rim Cottage, con un balcón privado que da directamente al río. Está en el extremo oeste del pueblo, a un paseo desde la estación de autobuses.

Little Eden Guesthouse HOTEL **$$$**
(☎0 5361 7054; www.littleeden-guesthouse.com; h y bungalós 450-2000 THB; ❄@≋) Los cinco bungalós de estructura triangular dispuestos alrededor de una agradable piscina con césped están bien cuidados y tienen duchas con agua caliente. Para cuando se lea esta guía deberían estar listas cuatro habitaciones más en un edificio nuevo. Pero aquí lo especial son las preciosas "casas" de dos pisos, ideales para familias o grupos de amigos, estilosamente decoradas, con sala de estar, interesantes rincones y terraza con hamacas.

Baan Café HOTEL **$$**
(☎0 5361 7081; khunjui@yahoo.com; h/bungalós 600/1200 THB) Cerca del puente, unos 750 m al oeste de la parada de autobuses de Soppong, combina habitaciones impolutas y bungalós como casas en un parque a orillas del Nam Lang. Los bungalós, con chimenea y porche que da al río, salen muy bien de precio. El lugar es también uno de los mejores restaurantes del pueblo y sirve café cultivado en la zona.

CUEVAS DE PANGMAPHA

Los 900 km² de superficie del distrito de Pangmapha son famosos por la alta concentración de cuevas que registran, de las que ya se han localizado más de doscientas. Aparte de la Tham Lot (p. 396), una de las más famosas es la Tham Nam Lang, situada 20 km al noroeste de Soppong, cerca de Ban Nam Khong. Tiene 8,5 km de longitud y, al parecer, es una de las más grandes del mundo en cuanto a volumen.

Muchas de las cuevas son redes fluviales subterráneas, en algunos casos con cascadas, lagos y playas. El *Cryptotora thamicola*, un pez troglodita ciego que remonta las cascadas, se encuentra solo en dos cuevas de Pangmapha. Otras grutas contienen poca vida o ninguna, debido a la abundancia de gases nocivos o a la escasez de oxígeno.

Más de 85 de las 200 cuevas calizas del distrito son famosas por albergar unos antiguos ataúdes de madera maciza hechos con troncos de teca. Miden hasta 9 m de largo y suelen estar suspendidos en andamios de madera interiores. Según las pruebas hechas con carbono, se calcula que tienen entre 1200 y 2200 años de antigüedad. Los extremos suelen aparecer tallados y los arqueólogos han identificado al menos cincuenta motivos diferentes. Los restos de cerámica hallados en estas cuevas están expuestos en el Nature Education Centre (p. 396) de la Tham Lot.

Los shan de la zona conocen estas cuevas funerarias como *tâm pěe* ("cuevas de los espíritus"), o *tâm pěe maan* ("cuevas de los ataúdes"). No se sabe nada de su autoría ni el porqué de tal localización, pero el hecho de que normalmente no contengan más de diez ataúdes hace pensar que no todo el mundo se lo podía permitir. Se han hallado ataúdes similares en zonas kársticas al oeste de Bangkok y también en Borneo, China y Filipinas, pero el yacimiento más extenso de este período es el de Pangmapha.

Las cuevas de ataúdes más fáciles de visitar están pasado el Hospital de Pangmapha, 2 km al oeste de Soppong, y en la Tham Lot, a 9 km de Soppong. Las cavidades que los científicos estudian están cerradas al público, pero John Spies del Cave Lodge (p. 396) puede informar acerca de las que ya están abiertas a las visitas.

Rock HOTEL $$$
(☎0 5361 7134; www.therockresort.com; h y bungalós 1500-5000 THB, desayuno incl.; ❄📶) Está aproximadamente 1,5 km al oeste de Pai, pero no tiene pérdida. Los nuevos bungalós están esparcidos por la ribera ajardinada salpicada de rocas. Las habitaciones tienen TV, nevera y aire acondicionado, y un puente colgante une el lugar con el vecino jardín de flores. Enfocado al turismo tailandés, puede resultar difícil comunicarse en inglés.

Lemon Hill Guest House PENSIÓN $$
(☎0 5361 7039, 0 5361 7213; h y bungalós 300-1500 THB; ❄📶) Su localización frente a la parada de autobuses lo convierte en el alojamiento más popular de Soppong, que no el mejor. Ofrece diversas opciones, desde habitaciones a bungalós; véanse varias antes de decidir.

Rim Doi HOTEL $
(☎08 8413 9964; h y bungalós 200-650 THB) En una ladera cubierta de hierba a unos 2 km de Soppong por la carretera a la Tham Lot, tiene cabañas de bambú y habitaciones de aspecto más sólido, amplias y confortablemente equipadas.

Northern Hill Guest House HOTEL $$
(☎0 5361 7081; khunjui@yahoo.com; h y bungalós 800-1500 THB) Conjunto de varios bungalós apretujados pero cuidados en una colina con vistas a Soppong. Algunos tienen TV y nevera. Se encuentra en la prolongación este del pueblo, enfrente del desvío a la Tham Lot.

Baanlek Guest House PENSIÓN $
(☎08 9485 7596; h 250 THB; 📶) Dos habitaciones muy sencillas en una casita (*baanlek*) en el extremo este del pueblo. La dueña da **cursos de cocina** (www.flyingturtlecooking.com; medio día/1 día 700/900) en su granja.

Baankeawmora TAILANDESA $
(platos 40-160 THB; ⏰8.00-18.00) Buena comida y café de verdad es lo que puede tomarse en esta bonita casa de madera situada en la carretera a la Tham Lot. Previa solicitud, preparan desayunos madrugadores y cenas tardías.

ℹ Información

El único cajero automático está junto a la comisaría de policía de Soppong, 1,5 km al oeste del pueblo.

Cómo llegar y desplazarse

Los mototaxis estacionados en la parada de autobuses de Soppong van a la Tham Lot o el Cave Lodge por 80 THB por persona; las camionetas particulares llevan hasta seis pasajeros por 300 THB.

Los autobuses y furgonetas paran cerca del mercado del pueblo.

Autobús

Chiang Mai (95 THB, 6 h, 10.30 y 14.30)
Mae Hong Son (40 THB, 2 h, 12.30 y 14.30)
Pai (40 THB, 1½ h, 10.30 y 14.30)

Furgoneta

Chiang Mai (250 THB, 5 h, cada hora, 8.30-17.30)
Mae Hong Son (150 THB, 1½ h, cada hora, 9.30-18.30)
Pai (100 THB, 1 h, cada hora, 8.30-17.30)

Alrededores de Soppong

THAM LOT ถ้ำลอด

Unos 9 km al norte de Soppong se encuentra la Tham Lot (también conocida como *tâm nám lôrt*), una gran cueva caliza con impresionantes estalagmitas y "cuevas de ataúdes" (véase recuadro en p. 395) por la que discurre un ancho río. Junto con la Tham Nam Lang, que está más al oeste, es una de las cuevas más grandes que se conocen en Tailandia. Su longitud total es de 1600 m, de los que el río recorre unos 600 m.

En el **Nature Education Centre** (Centro Educativo de la Naturaleza; 8.00-17.30), en la entrada a la cueva, hay que alquilar una lámpara de gas y contratar un guía por 150 THB (para 1-4 personas); no se permite entrar por libre. La Tham Lot es un buen ejemplo de turismo integrado en la comunidad, pues todos los guías proceden de las aldeas shan de la zona.

Además de la cámara principal hay otras tres laterales (la caverna de la Columna, la cueva del Muñeco y la cueva de los Ataúdes) a las que se accede por unas escaleras. Se tarda unas dos horas en visitar todo el conjunto. Según la época del año, es necesario tomar una balsa de bambú para hacer todo o parte del recorrido subterráneo. Entre agosto y octubre algunas partes de la cueva pueden estar cerradas debido a la altura del agua.

El recorrido en balsa (máx. 4 adultos) desde la entrada hasta la salida, pasando por la caverna de la Columna, la cueva del Muñeco y la cueva de los Ataúdes, cuesta 400/300 THB ida y vuelta/solo ida. Si se prefiere esta última opción, se puede regresar a pie por el exterior (20 min), aunque esto solo es factible durante la estación seca. En la estación seca también se puede vadear hasta la cueva del Muñeco y luego montar en una balsa para salir (300/200 THB ida y vuelta/solo ida). Se recomienda estar en la salida de la cueva al atardecer para ver centenares de miles de vencejos entrar en tropel en la Tham Lot, donde pasarán la noche aferrados a las estalagmitas.

Dónde dormir y comer

Fuera de la entrada del parque de la Tham Lot hay una hilera de **restaurantes al aire libre** (platos 15-40 THB; 9.00-18.00) con comida tailandesa sencilla.

Cave Lodge HOTEL $$$
(0 5361 7203; www.cavelodge.com; dc 90-120 THB, h 250 THB, bungalós 300-2000 THB) Inaugurado en 1986, es uno de los establecimientos hoteleros más legendarios del norte de Tailandia y, probablemente, la primera pensión que se abrió en Mae Hong Son. Bajo la dirección del experto extraoficial de la zona, John Spies, el hotel ofrece 19 habitaciones sencillas pero variopintas. El entorno es precioso, en una colina boscosa que desciende hasta el Nam Lang. Abundan las opciones para lanzarse a la aventura, como expediciones de espeleología y kayak, y senderismo con o sin guía (disponen de buenos mapas), o simplemente relajarse en la agradable zona comunitaria. La sauna herbal tradicional shan es toda una experiencia y en los hornos se cuece pan y otras delicias. Está muy cerca de la Tham Lot.

MAE LA-NA แม่ละนา

Situado en un valle de montaña increíblemente pintoresco, a 6 km de la carretera 1095, esta pequeña aldea shan parece perdida en el último rincón del mundo. La atracción más famosa del lugar es la **Tham Mae La-Na**, una cueva de 12 km de longitud con un río subterráneo. Aunque los guías locales tienen mucho interés en acompañar a la gente al interior, en realidad la cueva carece de la infraestructura apropiada para admitir visitantes y parece muy fácil dañar irremediablemente las frágiles formaciones calcáreas y perturbar el hábitat de los sensibles peces que la habitan. Es mejor visitar las cercanas **Tham Pakarang** ("cueva del Coral") y **Tham Phet** ("cueva del Diamante"), cuyas paredes presentan también magníficas formaciones.

Los guías (200 THB) pueden localizarse durante el día en la *săh·lah* (muchas veces pronunciado *sala*; lugar de reuniones con techo y sin paredes) y en la tienda principal del pueblo. Algunas cuevas tal vez sean inaccesibles durante la estación de lluvias.

Mae La-Na también constituye una buena base desde la que acometer varias **excursiones** interesantes. Algunos de los paisajes más bellos de Mae Hong Son están a solo un día de camino, y en las cercanías hay varios poblados lahu rojos y negros. También se puede realizar un recorrido semicircular de 20 km desde Mae La-Na hasta la Tham Lot y Soppong. Khun Ampha, de la Maelana Garden Home (abajo), puede facilitar un sencillo mapa y buenos consejos. Si se tiene experiencia sobre dos ruedas, esta ruta se puede completar con una motocicleta de montaña potente, pero nunca en solitario durante la estación lluviosa.

El cruce de Mae La-Na está 13 km al oeste de Soppong. Un mototaxi desde Soppong cuesta 200 THB. De camino se pasa por el pueblo lahu negro de Jabo, que también cuenta con una cueva de ataúdes.

Dónde dormir y comer

Una docena de hogares de Mae La-Na colaboran en un **programa de alojamiento en casas particulares** (por persona y noche 100 THB) cuyas ganancias revierten a un fondo de la comunidad. Preparan comidas por 70 THB por persona. Hay que preguntar en la entrada de la aldea en la casa de madera (con personal esporádico).

Maelana Garden Home HOTEL $

(☎08 1706 6021; h y bungalós 200-500 THB) En los confines del pueblo, de camino hacia la Tham Mae La-Na, esta atractiva finca con aspecto de granja reúne dos casas de madera y unos cuantos bungalós de bambú de estructura triangular. Las habitaciones son sencillas pero están limpias y son cómodas. Pueden preparar auténticas comidas shan (100 THB por persona). La señora que lo regenta habla un poco de inglés y conoce bien la zona. Llámese antes para concertar transporte por 100/400 THB desde la carretera 1095/Soppong, o pregúntese por Khun Ampha en la tienda/gasolinera de la aldea.

Khun Yuam ขุนยวม

7000 HAB.

Aproximadamente a mitad de camino entre Mae Sariang y Mae Hong Son, donde todos los autobuses que se dirigen al norte realizan la parada intermedia de rigor, se halla el tranquilo pueblo de montaña de Khun Yuam. Esta localidad poco visitada es un sitio agradable para efectuar un alto en el camino, pues está menos acostumbrada al turismo que otros destinos de la zona. Cuenta con un par de alojamientos y algunos puntos de interés destacables.

Puntos de interés

Salón Conmemorativo de la Amistad entre Tailandia y Japón MUSEO

(entrada 50 THB; 8.00-16.00) En el extremo norte del pueblo, una colección de oxidados camiones militares señala este museo dedicado al período de la ocupación japonesa de Khun Yuam en las últimas semanas de la guerra con Birmania. Cuando todo terminó, algunos militares japoneses se quedaron en Khun Yuam y se casaron. El último de ellos establecido en la zona murió en el año 2000. El centro estaba de reformas en la última visita, pero anteriormente albergaba armas, material militar, objetos personales y fascinantes fotografías en blanco y negro de esa época.

Wat To Phae TEMPLO

Unos 6 km al oeste de Khun Yuam, el pintoresco Wat To Phae, asentado a orillas de un riachuelo, contiene una *chedi* de estilo mon y un inmaculado *wí·hăhn* de estilo birmano. Vale la pena echar una ojeada al interior de este último para ver el gran *kalaga* (tapiz bordado con lentejuelas) birmano de 150 años que se conserva oculto tras unos cortinajes en un lateral del altar principal. El tapiz representa una escena de la *Vessantara Jataka* y los fieles del lugar creen que su sola visión concede méritos al que lo contempla.

Ban Mae U Khaw PUEBLO

En la ladera del Doi Mae U Khaw, a 25 km de Khun Yuam por la carretera 1263, se encuentra el poblado hmong de Ban Mae U Khaw. Durante los últimos días de noviembre, el paisaje de los alrededores estalla en color con la floración de los girasoles mexicanos, que allí se conocen con el nombre de *dòrk booa torng*. Es un acontecimiento muy celebrado entre los tailandeses, cuando el pueblo se queda sin una sola habitación libre. Si se prosigue otros 25 km por la misma ruta se llega a la **Nam Tok Mae Surin** (entrada 200 THB; integrada en el Parque Nacional de Mae Surin), una cascada de 100 m que, según afirman, es la más alta del país.

Dónde dormir y comer

Unas pocas casas particulares ofrecen estancias en Ban To Phae.

Ban Farang HOTEL $$
(☎0 5362 2086; janny5alisa@hotmail.com; 499 Th Ratburana; dc con desayuno 150 THB, h con desayuno 700-800 THB, bungalós con desayuno 800-1600 THB; ❄) Junto a la carretera principal hacia el extremo norte de la población (búsquense las indicaciones cerca de la parada de autobús), este hotel posee cuidados bungalós en una ladera boscosa. Los más baratos, con ventilador, son sencillos y oscuros, pero tienen terraza, mientras que los más caros disponen de aire acondicionado, nevera, televisión por cable y terraza. En el establecimiento dan masajes herbales y hay un restaurante bastante bueno.

Mithkhoonyoum Hotel HOTEL $$
(☎0 5369 1057; 61 ctra. 108; h 150-1000; ❄) En la carretera principal que atraviesa el pueblo, ofrece habitaciones sencillas y limpias, algunas con baño privado.

En Khun Yuam hay varias tiendas modestas que venden arroz y fideos en el lado este, y en la carretera 108, hacia el extremo sur del pueblo. La mayoría cierra entre 17.00 y 18.00.

Información

En la calle principal hay un par de bancos con cajero automático.

Cómo llegar y salir

Los autobuses entre Mae Sariang y Mae Hong Song paran en Khun Yuam. La estación está al norte del pueblo.

Chiang Mai (145-258 THB, 7-8 h, frecuentes, 6.30-22.30)

Mae Hong Son (50-80 THB, 1½- 2 h, 5 diarios, 3.00-17.30)

Mae Sariang (60-100 THB, 3-4 h, frecuentes, 6.30-22.30)

Mae Sariang

แม่สะเรียง

20 000 HAB.

Esta ciudad poco visitada está labrándose una modesta fama gracias a su atractivo emplazamiento ribereño y su potencial como centro de turismo sostenible y de senderismo. En las cercanías hay varias poblaciones de tribus de la montaña, sobre todo en la zona de Mae La Noi, 30 km al norte. Al sur de Mae Sariang se extiende una región bastante montañosa y selvática que comprende los parques nacionales de Salawin y Mae Ngao.

Puntos de interés

Wat Jong Sung y Wat Si Bunruang TEMPLOS
(วัดจองสูง/วัดศรีบุญเรือง) En caso de disponer de tiempo, se recomienda visitar estos dos templos birmanos-shan adyacentes, situados junto a la calle principal. Construido en 1896, el primero es el más interesante, con una estilizada *chedi* de estilo shan y edificios monásticos de madera.

Actividades

Senderismo y 'rafting'

La zona que rodea Mae Sariang es probablemente una de las mejores del país para salir de caminata y excursión. Ello no se debe únicamente a la belleza natural de sus parajes y diversidad cultural, sino también a la nueva generación de agencias de turismo responsable, sostenible y basado en la comunidad.

Dragon Sabaii Tours SENDERISMO
(☎08 5548 0884; www.thailandhilltribeholidays.com; Th Mongkolchai; circuito de 1 día para máx. 4 personas 2500 THB) Se centra en el turismo cultural y ecológico principalmente por la zona de Mae La Noi, al norte de Mae Sariang. Esta agencia nueva cuenta con una gran variedad de circuitos encaminados a ofrecer una introducción genuina a la forma de vida de la región y a la cultura de las tribus de la montaña. Entre las diversas actividades destacan las excursiones no intrusivas en las aldeas de las tribus, alojamiento en casas particulares, tareas de voluntariado y prácticas de cocina y agricultura con los lugareños; todas ellas están pensadas para beneficiar directamente a las comunidades locales.

Mae Sariang Tours SENDERISMO, 'RAFTING'
(☎08 2032 4790, 08 8404 8402; www.maesariangtravel.multiply.com; caminata de 1/2/3 días 1600/2200/2600 THB por persona, más gastos, mín. 2 personas) Mae Sariang Man, como prefiere ser conocido el dueño de esta empresa, es un experto que dirige excursiones de senderismo y *rafting* con sensibilidad ecológica y centradas en las comunidades, las junglas y los parques nacionales que rodean su pueblo natal. Para asegurarse de que las comunidades reciben su parte, los senderistas pueden pagar los gastos extra directamente a los lugareños, si así lo prefieren. Puede contactarse con él en la Northwest Guest House.

Mae Sariang

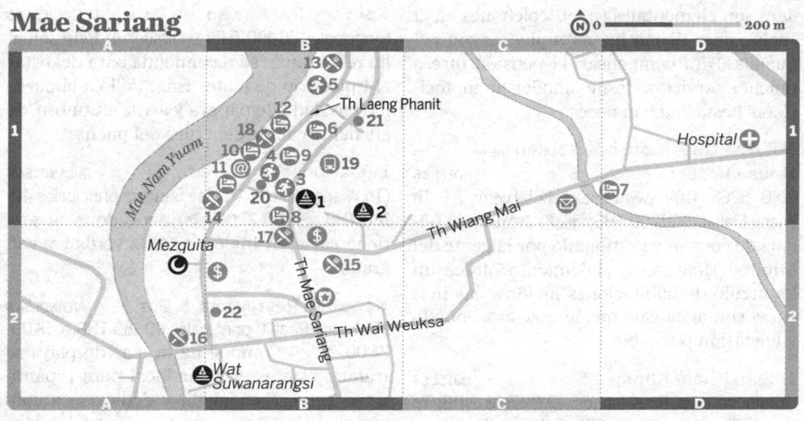

Mae Sariang

Puntos de interés
1 Wat Jong Sung........B1
2 Wat Si Bunruang........B1

Actividades, cursos y circuitos
3 Dragon Sabaii Tours........B1
4 Mae Sariang Tours........B1
5 Salawin Tour & Trekking........B1

Dónde dormir
6 Huean Kham Khong........B1
7 Mitaree Guesthouse & Garden House Resort........D1
8 Mitaree Hotel........B1
9 Northwest Guest House........B1
River Bank Guest House........(véase 5)
10 Riverhouse Hotel........B1
11 Riverhouse Resort........B1
12 Riverside Guesthouse........B1

Dónde comer
13 Ban Rao........B1
14 Coriander in Redwood........B1
15 Inthira Restaurant........B2
16 Kai Yang Rai Khwan........A2
17 Leelawadee........B2
18 Sawadee Restaurant & Bar........B1

Transporte
19 Estación de autobuses........B1
20 Alquiler de motocicletas y bicicletas........B1
21 Sombat Tour........B1
22 *Sŏrng•tăa•ous* a Mae Sam Laep........B2

Salawin Tour & Trekking SENDERISMO, 'RAFTING'
(☎08 1024 6146; Th Laeng Phanit; 800 THB por persona y día) El señor Salawin y sus hermanos llevan años al frente de estas excursiones por la zona. Suelen centrarse en actividades como paseos en elefante, *rafting* y caminatas. Operan desde la River Bank Guest House, aunque tenían previsto mudarse a la casi finalizada y contigua River View Guesthouse.

Dónde dormir

Riverhouse Hotel HOTEL $$
(☎0 5362 1201; www.riverhousehotels.com; 77 Th Laeng Phanit; h 750-1300 THB, desayuno incl.; ❄@📶) Este hotel-*boutique* es el mejor alojamiento del lugar por su combinación de teca y estilosa decoración. Las habitaciones con aire acondicionado del 2º piso cuentan con enormes verandas al río, así como ventanales del suelo al techo.

River Bank Guest House HOTEL $$
(☎0 5368 2787; Th Laeng Phanit; h 600-800 THB; ❄📶) Las habitaciones de esta bonita casa situada junto al río exhiben maderas nobles y reciben luz a raudales. Vale la pena pagar 200 THB más por las estancias del piso superior, pues las más baratas resultan apretadas y tienen TV enanas.

Northwest Guest House HOTEL $
(☎08 9700 9928; www.northwestgh.blogspot.com; 81 Th Laeng Phanit; h 250-450 THB; ❄@📶) Las habitaciones en esta acogedora casa de ma-

dera son elementales (p. ej., colchones en el suelo), pero tienen luz natural y no son pequeñas. Para compensar, la pensión ofrece muchos servicios, desde alquiler de motocicletas hasta *spa* con peces.

Mitaree Guesthouse & Garden House Resort HOTEL **$$**
(☎0 5368 1109; www.mitareehotel.com; 24 Th Wiang Mai; h 150-1200 THB; ❄📶) Junto a la oficina de correos y gestionado por la gente del Mitaree Hotel, este alojamiento ofrece un baturrillo de habitaciones mejores, las más caras con agua caliente, aire acondicionado y televisión por cable.

Huean Kham Khong HOTEL **$$**
(rótulo sin caracteres latinos; ☎0 5368 2416; Th Laeng Phanit; bungalós 800 THB; ❄📶) Cinco bungalós bonitos y confortables, todos equipados con TV, nevera y aire acondicionado, pero en una parcela sin ninguna gracia.

Riverhouse Resort HOTEL **$$$**
(☎0 5368 3066; www.riverhousehotels.com; Th Laeng Phanit; h 1800-2800 THB, desayuno incl.; ❄@📶) Prácticamente al lado del Riverhouse Hotel, con el que comparte propiedad, también es muy similar, pero sin su encanto. Las habitaciones con vistas al río cuestan lo mismo que las que dan al pueblo.

Mitaree Hotel HOTEL **$**
(☎0 5368 1110; www.mitareehotel.com; 256 Moo 2, Th Mae Sariang; h 250-500 THB; ❄) El alojamiento más antiguo de Mae Sariang ofrece habitaciones con ventilador en el ala vieja, de madera, y con aire acondicionado y duchas con agua caliente en el ala nueva.

Riverside Guesthouse HOTEL **$**
(☎0 5368 1188; 85/1 Th Laeng Phanit; h 200-550 THB; ❄) Aunque su emplazamiento al borde del Nam Yuam sea estupendo, en los últimos años ha bajado la calidad general, incluido el servicio, por lo que hoy no pasa de un alojamiento económico más.

Dónde comer y beber

Inthira Restaurant TAILANDESA **$**
(Th Wiang Mai; principales 30-150 THB; ⏲8.00-22.00) El que probablemente sea el mejor restaurante de la ciudad propone de una excelente carta a base de ingredientes inusuales, como setas *shiitake* que se cultivan en la localidad y pescado del Mae Nam Moei. Todo está muy rico, es económico y el marco es acogedor a la vez que informal.

Kai Yang Rai Khwan TAILANDESA **$$**
(principales 30-180 THB; ⏲almuerzo) Este sencillo restaurante se recomienda para degustar el típico trío de platos isan: pollo a la parrilla, ensalada de papaya y arroz glutinoso. Se encuentra al pie del cruce del puente.

Leelawadee TAILANDESA **$**
(Th Wiang Mai esq. Th Mae Sariang; principales 40-180 THB; ⏲7.00-21.00; 📶) Acogedor y alegre, tiene carta en inglés, café de verdad y wifi gratis.

Sawadee Restaurant & Bar TAILANDESA **$**
(Th Laeng Phanit; principales 40-150 THB; ⏲8.00-24.00; 📶🖉) Como si de un bar de playa se tratara, este es el lugar ideal para repantigarse cerveza en mano y dedicarse a contemplar el agua, en este caso, la del Mae Nam Yuam. Tiene una extensa carta con múltiples opciones vegetarianas.

Ban Rao TAILANDESA **$**
(Th Laeng Phanit; principales 30-140 THB; ⏲cena) Para auténtica comida tailandesa pero sin picante, hay que ir a este restaurante casero junto al río. La carta en inglés abarca casi todo, desde los conocidos *curries* hasta la más exótica *yam sôm oh* (ensalada tailandesa de pomelo).

Coriander in Redwood INTERNACIONAL-TAILANDESA **$$**
(Th Laeng Phanit; platos 50-180 THB; ⏲ cena lu-sa) Esta atractiva construcción de madera alberga el restaurante más elegante de la ciudad. Aunque hace mucha propaganda de sus filetes, se recomienda ceñirse a los platos tailandeses, como las *nám prík* (salsas a base de guindillas). También sirven helados y cafés fríos para sofocar las calurosas tardes.

Información

Mae Sariang tiene varios bancos con cajeros automáticos. Hay acceso a **internet** (Th Laeng Phanit; 20 THB/h; ⏲10.00-21.00) al lado del Riverhouse Hotel.

Cómo llegar y desplazarse

Desde la estación de autobuses, **Prempracha Tour** (☎0 5368 1347) opera servicios entre Mae Sariang y Mae Hong Song. Las *sŏrng·tăa·ous* para Mae Sot (200 THB, 6 h, frecuentes, 6.30-12.30) salen de esta estación en cuanto se llenan.

Con oficina al norte de la estación de autobuses, **Sombat Tour** (☎0 5368 1532; Th Mae Sariang) tiene autobuses a Bangkok.

Se consiguen motocicletas y bicicletas en una **tienda de alquiler** (☎08 1181 3695; ⊙8.00-17.00) que hay cerca de Th Laeng Phanit, así como en la Northwest Guest House.

Los mototaxis llegan a cualquier punto de la ciudad por 20 THB.

Destinos en autobús desde Mae Sariang:

Bangkok (444-571 THB, 13 h, 4 diarios, 16.00-19.30)

Chiang Mai (95-171 THB, 4-5 h, 5 diarios, 7.00-15.00)

Khun Yuam (60-100 THB, 2-3 h, 6 diarios, 7.00-1.00)

Mae Hong Son (95-171 THB, 3-4 h, 6 diarios, 7.00-1.00)

Alrededores de Mae Sariang

PARQUE NACIONAL DE SALAWIN Y MAE SAM LAEP

อุทยานแห่งชาติสาละวิน/แม่สามแลบ

Este **parque nacional** (☎0 5307 1429; entrada 200 THB) protege 722 km² de los distritos de Mae Sariang y Sop Moei. Posee abundantes bosques de teca y secuoya asiática, y cerezos, además de albergar el segundo árbol de teca más grande de Tailandia. Hay numerosos senderos para realizar caminatas y también es posible surcar en barca el Mae Nam Salawin hasta la estación auxiliar del parque en el Tha Ta Fang. La oficina central del parque está a 6 km de Mae Sariang y dispone de alojamiento en bungalós (300-1200 THB), que puede reservarse a través del **Real Departamento Forestal** (☎0 2562 0760; www.dnp.go.th).

El pueblo ribereño comercial de **Mae Sam Laep**, incluido en los límites del parque, es accesible por una sinuosa carretera de montaña de 50 km desde Mae Sariang. Está habitado por refugiados birmanos, muchos de ellos musulmanes, y respira un ambiente de lugar agreste y fronterizo. De su embarcadero parten las **excursiones fluviales** por el Mae Nam Salawin, que pasan por tramos de selva virgen y curiosas formaciones rocosas, y que de vez en cuando también van a Myanmar.

En el embarcadero se pueden fletar barcos para ir al sur hasta Sop Moei (1500 THB, 1½ h), a 25 km de Mae Sam Laep, y al norte hasta el puesto del Parque Nacional de Salawinen del Tha Ta Fang (1200 THB, 1 h), 18 km al norte de Mae Sam Laep. También hay barcos de pasajeros, pero las salidas no son frecuentes y, a menos que se hable thai, resulta complicado negociar.

Hay *sŏrng·tăa·ous* de Mae Sariang a Mae Sam Laep (70 THB, 1½ h, frecuentes, 6.30-15.30) que salen de Th Laeng Phanit cerca del mercado matinal.

Noreste de Tailandia

Sumario »

Los mejores restaurantes

- » Bao Phradit (p. 492)
- » Turm-Rom (p. 446)
- » Nagarina (p. 464)

Los mejores alojamientos

- » Casas particulares en Ban Kham Pia (p. 479)
- » Mut Mee Garden (p. 462)
- » Poonsawasdi Hotel (p. 472)
- » Kirimaya (p. 418)

Por qué ir

Extranjeros y tailandeses coinciden en que este es el rincón olvidado del país. Isan (*ee·săhn*), como se lo llama, es la imagen de la vieja Tailandia: arrozales hasta el infinito, búfalos de agua que retozan en el barro, tejedores ocupados con la seda en sus casas y conductores de *rickshaws* a pedales por las calles. Quien busque experiencias auténticas, sin duda las encontrará.

Solo hay que pasar algo de tiempo en esta enorme y apartada región para descubrir tantas diferencias como parecidos con el resto del país. El idioma, la comida y la cultura son más laosianos que tailandeses, con no pocas aportaciones jemeres y vietnamitas.

Isan también cuenta con algunos de los lugares más históricos del país, parques nacionales y grandes fiestas. Esta es la parte de Tailandia menos cómoda para hacer turismo (apenas se hablan idiomas), pero sus extraordinarios atractivos y el trato diario con los lugareños pueden acabar perfectamente convirtiéndose en los hitos de las vacaciones.

Cuándo ir

Solo el 1% de los extranjeros que viajan por Tailandia visitan Isan, así que no existen temporadas alta y baja como tales. La época entre noviembre y febrero, relativamente fresca y seca, es la más agradable, aún mejor si se coincide con el Rodeo de Elefantes de Surin en noviembre. Al acercarse la temporada de calor (mar-may, con temperaturas que superan los 40°C), ciudades y pueblos de toda la región, particularmente Yasothon, lanzan gigantescos cohetes pirotécnicos de fabricación casera para atraer las lluvias.

Isan muestra su mejor cara durante la estación de lluvias (jun-oct), cuando los bosques y arrozales lucen verdes y las cascadas, rebosantes. El Festival de Phi Ta Khon de Dan Sai (jun) y el Desfile de las Velas de Ubon Ratchathani (jul) atraen a muchos tailandeses.

Historia

La historia social de esta enigmática región se remonta a unos 5600 años, hasta los días de la misteriosa cultura Ban Chiang, que como mínimo hacia el 2100 a.C. ya había desarrollado arados de bronce. Aunque aquella sociedad era muy avanzada, la meseta de Khorat, por la que se extiende Isan, se mantuvo poco poblada debido a la pobreza del suelo y las frecuentes sequías, y nunca fue sede de una gran potencia, sino que más bien estuvo bajo el control de los imperios circundantes.

El nombre Isan procede de Isanapura (la actual Sambor Prei Kuk), ciudad que en el s. VII fue capital del reino de Chenla, que se extendía por el actual noreste de Tailandia. Hoy en día el término se usa para definir la región *(pâhk ee·săhn)*, el pueblo *(kon ee·săhn)* y la comida *(ah·hăhn ee·săhn)* del noreste.

Existen pruebas de que el reino de Dvaravati dominó la región. Luego aparecieron los jemeres en el s. IX y la ocuparon durante más de quinientos años. Tras la caída jemer, Isan quedó bajo el dominio de los reyes de Lan Xang y Siam, aunque con cierta autonomía. Pero cuando los franceses ampliaron las fronteras del Laos colonial, Tailandia se vio obligada a definir sus fronteras del noreste. Lenta pero inexorablemente, para bien o para mal, Isan se incorporó a Tailandia.

Al ser durante mucho tiempo la zona más pobre del país, el noreste no tardó en convertirse en un semillero de comunistas. Ho Chi Minh pasó varios años de proselitismo por la zona, y en la década de 1940 la región acogió a unos cuantos líderes del Partido Comunista de Indochina huidos de Laos. Desde los años sesenta hasta la amnistía de 1982, en Isan proliferó la actividad de guerrilla. Pero los diversos movimientos de insurgencia comenzaron a desaparecer cuando el Gobierno tailandés, con considerable ayuda (y financiación) de EE UU, empezó a interesarse por el desarrollo de la región, con su consiguiente mejora económica. A pesar del rápido crecimiento registrado desde entonces, la renta per cápita de la región aún es un tercio de la media nacional.

Idioma y cultura

Isan es un crisol de influencias tailandesas, laosianas y jemeres. El idioma isan, todavía el principal en la región, se parece mucho al

LA COCINA ISAN

La gastronomía de Isan es una mezcla de las cocinas laosiana y tailandesa con el añadido de ingredientes autóctonos. La sagrada trinidad de la cocina del noreste, compuesta por el *gài yâhng* (pollo asado), la *sôm·đam* (ensalada picante de papaya) y el *kôw nĕe·o* (arroz glutinoso), es parte integral de su cultura. También lo es la guindilla, que aparece en la mayoría de platos, especialmente en la *lâhp* (ensalada especiada con carne). Los foráneos, incluidos los tailandeses de otras regiones, no son grandes amantes del *ɓlah ráh*, una salsa de pescado fermentado (que tiene pinta de barro), mientras que los isan (*kon ee·săhn*) la consideran imprescindible.

El pescado domina la oferta culinaria, especialmente el *ɓlah dùk* (pez gato), el *ɓlah chôrn* (pez cabeza de serpiente) y el *ɓlah boo* (gobio), capturados en el Mekong y otros ríos. Las familias suelen pescar piezas bastante pequeñas (a veces tanto que se los comen con espinas y todo) porque proceden de arroyos y arrozales, así como cangrejos, ranas y anguilas. El pez más famoso del noreste es el *ɓlah bèuk* (siluro gigante del Mekong), pero aquí apenas lo catan por su elevado precio, aunque la piscicultura lo está devolviendo a las cartas de los restaurantes.

Tanto para los occidentales como para el resto de los tailandeses, nada sorprende tanto de la cocina isan como los insectos; hasta la década de 1970 formaban parte sustancial de su dieta, pero su consumo decayó cuando el Gobierno promovió la cría de pollos y cerdos, lo cual abarató estas carnes hoy comunes. Los insectos son muy populares como tentempié y como ingredientes de la salsa de guindilla. Las luces violeta que se ven por el campo sirven para atrapar insectos acuáticos gigantes que luego se venden en la mayoría de mercados nocturnos junto a grillos, saltamontes, cigarras, *nŏrn mái pài* (gusanos del bambú), etc. De hecho, hay tanta demanda que se importan desde Camboya. Los abundantes gusanos de seda, después de hervirse para separar las hebras de seda, también se comen. Si se cuecen lo suficiente se vuelven crujientes por fuera y suponen una explosión de sabor; en los pueblos de tejedores se pueden probar.

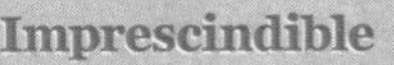

Imprescindible

1. Contemplar el impresionante paisaje del **Parque Nacional del Pha Taem** (p. 438).
2. Disfrutar con un explosivo **Festival Pirotécnico** (p. 462).
3. Salir en busca de elefantes, tigres, pitones, monos, etc. en el **Parque Nacional de Khao Yai** (p. 415).
4. Retroceder en el tiempo en los complejos de templos restaurados del **Parque Histórico de Phanom Rung** (p. 420) y **Phimai** (p. 413), contemporáneos de Angkor.
5. Ascender hasta el **Wat Phu Tok** (p. 478) por desvencijadas pasarelas.
6. Viajar por el **Mekong** (p. 471).
7. Hacerse amigo de los elefantes en **Ban Ta Klang** (p. 425).
8. Tomar *sôm·đam* (ensalada picante de papaya) y *lôw kŏw* (*whisky* blanco) con los lugareños.
9. Rendirse al surrealismo del **Wat Pa Non Sawan** (p. 499).

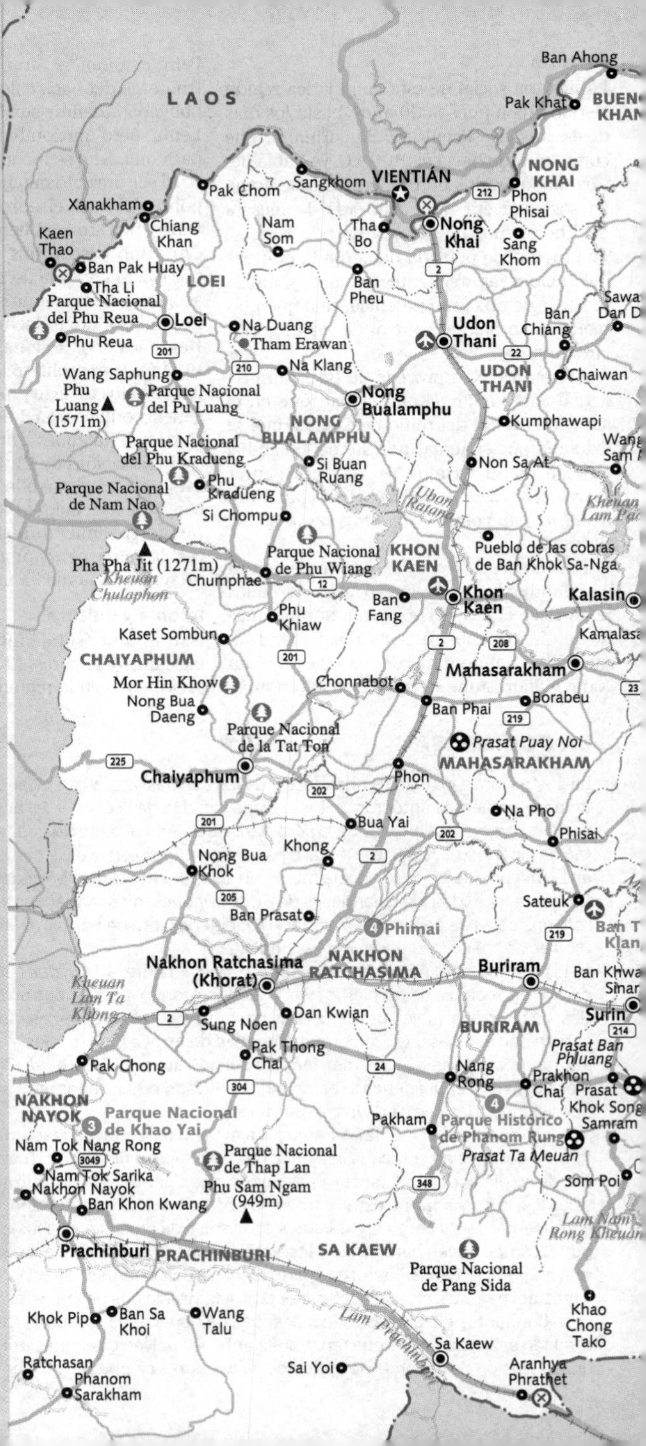

MAR DE LA
CHINA MERIDIONAL
VIETNAM
LAOS
CAMBOYA
Paksan
Wat Phu Tok
Ban Kham Pia
Reserva Natural de Phu Wua
Ban Phaeng
0
50 km
Ban Chaiburi/ Mae Nam Song Si
Wanon Niwat
NAKHON PHANOM
Nakhon Phanom
Tha Khaek
Phang Khon
SAKON NAKHON
Sakon Nakhon
Renu Nakhon
Río Mekong
Parque Nacional de Phu Phan
That Phanom
Parque Nacional de Huay Huat
Talat Klang Dong Sang Kaw
Somdet
MUKDAHAN
KALASIN
Mukdahan
Savannakhet
Nong Sung
Phra Maha Chedi Chai Mongkhon
Parque Nacional de Phu Pha Thoep
Loeng Nok Tha
Khemmarat
Roi Et
Selaphum
AMNAT CHAROEN
YASOTHON
Wat Pa
Lakhon Pheng
Amnat Charoen
Yasothon
Pha Tiu
Ban Si Than
Phana
Sam Phan Bok
Phra That Kong Khao Noi
Ku Phra Koh Na
Parque Nacional del Pha Taem
Mun
Khuang Nai
Khong Jiam
Rasi Salai
Ubon Ratchathani
Parque Nacional del Kaeng Tana
Warin Chamrap
Phibun Mangsahan
Vangto
Chong Mek
Prasat Sikhoraphum
Si Saket
Kheuan Sirinthon
Det Udom
SI SAKET
SURIN
Buntharik
UBON RATCHATHANI
Sangkha
Kantharalak
Parque Nacional de Khao Phra
Parque Nacional de Phu Chong Nayoi
Chong Chom
Phnom Bach (581m)
Chong Sa-Ngam
Khao Phra Wihan
Ban Kruat
Prasat Ta Meuan
Choam
O-Smach
BURIRAM
Phu Khok Yai (753m)
Amphil
Bara Nae
Río Mekong

laosiano; de hecho, en Isan probablemente haya más gente de origen laosiano que en Laos. Por su parte, muchos pueblos del extremo sur conservan el jemer como primera lengua.

A los ojos de los demás tailandeses, las gentes de Isan se distinguen por su cordialidad, laboriosidad y sentido del humor. El respeto y la hospitalidad para con los invitados es un pilar básico, tanto en los pueblos como en las ciudades. La mejor comida suele reservarse para los monjes e invitados en general, y llegado el caso los lugareños no dudaran en sacrificar un pollo (¡cuidado vegetarianos!), especialmente en el campo. Otro rasgo distintivo es que estos tailandeses son menos conservadores que la mayoría de sus paisanos, aunque la escasez de turistas atraerá en esta zona más miradas hacia los pantalones cortos y los *tops*.

Aunque esta región es, con mucho, la más pobre de Tailandia, los estudios demuestran que, en general, sus habitantes son los más felices. Aunque los recientes chanchullos políticos han cambiado esta tendencia a corto plazo, ya que los representantes de la mayoría de la población de esta zona están entre los que han salido peor parados. El arraigado sentido comunitario y los estrechos vínculos familiares son los principales motivos citados al respecto, pues ese sentimiento de felicidad nace del interior, no de las posesiones que se tengan. En los pueblos es difícil distinguir a ricos de pobres, ya que las casas grandes y las ropas vistosas no suscitan gran respeto. Sin embargo, la cultura moderna ya hace mella en la mentalidad de muchos jóvenes. Por otra parte, la llegada de occidentales que se casan con lugareñas también ha propiciado cambios, y hoy muchas mujeres y sus familias viven con la esperanza de encontrar un marido extranjero.

La música de la región se sirve de instrumentos como el *kaan* (hecho de junco con dos largas hileras de tubos de bambú y una caja de madera dura), el *ɓohng·lahng* (parecido a un xilófono) y el *pin* (un pequeño laúd de tres cuerdas). La modalidad de canción más popular es el *lôok tûng* (literalmente, "niños de los campos"), mucho más rítmica que los sonidos de la Tailandia central. También tiene mucho éxito el *mŏ lam*, su versión moderna, desarrollada tanto en grandes espectáculos con coristas al estilo de Las Vegas como en sencillas escenificaciones populares.

La mejor seda de Tailandia procede del noreste, y las fábricas de algodón de la región también gozan de excelente reputación, aunque sus productos se comercializan menos. El estilo más característico de tejido, tanto para la seda como para el algodón, se llama *mát·mèe* (véase recuadro en p. 450), en el que los hilos se tiñen antes de entretejerlos. Casi todas las tiendas grandes venden telas teñidas con tintes naturales, un antiguo procedimiento que se está recuperando en toda Isan. Los textiles pueden salir entre un 20 y un 30% más baratos (quizá un 50% en los menos habituales) en los pueblos con telares que en las tiendas de Bangkok. Las cestas para arroz hervido también son un buen recuerdo, de venta en cualquier mercado.

PROVINCIA DE NAKHON RATCHASIMA

Si solo se tuviera un día para experimentar Tailandia, Khorat (el nombre original de la mayor de sus provincias, aún en uso) sería un buen lugar. La mayoría de visitantes pasan por ella solo de camino a la selva de Khao Yai, el parque nacional más antiguo del país, recién declarado Patrimonio Mundial por la Unesco. Su gran tamaño y facilidad de acceso lo convierten en uno de los mejores lugares para ver fauna y flora del país.

Si bien el parque representa lo más destacado de la industria turística provincial, la seda y las piedras son sus sólidos basamentos. Para algo original, se puede echar un vistazo a las tiendas de Pak Thong Chai, escaparate de la seda regional, mientras que los aficionados a la historia quizá prefieran dedicarse a las ruinas reconstruidas de Phimai, de la época Angkor.

La ciudad de Khorat no tiene gran interés, pero sí buenos hoteles y restaurantes, por lo que es una buena base de operaciones de Isan.

Nakhon Ratchasima (Khorat)

นครราชสีมา (โคราช)

215 000 HAB.

Khorat, antesala del noreste, no se revela al viajero a la primera de cambio, ni invita a echar mano de la cámara nada más apearse del autobús. La densidad del tráfico refleja la creciente prosperidad de una urbe cuyo encanto histórico ha quedado en buena parte ahogado por un manto de construcciones adocenadas.

Khorat es una ciudad que necesita tiempo para gustar. Sus habitantes tienen un gran sentido de identidad regional (se autodenominan *kon koh·râht* en lugar de *kon ee·săhn*) y la población ofrece su mejor perfil en sus rincones más tranquilos, como el interior del extremo este del antiguo foso, donde parece que no ha pasado el tiempo.

Puntos de interés y actividades

Monumento a Thao Suranari MONUMENTO

(อนุสาวรีย์ท้าวสุรนารี; Th Rajadamnern) Thao Suranari, esposa del vicegobernador de la ciudad durante el reinado de Rama III, es considerada una especie de Mariana Pineda en la región. Ya Mo ("Abuela Mo"), como se le conoce cariñosamente, se convirtió en heroína en 1826 al organizar una exitosa revuelta de prisioneros después de que Chao Anou de Vientián, conquistara Khorat en su rebelión contra Siam. Según la leyenda, convenció a las mujeres para que sedujeran a los soldados laosianos y así los tailandeses lanzaron un ataque sorpresa que salvó la ciudad.

Probablemente se hayan exagerado sus gestas, o quizá sean inventadas (algunos estudiosos reconocidos apuntan a que seguramente ni existió), para infundir un sentimiento nacional tailandés entre los habitantes de etnia lao de la provincia, pero los lugareños y los visitantes tailandeses no quieren ni oír hablar de ello, y acuden en masa a su monumento para rendirle culto, quemar incienso y dejar ofrendas. Aquellos que ven atendidas sus súplicas contratan a cantantes para que interpreten *pleng koh·râht* (canciones populares de Khorat).

El monumento ocupa un fotogénico enclave frente a la **puerta de Chumphon**, la única original que se mantiene en pie; las otras tres son reconstrucciones recientes. La puerta formaba parte de las murallas levantadas en 1656 por técnicos franceses a las órdenes del rey de Ayutthaya Narai. El pequeño edificio blanco al norte de la puerta que recuerda las viejas fortificaciones es el **pabellón de Suranari** (Th Chumphon; gratis; 9.00-18.00 ma-do), una especie de museo con un interesante diorama y un mural esculpido, aún más interesante, que representa la famosa batalla.

Wat Salaloi TEMPLO

(วัดศาลาลอย; Soi 1, Th Thaosura; horas de sol) Es el templo más interesante de la ciudad, supuestamente fundado por Thao Suranari y su esposo en 1827. La mitad de sus cenizas están enterradas aquí, en una pequeña *stupa* (el resto está en su monumento), por lo que también se encontrarán grupitos de cantantes que se contratan para rendirle culto. Una pequeña estatua de la heroína reza en el estanque situado frente al precioso *bòht* de 1967 que representa un junco chino y contiene varias imágenes de Buda curiosas, una de ellas con nueve caras y otra, enorme, blanca y reluciente, en la postura de "serenar el océano". Al igual que muchas otras estructuras, está decorada con cerámica de Dan Kwian (véase p. 412).

Wat Phayap TEMPLO

(วัดพายัพ; Th Polsaen; horas de sol) Cuando su abad supo que las explosiones de una cantera en la provincia de Saraburi estaban destruyendo una hermosa cueva, rescató algunas estalactitas, estalagmitas y otras magníficas formaciones rocosas y las utilizó para decorar una sala situada bajo su residencia, creando así este santuario único. Desde entonces la piedra se convirtió en un elemento característico del templo y actualmente se usa para decorar otras partes del recinto.

Wat Phra Narai Maharat TEMPLO

(วัดพระนารายณ์มหาราช; Th Chomphon; horas de sol) Este gran templo resulta interesante porque aquí fueron desenterradas tres esculturas sagradas jemeres de arenisca, entre las que destaca una de Phra Narai (Visnu). Para verlas, hay que seguir los carteles con flechas rojas que llevan al **templo de Naranya** (9.00-20.00), en la esquina sureste. El *bòht* del templo está en una isla, y en el estanque viven enormes varanos.

Museo Nacional de Maha Viravong MUSEO

(พิพิธภัณฑสถานแห่งชาติมหาวีรวงศ์; Th Rajadamnern; entrada 50 THB; 9.00-16.00 mi-do) Poca gente visita este museo, aunque alberga una colección de gran calidad, que incluye cerámica antigua (vale la pena echar un vistazo a lo que tienen almacenado detrás) y diversas imágenes de Buda de diferentes épocas, de la Dvaravati a la Rattanakosin.

Fiestas y celebraciones

Khorat se llena de vida entre el 23 de marzo y el 3 de abril, durante el **Festival de Thao Suranari**, el cual homenajea a la heroína de la ciudad con desfiles, representaciones y otros actos por Rajadamnern Rd.

Nakhon Ratchasima (Khorat)

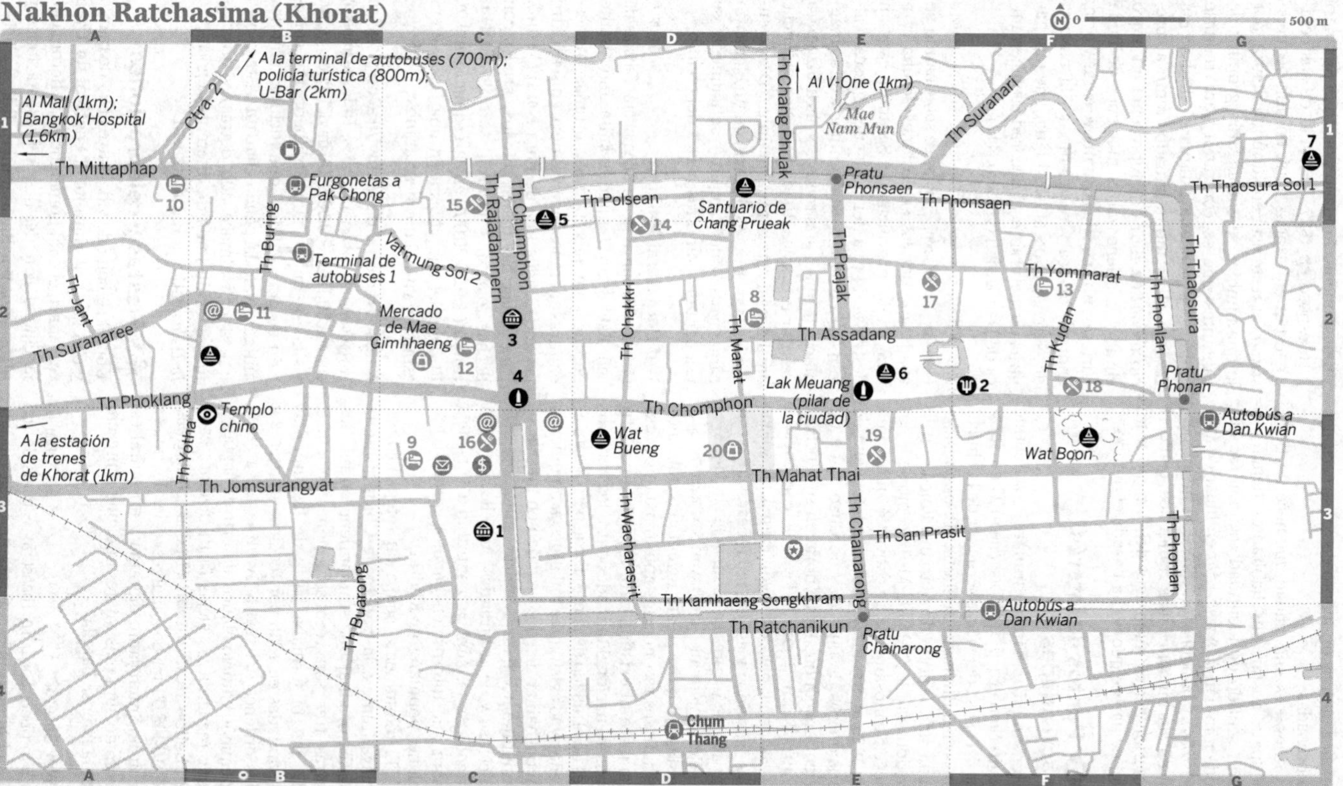

Nakhon Ratchasima (Khorat)

Puntos de interés

Puerta de Chumphon ....(véase 4)
1 Museo Nacional de Maha Viravong...... C3
2 Templo de Naranya F2
3 Pabellón de Suranari C2
4 Monumento a Thao Suranari............... C2
5 Wat Phayap C1
6 Wat Phra Narai Maharat...................... E2
7 Wat Salaloi.. G1

Dónde dormir

8 Assadang Hotel..................................... D2
9 Chaophaya Inn C3
10 Rachaphruk Grand Hotel A1
11 Sansabai House B2
12 Sri Ratna Hotel..................................... C2
13 Thai Inter Hotel.................................... F2

Dónde comer

Anego .... (véase 9)
14 Big Chili D2
15 Gai Yang Saang Thai C1
16 Ming Ter C3
17 Rabieng Pa.. E2
18 Bazar nocturno del Wat Boon F2
19 Wawee Coffee....................................... E3

Ocio

Bar Nana .... (véase 10)

De compras

20 Bazar nocturno de Korat D3

Dónde dormir

Sansabai House HOTEL $

(☎0 4425 5144; www.sansabai-korat.com; 335 Th Suranaree; h 270-600 THB; ❄📶) Nada más entrar se empieza a sospechar que los precios expuestos son un cebo. Pero no; todas las habitaciones, alegres e impecables, tienen buenos colchones, pequeñas neveras y balconcitos.

Thai Inter Hotel HOTEL $$

(☎0 4424 7700; www.thaiinterhotel.com; 344/2 Th Yommarat; h 650-750 THB; ❄@📶) Este hotelito busca la modernidad con una combinación de estilos diversos, y lo consigue hasta cierto punto. El vestíbulo es acogedor, las habitaciones resultan cómodas, y la ubicación es conveniente (aunque algo ruidosa), cerca de muchos restaurantes y buenos bares.

Assadang Hotel HOTEL $

(☎0 4424 2514; 315 Th Assadang; h 400-500 THB; ❄📶) Salta a la vista que no pasa de ser un viejo cubo de cemento con habitaciones pequeñas, pero la pintura en dos tonos y los detalles decorativos suponen una agradable novedad. Además, el dueño es muy amable.

V-One HOTEL $$$

(☎0 4434 2444; www.v-onehotelkorat.com; Th Chang Phuak; h 800-6780 THB, desayuno incl.; ❄@📶🏊) Se vende como "Trendy & Boutique Hotel", pero a veces recuerda más a una sala de juegos infantil que a un hotel de tres estrellas. Eso sí, si querían ser diferentes –¿de verdad alguien está interesado en una habitación decorada con imágenes de Britney Spears?– sin duda lo han conseguido. Todas las habitaciones disponen de caja fuerte y otros extras.

Rachaphruk Grand Hotel HOTEL $$

(☎0 4426 1222; www.rachaphruk.com; Th Mittaphap; h con desayuno 1200-1500 THB, ste 4500 THB; ❄@📶🏊) Lo de "Grand" quizá sea exagerado, pero aun así este edificio de diez plantas en el centro de la ciudad mantiene cierto nivel tras ya muchos años. La última reforma incorporó detalles que, más que ocultar su edad, la ponen de relieve. Tiene un gimnasio con sauna, tres restaurantes y muchas otras formas de ocio, además de buenas vistas de la ciudad.

Sima Thani HOTEL $$$

(☎0 4421 3100; www.simathani.com; Th Mittaphap; h con desayuno 1650-2925 THB, ste 4680-17,550 THB; ❄@📶🏊) Este hotel al oeste del centro ofrece un lujo algo más estándar que el V-One.

Chaophaya Inn HOTEL $$

(☎0 4426 0555; www.chaophayainn.com; Th Jomsurangyat; h 500-1000 THB; ❄@📶) Alojamiento céntrico y de precio razonable. No es nada extraordinario, pero tiene cierta personalidad, a diferencia de tantas otras opciones de precio medio de la región, que parecen cárceles.

Doctor's House CASA PARTICULAR $

(☎08 5632 3396; 78 Soi 4, Th Seup Siri; h 200-350 THB; ❄) Las cinco habitaciones con baño compartido de esta antigua casa de madera son sencillas pero están limpias. En la zona hay muchos bares y restaurantes, aunque el toque de queda (22.00) no permitirá explorarlos a fondo. Alquilan bicicletas (50 THB) y motocicletas (200 THB). Hay un cartel en una pequeña *soi* antes de las vías de tren.

Sri Ratna Hotel HOTEL $
(rótulo sin caracteres latinos; ☎0 4424 3116; 7 Th Suranaree; h 180-300 THB; ❄) Más que el ambiente casero de la Doctor's House parece un sanatorio, aunque sus dueños lo gestionan con el mimo y la eficiencia de un *resort* de cuatro estrellas, y queda céntrico.

Dónde comer

Rabieng-Pa TAILANDESA $$
(284 Th Yommarat; platos 60-330 THB; ⊙cena) Es el restaurante más frondoso de la ciudad y el más sencillo de este tramo de la calle. Además de parecer que se está en plena selva, la comida es excelente y la carta con fotografías evita sorpresas.

Wawee Coffee CAFÉ $
(285 Th Mahat Thai; café exprés 45 THB; ⊙desayuno, almuerzo y cena; 📶) Para no salir de él en todo el día. Desde el café con leche a los *brownies*, de la música a la decoración, todo es casi perfecto.

Bazar nocturno del Wat Boon TAILANDESA $
(Th Chomphon; ⊙5.30-22.00) Excelente para la exploración gastronómica.

Pidaso ITALIANA $$
(☎0 4424 6700; Th Mittaphap; platos 120-1800 THB; ⊙almuerzo y cena; 📶) Para cena elegante, este local de moda con la cocina a la vista es una buena opción. Pero primero habrá que encontrarlo; está 800 m al norte del Sima Thani Hotel.

Ming Ter 'VEGANA' $
(Th Rajadamnern; platos 30-80 THB; ⊙desayuno y almuerzo; 🖉) La carta de este hogareño restaurante forrado de madera solo está en thai, pero como preparan versiones vegetales de los platos tailandeses y chinos más habituales, bastará con pedir los más conocidos y probablemente lo entenderán, o bien señalar algo del carro del bufé.

IMPRESCINDIBLE

'PÀT MÈE KOH·RÂHT'

Una especialidad que hay que probar son los *pàt mèe koh·râht*. Son parecidos a los *pát tai*, pero tienen más sabor y los fideos que se utilizan son *mèe koh·râht*, típicos de la región. Aunque se encuentran por toda la provincia de Khorat, es difícil catarlos fuera de ella.

Cabbages & Condoms TAILANDESA $
(Th Seup Siri; platos 35-200 THB; ⊙almuerzo y cena; 🖉) Todavía entre los favoritos de la ciudad, tiene una terraza y carta de vinos (toda una rareza por estas lindes). Los muchos recortes de periódico ensalzan la labor altruista de la Asociación para el Desarrollo de la Población y la Comunidad, a la que se destinan todos los beneficios. Está nada más pasar las vías del tren.

Gai Yang Saang Thai TAILANDESA DEL NORESTE $
(rótulo sin caracteres latinos; Th Rajadamnern; pollo de corral entero 150 THB; ⊙desayuno, almuerzo y cena) Desde hace más de cuarenta años sirve uno de los mejores *gài yâhng* (pollo a la parrilla) de Khorat.

Big Chili INTERNACIONAL, TAILANDESA $$
(158/8 Th Chakkri; platos 80-480 THB; ⊙cena; 📶) Tanto los dueños como el público son mayoritariamente tailandeses, pero la carta es global: *sashimi* de salmón, costillar de cordero, lasaña de espinacas, perritos calientes con chile, ensalada César e incluso platos de fusión tailandesa-mexicana como burritos salteados.

Anego JAPONESA $$$
(62/1 Th Jomsurangyat; platos 30-600 THB; ⊙cena) Popular y pequeño establecimiento con una enorme carta de platos japoneses y toda una página de pasta italiana.

Dónde beber y ocio

Khorat tiene una enorme oferta de bares interesantes, como los situados por el cruce de Th Yommarat con Th Kudan, en Th Mahat Thai al oeste de Th Manat y al este de Th Chainarong, además de por la zona de Th Seup Siri-Soi 3.

El **Bar Nana** (Th Mittaphap), en el Rachaphruk Grand Hotel, y el **U-Bar** (ctra. 2), 2,5 km al norte del centro, tienen sendas pistas de baile que se llenan de estudiantes. Ambos empiezan a animarse hacia las 22.00 y cierran a las 2.00.

Aproximadamente una vez por semana, el **Sima Thani Hotel** (☎0 4421 3100; Th Mittaphap) acoge espectáculos de danza y música *ɓohng·lahng* para grupos, aunque están abiertos a todos.

En el cine del **Mall** (☎0 4428 8288; Th Mittaphap) se proyectan películas de Hollywood dobladas con subtítulos en inglés. También hay un pequeño parque acuático infantil.

AUTOBUSES DESDE LA TERMINAL 2

DESTINO	PRECIO (THB)	DURACIÓN (H)
Aranya Prathet (mercado de Rong Kluea)	190	4
Chaiyaphum	78-101	2½
Chiang Mai	435-653	12-13
Khon Kaen	118-230	3
Loei	263	6
Nang Rong	66-85	2
Nong Khai	210-420	6
Surin	90-157	4
Trat	324	8
Ubon Ratchathani	203-330	5-6
Vientián (visado imprescindible)	320	6½

De compras

Bazar nocturno de Korat ROPA

(Th Manat; ⏲17.00-22.00) Aunque no es el de Chiang Mai, este mercado nocturno, donde se vende sobre todo ropa, atrae a muchos jóvenes y resulta entretenido.

Mall CENTRO COMERCIAL

(Th Mittaphap) Es el centro comercial más grande y reluciente de Isan. Asia Books tiene en él una pequeña librería.

Información

Urgencias y asistencia médica

Bangkok Hospital (☎0 4442 9999; Th Mittaphap)

Policía turística (☎0 4434 1777; ctra. 2) Enfrente de la terminal 2 de autobuses.

Acceso a internet

Es fácil encontrar un cibercafé con solo caminar dos o tres travesías. El **Plearnta** (Th Rajadamnern; 15 THB/h; ⏲10.00-24.00) cierra tarde, como la mayoría.

Dinero

Klang Plaza 2 (Th Jomsurangyat) En este centro comercial hay una sucursal del Bangkok Bank (solo cambio de efectivo), abierta todos los días hasta las 20.00, y un cajero automático de AEON en la 5ª planta.

Mall (Th Mittaphap) Bancos con horario más amplio y otro cajero de AEON.

Correos

Oficina de correos (Th Jomsurangyat; ⏲8.30-22.30 lu-vi, 9.00-12.00 y 16.00-22.30 sa, 16.00-22.30 do y fest) Contiene un museo filatélico.

Información turística

Inmigración (☎0 4437 5138; ⏲8.30-16.00 lu-vi) En el *têt·sà·bahn* (ayuntamiento), en Dan Kwian.

Autoridad de Turismo de Tailandia (TAT; ☎0 4421 3666; tatsima@tat.o.th; Th Mittaphap; ⏲8.30-16.30) Junto al Sima Thani Hotel. Cubre las provincias de Khorat y Chaiyaphum.

Cómo llegar y salir

Autobús

Khorat tiene dos estaciones de autobuses. La **terminal 1** (☎0 4424 2899; Th Burin), en el centro de la ciudad, cubre Bangkok y ciudades de la provincia de Khorat. Los servicios a otros destinos, así como algunos otros a Bangkok, salen de la **terminal 2** (☎0 4425 6006; ctra. 2), al norte del centro. Para ir a Bangkok (154-250 THB, 3 h) nunca hay que esperar demasiado, ya que los autobuses procedentes de muchas ciudades de la región que van a la capital pasan por Khorat.

Salen furgonetas a/desde Ayutthaya (132 THB, 4 h, cada 30 min) y Lopburi (120 THB, 3½ h, cada hora) desde la terminal 2 y a Pak Chong (60 THB, 1 h, cada 20 min) desde una parada a la vuelta de la esquina de la terminal 1.

Tren

Por la **estación de trenes de Khorat** (☎0 4424 2044) pasan muchos trenes, pero el autobús suele ser más rápido y económico. A diario hay 14 trenes a/desde Bangkok (3ª clase 100 THB, 2ª clase con ventilador/A/A 243/325 THB, 1ª clase litera superior/inferior 810/1010 THB, casi todos 6 h) vía Ayutthaya, siete a Ubon Ratchathani (3ª clase 168 THB, 2ª clase con ventilador/A/A 243/423 THB, 5-6 h) y tres a Nong Khai (3ª clase 214 THB, 2ª clase con A/A 368 THB, 5½ h).

Cómo desplazarse

Existen rutas fijas de *sŏrng·tăa·ou* (camioneta; 8 THB) por la ciudad, pero ni siquiera los lugareños lo tienen claro, pues la variedad de números y colores ciertamente marea. En su mayoría pasan por el cruce de Th Suranaree con Th Rajadamnern, así que no hay más que acercarse allí y preguntar por la más conveniente. Hacia el oeste, por Suranaree, la *sŏrng·tăa·ou* nº 1 amarilla, con rayas blancas y verdes pasa por la estación de trenes y lleva cerca de la Doctor's House (pregúntese por *tà·nŏn sèup sì rì*) y a la oficina de turismo, mientras que la nº 12 roja pasa por el Mall. La nº 15 blanca con rayas violeta y la nº 7 azul y blanca van al norte por Rajadamnern (también se pueden tomar en Th Mittaphap) de camino a la terminal 2 de autobuses (*bor kŏr sŏr sŏrng*).

Un *túk-túk* a cualquier punto de la ciudad cuesta entre 30 y 70 THB. Los numerosos mototaxis y *săhm·lór* (bicitaxis; también escrito *săamláw*) siempre salen más baratos. Los **taxis con taxímetro** (☎0 4492 8678; bajada de bandera 30 THB, con llamada 20 THB) parecen ir siempre llenos cuando circulan.

Korat Car Rental (☎08 1877 3198; www.koratcarrental.com) es una compañía local de alquiler de vehículos de excelente reputación. En el **Sima Thani Hotel** (p. 412) pueden alquilar automóviles con conductores que hablen inglés por 1500 THB al día. En Th Suranaree, cerca de la terminal 1, hay tiendas donde alquilan motocicletas.

Alrededores de Nakhon Ratchasima

DAN KWIAN ด่านเกวียน

Quien tenga un mínimo interés por la cerámica debería visitar Dan Kwian. A un corto viaje desde Khorat, este pueblo produce desde hace siglos una cerámica famosa por su textura y su color cobrizo, una característica única que solo se consigue con el caolín de la zona. La mayoría de lo que se fabrica y se vende hoy son ornamentos baratos para jardín (muchos de cemento), pero también hay atractivas piezas modernas y reproducciones de antiguas esculturas jemeres. Algunas familias del pueblo, al sur del montón de tiendas que hay a ambos lados de la carretera (gírese a la izquierda en la escuela), aún emplean antiguos métodos, aunque los diseños son modernos.

Originalmente este lugar fue una parada de carros de camino a los mercados de la vieja Khorat (*dàhn gweean* significa "puesto de control de carros de bueyes"). El vetusto **Museo de Kwian** presenta una colección de carros de toda Isan, así como algunos aperos de labranza y ejemplos de cerámica antigua. Su propietario ha muerto, pero si la puerta está abierta se puede echar un vistazo.

Para llegar desde Khorat, tómese un autobús (14 THB, 30 min) cerca de las puertas sur o este de la ciudad, o en la terminal 2.

PAK THONG CHAI ปักธงชัย

El Amphoe (algo así como distrito) de Pak Thong Chai se convirtió en uno de los centros sederos más famosos de Tailandia cuando la firma Jim Thompson (véase recuadro en p. 77) empezó a comprar aquí materia prima. Hoy en el distrito hay casi una docena de fábricas de seda mecanizadas, y en todos los pueblos miles de familias aún trabajan con telares manuales en sus casas. Pak Thong Chai es conocido por seguir las últimas tendencias, pero algunas tiendas también ofrecen trabajos tradicionales (p. ej., *mát·mèe*) procedentes de otras provincias.

Al ser bastante grande, la visita a Pak Thong Chai no es tan entretenida como en otros centros sederos de Isan como Chonnabot (p. 449) o Ban Tha Sawang (véase recuadro en p. 426), pero vale la pena acercarse hasta **Macchada** (⏲8.30-17.30), en el extremo sur de la población, donde se puede ver a los tejedores en acción. Unas grandes señales de carretera guían hasta el Centro Cultural de la Seda, aunque lleva años cerrado.

Pak Thong Chai queda 30 km al sur de Khorat por la carretera 304. Los autobuses (30 THB, 1 h) salen de la terminal 1 cada hora.

BAN PRASAT บ้านปราสาท

Hace unos tres mil años, una cultura agrícola primitiva echó raíces en Ban Prasat, cerca del río Than Prasat. Sobrevivió más de mil quinientos años a base de cultivar arroz, domesticar animales, elaborar cerámica de colores y tejer, y, en los últimos años, forjar herramientas de bronce. Los secretos de esta civilización salieron por fin a la luz durante unas excavaciones concluidas en 1991.

En el pueblo se pueden ver tres de las **fosas** (gratis) con esqueletos (la mayoría son réplicas) y cerámica, y un pequeño pero interesante **museo** (gratis; ⏲8.00-16.30) con algunos de los hallazgos más interesantes y donde también se explica cómo era la vida en el pueblo en aquellos días y cómo es hoy. Al sur del museo, una familia aún se dedica a la **seda**, desde la cría de los gusanos y la hilatura hasta el tejido. Reciben gustosos a los visitantes.

Muchas familias (siempre hay alguien que chapurrea inglés) participan en un estupendo **programa de alojamiento en casas particulares** (☎08 1725 0791; 400 THB por persona, 2 comidas incl.), que ofrece cama y comida a los viajeros y les muestra actividades como la cestería o labores agrícolas. Debe reservarse un día antes como mínimo.

Ban Prasat está 45 km al noreste de Khorat, junto a la carretera 2, y los autobuses (28-35 THB, 45 min) a Phimai paran en la carretera. Visitar todos los puntos de interés en un mototaxi con sidecar cuesta 50 THB por persona (esperas incl.).

Phimai พิมาย

Carente de interés por lo demás, la pequeña ciudad de Phimai posee en el centro uno de los complejos religiosos jemeres más exquisitos que se conservan en Tailandia. Con reminiscencias de Angkor Wat, en Camboya, el Prasat Phimai se alzaba antaño en una importante ruta comercial que unía la capital jemer con los confines septentrionales del reino. Phimai se puede visitar en un día desde Khorat, pero si se busca tranquilidad, siempre se puede hacer al contrario.

Puntos de interés

Parque Histórico de Phimai PARAJE HISTÓRICO
(อุทยานประวัติศาสตร์พิมาย; ☎0 4447 1568; Th Anantajinda; entrada 100 THB; ⌚7.30-18.00) Este templo budista hinduista-mahayana, empezado por el rey jemer Jayavarman V [968-1001] a finales del s. x y acabado por su sucesor, Suriyavarman I [1002-1049], tiene una majestuosidad que supera sus dimensiones. Reconstruido meticulosamente, es uno de los monumentos más completos del circuito. Puede que no sea más que una impresión, pero el **centro de visitantes** (⌚8.30-16.30) sugiere que el Prasat Phimai sirvió de modelo para el diseño del imponente Angkor Wat.

Se entra por un **puente 'naga'** cruciforme, que representa el paso de la Tierra al Cielo, y luego por la puerta sur (algo curioso, ya que la mayoría de templos jemeres miran al este) de la muralla exterior, que mide 565 por 1030 m. Una pasarela elevada, antaño cubierta por un techo de baldosas, lleva hasta el sanctasanctórum y el **santuario principal**, de 28 m de altura, construido en arenisca blanca y cubierto de tallas de deidades budistas e hinduistas. En el centro de la **'prang' de Brahmathat**, frente al santuario principal, hay una copia de una escultura en piedra del rey de Angkor Jayavarman VII sentado con las piernas cruzadas que recuerda mucho a un buda sedente. La original está en el Museo Nacional.

Hay un folleto gratis que da una buena visión general del complejo. Se ofrecen visitas con guías (precio negociable), algunos de los cuales hablan inglés.

Museo Nacional de Phimai MUSEO
(พิพิธภัณฑสถานแห่งชาติพิมาย; Th Tha Songkhran; entrada 100 THB; ⌚9.00-16.00 mi-do) Este museo, situado a orillas del Sa Kwan, un embalse jemer del s. XII, alberga una bonita colección de esculturas del Prasat Phimai, algunos dinteles exquisitos y otras piezas del bajo Isan. También muestra cerámica negra típica de Phimai (500 a.C.-500 d.C.) y hasta piezas más antiguas de Ban Prasat.

Sai Ngam PARQUE
(ไทรงาม; ⌚horas de sol) Al este de la ciudad se levanta la higuera de Bengala más grande y vieja de Tailandia, de más de 350 años, sobre una isla en un gran estanque. La enorme maraña de ramas y troncos hace que la "Bella Higuera de Bengala" parezca un bosque en pequeño.

Otros parajes históricos

La **Meru Bhramathat** (Th Buchayan) es una *chedi* de ladrillo en ruinas de finales del período Ayutthaya (s. XVIII). Su nombre deriva de un relato popular según el cual fue el lugar de cremación del rey Bhramathat.

Quedan en pie tres puertas de la ciudad. La **Pratu Chai** ("puerta de la Victoria"), que daba hacia Angkor, es la mejor conservada. El montículo contiguo da una idea del aspecto que debían tener los bastiones que rodeaban la ciudad. La muralla se levantó en el s. XIII, al igual que las **Kuti Rusi** ("dependencias del Ermitaño"), como hoy se conoce, aunque probablemente fuera un sanatorio construido por Jayavarman VII, y el **Tha Nang Sa Phom** (⌚horas de sol), una plataforma de laterita de embarque, actualmente integrada en el complejo del Departamento de Bellas Artes, a la derecha nada más pasar por la puerta.

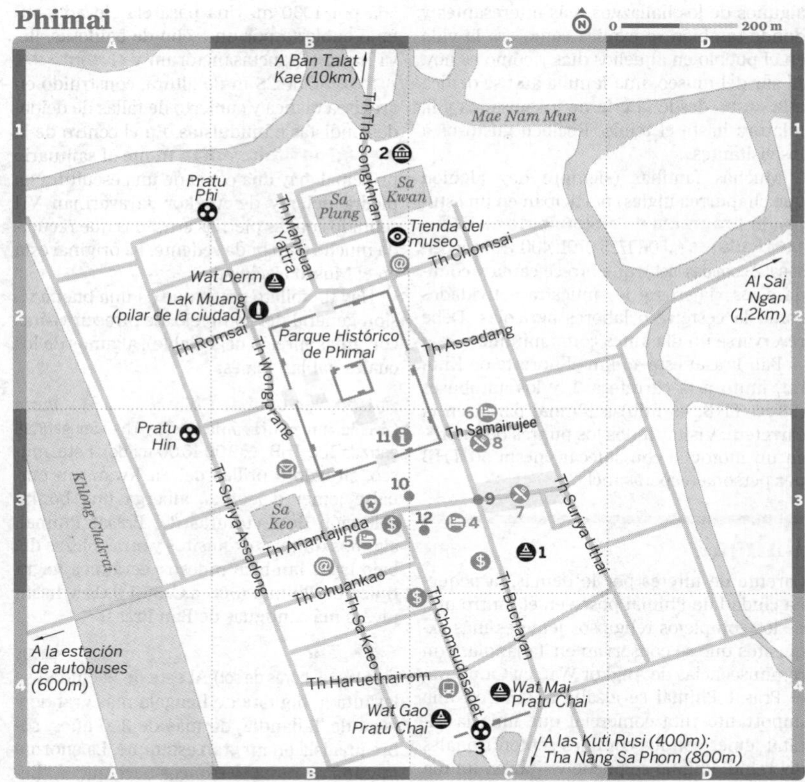

Phimai

Puntos de interés

1 Meru Bhramathat C3
2 Museo Nacional de Phimai B1
3 Pratu Chai ("puerta de la Victoria") C4

Dónde dormir

4 Khru Pom Guesthouse C3
5 Old Phimai Guesthouse B3
6 Phimai Paradise C3

Dónde comer

7 Bazar nocturno C3
8 Rabiang Mai C3

Información

9 Torre del reloj C3
10 Entrada al parque histórico B3
11 Centro de visitantes B3

Transporte

12 Boonsiri Guesthouse C3

Fiestas y celebraciones

A mediados de noviembre, el **Festival de Phimai** recuerda la historia de la ciudad con escenificaciones, espectáculos de luz y sonido y regatas. Entre octubre y abril, el último sábado de cada mes suele ofrecerse una versión reducida del espectáculo de luz y sonido.

Dónde dormir

Old Phimai Guesthouse PENSIÓN $

(☎08 0159 5363; www.phimaigh.com; Th Chomsudasadet; dc 100 THB, i 170 THB, d 200-370 THB; ❄☜) Esta vetusta y acogedora casa de madera al final de una *soi* se llena de mochileros. Los dueños saben mucho de Phimai y ofrecen excursiones de un día a Phanom Rung a precios razonables.

Phimai Paradise HOTEL $
(☎0 4428 7565; www.phimaiparadise.com; Th Samairujee; h 400-600 THB; ❄@📶) No es de lo más elegante, pero en este bloque relativamente nuevo se encuentran las mejores habitaciones de la ciudad.

Khru Pom Guesthouse PENSIÓN $
(☎0 4447 1541; Th Anantajinda; h 350-400 THB; ❄@📶) Pequeña, tranquila e inmaculada pensión en la parte de atrás de un edificio.

Dónde comer

En la sucesión de puestos junto al Sai Ngam se puede desayunar y almorzar platos típicos tailandeses y de Isan como *pàt pímai,* que es lo mismo que *pàt mèe koh râht* (véase recuadro en p. 410) solo que con unos fideos caseros más blandos que también se encuentran en la mayoría de restaurantes de la ciudad.

Rabiang Mai TAILANDESA $
(Th Samairujee; platos 40-200 THB; ⏲almuerzo y cena) Lugar medio elegante y algo caro, pero con una comida bastante buena, principalmente tailandesa, aunque con algunas opciones de Isan y *fa·ràngs* (occidentales).

Bazar nocturno TAILANDESA $
(Th Anantajinda; ⏲16.00-21.00) Pequeño pero muy variado.

Cómo llegar y salir

No es preciso utilizar la estación de autobuses de Phimai porque todos los vehículos pasan cerca de la Pratu Chai, la torre del reloj y el museo al entrar y salir de la ciudad.

Los autobuses a Phimai salen de la terminal 2 de Khorat (36-50 THB, 1¼ h) cada ½ hora hasta las 22.00. Si se va al norte, se puede tomar el autobús de Khorat a Ban Talat Kae (10-13 THB, 15 min) en la carretera y ahí cambiar a otro.

Cómo desplazarse

Phimai es lo suficientemente pequeña como para recorrerla a pie, pero para ver los alrededores (p. ej., el Sai Ngam), se puede alquilar una bicicleta en la **Boonsiri Guesthouse** (Th Chomsudasadet; 20/60 THB h/día).

Parque Nacional de Khao Yai อุทยานแห่งชาติเขาใหญ่

En lo alto del podio de los parques más fabulosos del mundo, **Khao Yai** (☎08 6092 6529; entrada 400 THB) es la reserva más antigua y visitada de Tailandia. Sus 2168 km² albergan uno de los mayores bosques monzónicos intactos del sureste asiático continental, motivo por el cual la Unesco lo declaró Patrimonio Mundial (integrado en el Complejo Forestal Dong Phayayen-Khao Yai). El personal del **centro de visitantes** (⏲8.00-20.00) es muy servicial (muchos hablan inglés).

Con una altitud máxima de 1351 m marcada por el Khao Rom, el parque cubre cinco zonas de vegetación: bosque pluvial perennifolio (100-400 m); bosque pluvial semiperennifolio (400-900 m); bosque caducifolio mixto (laderas del norte, 400-600 m); bosque perennifolio de montaña (más de 1000 m); y sabana y bosque de crecimiento secundario en zonas donde la agricultura y la tala precedieron a su declaración como espacio protegido.

Unos doscientos elefantes campan a sus anchas por el parque. Hay otros mamíferos, como tigres, leopardos, osos, gaúres, ciervos ladradores, nutrias, cocodrilos, varios tipos de gibones y macacos, y pitones bastante grandes. Khao Yai posee también una de las poblaciones de cálaos más numerosas de Tailandia, entre ellos el gran cálao (*nók gòk* o *nók gahhang,* el rey de los pájaros), el cálao ceñido (*nók grahm cháhng;* literalmente "pájaro quijada de elefante"), el cálao claro indio *(nók kàak)* y el cálao castaño *(nók ngêuak sěe nám đahn).* En el parque se han registrado 315 especies de aves.

De las dos entradas que tiene, la más concurrida es la del norte, en la provincia de Nakhon Ratchasima, y la mayoría de viajeros pasan por la población de Pak Chong. La entrada del sur está en la provincia de Prachinburi; para más detalles, véase recuadro en p. 416.

Puntos de interés y actividades

Por las carreteras del parque hay muchos **miradores** y **depósitos de sal** (a los que suelen acudir elefantes a primera y última hora del día). También hay muchas cascadas. La pequeña **Nam Tok Kong Kaew,** detrás del centro de visitantes, es la más fácil de ver, mientras que la **Nam Tok Haew Narok,** en el extremo sur del parque (a 800 m del aparcamiento), con tres niveles y una caída combinada de 150 m, es la mayor. Pero la más bonita es la **Nam Tok Haew Suwat,** de 25 m, que se hizo famosa por la película de Danny Boyle *La playa.* Tie-

KHAO YAI POR LA PUERTA DE ATRÁS

La amplia franja del Khao Yai, que se extiende por las provincias de Nakhon Nayok y Prachinburi, es conocida por sus cascadas y rápidos, y visitada casi exclusivamente por lugareños y, los fines de semana, por los capitalinos. Entre semana está prácticamente desierto.

Puntos de interés y actividades

La ruta por el sur del Khao Yai es tan bonita como por el norte, pero menos popular. Además, hay más fauna, en particular elefantes, que recorren la carretera de noche, y Camboya queda al lado. El **Palm Garden Lodge** (☎08 9989 4470) está en la provincia de Prachinburi, a solo 12 km de la entrada, y la mayoría de los **circuitos por el parque** (1300 THB por persona para 4 personas) de un día que ofrece son muy parecidos a los de las agencias de Pak Chong, pero con tres diferencias importantes: se visita la cascada de Haew Narok (jun-nov, cuando hay agua), ofrecen la opción de realizar un safari nocturno por el parque, y cuentan con Klin, una de las pocas guías del Khao Yai.

También en Prachinburi, cerca de la entrada del parque, está **Dasada** (☎0 3723 9800; www.dasada-happiness.com; ctra. 3077, km 8), donde se cultivan plantas para el mercado de Bangkok y se organizan **espectáculos florales** (200 THB) cada mes en un gran invernadero.

La mayoría de los que visitan la zona se dirigen a la provincia de Nakhon Nayok, donde está la mayor y la más famosa de las cascadas de la zona, la **Nam Tok Sarika** (ctra. 3050; entrada 200 THB; ⌚8.00-17.00), de 200 m en nueve saltos. También es preciosa (y no tan cara como la Sarika) la **Nam Tok Nang Rong** (ctra. 3049; 50 THB por automóvil, 10 THB por persona; ⌚8.00-17.00). Ambas cuentan con lugares de *picnic* y para darse un chapuzón. Hay agua todo el año, pero más de mayo a noviembre. Cerca de la segunda está la **presa de Khun Dan Pra Kan Chon** (Ta Dan Dam), con vistas de las montañas entre la bruma. Los fines de semana, unos autobuses abiertos la atraviesan por 20 THB.

Varias compañías, entre ellas la veterana **Sarika Adventure Point** (☎08 1251 8317; www.sarikaadventurepoint.com; km 8 ctra. 3049), ofrecen descensos en *rafting* y kayak por el Nakhon Nayok (dicen que en la época de lluvias los hay de grado III). El descenso estándar (350 THB por persona) tiene 7 km y dura 1½ horas, y se puede llegar en bicicleta de mon-

ne agua todo el año y se puede nadar en su poza. Aunque de fácil acceso en automóvil, también se puede llegar por un par de senderos, entre ellos por la ruta Kong Kaew-Haew Suwat, de 8 km (o ruta 1), que empieza detrás del centro de visitantes y requiere cierto esfuerzo. Es fácil ver gibones y cálaos, y probablemente se trate del mejor sendero para ver elefantes, aunque no sea algo frecuente; es más fácil verlos desde la carretera.

La **torre de observación del Nong Phak Chi** se levanta sobre un pequeño lago y un depósito de sal y es uno de los mejores lugares del parque para observar fauna, particularmente tigres, aunque con mucha suerte. El camino más corto (1 km) a la torre empieza en el mojón del km 35, y es un camino amplio y en buen estado. A pie, se puede seguir una pista de 5,4 km desde el centro de visitantes o un camino de 3 km que arranca en el km 33. Por este último se ven más animales y hay quien dice que es la mejor ruta ornitológica de Khao Yai. A media tarde es fácil ver ciervos desde la **torre de observación de Mo Sing To**, junto al centro de visitantes.

Aunque las caminatas descritas no requieren guía, el parque recomienda contratar uno porque, salvo por la ruta corta a la cascada de Nong Phak Chi, son caminos poco transitados y mal señalizados. Hay quien se ha perdido y ha tenido que dormir en la selva. Se puede contratar a los guardias del parque como guías (precio negociable) a través del centro de visitantes, también para rutas más largas fuera de pistas por unos 1000 THB al día (negociables). Conviene llevar botas, pantalones largos y repelente contra mosquitos, pues en época de lluvias suele haber sanguijuelas.

☞ Circuitos

La mayoría de hoteles y *resorts* de Khao Yai organizan **circuitos por el parque**, muy recomendables porque con un buen guía se verán animales que de otro modo sería imposible. El programa típico de un día (1300-2100 THB por persona) incluye paseos para

Los templos tailandeses

La religión impregna Tailandia desde lo más profundo de las almas de los fieles hasta esa invisible cualidad de reino o país. Se pueden encontrar lugares sagrados incluso en las esquinas más humildes, y el templo ailandés o *wat* ejerce de epicentro de cada comunidad, vela por el arte y la arquitectura tradicionales, y brinda consejo a cualquiera que lo precise.

Wat Phra Kaew (p . 58), Bangkok

JOHN ELK III/LONELY PLANET IMAGES ©

Los principales templos

Los templos más célebres de Tailandia se han ganado la devoción de los fieles tanto por su estética como por sus budas y reliquias.

Wat Phra Kaew, Bangkok

1 El templo (p. 58) más sagrado del país alberga también la imagen de Buda más venerada de Tailandia, en la que convergen la exaltación de la monarquía, la nación y la religión. Luce deslumbrantes mosaicos en su fachada, agujas doradas y elaborados murales.

Wat Phra That Doi Suthep, Chiang Mai

2 En lo alto de un monte sagrado, este pintoresco templo (p. 246) es venerado por su *chedi* (*stupa*) dorada y la reliquia de Buda que hay enterrada en su interior. También es un bello ejemplo de arquitectura Lanna (tailandesa del norte).

Wat Phra Si Ratana Mahathat, Phitsanulok

3 En una tierra que valora tanto la belleza, este templo (p. 344) es un importante centro de peregrinación. Su dorado Buda sedente irradia un brillo celestial, acentuado por su intrincada y estilizada aureola.

Wat Pho, Bangkok

4 Este templo (p. 59), especializado en las terapias de relajación, ofrece servicios expertos en el arte del masaje tailandés y alberga una descomunal imagen de Buda reclinado, de 46 m de largo y 15 m de alto, además de gigantescas esculturas chinas.

Wat Phra Si Sanphet, Ayutthaya

5 Herida por el paso del tiempo y la guerra, Ayutthaya aún desafía a la gravedad, como se observa en este templo (p. 152), con sus tres afiladas *chedis*, típicas de la época.

1. *Prangs* del Wat Phra Kaew 2. Wat Phra That Doi Suthep 3. Estatua de Buda sedente, Wat Phra Si Ratana Mahathat 4. Estatua del Buda reclinado, Wat Pho

2

JERRY ALEXANDER/LONELY PLANET IMAGES ©

3

JERRY ALEXANDER/LONELY PLANET IMAGES ©

El budismo tailandés

La práctica del budismo en Tailandia es muy variada y hasta individual. Para muchos creyentes los ritos comienzan al alba, dando limosnas a los monjes que, ataviados con túnicas naranjas, recorren las calles con sus cuencos, lo que demuestra la profunda devoción y compasión de los tailandeses. Esta fe también se observa a diario en muchos hogares y comercios, donde figuran pequeños altares dedicados al espíritu guardián del lugar, al que se reza y realizan ofrendas.

Los aspectos formales de la religión (funerales, cursos de meditación, hacer méritos y charlas sobre el *dharma*) tienen lugar en los templos, aunque a veces esta ortodoxia se mezcla con rituales más de tradición popular, como el de atraer la buena suerte. Así, los tailandeses acuden a rogar a Buda ante muchas y muy diversas situaciones, entre ellas desengaños amorosos o problemas económicos, y algunos templos hasta cuentan con adivinos y monjes expertos en astrología.

Los templos también cumplen una función social, como destino habitual de amigos o familiares que solo están de visita en la zona. En las ofrendas al Buda central de un templo suelen figurar capullos de loto, varillas de incienso o pequeñas hojas de pan de oro.

1

LAS MEJORES LECTURAS SOBRE EL BUDISMO TAILANDÉS

» **Todo llega, todo pasa. Enseñanzas sobre la cesación del sufrimiento,** Ajahn Chah (2005)

» **El budismo Theravada: historia social desde la antigua Benarés hasta la moderna Colombo,** Richard Gombrich (2002)

» **El monje budista. Según los textos de theravada,** Mohan Wijayaratna (2010)

3

1. Monjes en el Wat Phon Chai, Dan Sai (p. 475)
2. Ofrenda floral, Parque Histórico de Sukhotai (p. 351)
3. Estatuas doradas de Buda en el Wat Phra That Doi Suthep (p. 246), Chiang Mai

2

PAUL DYMOND/LONELY PLANET IMAGES ©

MICHAEL COYNE/LONELY PLANET IMAGES ©

Circuito de los templos

10 días

Los interesados en los templos podrán desentrañar el budismo tailandés con este recorrido entre Bangkok y Chiang Mai.

» Comienza en **Bangkok** (p. 54), sede del triunvirato tailandés (nación, monarquía y religión) y recorre sus famosos templos ribereños: Wat Phra Kaew, Wat Pho y Wat Arun. Para más ejemplos, a poca distancia están el Wat Saket y el Wat Suthat.

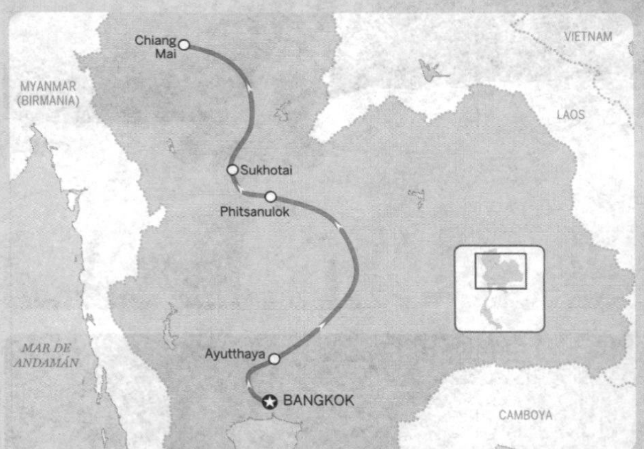

» Una excursión de un día lleva a las ruinas de **Ayutthaya** (p. 152), donde no hay que perderse el Wat Phra Si Sanphet. La visita se puede realizar a lomos de un elefante.

» Se toma un tren a **Phitsanulok** (p. 344) para rendir pleitesía al fascinante Buda del Wat Phra Si Ratana Mahathat y al interesante Buda de 700 años del Wat Ratburana. Hay que imitar a los tailandeses y reponer fuerzas en el famoso local de fideos próximo al Wat Phra Si Ratana Mahathat.

» Se sube a un autobús a **Sukhotai** (p. 351) para meditar entre las preciosas ruinas del antiguo imperio que anunció la edad de oro de Tailandia. No hay que irse sin visitar el Wat Mahathat y el Wat Si Chum. La ciudad antigua es tan vasta que se recomienda alquilar una bicicleta.

» Otro autobús lleva hasta **Chiang Mai** (p. 228), corazón de la arquitectura tailandesa del norte, con su ciudad antigua y el Wat Phra Doi Suthep, que brinda unas magníficas vistas de la urbe. En la propia ciudad merecen una visita el Wat Phra Singh y el Wat Chedi Luang.

1. Wat Phra Kaew, Bangkok 2. Wat Si Sawai, Sukhotai 3. Hilera de estatuas, Wat Mahathat, Sukhotai 4. Circuito en elefante por Ayutthaya 5. Estatua de Buda con *nagas* (serpientes) protectoras, Wat Phra That Doi Suthep, Chiang Mai 6. Monjes, Bangkok

2

JEAN-PIERRE LESCOURRET/LONELY PLANET IMAGES ©

3

MARK KIRBY/LONELY PLANET IMAGES ©

5

FELIX HUG/LONELY PLANET IMAGES ©

6

HUW JONES/LONELY PLANET IMAGES ©

Fiestas

No hay mejor modo de acercarse a la cultura tradicional tailandesa que asistir a una festividad popular, ya sea una procesión regional o una gran celebración nacional. Además, las fiestas son una gran excusa para ejercitar dos de los pasatiempos preferidos del país: socializar y comer (quizá a un tiempo).

Festival del Loi Krathong (p. 354), Chiang Mai

Las mejores fiestas

Las fiestas tailandesas son celebraciones dinámicas en las que la religión y la cultura toman la calle. Suelen incluir danzas y músicas populares, y adaptaciones de antiguos ritos.

Loi Krathong

1 Este festival ilumina la noche con barquitos con flores y velas que surcan las aguas en agradecimiento por el agua de riego y el transporte fluvial. Sukhotai (p. 354) es famosa por esta celebración.

Festival Vegetariano

2 Esta abstinencia de carne de nueve días, heredada de China, se practica en Bangkok y otras ciudades con importantes comunidades chinas. Los puestos de comida cambian la carne por la soja. En Phuket, el festival (p. 618) incluye un desfile con escenas de automortificación.

Regatas de barcos de popa larga

3 Los barcos de popa larga, impulsados por hasta cincuenta remeros, competían para celebrar el final de la temporada de lluvias (Ork Phansaa). Un vestigio es la Regata de Barcos-Cisne de Ayutthaya (p. 157).

Festival de Jazz de Hua Hin

4 Este festival de dos días reúne a formaciones nacionales e internacionales en la playa para disfrute del mismísimo rey, gran amante del *jazz*. Los asistentes se llevan mantas (p. 516).

Desfile de Velas, Ubon Ratchathani

5 Durante el Khao Phansaa (Cuaresma budista), los fieles ofrecen objetos básicos y ceremoniales (como velas) a los templos. En Ubon Ratchathani, las velas se convierten en enormes esculturas de cera que desfilan por la ciudad (p. 432).

---

1. Soltando candelas en el Loi Krathong, Chiang Mai 2. Automortificación durante el Festival Vegetariano, Phuket 3. Regata de barcos de popa larga durante el Ork Phansaa, Sakon Nakhon 4. Festival de Jazz de Hua Hin

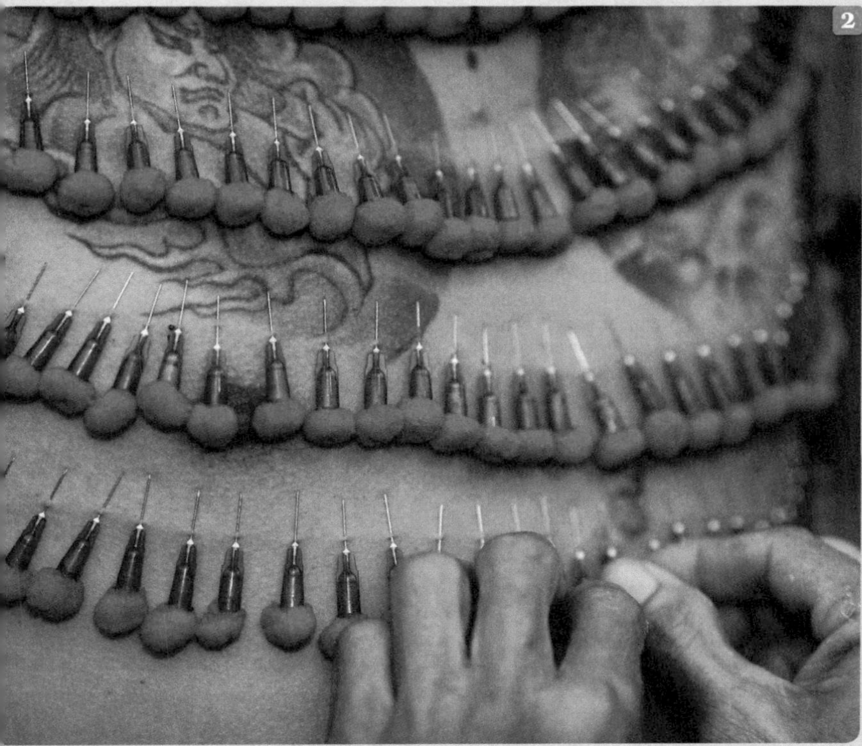

2

PAUL KENNEDY/LONELY PLANET IMAGES ©

3

ANDREW WATSON/LONELY PLANET IMAGES ©

Songkran

El agua es la protagonista del Año Nuevo tailandés, celebrado a mediados de abril. Es tiempo de limpieza, renovación y de cargar camiones con camas provistas de enormes pistolas de agua para remojar a todo el que se ponga a tiro.

Pero el Songkran no siempre ha sido así. Tiempo atrás era una tranquila fiesta de limpieza doméstica, buenos propósitos y celebraciones en el templo. Era tradición lavar el buda más importante del templo, en muchos casos sacándolo en procesión mientras los fieles lo remojaban. De hecho, "salpicar" (que no "disparar") agua es un componente habitual en las celebraciones de fin de año en todo el sureste asiático y en algunas partes de China. También pueden rociarse con agua las manos de los ancianos, o salpicar a los amigos para desearles buena suerte. Con el calor que hace, el poder limpiador del agua también resulta refrescante.

No es difícil imaginar cómo degeneró esta costumbre hasta convertirse en la guerra de agua que es hoy. La buena suerte que se tendrá dependerá de lo empapado (no de lo borracho) que se acabe, así que esos ruidosos batallones que disparan a discreción en realidad lo que hacen es desear a sus blancos mucha suerte para el nuevo año.

LOS MEJORES LUGARES PARA EL SONGKRAN

» **Bangkok** (p. 96) Las mayores batallas de agua tienen lugar en Th Khao San.

» **Chiang Mai** (p. 253) Para mojar y mojarse, el mejor lugar es el foso.

» **Ayutthaya** (p. 157) y **Sukhotai** Versiones tranquilas y tradicionales del Songkran para puristas.

1. Diversión en Bangkok 2. Jóvenes de las tribus de la montaña en pleno Songkran, Wat Phra That Doi Suthep, Chiang Mai 3. Ofrendas de incienso y velas durante el Songkran en Sanam Luang, Bangkok

2

KYLIE MCLAUGHLIN/LONELY PLANET IMAGES ©

RICHARD I'ANSON/LONELY PLANET IMAGES ©

1

TOM COCKREM/LONELY PLANET IMAGES ©

4

AWPHOTO/ALAMY ©

2

ANDREW WATSON/LONELY PLANET IMAGES ©

3

RICHARD VAN KESTEREN/ALAMY ©

Cuaresma budista

La temporada de lluvias (jul-oct) es uno de los períodos sagrados del calendario budista. Es tiempo de reflexión, meditación y prácticas religiosas.

El inicio del Khao Phansaa (Cuaresma budista) lo marca el primer día de luna menguante del octavo mes lunar. Es, tradicionalmente, el momento de iniciación de los jóvenes como monjes, cuando adquieren la madurez. El Khao Phansaa también es conocido como el retiro de las lluvias, período en que los monjes se refugian en sus monasterios. La práctica data de tiempos de Buda, cuando los monjes eran predicadores y las inclemencias climatológicas dificultaban sus traslados. También quería evitarse el pisotear los brotes tiernos de los sembrados.

Los laicos también participan en ritos religiosos, presentando a los monjes ofrendas de velas y aceite de quemar, antiguamente de gran utilidad y hoy símbolos de iluminación espiritual.

El final de la Cuaresma budista (3 lunas después) se denomina Ork Phansaa, momento en que los templos celebran el *gà·tĭn*, cuando los monjes reciben túnicas nuevas como ofrenda, y se celebran regatas de barcos de popa larga.

FIESTAS DE LA CUARESMA BUDISTA

» **Desfile de Velas en Ubon Ratchathani** (p. 432) Las velas de cera se convierten en obras de arte religioso.

» **Bolas de fuego 'naga' de Nong Khai** (p. 463) Misteriosas bolas gaseosas que emergen del Mekong.

» **Procesión de Barcos Iluminados de Nakhon Phanom** (p. 481) Estas embarcaciones convierten el Mekong en una pequeña discoteca.

1. Ofrendas en el Loi Krathong 2. Bailarín de *muay thai* en la procesión del Ork Phansaa, Sakon Nakhon 3. Desfile de Velas durante el Khao Phansaa, Ubon Ratchathani 4. Regatas de barcos de popa larga, celebraciones del Ork Phansaa, Sakon Nakhon 5. Loi Krathong, Chiang Mai 6. Festival Vegetariano, Phuket

5

FELIX HUG/LONELY PLANET IMAGES ©

6

PAUL KENNEDY/LONELY PLANET IMAGES ©

taña hasta la salida (600 THB por persona). Pero para aventura de verdad, nada como el rápel (2300 THB, entrada al parque incl.) por cuatro barrancos junto a la Than Rattana.

Dónde dormir

En la zona de Nakhon Nayok hay algunos *resorts* elegantes, pero lo que predominan son los bungalós familiares. El **Phuiyara** (☎08 7059 5115; www.phuiyara.com; h 1350-2600 THB, f 3200-5600 THB; ❄@🛜), al este de la presa (síganse las señales azules con cabezas de elefante, o llámese para solicitar la recogida en la terminal de furgonetas), es una opción intermedia, con 30 bungalós en un jardín con árboles y un arroyo. Entre semana ofrecen un 25% de descuento y traslado gratis desde la parada de autobús.

Por la entrada del parque aún no hay muchos alojamientos. El **Palm Garden Lodge** (☎08 9989 4470; www.palmgalo.com; h 400-650 THB, bungalós 1200 THB; ❄@🛜), 10 km al este de la misma, en Ban Khon Kwang, es un lugar muy relajante, con un jardín y acogedoras habitaciones con ventilador y aire acondicionado. Alquilan motocicletas (250 THB/día) y ofrecen circuitos. Su mascota es una iguana.

Cómo llegar y salir

Llegar sin transporte propio es fácil, pero desplazarse por el parque es imposible, excepto en autostop (menos entre semana).

Desde el monumento a la Victoria de Bangkok salen furgonetas a la presa (100 THB, 2-3 h, cada 20 min) y por 10 o 50 THB extras pueden llegar a las cascadas de Nang Rong o Sarika, respectivamente. Pídase el número de teléfono al apearse, para acordar la recogida.

Todas las furgonetas a Kabinburi y algunas que van a Aranya Prathet pasan por Ban Khon Kwang (100 THB, 2 h, cada 40 min) y paran a 50 m del Palm Garden Lodge. Los precios y la frecuencia de paso a/desde Aranya Prathet son los mismos. Los autobuses entre Aranya Prathet y la Terminal Noreste de autobuses de Bangkok también pasan por Ban Khon Kwang y hay cinco trenes (26-115 THB, 3 h) diarios entre la estación de Hua Lamphong de Bangkok y Prachinburi, desde donde un *túk-túk* al Palm Garden cuesta 150 THB.

ver fauna y flora, y una visita a la cascada de Haew Suwat. El almuerzo, los tentempiés, el agua y, en la estación de las lluvias, los "calcetines para sanguijuelas" (polainas) están siempre incluidos, pero no la entrada al parque, por lo que conviene comparar precios. Las salidas de medio día (300-500 THB) suelen ser por fuera del parque e incluyen la visita a una cueva, nadar y ver una gruta donde vive un millón de murciélagos de labios arrugados. También hay opciones para avistar aves, acampar, practicar senderismo y más. La Greenleaf Guesthouse (p. 418) y el Khaoyai Garden Lodge (p. 419) no dejan de recibir elogios por sus circuitos, y parece ser que **Bobby's Jungle Tours** (☎0 4432 8177; www.bobbysjungletourskhaoyai.com) también tiene buenos guías. Además, sus circuitos acaban de noche, por lo que hay más posibilidades de encontrar elefantes por la carretera del parque. El propio parque ofrece **safaris nocturnos** (☎08 1063 9241; 50 THB por persona; ⏲19.00 y 20.00) de una hora, con linternas para avistar animales, pero a menudo hay tantos vehículos que la experiencia es decepcionante.

Dónde dormir

Al menos hay un centenar de alojamientos por Th Thanarat (ctra. 2090), la carretera que lleva al parque, y muchos más en Pak Chong, punto de acceso algo menos atractivo. Los alojamientos económicos y de precio medio ofrecen transporte gratis a/desde la ciudad, aunque en muchos casos solo si se reserva un circuito con ellos. Salvo los más baratos, entre semana y en temporada baja (abr-oct) suelen hacer descuentos del 10 al 30%.

El mejor lugar para dormir es, por supuesto, el propio parque. Hay **zonas de acampada** (por persona con tienda 30 THB, tienda para 2-6 personas 150-400 THB) y una amplia oferta de **habitaciones y bungalós** (☎0 2562 0760; www.dnp.go.th/parkreserve; para 2-8 personas 800-3500 THB), en su mayoría bastante lejos del centro de visitantes.

MÁS ALLÁ DEL BOSQUE

La región de Pak Chong es una escapada muy popular entre los habitantes de Bangkok, por lo que para la mayoría el parque nacional no reviste gran interés. Por las carreteras que van al Khao Yai desde el norte hay tantos puestos de golosinas, atracciones de feria, centros comerciales, etc. que las familias pueden pasarse todo el fin de semana sin pensar en la naturaleza.

Sin duda la atracción más popular es la **Farm Chokchai** (☎0 4432 8386; www.farm-chokchai.com; ctra. de Mittaphap, km 159; ⏲9.00-19.00), una granja ganadera de 3200 Ha con un aire vaquero-*kitsch*, pues incluye una heladería, un asador, una tienda de recuerdos y un campamento de tiendas de safari (desde 2665/3200 THB entre semana/fines de semana por adulto). Se ofrecen **circuitos** (250 THB por persona; ⏲10.00 y 14.00 ma-vi, cada 20 min 9.00-15.40 sa y do, imprescindible reservar) de 2½ h por el pabellón de ordeño, el zoo de mascotas y el espectáculo vaquero.

Tailandia, pionera de los "vinos de nuevas latitudes", tiene más de una docena de bodegas, principalmente en la región de Khao Yai. Dos de las más grandes, **PB Valley** (☎0 3622 6416; www.khaoyaiwinery.com; ⏲8.30-20.00 do-ju, hasta 22.00 vi y sa), que descorchó su primera botella en 1998, y **GranMonte** (☎0 3622 7334; www.granmonte.com; ⏲9.00-21.00), en el negocio desde el 2001, se encuentran en la carretera Pansuk-Kudkla, en la ruta de Bangkok al Khao Yai (salida km 144). Ambas son pintorescas y ofrecen visitas guiadas (con reserva), catas, alojamiento de lujo y restaurantes con clase. Están a 22,5 y 16 km respectivamente de la entrada al parque.

El **Life Park** (Th Thanarat, km 19,5; 160-640 THB por actividad; ⏲9.00-18.00), en el Greenery Resort, es el mayor parque de aventuras del Khao Yai, con *karts*, escalada vertical, *paintball*, *puenting* y mucho más.

Greenleaf Guesthouse PENSIÓN $
(☎0 4436 5073; www.greenleaftour.com; Th Thanarat, km 7,5; h 200-300 THB; 📶) Aparte de los espacios comunes de esta pensión familiar, algo caóticos, las habitaciones salen a cuenta (con baño propio, aunque sin agua caliente). En temporada alta puede estar "llena" a menos que se contrate un circuito con ellos.

Kirimaya HOTEL $$$
(☎0 4442 6000; www.kirimaya.com; ctra. 3052; h con desayuno 10 530-11 700 THB, ste 20 475-23 400 THB, villas con piscina 25 895 THB, villas tipo jaima 38 610 THB; ❄@📶🏊) La primera impresión que da este lujoso *resort-spa* es estupenda. Después de atravesar las puertas de madera surge un restaurante alzado sobre pilotes y otros edificios de fusión tailandés-balinesa, todos emergiendo de un estanque cuajado de lotos y juncos con las montañas de fondo. Las habitaciones también están muy bien. Pero a este autor no le gustó eso de tener un campo de golf al borde del parque (aunque lo haya diseñado Jack Nicklaus), pues no se puede negar que el lugar es espléndido. Está 7 km al este de la puerta del parque. Pídase descuento; se sabe de tarifas promocionales de 4475 THB por habitación normal y de 7450 THB para las villas con piscina.

Jungle House HOTEL $$
(☎0 4429 7183; www.junglehousehotel.com; Th Thanarat, km 19,5; h 800-2200 THB; ❄📶) Las habitaciones son sosas, pero en este viejo hotel se respira el ambiente de la jungla; tiene hasta su rinconcito selvático, con muchos reptiles y hasta elefantes (300 THB por paseo de 30 min).

Hotel des Artists HOTEL $$$
(☎0 4429 7444; www.hotelartists.com; Th Thanarat, km 17; h 3500 THB, desayuno incl.; ❄@📶🏊) Hotel con personalidad que se aparta de la norma general de Khao Yai y apuesta por el chic colonial francés en lugar de la temática natural; aunque con esas espléndidas vistas de las montañas en la parte de atrás nadie se olvida de dónde está.

Juldis HOTEL $$$
(☎0 4429 7272; www.juldiskhaoyai.com; Th Thanarat, km 17; h con desayuno 1430-4800 THB, bungalós 6000 THB; ❄@📶🏊) Original y lujoso refugio siempre al día. Aunque las habitaciones son bastante sencillas, salen a cuenta. Hay pistas de tenis, tratamientos de *spa* y unos agradables jardines.

Phuwanalee HOTEL $$$
(☎0 4429 7111; www.phuwanalee.com; a 700 m del km 14 de Th Thanarat; tienda 4600 THB,

h 4800-6800 THB, villas 18 000 THB; ❄📶🏊) Su espléndido jardín y la opción de dormir en una tienda de safari con todas las comodidades convierten a este lugar en una buena opción, si bien algo cara.

Khaoyai Garden Lodge HOTEL $
(☎0 4436 5178; www.khaoyaigardenlodgekm7.com; Th Thanarat, km 7; h 250-2500 THB, f 3000 THB; ❄@📶🏊) Agradable hotel familiar con habitaciones varias (las más baratas son sosas y con baño compartido), todas alrededor de un jardín. Está algo viejo, pero aún sale a cuenta, y el restaurante-*lounge* de delante está bien para socializar.

Dónde comer

Todos los alojamientos mencionados sirven comidas, y por Th Thanarat hay muchos restaurantes, como en algunos puntos concurridos del propio parque, p. ej., el centro de visitantes, los lugares de acampada y algunas cascadas, pero hasta los de las zonas de acampada cierran hacia las 18.00, así que más vale organizarse.

Hi Pakchong CAFÉ $
(Th Trakmayon; café exprés 25 THB; ⊙desayuno, almuerzo y cena; 📶) Acogedora cafetería llena de antigüedades, al este de la estación de trenes.

Cómo llegar y salir

De 6.00 a 17.00, cada ½ hora salen *sŏrng·tăa·ous* que recorren los 30 km desde Pak Chong hasta la puerta norte del parque vía Th Thanarat (40 THB, 45 min). Parten de enfrente del 7-Eleven, cerca de la estatua de los ciervos que parecen jirafas. Desde la puerta hay 14 km hasta el centro de visitantes; los guardias del parque suelen pedir a los conductores que suban a la gente hasta allí. Algunos también alquilan motocicletas por 500 THB al día.

Varias tiendas de motocicletas de la calle principal de Pak Chong las alquilan por 300 THB por 24 horas. Es el caso de **Petch Motor** (☎08 1718 2400; 361/3 Th Mittaphap, en Th Tesabarn 13), al oeste de la estatua de los ciervos (búsquense los diamantes), y **Tawiyon** (rótulo sin caracteres latinos; ☎0 4431 1485; 734/1-4 Th Mittaphap, en Th Tesabarn 20), un poco al este (tiene un cartel de Honda). Ambas abren menos los domingos.

Todos los autobuses de 2ª clase entre Bangkok (108-139 THB, 2½ h) y Khorat (60-74 THB, 1 h) paran en Pak Chong. La mayoría de servicios a Bangkok sale de la estación al oeste del semáforo situado en Th Thesabarn 8. Los que van a Khorat (y otros destinos al norte y al este) suelen parar unos 500 m al este de la estatua de los ciervos, cerca del *đà·l àht kàak*. Los autobuses de 1ª clase a ambos destinos salen desde enfrente de la estatua de los ciervos, al otro lado de la calle.

Hay furgonetas con destino al monumento a la Victoria de Bangkok (160 THB, 2½ h, cada hora) que salen desde el citado semáforo, y a Khorat (60 THB, 1 h, cada 20 min) desde el *đà·l àht kàak*. También se puede tomar una furgoneta (procedente de Khorat) a Ayutthaya (90 THB, 2½ h) y Lopburi (70 THB, 2 h) enfrente del *đà·l àht kàak*, pero solo si hay asiento libre.

También se puede llegar a Pak Chong en tren desde Bangkok o Khorat, pero los autobuses y las furgonetas son mucho más rápidos. Desde Ayutthaya, no obstante, no hay autobuses directos, así que el tren (3ª clase 53 THB, 2ª clase con ventilador/A/A 83/173 THB, 2-3 h, 13 diarios) puede ser una buena opción.

PROVINCIA DE BURIRAM

Buriram no es una provincia para la exploración urbana. Pese a que conserva la mitad de su histórico foso, el Meuang Buriram, su capital y única población importante, resulta difícil de vender como destino turístico. Esta provincia es un viaje al pasado. En el campo se conservan las tradiciones y más de cincuenta ruinas jemeres (de las 259 que hay en todo el país). Su gema más preciada es Phanom Rung, un templo jemer bellamente restaurado que se asienta sobre un volcán apagado y el monumento más espectacular del imperio de Angkor en Tailandia, que compensa por sí solo el viaje e impresiona incluso a quienes ya han visitado Angkor Wat en Camboya.

Nang Rong นางรอง

20 300 HAB.

Esta anodina ciudad es aún más olvidable que Buriram, 45 km al norte, pero sirve como base para visitar el Phanom Rung; al menos, su amplia oferta de servicios y un buen conjunto de hoteles la convierten en un lugar acogedor y cómodo.

Dónde dormir y comer

P California Inter Hostel PENSIÓN $
(☎08 1808 3347; www.pcalifornianangrong.webs.com; Th Sangkakrit; h 250-700 THB; ❄@📶) Estupendo establecimiento al este de la población, con habitaciones bonitas y luminosas de diferentes categorías, todas a buen precio. Khun Wicha, que habla inglés, sabe mucho de la zona y también puede proporcionar bicicletas, motocicletas (200 THB/

día) y hacer de guía. La carrera en mototaxi desde la estación de autobuses cuesta unos 40 THB.

Honey Inn PENSIÓN $
(☎0 4462 2825; www.honeyinn.com; 8/1 Soi Si Kun; h 250-350 THB; ❄@📶) La pensión más veterana del lugar esta a 1 km de la estación de autobuses. Aunque ya no es tan acogedora, está recién pintada y aún es una buena opción. Alquilan bicicletas y ofrecen excursiones guiadas. Para llegar, hay que andar al norte desde la estación de autobuses, cruzar la calle principal y seguir al este hasta que se vea el cartel.

Cabbages & Condoms HOTEL $$
(☎0 4465 7145; ctra. 24; h 240-1500 THB; ❄@) Las habitaciones más baratas (con baño compartido) de este complejo dependiente de la Asociación para el Desarrollo de la Población y la Comunidad, situado 6 km al oeste de la ciudad en un jardín y rodeado de lagos, dejan bastante que desear, pero según aumentan los precios (habitaciones grandes con suelos de piedra), resulta más agradable, además de tener un restaurante muy bueno. Incorpora una fábrica de ropa y calzado con la esperanza de que la gente no tenga que emigrar.

Phob Suk TAILANDESA $$
(ctra. 24; platos 50-360 THB; ⊙desayuno, almuerzo y cena; 📶) La carta con fotografías de este popular local próximo a la estación de autobuses presenta la típica relación de platos tailandeses, chinos y de Isan, además del famoso *kăh mŏo* (jamón asado) autóctono, muy recomendable.

Cómo llegar y salir

La **terminal de autobuses** (☎0 4463 1517) de Nang Rong está en la parte oeste de la ciudad. Para más detalles sobre el transporte, véase p. 421.

Parque Histórico de Phanom Rung

อุทยานประวัติศาสตร์เขาพนมรุ้ง

El monumento jemer más grande y mejor restaurado de Tailandia, **Phanom Rung** (Phnom Rung; ☎0 4478 2715; entrada 100 THB, tarifa bicicleta/motocicleta/automóvil 10/20/50 THB; ⊙6.00-18.00), cuenta además con una ubicación privilegiada, en la cumbre de un volcán extinto (el nombre deriva de las palabras "montaña grande", en jemer). Se eleva 200 m por encima de los arrozales, con los montes Dangrek, en la frontera con Camboya, a lo lejos al sureste.

El templo se erigió entre los ss. X y XIII, principalmente durante el reinado de Suriyavarman II [1113-1150], un período que representa el clímax de la arquitectura jemer. El complejo está orientado al este y cuatro veces al año los rayos del sol atraviesan las 15 puertas del santuario. Esta alineación solar se da al amanecer del 3 al 5 de abril y del 8 al 10 de septiembre y al anochecer del 5 al 7 de marzo y del 5 al 7 de octubre (algunos años un día antes). En esas ocasiones el parque amplía su horario, se permite la acampada y, coincidiendo con la alineación de abril, los lugareños celebran el **Festival de Phanom Rung** con antiguas ceremonias religiosas y modernos espectáculos de luz y sonido.

Bajo el santuario principal, tras la larga fila de tiendas de regalos, hay un **centro de información** (⊙9.00-16.30) con hallazgos arqueológicos y una muestra sobre la construcción y la restauración del lugar, que llevó diecisiete años. Disponen de folletos informativos gratis y distribuyen una guía (gratis, pero se espera un donativo). Quien no quiera subir a pie puede usar el aparcamiento de arriba, pero allí no siempre hay folletos.

Diseño

Uno de los elementos estructurales más reseñables de Pha-nom Rung es el **paseo** que conduce a la puerta principal, el mejor ejemplo de su clase que se conserva en Tailandia. Empieza en una ladera 400 m al este de la torre principal, con tres **terrazas** de tierra, a las que sigue una base cruciforme de lo que pudo ser un pabellón de madera. A la derecha se levanta un salón de piedra conocido como el **Rohng Chang Pheuak** ("salón del Elefante Blanco"), donde la realeza se bañaba y se cambiaba de ropa antes de entrar en el complejo del templo; es posible que las guirnaldas de flores utilizadas como ofrendas se repartieran también aquí. Una vez se baja de la zona del pabellón se llega a un paseo de 160 m pavimentado con losas de laterita y arenisca y flanqueado por columnas de arenisca con capiteles de flor

ENTRADA COMBINADA

Una entrada combinada de 150 THB permite visitar Phanom Rung y Muang Tam y ahorrar 50 THB.

VISNU Y EL REY DEL POP

La escultura más famosa de Phanom Rung es el **dintel de Narai Bandhomsindhu**, una talla que representa a Visnu reclinado ("Phra Narai", en Tailandia) en el mito hinduista de la creación. De su ombligo nace un loto que da varias flores, en una de las cuales descansa el dios de la creación, Brahma. Visnu está dormido en el mar lácteo de la eternidad, representado por una *naga*, y a su lado están las cabezas de Kala, dios del tiempo y de la muerte. Este dintel corona la puerta este (la principal) bajo el relieve de Shiva Nataraja.

Aunque hay quien dice que es la talla más bonita del lugar, su fama se debe a la historia que protagonizó a partir de 1965, cuando se descubrió que había sido robada (quizá años antes). En 1972 se localizó en el Art Institute of Chicago y Tailandia exigió su devolución. El famoso grupo Carabao (p. 730) contribuyó a la causa con su canción *Thaplang* ("Dintel"), que decía "Llevaos a Michael Jackson, devolvednos el Phra Narai". El Phra Narai por fin retornó a su lugar de origen en 1988.

de loto propios del estilo jemer temprano (1100-1180). El paseo acaba en el primero de los tres **puentes 'naga'**, el mayor de todos, flanqueado por 16 *nagas* de cinco cabezas al estilo clásico de Angkor.

Después de atravesar este puente y subir la **escalera** se llega a la espléndida galería este que conduce al santuario principal. El **'ɓrah·sàht'** central presenta por sus cuatro costados sendas **galerías** con tejados curvilíneos y ventanas con falsas balaustradas; la entrada a cada una de ellas es una versión reducida de la torre principal. Una vez dentro del templo, repárese en cada una de las galerías y en el **'gopura'**, con especial atención a los dinteles de los pórticos. La maestría desplegada en Phanom Rung lo convierten en una de las cimas del arte jemer, comparable con los relieves de Angkor Wat, en Camboya.

Escultura

El complejo de Phanom Rung se construyó como monumento hinduista a Siva. Pueden verse excelentes esculturas de las deidades Shaiva y Vaishnava en los dinteles y frontones de las puertas que dan a los monumentos centrales y en otros puntos clave del santuario exterior. En el pórtico este del **'mon·dòp'** sobresale una Nataraja (Siva danzante) de estilo Baphuan tardío o jemer temprano, y por la entrada sur yacen los restos de Siva y Uma montando a su toro, Nandi. La celda central del *ɓrah·sàht* contiene un Shivalingam (imagen fálica).

Cómo llegar y salir

Llegar a Phanom Rung sin vehículo propio puede parecer difícil, pero no lo es. Las *sŏrng·tăa·ous* (20 THB, 30 min, cada ½ h) que salen de enfrente del mercado viejo (*nâh đà·làht go/uw*), en el extremo este de la ciudad, así como los autobuses a Chanthaburi que salen de la estación de autobuses llegan a Ban Ta Pek, donde se puede tomar un mototaxi a Phanom Rung por 200 THB, espera incluida. Alquilar una *sŏrng·tăa·ou* en Ban Ta Pek puede costar hasta 800 THB.

Con aquellos que vienen o van a Ubon Ratchathani (125 THB, 5 h, cada hora), Surin (60-70 THB, 2 h, cada ½ h), Khorat (66-85 THB, 2 h, cada hora), Pak Chong (104-140 THB, 2½ h, cada hora) o Bangkok (Gitjagaan Tours; 275 THB, 5 h, cada hora) existe la opción de bajarse en Ban Tako, un desvío señalizado unos 14 km al este de Nang Rong, y esperar allí a que pase un autobús o una *sŏrng·tăa·ou* procedente de Nang Rong, o tomar un mototaxi (300 THB i/v) hasta Phanom Rung.

El P California Inter Hostel's (p. 419) ofrece un circuito estándar (2340 THB para 4 personas) de un día que es una buena opción, porque además de Phanom Rung, Muang Tam y el Wat Khao Angkhan se visita un poblado de tejedores de seda.

Alrededores de Phanom Rung

PRASAT MUANG TAM ปราสาทเมืองต่ำ

El **Prasat Muang Tam** (entrada 100 THB; ⏲6.00-18.00) es un complemento ideal a cualquier visita a Phanom Rung, ya que está solo 8 km al noroeste. La "Ciudad Baja", construida a finales del s. x o principios del s. xi por encargo del rey Jayavarman V, es el tercer complejo de templos jemer más importante de Isan (tras Phanom Rung y Phimai; el cuarto si se incluye el Khao Phra Wihan) en cuanto a tamaño, ambiente y por la calidad de la restauración.

Todo el complejo, que en su día fue un santuario a Siva, está rodeado de paredes de

Alrededores de Phanom Rung

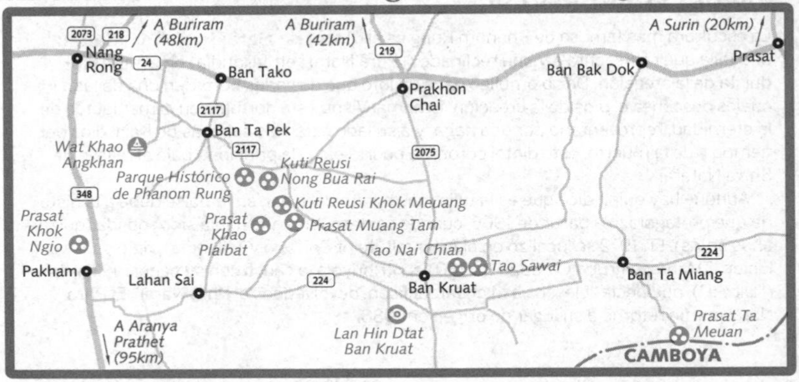

laterita en cuyo interior hay cinco *prangs* y cuatro balsas llenas de flores de loto, cada una vigilada por una *naga* de cinco cabezas. La *prang* principal no pudo ser reconstruida y las restantes, de ladrillo, no son tan altas ni tan hermosas como las de Phanom Rung, aunque exhiben algunos dinteles extraordinarios, como el que representa a Siva y su consorte Uma sobre Nandi, el toro sagrado. Al igual que en Angkor Wat, las *prangs* representan las cinco cimas del monte Meru, morada de los dioses hinduistas, y el Barai Muang Tam (depósito de agua de 510 por 1090 m, al otro lado de la calle) representa el mar que lo rodea.

La visita empieza en el pequeño **centro de información** (gratis; ⌚8.00-16.30), donde también se puede preguntar por el programa de **alojamiento en casas particulares** (☎08 1068 6898; 300 THB por persona, 2 comidas incl.) del pueblo. Otra opción de alojamiento es la algo cara **Tanyaporn Homestay** (☎08 7431 3741; dc/h 150/500 THB; ❄), al suroeste de las ruinas.

En mototaxi, añadir la visita de Muang Tam a Phanom Rung cuesta 150 THB más.

OTRAS RUINAS JEMERES

La zona que rodea Phanom Rung ofrece un amplio muestrario de yacimientos jemeres que, en conjunto, dibujan una imagen del papel crucial que desempeñó esta región en dicho imperio. Incluso a los aficionados a la historia estos lugares les parecerán menos interesantes, pero quien recorra la región conocerá de verdad cómo se vive por aquí. Recuérdese que muchas carreteras se encuentran en un estado lamentable y que la señalización es algo errática.

Todos los yacimientos mencionados a continuación, restaurados o apuntalados hasta cierto punto por el Departamento de Bellas Artes, son gratis y abren de día.

El **Kuti Reusi Nong Bua Rai** se encuentra justo por debajo de Phanom Rung y el **Kuti Reusi Khok Meuang** está al noroeste del Prasat Muang Tam, así que se puede echar un vistazo si se pasa por allí.

Poco resta en pie del **Prasat Khao Plaibat**, pero la aventura de encontrarlo, junto con las bellas vistas de Phanom Rung y los montes Dangrek, en la frontera camboyana, es interesante de por sí. El sendero, poco transitado, empieza en el Wat Khao Plaibat, a unos 3 km del Prasat Meuang Tam. Hay que rodear la puerta junto a la imagen gigante de Buda, girar a la derecha en las *gù·dì* (dependencias de los monjes) y colarse por la alambrada. Desde allí se toma el camino a la derecha y luego se gira a la izquierda, se va cuesta arriba y se siguen las tiras de tela naranja atadas a los árboles. La subida debería llevar menos de 30 minutos si no se pierde el camino, que es lo más probable que suceda.

En el **Prasat Khok Ngio**, 3 km antes de Pakham, se verá un pequeño museo con antiguas vasijas e imágenes de Buda descubiertas por todo el templo. Es el único de estos lugares a los que se puede llegar fácilmente en transporte público, con uno de los autobuses o *sŏrng·tăa·ous* que van al sur desde Nang Rong.

Los arqueólogos suponen que gran parte de la piedra empleada en la construcción de estas antiguas estructuras procedía de la **Lan Hin Dtat Ban Kruat** ("cantera de Ban

Kruat"), más interesante en realidad por su belleza que por su historia. En temporada de lluvias, situándose frente a la gran roca de la entrada se oirá un curioso eco producido por la pequeña cascada.

Cerca también de la cantera se encuentran los hornos de **Tao Sawai** y **Tao Nai Chian**, que suministraron cerámica a buena parte del Imperio jemer entre los ss. x y xii; hoy son poco más que unas pilas de tierra con tejados.

La visita al **Prasat Ta Meuan** (p. 426), en la provincia de Surin, se puede añadir fácilmente al circuito por esta región. Queda a 55 km de Phanom Rung.

WAT KHAO ANGKHAN วัดเขาอังคาร

Aunque este tranquilo **templo** (⏲horas de sol) situado en lo alto de un volcán extinto tiene una larga historia, tal como revelan los indicadores de piedra Dvaravati del s. viii o ix que marcan sus límites, son las construcciones modernas las que justifican su visita. El *bòht* y otros edificios fueron erigidos en 1982 en un peculiar estilo neojemer. Dentro del *bòht,* los murales de *jataka* pintados por artistas birmanos llevan rótulos en inglés. El *wat,* con una pagoda de estilo chino y un buda reclinado de 29 m, ofrece hermosas vistas de las montañas.

El templo queda a unos 20 km de Nang Rong o Phanom Rung, y no se puede llegar en transporte público. El camino está bastante bien indicado, pero si se va en vehículo propio habrá que preguntar en algún cruce. Un mototaxi solo cuesta unos 200/300 THB desde Ban Ta Pek/Nang Rong.

PROVINCIAS DE SURIN Y SI SAKET

Las dos provincias están salpicadas de ruinas jemeres del período Angkor. La mayoría son bastante modestas, pero los amantes de la historia verán compensado el esfuerzo. Por otra parte, el Prasat Ta Meuan es un lugar muy sugerente, y el Khao Phra Wihan se cuenta entre las mayores atracciones del noreste, a pesar de la negativa del Gobierno camboyano a restaurarlo. La influencia jemer en la región no proviene solo del pasado, sino del presente, ya que más de un tercio de la población de ambas provincias es de etnia jemer, y este sigue siendo el idioma principal en muchos de sus pueblos.

Además de templos, la provincia de Surin alberga el poblado de elefantes de Ban Ta Klang y reputados centros de artesanía. Por su parte, en Si Saket se encuentran dos de los templos más curiosos de Tailandia. Las ciudades principales son algo menos interesantes, si bien Surin resulta bastante cómoda para alojarse.

Surin สุรินทร์

41 200 HAB.

En Surin no pasa gran cosa hasta noviembre, cuando una marabunta de paquidermos y gente invade la capital de la provincia, que también se llama Surin, para el Rodeo de Elefantes. ¡Seguro que nunca se habrán visto tantos elefantes, ni tan bien vestidos!

Puntos de interés y actividades

Rodeo de Elefantes de Surin FESTIVAL

(entrada desde 80 THB) El famoso festival de Surin dura diez días, pero la gran avalancha de visitantes se produce el último fin de semana, cuando 300 elefantes hacen gala de sus habilidades y participan en la recreación de antiguas batallas. Hay quien dice que el evento más destacado es el "bufé para los elefantes" del viernes previo al gran espectáculo. Los asientos vip, los más próximos a la acción, con comentarios en inglés y sombra, se cotizan a entre 500 y 1000 THB.

Museo Nacional de Surin MUSEO

(พิพิธภัณฑสถานแห่งชาติสุรินทร์; ☎0 4451 3358; Th Surin-Prasat; gratis; ⏲9.00-16.00 mi-do) Bien presentado, este museo documenta las ruinas jemeres de la provincia y sus tres grupos étnicos: los lao, los jemeres y los célebres pastores de elefantes de la región, los suai. Está 4 km al sur de la ciudad, en la carretera 214, accesible con la *sŏrng·tăa·ou* rosa nº 1 (10 THB) desde la estación de autobuses o la torre del reloj junto al mercado *(đà·l àht sót).* En la última visita se hablaba de cobrar una entrada de 100 THB.

Centro de Sericultura de la Reina Sirikit

(ศูนย์หม่อนไหมเฉลิมพระเกียรติสมเด็จพระนางเจ้าสิริกิติ์ พระบรมราชินีนาถ (สุรินทร); ctra. 226; gratis; ⏲8.00-16.30 lu-vi) Este centro de investigación, 4 km al oeste de la ciudad, es donde más sencillo resulta ver todo el proceso de elaboración de la seda, desde la cría de larvas a los telares.

San Lak Meuang SANTUARIO

(ศาลหลักเมือง; Th Lak Meuang) El nuevo y espléndido santuario del pilar de la ciudad, al oeste de Th Thansarn, es una *prang* de estilo jemer con una réplica del famoso dintel de

Narai Bandhomsindhu de Phanom Rung (véase recuadro en p. 421).

LemonGrass VOLUNTARIADO
(☎08 1977 5300; www.lemongrass-volunteering.com) Organización bien gestionada con sede en Surin que ofrece clases de inglés (para niños, adultos y monjes) y servicio de guardería. Starfish Ventures, aunque radicada en Bangkok (p. 421), tiene numerosos proyectos en Surin.

Circuitos

Saren Travel (☎0 4452 0174; 202/1-4 Th Thesaban 2; ⏲8.30-17.00 lu-sa) ofrece circuitos (desde 1500 THB/día) por la provincia de Surin y alrededores. Aunque haya que pagar más por un guía que hable inglés, los precios son estupendos.

Los circuitos de la Pirom-Aree's House (p. 39) son muy caros, pero también son buenos.

Dónde dormir

Los precios se disparan para el Rodeo de Elefantes y los hoteles se llenan, así que conviene reservar cuanto antes.

Maneerote Hotel HOTEL $$
(☎0 4453 9477; www.maneerotehotel.com; Soi Poi Tunggor, Th Krungsri Nai; h 400-450 THB; ❄@📶) Este hotel ofrece la mejor relación calidad-precio de la ciudad, aunque queda algo apartado, al oeste del mercado de abastos.

Pirom-Aree's House PENSIÓN $
(☎0 4451 5140; Soi Arunee, Th Thungpo; i/d 120/200 THB) Barato y muy popular, su ubicación, 1 km al oeste de la ciudad, es poco práctica pero muy tranquila. Los sencillos baños compartidos de madera y el sombrío jardín dan a un arrozal. Aree cocina muy bien y Pirom es una de las mejores fuentes de información de la región. Un *túk-túk* desde la estación de trenes cuesta 50 THB.

Kritsada Grand Palace HOTEL $
(☎0 4471 3997; Th Suriyarart; h 400-450 THB; ❄@📶) Este bloque de un blanco radiante, en una tranquila callejuela detrás de la *săh·lah glahng* (gobierno provincial), es algo difícil de encontrar, pero precisamente por eso es tranquilo. Las habitaciones, aunque corrientes, tienen una buena relación calidad-precio.

Surin Majestic Hotel HOTEL $$
(☎0 4471 3980; Th Jitrbumrung; h 900-1200 THB, ste 1800-4500 THB; ❄@📶🏊) Los mejores alojamientos se concentran a lo largo de la terminal de autobuses, en pleno corazón de la ciudad. Las habitaciones de este son normales, pero buenas para el precio, y ofrece muchos extras, como un gimnasio.

Sang Thong Hotel HOTEL $
(☎0 4451 2099; 279-281 Th Tanasan; h 100-500 THB; ❄) Hotel algo viejo, barato y sencillo gestionado con gran eficiencia por un personal numeroso y solícito. Está a un paseo de la estación de trenes, hacia el sur, nada más pasar la fuente.

Ban Donmai HOTEL $
(rótulo sin caracteres latinos; ☎08 9948 4181; ctra. 226; h 300-500 THB; ❄) La "Casa del Árbol", a 3 km del centro por la carretera, es una combinación de lugar aislado y trastero del abuelo. Boonyai y Nan, sus alegres propietarios, prefieren que los clientes reserven al menos con un día de margen y a cambio ofrecen servicio de recogida gratis.

Dónde comer y beber

Mercado nocturno TAILANDESA $
(Th Krungsri Nai; ⏲17.00-22.00) Está una travesía al sur de la fuente y ofrece una excelente selección de platos tailandeses y de Isan, insectos fritos incluidos.

Tang Lak TAILANDESA $
(Th Sirirat; platos 49-219 THB; ⏲almuerzo y cena; 📶) Muy popular entre tailandeses y *fa·ràngs*, este pequeño establecimiento ofrece un ambiente pretérito muy agradable, a base de madera falsa y antigüedades de verdad, y deliciosa comida. Está al norte del Thong Tarin Hotel, al final de la calle.

PASO FRONTERIZO: DE CHONG CHOM A O SMACH

Debido al casino, son frecuentes los microbuses (60 THB, 1½ h, cada 20 min) que van de la terminal de autobuses de Surin a Chong Chom, en la frontera de Camboya (6.00-18.00), donde se puede obtener un visado (véase p. 766). En el lado camboyano el transporte es más escaso. Una plaza en un "taxi" a Siem Reap (4 h) cuesta 500 THB, pero a partir de las 9.00 es probable que no se encuentre a nadie más y haya que pagar 2500 THB por el vehículo entero.

Kit Teung CAFÉ $
(rótulo sin caracteres latinos; Th Sanit Nikomrut; café exprés 40 THB; desayuno, almuerzo y cena;) Luminoso y moderno, esté café, situado al sureste de la estación de trenes, destaca por su buena selección de galletas y pasteles tailandeses.

Petmanee 2 TAILANDESA DEL NORESTE $
(rótulo sin caracteres latinos; Th Murasart; platos 20-80 THB; desayuno y almuerzo) Este sencillo restaurante, al sur del Hospital de Ruampaet y junto al Wat Salaloi (hay que buscar como referencia el asador de pollos), es el proveedor de *sôm·đam* y *gài yâhng* más famoso de Surin, aunque la súþ nòr mái (ensalada de brotes de bambú) también está muy rica. Ni rastro de inglés, pero dada la oferta el riesgo de equivocarse es mínimo.

Starbeam INTERNACIONAL, TAILANDESA $$
(Th Surin Packdee; platos 80-255 THB; desayuno, almuerzo y cena mi-lu;) Es uno de los muchos lugares de residentes extranjeros de Surin, con una extensa carta con *pizzas*, burritos y estupendos sándwiches de queso, entre otros. Está al norte de la estación de autobuses.

Larn Chang TAILANDESA $
(199 Th Siphathai Saman; platos 45-220 THB; cena) Sabrosos platos tailandeses y de Isan a buen precio, servidos en una casa de madera con vistas a un tramo de foso de la ciudad que aún se conserva. El lugar, a un buen paseo del centro, en el lado este del parque, es encantador, especialmente al atardecer.

Surin Chai Kit TAILANDESA $
(rótulo sin caracteres latinos; 297 Th Tanasan; platos 25-55 THB; desayuno y almuerzo) En este sencillo establecimiento sirven unos huevos estupendos para desayunar. Los dueños, siempre sonrientes, regalan a los *fa·ràngs* un práctico plano de la ciudad. Está a la derecha del Sang Thong Hotel.

La vida nocturna de Surin se concentra por los alrededores del Thong Tarin Hotel, al este de la estación de autobuses.

Información

OTOP (Th Jitrbumrung; 8.00-17.30) Esta tienda, enfrente del gobierno provincial, cuenta con una amplia gama de artesanía y una oficina de turismo de la ciudad.

Hospital de Ruampaet (0 4451 3192; Th Thesaban 1)

Surin Plaza Mall (Th Thesaban 1) Centro comercial con varios bancos abiertos por la tarde y los fines de semana. Está a una travesía de la fuente, al oeste.

Autoridad de Turismo de Tailandia (TAT; 0 4451 4447; tatsurin@tat.o.th; Th Thesaban 1; 8.30-16.30) Enfrente del Hospital de Ruampaet.

Cómo llegar y salir

Autobús

Desde la **terminal de autobuses** (0 4451 1756; Th Jitrbumrung) de Surin hay servicios frecuentes a Bangkok (250-320 THB, 7 h). **Nakhonchai Air** (0 4459 5151) tiene autobuses VIP (372 THB, 6 diarios) y **999 VIP** (0 4451 5344) opera uno diario a las 21.30 (496 THB). También hay servicios a Ubon Ratchathani (105-200 THB, 3 h, poco frecuentes durante el día), Roi Et (91 THB, 2½ h, cada hora), Khorat (90-157 THB, 4 h, cada ½ hora) y Aranya Prathet (137-176 THB, 6 h, 3 diarios). Las furgonetas son mejores para ir a Si Saket (70 THB, 1½ h, cada ½ hora).

Tren

La **estación de trenes de Surin** (0 4451 1295) está en la línea entre Bangkok (3ª clase 73 THB, 2ª clase con ventilador/A/A 279/389 THB, 1ª clase litera superior/inferior 946/1146 THB, 7-9 h, 10 diarios) y Ubon Ratchathani (3ª clase 81 THB, 2ª clase con ventilador/A/A 122/150 THB, 2-5 h, 7 diarios).

Cómo desplazarse

Surin resulta muy cómoda para los viajeros, pues casi todo lo necesario queda a pocas manzanas de las estaciones de trenes y autobuses. Si no se quiere caminar, los *túk-túks* cobran unos 40 THB por una carrera por el centro.

También se encontrarán muchos bicitaxis, más baratos.

La Pirom-Aree's House y Saren Travel alquilan automóviles.

Alrededores de Surin

BAN TA KLANG บ้านตากลาง

Para ver los elefantes de Surin fuera de los días del festival, se puede visitar el **Centro de Estudios del Elefante** (0 4414 5050; entrada 100 THB; 8.30-16.30), en el poblado suai de Ban Ta Klang, donde conviven personas y paquidermos. La principal atracción es el **espectáculo de talentos** (funciones 10.00 y 14.00), que dura una hora y en la que se ven elefantes que pintan y juegan al baloncesto. También se puede ver cómo se bañan en el río (a 2 km) tras la segunda función. Además hay un pequeño **museo** sobre estos animales y su entrenamiento, **paseos en elefante** (200 THB/20 min) y un **programa de alojamiento en casas particulares** (200 THB/persona). Durante el día de Visakha Bucha (normalmente, may) todos los pueblos suai de la zona celebran **desfiles de elefantes** donde los animales, brillantemente pintados, portan a los futuros monjes a su ordenación.

Surin Project (☎08 4482 1210; www.surinproject.org; experiencia con elefantes 12 000 THB) ofrece actividades para disfrutar con los elefantes de Ban Ta Klang. Estas estancias de seis días están organizadas por la Elephant Nature Foundation, que trabaja para mejorar las condiciones de vida de estos animales y para que sus dueños se puedan ganar la vida y no tengan que salir a mendigar. Se trabajará junto a los *mahouts* en el cuidado de los elefantes, la construcción de cercados (para que no haya que encadenarlos), etc. De haber plaza, también se puede colaborar solo un día (1000 THB).

Las *Sŏrng·tăa·ous* prestan servicio desde la terminal de autobuses de Surin (45 THB, 2 h, cada hora); la última regresa a las 16.00. Con vehículo propio, hay que ir por la carretera 214 al norte durante 40 km y luego seguir los carteles de los elefantes 22 km más por la carretera 3027.

PUEBLOS ARTESANOS

Cerca de la ciudad de Surin hay muchos pueblos artesanos. Las telas típicas de la provincia, sobre todo la *pâh hohl* (parecida a la *mát·mèe*), tienen influencia jemer y suelen teñirse con tintes naturales. Las sedas de Surin, que no se encuentran fácilmente en el resto del país, aquí pueden costar hasta un 30% menos.

El centro textil más famoso es **Ban Tha Sawang.**

Ban Khwao Sinarin y **Ban Chok,** dos pueblos vecinos situados 18 km al norte de Surin por las carreteras 214 y 3036, son conocidos por la seda y la plata respectivamente, aunque su comercialización se la reparten entre ambos. Una de las especialidades en seda es el *yók dòrk,* un estilo de brocado mucho más sencillo que el de Ban Tha Sawang, pero que aun así requiere hasta 45 pedales en el telar. Khun Manee, que dirige **Phra Dab Suk** (☎08 9865 8720), en la calle principal, acompaña a los visitantes para que vean cómo se teje la seda (precio a negociar); prefiere que se llame con antelación. Entre las labores de platería destaca el *Ƀrà keuam* camboyano, introducido en Tailandia por los primeros pobladores de Ban Chok hace muchos siglos. El **Grupo de Plateros Artesanos Ban Choke** (Glùm Hát·tá·gaam Krêung Ngern Bâhn Chôhk; ☎08 1309 4352), junto a la carretera principal, al sur de la comisaría de policía, realiza unas joyas de plata únicas. La gran *sŏrng·tăa·ou* azul a Ban Khwao Sinarin (25 THB, 1½ h, cada hora) sale de una *soi* sin nombre entre la fuente y la estación de trenes; hay que buscar los carteles de "Osram".

En **Ban Buthom** (a 14 km de Surin por la ctra. 226 de camino a Sikhoraphum) se trenzan resistentes cestos de *rattan* sin lacar, algunos bastante fáciles de transportar.

PRASAT TA MEUAN ปราสาทตาเมือน

Las ruinas jemeres más atractivas de Surin son las de tres yacimientos conocidos conjuntamente como **Prasat Ta Meuan** (gratis; ⌚horas de sol), en la frontera con Camboya, junto a la antigua carretera entre Angkor Wat y Phimai.

El primer yacimiento, el del **Prasat Ta Meuan** propiamente dicho, se remonta al período de Jayavarman VII [1181-1210] como parada de peregrinos. Se trata de un monumento bastante pequeño con un santuario de dos puertas y diez ventanas a base de bloques de laterita; solo se conserva un dintel de arenisca.

El **Prasat Ta Meuan Toht,** 300 m al sur, que fue capilla de una "estación de cura", es algo más grande. También de la época de Jayavarman VII, las ruinas constan de un *gopura,* un *mon·dòp* y la *prang* principal, todo rodeado por un muro de laterita.

Casi a 1 km de allí, junto a la base militar al final de la carretera, se encuentra el yacimiento más grande, el **Prasat Ta Meuan Thom,** que precede a los otros en dos siglos. Pese a una reconstrucción algo caprichosa, este monumento casi justifica el viaje. Tres *prangs* y un gran salón están construidos con sillares de arenisca sobre una base de laterita, e intramuros se alzan varios edificios más pequeños. Numerosas tallas revisten la *prang* principal, aunque las mejores fueron arrancadas y vendidas a comerciantes tailandeses sin escrúpulos por los Jemeres Rojos, que ocuparon el lugar en la década de 1980. Una escalera en el extremo sur desciende a territorio camboyano. Minas antipersona y granadas de mano sin detonar se diseminan todavía por la espesa jungla que rodea el complejo, así que mucha atención a los letreros de "Danger" ("Peligro").

BAN THA SAWANG

Chansoma (⌚8.00-17.00) ha convertido Ban Tha Sawang en uno de los pueblos sederos más famosos de Tailandia. Sus exquisitos brocados (*pâh yók torng*) incorporan hebras de oro y plata, pero el proceso de tejido es aún más impresionante que los resultados. Cuatro mujeres (a veces cinco), una de ellas sentada en un nivel inferior, trabajan simultáneamente y manipulan más de mil lizos. No extraña, pues, que produzcan únicamente unos centímetros al día.

Gran parte de su trabajo va destinado a la corte real, pero se puede hacer un pedido a un precio medio de 30 000 THB el metro. Otras tiendas alrededor de Chansoma venden sedas típicas a los tailandeses. El pueblo está 8 km al oeste de Surin por la carretera 4026, pero es difícil de encontrar, pues hay pocas indicaciones en caracteres latinos. Las *sŏrng·tăa·ous* (15 THB, 20 min) cubren regularmente la ruta desde el mercado de abastos de Surini; un *túk-túk* cuesta de 150 a 200 THB.

Los yacimientos empiezan 10,3 km al sur de Ban Ta Miang en la carretera 224, 23 km al este de Ban Kruat por una ruta sinuosa más transitada por vacas que por automóviles. Hay que disponer de vehículo propio, y resulta igual de fácil salir de Phanom Rung (p. 420) que de Surin. El conflicto fronterizo ha provocado el cierre de esta zona a veces, por lo que habría que comprobar la situación antes de salir.

OTRAS RUINAS DE TEMPLOS JEMERES

En el sur de la provincia de Surin hay varias ruinas jemeres menores. El **Prasat Ban Phluang** (entrada 50 THB; ⌚7.00-18.00), del s. XI, 33 km al sur de Surin, no es más que una solitaria *prang* de arenisca sin su parte superior, pero tiene magníficas tallas, entre ellas el dintel sobre la entrada, con el dios hinduista Indra montado en su elefante, Airavata (Erawan). El yacimiento se emplaza a 600 m de la carretera 214; el desvío está 2,5 km al sur de la carretera 24. Cualquier vehículo que se dirija a Kap Choeng o a la frontera puede dejar cerca (25 THB, 30 min).

El **Prasat Sikhoraphum** (entrada 50 THB; ⌚7.30-18.00), un yacimiento jemer más grande y atractivo, está 30 km al noreste de la ciudad. Es del s. XII cuenta con cinco *prangs* de ladrillo, dos aún completas, entre ellas la central, de 32 m de altura. Solo sobrevive un dintel, pero se trata de una de las tallas jemeres más bonitas que existen: un Siva de diez brazos bailando casi intacto. Debajo hay dos tallas de apsaras (bailarinas celestiales) únicas en Tailandia. Durante el Rodeo de Elefantes se celebra aquí un espectáculo de luz y sonido. Desde Surin, se puede llegar en autobús (25-30 THB, 1 h, cada hora) o en tren (7-50 THB, ½ h).

Con vehículo propio, quizá merezca la pena desviarse 400 m de la carretera 226 para echar un vistazo al **Prasat Muang Thi** (gratis; ⌚horas de sol). Las tres *prangs* de ladrillo que quedan se hallan en un estado lamentable (una parece a punto de desmoronarse), pero para lo pequeñas que son resultan atractivas.

El **Prasat Phumpon** (gratis; ⌚horas de sol), un santuario de Visnu preangkoriano, del s. VII u VIII, es el *Ƀrah·sàht* jemer más antiguo de Tailandia. No obstante, ese es su único atractivo, pues su sencilla *prang* de ladrillo suele decepcionar. Está 9 km al sur de la carretera 24, en el Amphoe Sangkha; hay que tomar a la derecha en la bifurcación del pueblo.

Si Saket

ศรีสะเกษ

42 800 HAB.

No hay gran cosa que hacer en esta insulsa ciudad, pero quien se dirija al Khao Phra Wihan puede dejarse caer por ella. Si Saket tiene por centro la estación de trenes, mientras que la de autobuses está unos 2 km al sur, en Th Kuang Heng, con la zona comercial de por medio.

A pesar de lo limitado de sus atractivos, el personal del **centro de información turística de Si Saket** (☎0 4561 1283; Th Lak Muang esq. Th Thepa; ⌚8.30-16.30 lu-vi) demuestra gran entusiasmo por su provincia.

Puntos de interés

Tak Khun Ampai Panich EDIFICIO HISTÓRICO

(บ้านขุนอำไพพาณิชย์; Th Ubon; ⌚9.00-19.00) La principal atracción de la ciudad es esta casa de postas de madera y estuco de estilo chino construida en 1925. Actualmente alber-

PASO FRONTERIZO: DE CHONG SA-NGAM A CHOAM

Esta frontera con Camboya no recibe muchos turistas, a pesar de que la carretera a Siem Reap es excelente, porque no se puede recorrer entera en transporte público. Se emiten visados; más información en p. 766.

ga una tienda OTOP con seda y artesanía de producción local y un pequeño **museo** (gratis; ⏲9.00-15.00) en la planta superior que muestra algunas antigüedades. Está unos 10 minutos a pie de la estación de trenes, al sureste.

Acuario de Sisaket ACUARIO
(ศูนย์แสดงพันธุ์สัตว์น้ำเทศบาลเมืองศรีสะเกษ; ctra. de circunvalación; entrada 30 THB; ⏲10.00-16.00 ma-do) La nueva joya de la corona de Si Saket tiene peces de agua dulce y salada de todo el país y dos túneles submarinos.

Dónde dormir y comer

Si se va justo de dinero, hay varios locales baratos al norte de la estación de trenes, aunque lo único que tienen de recomendable es el precio.

Boonsiri Boutique Hotel HOTEL $
(☎08 1958 9915; www.boonsiriboutiquehotel.com; Th Wichit Nakorn; h 480-560 THB, desayuno incl.; ❄📶) Es uno de los muchos hoteles nuevos de la ciudad, pero el único que está en el centro, exactamente al este de la estación de trenes. Es inconfundible, con su vestíbulo decorado como una casa de muñecas. Afortunadamente, la cosa mejora en las habitaciones.

Mercado nocturno TAILANDESA $
(Th Ratchakan Rotfai 3; ⏲16.00-23.00) Mucho es lo que se cuece en este gran mercado al sur de la estación.

Cómo llegar y salir

Desde la **terminal de autobuses** (☎0 4561 2500) de Si Saket hay frecuentes servicios a Bangkok (310-394 THB, 8½ h), incluido uno vip de **Nakhonchai Air** (☎0 4561 3191) con salidas a las 9.15, 21.15 y 21.30 (470 THB). Dos compañías operan directamente de sus oficinas en Th Si Saket, al norte de la estación de trenes, por la mañana y por la tarde. Para ir a Ubon Ratchathani (50 THB, 1 h, cada hora) o Surin (70 THB, 1½ h, cada ½ hora) son más convenientes las furgonetas.

De la **estación de trenes de Si Saket** (☎0 4561 1525) salen a diario ocho convoyes a Bangkok (3ª clase 237 THB, 2ª clase con ventilador/A/A 311/461 THB, 1ª clase litera superior/inferior 946/1146 THB, 8-11 h) y siete a Ubon Ratchathani (3ª clase 13 THB, 2ª clase con ventilador/A/A 29/50 THB, 1 h).

Alrededores de Si Saket

PARQUE NACIONAL DEL KHAO PHRA WIHAN อุทยานแห่งชาติเขาพระวิหาร

La principal atracción de este **parque nacional** (☎0 4581 8021; entrada 200 THB, tarifa bici/moto/automóvil 10/20/30 THB) de 130 km² es el **Khao Phra Wihan** (Preah Vihear, en jemer), uno de los grandes monumentos del período Angkor de la región. Geográficamente está en Camboya, pero casi siempre se visita desde Tailandia. Está al borde de un barranco en las estribaciones de los montes Dangrek, y se llega a través de una empinada escalera *naga*. Es un gran complejo que se levanta 500 m sobre las llanuras de Camboya, y ofrece a la vez ruinas sugerentes y vistas de ensueño.

El templo, reclamado por ambos países a causa de un mapa francés mal trazado (y que Tailandia no cuestionó durante décadas), fue asignado a Camboya en una vista del Tribunal Internacional en 1962. Pero en junio del 2008, mientras el Gobierno camboyano solicitaba su declaración como Patrimonio Mundial por la Unesco, Tailandia, todavía herida en su orgullo, provocó un conflicto fronterizo frente al templo y desde entonces se han producido varios muertos. El lugar se ha convertido en un símbolo para los ultranacionalistas "camisas amarillas" tailandeses y la delicada situación sigue sin resolverse, razón por la cual el parque permanece cerrado.

Puede que se tarden años en acondicionar el acceso al templo (antes Camboya cobraba 200 THB y Tailandia 5 THB por un pase fronterizo), aunque quizá el parque se abra antes. Su elemento más destacado es el **Pha Mo-E-Daeng**, un precipicio con unas vistas fabulosas del templo que alberga el bajorrelieve más antiguo de Tailandia. Esta talla milenaria representa tres figuras de identidad desconocida para arqueólogos e historiadores sentadas debajo de un cerdo burdamente tallado (que podría representar a Visnu). Aunque parecen representar a deidades, ángeles o reyes, la iconografía no se corresponde con ninguna figura conocida de la mitología thai, mon o jemer. Cerca de allí se encuentra la **Nam Tok Khun Sri**, una cascada que fluye (solo jun-oct) sobre una cueva en la que cabría una orquesta.

Durante el actual conflicto se colocaron minas, y quedan otras de la época de los Jemeres Rojos, así que hay que seguir siempre los caminos más transitados y prestar mucha atención a los carteles de la calavera con los huesos cruzados.

Dónde dormir

En el parque hay cuatro **bungalós** (☎0 2562 0760; www.dnp.go.th/parkreserve; para 6 personas 1000-2000 THB; ❄) y una **zona de acampada** (por persona con tienda 30 THB, tienda para 2-10 personas 150-600 THB). Kantharalak, la población más cercana donde alojarse, dispone de opciones sencillas pero decentes, p. ej., en el céntrico **SB Hotel** (☎0 4566 3103; Th Anan Ta Pak Dee; h 250-500 THB; ❄@📶).

Cómo llegar y salir

Primero hay que tomar un autobús desde Si Saket (45 THB, 1¾ h, cada ½ hora) o Ubon Ratchathani (50 THB, 1½ h, cada ½ hora) a Kantharalak (también hay servicios a Kantharalak desde poblaciones al oeste por la ctra. 24) y de allí una *sŏrng·tăa·ou* a Phum Saron (35 THB, 40 min, cada ½ hora), donde hay mototaxis hasta el parque por unos 200 THB (ida y vuelta), incluidas un par de horas de espera. Una camioneta cuesta al menos el doble.

OTRAS RUINAS JEMERES

En el Amphoe Uthumphon Phisai, 30 km al oeste de Si Saket por la carretera 226, el **Prasat Sa Kamphaeng Yai** (gratis; ⏲horas de sol), construido como santuario a Siva, tiene cuatro *prangs* del s. XI y dos *wí·hăhns*. Las *prangs,* incluida la principal, originalmente de arenisca pero restaurada con ladrillo, han perdido la parte superior, pero conservan varios dinteles y otras tallas de estilo Baphuon. Tras los templos modernos se levantan unas estatuas curiosas que representan los castigos que esperan a los budistas en su Infierno, según sus pecados (p. ej., unas manos enormes por pegar a los padres). Los autobuses de Si Saket (20 THB, 30 min) y Surin (55 THB, 1½ h) pueden parar muy cerca de aquí.

El **Prasat Sa Kamphaeng Noi** (gratis; ⏲horas de sol), aún más modesto, construido por el rey de Angkor Jayavarman VII como sanatorio, está 8 km al oeste de Si Saket en dirección al Kamphaeng Yai; se encuentra en el lado norte de la carretera, incluido en un templo sin señalización en caracteres latinos.

TEMPLOS

Oficialmente se llama Wat Pa Maha Chedi Kaeo, pero casi todo el mundo lo conoce como **Wat Lan Khuat** (⏲horas de sol), el “templo del Millón de Botellas”. Su historia se remonta a 1982, cuando su abad soñó con un *ɓrah·sàht* celestial hecho de diamantes y piedras preciosas. El religioso, que interpretó ese sueño como su objetivo caritativo en la Tierra, rápidamente se puso manos a la obra. Lo hizo lo mejor que pudo, cubriendo prácticamente toda su superficie con botellas de cristal. En su fe, el proyecto tendría muchas ventajas: fomentar la cooperación en la comunidad, animar a los jóvenes a la oración y ahorrar mucho en pintura. Ciertamente, cuanto más se mira en derredor, menos exagerado parece lo de su sobrenombre. El buen hombre fue todavía más lejos al utilizar chapas de botellas para crear gran parte de la ornamentación. El *wat* está en Khun Han, 11 km al sur de la carretera 24 por la carretera 2111. Hay que girar al oeste en la rotonda del centro de la ciudad.

El **Wat Phra That Rueang Rong** (⏲horas de sol) es otro templo singular. Un abad anterior, nostálgico del pasado, construyó el *bòht* que imitaba un carro tirado por dos bueyes gigantes. También creó un **museo** (gratis; ⏲7.30-17.30) con antiguas herramientas, instrumentos musicales y objetos parecidos de las cuatro culturas de la provincia: lao, jemer, suai y yer. Las estatuas de cemento de personas y animales gigantes dispersas por el recinto ofrecen lecciones para la vida. El *wat* queda 7 km al norte de la ciudad, accesible con la *sŏrng·tăa·ou* nº 2 (10 THB, 20 min) que sale de delante de la estación de trenes.

PROVINCIA DE UBON RATCHATHANI

Esta variopinta provincia, famosa por sus templos de bosque, se adentra en la selvática intersección de Tailandia, Laos y Camboya. Como reclamo turístico, la TAT ha denominado a su extremo sur el “Triángulo Esmeralda” en referencia al verdor de sus paisajes y en claro paralelismo con el norteño “Triángulo de Oro”, aunque las ansiadas masas de visitantes no llegan.

Los parques nacionales de Phu Chong Nayoi y Pha Taem son dos de los parajes más remotos del país, y la ciudad de Ubon, una de las más encantadoras de la región.

Ubon Ratchathani

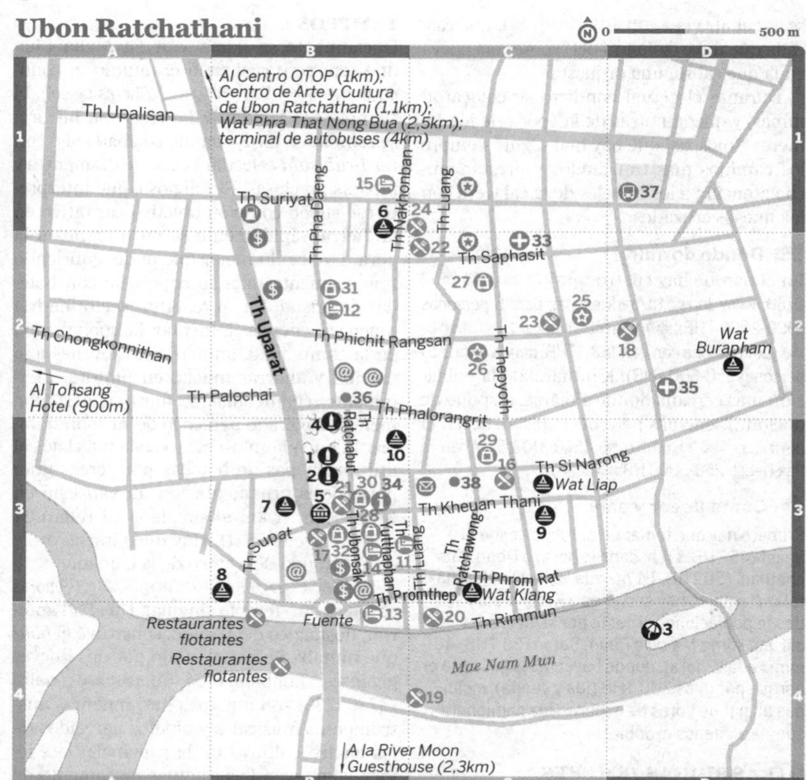

Ubon Ratchathani อุบลราชธานี

115 000 HAB.

Una vez superados los atascos de acceso, la "Ciudad Real del Loto" muestra una cara mucho más atractiva. Su corazón histórico, a orillas del Mae Nam Mun, el segundo río más largo del país, tiene un aire aletargado poco habitual en las grandes ciudades de la región, con muchos templos que resultarán atractivos aunque ya se esté saturado del tema. Pocas ciudades de Tailandia recompensan el vagar sin rumbo tan generosamente como Ubon.

La ciudad se enriqueció como base aérea de EE UU durante la Guerra de Vietnam y actualmente es un importante centro financiero, académico y de comercio agrícola. El cercano paso fronterizo de Chong Mek asegura un pequeño pero constante flujo de viajeros entre Tailandia y Laos.

Puntos de interés y actividades

Wat Thung Si Meuang TEMPLO

(วัดทุ่งศรีเมือง; Th Luang; horas de sol) Construido durante el reinado de Rama III [1824-1851], este templo tiene una *hŏr đrai* (biblioteca Tripitaka) clásica en excelente estado, abierta a las visitas. Como muchas otras *hŏr đrai,* se apoya en altos palafitos inclinados en medio de un estanque para proteger las preciosas escrituras (en papel de hoja de palma) de las termitas. Los murales del pequeño *bòht* junto a la *hŏr đrai* tienen 200 años y muestran como era la vida entonces.

Museo Nacional de Ubon Ratchathani MUSEO

(พิพิธภัณฑสถานแหงชาติอุบลราชธานี; Th Kheuan Thani; entrada 100 THB; 9.00-16.00 mi-do) Museo muy informativo situado en el antiguo ayuntamiento. La colección es muy extensa, desde piedras de salones de ordenación budistas

Ubon Ratchathani

Puntos de interés

1 Carroza del Desfile de las Velas B3
2 Santuario del pilar de la ciudad B3
3 Ko Hat Wat Tai D4
4 Monumento al Mérito B3
Thung Si Meuang .... (véase 1)
5 Museo Nacional de Ubon Ratchathani B3
6 Wat Jaeng B1
7 Wat Si Ubon Rattanaram B3
8 Wat Supatanaram B3
9 Wat Tai C3
10 Wat Thung Si Meuang B3

Dónde dormir

11 New Nakornluang Hotel B3
12 Phadang Mansion B2
13 Sri Isan Hotel B4
14 Srikamol Hotel B3
15 Thongcome Mansion B1

Dónde comer

16 Boon Niyon Uthayan C3
17 Chiokee B3
18 Jumpa-Hom D2
19 Krua Ruen Pae C4
20 Moon Lover C4
21 Mercado nocturno B3
22 Porntip Gai Yang Wat Jaeng C2
23 Risotto C2
24 Rung Roj C1
U-Bake .... (véase 18)

Ocio

25 E-Ba C2
26 U-Bar C2

De compras

Ban Khampun .... (véase 12)
27 Camp Fai Ubon C2
28 Grass-Root B3
29 Maybe C3
30 Punchard B3
31 Punchard B2
32 Rawang Thang B3

Información

33 Hospital Saphasit Prasong C2
34 Autoridad de Turismo de Tailandia (TAT) B3
35 Ubonrak Thonburi Hospital D2

Transporte

36 Sakda Travel World B2
37 *Sŏrng·tăa·ous* a Phibun Mangsahan D1
38 Ubon Rental Cycle C3

o un tambor de bronce Dong Son de 2500 años a telas de Ubon y piezas de nuez de betel. Pero la joya del centro es un Ardhanarisvara, una estatua que combina a Siva y su consorte Uma en una única deidad; solo se ha encontrado otra más en Tailandia.

Wat Si Ubon Rattanaram TEMPLO

(วัดศรีอุบลรัตนาราม; Th Uparat; ⏲horas de sol) El *bòht* de este importante templo recuerda al del Wat Benchamabophit de Bangkok, pero lo que la mayoría de visitantes quiere ver es el buda de topacio de 7 cm que acoge. Se dice que el Phra Kaew Butsarakham, como es conocido, llegó de Vientián cuando se fundó Ubon, y es uno de los tesoros más venerados de la ciudad. Se encuentra tras un cristal, en lo alto de la pared trasera, algo escondido; si se dispone de binoculares, conviene llevarlos. El que hay frente al buda más grande es una copia.

El templo ha transformado una hermosa y antigua *săh·lah* de madera en un **museo** (gratis; ⏲9.00-15.00) de temática religiosa. Destaca la colección de *đoô prá đraiBìdòk* del s. XVIII, unas cajas usadas para guardar los textos sagrados escritos en hojas de palma.

Wat Ban Na Meuang TEMPLO

(วัดบ้านนาเมือง; ⏲horas de sol) También conocido como Wat Sa Prasan Suk, se distingue de otros templos en muchos aspectos. En primer lugar, el *bòht* se emplaza sobre una réplica de la barca real de Rama, *Suphannahong,* con incrustaciones de cerámica y toda la tripulación esculpida. El *wí·hăhn* también tiene forma de barco, pero en este caso recuerda la segunda barcaza real en importancia, la *Anantanagaraj,* rodeado por un estanque. El propósito de estos trabajos supera lo meramente artístico. El agua representa los deseos y las barcas, la necesidad de estar por encima de ellos.

El autor de estas creaciones, Luang Pu Boon Mi, murió en el 2001 y su cuerpo está expuesto (a la espera de construir un museo antes de incinerarlo) en la *săh·lah* junto a la barca-*bòht.*

Para llegar a todo ello hay que pasar bajo una inmensa estatua de Airavata (Erawan, en Tailandia), el elefante de tres cabezas montado por el dios hinduista Indra. El templo está unos 4 km al noroeste de la ciudad, a 1 km de la carretera de circunvalación. La *sŏrng·tăa·ou* nº 8 pasa por él, pero hay que avisar al conductor para que pare.

Wat Phra That Nong Bua TEMPLO
(วัดพระธาตุหนองบัว; Th Thammawithi; ⏲horas de sol) La *chedi* de este templo, de 55 m de altura y profusamente decorada, recuerda la *stupa* Mahabodhi de Bodhgaya (India). Es la única *stupa* cuadrada de la provincia de Ubon a menos que se cuente la vieja estructura sobre la que se construyó (que aún se puede visitar de 8.00 a 18.00) o las cuatro similares que hay en las esquinas, más pequeñas. Está cubierta de relieves de *jataka* bastante expresivos, y dos grupos de cuatro nichos a cada lado de la *chedi* contienen budas erguidos con las túnicas típicas del estilo Gupta o Dvaravati. El templo está a las afueras de la ciudad, accesible con la *sŏrng·tăa·ou* nº 10.

GRATIS **Centro de Arte y Cultura de Ubon Ratchathani** MUSEO
(ศูนย์ศิลปวัฒนธรรมกาญจนาภิเษกฯ; Th Jaeng Sanit; ⏲8.30-16.30 lu-sa) El museo situado en la planta baja de esta sorprendente torre de moderno diseño isan, en la Universidad Rajabhat, presenta una colección más dispersa que la del Museo Nacional, pero incluye interesantes muestras de la cultura autóctona, en particular de casas y artesanía. También alberga numerosas esculturas de cera.

Wat Jaeng TEMPLO
(วัดแจ้ง; Th Nakhonban; ⏲horas de sol) Este *wat*, fundado hacia la misma época que la ciudad, cuenta con un precioso *bòht* de estilo Lan Xang construido en 1887 con grandes *nagas* que sustentan los aleros, cocodrilos en las barandillas y una fachada de madera con tallas de Airavata y dos leones míticos. Un mercado ambulante lo invade cada miércoles.

Thung Si Meuang PARQUE
(ทุ่งศรีเมือง) Lo más destacado de este céntrico parque es una enorme **réplica de cemento de una carroza del Desfile de Velas** (véase derecha). El humilde obelisco de madera de la esquina noreste es el **monumento al Mérito**, erigido por antiguos prisioneros de guerra aliados (obligados a trabajar por los japoneses durante su ocupación de Tailandia en la Segunda Guerra Mundial) en agradecimiento por la ayuda que les brindaron en secreto los ciudadanos tailandeses durante su cautiverio. El **santuario del pilar de la ciudad** (San Lak Meuang) está al sur.

Wat Supatanaram TEMPLO
(วัดสุปัฏนาราม; Th Supat; ⏲horas de sol) El pintoresco *bòht* de este templo junto al río, construido entre 1920 y 1936 y conocido como Wat Supat, presenta un tejado tailandés, arcos europeos y una base jemer. Además, a diferencia de otras estructuras sagradas de la región, es totalmente de piedra. Enfrente hay una campana de madera, supuestamente la mayor del mundo.

Ko Hat Wat Tai PLAYA
(เกาะหาดวัดใต้) Un sinfín de familias van de *picnic* a esta isla del Mae Nam Mun durante los días calurosos y secos que se suceden entre febrero y mayo, cuando las playas emergen a lo largo de su ribera. Un puente de bambú conecta con la orilla norte del río, y sobre las aguas hay varios restaurantes flotantes.

Fiestas y celebraciones

El famoso **Desfile de Velas** (Kabuan Hae Tian) de Ubon se remonta al reinado de Rama V, cuando el gobernador de la ciudad decidió que el Festival Pirotécnico era demasiado peligroso. Desde entonces los sencillos diseños originales han evolucionado (a menudo con ayuda del porexpán) a gigantescas esculturas de cera. El desfile forma parte del Khao Phansaa, la fiesta budista que marca el inicio del retiro de las lluvias (la Cuaresma budista), en julio.

Las velas premiadas se exhiben por Th Si Narong, junto al Thung Si Meuang, durante una semana tras el desfile, y la mayoría se aparcan luego en los templos de la ciudad, al menos los tres meses que dura el Ork Phansaa. La construcción de las carrozas, también en el recinto del templo, empieza al menos un mes antes del desfile. A la procesión acuden muchísimos tailandeses, con lo que habrá que reservar cama con la máxima antelación.

Dónde dormir

Sri Isan Hotel HOTEL $
(☎0 4526 1011; www.sriisanhotel.com; Th Ratchabut; h 380-800 THB; ❄@📶) La excepción a la norma de los hoteles económicos de Isan, generalmente anodinos, es el alegre y diáfano vestíbulo de este hotel. Las habitaciones son pequeñas y el aire acondicionado tarda un

TEMPLOS DEL DISTRITO DE WARIN CHAMRAP

El famoso monje y maestro de meditación Luang Pu Cha, un antiguo discípulo de Luang Pu Man, conocido por su método de enseñanza sencillo y directo, fue toda una personalidad por estos pagos; a lo largo de su vida fundó los dos monasterios siguientes y muchos más en todo el mundo.

El tranquilo **Wat Nong Pa Phong** (⌚horas de sol) es conocido por su relajada disciplina, su rutina diaria de trabajo y meditación, y porque acoge occidentales que hablen thai. En el *wat* se encuentra la *chedi* dorada que alberga los restos de Luang Pu Cha y un **museo** (gratis; ⌚8.00-16.30) con una curiosa colección de piezas que incluye desde las posesiones terrenales de Luang Pu hasta antiguos objetos y monedas del mundo. El templo está unos 10 km pasado el río. La *sŏrng·tăa·ou* nº 3 deja a menos de 2 km; un mototaxi para el tramo final (de encontrarlo) cuesta unos 20 THB.

En 1975 se abrió el **Wat Pa Nanachat** (www.watpahnanachat.org; ⌚horas de sol), específicamente para extranjeros, donde el idioma principal es el inglés. Aquí no hay en realidad nada que ver, pero admiten visitas. Un monje veterano responde a preguntas casi todos los días después de la comida de las 8.00, pero normalmente siempre hay alguien hasta las 11.00. Quien tenga experiencia previa en meditación puede solicitar alojamiento (hay que escribir a: Guest Monk, Wat Pa Nanachat, Ban Bung Wai, Amphoe Warin Chamrap, Ubon Ratchathani 34310). Las reglas del templo incluyen una única comida al día, levantarse a las 3.00 y, para los hombres, afeitarse la cabeza a los tres días. Una *sŏrng·tăa·ou* desde el mercado de Warin, o cualquier autobús a Si Saket, puede dejar en la carretera 226, a 500 m de la entrada. El *wat* está en el bosque, detrás de los arrozales.

rato en hacer efecto, pero hasta las más baratas tienen cierto encanto. Por este precio, son insuperables. El traslado desde la estación de trenes o el aeropuerto cuesta 50 THB y desde la estación de autobuses, 100 THB.

Sunee Grand Hotel HOTEL **$$$**
(☎0 4535 2900; www.suneegrandhotel.com; Th Chayangkun; h con desayuno 1600-3000 THB, ste 4250-12 500 THB; ❄@📶🏊) Uno de los contados hoteles de la región que podría dar la talla en Bangkok. Es una maravilla y mucho menos caro que sus equivalentes capitalinos. Desde los elegantes apliques al diligente servicio, todo es satisfactorio. Cuenta con un gran centro de negocios, un pianista en el vestíbulo y un centro comercial contiguo con un parque acuático infantil en la azotea.

Phadang Mansion HOTEL **$**
(☎0 4525 4600; 126 Th Pha Daeng; h 500 THB; ❄@📶) Lleno de copias de pinturas clásicas, podría parecer algo pretencioso, pero resulta agradable. Las habitaciones son algo pequeñas aunque correctas, con balconcitos.

Tohsang Hotel HOTEL **$$**
(☎0 4524 5531; www.tohsang.com; Th Palochai; h con desayuno 1200-1800 THB, ste 4000 THB; ❄@📶) Tiene muchos años, pero está decorado con gusto. El vestíbulo es elegante y las habitaciones son todo lo cómodas que cabe esperar para su precio. Servicio de recogida gratis.

Thongcome Mansion HOTEL **$**
(☎08 1579 3629; Th Suriyat; h 350 THB; ❄📶) Este pequeño hotel familiar cuenta con algunas de las habitaciones más acogedoras de la ciudad dentro de su gama de precios. Además, al ser un edificio nuevo, no tiene los problemas de hoteles más viejos.

Srikamol Hotel HOTEL **$**
(☎0 4524 6088; 26 Th Ubonsak; h 400 THB; ❄) El Srikamol aún conserva vestigios de sus años de gloria, desde la lámpara de araña del vestíbulo hasta las puertas forradas de madera, pero sin duda ya hace tiempo que pasó. No es mejor que otros hoteles más nuevos de precios similares, pero los amantes de lo clásico quizá lo prefieran.

River Moon Guesthouse PENSIÓN **$**
(☎0 4528 6093; 21 Th Sisaket 2; h 150-200 THB; @📶) Vetusto establecimiento con la particularidad de que sus rústicas habitaciones, a 500 m de la estación de trenes, están en las dependencias de los trabajadores del ferrocarril, con quienes comparte las instalaciones.

New Nakornluang Hotel HOTEL **$**
(☎0 4525 4768; 84-88 Th Yutthaphan; h 170-350 THB; ❄) A diferencia de la River Moon, antigua y con personalidad, este hotel es simplemente viejo. Pero para gastar lo mínimo y estar en el centro, sus habitacio-

nes con ventilador están suficientemente limpias.

Dónde comer

Jumpa-Hom TAILANDESA $$

(Th Phichit Rangsan; platos 55-1500 THB; cena;) Es uno de los restaurantes con más encanto y mejores de Isan, con una extensa carta que incluye algunas propuestas originales. Se puede cenar en una tarima de madera rodeada de agua y plantas o en el comedor climatizado, donde se puede elegir entre mesas con sillas o sobre cojines en el suelo.

Rung Roj TAILANDESA $

(rótulo sin caracteres latinos; 122 Th Nakhonban; platos 30-165 THB; almuerzo y cena;) Este clásico de Ubon compensa con creces el deficiente servicio con platos excelentes, elaborados con los ingredientes más frescos y perfectamente presentados. Es el restaurante con el cartel del plato, el tenedor y la cuchara.

Mercado nocturno TAILANDESA $

(Th Kheuan Thani; 16.00-24.00) En los últimos años, el mercado nocturno del centro de Ubon se ha convertido en un muy recomendable destino para cenar.

Porntip Gai Yang Wat Jaeng TAILANDESA DEL NORESTE $

(rótulo sin caracteres latinos; Th Saphasit; platos 20-130 THB; desayuno, almuerzo y cena) Parece como si un tornado hubiera arrasado este local, absolutamente espartano, aunque el verdadero vendaval es el que sale de su cocina, pero de sabor, en forma de *gài yâhng, sôm·đam,* salchichas y otras propuestas de lo más reputadas.

Risotto ITALIANA $$

(Th Phichit Rangsan; platos 100-300 THB; almuerzo y cena) El ambiente italiano del comedor no convence, pero la cocina sí. La carta ofrece pasta de todo tipo, salmón y algunas de las mejores *pizzas* de Isan.

Krua Ruen Pae TAILANDESA $

(rótulo sin caracteres latinos; platos 40-300 THB; almuerzo y cena) Es uno de los restaurantes flotantes en el Mae Nam Mun, en este caso de sabrosa comida Isan y ambiente relajado. El *đôm kàh gài* (pollo con leche de coco al jengibre) está delicioso. Si se va en automóvil, hay que tomar la salida del oeste y pasar bajo el puente.

Moon Lover CAFÉ $

(Th Rimmun; desayuno, almuerzo y cena ma-do) Café, tentempiés y gofres en un atractivo local con *jazz* de fondo y vistas al río.

U-Bake PANADERÍA $

(Th Phichit Rangsan; pastel de chocolate 55 THB; almuerzo y cena) Hay muchas panaderías de calidad en la ciudad, pero esta comparte además espacio con el encantador restaurante Jumpa-Hom.

Boon Niyon Uthayan VEGETARIANA $

(Th Si Narong; platos 10-20 THB; desayuno y almuerzo ma-do;) Este restaurante, gestionado por el movimiento ascético Santi Asoke, escindido del budismo tailandés tradicional, propone un impresionante bufé vegetariano bajo un enorme tejado. Casi toda la comida procede de campos de cultivo ecológico de las afueras de la ciudad.

Chiokee TAILANDESA $

(307-317 Th Kheuan Thani; platos 35-120 THB; desayuno, almuerzo y cena) Este clásico para el desayuno experimenta un flujo constante de clientes habituales que disfrutan con su *congee,* té y del periódico.

Dónde beber y ocio

U-Bar LOCAL NOCTURNO

(Th Phichit Rangsan) Mientras que muchos locales aparecen y desaparecen cada temporada, este mantiene su popularidad entre los universitarios, en parte porque los mejores grupos de Bangkok suelen tocar aquí cuando visitan la ciudad. No hay que dejar de probar el Blue Kamikaze, que sale de una máquina de aspecto siniestro situada tras la barra.

e-Ba LOCAL NOCTURNO

(Th Phichit Rangsan) Más nuevo y espacioso que el U-Bar, este local atrae a un público más maduro que aquel (pero igual de entusiasta).

Centro de Arte y Cultura de Ubon Ratchathani CENTRO CULTURAL

(0 4535 2000; Th Jaeng Sanit) A veces programa espectáculos de música y danza de Isan.

De compras

En Isan se produce seda, pero lo que predomina en Ubon es el algodón, a la venta en forma de ropa, bolsos y telas tejidas a mano y teñidas con tintes naturales. Hay muchas tiendas, pero la primera que habría que visitar es **Camp Fai Ubon** (189 Th Thepyoth), señalizada como "Peaceland". **Grass-Root** (87 Th Yutthaphan), aunque algo más pequeña, también es garantía de calidad. En **Maybe** (124 Th Si Narong; ⏲8.00-19.00) no todo el algodón está teñido con tintes naturales, pero tiene más variedad de ropa.

Rawang Thang ARTESANÍA

(Th Kheuan Thani; ⏲9.00-21.00) También aquí se vende algodón local, además de camisetas, cojines, postales, marcos y parafernalia varia, en su mayoría obra de sus simpáticos dueños, una pareja que se conoce al dedillo la ciudad.

Ban Khampun ARTESANÍA

(124 Th Pha Daeng) Conocidísima tienda de Ubon especializada en seda, con unos estampados exquisitos, originales y exclusivos. Durante el Desfile de las Velas el propietario celebra un minifestival cultural de dos días en su espléndida casa-taller-museo de las afueras de la ciudad.

Punchard ARTESANÍA

(156 Th Pha Daeng; ⏲10.00-21.00) Aunque algo cara, es la mejor tienda de artesanía de Ubon. La **sucursal de Th Ratchabut** (⏲9.00-20.00) tiene sobre todo artículos de decoración.

Centro OTOP ARTESANÍA

(Th Jaeng Sanit) Amplia y variada oferta de artesanía.

Información

Urgencias y asistencia médica

Policía turística (☎0 4524 5505; Th Suriyat).
Hospital Ubonrak Thonburi (☎0 4526 0285; Th Phalorangrit) Servicio de urgencias 24 horas.

Acceso a internet

En Ubon no es difícil encontrar cibercafés. El **29 Internet** (Th Nakhonban; 12 THB/h; ⏲24 h) y el **25 Hours** (Th Pha Daeng; 15 THB/h; ⏲24 h) abren todo el día.

Dinero

Ying Charoen Park (Th Ratchathani) Enfrente de la Universidad Rajabhat, este centro comercial es el lugar más próximo al centro donde encontrar bancos abiertos por la tarde y los fines de semana.

City Mall (Th Chayangkun) Frente al Sunee Grand Hotel, tiene un cajero automático de AEON.

Correos

Oficina de correos (Th Luang; ⏲8.30-16.30 lu-vi, 9.00-12.00 sa, do y fest)

Información turística

Autoridad de Turismo de Tailandia (TAT; ☎0 4524 3770; tatubon@tat.o.th; Th Kheuan Thani; ⏲8.30-16.30) Oficina bien atendida.

Cómo llegar y salir

Avión

Air Asia (☎0 2515 9999; www.airasia.com) y **THAI** (☎0 4531 3340; www.thaiairways.com) tienen cada una dos vuelos diarios al aeropuerto Suvarnaphumi de Bangkok. Air Asia ofrece tarifas desde 1350 THB por trayecto, mientras que THAI cuesta al menos 1000 THB más. Air Asia también opera tres vuelos directos semanales a Phuket desde 1450 THB. **Nok Air** (☎0 2900 9955; www.nokair.com) tiene tres vuelos diarios al aeropuerto Don Muang de Bangkok (desde 1300 THB).

Muchas agencias de viajes venden billetes, entre ellas **Sakda Travel World** (☎0 4525 4333; www.sakdatour.com; Th Phalorangrit).

Autobús

La **terminal de autobuses** (☎0 4531 6085) queda al norte de la ciudad; las *sŏrng·tăa·ous* nº 2, 3 o 10 la conectan con el centro. Hay frecuentes servicios entre Ubon y Bangkok (385-473 THB, 8½-10 h) con salidas a diferentes horas del día. Los mejores servicios vip son los de **999 VIP** (☎0 4531 4299), con salida a las 18.30 (730 THB), y **Nakhonchai Air** (☎0 4526 9777), a las 10.15 y 21.45 (552 THB). Los autobuses a Pakse, en Laos (200 THB, 3 h) salen a las 9.30 y 15.30. Las furgonetas son mejores para ir a Si Saket (50 THB, 1 h, cada hora).

DESTINO	PRECIO (THB)	DURACIÓN (H)
Chiang Mai	590-893	17
Khon Kaen	216-252	4½
Khorat	203-330	5-6
Mukdahan	75-135	3½
Rayong	427-641	13
Roi Et	108-139	3
Sakon Nakhon	117-211	5
Surin	105-200	3
Yasothon	66-85	1½

Tren

La **estación de trenes** (☎0 4532 1588) está en Warin Chamrap, accesible desde Ubon con la *sŏrng·tăa·ou* nº 2. Hay un tren exprés nocturno a/desde Bangkok (2ª clase con ventilador/A/A 371/551 THB, 1ª clase litera superior/inferior

1080/1280 THB). Los otros seis que cubren la misma ruta tardan también 11 o 12 horas, salvo el exprés especial de las 5.45 (desde Bangkok) y el de las 14.50 (desde Ubon), que la completan en 8½ horas. Todos paran en Si Saket, Surin y Khorat.

Cómo desplazarse

Por toda la ciudad circulan *sŏrng·tăa·ous* numeradas (10 THB). El plano gratis de la TAT indica las rutas, muchas de las cuales pasan cerca de su oficina. Un viaje por el centro en *túk-túk* cuesta unos 30-40 THB. En Ubon hay algunos **taxis con taxímetro** (☎08 9421 6040; bajada de bandera 35 THB, con llamada 15 THB) que aparcan en la estación de autobuses. En el aeropuerto hay dos mostradores de alquiler de vehículos que ofrecen traslados a cualquier punto de la ciudad por 80 THB.

Chow Watana (☎08 1967 9796) Alquila automóviles con conductor desde 1300 THB al día.

Ubon Rental Cycle (☎0 4524 4708; 115 Th Si Narong) Bicicletas de alquiler por 100 THB al día. Si estuviera cerrada, pregúntese al lado.

Por la provincia de Ubon Ratchathani

BAN PA-AO บ้านผาอ่าว

Ban Pa-Ao es otro pueblo sedero, aunque en realidad por lo que es famoso es por la producción de objetos de estaño y bronce mediante el procedimiento de cera perdida, además de por ser el único lugar de Tailandia donde todo el proceso se hace aún a mano. En **Soon Thorng Leuang Ban Pa-Ao** (⌚8.00-17.00), en un extremo del pueblo, se puede ver cómo se hacen campanas y cuencos. También hay un telar de seda de camino a la población. Durante la última visita, en el templo del pueblo se construía un espléndido museo que contendrá una colección de enseres de granjas y casas particulares.

El **programa de alojamiento en casas particulares** (☎08 1076 1249; 250 THB por persona, desayuno incl.) de Ban Pa-Ao ofrece la posibilidad de iniciarse en las dos especialidades locales, aunque pocos hablan inglés.

Ban Pa-Ao está a 3,5 km de la carretera 23. Los autobuses a/desde Yasothon pasan por el desvío (20 THB, 20 min); un mototaxi desde ese punto debería costar 20 THB.

PHIBUN MANGSAHAN พิบูลมังสาหาร

Los tailandeses suelen parar en la polvorienta Phibun Mangsahan para ver los rápidos Mae Nam Mun del **Kaeng Sapheu**, río abajo desde el puente. Con las crecidas de febrero y mayo, los islotes de roca crean los "rápidos de la Pitón", pero el fresco parque es un agradable lugar para detenerse en cualquier época. En el mismo parque hay un templo chino, sencillos restaurantes donde probar *năng gòp tôrt* (piel de rana frita) y una hilera de tiendas de recuerdos. Muchos pescadores ofrecen travesías en sus pequeños barcos de popa larga; cobran 500 THB por un paseo de dos horas hasta un templo en una isla. Hay que preguntar en un restaurante *đâaw* en caso de que se prefiera una embarcación más grande (500 THB por hora), para hasta veinte personas.

El *bòht* del **Wat Phu Khao Kaew** (⌚horas de sol), al oeste del centro, es atípico. El exterior está cubierto de azulejos y en la parte alta de la pared interior hay relieves de importantes *stupas* de toda Tailandia. Un *yák* (guardián del templo) muy curioso monta guardia fuera.

Los pueblos que surgen pasado el puente hacia el este hasta Khong Jiam son famosos por su industria de *gongs* de hierro y bronce para templos y músicos. Se puede ver el martilleo sobre los discos de metal y su temple en las rústicas fraguas de muchos talleres al borde de la carretera; los *gongs* pequeños cuestan a partir de 500 THB, mientras que los de 2 m pueden alcanzar los 200 000 THB. También fabrican tambores y platillos.

Se puede solicitar una extensión de visado en la **oficina de inmigración** (☎0 4544 1108; ⌚8.30-12.00, 13.00-16.30 lu-vi), 1 km al sur del puente de camino a Chong Mek.

Dónde dormir y comer

En el centro de la población, entre la estación de autobuses y el puente, está el acogedor **Phiboonkit Hotel** (☎0 4544 1201; chom poonuch@hotmail.com; Th Phiboon; h 200-300 THB; ❄), típico alojamiento económico algo caótico.

El **Phiboon Cafe** (Th Luang; ⌚desayuno y almuerzo), un destartalado local junto al puente, ha dado fama a Phibun por sus *sah·lah·bow* (panecillos chinos; 5 THB la unidad). En la carretera se verán innumerables tiendas que siguen su estela.

Cómo llegar y salir

De la parada de Phibun, detrás del mercado, salen autobuses (35 THB, 1 h, cada 20 min) a Ubon (paran a recoger pasajeros en el mercado de Warin, al otro lado del río, pero si se sube allí quizá no se encuentre asiento) y *sŏrng·tăa·ous* a

Chong Mek (40 THB, 1 h, cada 20 min). También hay *sŏrng·tăa·ous* (40 THB, 1½ h, cada ½ hora) al Talat Ban Du (mercado de Ban Du), cerca del centro de Ubon, y al parque de Khong Jiam (40 THB, 1 h, 4 matinales), cerca del puente.

PARQUE NACIONAL DEL KAENG TANA อุทยานแห่งชาติแก่งตะนะ

Antes de Khong Jiam, a 5 km, se puede cruzar la presa de Pak Mun hasta el pequeño **Parque Nacional del Kaeng Tana** (☎0 4540 6888; entrada 100 THB). Tras rodear la frondosa Don Tana (isla Tana), comunicada por un pequeño puente colgante, el Mae Nam Mun atraviesa los bonitos rápidos homónimos y pasa bajo unos fotogénicos barrancos. En época de lluvias los rápidos quedan cubiertos por el agua, y hacia el final de la temporada seca aparecen unos agujeros en las rocas como en los Sam Phan Bok (véase recuadro en p. 438). Pasados los rápidos y el **centro de visitantes** (⊙8.00-18.00) contiguo empiezan unos bonitos senderos que llevan a cascadas y miradores. La ruta de 1,5 km al mirador de **Lan Pha Phueng** por lo alto de los barrancos es especialmente agradable. La **Nam Tok Tad Ton** es una ancha y bonita cascada a solo 300 m de la carretera que va al parque procedente del sur.

El parque cuenta con una **zona de acampada** (por persona con tienda 30 THB, tienda para 4/8 personas 150/225 THB) y cuatro **bungalós** (☎0 2562 0760; www.dnp.go.th/parkreserve; para 6/10 personas 1000/2000 THB). El restaurante abre solo durante el día.

Por carretera, el parque dista 14 km de Khong Jiam. No hay transporte público, pero las barcas de la ciudad remontan el río y dejan en la espesura por 800 THB; incluso pueden esperar unas pocas horas mientras se pasea por el lugar.

KHONG JIAM โขงเจียม

Khong Jiam se asienta sobre una pintoresca península en la confluencia de los ríos Mekong y Mae Nam Mun, que los tailandeses llaman **Mae Nam Song Si** ("río de Dos Colores") por las corrientes contrastadas que se forman. Durante la estación de lluvias esta fusión se aprecia bien desde la orilla, pero el resto del año es preciso salir en barca para distinguirla; en abril, antes de que empiecen las lluvias, se puede ir a pie. Una barcaza de diez plazas con sombra cuesta 350 THB, mientras que una para dos o tres vale 200 THB. También se puede ir en barcaza al Parque Nacional del Kaeng Tana (800 THB) o a cualquier otro punto del Mekong.

Sobre la población se levanta el **Wat Tham Khu Ha Sawan** (⊙horas de sol). Las impresionantes vistas justifican la excursión por sí solas, pero este conocido templo también cuenta con una *chedi* única de nueve puntas, un impresionante jardín de orquídeas y el cuerpo del difunto abad Luang Pu Kam expuesto en una urna sobre un ostentoso altar.

Es en Khong Jiam donde aparecieron por primera vez las famosas bolas de fuego *naga* (véase recuadro en p. 463) en el 2005.

Dónde dormir y comer

Khong Jiam no recibe muchos *fa·ràngs*, pero sí turismo nacional, por lo que no faltan alojamientos. También hay varios restaurantes sencillos cerca del Mae Nam Song Si, entre ellos dos más caros que flotan sobre el Mekong.

Tohsang Khongjiam Resort HOTEL $$$
(☎0 4535 1174; www.tohsang.com; h con desayuno 2355-3885 THB, villas 3530-7060 THB, villas con piscina Sedhapura 12 500-14 500 THB;) El brillo y el oropel de este gran *resort-spa*, a 3,5 km de la población en la orilla sur del río, contrastan un poco con el entorno rural, pero ofrece todas las comodidades y los precios son correctos para lo que ofrece. Las habitaciones de la 3ª planta tienen las mejores vistas. Cuenta también con un buen restaurante, un *spa* y servicio de alquiler de bicicletas y kayaks.

Banpak Mongkhon HOTEL $
(☎0 4535 1352; www.mongkhon.com; Th Kaewpradit; h 250-800 THB, f 2500 THB;) Desde las sencillas habitaciones con ventilador hasta las cuatro atractivas casas de madera sobre pilotes, este hotel junto a la carretera tiene mucha personalidad. Además, el trato es muy agradable, por lo que es una estupenda opción para todos los presupuestos.

Apple Guesthouse PENSIÓN $
(☎0 4535 1160; Th Kaewpradit; h 200-300 THB;) Reformada recientemente, con edificios de madera y habitaciones de cemento debajo, esta pensión, situada detrás de un colmado, es el alojamiento más barato del pueblo. Por el precio, no está nada mal.

Khong Jiam Homestay CASA PARTICULAR $
(☎08 7448 9399; h 500 THB) Estas sencillas casitas de madera en el bosque, con colchones en el suelo, se encuentran junto al Tohsang Resort. No sirven comida, pero se puede cocinar en una hoguera, o darse un lujo y visitar el *resort* vecino. Suelen tener pocos clientes, aunque a veces se llena con

SAM PHAN BOK

Si se visitan los Sam Phan Bok (3000 Agujeros) se tendrá la sensación de estar en otro planeta. La erosión ha convertido este meandro rocoso del Mekong en una especie de queso suizo. En la temporada de lluvias queda cubierto, pero cuando está a la vista (generalmente dic-may) da para horas de exploración. Incluso en las épocas intermedias, cuando solo asoma en parte, vale la pena echar un vistazo desde el barranco superior. También son interesantes las travesías en barco más allá de los Sam Phan Bok. Aquí no hay sombra, así que se recomienda ir a primera o a última hora del día.

Se encuentra al norte del Parque Nacional del Pha Taem, cerca del pueblo de Ban Song Khon, pero no hay transporte público que pase cerca. Se puede acampar, e incluso hay quien alquila tiendas. El alojamiento más próximo está en el pueblo que da a la Hat Salung, un precioso tramo del río. El **Song Khon Resort** (☎08 7256 1696; www.songkhonresort.com; h 500-700 THB) cuenta con habitaciones correctas y una ubicación espléndida. En los meses de visita a los Sam Phan Bok, los fines de semana y festivos es imprescindible tener reserva.

grupos de Bangkok. Si se llama al llegar al pueblo, pasan a recoger.

Baansuan Rimnam Resort HOTEL $$$
(☎08 9792 1204; Th Rimmoon; h 800-1000 THB, desayuno incl.; ❄) Tranquilo establecimiento entre árboles y a orillas del Mae Nam Mun. Los bungalós más caros tienen terrazas con vistas al río. Para llegar, hay que girar a la derecha en el colegio, justo antes del templo.

ℹ Cómo llegar y salir

Todos los transportes al pueblo paran en el desvío. El único autobús directo a Ubon (77 THB, 2½ h) sale a las 6.00 y regresa a Khong Jiam a las 14.30. También se puede tomar una de las cuatro *sŏrng·tăa·ous* que salen cada mañana a Phibun Mangsahan (40 THB, 1 h) y seguir desde allí. Los autobuses a Bangkok (400-500 THB) salen a las 7.30 (2ª clase) y 16.30 (1ª clase).

La Apple Guesthouse alquila bicicletas (100 THB/día) y motocicletas (300 THB/día), y Banpak Mongkok también tiene motocicletas (200 THB/día).

PASO FRONTERIZO: DE CHONG MEK A VANGTAO

Esta frontera es fácil. Se puede conseguir un visado in situ, y los autobuses esperan a que los pasajeros completen los trámites (véase p. 766). Los agentes laosianos suelen intentar cobrar una "tasa de sellado", pero no insisten demasiado. Pakse queda a unos 45 minutos por carretera. Si el autobús no llegara hasta allí, es fácil encontrar transporte en la frontera.

PARQUE NACIONAL DEL PHA TAEM
อุทยานแห่งชาติผาแต้ม

Mekong arriba desde Khong Jiam se llega a un largo despeñadero llamado Pha Taem, elemento de referencia del sorprendente **Parque Nacional del Pha Taem** (☎0 4531 8026; entrada 200 THB). Desde lo alto se disfrutará de una imponente panorámica del río, con Laos al otro lado, y de la primera puesta de sol de Tailandia. Por debajo, un camino lleva a unas pinturas rupestres que datan de, como mínimo, el año 1000 a.C. En ellas se aprecian *Ƀlah bèuk* (siluros gigantes del Mekong), elefantes, manos humanas, trampas para peces (muy parecidas a las actuales) y diseños geométricos. Las más impresionantes son las que están frente al segundo mirador. El **centro de visitantes** (⊙7.30-atardecer), en lo alto del barranco, tiene una exposición sobre las pinturas y el ecosistema local.

Al norte del barranco está la **Nam Tok Soi Sawan**, una cascada de 25 m que tiene agua entre junio y diciembre. Desde el centro de visitantes son 19 km por carretera y 500 m de paseo, pero también se puede ir a pie (con un guarda forestal) por el despeñadero durante 15 km. Lo que en el parque llaman el **mayor campo de flores de Tailandia** (en flor nov-may) queda cerca de la cascada.

En la mitad septentrional del parque hay más cascadas, arte rupestre y magníficas vistas. El barranco de **Pa Cha Na Dai** ofrece la primera vista del amanecer del país (la del Pha Taem queda a 1 min por detrás) y la impresionante **Nam Tok Saeng Chan** se abre paso por un orificio horadado en la roca. Por los 340 km² del parque hay muchas rocas erosionadas con curiosas formas, entre ellas los cuatro yacimientos conocidos como **Sao Chaliang**, que son formaciones rocosas tipo setas parecidas a las del Parque Nacional de Phu Pha Thoep, en Mukdahan.

En el Pha Taem hay **zonas de acampada** (por persona con tienda 30 THB, tienda para 2/6 personas 125/300 THB), **cabañas** (300 THB para 4 personas) y 5 **bungalós** (☎0 2562 0760; www.dnp.go.th/parkreserve; por bungaló con ventilador para 6 personas 1200 THB, por bungaló con A/A para 5 personas 2000 THB; ❄). Al atardecer se instalan puestos de tentempiés y de comida rápida cerca del centro de visitantes.

El parque queda a 18 km de Khong Jiam por la carretera 2112; a falta de transporte público, la mejor manera de llegar es con una motocicleta alquilada en Khong Jiam (desde 200 THB).

CHONG MEK ช่องเม็ก

La pequeña población fronteriza de Chong Mek está al sur de Khong Jiam, al final de la carretera 217. La apertura del puente de Mukdahan ha reducido el tráfico por esta ruta y ha robado buena parte de bullicio al mercado de Chong Mek, muy visitado por turistas tailandeses. Si hubiera que pernoctar aquí, hay varias pensiones al norte del mercado.

De la pequeña terminal de autobuses en la calle que va a la frontera salen *sŏrng·tăa·ous* a Phibun (40 THB, 1 h, cada 20 min), furgonetas a Ubon (100 THB, 1¼ h, cada ½ hora) y autobuses a Bangkok (392-544 THB, 10 hora, 5 diarios). No hay transporte público entre Chong Mek y Khong Jiam, por lo que habrá que ir vía Phibun o alquilar un mototaxi/*túk-túk* (200/350 THB).

PARQUE NACIONAL DE PHU CHONG NAYOI อุทยานแห่งชาติภูจองนายอย

En el corazón del "Triángulo Esmeralda" está el **Parque Nacional de Phu Chong Nayoi** (☎0 4541 1515; entrada 200 THB), uno de los rincones más salvajes de Tailandia, con los bosques más sanos del país y elefantes, tigres, osos malayos, ciervos ladradores, gibones, cálaos negros y los amenazados patos aliblancos.

La principal atracción del parque es la **Nam Tok Huay Luang**, que se despeña 40 m por un precipicio en dos cursos de agua paralelos. Un corto sendero lleva hasta lo alto; se pueden bajar los 274 escalones hasta el fondo para tomar un baño, aunque hacia marzo no hay agua. Los guardias forestales suelen ofrecer travesías cortas en balsas de bambú (200-300 THB) por encima de las cascadas, si bien entre febrero y abril suele haber poca agua, y en épocas de lluvia a veces demasiada. En el extremo opuesto del parque, con una superficie de 687 km², desde lo alto del **Phu Hin Dang** se tienen espléndidas vistas de los parajes circundantes, parecidas a las que depara el Pha Taem (p. 438), pero con la jungla, en vez del Mekong, desplegada al fondo del valle. Desde la entrada principal del parque hay que recorrer 50 km por carretera, y luego 5 km a pie o en tractor.

Este es un lugar espléndido para ver las estrellas, así que vale la pena hacer noche en él. Hay tres **bungalós** (☎0 2562 0760; www.dnp.go.th/parkreserve; bungalós para 4/6 personas 600/1200 THB) y una **zona de acampada** (por persona con tienda 30 THB, tienda para 6 personas 300 THB). Se pueden comprar tentempiés y bebidas en cualquier momento, y los fines de semana y festivos funcionan un par de restaurantes, pero solo de día.

Desde Ubon, hay que tomar uno de los cuatro autobuses matinales hasta Na Chaluai (70 THB, 3 h) y de allí un *túk-túk* para cubrir los 20 km restantes hasta el parque (400 THB). También se puede bajar antes de Na Chaluai, en Ban Gang Reuang, a 5 km del parque, e intentar hacer autostop, pero hay poco tráfico.

PROVINCIA DE CHAIYAPHUM

Las probabilidades de toparse con otro extranjero en esta provincia son las mismas que las de avistar un tigre: muy pocas. Aunque geográficamente se está en el corazón del país, en realidad se trata de un territorio remoto, algo misterioso incluso para los tailandeses, que solo lo conocen por los tulipanes de Siam (Dok Krachiao), que llenan de rosa y violeta intensos los parques del lugar entre junio y agosto. Para el viajero, el principal atractivo es la paz y la tranquilidad que se respira, además de la sensación de estar lejos de las rutas turísticas.

Chaiyaphum ชัยภูมิ

55 500 HAB.

Chaiyaphum es una ciudad perdida, más una base para visitar los alrededores que un destino en sí misma. Los amantes de la moda tendrán al oeste el pueblo sedero de Ban Khwao, y los de la naturaleza, las cer-

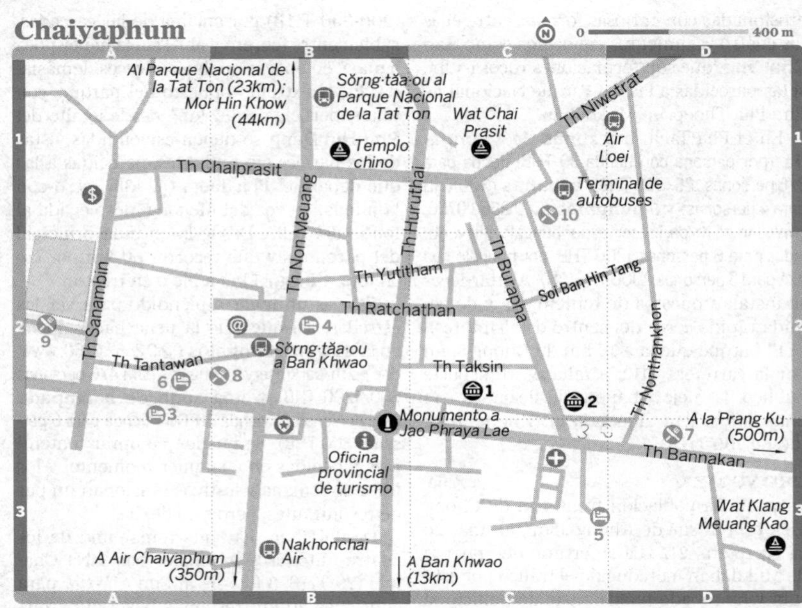

Chaiyaphum

Puntos de interés

1 Centro Cultural de Chaiyaphum........ C2
2 Tamnak Keeow C2

Dónde dormir

3 Deeprom Hotel.................................A2
4 Ratanasiri Hotel B2
5 Siam River Resort C3
6 Tonkoon Hotel...................................A2

Dónde comer

7 Chorragah Lahp Gory........................ D3
8 Jae Hai Tek... B2
9 Bazar nocturno A2
10 Mercado nocturno C1

canas montañas. En la provincia hay varios parques nacionales, el más accesible de los cuales es el de la Tat Ton.

Puntos de interés

Las atracciones de Chaiyaphum son más bien modestas.

Al este de la ciudad está la **Prang Ku**, una pequeña torre jemer construida durante el reinado del último rey de Angkor, Jayavarman VII [1181-1219] como lugar de culto en un "centro de salud" en ruta entre la capital de Angkor, en Camboya, y Prasat Singh, en la provincia de Kanchanaburi. La figura de Buda dentro de la *ku* *(stupa)* data supuestamente del período Dvaravati (ss. VI-X). Pero la *prang* se conserva en mal estado y no hay gran cosa que ver.

Construido en 1950 como residencia del gobernador y convertido en museo recientemente, el **Tamnak Keeow** (Salón Verde; Th Burapha; gratis; ⌚9.00-16.00) presenta una colección poco lucida de cerámica, *mát·mèe* y fotografías de la visita del rey Rama IX en 1955. Habrá que pedirle al guardia que busque a quien tiene la llave. Cerca de allí, el **Centro Cultural de Chaiyaphum** (Th Bannakan; gratis; ⌚8.00-16.00 lu-sa) muestra réplicas de casas tradicionales. Pídase la llave en la sala que hay escalera arriba.

Fiestas y celebraciones

Los habitantes de Chaiyaphum celebran dos festivales de nueve días en honor de Jao Pho Phraya Lae, alto cargo de la corte laosiana que colonizó esta región en el s. XVIII y que posteriormente tuvo a bien aliarse con Bangkok cuando Chao Anou de Vientián declaró la guerra contra el poderoso reino de Siam (que acabaría como vencedor) a principios del s. XIX.

La **Feria de Jao Pho Phraya Lae** empieza el 12 de enero, fecha de su muerte, en los alrededores de su estatua, a la entrada de la ciudad. En abril o mayo se celebra la **ceremonia de ofrendas a Jao Pho Phraya Lae,** que coincide con el Bun Duean Hok (importante celebración isan), en un santuario erigido junto al lago, el lugar de su asesinato, unos 3 km al suroeste del centro. Ambos festejos incluyen un desfile de elefantes.

Dónde dormir

Deeprom Hotel HOTEL **$$**
(0 4482 2222; www.d-promhotel.com; 339/9 Th Bannakan; h 800-900 THB, ste 1800 THB;) Su alocado esquema cromático y su nombre (*deeprom* significa "perfecto") sin duda llaman la atención, pero las habitaciones no destacan tanto, aunque están bien para lo que cuestan.

Tonkoon Hotel HOTEL **$**
(0 4481 7881; 379 Th Bannakan; h 500 THB;) Las habitaciones recuerdan una residencia de estudiantes, pero todo está impecable. Buena opción económica.

Siam River Resort HOTEL **$$$**
(0 4481 1999; www.siamriverresort.com; Th Bannakan; h 990-2900 THB, bungalós 2900-5500 THB;) El mejor hotel de Chaiyaphum está en el centro, pero apartado del bullicio. Facilita bicicletas gratis a los clientes.

Ratanasiri Hotel HOTEL **$**
(0 4482 1258; 667/19 Th Non Meuang; h 200-500 THB;) Este coloso sin personalidad es una gran opción para los presupuestos más ajustados, pero si se dispone de un poco más vale la pena ir al Tonkoon, pues aquí las habitaciones no mejoran mucho conforme sube el precio. Eso sí, el agradable trato compensa la falta de ambiente. Hay wifi en el vestíbulo.

Dónde comer

El producto más representativo de Chaiyaphum son las salchichas *mahm* (de carne e hígado de vaca), pero como no gustan a todo el mundo, figuran en pocas cartas.

Bazar nocturno TAILANDESA **$**
(16.00-23.00) Este mercado callejero al oeste del centro ofrece mucho más que el mercado nocturno que hay junto a la estación de autobuses.

Chorragah Lahp Gory TAILANDESA DEL NORESTE **$**
(rótulo sin caracteres latinos; 299/21 Th Bannakan; platos 20-80 THB; desayuno, almuerzo y cena) Con suelos de cemento, techo de chapa y platos antiguos como el *gôry* que le da nombre (carne cruda con limón, guindilla, salsa de pescado y sangre), este restaurante traslada mentalmente al comensal a una aldea típica de Isan. Las fotografías de la carta permiten franquear la barrera idiomática.

Jae Hai Tek 'VEGANA' **$**
(rótulo sin caracteres latinos; Th Tantawan; platos 25-40 THB; desayuno y almuerzo;) A diferencia de la mayoría de restaurantes *jae* tailandeses, que solo tienen un bufé, este prepara platos al momento con sustitutos vegetales de pollo, calamar (*ɓlah mèuk*) y demás. Los platos se pueden pedir por el nombre habitual o señalando las fotografías colgadas de la puerta.

Información

Pat Pat (Th Non Meuang; internet 15 THB/h; 11.00-22.00) Agradable cibercafé cuyo propietario, Bun, es una buena fuente de información sobre Chaiyaphum. Además hay un pequeño servicio de intercambio de libros.

Oficina provincial de turismo (0 4481 1376; Th Bannakan; 8.00-16.00)

Tesco-Lotus (Th Sanambin) Cuenta con un cajero automático de AEON y con el único banco del centro abierto por las tardes y los fines de semana.

Cómo llegar y salir

Los autobuses a Khon Kaen (58-81 THB, 2½ h, cada hora) y Khorat (78-101 THB, 2½ h, cada ½ hora) salen de la **terminal de autobuses** (0 4481 1344) de Chaiyaphum. También algunos servicios a Bangkok (196-252 THB, 5 h), no obstante, la mayoría que van a la capital son de **Air Chaiyaphum** (0 4481 1556) o **Air Loei** (0 4481 1446), que tienen sus propias terminales. Ambas compañías cobran 252 THB en 1ª clase y 294 THB en clase vip. Air Loei también opera un servicio vip a medianoche (392 THB).

Nakhonchai Air (0 4481 2522) tiene seis autobuses entre Ubon Ratchathani (234-347 THB, 7 h, 22.40-4.40) y Chiang Mai (370-716 THB, 11 h, 19.10-1.10), también desde su propia terminal. La oficina está detrás de la puerta naranja.

Cómo desplazarse

Un *túk-túk* a cualquier destino de la ciudad no debería superar los 30 THB.

EL STONEHENGE TAILANDÉS

Mor Hin Khow (☎0 4481 0903; gratis), la parte más popular del Parque Nacional de Phu Laenkha, significa "montaña de rocas blancas" en isan, pero los operadores turísticos, más avispados, lo llaman "el Stonehenge tailandés". Comprende una fila de cinco pináculos naturales de piedra de 15 m de altura con la base más estrecha que la punta, y para nada se parece a su homónimo británico. Entre este lugar y en el **Pha Hua Nak** (Barranco Cabeza de Naga), un rincón estupendo para ver la puesta de sol, 2,5 km montaña arriba, hay otros tres campos de rocas menos espectaculares pero también curiosos. Es un lugar precioso y tranquilo, especialmente entre semana.

Acampar (tienda para 2/4 personas 100/200 THB) en el pequeño centro de visitantes es gratis, pero habrá que llevarse comida, porque los restaurantes tienen un horario limitado los fines de semana y festivos.

Se encuentra 21 km al noroeste del Parque Nacional de la Tat Ton, y el camino está bien señalizado; no hay transporte público.

Alrededores de Chaiyaphum

BAN KHWAO บ้านเขว้า

La mayoría de quienes visitan Chaiyaphum hacen una parada en el pueblo sedero de Ban Khwao, 13 km al suroeste por la carretera 225. La población, con muchas tiendas de telas y ropa, es conocida por sus buenos precios y *mát·mèe* (véase recuadro en p. 450) bastante fino. Actualmente muchas se tejen en otros pueblos, aunque algunas familias del lugar aún tienen telares en el sótano. En realidad, hoy lo que más se vende son los bordados, y muchas mujeres usan tanto la máquina de coser como el telar. El **Centro de Desarrollo Sedero** (rótulo sin caracteres latinos; gratis; ⌚8.30-16.30), junto al mercado, contiene una pequeña exposición sobre *mát·mèe,* pero ya no organiza circuitos.

Las sŏrng·tăa·ou a Ban Khwao (20 THB, 30 min, cada 20 min) aparcan cerca del cibercafé Pat Pat en Chaiyaphum.

PARQUE NACIONAL DE LA TAT TON อุทยานแห่งชาติตาดโตน

El **Parque Nacional de la Tat Ton** (☎0 4485 3333; entrada 200 THB), un pintoresco enclave al borde de los montes Laenkha, está 23 km al norte de la ciudad. Con una superficie de 218 km², el lugar es célebre principalmente por la fotogénica cascada que le da nombre, de solo 6 m de altura pero de hasta 50 m de anchura entre mayo y octubre, si bien algunos piensan que es más bonita de enero a abril, cuando el agua baja más clara. La cascada de **Tat Fah,** más pequeña, está a unos 20 km de la Tat Ton y en la estación de lluvias hace las veces de tobogán acuático.

El parque cuenta con **zonas de acampada** (por persona con tienda 30 THB, tienda para 2/6 personas 280/660 THB) y **bungalós** (☎0 2562 0760; www.dnp.go.th/parkreserve; para 2-14 personas 600-3500 THB), situados en puntos estratégicos junto al río, además de algunos restaurantes sencillos.

Cada mañana salen de Chaiyaphum *sŏrng·tăa·ous* (35 THB, 1 h) frecuentes que pasan por la entrada del parque (a 1,5 km a pie de la cascada por un camino escarpado), pero desde las 9.30 hay pocas, y ninguna a partir de las 13.00, así que lo más rápido suele ser volver en autostop.

PROVINCIA DE KHON KAEN

La provincia de Khon Kaen, puerta de entrada a Isan desde el norte de Tailandia, presenta una interesante mezcla de lo antiguo y lo nuevo. La agricultura y la actividad textil aún dominan la vida del campo, mientras que la capital cada día es más moderna.

Khon Kaen ขอนแก่น

145 300 HAB.

Sede de la universidad más grande del noreste e importante centro comercial y financiero, Khon Kaen es una ciudad joven, culta y dinámica. Es de esos lugares que suelen elogiarse más como lugar para vivir que como destino turístico, aunque cuenta con suficientes puntos de interés y buenas instalaciones como para que valga la pena pararse.

Aquí el *boom* económico de Isan se deja notar: las calles se han llenado de tráfico y la ciudad se ha cubierto de hormigón. Pero aun así el encanto característico de Isan aún late; solo hay que escarbar un poco para encontrarlo.

Puntos de interés

BUENG KAEN NAKHON บึงแก่นนคร

Este lago de 100 Ha es el lugar más placentero de la ciudad, con senderos que lo rodean y comunican varios lugares interesantes. Se alquilan bicicletas en el mercado y en la orilla oeste del lago, enfrente del Wat Klang Muang Kao; en este último lugar hay también tándems de dos y tres plazas (20 THB por hora y asiento).

Wat Nong Wang TEMPLO

(วัดหนองแวง; Th Robbung; ⌚horas de sol) No hay que dejar de ver la **Phra Mahathat Kaen Nakhon** (⌚8.00-18.00), imponente *stupa* situada en el corazón de este importante templo, en el extremo sur del lago. Presenta unos murales muy ilustrativos sobre la cultura de Isan y varias muestras históricas, entre ellas una colección de budas curiosos en la 4ª planta, además de un mirador en la 9ª.

Santuario de Mahesak SANTUARIO

(ศาลเจ้าพ่อมเหศักดิ์; Th Robbung) Esta moderna *prang* de estilo jemer está dedicada al dios hinduista Indra. De noche da un poco miedo.

Mercado de Rim Bueng Kaen Nakhon MERCADO

(ตลาดริมบึงแก่นนคร; Th Robbung; ⌚16.00-22.00) Este pequeño pero divertido mercado a la sombra del enorme *bòht* y la *chedi* del **Wat That** tiene puestos de comida, cerámica para pintar y otros artículos. De día se alquilan botes a pedales (30 THB/30 min).

Museo de la Ciudad de Khon Kaen MUSEO

(โฮงมูนมังเมืองขอนแก่น; Th Robbung; entrada 90 THB; ⌚9.00-17.00 lu-sa) El museo de Hong Moon Mung, dentro del anfiteatro, ofrece una buena introducción a Isan, con dioramas y exposiciones que se remontan hasta el Jurásico.

Sanjao Bueng Tao Gong Ma TEMPLO

(ศาลเจ้าปึงเถ่ากงม่า; Th Robbung) También llamado Sanjao Bueng Kaen Nakhon, es el templo chino más grande y bonito de Khon Kaen. En el parque al otro lado de la calle hay una gran estatua de Guan-Im, diosa china de la Compasión.

Wat Pho Ban Nontan TEMPLO

(วัดโพธิ์โนนทัน; Th Phot Thisan; ⌚horas de sol) Este tranquilo templo junto al lago y rodeado de árboles precede a la ciudad en el tiempo. Tiene una *săh·lah* sin parangón en Tailandia. La planta baja está cubierta de ingeniosas esculturas de árboles, animales y escenas populares de gente que representan antiguos proverbios isan.

Pagoda de Un Pilar SANTUARIO

(ศาลเจ้าเสาเดียว; Th Robbung) Esta réplica del emblemático templo de Hanói fue construida por la gran comunidad vietnamita de Khon Kaen. Es un bonito lugar para ver la puesta de sol.

OTRAS DIRECCIONES

Museo Nacional de Khon Kaen MUSEO

(พิพิธภัณฑสถานแห่งชาติขอนแก่น; Th Lang Sunratchakan; entrada 100 THB; ⌚9.00-16.00 mi-do) Su colección abarca desde la Prehistoria hasta la actualidad. Destaca la cerámica de Ban Chiang y un bonito *săir·mah* (señalizador de los límites de un templo) de la época Dvaravati que representa a la princesa Pimpa mientras asea los pies de Buda con su cabello. Las muestras sobre la vida doméstica y la agricultura anticipan lo que se verá en el campo.

Wat Tham Uthayan TEMPLO

(วัดธรรมอุทยาน; Th Mittaphap; ⌚horas de sol) Templo muy tranquilo, situado 10 km al norte de la ciudad, con bonitos monumentos, incluido un buda blanco andante de 23 m de altura. Se ha convertido en un conocido centro de meditación en el que, más que enseñar el método formal, Luang Po Gluai anima a la gente a que encuentre su propio camino hacia la paz interior. Se llega con la *sŏrng·tăa·ou* nº 4 (15 THB) desde las calles Na Muang o Prachasamoson.

Museo Universitario de Arte y Cultura MUSEO

(หอศิลปวัฒนธรรม มหาวิทยาลัยขอนแก่น; gratis; ⌚10.00-19.00) Lo más destacado del museo universitario de Khon Kaen son las dos plantas de la galería de arte, donde se programan instalaciones mensuales de obras de estudiantes y profesionales. El **Museo Educativo** (gratis; ⌚8.30-16.30), por detrás de la planta superior, ofrece una breve introducción a la cultura isan, pero solo para quien sepa leer thai.

Khon Kaen

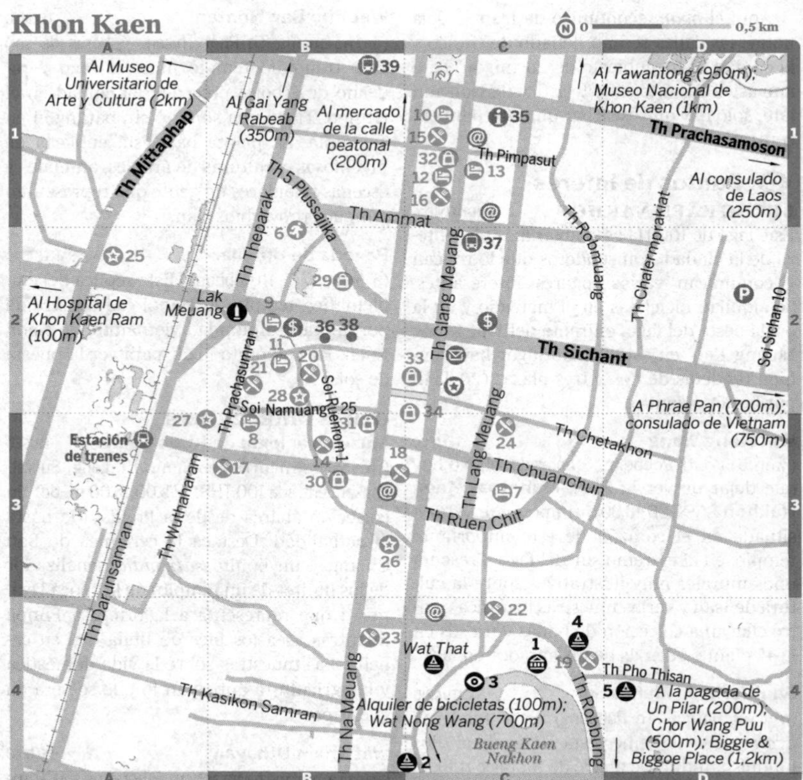

Actividades

Dos operadores de Khon Kaen ofrecen visitas por la ciudad y circuitos por toda Isan.

Khon Kaen Education & Travel Programs CIRCUITOS
(☎08 3359 9115; www.tourisaan.com) Orientada al turismo de ocio, ofrece salidas en kayak por el río Nam Phong cerca de la presa de Ubonrat, entre otras actividades.

Veena Spa CURSOS DE MASAJE
(☎08 9711 8331; veenasspa@gmail.com; Soi Supatheera) Clases de masaje tailandés en inglés.

Fiestas y celebraciones

La **Feria de la Seda** y el **Festival de Phuk Siaw** se celebran simultáneamente durante doce días desde finales de noviembre. Centrado en la *săh·lah glahng*, el segundo aspira a conservar la tradición del *pòok sèe·o* (vínculo de amistad), unión ritual de los amigos durante la cual se anudan a la muñeca el *fâi pòok kăan* (lazo sagrado); más que un mero acto simbólico, cada amigo pretende hermanarse con el otro hasta colocarse al mismo nivel que sus consanguíneos. También se programan desfiles y espectáculos de música tradicional.

Dónde dormir

Piman Garden HOTEL $$
(☎0 4333 4111; Th Glang Meuang; h 850-1250 THB, ste 1450-1650 THB; ❄@📶) Apartado de la calle y con un atractivo jardín, este hotel ofrece paz e intimidad a pesar de su céntrica ubicación. Todas las habitaciones tienen caja fuerte, nevera y, en muchos casos, balcón o porche. Aun con la reciente subida de precios, sale a cuenta.

Glacier Hotel HOTEL $$$
(☎0 4333 4999; www.glacier-hotel.com; Soi Na Muang 25; i con desayuno 1800-2100 THB, d con de-

Khon Kaen

Puntos de interés

1 Museo de la Ciudad de Khon Kaen....... C4
2 Santuario de Mahesak....... C4
3 Mercado de Rim Bueng Kaen Nakhon . C4
4 San Jao Bueng Tao Gong Ma....... C4
5 Wat Pho Ban Nontan....... D4

Actividades, cursos y circuitos

6 Centrum Spa....... B2

Dónde dormir

7 Charoenchit House....... C3
8 Glacier Hotel....... B3
9 Grand Leo Hotel....... B2
KK Centrum....... (véase 6)
10 Piman Garden....... C1
11 Pullman Raja Orchid....... B2
12 Roma Hotel....... C1
13 Saen Samran Hotel....... C1

Dónde comer

14 Dee Dee....... B3
15 First Choice....... C1
16 Puestos de comida....... C1
17 Hom Krun....... B3
18 Mercado nocturno....... B3
Pavilion Café....... (véase 11)
19 Plapanoy....... C4
20 Pomodoro....... B2
21 Restaurant Didine....... B2
Rim Bueng Kaen Nakhon....... (véase 3)
22 Slove U....... C4
23 Tasty Chocolat....... B4
24 Turm-Rom....... C3

Ocio

25 Central Plaza....... A2
26 Fairy Plaza....... B3
27 Rad....... A3
28 U-Bar....... B2

De compras

29 International Books, Travel and More....... B2
30 Prathammakant....... B3
31 Rin Thai Silk....... B3
32 Sueb San....... C1
33 Talat Banglamphu....... C2
34 Talat Bobae....... C2
The Souvenir....... (véase 12)

Información

35 Autoridad de Turismo de Tailandia (TAT)....... C1
Très Bien Travel....... (véase 13)
36 Tukcom....... B2

Transporte

37 Terminal de autobuses con A/A....... C2
38 Narujee....... B2
39 Terminal de autobuses normales....... B1
Oficina de THAI....... (véase 13)

sayuno 2050-2350 THB; ❄@📶🏊) Hotel-*boutique* en forma de cubito de hielo gigante de tonos blancos y azulados. Quizá se pase un poco de moderno, pero es muy agradable y divertido. Cada habitación tiene su diseño, y todas están perfectamente equipadas.

Charoenchit House HOTEL $
(☎0 4322 7300; www.chousekhonkaen.com; Th Chuanchun; h 400-600 THB; ❄@📶) Vistos desde el exterior, estos dos austeros bloques blancos al norte del lago no prometen mucho. Pero tanto las habitaciones sencillas (400 THB) como las de 600 THB, mejores, ofrecen más lujos de los esperables.

KK Centrum HOTEL $$
(☎08 1574 0507; www.kk-centrum.com; 33/17-18 Soi Supatheera; h 650-850 THB, desayuno incl.; ❄📶) Parece un hotelito tailandés cualquiera, pero sobresale tanto por los detalles como por el equipamiento. El dueño, que vive en el mismo edificio, se asegura de que el servicio sea bueno. Además es un lugar tranquilo, situado en la parte de atrás de la manzana.

Saen Samran Hotel HOTEL $
(☎0 4323 9611; 55-59 Th Glang Meuang; i/d 200/250 THB; @📶) El hotel más antiguo de la ciudad es también el que tiene más personalidad, con una planta superior de madera que recuerda sus mejores tiempos. Las habitaciones están algo ajadas pero limpias, y el dueño es una buena fuente de información local.

Pullman Raja Orchid HOTEL $$$
(☎0 4332 2155; www.pullmanhotels.com; junto a Th Prachasumran; h con desayuno 2725-2950 THB, ste 3450-5450 THB; ❄@📶🏊) El deslumbrante vestíbulo anticipa la pauta de este hotel de la cadena Accor, uno de los mejores de Isan. Está en el centro y ofrece muchos lujos, desde *spa* y gimnasio hasta una cervecería y habitaciones bien equipadas. Vale la pena pagar 225 THB más por una superior, recién reformadas y con mejores vistas.

Roma Hotel HOTEL $
(☎0 4333 4444; Th Glang Meuang; h 230-1000 THB; ❄📶) Una sencilla pero efectiva reforma ha dado alegría a un edificio viejo y deprimente, con lo que las habitaciones más baratas salen muy a cuenta. Las de estilo *boutique* cuestan 100 THB más y muestran más colorido pero menos gusto, y por ese precio se pueden encontrar mejores ofertas en otros lugares.

Grand Leo Hotel HOTEL $
(☎0 4332 7745; 62-62/1 Th Sichant; h 350-450 THB; ❄) Hotel aburrido y anticuado, aunque funcional, cerca de la marcha nocturna.

Biggie & Biggoe Place HOTEL $$
(☎0 4332 2999; Th Robbung; h 650-800 THB; ❄📶) Buena apuesta si se busca tranquilidad. Las habitaciones no tienen mucha personalidad, pero tampoco no están mal.

Dónde comer y beber

Khon Kaen cuenta con un buen **mercado nocturno** (Th Reunrom; ⏲17.00-24.00) y la manzana más al este del mercado de la calle peatonal (p. 447) es un lugar estupendo para comer algo. También hay puestos de comida en el mercado de Rim Bueng Kaen Nakhon (p. 443), aunque la gente lo visita más por el ambiente que para comer. Otra opción económica interesante son los **puestos de comida** (Th Glang Meuang; ⏲almuerzo y cena) entre Th Ammat y el Hotel Roma.

👍 **Turm-Rom** TAILANDESA $
(Th Chetakhon; platos 39-139 THB; ⏲cena) Espléndido restaurante con un tranquilo jardín a cubierto. El *hòr mòk tá·lair* (*curry* de marisco servido en un coco) es especialmente recomendable.

👍 **Dee Dee** TAILANDESA $
(Soi Khlong Nam; platos 30-80 THB; ⏲almuerzo) Aunque puede parecer una tienda cualquiera de comida para llevar, Khun Jaang hace maravillas con su *wok,* p. ej., *bàt mèe pát tim* (fideos al huevo salteados con pasta de *curry* rojo).

Chor Wang Puu TAILANDESA $$
(rótulo sin caracteres latinos; Th Robbung; platos 80-350 THB; ⏲cena) El "Palacio del Cangrejo", con sus comedores en madera y techumbre de paja alrededor de un gran estanque, recuerda vagamente a un poblado de pescadores. Naturalmente, el pescado sobresale en una carta de platos tailandeses, isan y chinos. De noche es muy bonito, e incluso se ve la puesta de sol más allá del lago.

Slove U CAFÉ $
(Th Sri Nual; té verde con leche 40 THB; ⏲almuerzo y cena; 📶) La juventud local dispone de muchos cafés de calidad, pero este, minúsculo y atestado de curiosidades, es uno de sus favoritos.

Hom Krun TAILANDESA $
(Th Reunrom; platos 45-199 THB; ⏲almuerzo y cena) Café de día y bar de noche, su ambiente relajado y terraza con sombra convierten a este local en uno de los favoritos de la ciudad para este autor.

Gai Yang Rabeab TAILANDESA DEL NORESTE $
(rótulo sin caracteres latinos; Th Theparak; platos 30-160 THB; ⏲almuerzo) Para muchos tailandeses, el mejor *gài yâhng* es el de la provincia de Khon Kaen, y particularmente el que elaboran en este sencillo restaurante 100% isan, pues tanto los dueños como los pollos proceden de Khao Suan Kwang, centro del *gài yâhng.*

Tawantong 'VEGANA' $
(Th Lang Sunratchakan; platos 25-35 THB; ⏲desayuno y almuerzo; 🖉) Amplio bufé vegetariano frente al Museo Nacional con una comida tan buena que también congratula a muchos carnívoros.

Plapanoy TAILANDESA DEL NORESTE $
(rótulo sin caracteres latinos; Th Robbung; platos 30-250 THB; ⏲almuerzo y cena) A este gran local cerca del Beung Kaen Nakhon es adonde los lugareños llevan a sus invitados foráneos para que prueben genuina comida de Isan, particularmente pescado.

Restaurant Didine INTERNACIONAL $$
(Th Prachasumran; platos 45-355 THB; ⏲cena) Su chef y propietario es francés y elabora una suculenta y sorprendente cocina *fa·ràng,* p. ej., salmonete al azafrán, aunque los platos italianos decepcionan.

Pomodoro ITALIANA $$
(Soi Khlong Nam; platos 140-320 THB; ⏲cena; 📶) El mejor italiano de la ciudad.

Pavilion Café INTERNACIONAL $$$
(Th Prachasumran; desayuno/almuerzo/cena 400/460/660 THB; ⏲desayuno, almuerzo y cena) El restaurante principal del hotel Pullman prepara un excelente bufé internacional. Cerca de él, el bufé del Kosa

Hotel es parecido, aunque no tan variado, y cuesta la mitad.

First Choice INTERNACIONAL-TAILANDESA $
(Th Pimpasut; platos 40-250 THB; desayuno, almuerzo y cena;) Es lo más parecido que hay en Khon Kaen a un albergue de mochileros, con una carta estándar de platos autóctonos y *fa·ràngs;* además, la comida tailandesa no está nada mal. Arriba hay habitaciones sencillas y baratas (150-200 THB).

Tasty Chocolat CAFÉ $
(0 08 9572 7997; Th Nikorn Samrann; almuerzo y cena;) Chocolatería muy típica de Isan.

Ocio

Rad LOCAL NOCTURNO
(Th Prachasumran) Referencia de la noche en Khon Kaen, es un local exuberante y polifacético, con música en directo, DJ, karaoke, bailarinas de barra y restaurante al aire libre.

U-Bar LOCAL NOCTURNO
(Soi Khlong Nam) El U-Bar, territorio casi exclusivo de los universitarios, es más pequeño que el Rad, pero igual de ruidoso y concurrido.

Central Plaza CINE
(Th Sichant) El centro comercial más llamativo de Khon Kaen ofrece cine en versión original y una bolera.

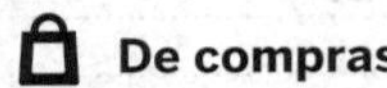

De compras

Khon Kaen es el mejor lugar para comprar artesanía de Isan.

Mercado de la calle peatonal MERCADO
(Th Na Soon Ratchakan; 18.00-23.00 sa) Al estilo de Chiang Mai, cientos de vendedores, muchos de ellos estudiantes, se reúnen para vender bolsos hechos a mano, camisetas, postales, marcos y otros artículos, y casi nada sube de los 150 THB. Por puntos estratégicos aparecen bailarines, músicos y otros artistas callejeros.

Prathammakant ARTESANÍA
(Th Reunrom; 9.00-19.30) Sin duda, la mayor y la mejor selección de artesanía de la ciudad, seda incluida. Ideal para quien solo quiera ir a una tienda.

Phrae Pan ARTESANÍA
(131/193 Th Chatapadung) Aunque algo apartada (cerca del consulado de Vietnam), esta tienda gestionada por el Centro de Artesanía para el Desarrollo de las Mujeres del Noreste cuenta con una excelente selección de seda y algodón tejidos y teñidos artesanalmente en los poblados cercanos.

Souvenir COMIDA
(46/3 Th Glang Meuang; 7.00-20.00) Pocos visitantes tailandeses se van de Khon Kaen sin llenar la maleta de productos autóctonos, entre ellos *gun chee·ang* (choricillos de cerdo), *kà·nŏm tùa* (dulces hechos con cacahuete) y *kà·nŏm tan·yá·pêut* (dulces de semillas). Este negocio, casi centenario, también ofrece degustaciones gratis.

Sueb San ARTESANÍA
(rótulo sin caracteres latinos; 16 Th Glang Meuang; 8.00-18.30 lu-sa) Más a mano que Phrae Phan, aquí también hay tejidos teñidos con tintes naturales, así como algunos recuerdos artesanos atípicos.

Rin Thai Silk ARTESANÍA
(412 Th Na Meuang) Muchos lugareños, especialmente las futuras novias, eligen en este lugar las mejores sedas.

Talat Bobae y Talat Banglamphu MERCADOS
(Th Glang Meuang) Aunque con poco que se pueda calificar de recuerdo, en estos mercados contiguos, llenos de productos de alimentación, menaje y ropa de segunda mano, son un buen lugar para curiosear.

International Books, Travel & More LIBROS
(Soi 4, Th Sichant; 9.00-18.00 lu-sa) Libros de segunda mano.

Información

Consulados

Laos (0 4324 2857; Th Prachasamoson; 8.00-12.00 y 13.00-16.00 lu-vi) Tardan de 15 a 30 minutos en tramitar un visado. Solo se puede pagar en *bahts*, y el tipo de cambio es muy malo, así que sale mejor tramitarlo en la frontera y pagar en dólares estadounidenses.

Vietnam (0 4324 2190; www.vietnamconsulate-khonkaen.org/en; 65/6 Th Chatapadung; 9.00-11.30 y 14.00-16.30 lu-vi) Si se solicita por la mañana, se tendrá el visado listo por la tarde.

Urgencias y asistencia médica

Hospital de Khon Kaen Ram (0 4333 3800; Th Sichant) Servicio de urgencias 24 horas.

Policía turística (0 4322 6195; Th Mittaphap) Al sur de la ciudad, junto a HomePro.

Acceso a internet

Encontrar un cibercafé en Khon Kaen no es tan difícil. Los insomnes pueden recurrir a **S-Force** (Th Na Meuang; 17 THB/h; ⌚24 h).

Dinero

Los bancos de los tres centros comerciales más grandes de Khon Kaen, el **Central Plaza** (Th Sichant), el **TukCom** (Th Sichant) y el **Fairy Plaza** (Th Na Meuang), abren por la tarde y los fines de semana. En el Central y el Fairy hay cajeros automáticos de AEON.

Correos

Oficina principal de correos (Th Glang Meuang; ⌚8.30-16.30 lu-vi, 9.00-12.00 sa, do y fest) Cuenta con un pequeño museo postal.

Información turística

Inmigración (☎0 4346 5242; ctra. 2; ⌚8.30-12.00 y 13.00-16.30 lu-vi) Al norte de la ciudad, cerca de la entrada a la Universidad de Khon Kaen.

Autoridad de Turismo de Tailandia (TAT; ☎0 4324 4498; tatkhkn@tat.o.th; Th Prachasamoson; ⌚8.30-16.30) Proporciona planos de la ciudad y puede atender cualquier consulta sobre las provincias colindantes.

Agencias de viajes

Très Bien Travel (☎0 4332 2155; Pullman Raja Orchid, cerca de Th Prachasumran; ⌚8.30-17.30 lu-vi, hasta 14.00 sa)

ℹ Cómo llegar y salir

Avión

THAI (☎0 4322 7701; www.thaiairways.com; Pullman Raja Orchid, junto a Th Prachasumran; ⌚8.00-17.00 lu-vi) opera tres vuelos diarios entre Bangkok y Khon Kaen (2600 THB ida).

Varios hoteles, entre ellos el Pullman o el Piman Garden, envían servicios de enlace (70 THB) a las llegadas al aeropuerto de Khon Kaen, y no son exclusivos para sus clientes.

Autobús

Khon Kaen es un importante centro del transporte desde donde se puede ir directo a casi todas las ciudades de Isan y a otras mucho más alejadas. En la carretera de circunvalación, al sur de la ciudad, se ha construido una nueva terminal de autobuses con aire acondicionado, pero no parece que vaya a estar operativa inminentemente. Hasta entonces, la **terminal de autobuses normales** (☎0 4333 3388; Th Prachasamoson) y la **terminal de autobuses con aire acondicionado** (☎0 4023 9910; Th Glang Meuang) están convenientemente situadas en el centro. La segunda debería llamarse "terminal de autobuses de 1ª y vip", ya que los de 2ª con aire acondicionado (y algunos de 1ª) usan la primera. Los mejores servicios vip a Bangkok (512 THB) los ofrecen **Nakhonchai Air** (☎0 2936 0009), con salidas a las 11.15, 23.15 y 23.20, y **999 VIP** (☎0 4323 7300), a las 23.00. En la terminal de autobuses con aire acondicionado se pide el visado laosiano si se quiere un billete para Vientián (180 THB, 4 h, 7.45 y 15.15).

AUTOBUSES DESDE LA TERMINAL DE AUTOBUSES NORMALES

DESTINO	PRECIO (THB)	DURACIÓN (H)
Chaiyaphum	58-81	2½
Khorat	118	3
Loei	129	3½
Mukdahan	155	4½
Nakhon Phanom	221	5
Nong Khai	110	3½
Phitsanulok	202-223	6
Roi Et	73-94	2½
Udon Thani	76	2

AUTOBUSES DESDE LA TERMINAL DE AUTOBUSES CON AIRE ACONDICIONADO

DESTINO	PRECIO (THB)	DURACIÓN (H)
Bangkok	329-512	6-7
Chiang Mai	437-504	12
Khorat	118-230	3
Nakhon Phanom	221	5
Mukdahan	187	4
Nong Khai	139	3½
Phitsanulok	290	6
Estación de autobuses de Suvarnabhumi (aeropuerto)	335	6½
Ubon Ratchathani	216-252	4½
Udon Thani	101	2

Tren

Un tren expreso por la mañana y dos a media tarde conectan Bangkok (2ª clase con A/A 399 THB, 1ª clase litera superior/inferior 968/1168 THB, 8 h) con la **estación de trenes de Khon Kaen** (☎0 4322 1112). Por la tarde hay otro rápido más barato. A Udon Thani (3ª clase 25 THB, 2ª clase con A/A 117 THB, 1½-2 h) hay cuatro trenes a primera hora de la mañana y de la tarde; solo los de la mañana siguen hasta Nong Khai.

Cómo desplazarse

Las *sŏrng·tăa·ous* (9 THB) cubren rutas regulares por toda la ciudad. Algunas de las más prácticas (y que pasan por la terminal de autobuses con aire acondicionado en Th Glang Meung) son la nº 8, que va al Wat Nong Wang y al noroeste vía la universidad, la nº 10, que pasa frente a los consulados de Laos y Vietnam (este último queda 150 m al norte del semáforo al este del Hospital de Khon Kaen), la nº 11, que pasa por la estación de trenes; y la nº 21 (naranja), que va hasta el Museo Nacional.

Los *túk-túks* son el medio más caro para desplazarse (una carrera corta cuesta 40-60 THB), pero también el más usado porque es difícil encontrar **taxis con taxímetro** (☎0 4346 5777, 0 4334 2800; bajada de bandera 30 THB, con llamada 20 THB) por la calle y cuando se piden por teléfono suelen tardar. El único lugar donde es fácil encontrar taxis o mototaxis (carrera urbana 20-30 THB) es en las estaciones de autobuses y en el centro comercial Central Plaza.

Por el centro comercial TukCom hay muchas agencias de alquiler de vehículos; **Narujee** (☎0 4322 4220; Soi Kosa), con precios a partir de 1200 THB por automóvil con conductor, es de confianza.

Alrededores de Khon Kaen

CHONNABOT ชนบท

Situada 55 km al suroeste de Khon Kaen, esta pequeña localidad es uno de los pueblos sederos más prósperos de Tailandia, famoso por su *mát·mèe*. La **Sala Mai Thai** (rótulo sin caracteres latinos; ☎0 4328 6160; gratis; ⊙9.00-17.00 ju-ma), situada en el campus de la Facultad de Educación Industrial y Comunitaria de Khon Kaen, es un museo que repasa y explica todo el proceso de elaboración de la seda; incluso se puede manejar un telar. En la parte de atrás hay una sala de exposiciones que muestra los modernos artefactos usados para hilar, atar, teñir y tejer la seda a mano y una máquina enorme usada en las fábricas. En una sala de la planta superior se exponen motivos tradicionales del *mát·mèe* y un par de réplicas de casas tradicionales de Isan. El lugar está 1 km al oeste del pueblo, junto a la carretera.

En el museo también se vende seda, pero la mayoría prefiere comprarla en las numerosas tiendas de Th Sriboonruang, también conocida como la **calle de la Seda**, donde también se encontrarán bonitas telas de algodón elaboradas en el cercano pueblo de Ban Lawaan. Más lejos del centro, especialmente hacia el norte, cerca del templo y la escuela, es fácil ver a mujeres trabajando en los telares en sus casas, y no suele importarles que la gente se pare a mirar.

Los servicios a Nakhon Sawan de la estación de autobuses normales de Khon Kaen paran en Chonnabot (39 THB, 1 h, 6 diarios). También se puede tomar un autobús (30-40 THB, 1 h, cada ½ hora) o un tren (9 THB, 30 min) a Ban Phai, y de allí un autobús a Chonnabot (15 THB, 20 min, cada hora).

PRASAT PUAY NOI ปราสาทเปือยน้อย

El **Prasat Puay Noi** (gratis; ⊙horas de sol), del s. XII, es el conjunto de ruinas jemeres más grande e interesante del norte de Isan, aunque no pueda competir incluso con las menos conocidas situadas más al sur. El monumento, orientado al este, tiene aproximadamente el tamaño del Prasat Muang Tam de Buriram, aunque es menos imponente. Comprende un gran santuario central de arenisca coronado por tres *prangs* parcialmente derruidas y está rodeado de muros de laterita. En el frontón de detrás de la "biblioteca" se conservan algunas tallas excelentes (entre ellas una de Siva a lomos de su toro, Nandi) y unas *nagas* muy realistas en la esquina de la puerta principal.

Para llegar con transporte público desde Khon Kaen, hay que tomar un autobús (30-40 THB, cada ½ hora) o un tren (9 THB, 30 min, 7.55 o 8.39) hasta Ban Phai, y allí una *sŏrng·tăa·ou* a Puay Noi (35 THB, 1 h). La última *sŏrng·tăa·ou* de regreso a Ban Phai sale a las 14.00. Con vehículo propio, hay que seguir la carretera 2 al sur hasta Ban Phai, a 40 km, luego proseguir al este por la carretera 23 (siguiendo las indicaciones a Borabu) durante 11 km hasta la carretera 2301 y finalmente tomar la 2297. Ban Puay Noi queda 24 km al sureste.

PARQUE DE ORQUÍDEAS

Si se visita Chonnabot entre finales de diciembre y principios de febrero (depende del tiempo), vale la pena desviarse hasta el **Wat Pa Mancha Khiri** (⊙horas de sol), 11 km al oeste. En esa época, miles de orquídeas "cola de zorro" (o "Chang Kra") embellecen sus jardines. La oficina local de la TAT (p. 448) sabe las fechas exactas.

'MÁT·MÈE'

Debido al creciente interés tanto de los tailandeses como de los extranjeros, la tradición isan del *mát·mèe* está de nuevo en auge y se ha convertido en uno de los tejidos más distintivos de Tailandia. Similar al *ikat* indonesio, el *mát·mèe* es una técnica de teñido con nudos (*mát* significa "nudo" y *mèe*, "hebras") que da como resultado un motivo geométrico que se repite según se completa la pieza.

Para empezar, las tejedoras atan fuertemente las hebras (ya sean de seda o algodón) a lo largo de un armazón de madera de la misma anchura que la pieza que se confecciona. Trabajando casi siempre de memoria, estas profesionales cubren con plástico (antes se utilizaban cortezas de plátano) las hebras entre nudos conforme al patrón deseado. A continuación se sumerge la armazón en el tinte (por lo general químico, aunque los naturales, obtenidos a partir de flores y cortezas de árbol, se valoran cada vez más), que colorea las hebras expuestas pero no las recubiertas. Este proceso se repite hasta conseguir los complejos dibujos que cobran vida en el telar. Cuanto más se asiste a este proceso, más asombra que el producto final resulte tan bonito.

Casi todos los motivos, transmitidos de madres a hijas, son representaciones abstractas de elementos naturales como árboles y pájaros, pero los diseñadores trabajan cada vez más con grupos de tejedoras para crear estampados más modernos, que siempre son más caros.

PARQUE NACIONAL DE PHU WIANG อุทยานแห่งชาติภูเวียง

En 1976 unos mineros de uranio descubrieron en esta región una rótula gigantesca perteneciente a un herbívoro fosilizado de 15 m al que los paleontólogos, en honor a la princesa Sirindhorn, llamarían *Phuwianggosaurus sirindhornae*. Aquel hecho desató una fiebre por los dinosaurios (lo que explica la epidemia de réplicas de estos animales que hay en Khon Kaen). Se encontraron nuevos restos y así nació el **Parque Nacional de Phu Wiang** (☎0 4335 8073; entrada 200 THB).

A las cercadas **excavaciones** (☎8.30-16.30), una de ellas con un esqueleto parcial de *Siamotyrannus isanensis,* un antepasado del *Tyrannosaurus rex,* se puede llegar fácilmente por senderos desde el centro de visitantes o de las cercanas zonas de aparcamiento. Quienes quieran explorar más a fondo (preferiblemente en todoterreno o bicicleta de montaña), encontrarán huellas de dinosaurio, cascadas y un espléndido mirador.

El **Museo de Phu Wiang** (☎0 4343 8204; ⏲9.00-17.00 ma-do; gratis), 5 km antes de llegar al parque, presenta muestras paleontológicas y geológicas, entre ellas reproducciones a tamaño real de las diferentes especies de dinosaurios que vivieron en la zona. A los chavales les encanta, al igual que las gigantescas estatuas de estos grandes animales del cercano **Parque de Dinosaurios de Si Wiang.** Wiang Kao, el distrito encajado en el interior de los montes en forma de herradura que comprende el parque, es una zona de cultivo de frutas y un rincón estupendo para explorar en automóvil y ver la vida rural tradicional.

En el parque hay un **bungaló** (☎0 2562 0760; www.dnp.go.th/parkreserve; bungaló 1200 THB) de 12 plazas y una **zona de acampada** (por persona con tienda 30 THB, tienda para 4/6 personas 400/600 THB). De día se vende comida sencilla.

La entrada del parque se encuentra 90 km al oeste de Khon Kaen. Desde la terminal de autobuses normales de Khon Kaen hay salidas a Phu Wiang (40-50 THB, 1½ h, cada ½ hora), donde se puede tomar un *túk-túk* (400 THB ida y vuelta) o un mototaxi (200 THB) para cubrir los 19 km restantes hasta la entrada del parque. Si se paga solo el billete de ida, se corre el riesgo de no encontrar transporte de regreso.

PARQUE NACIONAL DE NAM NAO อุทยานแห่งชาติน้ำหนาว

El **Parque Nacional de Nam Nao** (☎0 5681 0724; entrada 200 THB), una de las reservas naturales más preciadas de Tailandia, cubre unos 1000 km² y se extiende por los montes Phetchabun y las provincias de Chaiyaphum y Phetchabun, junto a la de Khon Kaen. Aunque cubre un territorio remoto (feudo del Ejército Popular de Liberación de Tailandia hasta principios de la década de 1980), la carretera 12 facilita el acceso.

Con 800 m de altitud de media, las temperaturas son bastante frescas todo el año (*âm nŏw* significa "el agua está fría"), y en diciembre y enero a veces hiela. En la zona nacen tres ríos: el Chi, el Saphung y el Phrom, y los bosques, de hoja perenne y caduca, se mezclan con las enormes plantaciones de bambú.

Junto al parque se extiende la **Reserva Natural de Phu Khiaw**, de 1560 km², así que abunda la fauna; no obstante, los animales son más tímidos que en el cercano Parque Nacional del Phu Kradueng y se producen menos avistamientos. Con un poco de suerte se pueden ver elefantes, osos malayos, *bantengs* (bueyes salvajes), chacales, ciervos ladradores, gibones, pangolines y ardillas voladoras. Incluso hay algunos tigres. Por su parte, más de doscientas especies de aves, entre ellas loros y cálaos, pueblan las copas de los árboles.

Una buena red de **senderos** comunica el centro de visitantes con diversos miradores panorámicos. La **cascada de Haewsai** está 17 km al este del centro de visitantes, mientras que los mejores **miradores** para ver el amanecer/niebla de la mañana (a 5 km) y la puesta de sol (a 11 km) se encuentran al oeste.

Junto al centro de visitantes hay **zonas de acampada** (por persona con tienda 30 THB, tienda para 2-6-personas 100-300 THB), varios **bungalós** (☎0 2562 0760; www.dnp.go.th/parkreserve; bungalós para 4-12 personas 1000-4000 THB) y sencillos restaurantes.

De Khon Kaen (115 THB, 2½ h) y Phitsanulok al parque hay autobuses cada hora. El centro de visitantes queda a 1,5 km de la carretera.

PUEBLO DE LAS COBRAS DE BAN KHOK SA-NGA หมู่บ้านงูจงอางบ้านโคกสง่า

El autodenominado "pueblo de la cobra real" de Ban Khok Sa-Nga siente pasión por estas serpientes; los habitantes de la zona las crían a centenares, y casi todas las familias tienen unas cuantas metidas en cajas debajo de sus casas.

Esta costumbre viene de 1951, cuando Ken Yongla, un vendedor ambulante de hierbas medicinales, empezó a ofrecer espectáculos con serpientes para atraer clientes. Tuvo éxito, y el arte de la cría y el entrenamiento de serpientes arraigó en el pueblo. En la actualidad, el Club de la Cobra Real ofrece **espectáculos con serpientes** (donativo recomendado; ⌚8.30-17.00) en las que los manipuladores de ofidios tientan al destino; y a menudo pierden, como demuestran los muchos dedos amputados. La venta de hierbas medicinales aún se mantiene.

El pueblo está 50 km al noreste de Khon Kaen por las carreteras 2 y 2039. Desde la estación de autobuses normales de Khon Kaen se puede tomar un autobús a Kranuan hasta el desvío de Ban Khok Sa-Nga (30 THB, 1 h, cada ½ hora) y de allí un *túk-túk* (20 THB por persona) al lugar donde tiene lugar el espectáculo.

Con vehículo propio desde Khon Kaen, quizá se quiera seguir la carretera local que pasa por el **Phra That Kham Kaen** (Relicario de Madera de Tamarindo), una venerada *chedi* situada en el pueblo de Ban Kham.

PROVINCIA DE UDON THANI

Udon Thani อุดรธานี

227 200 HAB.

Udon Thani tiene un pie en la carretera y el otro fuera de las rutas habituales. La ciudad prosperó gracias a la Guerra de Vietnam, con la instalación de bases estadounidenses en los alrededores, y acabó por convertirse en el principal centro comercial y de transportes de la región. Hoy en día hay que escarbar por debajo de esa capa de prosperidad y cemento para encontrar vestigios del pasado. Udon recibe pocos viajeros extranjeros, aunque cuenta con la mayor comunidad de residentes foráneos de Isan, que combaten la nostalgia con abundante comida y muchas instalaciones occidentales.

Puntos de interés

Udorn Sunshine Nursery VIVERO

(สวนกล้วยไม้หอมอุดรซันไฌน์; 127 Th Udorn-Nong Samrong; ⌚8.00-17.00) ¿Alguien ha visto bailar a una planta? Bueno, pues aquí lo verá. Este centro botánico al noroeste de la ciudad, que se hizo famoso por elaborar el primer perfume de orquídea, ha desarrollado un híbrido de *Codariocalyx motorius ohashi leguminosae* que "baila" al son de la música. La planta madura tiene largas hojas ovaladas y otras más pequeñas parecidas. Si se canta o habla a la planta en tono agudo (un saxofón o un violín funcionan todavía mejor), algunas de las hojas más pequeñas se mueven lentamente hacia delante y hacia atrás. Las plantas se muestran más activas de noviembre a febrero (la estación fresca) y de 7.00 a 9.30 y de 16.30 a 18.30.

Udon Thani

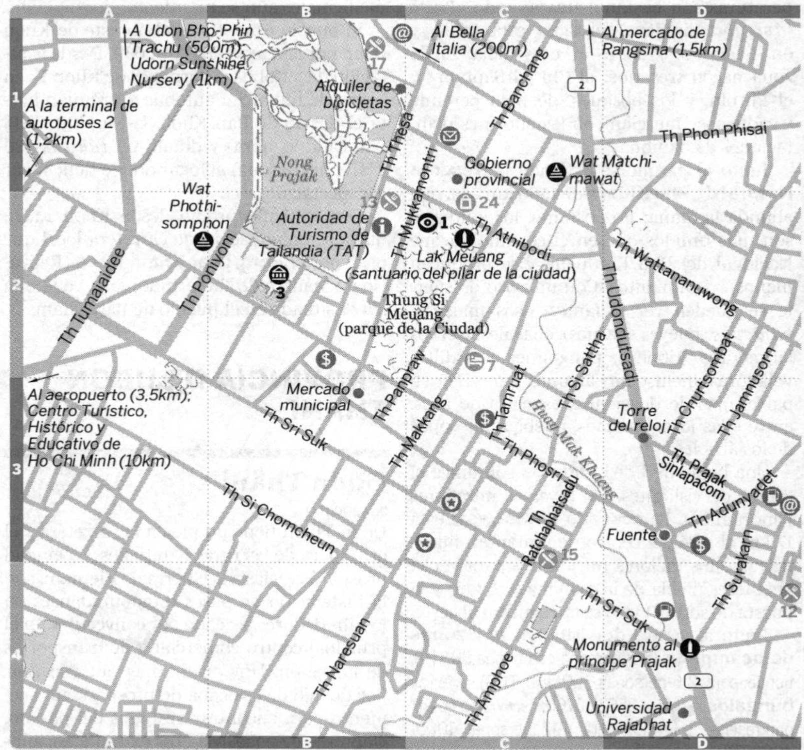

Las plantas no se venden, aunque se puede comprar Udorn Dancing Tea, un té que se elabora con ella, además de orquídeas y perfumes Miss Udorn Sunshine, más famosos. El lanzamiento más reciente es Udorn Toob Moob Maeng Kaeng, un perfume obtenido a partir de apestosas chinches marrones.

Para llegar hay que pasar bajo el indicador de "Ban Nongsamrong" en la carretera 2024 y, después de 150 m, seguir el de "Udorn Sunshine Fragrant Orchid". La *sŏrng·tăa·ou* nº 16 (se toma en Th Prajak, frente al Central Plaza) es la que para más cerca, pero la nº 6 y el "autobús amarillo" también van bien. Un *túk-túk* desde el centro de Udon cuesta unos 80 THB.

GRATIS **Museo Provincial de Udon Thani** MUSEO

(พิพิธภัณฑ์เมืองอุดรธานี; Th Phosri; 8.30-16.30 lu-vi, 8.00-16.00 sa y do) Este museo ocupa un edificio de estilo colonial de la década de 1920 que funcionó como colegio para chicas. Contiene una interesante y variada colección que va de la geología a la artesanía.

Parque Nong Prajak PARQUE

(หนองประจักษ์) El parque más popular de Udon se anima a media tarde. Hay mucho que hacer, desde dar de comer a los peces hasta montar en bicicleta. El puesto de alquiler de la orilla noreste ofrece bicicletas por 20 THB y tándems de dos/tres plazas por 40/50 THB la hora. La gran atracción es la puesta de sol en el lago, junto a Th Thesa. Decenas de masajistas callejeros ofrecen sus servicios desde las 14.00 y las tiendas de cerámica para pintar abren dos horas más tarde. Los restaurantes funcionan todo el día.

Sanjao Pu-Ya TEMPLO

(ศาลเจ้าปู่ย่า; Th Nittayo; horas de sol) Este llamativo templo chino en la orilla sur del Nong Bua fue testigo de la riqueza de los comerciantes chino-tailandeses del lugar. Alberga el **santuario de Pu-Ya,** con pe-

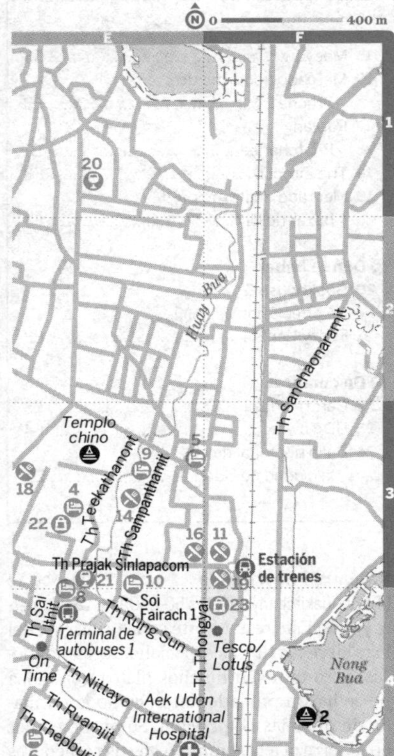

queñas imágenes de los dioses chinos Pu (Abuelo) y Ya (Abuela).

GRATIS **Centro Turístico, Histórico y Educativo de Ho Chi Minh** MUSEO

(แหล่งศึกษาและท่องเที่ยวเชิงประวัติศาสตร์ (โฮจิมินห์); ☎08 7437 7852; ⊙8.00-17.00) En 1928 y 1929, Ho Chi Mihn estableció una de sus bases de entrenamiento en la jungla junto al pueblo de Hong Hang y desde allí cohesionó a la numerosa comunidad vietnamita de Isan para la resistencia contra la ocupación francesa. Recientemente, la orgullosa comunidad vietnamita local ha construido una réplica de su casa de adobe con techo de paja y un gran museo. Ambos edificios estaban bastante vacíos durante la última visita, aunque parecía que las piezas estaban a punto de llegar; pregúntese al respecto en la oficina de turismo. La *Bâhn lung hoh* (casa del Tío Ho), como la llaman, está a 10 km de Udon, accesible con la *sŏrng·tăa·ou* nº 14 (13 THB, 20 min), que va por Mukkamontri al sur, hasta el cruce; a partir de allí hay que seguir las indicaciones durante 750 m.

Fiestas y celebraciones

Los primeros quince días de diciembre Udon celebra el **Festival del Thung Si Meuang,** con espectáculos culturales isan y oportunidades para hacer compras y comer. Las imágenes de Pu y de Ya del Sanjao Pu-Ya pasan los primeros diez días en un templo temporal en el parque de la Ciudad. Los traslados del primer y décimo día se hacen en majestuosas procesiones en las que participa un dragón de 99 m; el dragón también baila el quinto día.

Dónde dormir

Much-che Manta HOTEL $$

(☎0 4224 5222; www.much-chemanta.com; 209-211 Th Makkang; h con desayuno 850-1500 THB, ste 5000 THB; ❄@📶≋) Encantador hotel-*boutique* que, en opinión de un servidor, supera al Prajaktra, más famoso y con el que siempre se le compara. El uso creativo de las luces, la madera y los toques de color crean un diseño único. Además, tiene un estupendo restaurante en el patio de atrás, cuya carta incluye *pizzas* al horno de leña.

P & Mo Guesthouse PENSIÓN $

(☎08 4031 8337; arnudechbks@yahoo.co.th; 39 Th Rung do; h 300-400 THB; ❄@📶) Las habitaciones son sencillas, pero la relación calidad-precio de este agradable establecimiento es insuperable. A pesar de estar enfrente de la estación de autobuses, es relativamente tranquilo.

Udon Backpackers PENSIÓN $

(☎08 9620 8684; www.udonbackpacker.com; 299/5 Soi Fairach 1; 170 THB por persona; 📶) Tiene habitaciones simples y limpias (la mayoría con ducha pero sin agua caliente), aunque mucho mejores que las de la competencia, como la cálida bienvenida de Sammie, su propietario.

City Lodge HOTEL $

(☎0 4222 4439; 83/14-15 Th Wattananuwong; h 500-600 THB; ❄@📶) Los muebles de mimbre dan aún más colorido a las habitaciones ya de por sí llamativas de este hotel de propiedad británica.

Centara HOTEL $$$

(☎0 4234 3555; www.centarahotelsresorts.com; Th Teekathanont; h/ste desde 2000/5000 THB;

Udon Thani

Puntos de interés
1 Santuario de Pu-Ya durante el Festival del Thung Si Meuang C2
2 Sanjao Pu-Ya F4
3 Museo Provincial de Udon Thani B2

Dónde dormir
4 Centara E3
5 City Lodge E3
6 Lotus Condotel E4
7 Much-che Manta C2
8 P & Mo Guesthouse E4
9 Top Mansion E3
10 Udon Backpackers E3

Dónde comer
11 Mercado nocturno de Centre Point F3
12 Chai Dun D4
13 Gib Shop B2
14 Irish Clock E3
15 Maeya C3
16 Mercado nocturno de Precha E3
17 Rabiang Phatchanee B1
18 The Zirocco E3
19 Mercado nocturno del bazar de UD F3

Dónde beber
20 Bookhouse & Coffee Shop E1
21 Fuzzy Ken's E3

De compras
22 Central Plaza E3
23 UD Town F4
24 Calle peatonal de la ciudad de Udon C2

❄@📶🏊) El antiguo Charoensri Grand, el hotel de referencia en Udon durante mucho tiempo, ha sufrido una renovación de seis meses para mantenerlo en lo alto del escalafón. Las habitaciones son algo justas, pero excelentes, y la amplia gama de servicios (sauna, *spa* y gimnasio) es de primera.

Top Mansion HOTEL $
(☎0 4234 5015; topmansion@yahoo.com; 35/3 Th Sampanthamit; h 370 THB; ❄@📶) Impecable hotel digno de consideración, a pesar de estar en "Soi Falang".

Lotus Condotel HOTEL $
(☎0 4234 07777; 43/4 Th Thepburi; h 279-329 THB; ❄📶) Por fuera parece un gran silo y los pasillos recuerdan a un hospital, pero lo que importa son las habitaciones, y estas son grandes, están limpias y salen bien de precio. Pero lo mejor es el barrio, lleno de universitarios.

Dónde comer

Los lugareños de Udon se toman muy en serio los **mercados nocturnos** (Th Prajak; ⏲16.00-23.00). Los tres mercados contiguos que hay frente a la estación de trenes (Centre Point, Precha y bazar de UD) tienen una impresionante oferta de comida y una gran cervecería exterior.

Rabiang Phatchanee TAILANDESA $
(Th Suppakitchanya; platos 50-250 THB; ⏲almuerzo y cena) Este restaurante en la orilla este del lago sirve las típicas especialidades tailandesas, pero también muchos platos que quizá no se hayan probado antes, como la ensalada de mollejas de pescado. Se puede comer en la terraza a la sombra o en sus comedores climatizados.

Bella Italia INTERNACIONAL, TAILANDESA $$
(70/4 Th Suppakitchanya; platos 60-600 THB; ⏲cena; 📶) Este restaurante propiedad de un italiano y situado junto al lago Nong Prajak es lo más italiano que se puede ser en Isan, pero hay platos de todo el mundo, como *curry* verde o salmón en salsa de tomate.

Maeya TAILANDESA $
(rótulo sin caracteres latinos; 79 Th Ratchaphatsadu; platos 45-270 THB; ⏲almuerzo y cena) Con una parte de restaurante thai y tres de salón de té inglés, este local laberíntico ofrece camareros con corbata y una carta que comprende desde sándwiches hasta jabalí en *curry* rojo.

Zirocco TAILANDESA $$
(38/2 Th Adunyadet; platos 59-259 THB; ⏲cena) *Pub* tailandés al aire libre donde acuden grupos de amigos a comer, beber y volver a comer. Ideal para pasar una noche tranquila con comida de primera y cierta clase. La

carta está en thai, pero algunos camareros chapurrean inglés.

Gib Shop BAR DE ZUMOS $
(Th Thesa; desde 15 THB; desayuno, almuerzo y cena) No todos los zumos son iguales, como demuestra este puesto junto al lago, donde la mayoría de las frutas y verduras que utilizan son ecológicas y se puede pedir que no añadan azúcar.

Irish Clock INTERNACIONAL $$
(19/5-6 Th Sampanthamit; platos 50-420 THB; desayuno, almuerzo y cena;) Este *pub* con molduras de madera y cerveza Guinness es una isla de distinción en un mar de bares de ligue. La carta incluye comida tailandesa, *fa·ràng* e hindú.

Chai Dun TAILANDESA $
(rótulo sin caracteres latinos; 539/14 Th Phosri; bufé 60 THB; almuerzo y cena) La numerosa clientela demuestra las virtudes (y precio) de su bufé.

Dónde beber y ocio

La oferta en los mercados nocturnos es amplia pues, además de cenar, se puede comprar ropa, cantar en un karaoke, jugar a billar, hacerse un tatuaje o consultar los astros. Algunos fines de semana se transmiten partidos de fútbol en grandes pantallas o escuchar música en directo.

En el Central Plaza (derecha) se proyectan algunas películas en versión original y hay una bolera.

Udon cuenta con la oferta de turismo sexual más descarada de toda Isan, y la zona de "Soi Falang" (Th Sampanthamit) se vuelve bastante sórdida por las noches. No obstante, hay que decir que la mayoría de los que salen de fiesta no van en busca de estas actividades.

La **Bookhouse & Coffee Shop** (Soi 8, Th Adunyadet; 9.00-21.00) es la gran librería de Udon, y una de las mejores de Isan. El **Fuzzy Ken's** (302/10 Th Prajak; 10.00-23.00 lu-sa) cuenta con una oferta menor, pero su ubicación es mejor. Ambos establecimientos ofrecen comida y bebida y son lugares de encuentro para los *fa·ràngs*.

De compras

Udon Bho-Phin Trachu ARTESANÍA
(rótulo sin caracteres latinos; Th Poniyom; 7.00-18.30) Al noroeste del lago Nong Prajak, ofrece una gran selección de seda y algodón que incluye algunas telas teñidas con tintes naturales. Búsquese el letrero con un tejado de madera.

Calle peatonal de Udon MERCADO
(Th Athibodi; 17.00-22.00 vi y sa) Con apenas un puñado de puestos de artesanía, palidece en comparación con los mercados de Chiang Mai o Khon Kaen, pero aun así tiene un ambiente joven y divertido.

El **Central Plaza** (Th Prajak; 11.00-21.00 lu-vi, 10.00-21.00 sa y do) es el mayor centro comercial de Udon, aunque es más entretenido pasear por el **UD Town** (Th Thongyai; 11.00-22.00), al aire libre.

Información

Urgencias

Aek de Udon International Hospital (0 4234 2555; 555/5 Th Phosri) Con servicio de urgencias 24 horas.

Policía turística (0 4221 1291; Th Naresuan)

Dinero

En el **Central Plaza** (Th Prajak) y el **Tesco/Lotus** (UD Town) hay bancos abiertos hasta tarde y los fines de semana. El segundo también tiene un cajero automático de AEON.

Correos

Oficina de correos (Th Wattananuwong; 8.30-16.30 lu-vi, 9.00-12.00 sa, do y fest)

Información turística

Autoridad de Turismo de Tailandia (TAT; 0 4232 5406; tatudon@tat.o.th; Th Thesa; 8.30-16.30) Información sobre las provincias de Udon Thani, Nong Khai y Bueng Kan.

Udon Thani Map (www.udonmap.com) Este mapa y la revista *Udon Thani Guide* son excelentes fuentes de información, disponibles en establecimientos dirigidos a extranjeros.

Cómo llegar y salir

Avión

THAI (0 2288 7000; www.thaiairways.com) y **Air Asia** (0 2515 9999; www.airasia.com) vuelan entre Udon Thani y el aeropuerto Suvarnaphumi de Bangkok, mientras que **Nok Air** (0 2900 9955; www.nokair.com) usa el de Don Muang. Las dos últimas suelen ofertar viajes por unos 1500 THB. Air Asia también tiene un vuelo diario directo a Phuket (1600 THB) y Nok Air vuela a diario a Chiang Mai (2500 THB).

Se pueden comprar billetes en **On Time** (0 4224 7792; 539/72 Th Sai Uthit; 8.00-17.00 lu-sa, hasta 14.00 do), una de las numerosas agencias de viajes local.

Autobús

Para la mayoría de rutas, también Bangkok (321-412 THB, 8-9 h, cada ½ hora), los autobuses usan la céntrica **terminal de autobuses 1** (☎0 4222 2916; Th Sai Uthit). **Chan Tour** (☎0 4234 3403; 550 THB; 8 diarios) y **999 VIP** (☎0 4222 1489; 641 THB; 21.00) opera un servicio vip a la capital de Tailandia. Otros destinos son Khorat (181-248 THB, 4½ h, cada ½ hora), Sakon Nakhon (100-130 THB, 3½ h, cada ½ hora), Khon Kaen (76-101 THB, 2 h, cada ½ hora), Bueng Kan (150 THB, 4½ hora, 12 diarios), Pattaya (365-585 THB, 11 h, 10 diarios), estación de autobuses de Suvarnabhumi de Bangkok (aeropuerto; 418 THB, 8 h, 21.00) y Vientián (80 THB, 2, 6 diarios; se necesita visado laosiano).

La **terminal de autobuses 2** (☎0 4221 4914), en la carretera de circunvalación, al oeste, cubre muchas de las rutas citadas y otros destinos al oeste como Loei (66-92 THB, 3 h, cada ½ hora), Phitsanulok (212-275 THB, 7 h, 9 diarios) o Chiang Mai (409-613 THB, 12 h, 6 diarios).

De ambas terminales salen autobuses a Nong Khai (35-47 THB, 1 h), pero menos frecuentes que desde el mercado de Rangsina. Los servicios procedentes de otras ciudades a veces dejan pasaje en esta parada tras pasar por la terminal 1.

Tren

A diario hay dos trenes exprés desde Bangkok (2ª clase con A/A 479 THB, 1ª clase litera superior/inferior 1077/1277 THB; 10-11 h) que salen de la **estación de trenes de Udon Thani** (☎0 4222 2061), además de otro por la mañana. Desde Udon, hay tres servicios matinales diarios a Nong Khai (3ª clase 11 THB, 2ª clase con ventilador/A/A 55/85 THB, 1 h aprox.).

ℹ Cómo desplazarse

Las *sŏrng·tăa·ous* (10 THB) cubren rutas regulares por toda la ciudad. La nº 6 (blanca) es práctica, porque recorre Th Udondutsadi que pasa por el mercado de Rangsina y llega a la terminal de autobuses 2. También hay dos autobuses urbanos (10 THB): uno blanco que sigue Th Udondutsadi y otro amarillo que va por Th Phosri-Nittayo y pasa por las dos terminales de autobuses. El *Udon Thani Map* muestra todas las rutas de autobús y *sŏrng·tăa·ou*.

Es difícil encontrar un **taxi con taxímetro** (☎0 4234 3239; bajada de bandera 30 THB; con llamada 30 THB) por la calle, pero hay una parada en la terminal de autobuses 1. Los *túk-túks* (aquí llamados "skylab"), en cambio, están por doquier. Una carrera del Central Plaza al parque Nong Prajak cuesta unos 80 THB. Las bicitaxis, más baratas, también abundan.

Muchos hoteles recogen gratis a sus clientes en el aeropuerto. Las furgonetas que cubren ese trayecto cuestan 100 THB por persona. El Central Plaza concentra muchas compañías de alquiler de vehículos, como **Fuzzy Ken's** (☎08 6011 4627; 302/10 Th Prajak).

Alrededores de Udon Thani

BAN CHIANG บ้านเชียง

Este lugar fue en su día un importante centro de la antigua civilización de Ban Chiang, una sociedad agrícola que floreció en el noreste de Tailandia durante miles de años. Las excavaciones arqueológicas han exhumado un tesoro que se remonta al 3600 a.C., lo cual echa por tierra la teoría imperante de que el sureste asiático fue antiguamente un páramo cultural en comparación con China y la India.

El que hoy es uno de los yacimientos arqueológicos más importantes del sureste asiático fue descubierto por casualidad en 1966, cuando Stephen Young, un estudiante de antropología de Harvard, tropezó mientras caminaba por la zona y se dio de bruces con el canto de una vasija semienterrada. Los trabajos de excavación subsiguientes sacaron a la luz más de un millón de piezas y decenas de esqueletos humanos. El ahora típico estilo de cerámica ocre con diseños de volutas de la zona es uno de los muchos creados por este pueblo a lo largo de los años (300 a.C.-200 d.C.). También se han encontrado rastros de las primeras herramientas de metal fabricadas en la región (a partir del 2000 a.C.). La zona fue declarada Patrimonio Mundial por la Unesco en 1992.

⊙ Puntos de interés

Los campos que rodean Ban Chiang, sin elevaciones ni tráfico pero con muchas granjas y pueblos pintorescos, son fantásticos para explorar en bicicleta. En la Lakeside Sunrise Guesthouse se puede conseguir un mapa anticuado pero todavía práctico.

Museo Nacional de Ban Chiang MUSEO

(entrada 150 THB; ⏲8.30-16.30 ma-do) Este excelente museo presenta abundante cerámica de Ban Chiang de todas las épocas, además de numerosos objetos de metal, como puntas de lanza y hoces, anzuelos, cucharones y collares. Las colecciones (con letreros en inglés) permiten conocer el remoto pasado de la región y cómo se desentrañaron sus misterios. En la parte de atrás se oculta una sala sobre la cultura del pueblo Tai Phuan, que llegó hace unos doscientos años a este lugar y fundó la población. Al este, a

1 km, en el Wat Pho Si Nai hay una **excavación de una necrópolis** (⌚8.30-18.00) con un conjunto de 52 tumbas del 300 a.C. que muestra cómo se enterraba a los muertos, acompañados de piezas de cerámica (y los niños dentro).

Casa Phuan Thai PUNTO DE INTERÉS

Unos 300 m al suroeste de la necrópolis (hay que seguir los carteles que dicen *"Phuan House which the King and Queen visited in 1972"*) se halla esta casa isan tradicional promocionada como una atracción, aunque son más interesantes las casas habitadas del pueblo.

Wat Pa Lelai TEMPLO

(⌚horas de sol) Para algo completamente diferente, este *wat,* 500 m al norte de la necrópolis, al otro lado del pequeño puente, muestra unos impresionantes murales, en el edificio de dos plantas de atrás, de aire infantil pero muy didácticos y entretenidos.

ARTESANÍA

El cultivo del arroz aún es el principal recurso económico en la zona, seguido por la venta de recuerdos. Algunas piezas, como la cerámica de estilo Ban Chiang, se elaboran en la zona. Por la calle enfrente del museo se encontrará un par de **talleres de cerámica** turísticos. Una travesía al oeste del museo hay un gran **grupo de tejedoras** atareadas, entre otras cosas, en *mát·mèe* y algodón de color índigo. Junto a estas mujeres también suele haber cesteras, aunque la mayoría de las cestas que se venden provienen **Ban Dong Yen,** al este de Ban Chiang. Para ver cómo se hace cerámica con el antiguo método de la pala y el yunque, visítese **Ban Kham Or,** en la misma carretera principal no muy lejos del pueblo. La carrera en *túk-túk* cuesta lo mismo que el trayecto de Ban Nong Mek a Ban Chiang. No conviene parar a visitarlo en el camino de ida, porque luego puede que haya que esperar mucho para encontrar transporte a Ban Chiang.

Dónde dormir y comer

Lakeside Sunrise Guesthouse PENSIÓN $

(☎0 4220 8167; banmai167@hotmail.com; h 250 THB; @) Esta antigua casa de madera, rodeada de campo pero muy cerca del museo, justifica por sí sola la estancia en el pueblo. Las sencillas habitaciones comparten una amplia galería y baños en la planta inferior. El alegre propietario habla inglés y alquila bicicletas/motocicletas (50/250 THB al día). En la calle de enfrente del museo hay bastantes restaurantes, uno de los cuales también sirve cenas.

Cómo llegar y salir

Desde Udon Thani, hay que tomar un autobús a Sakon Nakhon o Nakhon Phanom y apearse en Ban Nong Mek (40 THB, 45 min), desde donde quedan 8 km hasta Ban Chiang, a 60 THB por persona en *túk-túk.*

KUMPHAWAPI กุมภวาปี

Este pueblo, 50 km al sureste de Udon, no tendría nada de especial de no ser por el batallón de monos que convive con sus habitantes, al estilo de Lopburi. Están en el parque del centro, aunque a menudo se aventuran por las casas. Una vez vistos los macacos, se puede seguir hacia el este hasta el lago Nong Han, cubierto de lotos y barcos de pesca.

Los autobuses de la terminal de autobuses 1 de Udon a Wangsammo paran en Kumphawapi (22-31 THB, 1 h, cada 45 min).

BAN NA KHA บ้านนาข่า

Este pueblo, en su día famoso por el *kít* de algodón (el *kít* es un brocado minúsculo sobre una malla en rombo), es hoy uno de los mejores lugares para comprar textiles de todo el país. El centro es un mercado cubierto con decenas de tiendas que venden una gran variedad de seda y algodón de Tailandia y Laos. Salvo los de las grandes tiendas de la carretera, la mayoría de los tejidos son artesanos. **Maa Bah Pah Fai** (⌚6.30-18.00), enfrente de la entrada al templo, tiene una amplia oferta que incluye trabajos de *kít* centenarios.

También se recomienda ver el **Wat Na Ka Taewee** (⌚horas de sol), fundado por un monje errante que encontró un agujero de donde salía el ruido y el humo de una *naga.* Tapó el agujero con una roca y construyó el pequeño *bòht* justo enfrente. En el templo se expone cerámica, budas de oro y esqueletos humanos desenterrados durante los diferentes proyectos de su construcción.

El autobús blanco de Udon llega hasta el pueblo, 16 km al norte de Udon.

PARQUE HISTÓRICO DE PHU PHRABAT อุทยานประวัติศาสตร์ภูพระบาท

Envuelto en misterio y salpicado de curiosas formaciones rocosas, el **Phu Phrabat** (☎0 4225 1350; entrada 100 THB; ⌚8.00-16.30) es una de las atracciones más destacadas de Isan. Hace unos mil años, durante la era Dvaravati, los lugareños construyeron santuarios hinduistas y budistas junto a numerosas agujas, peñascos del tamaño de ballenas y rocas en precario equilibrio. Pero las pinturas prehistóricas de diversos salientes rocosos, como las de las contiguas **Tham Woau** y **Thom Khon**, demuestran que posiblemente ya fuera un lugar sagrado al menos mil quinientos años antes. La ascensión hasta el **Pha Sa Dej**, al borde de la escarpadura y más allá de las formaciones rocosas, culmina con una panorámica espectacular de las granjas y los bosques de los alrededores. Una red de caminos lleva a todos estos sitios, que se pueden ver en un par de horas, aunque vale la pena dedicarles muchas más. Hay un circuito circular al norte precioso, pero no está bien señalizado, por lo que es fácil perderse.

Muchas de las formaciones rocosas aparecen en un cuento de hadas sobre un rey (Phaya Kong Phan), su bellísima hija (Nang U-sa), un ermitaño (Ruesi Chanta) y un príncipe enamorado (Tao Baros) de otro reino. Se dice que la formación rocosa más llamativa, **Hor Nang U-sa**, en forma de bota invertida y con un santuario construido en su interior, era la torre en la que el rey encerró a la bella princesa en su obsesión por protegerla. Muchas formaciones tienen carteles en thai y en inglés que hacen referencia a la leyenda, cuya versión reducida se puede leer en el museo. Los clientes de la Mut Mee Garden Guesthouse de Nong Khai (p. 462) podrán conocer la historia completa.

Cerca de la entrada está el **Wat Phra Phutthabaht Bua Bok**, con su *chedi* homónima, de estilo laosiano y construida sobre una huella de Buda. También alberga curiosas estructuras en la línea de las del parque.

Hay **zonas de acampada** (por persona con tienda 20 THB, tienda para 2/8 personas 50/200 THB) y tres **bungalós** (2/4/6 personas 300/600/1000 THB) encantadores y con colchones durísimos.

SALA KAEW KU ศาลาแก้วกู่

Uno de los rincones más enigmáticos de Tailandia es este **parque de esculturas** (entrada 20 THB; ⌚8.00-18.00), que propone un viaje surrealista y escultórico a la mente de un chamán místico. Construido a lo largo de veinte años por Luang Pu Boun Leua Sourirat, fallecido en 1996, el parque exhibe un insólito y maravilloso elenco de esculturas gigantescas donde flamea la imaginería hinduista-budista.

Según refiere en su propia historia, Luang Pu cayó a un agujero siendo niño, donde se encontró con un asceta llamado Kaewkoo que le introdujo en los misterios del inframundo y guió sus pasos para que se convirtiera en un yogui-sacerdote-chamán del brahmanismo. Con una mezcla personal única de filosofía, mitología e iconografía hinduista y budista, Luang Pu atrajo a muchos seguidores de ambos lados del Mekong. De hecho, su proyecto original nació en la margen laosiana del río, donde había vivido hasta la llegada del comunismo a Laos, en 1975.

El parque es un delirio de enormes y curiosas estatuas de cemento de Buda, Siva, Visnu y otras deidades (además de numerosas figuras seculares), todas nacidas en los sueños de su autor y elaboradas por obreros a su cargo. Algunas son bastante divertidas. Los niños disfrutarán con el elefante que atraviesa tranquilamente el río rodeado de una manada de perros antropomorfos (que enseña a la gente a no alterarse ante las habladurías). La escultura más alta (25 m) es un buda sentado sobre una enroscada *naga* multicéfala. También es interesante la *Rueda de la Vida*, a la que se entra por una boca gigante y concentra la filosofía de Luang Pu en una única imagen algo desconcertante. La explicación está en el reverso del práctico plano del lugar que facilita la Mut Mee Garden Guesthouse.

El edificio principal del santuario, casi igual de extraño, está lleno de budas de todo tipo y procedencia (capaces de desorientar a cualquier historiador del arte), fotografías de Luang Pu a diferentes edades y su propio cadáver, expuesto bajo una cúpula de cristal rodeada de luces.

Todos los autobuses al este pasan por la carretera que lleva al parque de esculturas (10 THB), también conocido como Wat Kaek. Desde la carretera hay que caminar unos cinco minutos. Contratar un *túk-túk* cuesta 100-150 THB, incluida una hora de espera. También se puede ir en bicicleta en una media hora. El mapa de la Mut Mee indica la ruta panorámica.

Cómo llegar y salir

El parque está a 65 km de Udon Thani y Nong Khai, cerca de Ban Pheu, y se puede visitar en un día desde ambas localidades. Las *sŏrng·tăa·ous* que salen de la estación de autobuses de Nong Khai a Ban Pheu (50 THB, 1½ h) pasan por Tha Bo. Los vehículos procedentes del mercado de Rangsina de Udon pasan por Ban Pheu y Ban Tiu (37 THB, 1 h), un pueblo en la base de la colina donde se puede tomar un mototaxi para los últimos 5 km de ascensión por 50 THB. Si se tiene prisa, desde Ban Pheu un *túk-túk* cuesta 200-300 THB (ida y vuelta) y un mototaxi, la mitad; habrá quien diga que no hay mototaxis en Ban Pheu, pero alguno sí que hay.

Para volver en transporte público, habría que salir del parque hacia las 15.00 para Nong Khai y a las 16.00 para Udon.

WAT PHO CHAI SRI วัดโพธิ์ชัยศรี

Este **'wat'** (horas de sol), con unas estatuas de vivos colores aún más curiosas que las del parque de esculturas Sala Kaew Ku, en Nong Khai, es un complemento perfecto al Phu Phrabat e incluso merece una excursión por sí mismo. Las figuras a tamaño natural repartidas por todo el templo representan escenas de la cultura isan y cuentos de hadas, además de mostrar los castigos que les aguardan a los malvados en el "infierno" budista.

También alberga el **Luang Po Naak**, una imagen sagrada de Buda de 1200 años de antigüedad a la sombra de una *naga* de siete cabezas a la que los lugareños atribuyen numerosos milagros.

El templo, también conocido como Wat Ban Waeng, está a unos 5 km de Ban Pheu. En *túk-túk*, el viaje de ida y vuelta no deberían costar más de 100 THB, espera incluida.

PROVINCIA DE NONG KHAI

Esta provincia, bella y fascinante, se sitúa en una estrecha franja a orillas del Mekong. Además, al estar en la ruta a Vientián, en Laos, al otro lado del puente de la Amistad, es uno de los destinos más populares del noreste de Tailandia. Pero mucho antes de que se tendiera el puente, el surrealista parque de esculturas Sala Kaew Ku ya era de visita ineludible en cualquier ruta por la región, mientras que las poblaciones y los templos del Mekong, al oeste de la capital, son un remanso de paz.

Nong Khai หนองคาย

61 500 HAB.

Al ser la principal escala en la ruta a Vientián, Nong Khai recibe un flujo constante de viajeros y tiene un puñado de hoteles y restaurantes excelentes para atenderlos, lo que la convierte en la única ciudad de Isan con una oferta completa, aunque modesta, para mochileros. Pero su popularidad no se debe únicamente a su proximidad a Laos y a la abundancia de tortitas de plátano. Seducidos por sus rosadas puestas de sol de ensueño y su lento ritmo de vida, muchos visitantes que acuden para una noche estiran su estancia muchas más.

Historia

Encajonada entre dos países, Nong Khai es un puente histórico y físico entre Tailandia y Laos. La ciudad perteneció en su día al reino de Vientián (Wiang Chan), vacilante entre la independencia y el tributo a Lan Xang o Siam. En 1827 Rama III concedió al noble tailandés Thao Suwothamma el derecho a fundar Meuang Nong Khai en este emplazamiento, que lo escogió porque los pantanos circundantes (*nong*) ayudarían a defender la plaza.

La zona padeció varios ataques de los *jeen hor* (yunnaneses) a finales del s. XIX. El monumento de Prap Haw (*Ђràhp hor* significa "derrota de los haw"), frente al antiguo gobierno provincial, recuerda a las víctimas de las invasiones de 1874, 1885 y 1886.

En 1891, durante el reinado de Rama V, Nong Khai se convirtió en capital del *monthon* de Lao Phuan, un estado satélite precursor de Isan que comprendía las actuales provincias de Udon, Loei, Khon Kaen, Sakon Nakhon, Nakhon Phanom y Nong Khai, además de Vientián. Pero cuando los franceses segregaron el oeste de Laos de Tailandia en 1893, exigieron que Tailandia no situara soldados a menos de 25 km de la frontera, por lo que la capital se trasladó a Udon Thani, hecho que condenó a Nong Khai a la decadencia.

Exactamente 101 años más tarde, la inauguración del Saphan Mittaphap Thai-Lao (puente de la Amistad Tailandesa-Laosiana), de 1174 m de longitud, marcó una nueva era de desarrollo para Nong Khai como centro regional y de transporte, y desde entonces la ciudad no ha dejado de crecer en vertical.

Centro de Nong Khai

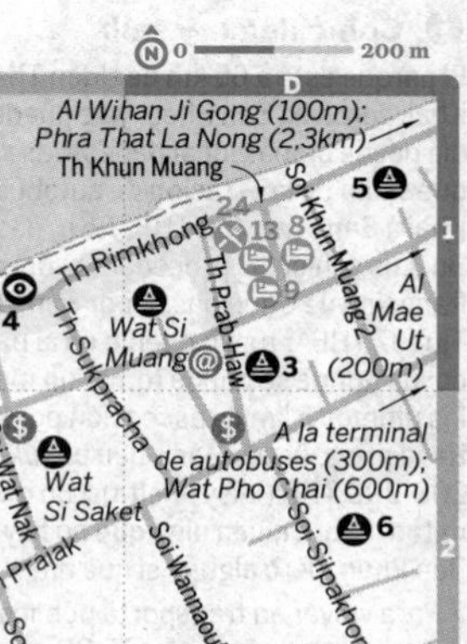

Centro de Nong Khai

Puntos de interés

1 Museo de la Mansión del Gobernador ... B2
2 Museo de Nong Khai ... A3
3 Sanjao Pu-Ya ... D1
4 Mecado del Tha Sadet ... C1
5 Wat Lam Duan ... D1
6 Wat Tung Sawang ... D2

Dónde dormir

7 Baan Mae Rim Nam ... C1
8 E-San Guesthouse ... D1
9 Jumemalee Guesthouse ... D1
Khiangkhong Guesthouse ... (véase 12)
10 Mut Mee Garden Guesthouse ... B2
11 Rimkhong Guesthouse ... B2
12 Ruan Thai Guesthouse ... B2
13 Sawasdee Guesthouse ... D1
14 Thai Nongkhai Guesthouse ... C2

Dónde comer

15 Café Thasadej ... C1
16 Daeng Namnuang ... C1
17 Darika Bakery ... B2
18 Dee Dee Pohchanah ... C2
19 Zona de restauración del hospital ... B3
20 Mariam Restaurant ... C2
21 Nagarina ... B2
22 Nung-Len Coffee Bar ... A2
23 Paradise View ... D3
24 Roti Naihua ... D1
25 Saap Lah ... A3

Dónde beber

Gaia ... (véase 21)
26 Warm Up ... B1

De compras

27 Village Weaver Handicrafts ... B2

Puntos de interés

Mercado del Tha Sadet MERCADO

(ตลาดท่าเสด็จ; Th Rimkhong; ⏲8.30-18.00) Este mercado cubierto es el lugar más popular de la ciudad. Cobija la típica combinación de ropa, electrónica, alimentos y quincalla de lo más variada, la mayoría importada de Laos o China, pero también una pocas tiendas de artículos pintorescos de calidad. Detrás del mercado hay unos cuantos restaurantes flotantes y se ofrecen travesías en barco.

Wat Pho Chai TEMPLO

(วัดโพธิ์ชัย; Th Phochai; ⌚5.00-18.00) El Luang Po Phra Sai, una gran imagen de Buda de oro, bronce y piedras preciosas de la época Lan Xang, se sitúa en el centro del templo más sagrado de Nong Khai. La cabeza de la imagen es de oro macizo, el cuerpo es de bronce y el *ùt·sà·nít* (ornamento flamígero sobre la cabeza) está cubierto de rubíes. La gran cantidad de milagros que se le atribuyen convierte a este templo en una parada obligada para la mayoría de visitantes tailandeses.

La imagen era una de las tres realizadas para las hijas del rey Setthathirat de Laos y tomadas como botín de guerra cuando el rey Rama I saqueó Vientián en 1778. Los murales del *bòht* representan el viaje de este buda y otros dos similares desde el interior de Laos hasta orillas del Mekong, que cruzaron en balsas. Una tormenta en plena travesía acabó con uno en el fondo del río, donde aún permanece; nunca se recuperó porque, según un monje del templo, a las *nagas* les gusta tenerlo. La tercera estatua, la del Phra Soem, se encuentra en el Wat Patum Wanaram, junto al Siam Paragon, en Bangkok. El Phra Sai debía seguir sus pasos pero, tal como muestran los murales, el carro que la transportaba se rompió en este lugar, lo cual se interpretó como señal de que deseaba quedarse en Nong Khai.

Acuario de Nong Khai ACUARIO

(พิพิธภัณฑ์สัตว์น้ำจังหวัดหนองคาย; entrada 100 THB; ⌚9.00-16.30 ma-do) Este gran edificio verde alberga peces de agua dulce y salada de toda Tailandia y otros países, con el siluro gigante del Mekong como estrella. Es un lugar divertido, pero queda algo apartado, en el campus de la Universidad de Khon Kaen, sin servicio de transporte público.

Centro de Formación Rural Vocacional TALLER DE ARTESANÍA

(ศูนย์ฝึกอบรมอาชีพชนบทหนองคาย; ⌚8.00-17.00 lu-sa) Este taller, gestionado por las Buenas Hermanas Pastoras, está 7 km al sur de la ciudad (por la ctra. 2, hay que girar al este justo después del mojón del km 2). Ofrece formación y trabajo a los lugareños, y es un lugar estupendo para ver tejer *mát·mèe*. También cuenta con un taller de cerámica y una granja de setas.

Wat Noen Phra Nao TEMPLO

(วัดเนินพระเนาวนาราม; ⌚horas de sol) Justo al sur de la ciudad, este *wat* de bosque es un respetado centro de meditación *vipassana* (interior). Es un popular lugar de retiro espiritual serio para personas en crisis personal, occidentales incluidos. Algunas construcciones, entre ellas el que quizá sea el campanario más rococó que exista, contrastan con el habitual tono ascético de los monasterios de bosque. Se verán muchas tumbas vietnamitas y chinas, y algunas de las estatuas no estarían fuera de lugar en el parque de esculturas Sala Kaew Ku. El templo está junto a la carretera 212, 1,5 km al este del Grand Princess Hotel; no hay indicaciones, hay que girar al sur junto a la tienda de plantas.

EL 'MEKONG EXPLORER'

Mekong River Cruises (www.cruisemekong.com) y su espléndido barco, el *Mekong Explorer*, ofrecen un nuevo modo de explorar el río en Isan. Sus cruceros de una semana entre Nong Khai y Mukdahan (nov-mar) permiten contemplar el paisaje desde la cubierta, lo cual puede ser tan agradable como las excursiones por tierra a lugares como That Phanom, en Tailandia, o Tha Khaek, en Laos.

Phra That Klang Nam 'STUPA'

(พระธาตุกลางน้ำ; Th Rimkhong) El "Sagrado Relicario en Medio del Río" (a veces llamado Phra That Nong Khai) es una *chedi* en ruinas de estilo laosiano sumergida en medio del Mekong y solo visible durante la temporada seca, cuando el nivel de las aguas desciende unos 13 m. La *chedi* fue engullida por el río a mediados del s. XVIII y se derrumbó en 1847. Cuando las aguas bajan lo suficiente, se le atan banderas de colores. El **Phra That La Nong,** una réplica construida en tierra firme, brilla intensamente por la noche.

Otros templos

Wat Lam Duan TEMPLO

(Th Rimkhong; ⌚horas de sol) Es fácil distinguir la silueta de este *wat,* porque en lo alto del *bòht* hay un inmenso buda sedente. Se puede subir hasta lo alto (descalzo) para contemplar el Mekong, que discurre al lado.

Wat Tung Sawang TEMPLO

(Soi Silpakhom; ⌚horas de sol) Su *bòht* es uno de los más pequeños de la ciudad, pero también uno de los más bonitos. Presenta nueve esculturas de deidades celestiales sobre bonitos pedestales distribuidos a lo largo del mismo.

Wihan Ji Gong TEMPLO
(Th Rimkhong) El templo chino más reciente de la ciudad está dedicado a Ji Gong, un monje chino excéntrico y bebedor (que suele representarse con una botella de vino en la mano), adorado como deidad que asiste y cura a los necesitados. También conocido como Sanjao Tek-Ka-Ji, el templo presenta una llamativa torre octogonal con creativos murales en blanco y negro.

El impecable **Sanjao Pu-Ya** (Th Prab-Haw; ⌚horas de sol) es un templo chino más típico.

Museos

GRATIS **Museo de la Mansión del Gobernador** MUSEO
(Th Meechai; ⌚8.30-18.00) Esta renovada mansión de la época colonial francesa, de 1929, brilla más por fuera que por dentro. Por la noche, iluminada, está preciosa.

GRATIS **Museo de Nong Khai** MUSEO
(Th Meechai; ⌚9.00-16.00 lu-vi) Este pequeño museo, situado en el antiguo ayuntamiento de la ciudad, ofrece poco más que viejas fotografías, pero no es caro y tiene explicaciones en inglés, por lo que no está mal dedicarle unos minutos.

Voluntariado

Las organizaciones nacionales Isara (p. 39) y Open Mind Projects (p. 39) tienen su sede en Nong Khai y ofrecen muchas posibilidades de ocupación en la zona. Si no se busca un compromiso a largo plazo se puede pasar por las oficinas de Isara en cualquier momento para ayudar de otro modo.

Fiestas y celebraciones

Durante el Songkran (p. 23) la preciosa imagen del Luang Pu Phra Sai, del Wat Pho Chai (p. 461), desfila por la ciudad.

Al igual que muchas otras ciudades del noreste, Nong Khai organiza un **Festival Pirotécnico** (Bun Bâng Fai) que empieza el día del Visakha Bucha (p. 24), a finales de mayo o principios de junio, aunque no es comparable con el de Yasothon (véase p. 495).

Al final de la Cuaresma budista (Ork Phansaa; fin oct o ppios nov) se celebran **carreras de barcos de popa larga** por el Mekong. Coincide con la luna llena de octubre, que es cuando se pueden ver las **bolas de fuego 'naga'**.

Una celebración especialmente divertida es la versión que se monta en Nong Khai de la **Fiesta del Dragón Chino**, que se prolonga durante más de diez días a finales de octubre y principios de noviembre, con danza del dragón, acrobacias, ópera china y muchos petardos.

Durante el **Festival de Anu Sahwaree** (5-15 mar), que recuerda el final de las rebeliones de los haw, se monta la mayor feria callejera de la ciudad.

Dónde dormir

Debido al constante flujo de mochileros que se dirigen a la frontera, Nong Khai tiene la mejor oferta de alojamientos económicos de toda Isan.

Mut Mee Garden Guesthouse PENSIÓN $
(☎0 4246 0717; www.mutmee.com; Soi Mutmee; h 150-1200 THB; ❄📶) En un plácido tramo del Mekong, esta veterana pensión de Nong Khai posee un jardín embriagador y una enorme variedad de habitaciones (las más baratas con baño compartido, las más caras con un impresionante balcón) concentradas alrededor de un restaurante con techo de paja donde el propietario, Julian, explica leyendas locales y comparte su pasión por todo lo relacionado con Isan. Como no hay hora de salida (y la gente suele quedarse más de lo previsto), solo se admiten unas pocas reservas al día. Enfrente hay un estudio de yoga.

Ruan Thai Guesthouse PENSIÓN $
(☎0 4241 2519; 1126/2 Th Rimkhong; h 200-400 THB, f 1200 THB; ❄@📶) La que fuera una casita particular ha crecido hasta convertirse en un alojamiento agradable y con una buena relación calidad-precio. A las habitaciones, desde las sencillas con baño compartido de la parte de atrás hasta la familiar en una casa de madera, cabe sumar un jardín lleno de flores y un ambiente muy acogedor.

Jumemalee Guesthouse PENSIÓN $
(☎08 5010 2540; 419/1 Th Khun Muang; i 200-300 THB, d 300-400 THB, c 700 THB; ❄📶) Esta pensión, repartida entre dos viejas casas de madera, tiene menos encanto que su vecina, la E-San, pero resulta más familiar, y todas las habitaciones tienen baño propio. La familia que la lleva honra así el deseo de sus padres, que no querían que se vendiera la casa. Hay bicicletas gratis para los huéspedes.

E-San Guesthouse PENSIÓN $
(☎08 6242 1860; 538 Th Khun Muang; h 250-450 THB; ❄📶) Pequeña casa de madera reformada junto al río, con un largo porche y un ambiente estupendo. Las habitaciones más

baratas comparten baños. También hay un edificio nuevo con más estancias y bicicletas a disposición de los clientes.

Baan Mae Rim Nam HOTEL $$

(☎0 4242 0256; www.baanmaerimnam.com; Mekong Promenade; h 500-700 THB; ❄📶) Nuevo y vistoso edificio amarillo con estupendas habitaciones con balcones y vistas al río, que pasa al lado, aunque las de atrás (500 THB) son menos sugerentes.

Khiangkhong Guesthouse HOTEL $

(☎0 4242 2870; 541 Th Rimkhong; h 300-400 THB; ❄@📶) Desde la terraza de la 3ª planta de esta torre de cemento, a medio camino entre pensión y hotel, y desde alguna de las habitaciones, hay vistas del río.

Sawasdee Guesthouse PENSIÓN $

(☎0 4241 2502; www.sawasdeeguesthouse.com; 402 Th Meechai; i 160 THB, d 200-450 THB; ❄@📶) Situada en una antigua tienda franco-china, las habitaciones, aunque correctas (las que tienen ventilador comparten baños), carecen en su mayoría del encanto decadente del exterior y del vestíbulo. Aun así se descansará bien, a sabiendas de que se duerme en un pedacito de historia viva. El dueño es todo un personaje.

Budsabong Fine Resort HOTEL $$$

(☎08 1666 5111; www.budsabongfineresort.com; Th Donsawan-Wattad; h con desayuno 1600-1800 THB, ste 3800-4400 THB; ❄📶🏊) Su exterior, de un blanco descarnado, no atrapa a primera vista, pero dentro aguardan habitaciones grandes, atractivas y bien equipadas, muchas

GRANDES BOLAS DE FUEGO

¿Histeria colectiva? ¿Gas metano? ¿Soldados laosianos borrachos? ¿Monjes muy ingeniosos? ¿O quizá el aliento salvaje de las sagradas *nagas*, seres serpentiformes que, según la leyenda, pueblan los ríos del sureste asiático? Para muchos laosianos y tailandeses que viven junto al Mekong, no es cuestión de fe. Desde 1983 (o desde siempre, según a quien se pregunte), la visión de las *bâng fai pá yah nâhk* ("bolas de fuego *naga*", en su traducción aproximada) se ha convertido en un acontecimiento anual por todo el Mekong. Hacia finales del retiro de las lluvias (oct), que coincide con la decimoquinta luna creciente del decimoprimer mes lunar, unas pequeñas bolas de fuego rojizas saltan del Mekong y se elevan unos 100 m antes de desvanecerse sin dejar rastro. Muchos afirman que las bolas de fuego no hacen ruido, pero otros dicen que puede oírse como un silbido al acercarse lo suficiente al punto desde donde emergen. En ambas orillas del Mekong la gente considera el fenómeno una señal de que las *nagas* conmemoran el final de la fiesta.

Pero, ¿cuál es, pues, su causa real? Circulan muchas teorías. Una, explicada en un programa de televisión tailandés, afirmaba que eran los disparos al aire que realizaban los soldados laosianos que participaban en los festejos al otro lado del Mekong. Curiosamente, la reacción al programa fue airada, con una lluvia de protestas desde ambas márgenes. Hay quien sugiere que la mezcla de metano y fosfano, gases atrapados bajo el lecho del río, alcanza una temperatura determinada en ese momento del año y sale al exterior. Muchos apuestan simplemente por "un milagro" de los monjes. Esta premisa sirvió de base para realizar una comedia en el 2002 titulada *Sìp Hâh Kâm Deuan Sìp èt* ("15º cuarto creciente del 11º mes lunar"), distribuida con subtítulos en inglés como *Mekhong Full Moon Party* (Fiesta de la luna llena en el Mekong).

Las bolas de fuego *naga* se han convertido en un gran negocio en la provincia de Nong Khai y cada año acuden curiosos de todo el país a diversos puntos del río para ver el espectáculo. La pequeña Phon Phisai reúne a más de cuarenta mil visitantes. Unos autobuses especiales (30 THB) cubren el trayecto de vuelta a la ciudad de Nong Khai y varios hoteles ofrecen autobuses con plazas garantizadas para sus clientes. La Mut Mee Garden Guesthouse propone una travesía de ida y vuelta en barco por 2600 THB (comida y cena incl.).

Llegar con disposición de ánimo es importante para no llevarse una decepción. Pero la experiencia de las bolas de fuego va más allá de ver cómo unas lucecitas se elevan desde el río; se trata principalmente de ver a los tailandeses contemplar cómo una lucecitas se elevan desde el río. Incluso si las *nagas* no envían su saludo anual el día de la visita (a veces se retrasa un día por un cálculo errado en la entrada de la luna llena), la experiencia resulta interesante.

de ellas con terrazas que dan a la enorme piscina. Queda apartado, en el campo, más allá del parque de esculturas Sala Kaew Ku.

Thai Nongkhai Guesthouse PENSIÓN $
(☎0 4241 3155; www.thainongkhai.com; 1169 Th Banthoengjit; h 450-550 THB, ❄@📶) Sus siete habitaciones y bungalós son bastante sosos, pero están impecables y su localización retirada es bastante tranquila.

Rimkhong Guesthouse PENSIÓN $
(☎08 1814 5811; 815 Th Rimkhong; i/d 150/220 THB) Lugar sencillo con habitaciones austeras y baños compartidos. Los propietarios han conseguido un ambiente tranquilo, particularmente en el frondoso patio.

Thai-Laos Riverside Hotel HOTEL $$
(☎0 4246 0263; www.thailaoshotel.com; 51 Th Kaew Worawut; h 700-900 THB, desayuno incl.; ❄📶) Trabajan con muchos grupos organizados y no se preocupan demasiado del mantenimiento, pero sus vistas al río son de las mejores. Los aficionados a los marchitos clubes de hotel aquí encontrarán nada menos que tres.

Dónde comer

Nagarina TAILANDESA $
(☎0 4241 2211; Th Rimkhong; platos 40-250 THB; ⏲almuerzo y cena; 📶✎) Como suele ocurrir con la mayoría de las pensiones orientadas a los *fa·ràngs* de toda Tailandia, la comida tailandesa de la Mut Mee Garden Guesthouse no es ni auténtica ni recomendable, al contrario que los desayunos occidentales, que están muy bien. Pero los no amantes de la auténtica comida tailandesa encontrarán en este restaurante flotante un buen aliado. Está especializado en pescado, con frecuencia especies poco conocidas del Mekong. Casi todas las tardes organizan un crucero a la puesta de sol (100 THB), hacia las 17.00.

Dee Dee Pohchanah TAILANDESA $
(rótulo sin caracteres latinos; Th Prajak; platos 40-230 THB; ⏲almuerzo y cena) La calidad de este sencillo establecimiento se refleja en la numerosa clientela que lo llena casi cada noche, pese a lo cual nunca hay que esperar mucho. Abre hasta las 2.00.

Darika Bakery TAILANDESA $
(668 Th Meechai; platos 30-70 THB; ⏲desayuno y almuerzo) Este espartano local, donde se habla inglés, aguarda a los madrugadores desde las 5.00 con contundentes desayunos a base de huevos y tostadas, tartas de plátano, bocadillos y otros.

Daeng Namnuang VIETNAMITA $
(Th Rimkhong; platos 45-180 THB; ⏲desayuno, almuerzo y cena; 📶) Este enorme restaurante-tienda junto al río se ha convertido en una referencia y muchos foráneos se vuelven a casa cargados de bolsas de *năam neu·ang* (rollitos de primavera de cerdo). Tienen otra tienda en el aeropuerto de Udon Thani.

Mae Ut VIETNAMITA $
(rótulo sin caracteres latinos; ☎0 4246 1204; Th Meechai; platos 30-40 THB; ⏲almuerzo y cena) A diferencia del Daeng Namnuang, más una fábrica que un restaurante, este pequeño local, más casero, ofrece exactamente cuatro opciones, entre ellas rollitos de primavera fritos y *khâ o gee·ab ƀahk mŏr* (fideos con cerdo). Está en un edificio naranja con mesas bajo un toldo azul. Hablan poco inglés.

Café Thasadej INTERNACIONAL $$
(387/3 Th Bunterngjit; platos 60-375 THB; ⏲desayuno, almuerzo y cena) Aunque la sofisticación escasea en Nong Khai, a este pequeño restaurante le sobra. Tanto la carta como la lista de licores –de las mejores de la ciudad– aspiran a traspasar fronteras; *gyros,* milanesa, *fish and chips,* lasaña, ensalada de atún y salmón ahumado son algunas de las opciones más demandadas.

Nung-Len Coffee Bar INTERNACIONAL, TAILANDESA $
(1801/2 Th Kaew Worawut; platos 30-180 THB; ⏲desayuno, almuerzo y cena lu-sa) Pequeñito y presidido por su dueño, siempre sonriente, aquí se sirve buen café, zumos y una variada oferta de comida tailandesa y *fa·ràng,* e incluso algunas combinaciones de ambas, como los "espaguetis fritos con pollo picante".

Saap Lah TAILANDESA DEL NORESTE $
(rótulo sin caracteres latinos; 897/2 Th Meechai; platos 25-60 THB; ⏲desayuno, almuerzo y cena) El tentador aroma a *gài yâhng* o *sôm·đam,* entre otros excelentes platos de Isan, llega hasta la calle.

Mariam Restaurant HINDÚ $
(850/5 Th Prajak; platos 30-80; ⏲desayuno, almuerzo y cena; ✎) Restaurante musulmán con especialidades hindúes (en realidad pakistaníes) y del sur de Tailandia. Por 120 THB se tendrán tres platos, dos *roti* y una bebida.

Zona de restauración del hospital
TAILANDESA $

(rótulo sin caracteres latinos; Th Meechai; ⌚desayuno y almuerzo) Una docena de cocineros preparan platos típicos.

Paradise View
TAILANDESA $$

(ctra. 212; platos 65-290 THB; ⌚cena) En la azotea del Grand Paradise Hotel se puede degustar comida isan (también tailandesa y china) mientras se ve casi toda la ciudad.

Roti Naihua
TAILANDESA $

(429/6 Th Rimkhong; *roti* 20-60 THB; ⌚almuerzo y cena; ✎) Local de *roti* con los más diversos rellenos (desde mermelada de arándanos hasta anacardos, o atún), servidos por un personal algo altivo.

Dónde beber

Gaia
BAR

(Th Rimkhong; ⌚cierra ma) Tranquilo local junto al Mekong al que acuden muchos clientes de la Mut Mee y *fa·ràngs* residentes. Ofrece una larga carta de bebidas, ambiente tranquilo y, en ocasiones, música en directo. A menudo acoge actos benéficos.

Warm Up
BAR

(Th Rimkhong) Este pequeño local se eleva –simbólica y literalmente– por encima de los demás bares de este extremo de Th Rimkhong; mira al río, el billar es gratis y lo frecuentan por igual lugareños y foráneos.

Para algo 100% tailandés, hay que seguir por Th Rimkhong al este, junto al río, más allá del mercado del Tha Sadet y, al llegar al Phra That La Nong, se pasará por un montón de restaurantes y bares, algunos más sencillos que otros, para cenar o tomar copas. Por la zona también hay bares regentados por residentes extranjeros.

De compras

Village Weaver Handicrafts
ARTESANÍA

(1020 Th Prajak) Tejidos y ropa de calidad (también por encargo), con un *mát·mèe* de algodón particularmente bueno. Los ingresos contribuyen a financiar proyectos de desarrollo en la zona.

Hornbill Books
LIBROS

(Soi Mut Mee; ⌚10.00-19.00 lu-sa) Compra, venta e intercambio de libros, y acceso a internet.

ℹ Información

Acceso a internet

Coffee Net (Th Bunterngjit; 30 THB/h; ⌚10.00-21.00) Café y té gratis mientras se navega.

SC Net (187 Soi Lang Wat Hai Sok; 15 THB/h; ⌚10.00-22.00)

Asistencia médica

Hospital de Nong Khai (☎0 4241 1504; Th Meechai)

Dinero

Big Jieng Mall (ctra. 2) Dispone de varios bancos que abren por las tardes y los fines de semana, además de un cajero automático de AEON.

Correos

Oficina principal de correos (Th Meechai; ⌚8.30-18.00 lu-vi, 9.00-17.00 sa, do y fest)

Información turística

Inmigración (☎0 4242 3963; ⌚8.30-12.00 y 13.00-16.30 lu-vi) Al sur del puente de la Amistad. Expide extensiones de visado.

Autoridad de Turismo de Tailandia (TAT; ☎0 4242 1326; ctra. 2; ⌚8.30-16.30) Poco práctica, al estar fuera de la ciudad.

Agencias de viajes

Go Thasadej (☎08 1592 0164; www.gothasadej.com; ribera del Mekong; ⌚10.00-20.00 lu-sa) Una de las más fiables de Tailandia.

ℹ Cómo llegar y salir

Avión

El aeropuerto más cercano queda 55 km al sur, en Udon Thani. **Udonkaew Tour** (☎0 4241 1530; Th Pranang Cholpratan; ⌚8.30-17.30) gestiona un servicio de furgonetas (150 THB por persona) a/desde el aeropuerto. De camino a la ciudad pueden parar en el hotel o en el puente; para ir al aeropuerto hay que tomarlas en la agencia. Conviene sacar el billete con antelación. En la mayoría de las agencias cobran 700 THB por un traslado al aeropuerto en automóvil.

Autobús

La **terminal de autobuses** (☎0 4241 1612) de Nong Khai se encuentra junto a Th Prajak, a 1,5 km de la mayoría de pensiones ribereñas. Udon Thani (35-47 THB, 1 h, cada ½ hora) es el destino más frecuente. También hay servicios a Khon Kaen (110-139 THB, 3½ h, cada hora) y a Nakhon Phanom (210 THB, 6½ h, 6 diarios, hasta 00.30). Quienes viajen al oeste junto al Mekong disponen de cinco autobuses a Pak Chom; el de las 7.30 sigue hasta Loei (130 THB, 6½ h). Para Chiang Mai, hay que cambiar en la terminal de autobuses 2 de Udon (*bor-kŏr-sŏr mài*).

PASO FRONTERIZO: DE NONG KHAI A VIENTIÁN

Si no se dispone de visado laosiano, se puede tomar un *túk-túk* (máx. 100 THB para 2 personas desde la estación de autobuses) hasta la **frontera** (6.30-22.00), donde se obtendrá el sello de salida. Desde allí, unos microbuses regulares (20 THB) cruzan el puente hasta el control de inmigración laosiano, que no suele presentar problemas, donde expiden visados de 30 días (véase p. 766). A menos que se viaje en un grupo grande, no hay motivo para gestionarlos previamente. Para llegar a Vientián, a casi 20 km, se encontrarán numerosos autobuses, *túk-túks* y taxis.

Si ya se tiene visado, desde la terminal de autobuses de Nong Khai salen seis autobuses directos a Vientián (55 THB, 1 h). También hay autobuses directos a Vientián desde Udon Thani, Khon Kaen y Nakhon Ratchasima.

Otra opción es ir en tren a Laos, pero no a Vientián. La travesía de 15 minutos (20-30 THB, 9.00 y 14.45) deja en la estación de Thanaleng (también conocida como Dongphasay), nada más pasar el puente, donde habrá que cambiar a otro transporte. En ambas estaciones hay mostradores de inmigración.

Hay salidas frecuentes a Bangkok (350-450 THB, 10-11 h) a media tarde, menos por la mañana. **Chan Tour** (0 4246 0205; 600 THB; 10.15, 19.30, 20.45) y **999 VIP** (0 4241 2679; 700 THB; 20.00) ofrecen servicios vip. También hay un servicio directo a la estación de autobuses del aeropuerto Suvarnabhumi (454 THB, 9 h, 20.00).

Tren

Dos servicios exprés, uno por la mañana y otro por la tarde, comunican Bangkok (2ª clase con A/A 498 THB, 1ª clase litera superior/inferior 1117/1317 THB, 11-12 h) con la **estación de trenes de Nong Khai** (0 4241 1592), que está 2 km al oeste del centro. También hay uno rápido, más barato, que sale de Bangkok por la noche.

Cómo desplazarse

Nong Khai es un lugar estupendo para ir en bicicleta, gracias al poco tráfico y al campo que la rodea. Muchas pensiones prestan bicicletas gratis a sus clientes, pero si se quiere alquilar una, **Khun Noui** (08 1975 4863; Th Kaew Worawut; 8.00-17.00), junto a la carretera, frente a la entrada a la Mut Mee, las tiene por 30 THB al día, además de motocicletas (200 THB).

Un *túk-túk* entre la zona de la Mut Mee y la estación de autobuses o el puente debería costar 30-40 THB.

Al oeste de Nong Khai

La gente que vive al oeste de Nong Khai es una apasionada del **arte topiario,** como se comprobará a lo largo de la carretera 211, donde se ven setos y arbustos podados de las formas más variadas: desde elefantes hasta cajas de cerillas. La carretera ribereña (Th Kaew Worawut), bordeada de llanuras aluviales con cultivos de tabaco, tomates y guindillas, es otra posibilidad para cubrir el primer tramo de la ruta hacia el oeste, aunque los ciclistas deben saber que no hay arcén.

La oficina de turismo de Nong Khai dispone de información sobre programas de alojamiento en casas particulares (300-500 THB, comidas incl.) por la zona, y también pueden ayudar a organizar la visita.

WAT PHRA THAT BANG PHUAN วัดพระธาตุบังพวน

Con una *chedi* que, según los lugareños, contiene 29 reliquias de Buda, el **Wat Phra That Bang Phuan** (horas de sol) es uno de los templos más sagrados de la región. Nadie sabe cuándo se erigió la primera *stupa* en este lugar, pero después de trasladar la capital de Luang Prabang a Vientián en 1560, Lan Xang King Setthathirat encargó que se levantaran majestuosos templos por todo su reino, incluida una nueva *stupa* en sustitución de la antigua. La lluvia provocó que se inclinara peligrosamente, y en 1970 la gravedad la venció. Reconstruida en 1976-1977, hoy tiene 34 m de altura y una base de 17 m², además de muchas *chedis* sin revestimiento a su alrededor, lo que dota al templo de un aire antiguo, y es eso, más que la *stupa* principal, lo que justifica la visita.

El templo está a 22 km de Nong Khai por la carretera 211. Hay que tomar un autobús en dirección a Pak Chom (20 THB, 45 min).

THA BO ท่าบ่อ

16 000 HAB.

Este próspero centro comercial, el más importante entre Nong Khai y Loei, tiene un mercado cubierto, que se extiende por las calles adyacentes, rebosante de productos autóctonos. En Tha Bo reside una nutrida comunidad vietnamita que se ha hecho con la producción de fideos: inmensas cantidades de *sên lék* (pequeños fideos de arroz) se secan al sol por el lado oeste de la ciudad. Aproximadamente de 5.00 a 10.00 se ve a la gente elaborándolos en las fábricas, para más tarde, sobre las 14.00, empezar a cortarlos, y todo a mano.

Antes solían verse sobre las rejillas de bambú las hojas usadas para envolver los rollitos de primavera, pero los fideos, más fáciles de elaborar, han ocupado su lugar. Ban Hua Sai, 10 km río arriba, antes de Si Chiangmai, es ahora la capital regional de las hojas para envolver rollitos.

Tha Bo suele ser destino para excursiones de un día, pero si se quiere hacer noche no faltan algunas pensiones económicas.

El "autobús amarillo" circula con regularidad entre Nong Khai y Tha Bo (27 THB, 1 h, cada 30 min) por la pintoresca ruta ribereña. En Nong Khai, se puede tomar en la estación de autobuses o cerca del hospital, en Th Meechai.

WAT HIN MAK PENG วัดหินหมากเป้ง

Este enorme **templo** (⏲6.00-19.00), situado en el bosque con unas preciosas vistas del Mekong, tiene su centro en un acantilado sobre el río. Es un lugar muy tranquilo y respetado debido a la veneración que suscita el abad que lo fundó, Luang Pu Thet, que supuestamente alcanzó la iluminación. Por el recinto se encontrarán varios monumentos en su honor, entre ellos una reluciente *chedi* que alberga las escasas posesiones terrenales del religioso y una estatua de cera a tamaño natural de su persona. Se exige decoro en el vestuario (nada de pantalones cortos ni camisetas sin mangas).

El templo está a medio camino entre Si Chiangmai y Sangkhom. Los autobuses de Nong Khai a Sangkhom (50 THB, 2¼ h) pasan por la entrada, aunque aún queda un buen paseo hasta los edificios.

SANGKHOM สังคม

Frente a la isla laosiana de Don Klang Khong, el pueblo de Sangkhom es un estupendo lugar para una breve escala si se sigue el Mekong entre Nong Khai y Loei. Las preciosas vistas del río y de las montañas suelen ocupar buena parte del tiempo, pero hay magníficas atracciones en la población.

El **Wat Pa Tak Sua** (⏲horas de sol), situado en pleno bosque, está a apenas 2 km en línea recta, aunque a 19 km por carretera (hay que tomar el desvío frente al Nam Tok Than Thong). La panorámica que ofrece del Mekong es increíble. La puesta de sol también es espléndida y, en los meses más fríos,

Alrededores de Nong Khai

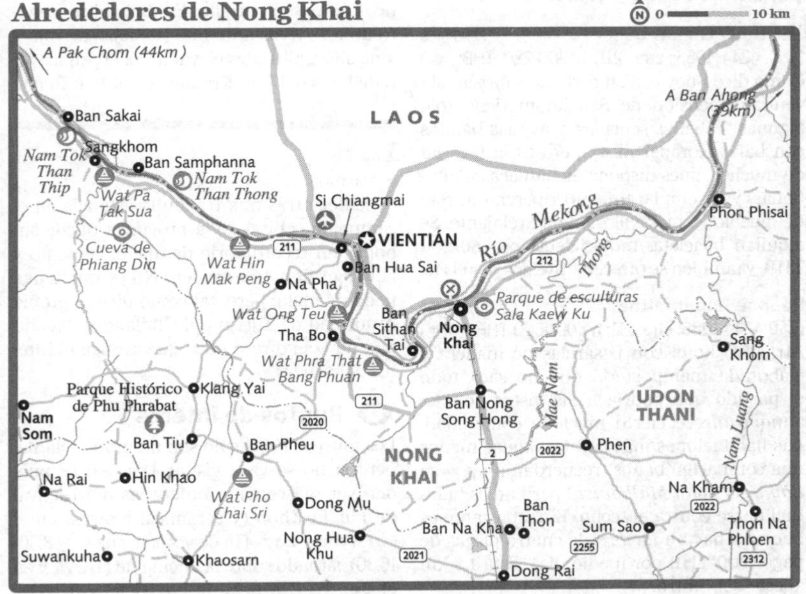

a primera hora permite disfrutar del valle cubierto de niebla. El sendero usado por los monjes cada mañana arranca al este del pueblo, justo antes del mojón del km 81. Se sigue por Soi 5 hasta más allá de la última casa y luego se gira a la derecha junto a los mangos y los papayos.

Aproximadamente 14 km después del templo por la carretera está la interesante **cueva de Phiang Din** (entrada con donativo; ⌚6.00-18.00), en la que, según algunos lugareños, vive un rey *naga*. Si se habla thai, se oirán curiosas historias. Los guías organizan un circuito de 30 minutos con luz o de dos horas con linterna. En ambos casos habrá que abrirse paso por estrechos pasajes mojados, y no se puede ir calzado.

La **Nam Tok Than Thip** (gratis; ⌚horas de sol), 13 km al oeste de Sangkhom (a 2 km de la ctra. 211), es un triple salto de agua, el mayor de la región. El salto inferior tiene 30 m y el segundo, al que se puede llegar por una escalera, 100 m. El superior, de 70 m, apenas se ve entre la vegetación. La **Nam Tok Than Thong** (gratis; ⌚horas de sol), 11 km al este de Sangkhom, es más ancha pero no tan alta. Un corto sendero sigue el curso del Mekong. La cascada de Than Thong es más accesible que la de Than Thip, pero a veces se llena de gente los fines de semana y festivos. Ambas cascadas se secan hacia febrero.

Dónde dormir y comer

Bouy Guesthouse PENSIÓN $
(☎0 4244 1065; ctra. 211; h 200-280 THB; @) Como dice Buoy con su perenne sonrisa, esta veterana pensión de Sangkhom tiene solo algunas "cabañas sencillas" (las más baratas con baños compartidos), pero es la favorita de muchos, pues dispone de hamacas y tumbonas, y su emplazamiento ribereño al este del pueblo es maravillosamente relajante. Se alquilan bicicletas/motocicletas por 50/200 THB, y también se ofrecen travesías por el río.

Poopae Ruenmaithai HOTEL $$
(☎0 4244 1088; ctra. 211; h 500-1500 THB; ❄@) Atractivo hotel con pasarelas de madera y elaborada mampostería que no saca todo el partido que podría a las vistas del río, aunque ofrece cierto nivel de comodidad. Las habitaciones más baratas (todas menos una comparten baños) recuerdan un poco a *Cómo ser John Malkovich*, pero no es habitual darse contra el techo. El restaurante es bueno, y hay un *jacuzzi* de cuatro plazas de pago (200 THB por medio día). Está 1,5 km al este del centro.

Sangkhom Away CAFÉ $
(ctra. 211; ⌚desayuno y almuerzo) Pequeño, divertido y céntrico.

Cómo llegar y salir

Cinco vetustos autobuses con ventilador comunican a diario con Nong Khai (55 THB, 3 h); el primero sigue hasta Loei (70 THB, 3½ h).

PROVINCIA DE LOEI

Extendiéndose hacia el sur desde el arco que describe el Mekong cerca de Chiang Khan hasta la vasta altiplanicie del Parque Nacional del Phu Kradueng, Loei (que significa "hasta el extremo") es una provincia bella y diversa que ha permanecido increíblemente ajena al turismo de masas. No es el lugar más agreste de Tailandia, pero en sus numerosos parques y reservas naturales (más de los que se pueden mencionar aquí) es fácil disfrutar de un aislamiento total. Además, con suerte y si se llega en el momento preciso, se podrá combinar la paz de la naturaleza con el increíble ajetreo del Festival de Phi Ta Khon de Dan Sai.

El terreno es montañoso y las temperaturas fluctúan de uno a otro extremo: en ningún otro punto de Tailandia hace más calor ni más frío. Aquí el mercurio puede caer por debajo de 0°C, un dato que los folletos turísticos no pasan por alto. En diciembre y enero un aire vivificante tiñe las hojas de rojo y amarillo a altitudes elevadas, p. ej., en los alrededores del Phu Kradueng y el Phu Reua.

Loei เลย

33 000 HAB.

Si se llega tras una tranquila estancia en el campo, la capital de la provincia puede suponer un recordatorio de que el cemento y la congestión aún existen. No es que tenga nada de malo, pero, tal como dice la propia Autoridad de Turismo de Tailandia, "la ciudad de Loei ofrece poco que atraiga el interés del viajero".

Puntos de interés

Los museos locales no son un gran reclamo, pero si no se va a visitar Dan Sai se pueden ver máscaras y fotografías del Festival de Phi Ta Khon (y cerámica, y otros) en el **Museo de Loei** (Th Charoenrat; gratis; ⌚8.30-16.30), situado sobre la oficina de la TAT, y en el **Centro Cultural de Loei** (ctra. 201; gratis;

⌚8.30-16.00), 5 km al norte de la ciudad, en la Universidad Rajabhat.

Dónde dormir

Sugar Guesthouse PENSIÓN $

(☎08 9711 1975; www.sugarguesthouse.blog.com; Soi 2, 4/1 Th Wisut Titep; h 180-380 THB; ❄@📶) No solo es uno de los alojamientos más baratos de la ciudad (las habitaciones con ventilador comparten un baño), sino también el más acogedor. Además, el dueño habla inglés, organiza excursiones por la provincia a precios moderados y alquila bicicletas/motocicletas (50/250 THB). ¡Cuidado con el perro!

King Hotel HOTEL $$

(☎0 4281 1701; 11/8-12 Th Chumsai; h 500-1500 THB; ❄📶) Aunque de nombre un poco exagerado, una amplia reforma lo ha convertido en un lugar agradable, con habitaciones sencillas pero atractivas. El restaurante también está bien y hay bicicletas gratis para los clientes.

Phutawan Mansion HOTEL $

(☎0 4283 2983; http://phutawan-loei.com; Th Nok Kaew; h 350-650 THB; ❄📶) Hotel de construcción reciente, sencillo pero con buena relación calidad-precio (habitaciones con nevera y colchones de calidad). Además goza de una ubicación práctica y tranquila.

Loei Palace Hotel HOTEL $

(☎0 4281 5668; 167/4 Th Charoenrat; h 1200-2500 THB, ste 3500 THB; ❄@📶🏊) El hotel más emblemático de Loei ocupa un edificio estilo pastel de bodas. El personal es solícito, las habitaciones están bien equipadas y no suele llenarse, de modo que se puede pedir descuento. Solo hay wifi en las dos primeras plantas. Al lado del mostrador de recepción una marca indica la altura a la que llegó la gran riada de septiembre del 2002, como se puede constatar en las fotografías.

Provincia de Loei

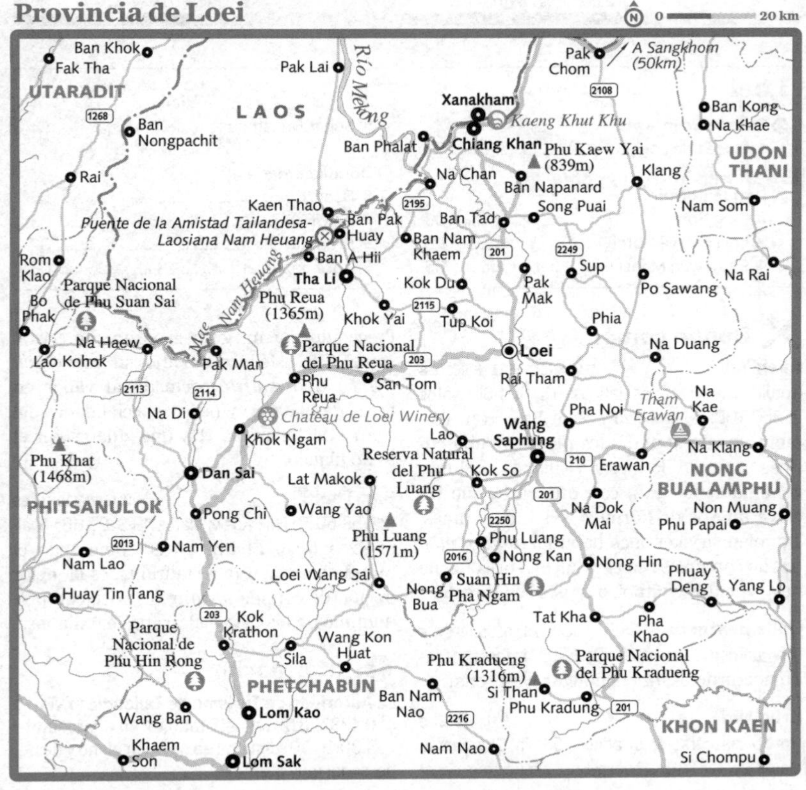

Loei

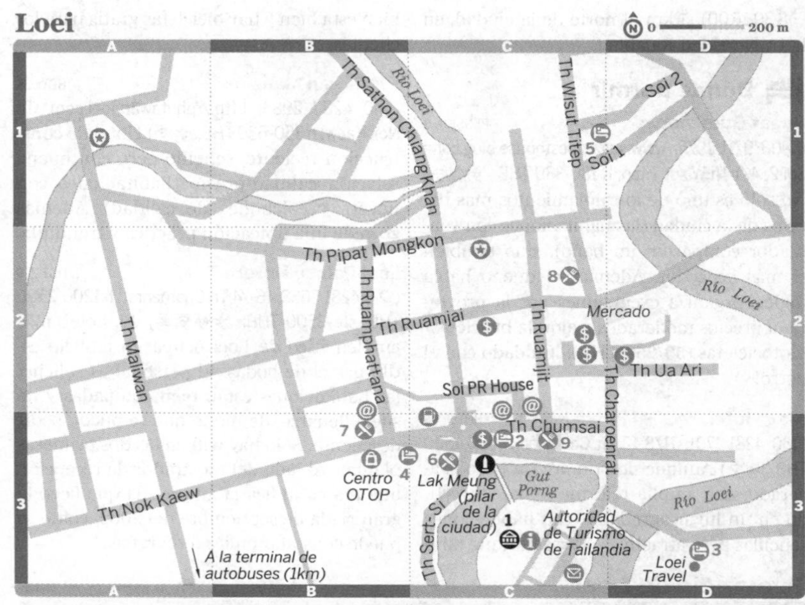

Loei

Puntos de interés

1 Museo de Loei C3

Dónde dormir

2 King Hotel C3
3 Loei Palace Hotel D3
4 Phutawan Mansion B3
5 Sugar Guesthouse C1

Dónde comer

6 Baan Yai C3
7 Ban Thai B3
8 Krua Nid C2
9 Calle peatonal C3

Dónde comer

Baan Yai TAILANDESA DEL NORESTE $
(rótulo sin caracteres latinos; Th Sert-Si; platos 25-150 THB; almuerzo y cena) Este gran restaurante con abundantes plantas y una curiosa variedad de mesas y sillas es un lugar genuinamente isan, con una carta que incluye huevos de hormiga, insectos y ranas. También sirve el poco habitual *dtòhng mŏo* (cerdo con una salsa agridulce). Por la noche hay películas y fútbol, o música en directo.

Calle peatonal TAILANDESA DEL NORESTE $
(Th Ruamjit; 16.00-23.00) Este típico mercado nocturno es un buen lugar para cenar.

Krua Nid TAILANDESA $
(rótulo sin caracteres latinos; 58 Th Charoenrat; platos 25-40 THB; desayuno, almuerzo y cena) Precedido por un gran expositor de cristal con el bufé, este local sin lujos sirve *hòr mòk* (*curry* tipo *soufflé* cocinado al vapor en hojas de plátano) y otras especialidades del centro de Tailandia. Hay que guiarse por el toldo blanco.

Ban Thai INTERNACIONAL $$
(22/58-60 Th Nok Kaew; platos 49-370 THB; almuerzo y cena) El Mr. Chris, como todo el mundo llama a este restaurante, es la mejor opción de comida *fa·ràng* de Loei, con predominio de los platos alemanes e italianos.

Información

La **Autoridad de Turismo de Tailandia** (TAT; 0 4281 2812; tatloei@tat.o.th; Th Charoenrat; 8.30-16.30) dispone de un buen plano y de un personal muy atento.

Por el centro de la ciudad hay muchos cibercafés. La mayoría de los bancos se concentran por Th Charoenrat, como el **Krung Thai Bank** (Th Ua Ari; ⏲10.00-18.00), de práctico horario.

Cómo llegar y salir

Avión

Solar Air (☎0 2535 2455; www.solarair.co.th) y **Nok Air** (☎0 2900 9955; www.nokair.com) comunican Loei con el aeropuerto Don Muang de Bangkok. Los billetes cuestan desde 1700 THB y se pueden comprar en **Loei Travel** (☎0 4283 0741; www.loeitravel.com), en el Loei Palace Hotel.

Autobús

El destino más frecuente desde la **terminal de autobuses** (☎0 4283 3586) de Loei es Udon Thani (66-92 THB, 3 h, cada ½ hora). También hay autobuses a Khon Kaen (129 THB, 3½ h, cada ½ hora), Khorat (263 THB, 6 h, cada hora), Phitsanulok (139-178 THB, 4 h, 5 diarios) y Chiang Mai (409-526 THB, 10 h, 6 diarios). El único autobús a Nong Khai (130 THB, 6½ h) sale a las 6.00, y vale la pena, porque sigue la ruta panorámica por el Mekong, si bien es más rápido ir por Udon Thani.

Hay salidas a Bangkok cada hora (321-412 THB, 11 h), y cada 20 minutos a media tarde. **Air Muang Loei** (☎0 4283 2042; ⏲20.30) y **999 VIP** (☎0 4281 1706; ⏲21.00) ofrecen servicios exclusivos (640 THB).

Cómo desplazarse

Desde la estación de autobuses salen *sŏrng·tăa·ous* (10 THB) que recorren toda la ciudad. Una carrera en *túk-túk* cuesta unos 30 THB. Los servicios de enlace con el aeropuerto cuestan 200 THB. En el Loei Palace Hotel alquilan bicicletas (50/80 THB por medio día/1 día).

Chiang Khan

เชียงคาน

La verdad es que se hecha de menos el viejo Chiang Khan. De la noche a la mañana, lo que antes era un desconocido y plácido pueblo junto al río con casas de madera se convirtió en un destino de moda y hoy recibe autobuses a diario. También es cierto que aún conserva mucho encanto, solo que ya no es excepcional. Las fotogénicas vistas del río y de las montañas de Laos, al otro lado del río, siguen ahí, y de día el ambiente aún es bastante tranquilo, al menos hasta que empieza la estampida de las compras hacia media tarde.

Puntos de interés y actividades

Templos

Como en la mayoría de templos de Chiang Khan, la *ubosot* (capilla) del **Wat Si Khun Meuang** (Th Chai Khong; ⏲horas de sol), que probablemente date de tiempos de Rama III, es principalmente de estilo laosiano (obsérvese en particular el amplio tejado), pero también combina libremente elementos del centro de Tailandia (las columnas de flor de loto) y del norte (los leones de guardia). En la fachada presenta un mural espléndido, y hay numerosos setos esculpidos por el recinto.

El **Wat Mahathat** (Th Chiang Khan; ⏲horas de sol), en el centro de la población, es el más antiguo de Chiang Khan. El *bòht*, construido en 1654, luce un tejado nuevo sobre los muros antiguos, con unos deslucidos murales originales en el frontis.

Unos 2 km antes del Kaeng Khut Khu está el **Wat Tha Khaek** (⏲horas de sol), un vetusto templo de 700 años en pleno bosque con tres imágenes de Buda en piedra de 300 años situadas sobre una cornisa por encima de otro buda moderno más grande, localizado a su vez en el, aún inacabado, *bòht del wat*.

Kaeng Khut Khu

Este famoso meandro del Mekong, con las montañas como telón de fondo, es conocido en todo el país. El parque que lo rodea se llena de puestos de *má·prów gàaw* (caramelos de coco), la especialidad del lugar. También es un buen lugar para probar las *gûng-tôrt-grôrp* (gambas fritas crujientes), que tienen el aspecto de un disco volador, o las *gûng đên* (gambas danzantes), pequeños cuencos con gambas vivas. Está 5 km río abajo desde la ciudad; la carrera en *túk-túk* cuesta 50 THB por persona.

Excursiones y circuitos en barco

La mayoría de pensiones organizan salidas en barco muy recomendables hasta el Kaeng

PASO FRONTERIZO: DE THA LI A KAEN THAO

Los extranjeros ya pueden obtener el visado laosiano (véase p. 766) en el poco transitado **puente de la Amistad Tailandesa-Laosiana Nam Heuang** (⏲8.00-18.00), en el distrito de Tha Li, 60 km al noroeste de Loei, pero la carretera a Luang Prabang es mala y el transporte público escasea.

Khut Khu o más allá. Los precios varían en función de los de la gasolina, pero la típica travesía de 1½ horas en un barco de diez plazas cuesta entre 800 y 1000 THB.

Otra opción es un viaje en kayak (1500 THB por persona, mín. 4) con **Mekong Culture & Nature Resort** (☎0 4282 1457), 1 km río arriba desde la ciudad.

La **Huan Mai Sri Chiang Khan Homestay** (☎0 4282 1825; www.huanmaisrichiangkhan.ob.tc; 145 Th Chai Khong) ofrece una excursión para madrugadores (salida 5.00; 100 THB por persona) que incluye el amanecer (quizá en forma de mar de niebla, en la estación fría) desde el monte **Phu Thok**.

Una bicicleta cuesta unos 50 THB al día y una motocicleta, entre 200 y 250 THB. Muchas pensiones facilitan bicicletas gratis a sus clientes.

Dónde dormir

Al haberse disparado la popularidad de Chiang Khan, los hoteleros ya no tienen que ajustar precios. Se puede ahorrar un poco alojándose en una *soi* en lugar de en la calle del río; por su parte, los lugares más caros suelen ofrecer descuentos entre semana. Obsérvese también que los edificios históricos tienen, precisamente por ser antiguos, baños compartidos (salvo que se indique lo contrario) y paredes finas.

Poonsawasdi Hotel HOTEL $$
(☎08 0400 8777; www.poonsawasdi.com, en thai; Soi 9; h 800 THB; ❄📶) El hotel más antiguo de Chiang Khan se ha animado con las nuevas maderas de colores y muebles antiguos. Además, a diferencia de la mayoría de edificios antiguos de madera de la ciudad, el encanto no se acaba en el vestíbulo.

PHI KON NAM

Parecido al Phi Ta Khon de Dan Sai (p. 474), pero mucho menos promocionado, este festival de Ban Na Sao, 7 km al sur de Chiang Khan, es parte de su Festival Pirotécnico (Bun Bâng Fai), que propicia las lluvias, y coincide con el Visakha Bucha (p. 24), en mayo o junio. Los lugareños creen que las almas de sus vacas y búfalos merodean por el pueblo tras su muerte, y por respeto se ponen máscaras de inspiración bovina y vistosos trajes. Si se está por la zona, no hay que perdérselo.

Chiang Khan Guesthouse PENSIÓN $$
(☎0 4282 1691; www.thailandunplugged.com; 282 Th Chai Khong; i/d/tr 300/450/600 THB; 📶) Esta pensión tradicional tiene suelos que crujen, tejados de cinc y una terraza muy cerca del río. Pim, la dueña, se encarga de que los clientes se sientan en casa. También organiza espectáculos *ɓohng·lahng* (2500 THB), interpretados por estudiantes del lugar.

Loogmai Guesthouse PENSIÓN $
(☎08 6234 0011; 112 Th Chai Khong; h 450-550 THB) Antigua casa familiar que combina un toque artístico minimalista moderno con una gran dosis de elegancia colonial francesa. Ofrece habitaciones con pocos muebles pero mucha personalidad (una con baño propio), una amplia terraza con vistas al río y esa sensación de estar en contacto con la historia. El dueño se va a las 18.00, pero deja llaves.

Chiang Khan Hill Resort HOTEL $$
(☎0 4282 1285; www.chiangkhanhill.com; h 800-4000 THB; ❄📶🏊) La mejor panorámica del Kaeng Khut Khu la ofrece el único *resort* de la ciudad, con vistas a los rápidos. Las habitaciones están bien por su precio, y el restaurante es bastante bueno.

Tao Kae Lao Guesthouse PENSIÓN $$
(☎08 1311 9754; taokaelao@gmail.com; 92 Th Chai Khong; h 600-700 THB; ❄📶) Las habitaciones son más que sencillas, con apenas un colchón en el suelo, pero los jóvenes propietarios, que son de Bangkok, han salpicado el resto del establecimiento con montones de detalles modernos, con un resultado de lo más relajante. Dos habitaciones tienen vistas del río.

Chiangkhan Riverview Guesthouse PENSIÓN $
(☎08 0741 8055; www.chiangkhan.741.com; 277 Th Chai Khong; h 300-600 THB; ❄📶) Esta pensión junto al río es la que tiene una oferta más variada: habitaciones con ventilador y aire acondicionado, con baño propio o compartido y nuevas o viejas. Algunas tienen vistas al río y la terraza es muy agradable.

Ban Sangthong PENSIÓN $
(☎0 4282 1305; 162 Th Chai Khong; i/d 200/400 THB; @📶) Pequeño alojamiento algo caótico y atestado de obras de arte del mismo propietario. Tiene las habitaciones

Chiang Khan

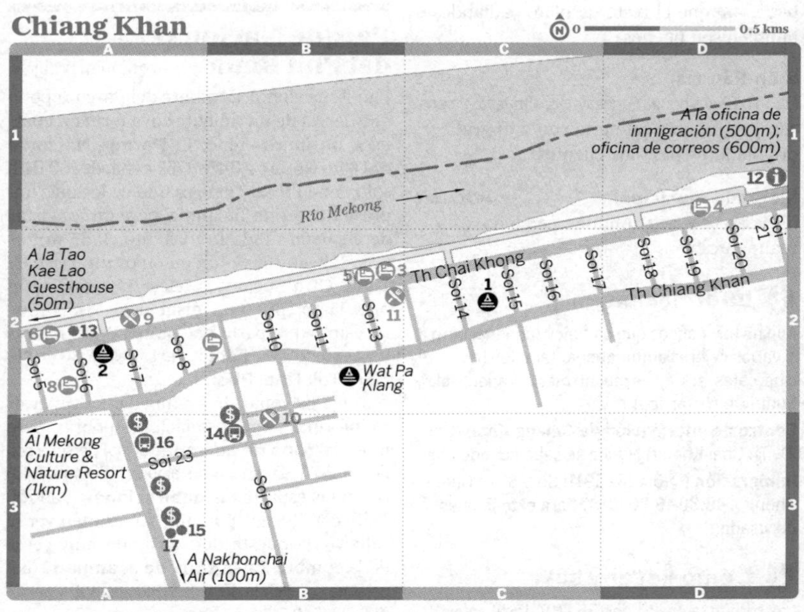

Chiang Khan

Puntos de interés
1 Wat Mahathat C2
2 Wat Si Khun Meuang A2

Dónde dormir
3 Ban Sangthong B2
4 Chiang Khan Guesthouse D1
5 Chiangkhan Riverview Guesthouse B2
6 Loogmai Guesthouse A2
7 Poonsawasdi Hotel B2
8 Torng Sai Homestay A2

Dónde comer
9 Ban-Jerd-Loei A2
10 Mercado municipal B3
11 Sum-Ran-Na B2

Información
12 Centro de información de Chiang Khan D1
13 Huan Mai Sri Chiang Khan Homestay A2

Transporte
14 999 VIP B3
15 Air Muang Loei A3
16 Phu Kradung Tours A3
17 *Sŏrng·tăa·ous* a Loei y Ban Tad A3

más baratas junto al río y una atractiva terracita.

Torng Sai Homestay PENSIÓN $
(rótulo sin caracteres latinos; ☎08 6227 2667; 129/3 Soi 6; i/d/tr 200/300/450 THB) Esta antigua tienda-vivienda de madera no se ha reformado como las pensiones junto al río. Lo único que se encontrará en ella es un colchón en el suelo, un ventilador y una cálida bienvenida. Si no hubiera nadie, probablemente es que los dueños están en el templo; solo hay que llamarlos y llegarán enseguida.

Dónde comer

Ban-Jerd-Loei TAILANDESA $
(187/1 Th Chai Khong; platos 35-150 THB; ⌚almuerzo y cena) El pescado del Mekong (muy recomendable el "pescado de río frito a la pimienta negra") es la especialidad de este restaurante ribereño, oculto tras una bar-

bería, aunque el resto de platos tailandeses también son buenos.

Sum-Ran-Na CAFÉ $
(165 Th Chai Khong; desayuno, almuerzo y cena;) Agradable cafetería con wifi gratis y ordenadores para los clientes.

Mercado municipal MERCADO $
(desayuno y cena) Aunque pequeño, está realmente bien.

Información

Aún no hay bancos que cambien moneda, pero sí varios cajeros automáticos. También hay cibercafés, si bien es mucho más agradable el Sum-Ran-Na (arriba).

Centro de información de Chiang Khan (Soi 21, Th Chai Khong) Nunca se sabe cuándo abre.

Inmigración (0 4282 1911; Soi 26, Th Chai Khong; 8.30-16.30 lu-vi) Para extensiones de visado.

Cómo llegar y salir

Las *sŏrng·tăa·ous* a Loei (35 THB, 1¼ h) salen a primera hora de la mañana cada 15 minutos, aproximadamente (y siempre que haya suficiente pasaje), desde una parada en la carretera 201, mientras que ocho autobuses (34 THB, 45 min) lo hacen de la terminal de **Nakhonchai Air** (0 4282 1905), 300 m más al sur. Los autobuses continúan hasta Khorat (297 THB, 7 h) vía Chaiyaphum (212 THB, 5 h).

Tres compañías operan desde sus propias oficinas, con servicios directos a Bangkok (10 h): **Air Muang Loei** (08 9842 1524; antigua gasolinera Shell, ctra. 201) a las 8.00 y 18.30 (479 THB), **999 VIP** (0 4282 1002; Soi 9) a las 9.00, 18.00, 19.00 y 19.30 (347-694 THB) y **Phu Kradung Tours** (08 7856 5149; ctra. 201) a las 18.30 (347 THB).

No hay conexión directa con Nong Khai. La ruta más rápida es por Loei y Udon Thani, pero si se quiere seguir la carretera panorámica del río, hay que tomar una *sŏrng·tăa·ou* hacia Loei al sur hasta Ban Tad (20 THB, 30 min), donde se puede cambiar al autobús de Nong Khai que sale de Loei a las 6.00. Otra opción es alquilar un automóvil con conductor hasta Pak Chom (600 THB aprox.), donde hay autobuses a Nong Khai a las 10.00, 13.00 y 15.00.

Si se viaja al oeste en transporte propio, quizá sería mejor tomar las carreteras secundarias que bordean el Mae Nam Heuang hasta Dan Sai.

Parque Nacional del Phu Reua อุทยานแห่งชาติภูเรือ

Phu Reua significa "monte del Barco", apodo que deriva de un saliente cuya forma recuerda a un junco chino. El **Parque Nacional del Phu Reua** (0 4280 7624; entrada 200 THB) solo tiene 121 km² y no es uno de los más impresionantes de Tailandia, pero ofrece vistas de ensueño desde lo más alto (1365 m); es accesible en *sŏrng·tăa·ou* o por un paseo de 1 km. Otra opción es hacer una excursión más larga, por una pista de 2,5 km muy accesible que parte del centro de visitantes y pasa por una bonita cascada de 30 m, la **Nam Tok Huai Phai.**

Hay dos zonas de acampada. La superior es informal y con instalaciones pobres, pero tanto la **zona de acampada** (por persona con tienda 30 THB, tienda de alquiler 150-450 THB) como las espartanas **habitaciones** (500-700 THB), con duchas por cubos, permiten ver la salida y la puesta del sol desde muy cerca de la cumbre. En la **zona de acampada** (por persona con tienda 30 THB, tienda para 2/4 personas 270/540 THB) de abajo, más atractiva, hay agua caliente, electricidad todo el día y wifi. También cuenta con seis cómodos **bungalós** (0 2562 0760; www.dnp.go.th/parkreserve; para 4/6 personas 2000/3000 THB) con TV y nevera. Por debajo del parque se encontrarán muchos pequeños *resorts* más baratos. Los restaurantes y las zonas de acampada solo abren de septiembre a febrero y a veces los fines de semana y festivos el resto del año. En diciembre y enero puede llegar a helar por la noche.

El parque queda unos 50 km al oeste de Loei por la carretera 203. Los autobuses que salen de la ciudad hacia el oeste pueden parar en la población de Phu Reua (50-60 THB, 1½ h), desde donde es posible hacer autostop o encontrar plaza en una camioneta por unos 500 THB (unas horas de espera incl.) hasta el parque. La cima está a 8 km de la carretera.

Dan Sai ด่านซ้าย

Durante 362 días al año Dan Sai es una población insulsa, una comunidad fronteriza donde la vida gira en torno a un pequeño mercado y una polvorienta calle mayor, sin embargo, los tres días restantes acoge uno de los festejos más animados y bullangueros del país.

En coincidencia con el cuarto mes lunar, el **Festival de Phi Ta Khon** (también llamado Bun Phra Wet) de Dan Sai combina el Festival del Phra Wet, durante el cual se supone que los recitados de las *Mahavessantara Jataka* (historias sobre las vidas pasadas de Buda) aumentan las posibilidades de que el oyente renazca en tiempos del siguiente Buda, con el Bun Bâng Fai (Festival Pirotécnico). Para quienes deseen imbuirse del ambiente de Isan, este curioso cruce entre el jolgorio alcohólico del Carnaval y la imaginería horripilante de Halloween es obligatorio.

Los orígenes del Festival de Phi Ta Khon no están claros, pero algunos de sus aspectos parecen estar ligados a los cultos animistas de las tribus thai (probablemente de los thai dam); de hecho, quien vaticina las fechas del festival (normalmente, jun) es Jao Phaw Kuan, un médium que canaliza la información proveniente de la deidad custodia del pueblo. El primer día, Jao Phaw Kuan efectúa un sacrificio para llamar al Phra Upakud (un monje iluminado con poderes sobrenaturales que decidió transformarse en un bloque de mármol blanco para vivir eternamente a los pies del Mae Nam Man). Entonces, durante dos días, los lugareños se ponen ropas y máscaras llamativas y bailan animados con *lôw kŏw* (*whisky* blanco) y por el ambiente de intensas connotaciones sexuales, para acabar con cohetes y después ir al templo a escuchar sermones toda la noche y el día siguiente.

Puntos de interés y actividades

GRATIS **Museo del Phi Ta Kon** MUSEO
(พิพิธภัณฑ์ผีตาโขน; Th Kaew Asa; ⌚9.00-17.00) El Wat Phon Chai, el templo situado tras la gran puerta blanca, juega un papel principal en las festividades del Phi Ta Khon, lo que lo convierte en un lugar privilegiado para albergar este museo. Contiene una colección de prendas llevadas durante las celebraciones, una muestra sobre la elaboración de las máscaras y vídeos del festival.

Wat Neramit Wiphatsana TEMPLO
(วัดเนรมิตวิปัสสนา; ⌚horas de sol) Este espléndido *wat* para la meditación, situado en lo alto de una frondosa colina, con sus edificios de laterita desnuda, casi parece un *resort* de temática budista. El célebre muralista tailandés Pramote Sriphrom dedicó años a pintar las historias de *jataka* de las paredes interiores del enorme *bòht*, donde también hay una copia del Buda Chinnarat del Wat Phra Si Ratana Mahathat de Phitsanulok (véase p. 344). El *wat* honra la memoria del difunto Luang Pu Mahaphan, un venerado monje de la zona.

Phra That Si Songrak 'STUPA'
(พระธาตุศรีสองรัก; ctra. 2113; ⌚7.00-17.00) Esta *chedi* encalada de estilo laosiano es la *stupa* más venerada de la provincia de Loei. Mide 20 m de altura y se construyó en 1560-1563 sobre lo que entonces era la frontera con Laos como gesto de unión entre el reino laosiano de Wiang Chan (Vientián) y el tailandés de Ayutthaya en su resistencia contra los birmanos. El pabellón que la precede contiene un cofre muy antiguo que al parecer guarda un buda de piedra anterior de unos 76 cm. A pesar de usar el nombre de Phra That, aquí no hay reliquias de Buda. Quienes suban hasta lo alto de la *chedi* no pueden llevar calzado, sombrero, prendas rojas ni comida, ni tampoco abrir sombrillas. Un modesto **museo** (gratis; ⌚9.00-15.00) expone objetos donados por la población local.

Dónde dormir y comer

Casas particulares CASA PARTICULAR $
(☎08 9077 2080; dc/tw/tr 150/400/550 THB) Un par de pueblos de los alrededores participan en un programa de alojamiento en casas particulares desde hace años, y las familias adoran tener invitados *fa·ràngs* (comidas 70

EL JARDÍN DE ISAN

La región de Phu Reua es célebre por sus granjas de flores, un estallido de color que convierte al tramo entre Loei y Dan Sai en una de las carreteras más espectaculares de Tailandia. El clima fresco y seco también permite el cultivo de especies poco comunes en Isan, como las fresas, el café (la expansiva cadena Coffee Bun tiene aquí su sede, y su café se elabora en parte con granos cultivados en Loei), nueces de Macadamia, petunias y caquis.

Una parada habitual para los viajeros con vehículo propio es el **Chateau de Loei** (www.chateaudeloei.com; ctra. 203, km 60; ⌚8.00-17.00), la bodega que comercializó el primer vino tailandés en 1995. Es una empresa pequeña comparada con las vistosas y eficientes bodegas de Khao Yai, pero en el edificio principal los visitantes pueden degustar sus vinos y coñacs.

SUAN HIN PHA NGAM

El nombre de este curioso rincón oculto con misteriosos e intrincados salientes rocosos significa "Bello Jardín de Roca", y le va muy bien, aunque los tailandeses lo llaman **Kunming Meuang Thai** (สวนหินผางาม; 100 THB por grupo; ⏲8.30-17.30) o "Kunming Tailandés", debido a su parecido con el Bosque de Piedra de Kunming (China). La mayoría de visitantes se suben a un tractor (ida 10 THB por persona) hasta el mirador, pero lo mejor es volver con un guía por los laberínticos caminos. En ocasiones el recorrido se complica un poco y hay que pasar por estrechos pasajes, lo que produce cierta sensación de aventura. Calcúlese una hora para la vuelta. Está 20 km al suroeste de Nong Hin. No hay transporte público y tampoco es fácil hacer autostop.

THB). En su tiempo libre (la mayoría de anfitriones que hablan inglés son profesores) suelen ofrecer la posibilidad de compartir sus actividades cotidianas. Las gestiones se tramitan en Kawinthip Hattakham (véase derecha).

Phunacome HOTEL $$$
(☎0 4289 2005; www.phunacomeresort.com; ctra. 2013; h 3500-4900 THB; ❄@📶🏊) Este complejo de lujo saca el máximo partido de su ubicación campestre, p. ej., sirviéndose del arroz y las hortalizas ecológicas cultivados en el lugar. También hacen sus propios detergentes de bajo impacto ambiental. Dos tipos de habitaciones bordean una hilera de estanques: las de tipo hotel y unas coquetas casitas de madera y paja inspiradas en la arquitectura popular de Isan. Ambas opciones son preciosas, con agradables vistas. En el vestíbulo hay una biblioteca, servicio de masajista y un restaurante de cocina tailandesa y occidental. Tienen por mascota el búfalo, más tres ejemplares de verdad en el recinto.

Ban Sabaaidee 2 HOTEL $
(☎08 0748 1555; ctra. 2013; h 300 THB; ❄📶) Llamativo hotelito situado 2 km al este del cruce de Th Kaew Asa, con habitaciones sencillas pero correctas.

Dansai Resort Hotel HOTEL $
(☎0 4289 2281; ctra. 2013; h 300-500 THB; ❄@📶) El hotel más céntrico de Dan Sai se ha sometido a una gran ampliación y ahora ofrece desde habitaciones algo viejas con ventilador y sin agua caliente hasta grandes chalés nuevos.

Im Un TAILANDESA $
(rótulo sin caracteres latinos; ctra. 2013; platos 60-150 THB; ⏲desayuno, almuerzo y cena) Platos típicos tailandeses y especialidades isan, como *gaang Ъàh* (*curry* de la jungla) o *lâhp hèt* (*laap* de setas), servidos en un jardín bajo un tejado de paja. Está en un extremo de la población, 900 m al este del cruce de Th Kaew Asa.

Mercado nocturno TAILANDESA $
(Th Kaew Asa; ⏲16.30-21.30) En la calle principal, frente al mercado municipal.

De compras

Kawinthip Hattakham RECUERDOS
(กวินทิพย์หัตถกรรม; 75 Th Kaew Asa; ⏲8.00-19.00) Es una tienda interesante, con auténticas máscaras del Phi Ta Khon y otros recuerdos relacionados con el festival. También ofrece bicicletas de alquiler (100 THB/día) y café.

Información

La calle principal que atraviesa la población es Th Kaew Asa. Al norte, cerca del mercado municipal, está la **biblioteca** (⏲8.30-16.30 lu-vi), con acceso gratis a internet y muestras sobre el festival, y el **ayuntamiento** (*têt·sà·bahn;* ☎0 4289 1231; www.tessabandansai.com; ⏲8.30-16.30 lu-vi), donde atienden gustosos cualquier consulta. Se puede cambiar efectivo y cheques de viaje en el **Krung Thai Bank** (ctra. 2013; ⏲8.30-16.30 lu-vi), en la calle principal.

Cómo llegar y salir

Los autobuses entre Loei (60 THB, 1½ h) y Phitsanulok (94 THB, 3 h) paran en Dan Sai, cerca del cruce de Th Kaew Asa con la carretera 2013, cada dos horas aproximadamente.

Centro de Arte Sirindhorn

ศูนย์ศิลป์สิรินธร

GRATIS El **Centro de Arte Sirindhorn** (ctra. 210; ⏲8.00-18.00) se encuentra en Wang Saphung, 23 km al sur de Loei. Fue construido en honor de Sangkom Thongmee, un famoso profesor (ya jubilado) de la escuela vecina cuyos alumnos, en su mayoría hijos de agricultores, han ganado muchos premios por sus trabajos artísticos. Se exponen obras de los estudiantes (y a veces también de profesionales), muchas de ellas a la venta. Enfrente del centro se extiende un bonito jardín con esculturas.

Tham Erawan ถ้ำเอราวัณ

En lo alto de la ladera de un bello monte calizo está la **Tham Erawan** (⌚7.00-18.30), una gran cueva-santuario que alberga un buda sedente gigante. El buda, que contempla las llanuras tachonadas de montañas, se ve a kilómetros de distancia y es accesible por una sinuosa escalera de 600 peldaños. Las vistas son espléndidas, sobre todo al atardecer. Unos cuantos escalones más seguidos por una línea de luces a través de una enorme cámara llevan hasta el otro lado de la montaña. Es importante salir de la cueva antes de que apaguen las luces.

El templo está junto a la carretera 210, nada más cruzar el límite de la provincia de Nong Bualamphu. Los autobuses de Loei (25-35 THB, 1¼ h, cada ½ hora) a Udon Thani dejan a 2,5 km. Desde allí, un mototaxi hasta el templo cuesta 30 THB.

Parque Nacional del Phu Kradueng อุทยานแห่งชาติภูกระดึง

Coronado por el pico que le da nombre, el **Parque Nacional del Phu Kradueng** (☎0 4287 1333; entrada 400 THB; ⌚sendero a la cima 7.00-14.00 oct-may) comprende una meseta alta atravesada por senderos y moteada de paredones rocosos y cascadas. El segundo parque nacional de Tailandia alcanza una altitud de 1316 m y en sus cotas más elevadas siempre hace fresco (la media anual es de 20°C); la vegetación se compone de pinares y sabana. Por los 348 km² de parque deambulan elefantes, chacales, osos tibetanos, sambares, seraus, gibones de manos blancas y otros animales.

En la base del monte hay un pequeño centro de visitantes, pero casi todo lo demás está arriba. El principal camino de ascenso tiene 5 km y recorrerlo lleva tres o cuatro horas. Es agotador, pero no demasiado difícil (a menos que el terreno esté mojado), ya que en la mayoría de tramos escarpados hay escalones. La excursión ofrece buenas vistas y hay lugares para descansar, con puestos de comida a cada kilómetro. Una vez arriba, quedan otros 3 km hasta el centro de visitantes principal. Se pueden contratar porteadores (15 THB/kg).

El camino de 5,5 km atraviesa el bosque y pasa por seis cascadas, y es lo más atractivo del parque, incluso después de noviembre, cuando buena parte del agua se ha evaporado. También hay muchos **miradores**, algunos de ellos ideales para contemplar el amanecer o la puesta de sol.

Pasar la noche en lo alto del Phu Kradueng es una especie de rito de madurez para muchos estudiantes tailandeses, por lo que el parque se pone a tope durante las vacaciones escolares (especialmente Navidad-Fin de Año y mar-may). En la temporada de lluvias (jun-sep) el parque cierra, pues la ruta hasta la cumbre se vuelve impracticable.

Dónde dormir y comer

En lo alto de la montaña hay una **zona de acampada** (por persona con tienda 30 THB, tienda para 3/6 personas 225/450 THB), **bungalós** (☎0 2562 0760; www.dnp.go.th/parkreserve; bungalós 900-3600 THB) grandes y diversos, y muchos sitios al aire libre para comer. Si se llega tarde, también se puede acampar y hay bungalós abajo, además de algunos *resorts* fuera de la entrada.

Cómo llegar y salir

Los autobuses entre Loei (50 THB, 1½ h) y Khon Kaen (75 THB, 2 h) paran en el pueblo de Phu Kradueng, de donde salen *sŏrng·tăa·ous* (20 THB por persona, completa 200 THB) hasta la base del monte, a 10 km.

PROVINCIA DE BUENG KAN

La provincia más nueva de Tailandia se escindió oficialmente de Nong Khai en 2011. Es un territorio remoto y encantador en muchos aspectos, y aunque la tendencia desde Nong Khai sea la de seguir el Mekong al oeste, virar al este tiene sus recompensas, como uno de los templos más asombrosos del país y excelentes programas de alojamiento en casas particulares.

Bueng Kan บึงกาฬ

La pequeña Bueng Kan crece rápido, pero más impulsada por la industria del caucho (a la que se dedica el 40% del territorio), que

PASO FRONTERIZO: DE BUENG KAN A PAKSAN

Aunque poco utilizado, permite cruzar la frontera hasta Paksan, pero solo si ya se dispone de visado laosiano (véase p. 766). El barco cuesta 60 THB por persona y zarpa cuando hay ocho pasajeros.

por su nuevo estatus como capital regional. Su único punto de interés es el **mercado tailandés-laosiano**, el cual se celebra junto al Mekong los martes y viernes por la mañana. Algunos de los productos, como las hierbas y setas que venden los comerciantes laosianos, son silvestres. También es interesante echar un vistazo al Mekong en la temporada seca, ya que el agua baja mucho y el río alcanza uno de sus puntos más estrechos en su frontera con Laos.

No resulta extraño que la mayoría de viajeros solo pasen por Bueng Kan de camino al Wat Phu Tok, pero si se decide pasar la noche, el **Maenam Hotel** (☎0 4249 1051; 107 Th Chansin; h 350-400 THB; ❄@📶) es el alojamiento mejor situado, con vistas al Mekong. Aunque no le iría mal una reforma, pues algunas habitaciones están mejor que otras, así que conviene ver varias antes, si bien en general son grandes e incluyen muchos detalles. En la última visita, varios hoteles más elegantes estaban construyéndse en la carretera. Por su parte, casi todos los restaurantes de Th Chansin ponen mesas en el paseo junto al río, pero hay muchos bichos.

Los autobuses a Nong Khai (100 THB, 2½ h, 6 diarios), Nakhon Phanom (130 THB, 3 h, 6 diarios) y Udon Thani (150 THB, 4½ h, 12 diarios) paran cerca de la vieja torre del reloj.

Ban Ahong

บ้านอาฮง

Ban Ahong es un bonito pueblo ribereño situado 20 km antes de Bueng Kan. El **Wat Ahong Silawat** (⏲horas de sol), en su extremo este, se levanta entre piedras en un meandro del río conocido como el *Sàdeu Námkong* ("Ombligo del Mekong") debido al gran remolino que se forma allí entre junio y septiembre. Una copia de 7 m de altura del buda de Chinnarat de Phitsanulok contempla el río desde el edificio al sur del *bòht*. En ese lugar viven siluros gigantes del Mekong *(Ƀlah bèuk)*, aunque son difíciles de ver. Se supone que es el punto más profundo del Mekong, y hay leyendas sobre cuevas subterráneas donde viven *nagas*. De hecho, este fue el primer lugar donde se avistaron las *bâng fai pá yah nâhk* o bolas de fuego *naga* (véase recuadro en p. 463), y es el único lugar donde aparecen en otros colores aparte del rojo.

El **Ahong Maekhong View Hotel** (☎08 6227 0465; h 500-800 THB; ❄) se encuentra junto al río, en el recinto del templo (al cual se destinan todos los ingresos) y atiende sobre todo a grupos, de modo que es fácil que esté totalmente lleno o vacío. Tiene 15 habitaciones grandes con balcón y bien equipadas. A fin de crear un ambiente aún más tranquilo, el abad pidió que las habitaciones no tuvieran TV. Otra opción es el **alojamiento en casas particulares** (☎08 0755 0661; 200 THB por persona, comidas 100 THB), aunque pocos hablan inglés.

Los autobuses entre Nong Khai (100 THB, 2½ h, 6 diarios) y Bueng Kan pueden parar en el templo.

Wat Phu Tok

วัดภูทอก

Con sus destartalados pasos elevados y escaleras interiores y exteriores en un enorme saliente de roca, el **Wat Phu Tok** (templo del Monte Aislado; ⏲6.00-17.00, cierra 10-16 abril) es una de las maravillas de la región. Las precarias pasarelas pasan por los santuarios y *gù·đì* repartidos por la montaña, sobre despeñaderos y por cuevas, y ofrecen unas vistas fabulosas. La última ascensión, entre raíces y rocas, lleva al bosque cimero, en lo que se considera el séptimo nivel del templo. Si se va ligero y se toman todos los atajos, se puede subir y bajar en una hora, pero no se recomienda, pues se trata de una ascensión para disfrutar. La paz que rodea este lugar remoto atrae a monjes y *mâa chee* (monjas) de toda Tailandia para meditar, así que conviene mantener una actitud respetuosa y hablar en tono bajo.

Aquí vivió el famoso maestro de la meditación Luang Pu Juan, discípulo de Luang Pu Man (véase p. 486), que murió en un accidente en 1980 junto a otros venerados religiosos cuando volaban a Bangkok para la celebración del cumpleaños de la reina Sirikit. Bajo la montaña, en un espléndido jardín, se levanta una *chedi* de mármol con las pertenencias de Luang Pu Juan y algunas reliquias óseas, además de unas fantásticas esculturas fuera.

Los visitantes que sepan algo de budismo y de meditación pueden obtener permiso para pernoctar en unos dormitorios en la base de la montaña.

Cómo llegar y salir

En Bueng Kan se puede tomar un *túk-túk* al Wat Phu Tok por 800 THB (ida y vuelta, espera incl.), pero sale más barato tomar un autobús de Bueng Kan a Ban Siwilai (20 THB, 45 min), y desde allí continuar en *túk-túk* (300-400 THB). Si se toma un autobús a Bueng Kan a primera hora, el Wat Phu Tok se puede visitar en una excursión de un día desde Nong Khai, aunque no hay necesidad de volver atrás, ya que los autobuses de Siwilai siguen hasta Udon Thani (140 THB, 4 h).

En automóvil propio o en bicicleta, 27 km después de Bueng Kan se llega a Chaiyapon; hay que tomar a la derecha por la carretera 3024, seguir las indicaciones a Chet Si y las cascadas de Tham Phra (que están en la Reserva Natural de Phu Wua y que justifican el rodeo, tanto por su curioso paisaje rocoso como por las propias cascadas, aunque solo hay agua de mediados de mayo a diciembre). Tras 17,5 km, hay que girar a la derecha y seguir 4 km más.

Ban Kham Pia บ้านขามเปี้ย

En Isan abundan los programas de alojamiento en casas particulares, aunque la mayoría están pensados para los turistas tailandeses. No obstante, gracias a Open Mind Projects (p. 39) y al emprendedor Khun Bunleud, que habla inglés, **Ban Kham Pia** (☎0 4241 3578, 08 7861 0601; www.thailandwildelephanttrekking.com; h 200 THB) sabe cómo dar la bienvenida a los *fa·ràngs* (comidas 50-90 THB).

Otra ventaja de este programa es que se estará a un paseo de la **Reserva Natural de Phu Wua**, de 186 km² y llena de estupendas excursiones (pernoctar en una cueva incl.). En el bosque hay numerosas cascadas y unas tres docenas de elefantes que a veces se dejan ver en la temporada de lluvias durante las caminatas de un día desde el pueblo y casi a diario de enero a abril si se duerme en las "casas en los árboles" (no aptas para cardíacos), situadas en medio de un claro del bosque donde los monjes llevan caña de azúcar a los elefantes para evitar que arrasen los campos. Está a una hora del pueblo por carretera. Los guías suelen cobrar unos 300 THB por día y una motocicleta sale por 200 THB al día.

Ban Kham Pia está 190 km al este de Nong Khai. Los autobuses entre Nong Khai (140 THB, 3½ h) y Nakhon Phanom (130 THB, 3 h) paran en Ban Don Chik, a 3 km.

PROVINCIA DE NAKHON PHANOM

La influencia laosiana y vietnamita es patente en Nakhon Phanom, provincia a orillas del Mekong y llena de venerados templos. Aunque casi todas las personas que se ven trabajando en los arrozales pertenecen a la etnia thai, muchas llevan sombreros de paja cónicos al estilo vietnamita. Es una región de detalles más que de atracciones ineludibles, pero cuenta con muchos lugares con estupendas vistas del río e interesantes puntos de interés histórico. Además, el colosal Wat Phra That Phanom es un hipnótico talismán de la cultura isan.

Nakhon Phanom นครพนม

31 700 HAB.

Nakhon Phanom significa "Ciudad de Montañas", aunque en realidad esas montañas están al otro lado del río, en Laos, eso sí, a la vista e imponentes, especialmente al amanecer en un día brumoso. En la ciudad no hay nada tan sugerente como esas vistas, si bien los que hayan llegado hasta aquí encontrarán muchas otras ocupaciones. Casi todos los visitantes tailandeses reservan algún tiempo para comprar plata en las proximidades del muelle.

Los templos de Nakhon Phanom se distinguen por su peculiar estilo. Esta fue antaño una ciudad importante del imperio de Lan Xang, pasado el cual los reyes tailandeses enviaron a sus mejores artesanos para levantar nuevos edificios; con posterioridad, una poderosa influencia francesa cruzó el Mekong y se sumó a la mezcla.

Puntos de interés y actividades

Ban Na Chok PARAJE HISTÓRICO

(บ้านนาจอก) La comunidad vietnamita de Ban Na Chok, unos 3,5 km al oeste de la ciudad, ha restaurado la **casa del Tío Ho** (☎0 4252 2430; entrada 50 THB; ⌚horas de sol), una sencilla construcción de madera donde se alojó ocasionalmente Ho Chi Minh mientras planeaba su movimiento de resistencia, entre 1928 y 1929. Se puede ver otra

Nakhon Phanom

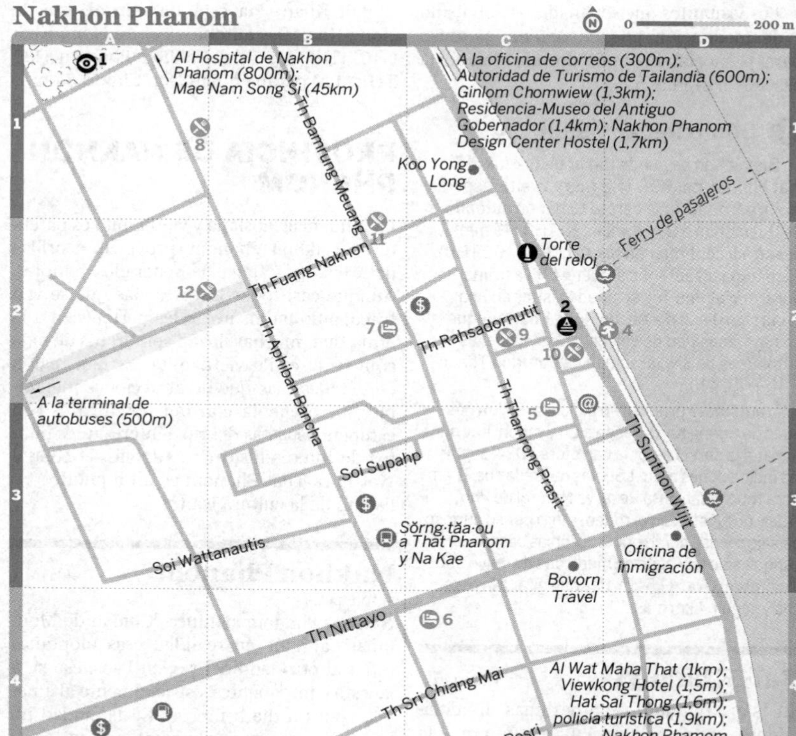

Nakhon Phanom

Puntos de interés
1 Parque Chom Khong A1
2 Wat Okat C2
3 Wat Si Thep C4

Actividades, cursos y circuitos
4 Sunset Cruise D2

Dónde dormir
5 Grand Hotel C3
6 SP Residence C4
7 Windsor Hotel B2

Dónde comer
8 Baa Nang A1
9 Good Morning Vietnamese & Coffee C2
10 Mercado indochino C2
11 Luk Tan B2
12 Mercado nocturno A2

muestra sobre Ho Chi Minh, con algunas explicaciones en inglés, algo más al noroeste, en el **centro comunitario** (☎08 0315 4630; gratis; ⏲8.00-17.00). El 19 de mayo se celebra su natalicio.

Wat Okat TEMPLO

(วัดโอกาส; Th Sunthon Wijit; ⏲horas de sol) Este templo, anterior a la ciudad, alberga el Phra Taew y el Phra Tiam, dos budas sagrados de madera dorada situados sobre el pedestal más alto del *wí·hăhn*. El Tiam actual (a la derecha) es una réplica, pues el original fue robado en el 2010. El asombroso mural que muestra la historia de las dos imágenes por el Mekong desde Laos es uno de los preferidos de un servidor en el país.

Wat Si Thep TEMPLO
(วัดศรีเทพประดิษฐาราม; Th Si Thep; horas de sol) El *bòht* de este templo es encantador. Está rodeado de estatuas de *têp* (ángeles) y presenta un colorista tríptico en la pared de atrás. Los murales interiores ilustran historias de *jataka* por su parte superior y reyes de la dinastía Chakri debajo. La vivienda del abad, construida en 1921 en estilo colonial francés, ganó un premio de conservación.

GRATIS **Residencia-Museo del Antiguo Gobernador** MUSEO
(จวนผู้ว่าราชการจังหวัดนครพนม (หลังเก่า); Th Sunthon Wijit; 10.00-18.00 mi-do) Este museo ocupa una mansión de 1925 primorosamente restaurada. Contiene fotografías de la vieja Nakhon Phanom, muchas de ellas con información en inglés, y en la parte de atrás una colección sobre la Procesión del Barco Iluminado (véase derecha). Si se quiere saber más sobre la ciudad, pregúntese por Bai-Tong, que quizá se encuentre por las noches en el restaurante Luk Tan.

Sunset Cruise EXCURSIÓN EN BARCO
(50 THB por persona) El ayuntamiento organiza un crucero de una hora por el Mekong a bordo del *Thesaban 1,* que amarra frente al mercado indochino. Se sirven tentempiés y, por supuesto, hay karaoke.

Mekong Underwater World ACUARIO
(สถานที่จัดแสดงโลกของปลาแม่น้ำโขง; ctra. 2033; entrada 30 THB; 9.30-16.00 lu-vi, 9.00-16.00 sa y do) Los amantes de los peces disfrutarán en este acuario con especies del Mekong, como el *ƀlah bèuk*. Está 6 km al oeste de la ciudad por la carretera 22. Las *sŏrng·tăa·ous* a Na Kae (20 THB, 15 min) pasan por él.

Wat Maha That TEMPLO
(วัดมหาธาตุ; Th Sunthon Wijit; horas de sol) La *chedi* de 24 m del Phra That Nakhon, dorada y blanca, recuerda la antigua *chedi* de That Phanom (véase p. 483).

Parque Chom Khong PARQUE
(สวนชมโขง; Th Ratchathan; gratis; 5.00-20.00) Este parque fue una cárcel, y en algunas de las viejas celdas hay muñecos en lugar de reos. Se puede ascender a las torres de guardia.

Hat Sai Thong PLAYA
(หาดทรายทอง) De febrero a abril, cerca del Viewkong Hotel surge un arenal que los promotores llaman Golden Sand Beach, más recomendable para observar a los pescadores que para el baño.

Fiestas y celebraciones

Nakhon Phanom es conocida por su **Procesión de los Barcos Iluminados** (Lái Reua Fai), adaptación moderna de la antigua tradición de mandar balsas cargadas de alimentos, flores y velas río abajo como ofrenda a las *nagas* durante el **Ork Phansaa** (fin de la Cuaresma budista). Las balsas gigantes de bambú de la actualidad acogen hasta diez mil farolillos artesanos, algunas realizadas por diseñadores profesionales. Durante una semana se celebran regatas, concursos de música y otros actos, pero las balsas se sueltan solo la noche de la luna llena. Esa mañana, los phu tai ejecutan su "danza del pavo real" frente al That Phanom (p. 483).

Dónde dormir

Windsor Hotel HOTEL $
(0 4251 1946; 272 Th Bamrung Meuang; h 250-400 THB;) Aunque en forma de bloque de cemento bastante intimidatorio, se trata de un hotel limpísimo y, pese a su edad, es una buena opción. La conexión wifi llega hasta la 1ª planta y desde lo alto se ven las montañas.

Nakhon Phanom Design Center Hostel ALBERGUE $
(NDC; 08 5668 1780; Th Goobahtwai; dc 350 THB, desayuno y alquiler de bicicletas incl.;) Un arquitecto local ha convertido esta vieja tienda-vivienda cerca del Mekong en un refugio-café-oficina con solo dos habitaciones y cuatro camas, pero lleno de personalidad.

iHotel HOTEL $$
(0 4254 3355; Th That Phanom; h 590-1000 THB;) La "i" tan de moda significa buenos colchones, duchas potentes, un jardín trasero y un buen servicio. Lo malo es que está 5 km al sur del centro.

Viewkong Hotel HOTEL $$
(0 4251 3564; www.viewkonghotel.com; Th Sunthon Wijit; h 550-900 THB, ste 2500 THB;) El antiguo Nakhon Phanom Riverview, antaño toda una referencia de la ciudad, hoy luce menos florituras y más desgaste, pero también mejores precios y menos frialdad. Ofrece una agradable terraza con vistas al río, karaoke, servicio de masaje y demás cosas imprescindibles para los tailandeses. Las habitaciones con vistas al río salen un poco más caras, pero lo valen.

Nakhon Phanom Riverview Hotel HOTEL $$
(☎0 4252 2333; www.nakhonphanomriverviewhotel.com; Th That Phanom; h 1050-1680 THB, ste 3150-10 500 THB; ❄@📶🏊) Aunque también se le notan los años y el wifi se queda restringido al vestíbulo, todavía tiene habitaciones con vistas al río y una piscina estupenda. En ocasiones bajan las tarifas hasta los 600 THB.

SP Residence HOTEL $
(☎0 4251 3500; 193/1 Th Nittayo; h 450-800 THB; ❄@) Sencillo pero moderno, con habitaciones menos impersonales que el exterior y los pasillos.

Grand Hotel HOTEL $
(☎0 4251 3788; 210 Th Si Thep; h 200-390 THB; ❄) De grande no tiene nada, y la colección de estatuas de animales del vestíbulo no consigue ocultar lo viejo y espartano que es, pero es bastante limpio y correcto por lo que cuesta. Las habitaciones más baratas de la 4ª planta disponen de agua caliente y vistas de las montañas.

Dónde comer

Después de cenar se puede visitar alguno de los atractivos y relajados bares que ocupan antiguas tiendas-vivienda cerca de la torre del reloj.

Mercado indochino TAILANDESA $
(Th Sunthon Wijit; ⊙desayuno, almuerzo y cena) Desde algunos asientos de la terraza frente a la zona de restauración se ven incluso las montañas.

Ginlom Chomwiew TAILANDESA $
(rótulo sin caracteres latinos; Th Sunthon Wijit; platos 50-240 THB; ⊙cena) El nombre de este restaurante con jardín, "Relájese y Disfrute de las Vistas", lo dice todo. En cuanto a la comida, los lugareños suelen pedir pescado del Mekong, p. ej., *Ƀlàh johk săhm rót* (barbo soldado a los tres sabores).

Luk Tan INTERNACIONAL, TAILANDESA $
(83 Th Bamrung Meuang; platos 29-240 THB; ⊙almuerzo y cena ma-do) Pintoresco y pequeño establecimiento para bistecs al estilo tailandés y comida *fa·ràng* como *pizza* o un puré de patatas estupendo.

Mercado nocturno TAILANDESA $
(Th Fuang Nakhon; ⊙16.00-21.00) Grande y variado, pero con poco espacio para sentarse.

Good Morning Vietnamese & Coffee VIETNAMITA $
(165 Th Thamrong Prasit; platos 30-100 THB; ⊙desayuno, almuerzo y cena) Esta pequeña cafetería se ha modernizado (colores más vivos y una barra nueva), pero sigue fiel a sus antiguas recetas familiares, como los *năam neu·ang* (rollitos de primavera de cerdo) o las ensaladas picantes.

Baa Nang TAILANDESA DEL NORESTE $
(sin rótulo; Th Aphiban Bancha; platos 30-150 THB; ⊙desayuno y almuerzo) Sencilla barraca con el techo de uralita frente a la escuela de Anuban Nakhon Phanom que triunfa con sus platos caseros tradicionales, entre otros *gài yâhng* o *sôm·đam*.

Información

Bangkok Bank (Tesco-Lotus, Th Nittayo; ⊙10.00-20.00) Solo cambia efectivo, pero tiene un horario amplio.

Crab Technology (Th Si Thep; internet 15 THB/h; ⊙8.00-22.00)

Inmigración (☎0 4251 1235; Th Sunthon Wijit; ⊙8.30-12.00 y 13.00-16.30 lu-vi) Para extensiones de visado.

EL RÍO BICOLOR

แม่น้ำสองสี

Por la carretera 212, vale la pena detenerse en el **Mae Nam Song Si,** a 45 km de Nakhon Phanom, donde el fangoso Mekong, de color marrón, encuentra las aguas verdosas del Mae Nam Songkhram. La divisoria entre los dos se aprecia muy bien, especialmente si hace viento o llueve. Ni caso de quien afirme que no existe nada así en Nakhon Phanom, que seguramente se trata del Mae Nam Song Si (p. 437), en Ubon Ratchathani. Hay que girar al llegar a la indicación "The Bi-Coloured River". Puede que el efecto sea mucho menos famoso que el que se produce al sur, pero también es muy llamativo.

Suan Ahahn Paknam (rótulo sin caracteres latinos; ☎08 1974 4227; platos 30-290 THB; ⊙almuerzo y cena) es un pequeño restaurante espléndido sobre una tarima de madera en la misma confluencia, que acaba de abrir una **pensión** (h 400 THB; ❄@) unas puertas más abajo.

Autoridad de Turismo de Tailandia (TAT; ☎0 4251 3490; tatphnom@tat.o.th; Th Sunthon Wijit; ⊙8.30-16.30) Cubre las provincias de Nakhon Phanom, Sakon Nakhon y Mukdahan.

Cómo llegar y salir

Avión

Nok Air (☎0 2900 9955; www.nokair.com) vuela a diario a/desde el aeropuerto Don Muang de Bangkok (ida 2600 THB). Los billetes se pueden comprar en agencias como **Bovorn Travel** (☎0 4251 2494; Th Nittayo; ⊙8.00-16.30 lu-vi, 8.00 hasta 13.00 sa y do). Un servicio de enlace cubre el trayecto del aeropuerto a cualquier hotel de la ciudad por 120 THB por persona.

Autobús

La **terminal de autobuses** (☎0 4251 3444; Th Fuang Nakhon) de Nakhon Phanom está al oeste del centro y da servicio a Nong Khai (210 THB, 6½ h, 6 diarios), a Udon Thani (155-195 THB, 4-5 h, cada 45 min, hasta 15.50) vía Sakon Nakhon (65-85 THB, 1½ h), a Ubon Ratchathani (116-209 THB, 4½ h, 9 diarios) vía Mukdahan (52-88 THB, 2½ h) y a That Phanom (27-47 THB, 1 h). La mayoría de autobuses a Bangkok (450-592 THB, 11-12 h) salen de 7.00 a 8.00 y de 16.30 a 19.00. **999 VIP** (☎0 4251 1403) ofrece un servicio vip por 823 THB.

Las *sŏrng·tăa·ous* a That Phanom (35 THB, 90 min, cada 15 min, hasta 15.30) paran cerca del Kasikornbank.

Cómo desplazarse

Ir en *túk-túk* de la estación de autobuses a cualquier punto de la ciudad cuesta unos 20-30 THB por persona, y el viaje de ida y vuelta a Ban Na Chok, 200 THB.

El poco tráfico hace de Nakhon Phanom un buen sitio para moverse en bicicleta, que se pueden alquilar en **Koo Yong Long** (☎0 4251 1118; 363 Th Sunthon Wijit; 10/70 THB h/día; ⊙8.00-17.00).

Renu Nakhon

เรณูนคร

Renu Nakhon es un pueblo phu tai conocido por sus tejidos de algodón, aunque ya poca gente se dedica a ello. Si se quiere ver cómo lo tejen, lo mejor es visitar algún pueblo cercano. Para comprar los productos acabados, así como seda y algodón de Laos y de otras partes de Tailandia, se puede ir al gran **mercado de artesanía** que se monta en el **Wat Phra That Renu Nakhon** (⊙horas de sol) o a las tiendas cercanas. La *tâht* del templo, de 35 m de altura, se parece mucho a la antigua *chedi* de That Phanom y es objeto de gran devoción. En ocasiones se interpretan danzas tradicionales phu tai para grupos organizados en un escenario exterior.

El desvío para Renu Nakhon está 8 km al norte de That Phanom, desde donde quedan 7 km al oeste por la carretera 2031, y no hay transporte público. Los conductores de *túk-túks* de That Phanom piden 300 THB por viaje de ida y vuelta (200 THB por persona), incluida una breve espera para ver la *tâht* y hacer alguna compra, pero el precio final dependerá principalmente de la capacidad de regateo. Quizá se pueda ahorrar algo si se va a pie hasta el cruce y se negocia el viaje desde allí.

That Phanom

ธาตุพนม

Sobre esta pequeña y tranquila población se eleva la colosal *chedi* del Wat Phra That Phanom, uno de los símbolos más emblemáticos de la región y de la identidad isan. En comparación, la población, dividida en dos mitades, una de ellas junto al río, tiene poco interés.

Puntos de interés

Wat Phra That Phanom TEMPLO

(วัดพระธาตุพนม; Th Chayangkun; ⊙5.00-20.00) Bello y lleno de energía, este lugar impresiona, por muy saturado de templos que se esté. Su *taht,* más imponente que ninguna otra de todo Laos y venerada por los budistas de ambos países, se alza en el centro. Mucha gente cree que visitar el templo siete veces trae prosperidad y felicidad, de ahí que se haya convertido en lugar de peregrinación.

La *taht* mide 53,6 m de altura, a lo qe hay que sumar un remate de oro de cinco niveles y 16 kg cuajado de piedras preciosas de 4 m. Muchos tailandeses creen

PASO FRONTERIZO: DE NAKHON PHANOM A THA KHAEK

El **puente de la Amistad Tailandesa-Laosiana 3,** al norte de la ciudad, se iba a inaugurar en el momento de publicar este libro. Los *ferries* de pasajeros seguirán comunicando Nakhon Phanom con Tha Khaek, en Laos, pero solo con lugareños. Los autobuses a Tha Khaek (70 THB) circulan de 7.00 a 18.00 y todas las formalidades de inmigración se efectúan en el mismo puente.

That Phanom

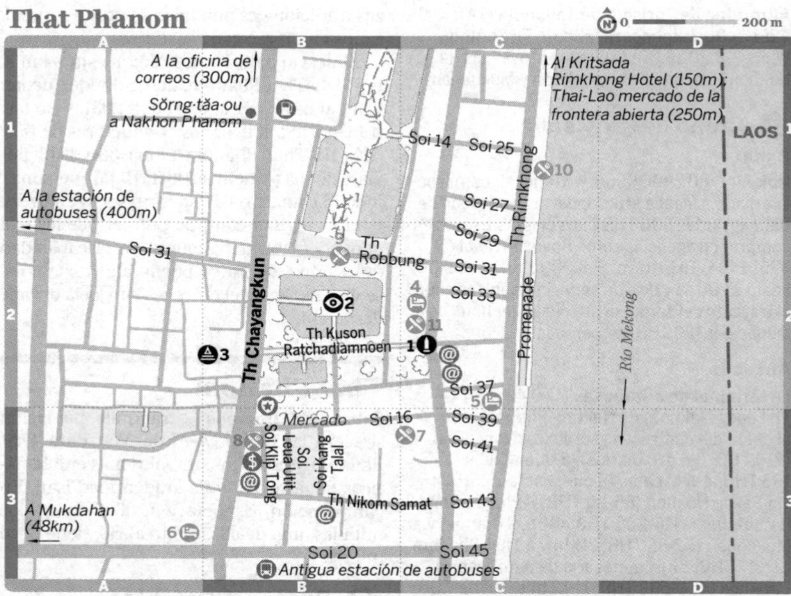

That Phanom

Puntos de interés
1 Arco C2
2 Réplica de una *satoob* B2
3 Wat Phra That Phanom B2

Dónde dormir
4 Chaivon Hotel C2
5 Saengthong Rimkhong Guesthouse C2
6 Thatphanom Place A3

Dónde comer
7 Baan 117 .... C3
8 Krua Kitty B3
9 Mercado nocturno B2
10 Restaurantes ribereños C1
11 That's Good C2

que Buda viajó a Tailandia y ordenó que una reliquia de su esternón se conservara en una *chedi* que debía construirse en este preciso lugar; y así se hizo en el 535 a.C., ocho años después de su muerte. Los historiadores datan aquella primera construcción, una corta *stupa* (hay una réplica del aspecto que debió de tener en un estanque frente al templo) hacia el s. IX d.C., y desde entonces se han sucedido las modificaciones. En 1690 se elevó hasta los 47 m y hay réplicas suyas por toda Isan. El edificio actual data de 1941, pero las lluvias lo derribaron en 1975 y fue reconstruido en 1978.

Por detrás del claustro se abre un umbrío parquecito con un tambor gigante y por el norte puede verse una barca centenaria de 30 m tallada en un solo el tronco. El cercano **museo** (gratis; 8.30-15.00) narra la leyenda (no la historia) de la *tâht* y expone una abigarrada colección de cerámica, monedas conmemorativas de presidentes de EE UU y otras piezas.

Calle Kuson Ratchadagon PARAJE HISTÓRICO
(ถนนกุศลรัชดากร) Sobre la calle que hay frente al Phra That Phanom se levanta un **arco** que comunica simbólicamente la *tâht* con el río Mekong. El bloque de edificios coloniales que hay entre el arco y el río recuerda a la vieja Saigón, con un par de interiores dignos de un museo. Algunas tiendas de la calle venden comida vietnamita.

Mercado de la frontera abierta MERCADO
(ตลาดชายแดนไทย-ลาว; ⏲7.00-14.00 lu y ju) Cientos de laosianos cruzan el río para comprar y vender en este mercado bisemanal. Básicamente se encuentra lo mismo que en otros mercados tailandeses, pero unos pocos vendedores de Laos apostados enfrente del templo comercian con raíces, miel, murciélagos y otros productos del bosque.

Fiestas y celebraciones

Durante el **Festival de That Phanom**, a finales de enero o principios de febrero, acuden visitantes de toda Tailandia y Laos para hacer méritos y presentar sus respetos a la *tâht*, las calles se llenan de puestos, actúan grupos de *mŏr lam* y el lugar apenas duerme durante nueve días.

Dónde dormir

Durante el Festival de That Phanom los hoteles se llenan y los precios se disparan. En la última visita, se estaba construyendo un hotel en el paseo junto al río que parecía prometedor.

Kritsada Rimkhong Hotel HOTEL $
(☎08 1262 4111; www.ksdrimkhong-resort.com; 90 Th Rimkhong; h 350-500 THB; ❄@📶) Las habitaciones oscilan entre lo sencillo y lo muy atractivo, pero todas son cómodas. El restaurante usa algunas de las verduras ecológicas que cultivan junto al río. El dueño es un tipo agradable que habla inglés y suele ofrecerse para recoger a los clientes gratis en la estación de autobuses.

Thatphanom Place HOTEL $$
(☎0 4253 2148; thatphanomplace@gmail.com; Th Chayangkun; h 590 THB; ❄📶) Este hotel nuevo (2010) y con encanto tiene las mejores habitaciones del lugar, todas diferentes en cuanto a diseño. Ojalá estuviera cerca del río, y no de la carretera.

Saengthong Rimkhong Hotel HOTEL $
(☎0 4254 1397; 507 Th Rimkhong; h 300-600 THB; ❄📶) Lugar nada especial con una gama de habitaciones al unísono (por el precio las duchas deberían tener agua caliente) y otras más nuevas y decentes, aunque en general tampoco es un chasco.

Chaivon Hotel HOTEL $
(☎0 4254 1391; 38 Th Phanom Phanarak; h 200-300 THB; ❄) Hotel de madera verde bastante descuidado. No es para todo el mundo, pero habrá quien disfrute de esta auténtica reliquia.

Dónde comer y beber

El **mercado nocturno** (⏲16.00-22.00) de That Phanom ofrece una gran variedad gastronómica pero poco sitio para sentarse. Al caer la noche, muchos **restaurantes ribereños** (Th Rimkhong), calzados sobre pilotes y con potentes luces, abren al norte del paseo. La mayor diferencia entre unos y otros es el volumen del karaoke, así que habrá que darse una vuelta para elegir el que más guste.

Krua Kitty TAILANDESA $$
(419 Soi 16; platos 40-350 THB; ⏲cena) Restaurante casi elegante y de estructura abierta muy popular entre los peces gordos del lugar. De la pared cuelgan discos clásicos y la extensa carta incluye algunos platos en inglés.

Baan 117 CAFÉ $
(117 Soi 16; café ecológico 40 THB; ⏲desayuno, almuerzo y cena) El acogedor matrimonio que lo regenta, el ambiente informal y el café de calidad convierten este lugar en el mejor para disfrutar de una tacita.

That's Good TAILANDESA $
(37 Th Phanom Phanarak; platos 50-100 THB; ⏲cena) Bar con ambiente de cafetería y aspecto del salón de la abuela, bastante moderno para That Phanom. La carta tiene lagunas, pero no faltan ensaladas tailandesas ni salteados para picar.

Cómo llegar y salir

Desde la nueva estación de autobuses de That Phanom, situada al oeste de la población (un *túk-túk* hasta el río debería costar 30 THB), hay servicios a Ubon Ratchathani (95-167 THB, 4½ h, cada hora) vía Mukdahan (26-45 THB, 1 h), a Udon Thani (102-184 THB, 4 h, 5 diarios) vía Sakon Nakhon (35-65 THB, 1¼ h, 10 diarios) y a Nakhon Phanom (27-47 THB, 1 h, 5 diarios). Para ir a Nakhon Phanom también se puede tomar una de las frecuentes *sŏrng·tăa·ous* (35 THB, 90 min, cada 15 min hasta 15.30) que aparcan al norte de la *tâht*. Por la mañana salen unos cuantos autobuses a Bangkok (400-801 THB, 10-11 h), pero la mayoría parten entre 17.00 y 19.00 y una de las compañías que cubren la ruta aún opera desde la antigua estación.

La oficina de inmigración de la ciudad solo atiende a los comerciantes laosianos los días de mercado; a nadie más le está permitido cruzar el río en este punto.

PROVINCIA DE SAKON NAKHON

Muchos templos famosos se emplazan en la espesura de la sierra de Phu Phan, que atraviesa la provincia de Sakon Nakhon, con hijos tan ilustres como Luang Pu (Ajahn) Man Bhuridatto (nacido en Ubon Ratchathani pero fallecido aquí) y su discípulo Luang Pu (Ajahn) Fan Ajaro, ambos monjes ascetas *túdong* que alcanzaron la cima de la meditación *vipassana* y que gozan de reconocimiento general entre los tailandeses como *arahants* (seres plenamente iluminados).

Sakon Nakhon สกลนคร

68 000 HAB.

Sakon Nakhon es ante todo un mercado agrícola, lo que explica la sucesión de tiendas de aperos para trabajar la tierra que hay en Th Ratpattana. Aunque el centro de la ciudad es el típico lugar caótico y lleno de hormigón, aún hay barrios periféricos tranquilos con viejas casas de madera, que es donde se encuentran los principales puntos de interés.

Puntos de interés

Wat Pa Sutthawat TEMPLO

(วัดป่าสุทธาวาส; horas de sol) El recinto del Wat Pa Sutthawat, al suroeste de la ciudad, es un santuario que celebra a dos de los monjes más conocidos de Tailandia. El más famoso de ellos es Luang Pu (Ajahn) Man Bhuridatto, quien ayudó a fundar el templo pero que no vivió en él hasta poco antes de su muerte, en 1949. Con sus arcos y vitrales, el **Museo de Ajahn Man**, donde se exponen sus objetos personales, recuerda a una iglesia cristiana moderna. Una imagen en bronce del monje se asienta sobre un pedestal en la parte de atrás, y sus cenizas se guardan delante, en una urna de cristal.

Luang Pu (Ajahn) Lui Chanthasaro, fallecido en 1989, fue uno de sus discípulos más famosos, y el rey Rama IX concibió la *chedi* que alberga el **Museo de Ajahn Lui**. Ajahn Lui está representado en una figura de cera.

Ambos museos exhiben todas las posesiones terrenales de los religiosos, así como fotografías y apuntes de sus vidas; las exposiciones sobre Ajahn Man, con rótulos en inglés, ilustran bien la vida monacal.

Wat Phra That Choeng Chum TEMPLO

(วัดพระธาตุเชิงชุม; Th Reuang Sawat; horas de sol) Lo que más llama la atención de este templo es su *chedi* de estilo laosiano y 24 m de altura, erigida en el s. XVII sobre una *prang* jemer más pequeña del s. XI y actualmente cubierta por una sombrilla de oro macizo. Su nombre significa "Stupa del Templo del Hallazgo de las Huellas" porque se construyó sobre unas huellas que se atribuyen a las cuatro encarnaciones de Buda. En la parte de atrás hay una hilera de *lôok ní·mít* (delimitadores esféricos semejantes a balas de cañón que se entierran bajo los mojones que rodean casi todos los *bòht*).

También en el recinto se levantan un *bòht* de la época Lan Xang, una enorme campana de madera y un *hŏr đrai* octogonal que actualmente alberga un pequeño **museo.** Para echar un vistazo a este último habrá que pedir la llave a algún monje. La parte superior de la puerta oeste recuerda a los castillos de cera del Ork Phansaa (véase p. 487).

Wat Phra That Narai Cheng Weng TEMPLO

(วัดพระธาตุนารายณ์เจงเวง) Unos 5 km al oeste de la ciudad, en Ban That, se levanta una *prang* jemer del s. X-XI (llamada Phra That Nawaeng, contracción de Narai Cheng Weng) de estilo Bapuan temprano. A esta *prang* de arenisca de cinco niveles, que en un principio formaba parte de un complejo jemer-hinduista, le falta casi toda la cubierta, pero todavía conserva varios dinteles, entre ellos un Visnu yacente sobre el pórtico norte y un Siva danzante sobre el este; no es imponente ni evocadora, pero sí la ruina jemer más completa de la provincia.

Se puede llegar con la *sŏrng·tăa·ou* nº 3 (10 THB) desde cerca del mercado o cuando se dirige al norte por Th Ratpattana; hay que apearse en el mercado de Ban That y caminar 500 m hacia el sur.

Nong Han LAGO

(หนองหาน) Al este y al norte de la ciudad se extiende el Nong Han, el lago natural más grande de Isan (123 km²), famoso en toda Tailandia por la leyenda que lo rodea (véase recuadro en p. 487). Los pescadores, que amarran sus barcas al este del parque Srinakarin, ofrecen travesías, incluida una visita al templo abandonado de **Ko Don Sawan** (isla Paraíso), la mayor isla del lago. Actualmente cobran unos 800 THB. No hay que imitar a los pescadores que nadan en el lago, pues está infestado de trematodos que pueden causar una grave infección hepática conocida como opistorquiasis.

En la cercana piscifactoría hay un **acuario** (Th Sai Sawang; gratis; ⌚9.00-15.00) con peces del lago, del Mekong y del Mae Nam Songkhram.

Fiestas y celebraciones

El **Ork Phansaa,** el final de la Cuaresma budista (fin oct-ppios nov), se celebra con gran fervor en Sakon. La actividad principal es una procesión con **castillos de cera** que luego se exhiben en los terrenos del Ming Meuang y en los templos de la ciudad durante un mes tras la procesión.

LA LEYENDA DEL LAGO *AMARALAK (PIM) KHAMHONG*

Phya Khom, gobernante de la ciudad de Ekthita, tenía una hija llamada Nang Ai cuya belleza era por todos conocida. El príncipe Phadaeng de la ciudad de Phaphong visitó en secreto a Nang Ai y los jóvenes se enamoraron al instante; pasaron una noche juntos y prometieron casarse pronto.

Para el sexto mes lunar, Phya Khom organizó un concurso pirotécnico e invitó a participar a gentes de las tierras vecinas. Quien lanzase el cohete a más altura sería recompensado con un tesoro y con la mano de su hija. Aunque Phadaeng no fue convidado, acudió con un gran cohete porque sabía lo que se jugaba. Durante el concurso, el cohete de Phya Khom no llegó a dispararse, pero sí el de Phadaeng. Iracundo, Phya Khom rompió su promesa y se desdijo de todos los premios prometidos. Phadaeng regresó a su ciudad absolutamente desolado.

Mientras se desarrollaba el concurso, Phangkhi Naga, hijo de Suttho Naga, gobernante del país del inframundo llamado Muang Badan, llegó disfrazado para contemplar la belleza de Nang Ai, de quien quedó también prendado al instante.

Después de volver a su tierra, Phangkhi no podía comer ni dormir; y así, a pesar de la oposición de su padre, regresó de nuevo, en esta ocasión disfrazado de ardilla blanca, y se escondió en un árbol cerca de la ventana de Nang Ai. En cuanto esta vio la ardilla albina, quiso tenerla y ordenó a un soldado que la capturase. Incapaz de conseguirlo, el soldado acabó matando a la ardilla con una flecha envenenada. Mientras agonizaba, Phangkhi formuló un deseo: "Que mi carne sea deliciosa y baste para alimentar a toda la ciudad". Su deseo se cumplió y todas las gentes del pueblo, salvo las viudas sin cargos oficiales, recibieron una porción de carne.

Cuando los seguidores de Phangkhi, que presenciaron su muerte, volvieron a Muang Badan y dieron la noticia, la cólera de Suttho Naga fue tal que reunió a miles de soldados para destruir la ciudad de Phya Khom. Se pusieron inmediatamente en marcha hacia Ekthita.

Mientras tanto, Phadaeng, que ya no aguantaba más, marchó a caballo para ver a su amada Nang Ai. Cuando la pareja se reencontró, ella le ofreció carne de ardilla, pero Phadaeng la rechazó diciéndole que la ardilla era Phangkhi disfrazado y que todo aquel que comiera su carne moriría y su ciudad sería arrasada.

El ejército de Suttho Naga llegó a Ekthita al caer la noche y causó tal destrucción que los cimientos de la ciudad empezaron a hundirse. Phadaeng le dijo a Nang Ai que tomara los anillos, el *gong* y el tambor del reino, y los dos huyeron en su caballo. Cuando Suttho supo que Nang Ai había escapado, empezó a perseguirla. La tierra se hundía a su paso. Creyendo que Suttho deseaba los anillos, el *gong* y el tambor, Nang Ai se deshizo de todo pero Suttho no cejó en su persecución. Cuando el caballo de la pareja no pudo más, Suttho Naga les dio alcance, agarró a Nang Ai por la cola de su caballo y la arrastró hasta Muang Badan.

A consecuencia de la batalla, toda la región se hundió y se convirtió en un inmenso lago llamado Nong Han. Las viudas que no habían comido la carne de ardilla se salvaron y sus casas no se hundieron, por lo que quedó en pie una pequeña isla que desde entonces se llama Don Hang Mai ("isla de las Viudas").

Phadaeng regresó a Phaphong pero, desconsolado por la pérdida de Nang Ai, prefirió morir para continuar su lucha por ella. Tras su muerte, se convirtió en cabecilla de un ejército de fantasmas que combatió contra las *nagas* en Muang Badan. La batalla duró tanto que tuvo que bajar Indra para zanjarla. Nang Ai espera desde entonces a que Indra decida cuál de los dos debe ser su esposo.

Sakon Nakhon

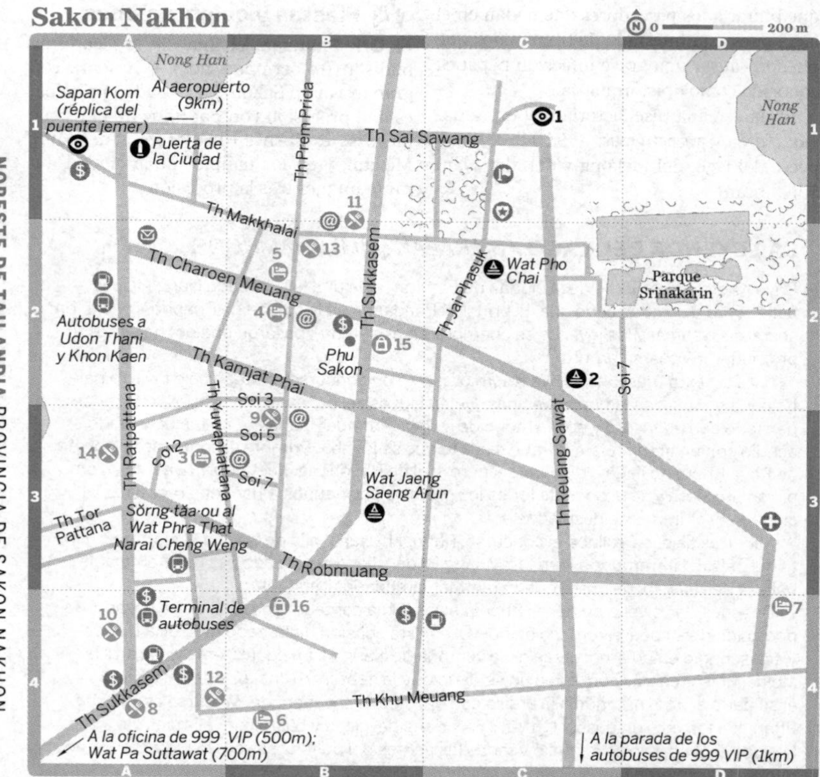

Dónde dormir

Dusit Hotel HOTEL $
(☎0 4271 1198; www.dusitsakhon.com; Th Yuwaphattana; h 400-710 THB, ste 1900 THB; ❄@📶) Veterano y remozado hotel con el vestíbulo más bonito y los empleados más simpáticos de la ciudad. Cada franja de tarifas ofrece una buena relación calidad-precio. El restaurante también está bien, y Fiat, el propietario, es una mina de información.

LP Mansion HOTEL $
(rótulo sin caracteres latinos; ☎0 04271 5356; Th Prem Prida; h 250-400 THB; ❄@📶) Es barato, pero no rancio. Incluso las habitaciones más económicas disponen de café, galletas Oreo y nevera. En el hotel más antiguo que tienen a la vuelta de la esquina hay habitaciones desde 200 THB.

NH The Elegant Hotel HOTEL $$
(☎0 4271 3338; Th Robmuang; i/d 650/700 THB; ❄@📶) Habitaciones bien equipadas con una excelente relación calidad-precio, desayuno y cena incluidos en el precio. La principal pega es que no es céntrico.

U-Hotel HOTEL $$
(☎0 4274 3033; ctra. 22; h 690-1590 THB; ❄@📶) Hotel nuevo (2010) de diseño inteligente y con un sutil toque artístico. Está a 5 km del centro, en la carretera de Udon Thani, frente a la Universidad Rajabhat.

MJ The Majestic HOTEL $$
(☎0 4273 3771; Th Khu Meuang; h 800-1440 THB, ste 3440 THB; ❄@📶) Las habitaciones más baratas del hotel más caro de Sakon son más grandes que las del Dusit o las del Elegant, pero no mejores; no obstante, merece ser tenido en cuenta por la amplísima oferta de ocio nocturno (coctelería, servicio de masaje, billar, karaoke).

Sakon Nakhon

Puntos de interés
1 Acuario ... C1
2 Wat Phra That Choeng Chum ... C2

Dónde dormir
3 Dusit Hotel ... A3
4 LP Mansion (nuevo) ... B2
5 LP Mansion (antiguo) ... B2
6 MJ The Majestic Hotel ... B4
7 NH The Elegant Hotel ... D4

Dónde comer
8 Mercado nocturno de los 11 Hermanos y Hermanas ... A4
9 Coffee.com ... B3
10 Green Corner ... A4
11 Mit Auppatam ... B1
12 Night Plaza ... A4
13 Prachachuen ... B2
14 Saban Ngaa ... A3

De compras
15 Mann Craft ... B2
16 Centro OTOP ... B4

Dónde comer y beber

El **Night Plaza** (Th Khu Meuang; 16.00-21.00), el principal mercado nocturno de Sakon, dispone de una excelente selección de comida, pero toda está empaquetada, lista para llevar. Es mucho mejor el **mercado nocturno de los 11 Hermanos y Hermanas** (rótulo sin caracteres latinos; Th Sukkasem; 16.00-21.00), más pequeño y donde todos los vendedores son familia, y suman más de once.

GRATIS **Prachachuen** TAILANDESA $
(382 Th Makkhalai; platos 60-230 THB; cena) Lugar juvenil y encantador situado en una vieja casa de madera. Es uno de los restaurantes más de moda de Sakon, pero afortunadamente la fama no ha afectado a la calidad de la comida. Desde el arroz frito hasta el *ɓlah chôrn sá·mŭn·prai* (pez cabeza de serpiente con hierbas y salsa de mango con guindilla), todo está delicioso.

Mit Auppatam TAILANDESA $
(rótulo sin caracteres latinos; 37 Th Sukkasem; platos 30-180 THB; desayuno, almuerzo y cena) Local tradicional y popular para desayunar (estupendas tortillas), aunque también dispone de una amplia oferta de *curries*, bistecs y otros. Tal es su fama en el país que hasta llegó a oídos de la princesa Sirindhorn, la cual lo visitó en el 2008. Desafortunadamente, nadie habla inglés.

Saban Ngaa TAILANDESA DEL NORESTE $
(Th Ratpattana; platos 30-150 THB; almuerzo y cena) Aunque también tiene platos tailandeses y chinos, es famoso por su comida isan e ideal para probar platos locales como el *gaang wăi* (*rattan* al *curry*). Los vegetarianos podrán degustar aquí *lâhp wún sên* (fideos de judías *mung* picantes). Al contrario que la comida, el ambiente es horrible.

Green Corner INTERNACIONAL, TAILANDESA $$
(Th Ratpattana; platos 45-420 THB; desayuno, almuerzo y cena) Es el mejor lugar de comida *fa·ràng* del lugar, aunque también hay platos tailandeses y de Isan, si bien muchos de estos últimos, como las cigarras fritas o las tortillas de huevos de hormiga, ya no aparecen en inglés en la carta.

Coffee.com CAFÉ $
(Th Prem Prida; café exprés 35 THB; almuerzo y cena lu-sa) Café con encanto.

De compras

En **Mann Craft** (1576 Th Sukkasem) se encontrarán bonitas telas y productos acabados teñidos con índigo y otros colorantes naturales. El **centro OTOP** (Th Sukkasem; 8.30-17.00) también vende tejidos teñidos con tintes naturales, además de vino de bayas y de jengibre negro, entre otros.

Información

La mayoría de bancos se encuentran por Th Sukkasem y Th Ratpattana. Las sucursales del Bangkok Bank en los centros comerciales **Big C** (Th Jai Phasuk) y **Tesco-Lotus** (Th Makkhalai) abren a diario de 10.00 a 20.00, pero solo cambian efectivo. Frente al Big C hay un cajero automático de AEON.

Inmigración (0 4271 5219; Th Jai Phasuk; 8.30-12.00 y 13.00-16.30 lu-vi) Para extensiones de visados.

Cómo llegar y salir

Avión

Nok Air (0 2900 9955; www.nokair.com) tiene dos vuelos diarios a/desde el aeropuerto

Don Muang de Bangkok (ida 2600 THB). **Phu Sakon** (☎0 4271 2259; 332/3 Th Sukkasem; ⊙8.30-17.00 lu-sa) vende billetes. Un servicio de enlace comunica el aeropuerto con la ciudad por 150 THB por persona.

Autobús

La céntrica **terminal de autobuses** (Th Ratpattana) da servicio a Ubon Ratchathani (117-211 THB, 5 h, 9 diarios), That Phanom (35-63 THB, 1¼ h, cada hora), Nakhon Phanom (65-85 THB, 1½ h, cada ½ hora), Udon Thani (100-130 THB, 3½ h, cada ½ hora), Khon Kaen (155 THB, 4 h, 5 diarios) y Bangkok (360-463 THB, 11 h, salidas solo por la mañana y a media tarde).

También hay autobuses a Udon Thani (102 THB, cada ½ h) y Khon Kaen (155 THB, 5 diarios) desde la gasolinera Esso que hay al norte de la terminal de autobuses.

Los servicios vip a Bangkok (720 THB, 19.30 y 19.45) de **999 VIP** (☎0 4271 2860) salen de una parada en Th Reuang Sawat (frente a la escuela Sakon Nakhon Pattana Supsa), al sur de la ciudad, pero se pueden sacar los billetes en su oficina, en Th Sukkasem.

Montes Phu Phan

Al sur desde Sakon Nakhon en dirección a Kalasin, la carretera 213 se abre camino por los montes Phu Phan, que albergan algunos lugares de interés. Además, como los autobuses a Kalasin, Mahasarakham y Khon Kaen siguen esta carretera, son bastante accesibles. La mayor parte del tramo entre el Talat Klang Dong Sang Kaw y Somdet discurre entre bonitos bosques.

PALACIO DE PHU PHAN RAJANIWET พระตำหนักภูพานราชนิเวศน์

La **residencia de la familia real en Isan** (☎0 4271 1550; gratis; ⊙8.00-16.00), 14 km al sur de Sakon Nakhon, está abierta al público cuando los monarcas no están. Se trata de un lugar modesto en comparación con otros palacios reales, pero con bonitos y apacibles jardines. Solo se puede pasear por el recinto, aunque los automóviles pueden llegar hasta el establo de los elefantes. No se permite vestir pantalones cortos ni vestidos por encima de la rodilla, ni demasiado escote. El viaje en autobús cuesta 20 THB y lleva 20 minutos.

PARQUE NACIONAL DE PHU PHAN อุทยานแห่งชาติภูพาน

Este **parque nacional** (☎08 1263 5029; gratis) se mantiene relativamente virgen y aislado, por lo que no extraña que durante la Segunda Guerra Mundial cobijara a los combatientes del Seri Thai, que utilizaron la **Tham Seri Thai** como arsenal y comedor, y a las guerrillas del Ejército de Liberación Popular de Tailandia (PLAT) en la década de 1970. En la actualidad, solo los ciervos ladradores, los varanos, los parsimoniosos loris, los monos y unos cuantos elefantes deambulan por los 664 km² del parque.

Hay dos zonas principales para visitar. Cerca del centro de visitantes está el **barranco de Nang Mern**, con bonitas vistas, y cuesta abajo 1,5 km más allá se llega a la meseta de **Lan Sao Aee**, aún mejor para ver la puesta de sol. La **Nam Tok Kam Hom**, una sucesión de cuatro pequeñas cascadas, está 8,5 km al norte del centro de visitantes, junto a una fuerte curva de la carretera llamada **curva de Khong Ping Ngu**, nombre que hace referencia a la forma que adquieren las serpientes cuando se las pone en una brocheta para asar, donde se encuentra el mojón kilométrico más grande de Tailandia. Solo hay agua de agosto a octubre. Entre esos dos lugares, alejados de la carretera, está el poco visitado puente de piedra natural **Tang Pee Parn**.

Para alojarse, hay **zonas de acampada** (por persona con tienda 30 THB, tienda para 2/6 personas 150/225 THB) y seis **bungalós** (☎0 2562 0760; www.dnp.go.th/parkreserve; bungalós 500-2000 THB; ❄) de cuatro plazas.

Los autobuses hasta el centro de visitantes tardan 45 minutos; el billete cuesta 25 THB.

TALAT KLANG DONG SANG KAW ตลาดกลางดงสร้างค้อ

Bastante más allá del centro de visitantes del parque nacional, a 25 km, está el **mercado de Klang Dong Sang Kaw**, con anonas rojas y otras delicias autóctonas, pero conocido sobre todo por productos como miel, insectos, nidos de pájaro (usados como amuleto) y setas recogidas en los bosques de los alrededores. También hay *whiskies* y vinos de bayas, siempre de producción local.

PROVINCIA DE MUKDAHAN

Mukdahan มุกดาหาร

34 300 HAB.

A orillas del Mekong, enfrente mismo de la ciudad laosiana de Savannakhet, Mukdahan es una de las poblaciones más aburridas de la región. La inauguración en diciembre del

Centro de Mukdahan

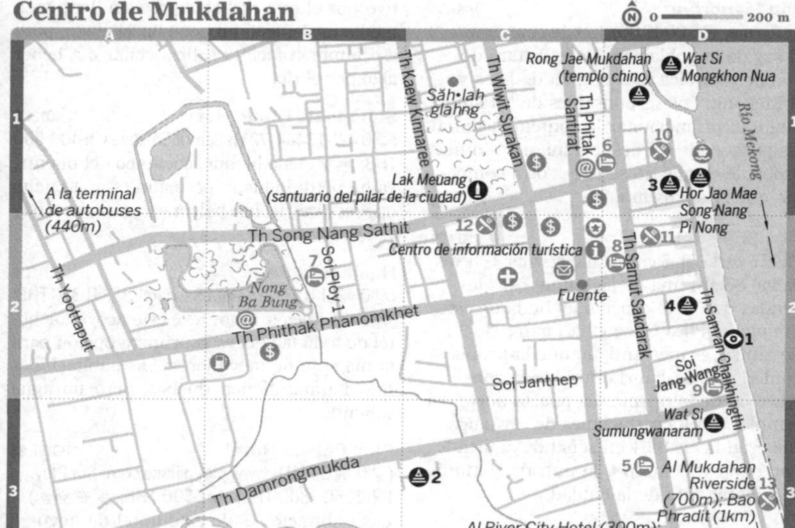

Centro de Mukdahan

Puntos de interés

1	Talat Indojin	D2
2	Wat Pa Silawiwet	C3
3	Wat Si Mongkhon Tai	D1
4	Wat Yod Kaeo Sivichai	D2

Dónde dormir

5	Ban Rim Suan	D3
6	Huanam Hotel	D1
7	Ploy Palace Hotel	B2
8	Submukda Grand Hotel	D2
9	The Riverside Hotel	D2

Dónde comer

10	Goodmook*	D1
11	Kufad	D2
12	Mercado nocturno	C2
13	Wine Wild Why?	D3

2006 del puente de la Amistad Tailandesa-Laosiana 2 confirmó su estatus como centro del comercio regional en la ruta entre Tailandia y Vietnam, y sin duda supuso un buen empujón a la economía local, aunque la ciudad tiene el mismo aspecto de siempre.

Puntos de interés

Talat Indojin MERCADO

(mercado indochino; ⌚8.00-18.00) Además de por el puente, Mukdahan es conocida por su mercado ribereño, que se extiende por el paseo y bajo el mismo. La mayoría de grupos tailandeses que van a Laos y Vietnam paran aquí para comprar comida económica, ropa, baratijas de China y Vietnam y seda y algodón de Isan.

Hor Kaew Mukdahan MUSEO

(หอแก้วมุกดาหาร; Th Samut Sakdarak; entrada 20 THB; ⌚8.00-18.00) Esta torre de 65 m, construida en conmemoración del cincuentenario de la ascensión al trono del rey Rama IX, es uno de los lugares más curiosos del país. En su base, de nueve lados, se ha instalado un museo (rotulado en inglés) sobre los ocho grupos étnicos que pueblan la provincia. La sala llamada "Los 360° del Placer en Mukdahan junto al Mekong", a 50 m de altura, brinda magníficas vistas y exhibe colecciones de carácter histórico. La esfera que corona la torre contiene una imagen de Buda, al parecer de plata maciza, muy venerada en la zona.

Phu Manorom MIRADOR
(ภูมโนรมย์; ⌚6.00-19.00) Desde este monte, al sur de la población, se disfrutará de una panorámica más amplia de Laos y el Mekong. Los responsables de turismo intentan promocionar la contemplación de las puestas de sol desde aquí, pero lo más probable es que no se tenga otra compañía que la de los monjes.

Wat Si Mongkhon Tai TEMPLO
(วัดศรีมงคลใต้; Th Samran Chaikhongthi; ⌚horas de sol) Según una de las numerosas leyendas que se le asocian, el buda de este templo, el Phra Chao Ong Luang, de 2 m de altura, es más antiguo que la propia ciudad y se descubrió durante la construcción de la misma. La puerta norte del templo, con incrustaciones de cerámica, fue erigida en 1954 en señal de amistad con el país vecino por la nutrida comunidad vietnamita de la ciudad.

Wat Yod Kaeo Sivichai TEMPLO
(วัดยอดแก้วศรีวิชัย; Th Samran Chaikhongthi; ⌚horas de sol) Este templo es conocido por su enorme buda dentro de un *wí·hăhn* acristalado y por dos (no una) pequeñas *chedis* construidas a imagen de la del Phra That Phanom.

Wat Pa Silawiwet TEMPLO
(วัดป่าศิลาวิเวก; Th Damrongmukda; ⌚horas de sol) Más que por motivos religiosos, es el centenar de monos que viven en este templo de bosque por lo que se recomienda la visita.

Fiestas y celebraciones

Además de los eventos habituales, el **Festival de las Tribus Thai de Mukdahan**, celebrado durante una semana en los terrenos frente a la *săh·lah glahng*, incluye danzas y otras actividades culturales de los ocho grupos étnicos locales.

Dónde dormir

El Riverside Hotel, en construcción durante la última visita, parece que será una buena opción, aunque solo sea por su ubicación junto al río, al norte del Wat Sumungwararam.

Ban Rim Suan HOTEL $
(rótulo sin caracteres latinos; ☎0 4263 2980; Th Samut Sakdarak; h 330 THB; ❄@📶) No se puede tildar de encantador, pero tras un buen lavado de cara el lugar se ha convertido en la mejor opción económica de la ciudad, motivo por el que casi siempre está lleno ya a media tarde. Está un poco hacia el sur, pero eso también facilita salir a cenar o a beber algo por el río.

Submukda Grand Hotel HOTEL $
(☎0 4263 3444; 72 Th Samut Sakdarak; h 400-500 THB; ❄📶) Este bloque, coetáneo del puente, ya ha perdido lustre pero aún es una buena opción. Desde los balcones más altos hay vistas del río.

Huanum Hotel HOTEL $
(☎0 4261 1137; Th Samut Sakdarak; h 150-350 THB; ❄@📶) Recién renovado, este acogedor hotel de toda la vida es la primera opción para la mayoría de mochileros. Las habitaciones más baratas tienen duchas, pero no agua caliente.

Ploy Palace Hotel HOTEL $$
(☎0 4263 1111; www.ploypalace.com; Soi Ploy 1; h 1050-1800 THB, ste 5500 THB; ❄@📶🏊) Las habitaciones de este hotel de negocios están algo ajadas, pero poco a poco se están renovando; vale la pena ver varias antes. Para algo fuera de lo corriente, las habitaciones de la 8ª y la 9ª planta tienen colmenas en el exterior de las ventanas.

River City Hotel HOTEL $$
(☎0 4261 5444; www.rivermuk.com; Th Samut Sakdarak; h desde 750 THB, desayuno incl.; ❄@📶🏊) Con la construcción de una nueva torre, posiblemente destrone al Ploy Palace como mejor alojamiento de Mukdahan.

Dónde comer

La mayoría de restaurantes del centro cierran pronto, pero en la calle Phitak Phanomkhet muchos mantienen los fogones encendidos hasta entrada la noche.

👍 **Bao Phradit** TAILANDESA DEL NORESTE $
(rótulo sin caracteres latinos; Th Samran Chaikhongthi; platos 30-200 THB; ⌚desayuno, almuerzo y cena; 📶) Está al sur del centro, a un buen paseo, pero ofrece comida genuina isan, con platos como *pàt pètmu/uu Ɓàh* (jabalí salteado picante) o *gaang wăi* (*rattan* al *curry*), servidos en una tranquila terraza junto al río. Aunque la carta en inglés es algo confusa, se agradece el esfuerzo.

👍 **Wine Wild Why?** TAILANDESA $
(Th Samran Chaikhongthi; platos 40-150 THB; ⌚almuerzo y cena) Restaurante tranquilo situado en un edificio de madera junto al río. Tiene

muchísima personalidad y sirve deliciosos platos tailandeses e isan, aunque la carta de vinos es otra historia. Los sociables propietarios, originales de Bangkok, le aportan encanto.

Mercado nocturno TAILANDESA-VIETNAMITA $
(Th Song Nang Sathit; ⏲16.00-21.00) En el mercado nocturno de Mukdahan se encontrarán todos los clásicos tailandeses e isan, aunque palidecen ante los puestos vietnamitas. Unos cuantos ofrecen *băhn dah* (que ellos venden como "*pizza* vietnamita"), que es una mezcla de fideos, cerdo, cebolleta y huevo (opcional) servida sobre una tortita crujiente.

Goodmook* INTERNACIONAL-TAILANDESA $
(414/1 Th Song Nang Sathit; platos 60-380 THB; ⏲desayuno, almuerzo y cena ma-do; 📶) Este alegre local reúne todos los ingredientes de un café para viajeros: mezcla de comida tailandesa y occidental (desde *đôm yam* hasta chuletón), wifi gratis y arte en las paredes.

Mukdahan Riverside TAILANDESA $
(103/4 Th Samran Chaikhongthi; platos 45-180 THB; ⏲almuerzo y cena; 📶) Este local, siempre concurrido, ofrece buenas vistas desde su terraza-jardín y una carta mayoritariamente tailandesa (pescados del Mekong incl., por supuesto). Nadie sale descontento.

Kufad VIETNAMITA $
(rótulo sin caracteres latinos; 36-37 Th Samut Sakdarak; platos 30-130 THB; ⏲desayuno y almuerzo) Sencillo café vietnamita para desayunar bien. De merecida fama, la carta es con fotografías, aunque no da pistas sobre los precios.

ℹ Información

Huanam Hotel (Th Samut Sakdarak; 20 THB/h; ⏲6.00-23.00) El lugar más agradable para poner al día el correo electrónico.

Krung Thai Bank (Th Song Nong Satit; ⏲10.00-19.00) Es el único banco del centro con horario prolongado.

Centro de información turística (☎0 4261 2992; Th Phitak Phanomkhet; ⏲9.00-16.30 lu-vi) Cuenta también con un centro de masaje tailandés y una tienda de artesanía.

ℹ Cómo llegar y salir

La **terminal de autobuses** (☎0 4263 0486) de Mukdahan está en la carretera 212, al oeste del centro. Para llegar, tómese una *sŏrng·tăa·ou* (10 THB, 6.00-17.00) amarilla que vaya al oeste por Th Phitak Phanomkhet. Hay autobuses a Nakhon Phanom (52-88 THB, 2½ hora, cada ½ hora) vía That Phanom (26-45 THB, 1 h), a Khon Kaen (155-187 THB, 4½ h, cada ½ hora), a Ubon Ratchathani (75-135 THB, 3½ hora, cada ½ hora) y a Yasothon (76-97 THB, 2 h, 8 diarios). También hay furgonetas a Yasothon (76 THB, 2 h, cada ½ hora). Unos cuantos autobuses van a Bangkok (390-502 THB, 10 h) durante el día, la mayoría entre 17.00 y 20.00, incluidos los de **999 VIP** (☎0 4261 1478), con salidas a las 8.00, 20.00 y 20.15 (670 THB).

Si se va a Ubon Ratchathani en vehículo propio, por la carretera 212 se llega en unas tres horas, pero si se tiene todo el día, las carreteras secundarias que siguen el Mekong permiten descubrir un espléndido rincón de la Tailandia rural.

ℹ Cómo desplazarse

Taxi Mukdahan (☎0 4261 3666; ⏲6.00-24.00) cobra 50 THB por los primeros 10 km y 10 THB por kilómetro adicional si el viaje supera esa distancia.

En el Huanam Hotel y el restaurante Goodmook* alquilan bicicletas por 100 THB al día.

Alrededores de Mukdahan

PARQUE NACIONAL DE PHU PHA THOEP อุทยานแห่งชาติภูผาเทิบ

Aunque de solo 48 km², el montañoso **Parque Nacional de Phu Pha Thoep** (☎0 4260 1753; entrada 100 THB) cuenta con numerosos puntos de interés, como sus famosas formaciones rocosas en forma de seta. Los principales grupos rocosos se encuentran detrás del centro de visitantes y de octubre a diciembre las flores los rodean. Además de las curiosas rocas hay varios miradores sobre los barrancos desde donde prácticamente solo se ve bosque. También es popular la **Nam Tok Phu Tham Phra**, espectacular cascada (may-nov) con una gruta en lo alto

PASO FRONTERIZO: DE MUKDAHAN A SAVANNAKHET

Es la ruta más directa de Tailandia a Vietnam. Si se toma el autobús a Savannakhet (45 THB, 45 min, cada hora 7.30-19.00), en Laos, los extranjeros deben cumplimentar todas las formalidades fronterizas en el cruce (véase p. 766). Actualmente los barcos a Savannakhet admiten solo a laosianos y tailandeses.

llena de cientos de pequeñas imágenes de Buda. En solo unas horas se puede ver todo en un paseo por caminos bien señalizados. La **Tham Fa Mue Daeng**, una cueva con pinturas de 5000 años de antigüedad, está a 8 km por carretera desde la zona principal del parque, más 1,5 km a pie.

Para alojarse hay un **'camping'** (por persona con tienda 30 THB, tienda para 4/6 personas 300/600 THB) y un **bungaló** (☎0 2562 0760; www.dnp.go.th/parkreserve; bungalós 1800 THB) de tres dormitorios.

El parque está 15 km al sur de Mukdahan por la carretera 2034. Las *sŏrng·tăa·ous* (20 THB, 30 min, cada ½ hora) a Don Tan, con salida desde el mercado de Porn Pet, 300 m al norte del Hor Kaew Mukdahan, pasan por el desvío al parque. En autostop no es difícil cubrir los últimos 1,3 km hasta el centro de visitantes, pero también se puede pedir al conductor de la *sŏrng·tăa·ou* que se desvíe de su ruta, lo cual probablemente hará por 40 THB por persona. Habrá que estar de vuelta en el cruce hacia las 16.00 para asegurarse una *sŏrng·tăa·ou* de vuelta.

AL NORTE DE MUKDAHAN

El viaje al norte por el Mekong brinda una estupenda rendija para observar la vida tradicional tailandesa, además de una ruta fantástica para realizar en bicicleta. No hay una carretera única, por lo que las distancias siguientes pueden variar según el recorrido que se siga, y las viejas rutas rurales en ocasiones desembocarán en una carretera nueva, pero solo hay que girar a la derecha en cuanto se pueda para retomar el río.

Si se sale de la ciudad por Samranchaikong Rd se encontrará una larga sucesión (6,5 km) de piscifactorías hasta acabar bajo el **puente de la Amistad Tailandesa-Laosiana 2**, de 1,6 km de longitud. Es el punto de la frontera tailandesa donde mayor anchura adquiere el Mekong, por lo que este puente tiene 400 m más que el Puente de la Amistad 1, en Nong Khai.

Más allá, a 2,5 km, se encontrará un **batallón de monos** que viven junto a la carretera, justo antes de llegar al Wat Baan Sai Yai.

Al menos 9 km después, donde el verdoso Mae Nam Chanot se une al fangoso Mekong (quizá se vean pescadores que vacían sus trampas), está el **Wat Mano Phirom** (⌚horas de sol), uno de los templos más antiguos de la provincia de Mukdahan. El *bòht* original, hoy convertido en *wí·hăhn*, se construyó en 1756 en estilo Lan Xang, con una fachada de madera con elaboradas tallas y grandes soportes pintados bajo los aleros. Presenta muchas imágenes antiguas de Buda, pero el colmillo de elefante en el que había talladas ocho ha sido robado, un recordatorio de un problema creciente en Tailandia. Las autoridades turísticas intentan promover la **Hat Mano Pirom**, la playa que aparece en este lugar en la temporada seca, y actualmente ya es posible cenar en un refugio con techo de paja en pleno río.

El **Wat Srimahapo** (⌚horas de sol), a veces llamado Wat Pho Si, queda 4,5 km más al norte, en Ban Wan Yai. Nada parece indicar que su minúsculo *bòht*, construido en 1916, merezca un vistazo, pero alberga unas bonitas vigas que sustentan el techo de hojalata e interesantes pinturas murales de tono naíf. La residencia de los monjes es de estilo colonial francés.

Más adelante, a 7,5 km, se pasa por el acristalado **santuario de Nuestra Señora de los Mártires de Tailandia** (⌚8.00-17.00, misa 7.00 do), aquí llamado Wat Song Khon y al que con frecuencia se alude incorrectamente como la mayor iglesia del sureste asiático. Fue construido en 1995 en memoria de siete católicos tailandeses ejecutados por la policía en 1940 por negarse a abjurar de su fe. Las figuras de cera de los mártires, junto con sus cenizas, se guardan en una vitrina en la parte de atrás.

A 3,5 km de la iglesia está el **Kaeng Kabao**, un tramo rocoso costero con islotes que emergen en la temporada seca. A orillas de esta parte del río se han instalado varios restaurantes, por lo que resulta un buen sitio para reponer fuerzas antes de regresar a Mukdahan o continuar otros 17 km hasta That Phanom.

AMPHOE NONG SUNG อำเภอหนองสูง

Tanto si se quiere aprender algo sobre una cultura poco conocida como si se desea echar un vistazo a la vida rural, el distrito de Nong Sung, en el extremo oeste de Mukdahan, es un lugar estupendo. La provincia de Mukdahan tiene una gran comunidad phu tai. De todos los grupos minoritarios de Isan, los phu tai son los que más han conservado su cultura. Casi todos los aldeanos visten atuendos tradicionales en fiestas y funerales, y sus hijos hacen lo propio en la escuela los jueves. El dialecto phu tai es el imperante, de modo que aunque se hable bien thai o isan, quizá no baste.

Unas cuantas poblaciones, como el pueblo de tejedores de Ban Phu, 6 km al sur de Nong Sung por la carretera 2370, disponen de **programas de alojamiento en casas particulares** (☎08 5003 7894; 600 THB por persona, comidas incl.) que permiten participar de la vida diaria, aunque son pocos los lugareños que hablan inglés.

Thai House-Isaan (☎08 7065 4635; www.thaihouse-isaan.com; h 700-1500 THB, desayuno incl.;), la opción más sencilla, es propiedad de un simpático australiano. Está 15 km al oeste de Nong Sung por la carretera 2042. Los circuitos de un día por la región cuestan a partir de 900 THB por persona (mín. 2), aunque también se puede alquilar una bicicleta/motocicleta (120/200 THB por día) para ir por libre. Las habitaciones son cómodas y están bien equipadas, especialmente el "chalé" de estilo tailandés, y la oferta gastronómica, en su mayoría ecológica, incluye tanto platos tailandeses como *fa·ràngs*. Si se quiere, se puede acompañar a Noi en los fogones y recibir una clase de cocina. Se admiten huéspedes de día.

Los autobuses que circulan entre Mukdahan y Khon Kaen dejan en Ban Kham Pok (desde Mukdahan 50 THB, 70 min, cada 30 min).

PROVINCIAS DE YASOTHON Y ROI ET

Son dos de las provincias más rurales de Tailandia, con escaso interés para los viajeros, pero reveladoras de una cara del país que pocas personas (tailandeses incl.) llegan a conocer.

Los interesados en profundizar en la cultura isan deberían echar un vistazo al Phra That Kong Khao Noi y comprar algunos cojines en Ban Si Than, en la provincia de Yasothon. La ciudad de Yasothon se vuelca durante el Festival Pirotécnico, que completa la oferta de la región. La provincia de Roi Et, con una capital mucho más agradable, ofrece algunas atracciones alternativas de gran interés, entre ellas un firme candidato al título del templo más raro de Tailandia.

Yasothon

ยโสธร

23 000 HAB.

Con poco que ofrecer al visitante aparte del período festivo hacia mediados de mayo, Yasothon ni siquiera parece una capital; es más, apenas transmite sensación de ciudad.

Puntos de interés

Yasothon cuenta con dos interesantes reclamos que, aunque no justifican el viaje, no hay que pasar por alto de parar en la ciudad.

El corazón del barrio de **Ban Singha Tha**, a 300 m de la calle principal y al oeste del Kasikornbank, es un bonito conglomerado de tiendas-vivienda al estilo de la Indochina francesa, muchas de ellas con preciosos detalles artísticos que evidencian la antigua riqueza de Yasothon. Fueron construidas para mercaderes chinos por obreros vietnamitas hace casi un siglo en lo que antes era el puerto de Yasothon, y ahora que se ha reconocido su valor histórico se han empezado a restaurar.

El elemento central del **Wat Mahathat** (Th Wariratchadet; horas de sol) es una venerada *chedi* de estilo laosiano, supuestamente data del 695 d.C., que alberga las sagradas reliquias del monje Phra Anan (Ananda), asistente personal de Buda. Mucho más interesante, no obstante, es la pequeña pero espléndida *hŏr đrai* (biblioteca Tripitaka), original de la década de 1830 y restaurada en el 2008, situada en un estanque sobre pilotes para proteger los textos sagrados de las termitas. Si se quiere echar un vistazo al interior, hay que pedir las llaves a un monje.

Fiestas y celebraciones

El **Festival Pirotécnico** (Bun Bâng Fai) se celebra por todo Isan en mayo y junio para anunciar a Phaya Thaen, dios de la lluvia anterior al budismo. Pero en ningún lugar se festeja con tanto fervor como en Yasothon, con cohetes de hasta 3 m y, según los especialistas con los que un servidor habló, con hasta 500 kg de pólvora. La fiesta, que dura tres días, coincide con el segundo fin de semana de mayo e incluye danzas tradicionales, procesiones, concursos de pirotecnia y mucho jolgorio.

Dónde dormir

Green Park HOTEL **$$**

(☎0 4571 4700; Th Wariratchadet; h con desayuno 600-800 THB, f 1500-2500 THB;) Aunque sin la gracia del JP Emerald, este hotel, mucho más nuevo, es el mejor de Yasothon. El gimnasio contiguo se puede usar gratis. Está 1 km al este del centro en dirección a Mukdahan.

Baan Singha Tha Homestay CASA PARTICULAR $
(☎08 2482 6084; h 300 THB por persona) Cinco familias del barrio histórico de Ban Singha Tha ofrecen habitaciones.

JP Emerald Hotel HOTEL $$
(☎0 4572 4848; www.jpemeraldhotel.com; Th Prapa; h 450 THB, 600-1650 THB, desayuno incl.; ❄@🛜) Es el único hotel de tres estrellas con todos los servicios. Las habitaciones no son nada especial, pero están bastante cuidadas. Cuenta con billar, bailarinas de barra y discoteca. Está a las afueras de la ciudad, en dirección a Roi Et.

In Town Hotel HOTEL $
(rótulo sin caracteres latinos; ☎0 4571 3007; 614 Th Jangsanit; h 220-380 THB; ❄🛜) Aunque queda muy al sur, supera con creces la media de alojamientos económicos de Yasothon. El vecino Warotohn es más barato.

Yasothon Orchid Garden HOTEL $
(rótulo sin caracteres latinos; ☎0 4572 1000; www.orchid-garden-hotel.com; Th Prachasamphan; h 400-450 THB; ❄@🛜) Céntrico, sencillo pero correcto para sus precios, con grandes habitaciones.

Dónde comer

Rim Chi Riverside TAILANDESA $
(rótulo sin caracteres latinos; platos 30-250 THB; ⏲almuerzo y cena) Ya sea desde la terraza llena de árboles o desde una balsa con tejado de paja, se disfrutará de una espléndida comida isan o tailandesa y de bucólicas vistas del río Chi. No hablan inglés, pero es imposible equivocarse si se pide *sôm·đam* o *Ƀlah chôrn lui sŏo·an* (pescado cabeza de serpiente frito “pasado por el jardín”). Está 900 m al oeste del Krung Thai Bank.

Mercado nocturno TAILANDESA $
(Th Wariratchadet; ⏲16.00-24.00) Al este del Wat Mahathat, no es un mal lugar para probar el postre típico de Yasothon, el *kà·nom wăhn lôrt chôrng* (fideos de arroz con pandano y leche de coco).

Cómo llegar y salir

La **terminal de autobuses** (☎0 4571 4500) de Yasothon está al norte de la ciudad, por la carretera de circunvalación. Un mototaxi al centro cuesta 50 THB. Hay autobuses a Ubon Ratchathani (66-85 THB, 1½ hora, cada ½ hora), Khorat (158-205 THB, 4 h, cada ½ hora) y a Khon Kaen (113-146 THB, 3½ hora, cada ½ hora) vía Roi Et (48-61 THB, 1 h). Las furgonetas son la mejor opción para ir a Mukdahan (76 THB, 2 h, cada ½ hora). Hay autobuses a Bangkok (320-385 THB, 8-9 h) prácticamente cada hora durante el día, pero muchos salen entre 19.00 y 22.00. También hay autobuses de **999 VIP** (☎0 4571 2965) a Bangkok (vip 599 THB, 20.30), que paran en su oficina junto a la torre del reloj.

Alrededores de Yasothon

PHRA THAT KONG KHAO NOI พระธาตุก่องข้าวน้อย

Un mito bastante siniestro rodea la **‘stupa’ de la Pequeña Cesta de Arroz Glutinoso** (⏲horas de sol), una *chedi* de ladrillo y estuco de finales del período Ayutthaya situada a 5 km de la ciudad en dirección a Ubon Ratchathani. Según una leyenda (que se enseña en el colegio como ejemplo de lo importante que es controlar las emociones), un joven granjero hambriento que llevaba toda la mañana trabajando bajo el sol ardiente mató a su madre al ver la pequeña cesta de arroz glutinoso que le trajo para comer. Mientras se comía el almuerzo junto al cadáver de su progenitora, el agricultor cayó en la cuenta de que en realidad había más arroz del que podía comerse. Para redimirse de su crimen, construyó esta *chedi*. Otros dicen que fue construida por unas personas que viajaban al Phra That Phanom con la misión de consagrar oro y joyas, pero llegados a Ban Tat Thong se percataron de que llevaban demasiado retraso, por lo que decidieron levantar esta *chedi*. También los hay que combinan ambos mitos y dicen que el arrepentido hijo, incapaz de construir una *chedi* por sí solo, se sumó a los peregrinos y la levantaron entre todos.

Para complicar aún más las cosas, la mayoría de los habitantes de Yasothon afirman que la auténtica *stupa* de la Pequeña Cesta de Arroz está algo más al norte, en el pueblo de Ban Sadao (7 km al este de Yasothon por la ctra. 202), tras el **Wat Tung Sadoa.** Pero todo lo que se conserva de la misma es la base. Cuando la original se derrumbó poco después de la muerte del hijo redimido, las gentes del lugar construyeron al lado otra más pequeña. Un monje del lugar, ante la pregunta de por qué los turistas tailandeses visitan las demás *chedis,* se limitó a contestar: *“Gahn meuangî”* (“política”).

BAN SI THAN บ้านศรีฐาน

Los habitantes de Ban Si Than no se olvidan del trabajo ni cuando se acuestan, ya que este pueblo se dedica a fabricar almohadas/cojines. Por todo el pueblo (y por los de los alrededores) se verá gente que cose, rellena o vende *mŏrn kít* (cojines decorados con motivos *kít* que siguen una estructura de rombos). El artículo más popular es un cojín rígido triangular usado como apoyo para los brazos al sentarse en el suelo. La mayoría de los extranjeros lo llaman *mŏrn kwăhn* (cojín de hacha), pero hoy se conoce más como *mŏrn săhm lĕeam* (cojín triangular). No podrían cubrir la demanda sin usar tejidos hechos a máquina, pero el rellenado y parte del trabajo de costura sigue siendo manual. Los precios son bastante mejores que en el resto de Tailandia, y este es también uno de los pocos lugares donde pueden comprarse sin relleno (*yang mâi sài nûn;* literalmente "sin *capoc* introducido"), lo que permite cargar hasta con los más grandes.

Para ver monos, basta con pedir a alguien que indique cómo ir a **Don Ling,** a 4 km del pueblo en Ban Tao Hi.

Si se quiere hacer noche, Ban Si Than participa en un **programa de alojamiento en casas particulares** (⌚08 7258 1991; 100 THB por persona, comidas 50 THB). El pueblo queda a 20 km de Yasothon por la carretera 202 y después 2,5 km al sur de Ban Nikom. Cualquier autobús a Amnat Charoen puede dejar en el cruce (20-25 THB, 45 min), desde donde un *mototaxi* llevará hasta el pueblo en un pispás por 20 THB.

Roi Et ร้อยเอ็ด

36 000 HAB.

Este lugar ha estado habitado desde hace al menos 2800 años, lo que convierte a Roi Et en una de las ciudades más antiguas de Isan. Hasta 11 puertas, relata la leyenda, llegó a contar en un determinado período de su historia, y en las escrituras antiguas "11" se expresaba "10 más 1", de cuya metamorfosis deriva su nombre actual, que significa "Ciento Una".

A excepción de los amplios tramos del antiguo foso, no quedan vestigios de esa larga historia. Con todo, la ciudad conserva un encanto y un sentido de la identidad propios. No puede decirse que Roi Et esté sumida en el letargo, pero sí que, siguiendo acaso el ejemplo del buda andante que se alza en la isla del lago, parece ir a su ritmo.

Puntos de interés

Wat Burapha TEMPLO
(วัดบูรพา; Th Phadung Phanit; ⌚horas de sol) El enorme buda erguido que se eleva sobre los edificios bajos de Roi Et es el **Phra Phuttha Ratana Mongkon Mahamuni** (o Luang Po Yai), la principal atracción de este templo. Pese a su escasa relevancia artística, resulta difícil pasarlo por alto, pues de la cabeza a los pies mide 59,2 m, y desde el suelo hasta la punta del *ùt·sà·nít,* 67,8 m.

Museo Nacional de Roi Et MUSEO
(พิพิธภัณฑสถานแห่งชาติร้อยเอ็ด; Th Ploenjit; entrada 100 THB; ⌚9.00-16.00 mi-do) Interesante museo que presta la misma atención a las piezas antiguas que a la cultura isan. En la 3ª planta se expone el arte del tejido en seda, y muestra hasta los materiales usados para crear telas teñidas de forma natural.

Bueng Phlan Chai PARQUE
(บึงพลาญชัย) La frondosa isla de Bueng Phlan Chai está atravesada por senderos que atraen a las típicas parejitas, estudiantes, corredores y familias de *picnic*. La popular **estatua del buda andante** se encuentra en su parte norte, y el **'lak meuang'** (pilar de la ciudad), en la sur.

Wat Neua TEMPLO
(วัดเหนือ; Th Phadung Phanit; ⌚horas de sol) Este templo, en el barrio norte de la ciudad, es un lugar tranquilo. Es conocido por su *chedi* de ladrillo de 1200 años, del período Dvaravati, que tiene una curiosa forma campaniforme con cuatro esquinas. En el interior del complejo central también hay viejos *săir·mah* de estilo Dvaravati y un árbol de Bo sagrado gigante.

GRATIS **Acuario de Roi Et** ACUARIO
(สถานแสดงพันธุ์สัตว์น้ำเทศบาลเมืองร้อยเอ็ด; Th Sunthornthep; ⌚8.30-16.30 mi-do) Este pequeño acuario contiene peces de todo Isan. Dispone de un túnel que lo atraviesa.

Dónde dormir

Phetcharat Garden Hotel HOTEL **$$**
(☎0 4351 9000; www.petcharatgardenhotel.com; Th Chotchaplayuk; h con desayuno 540-700 THB, ste 1740 THB; ❄📶🏊) El vestíbulo, que combina Oriente con Occidente con cierto estilo, y la piscina hacen que este lugar gane enteros. No obstante, las habitaciones más baratas no tienen el mismo

Roi Et

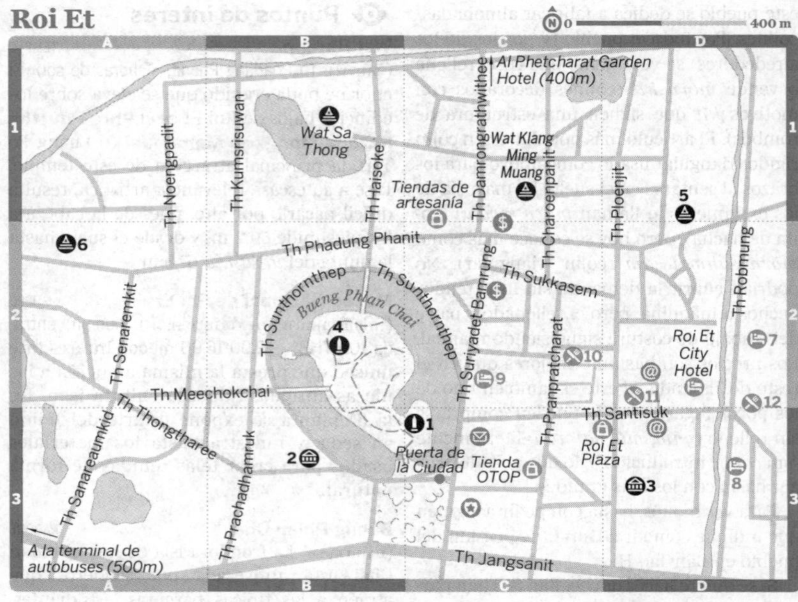

Roi Et

Puntos de interés

1 Lak Meuang C3
2 Acuario de Roi Et B3
3 Museo Nacional de Roi Et D3
4 Estatua del buda andante B2
5 Wat Burapha D1
6 Wat Neua A2

Dónde dormir

7 Poon Petch Sportclub D2
8 Rohmintanin Park D3
9 Saithip Hotel C2

Dónde comer

10 Mercado nocturno C2
11 Richi India Food D2
12 White Elephant D2

encanto, y los años le pesan, pero aun así sale muy a cuenta.

Rohmintanin Park HOTEL $
(☎0 4351 6111; Th Robmuang; h con desayuno 450-650 THB, ste 1200 THB; ❄@📶) Aunque poco elegante, presenta pequeños toques decorativos que le alejan de ese aspecto funcional tan común en los hoteles de su categoría.

Saithip Hotel HOTEL $
(rótulo sin caracteres latinos; ☎0 4351 1742; Th Suriyadet Bamrung; h 240-320 THB; ❄📶) Aparte de los detalles de la fachada y que algunas habitaciones tienen tazas de váter, por lo demás es un hotel barato convencional, y sin agua caliente.

Poon Petch Sportclub HOTEL $
(rótulo sin caracteres latinos; ☎0 4351 6391; Th Robmuang; h 300-350 THB; ❄) Aunque por fuera no tiene muy buen aspecto, las habitaciones están mejor de lo esperable, con nevera y balcón.

Dónde comer y beber

El barrio marchoso de Roi Et, con sus cervecerías al aire libre, ocupa el tramo de Th Chotchaplayuk entre el canal y el Phetcharat Garden Hotel. Al oeste del lago hay bares más baratos.

White Elephant INTERNACIONAL, TAILANDESA $
(Th Robmuang; platos 60-390 THB; ⏲cena) Es una especie de *pub* al otro lado del viejo

foso. Tiene una enorme carta tailandesa, pero las especialidades de la casa son alemanas, como el dueño.

Richi India Food HINDÚ $
(37/1 Th Santisuk; platos 50-250 THB; ⊙almuerzo y cena; 📶✍) Con más de salón de belleza que de restaurante, la comida de este vistoso local no invita a tirar cohetes, pero como la cocina hindú es tan rara en Isan....

Mercado nocturno TAILANDESA $
(⊙15.30-23.00) De día, el gran tejado alberga el mercado municipal de Roi Et, mientras que por la noche se transforma en el principal mercado nocturno de la ciudad.

Información

Los bancos están por el centro, muchos de ellos en el extremo norte de Th Suriyadet Bamrung. Cerca de los grandes almacenes Roi Et Plaza hay varios cibercafés.

Cómo llegar y salir

Nok Air (☎0 2900 9955; www.nokair.com) vuela cada mañana a/desde el aeropuerto Don Muang de Bangkok, con tarifas desde 2000 THB, quizá menos. El aeropuerto está 13 km al norte de la ciudad.

De la **terminal de autobuses** (☎0 4351 1466; Th Jangsanit) de Roi Et hay salidas al menos cada hora a Bangkok (293-585 THB, 8 h), Khon Kaen (73-94 THB, 2½ h), Ubon Ratchathani (108-139 THB, 3 h), y Surin (91 THB, 2½ h). La terminal de autobuses está a 1 km del centro, a una carrera en *túk-túk* del lago de 40-50 THB.

Alrededores de Roi Et

WAT PA NON SAWAN วัดป่าโนนสวรรค์

El **Wat Pa Non Sawan** (gratis; ⊙horas de sol) hace que el parque de esculturas Sala Kaew Ku (p. 458) parezca una creación de Thomas Kinkade, pues alberga cientos de coloristas estatuas que van desde lo meramente curioso a lo impactante. Con sus inmensos dragones, tortugas de agua, dioses hinduistas, truculentas escenas del infierno o un solitario oso polar, este lugar sin duda hace pensar además de sonreír, que es de lo que se trata. Obsérvese el uso de vasijas en muchas de las esculturas, en referencia a la tradición alfarera de la región. Con este espectáculo, las canciones de Bollywood que suenan por los altavoces ni llaman la atención.

No hay que dejar de decir *sà·wà·dee* al octogenario abad que inspiró todo este montaje. Vive y recibe a los visitantes en la planta baja de la torre, dentro de la boca de Hanuman.

El templo está 30 km al este de Roi Et. Se puede ir en autobús hasta Thung Khao Luang (25 THB, 30 min), y allí tomar un mototaxi para cubrir los últimos 8 km por unos 60 THB.

PHRA MAHA CHEDI CHAI MONGKHON พระมหาเจดีย์ชัยมงคล

Dista mucho de estar acabado, pero el **Phra Maha Chedi Chai Mongkhon** (gratis; ⊙6.30-18.00) ya es digno de admiración. En el centro se alza una *chedi* de un blanco radiante y 101 m de altura (una de las más altas de Tailandia). Está rodeada por un edificio de 101 m de anchura que ocupa 101 *râi* (16 Ha) de terreno. El interior es un derroche de dorados y azulejos con espejos que, según el gusto de cada cual, parecerá hermoso o chillón, pero en ningún caso dejará indiferente. La *chedi* se levanta sobre una montaña también conocida como el **Parque Budista Isan.** A 8 km de la *chedi* por una carretera flanqueada de bosque se encuentra el **Parque de la Flora del Noreste en la Literatura**, un tranquilo jardín botánico con las plantas que aparecen en célebres relatos tailandeses. Aproximadamente 2 km más allá está el barranco de **Pha Mok Mi Wai**, un buen mirador para ver el mar de niebla que se forma casi cada mañana durante la estación fría.

La *chedi* queda 80 km al noroeste de la ciudad de Roi Et, cerca de Nong Phok. Llegar sin vehículo propio es complicado. Desde Roi Et, hay que tomar una *sŏrng·tăa·ou* a Phon Thong (40 THB, 1 h, cada ½ hora) y allí uno de los autobuses a Khon Kaen-Amnat Charoen hasta la *Ɓrà·đoo kong* ("puerta de Kong"), en Ban Tha Saat (25 THB, 30 min, cada hora). Luego hay que subir 5 km cuesta arriba, pero es fácil hacer autostop.

KU PHRA KOH NA กู่พระโคนา

Al sureste de la ciudad de Roi Et, a 50 km se encuentran las ruinas del **Ku Phra Koh Na** (gratis; ⊙horas de sol), un santuario hinduista del s. XI. Este templo de estilo Baphuon comprende tres *prangs* de ladrillo orientadas al este. Están situadas sobre una base rodeada por un muro de bloques de terracota que en otro tiempo tuvo cuatro puertas. La *prang* central se rebozó de nuevo en 1928, cuando se le añadieron nichos con budas. El santuario de la Huella de Buda, al lado, tiene delante unas esculturas originales de *nagas*. Las otras dos *prangs* han sido restauradas (aunque aún tienen un aspecto precario) según su estilo original. La *prang* más al norte presenta sobre la puerta principal un dintel con un Phra Narai (Visnu) reclinado, mientras que el dintel de la puerta falsa norte de las otras *prangs* muestra a Kali.

Las ruinas por sí mismas no son impresionantes ni están bien restauradas, pero es interesante ver cómo se han incorporado al templo moderno. Quien no disfrute con estas cosas siempre puede entretenerse con los cientos de monos que viven en el lugar.

Los autobuses de Roi Et a Surin pueden parar en el Wat Ku (40 THB, 1 h), como se le llama. Está 6 km al sur de Suwannaphum por la carretera 214.

PROVINCIA DE SA KAEW

Esta provincia poco visitada no forma parte de Isan, ni por cultura ni por geografía, pero tampoco tiene nada que ver con las provincias costeras, por lo que parece una tierra de nadie. Es cierto que hay muchos yacimientos jemeres pequeños dispersos por su poco poblado territorio, pero con Angkor Wat tan cerca, ninguno de ellos merece realmente el esfuerzo.

Aranya Prathet อรัญประเทศ

15 800 HAB.

La ciudad fronteriza de Aranya Prathet (o Aran) es conocida en Tailandia sobre todo por el contrabando y el juego (los casinos quedan al otro lado de la frontera, en Poipet). En lo que respecta a los viajeros, se trata del paso fronterizo más frecuentado para ir a Angkor Wat, y pocos son los que le dedican más tiempo del estrictamente necesario para que les sellen el pasaporte. Aunque en su descarga hay que decir que, para ser una ciudad fronteriza, tampoco está tan mal.

De tener un poco de tiempo, vale la pena acercarse al **Talat Rong Kluea** (8.00-20.00). Básicamente es una tienda de artículos baratos y quincalla china (ideal para los que buscan gafas de sol de segunda mano y Converse falsas), pero la gracia no es lo que se vende, sino el espectáculo de las caravanas de comerciantes camboyanos empujando sus carros por un mercado tan enorme que muchos tailandeses alquilan bicicletas (20 THB/día) y motocicletas (100 THB/3 h) para moverse por él.

Dónde dormir y comer

Hay hoteles en la frontera, pero es mucho más agradable alojarse en la ciudad.

Indochina Hotel HOTEL $$
(0 3723 2588; www.indochina-hotel.net; Th Thanavithee; h 900-1280 THB, desayuno incl.;) Es lo mejor que se puede encontrar en Aran: un hotel tranquilo al norte de la ciudad construido alrededor de una piscina rodeada de palmeras. Las habitaciones con vistas a la piscina cuestan 140 THB más.

Mob Coffee HOTEL $
(0 3723 1839; h 380 THB;) Las habitaciones limpias y diáfanas de este hotelito situado en el interior de la estación de autobuses salen muy a cuenta. Además, como no hay mucho tránsito, el ruido tampoco es un gran inconveniente.

Market Motel HOTEL $
(0 3723 2302; www.aranyaprathethotel.com; 105/30-32 Th Ratuthit; h 250-700 THB;

PASO FRONTERIZO: DE ARANYA PRATHET A POIPET

La frontera camboyana abre a diario de 7.00 a 20.00. Muchos timadores intentan constantemente vender visados camboyanos, pero no hay ningún motivo para gestionar el visado en el consulado ni a través de una agencia, pues sale más caro y se tarda más. Ni siquiera hay que enseñar el pasaporte a nadie hasta llegar a inmigración, ni cambiar dinero. Lo mejor es ir directamente a la frontera.

Tras obtener el sello tailandés, hay que seguir a la multitud hacia la oficina de inmigración camboyana y, si no se tiene visado (véase también p. 766), ir al mostrador que dice "Visa on Arrival". Una mañana entre semana se puede completar la gestión en 10 o 20 minutos, pero por la tarde puede llevar más de una hora. Los fines de semana o festivos, con la salida de tailandeses a los casinos y la llegada de trabajadores extranjeros, el proceso también se alarga.

El mejor medio de seguir hasta Siem Reap es el taxi. Más información en la guía *Camboya*, de Lonely Planet.

❄@📶🏊) Las habitaciones no son tan buenas como las del Mob, pero el ambiente es mucho mejor. ¡Y hay piscina!

Un pequeño **mercado nocturno** (⏲16.00-2.00) ocupa un pequeño solar al este del Market Motel.

ℹ Cómo llegar y desplazarse

Los autobuses de Bangkok, procedentes de las estaciones de Mo Chit (207 THB, 4½ h), Ekamai (200 THB, 4 h) y del aeropuerto Suvarnaphumi (187 THB, 3 h), así como las furgonetas que salen del monumento a la Victoria (230 THB, 4 h, cada ½ hora), llegan hasta la frontera, así que no hace falta parar en Aranya Prathet. Se hablaba de un nuevo servicio directo a Siem Reap, pero aún puede tardar.

Dos trenes cubren a diario el trayecto desde la estación de Hua Lamphong de Bangkok y Aranya Prathet (ida 5.55 y 13.05; vuelta 6.40 y 13.55; 3ª clase 48 THB, 6 h), a 6 km de la frontera, abordable en *sŏrng·tăa·ou* (15 THB), mototaxi (60 THB) o *túk-túk* (80 THB).

Los viajes en autobús a Camboya que se venden en Khao San Rd (Bangkok) y en otros lugares de Tailandia pueden parecer baratos y prácticos, pero reciben el apodo de "autobuses timo", y con motivo, ya que son un agobio y un robo. Para más detalles, véase **Tales of Asia** (www.talesofasia.com/cambodia-overland.htm).

También hay autobuses a Chantaburi (150 THB, 4 h, cada hora) y a Khorat (190 THB, 4 h, 6 diarios) desde la terminal de autobuses, y a Surin (137-176 THB, 6 h, 3 diarios) desde una parada al norte.

Sa Kaew

สระแก้ว

La capital de la provincia es poco más que un pueblo que crece desordenado y con escaso interés. Pero un par de parques cercanos poco conocidos atraen a los viajeros más intrépidos.

La **Khao Chakan** es una colina aislada de 240 m con numerosas cuevas, poblada por una horda de monos que siguen a los visitantes a la espera algo. Una de las cuevas, a la que se llega por una larga escalera, atraviesa el corazón de la colina como una cerradura; en las otras, los murciélagos salen en ráfagas aparentemente interminables al ponerse el sol. La colina está 17 km al sur de la ciudad por la carretera 317 y, afortunadamente para el viajero, los autobuses de vuelta a Sa Kaew (20 THB, 30 min, cada hora) pasan hasta tarde; para asegurarse, conviene caminar hasta el pueblo y esperarlos allí, en lugar de en la entrada del parque.

Por la escarpadura sur de la meseta de Khorat se extiende el **Parque Nacional de Pang Sida** (☎0 3724 3775; entrada 200 THB), conocido por sus cascadas y mariposas. Ambas cosas pueden verse en el centro de visitantes, 27 km al norte de Sa Kaew. Las cascadas ofrecen su mejor aspecto entre agosto y octubre, mientras que las nubes de mariposas son impresionantes todo el año, pero sobre todo entre mayo y julio.

Para alojarse se puede optar entre el **'camping'** (por persona con tienda 30 THB, tienda para 2 personas 200 THB) o los **bungalós** (☎0 2562 0760; www.dnp.go.th/parkreserve; bungalós 600-1200 THB; ❄). Desde el mercado de Sa Kaew salen *sŏrng·tăa·ous* hasta el centro de visitantes (40 THB, 1 h), pero solo hasta las 10.00. Un mototaxi desde la ciudad debería costar unos 300 THB para una visita corta o 1000 THB para todo el día.

Quienes decidan pernoctar en Sa Kaew cuentan con el **Travel Hotel** (rótulo sin caracteres latinos; ☎0 3724 1024; Th Suwannasorn; h 380-550 THB; ❄📶), un edificio feo pero con habitaciones correctas y una ubicación perfecta.

Para información sobre transporte, véase izquierda. Casi todos los vehículos que salen de Aranya Prathet pasan por Sa Kaew de camino a Bangkok, que de aquí queda a 45 minutos menos y los billetes salen un 20% más baratos.

Hua Hin y el sur del golfo

Sumario »

Los mejores restaurantes

» Rang Yen Garden, (p. 510)

» Mercado nocturno, (p. 519)

» Sang Thai Restaurant, (p. 519)

» Rim Lom, (p. 528)

Los mejores alojamientos

» Baan Bayan, Hua Hin (p. 518)

» Away Hua Hin, Pranburi (p. 522)

» Brassiere Beach, Pranburi (p. 523)

» Aow Noi Sea View, Prachuap Khiri Khan (p. 528)

» Proud Thai Beach Resort, Ban Krut (p. 530)

Por qué ir

Conocida como la "costa real", esta región es desde hace tiempo el lugar de recreo preferido por la monarquía y la élite del país. Todos los reyes tailandeses, desde Rama IV, han encontrado aquí un rincón agradable para construirse un refugio. Hoy los turistas tailandeses acuden en masa a divertirse y rendir homenaje a sus venerados monarcas, cuyos palacios de recreo se han abierto al público. Pocas veces la cultura y la costa coinciden de modo tan estrecho y profundo.

Este destino tailandés de mar y montaña reúne monumentos históricos, una agradable vida provincial, parques selváticos y largas playas de arena, todo a un paso de Bangkok. El que tantos mochileros soporten el agotador viaje al sur hasta las urbanizadas islas de Samui es un gran misterio para todo el que haya pisado los kilómetros de arena blanca de Hua Hin. Lo único que se le puede reprochar es la escasez de arrecifes y el color del agua, más gris atlántico que azul tropical.

Cuándo ir

La mejor época se da con la estación cálida y seca (feb-jun). De julio a octubre (monzón del suroeste) y de octubre a enero (monzón del noreste) se producen lluvias ocasionales y vientos fuertes. Sin embargo, debido a una anomalía geográfica, durante la temporada del monzón esta región no es tan húmeda como el resto del país.

En los períodos de tormentas, las medusas a menudo son arrastradas hasta la orilla, un peligro que los tailandeses remedian bañándose vestidos de pies a cabeza.

Imprescindible

1. Visitar el palacio cimero y las cuevas de **Phetchaburi** (p. 504).
2. Pasear por la larga y dorada costa de **Hua Hin** (p. 511), donde se practica el *kiteboarding*.
3. Comer, comprar y volver a comer en el **mercado nocturno** de Hua Hin (p. 519).
4. Explorar el salvaje **Parque Nacional de Kaeng Krachan** (p. 508) para ver gibones y elefantes.
5. Dejar a los niños a sus anchas en la **Dolphin Bay** (p. 522).
6. Emprender la popular romería al **Parque Nacional del Khao Sam Roi Yot** (p. 523) para ver la Tham Phraya Nakhon, una cueva-santuario iluminada.
7. Circular en motocicleta entre las bahías y los picos calizos de **Prachuap Khiri Khan** (p. 525).
8. Convertirse en lagartija en la tranquila **Hat Bang Saphan Yai** (p. 530).

Phetchaburi (Phetburi)

เพชรบุรี

46 600 HAB.

Esta escapada próxima a Bangkok debería figurar en el itinerario cultural de todo viajero. Phetchaburi posee templos y palacios como Ayutthaya, selvas y cuevas-santuario como Kanchanaburi y, además, una costa accesible que no existe en Ayutthaya ni en Kanchanaburi. En esta encantadora ciudad se palpa la vida provincial en sus bulliciosos mercados, antiguas casas de teca y grupos de estudiantes que se arman de valor para saludar a los pocos extranjeros que encuentran.

La ciudad conoció los sucesivos reinos que emigraron a través del sureste asiático. En el s. XI se estableció en la zona el Imperio jemer, aunque su dominio fue relativamente corto. Cuando su poder decayó, Phetchaburi se convirtió en una plaza fuerte estratégica de los reinos tailandeses de Sukhotai y Ayutthaya. Durante el período estable de Ayutthaya, la parte norte de la península prosperó y en el s. XVII Phetchaburi creció hasta convertirse en un centro del comercio entre Birmania y Ayutthaya. A menudo la ciudad recibe el apelativo de "Ayutthaya viviente", pues a diferencia de la antigua capital del reino, todavía conserva intactas muchas reliquias de aquel período.

Puntos de interés y actividades

A pesar de ser una ciudad pequeña, Phetchaburi cuenta con varios templos históricos que mantienen entretenidos a los turistas tailandeses todo el día. A continuación se mencionan los más destacables.

Parque Histórico del Phra Nakhon Khiri LUGAR HISTÓRICO
(อุทยานประวัติศาสตร์พระนครคีรี; ☎0 3240 1006; entrada 150 THB; ⏲8.30-17.00) Este parque histórico nacional se alza majestuoso en lo alto de la Khao Wang ("colina del Palacio"), mirador privilegiado de la ciudad y su discreta opulencia. Rama IV (el rey Mongkut) construyó en 1859 el palacio y los templos que lo rodean como su residencia de recreo cerca de Bangkok. Esta situación cimera permitía al monarca entregarse a sus aficiones: la astronomía y la observación de las estrellas.

El palacio mezcla estilos europeos y chinos, y cada una de sus amplias salas está decorada con patrimonio de la realeza. Los caminos empedrados que parten del palacio conducen a través de los bosques hasta tres montículos, cada uno de ellos rematado por una *chedi*. El **Phra That Chom Phet** traspasa el cielo con su blanca aguja, que se divisa desde la ciudad a sus pies.

El recinto posee dos accesos: el delantero, que queda enfrente de Th Ratwithi y obliga a recorrer un camino frecuentado por un ejército de monos impredecibles, y otro por el lado opuesto de la colina, al que llega también un **funicular** (ida adultos/niños 40 THB/gratis; ⏲8.30-17.30). Es un lugar frecuentado por grupos de escolares, aficionados a fotografiar a los extranjeros tanto como a los edificios.

Los lunes se instala en la calle de enfrente de la Khao Wang un **mercado nocturno** con los habituales puestos de comida y ropa.

Wat Mahathat Worawihan TEMPLO
(วัดมหาธาตุวรวิหาร; Th Damnoen Krasem) En el centro de la ciudad se alza la magnífica mole blanca de este templo de actividad cotidiana, que registra tanto movimiento como el animado barrio comercial que lo rodea. La joya del conjunto es una *prang* (*stupa* jemer) de cinco niveles, decorada con relieves de estuco, una especialidad de los artesanos de Phetchaburi. En el interior del *wí·hăhn* (santuario) principal pueden verse murales contemporáneos, otro ejemplo de la próspera artesanía pía de la provincia. La armonía del templo se ve acentuada con las incesantes músicas y danzas tradicionales de los devotos.

Después de visitar el templo, se recomienda seguir por Th Suwanmunee y atravesar el antiguo barrio de casas de teca, embriagador por el olor a incienso de las tiendas de temática religiosa.

Wat Kamphaeng Laeng TEMPLO
(วัดกำแพงแลง; Th Phokarang) Antes de que Siam se declarara una entidad independiente, el Reino jemer de Angkor ocupaba el territorio que se extiende desde la actual Camboya hasta la península de Malaca. Para delimitar sus conquistas fronterizas, los jemeres construyeron ornamentados templos en un estilo característico que ha sido copiado a lo largo de la historia de Tailandia. Este vestigio jemer se cree que data del s. XII y que fue hinduista en su origen, cuando la región aún no se había convertido al budismo. Consiste en un santuario que se conserva intacto, flanqueado por dos capillas más pequeñas y unas murallas de piedra arenisca en mal es-

tado. Aunque no es el ejemplo más remarcable de arquitectura jemer, es un lugar tranquilo donde sacar unas artísticas fotografías.

Tham Khao Luang CUEVA

(ถ้ำเขาหลวง; ⏲8.00-18.00) Unos 4 km al norte de la ciudad se encuentra esta espectacular cámara subterránea llena de estalactitas. Es uno de los santuarios rupestres más impresionantes de Tailandia, especialmente estimado por el rey Rama IV. Por una empinada escalera se accede a la cueva, cuyo buda central queda iluminado por un brillo celestial cuando el sol penetra a través del tragaluz en forma de corazón. En el otro extremo de la cámara, una hilera de budas sedentes proyecta sombras repetidas sobre las irregulares paredes de la cueva.

Según afirman los guías, Rama IV construyó el portal de piedra que separa la cámara principal de una segunda como medida de seguridad para una pareja que antiguamente habitaba en la cueva. Una figura postrada (deteriorada por los saqueadores) que hay en una tercera cámara se dice que representa el ciclo de la vida y la muerte. Más adentro parece que hay una roca cuya forma recuerda a Jesucristo en la cruz, pero este autor no acertó a reconocerla.

Cerca de la entrada a la cueva pululan unos descarados monos que mendigan comida. Cerca del aparcamiento se pueden contratar guías, aunque a veces son reacios a decir lo que cobran (100 THB por persona, aprox.).

El transporte debe concertarse desde la ciudad (ida y vuelta 150 THB, aprox.).

Tham Khao Bandai-It CUEVA

(ถ้ำเขาบันไดอิฐ; donativo recomendado; ⏲9.00-16.00) Este monasterio situado en una ladera 2 km al oeste de la ciudad abarca varias grutas grandes convertidas en sencillas capillas y salas de meditación para eremitas. Hay guías que hablan inglés que realizan visitas guiadas (agradecen las propinas), muy prácticos también para protegerse de los monos. Una de las cuevas contiene una nutrida población de murciélagos; los guías advierten oportunamente de que no se mire hacia arriba con la boca abierta.

Phra Ram Ratchaniwet EDIFICIO HISTÓRICO

(พระรามราชนิเวศน์; palacio de Ban Peun; ☎0 3242 8083; entrada 50 THB; ⏲8.00-16.00 lu-vi) Esta increíble creación *art déco,* 1 km al sur de la ciudad, es un palacio real de verano que empezó a construirse en 1910 a instancias de Rama V, quien murió justo antes de iniciarse las obras. Los arquitectos alemanes que lo idearon incorporaron innovaciones técnicas y de diseño. La estructura es típica de principios del s. xx, un período en el que Tailandia sentía pasión por el estilo europeo, muy presente en la arquitectura "moderna" de sus vecinos colonizados.

De dos plantas, el exterior no es muy espectacular, pero alberga espaciosas salas bañadas por el sol y decoradas con exquisitos azulejos, vitrales, suelos de parqué y abundantes detalles en forja, sin olvidar las majestuosas escaleras de caracol. El baño personal del rey fue vanguardista en su época.

Hat Puak Tian PLAYA

(หาดปึกเตียน) Muchos tailandeses acuden los fines de semana a esta playa de arena gris, 20 km al sureste de Phetchaburi, para comer pescado y marisco y chapotear un poco. También destaca por su papel literario en el poema épico tailandés *Phra Aphaimani,* de Sunthorn Phu. En la playa, no lejos de la orilla, puede verse la ciclópea estatua de una mujer con una mano extendida y expresión desamparada; representa a un personaje del poema que se disfrazó de mujer seductora para enamorar al héroe y confinarlo en su playa. Pero este descubrió su perfidia (y su fealdad) y con la ayuda de una sirena huyó a Ko Samet, una isla con playas más bonitas.

Se necesita transporte privado para llegar hasta allí.

Fiestas y celebraciones

Festival del Phra Nakhon Khiri CULTURAL

De carácter regional y centrado aquí en la Khao Wang, a comienzos de abril y durante nueve días el Phra Nakhon Khiri se engalana con luces y se llena de festejos con danzas tradicionales, artesanía, muestras gastronómicas y un concurso de belleza.

VISITA TURÍSTICA A PHETCHABURI

Algunas de las mejores atracciones de la ciudad están en las afueras. Se aconseja alquilar una *sŏrng·tăa·ou* (camioneta de pasajeros) para todo el día (400 THB, aprox.) para visitar las principales. La **Rabieng Rim Nam** (☎0 3242 5707; 1 Th Chisa-In; para 4 personas 950 THB por persona), una pensión con restaurante, también organiza excursiones de un día con guías angloparlantes.

Phetchaburi (Phetburi)

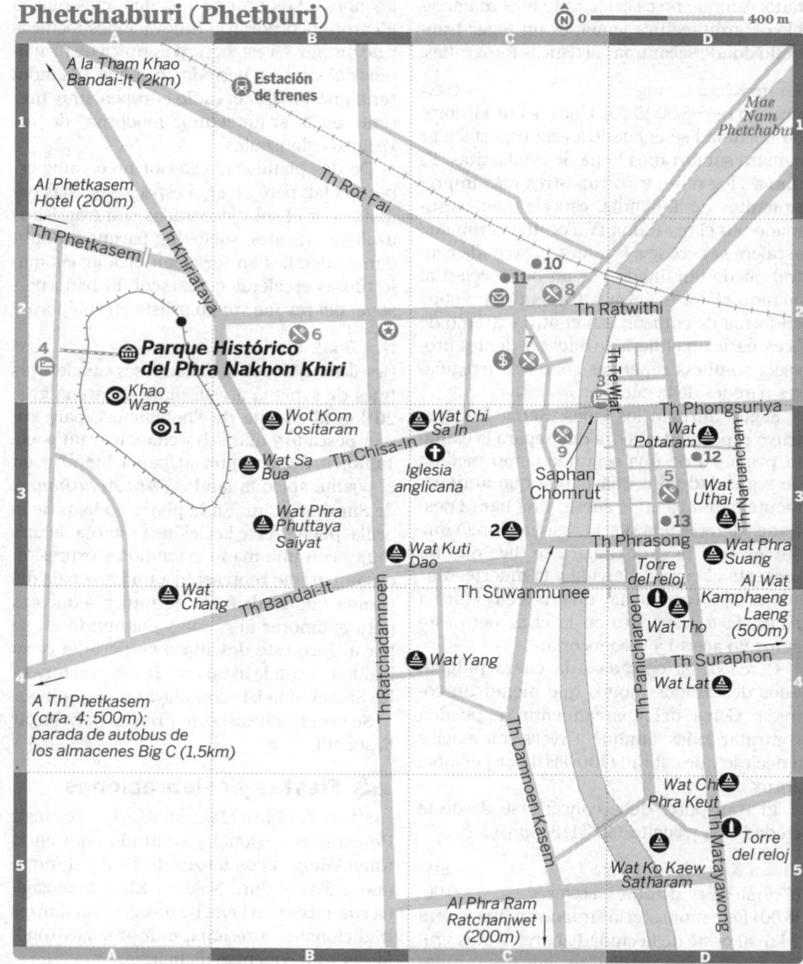

Dónde dormir

Phetchaburi anda escasa de alojamiento, sobre todo económico, pues la mayoría de la gente la visita en un día desde Hua Hin o Cha-am. Es una pena, pues las pensiones convertirían a este lugar en una buena escapada cultural para muchos capitalinos.

Sun Hotel HOTEL $$

(☎0 3240 0000; www.sunhotelthailand.com; 43/33 Soi Phetkasem; h 800-1500 THB; ❄@📶) Es el mejor de un grupo insulso situado enfrente de la entrada posterior del Phra Nakhon Khiri. Dispone de habitaciones grandes y cómodas, con baños funcionales y un personal profesional. Hay un café agradable en la planta baja y wifi de pago.

Jomklow Hotel HOTEL $

(☎0 3242 5398; 1 Th Te Wiat; h 180 THB) Hotel de varias plantas necesitado de una reforma a fondo. Las habitaciones son muy elementales, tipo celda.

Phetkasem Hotel HOTEL $

(☎0 3242 5581; 86/1 Th Phetkasem; h 200-400 THB; ❄) Otro candidato para una reforma completa, en este caso con habitaciones des-

Phetchaburi (Phetburi)

Principales puntos de interés
- Parque Hco del Phra Nakhon Khiri A2

Puntos de interés
- 1 Phra That Chom Phet A3
- Rabieng Rim Nam .... (véase 9)
- 2 Wat Mahathat Worawihan C3

Dónde dormir
- 3 Jomklow Hotel C2
- 4 Sun Hotel A2

Dónde comer
- 5 Mercado diurno D3
- 6 Jek Meng B2
- Khon Toy Restaurant .... (véase 4)
- 7 Na & Nan C2
- 8 Mercado nocturno C2
- 9 Rabieng Rim Nam C3

Transporte
- 10 Autobuses con A/A a Bangkok C2
- 11 Furgonetas a Bangkok C2
- 12 Autobuses normales a Cha-am y Hua Hin D3
- 13 *Sŏrng•tăa•ou* a Ban Kaeng Krachan D3

tartaladas y muebles rotos; por suerte, conserva el tejado.

Dónde comer

Rodeada de plantaciones de palma de azúcar, Phetchaburi es famosa por sus dulces, como las *kà·nŏm môr gaang* (natillas) y otros postres "dorados" elaborados también con yema de huevo, que se cree que trae buena suerte. Los cercanos frutales producen la aromática y refrescante *chom·pôo Phet* (pomarrosa de Phetchaburi), además de piñas y bananas.

Mercado diurno DE MERCADO $

Es un buen sitio para observar a la gente y probar comida típica. Situado al norte de la torre del reloj, tiene puestos de comida en su perímetro donde sirven los habituales platos de fideos, con especialidades como *kà·nŏm jeen tôrt man* (fideos finos con croqueta de pescado picante), y el favorito de la estación cálida, *kôw châa pét·bù·ree* (arroz caldoso y frío con frutas escarchadas).

Rabieng Rim Nam INTERNACIONAL $

(☎0 3242 5707; 1 Th Chisa-In; platos 40-180 THB; ⊙desayuno, almuerzo y cena) Restaurante ribereño con una comida deliciosa y abundante información turística en inglés (algo poco habitual en esta ciudad). También organizan excursiones. Lamentablemente, la pensión adjunta es demasiado decrépita para recomendarla.

Khon Toy Restaurant TAILANDESA $

(*soi* detrás del Sun Hotel; platos desde 35 THB; ⊙almuerzo y cena) Restaurante al aire libre protegido de la calle por una densa vegetación. En la sencilla pero ajetreada cocina por la noche hacen el agosto con platos para llevar, principalmente salteados.

Jek Meng TAILANDESA $

(85 Th Ratwithi; platos 50-80 THB; ⊙almuerzo y cena) Prepara enormes cuencos de arroz frito y fideos muy calientes. Se distingue por sus manteles a cuadros blancos y negros.

Na & Nan TAILANDESA $

(Th Damnoen Kasem; platos 40-60 THB; ⊙almuerzo y cena) Otro agradable local de fideos situado en una calle de comedores informales en el centro de la ciudad. Sus *gŏo·ay đĕe·o gài* (fideos de pollo) al estilo del sur llevan un muslo de pollo entero.

Información

En la ciudad no hay ningún centro de información oficial, pero en el Rabieng Rim Nam saben todo de Phetchaburi y el Parque Nacional de Kaeng Krachan. El Sun Hotel posee wifi y un terminal (100 THB/h).

Oficina principal de correos (Th Ratwithi esq. Th Damnoen Kasem)

Comisaría de policía (☎0 3242 5500; Th Ratwithi) Cerca del cruce con Th Ratchadamnoen.

Siam Commercial Bank (2 Th Damnoen Kasem) Otros bancos cercanos también cambian moneda y tienen cajero automático.

Locutorio (Th Ratwithi esq. Th Damnoen Kasem; ⊙7.00-22.00) Encima de la oficina de correos.

Cómo llegar y salir

La parada de autobuses a Bangkok está al lado del mercado nocturno. Hay servicios a/desde la Terminal Sur (Sai Tai Mai) de Bangkok (120 THB, 2 h, cada hora por la mañana). Al otro lado de la calle hay una parada de furgonetas con destino

MERECE LA PENA

PARQUE NACIONAL DE KAENG KRACHAN อุทยานแห่งชาติแก่งกระจาน

Despertarse con el canto fantasmagórico de los gibones mientras la niebla matinal reposa lánguidamente sobre las copas de los árboles, andar a través de exuberantes bosques con manadas de elefantes y otros animales salvajes en las charcas, o empapar la camiseta de sudor por la subida al pico más alto del parque es posible en los 3000 km² del mayor **parque nacional** (☎0 3245 9293; www.dnp.go.th; entrada 200 THB; ⏲centro de visitantes 8.30-16.30) de Tailandia. El parque está muy cerca de la civilización pero da cobijo a una naturaleza variada que pocos turistas llegan a ver. Dos ríos (el Mae Nam Phetchaburi y el Mae Nam Pranburi), un extenso lago y las generosas lluvias lo mantienen verde todo el año. La abundante vida animal se compone de elefantes, ciervos, gibones, jabalíes, langures pardos y toros salvajes.

El parque ocupa una interesante biozona ornitológica, donde coinciden las especies septentrionales del sur y las meridionales del norte, en total suma unas cuatrocientas, entre ellas cálaos, faisanes y otras que no vuelan.

Actividades

Para ver bien el parque lo mejor es andar. Casi todas las rutas están señalizadas y parten de la carretera principal. La ruta a la **Nam Tok Tho Thip** empieza en el mojón del km 36 y 4 km después llega a una cascada de 18 niveles. El **Phanoen Thung** es el punto más alto de la zona, al que se puede subir por una ruta de 6 km que empieza en el mojón del km 27. Algunos caminos, como el del Phanoen Thung, están cerrados en la época de lluvias (ago-oct).

Las cascadas de **Pa La-U Yai** y **Pa La-U Noi**, en la parte sur del parque, son muy visitadas por los excursionistas de un día en furgoneta desde Hua Hin; desde esta ciudad también se pueden contratar salidas en bicicleta de montaña.

Las infraestructuras turísticas de Kaeng Krachan son algo limitadas y los caminos pueden presentar un firme irregular. Los guardas forestales pueden conseguir equipos de acampada de alquiler, comida y transporte. Los fines de semana y en vacaciones hay mucha gente, pero entre semana casi no hay nadie. Los mejores meses para visitar el parque son noviembre y abril. **Rabieng Rim Nam** (☎0 3242 5707; 1 Th Chisa-In, Phetchaburi; por persona para 4 personas desde 1950 THB) ofrece salidas de senderismo y observación de aves de un día o varios, para los que prefieren todo organizado.

Dónde dormir y comer

Hay varios **bungalós** (☎0 2562 0760; www.dnp.go.th/parkreserve; bungalós desde 1200 THB) dentro del parque, sobre todo cerca de la presa. Son sencillos, con ventilador y nevera, y capacidad para de cuatro a seis personas. También hay **zonas de acampada** (por persona 60-90 THB), como el agradable *camping* con césped cerca de la presa en el centro de visitantes, y un modesto restaurante. En el centro alquilan tiendas.

En la carretera que lleva a la entrada del parque hay varios bungalós y hoteles sencillos. Unos 3,5 km antes del centro de visitantes está el pintoresco **A&B Bungalows** (☎08 9891 2328; h desde 700 THB), muy frecuentado por aficionados a las aves. Cuenta con un buen restaurante donde también preparan almuerzos para llevar.

Cómo llegar y salir

El parque está 52 km al suroeste de Phetchaburi, y su límite sur, a 35 km de Hua Hin. Con vehículo propio, hay que tomar la carretera 4 desde Phetchaburi y seguir 20 km en dirección sur hasta la población de Tha Yang. Tras girar a la derecha (oeste), al cabo de 38 km se llega al centro de visitantes. Por el sur desde Hua Hin, la carretera de acceso es la misma.

También se puede llegar en **furgoneta** (☎08 9231 5810; 100 THB ida) desde Phetchaburi, pero no tienen un horario fijo, así que conviene pedir al hotel que realice la gestión. Otra opción es tomar una *sŏrng·tăa·ou* (80 THB, 1½ h, 6.00-14.00) desde Phetchaburi (cerca de la torre del reloj) hasta el pueblo de Ban Kaeng Krachan, 4 km antes del parque. Allí se puede conseguir transporte al parque. Otra opción es contratar un *sŏrng·tăa·ou* al completo que haga todo el trayecto hasta el parque, pero habrá que regatear el precio.

Desde Hua Hin también hay excursiones en furgoneta.

al monumento a la Victoria (80 THB) y la Terminal Sur de Bangkok (100 THB).

Los autobuses normales a Cha-am (40 THB) y Hua Hin (50 THB) paran cerca de Th Matayawong.

Casi todas las furgonetas y autobuses con aire acondicionado que van al sur paran fuera de la ciudad, en Th Phetkasem, delante de los grandes almacenes Big C. Cubren destinos como Cha-am (50 THB, 40 min, frecuentes) y Hua Hin (50 THB, 2 h). Los mototaxis allí estacionados llevan a la ciudad por 50 THB.

Hay trenes frecuentes a/desde la estación de Hua Lamphong de Bangkok. El precio depende del tren y la clase (3ª clase 84-144 THB, 2ª clase 188-358 THB, 3 h).

Cómo desplazarse

Los mototaxis van a cualquier punto del centro por 40-50 THB. Las *sŏrng·tăa·ous* cuestan más o menos lo mismo. De la estación de trenes al centro hay un paseo de 20 minutos (1 km).

La Rabieng Rim Nam (p. 507) alquila bicicletas (120 THB/día) y motocicletas (250 THB/día).

Cha-am

ชะอำ

72 341 HAB.

Los fines de semana y días festivos las familias de clase trabajadora y los estudiantes de Bangkok huyen a las playas de Cha-am. Autobuses pintados con colores chillones (llamados *chor ching cha*) descargan a una juventud ávida de juerga y espoleada por la retumbante música *techno*. Es una fiesta playera 100% tailandesa, con maratones de comida y bebida en mesas y sillas protegidas con sombrillas y la diversión que proporcionan los flotadores tipo banana que pasan zumbando de aquí para allá con un viraje final en redondo que lanza a los pasajeros al agua.

En Cha-am escasean los extranjeros, y los pocos que se ven suelen ser europeos jubilados que pasan el invierno aquí más económicamente que en Hua Hin. Otra característica es que muchos tailandeses se bañan vestidos. No es lugar para conocer a otros viajeros jóvenes y tampoco un buen destino para las familias occidentales con niños pequeños, que podrían agobiarse con los tailandeses que parecen *paparazzi* a la caza del extranjero. Pero el resto de los viajeros pueden disfrutar con la amplia playa de arena y de sus aguas limpias y tranquilas de color gris azulado, con buenas oportunidades para ver gente y precios entre los más baratos de la costa tailandesa.

Fiestas y celebraciones

Festival del Cangrejo ALIMENTACIÓN

En febrero, Cha-am se entrega al cangrejo azul, una de las delicias de este mar. Los puestos de comida, conciertos y luces de neón convierten el paseo marítimo en una fiesta sin tráfico rodado.

Gin Hoy, Do Nok, Tuk Meuk ALIMENTACIÓN

El nombre de este festival de septiembre significa "Comer marisco, observar aves y pescar calamares", un eslogan muy pegadizo que se aplica a todo, desde los lugares de interés a las tradiciones pesqueras locales. Pero sobre todo es una fiesta culinaria en la que participan distintas variedades de marisco, aunque también comprende actividades como la observación de aves en los parques naturales cercanos y demostraciones de la pesca del calamar.

Dónde dormir

En Cha-am hay dos tipos de alojamiento: hoteles con habitaciones estilo apartamento en el paseo marítimo (Th Ruamjit) y apartoteles más caros (pisos con cocina). Entre semana suelen aplicarse descuentos.

El extremo norte de la playa (conocido como Long Beach, "Playa Larga"), más ancho y con arena dorada, recibe más turistas extranjeros, mientras que la punta sur es más tailandesa. Th Narathip divide la playa en dos zonas, norte y sur, y las *sois* del paseo marítimo (Th Ruamjit) están numeradas en orden ascendente en ambos sentidos desde Th Narathip.

Charlie House PENSIÓN $$

(☎0 3243 3799; 241/60-61, Soi 1 North, Th Ruamjit; h 650-800 THB; ❄📶) Establecimiento alegre con un vestíbulo de color verde lima y habitaciones vistosas a las que da gusto regresar después de un día movido. No hay que confundirlo con el institucional Charlie Place ni con Charlie TV, ambos en la misma *soi*.

Cha-am Mathong Guesthouse PENSIÓN $$

(☎08 1550 2947; www.chaammathong.com; Th Ruamjit esq. Soi 3 South; h 600-800 THB; ❄) Limpia y con todas las comodidades, esta pensión no ganará ningún premio, pero los precios juegan a su favor.

Dee Lek PENSIÓN $$

(☎0 3247 0396; www.deelek.com; 225/30-33 Soi Long Beach, Th Ruamjit; h 1200-1500 THB; ❄📶) Muy frecuentada por turistas escandinavos, posee habitaciones espaciosas, baños amplios y muebles tapizados de estilo europeo.

RECUPERACIÓN DE ANIMALES

La sensibilidad actual rechaza las atracciones con animales de tipo circense, pero muchos amantes de las bestias sienten curiosidad por ver algunas de las especies tradicionalmente vinculadas con Tailandia (como elefantes, monos y tigres) y contribuyen sin darse cuenta a una industria mal regulada y explotadora. Estos a menudo son capturados de forma furtiva y desfigurados para restarles peligrosidad (p. ej., extrayendo dientes y uñas a los tigres) o para venderlos como animales de compañía, que muy a menudo acaban descuidados, encerrados cruelmente o, peor aún, abandonados cuando caen enfermos.

La Wildlife Friends Foundation Thailand gestiona un **centro de recuperación de fauna** (☎0 3245 8135; www.wfft.org; Wat Khao Luk Chang, 35 km al noroeste de Cha-am) que adopta y cuida a los animales explotados o abandonados. La mayor parte de ellos no pueden volver a su estado salvaje debido a las heridas o por falta de habilidades de supervivencia. El centro se ocupa de unos cuatrocientos animales, entre osos, tigres, gibones, macacos, loris y aves. El programa de recuperación de elefantes compra y da cobijo a los paquidermos empleados en la mendicidad.

El centro ofrece una **visita completa** (5000 THB para 6 personas) para presentarlos y explicar cómo se recuperaron. Incluye una visita a los elefantes (no se montan) y traslados desde el hotel de Hua Hin o de Cha-am.

Los viajeros que deseen un contacto más estrecho con los animales, pueden trabajar como voluntarios. En una jornada normal hay que cortar las frutas y verduras para dar de comer a los osos malayos, limpiar los cercados y remar hasta las islas de los gibones para darles su comida diaria. Se pide una estancia mínima de dos semanas a jornada completa (normalmente de 6.30 a 18.30) seis días a la semana. Se pueden consultar precios y detalles en el centro o a través de la **página web del voluntariado** (www.wildlifevolunteer.org).

Casa Papaya HOTEL **$$$**
(☎0 3247 0678; www.casapapayathai.com; 810/4 Th Phetkasem; h 3000-5000 THB; ❄🏊) Este original hotel en plena playa, entre Cha-am y Hua Hin, disfruta de un ambiente casero y hospitalario. Los bungalós frente al mar tienen vistas al mismo, balcones superiores para disfrutar del sol (o la luna), camas grandes y baños decorados en colores atrevidos.

Dónde comer

Se puede comer en la tumbona de la playa, a base del pescado y marisco que sirven los vendedores ambulantes, o bien sentarse en uno de los restaurantes frente al mar y elegir a la carta. En el extremo norte de la playa, en el muelle de pescadores, hay marisquerías a precios razonables.

Rang Yen Garden TAILANDESA **$**
(☎0 3247 1267; 259/40 Th Ruamjit; platos 60-180 THB; ⌚almuerzo y cena nov-abr) Este exuberante restaurante-jardín es un lugar acogedor y alegre para sentirse como en casa tras un día de turista. La comida es tailandesa. Solo abre en temporada alta.

Bella Pizza ITALIANA **$$**
(Soi Bus Station, Th Ruamjit; platos 150-200 THB; ⌚almuerzo y cena) En la ciudad hay suficientes extranjeros para justificar la existencia de una pizzería. El dueño es tailandés, pero trabajó en una pizzería sueca.

Poom Restaurant PESCADO Y MARISCO **$$**
(☎0 3247 1036; 274/1 Th Ruamjit; platos 120-250 THB; ⌚almuerzo y cena) Algo más caro que otros restaurantes playeros cercanos, pero destacable por la frescura del producto, a degustar bajo unas altas palmas de azúcar. Que sea un favorito de los domingueros tailandeses siempre es una buena señal.

Pla Too Restaurant PESCADO Y MARISCO **$$**
(☎032 508175; platos 150-250 THB; ⌚almuerzo y cena) Frente al mar, cerca del Courtyard Marriott, entre Cha-am y Hua Hin, los aromas que exhala la cocina de este amplio restaurante abren el apetito antes de entrar. Apreciado igual por autóctonos y extranjeros.

Información

La carretera de Phetkasem atraviesa el animado centro urbano de Cha-am, que está aproximadamente a 1 km de la playa y contiene la parada principal de autobús, los bancos, la oficina principal de correos, un mercado al aire libre y la estación de trenes.

Por Th Ruamjit hay numerosos bancos con cajero automático y servicio de cambio de moneda.

Only Chaam (www.onlychaam.com) *Blog* y sitio web sobre turismo en Cha-am.

Autoridad de Comunicaciones de Tailandia (CAT; Th Narathip) Para realizar llamadas internacionales.

Oficina de correos (Th Ruamjit) En el paseo marítimo.

Autoridad de Turismo de Tailandia (TAT; ☎0 3247 1005; tatphet@tat.o.th; 500/51 Th Phetkasem; ⌚8.30-16.30) En la carretera de Phetkasem, 500 m al sur de la ciudad. Hablan bien inglés.

Cómo llegar y salir

Los autobuses paran en la carretera de Phetkasem cerca del 7-Eleven, en el cruce con Th Narathip. Algunos de los frecuentes servicios de autobús a/desde Cha-am son:

Terminal Sur de Bangkok (Sai Tai Mai) (150 THB, 3 h)

Phetchaburi (50 THB, 40 min)

Hua Hin (50 THB, 30 min).

Las furgonetas al monumento a la Victoria de Bangkok (160 THB, 2½ h, cada hora, 7.00-17.30) salen de la estación de autobuses Soi, entre Th Ruamjit y Th Chao Lay. También hay furgonetas a Hua Hin (120 THB) y Phetchaburi (100 THB), entre otros destinos. Un taxi privado a Hua Hin cuesta 500 THB.

La **estación de trenes** (Th Narathip) está al oeste de la carretera de Phetkasem. Desde la estación de Hua Lamphong de Bangkok hay cinco servicios diarios a Cha-am (40-150 THB, 4 h), que prosiguen hasta Hua Hin. Cha-am aparece en los horarios tailandeses como "Ban Cha-am".

Cómo desplazarse

Del centro de la ciudad a la playa hay un breve trayecto en motocicleta (30 THB) o *sŏrng·tăa·ou* (40 THB). Algunos conductores intentan llevar a los extranjeros a los hoteles que les dan comisión en vez del que al que se les pide.

En varios lugares de Th Ruamjit alquilan motocicletas por 300 THB al día. En todas partes alquilan prácticas bicicletas de paseo (20/100 THB por hora/día).

Hua Hin

หัวหิน

98 896 HAB.

El primer centro turístico playero que surgió en Tailandia no es la típica isla desierta con palmeras, y tanto mejor. Hua Hin es una encantadora ciudad que combina el mar con un ambiente cosmopolita, activos mercados, sabrosa comida callejera, playas extensas y servicios urbanos eficientes (p. ej., no hay arroyos pútridos entre playa y playa, como ocurre en otros lugares).

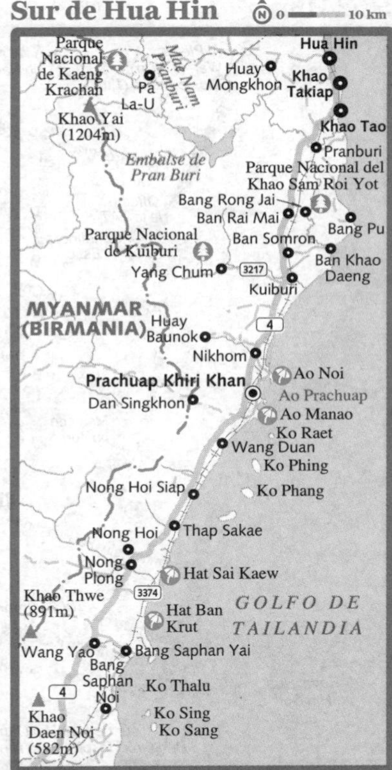

Las raíces aristocráticas de Hua Hin se remontan a la década de 1920, cuando Rama VI (el rey Vajiravudh) y Rama VII (el rey Prajadhipok) eligieron esta costa para huir del sofocante clima estival de Bangkok. La más famosa de las dos residencias reales es el **Phra Ratchawang Klai Kangwon** ("Palacio Lejos de las Preocupaciones"), 3 km al norte de la ciudad, que todavía funciona como tal y cuyo nombre a menudo es invocado por los tailandeses como eslogan de la ciudad. El refrendo de Rama VII y el tendido de la línea ferroviaria del sur convirtieron Hua Hin en el destino de moda de la nobleza tailandesa, que levantó muchas villas veraniegas junto al mar.

Hua Hin

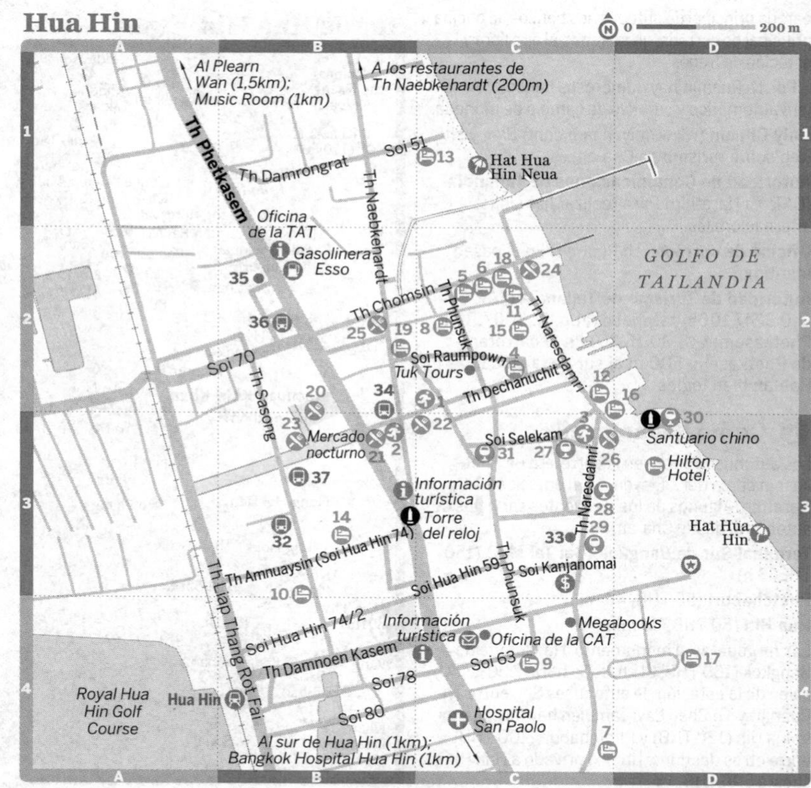

En la década de 1980, el exclusivo grupo hotelero Sofitel reformó el hotel más venerable de la ciudad y a su vez fomentó el turismo extranjero. Hoy en día todas las cadenas hoteleras internacionales están presentes en Hua Hin, cada vez más extranjeros adinerados disfrutan de su jubilación en los cercanos barrios y condominios residenciales. Bandadas de tailandeses capitalinos de clase media y alta se abaten sobre la ciudad los fines de semana y consiguen que ciertos barrios parezcan la parte alta de Sukhumvit.

En Hua Hin circula mucho dinero, pero ello no debe disuadir a los mochileros de presupuesto limitado, pues es una ciudad tailandesa muy animada, con marisco abundante y asequible, y un transporte público económico para desplazarse entre las playas. Además, es mucho más rápido, fácil y económico viajar de Bangkok hasta aquí que hasta las islas del sur.

Puntos de interés

Las numerosas playas de la ciudad son anchas, largas y seguras para el baño. Hua Hin es de las zonas de la península que tienen un clima más seco. En época de tormentas hay que tener cuidado con las medusas.

CIUDAD DE HUA HIN เมืองหัวหิน

Las raíces del viejo pueblo de pescadores de Hua Hin se conserva en sus tiendas-vivienda de teca y estrechas *sois,* edificios portuarios convertidos en restaurantes o pensiones y activo muelle de pescadores. Al sur del puerto se alza el cabo de Piedra, un promontorio rocoso que inspiró el nombre de la ciudad. En la zona más comercial hay mercados bulliciosos y todo tipo de artículos de primera necesidad para el viajero.

Hat Hua Hin PLAYA

(หาดหัวหิน; acceso público por el extremo este de Th Damnoen Kasem) Desde el acceso público principal, la playa de Hua Hin puede llevar a

Hua Hin

Actividades, cursos y circuitos
1 Buchabun Art & Crafts Collection ... C2
2 Hua Hin Adventure Tour ... B3
3 Hua Hin Golf Centre ... C3

Dónde dormir
4 All Nations Guest House ... C2
5 Araya Residence ... C2
6 Baan Chalelarn Hotel ... C2
7 Baan Laksasubha ... C4
Baan Oum-or Hotel ... (véase 9)
8 Baan Tawee Suk ... C2
9 Ban Somboon ... C4
10 Euro-Hua Hin City Hotel (YHA) ... B3
11 Fat Cat Guesthouse ... C2
12 Fulay Guesthouse ... C2
13 Green Gallery Bed and Breakfast ... C1
14 My Place Hua Hin ... B3
15 Pattana Guest House ... C2
16 Sirima ... D2
17 Sofitel Centara Grand Resort and Villas ... D4
18 Supasuda Guest House ... C2
19 Tong-Mee House ... B2

Dónde comer
20 Mercado de Chatchai ... B2
21 Hua Hin Koti ... B3
22 Jek Pia Coffeeshop ... C3
23 Mercado nocturno ... B3
24 Sang Thai Restaurant ... C2
Sofitel Cafe & Tea Corner ... (véase 17)
25 Puestos de comida de Th Chomsin ... B2
26 World News Coffee ... C3

Dónde beber
27 El Murphy's Mexican Grill & Steakhouse ... C3
28 Hua Hin Brewing Company ... C3
29 Mai Tai Cocktail & Beer Garden ... C3
30 No Name Bar ... D3
31 O'Neill's Irish Pub ... C3

Transporte
32 Autobuses con A/A a Bangkok ... B3
33 Oficina de Lomphraya ... C3
34 Furgonetas a Bangkok ... B2
35 Furgonetas al monumento a la Victoria de Bangkok ... B2
36 Autobuses normales a Phetchaburi y Cha-am ... B2
37 *Sŏrng•tăa•ou* a Khao Takiab; autobús a Pranburi ... B3

engaño: una agradable pero no excepcional extensión de arena salpicada de rocas redondeadas y dominada por el complejo hotelero Sofitel, que casi roza la línea de pleamar. No hay que preocuparse; es solo el mirador de la playa, donde los tailandeses fotografían a sus amigos en la arena con el agua hasta los tobillos y subidos a un poni.

Para nadar y tomar el sol, hay que continuar al sur, a 5 km, donde la playa alcanza un cabo presidido por una imagen de Buda (Khao Takiab). La arena allí es muy fina y blanca y el mar es de un suave verde grisáceo. En lugar de cocoteros, bordean la playa las torres de los complejos hoteleros, pero no son más que una distracción sin importancia en los largos paseos. Los accesos de la playa desembocan en Th Phetkasem, donde se puede tomar una *sŏrng·tăa·ou* verde para regresar a la ciudad.

Estación de trenes de Hua Hin EDIFICIO HISTÓRICO
(สถานีรถไฟหัวหิน; Th Liab Tang Rot Fai) Este pabellón rojo y blanco junto a la estación de trenes es una construcción singular utilizada por la realeza como sala de espera durante el reinado de Rama VI. Fue precisamente el ferrocarril lo que convirtió a Hua Hin en destino turístico para la élite de la capital. A comienzos del s. xx, el viaje de cuatro horas entre Bangkok y Hua Hin supuso una verdadera revolución.

AL NORTE DE HUA HIN

La costa norte desde el muelle de pescadores hasta Cha-am aparece salpicada de residencias estivales de la familia real y la nobleza.

Hat Hua Hin Neua PLAYA
(หาดหัวหินเหนือ; Playa Nueva al Norte de Hua Hin; caminos de acceso desde Th Naebkehardt) Este tramo de la costa está bordeado de mansiones de estilo victoriano tailandés con jardín, elegantes pero discretas y con nombres de inspiración marina. El palacio real actual está unos 3 km al norte de la ciudad, pero solo se pueden visitar los **jardines** (5.30-7.30 y 16.00-19.00; piden identificación). Los fines de semana, Th Naebkehardt es el destino preferido de los capitalinos, algunos de los cuales todavía veranean en estas viejas re-

sidencias, aunque muchas otras se han convertido en restaurantes.

GRATIS **Plearn Wan** LUGAR RELEVANTE
(เพลินวาน; ☎0 3252 0311; www.plearn wan.com; Th Phetkasem entre Soi 38 y 40) Más parecida a una instalación artística que una iniciativa comercial, esta reproducción de un pueblo histórico contiene versiones estilizadas de las antiguas tiendas-vivienda de los barrios chino-tailandeses de Bangkok y Hua Hin. Hay una farmacia donde se exhiben raíces, polvos y otros mejunjes usados antaño por las abuelas, una tienda de discos especializada en cantantes melódicos de los años cincuenta y sesenta, y otras tiendas y atracciones turísticas de antes de la llegada de los 7-Eleven. Sería un mero reclamo turístico si cobraran entrada. La mayoría de los visitantes se limitan a pasear por el recinto y hacer fotografías sin consumir absolutamente nada, aunque hay varias tiendas *retro* de recuerdos y tentempiés.

Phra Ratchaniwet Mrigadayavan EDIFICIO HISTÓRICO
(พระราชนิเวศน์มฤคทายวัน; ☎0 3250 8443; entrada 30 THB; ⌚9.00-16.30) Este palacio de verano acariciado por la brisa marina está 10 km al norte de Hua Hin y fue construido en 1923 por Rama VI (el rey Vajiravudh) para aliviar su artritis reumatoide. La intención del arquitecto, proveniente de la corte italiana, fue favorecer la circulación del aire y aprovechar todas las vistas al mar en un edificio funcional y elegante pero sin excesos. Está integrado por varias casas de teca interconectadas, provistas de altas ventanas con postigos y motivos de filigrana, todas levantadas sobre pilotes formando un paseo entarimado a la sombra a ras del suelo. Alrededor hay unos hermosos **jardines** con árboles esculturales, algunos casi centenarios. La música de una orquesta tradicional ayuda a evocar el pasado.

El palacio se halla dentro del campamento militar Rama VI y los visitantes deben pasar por el control de entrada. Es más sencillo llegar en transporte privado, pero también se puede tomar un autobús de Hua Hin a Cha-am y pedir al conductor que pare en el desvío del palacio, a 2 km, donde suele haber mototaxis.

INTERIOR DE HUA HIN

Baan Silapin GALERÍA DE ARTE
(บ้านศิลปิน; ☎032534830; www.huahinartistvillage.com; Th Hua Hin-Pa Lu-U; ⌚10.00-17.00 ma-do) El pintor local Tawee Kase-ngam fundó este colectivo de artistas en una arboleda 4 km al oeste de Th Phetkasem. En las galerías y estudios pueden admirarse la obra de 21 artistas, muchos de los cuales decidieron cambiar la acelerada Bangkok por el ambiente más relajado y los pintorescos paisajes de mar y montaña de Hua Hin. Las cabañas de barro periféricas cobijan las lúdicas esculturas de Nai Dee y Mae A-Ngoon. Khun Nang, un hábil y carismático profesor, imparte **clases de arte** (9.30-11.30; 300/200 THB adultos/niños) a adultos (ma y ju) y niños (sa).

Hua Hin Hills Vineyard VIÑEDO
(ไร่องุ่นหัวหินฮิลล์ วินยาร์ด; ☎08 1701 8874; www.huahinhillsvineyard.com; Th Hua Hin-Pa Lu-U; ⌚10.00-18.00) Integrado en el movimiento vinícola New Latitudes (véase recuadro en p. 515), este viñedo ocupa un pintoresco valle entre montañas 45 km al oeste de Hua Hin, donde la arena margosa y la pizarra nutren las diferentes variedades de uva del Ródano que se emplean en la elaboración del vino Monsoon Valley.

Se puede pasar el día informándose sobre la viticultura en clima tropical con una **visita de los viñedos** (gratis; ⌚13.00 y 16.00), una **cata de vinos** (290 THB/3 degustaciones) o una comida en el pintoresco **Sala Wine Bar & Bistro** (platos 200-500 THB). También hay una pista de petanca, rutas para bicicleta de montaña y paseos en elefante.

El servicio de enlace sale del **almacén de las bodegas Hua Hin Hills** (☎0 3252 6 351, Market Village, Th Phetkasem, sur de Hua Hin) a las 10.30 y 15.00 y regresa a las 13.30 y 18.00; cuesta 200 THB ida y vuelta.

KHAO TAKIAB เขาตะเกียบ

Unos 7 km al sur de Hua Hin, el llamado "Monte Monumental de los Palillos" protege el extremo sur de la playa de Hua Hin y exhibe un gigantesco buda erguido. En lo alto del mismo (272 m) hay un templo chino-tailandés (**Wat Khao Lat**) donde habita una numerosa colonia de monos poco fiables. Las vistas son magníficas. En el lado sur del Khao Takiab se encuentra el **Suan Son Pradipath** ("jardín de Pino Marítimo"), una playa fangosa cuidada por los militares y muy frecuentada los fines de semana. Las *sŏrng·tăa·ous* verdes van de Hua Hin al pueblo de Khao Takiab, donde hay numerosos restaurantes tailandeses sencillos.

El nuevo y elegante **mercado de Cicada** (Th Phetkasem; ⌚16.00-23.00 vi y sa, 16.00-

22.00 do) es un mercado al aire libre con puestos de comida y tiendas. Las noches de los viernes, bandas musicales suben al escenario en un ambiente tranquilo y bohemio. Se puede llegar en una *sŏrng·tăa·ou* verde (20 THB; 6.00-21.00) desde el mercado nocturno de Hua Hin; un *túk-túk* cuesta 150 THB por trayecto.

Actividades

Las numerosas agencias de viajes de la ciudad ofrecen excursiones de un día a los parques nacionales de las proximidades. A menos que se vaya en grupo, habrá que esperar a reunir un número de personas mínimo.

Hua Hin Adventure Tour (☎0 3253 0314; www.huahinadventuretour.com; Th Naebkehardt) ofrece excursiones un poco más intrépidas, como salidas en kayak en el Parque Nacional del Khao Sam Roi Yot y rutas en bicicleta de montaña en el Parque Nacional de Kaeng Krachan.

'Kiteboarding'

La belleza de la playa de Hua Hin se acentúa con estos deportistas, que parecen volar entre las nubes. La zona es ideal para su práctica, pues esta costa goza de una larga y constante temporada de vientos, que soplan del noreste de octubre a diciembre y del sureste de enero a marzo. En el 2010 se celebró aquí la Copa del Mundo de Kiteboarding.

Kiteboarding Asia 'KITEBOARD'
(☎08 8230 0016; www.kiteboardingasia.com; sur de Hua Hin; cursos de iniciación 11 000 THB) Esta empresa ofrece diez años de experiencia y cuatro tiendas en la playa donde alquilan equipos e imparten clases. El curso introductorio de tres días enseña la mecánica de este deporte y recomiendan realizarlo con los vientos del sureste (ene-mar), pues encrespan menos el mar.

Golf

Sede del primer campo de golf del país, Hua Hin aún es un destino nacional e internacional para la práctica de este deporte.

Hua Hin Golf Centre GOLF
(☎0 3253 0476; www.huahingolf.com; Th Selakam; ⊙12.00-22.00) El amable personal de esta tienda profesional puede recomendar las rondas más asequibles y mejor mantenidas, donde los monos no se disputarán las pelotas. También organiza torneos y alquila equipos.

Black Mountain Golf Course GOLF
(☎0 3261 8666; www.bmghuahin.com; tarifa 2500 THB) Los 18 hoyos más nuevos de la ciudad son también los preferidos por todos. Está unos 10 km al oeste de Hua Hin y ocupa una extensión de selva y una antigua plantación de piñas, con arroyos naturales a modo de obstáculos acuáticos. Ha acogido el circuito asiático de la PGA en el 2009 y el 2010.

EL VINO: NUEVOS ENFOQUES

El sentido común dice que las uvas para elaborar vino no crecen al lado de los cocoteros. Sin embargo, los avances en botánica y diferentes experiencias han desembocado en un experimento geográfico llamado New Latitude Wines ("vinos de nuevas latitudes"), a partir de variedades cultivadas fuera de su área tradicional entre los paralelos 30 y 50°.

La principal dificultad del experimento radica en reproducir lo mejor posible el clima preferido por las vides. Ello supone introducir un falso período de inactividad o hibernación mediante la poda, el riego regulado y la plantación de hierbas que eviten la pérdida de tierra durante la estación lluviosa. Si se sabe un poco de viticultura, se quedará impresionado al ver cómo los viñedos tailandeses rompen las normas de forma tan satisfactoria.

Aún no se ha conseguido un gran New Latitude, pero de momento ya se han hecho un hueco en el mercado nacional. Siam Winery, empresa asociada de Hua Hin Hills Vineyard (véase p. 514), aspira a producir vinos que conjuguen bien con los complejos sabores de la cocina tailandesa. Cultiva, entre otras, las variedades columbard, chenin blanc, muscat, shiraz y sangiovese. Los blancos cítricos resultan ser un refrescante complemento de los platos picantes típicos.

Debido al calor, la paleta de la cata se altera. Los vinos más finos producidos en Tailandia suelen tener un efecto más embriagador que los tintos con cuerpo, ideales para tomar en un fresco día primaveral. Beber vino tinto en Tailandia ha supuesto siempre una dificultad porque el calor convierte las notas coriáceas en vinagre. Para contrarrestar el factor tropical hay que romper otra norma y enfriar los tintos en la nevera y así acercarse más a la temperatura de una bodega.

Ciclismo

Es una opción asequible y panorámica para recorrer los puntos de interés de las afueras de Hua Hin, sobre todo porque los taxis son ridículamente caros. No hay que asustarse ante el tráfico de las carreteras, pues hay muchos caminos tranquilos.

Hua Hin Bike Tours CICLISMO
(☎08 1173 4469; www.huahinbiketours.com; 4/34 Soi Hua Hin 96/1, Th Phetkasem, sur de Hua Hin; circuitos 1500-2500 THB) Un matrimonio (véase recuadro en p. 517) regenta esta empresa de excursiones guiadas de medio, uno o varios días a diferentes lugares de interés de Hua Hin y alrededores. Ofrecen un itinerario en bicicleta por los **viñedos de Hua Hin** (p. 514) con refrigerio incluido, un circuito por los caminos costeros al sur de Hua Hin y otro por las montañas calizas del **Parque Nacional del Khao Sam Roi Yot** (p. 523). Además, recomiendan rutas y alquilan bicicletas de calidad (500 THB/día) para ciclistas independientes. También montan rutas largas con fines benéficos por toda Tailandia. Más información en la empresa matriz, **Tour de Asia** (www.tourdeasia.org).

Cursos

Buchabun Art & Crafts Collection COCINA
(☎08 1572 3805; www.thai-cookingcourse.com; 22 Th Dechanuchit; cursos 1500 THB) Los aspirantes a chef deberían apuntarse aquí a una clase de cocina tailandesa de medio día que incluye una visita al mercado y un libro de recetas. Se requiere un mínimo de participantes.

Fiestas y celebraciones

Torneo Copa del Rey de Polo con Elefantes POLO CON ELEFANTES
Este torneo anual de polo a la tailandesa, con elefantes en lugar de caballos, se celebra en septiembre en el pintoresco parque del complejo Anantara Hua Hin. Tal vez carezca del dinamismo del polo británico, pero tiene un fin benéfico: la protección de los paquidermos.

Festival de Jazz de Hua Hin 'JAZZ'
En deferencia al interés personal del rey por este género musical, la ciudad de las residencias de veraneo más pudientes organiza un festival de *jazz* en el que participan músicos tailandeses e internacionales. Todos los conciertos son gratis. Suele celebrarse en junio.

Fringe Festival TEATRO
El teatro Patravadi, acreditado espacio escénico de vanguardia con sede en Bangkok, celebra este festival en su sucursal costera, el **Vic Hua Hin** (☎0 3282 7814; www.vichuahin.com; 62/70 Soi Hua Na Nong Khae, sur de Hua Hin). De enero a marzo se suceden los espectáculos de danza, música y humor a cargo de artistas locales e internacionales.

Dónde dormir

Casi todos los alojamientos económicos y de precio medio se localizan en el antiguo barrio de tiendas-vivienda. Es un entorno con encanto y establecimientos buenos y baratos para comer, pero para ir al mar habrá que andar al norte hasta la playa de Hua Hin (mejor con marea baja) o tomar una *sŏrng·tăa·ou* para llegar a su extremo sur.

Las opciones más caras son los complejos turísticos frente al mar, que se extienden hacia el sur desde el Sofitel. Todas las cadenas internacionales están presentes en Hua Hin, pero aquí solo se reseñan los alojamientos más singulares y genuinos.

Ciudad de Hua Hin

Pattana Guest House PENSIÓN $
(☎0 3251 3393; 52 Th Naresdamri; h 350-550 THB; ❄) Esta sencilla casa de teca escondida en una *soi* posee un precioso jardín con muchos rincones acogedores para leer. Las habitaciones son pequeñas pero aceptables. La regenta una familia simpática y creativa.

Tong-Mee House PENSIÓN $
(☎0 3253 0725; 1 Soi Raumpown, Th Naebkehardt; h 450-550 THB; ❄@) Oculta en una tranquila *soi* residencial, esta elegante pensión es el establecimiento con mejor relación calidad-precio en la ciudad. Las habitaciones tienen balcón y son pequeñas pero están bien cuidadas.

Supasuda Guest House PENSIÓN $
(☎0 3251 3618; www.spghouse.com; 1/8 Th Chomsin; h 800-1000 THB; ❄📶) Las grandes habitaciones tienen murales de sirenas y duchas con agua caliente. Las más caras disponen de galería y resultan algo ruidosas porque dan a la calle. Hay una terraza comunitaria.

Ban Somboon PENSIÓN $
(☎0 3251 1538; 13/4 Soi Hua Hin 63, Th Phetkasem; h 950-1200 THB; ❄) Alojarse en esta pensión con un pequeño jardín y decorada con fotografías familiares es como hacerlo en casa de una entrañable tía tailandesa. Está en una *soi* muy tranquila y

céntrica, junto a otras pensiones también interesantes.

Baan Tawee Suk PENSIÓN $
(☎0 89459 2618; 43/8 Th Poonsuk; h 800 THB; ❄📶) Nueva y con varios pisos, esta pensión es alegre y limpia, además de contar con todas las comodidades. Las habitaciones son un poco estrechas si se llevan maletas grandes.

Sirima PENSIÓN $
(☎0 3251 1060; Th Naresdamri; h 550 THB; ❄) Es la mejor pensión a la antigua de las que hay en el muelle. Posee una fachada bonita, con cristales emplomados y madera bruñida, y a través de un largo pasillo se accede a una terraza con vistas al mar. Las habitaciones varían mucho; las mejores tienen suelo de baldosas.

My Place Hua Hin HOTEL $$
(☎0 32514 1112; www.myplacehuahin.com; 17 Th Amnuaysin, Th Phetkasem; h 1850-2200 THB; ❄📶) Hotel pequeño y bien cuidado, en pleno centro de la ciudad, donde sentirse realmente a gusto.

Euro-Hua Hin City Hotel YHA ALBERGUE $
(☎0 3251 3130; 5/15 Th Sasong; h 250-800 THB; ❄) Como cualquier albergue grande occidental, es a la vez confortable e impersonal. Todas las estancias disponen de aire acondicionado, incluidos los, algo apretados, dormitorios. También hay dobles e individuales. Todas las tarifas son con desayuno. Los no socios de HI pagan 50 THB más.

Baan Chalelarn Hotel HOTEL $$
(☎0 3253 1288; www.chalelarnhuahin.com; 11 Th Chomsin; h 1200-1300 THB; ❄@) Posee un hermoso vestíbulo con suelos de madera, mientras que las habitaciones son muy espaciosas, con camas extragrandes. Otros atractivos son las galerías y el desayuno.

DE PRIMERA MANO

SIRANEE (GAE) MEESITH, COPROPIETARIO DE HUA HIN BIKE TOURS

Soy de un pequeño pueblo rodeado de granjas arroceras y búfalos de agua. A veces resulta aburrido, pero Bangkok, donde estudié en la universidad, es descomunal. Hua Hin se halla en un punto intermedio. Es una ciudad para relajarse pero también ofrece actividad: playas tranquilas, montañas, cuevas y deportes (bicicleta, *kiteboarding*, natación…). También posee tiendas, panaderías, cafés y buenas marisquerías.

MEJOR PLAYA

La playa de Hua Hin es preciosa, de arena blanca, desde el Hilton hacia el sur hasta Khao Takiap.

MEJOR RUTA CICLISTA

Disfruto recorriendo el extrarradio de Hua Hin, con sus calles y caminos, para llegar hasta playas y miradores de montaña, y respirando aire puro bajo el sol. Son cosas que no se ven desde el automóvil. Además, la bicicleta es un buen ejercicio y contribuye a mantener limpia la ciudad.

EXCURSIÓN FAVORITA PARA LOS VISITANTES

La Tham Phraya Nakhon es una impresionante cueva del Parque Nacional del Khao Sam Roi Yot, que alberga un pabellón de estilo tailandés con una estatua de Rama V. Tres reyes han visitado esta cueva y dos de ellos han estampado su firma en sus paredes. Llegar a ella forma parte de la aventura: primero hay que tomar una barca en una playa cercana o subir por un camino de una colina para llegar al inicio de la ruta, y luego subir 430 m a través de la selva para llegar a la cueva. En las cercanías hay excelentes restaurantes económicos.

UN LUGAR SECRETO

El Eighteen Below Ice Cream (Th Naebkehardt, norte de Hua Hin) es propiedad de una joven pareja: ella, tailandesa, fue actriz, y él es un chef repostero que elabora unos helados y pastelitos increíbles. Empezaron vendiendo sus productos a los mejores hoteles de Hua Hin y finalmente decidieron convertir su casa en un precioso café con jardín. Aunque es muy conocida entre los capitalinos, pocos extranjeros saben que existe.

Araya Residence HOTEL **$$**
(☎0 3253 1130; www.araya-residence.com; 15/1 Th Chomsin; h 1500-2000 THB; ❄@) Madera y cemento se combinan para crear un ambiente rústico y moderno en este hotel que pretende ser elegante. Las habitaciones son amplias y cómodas, aunque todo está algo desgastado.

También se recomiendan:

Fat Cat Guesthouse PENSIÓN **$**
(☎08 6206 2455; 8/3 Th Naresdamri; h 300-900 THB; ❄) Las habitaciones con ventilador ocupan un edificio separado en una *soi* residencial. Algunas poseen magníficas vistas de la ciudad.

Fulay Guesthouse PENSIÓN **$**
(☎0 3251 3145; www.fulayhuahin.net; 110/1 Th Naresdamri; h 430-980 THB; ❄) Una pensión a la antigua, con buenas camas, baños bastante nuevos y plantas con flores en los espacios comunes.

Baan Oum-or Hotel HOTEL **$$**
(☎0 3251 5151; 77/18-19 Soi 63, Th Phetkasem; h 1000-1500 THB; ❄) Habrá que reservar para asegurarse una de sus siete habitaciones grandes y luminosas.

All Nations Guest House PENSIÓN **$**
(☎0 3251 2747; 10-10/1 Th Dechanuchit; h 500-800 THB; ❄) Habitaciones un poco deslucidas pero a precios decentes y protegidas del ruido.

Playas de Hua Hin

Baan Bayan HOTEL **$$$**
(☎0 3253 3540; www.baanbayan.com; 119 Th Phetkasem, sur de Hua Hin; h 4000-11 000 THB; ❄) En plena playa, esta casa colonial de principios del s. xx es ideal para los viajeros que busquen una experiencia distinguida sin los excesos de los grandes complejos turísticos. Las habitaciones son diáfanas, con techos altos y un relajante color crema. El personal es atento.

Green Gallery Bed & Breakfast HOTEL **$$**
(☎0 3253 0487; www.greenhuahin.com; 3/1 Soi Hua Hin 51, Th Naebkehardt, norte de Hua Hin; h 1200 THB; ❄) Pequeño y atractivo hotel en una casa de playa de estilo colonial. Las habitaciones, todas distintas, reflejan una inclinación por el arte, típica del estilo urbano tailandés actual. Está a un breve paseo al norte de la playa de Hua Hin.

Rahmahyah Hotel PENSIÓN **$$**
(☎0 3253 2106; 113/10 Soi Hua Hin 67, Th Phetkasem, sur de Hua Hin; h desde 1000 THB; ❄) Enfrente del Market Village, casi 1 km al sur de la ciudad y entre selectos complejos turísticos, esta pequeña pensión ofrece acceso a la playa. Es la mejor de su clase, con empleados profesionales y habitaciones funcionales y limpias. Desde las delanteras se oye la carretera.

Baan Laksasubha HOTEL **$$$**
(☎032514525; www.baanlaksasubha.com; Th 53/7 Naresdamri; h 4200-7900 THB; ❄) Al lado del Sofitel, este pequeño complejo hotelero, propiedad de un aristócrata de Bangkok, se compone de casitas ideales para las familias. La decoración es moderna y sobria, casi demasiado. En el jardín con piscina hay unos senderos que llevan hasta la playa. Dispone de una sala infantil con juguetes y libros. Los taxistas entienden mejor el nombre si se les dice "baan lak-su-pah".

Veranda Lodge HOTEL **$$$**
(☎032533678; 113 Soi Hua Hin 67, Th Phetkasem, sur de Hua Hin; www.verandalodge.com; h 3000-5000 THB; ❄) Frente a la playa y con unos precios moderados, este selecto hotel posee varios tipos de habitaciones, desde las típicas de hotel moderno hasta lujosos bungalós en el jardín.

Sofitel Centara Grand Resort and Villas HOTEL **$$$**
(☎0 3251 2021; www.sofitel.com; 1 Th Damnoen Kasem; h desde 5500 THB; ❄@) El histórico Railway Hotel, el primer hotel marítimo de Hua Hin, ha sido restaurado para agradar a los veraneantes modernos con extensos jardines, un *spa* e instalaciones deportivas. Permite escoger entre habitaciones coloniales o modernas.

Anantara Resort & Spa HOTEL **$$$**
(☎0 3252 0205; www.huahin.anantara.com; h desde 7500 THB; Th Phetkasem; ❄) Autosuficiente, este complejo turístico de Anantara, 4,5 km al norte de Hua Hin y con un ambiente discreto pero lujoso, pretende evocar un pueblo tradicional tailandés. Ofrece instalaciones termales, deportes acuáticos y actividades culturales.

Chiva-Som International Health Resort HOTEL **$$$**
(☎0 3253 6536; www.chivasom.com; 74/4 Th Phetkasem, sur de Hua Hin; paquete de 3 noches desde 68 310 THB; ❄) Cuando la promesa de una

estancia tranquila no basta, este alojamiento atiende a famosos y gentes de negocios sobrecargados, estresados y, seguramente, muy bien pagados. Entre sus servicios orientados a la salud y el bienestar general destacan una consulta de nutricionista, clases de yoga y gimnásticas, masajes de todo tipo y programas desintoxicantes.

Dónde comer

Mercado nocturno PESCADO Y MARISCO $
(Th Dechanuchit entre Th Phetkasem y Th Sasong; platos desde 60 THB; ⏲17.00-24.00) Este mercado compite en capacidad de atracción con la playa y es el lugar preferido de los lugareños para comer. Los expositores con langostas y gambas atraen a los más derrochadores, pero los sencillos puestos de fritos ofrecen comida igual de buena. Se recomiendan el *pàt pŏng gà·rèe Ƀoo* (cangrejo al *curry*), las *gûng tôrt* (gambas fritas) y la *hŏy tôrt* (tortilla de mejillones). Los puestos de recuerdos ayudan a realizar la digestión.

Sang Thai Restaurant TAILANDESA $
(Th Naresdamri; platos 120-350 THB; ⏲almuerzo y cena) Es uno de los muchos y bien valorados restaurantes del muelle. Tiene buenas vistas y su especialidad es el pescado entero al vapor, que llega a la mesa humeante.

Jek Pia Coffeeshop PESCADO Y MARISCO $
(51/6 Th Dechanuchit; platos 80-160 THB; ⏲almuerzo y cena) Más que una cafetería, este restaurante quincuagenario es otro destino gastronómico especializado en una extensa variedad de salteados de pescado y marisco. Si no hubiera sitio, se puede disfrutar de la misma carta en el restaurante de *sukiyaki* que hay más al sur, en Th Naebkehardt.

Hua Hin Koti PESCADO Y MARISCO $$
(☎0 3251 1252; 16/1 Th Dechanuchit; platos 80-250 THB; ⏲almuerzo y cena) Enfrente del mercado nocturno, este restaurante chino-tailandés es una eminencia nacional. A los tailandeses les encantan las albóndigas de cangrejo fritas, mientras que los extranjeros se chiflan por la *đôm yam gûng* (sopa de gambas con limoncillo), y nadie pone objeción a la ensalada marinera picante (*yam tá-lair*) ni al pescado frito con jengibre.

Puestos de comida de Th Chomsin TAILANDESA $
(Th Chomsin esq. Th Naebkhardt; platos desde 30 THB; ⏲almuerzo y cena) Para comida auténtica de verdad, basta con echar un vistazo a los puestos ambulantes de esta famosa esquina. Aunque el entorno es humilde, los tailandeses son muy escrupulosos con la comida y usan el tenedor (o los dedos con un pellizco de *kôw nĕe·o*) para separar la carne de los huesos del *gài tôrt* (pollo frito) en vez de hincarle el diente directamente.

Sofitel Cafe & Tea Corner CAFÉ $$
(1 Th Damnoen Kasem; platos 80-150 THB; ⏲desayuno y almuerzo) Es costumbre rendir pleitesía al veterano hotel de la ciudad con una taza de té en su refinado salón, instalado en el vestíbulo del antiguo Railway Hotel. Ambientado con música clásica y refrescado por la brisa marina, es un lugar perfecto para hojear el periódico y sorber el té o café con aire aristocrático. Suele denominarse "museo", tal vez por los objetos y fotografías históricas que lo decoran. Pero el auténtico atractivo es el jardín del hotel, con gigantescos setos podados en forma de animales, como elefantes, jirafas o gansos.

Mercado de Chatchai TAILANDESA $
(Th Phetkasem; ⏲horas de sol; platos desde 30 THB) El mercado diurno de la ciudad ocupa un edificio histórico con un singular tejado de siete aleros construido en 1926 en honor a Rama VII. Reúne la oferta habitual de *Ƀah·tôrng·gŏh* (rosquillas al estilo chino), *gah·faa boh·rahn* (café a la antigua enriquecido con leche condensada), fideos, *wonton* fresco todo el día y un completo surtido de frutas tropicales.

World News Coffee CAFÉ $
(130/2 Th Naresdamri; platos 70-150 THB; ⏲desayuno, almuerzo y cena; @) Este café estilo Starbucks ofrece bollería y muchos tipos de café, además de periódicos y revistas para acompañar el primer refrigerio del día. Conectarse a internet cuesta 50 THB la hora.

Dónde beber y ocio

Beber en Hua Hin es como trasladarse a los años noventa, con sus bares deportivos y de señoritas, a veces difíciles de diferenciar, aunque la avalancha de capitalinos los fines de semana ha aportado cierto toque de sofisticación. También cabe tener en cuenta el mercado de Cicada en Khao Takiab (véase p. 514).

No Name Bar BAR
(Th Naresdamri) Pasado el santuario chino del cabo rocoso se encuentra este restaurante-bar que sirve bebidas alcohólicas al borde del acantilado y con vistas al mar.

Hua Hin Brewing Company BAR
(33 Th Naresdamri) Aunque ya no elabora su propia cerveza, su espaciosa terraza es un lugar con solera desde el que observar el desfile cotidiano de Th Naresdamri.

Mai Tai Cocktail & Beer Garden BAR
(33/12 Th Naresdamri) En esta animada terraza sirven cerveza de barril a precios anticrisis. Ideal para ver gente.

O'Neill's Irish Pub 'PUB' IRLANDÉS
(5 Th Phunsuk) Es bastante auténtico, con cervezas económicas y varias pantallas con deportes en directo.

El Murphy's Mexican Grill & Steakhouse BAR
(25 Soi Selakam, Th Phunsuk) Los bares deportivos recurren al gancho de lo internacional, en este caso a una acogedora combinación mexicano-irlandesa. Hay música en directo, cervezas y un curioso elenco de turistas y residentes extranjeros.

Music Room MÚSICA EN DIRECTO
(Soi Hua Hin 32, Th Phetkasem, norte de Hua Hin) Música en directo de todos los géneros imaginables y fiestas temáticas animadas por una colección de famosos patrios.

Información

Urgencias

Policía turística (☎0 3251 5995; Th Damnoen Kasem)

Acceso a internet

Se ofrece en muchos establecimientos de Hua Hin, pensiones y cafés incluidos.

Webs

Tourism Hua Hin (www.tourismhuahin.com) Rápida introducción a la ciudad con un buen resumen de los lugares de interés de los alrededores.

Hua Hin Observer (www.observergroup.net) Revista digital editada por residentes extranjeros.

COMO LOS DE BANGKOK

Los fines de semana Hua Hin experimenta una marea especial: la clase media de Bangkok acude en masa, llena los hoteles y restaurantes de Th Naebkehardt, invade el mercado nocturno, abarrota las discotecas y los domingos atascan las carreteras de vuelta al norte.

Su presencia es tan acusada que genera un impulso irresistible de unirse a ella. Y cuando algunos establecimientos aparecen en la televisión o las revistas de cocina, entonces ya es el colmo. Se recomienda calarse las gafas de sol de diseño y buscar mesa en estos solicitados restaurantes del norte de Hua Hin:

Sôm·đam Stand PUESTO DE COMIDA
(Th Naebkehardt; platos 50-80 THB; ⏲almuerzo) Enfrente del Iammeuang Hotel hay un puesto de *sôm·đam* que es capaz de agotar las provisiones nacionales de papaya verde en un fin de semana. Un servidor no pudo conseguir sitio.

Eighteen Below Ice Cream HELADERÍA
(Th Naebkehardt; platos 160 THB; cierra mi) Al final de la carretera que pasa por detrás del Baan Talay Chine Hotel, esta heladería selecta, especializada en sabores ricos y cremosos, está regentada por un chef pastelero.

Baan Itsara PESCADO Y MARISCO
(Th Naebkehardt; platos desde 160 THB; ⏲almuerzo y cena) Aunque demasiado caro, es digno de ver. Proponen interpretaciones internacionales de platos marineros tailandeses. El calamar con albahaca y piñones recuerda más a un pesto que a su correspondiente plato tradicional picante.

Jae Siam FIDEOS
(Th Naebkehardt; platos 30-50 THB; ⏲almuerzo y cena) Si se ha perdido la noción del tiempo, hay que pasar por este local al fresco al lado del Evergreen Hotel, abarrotado de funcionarios locales entre semana y de ciudadanos de Bangkok los fines de semana. Son famosos sus *gŏo·ay đĕe·o mŏo đŭn* (guiso de cerdo con fideos) y *gŏo·ay đĕe·o gài đŭn* (guiso de pollo con fideos).

Asistencia médica

Hospital San Paolo (☎0 3253 2576; 222 Th Phetkasem) Al sur de la ciudad, con servicio de urgencias.

Bangkok Hospital Hua Hin (☎0 3261 6800; www.bangkokhospital.com/huahin; Th Phetkasem entre Soi Hua Hin 94 y 106) La sucursal más nueva de este hospital de lujo está en el sur de Hua Hin.

Dinero

Hay agencias de cambio de moneda y cajeros automáticos en Th Naresdamri. Los bancos de Th Phetkasem también ofrecen estos servicios.

Correos y teléfono

Oficina principal de correos (Th Damnoen Kasem) Cuenta con una oficina de la CAT para llamadas internacionales.

Información turística

Oficina de la TAT (☎0 3251 3885; 39/4 Th Phetkasem; ⌚8.30-16.30) El personal habla inglés y es muy servicial. Está al norte de la ciudad, cerca de Soi Hua Hin 70.

Oficina de información turística municipal (☎0 3251 1047; Th Phetkasem esq. Th Damnoen Kasem; ⌚8.30-16.30 lu-vi) Facilita planos, mapas e información local. Tiene otra oficina cerca de la torre del reloj (☎0 3252 2797; Th Naebkehardt; 9.00-19.30 lu-vi, 9.30-17.00 sa y do).

Agencias de viajes

Tuk Tours (☎0 3251 4281; www.tuktours.com; 33/5 Th Phunsuk) Una agencia útil y sin agobios para reservar actividades y transporte por todo el país.

ℹ Cómo llegar y salir

Avión

El **aeropuerto** (www.huahinairport.com) está 6 km al norte de la ciudad, pero solo tiene servicios chárteres de **Nok Mini** (☎0 2641 4190; www.nokmini.com).

Autobús

La **estación de autobuses** (Th Phetkasem entre Soi Hua Hin 94 y 98) de largo recorrido de Hua Hin está al sur de la ciudad y cubre los siguientes destinos:

Chiang Mai (785 THB, 12 h, 3 diarios)
Prachuap Khiri Khan (65 THB, 1½ h)
Phuket (856 THB, 9 h, 1 nocturno)
Surat Thani (480 THB, 7 h, 2 diarios)
Ubon Ratchathani (1200 THB, 13 h, 1 diario)

También hay autobuses a Bangkok (160 THB, 3 h, cada 2 horas, 8.00-21.00) que salen de la **oficina** (Th Sasong) que un compañía tiene cerca del mercado nocturno.

Los autobuses normales parten de una **estación** (Th Phetkasem esq. Th Chomsin) que hay al norte del mercado y van a destinos como **Cha-am** (50 THB, 30 min) y **Phetchaburi** (50 THB, 1½ h).

Lomprayah (☎0 3253 3739; Th Narasdamri) ofrece una combinación de autobús y barco de Hua Hin a Ko Tao (1000 THB, 8½ h; 1 matinal y 1 nocturno).

Furgoneta

Los servicios a la Terminal Sur (Sai Tai Mai) y al monumento a la Victoria de Bangkok (180 THB, 3 h, cada 30 min, 4.00-20.00) salen de una oficina de Th Naebkehardt. Hay uno directo al monumento a la Victoria desde la oficina de la esquina de Th Phetkasem con Th Chomsin.

Tren

Hay servicios frecuentes a/desde la estación de Hua Lamphong de Bangkok (2ª clase 212-302 THB, 3ª clase 94-154 THB, 4 h), que también paran en otras estaciones de la línea del sur.

ℹ Cómo desplazarse

Las *sŏrng·tăa·ous* verdes salen de la esquina de Th Sasong con Th Dechanuchit, cerca del mercado nocturno, y se dirigen al sur por Th Phetkasem hasta Khao Takiab (20 THB). Los autobuses a Pranburi salen de la misma parada.

Las tarifas en *túk-túk* son exorbitantes, 100 THB como mínimo, y poco negociables. Los mototaxis son mucho más razonables (40-50 THB) para trayectos cortos.

Se pueden alquilar motocicletas (250-500 THB/día) en las tiendas de Th Damnoen Kasem. **Thai Rent A Car** (☎0 2737 8888; www.thairentacar.com) es una compañía profesional de alquiler de automóviles con precios competitivos, una flota bien cuidada y servicio de recogida en el hotel.

De Hua Hin a Pranburi

Al sur de Hua Hin hay una serie de playas enmarcadas entre espectaculares cabos, ideales para realizar excursiones de un día si la playa de la ciudad parece demasiado urbana.

HAT KHAO TAO หาดเขาเต่า

Unos 13 km al sur de Hua Hin, esta playa apenas habitada se extiende varios kilómetros al sur de Khao Takiab y llega hasta Khao Tao ("monte de la Tortuga"). Es un delicioso paraje sin civilización, rascacielos, tumbonas, vendedores de *sarongs* ni jinetes.

En el monte hay un extenso templo dedicado a un gran número de dioses: Buda, Khun Yin (diosa china de la misericordia),

Visnu e incluso a los reyes tailandeses. Por el camino costero se puede subir hasta el buda de la montaña.

Para llegar al templo hay que tomar un autobús a Pranburi desde Hua Hin y pedir al conductor que pare en el desvío del Khao Tao (20 THB); los mototaxis también llevan hasta el templo (20 THB). Regresar a la carretera principal puede ser complicado, pues escasea el transporte de vuelta; se puede volver a pie o intentar parar alguno de los frecuentes vehículos que suben y bajan del templo.

HAT SAI NOI หาดทรายน้อย

Esta pintoresca cala de aguas profundas, situada unos 20 km al sur de Hua Hin, es perfecta para nadar. Tiene todo tipo de servicios en las cercanías, sencillos restaurantes de pescado e incluso pensiones. Para mayor sensación de soledad hay que acudir entre semana. La playa está al sur de Khao Tao, por una preciosa carretera, bordeada de buganvillas y acantilados calizos, que pasa al lado de un embalse. Hay que seguir las señales que indican Khao Tao, y advertir al mototaxista que se va a la Hat Sai Noi (60 THB). Regresar a la carretera principal puede ser difícil; se aconseja preguntar en algún restaurante.

Pranburi y alrededores

75 571 HAB.

La carretera principal de Hua Hin hacia el sur conduce al "suburbio rural" del distrito de Pranburi, que se ha convertido en la alternativa costera para los enterados de la capital. Algunos se atreven incluso a llamarla la "Riviera tailandesa". Sin embargo, el pueblo de pescadores y las playas cercanas tienen un apelativo local más humilde: **Pak Nam Pran** ("Boca del Río Pranburi").

La carretera de la costa circula entre la playa y una serie de pequeños complejos hoteleros tipo villa. Con cada época de lluvias, el océano se lleva una parte de la arena y en algunos tramos de este largo litoral se han tenido que instalar protecciones. Para los turistas tailandeses, el hecho de que la playa desaparezca es irrelevante, pues para la mayoría lo primordial son las vistas del mar y los calamares secos, el producto estrella del pueblo. Por las mañanas las barcas que se dedican a la pesca del calamar atracan en el río y descargan las capturas, que enseguida se ponen a secar al sol. A pesar del fuerte olor, resulta interesante ver los enormes secaderos que hay por toda la población.

A orillas del río hay un extenso manglar englobado en el **Parque Forestal de Pranburi** (☎0 3262 1608; gratis). Dentro del parque hay una pasarela de madera que recorre los manglares a poca distancia del suelo, una playa bordeada de pinos y los alojamientos. También se ofrecen salidas en barca por el río y los pequeños canales.

Por la carretera de la costa puede hacerse una agradable excursión al **Khao Kalok** ("monte de la Calavera"), un gigantesco cabo que resguarda por el sur una hermosa bahía con una ancha playa de arena. A pesar de estar muy alejada del bullicio de Hua Hin e incluso de Pak Nam Pran, se llena bastante durante los fines de semana. A lo largo de este tramo de playa hay varios complejos hoteleros apartados tipo *boutique,* ideales para una luna de miel o para los que deseen aislarse del mundanal ruido sin ir muy lejos.

La siguiente bahía hacia el sur es conocida como la **Dolphin Bay** porque cada año, de febrero a mayo, es visitada por delfines mulares y marsopas sin aleta. Frente a la costa hay varias islas de formas escultóricas y cubiertas de selva. La playa es ancha y despejada. Esta zona es la favorita de muchas familias por los buenos precios que ofrecen los complejos hoteleros, por el poco tráfico y la ausencia de vida nocturna. Además, el acceso norte al Parque Nacional del Khao Sam Roi Yot (más información en p. 523) queda a unos pocos kilómetros.

Dónde dormir y comer

Esta zona es más bien de precio alto, aunque no todos los complejos turísticos playeros valen lo que cuestan. Hay que ir con cuidado si se reserva por internet en algún alojamiento que no figure a continuación. Por lo demás, la zona posee hoteles-*boutique* de playa que se cuentan entre los mejores de toda Tailandia y merecen el dispendio.

Away Hua Hin HOTEL **$$$**
(☎0891446833; www.away-huahin.com; al sur del Khao Kalok; h desde 5000 THB;) Este hotel-*boutique* sin pretensiones ocupa siete antiguas casas de teca, muchas procedentes del norte del país y reensambladas en esta costa paradisíaca. Disponen de camas grandes y cómodas y baños elegantes. Sus propietarios, una familia australiano-tailandesa, crean un ambiente acogedor y sirven el desayuno en una mesa común en la casa "grande". Algunas villas ofrecen más intimidad y otras pueden alojar a familias enteras.

La a natu Bed & Bakery HOTEL $$$
(☎0 3268 9941; www.laanatu.com; al sur de Khao Kalok; h desde 5000 THB; ❄📶) Convertir un humilde poblado tailandés en una experiencia exclusiva es la última moda entre los hoteles-*boutique*, pero este tiene más gracia que otros. Los chalés, con techos de paja y calzados sobre pilotes, adoptan formas modernas, más curvilíneas, y un divertido diseño a lo *picapiedra*. Cada casita disfruta de intimidad a la vez que evoca la vida tradicional en el campo, con la zona de estar en la planta baja y unas escaleras, a menudo empinadas, que conducen al área de descanso. Delante tienen una playa semiprivada.

Dolphin Bay Resort HOTEL $$
(☎0 3255 9333; www.dolphinbayresort.com; Dolphin Bay; h desde 1500 THB; ❄@≋) El hotel que describió Dolphin Bay como un lugar de descanso familiar ofrece un discreto ambiente de campamento de vacaciones y una variedad de apartamentos y bungalós de calidad estándar a precios interesantes. Los jardines son lo bastante amplios para que los niños jueguen en ellos sin peligro. Tiene dos grandes piscinas y una bonita playa de arena al otro lado de la calle.

Brassiere Beach HOTEL $$$
(☎0 3263 0555; www.brassierebeach.com; Dolphin Bay; h desde 5000 THB; ❄) Entre las montañas del Parque Nacional del Khao Sam Roi Yot y una playa apartada, a 100 m de la carretera asfaltada más próxima, se encuentran estos nueve chalés de estuco que combinan con encanto intimidad y personalidad. Las habitaciones están decoradas con un estilo limpio de inspiración mexicana; algunas tienen porche, y casi todas, duchas al aire libre. Merece la pena.

Khao Kalok Restaurant TAILANDESA $
(platos 60-150 THB; ⊙almuerzo y cena) A los pies del monte, en su flanco sur, este restaurante al aire libre ofrece vistas de las barcas de pesca amarradas. Sus sabrosos platos, como el *gaang kĕe·o wăhn* (*curry* verde), *Ɓlah mèuk gà·prow* (calamar salteado con albahaca) e incluso el sencillo *pàt pàk roo·am* (salteado de verduras), llegan a la mesa sin prisas.

También se recomiendan:

Parque Forestal de Pranburi ZONA DE ACAMPADA $
(☎0 32621608, Pak Nam Pran; alquiler de parcela y equipo 300 THB) Este parque forestal es un lugar muy solicitado por los universitarios para celebrar las fiestas de primer curso. Posee un *camping* arbolado frente al mar, bungalós sencillos (para 6/12 personas 1000/2000 THB) y un restaurante. No se permite hacer fuego.

Pineapple Resort PENSIÓN $
(☎0 81933 9930; Pak Nam Pran; h 500-600 THB; ❄) Estos sencillos bungalós de hormigón, un poco desaliñados, están a unos 50 m de la playa, pero constituyen un alojamiento tranquilo y barato.

Palm Beach Pranburi HOTEL $$
(☎0 3263 1966; www.palmbeachpranburi.com; Pak Nam Pran; h desde 1500 THB; ❄≋) Hotel de confianza y precio medio, rodeado de vecinos que se creen más exclusivos.

The Beach House PENSIÓN $
(☎08 7164 6307; Pak Nam Pran; h 500-800 THB; ❄📶) En esta pensión, una de las más económicas de la zona, se alojan jóvenes *kiteboarders* que prefieren invertir más en el equipo que en el alojamiento.

ℹ Cómo llegar y desplazarse

Pranburi está unos 35 km al sur de Hua Hin. Se puede tomar un autobús normal desde el mercado nocturno de Hua Hin (20 THB), que dejará junto a la carretera principal, y seguir en *sŏrng·tăa·ou* hasta Pak Nam Pran. También hay un servicio de furgonetas desde el monumento a la Victoria de Bangkok hasta Pranburi (180 THB). Para ir a la Dolphin Bay (a veces llamada "playa del Khao Sam Roi Yot"), hay que negociar con el conductor la tarifa adicional (generalmente 100 THB).

Para recorrer la zona, habrá que alquilar una motocicleta, pues el transporte público no llega a todas partes.

Parque Nacional del Khao Sam Roi Yot

อุทยานแห่งชาติเขาสามร้อยยอด

Los altos peñascos calizos de este **parque** (☎0 3282 1568; adultos/niños 200/100 THB) de 98 km², cuyo nombre significa "monte de los trescientos picos", forman un curioso paisaje de crestas dentadas, complementado con cuevas, playas y marismas, para disfrute de los aficionados a la naturaleza y a la ornitología. Gracias a su proximidad a Hua Hin, recibe muchos domingueros. Engloba tierras de protección estatal y granjas de gambas privadas, por lo que carece de rincones remotos y vírgenes.

Rama IV y una larga comitiva de huéspedes tailandeses y europeos se concentraron aquí el 18 de agosto de 1868 para observar un eclipse total de sol (según se dice, pronosticado por el propio monarca) y disfrutar de un gran banquete preparado por un chef francés. Dos meses más tarde, el rey murió de malaria por las picaduras de los mosquitos de esta región. Hoy el riesgo de contraer esta enfermedad en el parque es bajo, pero los mosquitos pueden ser muy molestos.

El **centro de visitantes del Khao Daeng,** en el extremo sur del parque, posee el mayor repertorio de información turística y guardas de habla inglesa. En los accesos al parque facilitan planos.

Las agencias de viajes de Hua Hin organizan excursiones de un día. **Hua Hin Bike Tours** (☎08 1173 4469; www.huahinbiketours.com; circuitos 1500-2500 THB) ofrece salidas en bicicleta y senderismo.

Puntos de interés y actividades

Se mencionan por orden geográfico, de norte a sur, pues los mapas que facilita el parque suelen estar en thai.

Tham Kaew CUEVA

(ถ้ำแก้ว) Esta cueva, no muy visitada por los domingueros, está formada por una sucesión de cámaras y estrechos pasadizos subterráneos, y la entrada se alcanza tras subir 128 m por una empinada ladera. Abundan las estalactitas y otras formaciones calizas, que brillan por los cristales de calcita (de ahí que el nombre de la cueva sea "cueva de las Joyas"). En la caseta que hay en el arranque del camino alquilan linternas. Hay que prestar atención al suelo resbaladizo.

Tham Phraya Nakhon y Hat Laem Sala CUEVA

(ถ้ำพระยานคร/หาดแหลมศาลา) La atracción más visitada del parque es esta venerada cueva con una *săh·lah* (sala de reuniones) real, construida para Rama V en 1890, que suele estar bañada por los rayos de sol.

Se accede a la cueva por un sendero desde la pintoresca **Hat Laem Sala,** una playa de arena flanqueada por montes calizos y casuarinas. En ella hay un pequeño centro de información, un restaurante, bungalós y *campings*. El camino de 450 m hasta la cueva es empinado, rocoso y a veces resbaladizo (hay que llevar calzado con buen agarre). La cueva consta de dos grandes cavidades con dolinas; la segunda contiene la sala.

Para ir al Laem Sala hay que recurrir al transporte alternativo, pues no hay carretera que llegue allí. Se puede tomar el barco desde Bang Pu (300 THB ida y vuelta), situado en la playa delante del desvío de la Tham Kaew. Otra posibilidad es tomar el empinado camino desde Bang Pu y llegar a pie hasta la playa (20 min).

Tham Sai CUEVA

(ถ้ำไทร) Se halla al final de un sendero de 280 m que sube por la ladera. La cueva se compone de una única cámara amplia llena de estalactitas y estalagmitas. Dentro hay que vigilar las fuertes pendientes y el suelo resbaladizo. Suelen visitarla únicamente los más atrevidos. Los lugareños alquilan linternas cerca de la entrada. Está al norte de la Hat Sam Phraya.

Hat Sam Phraya PLAYA

(หาดสามพระยา) Esta playa ribeteada de casuarinas tiene cerca de 1 km y está bien para darse un chapuzón después de una caminata. Dispone de un restaurante y lavabos.

DIOS LOS CRÍA...

Al estar enclavado en la encrucijada de las rutas migratorias australiana y asiática oriental, el Parque Nacional del Khao Sam Roi Yot suma un total de trescientas especies de aves residentes y migratorias, como el avetorrillo chino, el avetorrillo canelo, el calamón común, el rascón europeo, la *Porzana fusca*, la jacana bronceada, la garza real, el tántalo indio, el pato silbador, el águila moteada y el ibis cabecinegro. El parque es uno de los dos únicos lugares de cría de la garza real en el país.

Las aves acuáticas se ven mejor en la época fría (nov-mar). Acuden a invernar desde lugares tan remotos como Siberia, China y el norte de Europa. Los puntos de observación más habituales son el Mangrove Centre, el Khlong Khao Daeng e incluso algunas playas.

Thai Birding (www.thaibirding.com) proporciona información más exhaustiva sobre las especies del parque y los lugares de observación.

MERECE LA PENA

LA MORADA DE LOS ELEFANTES

Aunque la urbanizada Tailandia parezca estar muy lejos de un entorno natural selvático, el **Parque Nacional de Kuiburi** (☎0 3264 6292; Hwy 3217; adultos/niños 200/100 THB), al suroeste de Parque Nacional del Khao Sam Roi Yot, posee una de las poblaciones de elefantes salvajes más numerosas del país (se calcula que superior a 140 ejemplares) y es un lugar ideal para verlos bañándose al atardecer en plena selva. El parque proporciona un importante hábitat de enlace entre la escarpada frontera de Myanmar (Birmania) y el Parque Nacional de Kaeng Krachan, y en conjunto constituye uno de los mayores territorios de selva virgen del sureste asiático. Las manadas son avistadas con frecuencia en las charcas próximas a la subestación de Pa Yang, dotadas de plataformas de observación.

Las salidas de senderismo y de observación de elefantes incluyen un guía de habla inglesa y el transporte, y se pueden contratar en las oficinas del parque.

Hay **bungalós** (www.dnp.th.go/parkreserve; bungalós 1800 THB), pero es prescriptivo hacer reserva.

Khao Daeng SENDERISMO
(เขาแดง) El desvío que lleva al inicio del sendero serpentea a través de imponentes montes y promete una gratificante excursión. Tras subir el empinado sendero (30 min) se alcanza la cima del Khao Daeng, que ofrece espectaculares vistas de los acantilados calizos con la recortada costa al fondo.

Khlong Khao Daeng AVES
(คลองเขาแดง) En el Wat Khao Daeng se puede alquilar una barca para dar un paseo por el canal (400 THB, 45 min), ya sea por la mañana o por la tarde. Antes de ponerse en marcha quizá convenga comprobar el inglés del guía.

Ruta por el manglar SENDERO NATURAL
Detrás del centro de visitantes, en el extremo sur del parque, hay una pasarela de madera que da la vuelta a un manglar. A lo largo de ella se pueden ver aves y cangrejos. En el centro se pueden contratar guías, según disponibilidad y desenvoltura en inglés.

Thung Sam Roi Yot AVES
(ทุ่งสามร้อยยอด) El humedal más extenso del país, declarado tesoro nacional, proporciona un hábitat esencial a aves canoras y acuáticas, anfibios y otras especies palustres. Situado en el extremo occidental del parque, se llega a él desde el mojón del km 275,6 de la carretera 4 (Th Phetkasem). Habrá que conservar la entrada si no se quiere volver a pagar.

Dónde dormir y comer

El **Departamento de Parques Nacionales** (☎0 2562 0760; www.dnp.go.th/parkreserve; parcela 60-90 THB, bungalós 1200-1400 THB) alquila bungalós (máx. 6 personas) en la Hat Laem Sala y el centro de visitantes; es necesario haber reservado. Se puede plantar la tienda en los *campings* que hay cerca del mirador del Khao Daeng, la Hat Laem Sala o la Hat Sam Phraya. Hay restaurantes sencillos en todos estos lugares.

También existen complejos hoteleros privados a 4 km del parque, en la Dolphin Bay; para más información, véase "Pranburi y alrededores" (p. 522).

Cómo llegar y salir

El parque está unos 40 km al sur de Hua Hin; es mejor visitarlo con vehículo propio. Tiene dos accesos principales: por el norte, desde el km 256 de la carretera 4 (Th Phetkasem), y por el sur (km 286,5).

Si no se dispone de vehículo ni se desea contratar una excursión en Hua Hin, se puede tomar una furgoneta desde el monumento a la Victoria de Bangkok hasta Pranburi (180 THB) y allí alquilar una motocicleta para desplazarse por el parque. También se puede acordar con el conductor de la furgoneta que pare en la entrada del parque, pero desde allí no hay ningún tipo de transporte.

Prachuap Khiri Khan

ประจวบคีรีขันธ์

86 870 HAB.

En esta aletargada ciudad costera se tiene la impresión de haber llegado al verdadero sur de Tailandia. El ritmo es muy pausado, muchas mujeres usan *hiyab* y la amplia bahía exhibe un mar azul tropical donde se balancean las barcas de pesca. Además, para encontrar montes calizos como los que pueblan las pintorescas bahías de Prachuap, lo normal sería tener que viajar hasta los confines sureños de Andamán. En suma, aquí se hallará un bello paisaje costero y una tranquila vida provincial.

En los últimos años, cada vez más extranjeros radicados en el urbanizado archipiélago de Samui han desertado a Prachuap. A consecuencia de ello, la ciudad cuenta hoy con más servicios para los viajeros y es mucho menos solitaria pero igual de agradable. Entre sus alicientes destacan la ascensión a un templo cimero, un tranquilo paseo en motocicleta hasta las excelentes playas del norte y el sur de la ciudad o simplemente disfrutar del pescado y el marisco, entre los más frescos y baratos del país.

Prachuap Khiri Khan, y en concreto la Ao Manao, fue uno de los siete puntos de la costa del golfo donde desembarcaron los soldados japoneses el 8 de diciembre de 1941 durante su invasión de Tailandia. Varias calles de la ciudad llevan nombres alusivos a las refriegas consiguientes: Phithak Chat ("Defender el País"), Salachip ("Sacrificar la Vida") o Suseuk ("Luchar en la Batalla").

Puntos de interés y actividades

Khao Chong Krajok MIRADOR

(เขาช่องกระจก) En el extremo norte de la ciudad, el Khao Chong Krajok ("monte del Túnel de Espejo", llamado así por un gran agujero que hay en la roca y que parece un reflejo del cielo) sirve para cumplir una tradición muy arraigada en Prachuap: subir a la cima (y esquivar a unos monos semisalvajes) para disfrutar de unas fabulosas vistas de esta accidentada costa. Una interminable escalera manchada con excrementos de mono conduce al **templo** cimero, fundado por Rama VI. Desde arriba se distingue perfectamente la ciudad y la bahía e incluso la frontera de Myanmar, a solo 11 km. No hay que llevar comida, bebida ni bolsas de plástico para no ser asaltado por los simios.

Ao Prachuap BAHÍA

(อ่าวประจวบ) La bahía de Prachuap, cuya armoniosa curva preside el paseo marítimo, es la principal atracción de la ciudad. En las horas menos calurosas, por la mañana y al anochecer, la gente gusta de correr o pasear frente al mar disfrutando de la fresca brisa y del murmullo de las olas. Los viernes y sábados por la noche se celebra en el paseo un **mercado** (Th Chai Thaleh; desde 17.00) de comida, ropa y recuerdos.

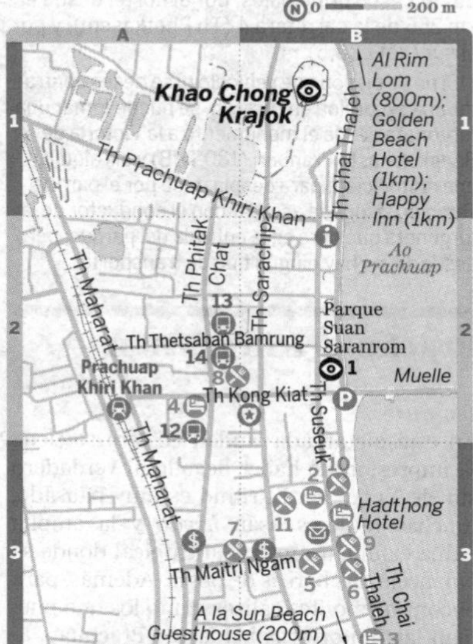

Prachuap Khiri Khan

Principales puntos de interés
Khao Chong Krajok B1

Puntos de interés
1 Calle peatonal los fines de semana/mercado B2

Dónde dormir
2 Maggie's Homestay B3
3 Prachuap Beach Hotel B3
4 Yuttichai Hotel A2

Dónde comer
5 Mercado diurno B3
6 Ma Prow B3
7 Puesto musulmán de pollo A3
8 Mercado nocturno A2
9 Ning's Guesthouse Restaurant B3
10 Phloen Samut B3
11 Suan Krua B3

Transporte
12 Autobuses con A/A a Hua Hin, Cha-am, Phetchaburi y Bangkok A2
13 Furgonetas a Ban Krut, Bang Saphan Yai y Chumphon A2
14 Furgonetas a Hua Hin y Bangkok A2

Al norte del Khao Chong Krajok, al otro lado del puente, la bahía se prolonga suavemente en un promontorio dentudo con menos actividad comercial. Posee una bonita playa de arena, pero muy expuesta a los motoristas. Sin embargo, suelen frecuentarla los tailandeses de fin de semana porque no hay muro de protección y resulta agradable para pasear. En el extremo norte hay una aldea tradicional marinera, con vistosas barcas de madera para la pesca de arrastre y un ambiente dominado por el duro trabajo manual.

Wat Ao Noi TEMPLO

(วัดอ่าวน้อย) Desde la Ao Prachuap hay que seguir la carretera de la costa 8 km hacia el norte, la cual bordea el pueblo de pescadores y atraviesa caminos floridos hasta llegar a este bello **templo** de teca situado entre las bahías de Ao Noi y Ao Khan Kradai. Los montes calizos son un fotogénico fondo para la impresionante *naga* de nueve cabezas que preside la entrada. El templo alberga unos asombrosos murales en bajorrelieve que representan historias de *jataka* (vidas anteriores de Buda).

En el recinto hay diversos frutales (árbol del pan, granado, mango y pomarrosa) y un estanque con lotos lleno de peces deseosos de que alguien les alimente para hacer méritos. El tufillo que se siente cerca del templo proviene del negocio de la cría de vencejos para la venta de sus nidos comestibles; al visitante no debe ni ocurrírsele robar un nido o los huevos, pues es un grave delito penado con cinco años de cárcel y una fuerte multa de 500 000 THB.

El templo queda protegido de la costa por un escarpado monte calizo (Khao Khan Kradai) con la **Tham Phra Nawn** ("cueva del Buda Durmiente"), un templo-cueva conocido a nivel local. La cueva es accesible por un camino asfaltado que sube dando la vuelta a la ladera y ofrece magníficas vistas de la Ao Khan Kradai y las estribaciones montañosas del fondo. Es un lugar muy apacible, con las laderas boscosas salpicadas de cactus en flor que se aferran a las escarpadas rocas. Dentro de la cueva hay una pequeña cavidad conectada a otra mayor que contiene el buda yacente. Si se lleva linterna, es posible adentrarse en otra sala, mayor y con más imágenes de Buda.

Ao Manao NATACIÓN

(อ่าวมะนาว) Los fines de semana, los lugareños van a la Ao Manao, 4 km al sur de la ciudad, una bahía salpicada de islas y ribeteada por una playa de arena muy limpia. Como está dentro de la base aérea militar Ala 5, cada semana es objeto de una concienzuda limpieza. Posee los servicios habituales: restaurante, tumbonas, sombrillas y alquiler de tubos para bucear. De camino a la playa se ve a los pilotos de la base que descansan en el campo de golf o más activos en el campo de prácticas próximo. Desde la ciudad, se entra en la base por un control que hay en Th Suseuk, donde hay que mostrar el pasaporte. La playa se cierra a las 20.00.

Dónde dormir

Es fácil encontrar un lugar agradable donde pernoctar en Prachuap, pues muchas casas del paseo marítimo alquilan habitaciones. Basta con darse una vuelta por Th Chai Thaleh en busca de los carteles que anuncian camas libres. Últimamente se han abierto varias pensiones correctas.

DENTRO LA CIUDAD

Maggie's Homestay PENSIÓN $

(☎08 7597 9720; 5 Soi Tampramuk; h 150-600 THB; ❄@) Como manda la tradición mochilera, Maggie, su encantadora dueña, pasa revista a una ecléctica colección de viajeros que hacen de su casa un hogar. Tiene habitaciones sencillas, un jardín umbrío y una cocina de uso común.

Yuttichai Hotel PENSIÓN $

(☎0 3261 1055; 115 Th Kong Kiat; h 160-400 THB; ❄@) Cerca de la estación de trenes, es una de las primeras pensiones que abrió en Prachuap. Ofrece habitaciones sencillas y económicas, con duchas pero no agua caliente. De alojarse aquí, habría que pasar al menos una vez por la vieja cafetería chino-tailandesa, frecuentada por los hombres de marrón (policías).

Sun Beach Guesthouse PENSIÓN $$

(☎0 3260 4770; www.sunbeach-guesthouse.com; 160 Th Chai Thaleh; h 700-1000 THB; ❄≋🛜) Excelente opción de precio medio con los servicios de un hotel y la hospitalidad de una pensión. Su diseño neoclásico y la pintura amarilla le dan un aire alegre. Las habitaciones, más que limpias, poseen amplias galerías.

Prachuap Beach Hotel HOTEL $$

(☎0 3260 1288; 123 Th Suseuk; h 650-1100 THB; ❄🛜) La ropa de cama muy nueva y las paredes de colores alegres aportan atractivo a

DESVÍO: MERCADO FRONTERIZO DE DAN SINGKHON

Solo 12 km al suroeste de Prachuap Khiri Khan se encuentra la población birmana fronteriza de Dan Singkhon. Este antiguo punto estratégico militar alberga hoy un animado mercado lleno de lugareños en busca de gangas.

El sábado, al despuntar el día, los birmanos asoman por la curva de la carretera al otro lado del control fronterizo con sus carretillas llenas de las consabidas baratijas, mercancías y plantas. El turista ocasional se desconcierta al pensar lo que le cabrá en la maleta, aunque los lugareños y extranjeros residentes no dudan en volver para comprar orquídeas, su especialidad, y muebles de madera noble. Aunque se vendan ventanas, el ambiente general es festivo, con música estridente, sombrillas de colores al borde de la carretera y tenderetes con techo de paja ocultos bajo las palmeras. Se recomienda llegar unas horas antes del mediodía, cuando cierra.

Para ir a Dan Singkhon desde Prachuap Khiri Khan con vehículo propio, hay que dirigirse al sur por la carretera 4. Al cabo de varios kilómetros, se verá la señal que indica Dan Singkhon al oeste; después de unos 15 km se llega a la frontera.

este edificio de varias plantas. Por un lado tiene fabulosas vistas al mar, y por el otro, aunque solo pasables, de las montañas.

FUERA DE LA CIUDAD

Aow Noi Sea View HOTEL $$
(☎0 3260 4440; www.aownoiseaview.com; Ao Noi; h 600-800 THB; ❄) Al norte de la ciudad, este hotel de tres plantas es el mejor de Prachuap frente al mar. Con la bonita Ao Noi a las puertas, de disfrutará de la brisa marina, de las habitaciones con grandes baños y de un ambiente hogareño en el que no faltan las sábanas secándose al sol.

Happy Inn PENSIÓN $
(☎0 3260 2082; 149-151 Th Suanson; h 250-500 THB) Estos sencillos bungalós con duchas sin agua caliente están 1 km al norte de la ciudad, encarados a lo largo de un camino de terracota que termina junto a un agradable canal con árboles. Una calle la separa de la Ao Prachuap. El personal es muy agradable.

Golden Beach Hotel HOTEL $$
(☎0 3260 1626; www.goldenbeachprachuap.com; 113-115 Th Suanson; h 500-1200 THB; ❄📶) Cerca de la Happy Inn, es una confortable opción de precio medio, delante mismo de la playa de Ao Prachuap. Algunas habitaciones tienen ventanales panorámicos al mar.

Dónde comer

Los restaurantes de Prachuap son buenos y económicos, y algunos de Th Chai Thaleh ya sirven comida occidental. El **mercado diurno** (Th Maitri Ngam; ⏲horas de sol) es ideal para comprar piña fresca, que los vendedores trocearán si así se desea. Al otro lado de la calle hay un **puesto musulmán de pollo** (Th Maitri Ngam; platos 40-60 THB; ⏲cena) que lo prepara muy crujiente. El **mercado nocturno** (Th Kong Kiat; ⏲17.00-21.00) es pequeño y reúne los habituales puestos de salteados.

Rim Lom PESCADO Y MARISCO $$
(5 Th Suanson; platos 120-220 THB; ⏲almuerzo y cena) Esta autora todavía se acuerda de cuando almorzó en este lugar bajo el sol y rodeado de funcionarios. El *pàt pŏng gà·rèe ɓoo* (cangrejo al *curry*) se acompaña de grandes pedazos de carne de cangrejo dulce y la *yam ta-lair* (ensalada de marisco) es picante y ácida.

Phloen Samut PESCADO Y MARISCO $$
(44 Th Chai Thaleh; platos 80-200 THB; ⏲almuerzo y cena) Es una de las pocas marisquerías del paseo, además de muy céntrica, aunque los lugareños se quejan de que la comida necesita mejorar.

Ma Prow INTERNACIONAL $$
(48 Th Chai Thaleh; platos 80-200 THB; ⏲almuerzo y cena) Este aireado pabellón de madera frente a la playa prepara un excelente *ɓlah săm·lee dàat dee·o* (bagre secado al sol, frito y servido con ensalada de mango). El pescado con tamarindo es otro plato solicitado por extranjeros y autóctonos.

Ning's Guesthouse Restaurant INTERNACIONAL $
(Th Chai Thaleh; platos 40-120 THB; ⏲desayuno, almuerzo y cena) Decorado en un divertido estilo rasta, este restaurante abre muy tem-

prano (sirve desayunos occidentales) y ya no para hasta la noche.

Suan Krua VEGETARIANA $
(Soi Tampramuk; platos 30-60 THB; ⌚almuerzo) Al lado de la Maggie's Homestay, este restaurante vegetariano prepara comida rápida de manera frenética durante un breve espacio de tiempo y luego cierra hasta el día siguiente. Se recomienda llegar temprano y con hambre.

ℹ Información

Bangkok Bank (Th Maitri Ngam esq. Th Sarachip)

Comisaría de policía (Th Kong Kiat) Al oeste de Th Sarachip.

Oficina de correos (Th Maitri Ngam esq. Th Suseuk)

Thai Farmers Bank (Th Phitak Chat) Al norte de Th Maitri Ngam.

Oficina de turismo (☎0 3261 1491; Th Chai Thaleh; ⌚8.30-16.30) En el extremo norte de la ciudad. El personal habla inglés y es muy atento.

ℹ Cómo llegar y salir

Cada hora salen autobuses con aire acondicionado desde Th Phitak Chat para:

Bangkok (170 THB, 5 h)
Cha-am (100 THB, 2 h)
Hua Hin (100 THB, 1½ h)
Phetchaburi (140 THB, 3 h)

Las furgonetas salen de la esquina de Th Thetsaban Bamrung con Th Phitak Chat para:

Bangkok (250 THB)
Ban Krut (70 THB, 1 h)
Bang Saphan Yai (80 THB, 1½ h)
Chumphon (180 THB, 3½ h)
Hua Hin (80 THB)

Los autobuses de largo recorrido que van a destinos del sur (como Phuket y Krabi) paran en la nueva estación de autobuses, 2 km al noroeste de la ciudad, en la carretera principal; un mototaxi a la ciudad cuesta 40-50 THB.

La estación de trenes está en Th Maharat y tiene servicios frecuentes a/desde Bangkok (1ª clase 768 THB, 2ª clase 210-425 THB, 3ª clase 168 THB; 6 h).

ℹ Cómo desplazarse

Prachuap es lo bastante pequeña para desplazarse a pie, pero los mototaxis llevarán a cualquier punto de la ciudad por 20-30 THB. Para ir a los alrededores, como a la Ao Noi o la Ao Manao, cobran 100-150 THB.

Por 250 THB al día se puede alquilar una moto, un recurso excelente para visitar las playas cercanas, pues las carreteras son buenas.

Ban Krut y Bang Saphan Yai บ้านกรูด/บางสะพานใหญ่

4275/68 344 HAB.

Es una grata sorpresa hallar estas preciosas y discretas playas (80 y 100 km al sur de Prachuap Khiri Khan, respectivamente), tan cercanas a la civilización y a la vez tan bucólicas. La noche cae suavemente entre los cocoteros y el azul cristalino del mar acaricia una larga franja de arena sin edificios altos, discotecas abiertas hasta el amanecer ni tráfico que distraiga de la lectura, el baño, la comida o el paseo en bicicleta.

Aunque ambas playas son agradablemente tranquilas, también son muy conocidas por los tailandeses; sobre todo Ban Krut, que recibe autocares llenos de turistas y familias los fines de semana. Entre semana, la única compañía en la playa serán unos cuantos barcos de popa larga.

Se hallará más información sobre la zona en los portales **Ban Krut Info** (www.bankrutinfo.com) y **Bang Saphan Guide** (www.bangsaphanguide.com).

Ban Krut está dividida en dos playas por un cabo con un templo en lo alto. Al norte está la **Hat Sai Kaew,** aislada y privada, con unos pocos complejos hoteleros entre tramos de selva. Al sur se encuentra la **Hat Ban Krut,** con un paseo marítimo y una hilera de hoteles de bungalós y restaurantes. Ambas playas tienen arenas doradas y aguas transparentes y tranquilas, pero la segunda es algo más popular y más práctica para desplazarse sin transporte propio.

Bang Saphan Yai, 20 km al sur de Ban Krut, se ajusta al famoso cliché de playa de la Tailandia de hace quince años, antes de que los chalés con piscina y el turismo masivo ahuyentaran a los amantes del mar. Pero cuando el viajero se instale en una de las sencillas cabañas frente al mar, probablemente ya no necesitará zapatos y los días se sucederán tranquilamente. Las islas costeras, como **Ko Thalu** y **Ko Sing,** ofrecen buenas ocasiones para la práctica del submarinismo y el buceo con tubo desde finales de enero a mediados de mayo.

Dónde dormir y comer

Ban Krut

Es difícil encontrar alojamiento económico aquí, pero entre semana se pueden conseguir descuentos. En la Hat Ban Krut alquilan bicicletas (100 THB/día) y motocicletas (300 THB/día) para circular por el pueblo. En muchos hoteles se pueden contratar salidas de buceo a las islas. Si se está hospedado en la Hat Sai Kaew se necesitará transporte privado.

Proud Thai Beach Resort PENSIÓN $$
(☎08 9682 4484; www.proudthairesort.com; Hat Ban Krut; h 700-1200 THB; ❄) Bungalós con porche, bien cuidados y en un jardín lleno de flores. El dueño, muy amable, prepara café cada mañana.

NaNa Chart Baan Kruit HOTEL $$
(☎0 3269 5525; www.thailandbeach.com; Hat Sai Kaew; dc 490 THB, h 800-2600 THB; ❄≋) Teóricamente es un albergue, pero bien podría considerarse un complejo turístico integrado por diversos bungalós en una playa casi desierta. Los más baratos son cabañas de madera con baño compartido, pero los que dan a la playa son más elegantes y tienen muchas comodidades. Recibe grupos de turistas numerosos y ofrece descuentos a los socios (carné para 3 años 200 THB).

Bayview Beach Resort HOTEL $$$
(☎0 3269 5566; www.bayviewbeachresort.com; Hat Sai Keaw; h 1700-4800 THB; ❄≋) Estos agradables bungalós con amplios porches en una parcela arbolada son excelentes para las familias. Junto a la playa tiene una piscina grande, otra infantil y un pequeño parque de juegos. También dispone de instalaciones para grupos y convenciones.

Kasama's Pizza PIZZERÍA $$
(Hat Ban Krut; platos desde 150 THB; ⏲almuerzo y cena) Cerca de la carretera principal y al aire libre, este local es muy apreciado por los residentes extranjeros por sus meritorias *pizzas* al estilo neoyorquino (grandes y finas).

Bang Saphan Yai

La playa está 6 km al sur de la población de Bang Saphan Yai. La oferta hotelera se compone de chalés de categoría con piscina y sencillas cabañas de playa, al sur y al norte respectivamente del Why Not Bar.

Roytawan PENSIÓN $
(h desde 300 THB, 📶) Situada en la misma playa y regentada por una adorable familia tailandesa, esta pensión posee rudimentarios bungalós y unos amables gallos que duermen hasta el alba. El restaurante también es estupendo. Hacia el norte hay otros alojamientos similares.

Patty Hut PENSIÓN $
(☎08 6171 1907; h 300-700 THB; ❄) Original colección de bungalós, a cual más sencillo. Está detrás del Coral Hotel, a 300 m de la playa.

Suan Luang Resort PENSIÓN $
(☎0 3281 7031; www.suanluang.com; bungalós 480-680 THB; ❄) La pensión más profesional del lugar está a 700 m de la playa y la regenta una simpática familia. Tiene bungalós de madera en un jardín interior, un excelente restaurante de comida tailandesa y francesa, y ofrecen excursiones a cascadas y parques.

Coral Hotel HOTEL $$
(☎0 3281 7121; www.coral-hotel.com; h 1525-5580 THB; ❄@≋) Hotel selecto en la misma playa, con todos los servicios de un *resort*, incluso salidas de submarinismo y buceo. Puede que las habitaciones resulten caras, pero en su categoría hay poca competencia.

Cómo llegar y desplazarse

El transporte público escasea o directamente no existe en la zona; hay que asegurarse de tomar un autobús que pare en la ciudad y no en la carretera principal, que queda lejos de las playas y el enlace sale caro. Al reservar el transporte, no hay que confundir Bang Saphan Yai con Bang Saphan Noi, un pueblo de pescadores 15 km más al sur.

Desde la Terminal Sur (Sai Tai Mai) de Bangkok hay autobuses a Ban Krut (275 THB, salida a las 12.30, 6 h) y Bang Saphan Yai (275 THB, cada hora, 6 h); en Bangkok se recomienda recurrir a **Bangsaphan Tour** (☎08 7829 7752).

Hay furgonetas frecuentes desde Prachuap Khiri Khan a Ban Krut (70 THB) y Bang Saphan Yai (80 THB).

Muchos turistas avezados prefieren tomar el tren por su proximidad a las playas. Hay varios servicios al día, pero el *sprinter* (exprés especial nº 43) es uno de los más rápidos. Sale de la estación de Hua Lamphong de Bangkok a las 8.00 y llega a Ban Krut (445 THB) a las 12.45 y a Bang Saphan Yai (450 THB) a las 13.00. También se puede tomar un tren por la tarde hasta Chumphon, donde se tendrá tiempo de sobra para tomar el *ferry* a Ko Tao.

Un mototaxi de la ciudad a las playas cuesta entre 40 y 70 THB. Se puede pedir al hotel o pensión que arregle el transporte de vuelta o para proseguir el viaje.

Chumphon

ชุมพร

55 835 HAB.

Esta ciudad de paso canaliza a los pasajeros que van o regresan de Ko Tao o se dirigen al oeste, a Ranong o Phuket.

Aunque no hay gran cosa que hacer mientras se espera, las playas cercanas son ideales para aparcar la mochila unos días. La **Hat Thung Wua Laen,** 15 km al norte de la ciudad, es una playa bonita y llena de amenidades bien conectada con Chumphon.

A pesar de ser un nudo de comunicaciones, Chumphon carece de algunos servicios básicos y habrá que recurrir a las agencias de viajes (p. 533) para reservar billetes, consultar horarios e informarse de cuál es la parada de autobús correcta. Por suerte, estas son muy diligentes.

Fiestas y celebraciones

Festival Marino de Chumphon CULTURAL
Desde mediados de marzo a finales de abril, en la Hat Thung Wua Laen no cesan las celebraciones, entre ellas exposiciones de artesanía, espectáculos de sombras chinescas y muestras gastronómicas.

Regata Tradicional de Chumphon CULTURAL
Para celebrar el fin de la Cuaresma budista, en octubre (Ork Phansaa) se celebra una tradicional regata con barcos de popa larga en el Mae Nam Lang Suan (río Lang Suan),

Chumphon

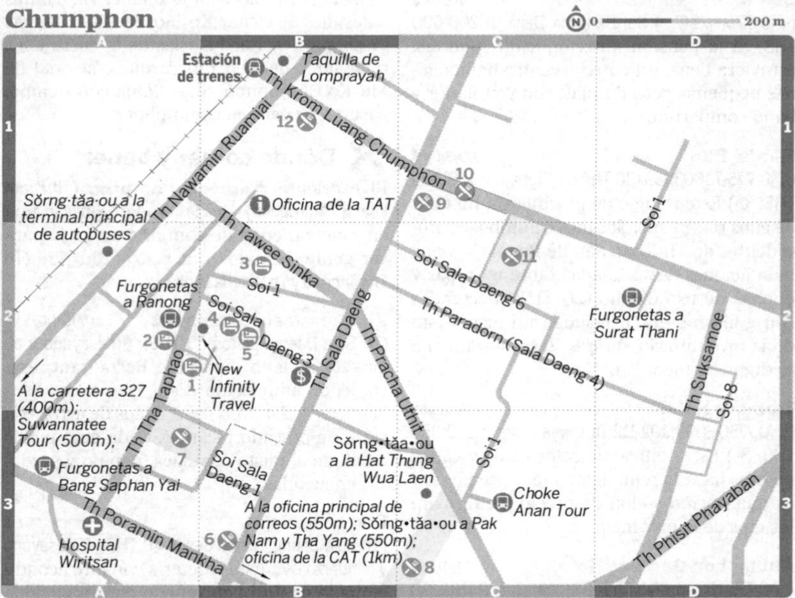

Chumphon

Dónde dormir

1 Chumphon Gardens Hotel ... A2
2 Farang Bar ... A2
3 Morakot Hotel ... B2
4 San Tavee New Rest House ... B2
5 Suda Guest House ... B2

Dónde comer

6 Ban Yang Na ... B3
7 Mercado diurno ... A3
8 Mercado diurno ... C3
9 Fame Restaurant ... C1
Khanom Jeen Restaurant ... (véase 9)
10 Mercado nocturno ... C1
11 Centro comercial Ocean ... C2
12 Papa Seafood ... B1

unos 60 km al sur de Chumphon, además de otras actividades meritorias.

Dónde dormir

Como la mayoría de los que pernoctan en Chumphon son mochileros, los precios del alojamiento son asequibles.

Dentro de la ciudad

Suda Guest House PENSIÓN $
(0 7750 4366; 8 Soi Bangkok Bank; h 230-500 THB;) Suda, el simpático dueño, habla inglés y mantiene un buen nivel de calidad en sus seis habitaciones con suelos de madera y detalles agradables inesperados para estos precios. Es un lugar muy solicitado, por lo que se recomienda llamar antes.

San Tavee New Rest House PENSIÓN $
(0 7750 2147; 4 Soi Bangkok Bank; h 200-300 THB) Si la pensión anterior, a dos puertas, estuviera llena, esta ofrece cuatro habitaciones pequeñas pero limpias, con ventilador y baño compartido.

Farang Bar PENSIÓN $
(0 7750 1003; 69/36 Th Tha Taphao; h 150-300 THB; @) Este refugio de mochileros, muchos de ellos recién apeados de los autobuses procedentes de Th Khao San de Bangkok, tiene habitaciones destartaladas junto a un bar y duchas de uso diurno (20 THB) decoradas con guijarros que consiguen un efecto (sin duda involuntario) de *spa*. El restaurante no es digno de mención.

Morakot Hotel HOTEL $$
(0 7750 2999; 102-112 Th Tawee Sinka; h 800-950 THB;) Este edificio de color verde y varias plantas ha sido remodelado recientemente y es una opción sólida de precio medio para los vips de la provincia.

Chumphon Gardens Hotel HOTEL $
(0 7750 6888; 66/1 Th Tha Taphao; h 500 THB;) Habitaciones amplias con televisión por cable, perfectas para pasar el rato y descansar.

Fuera de la ciudad

Chumphon Cabana Resort & Diving Centre HOTEL $$$
(0 7756 0245; www.cabana.co.th; Hat Thung Wua Laen; h 1800-2700 THB;) Aunque las habitaciones necesitan una reforma, el hotel se ha reorientado a favor del medio ambiente. De acuerdo a los consejos medioambientales y de sostenibilidad del rey, el dueño ha encontrado en el pasado soluciones más ecológicas. En la parcela cultiva arroz y tiene un huerto hidropónico y una granja de pollos. Un estanque de jacintos de agua sirve para reciclar las aguas residuales. Además, con su experiencia orienta a otros establecimientos.

Aunque no se sea huésped, se pueden probar sus productos en el restaurante **Rabieng Talay.**

View Resort BUNGALÓS
(Hat Thung Wua Laen, h 650-1000 THB;) El conjunto de bungalós sencillos más atractivo de la Hat Thung Wua Laen.

MT Resort HOTEL $$
(0 7755 8153; www.mtresort-chumphon.com; Hat Tummakam Noi; h 950-1500 THB;) Este agradable recinto hotelero en una tranquila playa junto al muelle del *ferry* de Lomprayah es ideal para hacer un alto en el viaje antes o después de visitar Ko Tao. Facilitan canoas gratis para visitar las islas de la costa y los manglares del cercano Parque Nacional de Mu Ko Chumphon. Si se llama con tiempo, pasan a recoger en Chumphon.

Dónde comer y beber

El excelente **mercado nocturno** (Th Krom Luang Chumphon) de la ciudad ofrece una enorme variedad de comida y es ideal para ver gente. Hay dos **mercados diurnos** (Th Tha Taphao y Th Pracha Uthit).

Khanom Jeen Restaurant TAILANDESA $
(Th Sala Daeng; platos 60 THB; desayuno y almuerzo) Al lado del Fame Restaurant, este comedor minúsculo tiene fama por sus cuencos de *kà·nŏm jeen* (fideos de arroz con salsa de pescado picante). Cada cual puede añadirse al gusto albahaca, pepino y verduras encurtidas.

Ban Yang Na CAFÉ $
(Th Sala Daeng; platos desde 40 THB; desayuno y almuerzo;) Esta cafetería con aire acondicionado es un buen refugio contra el calor. Sirve cafés y pastas.

Papa Seafood PESCADO Y MARISCO $$
(2-2/1 Th Krom Luang Chumphon; platos 80-200 THB; almuerzo y cena) Comida simplemente buena y clientes locales. Al lado está el Papa 2000, para digerir la cena bailando.

Fame Restaurant INTERNACIONAL $
(188/20 Th Sala Daeng; platos 80-220 THB; desayuno, almuerzo y cena) Frecuentado por *farangs* (extranjeros), ofrece un poco de todo: desayunos occidentales y salteados tailandeses, reserva pasajes de *ferry* y alqui-

la duchas. Atiende desde el alba hasta bien entrada la noche.

Ocean Shopping Mall INTERNACIONAL $$ (junto a Th Sala Daeng; platos 150-250 THB; ⏲almuerzo y cena) No es un destino gastronómico, pero posee aire acondicionado y franquicias prácticas para detenerse a comer.

Información

En Th Sala Daeng hay bancos con servicio de cambio de moneda y cajeros automáticos.

Bangkok Bank (Th Sala Daeng) Con cajero automático.

Oficina de la CAT (Th Poramin Mankha) Casi 1 km al este de la oficina de correos.

Oficina principal de correos (Th Poramin Mankha) En la parte sureste de la ciudad.

New Infinity Travel (☎0 7757 0176; 68/2 Th Tha Taphao; ⏲8.00-22.00; @) Fabulosa agencia de viajes con un personal experto y amable; también venden libros en rústica y alquilan cuatro habitaciones.

TAT (☎0 7750 1831; 111/11-12 Th Tawee Sinkha; ⏲9.00-16.30) Facilita mapas y folletos, pero no siempre tiene al día la información sobre transportes.

Hospital Wiratsin (☎0 7750 3238; Th Poramin Mankha) De propiedad privada, atiende urgencias.

Cómo llegar y salir

Avión

Solar Air (☎0 7755 8212; www.solarair.co.th) vuela a Bangkok (1 diario, 1 h, 2900 THB).

Barco

Hay muchas opciones para ir a Ko Tao (p. 570) en barco, aunque los horarios suelen restringirse a la mañana y la noche. Casi todos los pasajes incluyen el traslado al muelle. Si se adquiere un billete combinado, hay que asegurarse de tener un billete para el autobús y otro para el barco.

Barco lento (250 THB, 6 h, 24.00) Es la opción más barata, lenta y pintoresca, pues todo el mundo se instala en la cubierta del barco pesquero. No zarpa cuando el mar está encrespado o hace muy mal tiempo.

'Ferry' de vehículos (350 THB, 6 h, 23.00 lu-do) Una travesía más confortable, con opción de litera o colchón a bordo.

Barco exprés Songserm (450 THB, 3 h, 7.00) Matinal y más rápido, sale del Tha Talaysub, a unos 10 km de la ciudad.

Catamarán de Lomprayah (600 THB, 1¾ h, 7.00 y 13.00) Solicitada combinación de autobús y barco, sale del Tha Tummakam, a 25 km de la ciudad; la taquilla está al lado de la estación de trenes de Chumphon.

Autobús

La terminal principal de autobuses está en la carretera principal, a 16 km de Chumphon, accesible en *sŏrng·tăa·ou* (50 THB) desde Th Nawamin Ruamjai. Por la noche habrá que regatear con los astutos taxistas el traslado a/desde la estación; digan lo que digan, no debería pagarse más de 200 THB.

Hay varias paradas de autobús en la ciudad para no tener que desplazarse a la principal. **Choke Anan Tour** (☎0 7751 1757; *soi* después de Th Pracha Uthit), en el centro, tiene salidas diarias a:

Terminal Sur de Bangkok (Sai Tai Mai) (375-550 THB, 8 h, 5 diarios)

Hat Yai (370 THB; 7 h; 4 diarios)

Phuket (320 THB; 3½ h; 4 diarios)

Ranong (320 THB; 2 h; 4 diarios)

Suwannatee Tour (☎0 7750 4901), 700 m al sureste de la carretera de la estación de trenes, opera servicios a:

Terminal Sur de Bangkok (Sai Tai Mai) (270-405 THB 2ª clase-vip, 3 diarios)

Cha-am (175 THB)

Hua Hin (170 THB)

Phetchaburi (205 THB)

Prachuap Khiri Khan (120 THB)

Existen numerosas empresas de furgonetas. Los vehículos salen de sus respectivas oficinas en la ciudad (véase plano de Chumphon) hacia:

Surat Thani (170 THB, 3 h, cada hora) Sale de una *soi* sin nombre en Th Krom Luang Chumphon; la *soi* queda al este de una óptica.

Bang Saphan Yai (120 THB, 2 h, 2 diarios por la tarde) Sale de Th Poramin Mankha, cerca del hospital.

Ranong (120 THB, 2½ h, cada hora, 7.00-15.00) Sale de Th Tha Taphao y para en la estación de autobuses de Ranong (no en la ciudad).

Tren

Hay servicios frecuentes a/desde Bangkok (2ª clase 292-382 THB, 3ª clase 235 THB, 7½ h). Las literas nocturnas cuestan 440-770 THB.

Los trenes rápidos y exprés hacia el sur (los únicos con 1ª y 2ª clase) son menos frecuentes y pueden ser difíciles de reservar entre noviembre y febrero desde fuera de Chumphon.

Cómo desplazarse

Los trayectos urbanos en *sŏrng·tăa·ou* y mototaxi cuestan 40 y 20 THB respectivamente. Las *sŏrng·tăa·ous* a la Hat Thung Wua Laen cuestan 30 THB.

Se pueden alquilar motocicletas en las agencias de viajes y pensiones por 200-250 THB al día. Un automóvil alquilado en una agencia de viajes cuesta unos 1500 THB al día.

Ko Samui y el bajo golfo

Sumario »

Los mejores restaurantes

» Dining On The Rocks (p. 549)
» Five Islands (p. 550)
» Whitening (p. 581)

Los mejores alojamientos

» Six Senses Samui (p. 545)
» Anantara Bo Phut (p. 546)
» L'Hacienda (p. 546)
» Sarikantang (p. 559)
» The Sanctuary (p. 565)

Por qué ir

El bajo golfo presume de tres islas de ensueño (Ko Samui, Ko Pha-Ngan y Ko Tao) que atraen a millones de turistas cada año con sus playas de arena y aguas de color esmeralda. Ko Samui ejerce de hermana mayor y destaca por su gran vocación empresarial, con lujosos complejos turísticos que funcionan con precisión suiza y un elegante personal dispuesto a satisfacer cualquier capricho. Ko Pha-Ngan es la típica hermana mediana holgazana, con rastas y predilección por las hamacas y las fiestas sin hora. Ko Tao es la pequeña de la casa: tiene mucho carácter y presume de un completo repertorio de actividades para desahogarse, como submarinismo y buceo con tubo de categoría internacional.

Quienes busquen algo más íntimo encontrarán un delgado archipiélago de islotes que salpican la región. Conocido como el Parque Nacional Marino de Ang Thong, este etéreo remanso de tonos verdes y azules depara algunos de los mejores paisajes del país.

Cuándo ir

De febrero a abril las lluvias monzónicas dan paso a unos cielos despejados sensacionales. Junio, julio y agosto, con apenas precipitaciones, son los meses más agradables para visitar la región.

De octubre a diciembre, el monzón repiquetea indolente los tejados de cinc, y las tarifas de los alojamientos bajan significativamente para atraer a los playeros más optimistas.

ISLAS DEL GOLFO

Ko Samui

เกาะสมุย

40 230 HAB.

A simple vista, Ko Samui podría confundirse con un campo de golf gigante en medio del golfo de Tailandia, con *greens* perfectamente cuidados, completados con varios búnkeres de arena y un par de *hazards* (obstáculos de agua), y hombres de mediana edad ataviados con impecables polos blancos –que contrastan con sus rostros rojos como cangrejos–, acompañados de *caddies* que les llevan los palos. Sin embargo, Samui está lejos de ser un club de campo para adultos, como prueban los humeantes puestos callejeros, las fiestas nocturnas, los escondidos templos budistas o las cabañas para mochileros asentadas en tranquilas playas.

Ko Samui es una isla mágica para disfrutar de las vacaciones soñadas, ya se busque espectaculares vistas al mar, masajes tailandeses, mayordomos o chalés con piscina propia, algo más holístico y purificador, o sencillamente fiestas en la playa llenas de turistas con ganas de juerga.

Más allá de la oferta de ocio, Ko Samui también ofrece un vistazo a la vida de los isleños. La isla fue originalmente un asentamiento de mercaderes chinos de Hainan, unas raíces que, a pesar del fervor vacacional, todavía perduran entre la pequeña comunidad china local.

Puntos de interés

Ko Samui tiene un tamaño considerable, con un perímetro de casi 100 km.

Chaweng PLAYA

(plano p. 540) El lugar más popular de Ko Samui disfruta de la playa más extensa y bella de la isla. La arena parece polvo de talco y el agua es sorprendentemente cristalina si se tiene en cuenta el número de barcos y bañistas que la frecuentan. Las mejores instantáneas se consiguen desde el lado sur, con unas vistas asombrosas del accidentado cabo al norte.

Hin-Ta y Hin-Yai PUNTO DE REFERENCIA

En el extremo sur de **Lamai**, la segunda playa en tamaño de la isla, se hallarán unas curiosas formaciones rocosas, conocidas como las rocas del Abuelo y de la Abuela, cuyas formas genitales provocan risitas entre los turistas tailandeses.

Hua Thanon BARRIO

Pasada Lamai, Hua Thanon alberga una vibrante comunidad musulmana, cuya flota pesquera exhibe unos elaborados diseños propios de una exposición de arte.

Bo Phut BARRIO

(plano p. 542) Aunque las **playas del norte** tienen arena más gruesa y no son tan llamativas como las del este, ofrecen un ambiente relajado y vistas sensacionales de Ko Pha-Ngan. Cabe destacar el encantador Fisherman's Village, un conjunto de anti-

LAS ISLAS DEL GOLFO EN...

UNA SEMANA

Como una semana se queda algo corta para explorar estas islas paradisíacas, lo primero es disfrutar unos días de las espectaculares playas solitarias del este o el oeste de Ko Pha-Ngan. Para el resto del tiempo habrá que elegir entre salir de fiesta por Hat Rin, disfrutar a cuerpo de rey en Ko Samui o bucear en la pequeña Ko Tao.

DOS SEMANAS

Se empieza en Ko Tao con un curso de submarinismo en aguas abiertas de 3½ días (o, si ya se dispone de él, con unas cuantas inmersiones). Después se va a Ko Pha-Ngan para empaparse del ambiente sociable y festivo de Hat Rin, seguido de una escapada de varios días a una de las calas ocultas de la isla, llenas de paz y *spas*. Ko Samui es la siguiente parada. Pruébese en Bo Phut si se buscan alojamientos *boutique*, y en Chaweng o en Choeng Mon para sentirse una estrella de *rock*. Si queda tiempo, se recomienda una excursión de un día al Parque Nacional Marino de Ang Thong.

UN MES

Se puede seguir el itinerario de dos semanas a un ritmo más pausado, lo que permite deleitarse con los placeres que ofrecen las tres islas, incluido, claro está, una fiesta de la luna llena en la Sunrise Beach, en Hat Rin (Ko Pha-Ngan).

Imprescindible

1. Buscar a Nemo en el multicolor reino costero de **Ko Tao** (p. 570).
2. Deleitarse en las playas de arena blanca ocultas del **Parque Nacional Marino de Ang Thong** (p. 585).
3. Colgar una hamaca paraguaya y disfrutar de las vistas en alguna playa solitaria de **Ko Pha-Ngan** (p. 555).
4. Entregarse al mejor masaje tailandés en **Ko Samui** (p. 535).
5. Unirse a los juerguistas en la multitudinaria **fiesta de la luna llena** (véase recuadro en p. 557) de Hat Rin, en Ko Pha-Ngan.
6. Degustar pescado y marisco deliciosos de los puestos playeros de **Songkhla** (p. 592).

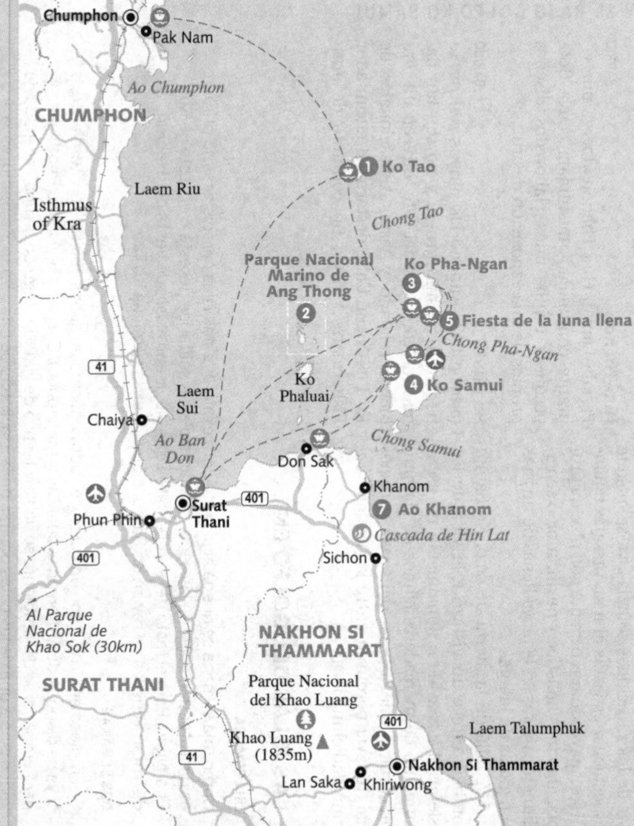

❼ Observar cómo juguetean los escurridizos delfines rosados por la costa de la **Ao Khanom** (p. 589).

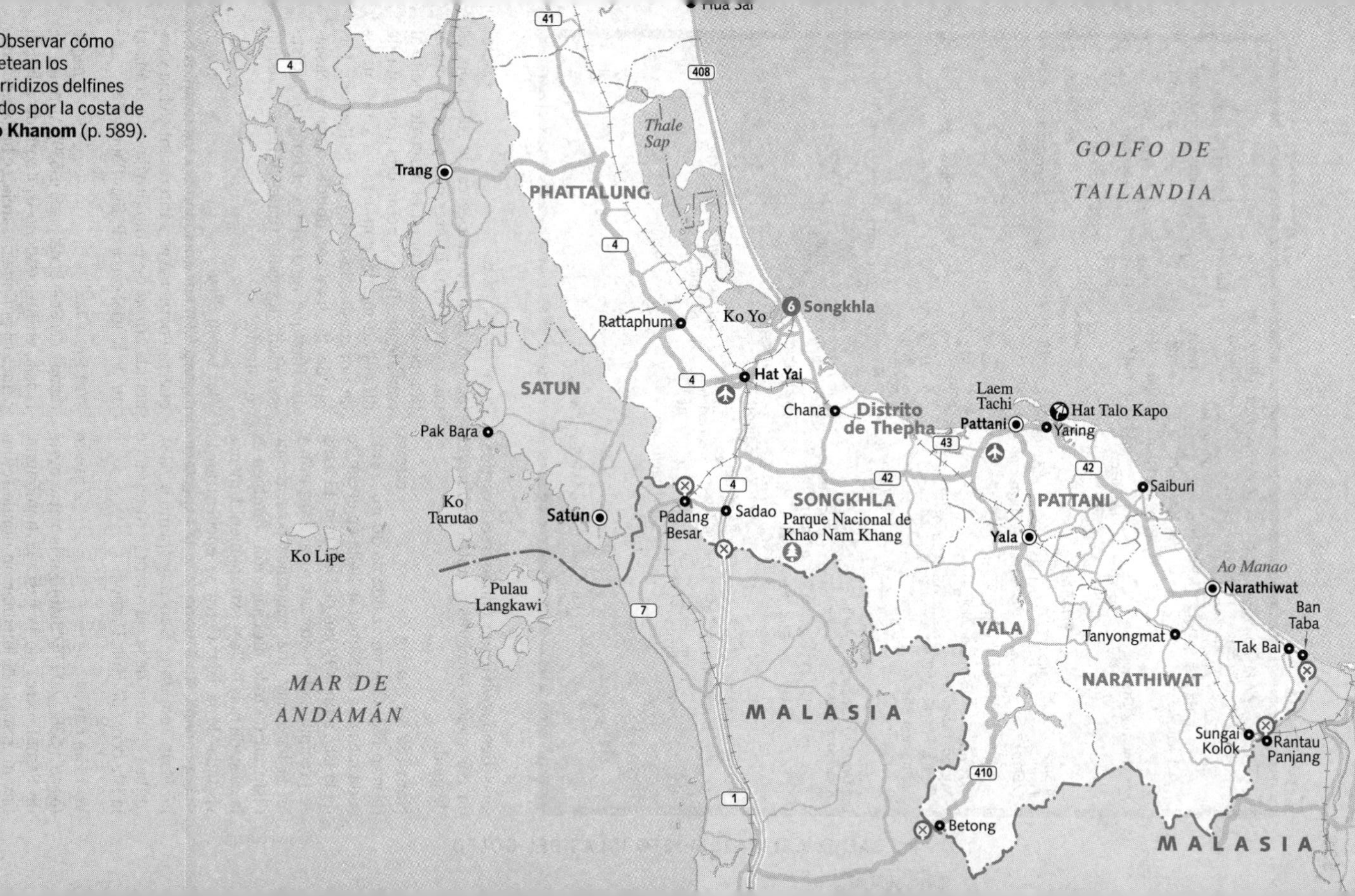

Ko Samui

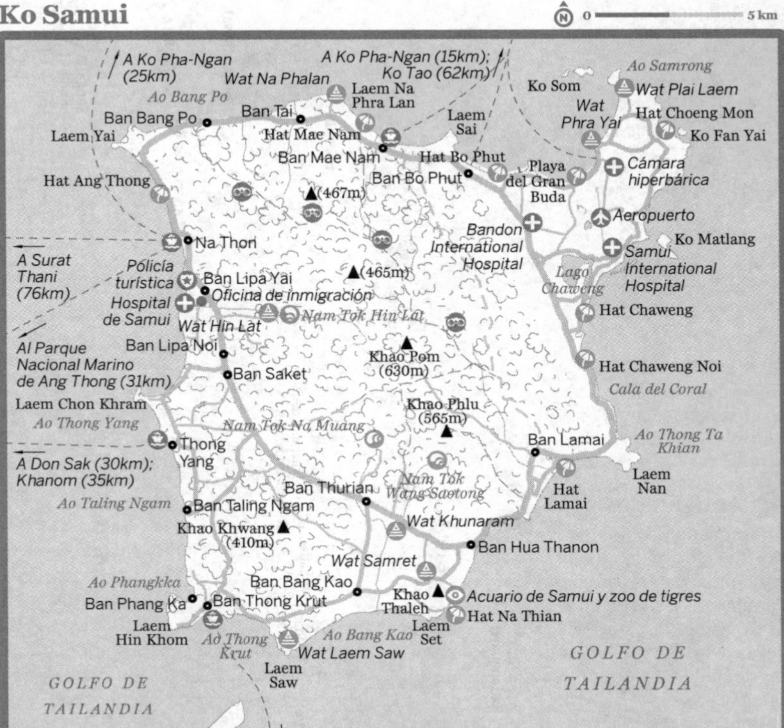

guas tiendas-vivienda chinas reconvertidas en complejos hoteleros y hoteles-*boutique* de moda.

Nam Tok Na Muang CASCADA

(plano p. 538) Con una caída de 30 m, la cascada más alta de Samui se halla en el centro de la isla, a unos 12 km de Na Thon. El agua se precipita sobre etéreas rocas púrpura, y en la base hay una magnífica poza donde disfrutar de todo un chapuzón. También es la cascada más bella y, extrañamente, menos visitada de la isla. Cerca se encuentran la más pequeña **Na Muang 2**, y la espectacular **Nam Tok Wang Saotong** (plano p. 538), ambas al norte de la carretera perimetral de la isla cerca de Hua Thanon.

Wat Hin Lat TEMPLO

(plano p. 538; ☎0 7742 3146) En la parte oeste de Samui, cerca de la cascada homónima, hay un templo de meditación donde se imparten cursos de *vipassana* a diario.

Nam Tok Hin Lat CASCADA

(plano p. 538) Situada cerca de Na Thon, es una opción muy interesante para ocupar el tiempo antes de tomar el barco de vuelta al continente. Tras superar una caminata de dificultad media, con arroyos y pedruscos de por medio, la recompensa llega en forma de un chapuzón donde rompe la cascada. Hay que reparar en el templo budista con mensajes espirituales, y llevar calzado resistente.

Wat Laem Saw TEMPLO

(plano p. 538) Los aficionados a los templos no querrán perderse esta interesante, vieja y venerada *stupa* de estilo Srivijaya, ubicada al sur de la isla, cerca de Ban Phang Ka.

Wat Phra Yai TEMPLO

(templo del Gran Buda; plano p. 539) Al norte de la isla, en un pequeño islote unido a la isla principal por una pasarela, se halla este templo erigido en 1972, con un moderno buda (sentado en la postura de Mara) de 15 m de altura cuya atractiva silueta contrasta frente al cielo y el mar tropicales. A poca distancia, el nuevo **Wat Plai Laem** (plano p. 538) alberga un enorme buda de 18 brazos.

Wat Khunaram TEMPLO
(plano p. 538) Varios templos guardan los restos momificados de piadosos monjes, en este caso los de Luang Phaw Daeng, fallecido hace veinte años, que se exhibe sentado, en postura meditativa, y con gafas de sol. El templo está al sur de la carretera 4169 entre Th Ban Thurian y Th Ban Hua.

Wat Samret TEMPLO
(plano p. 538) Cerca Th Ban Hua, este templo alberga un buda de mármol en la clásica postura Mandalay, algo muy habitual en la India y en el norte de Tailandia, pero no tanto en el sur del país.

Actividades

Submarinismo

Ko Tao ofrece magníficas oportunidades para practicar el submarinismo en serio. Pero si no se tiene mucho tiempo, sin salir de Samui hay numerosas empresas que llevan y traen en el día a los mismos lugares de inmersión (aunque, como es natural, sale más caro).

Conviene reservar a través de una agencia que disponga de embarcación propia (o que alquile uno), ya que, a pesar de que bien sean más caras, las que no disponen de barco suelen embarcar a los excursionistas en el catamarán de pasajeros a Ko Tao, y allí en otro hasta el lugar de inmersión; es decir, una travesía pesada y bastante impersonal en la que, para colmo, no se sirve ninguna comida.

Los cursos PADI cuestan el doble en Ko Samui que en Ko Tao debido al gasto extra de combustible para llegar a los enclaves. Un certificado de submarinismo en aguas abiertas sale por entre 16 000 y 22 000 THB, y una excursión de un día, de 3200 a 6200 THB, según a dónde se vaya.

La cámara hiperbárica de Ko Samui está en la playa del Gran Buda (Hat Bang Rak).

100 Degrees East SUBMARINISMO
(☎0 7742 5936; www.100degreeseast.com; Bang Rak) Muy recomendable.

Diveversity SUBMARINISMO
(plano p. 540; ☎0 7741 3196; www.diveversity.nl; Hat Chaweng) Situada en el Amari Hotel.

Samui Planet Scuba SUBMARINISMO
(SIDS; plano p. 540; ☎0 7723 1606; samuiplanetscuba@planetscuba.net; Hat Chaweng)

Otras actividades

Blue Stars KAYAK, BUCEO CON TUBO
(plano p. 540; ☎0 7741 3231; www.bluestars.info; excursiones 2600 THB) Los amantes del buceo de superficie y el kayak no deberían perderse la excursión de un día al fascinante Parque Nacional Marino de Ang Thong. La empresa tiene su sede en Hat Chaweng (Ko Samui).

'Fútbol-golf' DEPORTE
(☎08 9771 7498; ⏲9.00-18.30) En Choeng Mon se puede practicar el extraño "fútbol-golf", que consiste en colar la bola de golf en un hoyo del tamaño de un cubo de la basura. Los niños lo pasan en grande y cada partido cuesta 300 THB, refresco incluido.

Parque-safari de Namuang PARQUE TEMÁTICO
(plano p. 538; ☎0 7742 4098) Situado cerca de la cascada de Na Muang, Namuang ofrece multitud de paquetes y opciones de safari. Los circuitos de aventura (desde 900 THB) pueden incluir espectáculos con monos, paseos en elefante, trayectos en todoterreno e incluso una visita a una plantación de caucho para participar en el proceso de extracción. Los precios incluyen el traslado desde el hotel.

Acuario de Samui y zoo de tigres PARQUE TEMÁTICO
(plano p. 538; ☎0 7742 4017; adultos/niños 750/450 THB; ⏲9.00-18.00) Cuenta con la clásica selección de acuarios y tigres, además de un gran aviario. Es una buena alternativa para ir con los niños, aunque algunas de las jaulas y tanques dejan bastante que desear. El espectáculo de tigres comienza a las 14.30 y el de los leones marinos, a las 13.30. La entrada incluye el acceso a una gran piscina en el mismo recinto.

'Spa' y yoga

La feroz competencia entre los alojamientos de cinco estrellas de la isla se traduce en *spas* fantásticos. Para darse un capricho, ninguno como el del Anantara Bo Phut o el Hideaway Spa del Six Senses Samui. El Spa Resort de Lamai, pionero del turismo de salud de la isla, aún es conocido por su eficaz dieta depurativa.

Hat Chaweng

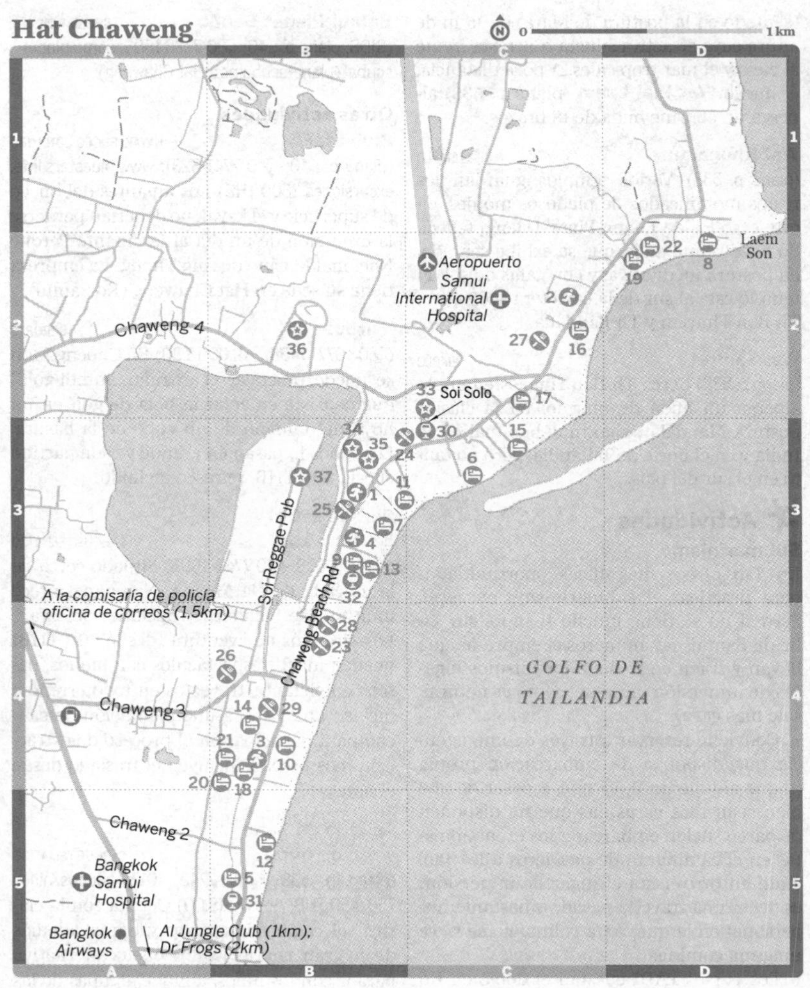

Yoga Thailand YOGA Y 'SPA'
(☎0 7792 0090; www.yoga-thailand.com; Phang Ka; retiros desde 680 €; ❄@📶) Apartado en la costa sur de la isla, este centro, con sus instalaciones vanguardistas y un dedicado equipo de instructores, es el pionero de una nueva era de vacaciones terapéuticas. El alojamiento consiste en un acogedor bloque de apartamentos calle arriba, mientras que los estudios de yoga, los centros de salud y el ventoso café se distribuyen a lo largo de la costa.

Tamarind Retreat MASAJE TAILANDÉS
(☎0 7723 0571; www.tamarindretreat.com) Resguardado de la playa en una apacible plantación de cocoteros, este pequeño conjunto de chalés y estudios de masaje está perfectamente mimetizado con la naturaleza: algunos espacios tienen pedruscos de granito que sobresalen del suelo o las paredes, mientras que otros presumen de estanques privados o creativos baños exteriores.

Health Oasis Resort YOGA Y 'SPA'
(☎0 7742 0124; www.healthoasisresort.com) He aquí un lugar indicado para quienes deseen someterse a una limpieza de aura o de colon. Se puede elegir entre una variedad de tratamientos que incluyen desde meditación

Hat Chaweng

Actividades, cursos y circuitos

1 Blue Stars ... B3
2 Diveversity ... C2
3 Samui Institute of Thai Culinary Arts ... B4
4 Samui Planet Scuba ... B3

Dónde dormir

5 Akwa ... B5
6 Ark Bar ... C3
7 Baan Chaweng Beach Resort ... B3
8 Baan Haad Ngam ... D2
9 Baan Samui ... B3
10 Centara Grand ... B4
11 Chaweng Garden Beach ... B3
12 Kirikayan Boutique Resort ... B5
13 Library ... B3
14 Loft Samui ... B4
15 Lucky Mother ... C3
16 Muang Kulay Pan Hotel ... C2
17 Nora Chaweng ... C2
18 P Chaweng ... B4
19 Pandora Boutique Hotel ... D2
20 Queen Boutique Resort ... B4
21 Samui Hostel ... B4
22 Tango Beach Resort ... D2

Dónde comer

23 Betelnut@Buri Rasa ... B4
24 Gringo's Cantina ... B3
25 Khaosan Restaurant & Bakery ... B3
26 Mercado del Laem Din ... B4
Page ... (véase 13)
27 Prego ... C2
Samui Institute of Thai Culinary Arts ... (véase 3)
28 Wave Samui ... B4
29 Zico's ... B4

Dónde beber

Ark Bar ... (véase 6)
30 Bar Solo ... C3
31 Good Karma ... B5
32 Tropical Murphy's ... B3

Ocio

33 Christy's Cabaret ... C2
34 Green Mango ... B3
35 Mint ... B3
36 Q-Bar ... B2
37 Reggae Pub ... B3

hasta regímenes de ayuno. Sus bungalós son modernos y luminosos, y cuenta con un restaurante vegetariano.

Absolute Sanctuary YOGA Y 'SPA'
(☎0 7760 1190; www.absoluteyogasamui.com) Este antiguo y agradable centro de yoga se ha transformado en un descomunal complejo de salud con varios tipos de alojamiento y una exhaustiva carta de programas de desintoxicación y bienestar.

Cursos

Samui Institute of Thai Culinary Arts COCINA
(SITCA; plano p. 540; ☎0 7741 3434; www.sitca.net; Hat Chaweng) Ideal para quienes tengan programado realizar un curso de cocina tailandesa. Se imparten clases a diario y cursos del impresionante arte tailandés del tallado en frutas y verduras. Las clases para el almuerzo empiezan a las 11.00, mientras que las de la cena comienzan a las 16.00 (ambas cuestan 1950 THB, duran 3 h y se preparan 3 o más platos). Incluyen un magnífico seminario sobre cómo conseguir los productos utilizados en el país de origen del viajero, y los platos que se cocinan se consumen al final de la clase, con la opción de llevar un invitado. También tienen prácticos DVD para continuar con las prácticas en casa.

Dónde dormir

Tratar de entender las diferentes categorías de alojamiento que ofrece Samui resulta más complicado que descifrar un jeroglífico. Con una oferta tan formidable, a continuación se reseñan solo algunos de los preferidos de estos autores, y de ninguna manera se trata de un repaso exhaustivo.

Para gastar, hay un sinnúmero de complejos de precio alto con bungalós extravagantes, *spas* encantadores, grandes piscinas privadas y alta cocina. Por su parte, Bo Phut, en la costa norte, ofrece una bonita selección de hoteles-*boutique* que se antojan óptimos para los viajeros de presupuesto intermedio, mientras que los mochileros tendrán que buscar con más ahínco, si bien siempre hay alguna propuesta interesante.

Las villas totalmente equipadas se han convertido en una opción muy popular

Bo Phut

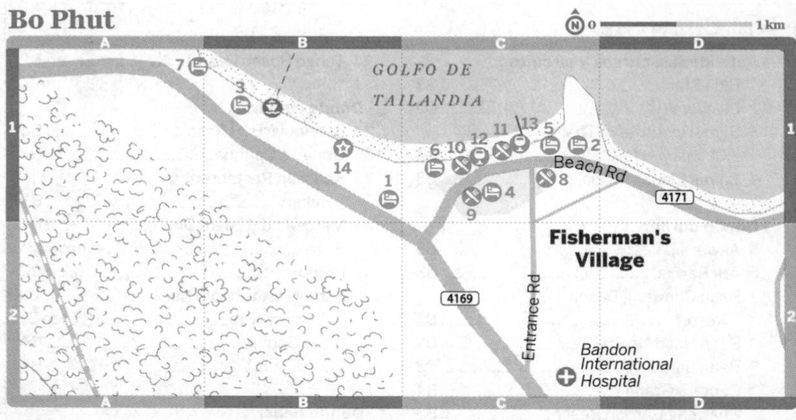

Bo Phut

Dónde dormir
- 1 Anantara ... B1
- 2 B1 Villa Spa ... C1
- 3 Ibis Bo Phut ... B1
- 4 Khuntai ... C1
- 5 L'Hacienda ... C1
- 6 Lodge ... C1
- 7 Zazen ... A1

Dónde comer
- 8 Karma Sutra ... C1
- 9 Shack Bar & Grill ... C1
- 10 Starfish & Coffee ... C1
- 11 Villa Bianca ... C1
- Zazen ... (véase 7)

Dónde beber
- 12 Billabong Surf Club ... C1
- 13 Pier ... C1

Ocio
- 14 Gecko Village ... B1

en los últimos tiempos. Las compañías de alquiler de automóviles suelen anunciarse en varios folletos turísticos que circulan por la isla.

Esta amplia sección empieza por la popular costa este, con Chaweng y Lamai, y continúa en sentido contrario a las agujas del reloj en torno a la isla, sin olvidarse de las playas pequeñas.

CHAWENG

Jungle Club BUNGALÓS $$
(plano p. 540; ☎08 1894 2327; www.jungleclubsamui.com; bungalós 800-4500 THB;) El peliagudo ascenso por una deslizante pista de tierra desemboca en unas maravillosas vistas. Este aislado retiro de montaña hace las delicias de lugareños y turistas por igual, y destila un apacible ambiente estrechamente ligado a la naturaleza. Los huéspedes podrán relajarse en su fascinante piscina de horizonte infinito o echar una siestecita en una *săh·lah* bajo un techo de paja. Llámese con antelación para concertar el traslado. Un taxi desde la carretera principal/centro de Chaweng cuesta 50/100 THB.

Library CENTRO VACACIONAL $$$
(plano p. 540; ☎0 7742 2767; www.thelibrary.name; h desde 13 300 THB;) Radiante, el ribeteado en negro y las contraventanas venecianas acentúan la blancura de este moderno complejo vacacional. Aparte de los futuristas ordenadores iMac de cada "página" (como denominan a las habitaciones), el detalle preferido de este autor son las artísticas pantallas monocromáticas sobre los cabezales de las camas, cuya intensidad puede ajustarse a gusto del huésped. También hay estatuas de tamaño natural en posición de lectura, mientras que quienes deseen leer de verdad disponen de una biblioteca muy bien surtida con coloristas volúmenes de arte y diseño. También cabe destacar la extraordinaria piscina rectangular, alicatada con llamativas teselas de color rojo intenso.

Tango Beach Resort CENTRO VACACIONAL $$
(plano p. 540; ☎0 7742 2470; www.tangobeachsamui.com; h 1600-4600 THB; ❄@📶🏊) Este clásico de precio medio cuenta con una hilera de bungalós dispuestos a lo largo de una pasarela de teca que serpentea alejándose de la playa.

Centara Grand CENTRO VACACIONAL $$$
(plano p. 540; ☎0 7723 0500; www.centralhotelsresorts.com; h 8900-19 500 THB; ❄@📶🏊) Enorme e impecable, este complejo está en plena Chaweng, pero su recinto, repleto de palmeras, es tan amplio que resulta sencillo evadirse del bullicio de la calle. Las habitaciones se hallan en un edificio tipo hotel occidental. Los adultos podrán refugiarse en el *spa* o disfrutar de alguno de los cuatro restaurantes, mientras los niños se pierden en el laberinto de piscinas, siempre bajo la atenta mirada de una niñera.

Baan Chaweng Beach Resort CENTRO VACACIONAL $$$
(plano p. 540; ☎0 7742 2403; www.baan chawengbeachresort.com; bungalós 3500-7000 THB; ❄@📶🏊) Agradable y novedosa propuesta para quienes busquen lujo a precios razonables. Las inmaculadas estancias están pintadas en tonos melocotón y pera, y el mobiliario de teca destaca por su estilo moderno pero tradicional.

Muang Kulay Pan Hotel CENTRO VACACIONAL $$$
(plano p. 540; ☎0 7723 0849-51; www.kulaypan.com; h 4200-15 000 THB; ❄@📶🏊) Esta combinación de estilos zen y tailandés según el arquitecto, a un servidor se le antoja más como libre albedrío. Resultado: unos terrenos junto al mar intencionadamente descuidados con el propósito de dotar a este complejo único de un calculado sentido caótico.

Baan Haad Ngam CENTRO VACACIONAL $$$
(plano p. 540; ☎0 7723 1500; www.baanhaadngam.com; bungalós 6400-14 000 THB; ❄@📶🏊) Este vibrante alojamiento rehúye de la habitual teca y la paleta canela e introduce interesantes tonos verde apio. Es fresco, elegante y una excelente opción si se dispone del dinero.

Pandora Boutique Hotel CENTRO VACACIONAL $$
(plano p. 540; ☎0 7741 3801; www.pandora-samui.com; h 2700-4900 THB; ❄📶🏊) Adorable y memorable por igual, como sacado de un cómic, el Pandora ofrece habitaciones asequibles decoradas en alegres tonos pastel con molduras de madera y algún que otro detalle en piedra.

Kirikayan Boutique Resort CENTRO VACACIONAL $$$
(☎0 7733 2299; www.kirikayan.com; h desde 5295 THB; ❄@📶🏊) Distintos tonos de blanco, rojos vivos y teca barnizada se combinan en esta propuesta de moda ubicada en las playas del sur de Chaweng. Para llegar a su relajante piscina, en la parte de atrás, hay que pasar junto a unas gruesas palmeras.

Ark Bar CENTRO VACACIONAL $$
(plano p. 540; ☎0 7742 2047; www.ark-bar.com; bungalós 1500 THB; ❄📶🏊) Tradicionalmente popular, ahora este complejo ofrece alojamientos de más categoría a una clientela de lo más ecléctica, desde juerguistas empedernidos hasta *hippies*, con adolescentes y cuarentones de por medio.

Chaweng Garden Beach CENTRO VACACIONAL $$
(plano p. 540; ☎0 7796 0394; www.chawenggarden.com; h desde 1850-8500 THB; ❄@📶🏊) De gran aceptación entre los mochileros más estilosos, este vasto complejo cuenta con una amplia variedad de habitaciones, atendidas por un personal siempre sonriente.

Nora Chaweng HOTEL $$
(plano p. 540; ☎0 7791 3666; www.norachawenghotel.com; h desde 2100 THB; ❄@📶🏊) No está en plena playa, pero es nuevo y posee suntuosas habitaciones, una tentadora piscina y un relajante *spa*.

Loft Samui ALBERGUE $
(plano p. 540; ☎0 7741 3420; www.theloftsmaui.com; h desde 590 THB; ❄@📶) De reciente apertura, este lugar ha supuesto todo un revulsivo frente a viejas glorias como el Wave con sus habitaciones económicas amuebladas con un par de detalles llamativos, paredes de adobe y estructuras ingeniosas. Es muy popular entre viajeros israelíes.

Akwa PENSIÓN $
(plano p. 540; ☎08 4660 0551; www.akwaguesthouse.com; h desde 700 THB; ❄@📶) Encantadora pensión tipo B&B con unas cuantas habitaciones originales y coloristas. Cabe esperar ositos sobre las camas, estrafalarias estanterías surtidas de DVD y cuadros de personajes de dibujos animados por doquier.

Queen Boutique Resort HOTEL $
(plano p. 540; ☎0 7741 3148; queensamui@yahoo.com; h desde 800-1200 THB; ❄@📶) A pesar de su personal algo antipático, ofrece hospedaje de categoría *boutique* a precios económicos. Las habitaciones con suelos de baldosas son mucho más atractivas que las de linóleo.

Baan Samui CENTRO VACACIONAL $$
(plano p. 540; ☎0 7723 0965; www.see2sea.com; h desde 8240 THB; ❄@📶🏊) En claro contraste con el discreto y aledaño Library, este complejo destaca por el colorido de sus edificios y habitaciones junto a la playa. Si los Picapiedra tuvieran una casa en la playa, sin duda sería como estas.

Samui Hostel ALBERGUE $
(plano p. 540; ☎08 9874 3737; dc 180 THB; ❄@) No parece gran cosa desde fuera, pero sus dormitorios están impecables. Es un lugar magnífico para viajeros en solitario con un presupuesto ajustado, aunque las parejas han de saber que en Chaweng se puede encontrar una habitación doble por unos 400 THB.

P Chaweng HOTEL $
(plano p. 540; ☎0 7723 0684; h 400-600 THB, ste 1000 THB; ❄@) Este hotel económico y cubierto de parras queda algo alejado de la playa, pero sus habitaciones con baldosas rosas son amplias y están limpísimas. Se recomienda pedir una trasera, ya que las frontales parecen el blanco perfecto para un posible robo en caso de olvidar una ventana abierta.

LAMAI

👍 **Rocky Resort** CENTRO VACACIONAL $$$
(☎0 7741 8367; www.rockyresort.com; Hua Thanon; h 4890-17 000 THB; ❄📶🏊) El alojamiento preferido de este autor en Lamai (en realidad al sur de Lamai) sabe combinar la elegancia con el desenfado para dar con un ambiente distinguido sin pecar de pretencioso. Durante los meses de menos ocupación, es una ganga. Las habitaciones brindan preciosas vistas del mar, y cada una ha sido amueblada de acuerdo a un estilo tailandés, siempre con un toque moderno. La piscina ha sido tallada entre una serie de rocas que emulan la cercana y rocosa playa (de ahí su nombre).

Banyan Tree Koh Samui CENTRO VACACIONAL $$$
(☎0 7791 5333; www.banyantree.com/en/samui/overview; villas desde 23 000 THB; ❄@📶🏊) La cadena más prestigiosa de Phuket ha abierto una sucursal junto a las retiradas playas del norte de Lamai. Este suntuoso homenaje al lujo ocupa una bahía al completo, con decenas de chalés calzados sobre pilotes que los alzan sobre el follaje. Los carritos de golf zigzaguean entre la miríada de restaurantes, y el descomunal *spa* cuenta ni más ni menos que con un relajante simulador de la selva tropical.

Samui Jasmine Resort CENTRO VACACIONAL $$$
(☎0 7723 2446; 131/8 Moo 3; h y bungalós 3800-5000 THB; ❄📶🏊) Situado en plena playa de Lamai, este agradable alojamiento ofrece una excelente relación calidad-precio. Se recomienda reservar las habitaciones más económicas, la mayoría de ellas con sensacionales vistas al océano y a su cristalina piscina. En cuanto al diseño predomina el uso de teca barnizada y detalles tan sugerentes como almohadas de lavanda.

Spa Resort BUNGALÓS $$
(☎0 7723 0855; www.spasamui.com; norte de Lamai; bungalós 800-2800 THB; ❄📶) Este *spa* ofrece un amplio abanico de tratamientos terapéuticos (de limpieza de colon, masajes, desintoxicación iónica, hipnoterapia y yoga), y a nadie parece importarle que su alojamiento sea barato para el nivel de Lamai. Los baños dejan algo que desear, pero ¿quién necesita un baño cuando se hace una semana de ayuno? Suele llenarse muy rápido, por lo que se aconseja reservar con tiempo (por correo electrónico). Por otro lado, no es obligatorio ser huésped para contratar tratamientos.

iBed ALBERGUE $
(☎0 7745 8760; www.ibedsamui.com; dc/i 550/1100 THB) El albergue más elegante de la isla (por no decir del país) está lleno de accesorios propios de una estación espacial patrocinada por Apple: TV en cada cama, tonos suaves, ropa de cama blanco nuclear y abundante hormigón pulido. Sus grandes verandas, amplias zonas comunes y moderna cocina contribuyen a crear un ambiente sociable durante los meses de mayor ocupación.

Lamai Wanta CENTRO VACACIONAL $$
(☎0 7742 4550, 0 7742 4218; www.lamaiwanta.com; h y bungalós 1954-4800 THB; ❄@📶🏊) La zona de la piscina destila un toque *retro* con su combinación de teselas de tonos beis y azul, pero en la parte de atrás del recinto hay modernas habitaciones tipo motel y

bungalós recién encalados. Por dentro, las habitaciones se debaten entre lo minimalista y lo escaso. Está hacia el extremo sur de Lamai; cuidado de no pasarse el pequeño cartel del complejo, situado cuesta abajo en una pequeña calle junto a la playa.

Amarina Residence PENSIÓN **$**
(www.amarinaresidence.com; h 900-1200 THB) Pese a que el vestíbulo es inusualmente oscuro comparado con el estilo tropical predominante, las habitaciones rebosan luz y lucen un atractivo mobiliario de madera clara.

Beer's House BUNGALÓS **$**
(☎0 7723 0467; 161/4 Moo 4 norte de Lamai; bungalós 200-550 THB) Diminutos bungalós a la sombra, dispuestos a lo largo de la playa. Algunos comparten baños, pero todos disponen de mucho espacio para colgar una hamaca.

New Hut BUNGALÓS **$**
(☎0 7723 0437; newhut@hotmail.com; norte de Lamai; cabañas 200-500 THB) Una de las pocas opciones económicas en primera línea de playa, con pequeñas pero encantadoras cabañas de estructura triangular.

PLAYAS DEL NORTE

Estas playas cuentan con la mayor oferta de alojamiento de Ko Samui. Choeng Mon posee algunos de los complejos más opulentos del mundo, mientras que en Mae Nam y Bang Po se aferran a sus raíces "mochileras" a pesar del reciente establecimiento de varios complejos sofisticados. Bo Phut, en el medio, es la estrella indiscutible de la constelación de playas de Samui.

Choeng Mon

Six Senses Samui CENTRO VACACIONAL **$$$**
(☎0 7724 5678; www.sixsenses.com/hideaway-samui/index.php; bungalós desde 18 000 THB; ❄@📶🏊) Este paraíso de bambú oculto bien merece el dispendio al menos una vez en la vida. Dispuesto a lo largo de un promontorio escarpado, el lugar conjuga a la perfección opulencia y encanto rústico. La mayoría de sus chalés disponen de fabulosas piscinas de cemento y ofrecen vistas espectaculares de la silenciosa bahía que hay más abajo. También merecen destacarse los majestuosos baños, parcialmente al aire libre. Los huéspedes se desplazan en cochecitos de golf entre los excelentes extras repartidos por la propiedad, como un *spa* de primera y dos magníficos restaurantes.

Tongsai Bay CENTRO VACACIONAL **$$$**
(☎0 7724 5480-5500; www.tongsaibay.co.th; ste 11 000-30 000 THB; ❄📶🏊) Para darse un buen capricho, no hay más que dirigirse a esta joya oculta. Enorme y perfectamente conservado, su accidentado recinto hace que el cúmulo de bungalós parezca algo así como una pequeña aldea. Cochecitos de golf circulan con huéspedes que se dirigen a realizar actividades o a cenar. Sus suntuosas suites están divididas en varios niveles y cuentan con zonas de descanso, una preciosa decoración romántica, terrazas amplias, vistas embriagadoras y bañeras ubicadas en rincones originales. Entre las instalaciones se cuentan varias piscinas de agua salada o dulce, una cancha de tenis, el *spa* de rigor, una tienda de postres y varios restaurantes.

Sala Samui CENTRO VACACIONAL **$$$**
(☎0 7724 5888; www.salasamui.com; bungalós 360-1100 US$; ❄@📶🏊) Aunque se cotice en dólares, más allá de sus precios elevados, sin duda vale lo que cuesta. Su diseño es innegablemente exquisito, protagonizado por el uso de majestuosos tonos blancos y la presencia de teca barnizada por doquier, mientras que el sutil color turquesa de la piscina privada de cada bungaló atrae al baño.

Imperial Boat House Hotel CENTRO VACACIONAL **$$$**
(☎0 7742 5041-52; www.imperialhotels.com; Hat Choeng lu; h 4000-5500 THB, ste barco 6000-6700 THB; ❄📶🏊) Este sofisticado retiro cuenta con un hotel de tres pisos y varios bungalós independientes construidos con teca de antiguas barcazas arroceras cuyas proas han sido convertidas en espléndidos patios. Cañones de cobre oxidados vierten agua en su amplia piscina con forma de navío.

Ô Soleil BUNGALÓS **$**
(☎0 7742 5232; h y bungalós desde 400 THB; ❄) Es uno de los alojamientos más económicos de la isla, con varios bungalós y habitaciones semiadosadas dispuestas desde la playa hacia el interior. Es un lugar muy informal, por lo que conviene mantener los objetos de valor a buen recaudo.

Playa del Gran Buda (Bang Rak o Big Buddha Beach)

Esta zona se conoce familiarmente como la "playa del Gran Buda" a raíz del enorme buda dorado que domina el paisaje desde la cercana casi isla de Ko Fan. Su proximidad al aeropuerto se traduce en mejores precios.

Samui Mermaid CENTRO VACACIONAL $

(☎0 7742 7547; www.samui-mermaid.info; h 400-2500 THB; ❄@🛜🏊) Magnífica propuesta económica con un ambiente propio de un complejo turístico. Tiene dos piscinas grandes, muchas tumbonas, dos restaurantes muy animados y habitaciones con televisión por cable. La pista de aterrizaje del aeropuerto de Samui está a solo un par de kilómetros, por lo que a veces se oye algo de ruido, aunque por otro lado los traslados al aeropuerto son gratis.

Shambala BUNGALÓS $

(☎0 7742 5330; www.samui-shambala.com; bungalós 600-1000 THB; ❄🛜) Frente a los caros establecimientos aledaños, este apacible alojamiento, con un sutil toque *hippy,* es todo un clásico entre los mochileros. Hay una zona llena de cojines, una soleada terraza cubierta y bungalós luminosos y amplios. El personal, muy amable, siempre está dispuesto a dar consejos de viaje.

Ocean 11 PENSIÓN $$

(☎0 7741 7118; www.o11s.com; bungalós 1900-3200 THB; ❄🛜) Situado a lo largo de una franja de playa, este pedacito de lujo brinda un lugar sereno a precios muy razonables. La decoración es mediterránea, ideal para una escapada.

Bo Phut

La playa no es impresionante, pero Bo Phut alardea de la oferta de alojamiento más interesante de toda Samui. Un conjunto de estupendos chalés-*boutique* irradia desde el bullicioso centro del Fisherman's Village hasta la playa.

Anantara CENTRO VACACIONAL $$$

(plano p. 542; ☎0 7742 8300; www.anantara.com; h 4000-18 000 THB; ❄@🛜🏊) La fascinante llegada en palanquín es una fantasía asociada al lejano oriente soñada por muchos. Antorchas a baja altura reciben al viajero a la vez que crean una ligera neblina que envuelve las hojas de las palmeras y las estatuas de arcilla y cobre que salpican el exuberante recinto. Aquí los huéspedes podrán saborear un té silvestre en una pagoda al aire libre, nadar en una piscina de horizonte infinito tipo laguna o mimarse con algún relajante tratamiento en el *spa.* La nueva ala adyacente, con chalés de blanco inmaculado, dota al complejo de un nivel de opulencia superior.

L'Hacienda PENSIÓN $$

(plano p. 542; ☎0 7724 5943; www.samui-hacienda.com; h 1400-3500 THB; ❄🛜🏊) La terracota pulida y los arcos de la entrada recuerdan a una misión española, lo cual también puede aplicarse a sus adorables ocho habitaciones, con multitud de detalles personales, como las paredes empedradas de los baños o las lámparas de bambú translúcidas. En la terraza superior aguarda una grata sorpresa.

Zazen CENTRO VACACIONAL $$$

(plano p. 542; ☎0 7742 5085; www.samuizazen.com; h 6010-17 200 THB; ❄@🛜🏊) Lo que antaño no era más que un lugar sencillo se ha transformado en el súmmum del concepto *boutique,* con un diseño minucioso y encantador. Es un excelente ejemplo de fusión entre el minimalismo asiático y el rococó moderno en el que no faltan paredes destacadas de color escarlata, diosas de terracota, el toque *feng shui* y en general el buen gusto. Los huéspedes pueden relajarse junto a la piscina en cómodas tumbonas bajo sombrillas de lona. Los precios sin reserva son aterradores, de ahí que se recomiende anticiparse.

Lodge HOTEL $$

(plano p. 542; ☎0 7742 5337; www.apartmentsamui.com; h 1400-2500 THB; ❄🛜🏊) Otra excelente opción en Bo Phut, con reminiscencias de un pabellón de caza colonial en sus paredes en tonos claros y vigas de madera a la vista. Las habitaciones tienen montones de tapices y terraza privada con vistas a la playa. Las "cabañas ático" son muy espaciosas. Es fundamental reservar.

Ibis Bo Phut HOTEL $$

(plano p. 542; ☎0 7791 4800; www.ibishotel.com/thailand; h desde 1600 THB; ❄@🛜🏊) El mayor complejo de la isla todavía destila en sus relucientes y prácticas habitaciones el típico olor a nuevo de las cosas recién estrenadas. A las familias les encantarán las literas para los más pequeños de la casa y su recinto cubierto de césped, aunque el lugar no destaca por poseer un carácter típicamente tailandés.

B1 Villa Spa APARTAMENTOS $$$

(plano p. 542; ☎0 7742 7268; www.b1villa.com; ste 2800-7000 THB; ❄🛜🏊) Para alojarse con estilo a lo largo de la playa del Fisherman's Village. Cada habitación presenta una decoración única en las paredes y tiene nombre propio (p. ej., las de la 2ª planta, de estrellas del cinturón de Orión).

Khuntai PENSIÓN $
(plano p. 542; ☎0 7724 5118; h 400-850 THB; ❄) Esta anticuada pensión de color naranja ofrece las habitaciones decentes más económicas de todo Samui. Está a solo una manzana de la playa, donde termina el Fisherman's Village, y sus estancias de la 2ª planta disfrutan del sol de la tarde.

Mae Nam y Bang Po

W Retreat Koh Samui CENTRO VACACIONAL $$$
(☎0 7791 5999; www.starwoodhotels.com/whotels; h desde 23 000 THB; ❄@📶🏊) Una enjoyada "W" recibe al viajero según llega a la serpenteante carretera que conduce hasta el vestíbulo, e inmediatamente se quedará impactado con las despampanantes piscinas de horizonte infinito y la espléndida vista panorámica general. El *glamour,* firma de la casa, se palpa en todos los rincones en su afán por fusionar una onda urbana con la serenidad tropical. Sin embargo, aún necesita pasar cierto tiempo de rodaje; hasta entonces, lo mejor es acercarse a probar su *brunch* dominical (2500 THB) o un cóctel al atardecer.

Napasai By Orient Express CENTRO VACACIONAL $$$
(☎0 7742 9200; www.napasai.com; h desde 9200 THB; ❄@📶🏊) Lo primero que se observa al llegar son recintos impecables salpicados de búfalos de agua que pastan y encargados de campo tocados con los típicos salacots. El amplio recinto alberga un gran surtido de chalés, todos con decoración típica tailandesa, desde intrincadas tallas en madera hasta cintas elaboradas con exquisita seda.

Maenam Resort BUNGALÓS $$
(☎0 7742 5116; www.maenamresort.com; bungalós 1400-3000 THB; ❄@📶) Este conjunto de bungalós, construidos con corteza de palma, se reparten por un exuberante jardín. Todos combinan muebles de mimbre y madera, y su precio varía en función de la distancia de la playa. Las suites salen muy a cuenta si se viaja en familia.

Harry's BUNGALÓS $$
(☎0 7742 5447; www.harrys-samui.com; bungalós 1200-3000 THB; ❄🏊) Al llegar se tiene la sensación de acceder a un templo. En el vestíbulo abunda la teca pulida, y el tejado clásico tailandés se eleva hasta el infinito. Los bungalós de hormigón, acurrucados en un florido jardín, no prolongan la ampulosa temática del edificio principal, pero aun así son coquetos y acogedores.

Coco Palm Resort BUNGALÓS $$
(☎0 7742 5095; bungalós 1200 THB; ❄🏊) Los bungalós del Coco han sido construidos con toneladas de *rattan* y todo gira en torno a una piscina rectangular situada junto a la playa. Las tarifas son razonables para tratarse de un alojamiento tipo complejo.

Shangrilah BUNGALÓS $
(☎0 7742 5189; bungalós 300-2000 THB; ❄) El paraíso terrenal de los mochileros: cabañas en buen estado que se cuentan entre las más económicas del lugar.

COSTA OESTE

Territorio casi exclusivo de turistas tailandeses, la costa occidental de Samui no tiene las playas más pintorescas de la isla, pero es un buen destino para huir del bullicio reinante en su lado opuesto.

InterContinental Samui Baan Taling Ngam Resort CENTRO VACACIONAL $$$
(☎0 7742 9100; www.ichotelsgroup.com/intercontinental; h desde 6300 THB; ❄@📶🏊) A diferencia de la mayoría de los alojamientos de cinco estrellas de Samui, este es de diseño típico tailandés. Las lujosas habitaciones contienen muebles a medida y el servicio es impecable. Dado que no se encuentra en plena playa, se facilita un servicio de enlace a los huéspedes, incluidos los traslados al aeropuerto y a la terminal de *ferries*.

Am Samui BUNGALÓS $$
(☎0 7723 5165; www.amsamuiresort.com; bungalós desde 1100 THB; ❄📶🏊) El viajero no tendrá más que descorrer las cortinas de los amplios ventanales de su bungaló para deleitarse con la luz del sol y las maravillosas vistas al mar. El bonito mobiliario del restaurante al aire libre y de la zona de la piscina contribuyen a ensalzar el ambiente confortable pero informal que destila todo el recinto.

COSTA SUR

El extremo meridional de Ko Samui está salpicado de cabos rocosos y pequeñas calas de arena. Los complejos comentados a continuación salen muy a cuenta y figuran entre los alojamientos preferidos de este autor en la isla.

Easy Time BUNGALÓS $$
(☎0 7792 0110; www.easytimesamui.com; Phang Ka; h desde 1950 THB; ❄@📶🏊) Alejado de las hordas de turistas, este pequeño remanso de paz, dispuesto en torno a una apacible piscina, se erige en un lugar ideal para la

desconexión total. Los dúplex y el delicado restaurante están impregnados de un sutil toque de elegancia sin pretensiones.

Elements CENTRO VACACIONAL **$$$**
(☎0 7791 4678; www.elements-koh-samui.com; Phang Ka; h 5540-21500 THB; ❄@📶🏊) Protagonista de un interesante giro en el concepto moderno de alojamiento-*boutique*, esta propuesta ocupa una solitaria franja de playa tachonada de palmeras. Las habitaciones están organizadas en bloques de apartamentos, cada uno de ellos dotado de una agradable mezcla de estilo tailandés y occidental. El camino hacia el restaurante de color fuego y la zona de relax junto al mar está salpicado de chalés ocultos.

Dónde comer

Al igual que pasa con el alojamiento, la elección de un restaurante no es tarea sencilla. Desde grillos a la parrilla hasta caviar beluga, en Samui hay de todo, y sin prejuicios.

Influida por la Tailandia continental, la isla de Samui está repleta de locales de *kôw gaang* (arroz y *curry*), habitualmente una choza de madera con grandes ollas de metal llenas de *curries* sureños. La gente aparca la motocicleta, levanta las tapas para echar un vistazo y elige su favorito. Hay numerosos locales de *kôw gaang* por la carretera perimetral (ctra. 4169), pero las opciones más apetitosas se suelen acabar para las 13.00. Ver una concentración de motocicletas junto a un establecimiento, normalmente es buena señal.

Pero es que las opciones de más nivel son más numerosas si cabe, y pese a que la apabullante escena gastronómica de la isla está cargada de propuestas italianas, no se tendrá problema en dar con restaurantes de todo el mundo. Asimismo, los altos salarios y el maravilloso clima contribuyen a que nunca falten chefs de categoría mundial.

CHAWENG

Decenas de restaurantes instalados en esta "franja" sirven una combinación de bocados locales, cocina internacional y comida rápida. Para gozar de un mejor ambiente hay que dirigirse a la playa, donde muchos propietarios de bungalós colocan mesas en la misma arena y encienden lucecitas de colores al caer la noche.

Samui Institute of Thai Culinary Arts TAILANDESA **$$$**
(SITCA; plano p. 540; ☎0 7741 3434; curso 1950 THB; ⏲almuerzo y cena lu-sa) ¿Qué puede haber mejor que degustar un rico plato tailandés? Pues, ¡aprender a cocinarlo!

Mercado del Laem Din MERCADO **$**
(plano p. 540; platos desde 30 THB; ⏲4.00-18.00, mercado nocturno 18.00-2.00) Ajetreado mercado repleto de puestos de carne, fruta y verdura, donde además se venden pollos de corral. No hay que irse sin probar las naranjas verdes dulces o escurrirse entre los puestos para ver los ingredientes que aromatizan los *curries*. Para cenar se recomienda ir al mercado nocturno aledaño y deleitarse con un pollo frito al estilo del sur o un *curry*.

Gringo's Cantina MEXICANA **$$**
(plano p. 540; platos 140-280 THB; ⏲cena) Para comer *tex-mex* con una jarra de sangría o un *margarita* helado. Destacan las *chimichangas* (no solo por el nombre), pero también hay hamburguesas, *pizzas* y platos vegetarianos.

Page ASIÁTICA DE FUSIÓN **$$$**
(plano p. 540; platos 180-850 THB; ⏲desayuno, almuerzo y cena) Es el restaurante junto a la playa del prohibitivo Library. La comida es cara, pero el comensal será objetivo de las miradas de los paseantes que tratan de dilucidar si el viajero es un personaje de la alta sociedad o una estrella de cine. El almuerzo es algo más informal y económico, pero por la noche la puesta en escena es magnífica.

Prego ITALIANA **$$$**
(plano p. 540; www.prego-samui.com; principales 200-700 THB; ⏲cena) Este elegante templo culinario ofrece alta cocina italiana en un fresco comedor de moderna geometría revestida de mármol. Reservas para cenar solo a las 19.00 y las 21.00.

Dr Frogs ASADOR **$$$**
(fuera de plano p. 540; principales 380-790 THB; ⏲almuerzo y cena) Encaramado en lo alto de un promontorio rocoso, brinda espectaculares vistas al océano y apetitosos platos internacionales (principalmente italianos y clásicos tailandeses). Sus magníficos filetes y pastel de cangrejo, sumados al trato amable, le sitúan en un puesto privilegiado dentro de la oferta gastronómica de la isla.

Betelnut@Buri Rasa ASIÁTICA DE FUSIÓN **$$$**
(plano p. 540; principales 600-800 THB; ⏲cena) El concepto de fusión puede confundir e incluso decepcionar, pero no en este restaurante. Su chef, Jeffrey Lords, educado en EE UU y afinado en Europa, cuenta en su currículum vítae con una larga experiencia laboral

en San Francisco, epicentro de las mejores cocinas del mundo. La carta es una mezcla de *curries* con *chowder* (marisco), papaya y panceta.

Zico's BRASILEÑA $$$

(plano p. 540; menú 790 THB; ⏲cena) Suntuoso *rodizio* brasileño (bufé libre de carne) donde no faltan las bailarinas engalanadas con plumas de pavo real.

Khaosan Restaurant & Bakery INTERNACIONAL $

(plano p. 540; platos desde 60 THB; ⏲desayuno, almuerzo y cena) Desde *filet mignon* hasta *flapjacks* (crepes gruesas) pasando por un sinfín de delicias, esta casa de comidas goza de gran reconocimiento entre los que buscan un bocado barato. Ideal también para disfrutar de una película de estreno en su gran TV después de comer.

Wave Samui INTERNACIONAL $

(plano p. 540; platos desde 60 THB; ⏲desayuno, almuerzo y cena) Todo el mundo coincide en que la oferta de Samui cada día es más exclusiva, pero aun así los lugares más solicitados para cenar son los clásicos restaurantes baratos como este, un versátil establecimiento que hace las veces de pensión, bar y restaurante de comida sencilla. Cuenta, además, con una pequeña biblioteca frecuentada por viajeros y ofrece una sensacional *happy hour* de 15.00 a 19.00.

LAMAI

Pese a ser la segunda playa más visitada de Samui, Lamai posee una selección de restaurantes decentes sorprendentemente limitada en comparación con la cercana Chaweng. Tesco Lotus es un lugar estupendo para surtirse de tentempiés para un *picnic* playero. Con todo, el grueso de los viajeros suele cenar donde se hospeda.

Rocky's INTERNACIONAL $$$

(platos 300-800 THB; ⏲almuerzo y cena) El que posiblemente sea el mejor restaurante del lugar ofrece platos *gourmet* a precios de ganga. No hay que irse sin probar el exquisito solomillo de ternera con queso azul firma de la casa. Los martes por la noche se sirve una cena temática tailandesa compuesta por manjares de la región. Se halla en el complejo homónimo, en el sur de Lamai.

Mercado diurno de Lamai MERCADO $

(platos desde 30 THB; ⏲6.00-20.00) El equivalente tailandés a una tienda de comestibles es este mercado de actividad frenética donde también hay platos preparados. En la zona techada venden fruta fresca y cortan cocos para hacer leche de coco. Otra buena idea es visitar al vendedor de helados (junto a una gasolinera) y probar el de coco.

Mercado de Hua Thanon MERCADO $

(platos desde 30 THB; ⏲6.00-18.00) Situado al sur de Lamai, este mercado local es ideal para descubrir las costumbres culinarias del sur del país. Aquí, los vendedores ahuyentan las moscas de la carne recién cortada y las señoras cargan verduras en las cestas de sus motocicletas. Sígase la carretera del mercado hasta la hilera de tiendas de comida musulmana donde se prepara *biryani* de pollo, *curries* abrasadores y arroz tostado con coco, brotes de soja, limoncillo y gambas deshidratadas.

PLAYAS DEL NORTE

Algunos de los mejores restaurantes de Samui se encuentran en la costa norte. En Boho Bo Phut hay varios de moda que casan muy bien con la hilera de exclusivos hoteles-*boutique*.

Choeng Mon y la playa del Gran Buda (Bang Rak)

Dining On The Rocks ASIÁTICA DE FUSIÓN $$$

(☎0 7724 5678; reservas-samui@sixsenses.com; Choeng lu; menú desde 2200 THB; ⏲cena) La mejor experiencia gastronómica de la isla aguarda en el aislado Six Senses Samui, concretamente en sus nueve verandas voladizas de teca y bambú que se asoman al mar. Tras despedir el día con un vino, los comensales tendrán la sensación de cenar a bordo de una barcaza a la deriva en un océano a la luz de la luna. Cada uno de los seis platos que componen el menú fijo es fruto de haber experimentado con los sabores, texturas y temperaturas de los ingredientes. Para una ocasión realmente especial, la "mesa 99" (la de los recién casados) ocupa una terraza privada; por supuesto hay que reservar con mucho tiempo.

BBC INTERNACIONAL $$

(playa del Gran Buda; platos 60-200 THB; ⏲desayuno, almuerzo y cena) No, este lugar no tiene nada que ver con el famoso servicio británico de noticias, sino que responde al acrónimo del Big Buddha Café. Lo frecuentan los expatriados de la zona, tiene una amplia carta internacional y ofrece sensacionales vistas desde su patio.

Antica Locanda ITALIANA $$
(www.anticasamui.com; platos 170-280 THB; ⏲cena) Cálida *trattoria* engalanada con impecables manteles blancos y barricas de vino italiano. Hay que probar las *vongole alla marinara* (almejas al vino blanco) y prestar atención a las suculentas propuestas del día.

A continuación, dos opciones muy recomendables para quienes esperen el *ferry* en Bang Rak:

Catcantoo BARBACOA $$
(http://catcantoo.net; principales 90-350 THB; ⏲desayuno, almuerzo y cena) Para disfrutar de un desayuno baratísimo (99 THB) y de sabrosas costillas al mediodía, o simplemente para echar un billar.

Pae Chuan Chim TAILANDESA $
(principales 30-40 THB; ⏲desayuno y almuerzo) Pese a no destacar por su ambiente, este local de fideos al aire libre se llena de lugareños al mediodía. Está junto a la cámara hiperbárica.

Bo Phut

Shack Bar & Grill ASADOR $$$
(plano p. 542; www.theshackgrillsamui.com; principales 480-780 THB; ⏲cena) Excelentes cortes de carne australiana, acompañados con todo un arco iris de ricas salsas. Sus mesas con bancos corridos y el *jazz* de fondo lo dotan de un ambiente claramente occidental, aunque la clientela es de lo más variopinta.

Zazen ASIÁTICA DE FUSIÓN $$$
(plano p. 542; platos 550-850 THB, menú desde 1300 THB; ⏲almuerzo y cena) El chef describe su comida como "orgánica y orgásmica", y los continuos "mmm" que emiten los exultantes comensales sin duda confirman esto último. Las vistas al mar, la tenue iluminación con velas y una música acorde redondean esta experiencia. Se aconseja reservar.

Starfish & Coffee TAILANDESA $$
(plano p. 542; principales 130-180 THB; ⏲desayuno, almuerzo y cena) Este restaurante decorado con banderines por la noche sirve los platos tailandeses de rigor, aderezados con vistas de la puesta del sol sobre Ko Pha-Ngan. Destacable selección de cafés.

Villa Bianca ITALIANA $$
(plano p. 542; platos desde 200 THB; ⏲almuerzo y cena) Otro fabuloso restaurante italiano, este con un mar de impecables manteles blancos y bonitas sillas de mimbre.

Karma Sutra INTERNACIONAL $$
(plano p. 542; principales 130-260 THB; ⏲desayuno, almuerzo y cena) Encantador establecimiento en pleno Fisherman's Village que también hace las veces de tienda de ropa. Los platos, locales e internacionales, se anuncian en pizarras de colores.

Mae Nam y Bang Po

Angela's Bakery PANADERÍA, INTERNACIONAL $$
(Mae Nam; platos 80-200 THB; ⏲desayuno y almuerzo) Una cortina de plantas colgantes da acceso a esta encantadora panadería de magníficos aromas y maneras amables. Sus sándwiches y tartas son la perdición de muchos expatriados occidentales.

Bang Po Seafood PESCADO Y MARISCO $$
(Bang Po; platos desde 100 THB; ⏲cena) Uno de los contados restaurantes de la isla de comida típica de Ko Samui, a base de ingredientes como erizos de mar crudos, pulpitos, agua marina, coco y cúrcuma.

COSTA OESTE

La tranquila costa oeste ofrece el mejor marisco de Samui. En Na Thon hay un gigantesco **mercado diurno** en la calle Th Thawi Ratchaphakdi en el que merece la pena parar para comprar unos tentempiés antes de subir al *ferry*.

Five Islands PESCADO Y MARISCO $$$
(www.thefiveislands.com; Taling Ngam; platos 150-500 THB, circuitos 3000-6500 THB; ⏲almuerzo y cena) Sitios como este hacen que valga la pena visitar esta isla. Antes de sentarse a la mesa, un barco típico de popa larga lleva al viajero a las inolvidables islas de las Cinco Hermanas, donde se muestra el antiguo y apenas conocido arte de la recolección de nidos de pájaro que se utilizan en la deliciosa sopa china homónima, una peligrosa tarea que está muy bien remunerada (los restaurantes de Hong Kong los pagan a razón de 100 000 THB/kg). El circuito del almuerzo/cena sale a las 10.00/15.00. También se puede comer sin hacer el circuito y viceversa.

About Art & Craft Café VEGETARIANA $$
(Na Thon; platos 80-180 THB; ⏲desayuno y almuerzo) Apacible y artístico oasis en medio de la bulliciosa Na Thon en donde degustar un variado surtido de propuestas saludables y café *gourmet*. El arte y la artesanía son obras de la dueña y sus amistades. El lugar es, además, el punto de encuentro de la –menguante– población de bohemios y artistas de la isla.

Dónde beber y ocio

El lugar predilecto para salir de fiesta de toda Samui es sin duda la ruidosa Chaweng, seguido por Lamai y Bo Phut, mientras que en el resto de la isla el ocio nocturno se reduce los bares de los complejos.

CHAWENG Y LAMAI

Ir de juerga por Chaweng es pan comido. La mayoría de los lugares abren hasta las 2.00, y unos cuantos continúan hasta el alba. Soi Green Mango se lleva la palma en cuanto a ambiente, aunque Soi Colibri y Soi Reggae Pub tampoco desmerecen.

Beach Republic 'LOUNGE'
(www.beachrepublic.com; 176/34 Moo 4 Hat Lamai) Fácilmente reconocible por sus enormes tejados de paja, este sería el escenario ideal para rodar uno de esos programas veraniegos de la MTV. Incluye una tentadora piscina, cómodos sillones y una interminable carta de cócteles.

Q-Bar 'LOUNGE'
(plano p. 540; www.qbarsamui.com; Hat Chaweng) Este bar con vistas al lago de Chaweng es un pedazo de la noche de Bangkok plantado entre cocoteros. La sala de arriba, con magníficas vistas y tragos, abre justo antes del atardecer. Pasadas las 22.00, los noctámbulos descienden al club de la planta baja, donde los DJ deleitan a la multitud a ritmo de *techno*. Un taxi hasta aquí cuesta entre 200 y 300 THB.

Ark Bar BAR
(plano p. 540; www.ark-bar.com; Hat Chaweng) Perfecto para salir de ligue los miércoles. Las bebidas se sirven en su bar multicolor, repleto de lámparas de papel, o en tumbonas con cojines triangulares repartidas por la playa. La fiesta empieza hacia las 4.00.

Christy's Cabaret CABARÉ
(plano p. 540; Hat Chaweng) Este llamativo bar ofrece espectáculos de *gà·teu·i* (transexuales, también conocidos como *ladyboys*) cada día a partir de las 23.00 y atrae una clientela de lo más variopinta.

Good Karma BAR
(plano p. 540; Hat Chaweng) Abierto todo el día, en este elegante bar con sus sofás con dosel y estanque oculto, recala lo más granado de la sociedad tailandesa, .

Bar Solo BAR
(plano p. 540; Hat Chaweng) Todo un ejemplo de lo que está por venir, con una elegante decoración cubista en un entorno urbano y una interesante carta de cócteles. Sus promociones nocturnas son ideales para hacer la previa antes de darlo todo en los bares de Soi Solo y Soi Green Mango.

Tropical Murphy's BAR IRLANDÉS
(plano p. 540; Hat Chaweng) Bar frecuentado por extranjeros donde se puede degustar *steak-and-kidney pie*, *fish and chips*, chuletas de cordero o *Irish stew* (principales 50-300 THB). Al caer la noche arranca la música en vivo y el lugar se convierte en el bar irlandés más animado de la isla (sí, no es el único).

Green Mango BAR
(plano p. 540; Hat Chaweng) Este enorme y ruidoso bar frecuentado por extranjeros es tan popular que hasta se le ha dedicado una *soi*. Tiene luces resplandecientes, bebidas caras y cuerpos sudorosos que bailan bajo el influjo de la música *dance*.

Reggae Pub BAR
(plano p. 540; Hat Chaweng) Todo un templo de la juerga, con una pista de baile al aire libre amenizada por DJ extranjeros. Ocupa un gran edificio de dos plantas con barras largas, mesas de billar y un escenario para conciertos.

Mint BAR
(plano p. 540; Hat Chaweng) La escena de Soi Green Mango es demasiado entretenida como para retener a las masas en este local durante mucho tiempo. La cosa cambia cuando se organizan noches con DJ de renombre internacional. Para estar al tanto, consúltese su programación.

PLAYAS DE LAS COSTAS NORTE Y OESTE

Woo Bar 'LOUNGE'
(Mae Nam) El bar del W Retreat dota la palabra "elegante" de un nuevo significado con sus conjuntos de asientos circulares repartidos por una piscina que se prolonga hasta el horizonte. Indiscutiblemente, el mejor rincón de la isla para tomarse un cóctel al atardecer.

Nikki Beach 'LOUNGE'
(www.nikkibeach.com/kohsamui; Lipa Noi) La aclamada y lujosa cadena ha llegado con su célebre saber hacer a la retirada costa oeste de Ko Samui. Cabe esperar lo propio de una propuesta exclusiva de Marbella o St. Tropez: alta cocina, decoración elegante y gente vip. Su *brunch* temático y sus platos del día (por la noche) garantizan clientes entre semana.

LA VIDA DE UN 'LADYBOY'

Pop, de 45 años, es lo que los tailandeses llaman un *gà·teu·i* (o *ladyboy*). La población transexual de Tailandia es tema de muchos debates y conversaciones, en especial entre los turistas. Pero aunque la tolerancia es un valor muy extendido en la Tailandia budista, la homofobia está latente. Para un *gà·teu·i* la vida puede ser muy dura, pues las industrias del ocio y el sexo a veces son los únicos recursos para ganarse la vida. Lonely Planet pasa el día con Pop y averigua cómo trata la vida verdaderamente a un miembro del popular "tercer sexo" de Tailandia.

EMPECEMOS CON ALGO QUE QUISIERAN PREGUNTAR MUCHOS TURISTAS QUE VISITAN TAILANDIA: ¿POR QUÉ PARECE QUE HAY TANTOS 'GA·TEU·I' EN TAILANDIA?

Vaya, ¡eso es como si a mí me preguntan por qué soy un *ladyboy*! Ni idea. Yo nunca pedí sentirme como me siento. Creo que lo que habría que preguntarse es por qué hay tantos *ladyboys* en los cabarés y en la industria del sexo. Eso sí, me gustaría aclarar que la palabra *gà·teu·i* es la manera informal de decir "persona con dos sexos"; el término *pôo yǐng kâhm pêt* es más correcto. Además, *gà·teu·i* se utiliza exclusivamente para referirse a quienes conservan sus órganos masculinos pero visten de mujer, lo que técnicamente me excluye como *gà·teu·i*.

Los turistas piensan que hay muchísimos *ladyboys* en Tailandia porque estos generalmente frecuentan los lugares turísticos. Sí, es cierto que hay *ladyboys* que quieren ser bailarinas de cabaré, del mismo modo que hay mujeres que también quieren serlo, pero esto no se aplica a la mayoría. Estos trabajos son los únicos disponibles para los *ladyboys*, y los salarios son penosos. A diferencia de lo que pueda parecer, la vida no es de color de rosa para un *ladyboy*. La mayoría no tiene la oportunidad de desempeñar un empleo respetado por la sociedad. No se nos permite ser médicos ni psicólogos, y la mayoría de las empresas no aceptan empleados *ladyboys* porque no quieren que la imagen de la empresa se asocie a los *gà·teu·i*. Dado que no podemos tener empleos normales, muchos *ladyboys* abandonan sus estudios a temprana edad, por lo que cada vez se crea un mayor vacío cultural. Si trabajamos en la industria del sexo es porque no podemos ganar un buen sueldo haciendo otras cosas. Me siento una ciudadana de segunda; ¡no podemos usar ni los baños de hombres ni los de mujeres! ¡En mi antiguo trabajo tenía que subir 14 escaleras para ir al baño reservado a los *ladyboys*! Además, la ley estipula que en mi DNI y pasaporte debe figurar la "V" de varón porque en Tailandia se entiende como mujer a aquella persona que puede concebir hijos. Me resulta difícil salir del país porque en mi pasaporte pone "V", pero tengo apariencia de mujer, de modo que nunca me dejarían pasar los controles de seguridad porque parece un pasaporte falso.

¿CUÁNDO TE DISTE CUENTA DE QUE QUIZÁ ERAS UNA PERSONA TRANSEXUAL?

Me di cuenta de que era diferente más o menos a los 6 años. Siempre quería vestirme como mi hermana y me enfadaba cuando mis padres me ponían ropa de niño. Yo me sentía a gusto llevando la ropa de mi hermana.

¿CÓMO SE PUEDE DISTINGUIR UN 'LADYBOY' DE UNA MUJER?

A veces cuesta mucho... ¡Pero puede darse el caso de que un *ladyboy* sea más atractivo que una mujer! No hay forma de saberlo de antemano, a menos que alguien le pida el DNI. Hoy en día, los médicos están logrando muy buenos resultados, aunque las operaciones son muy caras; ¡en mi caso pagué 150 000 THB! Aparte del aparato reproductor y los implantes en los pechos o la nariz, hay otras intervenciones disponibles como implantes de silicona en las caderas, estrechamiento de mandíbula, reducción de pómulos y moldeado

Pier 'LOUNGE'

(plano p. 542; Bo Phut) Esta elegante "caja negra" destaca entre las estrechas casas de la comunidad china de Bo Phut. Es el lugar más de moda del Fisherman's Village, con terrazas en diferentes niveles, un animado bar y mobiliario y asientos modernos para relajarse mientras se contemplan los destartalados barcos.

Gecko Village CLUB

(plano p. 542; Bo Phut) Templo de la música electrónica con DJ internacionales. Sus fiestas de fin de año y domingos son memorables.

de la barbilla. Pero antes de pasar por el quirófano hay que someterse a un examen psicológico. La operación fue terriblemente dolorosa. Estuve ingresada siete días en el hospital y tardé unos dos meses en recuperarme por completo. Los pacientes más jóvenes sanan antes; yo tenía 40 años cuando me operé.

¿POR QUÉ NO TE OPERASTE ANTES? ¿Y CÓMO TE RESULTÓ LA TRANSICIÓN?

No "cambié" antes porque no quería dejar mi trabajo, y sabía que cuando me operara me obligarían a renunciar. Trabajaba de profesor de *software* en una universidad, y los profesores universitarios no pueden ser transexuales. También prefería esperar a que mi padre falleciera para que la situación no resultara tan difícil para mi familia.

Y, bueno, al contrario de lo que puedan creer algunos turistas, ninguna familia desea particularmente tener un niño transexual, ni siquiera una familia solo con hijos. Algunas de mis amigas no se hablan con sus familias. Mi madre siempre fue un gran apoyo. Un mes antes de la operación me dijo: "siempre serás mi niño, pero nunca ocultes la verdad, acepta quién eres". Tengo dos hijos adoptados, ahora ya son mayores; el caso es que después del cambio de sexo me empezaron a regalar por el Día de la Madre en vez del Día del Padre... Fue un gesto muy dulce. Por otro lado, mi padre nunca me aceptó; es más, cuando se enteró de que dormía con hombres..., digamos que puso a prueba su *muay thai* conmigo.

¿CÓMO TE SENTISTE AL DESPERTAR TRAS LA OPERACIÓN? ¿CÓMO HA SIDO LA VIDA DESDE ENTONCES?

Me desperté esbozando una gran sonrisa. La vida es maravillosa. Me alegro de poder ser por fuera como me siento por dentro. ¡Ya no me entristezco cada vez que me miro ahí abajo! Me costó encontrar trabajo después de la operación. Especifiqué en mi CV "transexual operada" para que no hubiera sorpresas en las entrevistas, pero ninguna empresa me contactó. ¡Ah, sí!, hubo una que me citó para una entrevista, pero lo único que hicieron fue indagar sobre mi vida personal. Fue bastante descorazonador. Finalmente, di con una empresa que trabaja con gays, donde ejerzo como técnico de *software*, lo que significa que tengo que ir a hoteles de todo el país y formar a los recepcionistas con respecto al sistema informático que utilizan. Me encanta mi trabajo.

Ahora que ya ha pasado un tiempo desde la operación, tengo que tomar hormonas femeninas de por vida. Hay quienes reaccionan mal a la medicación en un principio. Tengo amigas a las que les salieron muchos granos y engordaron bastante. A veces lleva tiempo dar con la dosis adecuada. Además, aparte de las hormonas, hay que realizar un cierto mantenimiento para que todo funcione como es debido. Un ejemplo: cuando alguien se agujerea las orejas, a menos que no lleve pendientes con regularidad... Ya sabemos... En fin, mi tío se mudó a Estados Unidos y me preguntó si quería irme también, pero soy feliz en Tailandia. Y aunque los transexuales no gocemos de demasiados derechos, no estoy tan convencida de que la situación sea mucho mejor en otros lugares.

Y, PARA TERMINAR: ¿CUÁL CREES QUE ES LA MAYOR IDEA EQUIVOCADA SOBRE LOS 'GÀ-TEU-I' EN TAILANDIA?

La respuesta es fácil: que todas somos unas putas promiscuas y mentirosas. Pero, como cualquier ser humano, lo que buscamos es amor. Es verdad que muchos *ladyboys* tratan de engañar a su entorno, pero es porque tienen miedo a ser rechazados por ser como son. Además, muchos mienten porque desean desesperadamente ser mujeres de verdad, pero nunca lo serán. Yo soy consciente de eso; por lo cual siempre muestro mi lado verdadero. Me siento cómoda con la persona que soy. Ojalá todo el mundo lo fuera.

Conversación con Brandon Presser.

Billabong Surf Club BAR

(plano p. 542; Bo Phut) Bar dedicado al fútbol australiano (siempre hay un partido en el TV), con abundante parafernalia futbolera y magníficas vistas de Ko Pha-Ngan, además de unos platos descomunales de costillas y chuletas cerveza de barril.

Información

Peligros y advertencias

Al igual que en Phuket, la tasa de accidentes de tráfico mortales en Samui es muy elevada. Ello se debe en gran medida a la combinación de una motocicleta de alquiler con sinuosas carreteras, repentinos aguaceros tropicales y atestadas carreteras. Si el viajero decide alquilar una, se aconseja utilizar siempre casco (mejor con visor de plástico). Dicho esto, se sabe que en algunas tiendas tratan de estafar a los viajeros asegurando que la motocicleta que se devuelve no se encuentra en el mismo estado que cuando fue entregada.

Por otro lado, los vendedores de playa ambulantes autorizados están dados de alta en un registro oficial y han de vestir un chaleco numerado, así que no hay dudar en pedir ayuda en caso de sentirse agobiado por alguno.

Urgencias

Policía turística (plano p. 538; ☎0 7742 1281, urgencias 1155) En el sur de Na Thon.

Oficinas de inmigración y visados

Unos 2 km al sur de Na Thon se halla la **oficina de inmigración** (plano p. 538; ☎0 7742 1069; ⏲8.30-12.00 y 13.00-16.30 lu-vi) de Ko Samui, donde en teoría gestionan extensiones de visado para un tiempo mínimo en lugar del máximo autorizado. Pero, en la última visita, este autor observó cómo decenas de turistas aguantaban colas extenuantes para más tarde encontrarse con que se les denegaba la extensión de manera tajante, sin ningún motivo en particular. En ocasiones, la espera para la solicitud puede llevar toda la tarde. Para más información sobre visados, véase p. 762.

Acceso a internet

La isla está repleta de lugares, incluso en las playas menos frecuentadas. Los precios oscilan entre 1 y 2 THB por minuto. Hay restaurantes que disponen de conexión wifi, como la mayoría de los alojamientos, si bien, paradójicamente, en los hoteles cobran un buen suplemento por este servicio.

Medios de comunicación y mapas

La Siam Map Company publica folletos trimestralmente, incluidos una guía de *spas* y otra de restaurantes, además de un listado anual que recoge miles de empresas y hoteles de la isla. Su *Siam Map Company Samui Guide Map* es excelente, gratis y fácil de encontrar en cualquier lugar de la isla. También merece un vistazo el folleto *Samui Navigator*. **Essential** (www.essential-magazine.com) es un folleto de bolsillo con las distintas actividades que se ofrecen en Samui. *Samui Guide* es más una revista con información sobre restaurantes y atracciones.

Asistencia médica

En Ko Samui hay cuatro hospitales privados, todos ellos cerca del supermercado Tesco-Lotus de Chaweng, en la costa este (donde se concentra el grueso del turismo). El hospital público de Na Thon ha mejorado bastante en los dos últimos años, pero el servicio sigue siendo algo adusto dado que su financiación depende del número de residentes oficiales de la isla (que no incluye a los muchos birmanos que trabajan ilegalmente).

Bandon International Hospital (plano p. 542; ☎0 7742 5840, urgencias 0 7742 5748)

Bangkok Samui Hospital (plano p. 540; ☎0 7742 9500, urgencias 0 7742 9555) El más recomendable para cualquier problema.

Cámara hiperbárica (plano p. 538; ☎0 7742 7427; Big Buddha Beach) Especializada en medicina submarina.

Samui International Hospital (plano p. 540; ☎0 7742 2272; www.sih.co.th; Hat Chaweng) Servicio de urgencias 24 horas; aceptan tarjetas de crédito. Está cerca del Amari Resort de Chaweng.

Dinero

Es fácil cambiar dinero tanto en las costas este y norte como en Na Thon. Varios bancos y ventanillas de cambio abren a diario, y cada 200 m suele haber un cajero automático. A diferencia de en la vecina Ko Tao, no se suele cobrar recargo por pagar con tarjeta de crédito.

Correos

Varios lugares de la isla disponen de oficinas de correos privadas que aplican una pequeña comisión. No suelen poner pegas por dejar correspondencia franqueada en los alojamientos para que la entreguen posteriormente en correos.

Oficina principal de correos (plano p. 538; Na Thon) Está cerca de la oficina de la TAT, aunque no es muy de fiar.

Información turística

Essential (www.essential-magazine.com) Folleto tamaño bolsillo con las distintas actividades que ofrece Samui.

Samui Guide (www.samuiguide.com) Más en la línea de una revista, esta guía hace énfasis en los restaurantes y atracciones de la isla.

Samui Navigator (www.samuinavigator.com) Folleto a considerar.

Siam Map Company (www.siammap.com) Publica folletos trimestralmente, incluidas guías de *spas* y restaurantes, y un completo listado de empresas y hoteles de la isla. Su sensacional *Siam Map Company Samui Guide Map* es gratis y se distribuye en toda la isla.

Oficina de la TAT (plano p. 538; ☎0 7742 0504; Na Thon; ⏲8.30-16.30) Situada en el extremo norte de Na Thon, tiene un personal atento y eficaz, además de folletos y planos/mapas muy útiles, si bien todas las agencias de viajes de la isla proporcionan información similar.

Cómo llegar y salir

Avión

El aeropuerto de Samui se encuentra en el noreste de la isla, cerca de la playa del Gran Buda. **Bangkok Airways** (www.bangkokair.com) opera vuelos aproximadamente cada 30 minutos entre Samui y el aeropuerto Suvarnabhumi de Bangkok (50 min). Bangkok Air también ofrece conexiones directas con Phuket, Pattaya, Chiang Mai, Singapur y Hong Kong. **Firefly** (www.fireflyz.com.my) vuela sin escalas al aeropuerto Subang de Kuala Lumpur.

Hay una **oficina de Bangkok Airways** (plano p. 540; ☎0 7742 0512-9) en Chaweng y otra en el **aeropuerto** (☎0 7742 5011). El primer (6.00) y el último vuelo (22.00) del día son los más baratos.

En temporada alta es necesario reservar los vuelos directos con mucha antelación. Otra opción es volar a Surat Thani desde Bangkok y después realizar la breve travesía en *ferry* hasta Samui. Volar a Surat Thani suele ser más económico que hacerlo directamente a la isla, aunque supone una molestia mayor.

Barco

Los cuatro muelles principales entre la Tailandia continental y Samui son los de Ao Ban Don, Tha Thong, Don Sak y Khano, de los cuales los de Tha Thong (en el centro de Surat) y Don Sak son los más utilizados. En Samui, los puertos más habituales son Na Thon, Mae Nam y Big Buddha. Los servicios rápidos de *ferry* incluyen los traslados en taxi.

Hay frecuentes servicios de *ferry* entre Samui y Surat Thani. Una opción muy utilizada es el *ferry* de Seatran, con salidas cada hora. El trayecto dura entre una y cinco horas, según el barco. Hay un par de servicios que conectan con la estación de trenes de Phun Phin (por un pequeño suplemento). El lento *ferry* nocturno a Samui zarpa a diario del centro de Surat Thani a las 23.00 y llega a Na Thon hacia las 5.00. El *ferry* de regreso sale de Na Thon a las 21.00 y llega aproximadamente a las 3.00. En este barco hay que estar ojo avizor a las pertenencias.

Hay casi una docena de servicios diarios entre Samui y Ko Pha-Ngan. Los barcos salen de los muelles de Na Thon, Mae Nam y Big Buddha, y la travesía dura entre 20 minutos y una hora. Los servicios que zarpan desde Big Buddha llegan a Hat Rin, mientras que el resto va a Thong Sala. Desde estos muelles zarpan unos seis servicios diarios entre Samui y Ko Tao (1¼-2½ h).

Autobús y tren

Para viajar a Ko Samui es preferible la combinación autobús y *ferry* a la de tren y *ferry*, pues de este modo no hay que hacer transbordo en Phun Phin. El tren, eso sí, es mucho más cómodo y espacioso, sobre todo si se viaja de noche. Si se prefiere el tren, otra opción es bajarse en Chumphon y continuar en catamarán.

Cómo desplazarse

Motocicleta Casi todos los complejos de la isla alquilan motocicletas (y bicicletas). Suelen cobrar 200 THB por día, negociable para alquileres más largos.

'Sŏrng·tăa·ou' Los conductores de *sŏrng·tăa·ous* tienen fama por cobrar de más, por lo que se recomienda preguntar al respecto a un tercero (además, los precios varían según la temporada). Por lo general circulan de día. Viajar de una playa a otra cuesta unos 50 THB, mientras que cruzar media isla no debería superar los 100 THB. Un trayecto de cinco minutos en mototaxi sale por unos 20 THB.

Taxi Debido a la gran cantidad que hay, este servicio en Samui es bastante caótico. Tiempo atrás, las tarifas no estaban normalizadas, pero hoy existe mayor consenso entre las islas (aunque los precios aún se inflan escandalosamente en comparación con Bangkok). El trayecto desde el aeropuerto suele costar unos 500 THB. Hay agencias en Chaweng que pueden organizar el traslado en microbús por menos dinero.

Ko Pha-Ngan

เกาะพงัน

11 000 HAB.

Dentro de la familia de las islas del sur del golfo, Ko Pha-Ngan reposa tranquila en un mar cristalino entre Ko Samui, su emprendedora hermana mayor, y la pequeña Ko Tao, su atrevida hermana menor, de espíritu submarino más aventurero. Ko Pha-Ngan destaca por su ambiente sosegado, con playas frecuentadas por jóvenes con rastas y tatuajes, pero también con aficionados a las fiestas hasta el amanecer.

El bello cabo de Hat Rin es la joya de la corona de este apacible paraíso. La Sunrise Beach empezó a celebrar la mundialmente famosa fiesta de la luna llena (Full Moon Party) mucho antes de que la película *La playa, de* Alex Garland, inspirara a muchos a recorrer la zona con una mochila. Hoy, estas playas aún atraen a miles de juerguistas con ganas de entrar en el trance inducido por la adrenalina o, en casos, por otras sustancias.

Pero como ocurre con cualquier adolescente, la personalidad de la isla aún está forjándose, por lo que cabe preguntarse si se impondrá el espíritu juerguista o el asombroso potencial de las solitarias playas del norte.

Con todo, y a pesar de que Ko Pha-Ngan conservará su reputación de haragán en los años venideros, la isla ha empezado a subir

Ko Pha-Ngan

de categoría sigilosamente. Cada año, viejas cabañas destartaladas pierden su puesto en favor de relucientes casas modernas. Es por ello que en la Sunrise Beach difícilmente se puede encontrar ya una habitación por menos de 1000 THB. Es cuestión de tiempo que los términos "piscina privada con horizonte infinito" o "mayordomo propio" se instalen definitivamente en la jerga de la isla, en sustitución de frases más asociadas al alcohol y otras drogas. En cualquier caso, su vasto interior selvático parece a salvo y todavía quedan muchas bahías retiradas en las que colgar la hamaca y dedicarse a la contemplación del paisaje.

Puntos de interés

Quienes estén cansados de holgazanear en la playa, encontrarán en esta isla mucha naturaleza por explorar, con montañas, cascadas y, aún mejor, algunas de las playas más espectaculares del país.

Playas y cascadas

Hay muchas cascadas repartidas por el interior de la isla, cuatro de las cuales vierten agua durante todo el año.

Nam Tok Than Sadet CASCADA

Esta cascada tiene rocas talladas con las insignias reales de Rama V, Rama VII y Rama IX. A Rama V le gustaba tanto este paraje oculto que lo visitó en incontables ocasiones entre 1888 y 1909. El agua del río Khlong Than, considerada sagrada, se emplea en ceremonias reales. También cerca de la costa este se encuentra **Than Prawet**, una serie de rápidos que serpentea tierra adentro a lo largo de unos 2 km.

Nam Tok Phaeng CASCADA

Situada en el centro de la isla y protegida por un parque nacional, esta cascada es una agradable recompensa tras una caminata breve pero exigente. Se puede continuar el ascenso hasta el **Khao Ra**, el punto más ele-

DECÁLOGO DE LA FIESTA DE LA LUNA LLENA

Nadie sabe con certeza cuándo ni cómo empezaron estas desenfrenadas fiestas. Muchos aseguran que fue en 1987 o 1988, coincidiendo con la fiesta de despedida de alguien. Pero eso es lo de menos. Actualmente, miles de asistentes se congregan cada mes en la arena empapada de queroseno de la Sunrise Beach para disfrutar de una juerga épica. En temporada alta, el número de participantes puede rondar los 40 000, mientras que en temporada baja son alrededor de 5000.

Quienes no puedan hacer coincidir su viaje con la locura del plenilunio, pero aun así quieran cubrirse el cuerpo de pintura fluorescente, no tienen por qué preocuparse, ya que se organizan otras buenas fiestas, como las Black Moon Parties (de la luna nueva; en Ban Khai), las Half Moon Parties (de la luna media; en Ban Tai) o las Moon-set Parties (de la puesta de la luna; en Hat Chaophao), por nombrar algunas.

Algunas voces críticas sostienen que la fiesta está empezando a perder su sabor despreocupado, sobre todo desde que las autoridades locales tratan de imponer una tasa de asistencia de 100 THB. De todas formas, la noche de la luna llena sigue siendo una experiencia única, siempre y cuando se consideren las siguientes observaciones:

» Llegar a Hat Rin al menos tres días antes para conseguir alojamiento antes de la avalancha de mochileros previa a la fiesta (véase p. 559).

» Confirmar las fechas de la fiesta, pues a veces cambia si coincide con una festividad budista.

» Poner las pertenencias a buen recaudo, sobre todo si se está en un bungaló barato.

» Probar los manjares fritos del Chicken Corner antes de que empiece la fiesta.

» Llevar calzado resistente para bailar en la arena, a menos que se quiera probar una inyección antitetánica.

» Pintarse el cuerpo con pintura fluorescente.

» Subir a la Montaña Mágica o a la Roca para disfrutar de vistas increíbles del descontrol de abajo.

» Pasar del bufé de drogas, ni meterse en el agua borracho.

» Estar al menos con otra persona, sobre todo las mujeres, particularmente al volver al hotel.

» Divertirse hasta que salga el sol.

vado de Ko Pha-Ngan (625 m). Quienes agudicen la vista quizá vean cocodrilos, monos, serpientes, ciervos y jabalíes, mientras que las **vistas** desde arriba son espectaculares, hasta Ko Tao en los días despejados. Pese a que la caminata no es exigente, es fácil perderse, por lo que se recomienda contratar un guía en Ban Madeua Wan (cerca de la cascada). Estos por lo general solo hablan thai y se anuncian con carteles toscos situados frente a sus casas; suelen cobrar 500 THB.

Hat Khuat PLAYA

También conocida como la Bottle Beach ("playa de la Botella"), esta playa es todo un clásico que atrae a las masas que desean pasar una agradable jornada en y bajo el agua. Hay algunos bungalós repartidos por ella. Para alejarse del gentío, una buena alternativa son las playas de la costa este, incluidas las **Than Sadet, Hat Yuan, Hat Thian** y la diminuta **Ao Thong Reng.** Para más playas encantadoras, nada como realizar una excursión de un día al fascinante **Parque Nacional Marino de Ang Thong** (p. 585).

'Wats'

Hay que recordar cambiarse de ropa si se quiere visitar alguno de los 20 templos de Ko Pha-Ngan, la mayoría de ellos abiertos durante el día.

El más antiguo de la isla es el **Wat Phu Khao Noi,** ubicado cerca del hospital de Thong Sala. Pese a que el recinto abre de día, solo hay monjes por la mañana. El **Wat Pho,** cerca de Ban Tai, cuenta con una **sauna herbal** (entrada 50 THB; ⌚15.00-18.00), aromatizada con limoncillo natural. Se dice que trae buena suerte visitar el **templo chino,** construido hace unos veinte años, después de que una visitante tuviera una visión de un Buda chino. El **Wat Khao Tham,** también cerca de Ban Tai, en lo alto de una colina, cobija a monjas budistas. En el templo hay un tablón de anuncios con información sobre el retiro de meditación que lleva una pareja estadounidense-australiana. Para más información, hay que escribir a: Wat Khao Tham, PO Box 8, Ko Pha-Ngan, Surat Thani 84280.

Actividades

Submarinismo y buceo con tubo

La escena del submarinismo en Ko Pha-Ngan es mucho más amena y relajada que en su hermana menor, Ko Tao (la meca del submarinismo de la región), a solo unos kilómetros, llena de aspirantes a certificados PADI. Además, la reciente bajada de las tarifas de los cursos en aguas abiertas ha disparado la competitividad de Ko Pha-Ngan. Otra ventaja es que, al haber menos submarinistas, los grupos son más reducidos.

Al igual que el resto de islas del archipiélago de Samui, Ko Pha-Ngan posee pequeños arrecifes dispersos por la isla. Uno de los mejores lugares para bucear con tubo es **Ko Ma,** una pequeña isla de aguas cristalinas situada al noroeste y unida a Ko Pha-Ngan por un maravilloso brazo de arena. También hay algunas rocas con arrecifes interesantes en la parte este de la isla.

Una de las grandes ventajas de embarcarse en una excursión de submarinismo en Ko Pha-Ngan es su proximidad a la **Sail Rock** (Hin Bai), el mejor enclave de submarinismo del golfo de Tailandia y punto de reunión de tiburones ballena. Este enorme pináculo se halla unos 14 km al norte de la isla. A unos 10-30 m de profundidad se ven abundantes corales y enormes peces tropicales, y hay una pared vertical, conocida como "The Chimney" ("la chimenea"), por la que se puede nadar.

Las escuelas de submarinismo de Ko Tao a veces visitan la Sail Rock, aunque suelen concentrarse en arrecifes poco profundos (ideales para principiantes) y en las aguas infestadas de tiburones del Chumphon Pinnacle ("pináculo de Chumphon"). Las excursiones de un día más populares desde Ko Pha-Ngan son las que paran en el **Chumphon Pinnacle,** la Sail Rock y otro enclave de primer orden (véase recuadro en p. 573). Estas excursiones con tres paradas cuestan entre 3650 y 3800 THB, almuerzo completo incluido. Las excursiones con dos inmersiones en la Sail Rock oscilan entre 2350 y 2500 THB.

En este listado figuran las escuelas más reputadas de la isla:

Reefers SUBMARINISMO
(☎08 6471 4045; www.reefersdiving.com) Situada en Shiralea (p. 563), se trata de una de las últimas escuelas en instalarse en la isla. Vic, su propietario, y su grupo de instructores son simpáticos y profesionales. Muy recomendable.

Lotus Diving SUBMARINISMO
(☎0 7737 4142; www.lotusdiving.net) Cuenta con instructores de primera y dos barcos preciosos (es decir, dos barcos más que la mayoría de los operadores de Ko Pha-Ngan). Se puede reservar a través de su oficina de Chalok Lam o en el Backpakers Information Centre (p. 569).

Haad Yao Divers SUBMARINISMO
(☎08 6279 3085; www.haadyaodivers.com) Fundado en 1997, este centro se ha ganado una magnífica reputación gracias a sus niveles de seguridad europeos y a su excelente trato.

Otras actividades

Las excursiones de un día de senderismo y buceo con tubo al **Parque Nacional Marino de Ang Thong** (p. 585) suelen salir de Ko Samui, pero últimamente los operadores turísticos han empezado a llevar viajeros también desde Ko Pha-Ngan. Para más información sobre las excursiones en barco, pregúntese en el alojamiento, pues las compañías cambian mucho debido a la fluctuación de los precios del petróleo.

Muchos de los grandes alojamientos disponen de motos acuáticas o kayaks, y el atento personal del Backpakers Information Centre (p. 569) sabrá cómo ayudar al viajero sobre deportes acuáticos.

Wake Up 'WAKEBOARDING'
(☎08 7283 6755; www.wakeupwakeboarding.com; ⌚ene-oct) Jamie difunde su infinita sabiduría en su pequeña escuela de deportes acuáticos de Chalok Lam. Una sesión de 15 min cuesta 1500 THB (2500 THB/30 min), es decir, un precio bastante razonable si se tiene en cuenta que son clases personalizadas. También organiza sesiones de *kiteboard, wakeskate* y esquí acuático, así como excursiones de un día alrededor de la isla (2000 THB por persona, mín. 6).

Eco Nature Tour CIRCUITOS
(☎08 4850 6273) Sumamente popular, esta empresa ofrece una excursión para visitar "lo mejor de la isla" que incluye senderismo en elefante y buceo con tubo, además de las visitas a un templo chino, a un mirador espectacular y a la cascada de Phang. El precio es de 1500 THB, se sale a las 9.00 y se regresa hacia las 15.00. Las reservas se pueden realizar en su oficina de Thong Sala o en el Backpakers Information Centre. **Pha-Ngan Safari** (☎0 7737 4159, 08 1895 3783) organiza una excursión similar por 1900 THB.

Dónde dormir

La legendaria historia de tranquila rebeldía de Ko Pha-Ngan ha servido para que la isla consolide su fama de territorio mochilero. No obstante, en los últimos tiempos la isla ha empezado a promocionarse como destino vacacional para una clientela de mayor poder adquisitivo. Muchos alojamientos míticos han derribado sus cabañas de bambú y las han reemplazado por estructuras modernas más elegantes, orientadas a la creciente legión de viajeros aún de espíritu mochilero, pero con más dinero para gastar.

En otros rincones se acondicionan nuevos terrenos para levantar complejos de cinco estrellas en la línea de los de Samui. No obstante, los mochileros no tienen nada que temer, ya que pasarán años antes de que la isla se sacuda definitivamente su estilo desaliñado. De momento, Ko Pha-Ngan se complace en ofrecer tres tipos de alojamientos claramente diferenciados: cabañas de precio económico, modernos alojamientos de precio medio y propuestas lujosas a precios desorbitados.

Hat Rin es la zona que recibe más visitantes de toda la isla. Los juerguistas se acercan a esta bonita península para saciar sus ansias de fiesta, y aunque la mayoría duerme durante el día, el ambiente se conserva bastante pintoresco a pesar de que siempre queda desperdigada alguna que otra botella. La zona sur de la Sunrise Beach empieza a oler a queroseno a raíz de las travesuras nocturnas que perpetran en el Drop-In Bar; huelga decir que es mejor tomar el sol en el apacible tramo norte de la playa.

En Ko Pha-Ngan también tiene cabida una subcultura de viajeros que anhelan un solitario pedacito de playa. Las costas del norte y el este ofrecen precisamente eso: un lugar de escapada.

Los alojamientos reseñados a continuación están organizados en cinco secciones: primero aparecen los de Hat Rin, después los de la costa sur, luego los de la costa oeste, y finalmente se cruza al norte para seguidamente descender por la apacible costa este.

HAT RIN

La angosta península de Hat Rin tiene tres playas separadas: la Hat Rin Nok (Sunrise Beach o "playa de Levante"), el epicentro del descontrol durante la fiesta de la luna llena, la Hat Rin Nai (Sunset Beach o "playa de Poniente"), la menos impresionante, localizada en el extremo más alejado del promontorio, y la Hat Seekantang (también conocida como Hat Leela), al sur de la Hat Rin Nai, más pequeña y privada. Las tres playas están unidas por Ban Hat Rin ("ciudad de Rin"), un pequeño conjunto de restaurantes y bares.

Huelga decir que los precios indicados solo son orientativos durante el plenilunio, cuando los bungalós esperan una estancia mínima (4-5 días). Si se tiene previsto llegar el mismo día de la fiesta de la luna llena (o incluso la víspera), lo mejor es hacer reserva o bien dormir en la playa (que es donde suelen acabar muchos. Otra opción es alojarse en Samui y tomar un barco rápido (desde 550 THB, salidas cada hora) para ir a la fiesta.

Sarikantang CENTRO VACACIONAL $$$
(plano p. 560; ☎0 7737 5055; www.sarikantang.com; Hat Seekantang; bungalós 1400-6200 THB;) No hace falta esforzarse demasiado en pronunciar su nombre; se le podría llamar simplemente "el paraíso". Aquí se hallarán bungalós de color crema con postes y dinteles de teca, dispuestos entre palmeras que se mecen al viento. Las habitaciones parecen sacadas de una revista de interiorismo.

Pha-Ngan Bayshore Resort CENTRO VACACIONAL $$
(plano p. 560; ☎0 7737 5227; www.phanganbayshore.com; Hat Rin Nok; h 1700-3200 THB; @) Tras someterse a una reforma acuciante en el 2009, este alojamiento tipo hotel se ha preparado para acoger la creciente afluencia de mochileros acomodados a Hat Rin. Sus soberbias vistas de la playa y su descomunal piscina lo convierten en una de las mejores propuestas de la Sunrise Beach.

Seaview Sunrise BUNGALÓS $
(plano p. 560; www.seaviewsunrise.com; Hat Rin Nok; h 500-800;) La única opción econó-

Hat Rin

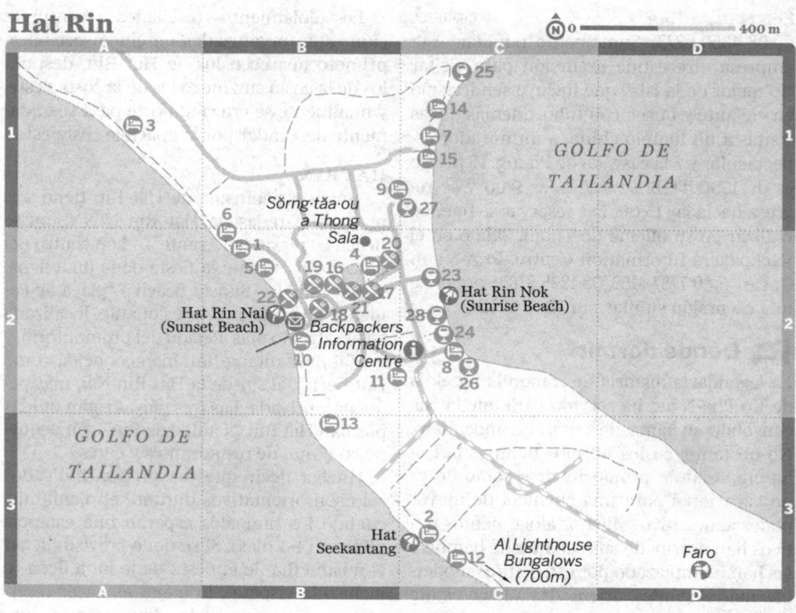

Hat Rin

Dónde dormir

1 Blue Marine B2
2 Cocohut Village C3
3 Coral Bungalows A1
4 Delight B2
5 Friendly Resort B2
6 Neptune's Villa B2
7 Palita Lodge C1
8 Paradise Bungalows C2
9 Pha-Ngan Bayshore Resort B1
10 Rin Beach Resort B2
11 Same Same B2
12 Sarikantang C3
13 Sea Breeze Bungalow B3
14 Seaview Sunrise C1
15 Tommy Resort C1

Dónde comer

16 Lazy House B2
17 Little Home B2
18 Lucky Crab B2
Mama Schnitzel .... (véase 20)
19 Monna Lisa B2
20 Mr K B2
21 Nic's B2
22 Om Ganesh B2
Same Same Burger .... (véase 11)

Dónde beber

23 Cactus Bar C2
24 Drop-In Bar C2
25 Mellow Mountain C1
26 Rock C2
27 Sunrise C1
28 Zoom/Vinyl C2

Ocio

Club Paradise .... (véase 8)
Tommy .... (véase 15)

mica recomendable para los juerguistas en busca de un lugar a centímetros del agua. Las cabañas son robustas y sirven para su propósito. El interior de madera barnizada conserva algún que otro recuerdo de fiestas pasadas. Para evitar los mosquitos, se recomienda pedir un bungaló lejos del canal.

Palita Lodge BUNGALÓS $$

(plano p. 560; ☎0 7737 5172; www.palitalodge.com; Hat Rin Nok; bungalós 1800-5900 THB;) Situado en pleno meollo, este establecimiento es un homenaje a la fiesta incesante que azota la Sunrise Beach. Sus espaciosos bungalós de hormigón, con detalles de madera y pinceladas modernas de diseño, están perfectamente acurrucados junto a la playa. Estancia mínima de siete días durante la fiesta de la luna llena.

Delight PENSIÓN $
(plano p. 560; ☎0 7737 5527; www.delightresort.com; Ban Hat Rin; h 700-2200 THB; ❄📶🏊) Ubicado detrás del llamativo letrero de Kodak en el centro de Hat Rin, es uno de los mejores alojamientos del lugar. Las habitaciones, impecables, presumen de sutiles toques de diseño y se hallan entre una tentadora piscina y una serena laguna con nenúfares.

Cocohut Village CENTRO VACACIONAL $$$
(plano p. 560; ☎0 7737 5368; www.cocohut.com; Hat Seekantang; bungalós 2800-12 000 THB; ❄@📶🏊) Es un lugar tan animado que a veces los huéspedes olvidan que están a tiro de piedra del jolgorio de la Sunrise Beach. Las opciones más caras, como los chalés sobre el acantilado o los bungalós en primera línea de playa, se cuentan entre lo más recomendable de Hat Rin.

Tommy Resort CENTRO VACACIONAL $$
(plano p. 560; ☎0 7737 5215; www.phangantommyresort.com; Hat Rin Nok; h 1490-8000 THB; ❄@🏊) Moderno, en plena Hat Rin, con un llamativo equilibrio entre la elegancia *boutique* y el espíritu desenfadado de los lugares para mochileros. Su piscina rectangular es ideal para recargar las pilas.

Sea Breeze Bungalow BUNGALÓS $$
(plano p. 560; ☎0 7737 5162; Ban Hat Rin; bungalós 500-8000 THB; ❄🏊) Este alojamiento ha recibido muy buenas críticas de otros viajeros, y un servidor lo corrobora; su laberinto de solitarios bungalós desperdigados por la ladera de una colina es perfecto para desconectar de todo. Varios de ellos (calzados sobre pilotes) brindan vistas impresionantes de Hat Rin y del mar.

Lighthouse Bungalows BUNGALÓS $
(fuera de plano p. 560; ☎0 7737 5075; www.lighthousebungalós.com; Hat Seekantang; bungalós 300-1200 THB) Agazapado al final de Hat Rin, este discreto conjunto de sencillos bungalós se concentra a lo largo de un terreno en pendiente salpicado de altas palmeras. Para llegar a este apartado complejo hay que cruzar a pie el Leela Beach Bungalows y seguir por la pasarela de madera a medida que gira a la izquierda (sureste), rodeando los peñascos bañados por el mar.

Coral Bungalows CENTRO VACACIONAL $
(plano p. 560; ☎0 7737 5023; www.coralhaadrin.com; Hat Rin Nai; bungalós 500-1000 THB; ❄@🏊) Esta meca de la fiesta ha fijado con firmeza su bandera en el "país de los mochileros", convirtiéndose en un lugar de visita obligada para agarrarse una buena. De día, los huéspedes toman el sol en las tumbonas junto a la playa, pero al caer la noche, la piscina se transforma en escenario de fiestas desenfrenadas, en las que no falta vodka con Red Bull.

Same Same PENSIÓN $
(plano p. 560; ☎0 7737 5200; www.same-same.com; Ban Hat Rin; h 500-800 THB; ❄📶) Pese a gozar aún de mucha aceptación entre los fiesteros escandinavos, ya solo es un vago recuerdo de lo que fue, algo que se nota particularmente en los momentos más tranquilos del mes.

Paradise Bungalows BUNGALÓS $
(plano p. 560; ☎0 7737 5244; Hat Rin Nok; bungalós 300-1200 THB; ❄) La mundialmente conocida fiesta de la luna llena vivió su primer amanecer en este desaliñado grupo de bungalós, y desde entonces vive del nombre. Todavía recibe mochileros nostálgicos, pero su recinto parece más una chatarrería desde que la familia se repartiera el terreno a modo de pequeños "complejos". Resultado: paraíso perdido.

Sunset Rd cuesta abajo, se encontrarán los siguientes alojamientos:

Neptune's Villa CENTRO VACACIONAL $$
(plano p. 560; ☎0 7737 5251; http://neptunesvilla.net; Hat Rin Nai; h desde 2000 THB; ❄) Este clásico entre los viajeros no para de crecer, con una oferta de alojamiento repartida entre varios edificios al estilo de un motel.

Rin Beach Resort CENTRO VACACIONAL $$
(plano p. 560; ☎0 7737 5112; www.rinbeachresort.com; Hat Rin Nai; bungalós 1200-10 000 THB; ❄📶🏊) Ánforas gigantes y chorros de agua a raudales reciben al huésped en este establecimiento compuesto por espaciosos y luminosos bungalós aderezados con toques de madera oscura de cerezo y coloridos cuadros de estilo *sutra*.

Friendly Resort CENTRO VACACIONAL $$
(plano p. 560; ☎0 7737 5167; friendly_resort@hotmail.com; Hat Rin Nai; h desde 1000 THB; ❄📶🏊) Esta propuesta con vistas al muelle ofrece una serie de alojamientos dispuestos en torno a una pequeña piscina.

Blue Marine BUNGALÓS $
(plano p. 560; ☎0 7737 5079; www.bluemarinephangan.com; Hat Rin Nai; bungalós 600-1200 THB; ❄📶) Remilgados bungalós de hormigón con brillantes tejados de color azul.

PLAYAS DEL SUR

Esta costa posee los alojamientos que más salen a cuenta de toda Ko Pha-Ngan. Ofrece, además, unas vistas fabulosas de las islas que conforman el Parque Nacional Marino de Ang Thong, si bien las playas del sur no tienen las aguas color turquesa de postal que quizá se busquen. Esta sección comienza con el puerto de Thong Sala y sigue por la costa este en dirección a Hat Rin.

Ban Tai

Las aguas de Ban Tai son en general opacas y poco profundas, pero los alojamientos son más asequibles que en otras partes de la isla y están relativamente cerca de Hat Rin.

Coco Garden BUNGALÓS $
(☎0 7737 7721, 08 6073 1147; www.cocogardens.com; bungalós 450-1250 THB; ❄📶) El mejor alojamiento de categoría económica de la costa sur supera a sus vecinos con magníficos jardines e impecables bungalós.

B52 BUNGALÓS $$
(www.b52-beach-resort-phangan.info; bungalós 1650-4000 THB; ❄📶🏊) Aquí el viajero podrá disfrutar de su propia "cabaña de amor" (en referencia a la canción del grupo B52) en forma de bungaló de estilo tailandés, con tejado de paja, suelos de hormigón pulido y un ambiente de lo más tropical.

Milky Bay Resort CENTRO VACACIONAL $$$
(☎0 7723 8566; http://milkybaythailand.com; bungalós 2300-13 200 THB; ❄@📶🏊) Paredes de blanco nuclear salpicadas de piedras negras (como si se tratara de las manchas de una vaca) unifican el recinto de este complejo de amplios bungalós con techumbre de paja que desciende hasta el mar.

Ban Khai

Al igual que en Ban Tai, estas playas no son las más despampanantes de la isla, pero los alojamientos son económicos y hay unas vistas preciosas del Parque Nacional Marino de Ang Thong.

Boom's Cafe Bungalows BUNGALÓS $
(☎0 7723 8318; www.boomscafe.com; bungalós 400-1000 THB; ❄) Hospedarse aquí es algo así como visitar a los parientes tailandeses que ni se sabía que se tenían. Está situado en la esquina más al este de Ban Khai, cerca de Hat Rin, y sus agradables dueños son conocidos por su trato amable y hospitalidad. A nadie parece importarle que no haya piscina, máxime si se tiene en cuenta que el mar casi llama a la puerta.

Mac Bay BUNGALÓS $
(☎0 7723 8443; bungalós 500-1500 THB; ❄🏊) Hogar de la fiesta de la luna nueva (Black Moon Party; otra excusa lunar para desmelenarse en Ko Pha-Ngan), esta propuesta junto a una playa de arena ofrece unos bungalós donde incluso los más económicos resultan pasables. Al atardecer no hay nada como agarrar una cerveza y ver el sol descender en la distancia sobre las islas de Ang Thong.

Morning Star BUNGALÓS $$
(☎0 7737 7756; www.morningstar-resort.info; bungalós 1600-5390 THB; ❄📶🏊) Conjunto de bungalós selváticos de madera y hormigón, con interiores impolutos; algunos interiores están amueblados con vistosos tocadores, mientras que otros lucen sutiles adornos en madera oscura. Varias tumbonas de madera orbitan alrededor de su piscina con forma de riñón.

PLAYAS DE LA COSTA OESTE

La costa oeste ha crecido sobremanera con la construcción de dos magníficas carreteras entre Thong Sala y Chalok Lam. El ambiente destila una agradable mezcla entre el sosiego de las apartadas playas del este y la onda sociable de Hat Rin, aunque algunas playas (en especial hacia el sur) no son tan pintorescas como en otros puntos de la isla.

De la Ao Nai Wok a la Ao Si Thanu

Situados cerca de Thong Sala, los complejos que salpican este ventoso tramo de costa se funden con retorcidos manglares, y aunque las playas no son tan bellas como otras, los precios son económicos y los atardeceres, memorables.

Chills Resort CENTRO VACACIONAL $$
(☎08 9875 2100; www.chillsresort.com; Ao Srithanu; h desde 1200 THB; ❄📶🏊) Instalado a lo largo de un sensacional y retirado afloramiento rocoso, este complejo propone habitaciones sencillas pero modernas, con vistas al mar, mucha luz y brisa marina. La piscina, de piedra natural, está muy bien para tomarse una copa con el atardecer de fondo.

Shambhala Bungalow Village BUNGALÓS $
(☎08 9875 2100; www.shambhala-phangan.com; Ao Nai Wok; bungalós 600-1200 THB; ❄📶) En lugar de demoler estos viejos bungalós junto a la playa, se ha optado por restaurarlos con encanto y añadir multitud de toques personales para convertirlos en un alojamiento formidable y asequible. Cabe esperar ropa de cama impecable, maderas talladas, iluminación artística y baños muy bien pensados.

Loy Fa BUNGALÓS $
(☎0 7737 7319; loyfabungalow@yahoo.com; Ao Srithanu; bungalós 300-800 THB; ❄) Personal tailandés agradable, jardines encantadores y robustas cabañas con maravillosas vistas al mar. Los modernos bungalós descienden por el promontorio hasta un apacible tramo de arena oscura.

Grand Sea Resort CENTRO VACACIONAL $$
(☎0 7737 7777; www.grandsearesort.com; Ao Nai Wok; bungalós 1200-3000 THB; ❄📶🏊) Excelente opción para quienes busquen un trocito de arena cerca de Thong Sala, con un formidable conjunto de casas tailandesas de madera.

Hat Chaophao

Al igual que la Hat Yao costa arriba, esta playa redondeada cuenta con una buena selección de bungalós. Más al sur hay un lago hacia el interior, y un 7-Eleven para satisfacer las necesidades nocturnas.

Sunset Cove BUNGALÓS $$
(☎0 7734 9211; www.thaisunsetcove.com; bungalós 1200-3580 THB; ❄@📶🏊) Abanico de bungalós-*boutique* dispuestos entre la fronda con un característico estilo zen. Los situados en primera línea de playa son especialmente elegantes, con grandes ventanales rectangulares y tentadoras bañeras.

Pha-Ngan Paragon BUNGALÓS $$$
(☎08 4728 6064; www.phanganparagon.com; bungalós 2250-13 100 THB; ❄@📶🏊) Un rinconcito al que escaparse con siete habitaciones y una decoración que incorpora elementos estilísticos de los antiguos imperios jemer, de la India y Tailandia, sin olvidarse de las comodidades modernas. La "habitación real" merece mención aparte.

Hat Yao y Hat Son

La Hat Yao es una de las playas más concurridas de la costa oeste, además de ser perfecta para nadar y de contar con numerosos centros vacacionales, cajeros automáticos y tiendas 24 horas, entre otros servicios.

Shiralea BUNGALÓS $
(☎08 0719 9256; www.shiralea.com; Hat Yao; bungalós 500 THB; ❄📶🏊) Pese a que este grupo de alegres bungalós se encuentra a 100 m de la playa, es difícil dar con una propuesta más interesante en toda la isla. Reefers, una empresa de submarinismo que tiene su sede aquí, ofrece inmersiones de primera. ¡Ah!, que nadie se olvide de preguntar al dueño de dónde viene el nombre Shiralea....

Haad Yao Bay View Resort CENTRO VACACIONAL $$$
(☎0 7734 9193; www.haadyao-bayviewresort.com; Hat Yao; h y bungalós 1500-7000 THB; ❄@📶🏊) Todavía reluciente desde su renovación en el 2008, este conglomerado de bungalós y habitaciones tipo hotel parece un espejismo tropical levantado en el cabo norte de la Hat Yao. Mientras que algunos huéspedes optan por tomar el sol junto a la enorme piscina de aguas turquesas, otros prefieren echarse la siesta en las tumbonas de mimbre de las suites privadas con suelos de tarima.

Haad Son Resort CENTRO VACACIONAL $$
(☎0 7734 9104; www.haadson.info; Hat Son; bungalós 1000-8000 THB; ❄@📶🏊) La palabra "complejo" tiene un doble significado en este vasto alojamiento, por lo que si el viajero quiere ser capaz de volver a su habitación, lo mejor es que deje un rastro de migas de pan por sus serpenteantes senderos. Los más elegantes no salen muy a cuenta, pero sí los más baratos, sencillos pero con acceso a todos los servicios.

Tantawan Bungalows BUNGALÓS $
(☎0 7734 9108; www.tantawanbungalow.com; Hat Son; bungalós 450-550 THB; 🏊) Este encantador refugio de teca, agazapado entre la fronda, está repleto de lámparas de araña realizadas con corales y conchas marinas. Tiene una piscina trapezoidal y vistas del amanecer desde los porches de bambú. Se recomienda no irse sin haber disfrutado su maravilloso restaurante. Los comensales se sientan en un mar de cojines geométricos mientras degustan algunos de los mejores platos tailandeses y de inspiración francesa de la isla.

High Life BUNGALÓS $
(☎0 7734 9114; www.highlifebungalow.com; Hat Yao; bungalós 500-2000 THB; ❄📶🏊) Sus 25 bungalós, de distintas formas y tamaños,

reposan sobre un afloramiento granítico sembrado de palmeras, que se eleva sobre el mar cerúleo. Posee una piscina de horizonte infinito. Aplican un recargo de 200 THB a las reservas.

Haad Yao See Through Boutique Resort HOTEL **$$**
(☎0 7734 9315; www.haadyao.net; Hat Yao; h desde 1750 THB; ❄📶) Vio la luz después de que unos hermanos se repartieran un pedazo de la Hat Yao. Las habitaciones están decoradas en una vistosa gama de amarillos, verdes y rojos, a pesar de que por fuera (un imponente bloque de hormigón pulido) parece más una obra inacabada que de un hotel-*boutique*.

Hat Salad

En la playa preferida de la costa oeste de un servidor no escasean los alojamientos de calidad, repartidos a lo largo de su tentadora arena.

Cookies Salad CENTRO VACACIONAL **$$**
(☎0 7734 9125, 08 3181 7125; www.cookies-phangan.com; bungalós 1500-3000 THB; 🏊) Espléndidos bungalós de estilo balinés dispuestos alrededor de una piscina superpuesta alicatada en diferentes tonalidades de azul. Poblados tejados de paja y una exuberante vegetación tropical dotan a este remanso de paz de cierto aire rústico, aunque perfectamente compatible con sus comodidades modernas.

Green Papaya BUNGALÓS **$$$**
(☎0 7737 4182; www.greenpapayaresort.com; bungalós 3600-8500 THB; ❄@📶🏊) Sus maravillosos bungalós de madera pulida destacan claramente entre la encantadora Hat Salad, aunque cuestan un pico.

Salad Hut BUNGALÓS **$$**
(☎0 7734 9246; www.saladhut.com; bungalós 1400-4000 THB; ❄@📶🏊) Pequeño conjunto de bungalós sencillos de estilo tailandés, a tiro de piedra del agua y de otras opciones de precio alto. Los porches de teca lacada son ideales para disfrutar de la puesta del sol entre las olas.

Salad Beach Resort BUNGALÓS **$$**
(☎0 7734 9149; www.phangan-saladbeachresort.com; bungalós 1900-4900 THB; ❄@📶🏊) Retiro con todo tipo de servicios, situado en las arenas de la playa de Salad. Las habitaciones están decoradas con una paleta de colores poco común, pero en conjunto está bien resuelto, particularmente la zona de la piscina.

Ao Mae Hat

El extremo noroeste de la isla brinda unas vistas sensacionales del océano y atesora la pequeña Ko Ma, una casi isla unida a Ko Pha-Ngan por un impresionante banco de arena.

Royal Orchid BUNGALÓS **$**
(☎0 7737 4182; royal_orchid_maehaad@hotmail.com; bungalós 300-800 THB; ❄@) Atractivos bungalós para mochileros, dispuestos como una cremallera a lo largo de un fino sendero ajardinado. Desde la mayoría de ellos se obtienen vistas fugaces de la serena playa y del espectacular banco de arena que discurre hasta Ko Ma.

PLAYAS DEL NORTE

Extendiéndose desde Chalok Lam hasta Thong Nai Pan, la asombrosa costa norte, considerada la más bella de la isla, es una selva salvaje salpicada de varias playas y fabulosos retiros.

Chalok Lam (Chaloklum) y Hat Khom

El apretujado pueblo pesquero de Chalok Lam no tiene parangón en Ko Pha-Ngan. La conglomeración de casuchas y chozas de teca es un claro recordatorio de que la mano de la globalización no ha llegado a todos los rincones del planeta. Las *sŏrng·tăa·ous* cubren el trayecto desde aquí hasta Thong Sala por unos 100 THB por persona. Hay un camino polvoriento que conduce de Chalok Lam a la Hat Khom; también hay taxis acuáticos por entre 50 y 100 THB.

Malibu BUNGALÓS **$**
(☎0 7737 4013; Chalok Lam; bungalós 300-1300 THB; ❄) El ambiente informal que impregna su playa, por la parte de atrás (por el puente sobre la laguna), lo distingue de otros bungalós económicos de la zona de Chalok Lam. El chiringuito de la playa privada atrae a huéspedes de todo tipo. Las cabañas más baratas están algo desgastadas, mientras que los nuevos bungalós circulares salen demasiado caros.

Mandalai HOTEL **$$$**
(☎0 7737 4316; www.mymandalai.com; Chalok Lam; h 2750-5600 THB; ❄@🏊) Este pequeño hotel-*boutique* con reminiscencias árabes se eleva sobre las cabañas de pescadores de los alrededores. Sus amplios ventanales ofrecen vistas de los barcos que se mecen en la bahía, y hay una íntima piscina escondida en su patio interior.

Bottle Beach (Hat Khuat o 'playa de la Botella')

Esta aislada duna, con reputación de discreto destino de escapada, se ha convertido en un lugar bastante popular. En temporada alta, los alojamientos se suelen llenar rápidamente, por lo que conviene llegar pronto. Desde Chalok Lam, un taxi acuático cuesta entre 50 y 120 THB (según el número de pasajeros).

Bottle Beach II BUNGALÓS $
(☎0 7744 5156; bungalós 350-500 THB) Situado en el extremo este de la playa, se trata de un alojamiento económico en el que poder fantasear con ser un náufrago.

Smile BUNGALÓS $
(☎08 1956 3133; smilebeach@hotmail.com; bungalós 400-700 THB) Abanico de cabañas de madera que ascienden por una frondosa colina en el extremo oeste de la playa. A este autor le gustaron particularmente los bungalós de dos plantas (700 THB).

Thong Nai Pan

Las dos bahías redondeadas de la Thong Nai Pan recuerdan un par de nalgas. La Ao Thong Nai Pan Yai (*yai* significa "grande") es la mitad sur, mientras que la Ao Thong Nai Pan Noi (*noi* significa "pequeña") se halla justo encima. Estas playas se han dado a conocer más en los últimos años, a medida que los bungalós de bambú han dado paso a modernos complejos de vacaciones.

Anantara Rasananda CENTRO VACACIONAL $$$
(☎0 7723 9555; www.rasananda.com; villas desde 5000 THB; ❄@🛜🏊) Representa el futuro de Ko Pha-Ngan: un establecimiento de cinco estrellas junto a la playa con un pequeño conjunto de chalés semiadosados, muchos de ellos con piscina privada. Su estilo conjuga el gusto por lo moderno y lo tradicional, y la nueva dirección no duda de su brillante porvenir.

Dolphin BUNGALÓS $
(bungalós 500-1400 THB; ❄🛜) Este apartado lugar de retiro brinda a los *yuppies* la oportunidad de poder sobrevivir sin comodidades, aunque sin renunciar al estilo, mientras que los *hippies* exprimirán al máximo su encanto sereno. Por la tarde no hay nada como relajarse entre los acogedores cojines de sus pequeñas pagodas ocultas entre la selva. La ocupación es por orden de llegada.

Longtail Beach Resort BUNGALÓS $
(☎0 7744 5018; www.longtailbeachresort.com; bungalós 390-1150 THB; ❄🛜) Adorable sin pretenderlo, es uno de los últimos conjuntos de bungalós de playa originales que quedan en la zona. Con sus encantadoras casitas de paja y bambú, los mochileros encontrarán aquí la esencia del pasado de Ko Pha-Ngan.

PLAYAS DE LA COSTA ESTE

La costa oriental de la isla es el destino ideal para los viajeros con espíritu eremita. En la mayoría de los casos hay que alquilar un barco para acceder a estas playas, o tomar un taxi acuático desde Thong Sala o Hat Rin.

Than Sadet y Thong Reng

Mai Pen Rai BUNGALÓS $
(☎0 7744 5090; www.thansadet.com; bungalós 600 THB; @) *Mai pen rai* es la versión tailandesa del "No te preocupes, todo tiene solución", lo cual no sorprende habida cuenta de que la bahía donde se encuentra irradia bienestar. Sus bungalós se funden con los del vecino Plaa (sobre un promontorio verde que forma un cabo), con tejados a dos aguas cubiertos de paja entretejida.

Treehouse BUNGALÓS $
(treehouse.kp@googlemail.com; bungalós desde 200 THB) Este clásico entre los mochileros de Ko Chang ha abierto recientemente una sucursal junto a las apacibles aguas de la bahía de Thong Reng. Solo hay que seguir las alegres flores de plástico colina arriba desde la playa de Than Sadet para dar con alojamientos muy básicos pintados en colores vivos.

Hat Thian

👍 **The Sanctuary** BUNGALÓS $$
(☎08 1271 3614; www.thesanctuarythailand.com; dc 200 THB, bungalós 450-5450 THB) He aquí lo más parecido a la mítica playa de Alex Garland (autor de *La playa*): un agradable remanso de paz con espléndidas opciones de alojamiento, que a su vez funciona como retiro holístico (con clases de yoga y tratamientos de desintoxicación). Los alojamientos están repartidos por el complejo, perfectamente integrados con la naturaleza. Sin duda, un lugar para quedarse de por vida.

Beam Bungalows BUNGALÓS $
(☎0 7927 2854; bungalós 300-700 THB) Encantadoras cabañas de madera con hamacas y grandes ventanales con vistas al mar, sobre la colina, detrás de un palmeral.

Hat Yuan
Esta pequeña playa dispone de varios tipos de bungalós y está bastante aislada, pues no hay ninguna carretera que la conecte con Hat Rin (más al sur, costa a través).

Barcelona BUNGALÓS $
(☎0 7737 5113; bungalós 300-700 THB) Robustas cabañas de madera, bien en tono natural o en blanco cremoso, repartidas por la colina, detrás de un jardín con palmeras. Ofrece buenas vistas y un personal de lo más jovial.

Dónde comer

Ko Pha-Ngan no es precisamente un destino culinario, sobre todo como consecuencia de que la mayoría de los visitantes no tarda en adoptar el perezoso estilo de vida reinante y termina por comer en su alojamiento. Los paladares más atrevidos deberían ir a Thong Sala, el centro comercial la isla.

HAT RIN

Este bullicioso suburbio cuenta con la mayor concentración de restaurantes y bares de la isla, en general cochambrosa. La célebre Chicken Corner ("esquina del Pollo") es un conocido enclave con unos cuantos clásicos, como el **Mr K Thai Food** (plano p. 560; Ban Hat Rin; platos 30-80 THB) o el **Mama Schnitzel** (plano p. 560; Ban Hat Rin; platos 40-100 THB), siempre (a cualquier hora) dispuestos a saciar el hambre del viajero.

Lazy House INTERNACIONAL $$
(plano p. 560; Hat Rin Nai; platos 90-270 THB; ⊙almuerzo y cena) Con toda probabilidad se trata de uno de los mejores lugares de Hat Rin para vegetar frente al TV, p. ej., un delicioso *shepherd's pie* (pastel de patata y cordero).

Little Home TAILANDESA $
(plano p. 560; Ban Hat Rin; principales desde 40 THB; ⊙desayuno, almuerzo y cena) Su propuesta, que en absoluto es un canto a la estética, seduce a las masas con comida tailandesa sabrosa y barata, servida en mesas de madera con sillas de plástico.

Monna Lisa ITALIANA $$
(plano p. 560; Hat Rin Nai; *pizza* y pasta desde 200 THB; ⊙desayuno, almuerzo y cena) La mejor pizzería del lugar lleva relativamente poco tiempo abierta y la regentan unos italianos de lo más agradables. Muy recomendables la *pizza* de jamón y champiñones, y la pasta con trufa.

Nic's INTERNACIONAL $$
(plano p. 560; Ban Hat Rin; principales 80-280 THB; ⊙cena) Situada en la parte posterior del lago de Hat Rin, en este remanso de paz deleitan cada noche a los comensales con deliciosas *pizzas* y tapas. El mejor momento para tomarse una cerveza Singha es durante la *happy hour* (18.00-20.00).

Lucky Crab PESCADO Y MARISCO $$
(plano p. 560; Hat Rin Nai; platos 100-400 THB; ⊙almuerzo y cena) El mejor lugar de Hat Rin para comer pescado y marisco presenta cada noche las capturas del día sobre barcos de popa larga en miniatura. Una vez elegida la pieza, solo hay que sentarse a la mesa, entre plantas colgantes y encantadores muebles de piedra, a la espera de que llegue el plato.

Om Ganesh INDIA $$
(plano p. 560; Hat Rin Nai; platos 70-190 THB; ⊙desayuno, almuerzo y cena) Los lugareños suelen regocijarse con sus *curries, biryanis, rotis* y *lassis,* mientras que los expatriados bromean asegurando que todos sus platos saben igual. Hay fuentes a partir de 350 THB.

Same Same Burger HAMBURGUESERÍA $$
(plano p. 560; www.same-same.com; Hat Rin Nai; hamburguesas 180-230 THB; ⊙almuerzo y cena) Perteneciente a los mismos dueños que la pensión homónima, esta hamburguesería de color rojo brillante es como McDonald's, solo que más cara.

PLAYAS DEL SUR

Los sábados de 16.00 a 22.00, una calle secundaria de la parte este de Thong Sala se convierte en **peatonal,** a modo de bullicioso paseo donde los lugareños vocean sus mercancías, desde ropa hasta comida. No hay que irse sin probar el delicioso cerdo rojo en salsa (40 THB) del Lang Tang, junto al letrero de "Numpanich".

Mercado nocturno MERCADO $
(Thong Sala; platos 25-180 THB; ⊙cena) Esta embriagadora mezcla de vapor y tentempiés baratos es de visita obligada para quienes busquen una dosis de cultura local. El mejor lugar para comer es el puesto que hay en el rincón de la derecha con un gran letrero blanco. El de al lado prepara fuentes de pescado y marisco para chuparse los dedos, como pargo rojo servido sobre una cama de gruesos fideos. De postre, nada como las tortitas de banana y la fruta.

Kaito JAPONESA **$$**
(Thong Sala; platos desde 130 THB; ⏲cena ju-lu) Japonés auténtico donde saborear un gran *tonkatsu* (escalope de cerdo) con ensalada de algas y cerveza Asahi. En la planta superior hay cómodos asientos tradicionales, mientras que el comedor principal está repleto de *mangas* y novelas japonesas de edición bolsillo.

Mason's Arms BRITÁNICA **$$**
(Thong Sala; principales 160-350 THB; ⏲almuerzo y cena) De pronto, una estructura anticuada y tosca de estilo Tudor emerge entre las palmeras en movimiento, como arrancada de Stratford-upon-Avon y traída a la selva. Su ambiente es tan auténtico que bien podría tratarse de una colonia británica. La especialidad de la casa: *fish 'n' chips*.

Pizza Chiara ITALIANA **$$**
(Thong Sala; *pizzas* 180-320 THB; ⏲almuerzo y cena) Manteles de cuadros y tentadora comida italiana. Se recomienda la Pizza Cecco, con *prosciutto*, *salami*, champiñones y queso *cotto*.

Ando Loco MEXICANA **$**
(Ban Tai; principales desde 59 THB; ⏲cena) Restaurante mexicano al aire libre que parece sacado de unos dibujos animados de Hanna-Barbera, a tenor de su singular decoración, incluidos unos cactus de papel maché. Para empezar, lo mejor es tomarse un *margarita* gigante, para después disfrutar a lo grande de un encuentro de voley playa. Cierra en temporada baja (sep-dic, aprox.).

OTRAS PLAYAS

Sanctuary COMIDA SALUDABLE **$$**
(Hat Thian; principales desde 130 THB) Aquí es indispensable olvidarse de los prejuicios sobre la comida saludable. El restaurante del Sanctuary es la prueba irrefutable de que lo sano también puede saber delicioso. Hay un sinfín de manjares, desde *pakoras* indias hasta crujientes rollitos vietnamitas, y una música de fondo que es la envidia de la isla. Para bajar el festín, un vasito de hierba de trigo.

Cucina Italiana ITALIANA **$$**
(Jenny'i; Chalok Lam; *pizzas* 180 THB; ⏲cena) Este restaurante tiene muchos seguidores en la isla. Su simpático chef italiano es un apasionado de los fogones, y de lo más creativo. Los jueves y los domingos se pueden pedir *pizzas* con tantos ingredientes como se desee por solo 180 THB.

Peppercorn ASADOR **$$**
(www.peppercornphangan.com; Sri Thanu; principales 160-400; ⏲14.00-22.00 lu-sa) ¿Un suculento bistec servido en una casa de campo destartalada en medio de la selva? Pues eso. Aunque algo apartado del mar, se trata de uno de los mejores restaurantes de alta cocina de Ko Pha-Ngan.

Cookies Salad TAILANDESA **$$**
(Hat Salad; principales desde 100 THB; ⏲desayuno, almuerzo y cena) Si se está en la costa oeste, vale la pena tomarse la molestia de buscar este restaurante informal, encaramado en lo alto de un acantilado en el costado sur de la Hat Salad. Su oferta sorprende con todo un surtido de delicias tailandesas (no hay que irse sin probar el *curry* al estilo de Penang) y tentadores dulces (uno a base de Nutella).

Dónde beber

Todos los meses, coincidiendo con la noche de luna llena, "peregrinos" llegados de todos los rincones del planeta rinden homenaje a Baco y entran en trance entre bailes, berridos y pintura corporal fosforescente. Multitudes de jóvenes provistos de cubos de combinados y malabaristas faquires se congregan en la famosa Sunrise Beach (Hat Rin Nok) y se divierten hasta que la luna cede el protagonismo al sol.

Quienes busquen algo más tranquilo, encontrarán varias fiestas también interesantes en otros puntos de la isla.

HAT RIN

El corazón palpitante de la mítica fiesta de la luna llena suele destilar un ambiente desenfrenado incluso sin el influjo del plenilunio. Así, cuando el astro satélite se ausenta, los juerguistas se reúnen en otros enclaves del sur de la isla. Para más información, véase recuadro en p. 557. Los lugares de marcha que se repasan a continuación flanquean la famosa Sunrise Beach de sur a norte.

Rock BAR, CLUB
(plano p. 560) Brinda excelentes vistas del gentío desde su terraza en altura en el extremo sur de la playa.

Club Paradise BAR, CLUB
(plano p. 560) El Paradise se regocija en su condición de génesis de la "movida" lunar.

Drop-In Bar BAR, CLUB
(plano p. 560) Este chiringuito vibra al ritmo de los grandes éxitos que a todos gustan en

el fondo. Las noches del resto del año no pierde un ápice de animación.

Zoom/Vinyl BAR, CLUB

(plano p. 560) Propuesta *trance* a volumen explosivo.

Cactus Bar BAR, CLUB

(plano p. 560) Justo en el centro de la Hat Rin Nok, con un agradable repertorio dominado por los clásicos de siempre, *hip-hop* y R&B.

Sunrise BAR, CLUB

(plano p. 560) Nuevo bar en la misma playa con unos ritmos *trance* que hacen estremecer sus paredes cubiertas de grafitos.

Tommy BAR, CLUB

(plano p. 560) El que es uno de los clubes más grandes de Hat Rin atrae a las masas con sus luces negras y atronador *trance*. Las bebidas se sirven en una enorme barra parecida a un arca.

Mellow Mountain BAR, CLUB

(plano p. 560) Apodado "Mushy Mountain" ("Monte de los Hongos"), se trata de un lugar psicodélico encaramado en el extremo norte de la Hat Rin Nok, con unas vistas únicas de los juerguistas, más abajo.

OTRAS PLAYAS

Eagle Pub BAR

(Hat Yao) Ubicado en el extremo sur de la Hat Yao, este chiringuito-restaurante, construido sobre la cara de la roca, está tatuado con tantos grafitos de neón como el número de caídos tras tomar demasiadas caipiriñas.

Jam BAR

(Hin Wong; www.thejamphangan.com) Agradable bar de la costa oeste donde cualquiera puede participar en sus sesiones de micrófono abierto de los sábados por la noche. El resto de la semana suele haber *jam sessions* cortesía de unos cuantos lugareños.

Pirates Bar BAR

(Hat Chaophao) Este estrambótico bar es una réplica de un barco pirata construido en los acantilados. Basta con sentarse en la cubierta con pleamar y, tras un par de tragos, creerse timonel. Aquí se organizan las nada desdeñables fiestas de la puesta de la luna (Moon Set Parties), tres días antes de que Hat Rin aúlle.

Sheesha Bar BAR

(Chalok Lam) La antítesis de la mugrienta Hat Rin no sirve bebidas de diseño en vez de cubos de Samsung. Su atractivo mosaico de arenisca beis combinada con las tablillas horizontales de caoba encaja a la perfección con los arabescos del Mandalai Hotel, situado justo enfrente y con el cual comparte propiedad.

Flip Flop Pharmacy BAR

(Thong Nai Pan) Este bar al aire libre, instalado en la arena de la Thong Nai Pan, es el más exitoso del lugar.

Amsterdam BAR

(Ao Plaay Laem) Cerca de la Hat Chaophao, en la costa oeste, este bar atrae a turistas y lugareños de toda la isla en busca de un lugar apacible para contemplar la puesta de sol.

Información

Peligros y advertencias

Ko Pha-Ngan puede ser el lugar donde pasar unas vacaciones de ensueño, pero hay que tener presente un par de cosas que podrían empañar seriamente la experiencia en esta ardiente isla selvática.

DROGAS El viajero está tranquilamente en la playa cuando de pronto un lugareño se le acerca y le ofrece hachís muy barato. El viajero responde: "no, gracias", consciente de que las penas por consumo de drogas en Tailandia son muy duras. El vendedor baja el precio aún más y casi se lo regala. ¿Demasiado bueno como para ser verdad? Efectivamente. Tan pronto como el viajero da una calada al porro, el vendedor informa a la policía, y el viajero es rápidamente trasladado a un calabozo, donde deberá hacer frente a una multa descomunal. Este tipo de situaciones se da continuamente en Ko Pha-Ngan, por lo que es preferible evitar la tentación.

Otra cuestión importante que hay que recordar es que el seguro de viaje no cubre ninguna lesión ni tratamientos asociados al consumo de drogas. Padecer alucinaciones por haber consumido alguna droga es algo que ocurre habitualmente; de hecho se sabe de casos de viajeros que han sufrido delirios durante períodos prolongados. El hospital psiquiátrico Suan Saranrom de Surat Thani refuerza su personal durante los días próximos a la luna llena para atender a los extranjeros que pierden los papeles debido al consumo de setas alucinógenas, LSD u otras drogas.

MUJERES VIAJERAS Se recomienda aplicar una dosis extra de cautela al salir de fiesta por la isla, ya que se tiene constancia de muchos casos de violación motivados por el consumo de drogas y alcohol (y no solo durante las fiestas de la luna llena). Otro problema perturbador tiene que ver con el comportamiento repulsivo de algunos conductores de mototaxis. De hecho, se han realizado muchas denuncias por manoseos y, en algunos casos, agresiones sexuales más graves.

MOTOCICLETAS Esto es una pesadilla peor que las drogas. Hoy existe una red de carreteras asfaltadas, pero buena parte es un laberinto de tierra y lodo. Además, la orografía de la isla es bastante accidentada e incluso una carretera asfaltada puede ser, en ocasiones, peligrosa. Un buen ejemplo es el tramo sumamente empinado hasta Hat Rin. La isla dispone hoy de una ambulancia especial que se dedica a atender a ciclistas accidentados.

Urgencias

Comisaría central de policía (plano p. 556; ☎0 7737 7114, 191) Está unos 2 km al norte de Thong Sala. La comisaría de Hat Rin (cerca de la escuela de Hat Rin), no tramita denuncias; para ello hay que ir a Thong Sala. Se sabe de casos en que algunos policías han cobrado hasta 200 THB por rellenar una denuncia. No se debe pagar nada, ya que es un servicio gratis. De ser detenido, el viajero debe saber que tiene derecho a telefonear a su embajada y que se está obligado a aceptar el "intérprete" de la policía.

Acceso a internet

Hat Rin y Thong Sala son los principales centros con acceso a internet, aunque ya es posible conectarse en cualquier playa donde haya llegado la mano humana. El precio suele ser de 2 THB por minuto, con un mínimo de entre 10 y 20 THB, y descuentos por navegar más de una hora. Los lugares donde el minuto cuesta 1 THB suelen tener conexiones muy lentas.

Lavandería

De mancharse la ropa con pintura corporal fluorescente, más vale no molestarse en llevarla a la tintorería: la pintura no sale, ya lo intentó un servidor. De todas formas hay un sinnúmero de lavanderías. Los precios rondan los 40 THB/kg, hasta 60 THB/kg si es exprés.

Asistencia médica

Los servicios sanitarios de Ko Pha-Ngan pueden resultar poco fiables. Cabe esperar tarifas variables y doctores no cualificados. Muchas clínicas cobran hasta 3000 THB antes de ver al médico. Para casos importantes, lo mejor es dirigirse a Ko Samui.

Hospital de Ko Pha-Ngan (plano p. 556; ☎0 7737 7034; Thong Sala; ⏲24 h) Situado unos 2,5 km al norte de Thong Sala; tiene servicio de urgencias 24 horas.

Dinero

Thong Sala, el "centro financiero" de Ko Pha-Ngan, cuenta con numerosos bancos, oficinas de cambio y varias oficinas de Western Union. En Hat Rin hay varios cajeros automáticos y un par de bancos en el muelle. También hay cajeros en la Hat Yao, Chaloklum y la Thong Nai Pan.

Correos

Oficina principal de correos (plano p. 560; ⏲8.30-16.30 lu-vi, 9.00-12.00 sa) Está en Thong Sala; hay una sucursal más pequeña junto al muelle de Hat Rin.

Información turística

En Ko Pha-Ngan no hay ninguna oficina de la TAT, aunque es posible obtener información turística a través de las agencias de viajes de la zona. La mayoría están aglutinadas por Hat Rin y Thong Sala. Cobran una pequeña comisión por cada venta, pero la connivencia mantiene los precios relativamente estables y unificados. Asimismo, en ocasiones se producen estafas con las reservas, máxime ante la falta de policía turística.

Varias revistas pequeñas ofrecen información exhaustiva sobre alojamientos, restaurantes, actividades y las fiestas de la luna llena. La publicación de edición de bolsillo más recomendable es **Phangan Info** (www.phangan.info).

Backpackers Information Centre (plano p. 560; ☎0 7737 5535; www.backpackers-thailand.com; Hat Rin) Parada obligada para viajeros interesados en reservar circuitos (submarinismo, cruceros de buceo, safaris por la selva, etc.) y medios de transporte de nivel. Es una agencia de viajes gestionada por expatriados, que ofrece tranquilidad con cada producto contratado; de hecho, a los viajeros se les entrega el número del teléfono móvil de los dueños por si surge algún imprevisto. También regentan la aledaña Crystal Dive.

Webs

Backpackers Thailand (www.backpackersthailand.com) Todo lo que hay que saber sobre Ko Pha-Ngan, desde reservas de alojamiento hasta programación de la fiesta de la luna llena. También informa sobre el resto del país.

 Cómo llegar y salir

Como de costumbre, los precios y los horarios de salida pueden sufrir modificaciones. Entre los meses de octubre y diciembre es habitual que se cancelen travesías por el mal estado del mar.

Bangkok, Hua Hin y Chumphon

El servicio de Lomprayah y Seatran Discovery combina paquetes de autobús y *ferry* con salida desde Bangkok vía Hua Hin y Chumphon. Otra fórmula bastante cómoda de viajar es tren de Bangkok a Chumphon y posteriormente tomar un *ferry* (el precio es casi el mismo y el tren es más cómodo, sobre todo si se consigue una litera). Para más información sobre viajes vía Chumphon, véase p. 533.

Ko Samui

Aproximadamente hay una docena de salidas diarias entre Ko Pha-Ngan y Ko Samui. Los barcos zarpan entre 7.00 y 18.00 y la travesía dura de 20 minutos a una hora. Todos salen desde Thong Sala o desde Hat Rin, en Ko Pha-Ngan. El *Haad Rin Queen* enlaza Hat Rin y la playa del Gran Buda, en Ko Samui.

Ko Tao

Los *ferries* de Lomprayah con destino a Ko Tao zarpan desde Thong Sala, en Ko Pha-Ngan, a las 8.30 y 13.00, y llegan a las 9.45 y 14.15. Los servicios de Seatran salen a diario de Thong Sala a las 8.30 y 14.00. Los taxis a Thong Sala salen de Hat Rin una hora antes de la hora de salida del *ferry*. El barco de Songserm (más económico, pero también más lento) zarpa de Ko Pha-Ngan a las 12.30 y llega a las 14.30.

Surat Thani y la costa del Andamán

Los billetes combinados de autobús y *ferry* se venden en cualquier agencia de viajes. Basta con decir el destino y el personal se encargará de hacer las reservas pertinentes. En la mayoría de casos hay que hacer transbordo en Surat Thani. Hay unas seis salidas diarias entre Ko Pha-Ngan y Krabi, operadas por Raja Car Ferry, Songserm o Seatran. Estos barcos zarpan de Thong Sala entre las 7.00 y 20.00. Cada día, si el tiempo lo permite, sale un *ferry* nocturno a las 23.00 desde Surat. A la inversa zarpan de Ko Pha-Ngan a las 22.00. Para información sobre horarios a otros destinos, véase la web de **Backpackers Thailand** (www.backpackersthailand.com).

Cómo desplazarse

Motocicleta Alquilar una motocicleta en Tailandia cuesta entre 150 y 250 THB por día. Se recomienda utilizar siempre casco (su uso es obligatorio en Ko Pha-Ngan y la policía ha empezado a tomárselo en serio). Para circular por caminos es fundamental alquilar una máquina tipo Honda MTX125, ya que los ciclomotores no están preparados para estas rutas. Solo vale la pena alquilar una bicicleta si se tiene la condición física de un ciclista profesional.

'Sŏrng·tăa·ou' Las camionetas y *sŏrng·tăa·ous* circulan por las principales carreteras de la isla; las tarifas se duplican tras la puesta del sol. Conviene informarse en el alojamiento sobre traslados gratis o con descuento al abandonar la isla. El trayecto de Thong Sala a Hat Rin cuesta 100 THB; viajar a playas lejanas sale por unos 150 THB.

Taxi acuático Los barcos de popa larga zarpan de Thong Sala, Chalok Lam y Hat Rin, rumbo a varios destinos apartados, como la Hat Khuat (Bottle Beach) o la Ao Thong Nai Pan. Una travesía corta cuesta un mínimo de 50 THB, mientras que un trayecto más largo puede salir por unos 300 THB. También se puede contratar un traslado en barco privado, de una playa a otra, por unos 150 THB por cada 15 minutos de viaje.

Ko Tao เกาะเต่า

1382 HAB.

Primero fue Ko Samui, después Ko Pha-Ngan, y ahora le toca el turno a Ko Tao. Hoy, miles de visitantes se acercan a venerar estas aguas color turquesas, y muchos deciden quedarse. El secreto de su atractivo reside en que pese a ser una isla de tan solo 21 km², la diminuta Tao tiene algo para todo el mundo, y no precisamente en pequeñas cantidades: los apasionados al submarinismo retozarán con tiburones y rayas en un patio de recreo de coral; los excursionistas y ermitaños podrán recrear un episodio de la serie *Perdidos* en sus húmedas selvas costeras; y cuando se desee un poco de vida nocturna, basta con acercarse a sus animados bares abiertos hasta el amanecer.

Han pasado muchos años desde que llegara a la isla el primer mochilero y plantara una bandera en nombre de la dignidad de los viajeros con poco presupuesto, y tendrán que pasar todavía bastantes para que los dueños de las cadenas de complejos turísticos derriben las casitas rústicas que sobreviven en la isla, o que los visitantes conversen de finanzas en vez de las criaturas marinas vistas en la última inmersión.

Actividades

Submarinismo

Ko Tao es el lugar ideal para estrenarse en el mar. Esta isla entrega más certificados de submarinismo que ningún otro lugar del mundo, pues las bahías poco profundas que la salpican son perfectas para iniciarse en este deporte y el lugar cuenta con más de cuarenta centros de submarinismo dispuestos a proveer al viajero de todo lo necesario e instruirle en un curso en aguas abiertas de 3½ días. Estudiar en vacaciones es un rollo, pero la competencia entre las excelentes escuelas es tan atroz que los precios de los cursos son increíblemente bajos.

Con aguas cristalinas repletas de arrecifes de coral y unas temperaturas muy cálidas, a nadie sorprende que este paraíso submarino goce de tanta aceptación entre los principiantes. Los mejores enclaves de submarinismo se encuentran junto a los pináculos frente a la costa, en un radio de 20 km de la costa (véase recuadro en p. 573), aunque los

Ko Tao

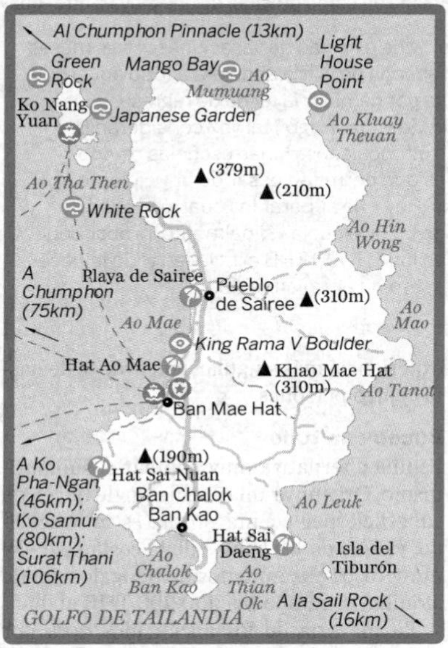

submarinistas más experimentados normalmente prefieren la costa del Andamán. Entre las especies marinas de la zona se cuentan meros, morenas, pagualas, peces mariposa, barracudas, peces ballesta titán, peces ángel, peces payaso, mantas raya, tiburones de los arrecifes y los imponentes tiburones ballena.

Al llegar al muelle de Mae Hat, una avalancha de cazaclientes tratará de convencer al viajero de que se inscriba en su centro de buceo con alojamiento, prometiéndole un "precio especial"; los hay incluso que abordan a los viajeros en el mismo barco de camino a la isla. Hay montones de escuelas de submarinismo, de modo que lo mejor es llevar un listado de algunas con buena reputación. Quienes dispongan de más tiempo, tal vez quieran relajarse en la isla durante un par de días antes de lanzarse a la búsqueda de un centro de submarinismo, y de paso empaparse de los consejos y opiniones de otros viajeros e instructores. Hay que tener presente que el éxito de la experiencia (sobre todo si se es primerizo) dependerá en gran medida de lo bien que caiga el instructor. A su vez, hay otros factores a considerar, como el tamaño del grupo, el estado del equipo o las condiciones del lugar de prácticas.

Los precios están bastante homogeneizados en toda la isla, de manera que no hay que molestarse en buscar gangas. Un curso **PADI** (www.padi.com) en mar abierto cuesta 9800 THB; un certificado **SSI** (www.ssithailand.com) en mar abierto sale más económico (9000 THB) porque no hay que pagar el material didáctico. Un curso con certificado avanzado en mar abierto cuesta 8500 THB; un curso de rescate, 9500 THB; y el programa para expertos, 25 000 THB. Una inmersión no suele pasar de 1000 THB, o unos 7000 THB por un paquete de 10 inmersiones. Todas estas tarifas incluyen el equipo, el barco, instructores/guías y tentempiés. Suelen ofrecer un descuento si el viajero lleva su equipo. No hay que fiarse de los lugares que ofrecen demasiados descuentos, ya que la seguridad es primordial.

La mayoría de las escuelas de submarinismo atrae a sus clientes con alojamientos baratos (y hasta gratis), y casi todas las de buceo con tubo cuentan con habitaciones con ventilador gratis para quienes se apunten al curso para principiantes.

Cabe esperar mucha gente y alojamientos llenos durante los meses de diciembre, enero, junio, julio y agosto, así como una ola de aspirantes a submarinista tras cada edición de la fiesta de la luna llena de Ko Pha-Ngan. Quienes tengan previsto "combatir la resaca" con un curso de submarinismo, deberán reservar los pasajes del *ferry* al menos dos días antes de la fiesta, ya que se agotan enseguida.

La escuelas de submarinismo que se citan a continuación se encuentran entre las mejores de la isla, y todas contribuyen a que Ko Tao aún sea un destino impecable.

Ban's Diving School SUBMARINISMO
(plano p. 574; ☎0 7745 6466; www.amazingkohtao.com; playa de Sairee) Cada día más grande, este centro de primera certifica más submarinistas al año que ninguna otra escuela del mundo y, tras someterse a una renovación en el 2009, presume de unas instalaciones primorosas. Las clases teóricas se suelen impartir en grupos grandes, pero una vez en el agua el trato es más personal. Al contar con un amplio abanico de instructores extranjeros, el viajero cuenta con muchas probabilidades de aprender en su lengua materna. Su complejo afiliado (p. 577) es conocido por su ambiente festivo.

Big Blue Diving SUBMARINISMO
(plano p. 574; ☎0 7745 6415, 0 7745 6772; www.bigbluediving.com; playa de Sairee) Esta escuela de tamaño medio recibe muy buenas críticas

DE CERO A HÉROE

Esta es una de las frases que más oirá el viajero: "vine a Ko Tao de vacaciones y, seis meses después, ¡aquí sigo!". Parece como si la mágica energía de la isla abdujera a todo aquel que la visita. Así que nadie se sorprenda si se termina por cambiar la fecha de regreso.

Quienes ya lleguen convencidos del estilo de vida "náufrago", tal vez consideren ir de "cero a héroe", como dicen en Ko Tao. En los últimos años, varias escuelas de submarinismo avispadas han lanzado promociones que permiten pasar de principiante a profesional de la inmersión en un par de meses. Hay que superar los cuatro niveles de certificados, "hacer una pasantía" como experto en la escuela y, finalmente, probar con el programa para monitores. Los precios rondan los 80 000 THB e incluyen todo lo necesario para convertirse en un verdadero anfibio, pero no el alojamiento.

por fomentar un ambiente sociable, sin olvidarse de mantener alto el nivel de servicio. Su complejo ofrece alojamiento a precios tirados (p. 577).

Buddha View SUBMARINISMO
(☎0 7745 6074; www.buddhaview-diving.com; Chalok Ban Kao) Otro centro destacado de la isla, con los cursos de rigor más programas especiales de submarinismo técnico (aventurándose más allá de los parámetros habituales de la exploración de recreo submarina). Ofrece alojamiento con descuento en su agradable complejo (p. 579).

Crystal Dive SUBMARINISMO
(plano p. 574; ☎0 7745 6107; www.crystaldive.com; Mae Hat) Con multitud de premios en su haber, Crystal es sin duda la estrella indiscutible de Ko Tao, y pese a ser una de las escuelas de submarinismo más grandes de la isla (y del mundo), tanto sus clases como sus magníficos instructores mantienen un ambiente personalizado. Cuenta con personal multilingüe, aulas con aire acondicionado y, por si fuera poco, dos piscinas en el propio recinto. Muy recomendable.

New Heaven SUBMARINISMO
(☎0 7745 6587; www.newheavendiveschool.com; Chalok Ban Kao) Los propietarios de este pequeño centro dedican mucho tiempo a conservar la belleza submarina de Ko Tao a través de comprobaciones y restauraciones periódicas de los arrecifes. A la oferta de programas e inmersiones de recreo habituales suma un programa de submarinismo científico.

Scuba Junction SUBMARINISMO
(Scuba J; plano p. 574; ☎0 7745 6164; www.scubajunction.com; playa de Sairee) Su nueva tienda en la fachada y su equipo de simpáticos instructores atraen a viajeros que buscan una experiencia más singular, con grupos de hasta cuatro personas.

Buceo con tubo

Es una alternativa muy popular al submarinismo. Organizar una excursión de buceo de superficie por cuenta propia es muy sencillo, ya que en las bahías de la costa este hay numerosos alojamientos de bungalós donde alquilan el equipo por 100-200 THB al día.

La mayoría de los aficionados opta por adentrarse en la bahía a nado, o alquilan un barco de popa larga para alejarse más. También se organizan circuitos guiados que pueden contratarse a través de cualquier agencia de viajes local; los precios oscilan entre 500 y 700 THB (normalmente con equipo, almuerzo y guía/capitán del barco) y se para en varios enclaves destacados de la isla. El **Laem Thian** es conocido por sus pequeños tiburones; la **Shark Island** ("isla del Tiburón") cuenta con un sinfín de peces (y curiosamente ningún tiburón); **Hin Wong** posee aguas cristalinas; y el **Light House Point** ("lugar del Faro"), al norte, ofrece un embriagador abanico de anémonas marinas. Las escuelas de submarinismo suelen permitir a los buceadores con tubo viajar en sus barcos por un precio menor, aunque solo merece la pena bucear en zonas poco profundas, como los Japanese Gardens ("jadines Japoneses"). Los barcos visitan estos lugares entrada la tarde.

Apnea o submarinismo libre

En los dos últimos años, la popularidad de la apnea (disciplina deportiva que consiste en sumergirse en el mar empleando técnicas para aguantar la respiración en lugar de equipos de submarinismo tradicionales) ha aumentado mucho y por toda la isla han proliferado pequeñas escuelas. Se recomienda **Apnea Total** (plano p. 574; ☎08 7183 2321;

www.apnea-total.com; playa de Sairee), un centro galardonado con varios premios internacionales, con personal cualificado y medios específicos para que los principiantes se familiaricen con este palpitante deporte. El hecho de que a cada profesor se le asignen tres alumnos también contribuye a garantizar la seguridad. Mención especial también para **Blue Immersion** (plano p. 574; ☎08 7682 1886; www.blue-immersion.com; Sairee Beach), regentado por el cordial Akim, todo un profesional de la apnea y una de las primeras personas del mundo en descender a pulmón a más de 100 m. Los precios para la práctica de apnea también están bastante unificados en toda la isla. Un curso SSI para principiantes de 2½ días cuesta 5500 THB.

Submarinismo técnico y en cuevas

Los submarinistas más experimentados y los *cousteaus* en potencia pueden acercarse a **Tech Thailand** (www.techthailand.com) si lo que desean es llevar la exploración submarina a altas cotas y atreverse con el submarinismo técnico. Según la PADI, el submarinismo *tec* (como también se lo conoce) es "aquella modalidad que traspasa los límites del submarinismo comercial o recreativo". El submarinismo técnico se practica en profundidades superiores a los 40 m y precisa de descompresión por fases, además de una mezcla de gases, que a menudo se consume en una única inmersión.

Hace años, el antiguo barco de Tech Thailand, el *MS Trident,* se dio a conocer en este mundo tras localizar decenas de nuevos pecios en el golfo de Tailandia. Su mayor descubrimiento fue el del *USS Lagarto,* un navío estadounidense hundido durante la Segunda Guerra Mundial. Tradicionalmente plagado de rutas comerciales, no extraña que dejen de producirse descubrimientos de pecios en el golfo, desde viejos barcos chinos con cerámica hasta *marus* japoneses. En el 2011, el *Trident* fue hundido intencionadamente frente a la costa de Ko Tao para crear un arrecife artificial.

ENCLAVES DE SUBMARINISMO DE UN VISTAZO

Por lo general, los submarinistas no eligen el lugar de inmersión, sino que es la escuela la que decide esto, en función de las condiciones climáticas y el estado del mar. Los enclaves más profundos, como el Chumphon Pinnacle, suelen visitarse por la mañana. La tarde, en cambio, se dedica a zonas menos exigentes, como los Japanese Gardens. Hace poco se han hundido intencionadamente dos grandes barcos junto a la costa, que pueden ser explorados. Quienes deseen buscar tiburones ballena en la Sail Rock deberían contratar una de las excursiones de submarinismo que parten a diario de Ko Pha-Ngan.

» **Chumphon Pinnacle** (profundidad máx.: 36 m) Situado 13 km al oeste de Ko Tao, cuenta con una colorida variedad de anémonas a lo largo de cuatro pináculos interconectados. También hay cardúmenes de jureles gigantes, atunes y tiburones grises. De vez en cuando se ve algún tiburón ballena.

» **Green Rock** (profundidad máx.: 25 m) Es una especie de gimnasio submarino, con cavernas, grutas y pequeños agujeros, frecuentado por rayas, meros y peces ballesta. Es estupendo para sumergirse de noche.

» **Japanese Gardens** (profundidad máx.: 12 m) Entre Ko Tao y Ko Nang Yuan, es un apacible enclave perfecto para principiantes. Hay multitud de corales y tortugas, y ocasionales rayas látigo y peces globo.

» **Mango Bay** (profundidad máx.: 16 m) Puede que sea el primer lugar que visiten los principiantes. Su arenoso fondo marino lo frecuentan peces de los corales.

» **Sail Rock** (profundidad máx.: 34 m) Se accede mejor desde Ko Pha-Ngan, y cuenta con una enorme chimenea de roca por la que se puede aletear, además de grandes peces pelágicos como barracudas y cobias. Es uno de los mejores lugares del sureste asiático para observar tiburones ballena.

» **Southwest Pinnacle** (profundidad máx.: 33 m) Deleita a los submarinistas con una pequeña colección de pináculos que albergan meros gigantes y barracudas. A veces se ven tiburones ballena y tiburones leopardo.

» **White Rock** (profundidad máx.: 29 m) Posee corales de colores, peces ángel, peces payaso y peces ballesta. Muy popular entre submarinistas nocturnos.

Mae Hat y playa de Sairee

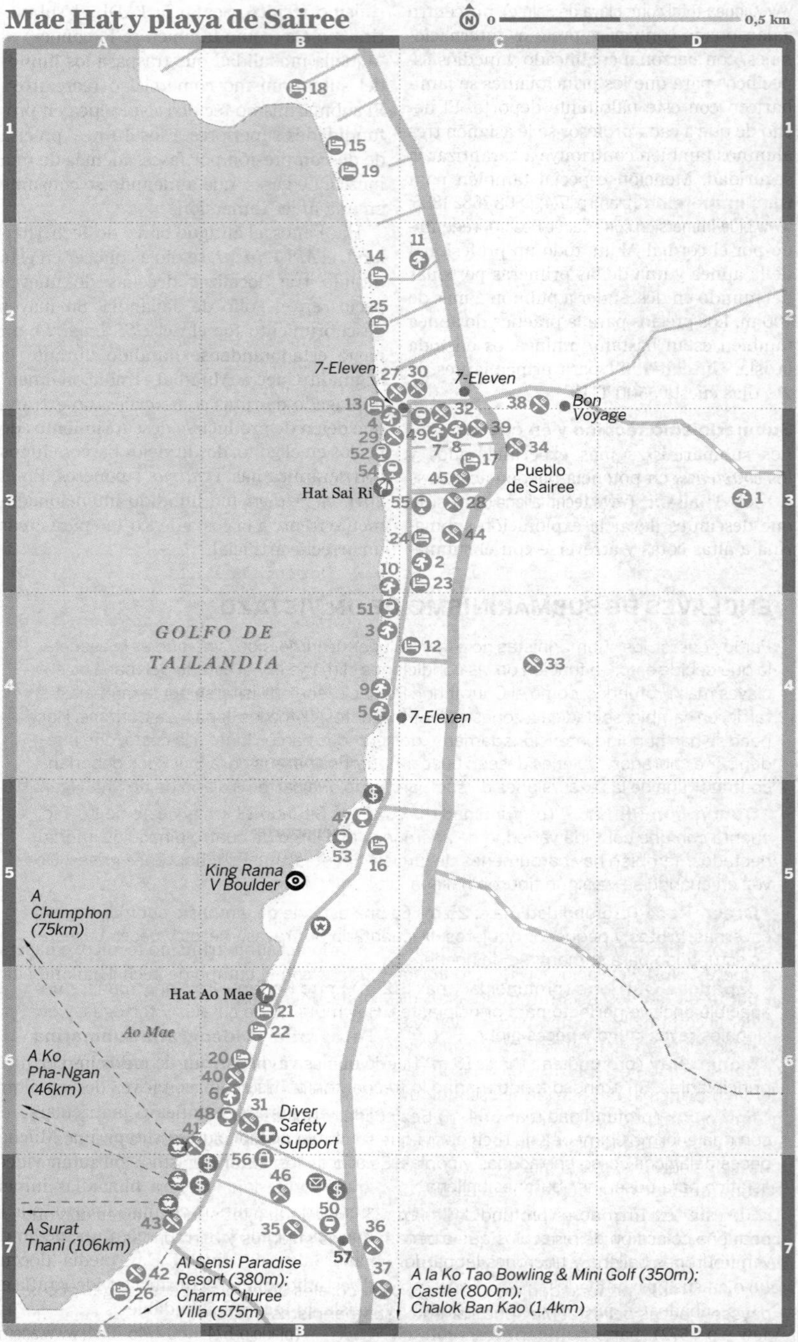

0 — 0,5 km

GOLFO DE TAILANDIA

Pueblo de Sairee

Hat Sai Ri

Hat Ao Mae

Ao Mae

7-Eleven

Bon Voyage

King Rama V Boulder

Diver Safety Support

A Chumphon (75km)

A Ko Pha-Ngan (46km)

A Surat Thani (106km)

Al Sensi Paradise Resort (380m); Charm Churee Villa (575m)

A la Ko Tao Bowling & Mini Golf (350m); Castle (800m); Chalok Ban Kao (1,4km)

Mae Hat y playa de Sairee

Actividades, cursos y circuitos

1	ACE Marine Images	D3
2	Apnea Total	C3
3	Ban's Diving School	B4
4	Big Blue Diving	B3
5	Blue Immersion	B4
6	Crystal Dive	B6
7	Davy Jones' Locker	C3
8	Flying Trapeze Adventures	C3
9	Goodtime Adventures	B4
10	Scuba Junction	B3
11	Shambhala	C2

Dónde dormir

12	Ban's Diving Resort	C4
13	Big Blue Resort	B2
14	Blue Wind	B2
15	Bow Thong	B1
	Crystal Dive Resort	(véase 6)
16	In Touch	B5
17	Koh Tao Backpackers	C3
18	Koh Tao Cabana	B1
19	Koh Tao Coral Grand Resort	B1
20	Montra Resort & Spa	B6
21	Mr J Bungalow	B6
22	Regal Resort	B6
23	Sairee Cottage	C3
24	Seashell Resort	C3
25	Sunset Buri Resort	B2
26	Utopia Suites	A7

Dónde comer

27	Ally The Pancake Man	B2
28	Barracuda Restaurant & Bar	C3
29	Big Blue East	B3
	Blue Wind Bakery	(véase 14)
30	Café Corner	C2
31	Café del Sol	B6
32	Chopper's Bar & Grill	C3
33	Darawan	C4
34	El Gringo	C3
35	Farango's	B7
36	Centro gastronómico	B7
37	Greasy Spoon	B7
38	Kanya	C2
39	Krua Thai	C3
40	Pranee's Kitchen	B6
41	Safety Stop Pub	A6
42	Tattoo Bar & Restaurant	A7
43	Whitening	A7
44	ZanziBar	C3
45	Zest Coffee Lounge	C3
46	Zest Coffee Lounge	B7

Dónde beber

47	AC Party Pub	B5
48	Crystal Bar	B6
49	Diza	C3
50	Dragon Bar	B7
51	Fish Bowl	B4
52	Fizz	B3
53	In Touch	B5
54	Lotus Bar	B3
	Maya Bar	(véase 47)
55	Office Bar	C3

De compras

56	Avalon	B7

Transporte

57	Lederhosenbikes	B7

En los últimos tiempos, el submarinismo en cuevas causa sensación en Ko Tao, hasta el punto de que los más intrépidos han de reservar con mucho tiempo para poder realizar la excursión de medio día al Parque Nacional de Khao Sok (p. 610). Bajo las aguas del lago principal del parque se esconde un asombroso mundo repleto de grutas, peñascos de caliza y numerosos bagres. Los buzos también podrán explorar pueblos que quedaron inundados por un embalse. La mayoría de estas excursiones salen de Ko Tao en barco por la tarde y regresan al día siguiente también por la tarde. Se pernocta en el parque o en sus proximidades.

Los sábados se puede visitar el Buddha View (p. 572) para familiarizarse con el mundo del submarinismo técnico, o hacerse al mar con el equipo de Tech Thailand cualquier miércoles.

Fotografía y videografía submarina

Quienes ya dispongan de todos los certificados PADI imaginables, tal vez deseen alquilar una cámara acuática o matricularse en un curso de videografía submarina. Muchas escuelas de submarinismo contratan videógrafos profesionales para filmar las inmersiones de los cursos en mar abierto, por lo que esto puede convertirse en un medio de ganar algo de dinero. Hay media docena de estudios que se dedican a la videografía en la isla. El más recomendable es **ACE Marine Images** (plano p. 574; ☎0 7745 7054; www.acema

rineimages.com; playa de Sairee), uno de los más destacados del país. Su curso interactivo de ocho inmersiones (30 000 THB) incluye un certificado de submarinista independiente y formación personalizada en el laboratorio de edición. **Deep Down Productions** (☎08 7133 4102; www.deepdown-productions.com) y **Oceans Below** (☎08 6060 1863; www.oceansbelow.net) ofrecen cursos de videografía y prácticas más baratos.

Otras actividades

Flying Trapeze Adventures ACROBACIAS
(FTA; plano p. 574; ☎08 0696 9269; www.flyingtrapezeadventures.com; playa de Sairee; ⏲16.00-20.00, clases 16.00, 17.00 y 18.00) El lugar perfecto para saber si se tiene madera de acróbata (clase de trapecio de 1 h 950 THB). Los cursos los imparte la increíblemente simpática Gemma y sus ágiles compañeros, quienes sabrán cómo llevar al viajero de neófito del circo a erudito en cuatro saltos o menos. Lo mejor es reservar por teléfono, o acercarse a una de sus demostraciones nocturnas diarias a partir de las 19.30. La edad mínima para participar es de 6 años.

Goodtime Adventures CIRCUITOS
(plano p. 574; ☎08 7275 3604; www.gtadventures.com; playa de Sairee; ⏲12.00-hasta tarde) Pese a que el grueso de las actividades de Ko Tao giran en torno al mar, el cordial personal de Goodtime Adventures ofrece un amplio abanico de actividades en tierra firme perfectas para liberar adrenalina, como excursiones por la selva del interior, escalada en roca o rápel (desde 2000 THB), o tirarse al mar desde un acantilado. La empresa también ofrece certificados de navegación homologados, y, en la última visita, estaban instalando una excelente *tirolina* en la vecina Ko Nang Yuan. Su oficina también cuenta con un agradable café.

Shambhala YOGA
(plano p. 574; ☎08 4440 6755; playa de Sairee) El único centro de yoga de Ko Tao abierto regularmente ocupa una preciosa *săh·lah* de madera en el exuberante recinto del Blue Wind (véase derecha), en la playa de Sairee. Dos clases de dos horas cuestan 300 THB.

Ko Tao Bowling & Mini Golf BOLOS, MINIGOLF
(fuera de plano p. 574; ☎0 7745 6316; ⏲12.00-24.00) Bolera situada en la carretera principal entre Mae Hat y Chalok Ban Kao con varias pistas donde los empleados recolocan los bolos tras cada lanzamiento (300 THB/h). También hay un campo de minigolf temático de 18 hoyos.

Dónde dormir

Quienes tengan previsto practicar submarinismo durante su estancia en Ko Tao, probablemente conseguirán a través del centro de submarinismo alojamiento gratis o con descuento. Algunas escuelas disfrutan de alojamientos propios en su recinto, mientras que otras tienen convenios con bungalós cercanos. Hay que saber que los descuentos solo se aplican los días de clase. Así, si el viajero compra un paquete de diez inmersiones pero decide tomarse un día libre, ese día no obtendrá descuento. Asimismo, es fundamental disfrutar de un sueño reparador antes de la inmersión, de ahí que sea recomendable echar un vistazo al alojamiento antes de aceptar esa "increíble oferta", pues los hay que dejan bastante que desear.

También hay muchas propuestas que nada tienen que ver con la cultura submarina de la isla. Las solitarias calas del este de Ko Tao están salpicadas de magníficos establecimientos ideales para una escapada, aunque su acceso no es fácil dado el mal estado de las carreteras de la isla. A veces se puede llamar antes y así concertar el traslado desde el muelle de Mae Hat.

No hay que olvidar que Ko Tao no es Ko Samui, de manera que quienes busquen un servicio impecable y extras de cinco estrellas, que sepan que se equivocan, al menos de momento.

PLAYA DE SAIREE (SAIREE BEACH)

Esta gigantesca playa es la más larga y la más explotada de la isla, con una hilera de centros de submarinismo, bungalós, agencias de viajes, supermercados y cibercafés. Su estrecha carretera amarilla se extiende a lo largo de toda la playa (ojo con las motocicletas).

Blue Wind BUNGALÓS $
(plano p. 574; ☎0 7745 6116; bluewind_wa@yahoo.com; bungalós 300-1000 THB; ❄📶) Escondido entre un atractivo conjunto de alojamientos, este supone una bocanada de aire fresco ante los frenéticos complejos para submarinistas de la playa. Sus robustas cabañas de bambú están desperdigadas por un camino de tierra detrás de la panadería junto a la playa. También dispone de grandes cabañas embaldosadas, con aire acondicionado, duchas con agua caliente y TV.

Ban's Diving Resort CENTRO VACACIONAL **$$**
(plano p. 574; ☎0 7745 6466; www.amazingkohtao.com; h 500-2500 THB; ❄@📶🏊) Animado complejo para submarinistas con una buena variedad de alojamientos, desde opciones sencillas para mochileros hasta elegantes chalés en la colina. Tras un día bajo el mar, no hay como relajarse en su excelente tramo de playa o en alguna de sus dos piscinas entre la vegetación. Las noches son para degustar la cocina internacional del bar, acompañada de bebidas a raudales.

Place VILLA **$$$**
(www.theplacekohtao.com; chalés 4000-7000 THB) Las parejas de luna de miel disfrutarán de lo lindo en esta magnífica propuesta compuesta por dos chalés privados de lujo, asentados entre la espesura de unas colinas con vistas espectaculares al mar. Cuentan con piscina y, si se desea, servicio privado de chef.

Ko Tao Cabana BUNGALÓS **$$$**
(plano p. 574; ☎0 7745 6250; www.kohtaocabana.com; bungalós 2600-11 800 THB; ❄@📶🏊) Esta excelente propiedad junto a la playa ofrece chalés con entramado de madera y cabañas de tosco adobe blanco a lo largo de una playa salpicada de pedruscos. Pequeños detalles, como sus gnomos de piedra, les aportan colorido. Los chalés privados, de reciente construcción, son una de las opciones más exclusivas de la isla, aunque no se pueden comparar con los establecimientos de cinco estrellas de Ko Samui.

Big Blue Resort BUNGALÓS **$**
(plano p. 574; ☎0 7745 6050; www.bigbluediving.com; h 400-1000 THB; ❄@) Complejo para submarinistas cuyo ambiente recuerda a un campamento de verano. Las clases ocupan la mañana, mientras que las noches se pasan en grupo, cenando o frente al fuego. Tanto los sencillos bungalós con ventiladores como las habitaciones tipo motel con aire acondicionado ofrecen vistas poco llamativas, pero quién quiere vistas cuando hay todo un océano por explorar...

Sairee Cottage BUNGALÓS **$$**
(plano p. 574; ☎0 7745 6126; saireecottage@hotmail.com; bungalós 400-1500 THB; ❄) No es fácil pasar por alto estos bungalós pintados en tonos fucsia. Sus buenos precios son sinónimo de poca disponibilidad, por lo que habrá que llegar temprano para hacerse con uno de sus bungalós de ladrillo con vistas a un verde montículo.

Bow Thong BUNGALÓS **$**
(plano p. 574; ☎0 7745 6266; bungalós desde 600 THB; ❄📶🏊) Este miembro del tramo norte de la sedosa playa de Sairee cuenta con un conjunto de acogedores bungalós ideal para estar cerca de las olas. No está asociado con ningún centro de submarinismo.

Sunset Buri Resort BUNGALÓS **$$**
(plano p. 574; ☎0 7745 6266; bungalós 700-2500 THB; ❄@📶🏊) Al borde de un camino que conduce a la playa se encuentran estos preciosos bungalós blancos, con enormes ventanales y vistosos tejados tipo templo. La piscina en forma de riñón y las tumbonas hacen las delicias de los huéspedes.

Koh Tao Coral Grand Resort BUNGALÓS **$$$**
(plano p. 574; ☎0 7745 6431; www.kohtaocoral.com; bungalós 3350-6950 THB; ❄📶🏊) La plétora de fachadas rosas de este alojamiento adecuado para familias es algo así como la casa de playa tailandesa soñada por Barbie. Sus interiores están pintados en alegres colores primarios, mientras que los alojamientos más caros poseen un distintivo sabor tailandés, con molduras en madera oscura lacada y arte dorado.

Seashell Resort BUNGALÓS **$$**
(plano p. 574; ☎0 7745 6299; www.seashell-resort.com; bungalós 450-3800 THB; ❄📶) Varios bungalós ofrecen vistas al océano desde sus porches (algo inusual en Sairee), mientras que otros reposan en un estupendo y colorido jardín, lleno de palmeras. Hay de todo: submarinistas y no submarinistas.

In Touch Resort BUNGALÓS **$$**
(plano p. 574; ☎0 7745 6514; bungalós 500-1200 THB; ❄📶) Los bungalós más viejos son un batiburrillo de bambú y madera oscura, mientras que las habitaciones redondas, con aire acondicionado, recuerdan a la casa de los Picapiedra, pero sin llegar al punto de cambiar la alcachofa de la ducha por una trompa de elefante.

Koh Tao Backpackers ALBERGUE **$**
(plano p. 574; ☎08 8447 7921; www.kohtaobackpackers.com; dc 300 THB; ❄📶) Espartana propuesta con literas para los viajeros con menos presupuesto.

MAE HAT

Todos los *ferries* atracan en el muelle del ajetreado pueblo de Mae Hat. Hay alojamientos por doquier, pero las opciones más agradables están junto a la playa, en ambos sentidos.

Al norte del muelle

Regal Resort CENTRO VACACIONAL $$
(plano p. 574; ☎0 7745 6007; www.kohtaoregal.com; h 1500-4900 THB; ❄@📶🏊) Con la piscina más tentadora de la isla, este inmaculado alojamiento reposa orgulloso junto a la playa de Mae Hat. Situado a tiro de piedra del muelle, se trata de una opción muy interesante para quienes busquen habitaciones con aire acondicionado y vistas al mar desde la terraza.

Crystal Dive Resort BUNGALÓS $$
(plano p. 574; ☎0 7745 6107; www.crystaldive.com; bungalós 800-1500 THB; ❄🏊) Su alojamiento en bungalós y en habitaciones tipo motel está reservado para submarinistas, y los precios bajan mucho para quienes se matriculan en un curso. Los huéspedes se pueden dar un chapuzón en la piscina cuando no está repleta de principiantes familiarizándose con las técnicas de inmersión.

Montra Resort & Spa CENTRO VACACIONAL $$$
(plano p. 574; ☎0 7745 7057; www.kohtaomontra.com; h 4000-12 800 THB; ❄@📶🏊) Nueva alternativa de precio alto con todas las comodidades situada casi en el muelle de Mae Hat. Su estructura es bastante imponente comparada con los humildes bungalós aledaños.

Mr J Bungalow BUNGALÓS $
(plano p. 574; ☎0 7745 6066; bungalós 250-1000 THB) A pesar de que Mr J trató de cobrar 50 THB a un servidor por una tarjeta de visita, este lugar merece la pena. Su excéntrico propietario suele embarcarse en conversaciones filosóficas y estrambóticas.

Al sur del muelle

Charm Churee Villa CENTRO VACACIONAL $$$
(fuera de plano p. 574; ☎0 7745 6393; www.charmchureevilla.com; bungalós 3700-18 700 THB; ❄@🏊) Cómodamente instalados a la sombra de altísimas palmeras, estos lujosos chalés están dedicados al exuberante estilismo del Lejano Oriente: semidioses dorados con poses arabescas y miradas congeladas en un trance zen. Una escalera cincelada en la roca desciende por una pendiente cubierta de palmeras y salpicada de cabañas de teca con encantadoras vistas ininterrumpidas de las aguas color índigo del mar.

Sensi Paradise Resort CENTRO VACACIONAL $$$
(plano p. 574; ☎0 7745 6244; www.sensiparadise.com; bungalós 2100-700 THB; ❄📶🏊) En sus baños hay más lagartijas de la cuenta como para etiquetarlo de "elegancia natural", pero quienes busquen naturaleza agradecerán la exclusividad inherente a sus chalés rústicos. Los agradables conserjes y varias espaciosas *săh·lahs* de teca le añaden encanto.

Utopia Suites APARTAMENTOS $$
(plano p. 574; ☎0 7745 6729; h/ste desde 600/2000 THB y desde 20 000 THB/mes) Ubicados en un delicioso pueblo pesquero a un paso del muelle, estos apartamentos junto a la playa son perfectos para familias y grupos pequeños. Consúltense descuentos para estancias largas.

Los siguientes establecimientos se encuentran más al sur, accesibles en una rápida travesía en taxi acuático.

Sai Thong Resort BUNGALÓS $$
(☎0 7745 6868; Hat Sai Nuan; bungalós 400-900 THB; ❄) A medida que se acaba Mae Hat en la costa suroeste de la isla, este alojamiento emerge en la arenosa Hat Sai Nuan, con bungalós en una variedad de encarnaciones de tejidos y maderas, coloridas hamacas y vistas a las palmeras. Huéspedes y lugareños frecuentan la relajante cubierta de su restaurante.

Tao Thong Villa BUNGALÓS $
(☎0 7745 6078; Ao Sai Nuan; bungalós desde 500 THB) Estos sencillos y pintorescos bungalós brindan vistas soberbias y son todo un clásico entre viajeros en estancias largas que buscan paz y tranquilidad. Se encuentra a horcajadas entre dos playas diminutas de un cabo escarpado a medio camino entre Mae Hat y Chalok Ban Kao.

CHALOK BAN KAO

La bahía de Ao Chalok, situada unos 1,7 km al sur de Mae Hat por carretera, es la tercera mayor concentración de alojamientos de Ko Tao, pero puede parecer mucho más abarrotada al tener una playa mucho más pequeña que las de Sairee o Mae Hat. Además la playa tampoco es de las mejores, ya que con la bajamar a veces se torna fangosa.

Ko Tao Resort CENTRO VACACIONAL $$$
(☎0 7745 6133; www.kotaoresort.com; h y bungalós desde 2500 THB; ❄@📶🏊) Su entrada es un claro ejemplo de la época en que el buen gusto y la arquitectura no eran precisamente sinónimos (¿tal vez los setenta?), pero su interior es completamente moderno y las instalaciones encajan con la definición de complejo de vacaciones. Las habitaciones

están bien equipadas, hay material disponible para practicar deportes acuáticos y varios bares donde se sirven cócteles de frutas. El Chalok Harbour, de reciente creación, es una alternativa para cenar junto a un muelle.

Chintakiri Resort CENTRO VACACIONAL $$$
(☎0 7745 6133; www.chintakiri.com; h y bungalós 2900-4000 THB; ❄@≋) Encaramado sobre las aguas del golfo, con vistas de Chalok Ban Kao, el Chintakiri es una de las últimas incorporaciones de lujo en esta isla cada vez más exclusiva. Las habitaciones, repartidas por la selva, lucen inmaculadas paredes blancas con acabados de madera.

Buddha View Dive Resort BUNGALÓS $$
(☎0 7745 6074; www.buddhaview-diving.com; h 300-1500 THB; ❄) Al igual que los otros grandes centros de submarinismo de la isla, este ofrece a sus clientes alojamientos con descuento en un entorno de lo más sociable. Quienes tengan previsto quedarse un tiempo, quizá les interese saber que el "Divers Village", enfrente, ofrece alojamiento sencillo a partir de unos 4000 THB por mes.

New Heaven Resort BUNGALÓS $$
(☎0 7745 6422; newheavenresort@yahoo.co.th; h y bungalós 1200-3900 THB) Pasado el alboroto de Chalok Ban Kao aparecen estas coloridas cabañas que se elevan sobre unas aguas de tonos imposibles. Un empinado sendero de piedra cincelada desciende por la cara de la roca y brinda vistas como sacadas de la revista *National Geographic*.

Freedom Beach BUNGALÓS $
(☎0 7745 6596; bungalós 400-1500 THB; ❄) Instalado en una apartada playa privada en el extremo este de la Ao Chalok, parece el clásico alojamiento para mochileros, aunque se puede elegir entre todo un abanico de opciones. Una hilera de bungalós (desde chozas de madera hasta robustas cabañas con A/A) enlaza su ventosa playa con el restaurante, en lo alto del complejo.

Viewpoint Resort BUNGALÓS $$
(☎0 7745 6666; www.kohtaoviewpoint.com; bungalós 800-1300 THB) Se dice que un conocido arquitecto de Bangkok diseñó este acogedor retiro en el fin de la civilización. Los chalés son espartanos pero espaciosos y están en buen estado. Algunos disfrutan de vistas parciales al mar y otros reposan entre preciosos jardines en una ladera.

También merecen un vistazo:

Tropicana PENSIÓN $
(☎0 7745 6167; www.koh-tao-tropicana-resort.com; h desde 400) Edificios bajos difuminados por una zona ajardinada con vistas fugaces del mar entre la vegetación.

JP Resort PENSIÓN $
(☎0 7745 6099; h desde 400 THB) Colorida mezcla de delicadas habitaciones tipo motel en un pequeño retazo de selva cruzada la calle desde la playa.

PLAYAS DE LA COSTA ESTE

Esta serena costa es, sin duda, uno de los mejores lugares de la región para satisfacer las fantasías de una isla paradisíaca. Las vistas son asombrosas y las playas, silenciosas, pese a estar a solo diez minutos de las comodidades de rigor. Los siguientes alojamientos aparecen referenciados de norte a sur.

Hin Wong

Aquí no hay playa de arena sino una costa salpicada de pedruscos, pero el agua es cristalina. Por su parte, la carretera a Hin Wong está asfaltada solo a tramos, y hay que tener cuidado con los bancos de arena y las fuertes pendientes.

Hin Wong Bungalows BUNGALÓS $
(☎0 7745 6006; bungalós desde 300 THB) Agradables cabañas de madera repartidas por vastas extensiones de territorio tropical virgen. Su muelle destartalado, que sobresale más allá del restaurante, es el lugar ideal para desconectar mientras se contemplan los bancos de sardinas negras entre aguas cerúleas.

View Rock BUNGALÓS $
(☎0 7745 6548/9; viewrock@hotmail.com; bungalós 300-400 THB) Para llegar aquí, cuesta abajo por la carretera de tierra hacia Hin Wong, hay que seguir las indicaciones al norte del Hin Wong Bungalows. El View Rock es precisamente eso: vistas y rocas. El batiburrillo de cabañas de madera, que recuerda a un pueblo pesquero aislado, se levanta sobre peñascos empinados y ofrece unas vistas formidables de la bahía.

Bahía de Tanote (Ao Tanot)

Aunque más poblada que otras calas del este, es bastante apacible y pintoresca. Es la única bahía de la costa accesible por una carretera decente. Entre la Tanote y Mae Hat circulan incesantemente taxis con descuento; para información sobre horarios, lo mejor es preguntar en el alojamiento.

Poseidon BUNGALÓS $
(☎0 7745 6735; poseidonkohtao@hotmail.com; bungalós desde 300 THB) Conserva muy viva la tradición de los bungalós de bambú económicos, a los que se suma una docena de cabañas sencillas pero adecuadas repartidas por la playa.

Family Tanote BUNGALÓS $$
(☎0 7745 6757; bungalós 700-3500) Como su nombre indica, este conjunto de bungalós esparcidos por una ladera está regentado por una familia local que ofrece comodidad a quien busque tranquilidad. Para deleitarse bajo el agua a un paso del bungaló o subir hasta el restaurante para degustar una sabrosa comida aderezada con bonitas vistas de la bahía.

Ao Leuk y Ao Thian Ok

Jamahkiri Resort & Spa CENTRO VACACIONAL $$$
(☎0 7745 6400; www.jamahkiri.com; bungalós 6900-13 900 THB) Su ampulosa decoración gira decididamente en torno a la imaginería tribal. Abundan las máscaras de madera y las deidades de la fertilidad en piedra, así como los mosaicos en remolino y las estatuas de varios brazos. Los aullidos de los monos en la distancia confirman la temática selvática imperante, al igual que los techos de paja y las antorchas de estilo *tiki* que iluminan las noches. La infinita escalera de piedra del complejo puede resultar una lata, por lo que es un alivio saber que se cuenta con el mejor *spa* de lujo de Ko Tao.

KO NANG YUAN

A la fotogénica Ko Nang Yuan, junto a la costa de Ko Tao, se puede acceder fácilmente en el catamarán de Lomprayah o en los taxis acuáticos que salen de Mae Hat y Sairee.

Ko Nangyuan Dive Resort BUNGALÓS $$$
(☎0 7745 6088; www.nangyuan.com; bungalós 1200-9000 THB; ❄📶) Aunque echa un poco para atrás la tasa obligatoria de acceso a la isla (100 THB), más los 100 THB por trayecto del taxi acuático, este complejo es un lugar encantador. Su conjunto de bungalós de madera y aluminio se abre paso entre tres islas cónicas conectadas por un idílico brazo de arena beis. Presume del mejor restaurante de la isla, aunque, dónde si no se podría ir a comer cerca.

Dónde comer

Con la descomunal Samui al acecho en la distancia, cuesta creer que la pintoresca y pequeña Ko Tao pueda destacar en lo gastronómico. La mayoría de los complejos y las escuelas de submarinismo ofrecen manutención/comidas in situ, y los establecimientos independientes no dejan de proliferar en las playas de Sairee y Mae Hat. El origen diverso de los submarinistas ha contribuido a ampliar la oferta internacional, y ya es posible encontrar cocina mexicana, francesa, italiana, india o japonesa, entre otras. En su empeño por dar con la mejor comida tailandesa de la isla, un servidor se percató de que, sorprendentemente, los mejores platos se consiguen en los pequeños restaurantes sin nombre apostados junto a la carretera.

PLAYA DE SAIREE (SAIREE BEACH)

Darawan INTERNACIONAL $$
(plano p. 574; principales 160-400 THB; ⏲almuerzo y cena) Como si de un exclusivo restaurante llegado de las orillas de Samui se tratara, el majestuoso Darawan es la última incorporación al panorama gastronómico isleño. Instalado por encima de los árboles en la parte de atrás del complejo Ban's, su enorme terraza ofrece vistas preciosas de la puesta de sol (18.00, aprox.). La iluminación de diseño, el servicio eficiente y su deliciosa hamburguesa de carne de *wagyu* redondean la experiencia.

Barracuda Restaurant & Bar ASIÁTICA DE FUSIÓN $$
(plano p. 574; principales 180-380 THB; ⏲cena) Nuevo y maravilloso, este restaurante ofrece una refinada selección de marisco y platos sofisticados. Su propietario, un experimentado chef, se toma muy en serio el uso de ingredientes locales para potenciar su cocina de fusión. La mariscada es una ganga (395 THB), y para digerirla, un refrescante mojito.

ZanziBar SÁNDWICHES $
(plano p. 574; sándwiches 90-140 THB; ⏲desayuno, almuerzo y cena) El punto de encuentro de los amantes de los sándwiches ofrece una selección de ingredientes y condimentos de nombres impronunciables presentados entre dos rebanadas de pan integral.

Blue Wind Bakery INTERNACIONAL $
(plano p. 574; principales 50-120 THB; ⏲desayuno, almuerzo y cena) Este chiringuito de playa sirve clásicos tailandeses, platos occidentales y zumos recién elaborados. Lo mejor es relajarse entre sus cojines triangulares y disfrutar de un zumo y un delicado hojaldre.

Chopper's Bar & Grill INTERNACIONAL $$
(plano p. 574; platos 60-200 THB; ⏲desayuno, almuerzo y cena) Toda una institución entre los submarinistas y viajeros a la hora de la cerveza. Hay música en vivo, deporte en TV gigantes, billares y una sala para ver películas. Los viernes por la noche son su punto fuerte: dos por una en bebidas y platos a mitad de precio.

Kanya TAILANDESA $
(plano p. 574; principales 60-130 THB; ⏲desayuno, almuerzo y cena) Situado al fondo del pueblo de Sairee, junto a la carretera de Hin Wong, este establecimiento con cuatro mesas sirve muchos platos internacionales, pero aún está mejor su exquisita cocina tailandesa casera (delicioso el *đôm yam Ƀlah*).

Café Corner CAFÉ $$
(plano p. 574; tentempiés y principales 30-120 THB; ⏲desayuno y almuerzo) Su excelente ubicación, su moderno mobiliario y sus ricos cafés helados lo han convertido en un imprescindible de Sairee de los últimos años. Lo mejor es ir hacia las 17.00 y aprovechar para comprar algo para el desayuno; sus riquísimos panes se venden como rosquillas (2 x 1) antes del atardecer.

Big Blue East TAILANDESA, NTERNACIONAL $$
(plano p. 574; platos 70-250 THB; ⏲desayuno, almuerzo y cena) El ajetreado restaurante del Big Blue Resort está a escasos metros del agua y sirve varios platos tailandeses e internacionales, incluidas deliciosas *pizzas* individuales. Al atardecer se suele llenar de submarinistas que acuden atraídos por su TV gigante.

Ally the Pancake Man CREPES $
(plano p. 574; tortitas desde 20-40 THB; ⏲almuerzo y cena) No hay como parar al lado del 7-Eleven, junto al Big Blue Resort, para contemplar a Ally mientras bailotea –igual que un cocinero italiano haciendo una *pizza*– mientras prepara deliciosos panqueques. El de banana y Nutella está para relamerse.

Krua Thai TAILANDESA $
(plano p. 574; platos 50-120 THB; ⏲almuerzo y cena) Frecuentado por turistas que prefieren los platos poco picantes, este lugar ofrece una buena selección de clásicos tailandeses en un marco cuidado.

El Gringo MEXICANA $$
(plano p. 574; platos 80-150 THB; ⏲desayuno, almuerzo y cena) Como si no hubiera suficientes apodos para referirse a los blancos en Tailandia, este curioso local sirve burritos de dudosa autenticidad en sus sucursales de la playa de Sairee y Mae Hat. También servicio a domicilio.

MAE HAT

Whitening INTERNACIONAL $$
(plano p. 574; platos 160-300 THB; ⏲cena) Pese a que por el día parece un montón de madera apilada, este peculiar local es un intermedio entre un restaurante y un elegante bar de playa. Los amantes del buen yantar disfrutarán con sus suculentos giros en platos autóctonos e internacionales, mientras que a los aficionados a la cerveza les satisfará su ambiente de playa y la suave música de fondo. La verdad es que es un placer cenar a la luz de su iluminación navideña, con los pies descalzos entre la arena. Sin duda el mejor lugar de la isla para celebrar una ocasión especial, y encima a precios en absoluto abusivos.

Café del Sol INTERNACIONAL $$
(plano p. 574; platos 70-320 THB; ⏲desayuno, almuerzo y cena; @ wifi) Incluso el viajero más tiquismiquis quedará satisfecho con la amplia selección de cocina del mundo de la carta. Situado a tiro de piedra del muelle, este es el lugar preferido de un servidor de Ko Tao para desayunar. Hay que probar su desayuno "Del Sol" (deliciosa macedonia de frutas, yogur y café) con una sabrosa tortilla de espinacas como acompañamiento. El resto del día se sirven desde copiosas hamburguesas con pimientos hasta pasta casera. La única pega son los precios, bastante inflados.

Zest Coffee Lounge CAFÉ $
(plano p. 574; platos 70-190 THB; ⏲desayuno y almuerzo; wifi) Estiloso, este es el café mejor considerado de la isla. También se puede pedir un bocadillo en pan de chapata, o dulces pegajosos para acompañar con un cremoso café con leche. Tienen otro local en Sairee, aunque este es mejor.

Safety Stop Pub INTERNACIONAL $
(plano p. 574; principales 60-250 THB; ⏲desayuno, almuerzo y cena; wifi) Bar restaurante junto al muelle con la comida inglesa al uso y un agradable ambiente tropical. Los domingos preparan una infinidad de delicias a la parrilla. Sorprendentemente, los platos tailandeses no están nada mal.

Pranee's Kitchen TAILANDESA $
(plano p. 574; platos 50-120 THB; ⏲desayuno, almuerzo y cena; wifi) Este clásico incombustible

LENGUAJE DE SIGNOS LOCAL

Es cierto que gracias a la gran afluencia de extranjeros se habla inglés prácticamente en todas partes. Sin embargo, los locales suelen incorporar al lenguaje oral (sobre todo en los bares) los signos que utilizan bajo el agua.

Estos son algunos ejemplos para empezar a practicar:

» **Estoy bien** Formar un puño con la mano y tocarse la cabeza dos veces

» **Muy bien** Juntar las yemas de los dedos índice y pulgar formando una "o"

» **Terminé/estoy listo para irme** Agarrarse la mano con firmeza y moverla hacia delante y hacia atrás en perpendicular al cuello.

de Mae Hat sirve magníficos *curries* y otras delicias tailandesas en un pabellón al aire libre salpicado de cojines, mesas de madera y un TV. Cada tarde pasan una película en inglés.

Zona gastronómica TAILANDESA $
(plano p. 574; principales desde 30 THB; ⊙desayuno, almuerzo y cena) Este informal cúmulo de puestos de comida atrae a los lugareños al mediodía con auténticas señales de humo que se elevan desde el aparcamiento junto a la gasolinera de Mae Hat. Hacen una de las mejores ensaladas de papaya de la isla.

Greasy Spoon DESAYUNOS $
(plano p. 574; desayuno inglés 120 THB; ⊙desayuno y almuerzo) Pese a su absoluta falta de carácter, es fiel a su nombre, con una variedad de desayunos rebosantes de grasa: huevos, salchichas, verduras guisadas y unas patatas fritas (su especialidad) para recordar.

Tattoo Bar & Restaurant HAMBURGUESERÍA $$
(plano p. 574; principales 150 THB) A solo 30 m del Whitening (en el borde del pueblo pesquero), el Tattoo se erige en un lugar informal con una agradable zona para ver la televisión. Para los más voraces hay una descomunal hamburguesa australiana, empanadas de carne caseras y *sausage rolls* (salchichas enrolladas).

Farango's PIZZERÍA $$
(plano p. 574; platos 80-230 THB; ⊙almuerzo y cena) El restaurante preferido de los extranjeros en Ko Tao propone ricas *pizzas* y otros manjares italianos firma de la casa. Tienen una sucursal en las afueras del pueblo de Sairee, ambas con servicio gratis a domicilio.

CHALOK BAN KAO

Long Pae ASADOR $$$
(principales 100-430 THB; ⊙cena) Alejado del radar del grueso de los turistas de la isla, este restaurante en una desaliñada colina selvática ofrece vistas del mar y unos bistecs que combinan de maravilla con buenos entrantes orientales.

New Heaven Restaurant INTERNACIONAL $$
(principales 60-350 THB; ⊙almuerzo y cena) Lo mejor son las embriagadoras vistas que ofrece de la bahía del Tiburón (Ao Thian Ok) bajo la presencia de la sosegada luna vespertina. Las aguas color turquesa que hay más abajo son tan trasparentes que se acierta a distinguir los corales desde la mesa. La carta está dominada por platos internacionales.

Koppee CAFÉ $$
(principales 60-180 THB; ⊙desayuno, almuerzo y cena) Calcado a algunos de los cafés más elegantes de Mae Hat y Sairee, el inmaculado Koppee sirve deliciosa comida internacional y un buen surtido de postres caseros.

Dónde beber y ocio

Después del submarinismo, el pasatiempo favorito en Ko Tao es salir de copas por sus incontables bares. De hecho, los tres mayores centros de submarinismo de la isla cuentan con bar propio; el **Fish Bowl** (plano p. 574), el **Crystal Bar** (plano p. 574) y el **Buddha On The Beach**, en Chalok Bak Kao, que atraen a multitud de viajeros y expatriados. Hay carteles con las próximas fiestas en postes y paredes de la costa oeste (también en los dos 7-Eleven de Sairee). Se recomienda estar atento a los que anuncian *"jungle parties"* ("fiestas en la selva") en el centro de la isla.

Además de las opciones que se recomiendan a continuación, algunos lugares ya descritos (p. 581), p. ej., el Choppers o el Safety Stop Pub, también funcionan como bar.

Solo hay que recordar que beber y bucear son incompatibles.

Castle CLUB
(fuera de plano p. 574; www.thecastlekohtao.com; Mae Hat) Situado en la carretera principal de Mae Hat a Chalok Ban Kao, este club rápidamente se ha coronado como el favorito de la isla, con fiestas animadas por DJ locales e internacionales.

Fizz BAR

(plano p. 574; playa de Sairee) Para relajarse sobre cojines enormes y disfrutar de cócteles de diseño mientras se escuchan temas de Moby o Enya entremezclados con el hipnótico sonido de la marea.

Lotus Bar BAR

(plano p. 574; playa de Sairee) Ubicado en el extremo norte de la playa, este clásico, ambientado con malabaristas, faquires y bebidas cargadas, abre hasta las tantas.

Dragon Bar 'LOUNGE'

(plano p. 574; Mae Hat) Entorno elegante e innovador pero impregnado de un aire *"retro comunista"*, una iluminación tenue y un ambiente relajante. Se dice que sirve los mejores cócteles de la isla.

Office Bar BAR

(plano p. 574; playa de Sairee) Engalanado con un grafito nada piadoso ni con Lady Gaga ni con los Black Eyed Peas, esta cabaña hexagonal atrae a sus devotos con un sonido *grunge* y viejas sillas de madera.

Diza BAR

(plano p. 574; playa de Sairee) Antaño una choza destartalada donde tronaba la música, el Diza ha evolucionado hasta convertirse en un bar informal en el cruce del pueblo de Sairee. Aquí, los lugareños se sientan en sillas de plástico mientras disfrutan de una cerveza y ven pasar la vida.

Ubicados en el extremo sur de la playa de Sairee, el **AC Party Pub** (plano p. 574), el **In Touch** (plano p. 574) y el **Maya Bar** (plano p. 574) se turnan para captar la atención de los juerguistas entre semana.

De compras

Pese a que casi todo es generalmente más barato que en los países de origen de los viajeros, los equipos de submarinismo no lo son, así que es mejor venir con el propio.

Quienes tengan problemas para limpiarse la sal del cabello, pueden acercarse a **Avalon** (plano p. 574; Mae Hat; ⌚10.00-19.00 lu-sa) y echar un vistazo a sus productos (autóctonos y ecológicos) de cosmética.

Información

El omnipresente folleto *Koh Tao Info* contiene información sobre comercios de toda la isla e incluye algunos datos curiosos sobre su historia, cultura y temas sociales.

Peligros y advertencias

No hay nada más molesto que inscribirse en un curso de submarinismo con los amigos y después no poder completarlo por haber sufrido un accidente de motocicleta. Las carreteras de Ko Tao están en un estado lamentable, salvo la principal, que conecta Sairee con Chalok Ban Kao. A pesar de que alquilar un ciclomotor puede resultar muy útil, sin duda este no es el mejor lugar para aprender a manejarlo. La isla está repleta de colinas abruptas e inesperados bancos de arena. Además, aunque se salga ileso de la experiencia, las compañías de alquiler en ocasiones tratan de sacar tajada de los turistas, p. ej. asegurando que la motocicleta alquilada ha sufrido algún daño.

También hay que tener presente que los mosquitos que transmiten el dengue son una seria amenaza. El virus se puede extender rápidamente debido a la gran concentración de turistas y a lo reducido de la isla.

Urgencias

Comisaría de policía (plano p. 574; ☎0 7745 6631) Situada entre Mae Hat y la playa de Sairee, en un tramo en bastante mal estado de la carretera que discurre junto a la playa.

Acceso a internet

La tarifa suele ser de 2 THB por minuto, con un mínimo de 20 THB y descuentos para una hora o más. Con todo, tal vez haya algunas webs de información turística bloqueadas al intentar acceder a ellas desde algunos cibercafés asociados con ciertas agencias de viajes. Las principales escuelas de submarinismo suelen tener conexión wifi a disposición de los viajeros.

Asistencia médica

Siempre se ha de firmar una declaración de aptitud médica antes de realizar una inmersión. En caso de padecer alguna enfermedad o limitación que pueda afectar la capacidad para esta práctica (asma moderado incl.), habrá que obtener un certificado firmado por un doctor de Ko Tao. Si se tienen dudas sobre si se es apto o no para practicar submarinismo, lo mejor es consultar al médico antes de iniciar el viaje, pues no hay hospitales oficiales en la isla, y los profesionales cualificados escasean. También hay que cerciorarse de que la póliza de viaje cubre la práctica de estos deportes. Una "consulta médica" en la isla cuesta 300 THB. Hay varias clínicas y pequeños hospitales (sin cita previa) en los alrededores de Mae Hat y Sairee, pero para cualquier problema de salud grave hay que ir a Ko Samui.

Diver Safety Support (plano p. 574; ☎08 1083 0533; kohtao@sssnetwork.com; Mae Hat; ⌚servicio telefónico 24 h) Cuenta con una cámara hiperbárica temporal y ofrece servicio de evacuación de urgencia.

Dinero

Hay cajeros automáticos en los 7-Eleven de la isla y varios más en la zona de los muelles de Mae Hat. Para cambiar dinero, hay un mostrador en el muelle de Mae Hat y una sucursal del mismo cerca del Choppers, en Sairee. A su vez, varios bancos atienden cerca de la oficina de correos de Mae Hat, en el extremo de la población, junto a la carretera principal de la isla hacia el interior. Entre semana, el horario suele ser de 9.00 a 16.00. Por su parte, casi todas las escuelas de submarinismo aceptan tarjetas de crédito, si bien suelen aplicar un recargo del 3-4%.

Correos

Oficina de correos (plano p. 574; ☎0 7745 6170; ⏰9.00-17.00 lu-vi, 9.00-12.00 sa) Está situada a unos 10-15 minutos a pie del muelle, en la esquina entre la carretera principal hacia el interior y la carretera a Mae Hat.

Información turística

En Ko Tao no hay ninguna oficina de la TAT. Las reservas de transporte y alojamiento se pueden realizar a través de la mayoría de los centros de submarinismo o en alguna de las numerosas agencias de viajes; todos cobran una pequeña comisión.

Bon Voyage (playa de Sairee) Regentada por el amable señor Jai, natural de la isla, se trata de un lugar fantástico para reservar transporte y actualizar el *blog* bajo un buen chorro de aire acondicionado. Está junto a la carretera de la playa de Sairee a Hin Wong.

Webs

Koh Tao Online (www.kohtaoonline.com) Versión en línea del útil folleto *Koh Tao Info*.

 Cómo llegar y salir

Como de costumbre, todos los precios y horarios de salida están sujetos a modificaciones. El mal estado del mar suele provocar muchas cancelaciones de *ferries* entre octubre y diciembre. Cuando el mar está picado, se recomienda viajar con Seatran en vez de con el catamarán de Lomprayah, máxime si se es propenso a sufrir mareos, pues los catamaranes padecen mucho más el oleaje. Se recomienda comprar los billetes del *ferry* varios días antes si se tiene previsto viajar a Ko Tao desde Ko Pha-Ngan después de una fiesta de la luna llena.

Bangkok, Hua Hin y Chumphon

La nueva aerolínea de Lomprayah, **Solar Air** (www.lomprayah.com), opera un vuelo diario del aeropuerto Don Muang de Bangkok a Chumphon en cada sentido de lunes a sábado. Una vez en Chumphon, hay que hacer un transbordo sencillo para tomar el catamarán a Ko Tao.

Los billetes combinados de autobús y *ferry* con salida desde Bangkok se pueden comprar en cualquier agencia de viajes de la capital o del sur. El transbordo del autobús al *ferry* se realiza en Chumphon, mientras que los pasajeros que vayan a Bangkok podrán desembarcar en Hua Hin (por el mismo precio que el billete de Ko Tao a Bangkok).

Si se tiene previsto viajar de noche, los trenes con literas son más cómodos que el autobús. Hay que ir en barco a Chumphon y allí desplazarse al centro de la ciudad para tomar un tren a Bangkok.

Desde Ko Tao, el catamarán exprés sale de Chumphon a las 10.15 y 14.45 (1½ h), Seatran a las 16.00 (2 h) y el barco rápido de Songserm a las 14.30 (3 h). Es posible que haya menos salidas en función del estado del mar.

También hay un barco que zarpa a medianoche de Chumphon y llega a primera hora de la mañana. Ese mismo barco regresa de Ko Tao a las 23.00.

Ko Pha-Ngan

El catamarán de Lomprayah ofrece un doble servicio diario, con salidas de Ko Tao a las 9.30 y 15.00 y llegada a Ko Pha-Ngan hacia las 10.50 y 16.10. El *ferry* de Seatran Discovery ofrece un servicio idéntico. El *ferry* exprés de Songserm sale a diario a las 10.00, y llega a Ko Pan-Ngan a las 11.30. El precio incluye los traslados desde el hotel.

Ko Samui

El catamarán de Lomprayah ofrece un doble servicio diario con salidas de Ko Tao a las 9.30 y 15.00, y llegada a Samui hacia las 11.30 y 16.40. El *ferry de* Seatran Discovery ofrece un servicio idéntico. El barco exprés de Songserm zarpa a diario a las 10.00 y llega a Samui a las 12.45. El precio incluye los traslados desde el hotel.

Surat Thani y la costa del Andamán

Quienes se dirijan a la costa del Andamán y no quieran parar de camino ni en Ko Pha-Ngan ni en Ko Samui, tienen dos posibilidades. La primera, y más habitual, es vía Surat Thani. Primero hay que tomar un barco a Surat (el Songserm o el *ferry* nocturno, a menos que se quieran tomar dos) y después cambiar a un autobús. El barco nocturno sale de Ko Tao a las 20.30. Los autobuses que conectan con el barco exprés de Songserm salen a diario de Surat Thani a las 8.00 y llegan a las 14.30. En el viaje a la inversa, los viajeros salen de Ko Tao a las 10.00 y llegan a Surat Thani a las 16.30.

La segunda opción es tomar un *ferry* a Chumphon, en el continente, y allí combinar con un autobús o tren con destino a las provincias más al sur.

Cómo desplazarse

'Sŏrng·tăa·ou' En Mae Hat, las *sŏrng·tăa·ous*, camionetas y motocicletas se concentran en la zona del muelle a la espera de los barcos. Si se viaja en solitario, se pagará 100 THB para ir a las playas de Sairee o Chalok Ban Kao. Los grupos de dos o más integrantes pagan 50 THB por persona. El trayecto de Sairee a Chalok Ban Kao cuesta 80 THB por persona (150 THB si se va solo). Estos precios no suelen ser negociables, y habrá que esperar a que el taxi se llene, a menos que se quiera abonar otros 200-300 THB. Las tarifas a la costa este se duplican, y los conductores suelen aumentar los precios cuando llueve o las condiciones de la carretera empeoran. En caso de que ya se tenga reservado el alojamiento, lo mejor es llamar antes para concertar el traslado. Muchas escuelas de submarinismo ofrecen este servicio gratis.

Motocicletas Conducir una puede ser una experiencia bastante peligrosa (véase "Peligros y advertencias", p. 583) si no se circula solo por las carreteras principales (generalmente bien asfaltadas). Alquilar un ciclomotor cuesta desde 150 THB por día. Para máquinas de mayor cilindrada, el precio sube a 350 THB, con descuentos para una semana o más. Se recomienda **Lederhosenbikes** (plano p. 574; ☎08 1752 8994; www.lederhosenbikes.com; Mae Hat; ⏰8.30-18.00 lu-sa). Es mejor no alquilar todoterrenos ni motos acuáticas, ya que son poco seguros.

Taxis acuáticos Salen de Mae Hat, Chalok Ban Kao y la sección norte de la playa de Sairee (cerca del Vibe Bar). El trayecto a Ko Nang Yuan cuesta como mínimo 100 THB. Contratar un barco de popa larga sale por unos 1500 THB al día, según el número de pasajeros.

Parque Nacional Marino de Ang Thong

อุทยานแห่งชาติหมู่เกาะอ่างทอง

Dentadas y cubiertas de vegetación, las aproximadamente cuarenta islas que conforman este parque salpican un mar cerúleo cual collar de esmeraldas en el que cada una representa un remanso de paz con acantilados de caliza, lagunas ocultas y playas de color melocotón. Estas islas de ensueño sirvieron de inspiración a Alex Garland para escribir *La playa,* cuya adaptación cinematográfica es todo un clásico de culto sobre los mochileros y las drogas.

Febrero, marzo y abril son los mejores meses para visitar esta etérea reserva de tonos verdes y azules; el parque permanece casi siempre cerrado en noviembre y diciembre como consecuencia del oleaje provocado por el monzón.

Puntos de interés

Todos los circuitos paran en la oficina principal del parque en **Ko Wua Talap,** la mayor isla del archipiélago, desde cuyo **mirador** se obtiene la que posiblemente sea la mejor vista de todo el país, con islas recortadas con formas antropomórficas entre plácidas aguas de color turquesa. La extenuante caminata de 450 m hasta el punto de observación lleva una hora. Se recomienda utilizar calzado rígido y caminar despacio por los afilados afloramientos de piedra caliza. Otro sendero lleva a la **Tham Bua Bok,** una cueva con estalactitas y estalagmitas en forma de flores de loto.

El **mar de Esmeralda** (también conocido como Mar Interior) de **Ko Mae Ko** es otro destino muy popular. Este enorme lago en medio de la isla mide 250 por 350 m y muestra un color azul etéreo con matices de menta. Eso sí, se ve pero no se toca, pues está prohibido bañarse. Hay un segundo **mirador** también espectacular en lo alto de una serie de escaleras próximas.

Los arcos de piedra naturales de **Ko Samsao** y **Ko Tai Plao** se ven en función de las mareas y las condiciones atmosféricas. Dado que el océano en torno a esta cadena de islas tiene una profundidad máxima de 10 m, no se han desarrollado demasiados arrecifes de coral, salvo en unos cuantos enclaves protegidos en las zonas suroeste y noreste. Hay un arrecife cerca de Ko Tai Plao y Ko Samsao que ofrece oportunidades interesantes para el buceo con tubo. También hay varios lugares de inmersión para principiantes, con la posibilidad de explorar cuevas y coloridos jardines de coral y observar desde serpientes de mar hasta rayas. Por otro lado, **Ko Tai Plao, Ko Wuakantang** y **Ko Hintap** presumen de magníficas playas de arena.

Circuitos

La mejor manera de explorar Ang Thong es con uno de los muchos circuitos guiados que salen de Ko Samui o Ko Pha-Ngan. Estos suelen incluir el almuerzo, el equipo de buceo, los traslados a/desde el hotel y un guía –generalmente– bien informado. De hospedarse en un alojamiento de lujo, es bastante probable que el complejo disponga de su propio barco. Algunos alojamientos de precio medio y económico también cuentan con embarcaciones o pueden reservar plaza en un circuito a través de un operador. Los centros de submarinismo de Ko Samui y Ko Pha-Ngan organizan inmersiones en el parque, aunque Ang Thong no puede competir en esto con los alrededores de Ko Tao o Ko Pha-Ngan.

El panorama de los operadores de circuitos es muy fugaz debido a la volatilidad de los precios del combustible. En el alojamiento se puede pedir un listado actualizado.

Dónde dormir

Ang Thong no cuenta con ningún complejo hotelero, aunque en Ko Wua Talap el parque nacional dispone de cinco bungalós, cada uno con capacidad para entre dos y ocho personas. También es posible plantar la tienda de campaña en algunas zonas especialmente designadas. Se puede reservar con antelación a través de **Parques Nacionales** (☎0 7728 6025; www.dnp.go.th; bungalós 500-1400 THB). Existe la posibilidad de reservar en línea, aunque para confirmar la reserva hay que hacer una transferencia bancaria en un plazo máximo de dos días a partir del día en que se haya realizado.

Cómo llegar y desplazarse

La mejor forma de llegar al parque es con un circuito privado de un día desde Ko Samui o Ko Pha-Ngan, a 28 y 32 km, respectivamente. Las islas se hallan entre Samui y el muelle principal de Don Sak, si bien no hay ningún *ferry* que pare de camino.

La entrada al parque (adultos/niños 400/200 THB) debería estar incluida en el precio del circuito (consúltese al operador en caso de duda). Otra opción sería fletar un barco privado, si bien la inestabilidad del precio del combustible podrían encarecer sobremanera esta elección.

PROVINCIA DE SURAT THANI

Surat Thani อำเภอเมืองสุราษฎร์ธานี

128 990 HAB.

Conocida como la "ciudad de la Buena Gente", Surat Thani fue antaño la sede del antiguo imperio Srivijaya. Hoy, este concurrido cruce de caminos se ha convertido en un importante nudo de transporte por el que pasan indiscriminadamente personas y mercancías con destino a todos los rincones del país. Los viajeros rara vez permanecen aquí más tiempo del imprescindible en su ruta a las merecidamente populares Ko Samui, Ko Pha-Ngan y Ko Tao.

Dónde dormir

Para dormir cómodamente en Surat, una buena idea es escapar del sucio centro en una *sŏrng·tăa·ou* con rumbo al barrio de Phang-Nga. Basta con decir al conductor "Tesco-Lotus", para tras 2 o 3 km encontrarse en un centro comercial en forma de cubo. Alrededor de este hay unos cuantos hoteles de precio razonable y servicios modernos.

Las propuestas del centro son más económicas, pero se suele cobrar por horas, lo cual significa ruido por las continuas idas y venidas de huéspedes. Si el presupuesto es demasiado ajustado, tal vez lo más aconsejable sea cruzar la ciudad y tomar un *ferry* nocturno al destino final.

100 Islands Resort & Spa CENTRO VACACIONAL **$**
(☎0 7720 1150; www.roikoh.com; 19/6 Moo 3, ctra. de circunvalación; h 590-1200 THB; ❄@📶🏊) Enfrente del centro comercial Tesco-Lotus, se trata de un buen alojamiento para su precio (menos de 600 THB). Es un palacio de teca, un poco fuera de lugar para su ubicación, pero con habitaciones inmaculadas dispuestas en torno a un jardín enorme y una piscina tipo laguna.

Wangtai Hotel HOTEL **$$**
(☎0 7728 3020; www.wangtaisurat.com; 1 Th Talad Mai; h 790-2000 THB; ❄@📶🏊) Situado frente a la oficina de la TAT, cruzado el río, este alojamiento se esfuerza por crear un ambiente propio de un hotel de negocios, con educadas recepcionistas y botones con esmoquin. Aunque anodinas, las habitaciones ofrecen buenas vistas de la ciudad.

Dónde comer

Lo más práctico es ir al **mercado nocturno** (Sarn Chao Ma; Th Ton Pho), con infinidad de delicias fritas, al vapor, a la parrilla o salteadas. También hay varios puestos que abren cada noche junto a los muelles a las islas, un mercado de pescado y marisco en Pak Nam Tapi, y un **mercado dominical** (🕑16.00-21.00) vespertino cerca de la oficina de la TAT. Durante el día, muchos puestos de comida cercanos a la terminal de autobuses del centro ofrecen *kôw gài òp* (pollo marinado al horno, acompañado de arroz).

Crossroads Restaurant INTERNACIONAL **$$**
(ctra. de circunvalación; platos 50-200 THB; 🕑almuerzo y cena) Ubicado al suroeste de la ciu-

Surat Thani

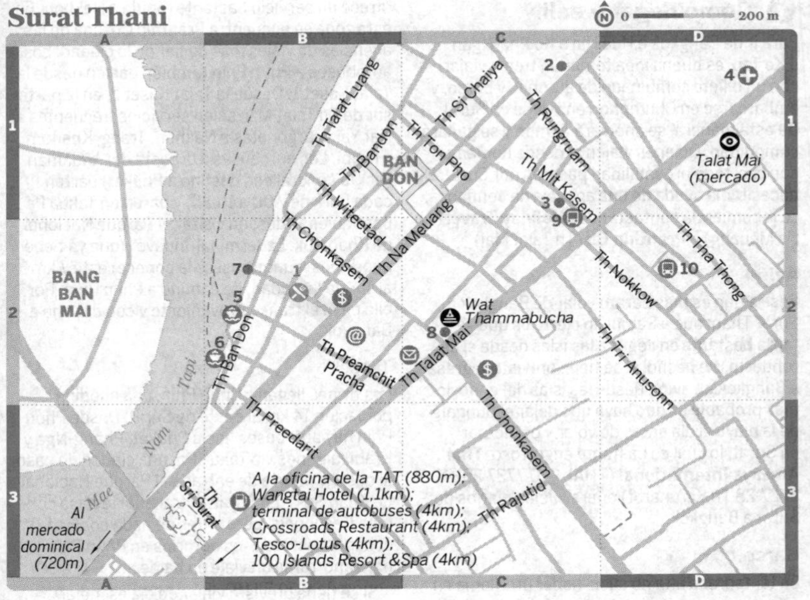

Surat Thani

Dónde comer
1 Mercado nocturno B2

Información
2 Holiday Travel C1
3 Pranthip Company C1
4 Hospital Taksin D1

Transporte
5 Muelle del *ferry* nocturno a Ko Tao B2
Lomprayah .... (véase 7)
6 Barco nocturno a Ko Pha-Ngan B2
7 Seatran Discovery B2
8 Oficina de Seatran C2
Songserm .... (véase 7)
9 Terminal de autobuses Talat Kaset 1 .... C2
10 Terminal de autobuses Talat Kaset 2 .... D2

dad, frente al centro comercial Tesco-Lotus, este restaurante posee un pintoresco aire tristón, realzado por la iluminación tenue y la música en vivo. No hay que irse sin probar las gigantescas (y baratas) ostras que dan fama a Surat Thani.

Información

Th Na Meuang cuenta con un banco en casi cada esquina del centro de la ciudad. De hospedarse en las afueras, hay varios cajeros en el centro comercial Tesco-Lotus.

Boss Computer (20 THB/h; ⏲9.00-24.00) El cibercafé más económico del lugar está cerca de la oficina de correos.

Oficina de correos (☎0 7727 2013, 0 7728 1966; Th Talat Mai; ⏲8.30-16.30 lu-vi, 8.30-12.30 sa) Frente al Wat Thammabucha. La tienda de artesanías One Tambon One People (OTOP) está en su interior.

Siam City Bank (Th Chonkasem) Tiene una oficina de Western Union.

Hospital Taksin (☎0 7727 3239; Th Talat Mai) El más eficiente de los tres hospitales de Surat está pasado el Talat Mai (un mercado), en la parte noreste del centro.

Oficina de la TAT (☎0 7728 8817; tatsurat@samart.co.th; 5 Th Talat Mai; ⏲8.30-16.30) Situada al suroeste de la ciudad, dispone de multitud de folletos y planos útiles, y cuenta con un atento personal que habla bien el inglés.

Cómo llegar y salir

Para ir de Bangkok o Hua Hin a Ko Pha-Ngan o Ko Tao, es buena idea tomar un tren o viajar con un billete combinado de autobús y barco, y embarcarse en Chumphon en vez de en Surat. De esta manera, se ahorrará tiempo y se ganará comodidad. Quienes viajen a/desde Ko Samui, con casi toda probabilidad pasarán por Surat. De necesitar la ayuda de una agencia de confianza, se recomienda contactar con **Holiday Travel** (Th Na Meuang) o **Pranthip Co** (Th Talat Mai).

Avión

Pese a que es más barato volar de Bangkok a Surat Thani que a Samui, lo cierto es que se tarda bastante en llegar a las islas desde el aeropuerto. De hecho, si se tiene previsto regresar a Bangkok en avión desde las islas del golfo, lo más probable es que haya que dejar el bungaló de la playa el día antes de volar y pernoctar en Surat, lo cual es bastante engorroso. **Thai Airways International** (THAI; ☎0 7727 2610; 3/27-28 Th Karunarat) opera vuelos diarios de Surat a Bangkok.

Barco

En temporada alta no suele haber problema en encontrar combinaciones de autobús y barco a Ko Samui y Ko Pha-Ngan desde la estación de trenes de Phun Phin (14 km al oeste de Surat). Estos servicios no son más caros que los que se puedan reservar en Surat Thani y pueden ahorrar bastante tiempo de espera. Asimismo, hay varias compañías de *ferries* y barcos rápidos que conectan Surat Thani con Ko Tao, Ko Pha-Ngan y Ko Samui. La mayoría de los barcos (p. ej. los de Raja y Seatran) zarpan desde Don Sak (aprox., 1 h desde Surat; los traslados en autobús están incluidos en el billete de *ferry*), aunque el de Songserm sale del centro de Surat. Hay que saber que viajar con Raja puede resultar una experiencia muy frustrante, sobre todo si se va justo de tiempo. Se suele tardar aproximadamente 1½ horas a Ko Samui y 2½ horas a Ko Pha-Ngan, aunque muy a menudo suele parar los motores para ahorrar combustible, lo cual puede demorar el viaje hasta cuatro horas.

Cada noche zarpan *ferries* del centro de Surat a Ko Tao (8 h, 22.00), Ko Pha-Ngan (7 h, 22.00) y Ko Samui (6 h, 23.00). Se trata de buques de carga, no de barcos de lujo, por lo que habrá que llevar comida y agua, además de estar pendiente del equipaje.

Autobús y furgoneta

La mejor manera de viajar por el sur es en los autobuses y monovolúmenes que salen con frecuencia de dos lugares en el centro de la ciudad conocidos como Talat Kaset 1 y Talat Kaset 2. La terminal de Talat Kaset 1, en la parte norte de Th Talat Mai (la arteria principal de la ciudad), ofrece un servicio bastante rápido a Nakhon. En esta zona se encuentra Pranthip Co, una de las agencias de viajes más de fiar de la ciudad. Los autobuses a Phun Phin también parten desde la Talat Kaset 1. Desde la Talat Kaset 2, en la parte sur de Th Talat Mai, salen servicios frecuentes a Hat Yai y furgonetas a Nakhon, Trang, Khanom y Krabi. Los autobuses a la costa del Andamán (por lo general con destino a Phuket) parten cada hora de 7.00 a 15.30, y paran en Takua Pa para quienes deseen visitar el Parque Nacional de Khao Sok. La terminal "nueva" (que ya tiene unos años, aunque así se la conoce) está 7 km al sur de la ciudad, de camino a Phun Phin. Por ella pasa el tráfico proveniente y con destino a Bangkok.

Tren

Los trenes llegan a Phun Phin, una anodina población 14 km al oeste de Surat. Desde Phun Phin hay autobuses hacia Phuket, Phang-Nga y Krabi (algunos vía Takua Pa, una ciudad de paso al oeste y puerta de entrada al Parque Nacional de Khao Sok). En Surat, el transporte pasa con más frecuencia, pero antes de nada conviene echar un vistazo a los horarios en Phun Phin para ahorrarse un viaje en balde.

Si se tiene previsto viajar de día es mejor reservar en un tren exprés; de noche, en cambio, se recomiendan los coches cama con aire acondicionado. Los trenes con numeración impar circulan de Bangkok al sur (los pares van al norte). Los trenes que pasan por Surat paran en Chumphon y Hua Hin de camino a la capital, mientras que en sentido contrario se detienen en Trang, Hat Yai y Sungai Kolok antes de cruzar la frontera. En la estación de trenes de Phun Phin hay una consigna abierta las 24 horas (20 THB/día). La ventanilla de venta anticipada atiende a diario de 6.00 a 18.00 (cierra una hora para el almuerzo que oscila entre las 11.00 y las 13.30).

Cómo desplazarse

Viajar en furgoneta con aire acondicionado a/desde el aeropuerto de Surat Thani cuesta 70 THB por persona y paran en la puerta del hotel del viajero.

Para moverse por la ciudad, una *sŏrng·tăa·ou* cuesta entre 10 y 30 THB (15 THB del centro al Tesco-Lotus), mientras que un *săhm·lór* (también escrito *săamláw*; triciclo a pedales) cuesta entre 20 y 40 THB.

Los autobuses naranjas (con ventilador) van de la estación de trenes de Phun Phin a Surat Thani cada 10 minutos (15 THB, 25 min). El mismo trayecto en taxi cuesta 200 THB para hasta cuatro pasajeros, mientras que un taxi compartido cobra 100 THB por persona. Hay más tarifas de taxi indicadas en una pasarela peatonal al norte de la estación de trenes.

PROVINCIA DE NAKHON SI THAMMARAT

Ao Khanom อ่าวขนอม

La pequeña Khanom, a medio camino entre Surat Thani y Nakhon Si Thammarat, reposa tranquilamente bañada por las aguas azules del golfo. Pasada por alto por la avalancha de turistas que acuden a las cercanas islas selváticas, esta prístina región es una opción muy interesante para quienes busquen una playa serena en la que el hombre aún no ha causado estragos.

Puntos de interés

El reclamo más distintivo de Khanom son sus **delfines rosados** (una inusual especie de delfín albino de asombroso color rosado). Normalmente se les puede contemplar al alba y al atardecer desde el viejo muelle del *ferry* y el muelle de la planta eléctrica.

La zona también presume de varios atractivos geológicos, **cascadas** y **cuevas** incluidas. Entre las cascadas, la mayor, conocida como **Samet Chun**, ofrece pozas naturales de agua templada y magníficas vistas de la costa. Para visitar la cascada, hay que dirigirse al sur desde Ban Khanom y girar a la izquierda en el cartel azul que indica Samet Chun.

Hay que continuar por la carretera durante unos 2 km, y tras cruzar un pequeño arroyo, girar a la derecha y seguir, ahora a pie, el ascenso a la montaña por un camino. Tras 15 minutos de caminata, cuando ya se oiga el rumor de las aguas, hay que buscar un pequeño sendero a la derecha. La bella **cascada de Hin Lat** es la más pequeña, pero también la más accesible. Hay varias pozas para darse un chapuzón y varias cabañas que proporcionan sombra. Se halla al sur de Nai Phlao.

También hay dos preciosas cuevas junto a la carretera principal (la 4014) entre Khanom y Don Sak. La **Khao Wang Thong** cuenta con una hilera de luces que guía a los visitantes por sus galerías y estrechos pasadizos. Una verja de metal impide la entrada; solo hay que parar en la casa junto a la base de la colina para retirar la llave (donativo recomendado). Hay que ir por la carretera principal y girar a la derecha por la carretera 4142 para llegar a la **cueva de Khao Krot**, pero habrá que llevar una linterna para visitarla.

Para obtener una vista de postal de la ondulada costa, hay que dirigirse al **monte Dat Fa**, situado unos 5 km al oeste de la costa por la carretera 4014.

Dónde dormir y comer

Los rumores acerca de explotar las playas de Khanom para convertirlas en una relajada alterativa a las cercanas islas no han cesado en los últimos años, y si bien esto se antoja de momento solo eso, rumores, es verdad que ya circulan proyectos para levantar grandes complejos vacacionales. Quizá el hallazgo de una gran reserva de petróleo en el golfo ayude en ese sentido como posible destino vacacional para los trabajadores del sector.

De momento, no hay problema para conseguir alojamiento, aunque no está de más echar un vistazo a unos cuantos alojamientos antes de decidirse por uno, pues la escasez de clientes, y en consecuencia el desuso de las instalaciones (p. ej., no tirar de la cadena regularmente), se traduce en habitaciones frías y húmedas. Se recomiendan bungalós de playa antes que los grandes hoteles.

MERECE LA PENA

WAT SUAN MOKHAPHALARAM

En medio de exuberante fronda, el **Wat Suan Mokkhaphalaram** (Wat Suanmokkh; www.suanmokkh.org), cuyo nombre significa "Jardín de la Liberación", cobra 2000 THB por un programa de diez días que incluye comida, alojamiento y clases. Estos retiros en inglés, dirigidos por la International Dhamma Hermitage, comienzan el primer día del mes; las inscripciones se hacen la tarde anterior. Fundada por Ajan Buddhadasa Bhikkhu, quizá el monje más célebre de Tailandia, las enseñanzas filosóficas del templo son ecuménicas entre la naturaleza, y engloban elementos zen, taoístas y cristianos, además de esquemas Theravada tradicionales.

El templo se halla a 7 km de Chaiya; para más información, visítese www.suanmokkhidh.org/idh-travel.html.

JATUKHAM RAMMATHEP

Quienes hayan estado en Tailandia, seguramente habrán visto algún Jatukham Rammathep (unos amuletos redondos) a modo de colgante.

Se dice que los Jatukham Rammathep traen buena suerte y protegen del mal. El origen del nombre de estos amuletos aún es un misterio, aunque hay una teoría que sostiene que Jatukham y Rammathep eran los apodos de dos príncipes Srivijaya que habían enterrado unas reliquias bajo el Wat Phra Mahathat de Nakhon, hace un milenio.

Un conocido detective tailandés solía llevar este amuleto y tenía la firme convicción de que le ayudó a resolver un complicado caso de asesinato. Así, intentó popularizarlo, pero no fue un éxito hasta su muerte, en el 2006. Miles de personas asistieron a su funeral, incluido el príncipe heredero, y fue entonces cuando el Jatukham Rammathep despegó.

Los talismanes se encargan al templo de Mahathat, y gracias a esto, el sur del país ha reactivado su economía. El primer amuleto se vendió en 1987 por 39 THB, y hoy se gastan más de 100 millones de THB a la semana en amuletos. Es más, estos iconos son tan codiciados que una mujer murió aplastada en el recinto del templo al anunciarse algunos con descuento (obviamente no llevaba su talismán).

A diario circulan camionetas por las carreteras de Nakhon con música a todo volumen para promocionar sus mercancías, y se dice que esos ritmos atronadores –por seguir con una metáfora irónica– han conseguido hacer temblar los cimientos del templo y torcer la aguja principal de Wat Mahathat.

Para comer algo económico, en la **playa de Kho Khao,** al final de la carretera 4232, se encontrará un enjambre de parrillas y delicias como *mŏo nám đòk* (ensalada de cerdo picante) o *sôm đam* (ensalada de papaya verde picante). Los miércoles y los domingos abre un mercado más hacia el interior, cerca de la comisaría de policía.

Racha Kiri CENTRO VACACIONAL **$$$**
(☎0 7530 0245; www.rachakiri.com; bungalós 3500-12 500 THB; ❄📶🏊) Este retiro de precio alto es un precioso laberinto de villas. Sus precios elevados son sinónimo de poca gente, lo cual a veces puede ser agradable, pero también causar cierta extrañeza.

Talkoo Beach Resort BUNGALÓS **$$**
(☎0 7552 8397; bungalós 1470 THB; ❄🏊) Esta encantadora propuesta dispone de decenas de elegantes bungalós blancos con pintorescos detalles, como sus lavabos elaborados con troncos huecos. Es el mejor alojamiento del lugar.

Suchada Villa BUNGALÓS **$**
(☎0 7552 8459; bungalós 800 THB; ❄) Situado junto a la carretera principal, este alojamiento es fácilmente reconocible por su conjunto de coloridos bungalós. Las estancias son bonitas y limpias, con llamativos detalles de diseño, como cortinas de conchas marinas en la puerta de los baños.

ℹ Información

La comisaría de policía y el hospital están al sur de Ban Khanom, junto al cruce de la playa de Kho Khao. Hay un 7-Eleven (con cajero automático) en el centro de la ciudad.

ℹ Cómo llegar y salir

Desde Surat Thani, se puede tomar cualquier autobús a Nakhon y pedir que pare en el cruce de Khanom. El trayecto se puede completar en mototaxi (70 THB). Un taxi desde la parada de taxis compartidos de Nakhon Si Thammarat a Khanom cuesta 85 THB.

Desde Khanom, quizá se pueda contratar un mototaxi para ir a las playas por unos 60 THB. De las tres paradas de autobús que hay en la zona, las más convenientes son la que queda cerca del mercado de frutas y la del hospital.

Nakhon Si Thammarat

อำเภอเมืองนครศรีธรรมราช

117 100 HAB.

La bulliciosa ciudad de Nakhon, como normalmente se la conoce, no será una maravilla mundial, pero sí una población histórica, con algunos de los *wats* más importantes del país.

Siglos atrás, la ruta por tierra entre el puerto occidental de Trang y el puerto oriental de Nakhon Si Thammarat ejerció como el principal enlace entre Tailandia y el resto del mundo, y esta antigua vocación cosmopolita aún es palpable en la ciudad, p. ej., en su cocina, en sus templos y en sus museos.

Puntos de interés

El grueso de la actividad comercial de Nakhon (hoteles, bancos y restaurantes) se concentra en la parte norte del centro. Al sur de la torre del reloj está el casco histórico, con el Wat Mahatat. Th Ratchadamnoen es la vía principal y por ella circulan un gran número de *sŏrng·tăa·ous* económicas en ambos sentidos.

Wat Phra Mahathat Woramahawihaan — TEMPLO

(Th Si Thamasok) El *wat* más importante del sur del país (conocido a secas como Mahathat) es un asombroso recinto con 77 *chedis* (*stupas*) y una imponente *chedi* de 77 m coronada por una aguja dorada. Cuenta la leyenda que la reina Hem Chala y el príncipe Thanakuman trajeron unas reliquias a Nakhon hace más de mil años, y levantaron una pequeña pagoda para custodiarlas. Desde entonces, el templo creció descomunalmente y hoy reúne a diario a multitudes que acuden a comprar los famosos amuletos de Jatukham (véase p. 590). No hay que perderse las modestas cerámicas del museo.

Teatro de sombras — MUSEO

(Th Si Thamasok Soi 3) Hay dos versiones de sombras chinescas en la zona: el *năng đà·lung* y el *năng yài*. La primera utiliza figuras de 1 m con extremidades y partes móviles (genitales incl.), mientras que la segunda se sirve de figuras casi de tamaño natural rígidas. En ambos casos se trata de elaborados trabajos en cuero de vaca. La casa de las marionetas de Suchart Subsin incluye un pequeño museo en el que se muestra su proceso de elaboración y, a veces, se realizan breves representaciones a cambio de un pequeño donativo.

Museo Nacional — MUSEO

(Th Ratchadamnoen; entrada 30 THB; ⌚9.00-16.00 mi-do) Cuando el reino de Tampaling entabló relaciones comerciales con mercaderes de la India, Arabia, Dvaravati y Shampa, la región en torno a Nakhon pasó a convertirse en un crisol cultural. Hoy, muchas reliquias artísticas de aquella época se exponen en el Museo Nacional.

Dónde dormir y comer

Nakhon Si Thammarat es un lugar fantástico para saborear platos con el distintivo toque sureño. Al caer la tarde, los puestos de comida musulmana preparan deliciosos *kôw mòk gài* (*biryani* de pollo), *má·đà·bà* (*murdabag;* tortita india rellena de pollo o verduras) y *rotis*. Hay varios interesantes en torno al bazar de Bavorn, en Th Ratchadamnoen.

Nakorn Garden Inn — PENSIÓN $

(☎0 7532 3777; 1/4 Th Pak Nakhon; h 445 THB; ❄) Con su estilo motel, es una agradable alternativa a los habituales cubículos de hormigón. Las habitaciones están revestidas de ladrillos carmesí y dispuestas alrededor de un jardín de arena. Todas son idénticas, con TV y nevera. Se recomienda pedir una luminosa.

INDISPENSABLE

PARQUE NACIONAL DEL KHAO LUANG

Conocido por sus bellas montañas, senderos boscosos, arroyos, cascadas y huertos, el **Parque Nacional del Khao Luang** (อุทยานแห่งชาติเขาหลวง; ☎0 7530 9644-7; adultos/niños 400/200 THB) proporciona abrigo al pico de Khao Luang (1835 m), cubierto de selva virgen. Estos montes son el nacimiento de arroyos y ríos, contienen imponentes cascadas y sirven de hábitat de una rica variedad de aves, lo que los convierte en un buen destino para los ornitólogos. Los amantes de la flora también quedarán fascinados con sus más de trescientas especies de orquídeas, algunas endémicas.

Se pueden alquilar **bungalós en el parque,** por entre 600 y 1000 THB por noche, con capacidad para entre 6 y 12 personas. También es posible **acampar** de camino a la cima. Para llegar al parque hay que tomar una *sŏrng·tăa·ou* (25 THB, aprox.) de Nakhon Si Thammarat al pueblo de Khiriwong, en la base del Khao Luang. La entrada al parque y las oficinas del Real Departamento Forestal están a 33 km del centro de Nakhon en la carretera 4015, una vía asfaltada que asciende casi 400 m en 2,5 km hasta la oficina, y otros 450 m hasta el aparcamiento.

Twin Lotus Hotel HOTEL $$
(☎0 7532 3777; www.twinlotushotel.net; 97/8 Th Phattanakan Khukhwang; h 1400-1600 THB; ❄☎≋) Aunque con algún achaque, aún mantiene bien sus 16 plantas. Está unos 2 km al sureste del centro.

Khrua Nakhon TAILANDESA $$
(Bovorn Bazaar; platos 60-200 THB; ⊙desayuno y almuerzo) Buen lugar para probar la cocina de Nakhon. Se recomienda pedir una fuente para compartir, con cinco clases de *curry*, o probar la *kôw yam* (ensalada de arroz sureña). Tienen otro local en el centro comercial Robinson Ocean.

Rock 99 INTERNACIONAL $
(1180/807 bazar de Bavorn; platos 40-130 THB; ⊙cena) Punto de encuentro de extranjeros, el Rock 99 ofrece una buena selección de comida internacional (desde ensaladas de tacos hasta *pizzas*), pero flojea en los platos tailandeses. Hay música en vivo los miércoles, viernes y sábados a la noche.

Información

Hay varios bancos y cajeros automáticos por Th Ratchadamnoen, en el extremo norte del centro.

Bazar de Bovorn (Th Ratchadamnoen) Centro comercial con unos cuantos cibercafés.

Comisaría de policía (☎1155; Th Ratchadamnoen) Frente a la oficina de correos.

Oficina de correos (Th Ratchadamnoen; ⊙8.30-16.30).

Oficina de la TAT (☎0 7534 6515) Ocupa un edificio de 1926, situado en el extremo norte de Sanam Na Meuang (parque de la Ciudad). Dispone de varios folletos de utilidad, en inglés. La tienda local de artesanías del Centro OTOP está a una manzana, en el lado occidental del parque Sanam Na Meuang.

Cómo llegar y salir

Avión Varias aerolíneas pequeñas, como Nok Air, Air Asia u Orient Thai Airlines (aparte de Thai Airways), vuelan a diario de Bangkok a Nakhon. En total hay unos seis vuelos diarios (1 h).

Tren Hay dos servicios diarios de Bangkok a Nakhon (via Hua Hin, Chumphon y Surat Thani). El viaje dura 12 horas, con salidas a las 17.35 y a las 19.15. Ambos trenes continúan hasta Hat Yai y Sungai Kolok.

Autobús Salen de Bangkok de 6.00 a 8.00 o de 17.30 a 22.00. En total hay unos siete servicios diarios. Los autobuses normales a Bangkok operan desde la terminal de autobuses. Un par de servicios privados salen desde sus oficinas de reservas en Th Jamroenwithi. El trayecto dura 12 horas.

Respecto a furgonetas desde Nakhon, se aconseja abrir bien los ojos en busca de pequeños mostradores junto a las calles del centro (puede que haya –o no– furgonetas y pasajeros a la espera). Lo mejor es preguntar por la zona, ya que cada destino tiene una parada distinta. Las que van a Krabi y Don Sak utilizan la misma; basta con asegurarse de no subirse al vehículo equivocado. Las paradas están repartidas por Th Jamroenwithi, Th Wakhit y Th Yommarat.

Cómo desplazarse

Las *sŏrng·tăa·ous* circulan de norte a sur por Th Ratchadamnoen y Th Si Thammasok por 10 THB (algo más de noche). Una carrera en mototaxi cuesta entre 20 y 50 THB.

PROVINCIA DE SONGKHLA

Aunque los dos principales centros comerciales de la provincia, Hat Yai y Songkhla, no suelen verse afectados por los enfrentamientos políticos que azotan las ciudades más al sur, pocos turistas se ven por sus mercados locales y playas.

Songkhla y alrededores สงขลา

90 780 HAB.

La apacible y fotogénica "gran ciudad sobre dos mares" recibe contados turistas. Y es que, aunque no ha experimentado la violencia separatista que azota a las provincias más al sur, Songkhla sufre la misma mala prensa. Una pena, ya que esta es la última ciudad donde el viajero puede experimentar el sabor único del sur profundo de Tailandia, mayoritariamente musulmán.

Su población, una mezcla de tailandeses, chinos y malayos, se refleja tanto en la arquitectura como en la cocina autóctonas.

Puntos de interés

Museo Nacional MUSEO
(พิพิธภัณฑสถานแห่งชาติสงขลา; Th Wichianchom; entrada 150 THB; ⊙9.00-16.00 mi-do, cierra fest nacionales) Construido en 1878 como residencia de un intelectual, en la actualidad, este edificio de estilo chino bien podría calificarse como el museo nacional más pintoresco del país. Contiene muestras de todos los períodos del arte tailandés, en especial del Srivijaya, además de cerámicas chinas y tailandesas, y suntuosos muebles que pertenecieron a la élite china local.

Hat Samila PLAYA

(หาดสมิหลา) Además de los museos, la ciudad tiene esta playa, una franja de arena blanca muy agradable para pasear o echar a volar una cometa (algo que fascina a los lugareños). La escultura de bronce de una **sirena**, representada escurriéndose la larga melena en homenaje a Mae Thorani (la diosa budista-hinduista de la tierra), reposa en lo alto de unas rocas en su extremo norte. Los lugareños le atan telas de colores a la cintura y tocan sus pechos para atraer la buena suerte. Junto a la sirena se encuentran las **esculturas del gato y la rata**, llamadas así en honor a las islas homónimas de Ko Yo y Ko Losin (o isla del Gato e isla de la Rata). También, repartido por la ciudad, hay un dragón troceado. La cabeza, la **Nag Head** ("Cabeza de Dragón"), dispara agua al océano a modo de augurio de prosperidad y agua fresca; el lugar es, además, punto de reunión habitual de los lugareños.

Ko Yo ISLA

(เกาะยอ) Destino habitual de las excursiones de un día desde Songkhla, esta isla en medio de la Thale Sap está conectada con el continente por puentes y es famosa por su industria textil, en concreto del algodón. Hay un mercado junto a la carretera en el que se venden telas y ropa de algodón a muy buen precio.

De visitar Ko Yo, no hay que perderse el **Wat Phrahorn Laemphor**, con su enorme Buda recostado, ni mucho menos el **Museo Thaksin del Folclore** (☎0 7459 1618; entrada 100 THB; ⏲8.30-16.30), guardia y custodio de la cultura de la región. Sus pabellones, reproducciones de casas de estilo tailandés del sur, contienen arte, artesanías y enseres tradicionales.

A continuación, un par de propuestas para quienes viajen con niños:

Zoo de Songkhla ZOO

(สวนสัตว์สงขลา; Khao Rup Chang; adultos/niños 30/5 THB; ⏲9.00-18.00) Ideal para acariciar cachorros de tigre.

Acuario de Songkhla ACUARIO

(สงขลาอะควาเรียม; www.songkhlaaquarium.com; adultos/niños 150/80 THB; ⏲9.00-17.00 mi-lu) Magnífica nueva atracción donde no faltan los peces payaso.

Dónde dormir y comer

Alojarse en Songkhla sale más barato que en otras zonas del golfo.

Para degustar delicioso marisco hay que ir a la calle frente al BP Samila Beach Hotel (el mejor restaurante está en la rotonda), mientras que los amantes de los mercados hallarán un lugar distinto donde saborear comida callejera cada día de la semana, p. ej. en el bullicioso mercado dominical alrededor del Pavilion Hotel. Los lunes, martes y miércoles se monta un mercado nocturno (que cierra en torno a las 21.00) cerca de la piscifactoría y la estación de autobuses, y los viernes se instala otro diurno frente al ayuntamiento.

BP Samila Beach Hotel HOTEL $$

(☎0 7444 0222; www.bphotelsgroup.com; 8 Th Ratchadamnoen; h 1680-2500 THB; ❄@🏊) Icono de la pintoresca Songkhla, es el hotel más elegante de la ciudad. Además sale muy a cuenta, pues en las islas se pagaría el doble por los mismos servicios. Situado frente a la playa, ofrece amplias habitaciones con nevera, televisión por satélite y bonitas vistas al mar o a la montaña.

Green World Palace Hotel HOTEL $$

(☎0 7443 7900-8; 99 Th Samakisukson; h 1000-1200 THB; ❄@📶🏊) He aquí la prueba de que hospedarse en Songkhla es un chollo. Este sofisticado alojamiento presume de lámparas de araña, una escalera en espiral en el vestíbulo y una piscina con vistas en la 5ª planta. Sus habitaciones lucen inmaculadas y a rebosar de comodidades propias de un hotel el doble de caro.

Khao Noy 'CURRIES' $

(☎0 7431 1805; 14/22 Th Wichianchom; platos 30-50 THB; ⏲desayuno y almuerzo ju-ma) El local de *curries* más alabado del lugar sirve, aparte de una asombrosa variedad de auténticos *curries* sureños, sopas, salteados y ensaladas.

ℹ Información

Hay bancos por doquier en la ciudad.

Consulado de Indonesia (☎0 7431 1544; Th Sadao)

Consulado de Malasia (☎0 7431 1062; 4 Th Sukhum)

Comisaría de policía (☎0 7432 1868; Th Laeng Phra Ram) Está al norte del centro.

Oficina de correos (Th Wichianchom) Enfrente del mercado, desde la planta superior se pueden hacer llamadas internacionales.

Cómo llegar y desplazarse

Tren Para servicios de largo recorrido a destinos más al sur hay que ir a Hat Yai, pues ya no pasan por Songkhla.

Autobús La estación de autobuses estatales está unos cuantos cientos de metros al sur del Viva Hotel. De ella salen a diario tres servicios de 2ª clase a Bangkok vía Chumphon, Nakhon Si Thammarat y Surat Thani, entre otros lugares. Los autobuses y furgonetas a Hat Yai (40 min) salen de Th Ramwithi, como las *sŏrng·tăa·ous* para ir a Ko Yo.

Hat Yai

หาดใหญ่

157 400 HAB.

Bienvenidos a la gran ciudad tailandesa en versión provinciana. La población más animada de la provincia de Songkhla, tradicional destino de hombres malayos en busca de acción, hoy está entregada totalmente a la globalización, como demuestran los centros comerciales de estilo occidental, que actúan de espacios de recreo para los jóvenes por la tarde y de gimnasio para las señoras.

Los turistas generalmente solo aciertan a vislumbrar las luces de los comercios de la ciudad desde el tren, pero quienes se animen a apearse serán recompensados con una cocina excelente (hay cientos de restaurantes), una buena oferta comercial y una vida nocturna que combina con acierto bares acogedores y discotecas atronadoras.

Dónde dormir y comer

Hat Yai cuenta con decenas de hoteles a un paso de la estación de trenes. La ciudad es la capital culinaria del sur de Tailandia, pues en ella convergen *rotis* y *curries* musulmanes, fideos y *dim sum* chinos, y marisco y pescado frescos preparados al estilo tailandés. En Th Niyomrat, entre Niphat Uthit 1 y 2, a partir del Tamrab Muslim se sucede una hilera de restaurantes musulmanes informales y económicos (comidas 20-60 THB) que atienden a diario de 7.00 a 21.00.

El **mercado nocturno** (Th Montri 1) ofrece multitud de puestos de comida, incluidos varios donde degustar el famoso pollo frito al estilo de Hat Yai y *kà·nŏm jeen* (fideos frescos de arroz con *curry*), y un par donde sirven marisco a la plancha.

Regency Hotel HOTEL $$

(☎0 7435 3333-47; www.theregencyhatyai.com; 23 Th Prachathipat; h 798-5680 THB; ❄@≋) Este precioso hotel destila un encanto clásico poco común en la actualidad. Las habitaciones de su ala original son más pequeñas (y baratas) y cuentan con atractivos muebles de madera, mientras que las del ala nueva brindan vistas estupendas.

Sor Hueng 3 TAILANDESA $

(☎08 1896 3455; 79/16 Th Thamnoonvithi; platos 30-120 THB; ⊙cena) Esta leyenda local, con sucursales por toda la ciudad, prepara un sinfín de delicias tailandesas-chinas y del sur del país. Basta con apuntar a algo que tenga buena pinta.

Información

Oficina de inmigración (Th Phetkasem) Para tramitar extensiones de visados. Está cerca del puente del tren.

Oficina de la TAT (tatsgkhla@tat.o.th; 1/1 Soi 2, Th Niphat Uthit 3) Cuenta con un personal muy predispuesto a ayudar y ofrece mucha información sobre toda la región.

Policía turística (Th Niphat Uthit 3; ⊙24 h) Cerca de la oficina de la TAT.

Cómo llegar y salir

Avión

Thai Airways International (THAI; 182 Th Niphat Uthit 1) Opera ocho vuelos diarios entre Hat Yai y Bangkok.

Hoy, casi todas las aerolíneas de bajo coste tienen conexiones con Bangkok:

Air Asia (www.airasia.com) Vuela a diario de Hat Yai a Bangkok y Kuala Lumpur.

Nok Air (www.nokair.com) Vuelos diarios entre Hat Yai y el aeropuerto Don Muang de Bangkok.

Autobús

La mayoría de los autobuses interprovinciales y furgonetas con rumbo al sur salen desde la terminal de autobuses (2 km al sureste del centro), mientras que el grueso de las furgonetas que van al norte lo hace desde una terminal de furgonetas que hay 5 km al oeste del centro, en el Talat Kaset (un *túk-túk* desde el centro cuesta 60 THB). Hat Yai está comunicada con autobús con casi todos los destinos del sur del país.

Prasert Tour (Th Niphat Uthit 1) opera microbuses a Surat Thani (4½ h, 8.00-17.00) y **Cathay Tour** (93/1 Th Niphat Uthit 2) también puede concertar viajes en furgoneta a muchos destinos del sur.

Tren

A diario, hay cuatro servicios nocturnos a/desde Bangkok (16 h), siete que recorren la costa este hasta Sungai Kolok y dos que van al oeste, a Butterworth y Padang Besar, ambas en Malasia.

La estación de trenes cuenta con una taquilla de venta anticipada y una consigna, las dos abiertas a diario de 7.00 a 17.00.

Cómo desplazarse

Un **servicio de taxis al aeropuerto** (☎0 7423 8452; 182 Th Niphat Uthit 1) va cuatro veces a diario al aeropuerto (80 THB por persona, 6.45, 9.30, 13.45 y 18.00). El mismo trayecto en un taxi privado cuesta 280 THB.

Hay *sŏrng·tăa·ous* que recorren Th Phetkasem (10 THB por persona). Una carrera urbana en *túk-túk* o mototaxi cuesta entre 20 y 40 THB por persona.

EL SUR PROFUNDO

Yala

ยะลา

65 000 HAB.

Rodeada de tierra, Yala transmite una sensación muy distinta a las ciudades aledañas. Sus amplios bulevares y plano en cuadrícula tienen claras reminiscencias occidentales, y más aún desde que la ciudad es centro universitario.

Su principal reclamo es **Wat Kuha Pi Muk** (también conocido como Wat Na Tham o "templo de Delante de la Cueva"), situado 8 km al oeste del centro, junto a la carretera 409 a Hat Yai. Del período Srivijaya, el templo cuenta con un buda reclinado del año 757 d.C. Una estatua de un gigante guarda su entrada, mientras que dentro, la luz, que penetra por pequeñas aperturas naturales, ilumina varias pinturas budistas antiguas. Se trata de uno de los lugares de peregrinaje más importantes del sur del país.

Tras visitar el templo, no hay que perderse lo que se conoce como el mayor buzón de correos de Tailandia, construido en el municipio de Betong en 1924. Betong también es un paso fronterizo (aunque no muy recomendable) con Malasia; para más información, contáctese la **oficina de inmigración** (☎0 7323 1292) de Yala, o véase recuadro en p. 599.

Dónde dormir y comer

La escasez de turismo es sinónimo de buenos alojamientos a precios de ganga.

Chang Lee Hotel HOTEL $
(☎0 7324 4600; www.yalasirichot.4t.com; 318 Th Sirirot; i y d 400-460 THB; ❄) Situado a 15 minutos a pie de la estación de trenes, este hotel orientado a las gentes de negocios ofrece habitaciones confortables, una cafetería y un bar nocturno con karaoke.

Pese a no estar en la costa, Yala tiene varios restaurantes de pescado excelentes, unos cuantos en la zona de Th Pitipakdee y Th Sribumrung. Los puestos de arroz y fideos abundan junto a la estación de trenes.

Cómo llegar y desplazarse

Los autobuses a Hat Yai (150 THB, 2½ h) paran a diario varias veces en Th Sirirot, junto a la oficina de Prudential TS Life. Enfrente, en la misma calle se encuentra la parada de autobuses para trayectos cortos y medios. De la estación de trenes de Yala salen a diario cuatro convoyes a Bangkok (193-1675 THB, 18-22 h) y siete a Sungai Kolok (41-917, 2-3 h).

Pattani

ปัตตานี

118 000 HAB.

Igual que un niño rebelde que nunca se ha podido llevar bien con su madrastra, Pattani jamás ha aceptado el dominio tailandés. Antiguo corazón de un gran principado musulmán que abarcaba las cercanas provincias de Yala y Narathiwat, Pattani presume de más de cinco siglos de relaciones comerciales con las mayores potencias imperiales del mundo, a pesar de que la actual situación política ha mermado el desarrollo de la región. Los portugueses fundaron un puesto comercial en la zona en 1516, los japoneses llegaron en el año 1605, los holandeses en 1609 y los británicos se asentaron en la región en 1612.

A pesar de lo dicho, Pattani conserva pocos atractivos, con la excepción de las playas cercanas. Por desgracia, los continuos enfrentamientos (véase recuadro en p. 596) en la zona la han convertido en un destino poco seguro para los viajeros independientes.

Puntos de interés

El Mae Nam Pattani (río Pattani) ejerce de línea divisoria entre el casco antiguo (al este) y la parte nueva de la ciudad (al oeste). A lo largo de Th Ruedi se observa lo que se conserva de la vieja arquitectura local, principalmente de estilo chino-portugués, imperante en esta parte del sur de Tailandia. En Th Arnoaru hay varias casas de estilo chino, muy antiguas y perfectamente conservadas.

La **Matsayit Klang** (Th Naklua Yarang), un edificio en tonos verdosos de la década de 1960, es la segunda mezquita más grande del país y la más importante del sur.

EL CONFLICTO DEL SUR PROFUNDO

Información general

Patrick Winn

La frontera más meridional de Tailandia es verde y exuberante, además de propensa a la violencia. Y pese a que las tres provincias del sur fueron conquistadas por Siam hace más de cien años, la insurgencia en la zona es tan palpable como las voces que piden la independencia.

Los separatistas armados sueñan con recuperar "Pattani", un sultanato del tamaño de Qatar que desapareció mucho antes de que los insurgentes actuales tan siquiera hubieran nacido. Al igual que buena parte del archipiélago malayo-indonesio, la región adoptó el islam de la mano de los mercaderes musulmanes del s. XIII. El reino existió durante unos quinientos años, hasta 1902, cuando fue absorbido por el reino budista de Siam, quedando dividido en tres provincias: Yala, Narathiwat, Pattani y partes del vecino Satun.

Sin embargo, el sur profundo nunca ha terminado de integrarse en Tailandia y, tras un relativo cese de la violencia en las décadas de 1980 y 1990, la lucha por la independencia está hoy más vigente que nunca.

Desde que en el 2004 rebrotara la violencia, el número de víctimas ya ha alcanzado las 4600. Y a pesar de las conversaciones semisecretas con el Ejército tailandés, no se espera que esta guerra civil encubierta vaya a finalizar pronto.

Se producen asesinatos a diario. Los ataques por sorpresa siguen el patrón de los que tienen lugar en Irak o Pakistán. Es habitual la decapitación de monjes y niños. Los profesores, al ser vistos como agentes favorables de la asimilación cultural, son tiroteados de camino a clase. Los agricultores son asesinados solo por llevarse bien con sus vecinos budistas.

A su vez, los separatistas perpetran atentados cada vez más sofisticados, p. ej., con bombas detonadas a distancia, causantes de muchas víctimas civiles.

Ahora bien, ¿qué lleva a los insurgentes a tales extremos? Según los separatistas, deben resistir a los "infieles budistas" y acabar con su cultura. Tiempo atrás, en 1939, el Estado clausuró los colegios islámicos y los tribunales coránicos, y se prohibió la lengua local, el yawi, en las oficinas gubernamentales.

Los lugareños todavía muestran su malestar por no poder comunicarse en su lengua materna cada vez que tienen que hacer alguna gestión oficial. Además, el Ejército suele activar un "estado de emergencia" (en esencia, la Ley Marcial) que limita los derechos de las personas detenidas, según los grupos musulmanes, bajo acusaciones falsas. Los cargos de poder (oficiales del Ejército, comisarios, alcaldes...) los desempeñan budistas tailandeses y no musulmanes.

Dos escándalos protagonizados por los militares han contribuido a que aumente el rechazo hacia el Estado tailandés. En primer lugar, más de ochenta manifestantes musulmanes de la ciudad de Tak Bai (Narathiwat) fueron encerrados en un depósito de basura hasta que murieron asfixiados. En un segundo incidente, las tropas irrumpieron en una mezquita de Pattani y tirotearon a más de treinta supuestos insurgentes, que iban armados con cuchillos y una única pistola. El Ejército insiste en que ambos incidentes fueron accidentales.

Algo que comparten los separatistas es su férreo código de silencio. Los militares tailandeses afirman que luchar contra la insurgencia es como enfrentarse a fantasmas. Los autoproclamados "muyahidines de Pattani" se organizan en células que operan de manera independiente.

Los diferentes grupos de resistencia comparten unos ideales, pero no tienen un líder en común. Se cree que en total las células cuentan con un total de 8000 insurgentes, y, a diferencia de al-Qaeda, rara vez reivindican un atentado.

Su método preferido de comunicación es dejar panfletos sobre el cuerpo de sus víctimas. Hay una consigna habitual que reza: "Revélate con violencia. Ataca a los tailandeses budistas. Sabemos que detestan la violencia, y cuando no lo soporten más, se rendirán".

Tal y como pretenden, la violencia ha provocado la huida masiva de los budistas. En algunas partes de la "zona roja" militar, los vestigios del Estado tailandés, como, p. ej., colegios, escasean y están a gran distancia unos de otros. Los monjes no se atreven a pedir limosna sin escolta militar. Y, según los expertos, el 25% de los pueblos del sur profundo en algún momento han caído en manos de la insurgencia.

La insurgencia es conocida por no llevar a cabo atentados fuera del territorio del sur profundo, lo cual explica el escaso interés internacional que suscita. El resto del país cuenta con objetivos que de ser atacados provocaría un daño enorme a Tailandia y su turismo. Pero los separatistas no contemplan esto último (ni siquiera la capital, Bangkok), del mismo modo que no están interesados en unir sus fuerzas con al-Qaeda u otras organizaciones terroristas islámicas de Pakistán o Indonesia.

Un miembro histórico del grupo insurgente más antiguo de todos, la Organización Unida para la Liberación de Pattani, insiste en que la insurgencia nunca pedirá ayuda exterior. Y pese a hablar en nombre de tan solo una facción, asegura que el Pattani posterior a la revolución acogerá a los turistas occidentales con los brazos abiertos en su prístino litoral.

Pero hasta la fecha, la violencia ha frenado el turismo regional. Y aunque el objetivo de los separatistas sean los budistas tailandeses y los colaboradores musulmanes, las bombas que estallan en los mercados acaban indiscriminadamente con la vida de personas. También se han convertido en objetivo los hoteles de suficiente nivel de categoría turística, pues en ellos se hospedan los oficiales de alto rango.

La única fuente de ingresos asociada al turismo en la región proviene de los malasios que cruzan al norte en busca de alcohol y sexo, pero ni siquiera eso está exento de riesgo.

Ahora bien, no importa cuánta sangre derramen los "muyahidines de Patani", pues lo más probable es que nunca logren un estado islámico independiente.

A pesar de que la mayoría de los tailandeses ve el sur profundo como si fuera otro planeta, su carácter nacionalista (inculcado en el colegio) difícilmente encajaría una pérdida territorial. Y aunque la prensa de Bangkok detalla a diario los asesinatos que se producen, la insurgencia sigue siendo un problema secundario para el electorado, convencido de que el terrorismo nunca se extenderá al resto del país.

Así, lo más probable que suceda es una concesión del Gobierno tailandés tipo autonomía, si bien esta esperanza se antoja todavía lejana para los insurgentes y sus partidarios. Desde finales de la década del 2000 se han producido conversaciones esporádicas entre militares tailandeses y separatistas en el exilio, aunque la fe del ejército se tambalea cada vez que los líderes de la insurgencia tratan de demostrar su autoridad con algún que otro alto el fuego a la postre ignorado por los rebeldes sobre el terreno.

Dicho esto, la cuestión es: ¿cómo se negocia con una red terrorista sin cúpula?

Patrick Winn es el corresponsal en el sureste asiático de la agencia de prensa Global Post.

¿Ir o no ir?

Aunque es posible visitar la región, la insurgencia ha asfixiado hasta tal punto el turismo en el sur profundo que las infraestructuras son mínimas. Asimismo, la constante amenaza de la violencia hace poco recomendable acercarse a las playas prístinas y desiertas de la región.

Hasta el día de hoy no hay que lamentar víctimas entre turistas, pero lo caótico de la situación hace que sea harto difícil predecir el derrotero que van a tomar las cosas (y las bombas matan indiscriminadamente). Si el viajero tiene previsto visitar la región, para saber cuál es la situación sobre el terreno, las autoridades aconsejan contactar con la policía turística local o la TAT, pero hay que estar preparado para lo peor. En términos generales, es muy poco recomendable viajar por Pattani o Narathiwat a primera hora de la mañana o al atardecer, y viajar por libre en motocicleta implica un gran riesgo. En las zonas urbanas, se aconseja no pasar demasiado tiempo junto a motocicletas estacionadas, ya que muchas han sido utilizadas en atentados.

Austin Bush, autor de la sección sobre el sur profundo de este capítulo.

De no ser por la situación política, Pattani podría alzarse como uno de los mejores destinos de playa de la región. Pero a fecha de hoy no es seguro viajar de forma independiente por la zona, por lo que es preferible ceñirse a las aguas más al norte.

Los lugareños frecuentan el **Laem Tachi,** un cabo arenoso que sobresale en el extremo norte de la Ao Pattani, accesible en taxi acuático desde el muelle de Pattani. La **Hat Talo Kapo,** situada 14 km al este de Pattani, cerca del Yaring Amphoe, es una buena playa. Por otro lado, y aunque técnicamente pertenece a la provincia de Songkhla, el **distrito de Thepha,** 35 km al noroeste de Pattani, es la playa más desarrollada de la zona, con complejos algo anticuados orientados principalmente a tailandeses de clase media. En la **Hat Soi Sawan,** cerca del límite entre Songkhla y Pattani, hay unos cuantos restaurantes familiares informales junto a la playa, particularmente activos los fines de semana. Para ir a Thepha hay que tomar un autobús a Songkhla desde Pattani (o viceversa); solo hay que decir el nombre del alojamiento y el conductor parará a un breve paseo a pie de este.

Dónde dormir y comer

CIUDAD DE PATTANI

CS Pattani Hotel HOTEL $$
(☎0 7333 5093; www.cspattanihotel.com; 299 Moo 4, Th Nong Jik; h/ste 1000-1500/2500-3500 THB, desayuno incl.; ❄@🛜🏊) Este hotel ofrece un precioso vestíbulo colonial, dos piscinas, un magnífico restaurante y una sauna, entre otros equipamientos. Está unos 2 km al oeste del centro.

Palace Hotel HOTEL $
(☎0 7334 9171; 10-12 Pipit Soi Talattewiwat 2; h 200-700 THB; ❄) Pese a su ubicación en una calle sucia cerca del mercado, las habitaciones (en concreto las que tienen A/A, en la planta baja) son prolijas y acogedoras.

Satay Jao Kao MUSULMANA-TAILANDESA $
(37/20 Th Udomwithi; platos 20-30 THB; ⏲10.00-18.00) Este respetable restaurante al aire libre sirve *satay* de ternera al estilo local, con dados de arroz y una salsa dulce. A lo largo de Th Udomwithi hay otros restaurantes musulmanes muy recomendables.

DISTRITO DE THEPHA

Sakom Cabana CENTRO VACACIONAL $$
(☎0 7431 8065; 136 Moo 4, Tambon Sakom; h 600-800 THB; ❄) Situado a unos 40 km de Pattani, a tiro de piedra de la playa, este sencillo complejo cuenta con un agradable recinto y varios dúplex de madera muy atractivos.

Información

Hay varios bancos a lo largo del extremo sureste de Th Pipit, cerca del cruce con Th Naklua Yarang.

Cibercafé (Th Peeda Talattewiwat 2 esq. Th Pipit; 20 THB/h) Cerca del Palace Hotel.

Hospital de Pattani (☎0 7332 3411-14; Th Nong Jik)

Comisaría de policía (☎0 7334 9018; Th Pattani Phirom)

Cómo llegar y desplazarse

Las furgonetas son el medio de transporte más utilizado en la región, con varios servicios diarios a Hat Yai (100 THB, 1½ h), Narathiwat (100 THB, 2 h), Songkhla (90 THB, 1½ h) y Sungai Kolok (130 THB, 2½ h) desde distintas terminales repartidas por la ciudad. En el hotel del viajero sabrán informarle al respecto. Los autobuses a Bangkok (594-1187 THB, 15-16 h) salen desde la estación que está cerca del CS Pattani Hotel. Ir en taxi a cualquier punto de la ciudad cuesta 10 THB por persona.

Narathiwat

นราธิวาส

109 000 HAB.

Situada a orillas del río Bang Nara, Narathiwat es posiblemente la mayor ciudad musulmana de Tailandia. Algunos de los edificios chino-portugueses que flanquean el río tienen más de un siglo de antigüedad, y en las afueras hay varias playas muy agradables. Por desgracia, el estado de la seguridad en esta parte del país (véase recuadro en p. 596) ha sofocado la escasa actividad turística de que disfrutaba. Antes de viajar a Narathiwat es fundamental informarse sobre la situación en la zona.

Puntos de interés

Hacia el extremo sur de Th Pichitbamrung se yergue la **Matsayit Klang,** una mezquita de madera al estilo de Sumatra, construida hace más de un siglo por un príncipe del antiguo reino de Pattani.

La **Hat Narathat,** una playa de arena de 5 km de largo, está al norte de la ciudad, a solo 2 km del centro y protegida por altos pinos.

En sentido contrario, a 5 km, la **Ao Manao,** un antiguo destino de playa, ha perdido competencia frente a los pescadores de la zona.

PASO FRONTERIZO: DE SUNGAI KOLOK A RANTAU PANJANG

La **frontera** (⏲5.00-21.00) tailandesa está a 1 km del centro de Sungai Kolok o de la estación de trenes. Tras los trámites de rigor, hay que cruzar el puente hacia el puesto fronterizo malasio, y a continuación dirigirse al "centro de transportes", desde donde un taxi compartido a Kota Bharu (capital del estado de Kelantan) cuesta unos 8/40 MYR (80 THB, aprox.) por persona/vehículo. El trayecto es de unos 40 minutos. También hay autobuses a Kota Bharu por 4,50 MYR (1 h).

Se puede seguir más hacia al sur vía el "tren de la selva", aunque la estación más cercana está en Pasir Mas, en la ruta de taxis/autobuses a Kota Bharu.

Tak Bai (también en Narathiwat) y Betong (más al sur, en Yala) también son pasos fronterizos oficiales para turistas extranjeros, pero, por la oferta de transporte y otras infraestructuras, se recomienda el de Sungai Kolok-Rantau Panjang.

La imagen del buda sedente más alta (24 x 17 m de largo) del sur de Tailandia se halla en el **Wat Khao Kong**, 6 km al suroeste de la estación de trenes de Tanyongmat. La estatua, de cemento reforzado, está recubierta de diminutos azulejos dorados a modo de mosaico que reluce al sol.

Dónde dormir y comer

La mayoría de los alojamientos de la ciudad se concentran en la zona de Th Puphapugdee, a lo largo del río Bang Nara.

Tanyong Hotel HOTEL **$$**
(☎0 7351 1477; 16/1 Th Sophaphisai; h 900-1700 THB, desayuno incl.; ❄📶) Unas décadas atrás era sin duda el hotel más exclusivo de Narathiwat, aunque hoy no pasa de ser una opción cómoda y de trato competente, pero cara.

Ocean Blue Mansion HOTEL **$**
(☎0 7351 1109; 297 Th Puphapugdee; h 350-1500 THB; ❄) Este hotel es el único de toda la ciudad que verdaderamente saca partido a las vistas al río. Sus habitaciones cuentan con enormes neveras y televisión por cable.

Jay Sani MUSULMANA-TAILANDESA **$**
(50/1 Th Sophaphisai; platos 30-60 THB) El favorito de los lugareños para comida musulmana-tailandesa. La sopa de ternera es sublime.

Ang Mo CHINA, TAILANDESA **$**
(Th Puphapugdee esq. Th Chamroonnara; platos 30-80 THB; ⏲almuerzo y cena) En este restaurante chino, barato pero delicioso, han comido incluso miembros de la familia real tailandesa.

Información

La **oficina de la Autoridad de Turismo de Tailandia** (TAT; ☎atención al cliente 1672, Narathiwat 0 7352 2411) está muy mal situada, unos kilómetros al sur del centro, justo cruzado el puente en dirección a Tak Bai.

Cómo llegar y desplazarse

Tanto **Air Asia** (☎atención al cliente 02 515 9999; www.airasia.com; aeropuerto de Narathiwat) como **Nok Air** (☎atención al cliente 1318; www.nokair.co.th; aeropuerto de Narathiwat) operan un vuelo diario a/desde Bangkok (desde 1790 THB, 90 min).

Los autobuses con aire acondicionado a Bangkok y Phuket, y la mayoría de las furgonetas, salen desde la **terminal de autobuses** (☎0 7351 1552), 2 km al sur del centro, en Th Rangae Munka. Los tres autobuses diarios a Phuket (530 THB, 12 h) desde Sungai Kolok paran en Narathiwat (7.00, 9.00 y 18.30) y continúan vía Pattani, Hat Yai, Songkhla, Trang, Krabi y Phang-Nga. Hay varios servicios diarios a Bangkok (669-1296 THB, 15 h).

Normalmente cada hora, entre 5.00 y 17.00, hay furgonetas a Hat Yai (150 THB, 3 h), Pattani (100 THB, 2 h), Songkhla (150 THB, 2 h), Sungai Kolok (70 THB, 1 h) y Yala (100 THB, 1½ h).

Narathiwat es lo suficientemente pequeña como para recorrerla a pie, aunque una carrera en mototaxi solo cuesta 20 THB.

Sungai Kolok สุไหงโกลก

70 000 HAB.

Aunque la capital oficial de la provincia es Narathiwat, es poca cosa en comparación con Sungai Kolok, la principal frontera costera entre Malasia y Tailandia. Entre los principales activos de la ciudad se cuentan el comercio fronterizo y las divisas que dejan los malasios que cada fin de semana cruzan la frontera en busca de sexo. Cada noche, Soi Phuthon y la pequeña calle de detrás del Marina Hotel reviven con animados bares que hacen de Pattaya o Patong unos novatos.

Dónde dormir y comer

Si se tuviera que pernoctar en Sungai Kolok, hay una buena variedad de alojamientos para escoger, que en su mayoría cobran por horas.

Desafortunadamente, y a pesar de la mezcla de culturas y el énfasis sobre el turismo, Sungai Kolok no es en absoluto un destino gastronómico. Un pequeño **mercado nocturno** se despliega junto a la oficina de inmigración; a destacar el puesto en el centro, indicado solo con caracteres chinos.

Genting Hotel HOTEL $$
(☎0 7361 3231; 250 Th Asia 18; h 620-720 THB, ste 1520 THB; ❄📶≋) Orientado a gentes de negocios, y apartado de las zonas más sórdidas, este hotel ofrece habitaciones buenas de precio medio, un *pub* y un salón con karaoke.

Merlin Hotel HOTEL $
(☎0 7361 8111; 68 Th Charoenkhet; h 480-700 THB; ❄) Que nadie se lleve a engaño por el vestíbulo: las habitaciones son muy sencillas, aunque no está mal si se busca algo económico con vistas.

Información

Además de la de la frontera, hay otra **oficina de inmigración** (☎0 7361 1231; Th Charoenkhet; ⏲8.30-16.30 lu-vi) enfrente del Merlin Hotel. En la frontera también hay un puesto de la policía turística. No faltan cajeros automáticos por la ciudad, al igual que puestos de cambio de moneda, cuyos horarios coinciden con el de la frontera.

CS Internet (Th Asia 18; internet 20 THB/h; ⏲10.00-21.00) Enfrente del Genting Hotel.

Cómo llegar y salir

Autobús y furgoneta

Situada al este del centro, desde la **estación de autobuses** (☎0 7361 2045) de largo recorrido salen tres servicios diarios con aire acondicionado a Bangkok (720-1400 THB, 18 h) entre 21.00 y 22.00. Hay dos autobuses a primera hora de la mañana a Phuket (580 THB) vía Krabi (460 THB). Por otro lado, cada 30 minutos salen furgonetas a Narathiwat (80 THB, 1 h) desde enfrente de la estación de trenes. Hay furgonetas a Pattani (130 THB, 2½ h), Yala (90 THB) y Hat Yai (180 THB, 4 h), cada hora durante el día, desde enfrente del Genting Hotel.

Tren

Dos trenes conectan a diario Sungai Kolok con Bangkok (200-1753 THB, 20 h aprox., 11.30 y 14.20). Los servicios regionales también paran en Surat Thani, Nakhon Si Thammarat y Hat Yai. Para horarios y tarifas a otros destinos, contáctese con **Ferrocarriles Estatales de Tailandia** (☎atención al cliente 1690; www.railway.co.th), o visítese su sitio web.

Cómo desplazarse

En la ciudad abundan los mototaxis; uno del centro a la frontera cuesta unos 30 THB.

Phuket y la costa del Andamán

Sumario »

Los mejores restaurantes

» Mercado nocturno deTrang (p. 677)
» Rum Jungle (p. 634)
» Ka Jok See (p. 631)
» Tatonka (p. 642)

Los mejores alojamientos

» Six Senses Hideaway (p. 620)
» Mom Tri's Villa Royale (p. 635)
» Indigo Pearl (p. 649)
» Sukorn Beach Bungalows (p. 685)
» Pak-up Hostel (p. 652)

Por qué ir

Andamán es la costa color turquesa de Tailandia, ese lugar paradisíaco que hace que se quiera cambiar el trabajo por las chanclas... para siempre. Además, por una vez, la belleza supera el bombo publicitario: playas blancas, acantilados calizos como catedrales, corales como neones y cientos de islas selváticas desperdigadas por el mar desde la frontera con Myanmar (Birmania) hasta Malasia. La fotografía aún no ha conseguido capturar toda la paleta de azules y verdes ni, por supuesto, la suave humedad en la piel ni la sensación de la arena más sedosa del mundo entre los dedos de los pies. Hay que visitarla.

Lo malo es que este destino es un secreto a voces y sus playas reciben cada vez a más mochileros, turistas en viajes organizados y demás visitantes. Los ostentosos complejos turísticos están desplazando las cabañas de bambú y ahora la autenticidad se esconde en los caminos secundarios. Pero el sueño del póster sigue ahí, a la vista.

Cuándo ir

La estación lluviosa va de mayo a octubre, cuando el mar levanta las olas, muchos complejos turísticos cierran y otros abaratan los precios. El Festival Vegetariano se celebra a finales de septiembre u octubre con procesiones de devotos, ruido de petardos y excelente comida vegetariana.

De diciembre a enero es la temporada alta turística, con precios que se disparan y reservar se impone, incluido el transporte.

Imprescindible

1. Tontear con los curiosos peces globo entre el coral chillón de las **islas de Trang** (p. 681).
2. Escalar un acantilado calizo y después zambullirse en las maravillosas aguas color verde jade de **Railay** (p. 658).
3. Flotar en un mar lapislázuli embobado con los peñascos calizos de **Ko Phi-Phi** (p. 662).
4. Patearse el verdadero parque jurásico del **Parque Nacional de Khao Sok** (p. 610).
5. Bucear sobre los lozanos arrecifes coralinos de día y relajarse en los discretos bares de *reggae* por la noche en **Ko Lipe** (p. 689).

6 Salir en busca de los escurridizos tiburones ballena y nadar con los peces en las **islas Surin** (p. 615) y **Similan** (p. 616).

7 Recorrer en kayak la preciosa **Ao Phang-Nga** (p. 618).

8 Sucumbir frente al soporífero ambiente de bares de playa y holgazanear en las arenas blancas de **Ko Phayam** (p. 607).

9 Tentar al paladar con exquisiteces y comida callejera en **Phuket** (p. 621).

10 Empacharse de hedonismo en los apocalípticos locales nocturnos y las abarrotadas playas de la **Hat Patong** (p. 638).

PROVINCIA DE RANONG

La primera pieza del rompecabezas de provincias costeras del Andamán es la región menos poblada y más lluviosa de Tailandia, con hasta ocho meses de precipitaciones al año. Como resultado, Ranong cuenta con bosques frondosos, aunque cerca de la costa continental el terreno es pantanoso y apenas hay playas.

Ciudad de Ranong ระนอง

24 500 HAB.

En la orilla este del turbio estuario del río Sompaen, la fronteriza Ranong queda a un corto trayecto en barco de Myanmar. Esta población fronteriza por excelencia (destartalada, frenética, un pelín sórdida) tiene una próspera comunidad birmana (conviene fijarse en los hombres con el tradicional *longyi*, el *sarong* birmano), aguas termales y excelente comida callejera.

Hoy la ciudad se beneficia más del tránsito turístico a Ko Phayam que de las tramitaciones de visado (en la actualidad solo para 2 semanas). Mientras tanto, crece la oferta de operadores de submarinismo especializados en salidas con noche a bordo hasta las islas Surin o Similan y los Burma Banks, que a su vez garantiza cierto ambiente cosmopolita.

Puntos de interés y actividades

Ranong no tiene la sofisticación de la típica localidad balnearia, pero se pueden probar sus aguas en las sagradas **fuentes termales de Rakswarin** (Th Petchkasem; gratis; 8.00-17.00), al aire libre y 2 km al este de la localidad; allí las pozas son lo bastante calientes como para hervir huevos (65°C) y, al parecer, tienen poderes curativos.

El **Siam Hot Spa** (0 7781 3551; www.siamhotsparanong.com; 73/3 Th Petchkasem), delante de las fuentes termales públicas, ofrece baños minerales más esterilizados: *jacuzzi* (600 THB), bañeras convencionales (300 THB) y un par más de exfoliación con sal (550 THB) o masaje (200 THB).

PASO FRONTERIZO: RENOVACIÓN DE VISADOS EN VICTORIA POINT

Los británicos bautizaron el antiguo y ruinoso puerto de la punta más meridional de Myanmar como Victoria Point, pero los tailandeses la conocen como Ko Song ("Segunda Isla"). El nombre birmano, Kawthoung, probablemente es una variación del nombre en thai. Aunque la mayoría de viajeros solo vaya a renovar el visado, el lugar merece un día de visita.

La forma más fácil de renovar el visado es con una de las "excursiones de visado" (desde 1000 THB por persona, gastos del visado incl.) que ofrecen las agencias de viajes de Ranong; mírese en Pon's (p. 607), pero es fácil hacer todo el papeleo por libre.

Cuando la frontera de Tailandia-Myanmar está abierta, los barcos a Kawthoung salen del muelle del Saphan Plaa ("puente de Pla", 5 km aprox. del centro de Ranong). Tómese la *sŏrng·tăa·ou* nº 2 (o *săwngthăew*, pequeña camioneta) desde Ranong (20 THB) hasta el muelle, donde los patronos de los barcos acompañan hasta la ventanilla de inmigración y después a su barco (ida/ida y vuelta 100/200 THB por persona). Al negociar el precio hay que confirmar si es por persona o por trayecto. Conviene informar a los oficiales del puesto de control que se es visitante de un día, en cuyo caso hay que pagar unos 10 US$ (quizá un poco excesivo, pero también se puede comprar un pase a los revendedores del puerto por unos 500 THB). Los "ayudantes" del lado de Myanmar son un poco pesados, se ofrecen para todo y piden propinas desmesuradas.

En Victoria Point hay hoteles lúgubres y abusivos, pero la ciudad es dura y las mujeres solas quizá no se sientan seguras. El viajero podrá quedarse hasta 28 días si en el pasaporte lleva el sello de Myanmar.

Para solo renovar el visado, se tardan dos horas como mínimo en hacer todos los trámites. Importante: la hora en Myanmar lleva 30 minutos de retraso con Tailandia. Esta diferencia horaria ha causado muchos problemas a los que regresaban a Tailandia porque se encontraban cerrada la **oficina de inmigración tailandesa** (8.30-16.30), mientras la birmana permanecía abierta. Si no se consigue el sello, habrá que permanecer en Myanmar hasta el día siguiente.

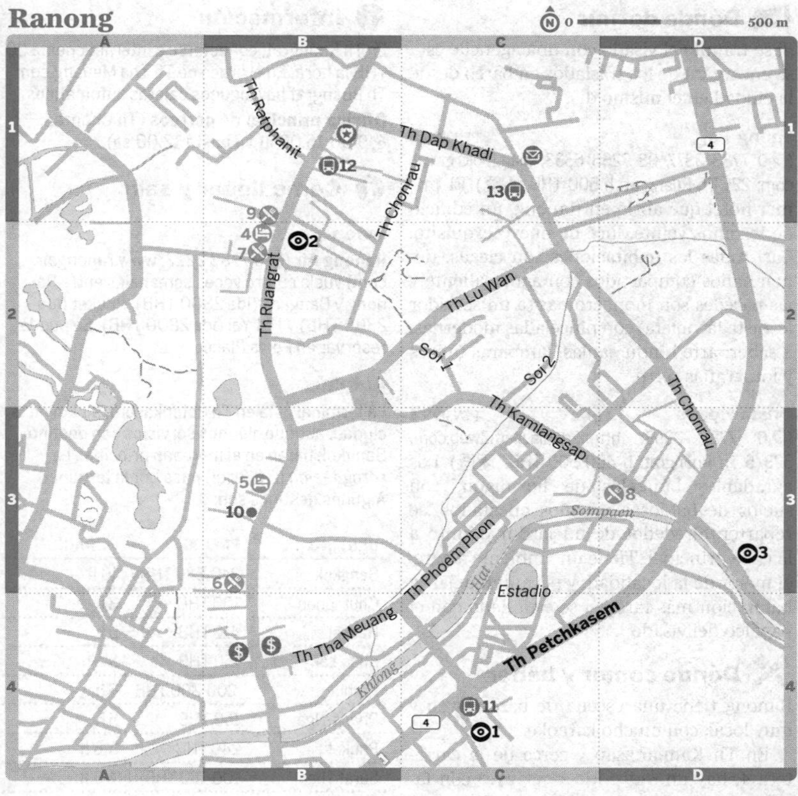

Ranong

Puntos de interés

1 Andaman International Dive Center C4
2 A-One Diving B2
3 Fuentes termales de Ranong D3
Siam Hot Spa .... (véase 3)

Dónde dormir

4 Dhala House B2
5 Luang Poj B3

Dónde comer

6 Mercado diurno B3
7 Jammy Bar B2
8 Mercado nocturno D3
9 Sophon's Hideaway B1

Información

10 Pon's Place B3

Transporte

11 Terminal de autobuses C4
12 Furgonetas a Chumphon B1
13 Furgonetas a Surat Thani C1

Las excursiones de submarinismo con noche a bordo a destinos de primera como los Burma Banks o las islas Surin y Similan, entre otros, son el último grito en Ranong. Se pueden concertar con la empresa **A-One-Diving** (☎0 7783 2984; www.a-one-diving.com; 256 Th Ruangrat; 4 noches desde 15 900 THB) o con el operador **Andaman International Dive Center** (☎0 7783 4824; www.aidcdive.com; Th Petchkasem), que tiene su oficina en la estación de autobuses.

Dónde dormir

Si se tramita el visado con una agencia, esta se encargará de los traslados en barco desde la ciudad en el mismo día.

Luang Poj PENSIÓN $
(☎0 7783 3377, 08 7266 6333; luangpoj@gmail.com; 225 Th Ruangrat; h 500 THB; ❄📶) El primer hotel que abrió en Ranong, un edificio de los años veinte, luce de nuevo exquisito. Casi todas las habitaciones son ciegas, tienen baños compartidos con agua caliente y las paredes son monocromas (a un servidor le gusta la violeta) con pinceladas modernas, a saber: arte hindú, jaulas, lámparas únicas y fotografías *retro*.

Dhala House PENSIÓN $
(☎0 7781 2959; http://dahla.siam2web.com; 323/5 Th Ruangrat; h 400-500 THB; ❄📶) Los agradables bungalós de hormigón, con suelos de baldosas y baños alicatados, se reparten alrededor de un jardín y junto a la calle principal. Tiene un ambiente alegre, el mejor de la localidad, y permiten dejar la habitación más tarde si se está liado con el papeleo del visado.

Dónde comer y beber

Ranong tiene una escena de bares joven y muy local, con mucho karaoke.

En Th Kamlangsap y cerca de la carretera 4, hay un **mercado nocturno** con fabulosos y económicos platos tailandeses, mientras que el **mercado diurno** de Th Ruangrat ofrece económicas comidas tailandesas y birmanas.

Jammy Bar TAILANDESA, INTERNACIONAL $$
(Th Ruangrat; platos desde 69 THB; 📶) El restaurante más bonito de la localidad, en un jardín con zonas cubiertas y al fresco al estilo balinés, sirve una comida acorde al marco. Los platos tailandeses son excelentes, pero también otras opciones más curiosas como avestruz a la parrilla (229 THB) o ternera de la zona (129 THB). Hay música en directo los fines de semana por la noche.

Sophon's Hideaway TAILANDESA, INTERNACIONAL $$
(☎0 7783 2730; Th Ruangrat; principales 80-250 THB; ⏲10.00-24.00; 📶) Tiene de todo: internet, billar gratis, *pizzas* al horno, un bar completo, aderezos con agua, muebles de *rattan* y, por supuesto, muchos residentes extranjeros.

Información

En Th Ruangrat, conectarse a internet cuesta 20 THB la hora. En el cruce de Th Tha Meuang con Th Ruangrat hay algunos cajeros automáticos.

Oficina principal de correos (Th Chonrau; ⏲9.00-16.00 lu-vi, hasta 12.00 sa)

Cómo llegar y salir

Avión

Ranong Air (☎0 7783 2222; www.ranongair.com) vuela cuatro veces semanales entre Ranong y Bangkok (ida 2800 THB), Phuket (ida 2300 THB) y Hat Yai (ida 2800 THB). Se puede reservar en Pon's Place.

Autobús

La terminal está en Th Petchkasem, a 1 km de la ciudad, aunque algunos servicios con destino Bangkok paran en el mercado principal. La *sŏrng·tăa·ou* nº 2 (azul) pasa por la terminal. Algunos destinos son:

DESTINO	PRECIO	DURACIÓN
Bangkok	240-680 THB	10 h
Chumphon	100 THB	3 h
Hat Yai	410 THB	5 h
Khao Lak	150 THB	3½ h
Krabi	200-300 THB	6 h
Phang-Nga	150 THB	5 h
Phuket	240 THB	5-6 h
Surat Thani	100-180 THB	4-5 h

Hay furgonetas a Surat Thani (250 THB, 3½ h, 4 diarias) y Chumphon (120 THB, 3 h, cada hora, 6.00-17.00); véase el plano para los puntos de partida.

Cómo desplazarse

Los mototaxis van a cualquier punto de la ciudad por 20 THB, a los hoteles de Th Petchkasem por 25 THB, y al muelle por 50 THB, para embarcarse a Ko Chang, Ko Phayam y Myanmar. En Pon's Place ayudan con el alquiler de motocicletas y automóviles y tienen servicios de enlace desde su oficina hasta el muelle del *ferry* por 50 THB.

Ko Chang

เกาะช้าง

Quien busque una isla grande, se equivoca. Pero si se va con una bolsa llena de novelas a la caza de una silenciosa franja de arena, ¡bingo! A diferencia de buena parte de las islas del Andamán, Ko Chang disfruta de un estilo de vida pretérito: nada de cajeros automáticos, un solo punto para conectarse a

PON'S PLACE: EXPERTO EN TURISMO DE RANONG

Pon's Place (☎08 1597 4549; www.ponplace-ranong.com; Th Ruangrat; ⌚7.30-24.00) es imprescindible en Ranong para todo, desde desayunos occidentales (desde 40 THB) hasta reservas de billetes de Ranong Air. Pon es simpático, siempre con el teléfono pegado a su oreja, atento a cualquier detalle de su imperio turístico. De necesitar cualquier cosa, hay que pasar por aquí.

internet (Cashew Resort; 2 THB/min), en la Ao Yai, y ninguna prisa por urbanizar nada.

Una vez saciado de lectura, se puede visitar la minúscula "capital" rural (por decir algo) o aventurarse por algún camino. Los pigargos, las águilas culebreras del Andamán y los cálaos anidan aquí y, con suerte, se los verá planear sobre los mangles.

Los propietarios de los bungalós organizan salidas en barco hasta Ko Phayam (derecha) y otras islas vecinas por unos 200 THB por persona (almuerzo incl.) para grupos de seis y más. También se puede salir de buceo. **Aladdin Dive Cruise** (☎0 7782 0472; www.aladdindivecruise.de), en Ko Chang, imparte cursos PADI y ofrece una amplia oferta de safaris de submarinismo con noche a bordo.

Dónde dormir y comer

En la Ao Yai, la playa principal, está el grueso de los alojamientos, con unos pocos más escondidos en la Ao Tadaeng, más al sur. Ambas playas están comunicadas por un corto sendero. En las playas del norte y del remoto sur de la isla hay otras opciones más recónditas. Todas las pensiones tienen restaurantes abiertos a los no huéspedes.

Crocodile Rock PENSIÓN $
(☎08 0533 4138; tonn1970@yahoo.com; Ao Yai; bungalós 250-450 THB) Unos excepcionales bungalós de bambú se aferran al sereno cabo sur de la Ao Yai y brindan soberbias vistas de la bahía entre el follaje. En su elegante cocina elaboran yogures, panes y galletas, buen café exprés y platos vegetarianos y marineros de lo más variado.

Sawasdee PENSIÓN $
(☎08 6906 0900, 08 1803 0946; www.sawadeekohchang.com; Ao Yai; bungalós 350-600 THB) Estos bungalós de madera con tejados a dos aguas tienen paredes ventiladas, bañeras de colores hundidas y hamacas en las terrazas.

Sunset Bungalows PENSIÓN $
(☎08 4339 5224, 08 0693 8577; Ao Yai; bungalós 250-400 THB) Fantásticos bungalós de madera, con porches de bambú y baños tailandeses adosados, dispuestos a lo largo de la mejor franja de la Ao Yai.

Mama's PENSIÓN $
(☎0 7782 0180, 08 0530 7066; mamasbungalows@yahoo.com; Ao Tadaeng; cabañas 250-300 THB) Es una de las tres buenas opciones de la Ao Tadaeng, parapetada en una bonita esquina de una ladera rocosa cubierta de hibiscos.

Cómo llegar y salir

Desde el centro de Ranong, hay que tomar una *sŏrng·tăa·ou* (25 THB) o el servicio de enlace que tienen casi todas las pensiones (50 THB) hasta el Saphan Plaa. Hay tres barcos de popa larga (150 THB) y dos lanchas (350 THB) a diario de mediados de octubre a mayo. Todos paran en las playas de la costa oeste de la isla.

Un taxi acuático (150 THB por persona y trayecto, 1 h) conecta Ko Chang y Ko Phayam entre semana desde el Koh Chang Resort, en la Ao Yai; zarpa de Ko Chang a las 10.00 y regresa a las 16.00.

Ko Phayam

เกาะพยาม

Aunque integrada en el Parque Nacional del Laem Son (p. 609), esta pequeña isla ribeteada de playas se las arregla por sí sola, al menos de momento. Sus espectaculares playas tienen algún que otro bungaló y el boscoso interior está surcado por rudimentarios senderos para motocicletas asfaltados. En la isla hay jabalíes, monos y serpientes, pero también pigargos, tucanes y cálaos. La única "aldea" del lugar, donde se encuentra el muelle principal y el majestuoso buda dorado del **Wat Phayam**, está enfocada al turismo, pero si se coincide con alguna festividad (p. ej., el Festival del Anacardo de abril) se comprobará que los isleños aún sienten mucho apego por su tierra.

La principal pega de Ko Phayam es que el buceo con tubo no es para echar cohetes, aunque las islas Surin quedan relativamente cerca, accesibles en excursiones con noche a bordo o en lancha motora. Para salidas de submarinismo y cursos PADI, contáctese con **Phayam Divers** (☎08 6995 2598; www.phayamlodge.com; Ao Yai).

Dónde dormir y comer

Solo suele haber electricidad desde la puesta de sol hasta las 22.00-23.00. Casi todos los complejos abren todo el año y tienen restaurante con comida tailandesa, también para clientes ocasionales. Cada playa tiene su modesto chiringuito, hecho con tablas arrastradas por el mar.

PP Land HOTEL $
(☎08 1678 4310; www.payampplandbeach.com; Ao Hin-Khow; bungalós 650 THB) Este sorprendente alojamiento ecológico queda al norte del muelle, en el poco visitado lado de barlovento de la isla. Los elegantes bungalós de cemento funcionan con energía eólica y solar, y tienen terrazas cara al mar. Los dueños tienen un huerto ecológico, elaboran detergente natural y tratan las aguas residuales con un avanzado sistema de depuración.

Chomjan Resort HOTEL $
(☎08 5678 4166; www.chomjanresort.com; Ao Khao Kwai; bungalós 500-800 THB) Es uno de los alojamientos más cómodos de esta playa, con impecables bungalós de cemento en una ladera y vistas del mar entre grandes árboles. Todos tienen terrazas con cojines y baños al aire libre. El restaurante sirve excelentes platos tailandeses.

Starlight Bungalows PENSIÓN $
(☎08 1978 5301; http://sites.google.com/site/starlightbungalows/; Ao Khao Kwai; bungalós 500-650 THB) Llevado por estadounidenses y tailandeses, este alojamiento ofrece espaciosas cabañas de madera con techos altos y pequeñas chozas de bambú más camufladas entre los árboles. El ambiente es tan maravilloso como la comida tailandesa del restaurante, a cargo de Pom, su multipremiado cocinero.

Bamboo Bungalows PENSIÓN $$
(☎0 7782 0012; www.bamboo-bungalows.com; bungalós 550-1500 THB; ❄📶) En primera línea de mar, esta finca, con un lozano jardín y un restaurante-*lounge* con hamacas y columpios, es tan popular como agradable. Respecto a los bungalós, los hay desde estructuras combadas hasta casitas de tejados puntiagudos bastante lujosas con suelos de baldosas, ventiladores cenitales y duchas al fresco.

Mr Gao HOTEL $
(☎0 7787 0222; www.mr-gao-phayam.com; Ao Khao Kwai; bungalós desde 250 THB; 👪) Sus bungalós de madera barnizada o de bambú triunfan entre las parejas y familias con espíritu deportista. Tienen electricidad 24 horas, alquilan kayaks y gestionan todo tipo de transporte y excursiones de varios días a las islas Surin (véase p. 615).

Aow Yai Bungalows PENSIÓN $
(☎0 7787 0216, 08 9819 8782; bungalós 300-600 THB) Este bungaló de bambú y techo de paja fue el primero en crear tendencia por estos lares a finales de la década de 1980. A escoger entre los pequeños bungalós de madera y bambú en el palmeral u otros más grandes a pie de playa en el extremo sur de la Ao Yai.

Cómo llegar y desplazarse

Los *ferries* salen del Saphan Plaa (Ranong) hacia el muelle principal de Ko Phayam (150 THB, 1½-2 h) a las 9.00 y 14.00, y las lanchas (350 THB, 45 min), a las 10.00 y 14.30. De vuelta, zarpan de Ko Phayam para Ranong a las 9.00 y 13.00. Alquilar un barco de popa larga hasta Ko Chang

PLAYAS DE KO PHAYAM

En Ko Phayam hay muchas playitas, pero son muchos los que prefieren estas dos largas franjas de arena:

» **Ao Khao Kwai (Buffalo Bay)** Una cala dorada y blanca con acantilados selváticos y arrecifes costeros de roca: es el lugar más encomiable de la isla. Recibe a quienes buscan tranquilidad, incluidos unos pocos *hippies* y algún que otro turista alemán en viaje organizado. También es fantástica para bañarse, salvo con bajamar, cuando las aguas retroceden dejando unas planicies lodosas en el extremo sur.

» **Ao Yai** Es larga, ancha y relajada, pero también muy social porque atrae desde mochileros en año sabático hasta parejas glamurosas, familias jóvenes y jubilados. En temporada baja se levanta oleaje; se pueden alquilar *boogie boards* y tablas de surf en las pensiones de la playa. En otras épocas se nada de maravilla y el mejor enclave para el buceo con tubo (sin esperar demasiado) se halla junto al **Leam Rung,** su punto más septentrional.

TURISMO CON SEDE EN LA COMUNIDAD DE ANDAMAN DISCOVERIES

Andaman Discoveries (☎08 7917 7165; www.andamandiscoveries.com; Khuraburi), el antiguo Northern Andaman Tsunami Relief, aún organiza circuitos muy recomendables de uno a siete días, incluido el que va a Ban Talae Nok, una histórica aldea de pescadores rodeada de bosque tropical y manglares, situada al bajar por una carretera y a 6 km de una playa desierta. Hay un aplaudido alojamiento en una casa particular que ofrece actividades culturales y artesanales, además de salidas de pesca y buceo con tubo a islas desiertas. Se puede complementar con una visita al Laem Son y a sus hospitalarios residentes, quienes también ofrecen demostraciones de artesanía y de agricultura sostenible.

Andaman Discoveries también gestiona tres proyectos de servicios sociales: un centro de enseñanza para hijos de trabajadores inmigrantes birmanos, un orfanato en las afueras de Khao Lak y una escuela para niños con discapacidades en Phuket. Se ofrecen trabajos a voluntarios, una experiencia inolvidable.

cuesta 1200 THB, pero también se puede tomar un taxi acuático (150 THB, 1 h) en el muelle principal a las 16.00, solo entre semana.

Un mototaxi desde el muelle a una playa principal cuesta 50-80 THB por persona y trayecto, según la distancia. En el pueblo y muchos de los complejos más grandes alquilan motocicletas y bicicletas.

Parque Nacional del Laem Son อุทยานแห่งชาติแหลมสน

Los 315 km² de este **parque nacional** (☎0 7786 1431; www.dnp.go.th; adultos/niños 200/100 THB) abarcan 100 km de litoral del mar de Andamán (la mayor extensión de costa protegida del país) y más de veinte islas. Casi toda la costa está orlada con manglares y surcada por canales de marea, que son el hábitat de varias especies de aves, peces, venados y monos. Las tortugas marinas desovan en la Hat Praphat.

La playa más accesible es la fabulosa y blanca **Hat Bang Ben**, de 3 km, donde se encuentra la oficina central del parque. Al sur se distinguen penínsulas que se adentran en el océano y esconden calas aisladas solo accesibles en barcos de popa larga. En estas playas se puede nadar durante todo el año. Desde la costa se divisan varias islas, a destacar las cercanas Ko Kam Yai, Ko Kam Noi, Mu Ko Yipun, Ko Khang Khao y, hacia el norte, Ko Phayam. El personal del parque organiza salidas en barco a cualquiera de ellas por 1500-1800 THB, según a cual. No hay sitio más bonito para un *picnic* al atardecer que el norte de la costa del Andamán.

Dónde dormir y comer

Los siguientes alojamientos están en la Hat Bang Ben. Se puede **acampar** (80 THB por persona) en cualquier sitio entre las casuarinas, previo pago en las oficinas al entrar al parque, donde también alquilan tiendas desde 150 THB por noche.

Wasana Resort PENSIÓN $
(☎0 7786 1434; bungalós 400-750 THB; ❄📶)
Este alojamiento familiar tiene acogedores bungalós repartidos alrededor del colorista restaurante del recinto. A los propietarios, una pareja holandesa-tailandesa, les sobran las ideas para explorar el Laem Son (pregúntese por la inolvidable excursión de 10 km por el cabo) y ofrecen salidas de un día a las islas.

National Park Bungalows BUNGALÓS $$
(☎0 2562 0760; reserve@dnp.go.th; bungalós con ventilador 1200 THB, casas con A/A 1600 THB; ❄)
Se puede escoger entre bungalós básicos con ventilador o casas más grandes con aire acondicionado. El restaurante sirve tres comidas al día.

Cómo llegar y salir

El desvío al Parque Nacional del Laem Son está a unos 58 km de Ranong por la carretera 4 (ctra. de Petchkasem), entre los km 657 y 658. Los autobuses que van de Ranong al sur pueden parar allí (hay que decir Hat Bang Ben), desde donde habrá que esperar que pase una camioneta que vaya al parque, a 10 km, o caminar.

El centro de visitantes del parque alquila barcos para ir a otras islas (1200-1500 THB/día).

PROVINCIA DE PHANG-NGA

Las heridas tardan mucho en cicatrizar, pero Phang-Nga por fin se recupera. Aunque la gente aún hable del *tsunami* del 2004, se palpan las ganas de progresar, y zonas como Khao Lak vuelven a la normalidad previa al desastre.

De noviembre a abril el agua es muy cristalina, el sol brilla y las playas tientan con sus arenas blancas. Sin embargo, en la estación lluviosa muchos establecimientos cierran y la zona parece embrujada.

Ko Phra Thong y Ko Ra

เกาะพระทอง/เกาะระ

Cuenta la leyenda que hace muchos siglos los piratas enterraron un buda dorado en la arena de Ko Phra Thong ("isla del Buda Dorado"). Nada se ha sabido nunca de la legendaria imagen, pero en Ko Phra Thong aguardan otros tesoros tan destacables como inacabables playas de arena, manglares, muchas aves e insólitas orquídeas.

Cerca, e incluso más tranquila, está Ko Ra, rodeada de manglares y playas doradas. Esta islita es una montaña selvática con toda suerte de animales (entre ellos, gatos de Bengala, lémures voladores, pangolines terrestres de Temminck y los loris perezosos) y una hospitalaria comunidad de pescadores.

Los habitantes de Tung Dap, un pueblo de la punta sur de Ko Phra Thong, han pedido a los turistas que les dejen tranquilos; así pues, se ruega no visitar esta zona.

Dónde dormir

Golden Buddha Beach Resort BUNGALÓS $$$
(☎08 1892 2208; www.goldenbuddharesort.com; bungalós 3100-14 000 THB) El complejo más puesto de la zona atrae a un flujo de aficionados al yoga ansiosos por una escapada espiritual. Ofrece elegantes casas de madera de propiedad privada en alquiler y un centro de submarinismo.

Ko Ra Eco-Resort BUNGALÓS $$
(☎08 9867 5288, 08 5280 5507; www.thaiecolodge.com; bungalós 1100-1900 THB) Los nuevos dueños de este complejo, acurrucado entre los árboles en una pequeña playa privada, quieren orientarlo a las actividades: desde retiros de meditación hasta espectaculares excursiones por la naturaleza y salidas de submarinismo y buceo con tubo (islas Surin incl.).

Cómo llegar y salir

No hay barcos regulares a ninguna de estas dos islas, pero en teoría (los barqueros escasean) se puede alquilar uno de popa larga en el muelle de Kuraburi por 1500 THB por trayecto. Para gestionar el transporte es mucho mejor y más económico preguntar en el alojamiento.

Parque Nacional de Khao Sok

อุทยานแห่งชาติเขาสก

Si después de tanta playa apetece estirar las piernas un poco, no hay nada como adentrarse en este maravilloso parque. Muchos creen que esta selva de las tierras bajas (el lugar más húmedo de Tailandia) constituye una de las pluvisilvas más antiguas del planeta, pues tiene más de 160 millones de años. Alberga espectaculares formaciones calizas y cascadas que caen entre la espesura empapada. También se podrá espiar la emocionante variedad de criaturas autóctonas desde la red de senderos que atraviesa este plácido parque.

La mejor época para visitarlo es entre diciembre y abril, la estación seca. De junio a octubre es la estación lluviosa, cuando los senderos pueden estar muy resbaladizos, las inundaciones repentinas son frecuentes y hay muchas sanguijuelas, aunque también es el momento en que los animales grandes abandonan sus guaridas y se dejan ver más.

Puntos de interés y actividades

La enorme superficie de Khao Sok lo convierte en uno de los últimos hábitats viables para los **grandes mamíferos.** Durante la estación lluviosa es posible toparse con osos,

CIRCUITOS POR KHAO SOK

Pueden salir un 50% más económicos si se contratan en las pensiones o agencias de viajes del propio parque en vez de en destinos más lejanos como Phuket o Khao Lak, donde cargan los gastos de transporte y las comisiones de los agentes de viajes.

jabalíes, gaúres, tapires, gibones, venados, elefantes salvajes y puede que con algún tigre. Hay más de trescientas especies de aves, 38 variedades de murciélagos y una de las flores más grandes del mundo, la insólita *Rafflesia kerrii,* que solo se encuentra aquí en Tailandia. Estas **flores gigantes** pueden alcanzar 80 cm de diámetro.

El **Chiaw Lan**, creado en 1982 por una enorme presa de esquisto y arcilla llamada Ratchaprapha (Kheuan Ratchaprapha o Chiaw Lan), está a una hora en automóvil (65 km) al este del centro de visitantes. Los farallones calizos sobresalen del lago a 960 m de altura, tres veces más que las formaciones de la zona de Phang-Nga.

La **Tham Nam Thalu** atesora sorprendentes formaciones calizas y arroyos subterráneos, mientras que la **Tham Si Ru** esconde cuatro corredores convergentes utilizados como guarida por los insurgentes comunistas entre 1975 y 1982. A ambas cuevas se puede llegar a pie desde la orilla sureste del lago. Se pueden alquilar barcos a los pescadores de la zona para explorar las calas, canales, cuevas y sendas sin salida que hay junto al lago.

Los paseos en elefante, el kayak y el *rafting* son algunas de las actividades que se pueden practicar por el parque. El senderismo también es factible, y cualquier pensión del lugar o los alrededores puede organizar excelentes itinerarios. Por cuenta propia, desde el centro de visitantes también se puede recorrer varios senderos hasta las cascadas de **Sip-Et Chan** (4 km), **Than Sawan** (9 km) y **Than Kloy** (9 km), entre otros destinos. La oficina del parque facilita mapas gratis de los senderos.

Dónde dormir y comer

La carretera que lleva al parque está bordeada por sencillas y encantadoras pensiones que también ofrecen circuitos y guías, aunque algunas están demasiado cerca del asfalto (por donde circulan los microbuses). Se recomiendan las excursiones de dos días y una noche (2500 THB por persona) al Chiaw Lan, donde se dormirá en cabañas flotantes y se saldrá en piragua y a caminar.

La mayoría de las pensiones tienen restaurante (también para clientes ocasionales), aunque hay otros independientes en la carretera.

Art's Riverview Jungle Lodge PENSIÓN $$
(☎08 6470 3234; http://krabidir.com/artsriverviewlodge; bungalós 650 THB) En una selva infestada de monos, a orillas del río y con una poza apta para el baño rodeada de barrancos calizos, esta es la localización más bonita de todo Khao Sok. Los bungalós de madera son sencillos pero grandes, siempre con vistas al río.

Morning Mist Resort HOTEL $$
(☎08 9971 8794; www.khaosokmorningmistresort.com; bungalós 650-1000 THB; 👪) Uno de los alojamientos más cómodos. Todos los bungalós están limpios y tienen baldosas, ventilador y balcón, y los más caros, vistas al río.

Jungle Huts PENSIÓN $
(☎0 7739 5160; www.khao-sok-junglehuts.com; cabañas 300-1200 THB) Cabañas básicas con buena relación calidad-precio en un bosque con árboles frutales cerca de un río o sobre pilotes comunicadas por vertiginosas pasarelas.

SISTEMA PREVENTIVO DE ALERTA DE 'TSUNAMI'

La fatídica mañana del 26 de diciembre del 2004, un terremoto frente a la costa de indonesia de la Sumatra desencadenó olas gigantescas que barrieron gran parte costa del Andamán tailandesa, cobrándose unas ocho mil vidas y causando grandes daños materiales. En el 2005 Tailandia inauguró un sistema nacional preventivo de catástrofes, que se creó como respuesta a la falta de preparación del país en el 2004. El centro, con sede en Bangkok, prevé que un aviso de *tsunami* podría emitirse 30 minutos antes de que lo detectaran los existentes sistemas internacionales.

De producirse otro *tsunami,* se avisaría a la ciudadanía a través de la red radiofónica nacional, el Channel 5 de la red televisiva militar, la estatal TV Pool y por SMS. Para los que no hablan thai, el centro ha instalado torres de alerta por las zonas de alto riesgo de primera línea de mar que alertarán en varios idiomas y luces intermitentes. El **centro de atención al cliente** (☎1860) también atiende preguntas o avisos de la gente respecto a desastres potenciales o inminentes.

Tree Tops River Huts PENSIÓN $$
(☎08 7283 2133; www.treetopsriverhuts.com; bungalós 540-1900 THB; ❄) Justo en la entrada al parque, estos macizos aunque vetustos bungalós se sostienen sobre pilotes entre árboles y vistas al río.

Información

La **oficina central del parque** (☎0 7739 5025; www.khaosok.com; entrada 200 THB) y el centro de visitantes están a 1,4 km por un desvío, cerca del km 109, de la carretera 401.

Hay un cajero automático delante del Morning Mist Mini-Mart e internet (2 THB/min) cerca de la entrada del parque.

Cómo llegar y desplazarse

Del parque salen furgonetas a diario a Surat Thani (250 THB, 1 h), Krabi (300 THB, 2 h) y otros destinos. También se puede tomar un autobús en Surat hacia Takua Pa o uno en la costa del Andamán hacia Surat Thani. Los autobuses paran en la carretera 401, a 1,8 km del centro de visitantes. Si nadie de la pensión espera, habrá que completar el camino hasta el alojamiento a pie (entre 50 m y 2 km).

Para explorar el lago de Chiaw Lan por libre, se puede alquilar un barco de popa larga (2000 THB/día) en la entrada a la presa.

Khao Lak y alredededores เขาหลัก

La Hat Khao Lak es una playa para gente que huye de la ostentación de los centros vacacionales más grandes de Phuket pero que, aún así, les gusta el confort y las compras. Con cálidas olas con las que juguetear, largas estelas de arena dorada arropadas por colinas boscosas y sencillas escapadas de un día a las islas Similan y Surin, Khao Sok, el Parque Nacional de Khao Lak/Lam Ru e incluso Phuket, la zona es una buena base para explorar el norte del Andamán, por encima y por debajo del agua.

Unos 2,5 km al norte de la Hat Khao Lak, la **Hat Bang Niang** es más bucólica y pequeña pero también con menos gente. La ciudad de Khao Lak propiamente dicha, un batiburrillo de restaurantes, mercados turísticos y hoteles bajos junto a una carretera gris, no mata pero es práctica.

Puntos de interés

Parque Nacional de Khao Lak/Lam Ru PARQUE NACIONAL
(☎0 7642 0243; www.dnp.go.th; adultos/niños 100/ 50 THB; ⊙8.00-16.30) La zona que queda justo al sur de la Hat Khao Lak se ha anexionado a este enorme **parque nacional**, de 125 km², un *collage* de acantilados, montañas de 1000 m, playas, estuarios, valles boscosos y manglares. Entre los animales que lo pueblan hay cálaos, *drongos*, tapires, gibones, monos y osos negros asiáticos. El centro de visitantes, al salir de la carretera 4 entre los km 56 y 57, tiene un restaurante muy bonito al aire libre en una ladera a la sombra y con vistas al mar. Desde el restaurante se puede hacer una caminata bastante fácil (3 km ida y vuelta) que enfila por el cabo y termina en la Hat Lek, a menudo desierta.

Khlong Thap Liang RESERVA NATURAL
En la localidad hay muchas agencias que organizan excursiones guiadas por la costa o hacia el interior y salidas en barcos de popa larga por el panorámico estuario del **Khlong Thap Liang**, lleno de macacos cangrejeros que viven en los manglares.

Entre Khao Lak y Bang Sak hay una red de **senderos de playa**, algunos de los cuales conducen a playas desiertas, divertidos para explorar a pie o en motocicleta (casi todos los hoteles de Khao Lek las alquilan por 250 THB/día).

'Boat 813' MONUMENTO
En un descampado a casi 1 km de la costa, este barco es un testimonio de la embestida del *tsunami* del 26 de diciembre del 2004, la catástrofe más devastadora que ha asolado la región. Cerca hay un puesto de información con la cronología del *tsunami*, en thai e inglés. Se puede llegar desde Khao Lak en *sŏrng·tăa·ou* (50 THB).

Actividades

Submarinismo y buceo con tubo

La excursiones de un día a las islas Similan y Surin son tremendamente populares, pero, si se puede, es mejor optar por una con noche a bordo. Como las islas están a unos 60 km del continente (3 h en barco, aprox.), con estas últimas se disfrutará de una travesía más relajada y de la paz de las islas sin los visitantes diurnos. Cualquier tienda de submarinismo ofrece estas excursiones por unos 10 000/19 000 THB para paquetes de dos/tres días y salidas de un día por 4900-6500 THB.

En estas salidas de varias jornadas, el viajero se despertará al alba y se zambullirá en el océano hasta cuatro veces cada día en uno de los diez mejores enclaves de submarinismo del mundo. Aunque el coral de las islas Similan y Surin (p. 615) haya sufrido mucho el blanqueo, la **Richelieu Rock** aún es la guinda de la región y **Ko Bon** y **Ko Ta Chai**, dos puntos estratégicos en plena ruta de las mantas gigantes.

Aunque enfocadas a los submarinistas, todas las tiendas especializadas permiten a los buceadores de superficie participar en las excursiones, con o sin noche a bordo, con un descuento del 40%. Otra opción son las agencias de circuitos de la localidad, que ofrecen salidas de buceo con tubo a las islas Similan por unos 2700 THB. Los cursos con certificado PADI en mar abierto cuestan entre 10 000 y 18 000 THB, según el punto. También es posible embarcarse en una salida "descubre el buceo con bombonas de oxígeno" de un día a las islas Similan por unos 6000-6500 THB.

Algunas tiendas de submarinismo recomendadas:

Wicked Diving SUBMARINISMO
(☎0 7648 5868; www.wickeddiving.com) Un operador excepcional y respetuoso con el medio ambiente que organiza excursiones de submarinismo y buceo con tubo, con opciones con noche a bordo como las salidas conservacionistas Whale Sharks & Mantas, Turtle & Reefs y Sharks & Rays, organizadas conjuntamente con **Ecocean** (www.whaleshark.org). También imparte todos los cursos PADI.

Similan Diving Safaris SUBMARINISMO
(☎0 7648 5470; www.similan-diving-safaris.com) Su especialidad son las intachables salidas de cuatro días con vida a bordo (18 800 THB, todo incl.), llenas de reincidentes. Un personal entendido y una comida fabulosa mejoran más, si cabe, las que probablemente sean la salidas con noches a bordo que más a cuenta salen. También ofrecen excursiones de un día.

Big Blue SUBMARINISMO
(☎0 7648 5544; www.bigbluekhaolak.com) De propiedad japonesa y sueca, sus lanchas motoras, salidas con noche a bordo y profesores de submarinismo se cuentan entre los mejores de Khao Lak.

Sea Dragon Diver Centre SUBMARINISMO
(☎0 7648 5614; www.iq-dive.com) (☎0 7648 5420; www.seadragondivecenter.com; Th Phetkasem)

Khao Lak

Khao Lak

Puntos de interés
1 Big Blue ... B1
2 Sea Dragon Dive Center ... B1
3 Similan Diving Safaris ... A2
4 Wicked Diving ... B2

Dónde dormir
5 Fasai House ... B1
6 Greenbeach ... A2
7 Khaolak Banana Bungalows ... B1
8 Nangthong Bay Resort ... A2
9 Nangthong Beach Resort ... A2
Tiffy's Café ... (véase 2)
10 Walker's Inn ... B2

Dónde comer
11 Phu Khao Lak ... B2

Dónde beber
12 Happy Snapper ... B1

Información
13 Khao Lak Land Discoveries ... B1

Transporte
14 Parada de autobús (al norte) ... B1
15 Parada de autobús (al sur) ... B2

Este viejo operador de Khao Lak se mantiene todavía en muy buena forma.

Dónde dormir

El alojamiento más económico en la ciudad lo facilita el Sea Dragon Diver Center (izquierda); pregúntese por los dormitorios colectivos del Tiffy's Café (180 THB/ noche).

Sarojin HOTEL $$$

(☎0 7642 7900-4; www.sarojin.com; Hat Pakarang; h 12 500-22 250 THB;) Relajado retiro 15 km al norte de Khao Lak de estilo entre japonés y tailandés moderno, con un servicio intachable y un marco elegante e íntimo. El exclusivo *spa* (tratamientos desde 2300 THB), acurrucado en los lindes del manglar, brinda vistas del palmeral y es uno de los mejores de la costa del Andamán. A un servidor le encantaron la piscina, con sus elegantes cabañas que afloran sobre las aguas azules y cristalinas, y el curso de cocina impartido a orillas del río Takuapa, por donde se ven pasar búfalos de agua. No aceptan niños.

Nangthong Beach Resort HOTEL $$

(☎0 7648 5911; www.nangthong2.com; h 2000-2200 THB, bungalós 2500-3000 THB;) La mejor opción de la localidad de Khao Lak tiene grandes habitaciones bien amuebladas y bungalós aún más espaciosos, con suelos de terrazo, muebles de madera oscura, un jardín en flor, servicio solícito y la mejor playa de la ciudad.

La Flora Resort HOTEL $$$

(☎0 7642 8000; www.laflororesort.com; h 5700-7700 THB, chalés 9000-10 500 THB;) En la fabulosa Hat Bang Niang, este complejo rezuma elegante sobriedad. Las casitas tipo cabañas son grandes y modernas, y hay sugerentes piscinas de horizonte infinito frente a la playa, incluida una para los críos justo en el centro. Las habitaciones tienen suelos de mármol, lavamanos de cerámica, láminas de arte moderno, puertos de mp3 y difusores de aromaterapia.

Le Meridian HOTEL $$$

(☎0 7642 7500; www.lemeridian.com; Hat Bang Sak; h desde 5220 THB, chalés desde 11 200 THB;) Las 243 habitaciones y 20 casitas de este gran complejo de cuatro estrellas son el único alojamiento de la Hat Bang Sak, 20 km al norte de Khao Lak. No tiene ni el toque *boutique* ni el servicio del Sarojin, pero es un poco más económico y muy imponente, pues se extiende prácticamente desde la carretera hasta el mar.

Nangthong Bay Resort HOTEL $$

(☎0 7648 5088; www.nangthong.com; h 200-3000 THB;) Fue el mejor alojamiento de precio medio de la playa hasta la llegada de su hermano el Nangthong Beach Resort. Las habitaciones son elegantes y sencillas, en blanco y negro, y las más económicas, aunque apartadas de la playa, ofrecen una fantástica relación calidad-precio. Las rodean unos jardines exuberantes y son atendidas de manera irreprochable.

Greenbeach HOTEL $$

(☎0 7648 5845; greenbeach_th@yahoo.com; bungalós 1300-2300 THB;) En un excelente tramo de la Khao Lak y adentrándose a un jardín, este lugar, cálido y hogareño, tiene duende. Los bungalós de madera tienen puertas de cristal, aire acondicionado y ventilador, terrazas a la sombra y vistas de una impresionante y añeja higuera de Bengala. Hasta las habitaciones más económicas disfrutan de vistas al mar.

Fasai House PENSIÓN $

(☎0 7648 5867; h 500-700 THB;) La mejor opción económica de Khao Lak ofrece habitaciones inmaculadas tipo motel y un personal que sonríe tímida y coquetamente.

Bungalós del Parque Nacional de Khao Lak/Lam Ru BUNGALÓS $

(☎0 2562 0760; reserve@dnp.go.th; bungalós 800-2000 THB) Hay unos cuantos bungalós de cuatro a seis habitaciones en el parque nacional. El concepto es básico pero el entorno gustará a quienes busquen una experiencia ecológica.

Khaolak Banana Bungalows BUNGALÓS $

(☎0 7648 5889; www.khaolakbanana.com; h 500-1200 THB;) Adorables y pequeños bungalós con suelos de cemento con espirales pintadas y baño medio al aire libre. Una ganga, y con piscina.

Walker's Inn PENSIÓN $

(☎0 7648 5668; Th Petchkasem; h 400-750 THB;) Encima de un *pub,* las habitaciones con baldosas, grandes pero sencillas y muy usadas, tienen aire acondicionado y duchas con agua caliente. Opción agradable y popular para mochileros.

Dónde comer y beber

Khao Lak no es precisamente una capital gastronómica, pero hay algunos locales donde los turistas se reúnen para contarse sus experiencias submarinas. Cuesta encontrar un lugar para desayunar antes de las 8.30.

Mama's Restaurant RESTAURANTE $$

(Th Petchkasem; platos 60-300 THB) El mejor restaurante de pescado y marisco está delante del *Boat 813*. Sus pasteles de pescado son una locura, al igual que la barracuda salteada en *curry* amarillo.

Phu Khao Lak RESTAURANTE $$
(Th Petchkasem; platos 80-240 THB; ⏲desayuno, almuerzo y cena) No tiene pérdida, enseguida se verán las acicaladas mesas que se extienden hasta los límites de parterre del extremo sur de la calle de Khao Lak, y nadie debería perdérselo por su enorme variedad de platos occidentales y tailandeses al punto.

Pinocchio RESTAURANTE $$$
(☎0 7644 3079; 67/61 Th Hat Bang Niang, Hat Bang Niang; principales 240-480 THB) Este precioso restaurante ajardinado e iluminado con velas tienta con un inmenso horno de *pizzas* a la piedra, vinos y quesos de importación, pan crujiente, *pizzas* aún mejores, pasta casera y *gelato*.

Happy Snapper BAR
(Th Petchkasem) Bar surtido con buenos licores, un mapa del mundo en el techo, el árbol de la vida en la pared y una banda de *rock* residente que toca seis noches por semana en temporada alta, encabezada por el dueño, un legendario bajista de Bangkok.

Información

Para urgencias relacionadas con el submarinismo, llámese a **SSS Ambulance** (☎08 1081 9444), muy diligentes a la hora de transportar a los heridos hasta Phuket. La ambulancia también atiende accidentes en carretera. En Bang Niang hay una enfermera que trata las lesiones relacionadas con el submarinismo.

De las muchas agencias de viajes, la mejor es **Khao Lak Land Discoveries** (☎0 7648 5411; www.khaolaklanddicovery.com; Th Phetkasem).

Cómo llegar y salir

Cualquier autobús que circule por la carretera 4 entre Takua Pa (50 THB, 45 min) y Phuket (100 THB, 2 h) parará en la Hat Khao Lak si así se solicita.

Khao Lak Discoveries opera microbuses a/desde el aeropuerto internacional de Phuket (600 THB, 1 h 15 min). Otras opciones son ir en taxi (1200 THB) o pedir al conductor del autobús de Phuket que pare en el "aeropuerto": un cruce a una carrera de diez minutos en mototaxi (100 THB) del verdadero aeropuerto.

Parque Nacional Marino de las Islas Surin

อุทยานแห่งชาติหมู่เกาะสุรินทร์

Las cinco magníficas islas que forman este **parque nacional** (www.dnp.go.th; entrada 400 THB; ⏲med nov-med may) distan 60 km de la costa continental tailandesa y 5 km de la frontera marítima entre Tailandia y Birmania. La saludable pluvisilva, las playitas de arena blanca en bahías resguardadas y los cabos rocosos caracterizan estas accidentadas islas graníticas. Sus aguas cristalinas, con visibilidad hasta los 35 m de profundidad, favorecen un rico ecosistema lleno de vida marina. Las aguas protegidas de las islas también atraen a los *chow lair* (o *chao leh*), los gitanos del mar, que viven en un pueblo del interior durante el monzón (may-nov). En la zona se les conoce como *moken*, de la palabra local *oken* que significa "agua salada".

Ko Surin Nuea ("Norte") y Ko Surin Tai ("Sur") son las dos islas más grandes del parque, cuyas oficinas y todas las instalaciones para los visitantes están en la Ao Chong Khad, en Ko Surin Nuea, cerca del embarcadero. Khuraburi es el punto de partida para explorar el parque. El muelle está unos 9 km al norte de la localidad, como la **oficina del parque nacional** (☎0 7649 1378; ⏲8.00-17.00), donde facilitan información y mapas.

Puntos de interés y actividades

Algunos operadores de circuitos organizan salidas de día desde Khao Lak y Khuruburi (2900 THB, comida y alojamiento en el parque incl.). El mejor en cuanto a seguridad, servicio y relación calidad-precio es **Greenview** (☎0 7640 1400; muelle de Khuraburi). Las agencias más prácticas que ofrecen excursiones de submarinismo con noche a bordo están en la Hat Khao Lak (p. 612), Phuket (p. 621) y Ranong (p. 604). Los traslados siempre están incluidos.

Submarinismo y buceo con tubo

Entre los lugares de inmersión del parque se cuentan **Ko Surin Tai** y **HQ Channel**, entre las dos islas principales. La **Richelieu Rock** (un promontorio submarino 14 km al sureste) también está en el parque y es el mejor de la costa del Andamán. En marzo y abril a veces se ven tiburones ballena. En el propio parque no hay centros de submarinismo, por lo que este tipo de salidas (excursiones de 4 días con noches a bordo cuestan unos 20 000 THB) deben contratarse en el continente; para más información, véase "Cómo llegar y salir" (p. 616) y los apartados de submarinismo de Khao Lak (p. 612) y Ranong (p. 604).

El buceo con tubo no está tan bien debido al reciente blanqueo de los corales duros, pero aún se ven peces y corales blandos. Las excursiones de buceo de dos horas (80 THB por persona; equipo 150 THB/día) salen de la oficina del parque a las 9.00 y 14.00 a diario. Las frecuentan tailandeses que suelen bañarse totalmente vestidos. Para experiencias de buceo de superficie más tranquilas, se puede alquilar un barco de popa larga en el parque nacional (1000 THB/medio día) o, mejor aún, directamente a los *moken* de **Ban Moken** (aldea *moken*). Los corales blandos más bonitos y resplandecientes los vio este autor en la **Ao Mae Yai**, una enorme bahía de la isla Norte si se dobla la esquina desde Chong Khod. La mejor sección de arrecifes está entre las boyas blancas que recorren la península norte. Hay más peces frente a la diminuta **Ko Pajumba**, pero el coral no está perfecto. La **Ao Suthep**, frente a la isla Sur, cobija enormes bancos de peces iridiscentes y agujeros azules poco profundos con fondos mansos.

Fauna, flora y senderismo

Se pueden explorar los márgenes del bosque alrededor de la oficina del parque en busca de macacos cangrejeros y aves residentes, p. ej., la fabulosa paloma de Nicobar, endémica de las islas del mar de Andamán. Por la costa se puede ver sobrevolar al milano brahmán y en las rocas a las garcetas del arrecife. También hay doce especies de murciélago, a destacar los frugívoros zorros voladores, que viven en los árboles.

Un precario y serpenteante **sendero** recorre 2 km de costa a través del bosque y retrocede hasta la playa en la **Ao Mai Ngam**, donde hay instalaciones de *camping* y una cantina. Con bajamar es sencillo caminar por la costa entre los dos lugares de acampada.

Circuito por la aldea

Ban Moken, en la Ao Bon, en la isla Sur, es hospitalaria con los visitantes. Después del *tsunami*, los *moken* se instalaron en esta bahía protegida, donde se lleva a cabo una importante y ancestral ceremonia religiosa (Loi Reua) en abril. El parque nacional ofrece un **circuito por la aldea 'moken'** (300 THB por persona). En el pueblo hay que pedir permiso para recorrer el **sendero de Chok Madah**, de 800 m, que atraviesa las colinas selváticas y lleva hasta una playa vacía. Los circuitos salen a las 9.15 y deben reservarse el día antes. También se puede organizar el traslado desde la oficina central del parque (100 THB por persona). Si se visita el pueblo, conviene llevar efectivo para comprar artesanía y así ayudar en la economía local. En la oficina del parque hay una caja para donar ropa.

Dónde dormir y comer

Los alojamientos del parque están bien, pero como las playas de la isla son pequeñas, resultan un poco agobiantes cuando se llenan (unas 300 personas). Se puede reservar a través de www.dnp.go.th o la **oficina del parque nacional** (☎0 7649 1378; ⏲8.00-17.00) del continente, en Khuraburi. Casi todos los clientes son tailandeses, y el paraje parece un animado campamento de vacaciones. Se puede acampar en la Ao Chong Klod y en la Ao Mae Ngam. La playa de la primera bahía es más espectacular y solicitada, mientras que la segunda, más recogida y algo más salvaje, de arenas blancas y aguas poco profundas, se llena más tarde. En la Ao Mae Ngam no hay bungalós.

Los **bungalós** (2000 THB) tienen suelos de madera y terrazas privadas, además de baños privados de terracota y ventiladores que funcionan toda la noche. Se alquilan **tiendas** (para 2/4 personas 300/450 THB, ropa de cama por persona 60 THB), pero también se puede traer la **propia** (80 THB/noche). El generador de electricidad se apaga a las 22.00.

El **restaurante** (platos desde 80 THB, menús 170-200 THB) del parque sirve comida tailandesa aceptable.

Cómo llegar y salir

Los operadores de circuitos utilizan lanchas motoras (ida y vuelta 1600 THB, 1 h por trayecto), salen hacia las 9.00 y aceptan billetes abiertos. Tal vez el "gran barco", más económico, que ya lleva dos años amarrado, navegue de nuevo para cuando se visite el lugar.

Parque Marino Nacional de las Islas Similan

อุทยานแห่งชาติหมู่เกาะสิมิลัน

Conocido por los submarinistas de todo el mundo, este precioso **parque nacional marino** (www.dnp.go.th; entrada 400 THB; ⏲nov-may) está a 60 km de la costa continental. Sus serenas islas de granito, igual de bonitas por encima y por debajo del agua, están coronadas por pluvisilva, orladas con playas de arena blanca y cercadas por arrecifes coralinos. Desgraciadamente, el reciente blanqueo ha aniquilado gran parte del coral duro, pero el blando sigue intacto, lleno de animales.

Dos de las nueve islas, la nº 4 (Ko Miang) y la nº 8 (Ko Similan), tienen puestos de guardabosques y alojamientos; la oficina central del parque y la mayoría de los centros de actividades para visitantes están en la isla nº 4. La palabra "Similan" deriva del malasio *sembilan* ("nueve") y, aunque cada isla tenga su propio nombre, se las conoce mejor por sus números. Últimamente el parque ha incorporado Ko Bon y Ko Tachai, ambas islas intactas del blanqueo de coral, lo que las sitúa entre las mejores zonas de submarinismo y buceo con tubo del lugar.

Para ir al parque, se suele salir de la Hat Khao Lak. El muelle está en Thap Lamu, unos 10 km al sur de la localidad.

Puntos de interés y actividades

Submarinismo y buceo con tubo

Las islas Similan permiten inmersiones de todos los niveles, a profundidades de 2 a 30 m. Hay arrecifes de roca en **Ko Payu** (isla nº 7) y grutas submarinas en la **Hin Pousar** ("cabeza de Elefante"), con seres que abarcan desde minúsculos gusanos plumero y corales blandos a bancos de peces y tiburones ballena. Hay lugares de inmersión en las seis islas que quedan al norte de Ko Miang; la parte sur del parque (islas nº 1, 2 y 3) es territorio para el desove de las tortugas, por lo cual está prohibida toda actividad subacuática. Como no hay instalaciones para submarinistas en todo el parque, solo queda participar en un circuito si se quieren conocer sus profundidades. Los operadores de la Hat Khao Lak (p. 612) y Phuket (p. 621) ofrecen salidas con inmersiones (de 3 días con noche a bordo desde 14 500 THB).

La oficina principal del parque alquila equipo de buceo con tubo (100 THB/día). Los circuitos de un día suelen visitar tres o cuatro enclaves de inmersión. Muchas agencias de la Hat Khao Lak ofrecen salidas solo de buceo con tubo de un día/con noche a bordo desde unos 3000/5000 THB.

Fauna, flora y senderismo

El bosque que rodea la oficina central del parque en Ko Miang (isla nº 4) está surcado por un par de senderos y es el hogar de animales maravillosos, como la fabulosa paloma de Nicobar, con su indómito matojo de plumas verdes y grises. Endémica de las islas del mar de Andamán, es una de las 39 especies de aves del parque. En el bosque también se pueden ver cangrejos terrestres de patas peludas, murciélagos frugívoros (zorros voladores) y ardillas voladoras.

Una pequeña **ruta de playa**, con paneles informativos, recorre 400 m hasta una diminuta y preciosa bahía para buceo de superficie. De ella parte el **Viewpoint Trail** ("sendero del Mirador"), una endiablada cuesta arriba de 500 m. Un paseo de 500 m por el bosque lleva al **Sunset Point** ("lugar de la Puesta de Sol"), una pulida plataforma de granito encarada hacia el oeste.

En Ko Similan (isla nº 8) hay un sendero forestal de 2,5 km que desemboca en otro **mirador** y una cuesta más corta y empinada que parte de la playa principal hasta lo alto de la **Sail Rock** ("roca Vela", o también Balance Rock, "roca en Equilibrio").

Dónde dormir y comer

En el parque hay alojamientos para todos los bolsillos. Se puede reservar a través de www.dnp.go.th o de la **oficina del parque nacional** (☎0 7645 3272) en el continente, en la Hat Khao Lak. Las agencias de la Hat Khao Lak también gestionan circuitos de varios días que incluyen transporte, comida y alojamiento en el parque, pero salen más caros que si se va por libre.

En Ko Miang hay **bungalós** (h 2000 THB; ❄) con balcones y vistas al mar, dos oscuras **casas comunales** (h 1000 THB) con cinco habitaciones de madera y bambú y ventilador, y **tiendas** (para 2/4 personas 300/450 THB). Hay electricidad de 18.00 a 6.00.

En cualquier isla está permitido plantar la **tienda** (80 THB/noche).

Hay un **restaurante** (platos 100-150 THB) cerca de la oficina central del parque que sirve sencilla comida tailandesa.

Cómo llegar y salir

No hay transporte público hasta el parque, pero, en teoría, quienes vayan por libre pueden contratar el traslado en lancha (ida y vuelta 1700 THB, 1½ h por trayecto) con cualquier operador de buceo con tubo de la Hat Khao Lak, aunque quizá prefieran sumarse a un circuito organizado.

Las agencias de Khao Lak (p. 612) y Phuket (p. 621) reservan circuitos de día/con noche (desde 3000/5000 THB, aprox.) y salidas de submarinismo (de 3 días con vida a bordo 15 000 THB), es decir, más o menos lo mismo que si se va por libre. Se puede intentar acoplarse a un circuito organizado de submarinismo sin pagar el equipo, pero esto dependerá de que los barcos tengan plaza.

Ciudad de Phang-Nga y Ao Phang-Nga พังงา/อ่าวพังงา

9700 HAB.

Con bahías de aguas color turquesa salpicadas de abruptas torres de roca caliza, resplandecientes playas de arena blanca y destartaladas aldeas de pescadores, la Ao Phang-Nga es uno de los parajes más espectaculares de la región. No sorprende pues que fuera este lugar, entre elevados acantilados y nidos de golondrinas, el elegido por Scaramanga, el antagonista de James Bond en *El hombre de la pistola de oro,* para instalar su guarida. Aunque hoy en día las lanchas motoras y los kayaks, presentes casi todo el año, lo delatarían de inmediato. Buena parte de la bahía y algo del litoral ahora pertenecen al Parque Nacional Marino de la Ao Phang-Nga (p. 619).

Puntos de interés y actividades

Phang-Nga es una destartalada población protegida por unos impresionantes riscos calizos y poco más. No hay gran cosa que ver o hacer a menos que se vaya durante el anual **Festival Vegetariano** (véase recuadro en p. 630), a finales de septiembre u octubre.

Circuitos en barco

Unos 8,5 km al sur del centro urbano está Tha Dan, donde alquilan barcos para salir a ver **cuevas** semisumergidas, islas de formas curiosas y **Ko Panyi,** una aldea musulmana sobre pilotes. Hay circuitos hasta la muy trillada **Ko Phing Kan** (la isla de James Bond; véase p. 620) y el **Parque Nacional Marino de la Ao Phang-Nga** (500 THB por persona por circuito de 2-3 h); para más información, véase p. 619. En Takua Thung, otra zona con muelle unos 10 km más al oeste de Tha Dan, también se alquilan barcos privados a precios similares, y la oficina del interior del Parque Nacional Marino de la Ao Phang-Nga (p. 619), ofrece circuitos en barco.

A pesar del fastidio de tener que regatear con los barqueros, es interesante confeccionarse un itinerario propio. Por supuesto es más fácil (y económico) sumarse a un circuito organizado de alguna agencia. La veterana **Sayan Tours** (☎0 7643 0348; www.sayantour.com) organiza circuitos por la Ao Phang-Nga y aún recibe muchos elogios. Los circuitos de medio día/día entero cuestan desde 700/1000 THB por persona e incluyen la **Tham Lawt** (una gran cueva acuática), Ko Phing Kan y Ko Panyi, entre otros atractivos. Por 300 THB más se puede practicar un poco con el kayak. También ofrece una **salida de 'rafting'** (1600 THB/persona) hasta la cascada de Son Pat, 25 km al sur de Phang-Nga, y otras a destinos más próximos, como el **Parque Forestal de Sa Nang Manora.**

Dónde dormir y comer

En Phang-Nga apenas hay alojamientos de calidad, por lo que la mayoría de visitantes se decanta por las excursiones de un día. En la calle mayor hay algunos puestos de comida con deliciosos *kà·nŏm jeen* (fideos finos de trigo) con pollo al *curry, nám yah* (*curry* picante de pescado) o *nám prík* (salsa picante). El mercado matinal abre a diario de 5.00 a 10.00, y los martes, miércoles y jueves se monta un pequeño mercado nocturno al sur de Soi Lohakit.

Phang-Nga Inn HOTEL $$
(☎0 7641 1963; 2/2 Soi Lohakit, Phang-Nga; h 400-1500 THB; ❄) Esta finca residencial rehabilitada luce recias escaleras de madera, vitrinas laminadas y jardines apacibles. Bien amueblado, incluye un pequeño restaurante y personal amable.

Phang-Nga Guest House PENSIÓN $
(☎0 7641 1358; Th Petchkasem, Phang-Nga; h 250-380 THB; ❄) Nada de lujo. Solo un bloque limpio con habitaciones económicas revestidas con madera de cerezo en un centro urbano gris.

Cómo llegar y salir

La terminal de autobuses está junto a la calle mayor, en Soi Bamrung Rat. Hay autobuses entre Bangkok y Phang-Nga de varias categorías: clase vip (912 THB, 12 h, 1 diario), 1ª clase (552 THB, 12-13 h, 2 diarios) y 2ª clase (441 THB, 12 h, 3-4 diarios).

Otros servicios de autobuses:

DESTINO	PRECIO	FRECUENCIA	DURACIÓN
Hat Yai	300 THB	2 diarios	6 h
Krabi	74 THB	frecuentes	1½ h
Phuket	85 THB	frecuentes	1½ h
Ranong	170 THB	4 diarios	5 h
Surat Thani	150 THB	frecuentes	3 h
Trang	240 THB	frecuentes	3½ h

Alrededores de Phang-Nga

PARQUE NACIONAL MARINO DE LA AO PHANG-NGA อุทยานแห่งชาติอ่าวพังงา

Fundado en 1981, este **parque nacional** (☎0 7641 1136; www.dnp.go.th; entrada 200 THB; ⌚8.00-16.00) de 400 km² destaca por su clásico paisaje kárstico. Alberga más de cuarenta islas con enormes acantilados verticales, algunos con cuevas accesibles solo con bajamar que conducen a escondidas *hôrngs* (lagunas rodeadas de sólidas paredes de roca).

La bahía en sí está formada por grandes y pequeños canales de marea, a destacar el Khlong Ko Phanyi, el Khlong Phang-Nga, el Khlong Bang Toi y el Khlong Bo Saen. Dichos canales atraviesan enormes manglares de norte a sur, que los utilizan los pescadores e isleños como carreteras acuáticas. Son el mayor reducto de manglar primario que queda en Tailandia.

En la temporada alta la bahía puede convertirse en una gran autopista de turistas en viaje organizado. Pero si se explora a primera hora de la mañana (mejor desde Ko Yao Noi o Ko Yao Yai) o se retrasa la partida, se tendrá un pedacito de playa, mar y terreno kárstico de granito para deleite personal. El parque se visita mejor en kayak.

Puntos de interés y actividades

John Gray's Seacanoe KAYAK MARINO

(☎0 7622 6077; www.johngray-seacanoe.com) John Gray fue el primer proveedor de kayaks en la bahía y aún es el más ecológico. No para de reclamar a gritos mayor protección para sus queridas *hôrngs* a los guardabosques y a sus supervisores de Bangkok. Su **excursión de un día Hong By Starlight** (3950 THB por persona) evita las muchedumbres, exige bastante remo al atardecer y descubre la famosa bioluminiscencia de la Ao Phang-Nga cuando cae la noche. Véase también p. 622.

Ao Phang-Nga

Ko Nok y Ko Klui ISLAS

A medio camino entre Phuket y Krabi, estas dos islas están lo bastante apartadas para permanecer normalmente desiertas. **Ko Klui**, la isla grande al norte de Ko Yao Noi, tiene acceso con pleamar a una enorme *hôrng*, que algunos llaman la **Blue Room** ("Habitación Azul") y a una playa de arena blanca intacta y llena de cálaos y monos.

FAUNA EN EL PARQUE NACIONAL DE LA AO PANG-NGA

El entorno marino calizo de este parque alberga una larga lista de reptiles, a destacar los varanos de Bengala, los lagartos voladores, las cobras marinas de bandas, las serpientes de agua de cara de perro, las víboras del manglar y las víboras malayas. Atención a los varanos de agua *(Varanus salvator)*, que parecen cocodrilos cuando nadan en los manglares y pueden alcanzar los 2,2 m de longitud.

Entre los anfibios de la zona de la Ao Phang-Nga hay ranas verdes comunes, arborícolas y cangrejeras, y en cuanto a aves residentes de interés, cálaos de yelmo (la mayor de las 12 especies de cálaos de Tailandia, con un cuerpo que alcanza los 127 cm de longitud), salanganas nidoblanco *(Aerodramus fuciphagus)*, águilas pescadoras, pigargos orientales y garcetas de arrecife.

Ko Phing Kan (isla de James Bond) ISLA
Es el mayor reclamo del parque. Los tailandeses la conocen como **Ko Phing Kan** (que significa "Isla que se Apoya Sobre Sí Misma"). En su día escenario de la película *El hombre de la pistola de oro,* la isla ahora se llena de vendedores ambulantes que, desafortunadamente, pregonan corales y conchas.

Cómo llegar y desplazarse

Con vehículo propio, hay que seguir 6 km desde el centro de Phang-Nga por la carretera 4, torcer a la izquierda por la 4144 (la que va Tha Dan) y recorrer los 2,6 km hasta la oficina central del parque. Sin transporte propio, habrá que tomar una *sŏrng·tăa·ou* hasta Tha Dan (30 THB).

La oficina del parque alquila barcos (hasta 4 pasajeros 1500 THB) para circuitos de tres horas por las islas circundantes.

Ko Yao

เกาะยาว

Con montañas, un litoral intacto, muchas aves y una población musulmana de amables pescadores, **Ko Yao Yai** y **Ko Yao Noi** son lugares privilegiados para impregnarse de la belleza de la Ao Phang-Nga. Las islas forman parte del Parque Nacional de la Ao Phang-Nga (p. 619), pero se accede mejor a ellas desde Phuket.

Se ruega encarecidamente que se respeten las creencias de la población local musulmana y se vista con decoro fuera de las playas.

Puntos de interés y actividades

Pese a su papel de relativa don nadie de las islas Ko Yao, Ko Yao Noi es la más poblada. Sus habitantes viven de la pesca, el cultivo de cocos y el turismo durante todo el año. Con bajamar las bahías de la costa este se convierten en planicies lodosas, pero aún así las playas son espléndidas.

Ko Yao Yai está mucho menos urbanizada y es un destino más remoto y agreste. Los aldeanos aún se sorprenden gratamente de ver a los turistas en bicicleta o motocicleta.

Ciclismo

Se puede llevar la bicicleta de montaña o alquilar una (200 THB/día en casi todas las pensiones) si se quieren explorar los numerosos senderos, o sumarse a un circuito de **Amazing Bike Tours** (☎08 7263 2031; www.amazingbiketoursthailand.com; circuito de 1 día 2900 THB) desde Phuket. El calor es insoportable, pero se puede remediar un poco alquilando una bicicleta eléctrica respetuosa con el medio ambiente (220 THB/día) en **Eco Island Vehicles** (☎08 6476 1143; Ko Yao Noi), cuyo personal recoge al cliente en su hotel de Ko Yao Noi; también alquilan bicicletas de montaña (200 THB).

Submarinismo y buceo con tubo

Resulta más fácil organizar una salida de medio día por tres islas (1700 THB, 6 participantes máx.) de la Ao Phang-Nga con cualquier pensión o con los propietarios de los barcos de popa larga en las playas. **Koh Yao Diver** (☎08789 575 517; http://kohyaodiver.com) organiza salidas de submarinismo desde las dos islas.

Escalada en roca

Mountain Shop Adventures (☎08 9971 0380, 08 4841 1540; www.themountainshop.org; Tha Khao) ofrece excursiones de escalada en roca de un día por Ko Yao Noi desde 2500 THB, además de salidas de pesca, buceo con tubo y kayak. Hay más de ciento cincuenta rutas de escalada (de nivel principiante a avanzado) en Ko Yao Noi, en su mayoría trazadas por Mark, el propietario, algunas de ellas en remotas paredes calizas accesibles solo en barco.

Dónde dormir y comer

Six Senses Hideaway HOTEL $$$
(☎0 7641 8500; www.sixsenses.com/hideaway-yaonoi; Ko Yao Noi; h 32 000-400 000 THB; ❄@≋) Estas 56 casitas con piscina en una ladera (y un estupendo *spa*) se han construido para parecer una antigua aldea de *chow lair*. En resumen, las vistas de las lejanas formaciones calizas dejan boquiabierto, su cocina tailandesa es pecaminosa y el compromiso del lugar con la sostenibilidad no tiene comparación con el de la mayoría de las cadenas globales de cinco estrellas.

Elixir HOTEL $$$
(☎08 7808 3838; www.elixirresort.com; Ko Yao Yai; bungalós 8000-25 500 THB; ❄@≋) De los dos complejos de cuatro estrellas de Yao Yai, este es el mejor, con exquisitas casitas típicas tailandesas a pie de playa o en la ladera, todas con suelos de madera oscura, techos altos, duchas (a cubierto y al fresco) y lavamanos de cerámica. Está en una playa privada donde también hay una piscina comunitaria, un centro de submarinismo, pagodas de masajes y espectaculares puestas de sol sobre Phuket.

Koyao Island Resort HOTEL $$$

(☎0 1606 1517; www.koyao.com; Ko Yao Noi; chalés 7000-13 200 THB; ❄@≋) Sus bungalós de techumbre de paja y planta abierta brindan unas vistas serenas de una playa de arena blanca con un jardín a la sombra de las palmeras y una piscina de horizonte infinito de por medio. Resulta encantador el aire elegante casi de safari que desprenden las casitas con sus patios con ventilador y baños en parte exteriores.

Thiwson Beach Resort PENSIÓN $$

(☎08 1737 4420; www.thiwsonbeach.com; Ko Yao Yai; bungalós 800-3000 THB; ❄👪) Los bungalós más limpios y entrañables de Ko Yao Yai. Hay bungalós de madera con suelos pulidos, baños exteriores y amplios patios con acceso a la mejor playa de la isla. Los bungalós a pie de playa son los más grandes, pero las estancias con ventilador ofrecen una gran relación calidad-precio.

Lom Lea PENSIÓN $$

(☎0 7659 7486; www.lomlae.com; Ko Yao Noi; bungalós 2000-5500 THB; 👪) Elegantes bungalós naturalistas de madera frente a una playa impresionante y apartada con vistas a las susodichas islas kársticas de Phang-Nga. Incluye un centro de submarinismo, un buen restaurante y muchas actividades a elegir.

Paradise Hotel HOTEL $$$

(☎08 1892 4878; www.theparadise.biz; Ko Yao Noi; h desde 7500 THB; ≋) Este viejo hotel queda apartado en una preciosa y remota cala privada hacia el norte, accesible en barco de popa larga o por una sinuosa y accidentada pista de tierra.

Sabai Corner Bungalows PENSIÓN $

(☎0 7659 7497; www.sabaicornerbungalows.com; Ko Yao Noi; bungalós 500-2000 THB) Encajonados en un cabo rocoso, estos bungalós de madera y bambú exhalan carisma y brindan unas vistas sublimes.

ℹ Información

En **Ta Khai**, el mayor asentamiento de Ko Yao Noi, hay un 7-Eleven con un cajero automático y otro cajero al doblar la esquina, en el Government Savings Bank.

En Ko Yai Yai, el único cajero queda apartado, cerca del muelle del Klong Hia; se recomienda llevar bastante dinero en efectivo.

ℹ Cómo llegar y salir

Desde Phuket

Para ir a Ko Yao Noi, cada hora hay barcos de popa larga (150 THB, 20 min) y a diario tres lanchas motoras (200 THB, 20 min) que salen del Tha Bano Rong, al norte de la ciudad de Phuket entre 7.30 y 17.40.

Para Ko Yao Yai, hay que tomar una motora o un *ferry* desde el Tha Rasada, cerca de la ciudad de Phuket. Los *ferries* zarpan a las 8.30, 10.30 y 14.00 (1 h, 100 THB) y las lanchas (30 min, 150 THB), a las 16.00 y 17.00. Los viernes, los horarios se cuadran con las horas de la oración.

Desde Krabi

Cuatro barcos "exprés" (450 THB, 1½ h) y dos lanchas motoras (600 THB, 45 min) salen a diario del muelle de Tha Len en Krabi hasta los muelles de Ko Yao Noi de Tha Manok y Tha Khao.

Desde Phang-Nga

Desde el Tha Sapan Yao, en Phang-Nga, hay un *ferry* a las 7.30 a Ko Yao Noi, que sigue hasta Ko Yao Yai (200 THB, 2 h), lo cual podría suponer un económico crucero por la Ao Phang-Nga. De vuelta zarpa de Ko Yao Noi a las 13.00.

ℹ Cómo desplazarse

Para ir de Ko Yao Noi a Ko Yao Yai, hay servicios de enlace desde el Tha Manok (100-150 THB, 15 min) hasta el Tha Klong Hia. En las islas, hay *túk-túks* (motorizados) que cobran 150 THB por trayecto; también se alquilan motocicletas en cualquier pensión por unos 250 THB al día. Ir a los complejos turísticos en *túk-túk* cuesta unos 70-100 THB.

ISLA DE PHUKET ภูเก็ต

83 800 HAB.

La sempiterna reina de los destinos de playa de Tailandia, la provincia de Phuket, en esencia una isla gigantesca, es el trampolín para zambullirse en el trópico por antonomasia del Andamán.

La incomprendida Phuket no es una isla al uso, pues es tan enorme (la mayor del país) que no se tiene la sensación de estar rodeado por el mar, lo cual quizá explique la ausencia de la palabra "Ko" ("isla") de su nombre. Los ejecutivos de *marketing* la apodaron la "perla del Andamán" porque representa el primer destino hecho a medida para la fiesta bajo el sol.

Patong, la "ciudad del pecado" de la isla, es su localidad más grande y su playa más concurrida. Es un circo donde los barrigudos amantes de la playa curan sus resacas a pleno sol y las *go-gós* juegan al *ping-pong*... sin paletas. Pero, en última instancia, la afinidad de la isla con el lujo eclipsa, y mucho, estos y otros estereotipos. La *jet set* acude en tropel para asistir a las refinadas sesiones de *spa* a base de mamporros y dar buena cuenta de los cócteles vespertinos en los muchos locales nocturnos vanguardistas. Pero tampoco hace falta ser una rica heredera para disfrutar de la moderna oferta de Phuket. En la isla hay de todo: submarinismo en alta mar, gastronomía de primera, tentadoras playas blancas que invitan a la lectura, etc., etc.

Actividades

Submarinismo y buceo con tubo

La céntrica ubicación de la isla es envidiable para sumergirse en el mar. Las famosas islas Similan quedan al norte, pero hay muchos otros enclaves alrededor de Ko Phi-Phi (p. 662) y Ko Lanta (p. 671), al sur. Obviamente las excursiones desde Phuket son más caras porque se necesita más combustible. La mayoría de operadores lleva a los submarinistas a lugares decentes alrededor de la isla, entre ellos a Ko Raya Noi y Ko Raya Yai (o Ko Racha Noi y Ko Racha Yai), al sur, aunque tampoco son nada del otro mundo. A los submarinistas les gustará el arrecife de delante de la punta sur de Raya Noi: un lugar profundo donde los corales blandos se agarran a las rocas por las que merodean los peces pelágicos. También se suelen ver mantas, rayas látigo manchadas y, con mucha más suerte, algún tiburón ballena.

Hay muchos operadores de "submarinismo" por la zona (más de 100 en el último recuento, si bien muchos son solo agencia de reservas). Los más serios tienen barcos propios (hay que preguntar si eso importa realmente).

La típica salida de un día por las inmediaciones cuesta unos 3500 THB, con dos inmersiones y equipo incluido. Por mucho menos pueden participar los no submarinistas (y los buceadores con tubo). Los cursos de certificado PADI en mar abierto cuestan unos 15 000 THB por tres días de instrucción y equipo.

Para buceo de superficie se recomienda la costa oeste de Phuket, sobre todo los cabos rocosos entre las playas. Se alquilan gafas, tubo y aletas por unos 250 THB al día. Para inmersiones con bombona y buceo con tubo son mejores las islitas periféricas tales como Ko Raya Yai y Ko Raya Noi, con mayor visibilidad y más variedad de fauna marina.

La mejor época para la inmersión es de diciembre a mayo, cuando el tiempo es bueno y el mar está calmado y transparente.

Entre los centros de submarinismo y buceo con tubo más recomendables se cuentan **Sun Fun Divers,** en Patong (p. 639) y Kata (véase plano p. 636), **Oi's Longtail** (p. 648), en la Hat Nai Yang, y **Dive Asia** (p. 634), en la Hat Karon.

Otro operador destacable es **Offspray Leisure** (☎08 1894 1274; www.offsprayleisure.com; 43/87 Chalong Plaza, Chalong; salidas desde 2950 THB), especializado en salidas poco numerosas a los arrecifes que rodean Ko Phi-Phi.

Kayak marino

Varias empresas ofrecen circuitos a remo por la panorámica Ao Phang-Nga (véase p. 618). Los kayaks pueden entrar a cuevas semisumergidas inaccesibles para los barcos de popa larga. Una salida de un día cuesta 3950 THB por persona, con equipo, comidas y traslado; también las hay de tres/seis días en kayak y *camping* con todo incluido (desde 13 700/27 100 THB).

Una empresa reputada y ecológica es **John Gray's Seacanoe** (p. 629). Otra popular compañía enfocada a grupos pequeños es **Paddle Asia** (☎0 7621 6145; www.paddleasia.com; 9/71 Moo 3, Th Rasdanusorn, Ban Kuku), que ofrece excursiones de uno y varios días por la Ao Phang-Nga y al Parque Nacional de Khao Sok en kayaks clásicos en lugar de autovaciables (*sit-on-tops*).

Surf

Phuket es un destino secreto de surf. Cuando los monzones traen las olas hacia mitad del año, los mares espejados se convierten en centrifugadoras. Eso pasa entre junio y septiembre, cita para las competiciones de Kata y Kalim. En Kata, en el extremo sur de la bahía, las olas alcanzan 2 m de altura en el mejor de los casos; aquí hay dos operadores de surf, véase p. 635. En la Hat Nai Han pueden ser mayores (hasta 3 m) cerca del club náutico. Pero hay que ir con cuidado en ambos lugares por las corrientes traicioneras.

La Hat Kalim, al norte de Patong, queda protegida y tiene un oleaje consistente que puede llegar a los 3 m. Esta ola de tubo está considerada como el mejor rompiente de la isla. El **Phuket Boardriders Club** (www.phuketboardriders.com) patrocina en ella un

Ko Phuket

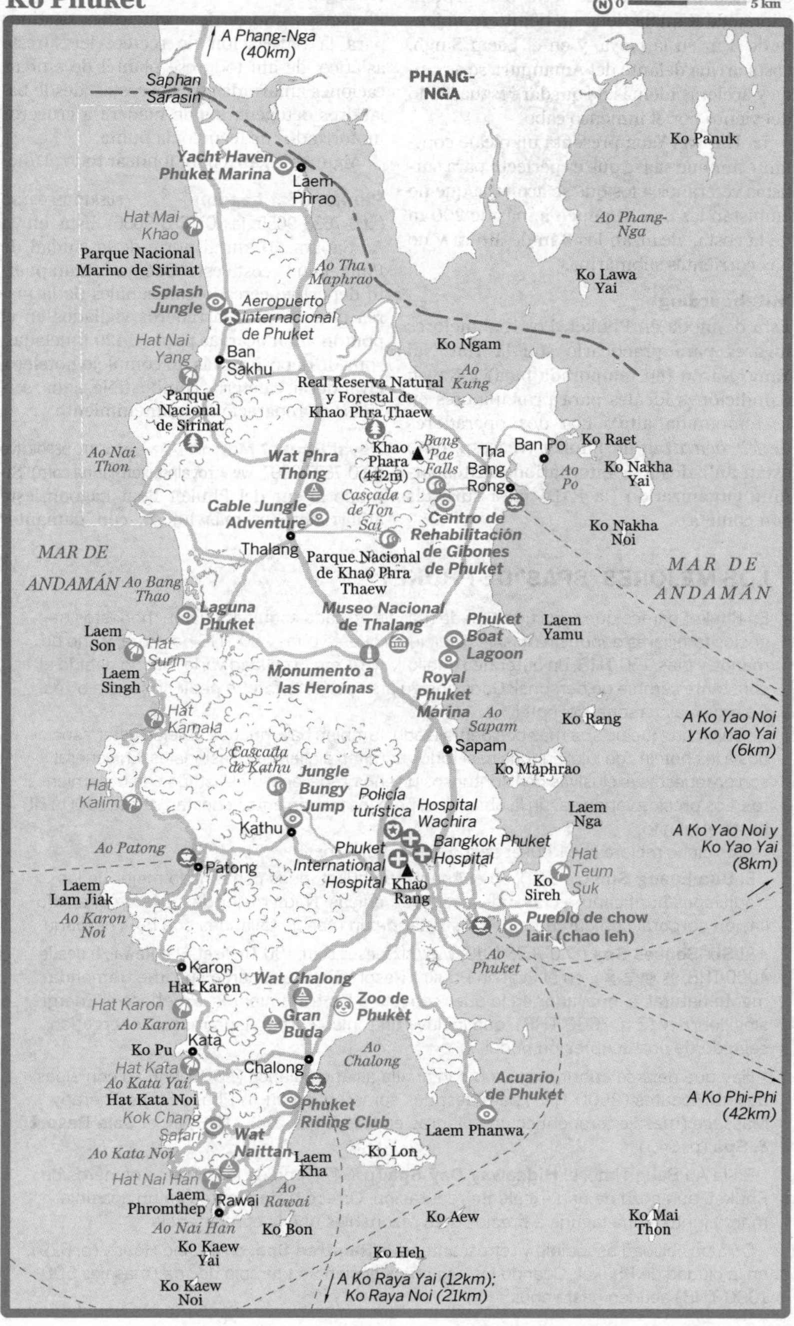
0 — 5 km
A Phang-Nga (40km)
Saphan Sarasin
PHANG-NGA
Ko Panuk
Yacht Haven Phuket Marina
Laem Phrao
Ao Phang-Nga
Hat Mai Khao
Parque Nacional Marino de Sirinat
Ao Tha Maphrao
Ko Lawa Yai
Splash Jungle
Aeropuerto internacional de Phuket
Hat Nai Yang
Ban Sakhu
Ko Ngam
Ao Kung
Real Reserva Natural y Forestal de Khao Phra Thaew
Parque Nacional de Sirinat
Ao Nai Thon
Wat Phra Thong
Khao Phara (442m)
Bang Pae Falls
Tha Bang Rong
Ban Po
Ko Raet
Ko Nakha Yai
Ao Po
Cable Jungle Adventure
Cascada de Ton Sai
Centro de Rehabilitación de Gibones de Phuket
Ko Nakha Noi
Thalang
Parque Nacional de Khao Phra Thaew
MAR DE ANDAMÁN
Ao Bang Thao
MAR DE ANDAMÁN
Laguna Phuket
Museo Nacional de Thalang
Phuket Boat Lagoon
Laem Yamu
Laem Son
Hat Surin
Laem Singh
Monumento a las Heroínas
Royal Phuket Marina
Hat Kamala
Ao Sapam
Ko Rang
A Ko Yao Noi y Ko Yao Yai (6km)
Sapam
Cascada de Kathu
Ko Maphrao
Hat Kalim
Jungle Bungy Jump
Policía turística
Hospital Wachira
Laem Nga
A Ko Yao Noi y Ko Yao Yai (8km)
Kathu
Bangkok Phuket Hospital
Ao Patong
Phuket International Hospital
Patong
Hat Teum Suk
Laem Lam Jiak
Khao Rang
Ko Sireh
Ao Karon Noi
Pueblo de chow lair (chao leh)
Ao Phuket
Karon
Hat Karon
Wat Chalong
Hat Karon
Zoo de Phuket
Ao Karon
Gran Buda
Kata
Ko Pu
Ao Chalong
Hat Kata
Chalong
Acuario de Phuket
Ao Kata Yai
A Ko Phi-Phi (42km)
Hat Kata Noi
Phuket Riding Club
Kok Chang Safari
Laem Phanwa
Ao Kata Noi
Wat Naittan
Laem Kha
Ko Lon
Hat Nai Han
Laem Phromthep
Rawai
Ao Rawai
Ao Nai Han
Ko Bon
Ko Aew
Ko Mai Thon
Ko Kaew Yai
Ko Heh
Ko Kaew Noi
A Ko Raya Yai (12km); Ko Raya Noi (21km)

concurso en agosto. La playa más septentrional de Kamala tiene un bonito rompiente de 3 m en la playa, y en el Laem Singh, costa arriba delante del Amanpuri, se agranda y acelera, además de quedar resguardado del viento por el inmenso cabo.

La Hat Nai Yang presenta un oleaje constante aunque suave que es perfecto para surfistas veteranos a los que se aconseja que no embistan las olas. Rompen a más de 200 m de la costa, alcanzan los 3 m de altura y no hay corrientes submarinas.

'Kiteboarding'

Esta de moda en Phuket. Los tres mejores lugares para practicarlo son la Hat Nai Yang, Karon (en temporada baja) y Rawai (condiciones ideales para principiantes en la temporada alta). Los dos operadores de *kiteboarding* de Phuket (véase p. 648) están afiliados a la International Kiteboarding Organization (la PADI para surfistas con cometa).

Navegación

Phuket es uno de los principales destinos para la navegación de recreo del sureste asiático, de ahí todo ese plantel de embarcaciones amarradas en sus costas, desde balandros octogenarios de madera a cruceros motorizados de tecnología punta.

Algunos lugares para fondear todo el año:

Phuket Boat Lagoon PUERTO DEPORTIVO

(☎0 7623 9055; fax 0 7623 9056) Está en la Ao Sapam, 10 km al norte de la ciudad de Phuket en la costa este. Cuenta con un puerto deportivo cercado con canales de la marea de acceso, amarraderos vigilados en el pontón, montacargas para 60-120 toneladas, zona de depósito, más un complejo hotelero, lavandería, cafetería, combustible, agua, servicios de reparación y mantenimiento.

Royal Phuket Marina PUERTO DEPORTIVO

(☎0 7637 9397; www.royalphuketmarina.com) Situado al sur del Phuket Boat Lagoon, este amarradero es más lujoso, con flamantes

LOS MEJORES 'SPAS' DE PHUKET

En Phuket parece que haya un salón de masaje en cada esquina. Existen modestos negocios familiares donde un masaje tradicional cuesta unos 250 THB por hora, y uno de manos y pies, 150 THB, un auténtico chollo, vaya. Pero la calidad varía mucho debido al constante cambio de personal. Conviene guiarse por el "olfato" o pedir consejo a otros viajeros o al personal del hotel.

Quien busque un *spa* más occidentalizado, también hay muchos. Suelen estar asociados a los hoteles de lujo, aunque casi todos admiten a clientes ocasionales. En general son propuestas exclusivas con suntuosos diseños zen y enormes listados de tratamientos. Los precios varían según la ubicación, pero los tratamientos cuestan desde 1000 THB hasta el infinito.

Los cinco mejores de Phuket según este autor son:

» El **Bua Luang Spa** (p. 649), en el Anantara Phuket, pues combina lo mejor de las tradiciones purificadoras tailandesas y ayurvédicas. Nada mejor después de una exfoliación corporal con cúrcuma que disfrutar de un masaje tailandés con bola herbaria.

» El **Six Senses Spa** (☎0 7638 1010; www.sixsenses.com; 100 Th Viset, Hat Rawai; h desde 4000 THB; ❄@📶≋), en el Evason Phuket Resort, tiene un marco sublime tremendamente natural, e innovador en lo que respecta a los tratamientos. Pruébese el Energising Journey (3 h, 7600 THB), que incluye un tónico corporal, un masaje energético, seguido de una acupresión podal.

» Hay que dejarse cubrir el cuerpo con arcilla asiática blanca (2000 THB) o con algas desintoxicantes (2500 THB) para después someterse a un Tri Phase Stone Therapy Massage (masaje terapéutico con piedras en tres fases, 2900 THB) en el **Sala Resort & Spa** (p. 649).

» En la Ao Bang Thao, el **Hideaway Day Spa** (p. 647), uno de los centros pioneros de Phuket, aún goza de una excelente reputación. Ofrece tratamientos en un apacible marco junto a una laguna a precios más razonables que la competencia.

» Otra posibilidad asequible y refrescante es el **Raintree Spa,** en la Sino House (p. 629), en la ciudad de Phuket. Cuando los lugareños ansían una terapia de *spa* (masajes 500-1000 THB) acuden hasta aquí.

fincas pareadas, restaurantes de categoría y un centro de convenciones con vistas a 190 atraques.

Yacht Haven Phuket Marina PUERTO DEPORTIVO
(☎0 7620 6704; www.yacht-haven-phuket.com) Está en el Laem Phrao, en la punta noreste de Phuket, y dispone de 130 atraques de acceso profundo y de un restaurante panorámico. También tiene servicio de mantenimiento.

Las formalidades portuarias son bastante complicadas. Los puertos se hacen cargo de todo el papeleo (por un precio, claro) si se avisa de la llegada con tiempo. Fletar un barco sin tripulación en temporada alta cuesta desde 17 000 THB por día.

Para más información sobre alquileres (con y sin tripulación), se puede contactar con:

Asia Marine (www.asia-marine.net; Yacht Haven Phuket Marina)

Tawan Cruises (☎08 8194 3234; www.tawancruises.com)

Para navegar más barato, la empresa **Phuket Sail Tours** (☎08 7897 0492; www.phuketsailtours.com; Ao Por) organiza las salidas de un día por la Ao Phang-Nga (3000 THB, todo incl.) más recomendables.

Paseos a caballo

Se puede pasear a caballo en Rawai (p. 633).

Cursos

Los populares cursos de cocina tailandesa se imparten en Kata (p.635), ciudad de Phuket (p. 629), Ko Sireh (p. 633) y Patong (p. 639).

Circuitos

Se pueden realizar salidas por el interior de la isla en todoterreno o en elefante, aunque estas no gustarán mucho ni a los ecologistas ni a los defensores de los animales. **Amazing Bike Tours** (☎0 7628 3436; www.amazingbiketoursthailand.asia; 32/4 Moo 9, Th Chaofa, Chalong; circuitos de 1 día desde 1600 THB), la nueva empresa –y la mejor– de excursiones de aventura de Phuket, organiza circuitos de medio día en bicicleta para grupos reducidos por la Real Reserva Natural y Forestal de Khao Phra Thaew y otras inolvidables de un día por Ko Yao Noi y las fantásticas playas y cascadas de Thai Muang, en la vecina provincia de Phang-Nga.

Phuket para niños

Los niños estarán muy entretenidos en Phuket. Aunque Patong representa la cara más sórdida de la industria del sexo, el resto de la isla es apto para todos los públicos.

Los paseos en elefante nunca decepcionan, con las mejores opciones en la carretera de Kata a la Hat Nai Han. El **acuario de Phuket** (p. 633) y una visita al diminuto **Centro de Rehabilitación de Gibones de Phuket** (p. 650) son maravillosas actividades relacionadas con los animales.

El mayor reclamo familiar de Phuket es **Phuket Fantasea** (p. 644), un caro alarde de animales, disfraces, canciones, efectos especiales y pirotecnia, pero con una comida pésima.

En Karon, el **Dino Park** (p. 637) es un parque con un laberinto de cuevas, lagunas y estatuas donde se puede jugar al minigolf.

El mayor parque acuático de Tailandia es el **Splash Jungle** (plano p. 623; ☎0 7637 2111; www.splashjunglewaterpark.com; Mai Khao; adultos/niños 5-12 años/menores de 5 años 1500/750 THB/gratis), que tiene una piscina con olas, otra de recreo con cubos pivotantes y cañones de agua, 12 toboganes para todas las edades, una sauna y un bar para mamá y papá; el precio incluye los traslados desde el complejo turístico del viajero.

Voluntariado

La **Soi Dog Foundation** (☎08 7050 8688; www.soidog.org) es una organizadísima entidad cuyo objetivo es esterilizar a los perros callejeros, proporcionarles atención médica y alimentarlos. Se necesitan voluntarios para dar de comer a los perros, pero también se agradecen mucho las donaciones económicas. Para más información, consúltese su página web.

Información

Peligros y advertencias

Durante el monzón (may-oct), las grandes olas y las fuertes resacas ponen en jaque a los bañistas. Cada año muere gente ahogada en las playas de Phuket, sobre todo en el Laem Singh, Kamala y Karon. Para advertir del peligro se izan banderas rojas.

En el agua hay que vigilar las motos acuáticas. Aunque en 1997 el gobernador de Phuket las declaró ilegales, el cumplimiento de la prohibición ya es otra historia.

Si se alquila una motocicleta, el viajero también se la juega. Cada año miles de personas mueren o resultan heridas en las carreteras de

EXPLOSIÓN DEL 'MUAY THAI' EN PHUKET *ADAM SKOLNICK*

En los últimos años ha aumentado la popularidad de las artes marciales mixtas a nivel mundial, de ahí la proliferación de gimnasios masculinos y femeninos internacionales de *muay thai* (boxeo tailandés) junto a la playa de Phuket. Como en los primeros campamentos de *muay thai*, los luchadores residen y entrenan in situ con experimentados profesionales.

Todo empezó con Pricha 'Tuk' Chokkuea y su gimnasio, el **Rawai Muay Thai** (☎08 1476 9377; www.rawaimuaythai.com; 43/42 Moo 7, Th Sai Yuan). Junto a su socio Danny Avison, un triatleta afincado en Phuket, decidió autofinanciarse con los turistas extranjeros para luego poder entrenar a prometedores luchadores tailandeses que carecían de recursos, y que así no tendrían que recurrir a sus ahorros (el tradicional modelo de negocio de *muay thai*, y algo que a Tuk siempre le había molestado). Durante años fue el único gimnasio que hacía esto, pero ahora, solo en Rawai, hay más de media docena.

El mejor gimnasio de los nuevos es el **Promthep Muay Thai Camp** (☎08 5786 2414; www.promthepmuaythai.com; 91 Moo 6, Soi Yanui) de Avison, quien, además de preparar a boxeadores, ofrece un increíble programa multideportivo para perder peso. Si se entra en algún *ring*, ojo porque no es ninguna atracción de feria suavizada para occidentales, y mucho menos apta para débiles. Hay que estar listo para sudar, encogerse, luchar y sangrar. Si el viajero se lo toma en serio, quizá hasta podría combatir bajo las luces del estadio Bang-la.

Phuket. Nunca hay que alquilar una si no se sabe conducir, y siempre hay que ponerse el casco.

Últimamente se han producido asaltos con arma blanca en la carretera Patong-Hat Karon y en la de Kata a la zona de Rawai-Hat Nai Han. También se han notificado algunas agresiones sexuales a mujeres. Estas deberían pensarse dos veces lo de tomar el sol en *topless* (un no en mayúsculas en Tailandia) y solas, sobre todo en una playa solitaria, y además puede ser arriesgado hacer *footing* en solitario por la noche o a primera hora de la mañana.

Asistencia médica

Los hospitales de la zona están equipados con instalaciones modernas, salas de urgencias y ambulatorio. Los dos siguientes, que quedan cerca de la ciudad de Phuket, tienen además cámara hiperbárica:

Bangkok Phuket Hospital (plano p. 623; ☎0 7625 4425; www.phukethospital.com; Th Yongyok Uthit) El mejor según los lugareños.

Phuket International Hospital (plano p. 623; ☎0 7624 9400; www.phuketinternationalhospital.com; Th Chalermprakiat) El mejor según los médicos internacionales.

Información turística

El semanario *Phuket Gazette*, en inglés, informa sobre actividades, eventos, gastronomía y ocio por la isla, pero también sobre los escándalos más recientes. Se puede leer por internet en www.phuketgazette.net.

Webs

Jamie's Phuket (www.jamie-monk.com) Divertido *blog* de información privilegiada escrito por un veterano residente extranjero, con excelentes fotografías y consejos de viajes.

One Stop Phuket (www.1stopphuket.com) Práctica guía de viajes y servicio especializado en reservas por internet.

Phuket Dot Com (www.phuket.com) Sofisticado y variado compendio de información, preferentemente sobre alojamientos.

ℹ Cómo llegar y salir

Avión

El **aeropuerto internacional de Phuket** (☎0 7632 7230) está 30 km al noroeste de la ciudad de Phuket y a entre 45 minutos y una hora de las playas del sur.

Algunas compañías aéreas que operan en la región son:

Air Asia (www.airasia.com) Además de los vuelos diarios a Bangkok (unos 1480 THB), también vuela directamente a Hong Kong (5000 THB), Chiang Mai (1600 THB), Singapur (1400 THB), Bali (2730 THB) y otros destinos.

Bangkok Airways (fuera de plano p. 628; ☎0 7622 5033; www.bangkokair.com; 58/2-3 Th Yaowarat) Tiene vuelos diarios a Ko Samui (2380 THB) y Bangkok (1725 THB), entre otros.

Nok Air (www.nokair.com) Comunica Phuket con Bangkok.

THAI (plano p. 628; ☎0 7621 1195; www.thaiairways.com; 78/1 Th Ranong, ciudad de Phuket) Siete vuelos diarios a Bangkok (desde 3000 THB aprox.), con conexiones a/desde varias ciudades de Tailandia y otros destinos internacionales.

Hay otras compañías aéreas internacionales que llegan a Phuket y tienen oficina en la isla, a destacar:

Dragonair (plano p. 628; ☎0 7621 5734; Th Phang-Nga, ciudad de Phuket)

Korean Airlines (☎0 7621 6675; 1/8-9 Th Thungkha, ciudad de Phuket)

Malaysia Airlines (fuera de plano p. 628; ☎0 7621 6675; 1/8-9 Th Thungkha, ciudad de Phuket)

Silk Air (plano p. 628; ☎0 7621 3891; www.silkair.com; 183/103 Th Phang-Nga, ciudad de Phuket)

'Ferry' y lancha motora

El Tha Rasada, al norte de la ciudad de Phuket, es el puerto principal para embarcarse a Ko Phi-Phi (para más información, véase p. 668), también con conexiones a Krabi, Ko Lanta, las islas de Trang, Ko Lipe e incluso a la lejana isla Langkawi, en Malasia (donde hay más conexiones de *ferry* a Penang).

Para un servicio más rápido a Krabi y Ao Nang vía las islas de Ko Yao, las embarcaciones zarpan del Tha Bang Bong, al norte del Tha Rasada. Para más información, véase p. 668.

Furgoneta

Las agencias de viajes de toda la isla venden billetes (que incluyen los pasajes del *ferry*) para furgonetas con aire acondicionado a Ko Samui y Ko Pha-Ngan. También hay servicios con aire acondicionado a Krabi, Ranong, Trang, Surat Thani y otros destinos. Son un pelín más caras que los autobuses, los cuales paran todos en la ciudad de Phuket (véase p. 632).

Cómo desplazarse

En Phuket el transporte local es nefasto. Con semejante panorama, el viajero se verá obligado a quedarse en la playa escogida, alquilar un automóvil o motocicleta (que puede ser peligroso) o tomar un prohibitivo "taxi" privado o *túk-túk*. Desde la ciudad de Phuket hay *sŏrng·tăa·ous* a las playas, pero muchas veces hay que atravesar la ciudad para ir de una playa a otra (p. ej., de la Hat Surin a la Hat Patong), lo que puede llevar horas.

Para más información sobre taxis y *sŏrng·tăa·ous*, véase la sección "Cómo desplazarse" de cada destino.

Ciudad de Phuket

เมืองภูเก็ต

94 325 HAB.

Mucho antes de la llegada de las camisetas y las chanclas, Phuket era una isla de árboles gomeros, minas de plomo y codiciosos mercaderes. La ciudad atrajo a emprendedores venidos de lugares tan remotos como la península Arábiga, China, la India y Portugal, convirtiéndose en un multicolor cruce de culturas, ensambladas provisionalmente por el compromiso y la cooperación. Hoy en día la ciudad exhibe el alma histórica de la isla. Basta con pasear por sus calles para darse cuenta de la gran cantidad de edificios chino-portugueses que albergan cafés artísticos, galerías, restaurantes económicos y pequeñas pensiones de moda; y si se curiosea por las callejuelas se encontrarán santuarios chino-taoístas envueltos en humo de incienso.

Pero la ciudad no es solo un archivo cultural perdido en el tiempo. Por toda la ciudad antigua se respira una escena de arte relevante, música y comida que atrae a una clientela foránea y tailandesa muy a la última, y los inversores por fin han caído en la cultura de que no solo las playas estrechas y los bares con chicas de compañía son mercancía, y han comenzado a comprar y restaurar viejas tiendas-vivienda y casas abandonadas, y de paso a aburguesar el barrio.

Para los que vayan más justos de dinero, esta ciudad tiene los mejores chollos de alojamiento de la isla, y hay *sŏrng·tăa·ous* para ir a cualquier playa de Phuket (30 min-1½ h). Para más información, véase p. 632.

Puntos de interés

Arquitectura chino-portuguesa EDIFICIOS HISTÓRICOS

Se puede pasear y echar un vistazo a los mejores edificios por las calles Thalang, Dibuk, Yaowarat, Ranong, Phang-Nga, Rasada y Krabi. Soi Romanee, una bocacalle de Th Thalang, es la más evocadora de la ciudad.

TAXIS CON TAXÍMETRO

Para escapar de la "mafia de taxistas" de Phuket (una organización de taxis de alquiler que suele ser el único medio de transporte en las playas) hay que conseguir el teléfono de uno con taxímetro y recurrir siempre a él. De entrada, lo mejor es subirse a un taxi con taxímetro al llegar al aeropuerto (uno de los pocos sitios donde los hay) y después pedir el número de teléfono al conductor. Los taxis se hallan unos 60 m a la derecha de la salida del vestíbulo de llegadas.

Ciudad de Phuket

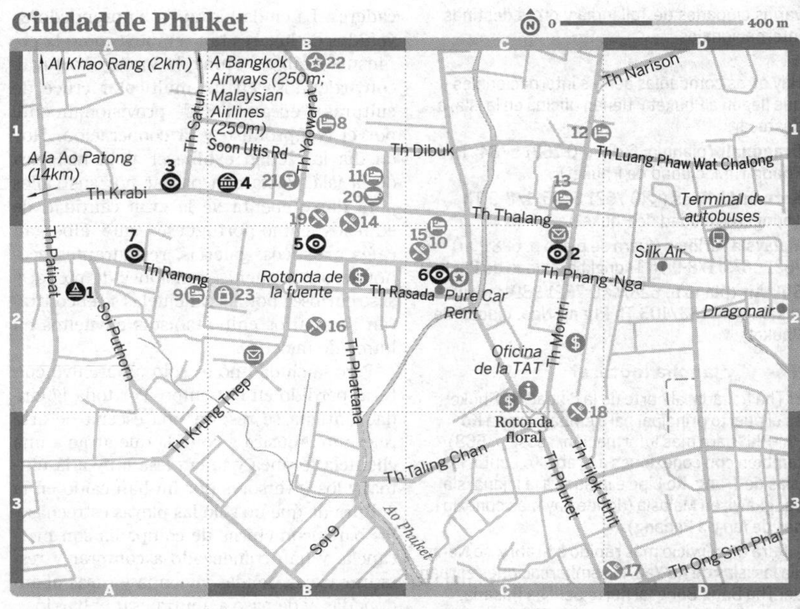

Ciudad de Phuket

Puntos de interés

1 Templo de Jui Tui A2
2 Antiguo edificio de correos C2
3 Mansión del Phra Phitak Chyn Pracha A1
Museo Filatélico de Phuket .... (véase 2)
4 Museo Thaihua de Phuket B1
5 Santuario de la Luz Serena B2
6 Standard Chartered Bank C2
7 Oficina de THAI A2
The Raintree Spa .... (véase 12)

Actividades, cursos y circuitos

Blue Elephant Restaurant & Cookery School .... (véase 3)

Dónde dormir

8 Casa 104 .... B1
9 Chinotel A2
10 D's Corner & Guesthouse C2
11 Phuket 346 .... B1
12 Sino House C1
13 Sleep Sheep Phuket Hostel C1

Dónde comer

14 China Inn B1
15 Cook C2
16 Ka Jok See B2
17 La Gaetana D3
18 Uptown Restaurant C3
19 Wilai B1

Dónde beber

20 Bo(ok)hemian B1
21 Saneha B1

Ocio

22 Timber Hut B1

De compras

23 Mercado diurno B2

Los ejemplos más extraordinarios son el **Standard Chartered Bank** (Th Phang-Nga), el banco extranjero más antiguo de Tailandia, la **oficina de THAI** (Th Ranong) y el **antiguo edificio de correos**, hoy el **Museo Filatélico de Phuket** (Th Montri; gratis; 9.30-17.30). Las fincas residenciales mejor restauradas se hallan en Th Dibuk y Th Thalang. La fabulosa **mansión del Phra Phitak Chyn Pracha** (9 Th Krabi) se ha reformado como restaurante y escuela de cocina de la prestigiosa cadena Blue Elephant.

Santuario de la Luz Serena SANTUARIO
(ศาลเจ้าแสงธรรม; Saan Jao Sang Tham; ⏲8.30-12.00 y 13.30-17.30) Hay unos cuantos templos chinos que dan color a la zona, pero este, al final de una calleja de 50 m cerca del Bangkok Bank of Commerce en Th Phang-Nga, los supera con creces: paredes con aguafuertes taoístas, el techo abovedado con manchas del humo de incienso y un altar siempre vivo con flores frescas y velas encendidas. Al parecer lo construyó una familia local a mediados de la década de 1880.

Khao Rang MIRADOR
(เขารัง; colina de Phuket; fuera de plano p. 628) Este bonito mirador, al noroeste del centro, ofrece una panorámica global de la ciudad. Entre semana está más tranquilo, pero hay que ir al tanto con los perros cascarrabias.

Museo Thaihua de Phuket MUSEO
(พิพิธภัณฑ์ภูเก็ตไทยหัว; 28 Th Krabi; entrada 200 THB; ⏲9.00-17.00) En una casa chino-portuguesa, este llamativo y nuevo museo expone fotografías y muestras sobre la historia de Phuket. La última sala está dedicada a la gastronomía local, incluido un listado con la ubicación de los puestos de comida.

Actividades y cursos

John Gray's Seacanoe KAYAK MARINO
(fuera de plano p. 628; ☎0 7625 4505-7; www.johngray-seacanoe.com; 124 Soi 1, Th Yaowarat) Fue la primera empresa de kayaks de mar y todavía es la más acreditada, también ecológicamente. Su nombre "Seacanoe" y sus itinerarios han sido muy copiados, como pasa con cualquier marca exitosa en Tailandia. Está al norte de la ciudad de Phuket.

Blue Elephant Restaurant & Cookery School ESCUELA DE COCINA
(☎0 7635 4355; www.blueelephant.com; 96 Th Krabi, Phuket Town; clase de medio día 2800 THB) La escuela de cocina más reciente de Phuket está en la magnífica y restaurada **mansión del Phra Phitak Chyn Pracha** (véase p. 627), de 1903. Se imparten desde clases cortas para grupos a cursos particulares de cinco días (78 000 THB). Las matinales incluyen una visita al mercado.

Fiestas y celebraciones

El **Festival Vegetariano** (véase p. 618) es el acontecimiento más importante de Phuket. La oficina de la TAT reparte un práctico programa del mismo.

Dónde dormir

Esta ciudad es el lugar más económico de la isla para dormir a pierna suelta, es decir, un tesoro. Las opciones de precio medio y alto aguardan en las playas.

Sino House HOTEL $$
(☎0 7623 2494; www.sinohousephuket.com; 1 Th Montri; h 2000-2500 THB; ❄@) Este impresionante hotel del casco antiguo combina el estilo Shanghai con la elegancia a lo *Mad Men*. Las habitaciones son enormes, con muebles modernos, fantásticos y artesanales lavamanos de cerámica y duchas con bañera en cuarto creciente en los baños. Hay un **Raintree Spa** (véase p. 624) en el recinto y tarifas para estancias largas (18 000 THB/mes).

Phuket 346 PENSIÓN $$
(☎08 7281 1898; www.phuket346.com; 15 Soi Romanee; h 1300 THB; ❄) En una encantadora calleja, esta romántica y antigua tienda-vivienda se ha restaurado exquisitamente para parecer una acogedora galería de arte. Las habitaciones presentan un em-

MERECE LA PENA

GRAN BUDA

Encaramado en la cima que queda al noroeste de la rotonda de Chalong y visible desde casi toda la mitad de la isla, el **Gran Buda** (พระใหญ่; plano p. 623) ofrece las mejores vistas de Phuket. Una vez en lo alto, hay que presentar los respetos en el santuario dorado y después subir al espectacular mirador desde donde se puede divisar la bahía de Kata, distinguir la resplandeciente playa de Karon y, al otro lado, contemplar el sereno puerto de Chalong, donde las islas del canal parecen guijarros.

Conviene fijarse también en los artesanos locales que dan los toques finales a su buda de 60 millones de *bahts*, revestido de alabastro birmano. La figura suma ya veinte años ininterrumpidos de trabajos, de ahí que los lugareños se refieran al proyecto del Gran Buda como la obra más importante de Phuket en el último siglo.

papelado blanco y alguna que otra pared de alegres colores y arte moderno. Abajo hay un estanque con peces y un café donde suena *jazz*.

Casa 104 PENSIÓN **$$**
(☎0 7622 1268; 104 Th Yaowarat; h desde 1000 THB; ❄📶) Esta centenaria tienda-vivienda, también maravillosamente renovada, presenta paredes color burdeos, lámpara de arañas, grandes buqués de bambú y plumas de pavo real, y una banda sonora a juego con la época. Como el bar del vestíbulo. Las habitaciones son ciegas y más sobrias, pero desprenden elegancia con suelos blancos de

FESTIVAL VEGETARIANO

Las calles se llenan de taladrantes estallidos, el aire se enturbia de humo gris parduzco y los hombres y las mujeres recorren las calles atestadas de la ciudad, con sus mejillas atravesadas por pinchos y cuchillos o, por raro que parezca, lámparas y ramas de árbol; algunos tienen la frente cubierta de sangre o latigazos en la espalda. No, no se trata de una zona de guerra, es el **Festival Vegetariano**, uno de los más importantes de la isla, concentrado en la ciudad de Phuket.

El festival se desarrolla durante los primeros nueve días del noveno mes lunar del calendario chino (normalmente fin sep-ppios oct) y celebra el comienzo de la "Cuaresma taoísta", cuando los chinos devotos se abstienen de comer carne. Pero lo más llamativo para los forasteros son las procesiones diarias de carrozas con niños y *ladyboys (gà·teu·i* o *kàthoey)*, con atuendos muy elaborados, prácticamente tropas de jóvenes blandiendo banderas y distribuidos por colores, y, lo que más llama la atención, hombres y mujeres en atroces actos de automortificación. Los tenderos de las calles céntricas de Phuket colocan altares delante de sus tiendas en los que ofrendan nueve diminutas tazas de té, incienso, fruta, petardos, velas y flores a los nueve dioses imperiales invocados por el festival.

Los médiums entran en trance para atraer a las nueve deidades a la tierra, atravesándose sus mejillas con toda suerte de objetos, a cual más sorprendente, serrándose la lengua o flagelándose con bolas metálicas de pinchos. Dichos médiums (sobre todo hombres) caminan en procesión y paran en los altares de las calles para tomar la fruta ofrendada. Además beben una de las nueve tazas de té, se colocan en la faja algunas flores o encienden ristras de petardos. Los comerciantes y sus familias permanecen de pie con las palmas de las manos juntas a modo de gesto *wâi*, por respeto a estos médiums temporalmente poseídos por los dioses. Decir que es surrealista es quedarse corto.

En la ciudad de Phuket, los actos del festival se concentran alrededor de cinco templos chinos, siendo el más importante el **templo de Jui Tui** en Th Ranong, seguido de los templos de **Bang Niew** y **Sui Boon Tong**. También se celebran otros actos en las localidades vecinas de **Kathu** (donde nació el festival) y **Ban Tha Reua**. Si se va al punto de partida de la procesión lo bastante pronto por la mañana, se verá a un equipo de profesionales ataviados con guantes de látex que perforan las mejillas de los devotos (absténganse los aprensivos). Durante el festival los templos acogen otras ceremonias, p. ej., caminar sobre fuego o subir por una escalera de cuchillos. Más allá de este sanguinolento aperitivo, los fabulosos puestos de comida vegetariana permiten degustar económicas exquisiteces locales y entablar interesantes charlas con los lugareños.

La **oficina de la TAT** (p. 632) de Phuket publica un práctico programa del festival cada año. La fiesta también se celebra en Trang, Krabi y otras localidades del sur de Tailandia.

Aunque parezca mentira, no hay constancia de actos de este tipo asociados con la Cuaresma taoísta en China. Los chinos de la zona afirman que el festival lo empezó una compañía teatral procedente de China cuando hizo una parada en Kathu hace unos ciento cincuenta años. Al parecer la compañía cayó gravemente enferma porque sus componentes no propiciaron la voluntad de los nueve dioses imperiales del taoísmo, por lo cual les dedicaron nueve días de penitencia con autoperforaciones, meditación y una dieta estrictamente vegetariana.

Para más información, visítese www.phuketvegetarian.com.

cemento, duchas efecto lluvia y remates *art nouveau* originales.

Chinotel HOTEL $$
(☎0 7621 4455; www.chinotelphuket.com; 133-135 Th Ranong; h 1380-1780 THB; ❄@📶) Habitaciones compactas comodísimas, limpias, nuevas y con estilo: ladrillo visto, un poco de bambú y una o dos paredes coloristas, más TV, nevera, baños con agua caliente y una práctica ubicación. Una joyita.

Sleep Sheep Phuket Hostel ALBERGUE $
(☎0 7621 6464; www.sleepsheepphuket.com; 243-245 Soi Dtac Shop; h 650 THB; ❄@📶) En un callejón que desemboca en Th Thalang, este albergue bastante moderno ofrece habitaciones grandes y coloristas con baños con agua caliente y un personal simpático a rabiar. Además, huele a ropa recién lavada.

D's Corner & Guesthouse PENSIÓN $
(☎08 3590 4828; 132 Th Thalang; h 380-700 THB; ❄@) Espaciosa pensión con habitaciones enormes, ventiladas y limpias junto a la calle del final de un improbable pasaje. No es que se desvivan por los huéspedes, pero la relación calidad-precio es fantástica. Mejor desayunar en el vecino café malasio de *rotis*.

Dónde comer

En la ciudad se sirve buena comida y a precios mucho mejores que en la playa.

Ka Jok See TAILANDESA, INTERNACIONAL $$$
(☎0 7621 7903; kajoksee@hotmail.com; 26 Th Takua Pa; platos 180-480 THB; ⊙cena ma-do) Con el encanto de la antigua Phuket y bajo el peso de la fabulosa colección de baratijas del propietario, este evocador restaurante ofrece una comida deliciosa, música de primera y, si hay suerte, algún número de cabaré.

La Gaetana INTERNACIONAL $$$
(☎0 7625 0523; 352 Th Phuket; platos 200-450 THB; ⊙almuerzo lu, ma y vi, cena ma-do) Con suelos de cemento negro, paredes y copas de colores, este irresistible e íntimo (solo tiene 5 mesas) restaurante cuenta con una cocina abierta en el patio y ofrece maravillosos platos italianos como *carpaccio* de pechuga u *ossobuco*.

Cook ITALIANA-TAILANDESA $
(☎0 7625 8375; 101 Th Phang-Nga; platos 60-120 THB) Su propietario, un tailandés que aprendió la cocina italiana en un gran complejo, ofrece ahora platos muy económicos que fusionan ambas culturas en su café del casco antiguo. La *pizza* al *curry* verde con pollo está sensacional, como la de cerdo al *curry* y leche de coco.

China Inn TAILANDESA DE FUSIÓN $$
(Th Thalang; platos 80-250 THB) En esta tienda-vivienda de finales del s. XIX la cocina de Phuket adquiere ritmos biológicos. Hay cangrejo al *curry* rojo y algunos platos vegetarianos, yogur casero y licuados de fruta endulzados con miel ecológica. El local incluye una galería con tallas, telas y ropa de Myanmar y Laos.

Uptown Restaurant TAILANDESA $
(Th Tilok Uthit; platos 30-60 THB; ⊙10.00-21.00) Este clásico y ventilado café de estilo chino seguramente no es bonito, pero las abundantes fotografías que lo decoran muestran a muchos famosos tailandeses que se han dejado caer por el lugar para sorber sus espectaculares fideos.

Wilai TAILANDESA $
(14 Th Thalang; platos desde 65 THB; ⊙desayuno y almuerzo) Sirve reconfortante comida de Phuket, p. ej., unos *pàt tai* con garra y unos fantásticos *mèe sua* (fideos salteados con huevo, verduras, gambas, trozos de róbalo y calamar). Para beber, zumo de crisantemo fresco.

Dónde beber y ocio

Los bares se llenan casi exclusivamente de tailandeses y residentes extranjeros hasta tarde, y son muy divertidos.

Timber Hut CLUB
(☎0 7621 1839; 118/1 Th Yaowarat; gratis; ⊙18.00-2.00) Tras casi veinte años, muchos tailandeses y residentes extranjeros todavía se reúnen en las largas mesas de madera de este local de dos pisos, rodeados de recias columnas de madera, para compartir *whisky* y *rock* duro, *funk* y *hip-hop* en directo.

Saneha BAR
(☎08 1892 1001; Th Yaowarat; ⊙18.00-hasta tarde) Un divertido garito bohemio de categoría, con lámparas de araña hechas con conchas marinas y mucho recoveco oscuro para beber, acurrucarse, picar algo y sacar esa conmovedora voz de cantante melódico que todo tailandés lleva dentro.

Bo(ok)hemian CAFÉ
(☎0 7625 2854; 61 Th Thalang; ⏰9.00-22.00; 📶) Toda ciudad debería tener un café así. El interior abierto y desnivelado es cálido y ultramoderno al mismo tiempo. Tiene wifi, libros usados a la venta, cafés y tés para sibaritas y un pecaminoso pastel de chocolate.

De compras

Hay fabulosas tiendas por todo el casco antiguo donde se venden joyas, moda femenina, telas y recuerdos. Algunas galerías de arte se esconden detrás de encantadoras fachadas chinas, sobre todo en Th Yaowarat.

Mercado diurno MERCADO
(Th Ranong) Cerca del centro urbano, este mercado se remonta a la época en la que los piratas, indios, chinos, malasios y europeos comerciaban en Phuket. Aún se ven telas del sureste asiático, aunque hoy es sobre todo de alimentación.

Información

Hay infinidad de cibercafés y cajeros automáticos por Th Phuket, Th Ranong, Th Montri y Th Phang-Nga.

Oficina principal de correos (Th Montri; ⏰8.30-16.00 lu-vi, 9.00-12.00 sa)

Policía (☎191, 0 7622 3555; Th Phang-Nga esq. Th Phuket)

Oficina de la TAT (☎0 7621 2213; www.tat.or.th; 73-75 Th Phuket; ⏰8.30-16.30) Facilita mapas, folletos, una lista de precios de *sŏrng·tăa·ous* a diferentes playas y tarifas orientativas de alquiler de vehículos.

Cómo llegar y desplazarse

A/desde el aeropuerto

Pese a lo que los promotores de taxis del aeropuerto quieren hacer creer a los viajeros, hay un **autobús oficial del aeropuerto** (www.airportbusphuket.com; entradas 85 THB), de color naranja claro, que circula entre el mismo y la ciudad de Phuket vía el monumento a las Heroínas cada hora de 6.00 a 19.00. Además hay un servicio de microbuses hasta la ciudad (150 THB por persona). Los trayectos a las playas de Patong, Kata y Karon cuestan 180 THB, si hay suficientes pasajeros. Alquilar un automóvil entre el aeropuerto y la ciudad de Phuket cuesta 500 THB y entre el aeropuerto y las playas, de 700 a 1000 THB. Los taxis con taxímetro no deberían cobrar más de 550 THB (tasa aeroportuaria incl.) a cualquier lugar de la isla.

Autobús

La **terminal** (☎7621 1977) está al este del centro urbano, a una caminata corta de los principales hoteles. Entre otros, ofrece los siguientes servicios:

DESTINO	TIPO DE AUTOBÚS	TARIFA	DURACIÓN
Bangkok	2ª clase	487 THB	15 h
	con A/A	626 THB	13-14 h
	vip	974 THB	13 h
Hat Yai	con A/A	556 THB	6-7 h
Ko Samui	con A/A	430 THB	8 h (autobús/barco)
Krabi	normal	95 THB	4 h
	con A/A	145 THB	3½ h
Phang-Nga	normal	120 THB	2½ h
Ranong	normal	209 THB	6 h
	con A/A	270 THB	5 h
Surat Thani	normal	195 THB	6 h
	con A/A	240 THB	5 h
Trang	con A/A	240 THB	5 h

Automóvil

Hay económicas agencias de alquiler de automóviles en Th Rasada, cerca de **Pure Car Rent** (☎0 7621 1002; www.purecarrent.com; 75 Th Rasada), que es una buena opción. Los todoterrenos Suzuki cuestan unos 1200 THB al día (seguro incl.), si bien en temporada baja descienden a 750 THB, menos para una semana o más.

Las compañías locales siempre ofrecen precios mejores que las multinacionales más conocidas, y aún más si se reserva con antelación.

Motocicleta

Se pueden alquilar en Th Rasada, cerca de Pure Car Rent, o en establecimientos de las playas. Cuestan entre 200 y 300 THB al día, pero pueden variar según la temporada. Las tiendas de Patong, Kata, Rawai y Karon tienen máquinas más grandes, de más de 125cc.

'Sŏrng•tăa•ou' y 'túk-túk'

Las grandes *sŏrng·tăa·ous*, del tamaño de un autobús, suelen transitar entre Th Ranong, cerca del mercado diurno, y las diferentes playas de Phuket (25-40 THB por persona); para más información, véase cada destino en particular. Circulan entre 7.00 y 17.00; fuera de este horario se tendrá que alquilar un *túk-túk* a las playas: 500 THB a Patong, 500 THB a Karon y Kata, 340-400 THB a Rawai y 600 THB a Kamala. Hay que regatear. Ojo con los embustes de que la oficina de turismo está a 5 km, que la única manera de llegar a las playas es en taxi o incluso que desde la terminal de autobuses al centro urbano (más o menos el centro urbano) hay que ir en taxi. Una carrera por la ciudad en *túk-túk* debería costar 100-200 THB.

Una carrera en mototaxi por la ciudad cuesta 30 THB.

Ko Sireh

เกาะสิเหร่

Esta islita, 4 km al este del distrito de la capital y conectada a la isla principal por un puente, es célebre por su pueblo de *chow lair* (o *chao leh*) y el buda yacente en el cimero **Wat Sireh.**

El mayor asentamiento *chow lair* de Tailandia es poco más que un conjunto de pobres chabolas de hojalata sobre pilotes, más una marisquería. Los urak lawoi, el más sedentario de los tres grupos de *chow lair*, solo viven en los archipiélagos de Mergui y Tarutao-Langkawi, y hablan un popurrí de malayo y mon-jemer.

La única carretera da la vuelta a la isla, pasando por algunas residencias, viveros de gambas, mucha plantación de caucho y algo de bosque intacto. En la costa este está la **Hat Teum Suk,** una playa pública, y la magnífica escuela de cocina **Phuket Thai Cookery School** (☎0 7625 2354; www.phuketthaicookeryschool.com; Ko Sireh; cursos por día desde 2500 THB; ⏲8.30-17.00). Esta popular escuela, sita en una tranquila parcela en primera línea de mar de la costa este de la isla, es un buen lugar para familiarizarse con las aromáticas especias tailandesas. Los cursos pueden durar hasta seis horas e incluyen el traslado al hotel, una visita al mercado y un libro de recetas.

Laem Phanwa

แหลมพันวา

Este alargado y sensacional cabo boscoso se adentra al mar al sur de Phuket y en su punta alberga el **acuario de Phuket** (plano p. 623; ☎0 7639 1126; www.phuketaquarium.org; adultos/niños 100/50 THB; ⏲8.30-16.30), lleno de peces tropicales y demás formas de vida marina, a través de un túnel.

La playas y calas del cabo son rústicas y resguardadas por salientes rocosos y manglares. La sinuosa carretera costera es mágica. El recién renovado **Cape Panwa Hotel** (☎0 7639 1123; www.capepanwa.com; 27 Moo 8, Th Sakdidej; h desde 6100 THB; ❄📶🏊👪) es un despampanante cuatro estrellas apto para las familias; está a 400 m de una resguardada playa de arena blanca.

Las **parrillas de pescado y marisco** del muelle son ideales para comer y ver pasar los barquitos de ocio y de pesca.

Para llegar al cabo en vehículo propio, hay que enfilar por la carretera 4021 hacia el sur y tomar la 4023 justo al salir de la ciudad de Phuket.

Rawai

ราไวย์

El actual lugar de moda para vivir está en la costa sur de Phuket, una zona en rápida urbanización con cada día más jubilados, emprendedores tailandeses y extranjeros, y muchas empresas de servicios.

Aparte de playas, la región también tiene exuberantes montañas costeras que se yerguen abruptamente sobre el mar de Andamán en el **Laem Promthep,** el punto más meridional de Phuket. Estas montañas acogen pequeñas urbanizaciones conectadas por unas pocas calles, algunas sin salida. Pese a la creciente urbanización, la naturaleza aún se impone, sobre todo al llegar a la playa.

Puntos de interés y actividades

La **Hat Nai Han,** una medialuna de arena blanca arropada por casuarinas, veleros bamboleantes, el costero Wat Nai Han y los rompientes para hacer surf durante la estación monzónica, es la mejor playa de la zona, pero hay otras más pequeñas y escondidas igual de bonitas. La **Hat Rawai** carece del encanto de Nai Han y consiste en un muelle de roca para barcos de popa larga y lanchas; también hay unos cuantos restaurantes de pescado exquisitos, llevados por lugareños.

Rawai es un buen sitio para aprender a manejar el *kite board* (véase p. 648).

En la Hat Rawai se alquilan barcos de popa larga y motoras para ir a bucear con tubo a las tranquilas islas de Ko Bon (popa larga/motora 800/2000 THB), Coral Island (1200/3000 THB) y Ko Kai (4000/ 8000 THB), entre otras. Máximo seis pasajeros.

El **Phuket Riding Club** (☎0 7628 8213; www.phuketridingclub.com; 95 Th Viset, Rawai) ofrece paseos a caballo de una (800 THB por persona) y dos horas (1500 THB) por la selva circundante a Rawai y las playas vecinas.

En Rawai también se imparten clases de *muay thai* (véase p. 626).

Dónde dormir

A todos los alojamientos de la bonita Hat Nai Han se llega por la estrecha y mal asfaltada carretera que parte del aparcamiento del Phuket Yacht Club (sí, se puede conducir pasado el guarda), o también se puede alquilar un barco de popa larga desde Rawai por 500 THB.

Vijitt HOTEL **$$$**
(☎0 7636 3600; www.vijittresort.com; 16 Moo 2, Th Viset, Hat Nai Han; chalés desde 7800 THB; ❄) Sin duda es el complejo más elegante de la zona, con casitas de lujo dispersas equipadas con suelos de piedra caliza, generosos baños, duchas al fresco y vistas asombrosas desde las terrazas privadas. Su impresionante piscina de horizonte infinito, con el fondo negro, da a la Friendship Beach ("playa de la Amistad").

Ao Sane Bungalows HOTEL **$**
(☎0 7628 8306, 08 1326 1687; 11/2 Moo 1, Th Viset, Hat Nai Han; bungalós 600-850 THB; ❄) Estos destartalados bungalós de bambú, con ventilador y agua fría, están en una playa solitaria, con vistas envidiables de la Ao Sane y la Ao Nai Han. Incluye un restaurante a pie de playa, un centro de submarinismo y un ambiente *hippy* de otra época.

Royal Phuket Yacht Club HOTEL **$$$**
(☎0 7638 0200; www.royalphuketyachtclub.com; 23/3 Moo 1, Th Viset, Hat Nai Han; h desde 6800 THB; ❄@≋) Aún atrae a navegantes de todo el mundo y se respira un aire a elegancia perdida, sobre todo en su fabuloso bar del vestíbulo, con ventiladores cenitales. Las habitaciones disfrutan de grandes terrazas (con unas vistas impresionantes de la bahía) y todas las comodidades previsibles de un hotel así. En temporada baja la relación calidad-precio es excelente.

Dónde comer y beber

Además de los siguientes restaurantes, hay deliciosas **parrillas de pescado y marisco** junto a la carretera, en el extremo norte de la Hat Rawai.

Rum Jungle RESTAURANT **$$$**
(☎0 7638 8153; 69/8 Th Sai Yuan; comidas 300-500 THB; ⏲cena, cierra do) La estrella de la zona y uno de los mejores de todo Phuket es un restaurante familiar dirigido por un gran chef australiano. La pata de cordero de Nueva Zelanda y las almejas al vapor son sensacionales; las salsas para la pasta son totalmente caseras. Todo, hasta el Pampero con hielo, se sirve bajo un techo de paja, acompañado por una excepcional banda sonora internacional.

Nikita's BAR
(☎0 7628 8703; Hat Rawai; ⏲11.00-hasta tarde) Con vistas al mar en la costa sur de Phuket, este agradable establecimiento al fresco es ideal para pasar el rato, con bebidas de café, tés verdes, una buena selección de batidos y también cócteles. Para comer, el Baan Rimlay (*pizzas* al horno de leña desde 200 THB), está al lado.

Cómo llegar y salir

Rawai está 18 km al sur de la ciudad de Phuket. Las *sŏrng·tăa·ous* (30 THB) salen desde la rotonda de la fuente de Phuket en Th Ranong; algunas siguen hasta la Hat Nai Han, pero es mejor preguntar. El trayecto en *túk-túk* desde Rawai a Nai Han cuesta unos considerables 200 THB.

Se pueden alquilar taxis (que, de hecho, son automóviles alquilados) de Rawai y la Hat Nai Han al aeropuerto (700 THB), Patong (500 THB) y la ciudad de Phuket (500 THB).

Hat Kata

หาดกะตะ

Kata atrae a una animada clientela con sus tiendas y atestada playa sin el sórdido ajetreo de Patong, más arriba en la costa. Aunque no haya playas aisladas, sí que hay muchas cosas por hacer y gente afable a la que conocer.

Aquí se puede practicar surf en las estaciones media y lluviosa, hay *spas* diurnos fabulosos y permite disfrutar de una comida fantástica. Un cabo rocoso divide la playa en dos y la carretera que las comunica fue el primer corredor de millonarios de Phuket. La Hat Kata Yai está en el extremo norte, mientras que la Hat Kata Noi, más aislada, se extiende hacia el sur. Ambas ofrecen suaves arenas doradas y atraen a un público bohemio.

Th Thai Na, la principal calle comercial, discurre perpendicular a la costa y acoge buena parte de los restaurantes y tiendas, y algunos alojamientos económicos.

Puntos de interés y actividades

La pequeña **Ko Pu** se halla a unas brazadas de la costa (si se está en forma), con buenos arrecifes de coral por el camino. Mucho cuidado con la resaca marina; conviene hacer caso de las banderas rojas y no sobrepasar los rompientes. **Dive Asia** (☎0 7633 0598; www.diveasia.com; 24 Th Karon, Kata) es un recomendable operador de submarinismo; hay otro en 623 Th Karon, cerca de la playa de Karon.

En la Hat Kata Yai y la Hat Kata Noi, el **surf** es aceptable de abril a noviembre. Alquilar una tabla cuesta 100-150 THB por hora o 300-600 THB al día. Se puede probar en:

Phuket Surf (☎08 7889 7308, 08 1684 8902; www.phuketsurf.com) Desde la cala sur de la Hat Kata Yai y cerca del mejor rompiente, imparten clases de surf de medio día desde 1500 THB y alquilan tablas por 100/300 THB por hora/día. Consúltese su sitio web para más información sobre los rompientes de la zona.

Phuket Surfing (☎0 7628 4183; www.phuketsurfing.com) Justo delante de Phuket Surf y en el mismo edificio que Nautilus Dive, alquila tablas por horas de 100 a 150 THB.

Para una alternativa a las aglomeraciones del sur de Kata, hay que girar a la izquierda (oeste) justo antes de que la carretera empiece a subir y enfilar hacia Karon, sobrepasar los garitos de comida tailandesa y allí está la fantástica playa de Kata, en la aislada y rocosa punta del norte (es decir, la Hat Kata Yai), donde los barcos de popa larga se mecen con la marea. Se pueden alquilar equipo de buceo con tubo, tumbonas y sombrillas, y las bebidas frías están al alcance de la mano.

Cursos

Kata Hot Yoga YOGA
(☎0 7660 5950; www.katahotyoga.com; 217 Th Khoktanod; 420 THB/clase) ¿Qué se quiere pasar más calor? Entonces se puede asistir a una de sus tres clases diarias.

Mom Tri's Cooking Class COCINA
(☎0 7633 0015; www. boathousephuket.com; 2/2 Th Kata (Patak West), Hat Kata; por persona y día/fin de semana 2200/3500 THB) Los fines de semana, el célebre chef Rattana ofrece un fantástico curso de cocina tailandesa.

Dónde dormir

A continuación figuran los precios medios para la temporada alta (may-oct). Al igual que en Patong, cada vez cuesta más encontrar algo por menos de 1000 THB en plena temporada, pero los precios caen en picado cuando los turistas se van.

Los mejores chollos se encuentran en Th Kata ("Calle Nueva").

Mom Tri's Villa Royale HOTEL $$$
(☎0 7633 3568; www.villaroyalephuket.com; ste desde 12 500 THB, desayuno incl.;) Absolutamente romántico y apartado en un aislado rincón de Kata Noi, este hotel brinda unas vistas maravillosas y sirve una comida fabulosa. Para relajarse en preciosas habitaciones como recién salidas de las páginas del *Architectural Digest* y para permitirse inocentes placeres como el adjunto **Spa Royale** y una cercana piscina de agua salada.

Sawasdee Village HOTEL $$$
(☎0 7633 0979; www.phuketsawasdee.com; 38 Th Ked Kwan; bungalós 6500-8500 THB;) Este complejo-*boutique,* exuberante y opulento aunque compacto, apunta tímidamente a cierto estilo clásico tailandés. Los ornamentados bungalós de techo puntiagudo tienen suelos de madera, techos con vigas y puertas que se abren a un paraje espeso y tropical aderezado con canales de *koi* (carpas) y cascadas que borbotean. Si se le añade un *spa* de calidad, resulta un lugar único y sugerente en todos los sentidos.

Caffe@Caffe PENSIÓN $$
(☎0 7628 4005; www.caffeatcaffe.com; 100/60-61 Th Kata; h 1800 THB;) Sus habitaciones con suelos de baldosas, empapelado de tonos dorados combinado con paredes blancas, edredones a rayas, balcones minúsculos, neveras y TV lo convierten en un lugar tan cómodo como moderno. Está en un edificio de tres pisos con un café moderno en la planta baja.

Mom Tri's Boathouse HOTEL $$$
(☎0 7633 0015; www.boathousephuket.com; 2/2 Th Kata (Patak West); h 9600-25 000 THB;) Para políticos, estrellas del pop, artistas y escritores famosos del país, este íntimo hotel-*boutique* es su predilecto de Phuket. Las habitaciones son espaciosas y espléndidas, algunas con grandes verandas al fresco. Sus detractores critican su anticuada finura, pero nadie puede negar su exquisita comida, una gran excusa para elegirlo: el Boathouse Wine & Grill (p. *636*) es uno de los mejores restaurantes de la isla.

Honey Resort HOTEL $$
(☎0 7633 0938; www.honeyresort.com; 100/69 Th Kata; h 3400-3900 THB;) Este hotel cuenta con habitaciones espaciosas y nuevas con (¡exquisitos!) paneles de madera arrastrada por el mar. Todas tienen sofá cama, armarios empotrados, escritorio, bañera y lavamanos de mármol. Además hay wifi gratis y TV de pantalla plana. Los precios promocionales dan risa por lo bajos.

Katathani Resort & Spa HOTEL $$$
(☎0 7633 0124; www.katathani.com; 14 Th Kata Noi; h desde 7800 THB; ❄🛜🏊) Este glamuroso complejo-*spa* monopoliza una enorme franja de la lozana y bastante tranquila Hat Kata Noi y ofrece las típicas comodidades en un entorno elegante. Cuenta con un *spa,* algunas piscinas y espacio de sobra. Suele tener excelentes ofertas de temporada baja.

Sugar Palm Resort HOTEL $$
(☎0 7628 4404; www.sugarpalmphuket.com; 20/10 Th Kata; h 3700-5200 THB, desayuno incl.; ❄@🛜🏊) Es un "mundo de elegancia *chill-out*" que conjuga el estilo de Miami con el tailandés. Las acogedoras habitaciones, decoradas en colores blancos, negros y lavanda, ofrecen una relación calidad-precio excepcional, todas repartidas alrededor de una piscina con el fondo negro. Está a una manzana de la playa, en plena calle de tiendas y restaurantes de Kata.

Fantasy Hill Bungalow HOTEL $
(☎0 7633 0106; fantasyhill@hotmail.com; 8/1 Th Patak; h con ventilador/A/A 450/800 THB; ❄) Entre el exuberante jardín en una colina, estos bungalós, cuidados pero viejos, ofrecen una relación calidad-precio fabulosa. El lugar es céntrico pero apacible y el personal, más que amable. Pídase una habitación esquinera con aire acondicionado y vistas.

Dónde comer

Menuda sorpresa, en Kata se pueden comer platos de *gourmet,* eso sí, cuestan lo suyo. Para algo más económico, hay que ir a Th Thai Na y a los restaurantes de pescado, asequibles e informales, de Th Kata (Patak West), cerca de la costa.

Boathouse Wine & Grill MEDITERRÁNEA $$$
(☎0 7633 0015; www.boathousephuket.com; 2/2 Th Kata (Patak West); principales 450-950 THB; ⊙desayuno, almuerzo y cena) La mayoría de sibaritas de la zona lo eligen por ser el lugar perfecto para cautivar a una cita exigente. Vale, el ambiente puede ser un poco estirado (la versión de Phuket del servicio gastronómico a la antigua usanza), pero su cocina mediterránea de fusión es fabulosa, acompañada de una larga carta de vinos y vistas marinas sublimes.

Capannina ITALIANA $$
(☎0 7628 4318; capannina@fastmail.fm; 30/9 Moo 2, Th Kata; principales 200-700 THB) Todo, desde las pastas a las salsas, está recién hecho y se puede probar. Los raviolis y los ñoquis son memorables, el *risotto* es altamente recomendable y no faltan *pizzas, calzones* y ternera a la milanesa, siempre exquisitos. En temporada alta hay que reservar.

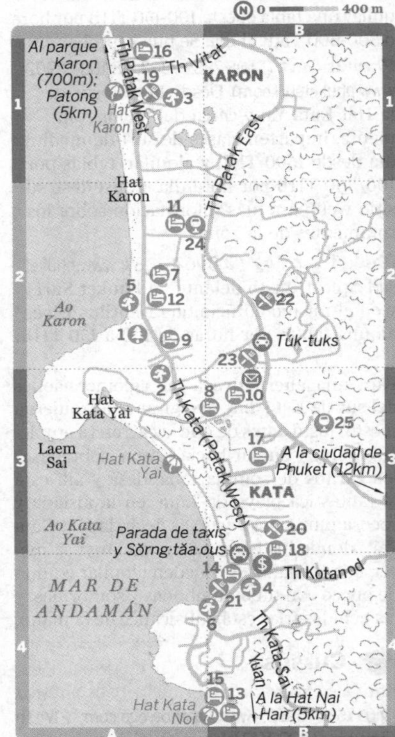

Oasis DE FUSIÓN $$$
(☎0 7633 3423; Th Kotanod; comidas 350-600 THB) Dos restaurantes en uno: el del piso superior es un bar de tapas asiáticas de fusión con *jazz* en directo, y el restaurante *gourmet* de abajo, un lugar con patio e iluminado con velas donde poder degustar un filete de barracuda fresco con costra de hierbas secadas al sol.

Thai Kitchen TAILANDESA $
(Th Thai Na; comidas 80 THB; ⊙desayuno, almuerzo y cena) Un modesto café de carretera hasta la bandera de tailandeses es indicativo de buen yantar. Su *curry* verde (ojo porque goteará la nariz) y los platos de fideos transparentes están exquisitos. Se encuentra al bajar por la calle del, con perdón, "Pussy Bar".

Hat Karon y Hat Kata

Puntos de interés
1 Dino Park A2

Actividades, cursos y circuitos
2 Dive Asia A3
3 Dive Asia A1
4 Kata Hot Yoga B4
5 Kiteboarding Asia A2
Mom Tri's Cooking Class .... (véase 14)
6 Phuket Surf B4
Phuket Surfing .... (véase 6)
Sea Fun Divers .... (véase 13)
Spa Royale .... (véase 15)

Dónde dormir
7 Andaman Seaview Hotel A2
8 Caffe@Caffe B3
9 Fantasy Hill Bungalow A2
10 Honey Resort B3
11 Kangaroo Guesthouse A2
12 Karon Beach Resort A2
13 Katathani Resort & Spa B4
14 Mom Tri's Boathouse B4
15 Mom Tri's Villa Royale B4
16 Mövenpick A1
17 Sawasdee Village B3
18 Sugar Palm Resort B3

Dónde comer
19 Bai Toey A1
Boathouse Wine & Grill .... (véase 14)
20 Capannina B3
21 Oasis B4
22 Pad Thai Shop B2
23 Thai Kitchen B2

Dónde beber
24 Nakannoi A2
25 Ratri Jazztaurant B3
Ska Bar .... (véase 6)

Dónde beber

La vida nocturna de Kata suele ser bastante tranquila.

Ska Bar BAR

(hasta tarde) En la cala más meridional, encajado en las rocas y, a primera vista, entrelazado con el tronco de una majestuosa y vieja higuera de Bengala, este bar es ideal para tomarse un cóctel vespertino junto al mar. Los camareros tailandeses le aportan un aire rastafari divertido y del techo cuelgan boyas, farolillos de papel y banderas de diez países.

Ratri Jazztaurant BAR

(0 7633 3538; colina de Kata; 18.00-24.00) Para pasar el rato en la terraza de la ladera, escuchar *jazz* en directo, ver el atardecer y disfrutar de una deliciosa comida tailandesa (platos 145-345 THB); esto sí que son vacaciones.

Información

Hay muchos cajeros automáticos en la calle principal.

Oficina de correos (9.00-16.30 lu-vi, hasta 12.00 sa) Está en la carretera 4028, al final de Th Thai Na.

Cómo llegar y desplazarse

Las *sŏrng·tăa·ous* a Kata y Karon (25 THB por persona) salen con frecuencia desde el mercado diurno de Th Ranong, en Phuket, de 7.00 a 17.00. En Kata, la parada principal queda delante del Kata Beach Resort.

Los taxis van de Kata a la ciudad de Phuket (600 THB), Patong (600 THB) y Karon (200 THB).

En muchos lugares alquilan motocicletas (300 THB/día).

Hat Karon

หาดกะรน

Karon es como la hija natural de Patong y Kata: sosegada, con un toque glamuroso pero algo hortera y con rincones sórdidos. Hay dos enormes complejos y mucho turista en viaje organizado, pero aún queda espacio libre en la playa, más que en Patong o en Kata. Las playas mejoran a medida que se va al norte, son accesibles por una carretera con baches, pasados los vendedores ambulantes y puestos de comida; allí aguarda un agua como un cristal turquesa.

La red de calles y plazas del interior ofrecen buena comida; allí mucha señalización escandinava, discretos bares de chicas de compañía, vendedores de camisetas y el bonito **parque Karon**, con su lago artificial y su fondo de montañas, todo rematado por una bonita franja de playa.

El **Dino Park** (0 7633 0625; www.dinopark.com; Th Patak West, Karon; adultos/niños 240/180 THB; 10.00-24.00), un híbrido entre parque jurásico y minigolf, es un estrambótico parque en los lindes meridionales de la Hat Karon. Es un laberinto de cuevas, lagunas, jardines arbolados, estatuas de dinosaurios y, como no, *putting greens* (golf).

Dónde dormir

Mövenpick HOTEL $$$
(0 7639 6139; www.moevenpick-hotels.com; 509 Th Kata (Patak West); h desde 5900 THB, chalés desde 7000 THB;) A escoger entre una villa con piscina privada o ducha de lluvia al aire libre, o una habitación cuadrada con enormes paredes de cristal en el hotel ultramoderno. Además de una localización privilegiada frente a la playa, al otro lado de la calle, ofrece una gran piscina con barra de bar a remojo, un *spa* y un restaurante y bar al fresco.

Karon Beach Resort HOTEL $$$
(0 763 3006; www.katagroup.com; 51 Th Kata (Patak West); h desde 7500 THB;) Aporta algunos toques elegantes al extremo sur de la Hat Karon: desde la escultura budista en los salones con fragancia a jazmín hasta las molduras, los muebles de madera, los azulejos, los mullidos edredones en las habitaciones y los balcones con seductoras vistas al mar.

In On The Beach HOTEL $$
(0 7639 8220; www.karon-inonthebeach.com; 695-697 Moo 1, Th Patak; h desde 3500 THB; @) Encantadora y exquisita posada en el parque Karon. La localización es sublime y las habitaciones cuentan con suelos de mármol, wifi, aire acondicionado, ventiladores cenitales y vistas del mar. La guarida perfecta del surfista, sobre todo en temporada baja con esos suculentos descuentos. También hay una piscina en forma de herradura.

Andaman Seaview Hotel HOTEL $$$
(0 7639 8111; www.andamanphuket.com; 1 Soi Karon, Th Kata (Patak West); h desde 4800 THB;) El exterior azul cielo y blanco y los suelos de mármol tipo damero del vestíbulo son más propios de otras latitudes, pero el lugar respira un ambiente familiar por doquier. Las habitaciones desprenden un aire americano de finales del s. XIX, con mesas de mármol, anticuados ventiladores de techo o azulejos de baño a lo *art déco*. Hay una piscina infantil y otra para adultos.

Kangaroo Guesthouse PENSIÓN $
(0 7639 6517; 269/6-9 Karon Plaza; h 800 THB;) Habitaciones sencillas pero alicatadas, limpias y muy soleadas, con agua caliente, aire acondicionado, un rincón cuco para desayunar y balcones con vistas a una *soi* estrecha y algo sórdida.

Dónde comer y beber

Hay unos cuantos restaurantes tailandeses y comedores de pescado económicos junto a la rotonda del extremo norte de la Hat Kata (incluidos unos cuantos lugares de pescado a pie de playa bajo un techo de lamas que hay 100 m más al norte) y otro grupo similar en la calle principal cerca del extremo sur de la Hat Karon.

Pad Thai Shop TAILANDESA $
(Th Patak East; platos 40 THB; desayuno, almuerzo y cena) En la transitada calle principal de detrás del Karon, al norte del chabacano Ping Pong Bar, este glorificado puesto sirve un sabroso y excelente estofado de pollo, los mejores *pàt tai* del mundo (picantes y dulces, con muchas gambas, *tofu*, huevo y cacahuetes, y enrollados en una hoja de banano cruda). Cierra hacia las 19.00.

Bai Toey TAILANDESA $$
(08 1691 6202; Soi Old Phuket; comidas 200-250 THB) Este entrañable bistró tailandés con patio a la sombra y asientos dentro sirve los típicos platos de fideos, salteados y *curries*, pero se recomienda principalmente la ternera a la parrilla al estilo tailandés: un filete condimentado con salsa de ostras y servido con arroz glutinoso que cuesta 200 THB.

Nakannoi BAR
(08 7898 5450; Karon Plaza; 17.00-1.00) Es un garito bohemio y artístico con obras originales en las paredes, una decoración a base de objetos encontrados (motos y bicis antiguas incl.), una barra de cemento aislada y un quiosco de música donde el propietario improvisa con sus colegas casi cada noche a partir de las 20.00.

Cómo llegar y salir

Para más información sobre el transporte a Karon, véase "Cómo llegar y desplazarse", p. 637.

Hat Patong

หาดป่าตอง

Escandinavos como gambas en camisetas de marca de imitación, el zumbido de las motos acuáticas, el pasotismo total por la urbaniza-

ORGULLO GAY EN PHUKET

Aunque el día del Orgullo Gay se conmemora a bombo y platillo en Bangkok y Pattaya, muchos consideran que el **Phuket Gay Pride Festival** es el mejor de Tailandia y, quizá, de todo el sureste asiático. Suele celebrarse entre febrero y abril, cuando la isla entera, pero sobre todo Patong, se llena de fiesteros de todo el mundo (hombres en su mayoría).

Los principales eventos de este largo fin de semana de cuatro días son: el enorme torneo de voleyplaya y, por supuesto, la Grand Parade (la gran cabalgata), con carrozas, un público entusiasta y preciosos disfraces en las calles de Patong. Últimamente el festival también ha incorporado campañas de responsabilidad social sobre prostitución infantil, abuso de drogas y concienciación del VIH.

En otras épocas del año, las calles que comunican el Royal Paradise Hotel con Th Rat Uthit en Patong acogen el barrio del ambiente de Phuket, con el **Boat Bar** (p. 643) al frente.

Para fechas de futuros festivales o para más información, consúltese www.gaypatong.com.

ción controlada y la habilidad por convertir la crisis de los 40 en una lucrativa industria (nada de Viagra) convierten a Patong, sin pretenderlo, en una comedia desenfrenada.

Un lugar de hormigón y silicona, y de moral y ambigüedad sexual, todo vale en Patong. Cualquier cosa, desde un *"venti latte"* del Starbucks a, bueno, una acompañante para la noche, se puede conseguir a un precio justo. Vale que hay otros muchos destinos igual artificiales, pero Patong no esconde lo que es, ni siquiera lo intenta. Es lo que es y de alguna manera se agradece.

Obviamente eso no significa que vaya a gustar. Pero al llegar, quien se fije en la amplia playa de arena blanca y en su magnífica bahía en forma de media luna, entenderá enseguida por qué empezó todo aquí. Hoy en día es más ciudad que la propia Phuket y, desde luego, el epicentro de la movida de la isla.

Abundan los *spas* y operadores de submarinismo, pero también la buena gastronomía, las parrillas de pescado callejeras, los cabarés amanerados, el boxeo tailandés, las polvorientas tiendas de antigüedades y uno de los mejores centros comerciales de toda Asia.

Actividades y cursos

Sea Fun Divers SUBMARINISMO
(☎0 7634 0480; www.seafundivers.com; 29 Soi Karon Nui, Patong) Muy profesionales, sus estándares son extremadamente altos y el servicio es impecable. Tiene oficinas en el complejo de Le Meridien de Patong y en el Katathani Resort.

Pum Thai Cooking School COCINA
(☎0 7634 6269; www.pumthaifoodchain.com; 204/32 Tha Rat Uthit, Hat Patong) Esta cadena de restaurantes (3 en Tailandia y 2 en Francia) imparte clases de un día de 1-6 horas (4650 THB por persona). Las más largas empiezan con una visita al mercado y acaban con una comida.

Dónde dormir

En Patong cuesta encontrar una habitación por menos de 1000 THB entre noviembre y abril (el período que corresponde a los precios referenciados), pero el resto de meses las tarifas caen un 40-60%.

BYD Lofts HOTEL $$$
(☎0 7634 3024; www.bydlofts.com; 5/28 Th Rat Uthit; apt 4900-11 500 THB; ❄@📶🏊) Si se valora más la elegancia y la comodidad que el estar a pie de playa, aunque solo dista un minuto a pie de la misma, no hay que buscar más: apartamentos donde el blanco es el protagonista (en suelos, paredes y persianas) y líneas precisas que parecen angelicales comparadas con la sordidez que aguarda en la calle. Incluye un spa de día, una piscina en la azotea y un excelente restaurante.

Burasari HOTEL $$$
(☎0 7629 2929; www.burasari.com; 18/110 Th Ruamchai; h 2700-9300 THB; ❄📶🏊) Precioso laberinto de piscinas y cascadas, columnas grabadas, salones y bares con mucho cojín. Las habitaciones son más sencillas pero elegantes, con TV de pantalla plana, camas holgadas y acabados de bambú.

Patong

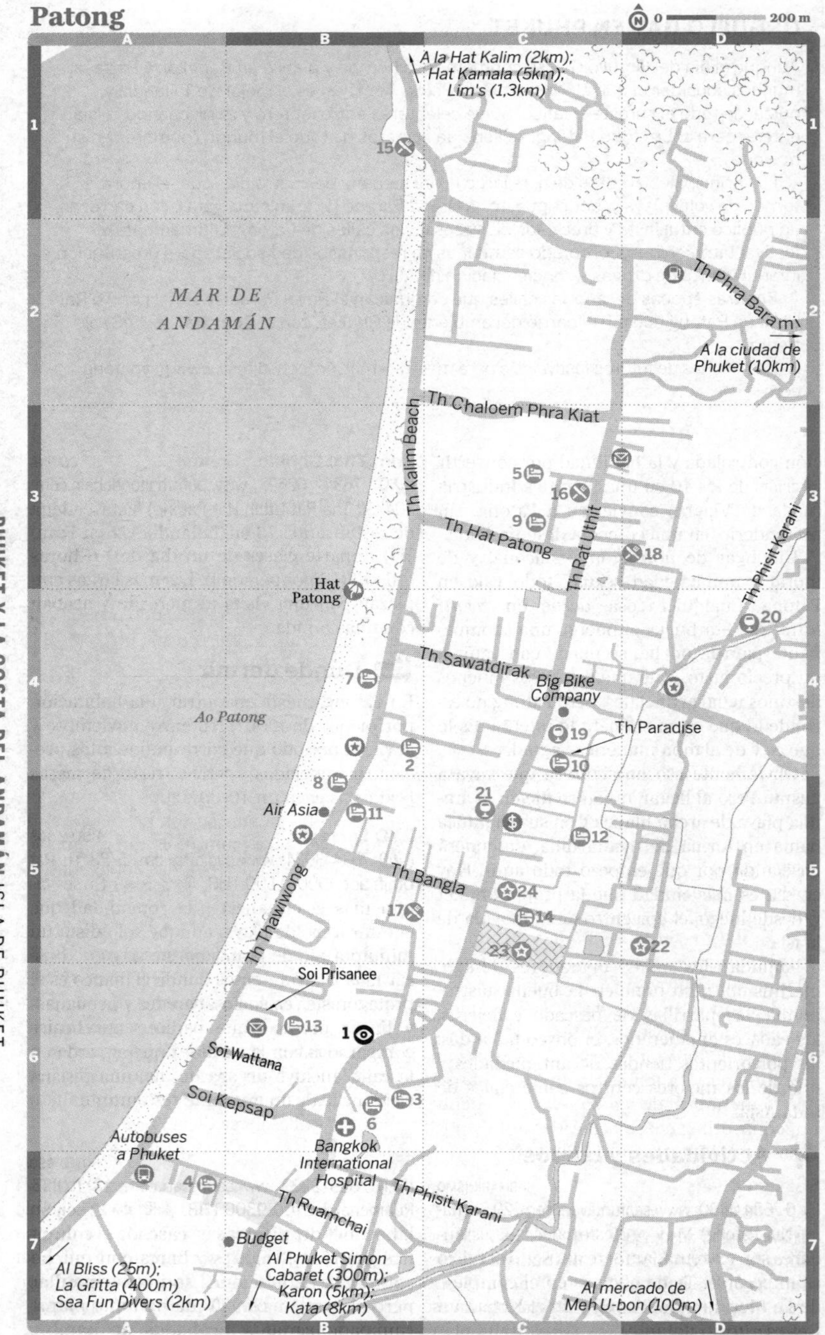
0
200 m
A la Hat Kalim (2km); Hat Kamala (5km); Lim's (1,3km)
MAR DE ANDAMÁN
Th Phra Baramí
A la ciudad de Phuket (10km)
Th Chaloem Phra Kiat
Th Kalim Beach
Th Hat Patong
Th Rat Uthit
Th Phisit Karani
Hat Patong
Th Sawatdirak
Big Bike Company
Ao Patong
Th Paradise
Air Asia
Th Bangla
Th Thawiwong
Soi Prisanee
Soi Wattana
Soi Kepsap
Autobuses a Phuket
Bangkok International Hospital
Th Phisit Karani
Th Ruamchai
Budget
Al Bliss (25m); La Gritta (400m) Sea Fun Divers (2km)
Al Phuket Simon Cabaret (300m); Karon (5km); Kata (8km)
Al mercado de Meh U-bon (100m)

Patong

Actividades, cursos y circuitos
1 Pum Thai Cooking School B6

Dónde dormir
2 Baan Pronthateep B4
3 Baipho B6
Baithong .... (véase 3)
4 Burasari A7
5 BYD Lofts C3
6 Casa Jip B6
7 Impiana Phuket Cabana B4
8 La Flora B5
9 Merrison Inn C3
10 Newspaper C4
11 Patong Backpacker Hostel B5
12 Royal Paradise Hotel C5
Sala Dee .... (véase 3)
13 The Belle Resort B6
14 Yorkshire Inn C5

Dónde comer
15 Baan Rim Pa B1
16 Chicken Rice Briley C3
17 Mengrai Seafood B5
18 Ninth Floor D3
Parque de restauración .... (véase 16)

Dónde beber
19 Boat Bar C4
JP's Restaurant & Bar .... (véase 5)
20 Monte's D4
21 Two Black Sheep C5

Ocio
22 Estadio de boxeo Bangla D5
23 Centro comercial Jung Ceylon C5
24 Rock City C5
Sound Phuket .... (véase 23)

Su café **Naughty Radish** sirve curiosas ensaladas al gusto (desde 180 THB) y los mejores licuados de frutas (120 THB) de Phuket.

Baipho, Baithong y Sala Dee PENSIÓN $$
(0 7629 2074, 0 7629 2738; www.baipho.com, www.baithong.com, www.saladee.com; 205/12-13 y 205/14-15 Th Rat Uthit 200 Pee; h 1800-3300 THB;) Estas tres pensiones artísticas están en la misma *soi* y comparten propietarios, simpáticos y organizados. Las habitaciones y zonas comunitarias están llenas de imágenes de Buda y decoración tipo *spa* zen mezclada con arte moderno y detalles urbanitas. Las acogedoras habitaciones son todas diferentes, por lo que se recomienda ver varias antes. **The Lounge,** abajo en la Baithong, sirve cócteles y comida italiana y tailandesa muy rica, además de tentempiés de *gourmet.* Los clientes pueden utilizar la piscina del antiestético y vecino Montana Grand Phuket.

La Flora HOTEL $$$
(0 7634 4241; www.laflorapatong.com; 39 Th Thawiwong; h desde 9500 THB;) Líneas limpias y la decoración minimalista en plena playa de Patong. Las habitaciones son grandes, con muebles de madera (obsérvese el escritorio flotante), TV de pantalla plana y DVD, bañera y ducha. Surtido minibar con refrescos gratis y una enorme piscina.

Newspaper HOTEL $$
(0 7634 6276; www.newspaperphuket.com; 125/4-5 Th Paradise; h 2500-5000 THB;) Típico tres estrellas de Patong y seguramente uno de los más sofisticados de esta manzana de bares y cafés frecuentados por gays. Las habitaciones tienen suelos de baldosas de primera, farolillos junto a la cama, muebles de madera oscura y paredes comedidas. Se recomienda reservar.

The Belle Resort HOTEL $$
(0 7629 2782; www.thebelleresort.com; 104/31-33 Soi Prisanee; h desde 1800 THB;) Una opción elegante: habitaciones de luces tenues y diseño zen sencillo pero exquisito con suelos de madera, mucho cristal y camas blandas. Aunque en pleno meollo, está en una de las calles de restaurantes italianos más tranquilas cerca de la playa.

Baan Pronphateep HOTEL $$
(0 7634 3037; www.baanpronphateep.com; 168/1 Th Thawiwong; h 1600-2100 THB;) Apacible y sencillo tres estrellas a la sombra de una higuera de Bengala y resguardado al final de una retirada *soi.* Las habitaciones son espaciosas y incluyen una nevera normal y un patio privado.

Casa Jip PENSIÓN $
(☎0 7634 3019; www.casajip.com; 207/10 Th Rat Uthit; h desde 700 THB; ❄) Esta pensión italiana posee habitaciones muy grandes pero sencillas, con camas cómodas y cierto estilo tailandés, todo con una fabulosa relación calidad-precio. Hay televisión por cable e incluso servicio de desayuno en las habitaciones.

Patong Backpacker Hostel ALBERGUE $
(☎0 7625 6680; www.phuketbackpacker.com; 167 Th Ranong; dc 300-450 THB, h 1200 THB; ❄📶) Está muy bien situado, cerca de la playa, y el propietario informa de los restaurantes más económicos y mejores de la ciudad. El precio de cada dormitorio depende del número de camas (de 3 a 10). Las estancias del último piso son más luminosas, pero los dormitorios colectivos de los pisos inferiores tienen baño propio adosado. Ignórese la habitación de precios prohibitivos.

Otras opciones:

Bliss HOTEL $$$
(☎0 7629 2098; www.theblissphuket.com; 40 Th Thawiwong; ste desde 15 000 THB; ❄📶🏊) Nuevo y pulcro complejo de suites de 90 m² con un salón grande y el dormitorio principal con suelos de madera, dos TV de pantalla plana, una piscina, un *jacuzzi* y una terraza-jardín florido. Vale la pena darse el capricho en temporada baja.

Impiana Phuket Cabana HOTEL $$$
(☎0 7634 0138; www.impiana.com; 41 Th Thawiwong; h desde 7000 THB; ❄📶🏊) Cerca de todo el bullicio, sus habitaciones, tipo cabañas, dan a la mejor parte de la playa y rebosan comodidades y elegancia.

Merrison Inn HOTEL $$
(☎0 7634 0383; www.merrisoninn.com; 5/35 Th Hat Patong; h 1300 THB; ❄📶) Suelos de cemento pulido, baños de terrazo, TV de pantalla plana, camas holgadas y una pátina asiática *kitsch* lo convierten en una verdadera ganga.

Yorkshire Hotel HOTEL $$
(☎0 7634 0904; www.theyorkshirehotel.com; 169/16 Soi Saen Sabai; h 1800-2300 THB; ❄@📶) Aunque nada tailandés, respira un velado encanto a lo B&B y las habitaciones están impecables.

Dónde comer

Patong cuenta con infinidad de restaurantes, pero es mejor pasar de la desaborida comida tailandesa y de los previsibles platos occidentales de las calles principales. Los lugares más glamurosos son los que están arriba en los acantilados, en el extremo norte de la ciudad.

Por la noche aparecen económicos puestos de marisco y fideos por toda la ciudad; se recomiendan los de las callejas de Th Bangla y alrededores, o los del **parque de restauración de Patong** (Th Rat Uthit; ⌚16.00-24.00).

Baan Rim Pa TAILANDESA $$$
(☎0 7634 4079; Th Kalim Beach; platos 215-475 THB) Esta institución sirve una comida tailandesa y unas vistas impresionantes. El nivel es alto, con precios a juego, pero el romance está en el aire, iluminado con velas y acunado por un piano. Hay que reservar y meterse la camisa por dentro del pantalón.

Lim's TAILANDESA $$$
(☎0 7634 4834; 28 Th Phrabaramee, Soi 7; comidas 300-600 THB; ⌚18.00-24.00) Comedor y *lounge* modernos con molduras de cemento y cocina tailandesa de altos vuelos frecuentados por famosos que están de paso por Phuket. Está 500 m al norte (cuesta arriba) de la carretera de la costa que va a Kamala.

Mengrai Seafood PESCADO Y MARISCO $$
(Soi Tun; comidas 120-300 THB) Está situado abajo de una calurosa y oscura *soi* que desemboca en Th Bangla, en una fabulosa zona de restauración de cocina local fresca. Los puestos que hay al final de la *soi*, muy conocidos por los extranjeros, sirven *curries*. Este restaurante esta especializado en pescado, gambas y mejillones, todo fresquísimo.

Chicken Rice Briley TAILANDESA $
(parque de restauración de Patong, Th Rat Uthit; comidas 35-45 THB; ⌚desayuno y almuerzo) Siempre lleno de lugareños, es el único restaurante del parque que sirve comidas de día. La pechuga de pollo al vapor se sirve sobre un lecho de arroz con un cuenco de caldo de pollo con carne desmenuzada y huesos, y cerdo asado. Fantástica salsa de guindilla para mojar.

Ninth Floor INTERNACIONAL $$$
(☎0 7634 4311; 47 Th Rat Uthit; principales 290-1990 THB; ⌚cena) Es el restaurante al aire libre más alto de la isla (en la 9º planta del Sky Inn Condotel), a cuyos pies se despliega el mar de lucecitas de la ciudad, pero son sus

filetes y costillas preparadas al punto lo que lo han convertido en toda una institución de Patong.

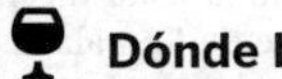

Dónde beber

Patong es ideal para aquellos que disfrutan de la cerveza, las luces intermitentes de neón y las minifaldas.

Th Bangla, el edén de las cervecerías y los bares de chicas de compañía, congrega a un buen número de *go-gós* espectaculares, hombres occidentales de caras coloradas y música a toda pastilla (normalmente *techno*). El estilo predominante incluye poca ropa y una decoración con abundante imaginería fálica. Ahora bien, dicho esto, el ambiente general es más de feria ambulante que orgiástico y también hay muchas mujeres occidentales abriéndose paso entre el gentío hasta las barras.

Two Black Sheep 'PUB'
(☎0895 921 735; www.twoblacksheep.net; 172 Th Rat Uthit; ⌚11.00-2.00) Todo un descubrimiento, este *pub* de la vieja escuela, regentado por una pareja de australianos (él músico y ella chef), sirve buena comida y ofrece música en directo cada noche. De 20.00 a 22.00 hay una tanda de temas acústicos y después, Chilli Jam, la banda residente, acelera y sacude la sala hasta la última ronda. Prohíbe expresamente la entrada a las chicas de compañía para que el ambiente sea apto para todos los públicos.

JP's Restaurant & Bar BAR
(☎0 7634 3024; www.bydlofts.com; 5/28 Th Hat Patong; ⌚10.30-23.30) Este moderno *lounge* con zonas cubiertas y al fresco aporta un toque de distinción y salero a Patong. Hay una barra baja, reservados acolchados al fresco, *happy hour* (con tapas gratis) a las 22.00 y fiestas semanales con DJ.

La Gritta BAR
(☎0 7634 0106; www.amari.com; 2 Th Meun-ngern; ⌚10.30-23.30) Al suroeste de la ciudad, este espectacular y moderno restaurante no encaja bien con los vetustos cimientos de esta otrora fantástica propiedad, pero ¿a quién le importa eso? Hay reservados desnivelados, grandes farolillos que irradian una luz tenue y un entarimado a un paso del mar (con rocas dispersas) ideal para tomar una copa al atardecer.

Monte's BAR
(Th Phisit Karani; ⌚11.00-24.00) Esto es lo que se dice un *pub* tropical: techo de paja, barra de madera natural, decenas de orquídeas y una pantalla plana para los días de partido. Los bebedores empedernidos aparecen los viernes por sus famosos mejillones al estilo belga, y los fines de semana arde la parrilla.

Boat Bar BAR DE AMBIENTE
(☎0 7634 2206; www.boatbar.com; 125/20 Th Rat Uthit) El primer local nocturno gay que abrió en Phuket todavía es discoteca, siempre muy animada. Eso sí, ¡conviene ir antes del cabaré de medianoche!

✩ Ocio

El cabaré y el boxeo tailandés aquí son algo especial.

Phuket Simon Cabaret CABARÉ
(☎0 7634 2011; www.phuket-simoncabaret.com; Th Sirirach; entrada 700-800 THB; ⌚funciones 19.30 y 21.30 a diario) Unos 300 m al sur de la ciudad, este cabaré ofrece un vestuario divino, *ladyboys* (*gà·teu·i*) convincentes y 600 localidades que se agotan rápido (se recomienda reservar).

Sound Phuket CLUB
(☎0 7636 6163; www.soundphuket.com; complejo Jung Ceylon, Unit 2303, 193 Th Rat Uthit; entrada variable; ⌚22.00-4.00) A día de hoy, este local circular y futurista es el local más de moda (y el menos sórdido) de Patong. Cuando pinchan DJ de relumbrón pueden cobrar 300 THB de entrada.

Rock City CLUB
(Th Rat Uthit; www.rockcityphuket.com; ⌚21.00-hasta tarde) Este antro oscuro se anima con bandas que tocan temas de AC/DC, Metallica y Guns N' Roses. Los martes, viernes y domingos suenan los Red Hot Chili Peppers, los Rolling Stones, los U2 y Bon Jovi durante la International Rock City Party (1000 THB), con barra libre de cócteles y cerveza hasta las 23.00, de modo que hay que ir pronto y aguantar hasta el final.

Estadio de boxeo Bangla BOXEO TAILANDÉS
(☎0 7282 2348; Th Phisit Karani; entrada 1000-1500 THB; ⌚21.00-23.30 ma, mi, vi y do) Nombre viejo, estadio nuevo y un saturado cartel de competitivos combates de *muay thai*.

Jung Ceylon CINE
(Th Rat Uthit) Para ver los últimos estrenos de Hollywood en las salas impecables, tipo anfiteatro, de este centro comercial.

Información

Hay cibercafés, bancos con cajeros automáticos y oficinas de cambio por toda la ciudad.

Oficina de correos (Th Thawiwong; ⊙9.00-16.30 lu-vi, hasta 12.00 sa)

Policía turística (☎1699; Th Thawiwong esq. Th Bangla)

Cómo llegar y desplazarse

Air Asia (☎0 7634 1792; www.airasia.com; 39 Th Thawiwong; ⊙9.00-21.00) tiene oficina en la ciudad.

Una carrera por Patong en *túk-túk* cuesta 50-100 THB. Hay muchos lugares donde alquilar una motocicleta de 125cc o todoterreno.

Big Bike Company (☎0 7634 5100; 106 Th Rat Uthit) alquila motocicletas de mayor cilindrada (500-1000 THB/día). Usar el casco es obligatorio, y del cumplimiento de esta norma se encargan los habituales controles policiales.

Budget (☎0 7629 2389; 44 Th Thawiwong; ⊙9.00-16.00) tiene una oficina en el Patong Merlin Hotel.

Las *sŏrng·tăa·ous* que van de la ciudad de Phuket a Patong salen desde Th Ranong, cerca del mercado diurno y de la rotonda de la fuente (el billete cuesta 25 THB). Alquilar una fuera de horario sube a 500 THB. En Patong, dejan y recogen pasajeros en el extremo sur de la playa, a una buena caminata del centro o a una carrera en mototaxi (20-30 THB) o en *túk-túk* (precios muy variables).

Hat Kamala

หาดกมลา

La tranquila aunque divertida Kamala, híbrido sosegado de las Hat Karon y Hat Surin, suele atraer a una mezcla de viajeros de larga estancia y fiesteros comedidos, de familias escandinavas que repiten y de parejas jóvenes. La bahía es magnífica y de aguas mansas y turquesas con un vaivén que arrullará al viajero hasta dormirlo. Las palmeras y los pinos cohabitan en la espesura y en el extremo rocoso del norte, donde el agua alcanza tonalidades esmeralda intensas y el buceo por el arrecife de roca recompensa, mientras que los nuevos complejos abundan en los acantilados del sur, con los barcos de popa larga a sus pies. Toda la playa queda arropada por lozanas colinas ondulantes que ojalá nunca sean urbanizadas. Además, es la única playa de Phuket con un sendero bordeado por un sinfín de restaurantes, complejos y tiendas. Para beneficiarse de la felicidad absoluta de Kamala, lo mejor es aparcar la motocicleta.

Puntos de interés y actividades

Los entendidos en playas de la zona dicen que el **Laem Singh**, al norte de Kamala, es uno de los mejores cabos de la isla. La playa, cercada por acantilados, no tiene acceso por carretera, de modo que hay que dejar el vehículo en el cabo y bajar por una estrecha senda; también se puede alquilar un barco de popa larga (1000 THB) desde la Hat Kamala. Pese a todo, se pone hasta la bandera.

Phuket Fantasea TEATRO TEMÁTICO **$$**
(☎0 7638 5000; www.phuket-fantasea.com; entrada con/sin cena 1900/1500 THB; ⊙18.00-23.30 vi-mi) Este "parque temático cultural" está al este de la Hat Kamala. Pese a su nombre, no hay ninguna atracción de feria, aunque ofrece un colorista y pomposo espectáculo de la danza tailandesa cuyos efectos de luz y de sonido podrían competir con los de la mismísima Las Vegas (30 elefantes incl.). En el escenario resalta una réplica de un templo jemer a tamaño real que quizá hipnotice a los niños. Está prohibido hacer fotografías.

Dónde dormir y comer

Layalina Hotel HOTEL **$$$**
(☎0 7638 5942; www.layalinahotel.com; h 5500-7700 THB, desayuno incl.; ❄@📶🏊) Pequeño hotel-*boutique* con suites de espacios fragmentados, terrazas en la azotea muy privadas y románticas vistas vespertinas sobre la arena blanca y el mar azul. La decoración es sencilla, tailandesa y chic, con mullidos edredones blancos y muebles de madera de tonos miel. Los precios incluyen una hora de masaje por pareja en el *spa*. La piscina es ridículamente pequeña, si bien el océano turquesa aguarda a escasos pasos.

Cape Sienna Hotel HOTEL **$$$**
(☎0 7633 7300; www.capesienna.com; h 8500-10 130 THB, bungalós 4350-5600 THB; ❄@📶🏊) Llamativo y romántico, este hotel destaca en el cabo sur y brinda magníficas vistas de la bahía azul celeste desde el vestíbulo y la piscina. Las habitaciones son modernas, de líneas definidas y frescas, y con todas las comodidades. No aceptan niños.

Clear House HOTEL **$$**
(☎0 7638 5401; www.clearhousephuket.com; h 1300 THB; ❄📶) Elegancia añeja con un toque moderno a base de habitaciones enjalbegadas y la pared principal de color rosa, edredones maravillosos, TV de pantalla plana,

wifi y enormes baños con suelos de guijarros. Para sentirse a gusto y punto.

Rockfish DE FUSIÓN $$
(☎0 7627 9732; 33/6 Th Kamala Beach; platos 150-1000 THB; ⏲desayuno, almuerzo y cena) Encaramado sobre la desembocadura del río y los barcos de popa larga, con vistas a la playa, la bahía y la montaña, es el mejor restaurante de Kamala. Sirve exquisiteces como la pechuga de pato estofada con col rizada y rollitos de vieira y jamón.

Cómo llegar y salir

El billete de una *sŏrng·tăa·ou* de línea de Kamala a Patong cuesta 50 THB, mientras el alquiler de una al completo (a partir del anochecer) sale por 250 THB.

Hat Surin

หาดสุรินทร์

Como ese chico o chica guapos del colegio que además tienen estilo, chispa y son divertidos e hijos de papá, Hat Surin es ese tipo de lugar que puede despertar las ganas de conocerlo/a. Con una amplia playa de arena dorada, unas aguas que combinan el turquesa claro de los bajíos con el azul intenso del horizonte y dos exuberantes cabos con rocas dispersas, Surin atrae solo con la mirada. Pero es que además tiene unas galerías impresionantes, varios complejos con *spa* de cinco estrellas y maravillosos restaurantes a pie de playa. Por lo que no sería de extrañar que mientras el viajero nade, tome el sol, tapee pescado a la parrilla o tome unos cócteles descalzo en los clubes chic, también se enamorara.

Dónde dormir

En la Hat Surin se encuentran algunos de los complejos más elegantes de Phuket, pero no salen baratos. Uno de los hoteles más exclusivos (e imán de famosos) de la isla es el lujosísimo **Amanpuri Resort** (☎0 7632 4333; www.amanresorts.com; chalés 925-8050 US$; ❄@≋).

The Surin Phuket HOTEL $$$
(☎0 7662 1579; www.thesurinphuket.com; h 17 000-58 000 THB; ❄☰≋) Situado en una playa privada tranquila e impresionante, el antiguo "The Chedi", con bungalós de madera que se ocultan bajo el follaje de la ladera e interiores naturales y lujosos, no podría ser mejor. Solo que para desplazarse por todo el complejo, lleno de cuestas y pasarelas arboladas que conectan las estancias, hay que estar en buena forma. A mediados del 2011 se remodeló exhaustivamente, por lo que seguro que ahora estará aún mejor.

Twin Palms RESORT $$$
(☎0 7631 6500; www.twinpalms-phuket.com; h 6100-38 800 THB; ❄@☰≋) Es la Audrey Hepburn de los hoteles de Phuket: un clásico aunque totalmente contemporáneo. La sensación de espacio es omnipresente, con piscinas minimalistas y artísticas acotadas por blancos y delicados franchipanes, y hasta las habitaciones más sencillas tienen espacio extra y baños inmensos, camas más que cómodas y una calma que lo invade todo. Queda a pocos minutos a pie de la playa. Muchos residentes extranjeros de toda Phuket acuden los domingos aquí para disfrutar del **'brunch'** (12.00-14.00; bufé 1300 THB) más popular de la isla.

Benyada Lodge HOTEL $$
(☎0 7627 1261; www.benyadalodge-phuket.com; h 2800-3500 THB; ❄@☰≋) Sus habitaciones, chic y modernas, son un chollo para tratarse de esta zona, con armarios negros de lamas, baños de terracota y cojines de seda en tonos pastel. El servicio tampoco decepciona. En resumen, un lugar ideal para disfrutar de la puesta de sol y de un chapuzón en la piscina del bar de la terraza o darse un garbeo hasta la playa.

Capri Hotel HOTEL $$
(☎0 7627 0597; www.phukethotelcapri.com; h 900-1500 THB; ❄☰) Columnas omnipresentes y habitaciones luminosas y coquetas con baños con arcos pintados. Las mejores disfrutan de balcones de hierro forjado de color rosa con vistas, eso sí, a una tranquila calle nada italiana. El bar italiano de la planta baja, toda una ganga, redondea una apuesta segura.

Dónde comer y beber

Hay infinidad de restaurantes excelentes en Surin y alrededores, incluidos numerosos, divertidos y deliciosos establecimientos de pescado y marisco en primera línea de mar.

Taste DE FUSIÓN $$
(☎08 7886 6401; tapas 160-225 THB) El mejor de la nueva hornada de restaurantes de playa con un toque urbano. A cubierto o al fresco, se puede comer ensaladas muy completas, solomillo en su punto y diferentes entrantes y platos principales tailandeses-mediterráneos. En una tentadora galería

Playas del norte

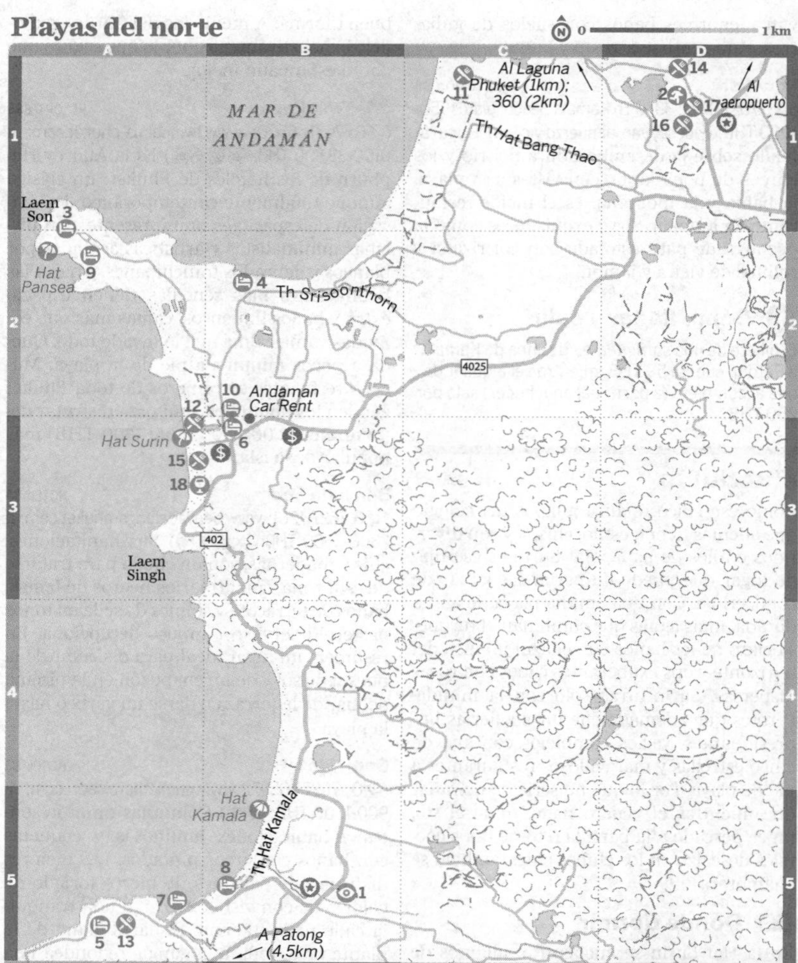

adosada venden joyas y arte tibetano, nepalí y local.

Catch DE FUSIÓN $$$
(☎0 7631 6500; principales 250-450 THB) Hay que ponerse el modelito de lino más fresco para comer en esta cabaña con cortinas en plena playa. Forma parte del Twin Palms y, aunque no está al lado, respira su misma elegancia.

Stereo Lab BAR, CLUB
(☎08 9218 0162; www.stereolabphuket.com; Hat Surin; ⏲11.00-2.00) Bar, pista de baile y despejadas vistas del mar. Ocasionales DJ de fama internacional.

ℹ Información

Hay un cajero automático en el Surin Plaza, al este de la playa en la carretera 4025. Casi todos los hoteles ofrecen acceso a internet por 1 THB por minuto.

ℹ Cómo llegar y salir

El billete de una *sŏrng·tăa·ou* de línea desde la ciudad de Phuket (Th Ranong) a la Hat Surin cuesta 35 THB por persona, mientras que contratar una al completo o un *túk-túk* sube hasta 450 THB.

En **Andaman Car Rental** (☎0 7662 1600; www.andamancarrent.com; ⏲9.00-21.00),

Playas de norte

Puntos de interés
1 Phuket Fantasea B5

Actividades, cursos y circuitos
2 Hideaway Day Spa D1

Dónde dormir
3 Amanpuri Resort A1
4 Andaman Bangtao Bay Resort B2
Benyada Lodge .... (véase 6)
5 Cape Sienna Hotel A5
6 Capri Hotel B3
7 Clear House A5
8 Layalina Hotel B5
9 The Surin Phuket A2
10 Twin Palms B2

Dónde comer
11 Babylon Beach Club C1
12 Catch A3
Chaba .... (véase 10)
13 Rockfish A5
14 Siam Supper Club D1
15 Taste A3
16 Tatonka D1
17 Tawai D1

Dónde beber
18 Stereo Lab A3

enfrente de la entrada a Twin Palms, alquilan automóviles (desde 1400 THB/día).

Ao Bang Thao อ่าวบางเทา

Casi tan grande e incluso más bonita que la bahía de Patong, sus impresionantes 8 km de arena blanca poseen una personalidad poliédrica. La mitad sur acoge algunos complejos de bungalós de tres estrellas. Más hacia el interior hay una vieja aldea de pescadores surcada por canales y salpicada con algunas parcelas de casitas ostentosas. No hay que asustarse si se ve alguna manada de búfalos de agua pastando a solo 100 m de una gigantesca zona en obras.

En pleno meollo destaca el –algo absurdo– complejo Laguna Phuket, una red de cinco complejos de cuatro y cinco estrellas y un vetusto centro comercial comunicados por un lago artificial (patrullado por barcas turísticas) y un sendero arbolado. Afortunadamente, hacia el norte la Madre Naturaleza se vuelve a imponer en forma de solitaria estela de fina arena blanca y azul tropical que se extiende pasado todo el bullicio y ofrece aquella paz que se buscaba antes de iniciar el viaje.

El reputado **Hideaway Day Spa** (☎08 1750 0026; www.phuket-hideaway.com; 382/33 Th Srisoontorn, Chergtalay) ofrece masajes tailandeses tradicionales y tratamientos de sauna y lodoterapia (desde 1500 THB) en un apacible entorno boscoso en la punta de una laguna. Además cuenta con su propia línea de productos de *spa*.

Dónde dormir

Laguna Phuket alberga cinco complejos de lujo, un campo de golf de 18 hoyos y 30 restaurantes. Los clientes de cualquiera de los complejos tienen acceso a todo el recinto. Un servicio frecuente de autobuses recorre los distintos alojamientos, al igual que los pontones (vía las lagunas).

Banyan Tree Phuket HOTEL **$$$**
(☎0 7632 4374; www.banyantree.com; chalés desde 25 000 THB;) Este hotel del Laguna Phuket, uno de los más bonitos de Phuket y el primero en introducir bungalós con piscina privada, es un oasis de lujo relajado y comedido. Imprescindible pasarse por el *spa*.

Angsana Laguna Phuket HOTEL **$$$**
(www.angsana.com; consúltense precios en su web;) Encerrado en el Laguna Phuket, el Sheraton Grande Laguna, totalmente reformado, desde diciembre del 2011 se llama Angsana Laguna Phuket. Gigantesco, el hotel gustará a los más dinámicos, con una piscina de 323 m, instalaciones para practicar cualquier deporte acuático y más de cuatrocientas habitaciones.

Andaman Bangtao Bay Resort HOTEL **$$$**
(☎0 7627 0246; www.andamanbangtaobayresort.com; bungalós 3900-5900 THB;) Todos los bungalós, pequeños y agradables, tienen vistas al mar y desprenden un ambiente de colonia de verano. El diseño es muy tailandés, con tallas de madera en las paredes y cocos que cuelgan de los aleros del tejado, aunque por sus precios podría ofrecer un poco más de lujo.

Dónde comer

La mayoría de los mejores restaurantes de Phuket se hallan al cruzar la entrada principal del Laguna, con algunos más, preferentemente de pescado y marisco, en los cafés de playa al sur del Banyan Tree Phuket.

Tatonka INTERNACIONAL $$$
(0 7632 4349; Th Srisoonthorn; platos 250-300 THB; cena ju-ma) Es la cuna de la "cocina trotamundos", desarrollada por su chef-propietario Harold Schwarz con ingredientes frescos locales tratados con técnicas culinarias de Europa, Colorado y Hawái. Su ecléctica selección, tipo tapas, incluye imaginativas propuestas vegetarianas y marineras y delicias como la *pizza* de pato Pekín (220 THB). El menú degustación (750 THB por persona, 2 mín.) permite probar un poco de todo. En temporada alta se recomienda reservar (por teléfono).

Siam Supper Club INTERNACIONAL $$$
(0 7627 0936; Hat Bang Thao; platos 180-450 THB) Es uno de los establecimientos más de moda en Phuket, con cócteles, música *jazz* y excelente comida principalmente occidental, p. ej., *pizzas* de *gourmet, cioppino* de marisco, solomillo de ternera con setas silvestres y puré de trufas o un pecaminoso pastel de queso.

Babylon Beach Club ITALIANA Y TAILANDESA $$$
(08 1970 5302; Hat Bang Thao; platos 120-850 THB;) A este restaurante costero, blanco e impecable, se llega por una pista de tierra. Sus nuevos propietarios, italianos, proponen almuerzos informales como hamburguesas y ensaladas, y cenas más elaboradas, p. ej., *risotto* de gambas y espárragos.

Tawai TAILANDESA $$$
(0 7632 5381; Moo 1, entrada al Laguna Resort; principales 180-300 THB) Esta joya de la cocina tailandesa ocupa un bonito caserón decorado con arte tradicional y permite disfrutar de clásicos como pato asado al *curry* y *lâhp* de cerdo. Traslado gratis a/desde los hoteles del Laguna.

Chaba TAILANDESA $$$
(0 7627 1580; Moo 1, entrada al Laguna Resort; comidas 400-800 THB) Comida tailandesa de categoría servida con gracia. Está al salir del Laguna. Basta con señalar el producto que se desee y este será servido al vapor, asado o frito.

Cómo llegar y salir

Una *sŏrng·tăa·ou* entre la Ao Bang Thao y la ciudad de Phuket (Th Ranong) cuesta 25 THB por persona. Contratar un *túk-túk* sube hasta 700 THB.

Parque Nacional de Sirinat

อุทยานแห่งชาติสิรินาถ

Incluidas las playas de Nai Thon, Nai Yang y Mai Khao, el antiguo Parque Nacional de Nai Yang y la Reserva Natural de Mai Khao, el **Parque Nacional de Sirinat** (0 7632 8226; www.dnp.go.th; entrada 200 THB; 8.00-17.00) protege 22 km² de costa y 68 km² de mar.

La zona está a unos 15 minutos en automóvil del aeropuerto internacional de Phuket, lo que resulta muy conveniente para realizar una primera parada.

Puntos de interés y actividades

La **Hat Nai Thon** es exactamente ese bonito arco de arena dorada, alejada del bullicio de Phuket, que se iba buscando para darse un buen chapuzón (salvo durante el monzón), y con bonitos corales cerca de los cabos de cada punta.

La bahía de la **Hat Nai Yan** está protegida por un arrecife de hasta 20 m de profundidad, un buen enclave para ponerse las gafas de buceo en la temporada seca o para montar olas en la lluviosa. Por la pista de tierra en la punta más meridional se verá una, a primera vista, ristra de restaurantes de pescado y marisco, chiringuitos de playa y, aunque suene raro, sastrerías. Todo es como muy rudimentario, lo cual se agradece.

Oi's Longtail (08 1978 5728; 66 Moo 3, Hat Nai Yang; circuitos 1600 THB), con sede en el restaurante Bank, delante del muelle de barcos de popa larga, se especializa en circuitos de buceo de dos horas por los arrecifes que rodean Ko Waeo.

La Hat Nai Yang es un lugar fantástico para practicar *kite boarding*. Dos buenos operadores son:

Kiteboarding Asia 'KITEBOARDING'
(08 1591 4594; www.kiteboardingasia.com; clases desde 4000 THB) Tiene su oficina principal en la Hat Nai Yang y un quiosco en el extremo sur de la Hat Karon (véase plano p. 636) abierto en temporada baja. También imparte cursos delante de la Friendship Beach de Rawai.

Kite Zone 'KITEBOARDING'
(☎0833 952 005; www.kitesurfingphuket.com; clases de iniciación desde 1100 THB) La escuela más joven y moderna de esta disciplina tiene oficinas en Nai Yang y, con una privilegiada ubicación en la Friendship Beach, en Rawai. Ofrece cursos de una hora a cinco días.

Unos 5 km al norte de la Hat Nai Yang está la **Hat Mai Khao,** la playa más larga de Phuket, pero con fuertes resacas marinas, así que al tanto con el baño. Las tortugas marinas desovan en ella entre noviembre y febrero. Excepto los fines de semana y festivos, la playa permanece casi desierta.

Dónde dormir y comer

HAT NAI THON หาดในทอน

Naithonburi HOTEL $$$
(☎0 7620 5500; www.naithonburi.com; Moo 4, Th Hat Nai Thon; h 3500-4500 THB) Aunque con 222 habitaciones, es tan grande que apenas se nota. Las habitaciones son espaciosas, con suelos de terracota, seda tailandesa en las camas y balcones privados. La inmensa piscina está bordeada por tumbonas y canapés. Su **Chao Lay Bistro** (principales desde 180 THB) es la gran apuesta culinaria de Nai Thon.

Naithon Beach Resort HOTEL $$$
(☎0 7620 5379; www.phuket-naithon.com; 23/31 Moo 4, Th Hat Nai Thon; casitas 3300 THB; ⊙nov-may; ❄) También llamado Woody's Paradise, los pequeños chalés de lustrosa madera con baños de pizarra están encajados en el extremo sur de la Hat Nai Thon, a diez pasos de la arena.

HAT NAI YANG Y HAT MAI KHAO หาดในยาง/หาดไม้ขาว

Anantara Phuket HOTEL $$$
(☎0 7633 6100; www.phuket.anantara.com; 888 Moo 3, Tumbon Mai Khao; chalés desde 35 000 THB; ❄@📶🏊) El complejo más nuevo de Phuket da a una serena laguna llena de lotos que se extiende hacia la playa. Los lujosos chalés con piscina, de estilo clásico tailandés, se comunican con el vestíbulo, los bares, los restaurantes y la playa mediante pasarelas de madera gastada que zigzaguean entre altas palmeras. El **Bua Luang Spa** (véase p. 624) y el romántico **Sea Fire Salt Restaurant** están abiertos a los no huéspedes.

👍 **Indigo Pearl** HOTEL $$$
(☎0 7632 7006; www.indigo-pearl.com; h 6800-26 250 THB; ❄@📶🏊) El que es uno de los complejos más exclusivos y modernos de Phuket tiene un interiorismo inspirado en la historia de la minería de estaño de la isla. El resultado, una rara pero acertada combinación de los temas industrial y tropical, resulta en un alojamiento tremendamente balsámico. Piezas tales como tornos de banco, balanzas y otros aparejos de la minería se utilizan en la decoración y llegan hasta el más mínimo detalle, p. ej., a los portarrollos de papel higiénico, que son grandes tornillos, y las salas comunitarias, bañadas por una luz azul añil. El jardín, moderno y exuberante, rodea una piscina-oasis con una gran cascada.

Sala Resort & Spa HOTEL $$$
(☎0 7633 8888; www.salaphuket.com; 333 Moo 3, Tambon Maikhao; h desde 11 550 THB, chalés desde 15 750 THB; ❄@🏊📶) Este elegantísimo hotel-*boutique* mezcla influencias chino-portuguesas y *art déco* con una vena moderna. Hasta las habitaciones del 2º piso tienen baños al aire libre. La piscina de horizonte infinito de granito negro en primera línea de playa es fabulosa, y la zona del bar incluye conjuntos con sofás acolchados circulares. Es ese tipo de lugar que hace sentirse alguien famoso. Por supuesto, ofrece servicio de *spa*.

Nai Yang Beach Resort HOTEL $$
(☎0 7632 8300; www.naiyangbeachresort.com; 65/23-24 Th Hat Nai Yang; h desde 3600 THB; ❄@📶🏊👪) Este baluarte de los alojamientos de precio medio, tan limpio como concurrido, sobresale en la Hat Nai Yang, bordeada de casuarinas. Las habitaciones más modestas tienen ventilador, mientras que las más caras lucen un estilo tailandés moderno bastante chic.

JW Marriott Phuket Resort & Spa HOTEL $$$
(☎0 7633 8000; www.marriott.com; h desde 6800 THB; ❄@📶🏊👪) Es tan grande que hay transporte para moverse por el recinto, entre piscinas y estanques de lirios y por una pronunciada playa dorada que de noche se ilumina con antorchas. Las habitaciones son elegantes, con grandes baños, suelos de parqué y vistas al mar.

Sirinat National Park 'CAMPING', BUNGALÓS $-$$
(☎0 7632 7152; reserve@dnp.go.th; parcelas 30 THB, bungalós 1000-2000 THB) Hay sitio para acampar (pero no tiendas) y grandes bungalós de cemento en las oficinas del parque, en un fabuloso acantilado a la sombra y con arena blanca. Si no se ha reservado por internet, hay que registrarse en el centro de visitantes.

Rimlay Bungalows PENSIÓN $
(☎08 9646 0239; andaman-automóvil@hotmail.com; 90 Moo 5 Nai Yang; bungaló 500 THB, h 800-1800 THB) Estos minúsculos y sencillos bungalós de bambú ocupan dos fincas y ofrecen habitaciones con ventilador, suelos alicatados y baños adjuntos con agua caliente. Fantástica relación calidad-precio.

ℹ Cómo llegar y salir

Un taxi desde el aeropuerto cuesta unos 200 THB. No hay ninguna *sŏrng·tăa·ou* de línea, y un *túk-túk* desde la ciudad de Phuket sale por unos 800 THB.

Real Reserva Natural y Forestal de Khao Phra Taew อุทยานสัตว์ป่าเขาพระแทว

Phuket no se reduce a mar y arena. Al norte de la isla, este parque protege 23 km2 de pluvisilva (bosque monzónico de hoja perenne). Se puede caminar por el monte hasta las fotogénicas cascadas de **Nam Tok Ton Sai** y **Nam Tok Bang Pae**, dos cascadas que están más bonitas durante la estación de lluvias (jun-nov). El punto más elevado del parque es el **Khao Phara** (442 m). Debido a su estatus real, la reserva está mejor protegida que la media de parques nacionales de Tailandia.

Un botánico alemán descubrió una insólita especie de palmera en Khao Phra Taew a mediados de la década de 1900. Llamada palmera de hojas con dorso blanco o palmera *langkow*, este abanico vegetal alcanza los 3-5 m de altura y crece solo aquí y en el Parque Nacional de Khao Sok (p. 610).

En la actualidad, los únicos mamíferos que habitan en el parque son los seres humanos, cerdos, monos, loris perezosos, langures, gatos de algalia, zorros voladores, ardillas, ciervos ratón y otras especies más pequeñas. Mucho cuidado con las cobras y los jabalíes.

Previa solicitud, los guardabosques pueden hacer de guías por el parque; el precio es negociable.

Centro de Rehabilitación de Gibones de Phuket REFUGIO DE ANIMALES
(plano p. 623; ☎0 7626 0492; www.gibbonproject.org; se pide donativo; ⏲9.00-16.00) Cerca de la Nam Tok Bang Pae, esta diminuta reserva está abierta al público. Financiado con donativos (mantener un gibón cuesta 1500 THB al año), el centro adopta gibones otrora en cautividad con la intención de devolverlos a su medio natural. También ofrece trabajo a los voluntarios, p. ej., facilitar información didáctica a los visitantes, limpiar jaulas, alimentar a los animales y seguir el rastro de los liberados.

Cable Jungle Adventure Phuket 'TIROLINAS'
(☎08 1977 4904; 232/17 Moo 8, Th Bansuanneramit; 1950 THB por persona; ⏲9.00-18.00) Para emociones fuertes, basta con colocarse el arnés y subir hasta este laberinto de ocho *tirolinas* apartadas en los montes que comunican barrancos a través de árboles adultos. La altura varía entre 6 y 23 m y el recorrido más largo alcanza los 100 m. Hay que llevar calzado cerrado.

Con vehículo propio, para llegar al Khao Phra Taew desde la ciudad de Phuket hay que tomar Th Thepkasatri hacia el norte durante 20 km hasta el distrito de Thalang y torcer a la derecha en el cruce de la Nam Tok Ton Sai, que está a 3 km por carretera. Algunas agencias de viajes ofrecen circuitos de un día al parque.

Distrito de Thalang อำเภอถลาง

Unos centenares de metros al noreste del famoso **monumento a las Heroínas** del distrito de Thalang por la carretera 4027, y unos 11 km al noroeste de la ciudad de Phuket, está el **Museo Nacional de Thalang** (plano p. 623; ☎0 7631 1426; entrada 30 THB; ⏲8.30-16.00), con cinco salas de exposición que repasan temas sureños tales como la historia de Thalang-Phuket y la colonización de la costa del Andamán, y que describen las diferentes identidades étnicas del sur de Tailandia. La leyenda de las "dos heroínas" (que se conmemora en el monumento vecino), las cuales al parecer repelieron una invasión birmana en el s. XVII convenciendo a las mujeres de la isla para que se vistieran de hombres, también se explica. Una de las salas está presidida por la impresionante estatua de Visnu del s. IX y 2,3 m de altura, hallada en Takua Pa a principios del s. XX.

En el mismo distrito, 5 km al norte del cruce y cerca de la localidad de Thalang, está el **Wat Phra Thong** (plano p. 623; entrada con donativo; ⏲amanecer-anochecer), el "templo del Buda Dorado" de Phuket. De la imagen, medio enterrada, solo se ven la cabeza y los hombros. Según la leyenda local, aquellos que han intentado desenterrarla han sufrido graves enfermedades o trágicos accidentes. Este templo es muy reverenciado, especialmente por los chinos tailandeses, muchos de los cuales creen que el buda procede de China. Durante la celebración del Año Nuevo chino, los peregrinos llegan desde Phang-Nga, Takua Pa y Krabi.

PROVINCIA DE KRABI

Cuando los viajeros hablan del asombroso Andamán, quizá se refieren a Krabi y a sus características formaciones calizas costeras. Ciertamente, los escaladores se sentirán en la gloria en Railay, mientras que los aspirantes a náufragos tienen Ko Lanta, Ko Phi-Phi y 150 islas más que flotan en las proximidades de este blanquísimo litoral.

Ciudad de Krabi กระบี่

27 500 HAB.

Compacta y pequeña, esta singular ciudad, majestuosamente situada entre formaciones calizas kársticas de ángulos imposibles que sobresalen de los manglares, sorprende también por sus innumerables pensiones y agencias de viajes. Hay restaurantes occidentales por todas partes, al igual que tiendas de baratijas. Además, quien se quede

Krabi

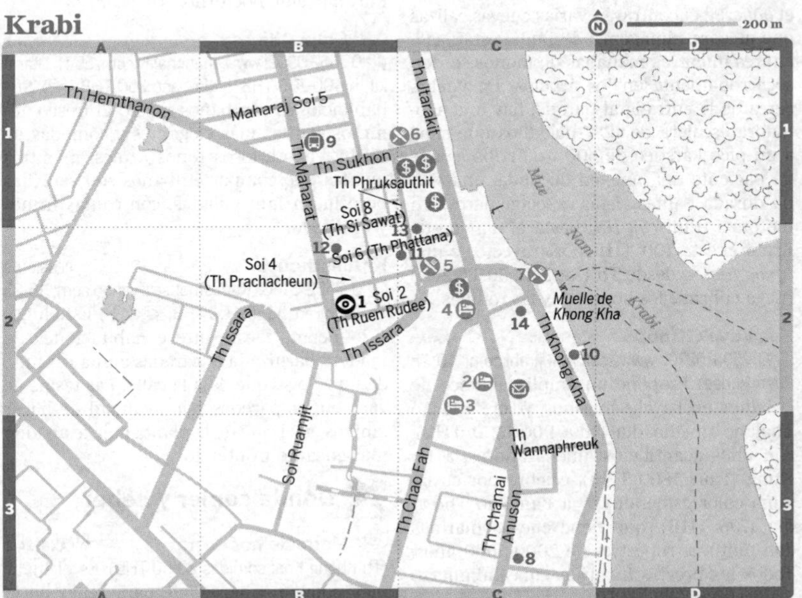

Krabi

Puntos de interés
1 Sea Kayak Krabi B2

Dónde dormir
2 Chan Cha Ley C2
3 K Guesthouse C2
4 Pak-up Hostel C2

Dónde comer
5 Cucina Italiana Viva C2
6 Mercado diurno C1
7 Mercado nocturno C2

Información
8 Oficina de inmigración C3

Transporte
9 Furgonetas a la Ao Luk B1
10 PP Family Co C2
11 *Sŏrng•tăa•ou* a la Ao Luk C2
12 *Sŏrng•tăa•ou* a Ao Nang y la Hat Noppharat Thara B2
13 *Sŏrng•tăa•ou* a Ao Nang y la Hat Noppharat Thara C2
14 Yellow House C2

más tiempo descubrirá un genuino panorama provinciano.

Th Utarakit es la calle principal que atraviesa Krabi y casi todos los lugares de interés están en las *sois* que desembocan en ella.

Puntos de interés y actividades

Wat Tham Seua TEMPLO

(วัดถ้ำเสือ) El complejo cavernario del templo de la Cueva del Tigre, en una extensa colina, está 8 km al noroeste de Krabi. Es fácil de visitar en una excursión de un día desde la ciudad. Para ver su mejor sección hay que seguir una ruta circular por un pequeño valle forestal detrás de la cresta donde se halla el *bòht*. Se encontrarán varias cuevas calizas que atesoran imágenes de Buda, estatuas y altares mientras manadas de monos se ríen socarronamente en los árboles. De vuelta, cerca de la entrada al parque, hay una agotadora escalera de 1237 peldaños que sube a un pico kárstico de 600 m. Arriba aguarda paciente una imagen de Buda, una *stupa* dorada y unas vistas espectaculares. Un mototaxi o un *túk-túk* hasta el *wat* desde Krabi cuesta 100 THB por trayecto, y una *sŏrng·tăa·ou* desde Th Utarakit, 50 THB. Se ruega cubrirse los hombros y las rodillas.

Sea Kayak Krabi KAYAK

(☎0 7563 0270; www.seakayak-krabi.com; 40 Th Ruen Rudee) Propone un amplio abanico de circuitos en kayaks marinos, p. ej., a la Ao Thalane (medio día/1 día 900/1500 THB), con unos acantilados amenazadores, a Ko Hong (1 día 1800 THB), célebre por su laguna color esmeralda, y a Ban Bho Tho (1 día 1700 THB), que tiene cuevas marinas con pinturas rupestres de 2000-3000 años. Todos los precios incluyen guías, almuerzo y agua potable.

Circuitos

Varias compañías ofrecen salidas de un día por el Khlong Thom, 45 km al sureste de Krabi por la carretera 4, que discurren por algunos manantiales termales y pozas de agua dulce. Suelen costar 1000-1200 THB, transporte, almuerzo y bebidas incluidos; conviene llevar un bañador y buenos zapatos para caminar. También existen otros "circuitos por la selva".

Dónde dormir

Krabi cuenta con una excepcional oferta de pensiones que no para de mejorar, aunque para lujo habrá que ir a la cercana Ao Nang. En temporada baja, los precios de las pensiones pueden llegar a caer hasta los 150 THB por noche.

Pak-up Hostel ALBERGUE $

(☎0 5611 955; www.pakuphostel.com; 87 Th Utarakit; dc 180-200 THB, d 600 THB; ❄📶) Este elegante albergue incluye varios dormitorios muy modernos de diez plazas con grandes literas de madera adosadas a la pared, cada una con taquilla. Los grandes baños tienen compartimentos para las duchas, algunas de efecto lluvia y agua caliente. Hay dos bares en el recinto (uno con conciertos cada noche) donde se respira un ambiente joven muy a lo club nocturno.

Chan Cha Lay PENSIÓN $

(☎0 7562 0952; www.chanchalay.com; 55 Th Utarakit; h 400-700 THB, h sin baño 250 THB; ❄) Sus habitaciones con baños medio al fresco adjuntos son las más elegantes y cómodas de Krabi, en preciosos tonos azules, mientras que las que comparten baños son sencillas pero lucen inmaculadas, con camas firmes y ventilador.

K Guesthouse PENSIÓN $

(☎0 7562 3166; Kguesthouse@yahoo.com; 15-25 Th Chao Fan; h 150-600 THB; ❄@📶) Este lugar a lo Lejano Oeste ofrece habitaciones de madera barnizada encaradas a una veranda de un 2º piso que da a la calle. Las testas de vaca en las paredes y la facilidad de hacer amigos en el café de la planta baja le añaden más encanto fronterizo.

Dónde comer y beber

Mercado nocturno TAILANDESA $

(Th Khong Kha; comidas 20-50 THB) Es el lugar más popular y agradable para cenar en la ciudad, cerca del muelle de Khong Kha. Aunque haya carta en inglés la comida es genuina, con platos como ensalada de papaya, fideos fritos, *đôm yam gûng* (sopa de gambas y limoncillo) y postres típicos a base de leche.

Mercado diurno TAILANDESA $

(Th Sukhon; comidas 20-60 THB) Más tailandés que el mercado nocturno, entre los puestos de fruta tropical humean ollas de *curry* y hay grandes y deliciosas bandejas de fideos con calamar frito, ternera salteada, huevos a la mostaza, pescado frito y maíz hervido. Abre casi cada noche aunque se llame diurno.

Cucina Italiana Viva ITALIANA $$
(☎0 7563 0517; 29 Th Phruksauthit; *pizzas* 200-260 THB) Deliciosas *pizzas* de masa fina con variedad de quesos y coberturas a elegir. También hay *calzones*, vino italiano, helado y café, y servicio de entrega a domicilio.

Información

Los *ferries* a Ko Phi-Phi y Ko Lanta salen de un embarcadero de pasajeros del Khlong Chilat, 4 km al suroeste de la ciudad. La terminal de autobuses de Krabi queda al norte del centro, en el Talat Kao, cerca del cruce de Th Utarakit. El aeropuerto está 17 km al noreste.

Muchas pensiones y restaurantes ofrecen acceso a internet por 40-60 THB la hora, y también hay numerosos bancos y cajeros automáticos.

Oficina de inmigración (☎0 7561 1350; Th Chamai Anuson; ⌚8.30-16.00 lu-vi) Gestiona ampliaciones de visados.

Hospital de Krabi (☎0 7561 1210; Th Utarakit) Está 1 km al norte de la ciudad.

Oficina de correos (Th Utarakit) Justo al sur del desvío al muelle de Khong Kha.

Cómo llegar y salir

Avión

Casi todas las aerolíneas nacionales ofrecen vuelos entre Bangkok y el aeropuerto internacional de Krabi (ida 4400 THB, aprox.; 1¼ h). **Bangkok Air** (www.bangkokair.com) opera un vuelo diario a Ko Samui por unos 3800 THB.

Barco

Los barcos a Ko Phi-Phi y Ko Lanta zarpan del muelle de pasajeros del Khlong Chilat. Si se saca el pasaje en una agencia de viajes, el traslado sale gratis.

El mayor operador de barcos local es **PP Family Co** (☎0 7561 2463; www.phiphifamily.com; Th Khong Kha), que cuenta con una taquilla junto al muelle en la ciudad. En temporada alta hay servicios a Ko Phi-Phi (300 THB, 1½ h) a las 9.00, 10.30, 13.30 y 15.00, aunque en la baja se reducen a solo dos.

De noviembre a mayo, solo hay un servicio diario a Ko Lanta (350 THB, 2 h), que zarpa del muelle Khlon Chilat de Krabi a las 11.30. Los barcos también suelen parar en Ko Jum (1 h), donde los barcos de popa larga hacen de esquife hasta la orilla (pero el billete se paga entero, 350 THB). Durante la estación de lluvias solo se puede ir a Ko Lanta en las frecuentes furgonetas con aire acondicionado (300 THB, 2½ h), que también funcionan durante la temporada alta.

Para Railay, los barcos de popa larga salen del muelle de Khong Kha de Krabi a la Hat Rai Leh East (150 THB, 45 min) entre 7.45 y 18.00. Los barqueros no zarpan hasta llenar la embarcación con diez pasajeros; también se puede alquilar una al completo por 1500 THB.

Para ir a Phuket o a las islas Ko Yao, la ruta más rápida es con un barco directo desde el muelle en Ao Nang (véase p. 654). Las *sŏrng·tăa·ous* circulan entre los dos muelles por 50 THB; un taxi cuesta 300-400 THB.

Autobús

La **terminal de Krabi** (☎0 7561 1804; Th Utarakit esq. ctra. 4) está en el cercano Talat Kao, 4 km al norte de Krabi. Los autobuses públicos con aire acondicionado salen hacia Bangkok (720 THB, 12 h) a las 7.00, 16.00 y 17.30. También hay uno vip diario muy cómodo de 24 plazas (1100 THB) a las 17.30. Desde la Terminal Sur de autobuses de Bangkok, los vehículos salen a las 7.30 y entre 19.00 y 20.00. También hay servicios públicos con aire acondicionado frecuentes del Talat Kao a Hat Yai (170 THB, 3 h), Phuket (145 THB, 3½ h), Surat Thani (140 THB, 2½ h) y Trang (90 THB, 2 h).

Furgoneta

Se contratan a través de las agencias de viajes de la ciudad. Los precios varían mucho, por lo que se puede salir a comparar. Algunos ejemplos de tarifas son: Ao Leuk (80 THB, 1 h), Hat Yai (350 THB, 3 h), Ko Lanta (350 THB, 1½ h) y Phuket (350 THB, 3 h). Arrancan en cuanto se llenan.

'Sŏrng·tăa·ou'

Parten de la estación de autobuses al centro de Krabi y desde allí siguen hasta la Hat Noppharat Thara (40 THB), Ao Nang (60 THB) y el cementerio de conchas en la Ao Nam Mao (80 THB) de 6.00 a 18.30. En temporada alta hay servicios más frecuentes hasta las 22.00 por un suplemento de 10 THB. Para ir a la Ao Luk (80 THB, 1 h), las *sŏrng·tăa·ous* salen desde la esquina de Th Phattana y Th Phruksauthit, la última hacia las 15.00.

Cómo desplazarse

El centro de Krabi se recorre fácilmente a pie, pero la terminal de autobuses y el aeropuerto quedan lejos. Un taxi del aeropuerto a la ciudad cuesta 400 THB (en dirección opuesta 350 THB), mientras los mototaxis cobran 300 THB. Las agencias de la ciudad reservan plazas en el autobús del aeropuerto por 120 THB. Una *sŏrng·tăa·ou* entre la terminal de autobuses y el centro de Krabi cuesta 40 THB.

Automóvil y motocicleta

Alquilar un vehículo es una manera excelente de explorar los alrededores de Krabi. Casi todas las agencias de viajes y pensiones de la ciudad alquilan motocicletas Yamaha por unos 200 THB al día. **Yellow House** (☎0 7562 2809; Th Chao Fah) tiene una reluciente flota de Yamahas y facilita cascos. Algunas agencias de viajes de Th Utarakit

MERECE LA PENA

PARQUE NACIONAL DEL KHAO PHANOM BENCHA

Este **parque** (อุทยานแห่งชาติเขาพนมเบญจา; ☎0 7566 0716; adultos/menores de 14 años 200/100 THB) de 50 km² protege una zona espectacular de pluvisilva a lo largo de la columna vertebral del Khao Phanom Bencha (1350 m de altitud), 20 km al norte de Krabi. El parque está plagado de senderos señalizados que llevan a bucólicas cascadas, como la **cascada de Huay To,** a 500 m de la oficina central del parque. Casi tan espectaculares son las vecinas cascadas de Huay Sadeh y del Khlong Haeng. De camino al parque se puede visitar la **Tham Pheung,** una cueva espectacular con relucientes estalactitas y estalagmitas. Abundan los senderos por la zona.

Muchos ornitólogos se acercan hasta aquí para ver cálaos crestiblancos y cálaos de yelmo, argos y la extremadamente rara pita de Gurney. En el parque no hace falta guía, pues los caminos están muy bien indicados. Sin embargo, los visitantes que contratan uno suelen ver más animales y disfrutar de una experiencia más intensa.

No hay transporte público para llegar, pero es fácil alquilar una motocicleta en Krabi; hay que seguir el desvío señalizado que parte de la carretera 4 y aparcarla junto a la oficina central del parque. Otra opción es alquilar un *túk-túk* por unos 600 THB, ida y vuelta.

tienen pequeños todoterrenos por 1200-1800 THB al día.

Ao Nang

อ่าวนาง

12 400 HAB.

Es cierto que se trata de una ciudad con playa entregada al turismo, pero tiene cosas que gustarán. Todo empieza con las playas, acotadas por cabos calizos comunicados por estrechas vetas de arena dorada. En la temporada seca el mar color turquesa resplandece, mientras que en la lluviosa las aguas revueltas remueven los bajíos y se tornan de color moca. Para bañarse a placer cualquier día despejado basta con ir a una de las islas que asoman en el horizonte.

Ao Nang es compacta y fácil de patear, con una avalancha de bonitas urbanizaciones de precio medio y alto que ofrecen buenos descuentos. No es ni por asomo tan económica (ni genuina) como la ciudad de Krabi, pero es más limpia y soleada, y ofrece una relación calidad-precio mucho mejor que Phuket. También se pueden hacer muchas cosas (circuitos por los manglares y salidas de buceo con tubo incl.) y está solo a 40 minutos en automóvil del aeropuerto de Krabi, y a 20 minutos en barco de popa larga de la impresionante Railay. No sorprende pues que esta playa sea cada vez más popular entre viajeros de todo tipo.

Puntos de interés

Cementerio de Conchas RESERVA NATURAL

(สุสานหอย; entrada 50 THB; 🕗8.30-16.30) También conocido como Su-San Hoy o Fósiles Gasterópodos, este lugar está unos 9 km al este de Ao Nang, en el extremo oeste de la Ao Nam Mao, lleno de gigantescas losas formadas por millones de diminutas conchas fosilizadas de 75 millones de años de antigüedad. Hay un pequeño **centro de visitantes** (entrada 50 THB; 🕗8.30-16.30), con muestras de geología y diferentes puestos de tentempiés. El viaje en *sŏrng·tăa·ou* desde Ao Nang cuesta 30 THB.

Actividades

En Ao Nang la oferta es mayúscula y los menores de 12 años normalmente pagan la mitad.

Kayak

Algunas agencias ofrecen circuitos en kayak a los manglares o a las islas próximas a Ao Nang. Entre los destinos más populares están la bucólica laguna marina en Ko Hong (1500-1800 THB) para ver los puntos de recolección de los nidos de golondrinas (para la famosa sopa). También hay salidas a los majestuosos acantilados y manglares plagados de animales de la Ao Thalane (medio día/1 día 500/800 THB) y a las cuevas marinas y pinturas rupestres milenarias de Ban Bho Tho (medio día/1 día 700/900 THB). Los precios varían, pero siempre suelen incluir el almuerzo, fruta, agua potable, kayaks marinos y guías.

Submarinismo y buceo con tubo

En Ao Nang hay muchas escuelas de submarinismo que ofrecen salidas a las islas próximas, a destacar Ko Si, Ko Ha, Yava Bon y Yava Son (2 inmersiones 3200 THB). Ko Mae Urai es uno de los enclaves más especiales de la zona, con dos túneles submarinos llenos de corales blandos y duros. Otras se alejan más, hasta el *King Cruiser* (3 inmersiones 4700 THB) y Ko Phi-Phi (2 inmersiones 3900 THB). Un curso PADI en aguas abiertas cuesta 14 900-16 000 THB. Entre las escuelas más fiables están **Ao Nang Divers** (☎0 7563 7244; www.aonang-divers.com) y el **Poseidon Dive Center** (☎0 7563 7263; www.poseidon-diving.com). Casi todas las empresas de submarinismo también organizan salidas de buceo con tubo por la zona.

Ciclismo

Se puede hacer un Tour de Krabi a través de **Krabi Eco Cycle** (☎0 7563 7250; www.krabiecocycle.com; 41/2 Muu 5; circuito de medio día/1 día 800/1700 THB). Este recomendable circuito de un día en bicicleta (15,5 km) pasa por plantaciones de caucho, pequeñas aldeas, manantiales termales y acaba con un refrescante remojón en la Piscina Esmeralda, de nombre muy acertado. En todos los circuitos, excepto en el de medio día en bicicleta, se incluye el almuerzo.

Cursos

Krabi Thai Cookery School COCINA
(☎0 7569 5133; www.thaicookeryschool.net; 269 Moo 2, Ao Nang, ctra. 4204) A 10 km de Ao Nang, entre el Wat Sai Thai y la Ao Nam Mao, esta escuela imparte cursos de cocina tailandesa de un día desde 1000 THB, traslados incluidos.

Circuitos

Cualquier agencia de viajes importante ofrece populares circuitos por cuatro o cinco islas por unos 2200 THB. El **Ao Nang Long-tail Boat Service** (☎0 7569 5313; www.aonangboatco-op.com) alquila embarcaciones a grupos de cinco o seis personas hasta la isla Hong (2500 THB) y la Bamboo Island ("isla del Bambú"; 3800 THB), además de los típicos circuitos a cinco islas. También se pueden contratar salidas de medio día a las islas Poda y Pollo (1700 THB, 4 h) para cuatro personas.

Varias empresas ofrecen circuitos al **Khlong Thom**, con visitas a pozas de agua dulce, manantiales termales y el **Museo del Wat Khlong Thom** (1200/900 THB adultos/niños). Los llamados *"mystery tours"* ("circuitos sorpresa") visitan granjas de serpientes, aldeas rústicas, pozas cristalinas y plantaciones de caucho, piña, banana y papaya (900/450 THB adultos/niños). También se ofrecen circuitos a atracciones de los alrededores de la Ao Phang-Nga y a algunos espectáculos de animales un tanto dudosos.

Otra opción es el viaje de un día a Ko Phi-Phi con el **'Ao Nang Princess'** (adultos/niños 1400/1000 THB). El barco zarpa a las 9.00 desde las oficinas principales del Parque Nacional de la Hat Noppharat Thara y visita la Bamboo Island, Phi-Phi Don y Phi-Phi Leh. El precio incluye la recogida en Ao Nang hasta la Hat Noppharat Thara.

Dónde dormir

Los siguientes precios se reducen a la mitad en temporada baja. Hay algunas opciones por menos de 1000 THB en la calle principal a unos 3 km de la playa.

Golden Beach Resort HOTEL **$$$**
(☎0 7563 7870-74; www.goldenbeach-resort.com; h 3900-6100 THB, bungalós 5100-8100 THB; ❄≋) Este extenso y modesto complejo monopoliza los 400 m más al sur de la playa de Ao Nang, su mejor parte. Está compuesto por grandes bloques de hotel y elegantes bungalós de cemento blanco revestidos de madera y repartidos alrededor de una gran piscina en el frondoso jardín. No llega a ser del todo moderno, pero es una buena elección. Para ofertas especiales, véase la página web.

Somkiet Buri Resort HOTEL **$$**
(☎0 7563 7320; www.somkietburi.com; h 17 100-6200 THB; ❄📶≋) Los helechos y orquídeas abundan entre la exuberante vegetación de la propiedad, mientras las lagunas, los riachuelos y las serpenteantes pasarelas de madera conducen a las 26 grandes habitaciones de imaginativo diseño. Una piscina fabulosa ocupa el centro (los balcones o dan a ella o a un plácido estanque). El servicio es de primera.

Red Ginger Chic Resort HOTEL **$$$**
(☎0 7563 7777; www.redgingerkrabi.com; 88 Moo 3; h 6300-10 900 THB; ❄📶≋) Hotel a la moda y lleno de color, con azulejería trabajada, grandes farolillos de papel y un bar de cristales esmerilados en el vestíbulo. Las grandes habitaciones presentan elegante empapelado, muebles modernos y grandes balcones con vistas a una gran piscina. En temporada baja ofrece descuentos de hasta el 50%.

Ao Nang Cliff Resort HOTEL **$$$**
(☎0 7562 6888; www.aonangcliffbeach.com; h 4500-7500 THB; ❄📶≋) Piénsese en dormi-

torios hundidos, sofás cama, edredones y duchas efecto lluvia. Las habitaciones mejor situadas tienen vistas a los acantilados y al mar, y delante del vestíbulo hay una piscina impresionante. En temporada baja se encuentran habitaciones por 2500 THB.

Verandah HOTEL **$$**
(0 7563 7454; www.theverandahaonang.com; h 1700-2300 THB, desayuno incl.;) Buena relación calidad-precio y una ubicación céntrica. Las habitaciones son sencillas, espaciosas y están impolutas, con suelos de baldosas, pequeñas neveras, agua caliente, televisión por satélite y cajas fuertes. El precio incluye el desayuno y los clientes pueden utilizar la piscina del vecino Peace Laguna Resort.

Apasari HOTEL **$$**
(0 7563 7188; www.apasari.com; h 1800-5800 THB;) Es uno de los pocos hoteles de precio medio nuevos del bulevar más reciente de Ao Nang. Las habitaciones tienen bonitos suelos de baldosas, escritorios y armarios empotrados, y TV de pantalla plana. Todas disfrutan de balcones con vistas a la piscina. En temporada baja la relación calidad-precio es excepcional.

Dream Garden HOTEL **$**
(0 7563 7338; h 950-1200 THB;) Hay que entrar por una lúgubre agencia de viajes y pasar por un elegante y pulido *spa* de cemento que huele a limoncillo hasta desembocar en un bloque de dos pisos. Las habitaciones son sencillas pero están limpias. Las más grandes cuentan con suelos de baldosas, agua caliente, muebles de madera y pequeñas terrazas.

Phra Nang Inn HOTEL **$$$**
(0 7563 7130; www.phrananghotels.com; h 4000-9000 THB, desayuno incl.;) Es un artístico alarde de madera rústica de cocotero, alegres tonalidades naranjas y púrpura, mucha baldosa tailandesa elaborada y dos piscinas. El hotel de diseño de enfrente también es suyo.

J Hotel HOTEL **$**
(0 7563 7878; j_hotelo@hotmail.com; h desde 800 THB;) Muy del gusto de los mochileros, ofrece habitaciones grandes y luminosas con suelos nuevos de baldosas, escritorios y armarios empotrados y televisión por satélite. Antes de decidirse por una hay que guiarse por el olfato, pues algunas huelen un poco a humedad.

Bernie's Place HOTEL **$**
(0 7563 7093; h 300-700 THB;) El personal parece sonámbulo, pero las habitaciones son grandes y luminosas, con ventiladores cenitales, y algunas brindan vistas del mar desde una veranda comunitaria. El oscuro bar de la planta baja ofrece calóricos bufés a precios para mochileros (250 THB).

Dónde comer

En Ao Nang hay mucho restaurante mediocre de cocina italiana, escandinava, hindú, tailandesa y comida rápida demasiado cara. Para auténticas gangas, por la noche aparecen algunos puestos en la carretera a Krabi (cerca del McDonald's), donde se encontrarán *rotis* (tortitas), *gài tôrt* (pollo frito), hamburguesas y cosas por el estilo. Si se sube 100 m más por la carretera se encontrarán deliciosos platos tailandeses, a precios decentes, en una fila de restaurantes tipo cabaña de bambú.

Soi Sunset PESCADO Y MARISCO **$$**
(0 7569 5260; Soi Sunset; platos 60-400 THB; almuerzo y cena) Este callejón peatonal, al final de la playa hacia el oeste, cuenta con varios lugares románticos con vistas fabulosas de un océano salpicado de islas. Todos lucen pequeños barcos esculpidos en la entrada que muestran las capturas del día y un personal sonriente y muy hospitalario. A destacar el Krua Ao Nang, al final de la calle.

Jeanette's Restaurant SUECA, TAILANDESA **$$**
(08 9474 6178; www.jeanettekrabi.com; platos 120-450 THB; desayuno, almuerzo y cena) El restaurante más popular de la localidad tiene unos característicos asientos en bancos, bonitos cuadros (manchas de tinta) y una tradicional carta tailandesa con clásicos platos suecos (tarta de manzana).

Dónde beber y ocio

No escasean los bares en Ao Nang.

Estadio de 'muay thai' Aonang Krabi BOXEO TAILANDÉS
(0 7562 1042; entrada 800 THB, cerca del *ring* 1200 THB) Para descansar de tantos chiringuitos de playa y películas de vídeo, este estadio programa sonados combates de boxeo tailandés dos días por semana (las agencias de viajes facilitan los horarios) a partir de las 20.45. Una *sŏrng·tăa·ou* recorre gratis la zona de bares y lleva a los clientes al cuadrilátero.

Last Café CAFE, BAR

(⌚11.00-19.00) En el extremo sur de la Hat Ao Nang se halla este café de playa, con cerveza fría y brisa fresca, ideal para disfrutar de la naturaleza de Ao Nang.

Amy's Bar BAR

(⌚11.00-2.00) Buen diseño *hippy* floral *retro,* al que añade pantallas planas con partidos de fútbol, billares y señoras a las que les va este rollo. Es uno de los varios *pubs* de esta *soi* perpendicular al acantilado.

Información

Todas las oficinas de información, entre ellas el **Ao Nang Visitor Center** (☎0 7562 8221), en la calle, son agencias privadas de circuitos, y casi todas ofrecen llamadas internacionales y acceso a internet por 1 THB el minuto.

Algunos bancos tienen cajeros automáticos y ventanillas de cambio de moneda (10.00-20.00) en la calle principal.

Cómo llegar y desplazarse

Autobús, automóvil y furgoneta

Las *sŏrng·tăa·ous* van y vienen de Krabi (50 THB, 20 min) a/desde la terminal de autobuses de Krabi (más 10 THB) vía Th Maharat, el muelle de Khong Kha en Krabi y de allí siguen hasta la Hat Noppharat Thara, Ao Nang y acaban en el cementerio de Conchas. Desde Ao Nang a la Hat Noppharat Thara o el cementerio de Conchas cuesta 20 THB.

Los autobuses conectan todo el día el aeropuerto con Ao Nang por 80-100 THB. Un taxi privado desde el aeropuerto cuesta 800 THB. Hay microbuses a destinos de todo el sur, a destacar Phuket (350-400 THB, 3-4 h), Pak Bara (300 THB, 3½ h) y Ko Lanta (400 THB, 2 h).

En la calle de copeo hay muchos establecimientos que alquilan pequeñas motocicletas por 150-200 THB. Budget Car Hire cobra unos 1600 THB.

Barco

Las embarcaciones de Railay a la Hat Rai Leh West las opera **Ao Nang Long-tail Boat Service** (☎0 7569 5313; www.aonangboatco-op.com). Cuestan 80 THB por persona entre 7.30 y 18.00 o 150 THB por persona de 18.00 a 6.00. Se tardan 15 minutos y los barcos salen en cuanto hay seis pasajeros como mínimo, aunque también se puede alquilar entero si se paga el pasaje entero (6 plazas).

Hay *ferries* y lanchas del muelle cercano de la Hat Noppharat Thara (véase p. 669) que van a Ko Phi-Phi, Ko Lanta, Phuket y las islas Ko Yao.

Alrededores de Ao Nang

HAT NOPPHARAT THARA หาดนพรัตน์ธารา

Al norte de Ao Nang, la playa dorada se torna más salvaje al describir una curva de 4 km alrededor de un cabo, hasta un punto en el que el mar desemboca en una laguna natural en la oficina central del Parque Natural de la Hat Noppharat Thara. Allí flotas enteras de barcos de popa larga se confunden con las barcas de pesca y las lanchas sobre un asombroso telón calizo. El pequeño **centro de visitantes** tiene exposiciones sobre los arrecifes de coral y los manglares, con explicaciones en thai e inglés.

Algunos complejos se anuncian engañosamente como "ubicación céntrica en Ao Nang"; hay que leerse la letra pequeña si no se quiere acabar en las afueras (aunque quizá se prefiera eso).

Dónde dormir

Sala Talay Resort & Spa HOTEL $$$

(☎0 7581 0888; www.salatalay.com; h 10 000-29 000 THB; ❄@≋) Este bonito y nuevo hotel es todo cemento, madera y piedra moldeados. El cemento pulido cubre los suelos, paredes y lavabos de las habitaciones, equipadas con reproductores de DVD y TV de pantalla plana. Si se reserva por internet, se consiguen mejores precios en temporada baja.

Sabai Resort HOTEL $$

(☎0 7563 7791; www.sabairesort.com; bungalós 1300-2200 THB; ❄@≋) Es el complejo de bungalós más profesional de la zona. Los bungalós de techo de teja cuentan con ventilador y patios empedrados con vistas a una piscina bajo las palmeras y a un jardín florido.

Bungalós gubernamentales BUNGALÓS $

(☎0 7563 7200; bungalós 800-1000 THB) Estos bungalós de madera y con ventilador quedan al cruzar la calle pero frente a la playa y están bien cuidados. Los precios son inmejorables, y no suben en temporada alta, si bien se recomienda reservar. Para registrarse hay que ir a la oficina central del parque nacional, cerca del muelle.

Alrededor de la oficina del parque hay algunos **restaurantes** que sirven pollo frito y ensalada de papaya, entre otros tentempiés.

Cómo llegar y salir

Las *sŏrng·tăa·ous* entre Krabi y Ao Nang paran en la Hat Noppharat Thara; el billete cuesta 40/10 THB desde Krabi/Ao Nang. De noviembre a mayo el *Ao Nang Princess* navega entre la oficina central del Parque Nacional de la Hat Noppharat Thara y Ko Phi-Phi (400 THB, 2 h). El barco abandona el muelle del parque nacional a las 9.00 y regresa de Ko Phi-Phi a las 15.30. También recala en la Hat Rai Leh West, en Railay. Este barco también se emplea para excursiones de un día a Ko Phi-Phi. En temporada alta hay otro barco directo a Phuket del mismo muelle (450 THB) vía Ko Lanta a las 10.30 y 15.30 (450 THB).

Una alternativa más rápida para ir a Phuket es tomar la motora *Green Planet* (950 THB, 1¼ h) hasta el muelle de Bang Rong, al norte de la ciudad de Phuket, vía Ko Yao Noi y Koh Yao Yai (ambas 450 THB, 45 min). La embarcación zarpa de la Hat Noppharat Thara a las 11.00 y 16.00 y el precio incluye el traslado al alojamiento del viajero en Phuket.

Railay ไร่เล

Los fantasiosos peñascos calizos de Krabi alcanzan el paroxismo en Railay (o Rai Leh), el rocódromo selvático por excelencia para incondicionales de la escalada en roca. Este paradisíaco y tranquilo rincón ocupa los tramos arenosos entre afloramientos escarpados y, aunque esté a la vuelta de la esquina del delirio turístico de Ao Nang, su ambiente es de lo más desenfadado.

Puntos de interés

En el extremo este de la Hat Phra Nang está la **Tham Phra Nang** ("cueva de la Princesa"), un importante santuario para los pescadores locales. Cuenta la leyenda que una barcaza real que transportaba a una princesa hindú zozobró aquí durante una tormenta en el s. III a. C. El espíritu de la princesa ahogada habita la cueva y colma de favores a quienes le rinden sus respetos. Los pescadores locales, musulmanes y budistas depositan falos de madera en la cueva como ofrenda para que el alma errante les conceda una buena pesca.

Más o menos a medio camino entre la Hat Rai Leh East y la Hat Phra Nang, una senda difusa asciende por la boscosa pared del acantilado hasta una laguna escondida conocida como **Sa Phra Nang** ("poza de la Princesa Sagrada"). Casi en la cumbre del acantilado, las vistas de la península son espectaculares, pero la cuesta se las trae, con tramos de vértigo total.

Sobre la Hat Railay East hay otra gran cueva llamada **Tham Phra Nang Nai** (cueva de la Princesa Interior; adultos/niños 40/20 THB; ⌚5.00-20.00), también conocida como Diamond Cave ("cueva del Diamante"). Hay una pasarela de madera que atraviesa varias cavernas ricas en preciosas formaciones calizas pero, con los patrones cambiantes de lluvias, ya no hay agua ni tampoco los juegos de luces que le dieron dicho apelativo. Aún así, la visita vale la pena.

Actividades

Escalada en roca

Railay es uno de los destinos de escalada más destacados del mundo. Cuenta con casi quinientas rutas marcadas, tanto para principiantes como para expertos, todas con unas vistas inigualables desde lo alto. Se podrían pasar meses escalando y explorando (de hecho lo hace mucha gente). Lo último es escalar a solas directamente sobre aguas profundas; esto es válido también para los principiantes más valientes, pues en caso de caída, el mar hace de colchón.

La mayoría de escaladores empieza en el **Muay Thai Wall** y el **One, Two, Three Wall**, en el extremo sur de la Hat Rai Leh East, que cuenta con un mínimo de cuarenta rutas de grados 4b a 8b en el sistema francés. El macizo **Thaiwand Wall** despunta al sur de la Hat Rai Leh West: una escarpada pared caliza con algunas de las rutas más desafiantes.

Otras subidas destacadas son el **Hidden World** (rutas clásicas para escaladores intermedios), el **Wee's Present Wall** (una joya de 7c+ a menudo ignorada), la **Diamond Cave** (gusta mucho a principiantes y escaladores intermedios) y la **Ao Nang Tower** (pared de escalada en tres etapas accesible solo en barco de popa larga).

Hoy los precios para cursos de escalada rondan los 800-1000 THB por medio día y los 1500-2000 THB por día entero. Los cursos de tres días (6000 THB) incluyen hacer de puntero, que consiste en fijar las sujeciones en la pared de roca a medida que se asciende. Los escaladores expertos pueden alquilar el equipo en cualquier escuela de escalada por 800/1300 THB por medio día/día entero; el equipo estándar consiste en 60 m de cuerda, dos arneses y unas botas de escalada. Quien planee escalar por cuenta propia debería traerse el equipo de casa, a saber: muchas cintas y mosquetones, magnesio (en el trópico las manos sudan

Railay

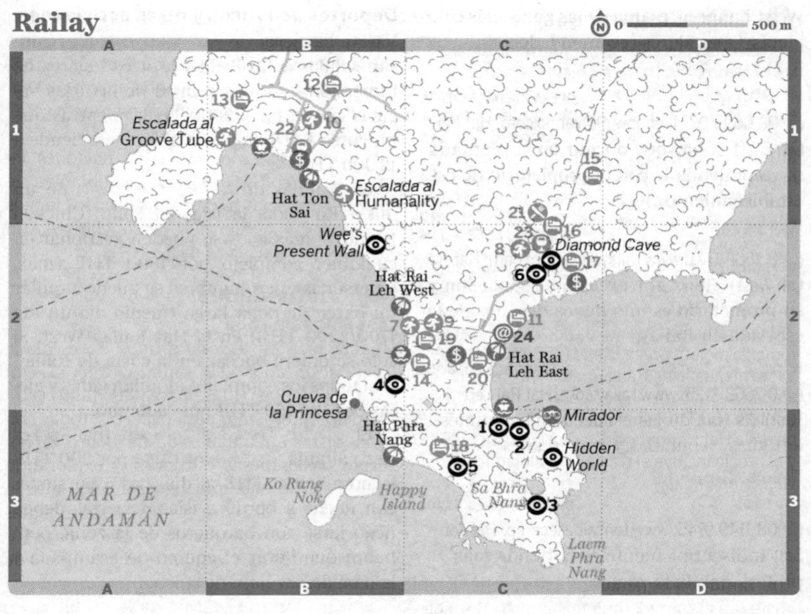

Railay

Puntos de interés

1 Muay Thai Wall C3
2 One,Two,Three Wall C3
3 Sa Phra Nang C3
4 Thaiwand Wall B2
5 Tham Phra Nang C3
6 Tham Phra Nang Nai C2

Actividades, cursos y circuitos

7 Flame Tree Restaurant C2
8 Highland Rock Climbing C2
9 Hot Rock C2
King Climbers .... (véase 24)
Railay Thai Cookery School .... (véase 21)
10 Wee's Climbing School B1

Dónde dormir

11 Anyavee C2
12 Countryside Resort B1
Mountain View Resort .... (véase 13)
13 Paasook B1
14 Railay Bay Resort & Spa C2
15 Railay Cabana C1
16 Railay Phutawan Resort C2
17 Rapala Rockwood Resort C2
18 Rayavadee C3
19 Sand Sea Resort C2
20 Sunrise Tropical Resort C2

Dónde comer

21 Restaurante del Railay Phutawan Resort C1

Dónde beber

22 Chillout Bar B1
Highland Rock Climbing .... (véase 8)
23 Ya-ya Bar C2

Información

Cajero automático .... (véase 7)
Clínica .... (véase 14)
24 Phra Nang Tours & Travel C2

mucho) y una pequeña selección de tuercas y levas de apoyo para las rutas menos preparadas. Si se olvida algo, hay escuelas de escalada que venden equipamientos de importación que raramente coinciden con lo que se busca y con las tallas. Una esterilla de *rattan* (en la zona cuesta 100-150 THB) ayuda a mantener el equipo libre de arena.

Hay varios libros de escalada de la zona, publicados allí mismo, pero *Rock Climbing in Thailand* (40 US$), de Elke Schmitz y

Wee Changrua, es una de las guías más completas. Operadores recomendados:

Highland Rock Climbing OPERADOR DE ESCALADA
(☎08 0693 0374; chaow_9@yahoo.com; Hat Rai Leh East) Si hay que dormir en la montaña, se recomienda ir con el propietario de este establecimiento.

Hot Rock OPERADOR DE ESCALADA
(☎0 7562 1771; www.railayadventure.com; Hat Rai Leh West) Tiene una excelente reputación y su propietario es uno de los decanos de la escalada en Railay.

King Climbers OPERADOR DE ESCALADA
(☎0 7563 7125; www.railay.com; Hat Rai Leh East) Es una de las escuelas más grandes, antiguas, reputadas y comerciales.

Wee's Climbing School OPERADOR DE ESCALADA
(☎08 1149 9745; www.tonsaibasecamp; Hat Ton Sai) Indiscutiblemente es la tienda más profesional de la zona.

Deportes acuáticos y otras actividades

Varias agencias de **submarinismo** organizan salidas a Ko Poda y a otros lugares de inmersión. Ir a dos puntos de las islas vecinas cuesta unos 2000 THB, mientras que un curso PADI en aguas abiertas asciende a 12 000 THB.

Las salidas de **buceo con tubo** de un día a Ko Poda, la isla del Pollo (Chicken Island) y más lejos se pueden gestionar en cualquier complejo por 1800 THB (máx. 6 personas), pero también se puede alquilar un barco de popa larga (medio día/un día 1700/2200 THB) en la Hat Railay West. Si solo se quiere bucear en la costa de Railay, casi todos los complejos alquilan gafas y aletas por 100-150 THB por cado uno.

El **Flame Tree Restaurant** (Hat Rai Leh West) alquila **kayaks marinos** por 200 THB la hora o 800 THB al día. Las excursiones con noche a bordo a islas desiertas deben negociarse con barqueros de la zona, pero habrá que llevar el equipo de acampada y la comida.

DÓNDE ALOJARSE EN RAILAY

Hay cuatro playas alrededor de Railay, y también se puede pernoctar en el cabo. Un paseo de cinco minutos separa las playas de Hat Rai Leh East, Hat Rai Leh West y Hat Phra Nang de los cabos. La Hat Ton Sai queda más apartada y para ir a las otras playas se tendrá que recurrir a un barco de popa larga (50 THB) o caminar; desde Hat Railay West se tardan unos 20 minutos en subir por las rocas.

» **Hat Rai Leh East** Es la playa más urbanizada. Esta bahía poco profunda y turbia bordeada de manglares no invita a unas brazadas, pero la playa está ribeteada con hoteles y pensiones, y los cabos y acantilados calizos son milagrosos.

» **Hat Rai Leh West** Es una maravilla blanca casi perfecta y el mejor lugar para nadar, sumarse a un partido de fútbol o ver la puesta de sol. Los complejos de precio medio, de exquisito diseño, están bastante repartidos, y los barcos de popa larga traen y recogen pasaje desde Ao Nang.

» **Hat Phra Nang** Es una de las playas más bonitas del mundo, con una medialuna de arena blanca y dorada, protegida por acantilados kársticos horadados por cuevas. Los islotes calizos que se asoman en el horizonte del mar cerúleo son las islas Pollo (Ko Hua Khwan) y Poda. El Rayavadee es el complejo más exclusivo de la península y el único en esta playa pública.

» **Hat Ton Sai** Es el refugio de los escaladores más valientes. La playa no mata, pero con semejante oferta de escalada, la mayoría ni se fija. Los bares y bungalós se acurrucan en la selva de detrás de la playa y el ambiente es animado y divertido.

» **Cabos de Railay** Atrapan la brisa marina y, en vistas a su inminente urbanización, ejercen de frontera con plantaciones, selva y simpáticos lugareños. Para llegar hay que andar unos 500 m o desde la Hat Rai Leh West o la Hat Rai Leh East. Desde la Hat Rai Leh West hay que seguir por la "calle peatonal", girar a la izquierda por un camino de tierra y después seguir las señales hasta el Ya-Ya Bar. Desde la Hat Rai Leh East hay que torcer a la derecha por una carretera asfaltada a la que se puede acceder por el playero Diamond Cave Restaurant.

La **Railay Thai Cookery School** (Rai Leh Headlands; ☎08 4096 4994; cursos 1200 THB), justo debajo del Railay Phutawan Resort Restaurant, imparte cursos de cocina de cinco horas en un precioso marco, en parte exterior, a diario a las 8.30 y 14.30.

Dónde dormir y comer

HAT RAI LEH WEST

Esta playa es preciosa y los promotores inmobiliarios lo saben, así que aquí solo se encontrarán complejos de precio medio y alto. En temporada baja los precios caen un 30%. Todos los restaurantes de los complejos están bien.

Railay Bay Resort & Spa HOTEL $$$
(☎0 7562 2570-2; www.railaybayresort.com; bungalós 3700-17 800 THB; ❄@≋) Su piscina azul en forma de ameba da al mejor tramo de la playa. Los elegantes bungalós con grandes ventanas, paredes blancas y terrazas de madera rústicas-chic se extienden por la península hasta la Hat Railay East a través de unos terrenos exquisitamente cuidados. Los bungalós del este son más viejos pero también más económicos, con ventanas esmeriladas de negro.

Sand Sea Resort HOTEL $$
(☎0 7562 2608; www.krabisandsea.com; bungalós 1950-5950 THB; ❄@≋) El complejo más económico de esta playa tiene de todo, desde usados bungalós con ventilador a casitas recién remodeladas con muchas comodidades. Cercada por la espesura y con vistas a la pared kárstica, hay una plácida piscina, para quien pueda despegarse de esa sublime playa delantera.

HAT RAI LEH EAST

Sunrise Tropical Resort HOTEL $$
(☎0 7562 2599; www.sunrisetropical.com; bungalós 2500-5750 THB, desayuno incl.; ❄@≋) Estos bungalós, que compiten con los mejores de la Hat Railay West pero a precios de la Hat Rai Leh East, sin duda son el mejor chollo de Railay: suelos de madera noble, muebles de estilo tailandés, baños exuberantes con azulejos aguamarina y balcones privados o patios.

Anyavee HOTEL $$
(☎0 7581 9437; www.anyavee.com; bungalós 2800-7000 THB; ❄@≋) Este insólito complejo es el más estiloso de esta playa. Los bungalós tienen muchas ventanas, lo cual se traduce en mucha luz pero menos privacidad. Los interiores son rústicos a la vez que elegantes, con edredones de cuadros escoceses crema y mucha madera noble.

Rapala Rockwood Resort HOTEL $
(☎08 4191 5326; bungalós 500-750 THB) Destartalados bungalós de bambú con veranda, baño, mosquitera y ventilador. Su exquisita ubicación en lo alto de una colina permite disfrutar de la brisa y las vistas del mar (y de los vecinos). En el acolchado restaurante sirven comida tailandesa e hindú.

TIERRAS ALTAS DE RAILAY

Railay Phutawan Resort HOTEL $$
(☎08 4060 0550, 0 7581 9478; www.railayphutawan.com; bungalós 1140-1940 THB, h 1640 THB; @❄) Lo mejor son los más que espaciosos bungalós de cemento pulido, realzados con paredes amarillo crema, grandes baños con duchas efecto lluvia y acabados más propios de un complejo de lujo. Las habitaciones con baldosas de un bloque de apartamentos tienen menos estilo, mientras que los comodísimos bungalós con ventilador y techos de bambú ofrecen buena relación calidad-precio, aunque huelen un poco a humedad.

Railay Cabana PENSIÓN $
(☎0 7562 1733, 08 4057 7167; bungalós 350-600 THB) Este refugio *hippy* tropical de montaña queda en lo alto en una cuenca rodeada de precipicios kársticos. Los sencillos y limpios bungalós de techo de bambú están rodeados de bosquecillos de mangos, mangostanes, bananas y guayabas. Solo se escuchan los gorjeos de las aves y las risas de los niños.

Railay Phutawan Resort Restaurant TAILANDESA, OCCIDENTAL
(comidas 80-180 THB; ⏲desayuno, almuerzo y cena) Está en medio de la densa selva y los precipicios cársticos, por lo que se recomienda para el almuerzo, por las vistas, sobre todo desde sus íntimos reservados junto a la fronda.

HAT PHRA NANG หาดถ้ำพระนาง

Rayavadee HOTEL $$$
(☎0 7562 0740-3; www.rayavadee.com; pabellones 22 300-39 900 THB, chalés 72 000-128 000 THB; ❄📶≋) Este exclusivo complejo tiene mucho terreno, lleno de flores e higueras de Bengala, por el que desplazarse en cochecito de golf. Los pabellones de dos pisos y tejado semiesférico rebosan de muebles de anticuario y todas las comodidades modernas, y algunos también de *jacuzzi* privado, piscina propia o servicio de mayordomo. Dos restau-

rantes de comida tailandesa o mediterránea completan la oferta (uno en una cueva iluminada), ambos caros pero maravillosos y abiertos a clientes externos.

HAT TON SAI หาดต้นไทร

Countryside Resort HOTEL **$**

(☎08 5473 9648; www.countryside-resort.com; casitas 850 THB; ❄@📶) Propiedad británica con bonitas cabañas que funcionan con energía solar. Ofrecen techos altos, cortinas de encaje y ventiladores cenitales. Las que quedan más elevadas tienen unas pecaminosas vistas kársticas.

Paasook HOTEL **$**

(☎08 9645 3013; bungalós 300-800 THB) Es el hotel económico más elegante de Ton Sai: bungalós de madera con ventanales alargados y suelos de cemento. Los jardines lucen esplendorosos, el personal es simpático y hay un restaurante exterior, rústico-chic, ideal para las noches bochornosas.

Mountain View Resort HOTEL **$$**

(☎0 7562 2610-3; bungalós 1300-1900 THB; ❄) Este lugar es luminoso, alegre e inmaculado, con paredes de color verde menta, suelos de baldosas y sábanas prácticamente a estrenar en un marco de refugio de montaña. Algunas habitaciones huelen un poco a humedad.

Dónde beber

Hay bares en la misma playa.

Chillout Bar BAR **$**

(Hat Ton Sai) En plena playa y con terrazas en diferentes niveles, en este bar actúan las bandas tailandesas e internacionales más conocidas. El resto de días es ideal para apalancarse con unas cervezas.

Highland Rock Climbing CAFE **$**

(☎08 0693 0374; cabos de Railay) Este establecimiento, medio escuela de escalada medio café, está hecho con maderas arrastradas por el mar de las que cuelgan orquídeas. El propietario, Chaow, compra el mejor café de las granjas sostenibles de Chiang Rai.

Ya-ya Bar BAR **$**

(cabos de Railay) Este bar disfruta de un marco imponente bajo una inmensa pared de escalada. Bob Marley sobresale cual santo patrón. Sirven generosos mojitos (160 THB) y hay un *ring* de boxeo tailandés donde se imparten cursos previa solicitud (500 THB/h).

Información

Hay dos cajeros automáticos en la Hat Rai Leh East. En la Hat Ton Sai hay otro cerca del Ton Sai Bay Resort. Algunos de los complejos más grandes cambian efectivo y cheques de viaje.

Para heridas leves de escalada, hay una pequeña **clínica** en el Railay Bay Resort.

La disponibilidad de wifi depende del alojamiento. Si se viaja sin ordenador, se puede probar en **Phra Nang Tours & Travel** (internet 1 THB/min), en la playa este.

Cómo llegar y desplazarse

Los barcos de popa larga a Railay zarpan del muelle de Khong Kha en Krabi y de los paseos marítimos de Ao Nang y la Ao Nam Mao. Los barcos entre Krabi y la Hat Rai Leh East salen cada media hora de 7.45 a 18.00 en cuanto haya 6-10 pasajeros (150 THB, 45 min). Alquilar uno cuesta 1500 THB.

Los barcos a la Hat Rai Leh West o la Hat Ton Sai desde Ao Nang cuestan 80 THB (15 min) entre 7.30 y 18.00 o 150 THB fuera de horas; solo zarpan cuando cuentan con 6-8 pasajeros. El alquiler a particulares cuesta 800 THB. De haber mala mar (casi nunca), los barcos de Ao Nang y Krabi no salen, pero aun así es factible ir de la Hat Rai Leh East a la Ao Nam Mao (100 THB, 15 min) y allí tomar una *sŏrng·tăa·ou* a Krabi o Ao Nang.

De octubre a mayo, el *Ao Nang Princess* navega entre la oficina central del Parque Nacional de la Hat Noppharat Thara y Ko Phi-Phi con una parada en la Hat Rai Leh West. Los barcos de popa larga salen al encuentro del barco hacia las 9.15 delante del Sand Sea Resort en la Hat Rai Leh West. El billete de Railay a Ko Phi-Phi cuesta 350 THB.

Ko Phi-Phi Don เกาะพีพีดอน

Qué lástima que la belleza pueda ser una carga. Al igual que le pasó a Marilyn Monroe, sus rasgos despampanantes han sido también su perdición. Todo el mundo quiere un pedacito de esta isla, la Shangri-la de Tailandia, un paraíso hedonista donde los turistas retozan en mares azul celeste y fotografían los barcos de popa larga que se mecen entre escarpados acantilados. Con sus playas curvas y doradas, y sus selvas prodigiosas, no es de extrañar que Phi-Phi se haya convertido en la niña mimada de la costa del Andamán. Así, cual estrella que se precie, esta isla puede pasarse toda la noche de fiesta y estar perfecta a la mañana siguiente. Desgraciadamente, nadie ni nada puede soportar semejante ritmo y, a menos que se ponga freno, Phi-Phi sucumbirá al desastre ecológico.

Ko Phi-Phi Don

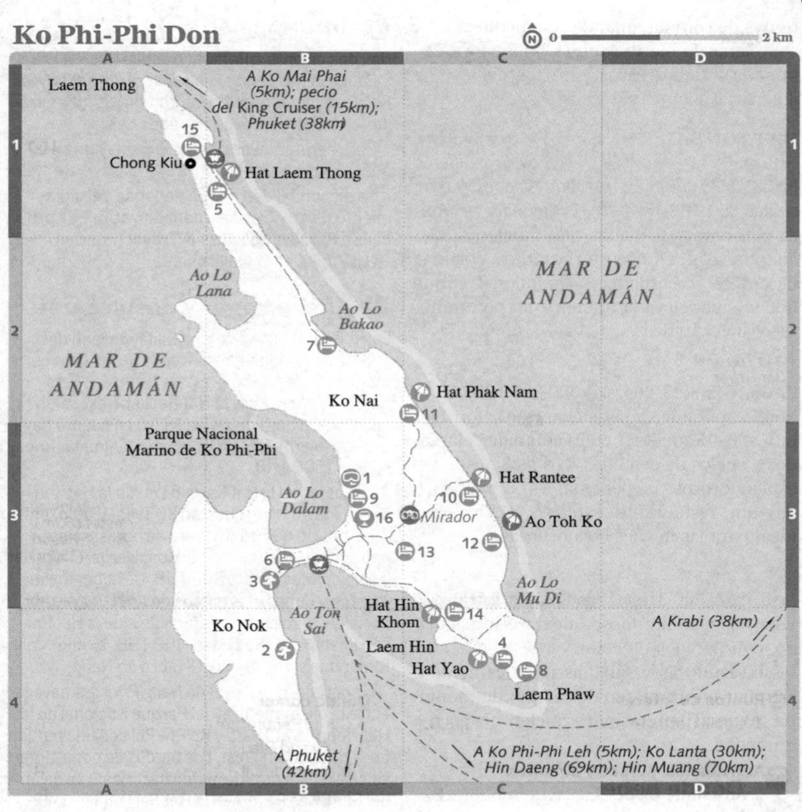

Ko Phi-Phi Don

Actividades, cursos y circuitos

1 Blue View Divers A1
2 Hin Taak A1
3 Ton Sai Tower A1

Dónde dormir

4 Beach Resort A2
5 Holiday Inn Phi Phi Island A2
6 Mama Beach Residence A2
7 Phi Phi Island Village A2
8 Phi-Phi Hill Resort A2
9 PP Viewpoint Resort A2
10 Rantee Hut A2
11 Relax Beach Resort A2
12 Toh Ko Beach Resort A2
13 Uphill Cottage A2
14 Viking Natures Resort A2
15 Zeavola A2

Dónde beber

16 Sunflower Bar B1

Ko Phi-Phi Don son prácticamente dos islas unidas por un estrecho istmo flanqueado por las impresionantes **Ao Ton Sai** y **Ao Lo Dalam.** Las embarcaciones amarran en un gran muelle de hormigón de la Ao Ton Sai y un estrecho camino, lleno de operadores de circuitos, bungalós, restaurantes, bares y tiendas de recuerdos, enfila hacia el este por la playa hasta la **Hat Hin Khom.** El laberinto de callejas en pleno banco de arena, igual de abarrotado, se conoce como **Tonsai Village** (o "pueblo de Turistas"). La **Hat Yao** ("Playa Larga"), encarada hacia el sur, permite buenos chapuzones y cuenta con algunos de los mejores corales de Phi-Phi Don. La belleza de las lánguidas y largas bahías orientales

Tonsai Village

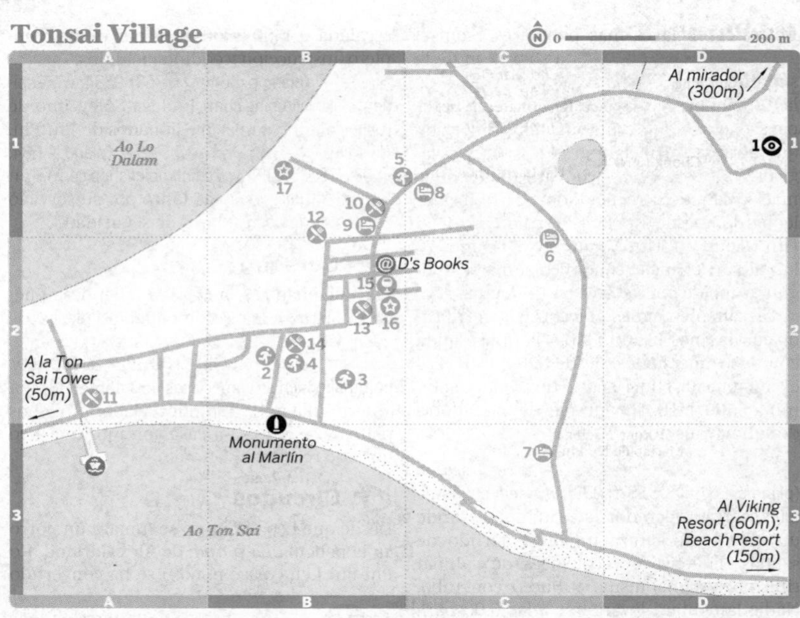

Tonsai Village

Puntos de interés
1 Uphill Cottage ...D1

Actividades, cursos y circuitos
2 Adventure Club ...B2
3 Cat's Climbing Shop ...B2
4 Pum Restaurant & Cooking School ...B2
5 Spider Monkey ...B1

Dónde dormir
6 Chunut House ...C2
7 Oasis Guesthouse ...C3
8 Rock Backpacker ...C1
9 The White ...B1

Dónde comer
10 Garlic Restaurant ...B1
11 Le Grand Bleu ...A2
12 Mercado local ...B1
13 Papaya ...B2
14 Unni's ...B2

Dónde beber
15 Breakers ...B2

Ocio
16 Reggae Bar ...B2
17 Slinky Bar ...B1

de la **Hat Laem Thong** y la **Ao Lo Bakao** se reserva para varios complejos de precio alto, mientras que las más pequeñas **Hat Phak Nam** y **Hat Rantee** acogen unos cuantos bungalós sencillos y discretos.

Puntos de interés y actividades

La corta pero extenuante subida al **mirador** de Phi-Phi tiene su justificación. La senda sale de cerca del Spider Monkey y se abre paso por un escarpado risco; la mayoría de visitantes se para un rato a recuperar fuerzas (no hay que olvidarse de llevar agua), pero arriba aguardan unas vistas encomiables de las dos bahías gemelas, de las elevadas formaciones kársticas y de la tranquila Ko Phi-Phi Leh en la distancia.

Submarinismo

Las aguas cristalinas del Andamán y la abundante fauna marina son la combinación perfecta para inmersiones de primera.

Entre los enclaves más populares están el **pecio del 'King Cruiser'**, a solo 12 m de la superficie, el **Anemone Reef** ("arrecife de las Anémonas"), plagado de corales y peces payaso, el **Hin Bida**, un pináculo sumergido que atrae a tortugas y grandes peces pelágicos, y **Ko Bida Nok**, con su característico macizo kárstico frecuentado por tiburones leopardo. Desde Ko Phi-Phi sale caro ir al Hin Daeng y al Hin Muang (p. 671), unos 70 km al sur; es más económico sumarse a algún grupo de buceadores en Ko Lanta.

Un curso en aguas abiertas con certificado cuesta unos 12 900 THB, y la típica salida con dos inmersiones, desde 3200 THB. Las excursiones a Hin Daeng/Hin Muang subirán a 5500 THB. Hay un par de operadores de submarinismo:

Adventure Club SUBMARINISMO
(plano p. 664; ☎08 1970 0314; www.phi-phi-adventures.com) El operador favorito en la isla de un servidor organiza un buen surtido de salidas didácticas y ecológicas de submarinismo, excursionismo y buceo con tubo. Nadie lamentará levantarse a las 6.00 para nadar entre tiburones coraleros (uno como mínimo).

Blue View Divers SUBMARINISMO
(plano p. 663; ☎0 7581 9395; www.blueviewdivers.com) Apuesta por la soliraridad y la limpieza de playas (la última vez recogieron 700 toneladas de basura) y es la única empresa que ofrece salidas en barcos de popa larga.

Buceo con tubo

Ko Mai Phai (Bamboo Island), 5 km al norte de Phi-Phi Don, es un socorrido destino de buceo, con una zona poco profunda donde se pueden ver pequeños tiburones. Una salida cuesta entre 600 y 2400 THB, según se vaya en lancha motora o en barco de popa larga. También se puede bucear la mar de bien en la costa este de **Ko Nok**, cerca de la Ao Ton Sai, y en la costa este de **Ko Nai**. Si se va por libre, casi todos los bungalós y complejos alquilan tubos, gafas y aletas por 150-200 THB al día.

Escalada en roca

Hay buenos acantilados calizos para escalar en Ko Phi-Phi, con vistas de ensueño. Las principales zonas de escalada son la **Ton Sai Tower** ("torre de Ton Sai"), en el extremo oeste de la Ao Ton Sai, y **Hin Taak**, a un corto paseo en barco de popa larga por la bahía. En la isla hay buenos operadores, y casi todos cobran 1000 THB por medio día de escalada o 1500-2000 THB por el día completo, instrucción y equipo incluidos. **Spider Monkey** (plano p. 664; ☎0 7581 9384; www.spidermonkeyclimbing.com) lo lleva Soley, uno de los escaladores más apasionados de Phi-Phi. La gran **Cat's Climbing Shop** (plano p. 664; ☎08 1787 5101; www.catclimbingshop.com), en Tonsai Village, destaca tanto por su servicio como por los estándares de seguridad.

Cursos

Los aficionados a la comida tailandesa pueden asistir a las recomendables clases de cocina de la **Pum Restaurant & Cooking School** (plano p. 664; ☎08 1521 8904; www.pumthaifoodchain.com; clases 450-4650 THB), en Tonsai Village; se aprende a elaborar buenos platos y se regresa a casa con un fantástico libro de recetas.

Circuitos

Desde que Leo di Caprio se fumara un porro en la película *La playa*, de Alex Garland, Ko Phi-Phi Leh (véase p. 669) se ha convertido

DORMIR (O AL MENOS INTENTARLO) EN KO PHI-PHI

La contaminación acústica de Phi-Phi es nefasta y se concentra en las céntricas Ao Ton Sai y Ao Dalam, aunque lo de retirarse pronto a descansar en la Hat Hin Khom tampoco funciona. En la última visita, los bares cerraban a las 2.00 en la Ao Dalam y a la 1.30 en Ton Sai (aproximadamente), pero los fiesteros no se cortan con el ruido (los portazos como pasatiempo nocturno estaban de moda en la isla).

Los alojamientos más tranquilos están en:

- La costa este de Phi-Phi
- La carretera secundaria que comunica el extremo este de la Ao Ton Sai con la Ao Lo Dalam (vía la Chunut House)
- La colina cercana a la carretera que sube al mirador
- El extremo oeste de la Ao Ton Sai
- Hat Yao

Obviamente, la mejor opción sería sencillamente pedirse unas copas y sumarse a la fiesta.

en una especie de santuario. Aparte de los circuitos en barco de popa larga hasta esta isla y Ko Mai Phai (Bamboo Island o "isla del Bambú"), las agencias promueven circuitos al atardecer hasta la Monkey Bay ("bahía del Mono") y la playa en Wang Long (600 THB). Adventure Club (véase p. 665) es una buena opción.

Dónde dormir

Encontrar alojamiento en esta popular isla siempre es difícil y casi imposible en temporada alta. Enjambres de cazaclientes aguardan la llegada de los barcos y, aunque molestos, a veces facilitan las cosas.

Siempre se ha de cerrar la puerta con llave mientras se duerme, y también las ventanas al salir. Los robos son una lacra.

TONSAI VILLAGE บ้านต้นไทร

En la extensión de tierra plana y en forma de reloj de arena que media entre la Ao Ton Sai y la Ao Lo Dalam hay muchos alojamientos.

Mama Beach Residence HOTEL $$
(plano p. 663; ☎08 8443 1363, 0 7560 1365; www.mama-beach.com; h 2500-3800 THB; ❄@📶) Frecuentado por franceses, este bloque tiene una elegancia inesperada y está en la mejor parte de la playa de la Ao Ton Sai. Todas las habitaciones están equipadas con comodidades modernas e incluyen suelos de baldosas blancas, terrazas con vistas al mar con muebles de madera y baños con lavamanos y duchas de piedra con conchas dispersas. Varios días a la semana ofrece clases de yoga junto al mar (1¼ h, 400 THB) a las 18.00.

PP Viewpoint Resort HOTEL $$
(plano p. 663; ☎0 7560 1200, 0 7561 8111; www.phiphiviewpoint.com; bungalós 1700-3500 THB; ❄🏊) En el extremo noreste de la Ao Lo Dalam, los bungalós de madera sobre pilotes brindan unas vistas formidables. Hay una piscina pequeña y una torre acristalada con vistas de 360º donde regalarse un masaje tailandés. A veces se oye la juerga de la Ao Dalam, por lo que se recomienda llevar tapones para los oídos.

Chunut House PENSIÓN $$
(plano p. 664; ☎0 7560 1227; www.phiphichunut house.com; bungalós 2500-3500 THB; ❄📶) Esta pensión está en un tranquilo camino apartado del bazar de Tonsai Village y se agradece. En sus espaciosos bungalós de madera y bambú cuelgan móviles naturales, plantas y adornos artesanos. Tiene baños limpios alicatados.

The White PENSIÓN $$
(plano p. 664; ☎0 7560 1300; www.whitephiphi.com; h 1500-1800 THB; ❄@📶) Se dirige a una clientela "mochilera" y disfruta de dos ubicaciones prácticas y sorprendentemente tranquilas en Tonsai Village. El The White 2 es mejor y tiene algunas suites con patios en el último piso. Las habitaciones, blancas y limpias como una patena, están equipadas con TV y cajas fuertes, todas con baños con agua caliente y alicatadas en blanco y negro.

Uphill Cottage PENSIÓN $
(plano p. 663; ☎0 7560 1124, 08 6553 2316; www.phiphiuphillcottage.com; h 700-1500 THB; ❄📶) Las habitaciones, aunque sencillas, son grandes y limpias, y la fiesta del centro turístico apenas se escucha. Su nombre delata su ubicación cimera, cerca del camino del mirador. Las habitaciones tienen terrazas con vistas de la localidad y el mar (pero de soslayo).

Oasis Guesthouse PENSIÓN $
(plano p. 664; ☎0 7560 1207; h 900 THB; ❄) Vale la pena subir por esta calle secundaria, al este del centro del pueblo, para encontrar esta entrañable pensión con postigos de madera y rodeada de árboles. El propietario puede ser un poco tosco, pero las habitaciones están recién pintadas y tienen baños relucientes. La asignación es por orden de llegada.

Rock Backpacker ALBERGUE $
(plano p. 664; ☎08 1607 3897; dc 300 THB, h 400-600 THB) Un albergue propiamente dicho en la aldea de la montaña, con dormitorios limpios con literas, diminutas habitaciones privadas, un sugerente bar-restaurante y una fachada tosca y *grafiteada*.

HAT HIN KHOM หาดหินคม

En esta zona hay algunas playitas blancas en calas de roca bastante tranquilas. Está a 15 minutos de paseo por la selva de la Hat Yao y del bullicio de la Ao Ton Sai.

Viking Natures Resort HOTEL $$
(plano p. 663; ☎08 3649 9492; www.vikingnaturesresort.com; bungalós 1000-6500 THB; 📶) Cierto que es poco convencional, pero los bungalós de madera, paja y bambú suman fantasía y elegancia a base de mucha madera recuperada al mar, móviles de conchas, salones con hamacas y unas maravillosas vistas de Ko Phi-Phi Leh. Todos cuentan con mosquiteras y balcones, aunque los más económicos no tienen baño propio.

HAT YAO หาดยาว

Para llegar, o se caminan unos 30 minutos desde Ton Sai vía la Hat Him Khom o se toma un barco de popa larga (100-150 THB) desde el muelle de Ton Sai. Esta larga franja de arena blanquísima es ideal tanto para bañarse como para pasear, pero no se estará solo. Es muy popular entre las familias y los amantes del voleibol.

Phi-Phi Hill Resort PENSIÓN $$

(plano p. 663; ☎0 7561 8203; www.phiphihill.com; bungalós 700-2000 THB; ❄@) En lo alto de una plácida plantación de árboles frutales (casi todos), este sencillo complejo se extiende sobre un escarpado cabo del sur de la isla: a un lado se ve el amanecer y al otro, el atardecer. Los grandes y limpios bungalós de madera con ventilador y agua fría del lado de poniente son los que salen más a cuenta. Cierra de mayo a octubre.

Beach Resort HOTEL $$$

(plano p. 663; ☎0 7561 8268; phiphithebeach.com; bungalós 3450-5350 THB; ❄≋) Este hotel ha ganado en elegancia con una diminuta piscina y un bar de lo más acogedores, y populares. Por su parte, los bungalós de teca de estilo tailandés adornan una cuidada ladera selvática con vistas de órdago de Ko Phi-Phi Leh.

HAT RANTEE Y AO TOH KO

Aún bastante discretas, estas pequeñas y remotas playas de arena gris-dorada son adecuadas para un buen buceo de superficie. Para llegar, o se toma el barco de popa larga desde el muelle de la Ao Ton Sai (300 THB), aunque casi todos los complejos ofrecen recogida gratis si se hace la reserva (y el viaje de vuelta cuesta 150 THB), o se hace la extenuante excursión de 45 minutos que pasa por el mirador.

Toh Ko Beach Resort PENSIÓN $$

(plano p. 663; ☎08 1537 0528; www.tohkobeachresort.com; bungalós 1000-2800 THB; @) En la blanca y apacible Ao Toh Ko, esta solitaria pensión desprende una camaradería propia de un campamento de verano. Los sencillos bungalós de madera o bambú, todos con ventilador, baños de piedra y mosquiteras, están encaramados a una colina.

Rantee Hut PENSIÓN $

(plano p. 663; ☎08 9741 4846; bungalós 700-1000 THB) Esta sencillísima pensión destaca por su bonito restaurante con vistas al mar, desparrame de cojines y balsámicas melodías *reggae*.

HAT PHAK NAM Y AO LO BAKAO

La **Hat Phak Nam** es una preciosa playa de arena blanca que comparte bahía con una aldea de pescadores. Para llegar, o se alquila un barco de popa larga desde la Ao Ton Sai por unos 500 THB (150 THB por la vuelta en taxi acuático compartido), o se camina durante una fatigosa hora vía el mirador.

La playa de **Ao Lo Bakao**, acotada por palmeras y rodeada de espectaculares montañas, es una de las más bonitas de Phi-Phi, con vistas a las venturosas islas Bamboo y Mosquito. El Phi-Phi Island Village organiza los traslados para sus huéspedes, pero si se va por cuenta propia desde la Ao Ton Sai el trayecto costará 800 THB.

Relax Beach Resort HOTEL $$

(plano p. 663; ☎08 1083 0194, 08 9475 6536; www.phiphirelaxresort.com; bungalós 1400-4400 THB; ❄@≋) Tiene 47 bonitos aunque modestos bungalós de estilo tailandés con suelos de madera, terrazas en dos niveles con cojines y baños de mosaico en las habitaciones más nuevas. Todos están entre la espesa fronda. También hay un buen restaurante y un bar al fresco atendidos por un personal encantador.

Phi-Phi Island Village HOTEL $$$

(plano p. 663; ☎0 7636 3700; www.ppisland.com; bungalós 7200-21 500 THB; ❄≋) Como un pueblo, son cien enormes bungalós que ocupan gran parte de la playa entre altas palmeras. Incluye desde instalaciones familiares e informales a cenas románticas y tratamientos de *spa*. Un cierto toque a elegancia a la antigua se puede añadir a esta buena vida, si está al alcance del viajero, claro.

HAT LAEM THONG หาดแหลมทอง

En esta larga playa de arena blanca vive una pequeña comunidad de *chow lair* (gitanos del mar) en el extremo del norte, algo sucio. Pese a su oferta de alto copete, la playa está muy llena y todos los hoteles quedan muy juntos. Alquilar un barco de popa larga desde la Ao Ton Sai cuesta 800 THB. Los operadores también facilitan los traslados.

Holiday Inn Phi-Phi Island HOTEL $$$

(plano p. 663; ☎0 7562 7300; www.phiphi.holidayinn.com; bungalós 8297-10 400 THB; ❄≋) El típico Holiday Inn pero a la tailandesa: comodidad, elegancia de cemento blanco con armazones negros y muchos tipos dinámicos pululando por la piscina. El restaurante cuenta con un fabuloso entarimado al fresco con vistas al mar.

Zeavola HOTEL $$$
(plano p. 663; 0 7562 7000; www.zeavola.com; bungalós 9900-26 900 THB;) Senderos flanqueados por hibiscos conducen a bungalós de teca sombreados con sofisticados interiores y exteriores completamente asiáticos. Cada bungaló tiene tres paredes de cristal (con persianas de bambú por control remoto), preciosos acabados de la década de 1940, muebles antiguos y un patio. Servicio intachable.

Dónde comer

Casi todos los complejos, hoteles y bungalós de la isla tienen restaurante. En la Ao Ton Sai hay algunos establecimientos a precios razonables, pero tampoco cabe esperar alta cocina.

Mercado local TAILANDESA $
(plano p. 664; Ao Ton Sai; desayuno, almuerzo y cena) Aquí aguardan las comidas más económicas y genuinas de la isla. Hay algunos puestos en el tramo más estrecho del istmo que sirven platos locales tales como unos *pàt tai* exquisitos, arroz frito, *sôm·đam* (ensalada picante de papaya) y bagre ahumado.

Le Grand Bleu DE FUSIÓN $$$
(plano p. 664; 08 1979 9739; principales 195-695 THB; almuerzo y cena) En una encantadora casa de madera junto al muelle principal, este restaurante sirve cocina de fusión tailandesa-europea con platos como pato frito al *wok* con albahaca o pato asado al horno y caramelizado con mango. Hay vinos franceses y australianos.

Unni's OCCIDENTAL $$
(plano p. 664; principales 120 THB, aprox.; desayuno, almuerzo y cena) Para almorzar *bagels* caseros y variados, desde salmón ahumado hasta albóndigas, además de ensaladas enormes, comida mexicana, tapas, cócteles, etc., etc.

Garlic Restaurant TAILANDESA $
(plano p. 664; 08 3502 1426; platos 45-95 THB; desayuno, almuerzo y cena) Chiringuito siempre lleno de viajeros que disfrutan de su insuperable comida tailandesa moderadamente picante.

Papaya TAILANDESA $
(plano p. 664; 08 7280 1719; Ton Sai Village; platos 80-300 THB) Generosos, económicos, sabrosos y picantes platos tailandeses, con todo tipo de *curries* y *đŏm yam*.

Dónde beber y ocio

En Phi-Phi la vida nocturna es muy efervescente. Litros de *whisky* y Red Bull y empalagosos cócteles convierten el lugar en territorio de aspirantes a unas vacaciones primaverales y resacas espantosas. Si no se puede dormir, quizá sea buena idea salir a disfrutar de la fiesta.

Sunflower Bar BAR
(plano p. 663; Ao Lo Dalam) Destruido por el *tsunami* del 2004, su propietario lo reconstruyó con maderos recuperados y sigue siendo el bar más fresco de Phi-Phi. Los nombres de los reservados de popa larga atienden a las cuatro personas queridas que se llevaron aquellas aguas.

Reggae Bar BAR
(plano p. 664; Tourist Village) No hay noche en Phi-Phi que se precie sin asistir a un combate de boxeo tailandés en el *ring* de este escandaloso bar. Ambos contrincantes reciben un cubo de bebida gratis como compensación.

Slinky Bar DISCIOTECA
(plano p. 664; Ao Lo Dalam) En la última visita era la pista de baile de la playa del momento. Ofrece el típico espectáculo de fuego, cubos de zumos dulzones y mucha gente mezclándose, flirteando y bailoteando al ritmo del bajo en la arena.

Breakers BAR
(plano p. 664; Ton Sai Village; 11.00-2.00;) Buen bar deportivo para ver fútbol, observar a la gente o comer de fábula, p. ej., una hamburguesa (200-240 THB) y un gran filete, o unas alitas de pollo *"buffalo"* que alimentan a un puñado de cerveceros.

Información

Mientras que los cajeros automáticos y los cibercafés (2 THB/min) se tocan en Tonsai Village, en la playas más remotas del este no hay ninguno. En pleno centro de Tonsai Village hay wifi en **D's Bookshop** (plano p. 664; 7.00-22.00), además de libros de ficción nuevos y usados, y un café exprés aceptable (50 THB).

Cómo llegar y salir

A Ko Phi-Phi se puede ir desde Krabi, Phuket, Ao Nang, Railay y Ko Lanta. Casi todas las embarcaciones amarran en la Ao Ton Sai, pero algunas que vienen de Phuket atracan en el muelle apartado del norte, en el Laem Thong. Los barcos de Phuket y Krabi funcionan todo el año, pero los de Ko Lanta y Ao Nang solo lo hacen en temporada alta (oct-abr).

Los barcos salen de Krabi a Ko Phi-Phi (300 THB, 1½ h) a las 9.00 y 15.30, y desde Ao Nang (350 THB, 1½ h) hay un barco diario a las 15.30. Desde Phuket, los barcos zarpan a las 9.00, 14.30 y 15.00 y regresan de Ko Phi-Phi a las 9.00, 13.30 y 15.00 (400 THB, 1¾-2 h). Los que van a Ko Lanta abandonan Phi-Phi a las 11.30 y 14.00 y vuelven de Ko Lanta a las 8.00 y 13.00 (300 THB, 1½ h). Para ir a Railay (350 THB, 1¼ h), hay que tomar el *ferry* a Ao Nang.

Cómo desplazarse

En Phi-Phi Don no hay carreteras, por eso la mayoría se mueve a pie, aunque se alquilan barcos de popa larga en la Ao Ton Sai para travesías cortas por la isla y hasta Ko Phi-Phi Leh.

Hay barcos de popa larga desde el muelle de la Ao Ton Sai a la Hat Yao (100-150 THB), el Laem Thong (800 THB), la Hat Rantee (500 THB) y la cueva de los Vikingos (en Ko Phi-Phi Leh; 500 THB). Alquilar una lancha motora para seis horas cuesta unos 6500 THB y un barco de popa larga para tres horas/todo el día, 1200/2500 THB.

Ko Phi-Phi Leh

เกาะพีพีเล

Esta escarpada isla, totalmente protegida por altos acantilados, es la más pequeña de las dos Phi-Phi. Bajo las aguas cristalinas aguardan arrecifes coralinos ricos en fauna marina, muy populares entre los buceadores. En el interior tiene dos espléndidas lagunas: la **Pilah** en la costa este y la **Ao Maya** en la oeste. En 1999 esta última fue una localización de la película *La playa,* un rodaje polémico que al parecer dejó tras de sí mucha porquería.

En la punta noreste de la isla, la **cueva de los Vikingos** (Tham Phaya Naak) es un gran punto de recolección de nidos de golondrina. Los ágiles recolectores trepan por el andamiaje de bambú para recogerlos. Antes de subir, rezan y hacen ofrendas de tabaco, incienso y licores a los espíritus residentes. Su engañoso nombre refiere a una inscripción de cuatro siglos de antigüedad que dejaron los pescadores chinos.

En Phi-Phi Leh no hay hoteles y la mayoría de visitantes llega en las populares excursiones de un día desde Phi-Phi Don. Los circuitos duran medio día e incluyen paradas para bucear con tubo en diferentes enclaves, con desvíos a la cueva de los Vikingos y la Ao Maya. Los viajes en barco de popa larga/motora cuestan 800/2400 THB. Al desembarcar hay que pagar 400 THB de entrada al parque nacional.

Se puede acampar en Phi-Phi Leh a través del **Maya Bay Camping** (☎08 6944 1623; www.mayabaycamping.com; 2100 THB por persona), que ofrece circuitos con muchas actividades que incluyen salidas en kayak, buceo con tubo, almuerzo, cena y sacos de dormir bajo las estrellas.

Ko Jum y Ko Si Boya

เกาะจำ (ปู)/เกาะศรีบอยา

Cual hermanitas de Ko Lanta, Ko Jum (Ko Pu es la parte montañosa del norte) y Ko Si Boya aguardan impacientes la llegada de turistas a sus estelas de arena blanca. Las islas comparten un ambiente relajado donde los viajeros pasean por las agradables aldeas musulmanas de pescadores o llenan sus gloriosas tardes sin hacer nada.

Dónde dormir y comer

El reducido transporte obliga a los complejos a cerrar entre junio y octubre. Casi todos los alojamientos tienen restaurante.

Koh Jum Beach Villas VILLAS $$$

(☎08 6184 0505; www.kohjumbeachvillas.com; Hat Yao; chalés 6000-16 000 THB;) Sus espaciosas casas de madera, con lujosas terrazas y mullidos asientos por doquier, se reparten por un seductor trocito de la Hat Yao. Las casas son privadas y se alquilan por noches; la comunidad se responsabiliza de su mantenimiento.

Oon Lee Bungalows PENSIÓN $-$$

(☎08 7200 8053; www.koh-jum-resort.com; bungalós 500-3800 THB) Llevado por una familia franco-tailandesa, esta pensión desprende una elegancia a lo Robinson Crusoe, con bungalós de madera sobre pilotes en un jardín a la sombra en una playa blanca desierta en la parte de Ko Pu, en Ko Jum. Se pueden hacer muchas actividades, entre otras las mejores excursiones de la isla. El restaurante de fusión es muy bueno.

Woodland Lodge PENSIÓN $

(☎08 1893 5330; www.woodland-koh-jum.com; Hat Yao; bungalós 800-1000 THB) Cuenta con cabañas limpias y exquisitas con suelos pulidos y verandas. Sus propietarios, británico-tailandeses, son un dechado de simpatía y organizan salidas en barco y de pesca. El restaurante es excelente.

Siboya Resort HOTEL $

(☎0 7561 8026, 08 1979 3344; www.siboyabungalows.com; bungalós 200-1200 THB; @) Vale, la playa de Ko Si Boya no es espectacular, pero ofrece un entorno silvestre de manglares rebosante de vida. Estos bungalós en el bosque son grandes y exquisitos, muy frecuentados por europeos y canadienses cincuentones.

Cómo llegar y salir

De diciembre a abril, los barcos entre Krabi y Ko Lanta pueden parar en Ko Jum (400 THB, 1 h). En noviembre y mayo, solo el barco de primera hora de la mañana para en Ko Jum. A Ko Si Boya también se puede llegar en el barco de las 15.00 (100 THB) que sale de Ban Laem Kruat, un pueblo a 30 km al sureste de Krabi, al final de la carretera 4036. Las embarcaciones a Ko Si Boya salen durante todo el día del Laem Hin (50 THB), al norte de Ban Laem Kruat.

Ko Lanta

เกาะลันตา

20 000 HAB.

Larga, esbelta y cubierta de mechones de arena dorada, Ko Lanta es la niña bonita de Krabi. Es la mayor de las más de cincuenta islas que componen el archipiélago homónimo, un paraíso relajante capaz de contentar a viajeros de todos los presupuestos con su sucesión de playas color melocotón de la costa oeste, a cual mejor. Las playas del norte están concurridas pero son divertidas, mientras que el ambiente se relaja hacia el sur.

Ko Lanta es bastante plana en comparación con sus kársticas vecinas, lo cual facilita los desplazamientos en motocicleta (las distancias son largas y hace mucho calor para la bicicleta). Basta darse una vuelta por la isla para descubrir su variopinto caleidoscopio de culturas: puestos de pollo frito bajo espigados minaretes, destartalados pueblos de *chow lair* a un lado de la isla, y un pequeño *wat* tailandés entre enmarañados manglares.

Ko Lanta Yai, como en realidad se llama, es la mayor de las 52 islas del Parque Nacional Marino de Ko Lanta. Casi todas las embarcaciones amarran en Ban Sala Dan, una polvorienta localidad de dos calles en la punta norte de la isla.

Puntos de interés

Ban Ko Lanta (ciudad antigua) LOCALIDAD

A mitad de camino de la costa este, **Ban Ko Lanta** ("ciudad antigua de Lanta"), el primer puerto y enclave comercial de la isla, proporcionaba una escala segura a los navíos comerciales árabes y chinos que navegaban entre Phuket, Penang y Singapur.

Algunas de las casas de madera calzadas sobre pilotes y fachadas de negocios tienen más de cien años. Los restaurantes del puerto sirven pescado fresco y tienen vistas del mar. Los domingos por la tarde se monta un pequeño mercado, pero para artículos de piel hay que pasar por **Lanta Leather** (08 5046 6410; 8.00-20.00), mientras que para hamacas de calidad se recomienda **Hammock House** (0 4847 2012; www.jumbohammock.com; 10.00-17.00), donde también se puede recoger el fabuloso *Lanta Biker's Map*, con infinidad de rutas poco transitadas.

En el **Museo Chao Leh** (Ban Sanghka-U), al sur, se encontrará un conjunto de casas tradicionales amarradas con bambú, óleos sugerentes y exposiciones sobre mitología, música y rituales de los *chow lair*. Para encontrar el museo hay que buscar la casa flotante que hay en la colina frente al mar, pasada la carretera.

Parque Nacional Marino de Ko Lanta PARQUE NACIONAL

(อุทยานแห่งชาติเกาะลันตา; adultos/niños 400/200 THB) Declarado como tal en 1990, este parque protege 15 islas del archipiélago de Ko Lanta, incluida la punta sur de Ko Lanta Yai, cuya costa oeste está cada vez más amenazada por la galopante urbanización. Las otras islas del archipiélago han salido mejor paradas. **Ko Rok Nai** conserva su belleza, con una bahía en forma de media luna arropada por acantilados, delicados arrecifes de coral y una reluciente playa de arena blanca. Se puede acampar en Ko Rok Nok y en la vecina **Ko Haa**, siempre con permiso de la oficina central del parque. En el lado este de Ko Lanta Yai, **Ko Talabeng** tiene espectaculares cuevas calizas que se pueden visitar en un circuito en kayak marino. Siempre hay que pagar la entrada al parque nacional.

La **oficina central** está en el Laem Tanod, en la punta sur de Ko Lanta Yai, accesible por un empinado y ondulante camino de 7 km desde la Hat Nui; se puede ir en *túk-túk*. Hay rutas básicas de senderismo y un **faro pintoresco**. También se pueden alquilar barcos de popa larga para hacer circuitos por las islas en temporada baja.

Tham Khao Maikaeo CUEVA

(ถ้ำเขาไม้แก้ว) Tras millones de años limando asperezas calizas, los monzones han esculpido este complejo de cavernas y túneles selváticos. Hay cámaras grandes como catedrales, con estalactitas y estalagmitas, y minúsculos pasajes que se cruzan a gatas. También hay una poza subterránea en la que darse un chapuzón. Hay que llevar calzado adecuado y saber que se acabará perdido de barro.

A la Tham Khao Maikaeo se puede llegar por la selva, con guía. Una familia local organiza estas excursiones (con linternas) por 200 THB. Se llega mejor si se alquila una motocicleta, aunque casi todos los complejos facilitan el transporte.

Cerca está la **Tham Seua** ("cueva del Tigre"), también con interesantes túneles para explorar. Se llega por una pista separada que parte del camino que conduce a la oficina central del parque. De la Hat Nui salen excursiones en elefante que suben hasta ella.

Actividades

Submarinismo y buceo con tubo

Desde Ko Lanta se puede ir a algunos de los lugares de submarinismo más destacados del país y del mundo. Los mejores son los pináculos de **Hin Muang** y **Hin Daeng** (45 min, aprox., en lancha), unos solitarios afloramientos coralinos en medio del mar que actúan como importantes bancos de alimentación para las grandes especies pelágicas tales como los tiburones, los atunes y algún que otro tiburón ballena y pez manta. Muchos consideran Hin Daeng como el segundo mejor enclave submarino de Tailandia, después de la Richelieu Rock, cerca de la frontera birmana (p. 662). Por los alrededores de **Ko Haa** hay buena visibilidad (18-34 m) casi siempre, mucha vida marina y una cueva conocida como "la Catedral". También se puede llegar hasta el pecio del *King Cruiser*, el Anemone Reef y Ko Phi-Phi.

Las excursiones a los pináculos de Hin Daeng/Hin Muang cuestan unos 5000-6000 THB y a Ko Haa, 3500-4500 THB. Los cursos PADI en aguas abiertas se disparan a 14 000-17 000 THB.

Muchas agencias de viajes organizan salidas de buceo con tubo a Ko Rok Nok, Ko Phi-Phi y otras islas vecinas.

Scubafish SUBMARINISMO
(☎0 7566 5095; www.scuba-fish.com) Es uno de los mejores operadores de submarinismo del lugar. Tiene sede en el Baan Laanta Resort (p. 675), en la Ao Kantiang, y una sucursal en el Narima. A diferencia de otros centros grandes e impersonales de Ban Sala Dan, este cuenta con personal profesional y programas personalizados, incluido el Liquid Lense de fotografía submarina. Sus paquetes de tres días (9975 THB) están bastante solicitados.

Otros centros de submarinismo fiables son:

Blue Planet Divers SUBMARINISMO
(☎0 7566 2724; www.blueplanetdivers.net; Ban Sala Dan) La única escuela especializada en submarinismo a pulmón.

Lanta Diver SUBMARINISMO
(☎0 7568 4208; www.lantadiver.com; Ban Sala Dan)

Dive & Relax SUBMARINISMO
(☎08 4842 2191; www.diveandrelax.com; Hat Phra Ae) En el Lanta Castaway Beach Resort.

Cursos

Time for Lime COCINA
(☎0 7568 4590; www.timeforlime.net) Está en la Hat Khlong Dao y tiene una enorme cocina profesional. Sus cursos aportan una dosis de imaginación superior a la media; los de cinco horas cuestan 1800 THB pero si se participa en más de uno se ofrecen interesantes descuentos. Los beneficios se invierten a ayudas a Lanta Animal Welfare (véase p. 674).

Dónde dormir

Ko Lanta acoge largas franjas de playa repletas de alojamientos. Algunos cierran en temporada baja (may-oct), mientras que otros rebajan sus tarifas a la mitad o más. Los complejos suelen tener restaurante propio y mostradores de reservas en toda la isla para buceo con tubo, masajes, circuitos y alquiler de motocicletas.

HAT KHLONG DAO หาดคลองดาว

Estos extraordinarios 2 km de arena blanca sin rocas son ideales para nadar. Lástima que la marea acumule tanta basura. Los lugareños dicen con desdén que viene de Phi-Phi.

Costa Lanta HOTEL $$$
(☎0 7566 8168; www.costalanta.com; h desde 6200 THB; ❄@📶🏊) Moradas increíblemente zen acurrucadas en un jardín con cocoteros surcado por canales de marea en el extremo norte de la Hat Khlong Dao. Todo, desde los suelos hasta las paredes y los lavamanos, es de cemento pulido y las puertas rústicas de las cabañas se abren a los dos lados para aprovechar las corrientes de aire. El restaurante y la rebosante piscina negra a pie de playa son sensacionales. A través

Ko Lanta

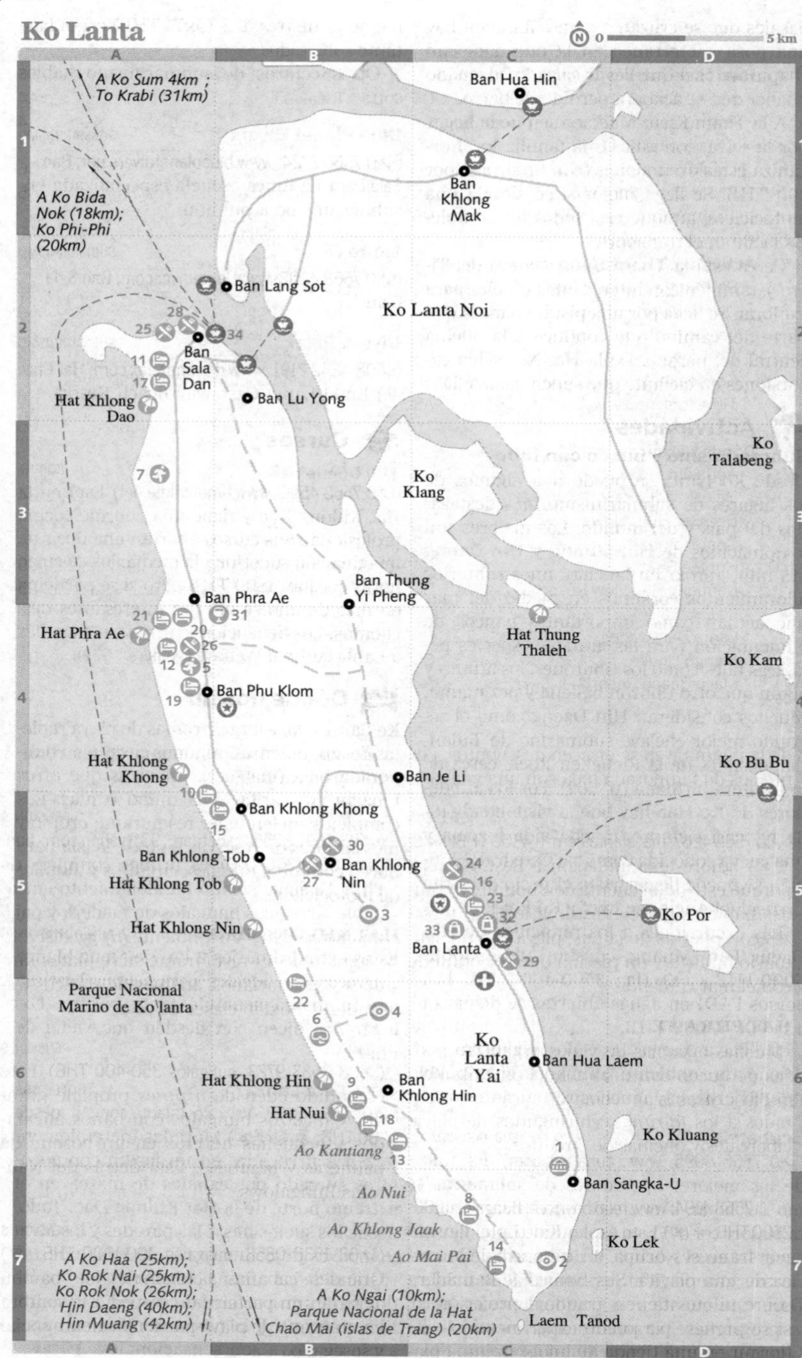
0 5 km
A Ko Sum 4km ; To Krabi (31km)
A Ko Bida Nok (18km); Ko Phi-Phi (20km)
Ban Hua Hin
Ban Khlong Mak
Ban Lang Sot
Ko Lanta Noi
Ban Sala Dan
Ban Lu Yong
Hat Khlong Dao
Ko Klang
Ko Talabeng
Ban Thung Yi Pheng
Ban Phra Ae
Hat Phra Ae
Hat Thung Thaleh
Ko Kam
Ban Phu Klom
Hat Khlong Khong
Ko Bu Bu
Ban Je Li
Ban Khlong Khong
Ban Khlong Tob
Ban Khlong Nin
Hat Khlong Tob
Hat Khlong Nin
Ko Por
Ban Lanta
Parque Nacional Marino de Ko lanta
Ko Lanta Yai
Ban Hua Laem
Hat Khlong Hin
Ban Khlong Hin
Hat Nui
Ao Kantiang
Ko Kluang
Ban Sangka-U
Ao Nui
Ao Khlong Jaak
Ao Mai Pai
Ko Lek
A Ko Haa (25km); Ko Rok Nai (25km); Ko Rok Nok (26km); Hin Daeng (40km); Hin Muang (42km)
A Ko Ngai (10km); Parque Nacional de la Hat Chao Mai (islas de Trang) (20km)
Laem Tanod

Ko Lanta

Puntos de interés

1 Museo Chao Leh C6
2 Oficina central del Parque Nacional Marino de Ko Lanta C7
Liquid Lense .... (véase 9)
3 Tham Khao Mai Kaeo B5
4 Tham Seua B6

Actividades, cursos y circuitos

Blue Lanta Divers .... (véase 34)
5 Dive & Relax A4
Lanta Divers .... (véase 34)
6 Scubafish B6
Scubafish .... (véase 9)
7 Time for Lime A3

Dónde dormir

8 Andalanta Resort C7
9 Baan Laanta Resort & Spa B6
10 Bee Bee Bungalows A5
11 Costa Lanta A2
12 Hutyee Boat A4
13 Kantiang Bay View Resort B6
14 La Laanta C7
15 Lanta Darawadee B5
16 Mango House C5
17 Maya Beach Resort A2
18 Phra Nang Lanta B6
19 Relax Bay A4
20 Sanctuary A4
21 Somewhere Else A4
22 Sri Lanta B6
23 Sriraya C5

Dónde comer

24 Beautiful Restaurant C5
25 Lanta Seafood A2
26 Red Snapper A4
27 Mercado de los sábados B5
28 Mercado diurno dominical A2
29 Mercado nocturno dominical/lunes por la mañana C5
30 Mercado del martes/miércoles B5

Dónde beber

31 Hat Phra Ae Bars B4

De compras

32 Hammock House C5
33 Lanta Leather C5

Transporte

34 Embarcadero de pasajeros B2

de la página web se ofrecen descuentos. Los precios de temporada baja son una ganga.

Maya Beach Resort HOTEL **$$$**
(☎0 7568 4267; mayalanta.com; h 4300 THB; ❄@ 🛜🏊) Ignórese su afiliación a Best Western porque este hotel cuenta con bonitas y grandes habitaciones con estilo a lo Ikea: terrazas con puertas de lamas, playa con un santuario budista y un piscina que se confunde con el mar cercano.

HAT PHRA AE หาดพระแอ

La "Playa Larga" es solo mediocre, pero tiene un ambiente animado. Tipo pueblo de viajeros, hay muchos restaurantes orientados a los *fa·ràngs*, chiringuitos de playa, cibercafés y oficinas de circuitos.

Relax Bay HOTEL **$$**
(☎0 7568 4194; www.relaxbay.com; bungalós 1200-2500 THB; ❄🏊) Este espléndido hotel llevado por franceses ocupa un cabo arbolado cerca de una playita. Sus bungalós de madera sobre pilotes tienen grandes terrazas pero, si se prefiere, se puede experimentar lo de dormir en una tienda de lujo sobre una plataforma de madera, encima de las rocas y con vistas al mar.

Sanctuary PENSIÓN **$**
(☎08 1891 3055; sanctuary_93@yahoo.com; bungalós 600-1200 THB) El primer complejo de Phra Ae sigue siendo un alojamiento entrañable: artísticos bungalós de madera y paja, mucho césped y un ambiente *hippy* discreto y agradable. El restaurante sirve platos hindúes y vegetarianos, además de clásicos tailandeses. Se dan clases de yoga.

Hutyee Boat PENSIÓN **$**
(☎08 3633 9723; bungalós 350-400 THB) Este escondido edén de *hippies* propone grandes y macizos bungalós con baños alicatados y pequeñas neveras en un bosque de palmeras y bambúes. Está detrás del Nautalus Bungalows.

Somewhere Else PENSIÓN **$**
(☎08 1536 0858; bungalós 400-1000 THB; 🛜) Grandes cabañas octogonales de bambú agracian un parterre de césped a la sombra en un tramo de playa particularmente social y sosegado.

DE PRIMERA MANO

JUNIE KOVACS Y LANTA ANIMAL WELFARE

Kovacs fundó Lanta Animal Welfare, que rescata animales y organiza campañas de esterilización y vacunas, y de educación y sensibilización social.

¿POR QUÉ HAY TANTOS ANIMALES ABANDONADOS?

Muchas pensiones tienen perros o gatos en la temporada turística porque saben que a los turistas les gustan. Pero cuando se acaba la temporada los abandonan.

CÓMO AYUDAR.

Se necesitan voluntarios a corto o largo plazo para sacar a pasear a los perros, ayudar en las campañas de recaudación de fondos, colaborar con los voluntarios veteranos, atrapar a los animales abandonados, etc. También se ayuda con el papeleo para que alguien se pueda llevar un animal a casa. En Phuket, Soi Dog (véase p. 625) es otro lugar fantástico donde se puede colaborar, y se agradece, por poco que sea. Las donaciones también son bienvenidas ya que el Gobierno no nos ayuda.

Conversación con Celeste Brash.

HAT KHLONG KHONG หาดคลองโขง

El paraíso para cualquier bar rastafari, con partidos de voleibol, fiestas de la luna y anunciados batidos de setas (allá cada cual). Sin embargo, es bastante discreto y apto para todos públicos. La playa se extiende sin fin en ambos sentidos.

Bee Bee Bungalows PENSIÓN $

(☎08 1537 9932; www.beebeebungalows; bungalós 400-800 THB; ❄@☒) Es uno de los mejores lugares económicos de la isla. El amabilísimo personal cuida de una docena de cabañas de bambú imaginativas y únicas, algunas encaramadas en los árboles sobre pilotes. El restaurante tiene una biblioteca con manoseados libros para distraerse mientras se esperan los sencillos pero deliciosos platos tailandeses.

Lanta Darawadee HOTEL $$

(☎0 7566 7094; www.lantadarawadee.com; bungalós 1000-1600 THB, desayuno incl.; ❄☒☒) Fabulosa relación calidad-precio en plena playa para aquellos que no puedan vivir sin aire acondicionado. Habitaciones nuevas, anodinas y limpias con buenas camas, terrazas, neveras y TV. El agua se calienta con energía solar y los precios incluyen el desayuno.

HAT KHLONG NIN หาดคลองนิน

Después de la Hat Khlong Tob, la carretera principal que va al sur se bifurca: a la izquierda avanza por el interior de este a oeste, y a la derecha sigue por una pista tosca que abraza 14 km del litoral hasta la punta de Ko Lanta. La primera playa que se encuentra es la deliciosa y blanca Hat Khlong Nin. Tiene muchas pensiones pequeñas y económicas en su extremo norte, normalmente adosadas a restaurantes; es fácil llegar y comparar precios de los alojamientos económicos.

Sri Lanta HOTEL $$

(☎0 7566 2688; www.srilanta.com; casitas desde 3000 THB; ❄@☒) En el extremo sur de la playa, estas pecaminosas casitas de madera, muy naturales y minimalistas, ocupan un jardín silvestre que se extienden desde la playa hasta una ajardinada ladera selvática. Hay una zona a pie de playa muy sofisticada con un restaurante, una piscina de horizonte infinito y pabellones con cortinas para masajes. El complejo utiliza productos biodegradables y minimiza el consumo de energía.

AO KANTIANG อ่าวกันเตียง

Esta soberbia curva de arena acotada por montañas acoge un pueblo con supermercados, cibercafés, motocicletas de alquiler y restaurantes. Aunque haya muchos veleros y lanchas, la playa está muy poco urbanizada. Queda lejos de todo; quien llegue hasta aquí no podrá moverse mucho.

Phra Nang Lanta HOTEL $$$

(☎0 7566 5025; lanta@vacation village.co.th; estudios 6000 THB; ❄@☒☒) Sus espléndidos y enormes estudios de adobe y cemento al estilo mexicano son dignos de una revista de arquitectura: interiores de líneas limpias, maderas nobles y pintura blanca con notas de color. Por fuera, las flores y el follaje trepan por las celosías de los parasoles de bambú, y la piscina y el lozano restaurante dan a la preciosa playa.

Baan Laanta Resort & Spa HOTEL $$$
(☎0 7566 5091; www.baanlaanta.com; bungalós desde 3500 THB; ❄@≋) Un jardín ornamental rodea los elegantes bungalós de madera y una piscina que queda cerca de una playa de arena blanca. La pieza central de las habitaciones es una elevada cama tipo futón bajo una vaporosa mosquitera.

Kantiang Bay View Resort HOTEL $-$$
(☎0 7566 5049; kantiangbay.net; bungalós 500-2000 THB; ❄@) Permite escoger entre destartalados y económicos bungalós de madera y bambú, no precisamente inmaculados, o habitaciones embaldosadas con nevera, más caras y alegres. El restaurante, revestido de bambú, sirve platos tailandeses aceptables al gusto de los *fa·ràngs*.

AO KHLONG JAAK Y LAEM TANOD อ่าวคลองจาก/แหลมโตนด
La espléndida playa de la Ao Khlong Jaak recibe el nombre de una cascada del interior.

La Laanta HOTEL $$$
(☎0 7566 5066; www.lalaanta.com; bungalós 2800-6200 THB; ❄@≋) Elegancia al desnudo en su máxima expresión. El hotel más bonito de la isla es propiedad de una joven y moderna pareja tailandeso-vietnamita que habla inglés. Los bungalós de techo de paja tienen suelos de cemento pulido, camas en plataformas, motivos florales y terrazas con vistas a una playita que se confunde con una playa rocosa de pescadores. Sito en una pista de tierra con baches, también es el complejo más próximo al parque nacional marino.

Andalanta Resort HOTEL $$$
(☎0 7566 5018; www.andalanta.com; bungalós 2600-6900 THB; ❄@) Propone modernos bungalós playeros con aire acondicionado (los hay con buhardilla) y otros más sencillos con ventilador, todos encarados al mar. El jardín es una maravilla, hay un restaurante evocador y la famosa cascada está a 30-40 minutos a pie.

Oficina central del Parque Nacional Marino de Mu Ko Lanta 'CAMPING' $
(☎in Bangkok 0 2561 4292; parcela por persona con tienda 30 THB, con tienda 300-400 THB) Los apartados jardines de esta oficina son muy apacibles para acampar en la selva. Hay lavabos y agua corriente, pero la comida hay que traerla. También se puede pedir permiso para acampar en Ko Rok o Ko Haa. Hay que pagar la entrada al parque nacional (véase p. 670). La carretera hasta la oficina vadea el *klong* (canal), a veces bastante caudaloso en la estación lluviosa.

BAN KO LANTA บ้านเกาะลันตา
En la ciudad antigua de Lanta hay pensiones maravillosamente anticuadas que se pasan por alto.

Mango House PENSIÓN $$
(☎0 7569 7181; www.mangohouses.com; suites 2000-2500 THB; ⊙oct-abr) Estas casas centenarias de teca (un antiguo fumadero de opio) se alzan sobre pilotes sobre el muelle. Los gastados suelos originales siguen intactos, los techos son altos y las habitaciones parecen verdaderos pisos, con televisión por satélite, reproductores de DVD y ventiladores cenitales. El restaurante, una casucha marinera chic, sirve platos tailandeses y occidentales con gracia.

Sriraya PENSIÓN $
(☎0 7569 7045; h con baño compartido 500 THB) Sencilla pero exquisitamente restaurada, esta tienda-vivienda china ofrece vigas recias, paredes negras y sábanas blancas. Se recomiendan las que tienen balcón a la calle para ver el ambiente del centro.

Dónde comer

En Ban Sala Dan hay muchos restaurantes y supermercados, a destacar los del final del pueblo, al norte, donde sirven marisco y pescado frescos a peso (el precio incluye la preparación) en mesas dispuestas en verandas sobre el agua.

Beautiful Restaurant PESCADO Y MARISCO $$
(☎0 7569 7062; Ban Ko Lanta; principales 100-200 THB) El mejor de su estilo en la ciudad antigua, con mesas en cuatro entarimados que se adentran al mar. Pescado fresco y exquisitamente preparado.

Lanta Seafood PESCADO Y MARISCO $$
(☎0 7566 8411; Ban Sala Dan) La mejor opción marinera al peso. Pídase *ɓlah tôrt kà mîn* (pargo blanco revestido de cúrcuma y ajo recién trinchado y frito).

Red Snapper DE FUSIÓN $$
(☎0 7885 6965; tapas/principales desde 70/235 THB; ⊙cena) Llevado por holandeses, este restaurante se sitúa en el lado de la carretera de la Ao Phra Ae, en un romántico marco

MERECE LA PENA

MERCADOS DE KO LANTA

» Mercado diurno dominical en Ban Sala Dan

» Mercado nocturno dominical/lunes por la mañana del casco antiguo

» Mercado del martes/miércoles en Ban Je Li

» Mercado de los sábados cerca de Ban Khlong Nin

ajardinado. Se recomienda la pechuga de pato con setas *shiitake*.

Dónde beber y ocio

Para discotecas atronadoras hay que ir a otra isla. Los bares discretos con música que se confunde con la noche están en la Ao Phra Ae, con propuestas divertidas como el **Opium**, el **Earth Bar** y la **Reggae House**.

Información

En el pueblo de Ban Sala Dan hay algunos cibercafés (1 THB/min), agencias de viajes, tiendas de submarinismo y motocicletas de alquiler. Hay cinco 7-Eleven por la costa oeste de la isla, todos con cajero automático.

Hospital de Ko Lanta (☎0 7569 7085) Está 1 km al sur de Ban Ko Lanta (ciudad antigua).

Comisaría de policía (☎0 7569 7017) Al norte de Ban Ko Lanta.

Cómo llegar y salir

La mayoría va a Ko Lanta en barco o en furgoneta con aire acondicionado. Por libre, hay que tirar de los frecuentes **'ferries' de vehículos** (motocicleta 20 THB, automóvil/todoterreno 75/150 THB; ⏰7.00-20.00) que navegan entre Ban Hua Hin y Ban Khlong Mak (Ko Lanta Noi) y después hasta Ko Lanta Yai.

Barco

Hay dos muelles en Ban Sala Dan. El de pasajeros está 300 m de la principal calle comercial, mientras que los *ferries* de vehículos zarpan desde el otro, unos kilómetros más al este.

Hay un *ferry* de pasajeros entre el muelle del Khlong Chilat (Krabi) y Ko Lanta: sale de Ko Lanta a las 8.00 (400 THB, 2 h) y regresa de Krabi a las 11.00. También para en Ko Jum (por el precio completo del billete).

Técnicamente los barcos entre Ko Lanta y Ko Phi-Phi funcionan todo el año, pero el servicio se reduce en temporada baja en función de los viajeros. Los *ferries* salen de Ko Lanta a las 8.00 y 13.00 (300 THB, 1½ h); en sentido contrario, desde Ko Phi-Phi, a las 11.30 y 14.00. Desde allí se puede hacer transbordo a un *ferry* rumbo Phuket.

Aproximadamente desde el 12 de octubre hasta mayo se ofrecen circuitos de buceo con tubo (350 THB) por cuatro islas hasta las islas Trang, con la posibilidad de apearse donde le apetezca quedarse (no olvidar el bañador). Los barcos paran en Ko Ngai (2 h), Ko Muk (3 h) y Ko Kradan (4 h).

Además hay algunas lanchas que van de Ko Lanta hasta las islas Trang; las más rápidas son las del **Satun-Pak Bara Speedboat Club** (☎0 7475 0389, 08 2433 0114; www.tarutaolipeisland.com), que paran en Ko Ngai (650 THB, 30 min), Ko Muk (900 THB, 1 h) y Ko Bulon Leh (1600 THB, 2 h) y después continúan hasta Ko Lipe (1900 THB, 3 h).

Tigerline (☎08 1092 8800; www.tigerlinetravel.com) opera un *ferry* rápido entre Ban Sala Dan (Ko Lanta) y Ko Lipe (1400 THB, 4 h), con parada en Ko Ngai (500 THB, 30 min), Ko Kradan (750 THB, 1½ h) y Ko Muk (750 THB, 2 h). El barco sale a las 13.00. Al día siguiente regresa desde Ko Lipe a las 9.00 y atraca en Ban Sala Dan después del mediodía.

Furgoneta

Las furgonetas funcionan todo el año y son la mejor opción si se viene del continente. Las hay diarias al aeropuerto de Krabi (280 THB, 1½ h) y la ciudad de Krabi (250 THB, 1½ h), cada hora entre 7.00 y 15.30. Desde Krabi, salen cada hora entre 8.00 y 16.00.

Las que van a Phuket (350 THB, 4 h) salen de Ko Lanta aproximadamente cada dos horas, más frecuentes en temporada alta. También hay algunas diarias con aire acondicionado hasta Trang (250 THB, 2½ h) y servicios menos frecuentes a Khao Lak (650 THB, 6 h), Ko Samui (650 THB, pasaje de barco incl.) y otros destinos populares.

Cómo desplazarse

Buena parte de los complejos tienen vehículos que esperan a los *ferries;* el trayecto de ida al complejo es gratis pero el de vuelta cuesta entre 80 y 250 THB. También se puede tomar un mototaxi delante del 7-Eleven en Ban Sala Dan (50-250 THB, según distancia).

En toda la isla se alquilan motocicletas (250 THB/día). Desgraciadamente, muy pocos establecimientos facilitan cascos y ninguno ofrece seguro, así es que muchísimo cuidado.

Unos pocos establecimientos alquilan pequeños todoterrenos por unos 1600 THB al día, seguro incluido.

PROVINCIA DE TRANG

Con su propio plantel de abruptas formaciones kársticas y selváticas e islotes solitarios en un mar cristalino, Trang es una "pequeña Krabi". Los viajeros ya empiezan a conocer sus encantos y la región ha empezado a experimentar un eclosión similar a la de la vecina Krabi hace unos años. Su mayor reclamo son las relucientes islas de Trang.

Ciudad de Trang ตรัง

64 700 HAB.

La mayoría de visitantes la pisa de paso a las cercanas islas, pero si se está interesado en la cultura, la comida tailandesa o los mercados, se recomienda quedarse al menos un día. Es una ciudad manejable, para perderse entre los mercados de animales o de vendedores ambulantes y en las cafeterías chinas abiertas hasta tarde; casi en cualquier época del año hay alguna fiesta menor pero colorista.

Buena parte de las instalaciones turísticas están en la calle principal, Th Praram VI, entre la torre del reloj y la estación de trenes.

Puntos de interés

Trang tiene más de centro de negocios que de ciudad turística. El **Wat Tantayaphirom** (Th Tha Klang) tiene una enorme *chedi* (*stupa*) que consagra una huella de Buda de relativo interés. El **templo chino de Meunram**, entre Soi 1 y Soi 3, a veces patrocina espectáculos de teatro de sombras. Los grandes **mercados** de Th Ratchadamnoen y Th Sathani también merecen un paseo.

Actividades y circuitos

Las agencias de las inmediaciones de la estación de trenes y en Th Praram VI ofrecen diferentes circuitos por la provincia. Las **salidas en barco** hasta el Parque Nacional de la Hat Chao Mai y las islas de Trang cuestan desde 750 THB (entrada al parque nacional aparte). También se ofrecen circuitos en **kayak marino** a los espectaculares manglares de la Tham Chao Mai (650 THB). Casi todas las agencias también organizan salidas de **buceo con tubo** en barcos particulares de popa larga hasta Ko Rok (3500 THB, máx. 4 personas) y excursiones a **cuevas y cascadas** (1800 THB, máx. 3 personas) en automóvil privado.

Para culturizarse un poco se puede pasar un día de **excursión** por los montes del Khao Banthat y visitar aldeas de montaña sa kai (2500 THB, máx. 2 personas).

Dónde dormir y comer

Trang es célebre por su *mŏo yâhng* (cerdo crujiente a la parrilla) y sus *ráhn go·Ƀii* (cafeterías). Por la mañana se puede encontrar *mŏo yâhng* en algunos cafés o al peso en el mercado de Th Ratchadamnoen. Para empaparse del sabor local conviene ir a un puesto de *dim-sum* a primera hora de la mañana y quedarse hasta tarde en los cafés de Th Ratsada.

Sri Trang Hotel HOTEL $
(☎0 7521 8122; www.sritrang.com; 22-26 Th Praram VI; h 450-690 THB; ❄📶) Renovado edificio sexagenario con techos altos, una sinuosa escalera de madera, maravillosas manos de pintura y wifi por doquier; hay habitaciones con ventilador o aire acondicionado. En la planta baja hay un café-bar agradable.

Rua Rasada Hotel HOTEL $$$
(☎0 7521 4230; www.ruarasadahotel.com; 188 Th Pattalung; h desde 2700 THB, desayuno incl.; ❄📶🏊) A diez minutos en *túk-túk* (25 THB) de la estación de trenes, es el alojamiento más logrado de Trang. Las elegantes habitaciones tienen grandes baldosas, camas confortables y una paleta de tonos azul y malva oscuros y grises. Queda a cinco minutos de paseo del centro comercial Robinson y el Cinema City.

Koh Teng Hotel HOTEL $
(☎0 7521 8148; 77-79 Th Praram VI; h 180-380 THB; ❄) El rey indiscutible de los hoteles mochileros de Trang. Los más optimistas apreciarán el encanto de las enormes y usadas habitaciones con ventana; el resto considerará el factor roñoso deprimente.

Mercado nocturno MERCADO $
(entre Th Praram VI y Th Ratchadamnoen; comidas aprox. 30 THB; ⊙cena) El mejor mercado nocturno de la costa del Andamán excita las papilas gustativas con sus humeantes *curries*, el pollo y el pescado fritos, los *pàt tai* y ese delirio de postres tailandeses. Conviene ir con hambre y ganas de probar cosas nuevas. Los viernes y sábados por la noche se monta un segundo mercado nocturno delante de la estación de trenes.

Asia Ocha TAILANDESA $
(Th Kantang; comidas desde 30 THB; ⊙desayuno, almuerzo y cena) En funcionamiento desde la década de 1940, aquí sirven cafés america-

Provincia de Trang

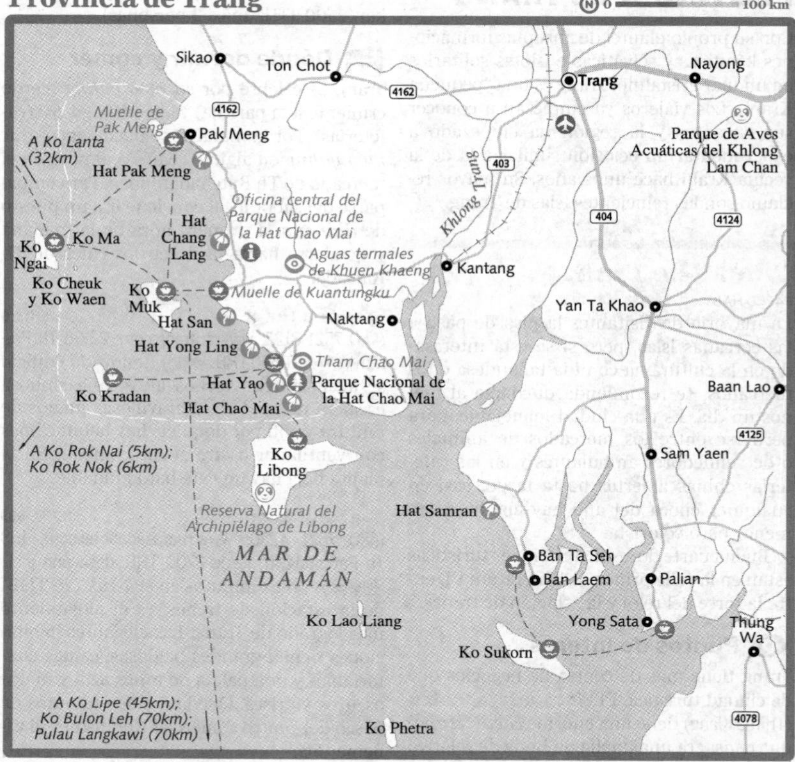

nos a una clientela, en su mayoría tailandesa, que se sienta en la mesas de mármol de otra época. La comida también es fantástica, p. ej., el pollo asado.

Información

Hay varios cibercafés, bancos con cajero automático y oficinas de cambio en Th Praram VI.

My Friend (☎0 7522 5984; 25/17-20 Th Sathani; 30 THB/h) tiene el mejor cibercafé de 24 horas de la ciudad.

Oficina de correos (Th Praram VI esq. Th Kantang) Venden tarjetas de prepago de la CAT para llamadas telefónicas al extranjero.

Cómo llegar y salir

Avión

Nok Air (www.nokair.com) y **Orient Thai Airways** (www.orient-thai.com) operan vuelos diarios desde Bangkok (aeropuerto Don Muang) hasta Trang (1500 THB por trayecto, aprox.).

El aeropuerto queda 4 km al sur de Trang; las furgonetas esperan la llegada de aviones y cobran 60 THB hasta la ciudad. En sentido opuesto, un taxi o *túk-túk* cuesta 80-100 THB.

Autobús

Salen de la **terminal** (Th Huay Yot) de Trang. Los autobuses con aire acondicionado que van de Trang a Bangkok cuestan 600-680 THB (12 h, mañana o tarde). Más cómodos son los servicios vip de 24 asientos que salen a las 17.00 y 17.30 (1050 THB). Desde Bangkok, los autobuses vip con aire acondicionado salen entre 18.30 y 19.00.

Otros servicios:

Hat Yai (110 THB, 3 h, frecuentes)
Krabi (115 THB, 2 h, frecuentes)
Phang-Nga (180 THB, 3½ h, cada hora)
Phuket (240 THB, 5 h, cada hora)
Satun (120 THB, 3 h, frecuentes)

Furgoneta y taxi compartido

Cada hora salen furgonetas a Surat Thani (180 THB, 2½ h), con conexiones a Ko Samui

Trang

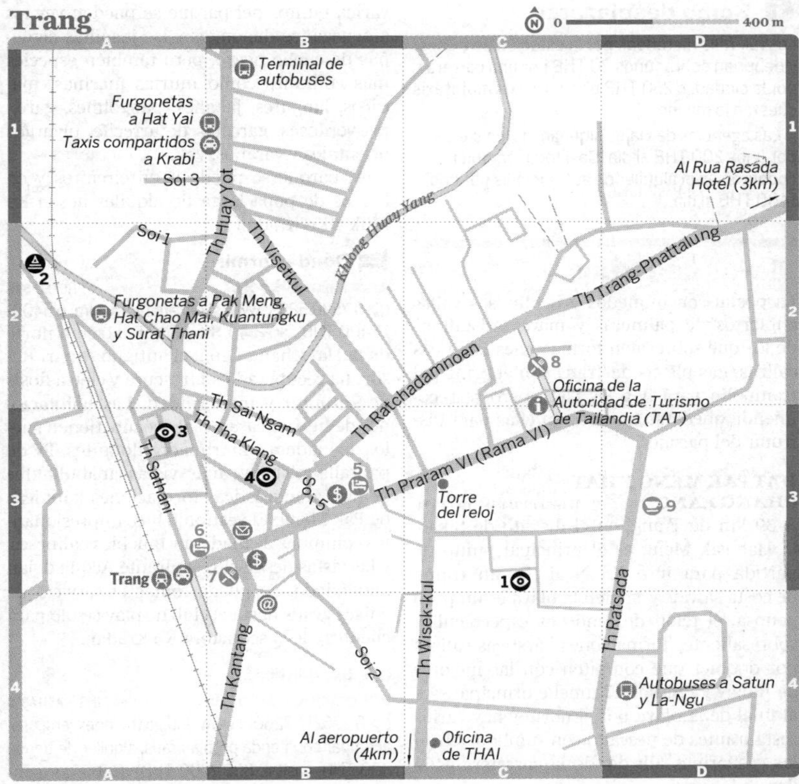

y Ko Pha-Ngan, desde una **terminal** (Th Tha Klang) que está justo antes de que Th Tha Klang cruce las vías del tren. Hay varias diarias con aire acondicionado entre Trang y Ko Lanta (250 THB, 2½ h) que salen de las agencias de viajes de delante de la estación de trenes. De las oficinas que quedan al oeste de la terminal de autobuses de Trang salen taxis compartidos a Krabi (180 THB, 2 h) y furgonetas con aire acondicionado a Hat Yai (160 THB, 2 h).

En cuanto a transporte local, hay más furgonetas con aire acondicionado que *sŏrng·tăa·ous*, que salen con regularidad de la terminal de Th Tha Klang rumbo a Pak Meng (70 THB, 45 min), la Hat Chao Mai (80 THB, 1 h) y el muelle de Kuantungku (100 THB, 1 h), para seguir el viaje por barco.

Tren

Solo hay dos servicios directos entre Bangkok y Trang: el exprés 83 y el rápido 167; ambos salen de la estación de Hua Lamphong en Bangkok por la tarde y llegan a Trang a la mañana siguiente.

Trang

Puntos de interés
1 Templo de Meunram C3
2 Wat Tantayaphirom A2
3 Mercado A3
4 Mercado B3

Dónde dormir
5 Ko Teng Hotel B3
6 Sri Trang Hotel A3

Dónde comer
7 Asia Ocha B3
8 Mercado nocturno C2

Dónde beber
9 Cafés D3

Desde Trang, los trenes salen a primera y última hora de la tarde. Los billetes cuestan unos 1480/831 THB por una litera de 1ª/2ª clase con aire acondicionado y 285 THB por 3ª clase.

Cómo desplazarse

Los *túk-túks* merodean por la estación de trenes y deberían cobrar unos 30 THB por una carrera por la ciudad, o 250 THB por hora. Los mototaxis cuestan lo mismo.

Las agencias de viajes alquilan motocicletas por unos 200 THB al día. Casi todas también cooperan en el alquiler de automóviles por unos 1400 THB al día.

Playas de Trang

La postal son húmedos y neblinosos valles cubiertos de palmeras y mares cristalinos de los que sobresalen formaciones kársticas calizas. Las playas de Trang son el principal trampolín para ir a las islas, pero se recomienda quedarse un poco en ellas para disfrutar del paisaje.

HAT PAK MENG Y HAT CHANG LANG หาดปากเมง/หาดฉางลาง

A 39 km de Trang, en el distrito de Sikao, la Hat Pak Meng es el principal punto de partida para ir a Ko Ngai. Es un tramo de costa salvaje y, si bien la playa es un poco penosa, el telón de fondo es espectacular: sobresalientes formaciones kársticas calizas por doquier que compiten con las mejores de Railay y Phi-Phi. El muelle principal está al final de la playa por el norte y hay varios restaurantes de pescado con tumbonas bajo las casuarinas allí donde la carretera 4162 llega a la costa.

Las agencias de viajes del muelle organizan circuitos en barco de un día hasta Ko Muk, Ko Cheuk, Ko Ma y Ko Kradan por 900-1000 THB por cabeza (mín. 3 personas), almuerzo y bebidas incluidos. También hay excursiones de un día de buceo con tubo a Ko Ngai (750 THB) y Ko Rok (1200-1400 THB, entradas al parque nacional aparte). Junto al embarcadero alquilan gafas, tubo y aletas por 50 THB la pieza.

Después de la Hay Pak Meng, la Hat Chang Lang, la siguiente playa hacia el sur, sigue con la misma estampa playera enmarcada por casuarinas. En su extremo sur, donde la carretera de la playa vira hacia el interior, se halla la oficina central del **Parque Nacional de la Hat Chao Mai** (☎0 7521 3260; adultos/niños menores 14 años 200/100 THB; ⏲6.00-18.00).

Los 231 km² del parque abarcan la costa desde la Hat Pak Meng al Laem Chao Mai y las islas de Ko Muk, Ko Kradan y Ko Cheuk más un conjunto de islotes pequeños. En varios puntos del parque se pueden ver los amenazados dugongos y las insólitas cigüeñas de cuello negro, pero también especies más comunes como nutrias marinas, macacos, langures, jabalíes, pangolines, garcitas verdosas, garcetas de arrecife, pigargos orientales y varanos.

Al parque se puede ir en circuitos y en barcos de popa larga de alquiler desde Ko Muk y Ko Kradan.

Dónde dormir

Anantara Sikao HOTEL **$$$**
(☎0 7520 5888; www.sikao.anantara.com; h 5400-15 400 THB; ❄📶🏊) Sito en el extremo norte de la Hat Chang Leng, el antiguo Amari Resort ha recuperado su frescura y cierta dosis de *glamour* y modernidad. Las habitaciones de lujo, encaradas al océano, tienen suelos de madera, entarimados flotantes, TV de pantalla plana y unas vistas apabullantes de las características formaciones kársticas de Pak Meng. El vestíbulo luce impresionantes columnas de madera y muebles balineses, y las vistas desde el restaurante Acqua dejan anonadado. Se puede tomar el servicio de enlace gratis hasta el club de playa (solo para clientes) de la seductora Ko Kradan.

Oficina central del parque nacional 'CAMPING', CASITAS **$**
(☎0 7521 3260; www.dnp.go.th/index_eng.asp; acampar con tienda propia gratis, alquiler de tienda 300 THB, casitas 800-1000 THB) Cabañas sencillas con ventiladores para hasta seis personas. También se puede acampar bajo las casuarinas. Además hay un restaurante y una tiendecita.

Cómo llegar y salir

Varios barcos van a diario de Pak Meng a Ko Ngai (400 THB) a las 10.00 y regresan de Ko Ngai a las 9.00. Alquilar un barco de popa larga cuesta 1200 THB.

Las furgonetas con aire acondicionado salen regularmente de Th Kha Klang (Trang) a la Hat Pak Meng (80 THB, 45 min) y Chao Mai (100 THB, 1 h). También se puede alquilar un taxi desde Trang por unos 800 THB.

La oficina central del parque está aproximadamente a 1 km por un desvío (una pista bien señalizada) desde la carretera.

HAT YAO หาดยาว

Esta destartalada y dejada aldea de pescadores está al sur de la Hat Yong Ling, emparedada entre el mar y unos imponentes acantilados calizos, en la desembocadura de un tupido estuario de manglares. En el extremo sur hay un cabo rocoso horadado por cuevas y se puede practicar un buen buceo con tubo en las aguas más inmediatas de la isla. La mejor playa es la minúscula **Hat Apo**, oculta entre los acantilados. La **Tham Chao Mai** es una cueva enorme repleta de cascadas cristalinas e impresionantes estalactitas y estalagmitas que puede visitarse si se alquila una barca.

Al sur del cabo está el muelle de Yao, el principal punto de partida para ir a Ko Libong y el punto medio de la compañía Tigerline, que conecta Ko Lipe con Ko Lanta.

Dónde dormir y comer

Haad Yao Nature Resort (☎08 1894 6936; www.trangsea.com; h 500-1200 THB, bungalós 800 THB; ❄@), en el puerto, lo lleva la Lifelong Learning Foundation, una ONG ecologista y educativa llevada por naturalistas entusiastas. Organiza un buen plantel de circuitos medioambientales por la zona de Hat Yao. Cuenta con grandes chalés con amplias terrazas, TV y DVD, habitaciones más sencillas tipo motel y unos cuantos bungalós sobre el agua.

Por la playa, al norte del cabo calizo, hay una batería de restaurantes de pescado de madera económicos. También hay un puñado de buenos restaurantes en el puerto.

Cómo llegar y desplazarse

Desde Hat Yao, se puede tomar un barco regular de popa larga hasta Ko Libong (50 THB, 20 min) o alquilar uno hasta Ko Libong (800 THB, 20 min) o Ko Muk (1500 THB, 1 h). Las *sŏrng·tăa·ous* a Trang (70 THB, 1 h) salen en cuanto se llenan desde el muelle y aguardan la llegada de embarcaciones. **Tigerline** (☎08 1092 8800; www.tigerlinetravel.com) es el servicio de *ferries* rápidos de la zona, que amarran en Hat Yao, a medio camino entre Lanta (750 THB, 2½ h) y Lipe (750 THB, 2½ h), para almorzar.

Islas de Trang

Estas míticas islas son la última manifestación de los emblemáticos riscos calizos del Andamán antes de hundirse en el mar cual gigantes dormidos. Envueltas en misterio y maceradas en leyendas locales, estas impresionantes islas del edén acogen a *chow lair* ambulantes y arrecifes multicolor.

KO NGAI เกาะไหง (ไห)

Esta larga, dorada y ventosa playa junto a la urbanizada costa este de Ko Ngai (a menudo llamada Ko Hai) se adentra en el mar con un fondo de arena (ideal para los niños) que termina en un profundo arrecife excelente para bucear. De hecho esta boscosa isla está rodeada de coral y aguas cristalinas. No hay ninguna población nativa, solo fantásticos complejos. También hay dos centros de submarinismo (inmersiones desde 1500 THB), los complejos alquilan gafas, tubo y aletas por 60 THB cada uno y kayaks marinos por unos 150 THB la hora, pero también se puede participar en circuitos de medio día hasta las islas próximas (850 THB por persona). El internet en los grandes complejos va lento y cuesta 100-150 THB la hora.

Aunque técnicamente forme parte de la provincia de Krabi, el vínculo continental de la isla es Pak Meng.

Dónde dormir

Casi todos los alojamientos son claramente de precio medio e incluyen restaurantes y electricidad ininterrumpida. El embarcadero está en el Koh Ngai Resort pero, si se reserva con tiempo, los complejos de otras playas se encargan de los traslados.

Coco Cottages HOTEL $$
(☎08 1693 6457, 08 9724 9225; www.coco-cottage.com; bungalós 1650-4700 THB; ❄📶) Tal y como sugiere su nombre, las casitas son invenciones de madera de cocotero, con techos de paja y farolillos hechos con cáscaras de coco. Los bungalós con ventilador y vistas al mar son los mejores.

Ko Hai Seafood PENSIÓN $$
(☎08 1367 8497; h 1200 THB; ❄@🏊) Estos recios bungalós de bambú podrían ser fácilmente los alojamientos económicos más entrañables de la playa. Los propietarios, todo felicidad y relajo, están al frente además de una de las mejores cocinas de la isla.

Ko Hai Camping CAMPING $
(☎08 1970 9804; seamoth2004&yahoo.com; por tienda 600 THB) Los grandes y limpios híbridos de tienda y bungaló tienen aire acondicionado y baños compartidos. Los lleva el simpático Tu, también a cargo del adjunto Sea Moth Dive Center.

Cómo llegar y salir

Ko Ngai Villa gestiona los barcos que van a diario de la Hat Pak Meng a Ko Ngai a las 10.00 (400 THB, 1½ h) y regresan de Ko Ngai entre 8.00 y 9.00 (400 THB, 1½ h). También se puede alquilar un barco de popa larga para ir y volver de Pak Meng por 1200 THB, o de Ko Muk (1200 THB) y Ko Kradan (1500 THB).

En temporada alta, el *ferry* rápido de **Tigerline** (☎08 1092 8800; www.tigerlinetravel.com) navega entre Ban Sala Dan (750 THB, 30 min), en Ko Lanta, y Ko Lipe (1400 THB, 4 h) con parada en la cercana Ko Muk. **Satun Pakbara Speedboat Club** (☎0 7475 0389, 08 2433 0114; www.tarutaolipeisland.com) es la opción más directa y cómoda para ir desde Ko Lanta (650 THB, 30 min). También se podría alquilar un barco de popa larga hasta Lanta por 2000 THB.

KO MUK เกาะมุก

Llegar hasta aquí en lancha jamás se olvidará, tanto si se desembarca en la blanca **Hat Sivalai** como en la espectacular **Hat Faràng** (o Hat Sai Yao, o Charlie's Beach), donde un agua de color jade lame una playa perfecta. Lástima que los alojamientos no sean para echar cohetes; por la playa hay mucho turista ataviado con su bañador Speedo, pero los superan en número las lanchas que acuden de Ko Lanta. Aún así, los atardeceres son gloriosos. Además, es fácil ir a otras islas.

Todo el jaleo se concentra en la Hat Faràng, una combinación de viajeros y turistas en viaje organizado saboreando la calma más que la fiesta. La Hat Sivalai y la Hat Lodung están a un paso del muelle principal, desde donde, de cara al mar, a la izquierda se ve la humilde y genuina Hat Lodung, después de una aldea de *chao lair* y algunos mangles, y la encomiable Hat Sivilai abraza península por la derecha.

Puntos de interés y actividades

Se puede practicar buen buceo con tubo frente a la costa y en la **Tham Morakot** ("Cueva Esmeralda"), la atracción estelar del archipiélago, que se esconde en el extremo norte de la isla. Esta cueva es un túnel calizo de 80 m que desemboca en una laguna marina color menta (antaño los piratas escondieron un tesoro aquí). Una vez dentro, hay que abrirse paso a nado en total oscuridad hasta una pequeña y oculta playa de arena blanca rodeada por recias paredes calizas, con una chimenea que deja entrar un hilo de luz hacia el mediodía. En temporada alta suele estar a reventar porque figura en casi todos los circuitos. Se puede alquilar un kayak (150/500 THB por hora/día) o un barco de popa larga (300 THB) para visitarla por libre a primera hora de la mañana o a última de la tarde, pero cuidado con las mareas (no se puede ir con pleamar).

Entre Ko Muk y Ko Ngai afloran los pequeños islotes kársticos de **Ko Cheuk** y **Ko Waen**, con un buen buceo con tubo y pequeñas playas de arena.

Princess Divers (☎08 6270 9174) está en el complejo de la Charlie's Beach y el independiente **Chill Out Divers** queda justo detrás del Charlie Beach Resort. Ambos son recomendables y ofrecen una/dos inmersiones por 1800/2600 THB y cursos PADI desde 10 900 THB. Chill Out Divers también imparte **clases de yoga** (250-400 THB) en la playa.

El Koh Muk Nature Resort alquila **bicicletas de montaña** (150 THB/día) con mapas para recorridos autoguiados por la isla.

Dónde dormir

Sivalai HOTEL $$$

(☎08 9723 3355; www.komooksivalai.com; Hat Sivalai; bungalós 5000-8000 THB, desayuno incl.; ❄) Este lugar es sublime, en una península de arena blanca en forma de punta de flecha rodeada de vistas de las islas kársticas y el

LOS EXTRAORDINARIOS ÁRBOLES GOMEROS

Si alguien se ha preguntado alguna vez de dónde viene la elasticidad del caucho, ya lo sabe: a diferencia del dinero, crece en los árboles. En toda la región de Trang, sobre todo en las islas frente a la costa, el viajero se topará con plantaciones de árboles gomeros.

Dichos árboles producen la emulsión lechosa que se conoce como látex en vasos laticíferos que crecen dentro de la corteza. Se "sangra" a los árboles con un fino corte en un ángulo paralelo con los vasos del látex (que no es la savia). Un pequeño cuenco recoge las gotas de látex del árbol. Cada día se hacen nuevas incisiones. Hay árboles marcados y cuencos de recolección en toda la región.

Se recolecta látex de muchos árboles y se vierte en cazos planos para mezclarlo con ácido fórmico, que sirve de coagulante. Después de unas horas, las empapadas hojas de caucho se escurren mediante prensado y se cuelgan para el secado. Allí donde crecen árboles gomeros se verán estas grandes y amarillentas tortitas secándose en postes de bambú. Dichos óvalos pegajosos se transportan a plantas procesadoras para convertirlas en el caucho como se lo conoce.

continente. Las elegantes casitas con techo de paja y paredes de cristal brindan excelentes vistas panorámicas.

Pawapi Resort PENSIÓN $$
(☎08 9669 1980; www.pawapi.com; Hat Sivalai; bungalós 2600 THB, desayuno incl.) Bungalós de bambú de primera sobre pilotes a 1,50 m del suelo para estar bien ventilados y ofrecer unas vistas de 180º más que fabulosas.

Charlie Beach Resort HOTEL $$
(☎0 7520 3281/3; www.kohmook.com; Hat Faràng; bungalós 1200-3100 THB; ❄@) Este extenso complejo destaca en la playa con sus bungalós diferentes, desde básicas chabolas de playa a casitas de tres estrellas con aire acondicionado, comunicados por caminos de arena. Evítese el restaurante.

Sawasdee Resort PENSIÓN $
(☎08 1508 0432; www.kohmook-sawadeeresort.com; Hat Faràng; bungalós 800 THB) Bungalós de madera de lo más normal con terrazas en la tranquila punta de arena del norte de la Hat Faràng. Aquí lo que se paga es la ubicación, sublime.

Ko Mook Garden Resort PENSIÓN $
(☎08 1748 384, 08 1798 7805; Hat Lodung; bungalós 300 THB, h 500 THB) Habitaciones de madera grandes y bungalós de bambú pequeños y muy sencillos. Aquí se convive con una familia local que organiza salidas de buceo con tubo, presta bicicletas y facilita mapas con los rincones secretos de la isla.

Cómo llegar y salir

Los barcos a Ko Muk salen a diario desde el muelle de Kuantungku, en concreto son cuatro (100-300 THB, 30 min, 8.00, 10.00, 12.00 y 15.00), que regresan al continente una hora más tarde; el *ferry* de primera hora de la mañana es el más económico. Los microbuses a/desde Trang (200 THB, 1 h) aguardan la llegada de los barcos. Alquilar un barco de popa larga para ir de Kuantungku a Ko Muk (600 THB, 30 min) y de Ko Muk a Pak Meng o Hat Yao cuesta unos 1200 THB (45 min-1 h).

Alquilar otro para ir a Ko Kradan (600 THB, 30 min) y Ko Ngai (1000 THB, 1 h) es fácil en el muelle o en el Rubber Tree Bungalow o el Ko Yao Restaurant en la Hat Faràng.

De noviembre a mayo, Ko Muk es una de las paradas de las lanchas que comunican Ko Lanta con Ko Lipe; para más información, véase p. 693.

KO KRADAN เกาะกระดาน

Kradan está salpicada por finas franjas de arena blanca y sedosa, bajíos cálidos y vistas a las formaciones kársticas. Hay corales blandos y duros vírgenes frente a la costa sur y un pequeño pero exuberante reducto de enmarañada selva interior. Cada día más urbanizada, la isla tiene muchos alojamientos, pero todos excepto algunos selectos son caros y anodinos.

Para internet y pasajes de barco, hay que ir al Kradan Beach Resort, el mayor despliegue de bungalós mediocres de la playa principal.

Dónde dormir

Seven Seas Resort HOTEL $$$
(☎08 2490 2442; www.sevenseasresorts.com; h 6600-7600 THB, bungalós 11 750-15 600 THB; ❄@) Pequeño complejo de lujo con logradísimas habitaciones para hasta cuatro personas con camas enormes. A los más playeros les encantará este tramo de playa donde las hamacas de algodón enlazan los enmarañados mangles. El ventilado restaurante, desparramado alrededor de una piscina de horizonte de infinito color negro azabache, sirve desde platos occidentales a excelentes *curries* sureños. Todo es un pelín caro, pero solo por el personal ya compensa.

Paradise Lost PENSIÓN $-$$
(☎08 9587 2409; www.kokradan.wordpress.com; dc 250 THB, bungalós 900-1600 THB, con baño compartido 700 THB) Este complejo de bonitos bungalós fue el primero en abrir en Kradan y todavía es el mejor. De propiedad estadounidense, está en el interior pero facilita el acceso a las playas más remotas de la isla. Las casitas de bambú tienen recios suelos de madera y comparten baños. Los bungalós más grandes son de madera y tienen instalaciones privadas, mientras que los dormito-

BONITO DÍA PARA UNA BODA PASADA POR AGUA

Cada San Valentín Ko Kradan se convierte en escenario de una boda bastante curiosa. Unas 35 parejas se encasquetan las gafas y la bombona de oxígeno y descienden hasta un altar submarino entre arrecifes coralinos, e intercambian sus votos delante del oficial del distrito de Trang. No se sabe cómo se las arreglan las parejas para decir el "sí, quiero" bajo el agua, pero la ceremonia aparece en el *Libro Guinness de los Récords* como la boda submarina más grande del mundo. Antes y después de la ceremonia, una flotilla de lanchas pasea a las parejas por la costa. Los interesados deberían consultar www.trangonline.com/underwaterwedding.

rios colectivos están en una veranda abierta. Su cocina (platos 120-1800 THB) es la mejor de la isla.

Cómo llegar y salir

Hay **barcos** diarios a Kuantungku a las 9.00 y 12.00; los billetes incluyen el microbús de enlace hasta Trang (450 THB). Alquilar un barco de popa larga desde Kuantungku cuesta unos 800 THB ida (45 min-1 h); también se pueden alquilar barcos desde Kradan para ir a otras islas del archipiélago.

Tigerline (☎08 1092 8800; www.tigerlinetravel.com) comunica Kradan con Ko Lanta (750 THB, 1½ h) y Hat Yao (750 THB, 1 h). **Patpailin Ferry** va hasta Ko Muk y Ko Ngai (ambos 500 THB) y luego sigue hasta Ko Lanta.

KO LIBONG เกาะลิบง

Los tailandeses creen que si alguien utiliza las lágrimas de un dugongo como perfume, atraerá a su alma gemela. Quizá por eso la isla más grande pero menos visitada de Trang recibe un reducido número de turistas poco convencionales, aunque también porque Ko Libong es más célebre por sus fértiles lechos de posidonias (el hábitat del insólito dugongo) que por sus playas. La isla acoge una pequeña comunidad musulmana de pescadores y tiene algunos complejos en la aislada costa oeste.

En la costa este de Ko Libong, en el **Laem Ju Hoi**, hay una gran zona de manglares protegidos por el Departamento de Botánica Tailandés como **Reserva Natural del Archipiélago de Libong** (☎0 7525 1932). Los canales marinos, llenos de pastos, son uno de los últimos hábitats del dugongo en Tailandia; unos cuarenta se alimentan así en la bahía. Los complejos respetuosos con el medio ambiente de Hat Yao (p. 680) y Ko Libong (la reserva no queda lejos del Libong Beach Resort) ofrecen circuitos en kayak marino para ver dugongos, guiados por expertos naturalistas (1000 THB). Casi todos los complejos también alquilan kayaks por 200 THB la hora.

Dónde dormir

Libong Beach Resort HOTEL $
(☎0 7522 5205; www.libongbeachresort.com; bungalós 500-800 THB; ❄@) Es el único alojamiento que abre todo el año (en temporada baja los precios se desploman). A escoger entre insulsas pero buenas cabañas detrás de un turbio riachuelo que desemboca en la playa y chalés muy cómodos y lustrosos de madera y paja. Organizan muchas excursiones, alquilan motocicletas (300 THB) y ofrecen acceso a internet (100 THB/h). Además tiene un centro de submarinismo (2 inmersiones 3500 THB), operativo solo en temporada alta.

Cómo llegar y salir

Hay barcos de popa larga a Ban Ma Phrao (costa este de Ko Libong) con salidas regulares de día desde Hat Yao (20 min) que cuestan 50 THB por persona; el muelle de Hat Yao queda al oeste del más reciente puerto de Yao. En Ko Libong, los mototaxis van hasta los complejos de la costa oeste por 100 THB. Contratar un barco de popa larga hasta esos complejos cuesta 800 THB por trayecto.

KO LAO LIANG เกาะเหลาเลียง

De hecho son dos islas juntas. En Ko Laoliang Nong, la más pequeña, está el único complejo vacacional, mientras que la más grande Ko Laoliang Pi tiene una aldea de pescadores. Estas islas son impresionantes formaciones kársticas verticales con pequeñas playas blancas, aguas cristalinas y mucho coral costero.

El susodicho alojamiento es el **Laoliang Island Resort** (☎08 4304 4077; www.laoliangresort.com; 1500 THB por persona), muy enfocado a los escaladores de roca. Se duerme en cómodas tiendas con colchones y ventiladores y hay una gran oferta de actividades, a destacar el buceo con tubo, la escalada y el kayak marino. Por la noche abre un pequeño bar y hay un restaurante que enciende la parrilla de pescado y marisco con regularidad. El lugar es como un campamento de verano pero para adultos, aunque los niños también disfrutan lo suyo. Los precios incluyen las comidas, el equipo de buceo y los kayaks.

Tigerline (☎08 1092 8800; www.tigerlinetravel.com) para en Ko Lao Liang, entre Ko Lanta (1400 THB, 2½ h) y Ko Lipe (750 THB, 2½ h).

KO SUKORN เกาะสุกร

Sukorn es un paraíso de playas de color pardo, un mar verde luminoso, cabos de roca negra y barrios de cabañas sobre pilotes que acogen a una población de 2600 pescadores musulmanes: sus arrozales, campos de sandías y plantaciones de caucho se despliegan entre estrechas carreteras de cemento. Se puede pedalear entre los campos habitados por búfalos de agua, atravesar aldeas de colores pasteles con hospitalarios moradores y dormir a pierna suelta bajo una negra y profunda noche. La sencilla quietud de Sukorn es impresionante, todo un tónico para almas experimentadas.

MERECE LA PENA

PARQUE NACIONAL MARINO DE MU KO PHETRA

อุทยานแห่งชาติหมู่เกาะเภตรา

A menudo eclipsado por el vecino Parque Nacional Marino de Ko Tarutao, este **parque** (☎0 7478 1582; adultos/niños 400/200 THB) es un impresionante archipiélago que incluye las islas de Ko Khao Yai, Ko Lao Liang (p. 684), Ko Bulon Leh (véase p. 686) y otras 19 torres calizas tapizadas de selva. **Ko Khao Yai** es la isla más grande y cuenta con varias playas intactas aptas para el baño, el buceo con tubo y la acampada, y una formación rocosa similar a un castillo gótico.

La oficina central del parque, al este de Pak Bara, tiene un pequeño centro de visitantes y un restaurante sobre el agua, además de un sendero forestal. También dispone de **alojamiento** (h 600N, bungalós para 3-9 personas 800-1500 THB) y, con permiso, permite acampar en muchas islas deshabitadas del parque. La entrada al parque solo se paga si se visitan las islas de delante de la costa.

Con pocas colinas, unas vistas panorámicas de órdago, mucha sombra y no menos oportunidades para conocer a los isleños, la mejor forma de ver la isla es en bicicleta (150 THB). Al salir de la playa es imprescindible cubrirse, dado que la gente es muy religiosa.

Dónde dormir

Sukorn Beach Bungalows HOTEL $$
(☎0 7520 7707, 08 1647 5550; www.sukorn-island-trang.com; bungalós 1000-2500 THB; ❄☮) Es el alojamiento más profesional de esta isla. Tanto los bungalós de cemento como los de madera tienen cómodas verandas y hay una larga piscina para contemplar los atardeceres. Los simpáticos dueños holandeso-tailandeses son un prodigio de información, organizan excelentes circuitos por las islas y ofrecen salidas guiadas por Sukorn (350 THB por persona). Además, la comida (principales 180-300 THB) es la mejor de las islas de Trang.

Sukorn Cabana HOTEL $$
(☎08 9724 2326; www.sukorncabana.com; bungalós 800-1300 THB; ❄@) Repartidos por unas pendientes salpicadas con papayas, franchipanes y buganvillas, los grandes y limpios bungalós lucen techos de paja, interiores de lustrosa madera y lujosas verandas. La espléndida playa ofrece unas vistas encomiables de Ko Phetra.

Cómo llegar y salir

La forma más fácil de llegar a Sukorn es con el transporte privado de los complejos con recogida en Trang (1750 THB por persona). Lo más económico es tomar una *sŏrng·tăa·ou* desde Trang hasta Yan Ta Khao (40 min, 60 THB) y allí hacer el trasbordo hasta Ban Ta Seh (45 min, 40 THB), de donde los barcos de popa larga (50 THB) abandonan el muelle en cuanto se llenan.

También se puede contratar un taxi privado o una *sŏrng·tăa·ou* desde Trang hasta Ban Ta Seh (800 THB), donde se alquilan barcos de popa larga hasta Ban Saimai (200 THB), la principal localidad de Ko Sukorn. Los complejos están a 20 minutos a pie o a 50 THB en mototaxi desde Ban Saimai. También se alquilan barcos directos a los complejos de playa (750 THB).

En Ko Sukorn se alquilan barcos de popa larga hasta Ko Lao Liang (1750 THB), donde se puede enlazar con el *ferry* rápido de **Tigerline** (☎08 1092 8800; www.tigerlinetravel.com) que comunica Lanta con Lipe y va a otras islas como Ko Kradan, Ko Ngai o Ko Muk (1400 THB).

PROVINCIA DE SATUN

Hasta hace poco una provincia mayoritariamente ignorada, esto ha cambiado gracias a la blanca Ko Lipe, un secreto antaño reservado a los mochileros pero hoy en boca de todos. Pero más allá de Ko Lipe, los viajeros apenas reparan en Satun porque prefieren ir directos a Ko Lanta, más al norte, o a Pulau Langkawi, más al sur, en Malasia, sin reparar en lo que se pierden, entre otras maravillas, las ilimitadas playas y cuevas marinas de Ko Tarutao, los escarpados senderos y cascadas de Ko Adang y la belleza rústica de Ko Bulon Leh.

Pak Bara

ปากบารา

Este pequeño pueblo pesquero es el principal punto de partida para ir a las islas del Ko Phetra y el Parque Nacional Marino de Ko Tarutao. Pak Bara es una plácida localidad con algunos alojamientos aceptables y buen marisco, pero no tiene ninguna razón de peso para quedarse.

La carretera principal de La-Ngu termina en un muelle, con algunas agencias de viajes, cibercafés, restaurantes económicos y tiendas de artículos de playa. Justo detrás del muelle (en construcción durante la última visita) está el enorme **centro de visitantes** (☎0 7478 3485) del Parque Nacional Marino de Ko Tarutao, donde se puede reservar alojamiento y gestionar el permiso para acampar en el mismo. Las agencias de viajes son las que organizan los circuitos a las islas del parque nacional.

Quien quiera visitar las islas más tranquilas de dicho parque debería pasarse por la **oficina central del parque** (☎0 7478 3485) de detrás del muelle, donde podrá reservar alojamiento y obtener un permiso para acampar. Las agencias de viaje del muelle venden billetes a cualquier lugar y muchas también ofrecen salidas de un día en kayak o para bucear con tubo (desde 1500 THB).

Si alguien se queda tirado en la localidad, hay un par de alojamientos, entre ellos el **Best House Resort** (☎0 7578 3058; bungalós 600 THB; ❄), el más próximo al muelle, y, si se está a la espera de una lancha para ir a las islas, existen unos pocos restaurantes musulmanes apiñados alrededor del embarcadero, a destacar el que queda al lado de Andrew Tour. Hay un cajero automático junto a Adang Seatours, en la calle principal.

Cómo llegar y salir

Cada hora, entre 7.00 y 16.00, salen autobuses de Hat Yai al muelle en Pak Bara (90 THB, 2½ h). Desde Satun, se puede tomar un autobús normal hacia Trang y apearse en La-Ngu (60 THB, 30 min), para seguir en *sŏrng·tăa·ou* hasta Pak Bara (20 THB, 15 min).

Las furgonetas con aire acondicionado salen cada hora a Hat Yai (150 THB, 2 h) desde las agencias de viajes de cerca del muelle de Pak Bara. También hay furgonetas a Trang (200 THB, 1½ h), con conexiones a numerosos destinos, entre ellos Krabi (450 THB, 4 h) y Phuket (650 THB, 6 h).

Desde el 21 de octubre a finales de mayo hay varias lanchas a la Ao Pante Malacca en Ko Tarutao y de allí hasta Ko Lipe; salen de Pak Bara a las 10.00, 11.00 y 12.30 (ida y vuelta 1200 THB, 1½ h); en sentido opuesto, abandonan Ko Lipe a las 9.30, 10.00, 12.30 y 13.30. A partir del 16 de noviembre dichas embarcaciones también paran en Ko Adang por el mismo precio. Los barcos a Ko Bulon Leh salen a las 12.30 y llegan una hora más tarde (ida y vuelta 800 THB), antes de salir zumbando hacia Ko Lipe. Si se perdiera el barco de Bulon, es fácil alquilar uno de popa larga a los pescadores (1500-2000 THB, 1½ h). En temporada de lluvias, los servicios a Ko Lipe dependen del tiempo y la demanda, pero suelen reducirse a tres por semana.

Ko Bulon Leh

เกาะบุโหลนเล

Entre las islas de Trang y el Parque Marino de Ko Tarutao, Bulon (como también es conocida la isla) está rodeada de aguas cristalinas que se funden con las aterciopeladas arenas de sus playas. Esta isla ofrece esa dosis justa de paraíso urbanizado, suficientes comodidades y poca gente.

La excepcional **playa** se extiende por la costa este desde el Bulone Resort y alrededor del cabo del noreste, mientras que su cara más agreste es la bella costa sur, accesible a través de la azul y coralina **Ao Panka Yai**. En el cabo occidental se puede practicar buen buceo con tubo, pero si se siguen las sendas entre retazos de selva y plantaciones de caucho se llegará a la **Ao Muang** ("bahía del Mango"), donde se encontrará un asentamiento de pescadores *chow lair* de calamares. La **Ao Panka Noi**, accesible desde el sendero que baja desde el Viewpoint Resort, es otro pueblecito pesquero con barcos de popa larga amarrados a una bonita playa de gravilla. Desde allí se divisarán preciosas formaciones kársticas y un puñado de restaurantes sencillos.

El Bulone Resort también ofrece conexión a internet (3 THB/min) y servicio de recarga para ordenadores portátiles (50 THB) y cámaras digitales (10 THB).

Dónde dormir y comer

Casi todos los alojamientos cierran en la estación lluviosa (may-oct). Hay unos cuantos restaurantes locales y una tiendecita en la aldea musulmana vecina del mirador de Bulon.

Marina Resort HOTEL $
(☎08 1598 2420, 08 5078 1552; bungalós 500-1000 THB) Construidas con troncos y rústicas terrazas sobre pilotes, suelos de tarima y techos altos, sus cabañas de tejado de paja nunca han estado mejor. También tiene un sugerente restaurante con patio y cojines desperdigados por el suelo.

Bulone Resort HOTEL $$
(☎08 6960 0468; www.bulone-resort.com; bungalós 1250-1650 THB) Encaramado en el cabo del noreste, con acceso a dos exquisitos tramos de arena blanca, estos coquetos bungalós de

madera, ventilados y con camas de hierro, disfrutan de la mejor ubicación a pie de playa de la isla.

Chaolae Homestay PENSIÓN $
(bungalós 300 THB) Sus elegantes bungalós ofrecen una fantástica relación calidad-precio y lucen lustrosos interiores de madera, tejados de paja y baños de cemento pulido (con letrinas). Lo lleva una encantadora familia *chow lair* y es un lugar agradablemente tranquilo, a escasos pasos de aceptables enclaves de submarinismo en la Ao Panka Yai.

Cómo llegar y salir

El barco diario a Ko Bulon Leh (400 THB) sale de Pak Bara a las 12.30 si hay suficiente pasaje. Los traslados en barco de popa larga hasta la playa cuestan 50 THB; para evitar una buena sudada, pídase parada en la playa más próxima al alojamiento. En sentido opuesto, el barco amarra en la bahía delante del Pansand Resort hacia las 9.00. Se puede alquilar un barco desde Pak Bara por 1500-2000 THB.

De noviembre a mayo hay dos lanchas motoras diarias (600 THB, 1 h) desde Ko Bulon Leh a Ko Lipe, en el Parque Nacional Marino de Ko Tarutao. Las lanchas, que salen de Ko Lanta y paran en las islas de Trang, salen de delante del complejo Pansand a las 13.00 y 15.00.

Parque Nacional Marino de Ko Tarutao

อุทยานแห่งชาติหมู่เกาะตะรุเตา

Como pasa con cualquier gran secreto, es solo cuestión de tiempo que alguien levante la liebre. En este caso, ese alguien fue un productor de *Survivor*, un destacado *reality* de la televisión estadounidense, que escogió este impresionante lugar para la quinta temporada del programa. Afortunadamente, la estricta legislación tailandesa protege el **Parque Nacional Marino de Ko Tarutao** (☎0 7478 1285; adultos/niños 400/200 THB; ⊙nov-med may), que todavía permanece como una de las regiones más exquisitas e intactas de Tailandia.

Este enorme archipiélago acoge infinidad de arrecifes coralinos y 51 islas cubiertas de pluvisilva virgen perfecta, habitada por langures javaneses, macacos cangrejeros, ratones ciervo, jabalíes, nutrias marinas, gatos pescadores, varanos de agua, pitones arborícolas, cálaos y martines pescadores.

El parque cierra en temporada baja (may-oct), cuando los barcos dejan de circular.

KO TARUTAO เกาะตะรุเตา

Prácticamente la totalidad de los 152 km² de esta isla están cubiertos de tupida selva primigenia que se eleva abruptamente hasta la cota más alta del parque (713 m). Excepto la costa oeste, dominada por apacibles playas de arena blanca, buena parte de la isla está rodeada de manglares e impresionantes acantilados calizos.

Tarutao tiene una historia turbia que explica en parte su fabuloso estado de conservación. Entre 1938 y 1948, más de tres mil criminales y prisioneros políticos tailandeses fueron encarcelados en la isla, incluido el interesante So Setabutra, que compiló el primer diccionario thai-inglés durante su condena. Durante la Segunda Guerra Mundial el suministro de alimentos se redujo drásticamente y centenares de presos murieron de malaria. Los reclusos y los guardias se amotinaron y se convirtieron en piratas que acosaron el cercano estrecho de Malaca hasta que el Ejército británico los sometió en 1944.

Hay internet (80 THB/h) y wifi (50 THB/h) en el centro de información de la Ao Pante Malacca.

Puntos de interés y actividades

Las ruinas tomadas por la maleza del campo de presos políticos se pueden ver en la **Ao Taloh Udang**, al sureste de la isla, a la que se llega por un frondoso y largo camino. El campamento de presos civiles está en la costa este, en la **Ao Taloh Waw**, donde ahora amarran los grandes barcos que vienen del puerto de Tammalang en Satun.

Al lado de la oficina central del parque en la Ao Pante Malacca, una senda asciende a través de la selva hasta el **acantilado de Toe-Boo**, un espectacular saliente rocoso con vistas fabulosas de Ko Adang y las islas circundantes.

La Ao Pante Malacca es una bonita playa de alabastro a la sombra de pandanáceos y casuarinas. Si se sigue el gran riachuelo hacia el interior se llegará a la **Tham Jara-Khe** ("cueva del Cocodrilo"), en su día hábitat de mortíferos cocodrilos marinos. Con bajamar se puede navegar 1 km por la cueva y visitarla en los circuitos de barcos de popa larga que salen del muelle de la Ao Pante Malacca.

Inmediatamente al sur de la Ao Pante Malacca está la **Ao Jak**, otra bonita franja de arena, y la **Ao Molae**, también maravillo-

Parque Nacional de Ko Tarutao y alrededores

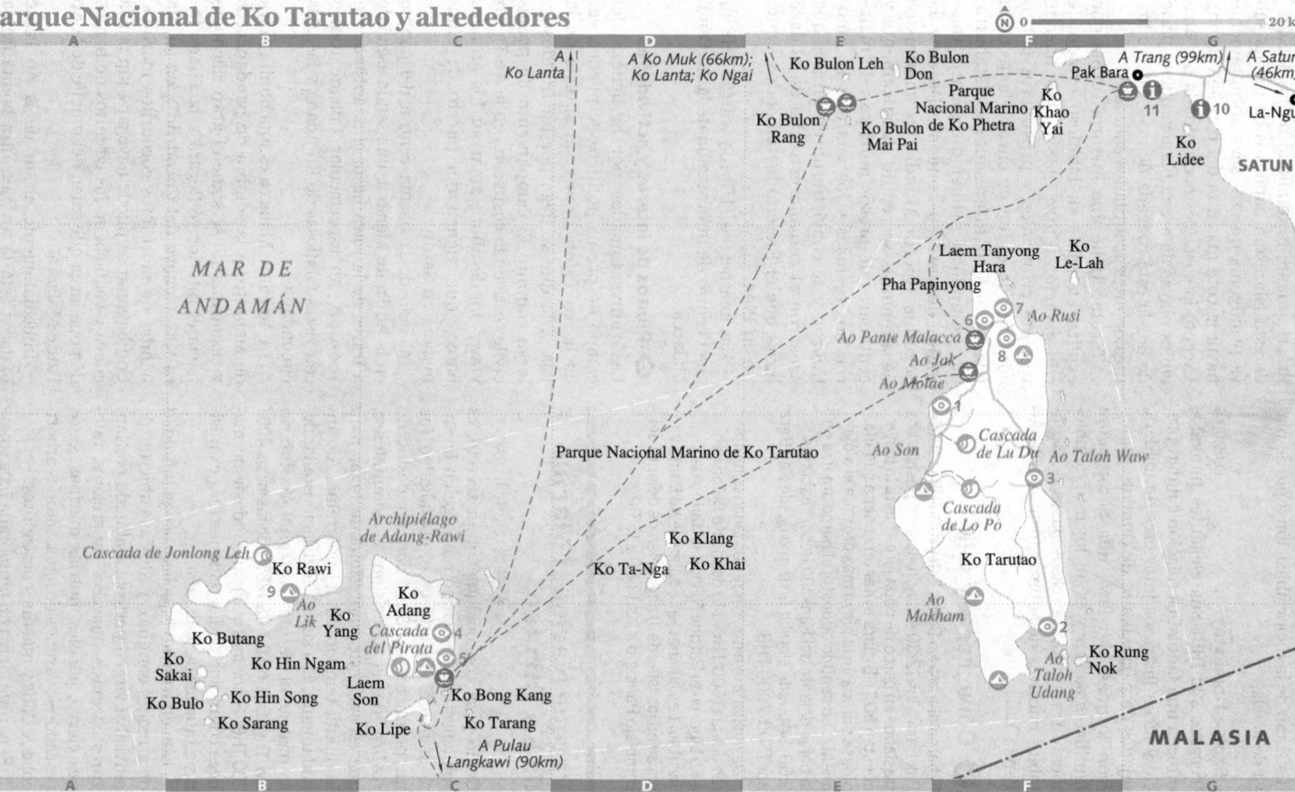

Parque Nacional de Ko Tarutao

Puntos de interés
1 Estación forestal de la Ao Molae F2
2 Estación forestal de la Ao Taloh Udang F4
3 Estación forestal de la Ao Taloh Waw F3
4 Acantilado de Chado C4
5 Estación forestal del Laem Son C4
6 Oficina central del parque F2
7 Tham Jara-Khe F2
8 Acantilado de Toe-Boo F2

Dónde dormir
9 Zona de acampada de la Ao Lik B3
Bungalós y zona de acampada de la Ao Molae .... (véase 1)
Bungalós y zona de acampada de la Ao Pante Malaka .... (véase 6)
Camping en la Ao Taloh Waw .... (véase 3)

Dónde comer
Cantina .... (véase 6)
Cantina .... (véase 5)
Cantina .... (véase 1)

Información
10 Oficina central del Parque Nacional Marino de Ko Phetra G1
11 Oficina central del Parque Nacional Marino de Ko Tarutao G1

sa, con una estación forestal con bungalós y *camping*. A 30 minutos en barco o a 8 km de caminata al sur de la Ao Pante está la **Ao Son**, una apartada bahía de arena donde anidan las tortugas entre septiembre y abril. En ella se puede acampar pero no hay instalaciones de ningún tipo. En la Ao Son se puede practicar un buceo con tubo aceptable, al igual que en la **Ao Makham**, más al sur. Desde la pequeña estación forestal de la Ao Son es posible adentrarse hasta la **cascada de Lu Du** (1½ h, aprox.) y la **cascada de Lo Po** (2½ h, aprox.).

Dónde dormir y comer

Los alojamientos en la Ao Pante Malacca y la Ao Molae abren de mediados de noviembre a mediados de mayo. La primera tiene una oferta mayor, con **bungalós** (800-1000 THB), sencillas **habitaciones en casas comunales** (550 THB) para cuatro personas con baño compartido y una **zona de acampada** (con/sin tienda de alquiler 375/150 THB). La Ao Molae, más tranquila y apartada, es la más bonita. En plena playa hay **dúplex** (h 600-1000 THB) de una y dos habitaciones bastante ostentosos. En Pak Bara, la **oficina del parque** (☎0 7478 3485) reserva alojamiento.

Se permite **acampar** (con/sin tienda de alquiler 255/30 THB) debajo de las casuarinas en la Ao Molae y la Ao Taloh Waw, donde hay aseos y duchas, y en las agrestes Ao Son, Ao Makham y Ao Taloh Udang, donde se tendrá que ser autosuficiente. Conviene cerrar las tiendas a cal y canto porque los monos suelen entrar y destrozar o comer todo lo que encuentran.

Hay buenas **cantinas** (platos 40-120 THB; ⌚7.00-14.00 y 17.00-21.00) en la Ao Pante Malacca y la Ao Molae, pero solo sirven cerveza en la segunda.

Cómo llegar y desplazarse

Los barcos que comunican Pak Bara y Ko Lipe paran en ruta en Ko Tarutao; para más información, véase p. 686.

Con un río navegable y largas carreteras asfaltadas, la isla permite la autopropulsión: se puede alquilar un kayak (por hora/día 100/300 THB) o una bicicleta de montaña (50/200 THB), o, si el calor es insoportable, un vehículo (600 THB/día). Se alquilan barcos de popa larga para ir a la Ao Taloh Udang (2000 THB), la Ao Taloh Wow (1500 THB), y la Tham Jara-Khe o la Ao Son por unos 800 THB a cada una.

Quien se aloje en la Ao Molae, podrá alquilar un automóvil del parque (60 THB por persona) en el muelle de la Ao Pante Malacca.

KO LIPE เกาะหลีเป๊ะ

Ko Lipe es el ejemplo de urbanización descontrolada en las islas tailandesas durante la última década. Agraciada por dos amplias playas de arena blanca separadas por montañas selváticas y a tiro de piedra de arrecifes coralinos protegidos, hasta hace pocos años solo se hablaba de esta isla en susurros. Pero los susurros se tornaron rápidamente en el clamor de las excavadoras. Los que más perdieron con todo este revuelo fueron los 700 habitantes de una comunidad de *chow lair* que vendieron sus tierras a una inmobiliaria tailandesa.

Pero, pese a todo este estropicio, Lipe conserva muchas maravillas. La fantástica media luna de arena blanca de la **Hat**

Ko Lipe

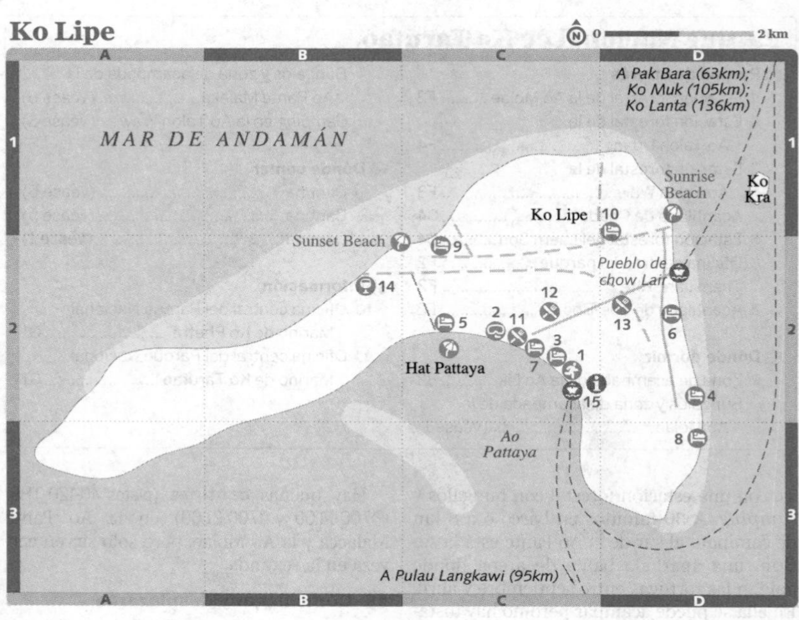

Ko Lipe

Actividades, cursos y circuitos

Forra Diving .... (véase 7)
Forra Diving .... (véase 6)
1 Islander Sea Sports C2
2 Ocean Pro C2

Dónde dormir

3 Blue Tribes C2
4 Castaway Resort D2
5 Daya Resort C2
6 Forra Dive D2
7 Forra Dive2 .... C2
8 Idyllic Resort D3
9 Porn Resort C2
10 South Sea D1

Dónde comer

11 Nong Bank Restaurant C2
12 Pee Pee Bakery C2
13 Pooh's Bar D2

Dónde beber

14 Mia Luna B2

Información

15 Bundhaya Resort C2
Oficina de inmigración .... (véase 15)

Transporte

Oficina de salida de motoras .... (véase 15)

Pattaya, en la costa sur, cuenta con espléndidos chiringuitos de playa y un ambiente fiestero en temporada alta. La ventosa **Sunrise Beach** ("playa del Amanecer"), otra sublime franja de arena, sobresale al norte con sus espectaculares vistas de Ko Adang. Hay más barcos de popa larga que bañistas, un verdadero reclamo de ambas playas. La **Sunset Beach** ("playa del Atardecer"), con su arena dorada, discretas montañas selváticas y la serena bahía que se abre al estrecho de Adang, desprende un aire diferente y conserva el espíritu agreste de Lipe. En medio hay un expansivo amasijo de cafés, agencias de viajes, tiendas y galerías de hormigón, pero con más alojamientos abiertos durante todo el año.

En la isla no hay ni bancos ni cajeros automáticos, aunque algunos de los complejos más grandes cambian cheques de viaje, efectivo o efectúan reembolsos con cargo a tarjetas de crédito, a precios abusivos, cla-

LA METAMORFOSIS DE KO LIPE *ADAM SKOLNICK*

Ko Lipe empezó a cambiar de verdad en el 2005 cuando se asfaltó el sendero de arena que cruzaba la isla. Sin embargo, las simientes del cambio ya se habían plantado diez años antes cuando Ko Kyiet, un promotor inmobiliario de Phi-Phi, se puso en contacto con los *chow lair* (gitanos del mar) de la zona con la intención de comprarles sus tierras. Aunque la oferta era tentadora, nunca se cerró del todo el trato. En esas entró en escena Ko Pi Tong, oriundo de Satun que, según Kun Pooh del Pooh's Bar y el Pooh's Bungalows, que es un vecino de toda la vida y uno de los administradores del turismo de Lipe, se enriqueció con el lucrativo negocio de los nidos de golondrinas, ecológicamente dudoso, dicho sea de paso.

"Pi Tong es como Robin Hood", dijo Pooh". Pagó la deuda de Kyiet a los lugareños más los intereses". Es más, Tong se dirigió a las familias *chow lair*, la mayoría de las cuales no tenía documentos acreditativos de sus tierras y les ofreció un fajo de billetes. Al aceptarlos se legalizó técnicamente la situación y ellos acabaron siendo partícipes de su propia desgracia, pero tampoco es tan sencillo.

Cuando Kyiet negoció la primera compra, permitía que los *chow lair* se quedaran con unas parcelas de sus ancestrales tierras. Pero Tong lo compró casi todo. Kun Pan, un anciano que vive en la nueva reserva de *chow lair* de la ladera sobre la Sunset Beach, explicó su punto de vista de la situación.

"Antes teníamos toda la isla y vivíamos en la playa", relata Pan, un pescador de pelo cano y frente curtida con acusadas arrugas. "Mi hermano y yo no queremos vender. Viene la policía y nos lleva a Satun. Nos dijeron que ya no tenemos derechos sobre la tierra."

Pooh discute lo que dice Pan. Sugiere que el marinero está confuso porque "Tong permitió [a los lugareños] que vivieran en la tierra que les compró hace años". Tong los desalojó hace relativamente poco.

Según Pooh, Tong ahora vende la tierra a un precio muchas veces superior al de compra. Evidentemente Tong ha traído el comercio, el trabajo, la infraestructura y la riqueza a donde otrora era un lugar de mala muerte del sur de Tailandia. Además algunas familias de los *chow lair* resistieron, mantuvieron sus tierras y emprendieron fructíferos negocios por cuenta propia, como el Daya Resort, un hecho que parece contradecir la historia de Pan. Aún así, es difícil no darse cuenta de que la inmensa mayoría de los *chow lair* parece excluida de esta reciente prosperidad.

ro. Junto a la carretera que cruza la isla hay internet por 3 THB por minuto, aunque en algunos sitios de detrás de la Sunrise Beach cobran 2 THB.

Actividades

Hay buenos arrecifes de coral por toda la costa sur y alrededor de **Ko Kra**, la islita de delante de la Sunrise Beach. Casi todos los complejos alquilan gafas, tubos y aletas por 50 THB la pieza, y organizan salidas de buceo (4 puntos de inmersión) en barcos de popa larga hasta Ko Adang y otras islas ribeteadas de coral por unos 1500 THB. La mejor manera de ver el archipiélago es contratar los servicios de algún barquero *chow lair* de la zona. **Islander Sea Sports** (☎08 7294 9770; por hora/día 100/600 THB) alquila flamantes kayaks en la Hat Pattaya.

Los submarinistas con debilidad por Lipe cuentan que hay infinidad de enclaves de inmersión. Lo que no dicen es que la visibilidad es bastante imprevisible, pues las ocasionales fuertes corrientes levantan nubes de arena. No obstante, Ko Lipe es un lugar relajado para practicar buceo con bombona ya que no hay tantos submarinistas como en Phuket o Ko Tao y los arrecifes, en comparación, están bastante intactos.

Entre los principales enclaves de Ko Lipe se cuentan la **Eight Mile Rock**, un pináculo submarino que atrae a los grandes pelágicos, el **pecio del 'Yong Hua'**, ahora cubierto de vegetación marina, y **Ko Bu Tang**, con su "ciudad de Pastinacas", un nombre muy apropiado. Hay más puntos agradables por todo el canal, entre Ko Adang y Ko Rawi.

Casi todas las escuelas de submarinismo ofrecen salidas desde principios de noviembre a mediados de mayo (2700 THB aprox. por 2 inmersiones). Un curso PADI en mar abierto sube a 12 800 THB.

Se recomiendan los siguientes operadores, con barcos más apropiados que los de popa larga.

Forra Diving SUBMARINISMO
(☎08 4407 5691; www.forradiving.com) Agradable escuela francesa con una oficina en la Sunrise Beach y en la Pattaya Beach.

Ocean Pro SUBMARINISMO
(☎08 9733 8068; www.oceanprodivers.net) La agencia perfecta, llevada por un personal profesional y entendido.

Dónde dormir

No todos los complejos cierran entre mayo y octubre, cuando los barcos circulan con menos frecuencia.

Castaway Resort HOTEL $$$
(☎08 3138 7472; www.castaway-resorts.com; Sunrise Beach; bungalós 3500-5000 THB; @) Sus espaciosos bungalós de madera con hamacas en la terraza, cojines, ventiladores cenitales y fabulosos baños que aúnan lo moderno con lo natural son los más chic de Lipe. También es uno de los alojamientos más respetuosos con el medio ambiente (con agua caliente y luz por energía solar).

Daya Resort HOTEL $
(☎0 7472 8030; Hat Pattaya; bungalós 500-1000 THB) Es uno de los pocos lugares llevado por isleños. Sus bungalós a franjas son los típicos de madera, pero la playa es fantástica, el floreado jardín trasero resulta encantador y en el restaurante preparan las mejores y más económicas parrilladas de la isla, lo que no es poco.

Idyllic Resort HOTEL $$$
(☎08 1802 5453; www.idyllicresort.com; Sunrise Beach; bungalós 6300-15 000 THB; @) El diseño de altos vuelos ha llegado a Lipe: tejados inclinados, paredes de cemento y cristal, TV de pantalla plana, frontis de piedras y terrazas flotantes.

Blue Tribes HOTEL $$
(☎08 6285 2153; www.bluetribeslipe.com; Hat Pattaya; bungalós 1200-1700 THB; @) Es uno de los complejos pequeños más sugerentes de la playa de Pattaya. Sus mejores niditos son los bungalós de madera y tejado de paja de dos pisos, con salón abajo y dormitorios arriba, con puertas correderas que se abren al mar.

Forra Dive HOTEL $$
(☎08 0545 5012; www.forradiving.com; Sunrise Beach; bungalós 800-1000 THB) Anunciado con 17 banderas que ondean con el viento hacia el este, se trata de un hotel que capta el espíritu pirata de Lipe con un abanico de bungalós y *lofts* de bambú. Los mejores son grandes, con baños interiores-exteriores y terrazas con hamacas. Los submarinistas tienen un 25% de descuento en el alojamiento. El Forra Dive 2, también en la Hat Pattaya, ofrece bungalós parecidos.

South Sea PENSIÓN $
(☎08 0544 0063, 08 1678 9903; Sunset Beach; bungalós 350 THB) Tierra adentro desde la Sunset Beach, este soleado complejo repleto de móviles de flores y conchas dispone de diminutas cabañas de bambú con pequeñas colchonetas y baños adjuntos medio al fresco, muy al estilo tailandés.

Porn Resort HOTEL $
(☎08 9464 5765; Sunset Beach; bungalós 500-750 THB) Estos bungalós castigados por la intemperie y con camas duras son la única opción en la imperfecta aunque dorada y apta para el baño Sunset Beach. Si bien es rústico, también es el mejor chollo de Lipe para quien quiera una terraza en una playa privada.

Dónde comer y beber

Cada noche, los complejos de la Hat Pattaya montan barbacoas de pescado y marisco frescos, a destacar la del Daya (véase izquierda). Los puestos de *roti* y los pequeños cafés tailandeses de la calle peatonal son económicos.

Para copas, hay bares rastafaris revestidos de objetos arrastrados por el mar en todas las playas. Menos mal que hay cosas que nunca cambian.

PASO FRONTERIZO: DE KO LIPE A PULAU LANGKAWI

Dos compañías de lanchas de Ko Lipe también ofrecen excursiones de un día a Pulau Langkawi (1200 THB, 1 h), en Malasia; las salidas son a las 7.30, 10.30 y 16.00. Conviene ir temprano a la oficina de inmigración del Bundhaya Resort para sellar el pasaporte. En sentido contrario, zarpan de Pulau Langkawi para Ko Lipe a las 7.30, 9.30 y 14.30 hora malasia.

Nong Bank Restaurant RESTAURANTE $$
(Hat Pattaya; platos 80-120 THB; ⏲desayuno, almuerzo y cena) Pescado y marisco que solo hay que señalar para que lo hagan a la parrilla, un soberbio *curry* amarillo con cangrejo (120 THB) y media docena de mesas repartidas por la arena blanca y bajo un árbol.

Pooh's Bar RESTAURANTE, BAR $
(☎0 7472 8019; www.poohlipe.com) Este enorme complejo, construido por un pionero de Lipe, incluye bungalós, una tienda de submarinismo y algunos restaurantes. Es muy popular entre los residentes extranjeros, sobre todo en temporada baja. Cada noche proyectan películas en una gran pantalla.

Pee Pee Bakery PANADERÍA $
(Hat Pattaya; platos desde 80 THB; ⏲desayuno, almuerzo y cena) Sirve los mejores desayunos de Lipe, con pan y bollería caseros. El menú americano completo cuesta 240 THB.

Mia Luna BAR
(Hat Pattaya) Este bar de piratas presenta boyas pintadas colgantes, asientos hechos con despojos marinos y hamacas. Queda apartado en su rinconcito de arena blanca propio, cerca de la playa de Bila, a un corto paseo después de rebasar la colina desde la Hat Pattaya.

ℹ Cómo llegar y salir

Del 21 de octubre a finales de mayo, varias lanchas motoras van de Pak Bara (véase p. 685) a Ko Lipe vía Ko Tarutao o Ko Bulon Leh a las 9.30, 11.00, 12.30 y 14.00 (550-650 THB, 1½ h); en sentido opuesto los barcos salen a las 9.30, 10.00, 12.30 y 13.30. En temporada baja el transporte depende del tiempo, pero suelen funcionar tres servicios directos semanales. Alquilar una embarcación desde Pak Bara a Ko Lipe se dispara a 4000 THB por trayecto.

Tigerline (☎08 1092 8800; www.tigerlinetravel.com) proporciona el servicio de *ferry* rápido más económico a Ko Lanta (1500 THB, 5½ h), con parada en Ko Muk (1400 THB, 3½ h), Ko Kradan (1400 THB, 4 h) y Ko Ngai (1400 THB, 4½ h). Zarpa de la Pattaya Beach de Ko Lipe a las 9.30.

Satun-Pak Bara Speedboat Club (☎0 7475 0389, 08 2433 0114; www.tarutaolipeisland.com) fleta una lancha motora a diario, más cómoda, de Ko Lipe a Ko Lanta (1900 THB, 3 h) a las 9.00 vía Ko Bulon Leh (600 THB, 1 h), Ko Muk (1400 THB, 2 h) y Ko Ngai (1600 THB, 2½ h). La misma lancha regresa de Ko Lanta a las 13.00.

No importa qué barco se escoja, se tendrá que acabar utilizando el esquife (50 THB por persona) que va y viene del muelle flotante del final de la bahía.

Ko Adang y Ko Rawi

เกาะอาดัง/เกาะราวี

La isla que queda justo al norte de Ko Lipe, **Ko Adang**, cuenta con unas montañas arropadoras y cubiertas por densos bosques, playas de arena blanca y saludables arrecifes coralinos. Muchos circuitos de buceo con tubo paran en ella. Tierra adentro hay algunos senderos cortos entre la selva y las revueltas cascadas, a destacar la cuesta hasta la **cascada del Pirata**, presumiblemente una antigua fuente de agua potable para los corsarios. Hay unas vistas asombrosas desde el **acantilado de Chado** sobre la playa principal, donde las tortugas verdes desovan entre septiembre y diciembre.

Ko Rawi está 11 km al oeste de Ko Adang y es una larga, rocosa y selvática elipse con playas de primera y grandes arrecifes coralinos frente al litoral. En la Ao Lik se puede acampar, pero siempre con el permiso de las autoridades del parque nacional. Entre los excelentes enclaves de buceo con tubo están la cara norte de **Ko Yang** y la diminuta **Ko Hin Ngam**, que tiene un campo submarino de almejas gigantes, oscilantes anémonas y playas de guijarros. Cuenta la leyenda que dichas piedras están malditas y si alguien se lleva alguna, la mala suerte le acompañará hasta que la devuelva. Aunque la parada en la isla sea breve, hay que pagar la entrada al parque (adultos/niños 200/100 THB).

En el parque, el alojamiento en Ko Adang queda cerca de la estación forestal del Laem Son. Hay **bungalós** (para 3-9 personas 600-1800 THB) nuevos y atractivos, **casas comunales** (h de 3 camas 300 THB) más dejadas con baños adjuntos, e instalaciones para **acampar** (parcela por persona 30 THB, con tienda de alquiler 250 THB). Hay una pequeña cantina con buena comida tailandesa.

Los barcos de popa larga que salen de Ko Lipe llevan a Ko Adang y Ko Rawi por 50 THB por persona, aunque quizá haya que regatear un poco.

Satun

สตูล

33 400 HAB.

Tendida en un húmedo valle selvático rodeado de riscos calizos y acotada por un río turbio, esta apartada y relajada ciudad costera la frecuentan los turistas que quieren renovar su visado, tanto desde Tailandia como desde Malasia.

Puntos de interés

El **Museo de Ku Den** (Museo Nacional de Satun; Soi 5, Th Satun Thanee; entrada 20 THB; 8.30-16.30 mi-do) ocupa una bonita y antigua mansión chino-portuguesa que se construyó para hospedar al rey Rama V durante su visita real. Cuando el monarca suspendió la visita, el gobernador aprovechó para agenciársela. El edificio se ha restaurado con exquisitez y hoy expone dioramas musicalizados que abarcan todos los aspectos de la vida musulmana del sur del país.

Dónde dormir y comer

Sinkiat Thani Hotel HOTEL $

(0 7472 1055; www.sinkiathotel.thport.com; 50 Th Burivanich; h 680 THB;) Céntrica, esta añeja torre está un poco destartalada pero bastante limpia. Las ventanas de los últimos pisos brindan unas vistas apabullantes de la ciudad y la selva. Además está al lado del On's Restaurant.

On's TAILANDESA, OCCIDENTAL $

(0 7473 0469, 08 1097 9783; 48 Th Burivanich; platos 80-150 THB; 8.00-hasta tarde;) Con sus mesas de bambú y manteles de *sarong*, arbolado porche delantero y exquisitos platos tailandeses y occidentales, todo invita a pasar aquí un buen rato (de ahí tanto bebedor empedernido).

Se pueden saborear exquisiteces chinas y musulmanas en Th Burivanich y Th Samanta Prasit. Pruébese el "cerdo rojo" con arroz

PASO FRONTERIZO: DE SATUN A KUALA PERLIS O PULAU LANGKAWI

Los barcos a Malasia zarpan del muelle de Tammalang, 7 km al sur de Satun. Los grandes barcos de popa larga salen a diario a las 9.30 y 16.30 hasta Kuala Perlis en Malasia (300 THB ida, 1 h). Desde Malasia cuestan 30 MYR.

Para ir a Pulau Langkawi (Malasia), los barcos salen a diario del muelle de Tammalang a las 9.30, 13.30 y 16.00 (300 THB, 1½ h). En sentido opuesto los barcos zarpan a las 8.30, 12.30 y 15.00 (27 MYR). Hay que recordar que en Malasia es una hora más que en Tailandia.

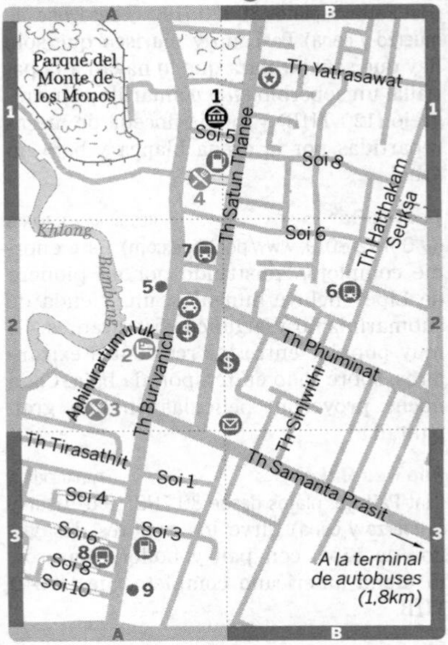

Satun

Puntos de interés

1 Museo de Ku Den A1

Dónde dormir

2 Sinkiat Thani Hotel A2

Dónde comer

3 Puestos de comida china y restaurantes musulmanes A2

4 Mercado nocturno A1

On's .... (véase 2)

Información

5 Oficina de inmigración A2

Transporte

6 Autobuses a Bangkok B2

7 Autobuses a Trang y Hat Yai A2

8 Furgonetas a Hat Yai A3

9 *Sŏrng·tăa·ou* al muelle de Tammalang A3

en los puestos de comida china o los *rotis* que sirven en casi todos los restaurantes musulmanes (50 THB cada uno). El popular **mercado nocturno** (junto a Th Satun Thanee) de Satun se anima hacia las 17.00 y sirve fantásticos *curries* tailandeses.

Cómo llegar y salir

Barco

En temporada alta hay un barco diario a Ko Lipe a las 11.30 (650 THB, 1½ h; dic-may). Pregúntese por los pasajes en el muelle, 7 km al sur de la ciudad, o en el On's (p. 694).

Autobús

Salen de la **terminal** (Th Samanta Prasit), 2 km al este del centro urbano. Los servicios con aire acondicionado a Bangkok (800-1200 THB, 14 h) parten a las 7.00, 7.30, 15.00 y 16.00 y a Trang (110 THB, 1½ h), cada hora. Hay unos cuantos servicios diarios a Krabi (220 THB, 4 h) y Phuket (360 THB, 7 h). Los que van a Hat Yai (70 THB, 2 h) y los autobuses locales sin aire acondicionado a Trang (90 THB, 2 h) paran y recogen pasajeros en Th Satun Thanee.

Furgoneta y taxi compartido

Las furgonetas regulares que van a la estación de trenes de Hat Yai (80 THB, 1 h) salen de una terminal que queda al sur del Wat Chanathipchaloem en Th Sulakanukoon. Hay furgonetas puntuales a Trang, pero los autobuses son mucho más frecuentes. Si se llega en barco al muelle de Tammalang, allí aguardan furgonetas con aire acondicionado directas a Hat Yai y al aeropuerto de Hat Yai (90 THB).

Cómo desplazarse

Las pequeñas *sŏrng·tăa·ous* naranjas al muelle de Tammalang (del que salen los barcos a Malasia) cuestan 40 THB y parten desde el 7-Eleven de Th Sulakanukoon 40 minutos antes de la salida del *ferry.* Un mototaxi desde la misma zona cuesta 60 THB.

Comprender Tailadia

Tailandia hoy

¿Estabilidad política?

Tras cinco años de inestabilidad política desde el golpe de Estado del 2006, Tailandia ha iniciado un período más calmado con las elecciones generales del 2011. El Puea Thai, partido cercano al destituido primer ministro Thaksin Shinawatra, obtuvo una clara mayoría en el Parlamento, y la hermana de Thaksin, Yingluck Shinawatra, una recién llegada a la política, fue elegida primera ministra. Es la primera mujer que alcanza este puesto en el país y la quinta vez consecutiva que un partido afín a Thaksin gana las elecciones. El pueblo ha votado, y hasta ahora no se ha registrado ninguna protesta por parte de la oposición o del Ejército.

Yingluck empleó sus primeros días en el cargo en cumplir promesas electorales, como el aumento del salario mínimo en 300 THB al día (un 30%), la presentación de simbólicas ramas de olivo a la monarquía y a los militares, y la búsqueda de la reconciliación nacional. Para ocupar los importantes cargos de seguridad y defensa evitó nombrar a representantes de la línea dura y optó por dos candidatos aparentemente capaces de gestionar las diferencias entre políticos y militares.

Las manifestaciones políticas en Tailandia se dividen por colores, amarillo o rojo, y unos u otros protestan según quién esté en el Gobierno.

Ahora, la pregunta que flota en el aire es: ¿cuánto tardará Yingluck en promulgar la amnistía para su hermano y que así este pueda volver de su exilio?. Actualmente Thaksin está inhabilitado para la política hasta el 2012, y si regresa al país le aguarda una pena de dos años de cárcel. Es verdad que Thaksin había manifestado públicamente que no tenía planes de volver al país, aunque esta afirmación la hizo en Japón, donde parecía que estaba en misión diplomática. Durante la campaña, Thaksin describió a su hermana como "su clon" y habló de su regreso en un futuro indeterminado. En un artículo en el *Asia Time* del 25 de agosto del 2011, una fuente describió al Gobierno tailandés como una

Protocolo

» Al entrar en una casa o un templo hay que descalzarse. Cuidado con dónde se ponen los –sucios– pies.

» La monarquía no admite críticas.

» Conviene sonreír: para los tailandeses resulta tranquilizador.

» No hay que discutir ni mostrarse visiblemente enojado; solo se provocará incomodidad.

» Al sonar el himno nacional, hay que ponerse en pie en señal de respeto (a menos que se esté en un edificio que no sea un teatro).

» Para visitar templos o edificios asociados con la monarquía hay que vestir con decoro (codos y tobillos cubiertos).

grupos religiosos
(% de la población)

si Tailandia tuviera 100 habitantes

empresa familiar, en la que Yingluck era una figura decorativa y Thaksin el director general.

En cualquier caso, los tailandeses parecen cansados de tanta agitación política, contraria a la arraigada imagen de unidad del país y de aversión a las demostraciones de violencia e ira. Los habitantes de Bangkok, en particular, están hastiados de los atascos y cortes de tráfico provocados por las concentraciones que se registran en el ejercicio de la libertad de asamblea.

Durante la crisis del 2010, la prensa occidental se extrañaba de la aparente división de clases que definía los dos bandos enfrentados en política: los camisas rojas (pro-Thaksin), proletarios, y los camisas amarillas (anti-Thaksin), de clase alta. Pero los intelectuales tailandeses afirman que eso es simplificar demasiado las cosas. Entre ambos extremos están los tailandeses sin un código de color que expresan simpatías hacia ambos lados. Pueden estar de acuerdo con los camisas rojas en la restauración de la democracia y en su voluntad de apartar al Ejército y al sistema judicial de la política, pero se muestran escépticos ante su lealtad incondicional a Thaksin.

Para información acerca de la problemática política en el sur profundo del país, véase recuadro en p. 596.

» Población: 66,7 millones

» PIB: 580 300 millones de US$

» PIB per cápita: 8700 US$

» Desempleo: 1,2 %

» Inversión en educación: 4,1 % del PIB

La edad del rey

Los tailandeses no suelen hablar del tema abiertamente, pero a muchos les preocupa la salud de su querido rey Bhumibol Adulyadej (Rama IX). A sus más de 80 años –es el monarca vivo con más años en el trono– el rey es una persona muy respetada, prácticamente adorada, por sus súbditos. Pero el empeoramiento de su salud lo ha retirado más y más de la

Mejores películas

El tío Boonmee que recuerda sus vidas pasadas (Apichatpong Weerasethakul; 2010) Ganadora de la Palma de Oro de Cannes en el 2010.

Fronteras: viajes por Birmania y Tailandia (Charles Nicholl; 1999) Evocador relato de viaje.

Agrarian Utopia (Uruphong Raksasad; 2009) Las rutinas diarias y la lucha de los granjeros del norte de Tailandia.

White Buffalo (Shinoret Khamwandee; 2011) Un hombre regresa a Isan, donde las mujres se enamoran de occidentales.

Mejores libros

Very Thai (Philip Cornwell-Smith) Coloristas fotografías e historias sobre el país.

Chronicle of Thailand (William Warren) Historia de los últimos cincuenta años del país.

esfera pública. Ha estado hospitalizado casi dos años y sus apariciones en público son tan escasas que suscitan un gran interés mediático.

El rey ha sido la imagen de estabilidad del país en tiempos de crisis política. Pero no ha ejercido ese papel durante los ajetreados últimos tiempos, en parte debidos al inminente vacío de poder que quedará tras su muerte y a los esfuerzos del entonces primer ministro Thaksin por consolidar el suyo. A partir del 2006 la facción anti-Thaksin adoptó el amarillo en señal de fidelidad a la monarquía (este color es el del cumpleaños del rey).

Actualmente, los tailandeses que quieren mostrar devoción por su rey pero no manifestarse políticamente se ponen camisas de color rosa como señal de neutralidad. En su aparición pública más reciente, el propio rey usó ese color.

La desaparición del monarca será una tragedia nacional: gobierna desde hace más de sesenta años y toda su vida se ha distinguido como modelo de modernidad (culto, familiar, filántropo y hasta elegante). Su heredero, el príncipe Vajiralongkorn, ha asumido ya muchas de las obligaciones de su padre, pero los problemas políticos aún presentes complican la cesión de la corona.

La economía del teflón

Económicamente, nadie diría que Tailandia está tan dividida políticamente. Con el cambio de siglo, la economía del tigre asiático ha pasado a ser una economía del teflón: lo malo no se pega. Las fuerzas externas (la recesión global, la debilidad del dólar) tuvieron algún efecto negativo. En el 2008 y el 2009 cayeron la industria manufacturera y las exportaciones, que suman la mitad del PIB de Tailandia, pero resurgieron un año más tarde con un índice de crecimiento comparable a los tiempos del *boom* de la década de 1990. Con o sin democracia, los inversores mantienen la confianza en el país, y el turismo crece a pesar de los sangrientos enfrentamientos del 2010 en Bangkok. Se espera un fuerte crecimiento para el 2011, lo que significa un desempleo relativamente bajo y un nivel de vida al alza. Así pues, la modernización del país sigue su curso.

Historia y política

Historia

La historia de Tailandia empieza con la llegada de inmigrantes a una tierra fronteriza reclamada por imperios distantes para comerciar y como campo de trabajo e influencia. Con el tiempo el país naciente desarrolla sus propias entidades que, al adquirir poder, suman feudos y poblaciones y empiezan a crear una identidad nacional alrededor del idioma, la religión y la monarquía. Los reyes evitan la colonización occidental y solo pierden el control ante las fuerzas internas. Desde la transición hacia la monarquía constitucional en 1932, los militares han gobernado la mayoría del tiempo, con breves lapsos democráticos.

Historia antigua

Pocos vestigios quedan hasta mediados del I milenio d.C. Los fósiles de *Homo erectus* hallados en el norte, en Lampang, tienen al menos 500 000 años, y el yacimiento arqueológico más importante del país es Ban Chiang, cerca de Udon Thani, con rastros de una de las sociedades agrícolas más antiguas del mundo. Se cree que hace 10 000 años el valle del Mekong y la meseta de Khorat ya estaban poblados por granjeros que manipulaban el bronce. Las pinturas rupestres del Parque Nacional del Pha Taem, cerca de Ubon Ratchathani, tienen más de 3000 años.

Antiguos imperios

A partir del I milenio, el antiguo pueblo "thai" protagonizó diversas oleadas de inmigración desde el sur de China hacia el sureste asiático. Hablaban thai-kadai, considerado el grupo etnolingüístico más significativo del sureste asiático. Algunos se asentaron en los valles fluviales de la actual Tailandia y otros en lo que hoy es Laos y en el estado de Shan, en Myanmar.

CRONOLOGÍA

4000-2500 a.C.

Los pueblos prehistóricos del noreste de Tailandia cultivan arroz y elaboran cerámica y piezas de bronce.

Siglos VI-XI

Aparecen ciudades-Estado Dvaravati en el centro de Tailandia.

Siglos IX-XIII

Angkor amplía su control por regiones de Tailandia.

Crearon poblados de granjeros, cazadores y comerciantes y se organizaron en unidades administrativas conocidas como *meu·ang,* gobernadas por un señor, que se convertirían en la unidad estructural del estado de Thai. Con el tiempo, los thais se expandieron desde los valles del norte hasta las llanuras centrales y la meseta del noreste, donde había importantes centros de comercio gobernados por diversos imperios indígenas y "extranjeros", entre ellos el mon-Dvaravati, el jemer (camboyano) y el Srivijaya (malayo).

Los relieves del Angkor Wat representan a mercenarios thai sirviendo en el Ejército jemer. Los jemeres les llamaban "Syam". El comerciante inglés James Lancaster lo transliteró en "Siam" en 1592.

Dvaravati

Los mon dominaban zonas de Birmania, el oeste de Tailandia y llegaban hasta las llanuras centrales. En los ss. VI-IX emergió la cultura Dvaravati, esencialmente budista y propia de los mon. No se sabe gran cosa de este período, pero puede que tuviera su centro en Nakhon Pathom, y que sus rutas comerciales terrestres y puestos de avanzadilla se extendieran por el oeste hasta Birmania, por el este hasta Camboya, por el norte hasta Chiang Mai y Laos, y hacia el noreste, tal como demuestran los hallazgos de budas, templos e inscripciones de estilo Dvaravati en idioma mon.

La Dvaravati fue una de las muchas culturas de influencia india del sureste asiático, pero los estudiosos la destacan por su legado artístico y unas rutas comerciales que posiblemente crearan la estructura básica de la moderna Tailandia.

Jemer

Mientras que los Dvaravati son un misterio, los jemeres fueron el equivalente del Imperio romano en el sureste asiático. Este reino se hizo famoso por su sofisticación en la escultura y la arquitectura, y tuvo una gran influencia en el arte y la religión. El reino jemer, fundado en el s. IX, estableció su capital en Angkor (en la actual Camboya) y se expandió hacia el oeste por el centro y el noreste de la hoy Tailandia, con centros administrativos y templos al estilo de Angkor en Lopburi (entonces Lavo), Sukhotai y Phimai (cerca de Nakhon Ratchasima), comunicados por carretera con la capital.

Los grandes proyectos de construcción jemeres eran un símbolo del poder imperial en sus fronteras y un ejemplo de tecnología avanzada. Los elementos jemeres (el hinduismo, el brahmanismo, el budismo theravada y el budismo mahayana) marcan este período en Tailandia.

Srivijaya

Mientras la Tailandia continental recibía influencias de los imperios del norte y el oeste, la península de Malaca las tenía de las culturas del sur: entre los ss. VIII-XIII estuvo bajo el influjo de la confederación de Srivija-

Siglo X
Llegada de los pueblos thai a Tailandia.

1240-1438
Fechas aproximadas del reino de Sukhotai.

» Ruinas del Parque Histórico de Sukhotai.

ya, que controlaba el comercio marítimo entre el mar de la China Meridional y el océano Índico. Se cree que la capital de Srivijaya estaba en Palembang (Sumatra).

Entre las ciudades-Estado Srivijaya importantes de la península estaba Tambralinga, que tenía su capital cerca de la actual Nakhon Si Thammarat y que adoptó el budismo en el s. xiii, mientras los estados más al sur caían bajo la influencia del islam, una frontera religiosa que aún persiste. Se pueden ver vestigios Srivijaya por Chaiya y Nakhon Si Thammarat. Muchas formas artísticas de este reino, como el *năng đà·lung* (juego de sombras) y el *lá·kon* (teatro-danza clásico), aún están vigentes.

Reinos thai emergentes

En el s. xiii, los imperios de la región empezaron a decaer y emergieron prósperas ciudades-Estado thai, que de competir entre ellas pasaron a unirse en varios reinos que forjaron una identidad thai. Los estudiosos reconocen el Lanna, el Sukhotai y el Ayutthaya como los reinos unificadores de la época.

Lanna

El reino de Lanna, situado en el norte de Tailandia, nació en Chiang Saen, en el tramo alto del río Mekong, a mediados del s. xii, de la mano del rey Mengrai, que zanjó la disputa entre dos ciudades vecinas conquistándolas. Luego emigró al sur, hasta Chiang Mai ("Ciudad Nueva"), en 1292 y allí estableció su capital. El rey era un hábil diplomático y forjó importantes alianzas con rivales potenciales, como el rey Ngam Muang de Phayao o el rey Ramkhamhaeng de Sukhotai; una estatua de bronce en Chiang Mai recuerda esta confederación. Mengrai también tuvo el mérito de repeler los ataques mongoles a principios del s. xiv.

El reino de Lanna también defendió la tradición cingalesa del budismo theravada, hoy extendida por todo el país, y la característica cultura thai del norte que persiste en la región. La expansión del reino no fue muy significativa a causa de las intrigas dinásticas y las guerras.

Sukhotai

En el s. xiii, varias poblaciones de las llanuras centrales se unieron para plantar cara al decadente Imperio jemer, y establecieron su nueva capital en Sukhotai (o "Aumento de la Felicidad"). Los tailandeses consideran que Sukhotai fue el primer reino auténticamente tailandés y el origen de su arte y su cultura.

El más venerado de sus reyes fue Ramkhamhaeng, a quien se le atribuye el desarrollo de la escritura thai moderna, basada en los

Libros de historia

» *Thailand: A Short History* (2003), de David K. Wyatt

» *A History of Thailand* (2009), de Chris Baker y Pasuk Phongpaichit

» *Chronicle of Thailand: Headlines Since 1946* (2010), de William Warren

1283
Primera escritura thai inventada por el rey Ramkhamhaeng de Sukhotai.

1292
Chiang Mai se convierte en la capital de Lanna.

1351-1767
Reino de Ayutthaya.

1511
Los portugueses establecen una misión en Ayutthaya, y tras ellos llegan otras naciones europeas.

sistemas indio, mon y jemer. También impuso el budismo theravada como religión oficial.

En su momento álgido, Sukhotai llegaba al sur hasta Nakhon Si Thammarat, hasta los valles altos del Mekong en el actual Laos y hasta Bago (Pegu), en el sur de Birmania. Durante un período corto (1448-1486), la capital se trasladó a Phitsanulok, pero para entonces ya surgía otra fuerza en Tailandia, el reino de Ayutthaya.

Vestigios antiguos

- Parque Histórico de Ayutthaya
- Parque Histórico de Sukhotai
- Parque Histórico de Chiang Saen
- Ruinas jemeres de Lopburi
- Museo Nacional de Nakhon Si Thammarat
- Parque Histórico de Phimai

Ayutthaya

A mediados del s. XIV, con el ocaso jemer, el reino de Ayutthaya empezó a dominar la cuenca del Chao Phraya. Sobrevivió 416 años, el imperio antiguo más importante de Siam, con una amplia esfera de influencia (que incluía gran parte del antiguo Imperio jemer) y un papel fundamental en la organización del estado moderno tailandés y su estructura social.

Situada estratégicamente en una isla rodeada por ríos, la ciudad de Ayutthaya se enriqueció con el comercio internacional durante el s. XVII y se fortificó con armas de fuego portuguesas y mercenarios. Los ríos la comunicaban con el golfo de Tailandia y con el interior.

En esa época los mercaderes occidentales "descubrieron" el sureste asiático, y Ayutthaya acogió numerosos asentamientos extranjeros. Los visitantes foráneos mencionarían sus cosmopolitas mercados y corte. En 1690, el londinense Engelbert Campfer proclamó: "De entre las naciones asiáticas, el reino de Siam es el más grande".

Ayutthaya adoptó de los jemeres las costumbres cortesanas, el lenguaje honorífico y su concepto de la monarquía. El propio rey se presentaba como un *devaraja* (rey divino) jemer, más que como el *dhammaraja* (rey justo) de Sukhotai. Ayutthaya pagaba tributos al emperador chino, que recompensaba esta sumisión formal con generosos regalos y privilegios comerciales.

AMIGOS DEL REY

En la década de 1680, el rey Narai, gran amante de lo foráneo, recibió a muchos emisarios extranjeros. Su corte encargó catalejos, relojes de arena, nogales, queso, vino y fuentes de mármol. Invitó a los jesuitas franceses a su palacio de Lopburi para observar un eclipse de sol total con ellos y el rey francés Luis XIV le regaló un globo terráqueo.

Narai contrató los servicios del aventurero griego Constantinos Phaulkon, posteriormente acusado de conspirar contra el rey, que estaba enfermo. Pero fueron los acusadores quienes perpetraron un golpe de Estado y ejecutaron a Constantinos.

1688
El rey Narai muere, lo que da pie a la Revolución de Palacio y a la expulsión de los franceses.

1767
Ayutthaya es saqueada por Birmania.

1768
El rey Taksin establece la nueva capital en Thonburi.

1782
Fundación de la dinastía Chakri. Bangkok es la nueva capital.

Los días de gloria de Ayutthaya se acabaron con la expansión birmana. En 1569 la ciudad había caído en manos del gran rey birmano Bayinnaung, pero recuperó la independencia de la mano del rey Naresuan. Más tarde, en 1765, la nueva y ambiciosa dinastía birmana de Kongbaung presionó hacia el este para eliminar Ayutthaya como rival político y comercial. Las tropas birmanas sitiaron la capital durante un año antes de destruirla, en 1767. Las zonas de los alrededores quedaron asoladas. Tan brutal fue el saqueo y la destrucción que entre los tailandeses aún persiste una imagen de los birmanos como enemigos violentos e implacables.

El rey Naresuan suele presentarse como un héroe nacional, convertido ya en personaje de culto y especialmente respetado por el Ejército. Su historia inspiró una trilogía de películas de alto presupuesto, *King Naresuan*, del director Chatrichalerm Yukol, producida en parte por el Gobierno tailandés.

La época de Bangkok

Con Ayutthaya en ruinas, la línea sucesoria de los reyes quedó cortada y se desató el caos. Un antiguo general, Taksin, reclamó ese puesto, derrotó a sus rivales y estableció su nueva capital en Thonburi, río abajo desde Ayutthaya, con mejores accesos comerciales. Al consolidar su poder, el rey Taksin, de padre chino y madre tailandesa, promovió el comercio con China.

Taksin fue depuesto por los militares tras quince años en el trono, en 1782. Uno de los organizadores del golpe, Chao Phraya Chakri, lo sustituyó como rey Yot Fa (Rama I) y fundó la dinastía Chakri, aún en el trono. El nuevo monarca trasladó la capital al otro lado del río Chao Phraya River, a la actual Bangkok.

El primer siglo de gobierno desde Bangkok se centró en la reconstrucción del país tras el saqueo de Ayutthaya. El saber y las costumbres que se conservaron se protegieron o se incorporaron a las nuevas leyes, manuales o prácticas de gobierno en los textos religiosos e históricos y en la literatura. En paralelo, los nuevos gobernantes pasaron de la defensa al ataque, con guerras para ampliar su influencia en todas direcciones. Siam destruyó las grandes ciudades de Laos y Camboya, contuvo las embestidas birmanas y convirtió a Chiang Mai en estado vasallo. Las poblaciones fueron reubicadas y desempeñaron su papel en el incremento de la producción de arroz, que en su mayoría se exportaba a China.

A diferencia de los gobernantes de Ayutthaya, que se identificaban con el dios hinduista Visnu, los reyes Chakri se posicionaron como defensores del budismo. Encargaron recopilaciones y traducciones de textos budistas de referencia y levantaron muchos templos.

Mientras tanto, a mediados del s. XIX tomaron forma un nuevo orden social y una nueva economía de mercado. Siam buscó en Occidente modernas ideas científicas y tecnológicas, y reformas educativas, de infraestructuras y legislativas. Uno de los grandes modernizadores del país, el rey Mongkut (Rama IV), no esperaba ser rey. Antes de su entronización

Referencias de la época de Bangkok

» Wat Arun

» Wat Phra Kaew y Gran Palacio

» Parque del palacio Dusit

1851-1868

Reinado de Mongkut (Rama IV). Período de influencia occidental.

1855

El Tratado de Bowring, firmado entre Siam y Gran Bretaña, estimula la economía tailandesa y otorga derechos extraterritoriales a ciudadanos británicos en Siam.

1868-1910

Reinado de Chulalongkorn (Rama V) y aumento del imperialismo europeo en los países vecinos.

1874

Abolición de la esclavitud.

había pasado veintisiete años en un monasterio y fundado la secta thammayut, basada en la estricta disciplina de los monjes mon. Durante su carrera monástica aprendió pali, sánscrito, latín e inglés y estudió las ciencias de Occidente.

Durante su reinado [1851-1868], Siam firmó tratados con potencias occidentales que integraron el reino en los mercados internacionales, lo cual abrió los monopolios del rey y concedió derechos extraterritoriales a ciudadanos británicos.

El hijo de Mongkut, el rey Chulalongkorn (Rama V), fue mucho más allá, pues cambió el antiguo orden político por un modelo de nación-Estado. Abolió la esclavitud y la corvea (siervo de la gleba), que se mostraban inútiles desde el período Ayutthaya. Con Chulalongkorn aparecieron los funcionarios, la policía y el ejército profesional. Sus reformas dieron uniformidad al código penal, a los tribunales y a las oficinas de impuestos. La producción agrícola mejoró con los avances en las técnicas de riego y con el aumento del campesinado. Se crearon colegios de acuerdo al modelo europeo. El servicio militar obligatorio y los impuestos per cápita convertían a todos en súbditos del rey.

En 1868 el rey Mongkut (Rama IV) abolió el derecho del marido a vender a su mujer o a los hijos de esta sin permiso de ella. La ley anterior trataba a la mujer "como si fuera un búfalo".

Para la "civilización" de su país, Chulalongkorn confió mucho en asesores extranjeros, sobre todo británicos. En la corte se abandonaron formas seculares de protocolo, que fueron reemplazadas por costumbres occidentales. Algunas construcciones, como los nuevos salones del trono, se deben a artistas italianos.

Al igual que su padre, Chulalongkorn era considerado un hábil diplomático y supo negociar con las potencias europeas para evitar la colonización. A cambio de su independencia, Tailandia cedió territorio a la Indochina francesa (Laos en 1893, Camboya en 1907) y a la Birmania británica (3 estados malayos en 1909). En 1902 cedió el antiguo reino de Pattani a los británicos, que controlaban Malasia, pero cinco años más tarde lo recuperó, aunque en el sur profundo del país persisten los problemas de independentismo (véase p. 711).

Siam se convertía en un país moderno. En 1902, cambió su nombre de Siam por Prathet Thai ("País de los thais") o Ratcha-anachak Thai ("Reino de los thais"), o Tailandia. En 1913, todos sus ciudadanos se definían como "tailandeses".

Democracia o gobierno militar

En 1932 un grupo de jóvenes oficiales militares y burócratas que se hacía llamar Khana Ratsadon (Partido del Pueblo) organizaron un golpe de Estado efectivo y sin víctimas que marcó el fin de la monarquía absoluta e introdujo la monarquía constitucional. Sus líderes se inspiraron en la ideología democrática que habían conocido durante su educación en Europa.

1890
El primer ferrocarril de Siam conecta Bangkok con Nakhon Ratchasima.

1893
Los franceses bloquean el río Chao Phraya por una disputa territorial. Aumenta la amenaza de colonización.

DIANA MAYFIELD/LONELY PLANET IMAGES ©

» Wat Arun, en el río Chao Phraya, Bangkok.

En los años tras el golpe, facciones rivales (realistas, militares y civiles) lucharon por el control en el nuevo régimen. Ni siquiera dentro del Partido del Pueblo existía unanimidad, y antes de que pudieran celebrarse elecciones generales, el ala militar del partido se hizo con el poder. El líder del ala civil del partido, Pridi Phanomyong, abogado educado en Francia, se vio abocado al exilio en 1933 tras presentar un programa económico de tintes socialistas que enfureció a los generales. El rey Prajathipok (Rama VII) abdicó en 1935 y se retiró a Gran Bretaña. En 1937 se celebraron las primeras elecciones populares a la Asamblea Popular, la nueva cámara legislativa. El general Phibul Songkhram, uno de los líderes de la facción militar del Partido del Pueblo, se convirtió en primer ministro, cargo que ejercería de 1938 a 1944 y de 1948 a 1957.

El régimen de Phibul coincidió con la Segunda Guerra Mundial y se caracterizó por un exacerbado nacionalismo. Colaboró con los japoneses y les permitió usar Tailandia como base para la invasión de otros países del sureste asiático. Con esta alianza Phibul esperaba conseguir influencia internacional y así poder reclamar el territorio perdido durante la expansión francesa por Indochina. Tailandia pensaba declarar la guerra a EE UU y el Reino Unido, pero Seni Pramoj, embajador en Washington y miembro del Seri Thai (Movimiento de Liberación Tailandés), se negó a comunicar la declaración formal de guerra, lo que salvó a Tailandia de la derrota. Phibul se vio obligado a dimitir en 1944 y fue juzgado por crímenes de guerra.

Para aplacar las reivindicaciones de los realistas, Ananda Mahidol, sobrino del rey, fue coronado como Rama VIII en 1935, con solo 10 años de edad y tras haber pasado gran parte de su infancia en el extranjero. Ya en Tailandia, en 1946 murió en extrañas circunstancias de un tiro en su dormitorio (ese mismo año, su hermano, Bhumibol Adulyadej fue nombrado noveno rey de la dinastía Chakri, todavía en el trono).

Tras la guerra, durante unos años floreció la democracia: se celebraron elecciones para la totalidad de la Asamblea Popular y con la constitución de 1946 se redujo el poder militar y se aumentaron los derechos del pueblo. Todo ello duró hasta la muerte del rey Ananda, pretexto esgrimido por los militares para volver al poder con Phibul a la cabeza.

Phibul Songkhram cambió el nombre del país en 1939, de "Siam" a "Prathet Thai" (o "Tailandia", en español), en un claro gesto nacionalista que pretendía unir a todos los hablantes de thai.

Dictaduras militares

En 1957, el general Sarit Thanarat, sucesor de Phibul, sometió el país a una verdadera dictadura militar: abolió la constitución, disolvió el Parlamento y prohibió los partidos políticos. En la década de 1950, EE UU se involucró directamente en el sureste asiático, en un intento por contener la expansión comunista en la región. En el contexto de la Guerra Fría, el Gobierno estadounidense dio apoyo económico y militar a Sarit y mantuvo relación con los dictadores que le sucedieron, Thanom Kittikachorn

1902
Siam anexiona Yala, Pattani y Narathiwat del antiguo sultanato de Pattani.

1909
El Tratado Anglo-Siamés marca las fronteras de Siam.

1913
El rey Vajiravudh exige que todos los ciudadanos adopten un apellido.

1916
Fundación de la Universidad Chulalongkorn, la primera del país.

y Praphat Charusathien, que controlaron el país entre 1964 y 1973. Negociaron un paquete de acuerdos económicos con EE UU a cambio de permitir la instalación de bases militares en apoyo a la Guerra de Vietnam.

En 1973, un grupo opositor de activistas de izquierdas, en su mayoría intelectuales y estudiantes, respaldados por campesinos, obreros y parte de la clase media, organizaron manifestaciones políticas para exigir una constitución. El 14 de octubre de ese mismo año los militares contuvieron brutalmente una gran manifestación en Bangkok, con el resultado de 77 muertos y más de ochocientos heridos. Un monumento en Th Ratchadamnoen Klang, en Bangkok, cerca del monumento a la Democracia, recuerda el suceso. El rey Bhumibol, dispuesto a no consentir más baños de sangre, obligó a Thanom y a Praphat a abandonar Tailandia.

Tailandia ha tenido 17 constituciones, consecuencia inmediata de 18 golpes de Estado (aunque esta cifra es discutible). Cada nueva versión redistribuye el poder entre los diferentes estamentos según el interés de los gobernantes (militar, monárquico o civil) y para protegerlo de sus enemigos políticos.

Los años siguientes, el movimiento estudiantil de izquierdas se tornó más radical, y se temió que un comunismo autóctono se extendiera entre las clases obrera y media. En 1976 Thanom volvió a Tailandia (supuestamente para hacerse monje) y fue recibido cordialmente por la familia real, lo que suscitó manifestaciones en la Universidad Thammasat contra el "autor" de la masacre del 14 de octubre. Grupos de derechas y anticomunistas se enfrentaron a los estudiantes y protagonizaron sangrientos altercados. Cuando acabaron, muchos estudiantes e intelectuales se vieron abocados a la clandestinidad y se unieron a los insurgentes comunistas (conocidos como Ejército Popular de Liberación de Tailandia) en la jungla del norte y del sur del país.

El Ejército controló el país durante la década de 1980. El Gobierno del "soldado político", el general Prem Tinsulanonda, disfrutó de un período de estabilidad política y económica. Prem desmanteló la insurgencia co-

CONTRAPESO LIBERAL

Pridi Phanomyong (1900-1983) fue un abogado educado en Francia y líder civil de la revolución de 1932 y del Partido del Pueblo. Su participación en las reformas democráticas de Tailandia se basó en medidas constitucionales y en el intento de limitar por ley la participación del Ejército en la política. Apoyó la nacionalización de la tierra y del trabajo, la promoción de la industria y la protección del empleo. En 1934 fundó la Universidad Thammasat. También fue líder del Seri Thai (movimiento de resistencia contra la ocupación japonesa en la Segunda Guerra Mundial) y primer ministro en 1946.

Pese a su reputación como estadista, Pridi Phanomyong fue un personaje polémico y enemigo acérrimo de Phibul y de los regímenes militares. Sus críticos le acusaron de comunista y le obligaron a exiliarse por regicidio. Con el final de la Guerra Fría se reconoció su lucha por la democracia y el efecto de contrapeso que tuvo frente a los militares. En el 2000 la Unesco le nombró uno de los personajes más importantes del s. xx en el mundo.

1917
Siam envía tropas de apoyo a los Aliados en la Primera Guerra Mundial.

1932
Un golpe de Estado sin víctimas acaba con la monarquía absoluta.

1939
El nombre del país cambia oficialmente de Siam a Tailandia.

1941
Segunda Guerra Mundial: las fuerzas japonesas entran en Tailandia.

munista a través de la fuerza y los programas de amnistía. Pero el nuevo éxito económico del país se enfrentaba a otro desafío: los destacados líderes empresariales que criticaban el papel de los militares en el Gobierno y su anticuada mentalidad de Guerra Fría. Los comunistas, sostenían, deberían ser socios comerciales, no enemigos.

El negocio es el negocio

En 1988, Prem fue derrotado en unas elecciones justas por Chatichai Choonhavan, líder del partido Chat Thai, quien formó un Ejecutivo dominado por empresarios provinciales bien relacionados. Se retiró el poder a los burócratas y se inició la transformación de Tailandia en la economía del "Tigre Asiático". Pero la "corrupción generalizada" auspició el retorno al poder del Ejército. Este golpe de Estado marcó una nueva tendencia en la política nacional: la comunidad empresarial de Bangkok y las clases altas se alinearon con los militares y contra Chatichai, sus políticos-empresarios provinciales y su enfoque del gobierno economicista.

En 1992, tras convocar elecciones de nuevo, un líder militar no elegido se autonombró primer ministro, lo cual provocó una resistencia popular que desembocó en los enfrentamientos del "Mayo Negro". Dirigidos por el antiguo alcalde de Bangkok, Chamlong Srimuang, unas doscientos mil personas (la "muchedumbre del móvil") protagonizaron una manifestación en Bangkok que desembocó en tres noches de enfrentamientos con soldados armados. La noche del 20 de mayo, el rey Bhumibol exigió el final de la violencia.

Tras el Mayo Negro, un nuevo frente de activistas demócratas pidió reformas constitucionales. La mayor parte de la década de 1990 el Parlamento estuvo dominado por el Partido Demócrata, que representaba los intereses de la clase media urbana y de las empresas y que recibía apoyo sobre todo del sur del país, de los antiguos puertos dedicados ahora al turismo y la exportación (caucho, estaño y pesca). Enfrente estaban los antiguos políticos promilitares, respaldados por la población de las llanuras centrales y de las nuevas ciudades del noreste. Esa división aún se mantiene.

El año 1997 supuso el comienzo de la crisis económica asiática. La economía nacional arrastraba una fuerte deuda exterior, un descontrolado sector urbanístico y una fuerte devaluación de la moneda. En pocos meses, el cambio pasó de 25 a 56 THB por dólar. El Fondo Monetario Internacional (FMI) impuso reformas económicas y legales, así como programas de liberalización económica, a cambio de una inyección de 17 000 millones de US$ para estabilizar el *bath*.

Tras la crisis, el Partido Demócrata volvió al poder sin oposición, pero su ineficacia solo empeoró la situación económica.

Prem Tinsulanonda, asesor vitalicio del rey Bhumibol, probablemente ideara el golpe de Estado del 2006.

1945
Acaba la guerra; Tailandia cede territorio conquistado a Laos, Camboya y Malasia.

1946
El rey Bhumibol Adulyadej (Rama IX) asciende al trono; Tailandia ingresa en la ONU.

1957
Sarit Thanarat protagoniza un golpe de Estado; el gobierno militar durará hasta 1973.

1959
Creación de la primera Autoridad de Turismo.

'Thaksinocracia'

En el 2000 la economía empezó a remontar y los empresarios eclipsaron a los militares en el poder. El multimillonario de las telecomunicaciones y antiguo policía Thaksin Shinawatra, con su partido Thai Rak Thai (TRT o "Tailandeses que Aman lo Tailandés"), capitalizó el creciente nacionalismo y ganó las elecciones del 2001. Thaksin, empresario y político hecho a sí mismo, enseguida cumplió sus promesas de desarrollo rural, que incluían el alivio de la duda agraria, la inyección de fondos en las zonas rurales y una atención sanitaria barata.

Gracias a las reformas constitucionales de 1997, diseñadas para reforzar la posición del primer ministro, Thaksin estuvo al frente de uno de los gobiernos democráticos más estables de la historia del país. La mejora de la economía y su decidido liderazgo le proporcionaron una mayoría absoluta en el 2005. Su popularidad entre la clase obrera y la población rural era inmensa.

Al no tener ya que dedicarse a las labores de gobierno, el rey Bhumibol se buscó otra ocupación: en 1969 creó la Royal Project Foundation para ayudar a los agricultores en dificultades. Su mayor logro fue la erradicación del cultivo del opio entre las tribus de la montaña del norte.

En el 2006 Thaksin fue acusado de abuso de poder y de favorecer sus intereses personales, en particular con la venta de su empresa familiar, la Shin Corporation, al Gobierno de Singapur por 73 000 millones de *bahts* (1880 millones de US$), lo que supuso unas plusvalías libres de impuestos gracias a las leyes que había dictado él mismo. Los manifestantes exigieron su dimisión en Bangkok, y el 19 de septiembre del 2006 el Ejército dio un golpe de Estado sin víctimas que mandó a Thaksin al exilio. El TRT se disolvió por orden judicial, y sus dirigentes quedaron inhabilitados para la política por cinco años. Tal como había prometido, el Gobierno interino convocó elecciones para diciembre, las cuales devolvieron el control del país a la sociedad civil, pero el resultado fue la victoria de los aliados políticos de Thaksin, que formaron un ejecutivo encabezado por Samak Sundaravej, lo cual no gustó ni a los militares ni a las clases medias y altas.

A la cabeza de las manifestaciones contra el nuevo gobierno estaban Chamlong Srimuang (activista del Mayo Negro y antiguo gobernador de Bangkok) y Sondhi Limthongkul (rival empresarial y político de Thaksin). Su grupo, la Alianza Popular por la Democracia (PAD, en sus siglas en inglés), se ganó el sobrenombre de "camisas amarillas" porque vestían de amarillo (el color del cumpleaños del rey) para expresar su fidelidad a la corona; se decía que Thaksin había adquirido tanto poder durante sus mandatos que planeaba hacerse con el trono, o al menos interrumpir la sucesión real.

En septiembre del 2008, Samak Sundaravej fue inhabilitado por el Tribunal Constitucional por un tecnicismo: durante su cargo, participó en un programa de cocina de televisión que el Tribunal consideró que suponía un conflicto de intereses. Pero los camisas amarillas no tenían bastante y en noviembre del 2008 tomaron el control de los principales aeropuertos

1965
Tailandia acoge bases militares de EE UU durante la Guerra de Vietnam.

1968
Tailandia es miembro fundador de la Asociación de Naciones del Sureste Asiático (ASEAN, en inglés).

1973
Estudiantes, obreros y granjeros se manifiestan y exigen la instauración de un gobierno democrático.

1976
El Ejército reprime con violencia el movimiento estudiantil.

de Tailandia (Suvarnabhumi y Don Muang) durante una semana hasta que el Ejército dio otro golpe de Estado silencioso y los tribunales emitieron una nueva sentencia que debilitaba aún más la influencia política de los de Thaksin. Con una coalición improvisada, el demócrata Abhisit Vejjajiva fue elegido por el Parlamento como el 27º primer ministro.

Los partidarios de Thaksin reaccionaron con la creación del Frente Unido para la Democracia y Contra la Dictadura, más conocido como "camisas rojas", popular sobre todo en el norte y el noreste del país, y con activistas antigolpistas y prodemócratas entre sus filas, así como admiradores acérrimos de Thaksin. El resultado general es una cierta lucha de clases, y con elaboradas arengas de algunos camisas rojas contra las clases altas. Su manifestación más provocativa tuvo lugar en el 2010, después de que el Tribunal Supremo ordenara la confiscación de 46 000 millones de US$ de la fortuna de Thaksin al resultar culpable de abuso de poder durante su mandato. Los camisas rojas ocuparon la zona comercial del centro de Bangkok dos meses y exigieron la disolución del Gobierno y la convocatoria de elecciones. Los líderes de las protestas y el Gobierno no alcanzaron un acuerdo y en mayo del 2010 el Ejército usó la fuerza para disolver a los manifestantes, con el resultado de 91 muertos y cuantiosos daños a propiedades.

En el 2011 se celebraron elecciones generales. El partido Puea Thai, aliado político de Thaksin, ganó la mayoría parlamentaria, y Yingluck Shinawatra, hermana de Thaksin, fue elegida primera ministra. Para más información, véase p. 698.

THAKSIN

Thaksin fue el primer jefe de Gobierno de la historia tailandesa en completar cuatro años de mandato.

Problemas en el sur profundo

A partir del 2001 los insurgentes separatistas musulmanes libran una guerra a pequeña escala contra el Gobierno central en las provincias meridionales de Pattani, Narathiwat y Yala, que en su día comprendían el reino de Patani hasta que fue conquistado por los reyes Chakri. El rey Chulalongkorn reemplazó a la élite local por funcionarios y burócratas de Bangkok. Durante la segunda Guerra Mundial se llevó a cabo una política cohesionadora con el fin de transformar la sociedad multiétnica en una nación tailandesa y budista. Esta política encontró resistencia en el extremo sur y dio origen a un potente movimiento separatista que reclamaba la independencia de Patani. En las décadas de 1980 y 1990 se abandonó la política de asimilación y el entonces primer ministro, Prem, prometió proteger la cultura y la libertad religiosa de los musulmanes. También ofreció la amnistía a los insurgentes y puso en marcha un plan de desarrollo económico para la región, históricamente empobrecida.

El régimen de Thaksin introdujo otro enfoque para la región, que aún se cuenta entre las más deprimidas económicamente y las menos escolarizadas del país. Se aumentó el control central, lo que se interpretó como

AFP/GETTY IMAGES ©

» Respuesta militar a las protestas estudiantiles, 1976.

1979

Tras tres años de gobierno militar, se convocan elecciones y se rehabilita el Parlamento.

1980

El Ejecutivo de Prem Tinsulanonda toma acciones políticas para acabar con el movimiento de insurgencia comunista, y lo consigue.

una política mal camuflada para acabar con el dominio tradicional del Partido Demócrata en la zona. Consiguió debilitar las relaciones entre la elite local, los votantes del sur y los demócratas que les representaban en el Parlamento. No obstante, desestimó el efecto sobre la población musulmana, tenaz y sensible a estas acciones. En el 2002, el Gobierno disolvió la delegación de control que tanto tiempo había tenido en la región y la oficina de seguridad fronteriza, unidad que a menudo había recibido elogios por mantener la paz y estabilidad y proporcionar un canal de comunicación entre el Gobierno central y los musulmanes del sur. En su lugar, la policía provincial se hizo cargo de la seguridad, a pesar de que carecían de la autoridad moral y el apoyo de la población. En el 2004, el Gobierno respondió duramente a las manifestaciones que condujeron a los incidentes de la mezquita de Krue Se y de Tak Bai, que en conjunto costaron la vida al menos a 180 musulmanes, muchos de ellos civiles desarmados. En el 2005 se declaró la ley marcial en la región.

Para más información sobre el conflicto en el extremo sur del país, véase recuadro en p. 596.

Se pensó que el golpe del 2006, encabezado por un musulmán de origen thai, podía acabar con la violencia en el sur, pero no ha sido así. Aún se producen atentados y enfrentamientos y la región se ha convertido en un lugar al que no se aconseja ir.

Política

Gobierno

Los altibajos políticos vividos desde el 2006 reflejan el eterno debate sobre cómo estructurar el cuerpo legislativo tailandés y, en última ins-

TENSIÓN EN LA FRONTERA DEL TEMPLO

En el 2008 Camboya consiguió que la Unesco declarada Patrimonio Mundial el antiguo templo jemer de Khao Phra Wihan ("Preah Vihear", en camboyano; véase p. 428). Este templo, apartado de todo y aparentemente insignificante, ha sido durante mucho tiempo motivo de enfrentamiento entre Camboya y Tailandia. En 1969 el Tribunal Internacional de Justicia otorgó a Camboya su propiedad, pero ambos países reclaman una extensión de 4,6 km² a su alrededor. Cuatro años después de la decisión de la Unesco, hay tropas por toda la frontera y tiroteos periódicos.

Hasta las elecciones generales tailandesas del 2011, las tensiones fronterizas aumentaron en parte debido a los intereses políticos enfrentados. El líder camboyano, Hun Sen, considerado un aliado de Thaksin, fue acusado de utilizar esta disputa para dar una imagen de debilidad del Gobierno de Abhiset. Al mismo tiempo, en Tailandia los enemigos de Thaksin fueron acusados de aprovechar el enfrentamiento para desacreditar a los partidarios de Thaksin. Aparentemente, la polémica se diluyó con la victoria electoral de Puea Thai y la reunión de un comité mixto en el 2011 en la que ambos países mostraron su voluntad de cooperar.

1988
Chatichai Choonhavan es el primer jefe de Gobierno elegido democráticamente desde 1976; se abre el comercio con Indochina.

1991-1992
El general Suchinda intenta hacerse con el poder; el rey Bhumibol interviene para apaciguar los disturbios del "Mayo Negro".

1997
Crisis económica asiática; aprobación histórica de la "Constitución del Pueblo".

2001
Thaksin Shinawatra, magnate de las telecomunicaciones, es elegido primer ministro.

tancia, la lucha por el control. Hoy, la Asamblea Nacional (el Parlamento tailandés) tiene 630 miembros divididos en dos cámaras (la Cámara de Representantes y el Senado), en parte elegidos por votación popular y en parte por los partidos. La proporción de escaños elegidos por los votantes cambia cada vez que se modifica la constitución. La de 1997, la llamada "Constitución del Pueblo", promulgó la elección de la totalidad de las cámaras mediante sufragio popular. Así, Thaksin y su partido Thai Rak Thai se hicieron con un control casi completo, por lo que el Ejército y la élite acabaron por rescindir aquel sistema tan popular, con el argumento de que la representación democrática completa no funciona en Tailandia.

Cuando los tailandeses votan, lo hacen por un representante y un partido. El resultado es, por un lado, una votación de representantes de forma directa y, por otro, a través de los partidos ganadores, que son los que asignan los escaños correspondientes.

El primer ministro es el jefe del Gobierno y es elegido por el partido mayoritario. La constitución actual obliga a que el primer ministro sea un diputado electo.

El sufragio en Tailandia es obligatorio (para los mayores de 18 años), excepto para el clero, que no puede votar. El índice de participación en las elecciones nacionales ha aumentado desde el cambio de milenio, y en el 2007 registró un 78%. La compra de votos es un tema recurrente en todas las elecciones. Curiosamente, los líderes de los partidos políticos suelen pasar por los pueblos dinero en mano a cambio de la promesa de voto. Hay quien acepta dinero de partidos rivales y luego no vota a ninguno de ellos.

Las papeletas incluyen un "no" si el votante no quiere votar ninguna de las opciones. También es común "estropear" (p. ej., escribir o rasgar) la papeleta, con lo que no es válida. En las elecciones generales del 2005, muchas papeletas no válidas contenían mensajes contra Thaksin.

El Partido Demócrata (Phak Prachathipat), fundado en 1946, es actualmente el partido político más longevo de Tailandia.

Medios de comunicación

Los gobiernos del sureste asiático no tienen una gran tradición de libertad informativa, pero Tailandia ha escapado a esta tendencia en diferentes épocas de la década de 1990, y la constitución de 1997 incluso garantizó la libertad de prensa, aunque con amplias lagunas legales. Aquella época tocó a su fin a principios del s. XXI con la llegada al poder de Thaksin Shinawatra, magnate de las telecomunicaciones. Al convertirse en primer ministro y tener mayoría absoluta, la prensa se encontró con una censura y una intimidación legal que no se veía desde las dictaduras militares de los años setenta. El Gobierno procesó por difamación a numerosos periodistas, publicaciones y empresas del sector que sacaban a la luz revelaciones incómodas para el régimen de Thaksin.

2004

El *tsunami* del Índico mata a más de cinco mil personas en Tailandia y daña el sector turístico y pesquero; la insurgencia musulmana se reactiva en el extremo sur del país.

2006

El rey Bhumibol celebra sus 60 años en el trono; un golpe de Estado acaba con Thaksin, que se ve forzado al exilio.

2008

Camboya consigue que la Unesco nombre Patrimonio Mundial el Phra Wihan, reactivando las tensiones fronterizas con Tailandia.

2008

Los camisas amarillas, promonárquicos, toman los aeropuertos de Bangkok durante una semana.

ANUNCIOS PARA LAS ELECCIONES

Cuando se acercan elecciones, los candidatos tapizan las calles y los postes eléctricos con carteles. Los anuncios muestran tradicionalmente al candidato con gesto serio y uniforme oficial, pero recientemente se han incorporado nuevos enfoques publicitarios, con imágenes sugerentes y eslóganes con gancho.

Chuvit Kamolvisit, propietario de un burdel reconvertido en estratega político, se ganó a los votantes en el 2011 con su campaña de "El hombre enfadado", en la que aparecía haciendo muecas de frustración y rabia contra el Gobierno. Curiosamente, una de sus primeras actuaciones fue contra un casino ilegal de Bangkok dirigido por altos cargos de la policía.

Los vecinos se quejan de que los carteles dificultan el tráfico, pero la cosa va al alza. Todos los carteles sufren el ataque de vándalos o pueden incluso ser robados, pero los de plástico son especialmente codiciados, pues sirven como parasol o para parchear el tejado.

Tras la destitución de Thaksin en el 2006, los medios consiguieron que se garantizara la libertad de prensa en la nueva constitución, pero eso no fue más que una "promesa sobre el papel" que no consiguió evitar las intimidaciones, los procesos y los ataques físicos. Además de las leyes aprobadas tras el golpe, que permitían el uso de fuerza en caso de emergencia, muchas veces la "seguridad nacional" justificaba acciones contundentes contra los medios de comunicación.

La intimidación a periodistas en Tailandia resulta más fácil gracias a las leyes de lesa majestad (contra ataques a la dignidad de la monarquía), que implican penas de cárcel de entre 3 y 15 años. A menudo los medios se autocensuran con respecto a la monarquía, sobre todo por respeto a la corona, pero también por temor a que sus enemigos políticos les puedan acusar de delitos de lesa majestad.

Las acusaciones de delitos de lesa majestad han aumentado desde el 2006, particularmente entre rivales políticos, pero también dirigidas a periodistas e incluso a ciudadanos normales. Entre los acusados se cuenta un usuario de Facebook tailandés que colgó un comentario negativo sobre el rey y un tailandés residente en el extranjero que colgó traducciones de un libro censurado sobre el rey en su *blog*.

Las publicaciones que en opinión del Gobierno presentan una imagen negativa de la monarquía suelen censurarse. Así, desde el 2006 se han censurado varios artículos críticos de *The Economist*. La censura en internet también va en aumento y en el noreste se han cerrado emisoras de radio "camisas rojas" (pro-Thaksin).

2010

Los camisas rojas, pro-Thaksin, ocupan el centro de Bangkok dos meses; la intervención militar causa 91 muertos.

2011

El partido Puea Thai gana las elecciones generales; Yingluck Shinawatra se convierte en la primera mujer al frente del Gobierno.

DREAMSTIME ©

» Camisas rojas ante el monumento a la Democracia, Bangkok.

Cultura y sociedad

La identidad nacional tailandesa es un elemento cohesionador tras el que se esconden diferencias étnicas y regionales producto de las migraciones históricas y de las coincidencias geográficas con vecinos de diversas etnias.

Composición étnica

Más del 75% de los tailandeses son de etnia thai, lo que a primera vista da una imagen de homogeneidad. Pero existen sutiles diferencias regionales. En las llanuras centrales (el delta del Chao Phraya), los thai de Siam unificaron el país con sus reinos históricos, junto a la imposición de su cultura y su idioma. Actualmente el dialecto central se considera el thai estándar, y Bangkok difunde una cultura de unidad nacional a través de los medios y de la educación.

El noreste (Isan) siempre se ha diferenciado del resto de Tailandia, al compartir vínculos étnicos y culturales con los laosianos y con el pueblo thai lao. El dialecto isan se diferencia del thai central, las creencias populares son distintas, e incluso los ingredientes usados para la *sôm·đam* (ensalada picante de papaya) varían: la *sôm·đam* laosiana contiene cangrejos de los arrozales, mientras que la *sôm·đam* estándar lleva cacahuetes. En las provincias del noreste fronterizas con Camboya se percibe una clara influencia jemer, ya que muchas familias emigraron desde el otro lado de la frontera durante los años más convulsos del país vecino. Cerca de Surin y Khorat (Nakhon Ratchasima) vive una tribu minoritaria, los suay, tradicionalmente *mahouts* de elefantes; con la expansión del negocio del turismo con elefantes, muchos suay se han dispersado por el país en busca de trabajo.

El pueblo pak tai es representativo del sur. Su dialecto es algo más rápido que el thai estándar, su *curry* pica más y las creencias populares

Datos demográficos

- » Población: 66,7 millones
- » Índice de fertilidad: 1,6
- » Mayores de 65 años: 9,2%
- » Índice de urbanización: 34%
- » Esperanza de vida: 73 años

LOS BIRMANOS INVISIBLES

La inestabilidad reinante en Myanmar (Birmania) ha provocado un creciente éxodo de birmanos a Tailandia. Unas 150 000 personas han entrado en el país como refugiados políticos y étnicos, pero la gran mayoría son inmigrantes económicos (se calcula que entre 2 y 3 millones, aunque menos de la mitad están registrados). Ocupan los trabajos menos cualificados (plantas procesadoras de pescado, la construcción, servicio doméstico y fábricas), antes en manos de tailandeses del noreste sin estudios. Lo cierto es que muchos tailandeses opinan que el país necesita mano de obra extranjera, ya que la población del país está envejeciendo.

No obstante, el Gobierno no ha reaccionado a la cuestión de la inmigración con la misma rapidez que el sector privado. Dado que muchos inmigrantes birmanos residen y trabajan de forma ilegal, se ven expuestos a situaciones de explotación que muchos activistas tachan de esclavitud moderna: no pueden volver a casa debido a la persecución por parte del régimen militar birmano ni acudir a las autoridades tailandesas en caso de abusos laborales porque se enfrentarían a una posible deportación.

TRIBUS DE LA MONTAÑA: UNA PERSPECTIVA MODERNA

Estas tribus pertenecen al escalafón social más bajo del país. Aunque sería tentador relacionar este dato con sus estilos de vida tradicionales, su situación se agrava, en la mayoría de los casos, por no tener la ciudadanía tailandesa, sin la cual no tienen derecho a poseer tierras, a educar a sus hijos, a ganar un salario mínimo o a acceder a la sanidad pública. En las últimas décadas, algunos miembros de grupos tribales han recibido DNI tailandeses, que en teoría les da acceso a los programas nacionales (aunque las tasas suplementarias pueden cortar su incorporación a la educación pública y la sanidad). Otras familias de grupos tribales han recibido certificados de residencia que limitan sus desplazamientos fuera de un distrito asignado, lo cual dificulta cualquier promoción laboral que exija movilidad.

Además, el Gobierno lleva treinta años con una política de reubicación que ha trasladado aldeas enteras de tierras fértiles a infértiles, lo que ha llevado a estas gentes de un sistema de subsistencia viable en el que podían mantener sus costumbres a otro de mercado en el que no pueden competir adecuadamente y que ha roto sus tradiciones.

La expansión del turismo a las regiones montañosas del norte durante la década pasada ha puesto sobre el tapete un factor que complica más la independencia de las aldeas de las tribus de la montaña. Los especuladores compran tierras a los agricultores por sumas meramente nominales para revenderlas –normalmente a compañías hoteleras– por muchísimo más. Además, en muchos casos el agricultor no es el propietario legal, por lo que su margen negociador es mínimo. El campesino desplazado y su familia emigran entonces a la ciudad, con lo que pierden la conexión con su estilo de vida tradicional, a lo que hay que sumar los pocos recursos que disponen para luchar en la sociedad de las tierras bajas.

musulmanas están más presentes en la región debido a la proximidad de Malasia.

Si hubiera que redibujar las fronteras de Tailandia de acuerdo con las etnias y las culturas, el norte estaría unido a algunas zonas del sur de China y del norte de Myanmar. La región china de Yunnan es considerada el lugar de origen del pueblo thai. También hay muchos subgrupos, como los shan (etnia emparentada con los thai que se asentó en las mesetas birmanas) o los thai lü (que se instalaron en las provincias de Nan y Chiang Rai, así como en las tierras altas de Vietnam).

Muchas ONG de Chiang Mai y Chiang Rai trabajan con las tribus de la montaña en los campos de educación, atención sanitaria y protección legal. The Mirror Foundation (http://themirrorfoundation.org/cms/) y la Association for Akha Education (www.akhathai.org) son dos de larga tradición que aceptan voluntarios.

Los ciudadanos de antepasados chinos (2ª o 3ª generación de hakka, teochew, hainan o cantoneses) constituyen el 14% de la población tailandesa. Bangkok y las zonas costeras cercanas albergan un gran contingente de inmigrantes chinos que llegaron en busca de oportunidades económicas entre principios y mediados del s. xx. En el norte de Tailandia también hay una población considerable de musulmanes hui chinos llegados desde Yunnan a finales del s. xix.

China y Tailandia siempre han compartido comercio, emigrantes y rasgos culturales. Muchos se han unido a los thai a través del matrimonio y han entretejido sus tradiciones con la cultura local predominante. Históricamente, los chinos adinerados introducían a sus hijas en la corte real como consortes, lo que aportaba conexiones de alcurnia y una línea de sangre china que llega hasta el monarca actual. En las zonas comerciales de muchas ciudades tailandesas predominan las familias de origen chino y en muchos puntos del país se celebran fiestas chinas, p. ej., el importante Festival Vegetariano.

La segunda minoría étnica en importancia del país es la de los malayos (4,6%), que en su mayoría viven en el extremo sur del país. Entre los otros grupos minoritarios se cuentan pueblos que no tienen el thai como lengua propia, como los vietnamitas, los jemeres, los mon, los semang (sakai), los moken (*chow lair,* también escrito *chao leh;* "pueblo del mar" o "gitanos del mar"), los htin, los mabri, los khamu y una serie de tribus de la montaña. Un pequeño número de europeos y de otros países no asiáticos se reparten por Bangkok y provincias.

Tribus de la montaña

Las minorías étnicas de las regiones montañosas del norte de Tailandia a menudo reciben el nombre de "tribus de la montaña" o, en lengua vernácula, *chow kŏw* ("gente de la montaña"). Cada tribu posee su propio idioma, costumbres, forma de vestir y creencias espirituales.

La mayoría son de origen seminómada, venidas del Tíbet, Myanmar, China y Laos durante los últimos doscientos años. Son gentes del "cuarto mundo", ya que no pertenecen ni a las potencias alineadas ni a los países en vías de desarrollo. Han cruzado y todavía atraviesan fronteras políticas, a menudo huyendo de la opresión de otras culturas, sin consideración por las mismas.

El idioma y la cultura son los únicos límites de su mundo. Algunos grupos se hallan atrapados entre los ss. VI y XXI, mientras que otros se integran lentamente en la vida moderna. Muchos de ellos se mudan a las tierras bajas a medida que las montañas se deforestan.

El Instituto de Investigación Tribal de Chiang Mai reconoce 10 tribus de la montaña diferentes, pero puede que haya hasta 20. Su creciente integración a la sociedad tailandesa hace que muchas de sus antiguas tradiciones se pierdan.

Akha (I-kaw)

Población: 70 000
Origen: Tíbet
Localización actual: Tailandia, Laos, Myanmar, Yunnan
Economía: arroz, maíz, judías y pimientos secos
Creencias religiosas: animismo, con énfasis en la veneración de los antepasados, y algunos grupos cristianos
Características culturales: se cuentan entre las minorías más pobres de Tailandia; residen fundamentalmente en las provincias de Chiang Mai y Chiang Rai, en cerros o en empinadas laderas a 1000-1400 m de altitud. Son considerados buenos agricultores, pero a menudo se ven desplazados de los terrenos fértiles por la intervención del Gobierno. La conocida ceremonia akha del columpio tiene lugar de mediados de agosto a mediados de septiembre, entre la época de la siembra y la cosecha. Sus casas son de madera y bambú, por lo general asentadas sobre pilotes cortos de madera y con gruesos tejados vegetales. A la entrada de cada aldea tradicional se alza un sencillo portal de madera que consiste en dos puntales verticales unidos por un dintel. Los chamanes fijan diferentes amuletos hechos con tiras de bambú a dicho portal para evitar que la traspasen los espíritus malignos. A sus lados colocan figuras de madera de un hombre y una mujer provistos de exagerados atributos sexuales, pues creen que la sexualidad humana combate el mundo espiritual.

Los akha dan mucha importancia a los lazos familiares y suelen repasar su genealogía al conocerse, en busca de algún ancestro común.

Su atuendo tradicional consiste en un tocado de cuentas, plumas y colgantes de plata.

Hmong (Mong o Maew)

Población: 151 000
Origen: sur de China
Localización actual: sur de China, Tailandia, Laos, Vietnam
Economía: arroz, maíz, col, fresas
Creencias religiosas: animismo
Características culturales: constituyen el segundo grupo de las tribus de la montaña de Tailandia, especialmente numeroso en la provincia de Chiang Mai, con enclaves menores en otras provincias del norte. Suelen vivir en la cima de las montañas o en altiplanicies a más de 1000 m de altitud. Las familias son patrilineales y se permite la poligamia.

Los hmong llevan sencillas chaquetas negras y azul oscuro o pantalones negros bombachos con los bordes rayados (hmong blancos) o faldas azules (hmong azules) y joyas de plata. A veces llevan fajines, y delantales bordados drapeados por delante y por detrás. La mayoría de mujeres se recoge el pelo en un moño.

Karen (Yang o Kariang)

Población: 420 000
Origen: Myanmar
Localización actual: Tailandia, Myanmar
Economía: arroz, verduras, ganado
Creencias religiosas: animismo, budismo, cristianismo.
Características culturales: es la tribu de la montaña más importante de Tailandia, pues constituye el 47% de toda la población tribal del país. Suelen vivir en los valles de las tierras bajas y practican la rotación de cosechas. Su gran población y su proximidad a la sociedad dominante han resultado en una mayor integración y prosperidad que otras tribus de la montaña. El atuendo típico está compuesto por espesas túnicas con cuello en pico de diversos colores (las solteras visten de blanco). El parentesco es por línea paterna y son monógamos. Las casas se levantan sobre postes o pilotes bajos, con tejados muy inclinados. Hay cuatro subgrupos bien diferenciados: los skaw, (karen blancos), los pwo karen, los pa-o (karen negros) y los kayah (karen rojos).

Lahu (musoe)

Población: 103 000
Origen: Tíbet
Localización actual: sur de China, Tailandia, Myanmar
Economía: arroz seco, maíz
Creencias religiosas: animismo teísta; algunos grupos son cristianos
Características culturales: El término thai para definirlos, *moo·seu,* deriva de una palabra birmana que significa "cazadores", en referencia a sus habilidades en la jungla. Los lahu suelen vivir a una altitud de unos 1000 m y pueden encontrarse en zonas remotas de las provincias de Chiang Mai, Chiang Rai y Tak. Suelen vivir en poblados, mezclados con otras razas, y son un grupo étnicamente diverso con cinco subgrupos principales: los lahu rojos (el grupo lahu más numeroso del país), los lahu negros, los lahu blancos y los lahu sheleh. Construyen sus casas de madera, bambú y hierbas, habitualmente sobre cortos pilotes. La comida lahu es, probablemente, la más picante de entre todas las tribus de la montaña.

El traje tradicional de las mujeres consiste en chaquetas negras y rojas y faldas estrechas; los hombres acostumbran llevar anchos pantalones verdes o azules.

Lisu (Lisaw)

Población: 55 000
Origen: Tíbet
Localización actual: Tailandia, Yunnan
Economía: arroz, maíz, ganado
Creencias religiosas: animismo con veneración de antepasados y posesión de espíritus
Características culturales: sus aldeas suelen estar en las montañas, a una altitud de unos 1000 m, y pueden encontrarse en ocho provincias tailandesas: Chiang Mai, Chiang Rai, Mae Hong Son, Phayao, Tak, Kamphaeng Phet, Sukhotai y Lampang. Los clanes patrilineales tienen una jurisdicción pan tribal, lo que los diferencia del resto de tribus (la mayoría de las cuales centran el poder en un chamán o un jefe del poblado). Las casas se construyen en el suelo y suelen estar hechas de bambú y hierbas.

Las mujeres llevan largas túnicas multicolores sobre pantalones y, a veces, turbantes negros con borlas. Los hombres visten pantalones anchos verdes o azules recogidos en los tobillos.

Mien (Yao)

Población: 35 500
Origen: centro de China
Localización actual: Tailandia, sur de China, Laos, Myanmar, Vietnam
Economía: arroz seco y maíz
Creencias religiosas: animismo y culto a los ancestros, taoísmo, budismo y cristianismo
Características culturales: son hábiles artesanos, particularmente con el bordado y la plata. Se asientan cerca de los manantiales de montaña, a una altitud de 1000-1200 m, concentrados en las provincias de Nan, Phayao y Chiang Rai, aunque también en Chiang Mai, Lampang y Sukhotai. La migración a Tailandia aumentó durante la Guerra de Vietnam, cuando los mien colaboraron con la CIA contra las fuerzas del Pathet Lao; 50 000 refugiados mien fueron reubicados en EE UU. Están muy influenciados por las tradiciones chinas, y su idioma utiliza caracteres chinos. El parentesco se establece por línea paterna y son polígamos. Construyen las casas sobre el suelo, con madera, bambú y techo vegetal.

Las mujeres visten pantalones y chaquetas negras con bordados y collares rojos, así como turbantes azul oscuro o negros. Los hombres llevan túnicas y pantalones negros.

El carácter tailandés

Gran parte del sistema cultural tailandés se basa en el respeto a la familia, la religión y la monarquía. Cada ciudadano conoce perfectamente el lugar que ocupa en dicho sistema, pues desde pequeños todos reciben una estricta educación que incide en la importancia de la conformidad de la pertenencia al grupo, el respeto a los mayores y lo inapropiado de confrontar opiniones. En la mayoría de situaciones, la prioridad suele ser mantener la armonía. Para los tailandeses es un orgullo conseguir que los demás se sientan a gusto.

Los lahu son conocidos por su estricto respeto a la igualdad de sexos.

'Sà·nùk'

Sà·nùk significa "divertido", y frecuentemente se interpreta como todo aquello que vale la pena hacer. Incluso el trabajo y el estudio deben tener cierta dosis de *sà·nùk;* de lo contrario, se convierten automáticamente en algo monótono. Esto no significa que los tailandeses no quieran trabajar, pero lo hacen mejor en grupo, lo cual evita la soledad y garantiza un elemento de recreo. Nada condena una actividad con mayor contundencia que la expresión *mâi sà·nùk* ("nada divertido"). Los tailandeses a menudo mezclan sus obligaciones laborales con una sana parte de socialización, ya sea el pesado trabajo en los arrozales, el tedio de conducir autobuses de largo recorrido o las peligrosas obras. Si el visitante observa a los trabajadores en acción, los verá flirteando, intercambiando insultos o contando chistes.

Apariencias

Los tailandeses creen firmemente en el concepto de guardar las apariencias, es decir, eludir la confrontación e intentar no avergonzarse a sí mismos o a otras personas (excepto si hay *sà·nùk*). Lo ideal es no sacar temas negativos en la conversación, no expresar convicciones u opiniones con demasiada firmeza y jamás asegurar ser un experto en algo. Es decir, el acuerdo y la armonía están considerados como los dones sociales más importantes.

Aunque para algunos occidentales una discusión acalorada puede resultar divertida, los tailandeses eluden tales circunstancias y consideran cualquier situación en la que se levante la voz como grosera y potencialmente imprevisible. Si se pierden los papeles, todos los presentes quedan mal, y un tailandés enfadado puede reaccionar de forma impredecible.

Situaciones embarazosas menores, como tropezarse o caerse, pueden suscitar risitas entre los lugareños. Esto no significa que se alegren del tropezón, sino que la risa ayuda al protagonista a evitar la vergüenza.

A los tailandeses, muy meticulosos con su imagen (en muchos casos se bañan 2 veces al día), a veces les resulta incomprensible que los extranjeros, en teoría ricos, se arreglen tan poco.

Estatus y obligaciones

Todas las relaciones en la sociedad tradicional tailandesa, también en el entorno moderno, están gobernadas por el rango social, que queda definido por la edad, la salud, el estatus y la posición personal o política. La posición de más edad se llama *pôo yài* (literalmente "persona grande") y describe a los padres, jefes del pueblo, cargos públicos, etc. La posición de menos edad recibe el apelativo de *pôo nóy* ("persona pequeña") y abarca a cualquiera que se halle por debajo del *pôo yài*. Aunque, hasta cierto punto, esta tendencia hacia la jerarquía social se da en muchas sociedades del mundo, en Tailandia dirige el entramado de obligaciones mutuas que une a los mayores con los jóvenes.

La famosa sonrisa tailandesa se debe en parte al deseo de disfrutar y de aliviar así la carga de la vida diaria.

Se supone que los *pôo nóy* deben mostrar obediencia y respeto (ambos conceptos se engloban en el término *greng jai*) hacia sus mayores. Quienes ostentan un estatus más joven no deben cuestionar o criticar a los de más edad en la oficina, la casa o el Gobierno. En el entorno laboral, esto significa que a los miembros más jóvenes del personal no se les anima a hablar en las reuniones y deben cumplir los deseos de sus jefes. A cambio, los *pôo yài* están obligados a cuidar y "patrocinar" a los *pôo nóy*. Se trata de una relación paternalista en la que los *pôo nóy* pueden pedir favores que tengan que ver con dinero o acceso al trabajo. Los mayores reafirman su rango cumpliendo dichas peticiones en tanto en cuanto les sea posible; negarse sería arriesgarse a romper las apariencias y la posición.

El equivalente tailandés de mostrarle a alguien el dedo anular es enseñarle la suela del zapato.

El protocolo definido por la jerarquía social rige casi todos los aspectos del comportamiento en las familias, empresas, escuelas y el Gobierno. Los cargos elegidos o designados ocupan uno de los peldaños más altos de la escala social y a menudo se consideran a sí mismos como cuidadores del pueblo, en fuerte contraste con el ideal democrático de ser la voz

EL JUEGO DE LOS APODOS

Los recién nacidos reciben un primer nombre para que les dé buena suerte, a menudo decidido por el patriarca o la matriarca de la familia. Pero estos poéticos nombres solo tendrán un uso administrativo: el resto del mundo los conocerá por un apodo monosilábico. Estos alias suelen tener cierta gracia y pueden estar inspirados en el aspecto físico (Moo, que significa "cerdo", si el bebé es gordito) o afición (Toon, de "cartoon", para los que ven mucha tele) del menor. Los más típicos para niñas son Lek y Noi (ambos significan "pequeña"). Y algunos progenitores llegan a plasmar en sus retoños sus propias ambiciones, p. ej., Golf (por el deporte) o Benz (por el automóvil).

del pueblo. Esta complicada jerarquía puede dificultar la colaboración, especialmente entre aquellos con un estatus enfrentado. Por eso Bangkok tiene varios museos de arte moderno con colecciones algo flojas en lugar de un gran centro de referencia.

La mayoría de los extranjeros interactuará en una versión simplificada de esta relación mayor-joven ya sea en forma de *pêe* (hermano mayor) o de *nórng* (hermano menor). Todos los tailandeses se refieren a los otros con nombres familiares. Incluso la gente no emparentada establece rápidamente quién es *pêe* y quién es *nórng*. Así, una de las primeras preguntas que los tailandeses hacen a los recién conocidos es: "¿Cuántos años tiene?".

Forma de vida

Los estilos de vida particulares varían en función de los antecedentes familiares, los ingresos y la geografía. En muchos aspectos, Bangkok es un caso aparte, donde las clases media y alta viven en un mundo de riquezas y modernidad cada vez más occidentalizado, con teléfonos inteligentes, comida rápida, pop coreano y al dictado de la moda. Los recursos que se gastan en la capital no son comparables con el resto del país, lo que provoca reacciones de desprecio en otras localidades, donde se critica tanto materialismo.

El año oficial en Tailandia se calcula desde el 543 a.C., año de inicio de la era budista, de modo que el 2011 d.C. es el 2554, el 2012 es el 2555, etc.

El *boom* económico de la década del 2000 contribuyó al ascenso de la clase obrera, que en parte había emigrado a ciudades industriales y turísticas para ganar dinero, pagar sus deudas y conseguir un futuro profesional para la siguiente generación. Muchos también agradecen las medidas populistas del primer ministro Thaksin, que aportaron mejoras a los más desfavorecidos.

Los jóvenes de los pueblos buscan empleo en el sector servicios o en las grandes ciudades, forman sus propias tribus urbanas en los lugares de adopción y regresan a sus casas por vacaciones. Cualquiera que sea su trabajo, la mayoría envía parte del salario a sus padres y para cubrir la educación de los hijos que han dejado con ellos.

En las capitales de provincias es típico encontrar a profesiones y familias de lo más tradicional. Los funcionarios públicos, básicamente profesores y empleados gubernamentales, conforman la espina dorsal de la clase media del país y suelen residir en barrios de casas adosadas situadas a las afueras de las ciudades. Algunos viven en los cascos antiguos de las mismas, con jardines frontales en los que crecen papayos, mangos y otros frutales. Los que se dedican a los negocios habitan en el centro de las ciudades, por lo general en apartamentos situados sobre tiendas, lo

¡PÁSALA!

El *đà·grôr*, a veces llamado "fútbol siamés" en antiguos textos ingleses, es un deporte autóctono en el que se usa un vistoso calzado y una pelota de *rattan*. Los jugadores se ponen en círculo (su tamaño depende del número de participantes) y simplemente intentan mantener la pelota en el aire chutándosela unos a otros. Se puntúa por estilo, dificultad y variedad de maniobras. Así suele jugarse entre amigos en cuanto hay un poco de espacio disponible: un solar vacío, el patio de un colegio o una playa.

Una variación popular es la que se practica tanto en el interior como en competiciones internacionales, se parece al voleibol, con una red, pero solo se puede tocar la pelota con los pies y la cabeza. Es increíble ver a los jugadores realizar piruetas aéreas, lanzando la bola sobre la red con los pies. Existe otra variante en la que los jugadores deben meter la pelota en un aro situado 4,5 m sobre el suelo con los pies (baloncesto con los pies y sin tablero).

El đà·grôr fue introducido en los Juegos del Sureste Asiático por Tailandia, y en los campeonatos internacionales suelen dominar los tailandeses y los malasios.

que facilita el transporte y condiciona un estilo de vida bastante urbano. Cada mañana temprano, los trabajadores y los estudiantes se dirigen al parque más cercano para correr, jugar al bádminton o unirse a las clases municipales de aeróbic.

Uno de los mejores lugares para ver la "forma de vida" tailandesa es el mercado. Los diurnos venden productos básicos, autóctonos y dulces, mientras que los nocturnos son un buen lugar para cenar y ver gente, ya que pocos tailandeses se molestan en cocinar en casa.

Aunque cada vez hay menos gente que trabaja en los arrozales, las aldeas aún sobreviven a las afueras de las urbes. En ellas la vida se rige por las estaciones, la moda la marcan los mercadillos y, si los búfalos acuáticos hablaran, se conocerían todos los cotilleos del lugar.

Desde una perspectiva demográfica, Tailandia, como la mayoría de Asia, envejece. A las mujeres les interesa más triunfar en el trabajo que casarse; actualmente las mujeres solteras ya suman un 30% (y empiezan a ser más que los hombres en la franja de 30 a 40 años). Las iniciativas gubernamentales de planificación familiar y las oportunidades laborales han reducido tanto el índice de fertilidad (de 6 niños en la década de 1960 a 1,6 en la actualidad) que los analistas empiezan a preocuparse por la falta de mano de obra venidera y por el sistema de pensiones.

Estilo de vida, en cifras

» Edad media de los matrimonios: 27/24 años para hombres/mujeres

» Salario diario mínimo en Bangkok: 206 THB

» Sueldo inicial para un funcionario: 9000 THB al mes

Religión

La fe goza de buena salud en Tailandia, y los lugares de culto diarios dan color casi a cada esquina de las calles del país. Si el viajero recorre estas calles de buena mañana, verá la solemne procesión de los monjes budistas, con cabezas rapadas y túnicas anaranjadas, entregados a la *bin·dá·bàht,* la limosna diaria de alimentos para el alma de casa en casa.

Aunque el país es predominantemente budista, las religiones minoritarias suelen practicarse sin problemas. Las cúpulas verdes de las mezquitas marcan un barrio como musulmán en Bangkok y otras ciudades del sur. En los centros urbanos, las grandes puertas redondeadas con inscripciones en caracteres chinos y flanqueadas de farolillos rojos indican la ubicación de un *săhn jôw* o templo chino dedicado a la veneración de las deidades budistas, taoístas y confucianas.

Budismo

Aproximadamente el 95% de los tailandeses son budistas theravada, una rama del budismo que llegó de Sri Lanka durante el período Sukhotai.

El fin último del budismo theravada es el *nibbana* ("nirvana", en sánscrito), que literalmente significa la "extinción" o liberación de cualquier deseo y, por tanto, de todo el sufrimiento (*dukkha*). En efecto, el *nibbana* es también el fin del ciclo de las reencarnaciones (tanto de momento a momento como de vida a vida) que es la existencia.

En realidad, la mayoría de los budistas tailandeses desean reencarnarse en una existencia "mejor", más que el objetivo supramundano del *nibbana*. El concepto de reencarnación es de asunción casi universal en Tailandia, también entre los no budistas.

La idea de la reencarnación, además, promueve una actitud de humildad y una sensación de vinculación. Si un tailandés ve una alimaña entre los arbustos, puede pensar en ella como la posibilidad de otra vida propia o un pariente fallecido que ocupa ese cuerpo no humano. Si se piensa en la estratificación social, la reencarnación se interpreta como una recompensa o un castigo. Una vida honesta supone una reencarnación en un escalafón social más alto y, al contrario, una mala vida implica volver convertido en una forma de vida inferior, p. ej., en insecto.

Las oportunidades que brinda hoy la sociedad han hecho que se confíe cada vez menos en el destino como clave del éxito, pero incluso los más cosmopolitas respetan la teoría budista del karma, expresada en el

ARROZ

Tailandia es un gran productor de arroz: 20 millones de toneladas al año, la mitad para consumo doméstico y la otra mitad para la exportación.

proverbio tailandés *tam dee, dâi dee; tam chôoa, dâi chôoa* ("las buenas acciones traen buenos resultados; las malas acciones traen malos resultados"). Una buena persona puede prosperar mucho en esta vida y en las vidas futuras si hace méritos (*tam bun*), vía ofrendas y si asiste con frecuencia a su *wat*. Los méritos también pueden reportar éxito en los negocios, los exámenes, el amor, la concepción, etc., etc.

La reencarnación es un elemento popular en el cine y la literatura tailandeses; en la película *Citizen Dog*, el protagonista masculino recibe un consejo inesperado de su abuela fallecida, que se ha reencarnado en un lagarto.

En lo alto de la jerarquía budista en Tailandia está el Tiratana (tres joyas): Buda, *dhamma* (conjunto de enseñanzas) y *sangha* (la comunidad budista). Buda, en sus infinitas formas, aparece como estatua en una posición destacada tanto en los restaurantes de carretera como en los hoteles más exclusivos de Bangkok. Las *dhamma* se recitan cada mañana y cada noche en todos los templos y se enseñan en la escuela primaria. La *sangha* se materializa en monjes con túnica naranja dedicados por completo a la religión. En la arquitectura de los templos, el tejado de tres niveles representa las tres joyas.

Históricamente, el rey de Tailandia es objeto de devoción, una especie de semidiós. Las ceremonias reales son dominio casi exclusivo de los brahmanes, que tienen la sagrada misión de preservar los tres pilares de la nación: la soberanía, la religión y la monarquía.

En el budismo tailandés no hay ningún día de descanso semanal fijo, pero sí días sagrados *(wan prá)*, cada siete u ocho días, según la fase de la luna. También hay festivos religiosos, que generalmente celebran momentos importantes en la vida de Buda. Esos días sagrados los budistas visitan el templo y escuchan las enseñanzas, hacen méritos y dan tres vueltas alrededor del santuario principal.

Hacer méritos

Los tailandeses acuden al templo tanto en busca de iluminación espiritual como de entretenimiento cultural. Pueden hacer una excursión de un día a un templo importante o incluir en sus viajes una parada en alguno para hacer méritos. Durante estas visitas, los méritos son más un ritual individual que una actividad en grupo. Los fieles compran ofrendas como capullos de loto, incienso y velas, y presentan estos donativos simbólicos ante la principal imagen de Buda del templo. Las flores se colocan en el altar, y el fiel se arrodilla (o permanece de pie, si es al aire libre) ante Buda, con tres varillas de incienso encendidas en las manos, unidas palma contra palma en posición de rezar. Antes de colocar el incienso en el altar, se baja la cabeza y a continuación se levantan las manos tres veces, situándolas entre el corazón y la frente. Luego se pega un cuadradito de fino papel de oro a la imagen de Buda.

Para hacer méritos también se puede ofrecer comida a la *sangha* del templo, meditar (a solas o en grupo), escuchar a los monjes mientras recitan sus *suttas* (textos budistas) o asistir a un *têht* o charla sobre las *dhamma* ofrecida por el abad u otro maestro.

Lecturas espirituales

- *Todo llega, todo pasa: enseñanzas sobre la cesación del sufrimiento* (Ajahn Chah; 2005)
- Bosque theravada (www.bosquetheravada.org)
- *La terapia del yoga tailandés* (Kam Thye Chow, Emily Moody; 2007)
- *Lo que Buda nunca enseñó* (Tim Ward; 1996)

Monjes y monjas

Desde el punto de vista social, se espera que todo varón tailandés se convierta en monje (*bhikkhu*, en pali; *prá* o *prá pík·sù*, en thai) durante un período corto de su vida, preferiblemente entre el fin de la escuela y el principio de los estudios superiores o el matrimonio. Cualquier familia se granjea un gran mérito cuando uno de sus hijos "toma el hábito y el cuenco". Tradicionalmente, pasan tres meses en el *wat* durante la *pan·săh* (Cuaresma budista), que comienza en julio y coincide con la temporada de lluvias. No obstante, en la actualidad muchos solo pasan recluidos una semana. La mayoría de ordenaciones temporales se producen antes de cumplir 20 años, cuando un hombre puede entrar en la *sangha* como novicio de diez votos (*nairn*).

CASAS DE LOS ESPÍRITUS

Muchas casas y edificios de Tailandia poseen una "casa de los espíritus" para alojar a los *prá poom* (espíritus protectores) del trozo de tierra sobre el que se asientan. Según creencias animistas anteriores al budismo, los espíritus guardianes de los ríos, árboles y otros elementos de la naturaleza deben ser venerados y apaciguados. El espíritu protector de un determinado terreno es el equivalente sobrenatural de una suegra, un miembro de la familia venerado pero a veces problemático. Para mantenerlos contentos y distraídos, los tailandeses levantan en la vivienda unas construcciones parecidas a las casas de muñecas, consagradas por un sacerdote brahmán, donde los espíritus puedan "vivir" cómodamente, al margen de los asuntos humanos. Para cultivar las buenas relaciones y la suerte, se les hacen ofrendas diarias de arroz, fruta, flores y agua. Cuando la vivienda se amplía, debe hacerse lo propio con la casa de los espíritus para que estos no se ofendan.

Durante su estancia en el monasterio, los monjes deben afeitarse la cabeza, las cejas y cualquier otro vello facial como señal de renuncia. También se les exige que lleven una vida ascética, sin lujos, y que solo coman una vez al día (o dos, depende de la costumbre del templo). Los monjes que viven en las ciudades suelen centrarse en el estudio de las escrituras budistas, mientras que aquellos que optan por los templos rurales se dedican más a la meditación. Tras la ordenación, los monjes pueden oficiar funerales y bodas, dar sermones y transmitir las enseñanzas monásticas.

En las zonas rurales, el monasterio también es una institución social donde se atiende a los enfermos y los pobres. Los niños pueden ingresar en el monasterio y recibir educación gratis, tradición que tenía mayor seguimiento antes de la llegada de la enseñanza pública. Los monjes también defienden causas medioambientales y sociales; algunos religiosos muy respetados han protagonizado protestas contra la construcción de embalses y han envuelto árboles en telas sagradas para evitar su tala.

La escuela theravada es conocida como la escuela del sur porque viajó del subcontinente indio al sureste asiático, mientras que el budismo mahayana se extendió por el norte (Nepal, Tíbet, China y el resto de Asia oriental).

En el budismo tailandés, las mujeres que emprenden una vida monástica ocupan un papel menor en el templo, que no es comparable al de los hombres. Estas monjas reciben el apelativo de *mâa chee* ("sacerdotisa madre") y viven como monjas *atthasila* (8 preceptos), una posición tradicionalmente ocupada por mujeres que no tenían otra función en la sociedad. Se afeitan la cabeza, visten túnicas blancas y se encargan de las tareas del templo. En general, no tienen el prestigio de los monjes y carecen de función en los rituales de méritos de los seglares.

Islamismo

Los musulmanes son cerca del 4% de población, es decir, la minoría religiosa más importante de Tailandia, en convivencia con la mayoría budista. En Tailandia hay unas tres mil mezquitas (más de 200 solo en Bangkok). De ellas, el 99% son suníes (que siguen el dictado de lo consensuado en la Ummah, o comunidad musulmana), y el 1% son chiíes (que otorga la autoridad religiosa y política a los descendientes del profeta Mahoma).

El islamismo se introdujo en el sur de Tailandia entre los años 1200 y 1500 por influencia de los mercaderes y estudiosos indios y árabes. Hasta hoy la mayoría de los musulmanes tailandeses residen en el sur, concentrados en las regiones de Pattani, Narathiwat, Satun y Yala, y su origen se remonta al antiguo sultanato de Pattani, a caballo entre las actuales Tailandia y Malasia, motivo por el cual el sur comparte legado cultural con su vecino predominantemente musulmán, Malasia. De hecho, la mayoría de musulmanes del sur de Tailandia son de raza malaya y hablan malayo o yawi (dialecto del malayo escrito con caligrafía árabe) además del thai. Estas diferencias culturales, sumadas a una cierta percepción de discriminación religiosa y lingüística, han provocado en algunas partes del sur extremo, predominantemente musulmán, una sensación de distanciamiento con respecto a la mayoría budista del país.

Arte

Tailandia posee una cultura marcadamente visual y un concepto de la belleza que abarca la audaz arquitectura de sus templos, las humildes casas tradicionales y las artes selectas que se desarrollaron al servicio de la monarquía.

PERÍODOS ARTÍSTICOS EN TAILANDIA

PERÍODO	ESTILO EN TEMPLOS Y 'CHEDIS'	ESTILO DE LOS BUDAS	EJEMPLOS
Período Dvaravati (ss. VII-XI)	*Chedis* de base rectangular con niveles escalonados	De influencia india; torso grueso, grandes rizos en el pelo, cejas arqueadas (como aves en vuelo), ojos prominentes, labios gruesos y nariz plana	Phra Pathom Chedi, Nakhon Pathom; Museo de Lopburi, Lopburi; Wat Chama Thewi, Lamphun
Período Srivijaya (ss. VII-XIII)	Templos de estilo budista-mahayana; *chedis* de estilo javanés con arcos elaborados	De influencia india; con muchos ornamentos, rasgos humanos y ligeramente girados por la cintura	Wat Phra Mahathat Woramahawihaan y Museo Nacional de Nakhon Si Thammarat
Período jemer (ss. IX-XI)	Templos budistas-hindúes; *prangs* (*chedis* de estilo jemer) en forma de mazorca	Buda meditando sobre un pedestal de loto y bajo una *naga* de siete cabezas	Parque Histórico de Phimai, Nakhon Ratchasima; Parque Histórico de Phanom Rung, Surin
Período Chiang Saen-Lanna (ss. XI-XIII)	Templos de teca; *chedis* de base cuadrada coronadas con una sombrilla dorada; también de base octogonal	De influencia birmana: silueta rechoncha, rostro redondeado y sonriente y con las plantas de los pies visibles, en posición de meditación	Wat Phra Singh, Chiang Mai; Museo Nacional de Chiang Saen, Chiang Saen
Período Sukhotai (ss. XIII-XV)	Templos de inspiración jemer; *chedis* con finas espiras coronadas por un capullo de flor de loto	Poses elegantes, a menudo "caminando", sin ningún detalle anatómico humano	Parque Histórico de Sukhotai
Período Ayutthaya (ss. XIV-XVIII)	Templos clásicos tailandeses con tejados de tres niveles y elaborados gabletes; *chedis* en forma de campana con espiras afiladas	Como rey del período Ayutthaya, con una rica corona y demás atuendos reales	Parque Histórico de Ayutthaya
Período Bangkok-Ratanakosin (s. XIX)	Templos dorados y de colores, de estilo occidental-tailandés; *chedis* recubiertas de mosaico	Recupera el estilo Ayutthaya	Wat Phra Kaew, Wat Pho y Wat Arun, Bangkok

ARTESANÍA

Tailandia cuenta con una larga tradición artesanal, en muchos casos específica de cada región o pueblo. Entre la cerámica hay verdeceladón, arcilla roja de Dan Kwian y las piezas de estilo *ben·jà·rong* o "de cinco colores" del centro del país. El estilo *ben·jà·rong* se basa en modelos chinos, mientras que el verdeceladón es de origen tailandés.

En el norte se producen características piezas lacadas, de influencia birmana.

En cada región tienen su propio estilo sedero. Antiguamente estos tejidos pudieron servir como tarjetas de visita, ya que indicaban la identidad tribal y a veces hasta el estado civil. Hoy, las tradiciones de los pueblos tejedores se mantienen, pero son menos específicas.

Arquitectura

El patrimonio arquitectónico más impresionante del país son los templos budistas, que deslumbran bajo el sol tropical con sus vivos colores y techos altos. En la arquitectura de los templos es habitual la presencia de una o más *chedis (stupas),* monumentos en forma de montaña que celebran la estabilidad del budismo. Muchas de ellas contienen reliquias de reyes importantes o del propio Buda.

Los santuarios tailandeses recurren mucho a la iconografía budista hindú. Las *nagas,* míticas criaturas serpentiformes que protegieron a Buda durante la meditación, suelen aparecer representadas en las verjas de la entrada y en los aleros de los tejados. En la punta del tejado se levanta la *chôr fáh:* una figura dorada en forma de pájaro que sugiere un vuelo.

El capullo de la flor de loto es otro motivo sagrado usado para decorar las puntas de las puertas de los templos, las columnas de los pórticos y las espiras de las *chedi* de la era de Sukhotai. Las imágenes de Buda suelen mostrarlo meditando sobre un pedestal en forma de flor de loto, como recordatorio de los principios del budismo. El loto puede florecer incluso en una charca apestosa, lo que ilustra posibilidad de obtener la perfección religiosa incluso en situaciones difíciles.

La arquitectura tradicional tailandesa se fusionó con la europea a finales del s. XIX y principios del XX. Las ciudades portuarias, entre ellas Bangkok y Phuket, incorporaron parte de la elegancia de la arquitectura chino-portuguesa, caracterizada por edificios de ladrillo estucado con fachadas profusamente decoradas, introducida por los marinos mercantes durante la época colonial. En Bangkok, este estilo se conoce como *ratanakosin* o antiguo Bangkok.

Los rascacielos de la capital, relativamente modernos, son claros ejemplos de lo que hay que hacer y lo que no respecto a la arquitectura moderna. En las décadas de 1960 y 1970, la vanguardia de la arquitectura tailandesa, inspirada en el movimiento Bauhaus europeo, se orientó hacia un funcionalismo descarnado y la mayor parte de los edificios recuerdan a gigantescas hueveras de perfil. Cuando los arquitectos tailandeses empezaron a experimentar con la forma por encima de la función durante el auge constructor de mediados de la década de 1980, el resultado fueron construcciones *high-tech* como el famoso edificio Robot de M. L. Sumet Jumsai en Th Sathon Tai, en Bangkok. Rangsan Torsuwan, licenciado por el Massachusetts Institute of Technology (MIT), introdujo el estilo neoclásico o neotailandés.

Lecturas sobre arte

- *The Thai House: History and Evolution* (Ruethai Chaichongrak, 2002)
- *Arte asiático* (Editorial Ullman; 2011)
- *Flavours: Thai Contemporary Art* (Steven Pettifor, 2005)
- *Bangkok Design: Thai Ideas in Textiles & Furniture* (Brian Mertens, 2006)
- *Buddhist Temples of Thailand: A Visual Journey Through Thailand's 40 Most Historic Wats* (Joe Cummings, 2010)

Pintura y escultura tradicionales

El principal generador de arte en Tailandia son los templos, con esculturas de Buda y murales que dotan de un lenguaje visual a la religión. Estas imágenes de Buda trazan la evolución histórica y artística del país, de territorio colonizado y atrasado a nación soberana. El primer estilo artístico autóctono surgió durante el período Sukhotai, famoso por sus budas elegantes y serenos.

Los murales son la principal forma de arte antiguo tailandés. Siempre tienen una vocación didáctica y a menudo representan *jataka* (historias de las vidas anteriores de Buda) y la versión tailandesa de la epopeya hindú del *Ramayana*. Carentes de la longevidad de otras formas artísticas, quedan muy pocas pinturas religiosas anteriores al s. xx. Los ejemplos más antiguos se encuentran en el Wat Ratburana de Ayutthaya, pero es en Bangkok donde están algunos de los mejores.

La historia del arte y la arquitectura religiosos de Tailandia se divide en diferentes períodos o escuelas, determinadas por la influencia de una capital dominante. Las diferencias entre los períodos pueden apreciarse en las distintas formas de las *chedis* y en los detalles de las esculturas de Buda, entre ellos rasgos faciales, el tocado floral, las ropas y la posición de los pies en actitud meditativa.

Museos y galerías de arte

- Museo Nacional (Bangkok)
- Bangkok Art and Culture Centre
- 100 Tonson Gallery (Bangkok)
- H Gallery (Bangkok)
- Kathmandu Photo Gallery (Bangkok)

Arte contemporáneo

La adaptación de los temas tradicionales al arte laico se inició hacia finales del s. xix y principios del xx al penetrar la influencia occidental en la región. En general, la pintura tailandesa prefiere la abstracción al realismo y aún mantiene la perspectiva unidimensional de la pintura mural tradicional. En el arte tailandés existen dos tendencias principales: la actualización de la temática religiosa y la crítica social irónica. Ambas se solapan a menudo en algunos de los artistas.

El italiano Corrado Feroci es citado frecuentemente como el padre del arte moderno tailandés. En 1923 fue invitado por primera vez al país por Rama VI y construyó el monumento a la Democracia de Bangkok y otros monumentos de la ciudad.

En la década de 1970, los artistas tailandeses empezaron a modernizar la temática budista a través del expresionismo abstracto. De ese período destacan el surrealismo colorista de Pichai Nirand y los dibujos místicos en tinta de Thawan Duchanee. Montien Boonma, más popular en el extranjero, utiliza en su obra elementos típicos de las ofrendas budistas, como pan de oro, campanillas y cera.

La denuncia social define un movimiento paralelo en el arte contemporáneo tailandés. La industrialización del país avanzaba a grandes pasos y muchos artistas fueron testigos de cómo se levantaban fábricas en los arrozales y los bosques se transformaban en asfalto mientras los políticos se lucraban con estas actividades. Manit Sriwanichpoom es el más conocido de ellos por su serie *Pink man on tour* ("Hombre de rosa de viaje"), en la que representa al artista Sompong Thawee vestido de rosa y empujando un carro de la compra también rosa en los lugares más emblemáticos de Tailandia. Vasan Sitthiket, mucho más polémico,

INSTRUMENTOS TRADICIONALES

- *bèe:* instrumento de viento de madera de registro agudo, a menudo oído en los combates de boxeo tailandés.
- *rá·nâht èhk:* instrumento de percusión con teclas de bambú similar al xilófono.
- *kórng wong yài:* serie de gongs dispuestos en semicírculo.
- *đà·pohn (tohn):* tambor tocado a mano por ambos extremos.
- *pĭn:* instrumento de cuatro cuerdas tocado como una guitarra.
- *sor:* fino instrumento de arco con la caja de resonancia hecha con un coco.
- *klòo·i:* flauta de madera.

se sirve de instalaciones que mezclan los medios de comunicación para condenar a todo aquel que considera corrupto. Su obra está prohibida en Tailandia y muchos lo tachan de "antitailandés".

En la década de 1990 tuvo lugar una campaña para sacar el arte de los exánimes museos a los espacios públicos. El artista y promotor artístico Navin Rawanchaikul inició sus colaboraciones "callejeras" en su ciudad natal, Chiang Mai, para trasladar luego sus grandes ideas a Bangkok, donde llenó sus taxis de instalaciones artísticas. Otras obras suyas juegan con las palabras, como la pieza multimedia *We Are the Children of Rice (Wine)* (Nosotros somos los hijos del arroz [vino]; 2002), o protestan contra la comercialización de los museos, p. ej., su épica *Super (M) art Bangkok Survivors* (2004), una pintura inspirada en la lucha de la comunidad artística tailandesa, que protestaba contra la iniciativa de convertir el Bangkok Art and Culture Centre en una "experiencia" de compras en vez de en un museo.

La escultura suele considerarse la más potente de las artes contemporáneas tailandesas. Khien Yimsiri crea elegantes formas humanas y mitológicas en bronce. Manop Suwanpinta moldea la anatomía humana dándole formas fantásticas que a menudo integran elementos tecnológicos, como rostros con bisagras que se abren para mostrar un contenido inanimado. Kamin Lertchaiprasert explora la espiritualidad y la cotidianidad en sus esculturas, que en muchos casos incluyen un pequeño ejército de figuritas en papel maché. Su instalación *Ngern Nang* (Dinero sentado) incorpora una serie de personajes hechos con billetes retirados de la circulación y embellecidos con unos poéticos consejos sobre la vida y el amor.

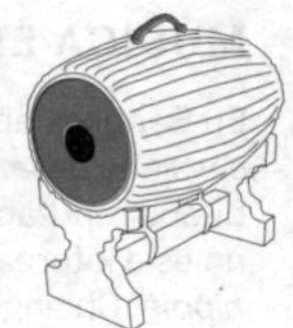

đà·pohn (tohn)

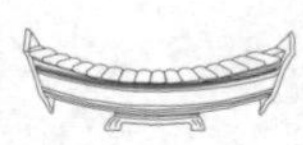

rá·nâht èhk

bèe

sor

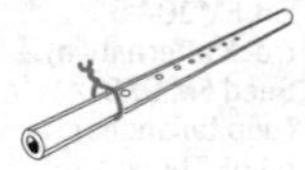

klòo·i

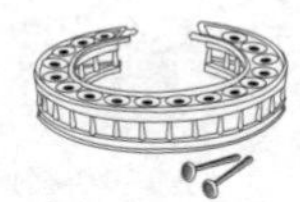

kórng wong yài

Música

Por todo el país se registra un amplio abanico de géneros y estilos musicales, desde las serenas melodías cortesanas que acompañan las representaciones de danza clásica hasta los atronadores ritmos *house* de las discotecas.

Música clásica

La orquesta clásica se llama *bèe pâht* y nació para acompañar las obras tradicionales de teatro-danza o de teatro de sombras, aunque en la actualidad se ofrecen conciertos en las ferias de los templos y en lugares de interés turístico. Una orquesta la integran de cinco a más de veinte personas. Antes de cada actuación, los músicos ofrecen incienso y flores al *đàpohn*.

La escala tailandesa estándar divide la octava de ocho notas en siete intervalos de siete tonos, sin semitonos, y fue transcrita por primera vez por el compositor germano-tailandés Peter Feit (también conocido con el nombre thai de Phra Chen Duriyang), que compuso el himno nacional tailandés en 1932.

'Lôok tûng' y 'mŏr lam'

La música moderna tailandesa más popular es todavía el *lôok tûng* (literalmente "los niños de los campos"), que surgió en la década de 1940. Al igual que el *country* estadounidense, es un género popular entre la clase obrera. Las letras casi siempre versan sobre amores perdidos, trágicas muertes prematuras y la dura vida de los granjeros que trabajan sin cesar y siempre tienen deudas. El tono de lamento de las canciones va de lo sentimental a lo angustioso, y los cantantes a menudo actúan acompañados por bailarinas al estilo de Las Vegas.

El *mŏr lam* es el *blues* tailandés, una tradición popular muy arraigada en el noreste y se basa en las canciones tocadas con el *kaan* de los lao-

MÚSICA EN DIRECTO

En Bangkok abundan los clubes con música en vivo, desde grupos de versiones y *jam sessions* de *jazz* y *rock* hasta sesiones de DJ. El Festival de Jazz de Hua Hin goza de buena reputación y el Pattaya International Music Festival presenta estrellas nacionales e internacionales. Un festival *reggae* refuerza la reputación de Pai como paraíso *hippie*. Chiang Mai cuenta también con unos pocos locales de conciertos, entre ellos un acogedor club de "canciones para la vida" que en su día fue el centro del circuito musical de la ciudad.

sianos de Isan (instrumento de viento compuesto por una doble fila de lengüetas encajadas en una caja de resonancia de madera). El estilo antiguo posiblemente se oiga en las reuniones de los pueblos; tiene una línea de bajo simple pero insistente y suele cantarse en dialecto isan. Tradicionalmente se asocia con una imagen campesina, pero el *mŏr lam* ya ha saltado las barreras generacionales y actualmente existe una versión pop muy ligera.

Con la emigración de trabajadores de todo el país a Bangkok, ambos géneros han empezado a fusionarse. Los cantantes modernos suelen pasar de un estilo al otro e incluso componen temas a medio camino.

La gran diva del *lôok tûng* fue Pumpuang Duangjan, fallecida en 1992. El rey pagó su incineración y un gran santuario en su honor en el Wat Thapkradan de Suphanburi. Tras ella, Siriporn Ampaipong, de voz profunda, contribuyó a mantener la tradición y aún es muy famosa. Pero la nueva reina del *lôok tûng* es Tai Orathai, una licenciada universitaria que aporta a esas dramáticas composiciones una fuerte dosis de sentimiento.

Jintara Poonlarp es una de las últimas incorporaciones a esta música. Su estética es bastante moderna, con un corte de pelo actual y una imagen urbana en lugar de la típica campesina. Por su parte, Mike Pirompon destaca por sus tristísimas baladas y Rock Salaeng acerca el *rock-and-roll* al *lôok tûng*.

Dónde encontrar música

» E Thai Music (www.ethaimusic.com) es una tienda de música en línea que ofrece también la transcripción de las letras

» 365 Jukebox (www.365jukebox.com) sigue la pista de éxitos populares de emisoras de radio tailandesas como Fat FM 104.5 (*rock* alternativo), Seed FM 97.5 (pop tailandés) o Luk Thung FM95.0 (*lôok tûng* y *mŏr lam*)

'Rock' y pop

La década de 1970 experimentó la llegada del rock politizado occidental, bautizado en Tailandia como *pleng pêua cheewít* ("canciones para la vida"). Este estilo, cuyo mayor exponente es el grupo Caravan, supuso un gran salto en la música tailandesa y sustituyó las típicas letras amorosas por temas más reivindicativos de corte político y ecologista. Durante las dictaduras de aquella década, muchas canciones de Caravan estuvieron prohibidas. Otro grupo destacado es Carabao, ya unos veteranos con su fusión de *rock* y *heavy metal*, con numerosos imitadores.

El país también disfruta una floreciente industria de pop juvenil, denominada a veces T-pop, protagonizada por artistas elegidos por su físico, lo que a menudo significa que son mitad tailandeses mitad *fa·ràngs,* normalmente con nombres anglosajones. El rey del pop tailandés es Thongchai *Bird* Mcintyre (también conocido como Pi Bird), que desde 1986 ha publicado casi un disco por año. Tiene la persistencia de Madonna y una imagen de tipo simpático, lo que le ha hecho muy popular entre los tailandeses de entre 30 y 50 años.

La última hornada de estrellas del pop imitan a los cantantes de pop coreanos (el K-pop, que ha desbancado al J-pop japonés). Girly Berry es un grupo de jóvenes y atractivas cantantes con un baile muy característico (véase en YouTube), algo esencial para los grupos pop.

En la década de 1990 apareció un estilo pop alternativo, conocido como *"indie"*, de la mano de la discográfica independiente Bakery Music. Modern Dog, un grupo germinal *indie* integrado por cuatro estudiantes de la Universidad Chulalongkorn, condujo a su generación a la mayoría de edad musical. Otros nombres punteros son Loso (del inglés *low society*, "clase baja", en oposición a *hi-so* o *high society,* "clase alta"), que pusieron al día las melodías y ritmos tailandeses populares a los que Carabao eran tan afines. Pero en la última década estos grupos han ido adoptando la etiqueta de "*rock* clásico" y la Bakery Music ha sido absorbida por una multinacional. La oferta de música alternativa está hoy representada por grupos como Abuse the Youth, Class A Cigarettes, Slur, Tattoo Colour y Apartment Khunpa, así como otras bandas con influencias *punk, reggae* y de otros géneros internacionales.

El sonido disco de Groove Riders ha bajado el ritmo pero ha ganado en locura. Su gran éxito *Disco* se ha convertido en un clásico en las bodas. Hugo Chakrabongse era un popular actor de televisión emparentado con la familia real cuando lo dejó todo por la música. Desde entonces se ha hecho famoso en EE UU como compositor para Beyoncé y recientemente ha sido contratado por la discográfica de Jay-Z.

Grandes éxitos tailandeses

» *That Song* (Modern Dog)

» *The Sound of Siam: Leftfield Luk Thung, Jazz & Molam in Thailand 1964–1975* (compilación de Soundway Records)

» *Made in Thailand* (Carabao)

» *Best* (Pumpuang Duangjan)

» *Romantic Comedy* (Apartment Khunpa)

Danza y teatro

Las artes escénicas tailandesas están en declive desde que la corte real y sus costumbres comenzaron a modernizarse. Se han recuperado algunas de las formas artísticas en peligro de extinción y las tradiciones populares tienen más público, pero la época de los grandes espectáculos folclóricos desapareció hace tiempo.

La obra de teatro-danza más famosa de Tailandia es el *kŏhn,* que narra el *Ramakian,* versión tailandesa del *Ramayana* indio. Los bailarines lucen elaborados trajes y máscaras. La historia principal se desarrolla en torno a la búsqueda del príncipe Rama, quien debe rescatar a su amada princesa, Sita, que ha sido raptada por Ravana, el malvado demonio de diez cabezas, y se encuentra confinada en la isla de Lanka.

Cada región tiene su estilo de danza tradicional, representado en las ferias de los templos y los desfiles provinciales y enseñado en las escuelas. Algunos templos también tienen bailarines propios, que actúan contratados por los fieles que quieren hacer méritos.

El *lí·gair,* interpretado sobre todo en las festividades budistas, es un espectáculo chillón y estentóreo que probablemente evolucionó a partir de los rituales escenificados que llegaron al sur del país de la mano de los mercaderes árabes y malayos. Presenta una colorista combinación de música clásica y popular, un vestuario muy vistoso, elementos melodramáticos y cómicos, connotaciones sexuales y comentarios de actualidad.

El teatro de marionetas también ha gozado del apoyo de la monarquía y del público. El *Lá·kon lék* (teatro pequeño) solía ofrecer representaciones en la corte con marionetas de diferentes tamaños similares al *kŏhn.* Para manipular estos títeres, de 1 m de altura, eran necesarios dos o tres maestros provistos de largas pértigas con cables de sujeción. Las tramas proceden de historias populares, en particular del *Phra Aphaimani,* y en ocasiones el *Ramakian.*

El teatro de sombras, en el que se manipulan figuras bidimensionales entre una pantalla de tela y una fuente de luz, es una tradición extendida por todo el sureste asiático desde hace alrededor de cinco siglos. Posiblemente la introdujeran en la península de Malaca los mercaderes de Oriente Próximo. En Tailandia, se representa sobre todo en el sur, y como en Malasia e Indonesia, las marionetas están hechas de piel de búfalo o vaca curtida (*năng,* en thai).

Cine

En Tailandia coexisten dos tipos de cine que, por lo general, van cada uno por su lado: el que obtiene beneficios en taquilla y el que se considera de calidad desde el punto de vista artístico.

El cine popular alcanzó su apogeo en las décadas de 1960 y 1970, especialmente cuando el Gobierno gravaba las películas de Hollywood. La mayoría de las películas eran de acción y bajo presupuesto, y la gente a veces las apodaba *"nám nôw"* ("agua hedionda"). Pero sus argumentos fantásticos, incluso absurdos, y sus vivos colores han influido en los directores tailandeses actuales, que han puesto al día estos ingredientes.

Cine tailandés

- *Fun Bar Karaoke* (1997), de Pen-Ek Ratanaruang
- *Yam Yasothon* (2005), de Petchtai Wongkamlao
- *Fah Talai Jone* (Las lágrimas del tigre negro; 2000), de Wisit Sasanatieng
- *Mekhong Sipha Kham Deuan Sip-et* (Fiesta de luna llena en el Mekong; 2002), de Jira Malikul

El cine tailandés se ganó su pasaporte a los círculos internacionales con el cambio de milenio, gracias en parte al director Pen-Ek Ratanaruang y a sus películas descarnadas y apasionadas, como *Ruang Rak Noi Nid Mahasan* (La última vida en el universo; 2003). Apichatpong Weerasethakul es el director de *cinéma-vérité* más destacado del país y no deja de recibir halagos en Cannes, donde recientemente se alzó con la Palma de Oro por *Uncle Boonmee Who Can Recall His Past Lives* (2010).

Los guiones suelen evitar los temas conflictivos, aunque a menudo incluyen comentarios sociales más que mensajes políticos directos. *Mundane History* (Jao Nok Krajok; 2009), dirigida por el novel Anocha Suwichakornpong y presentada en varios festivales, es un drama familiar sobre un hombre paralizado y su amistad con su enfermero. La trama da muchos giros y critica lo estratificado de la sociedad tailandesa. Hay otras tendencias, como los filmes que tratan el tema de la homosexualidad, entre ellos *The Love of Siam* (Rak Haeng Siam; 2009), dirigida por Chukiat Sakveerakul, que recibió buenas críticas y fue propuesta a los Oscar ese mismo año.

Pero los grandes estudios prefieren producir historias de fantasmas, películas de terror, epopeyas históricas, relamidos amoríos y comedias exageradas. Las elaboradas producciones históricas tienen un doble objetivo: hacer dinero y promover la identidad nacional. La epopeya *Legend of King Naresuan* (La leyenda del Rey Naresuan), criticada como herramienta propagandística, se centra en el rey Ayutthaya que repelió un intento de invasión birmana. Cada entrega de la tetralogía (solo falta la cuarta parte) ha sido un gran éxito de taquilla.

A pesar de que los guionistas son cada vez más osados, la censura, todavía presente, a menudo prohíbe o recorta escenas de contenido "inapropiado". En el 2007 el consejo cinematográfico introdujo un sistema tajante de calificación de cinco niveles que fija la edad mínima del espectador.

Literatura

Novelas recomendadas

- *Días Frágiles* (Tew Bunnag)
- *Four Reigns* (Kukrit Pramoj; en inglés)
- *Bangkok 8* (John Burdett)
- *Dioses lejanos* (Mischa Berlinski)

La palabra escrita goza de una larga tradición en Tailandia, pues se remonta al s. XI o XII con los primeros escritos en thai en antiguo alfabeto mon. Los 30 000 versos del Phra Aphaimani, del poeta Sunthorn Phu a finales del s. XVIII, son la obra literaria clásica más famosa de Tailandia y relatan los avatares de un príncipe exiliado que debe completar toda una odisea de amor y guerra antes de regresar triunfante a su reino.

En la literatura clásica tailandesa, el *Ramakian* es la obra más importante e influyente. Su fuente hindú, el *Ramayana*, llegó a Tailandia con los jemeres hace novecientos años y apareció originariamente en forma de relieves en piedra en el Prasat Hin Phimai y otros templos Angkor del noreste. Posteriormente, los tailandeses desarrollaron su propia versión de esta obra épica, escrita por primera vez durante el reinado de Rama I, con 60 000 estrofas, una cuarta parte más larga que la original en sánscrito.

Aunque con el mismo argumento principal, los tailandeses adornaron el *Ramayana* con muchos más detalles biográficos del malísimo *Ravana* (llamado *Thotsakan*, o "de los 10 cuellos" en el *Ramakian*) y de su esposa Montho. Hanuman, el dios mono, es considerablemente distinto en la versión autóctona, con un carácter más enamoradizo (en la hindú se atiene a un estricto voto de castidad). Uno de los relieves clásicos del *Ramakian* en el Wat Pho de Bangkok representa a Hanuman agarrando el pecho desnudo de una muchacha como si fuera una manzana.

Gastronomía

Existe todo un universo de platos sorprendentes más allá del *pàt tai* y el *curry* verde, y para muchos, la gastronimía es uno de las principales motivos de su viaje a Tailandia. Pero todavía más destacable es la afición a la cocina entre los autóctonos: los tailandeses se emocionan tanto como los turistas ante un buen cuenco de fideos o cuando acuden a un afamado puesto ambulante. Este entusiasmo imperturbable por esta cocina, por no mencionar la abundancia de ingredientes y fascinantes influencias, ha generado uno de los panoramas culinarios más divertidos y variopintos del mundo.

Los niños pueden tener problemas para acostumbrarse a la comida tailandesa; para más información, véase recuadro en p. 46.

Se pueden consultar recetas clásicas de la cocina tailandesa en http://cocinadelmundo.com/recetas/Asia/Tailandia o en http://www.arecetas.com/thailandia/index.html

Los cuatro sabores

La comida tailandesa se soporta en cuatro pilares gustativos: el dulce, el ácido, el salado y el picante. Aunque muchas personas la consideran muy picante, casi todos sus platos son un ejercicio de combinación de estos cuatro gustos. Dicho equilibrio puede obtenerse con unas gotitas de lima y un chorrito de salsa de pescado, o con una cucharada de soja fermentada y una estratégica dosis de vinagre. El sabor amargo también interviene en muchos platos, muchas veces aportado por una verdura o hierba. Sea cual sea el ingrediente, el objetivo es siempre el mismo: una buena compensación de estos cuatro sugestivos sabores.

Productos típicos y especialidades

Arroz y fideos

Este producto es tan esencial en la gastronomía tailandesa que la expresión más corriente para decir "comer" es *gin kôw* ("consumir arroz") o que uno de los saludos más habituales es *Gin kôw rĕu yang?* ("¿Ya has comido arroz?"). Comer es comer arroz y, para la mayor parte de la población, una comida no está completa sin este alimento.

CIERTO OLOR A PODRIDO...

La salsa de pescado es parte importante de la gastronomía tailandesa, y de ninguna manera se trata de un simple añadido, sino que es el ingrediente por excelencia.

Básicamente, esta salsa es el líquido resultante de la fermentación del pescado, aunque adopta distintas formas según la región. En el norte, los más sibaritas prefieren ese puré espeso y pastoso obtenido de la fermentación del pescado de agua dulce y, a veces, arroz. En las regiones costeras, en cambio, es un líquido claro que se obtiene de las anchoas en salazón. En ambos casos el resultado es muy acre, generalmente salado y sin excesivo sabor a pescado. Se utiliza como sazonador, de forma similar a la sal en Occidente.

FIDEOS AL GUSTO

Si sobre la mesa hay una rejilla metálica con cuatro recipientes o cuencos de cristal con tapa, es señal de que el restaurante sirve *gŏo·ay đĕe·o* (sopa de fideos de arroz). Normalmente contienen cuatro condimentos: *nám sôm prík* (guindillas verdes troceadas en vinagre), *nám þlah* (salsa de pescado), *prík þòn* (guindilla seca, en copos o molida) y *nám·đahn* (azúcar).

Según el estilo típicamente tailandés, los tres primeros permiten hacer la sopa más picante de tres formas: picante y ácida, picante y salada o simplemente picante, mientras que el cuarto es para endulzarla.

El comensal típico añade a su sopa una cucharadita de postre de cada ingrediente excepto en la golosa Bangkok, que para el azúcar se ponen una cucharada sopera. Hasta que no se esté acostumbrado a estos fuertes condimentos, se recomienda irlos probando por partes y en pequeñas dosis.

En Tailandia existen muchos tipos de arroz y, desde la década de 1960, el país es uno de sus principales exportadores mundiales. El de mayor calidad es el *kôw hŏrm má·lí* (arroz de jazmín), de grano largo y aromático. Los países vecinos lo aprecian tanto que hasta se presupone la existencia de un sólido comercio clandestino. Los habitantes del norte y noreste de Tailandia comen *kôw nĕe·o* ("arroz pegajoso"), una especie glutinosa de grano corto que se cuece al vapor en vez de hervirlo. Un plato habitual en los restaurantes chinos es el *kôw đôm* ("arroz hervido"), una especie de gachas acuosas hechas a veces con arroz integral o morado.

Tailandia es el principal exportador mundial de arroz: 9,03 millones de toneladas en el 2010.

El arroz se sirve como acompañamiento de platos principales como *curries,* salteados y sopas, que se agrupan bajo el epígrafe de *gàp kôw* ("con arroz"). Cuando se pide arroz solo, hay que decir *kôw þlòw* ("arroz solo") o *kôw sŏoay* ("arroz hermoso").

En el país existen cuatro tipos principales de fideos. Dada la obsesión por el arroz, no es de extrañar la gran popularidad de los *sên gŏo·ay đĕe·o,* unos fideos elaborados mezclando harina de arroz y agua hasta conseguir una pasta que se cuece al vapor y con la que se forman unas finas láminas. Estas se doblan y cortan en diferentes anchos.

Los *kà·nŏm jeen* también son de arroz. Se obtienen de tamizar una masa de harina de arroz en agua en ebulición, un proceso similar al de la elaboración de la pasta italiana. El *kà·nŏm jeen* es un plato muy popular de mercado matinal que se come regado con diversos *curries* picantes y cubierto con hierbas y verduras frescas y encurtidas, de las que cada cual se sirve al gusto.

Un libro de referencia sobre la gastronomía tailandesa en español es Cocina Tailandesa, de la editorial Parragón.

El tercer tipo de fideos, los *bà·mèe,* se elaboran con harina de trigo y huevo. Son de color amarillento y solo se venden frescos en manojos.

Por último están los *wún·sên,* unos fideos casi transparentes hechos de fécula de judía *mungo* y agua. Los *wún·sên* (literalmente "hilo de gelatina") solo se venden secos en manojos y se preparan sumergiéndolos en agua muy caliente unos minutos. El uso más común de estos fideos es en la *yam wún·sên,* una ensalada picante y ácida hecha con zumo de lima, frescas *prík kêe nŏo* ("guindillas muy pequeñas") a rodajas, gambas, cerdo picado y varios condimentos.

'Curries' y sopas

El término *thai gaang* se traduce muchas veces por *curry,* pero en realidad designa cualquier plato con abundante caldo, por lo que puede referirse tanto a sopas (p. ej., la *gaang jèut*) como a los clásicos y afamados *curries* picantes. La preparación de estos últimos empieza con

COCINA DE (CON)FUSIÓN

Un plato muy popular en los restaurantes de toda Tailandia es el *kôw pàt à·me·rí·gan* ("arroz frito americano"). Se compone de arroz frito con *ketchup,* pasas y guisantes, con guarnición de jamón y salchichas de Frankfurt bien fritas, y rematado con un huevo frito. Sí, es tan horrible como suena. Su historia se remonta a la época de la Guerra de Vietnam, cuando miles de soldados estadounidenses tenían su base en el noreste de Tailandia. Parece ser que un cocinero del lugar decidió adaptar el típico *american breakfast* (a base de huevos fritos con jamón y/o salchichas de Frankfurt, y acompañado de pan blanco y salsa *ketchup*) y freír los distintos ingredientes con arroz.

Este cruce culinario es solo un ejemplo de la reciente tendencia de los chefs nacionales a tomar prestadas recetas de las diversas cocinas que se les ponen a tiro. Otros ejemplos, aunque más apetecibles, son el *gaang mát·sà·màn* ("*curry* musulmán"), una combinación ya clásica de las cocinas tailandesa y de Oriente Medio, y el famoso *pàt tai,* que en esencia es una mezcla de métodos de cocción e ingredientes chinos (frituras, fideos de arroz) con sabores tailandeses (salsa de pescado, guindilla y tamarindo).

un *krêu·ang gaang,* que se elabora con varios ingredientes frescos molidos, machacados y triturados en un mortero de piedra hasta formar una pasta bastante espesa, aromática y de sabor acre. Los ingredientes más típicos del *krêu·ang gaang* son guindilla seca, galanga, limoncillo, piel de lima *kafir,* chalotes, ajo, pasta de gambas y sal.

Otro manjar célebre dentro de la categoría de las sopas es la *đôm yam,* la famosa sopa agripicante tailandesa. Para avivar el fuego debajo de la superficie aterciopelada de la *đôm yam* se esconden *prík kêe nŏo* (guindillas muy pequeñas) o media cucharadita de postre de *nám prík pŏw* (una pasta de guindillas asadas). El limoncillo y las hojas y el zumo de lima dan a la *đôm yam* su carácter distintivo.

Salteados y frituras

Los platos más sencillos del recetario tailandés son los salteados (*pàt*) introducidos en el país por los chinos, famosos en el mundo entero por su capacidad de saltear un banquete entero en un solo *wok.*

La lista de *pàt* se antoja infinita. Muchos son de claro origen chino, como el omnipresente *pàt pàk bûng fai daang* (espinacas de agua salteadas brevemente con ajo y guindilla), mientras que otros son híbridos chino-tailandeses, como el *pàt pèt* (literalmente "salteado picante"), en el que los ingredientes principales, normalmente carne o pescado, se saltean rápidamente con una pasta de *curry* rojo.

La *tôrt* (fritura en aceite) se reserva habitualmente para los aperitivos, entre ellos las *glôo·ay tôrt* (bananas fritas) o los *ḃò·ḃée·a* (rollitos de primavera). Una excepción es el *ḃlah tôrt* (pescado frito), un modo corriente de preparar el pescado.

RECETAS

Un buen *blog* sobre cocina tailandesa, lleno de fotografías: gastronomiathai.blogspot.com

Ensaladas picantes y ácidas

Junto con los *curries,* otro plato muy tailandés es la omnipresente *yam,* una "ensalada" agria y picante normalmente a base de marisco, verduras o carnes.

El zumo de lima le aporta la acidez, mientras que el picante se debe a la abundancia de guindilla fresca. Casi todas las *yam* se sirven a temperatura ambiente o templadas naturalmente por los ingredientes cocidos. Pueden servirse como parte de una comida o como *gàp glâam,* tentempié para acompañar las bebidas de la noche.

Tal vez el apogeo de este estilo de cocina sea la *sôm·đam* del noreste de Tailandia (véase recuadro en p. 736).

'Nám prík'

Aunque son más habituales en la cocina casera que en los restaurantes, las *nám prík* (salsas picantes a base de guindilla) son, al menos para los autóctonos, uno de los manjares más emblemáticos del país. Suelen acompañarse con arroz y con verduras y hierbas crudas o al vapor. Cada provincia tiene su propia *nám prík.*

Fruta

Como país tropical, Tailandia tiene muchas y muy diversas frutas. Solo de *má·môo·ang* (mangos) existe una docena de variedades, que se consumen en diferentes grados de madurez. Otras frutas habituales son la *sàp·bà·rót* (piña), la *má·lá·gor* (papaya) o la *đaang moh* (sandía), que se venden en los carritos ambulantes y se aderezan con una mezcla de sal, azúcar y guindilla molida.

Para mantenerse informado del variable panorama culinario de Bangkok se puede consultar la sección gastronómica sobre Bangkok de CNNGo (www.cnngo.com/bangkok/eat) y del restaurante BK (http://bk.asia-city.com/restaurants).

Dulces

Las cartas en inglés a menudo suelen incluir un apartado llamado "Desserts" ("postres"), pero este concepto tiene dos interpretaciones en Tailandia. Los *kŏrng wăhn,* que significa "cosas dulces", son pequeños y alimenticios dulces que a menudo tienen un ligero sabor salado. Entre sus ingredientes principales destacan el coco rallado, la leche de coco, la harina de arroz (blanco o glutinoso), el arroz glutinoso cocido, la tapioca, la fécula de judía *mungo,* el *taro* hervido y frutas diversas. Las yemas de huevo son un ingrediente de muchos *kŏrng wăhn,* como el omnipresente *fŏy torng* (literalmente "hilos de huevo"), probablemente por influencia de los postres y pastelitos portugueses introducidos durante la era Ayutthaya (véase recuadro en p. 738).

Los postres tailandeses asimilables al concepto occidental de repostería se llaman *kà·nŏm.* Probablemente el *kà·nŏm* más popular sea los bocaditos envueltos en hojas de banano, sobre todo el *kôw đôm gà·tí* y el *kôw đôm mát.* Ambos consisten en granos de arroz glutinoso hervidos al vapor con *gà·tí* (leche de coco) y envueltos en una hoja de banano formando una pasta sólida tirando a gomosa.

Aunque a los extranjeros les cuesta un poco acostumbrarse a los postres tailandeses, hay dos que no suelen decepcionar: las *rođi,* tortitas de banana muy apreciadas por los mochileros, con abundante azúcar y leche condensada, y el *ai·đim gà·tí,* helado de coco al estilo tailandés. En las tiendas más típicas, este helado se sirve adornado con judías o arroz glutinoso y es un tentempié fantástico para combatir una sofocante tarde.

CULTO A LA 'SÔM·ĐAM'

La ensalada de papaya verde, uno de los platos más populares de Tailandia, probablemente tenga sus orígenes en Laos. Se prepara con tiras secas de una papaya que todavía no esté madura y machacadas en un mortero de barro o madera, junto con ajo, azúcar de palma, judías verdes, tomates, zumo de lima, salsa de pescado y una incendiaria cantidad de guindillas frescas. La *sôm·đam low,* la versión "original" del plato, incorpora trozos mayores de papaya, berenjena a rodajas, cangrejos de campo salados y una espesa salsa de pescado sin pasteurizar llamada *ɓlah ráh.* Mucho más corriente en Bangkok es la *đam tai,* que incorpora gambas secas y cacahuetes y se sazona con salsa de pescado. Otras variantes del plato sustituyen la papaya por mango verde, pepino o judías verdes largas. La *sôm·đam* casi siempre la preparan las mujeres, sus principales consumidoras, y muchas veces se toma como tentempié, pues el picante proporciona sensación de saciedad.

MANUAL CERVECERO TAILANDÉS

Resulta muy gracioso ver la cara de horror que ponen los turistas recién aterrizados cuando la camarera, con toda naturalidad, añade unos cubitos de hielo a la cerveza. Pero antes de descartar esta costumbre, hay que conocer el por qué de ella.

En primer lugar, a pesar de todos los supuestos galardones que exhiben muchas botellas, la cerveza tailandesa no posee el buqué más sofisticado del mundo y debe beberse muy fría. También, si todavía no se ha notado, el clima en Tailandia es normalmente muy, muy caluroso, por lo que resulta muy oportuno mantener la bebida lo más fría posible. Por último, las cervezas nacionales suelen tener un grado alcohólico bastante alto, de modo que el hielo lo rebaja y además evita la deshidratación y las famosas resacas de Chang. En algunos lugares llevan estas teorías al extremo y sirven *beea wún*, "cerveza gelatina", una cerveza con una agradable y refrescante consistencia de granizado.

Sin embargo, si al volver a casa el viajero añade hielo a cerveza de barril favorita, es que su estancia en Tailandia ha sido demasiado larga.

Variantes regionales

A pesar de haberse desarrollado en un territorio relativamente pequeño, la cocina tailandesa no es ni mucho menos homogénea, y en cada provincia adopta variantes.

La comida del centro del país, muy influenciada por los fogones de la corte real y las cocinas extranjeras, desde la china a la malaya y la musulmana, es la más extendida y refinada. Los sabores dulces y exuberantes dominan los platos, con ingredientes como leche de coco, pescados de agua dulce y carnes.

La gastronomía del noreste es sin duda la más rústica y da una pista de lo que han comido las tribus indígenas durante cientos o miles de años. Los sabores picantes y agrios y los métodos de cocción sencillos, como a la parrilla y las sopas, dominan esta cocina, en la que el hidrato de carbono más común es el arroz glutinoso. Con tantos inmigrantes del noreste, sus especialidades pueden encontrarse en los humildes tenderetes de prácticamente cualquier rincón del país.

La página web del autor de este capítulo (www.austinbushphotography.com/category/foodblog) contiene textos, fotografías e información sobre gastronomía provincial y de Bangkok.

La cocina regional más desconocida es sin duda la del norte. También basada en el arroz glutinoso, en ella destacan la carne (sobre todo la de cerdo), los sabores amargos y picantes y las frituras. Por otro lado, la mayor altitud de las tierras del norte hace que su cocina esté más sujeta a los cambios estacionales. Para más información, véase recuadro en p. 300.)

La cocina del sur es seguramente la más picante del país, y también puede ser muy salada. De sus ingredientes destacan el pescado y el marisco, provenientes de sus ricas costas. La cúrcuma tiñe muchos platos con un color amarillo anaranjado, y un acompañamiento habitual es una bandeja de hierbas y verduras crudas, que actúan de contrapunto al fuerte picante. El sur es también un buen lugar para probar la cocina tailandesa musulmana, seguramente la más aromática del país.

Bebidas

Café, té y zumos de fruta

Los tailandeses son grandes consumidores de café. En las zonas montañosas del norte y del sur del país se cultivan las variedades *arábica* y *robusta* de calidad. El sistema tradicional para filtrarlo consiste sencillamente en una estrecha bolsa de tela unida a un asa de acero. El café se sirve en un vaso con azúcar y enriquecido con leche condensada; si no se desean estos añadidos, hay que especificar *gah·faa dam* (café solo) seguido de *mâi sài nám·đahn* (sin azúcar).

El té negro, nacional o de importación, se sirve en los mismos locales que preparan café. El *chah tai* debe su característico color rojo anaranjado a las semillas de tamarindo que se le añaden tras la fermentación.

Los zumos de fruta se consumen por todo el país y son idóneos para reponer líquidos, ya que el agua es imbebible. Casi todos los *nám pŏn·lá·mái* ("zumos de fruta") se preparan con un poco de azúcar, sal y abundante hielo. A muchos visitantes no les seduce la idea de la sal, pero su reacción en el metabolismo ayuda al cuerpo a soportar mejor el calor tropical.

Cocina Thai, de Judy Bastyra y Becky Johnson, es un buen libro de recetas, tradiciones, cultura gastronómica y técnicas culinarias tailandesas.

Cerveza y alcohol

Hay varias marcas de cerveza, desde totalmente nacionales (Singha, Chang o Leo) a extranjeras muy conocidas (Heineken, Asahi o San Miguel) pero elaboradas en el país con licencia de las mismas, si bien todas son bastante similares –y discretas– en cuanto a sabor y calidad. Para información sobre las costumbres cerveceras de los tailandeses, véase recuadro en p. 737.

El *whisky* de arroz y el ron nacionales son las bebidas preferidas por la clase trabajadora, los estudiantes y en las reuniones familiares, pues son más baratos que la cerveza. Sin embargo, cuando hay que quedar bien, los tailandeses suelen ofrecer licores de importación, que suelen tomarse con mucho hielo, soda y un poco de Coca-Cola. Al salir por la noche, es habitual comprar una botella entera. Si no se consume toda, el local la guardará hasta la próxima ocasión.

El popular presentador y gastrónomo del sureste asiático Terry Tan mezcla recetas tradicionales e innovadoras en *La auténtica cocina tailandesa*.

¿Se puede consumir hielo?

Una de las principales preocupaciones de los que visitan el país por primera vez es si consumir hielo es peligroso. Sin embargo, el mayor riesgo para el viajero es la exposición a un tipo de comida totalmente diferente de aquella a la que está acostumbrado y a una variedad desconocida de bacterias y otros organismos. Es casi inevitable que el cuerpo necesite cierto período de adaptación. Lo bueno del caso es que la mayoría de las personas no notarán más efectos que un simple trastorno estomacal que puede durar un par de horas.

'MUITO OBRIGADO'

Es difícil imaginar un *curry* tailandés sin guindilla, un *pàt tai* sin cacahuetes o una ensalada de papaya sin papaya. Sin embargo, muchos de los ingredientes típicos tailandeses fueron introducidos en épocas no muy lejanas por comerciantes y misioneros europeos. A principios del s. XVI, los exploradores españoles y portugueses pisaron por vez primera las costas del sureste asiático, mientras en las Américas continuaban con su expansión y nuevos descubrimientos. Los portugueses, en especial, se apropiaron rápidamente de los nuevos productos del Nuevo Mundo y los comercializaron en Oriente, por lo que probablemente fueran ellos los introductores en Asia de alimentos hoy tan corrientes como el tomate, la patata, el maíz, la lechuga, la col, las guindillas, la papaya, la guayaba, la piña, la calabaza, el moniato, los cacahuetes o el tabaco.

Parece que los tailandeses simpatizaron especialmente con las guindillas, que se cree llevaron los portugueses a Ayutthaya hacia 1550. Antes, los nativos conseguían el picante con unas hierbas autóctonas amargas, con la pimienta y de raíces como el jengibre.

Los lusitanos también introdujeron varias técnicas de cocción que han perdurado, sobre todo en los postres. Los dulces amarillos a base de huevo de pato y jarabe que se ven en muchos mercados tailandeses son descendientes directos de los famosos postres portugueses *fios de ovos* ("hilos de huevo") y *ovos moles*. En los alrededores de la iglesia de Santa Cruz de Bangkok, antiguo enclave portugués, aún se encuentra *kà·nŏm fa·ràng*, una especie de bollo a la brasa.

Hay precauciones más importantes que tomar, al menos al principio, como acudir a restaurantes y puestos ambulantes frecuentados por lugareños, donde los platos se preparan al momento, y beber solo agua embotellada.

En cuanto al hielo, hace muchos años que se toman bebidas con hielo y todavía no se les ha atribuido ninguna patología específica.

Dónde comer y beber

Prácticamente en todas partes se encuentra comida preparada y no debe extrañar que los tailandeses coman principalmente fuera de casa. En este sentido, el visitante no tendrá ningún problema.

Los mercados al aire libre y los puestos de comida son los lugares preferidos por los autóctonos para comer. Por la mañana, los puestos de café y roscas chinas abundan a lo largo de las abarrotadas calles a la hora de ir al trabajo. A la hora del almuerzo, la gente suele sentarse en una silla de un puesto de comida para tomar un sencillo salteado o se lleva una caja de fideos a la oficina. En la mayor parte de las ciudades pequeñas los mercados nocturnos, normalmente ubicados en el centro, están compuestos por un sinfín de puestos de comida, con mesas y sillas metálicas, y algunos que venden diferentes mercancías para rematar la velada.

Por supuesto, también hay restaurantes (*ráhn ah·hăhn*), desde muy sencillos hasta los más formales. El mediodía es el mejor momento para ir a comer a un *ráhn kôw gaang* (establecimientos de arroz y *curry*), donde se preparan gran variedad de platos. Las *ráhn ah·hăhn đahm sàng* (tiendas de comida para pedir) se reconocen por su gran despliegue de ingredientes crudos típicos de los platos chinos y tailandeses: col rizada china, tomates, cerdo troceado, pescado crudo o seco, fideos, berenjena,

La página web Thai Food Master (www.thaifoodmaster.com), de un veterano extranjero residente en Tailandia, contiene prácticas fotografías paso a paso de la realización de platos tailandeses.

ESPECIALIDADES REGIONALES

La cocina tailandesa tiene un carácter marcadamente regional, y casi todas las ciudades y pueblos poseen un plato típico. Para ayudar al viajero a localizarlos e identificarlos, he aquí una lista de los más copiados y extendidos:

» **Ayutthaya:** *gŏo·ay đěe·o reu·a* ("fideos de barca") Fideos de arroz en un caldo oscuro, intenso y especiado.

» **Chiang Mai:** *nám prík nùm* y *kâab mŏo* (salsa de guindillas asadas y corteza de cerdo crujiente) Fáciles de encontrar en casi todos los mercados de la ciudad, combinan a la perfección y se suelen acompañar de verduras ligeramente hervidas y arroz glutinoso.

» **Hat Yai:** *gài tôrt hàht yài.* Pollo frito típico de esta ciudad, marinado en especias secas que le dan su color rojo característico.

» **Khon Kaen:** *gài yâhng.* Pollo de granja (*gài bâhn*) marinado y asado a la parrilla sobre brasas de carbón. Es una especialidad del noreste que tiene particularmente fama en esta ciudad.

» **Lampang:** *kôw đaan.* Pastelitos de arroz glutinoso frito espolvoreados con azúcar de palma, una delicia muy popular de esta ciudad norteña.

» **Nong Khai**: *năam neuang.* Este plato vietnamita de albóndigas de cerdo envueltas en hojas de láminas de arroz y acompañado de un cesto de hierbas ha arraigado en el noreste.

» **Phetchaburi:** *kôw châa.* Raro pero delicioso plato mon de arroz aromático con guindillas, con acompañamiento dulce o salado. Se dice que es lo mejor de esta ciudad del centro.

» **Trang:** *mŏo yâhng.* Cerdo asado con piel. Típico en los *brunches* de *dim sum,* es una especialidad de esta ciudad sureña.

DETRÁS DEL PUESTO CALLEJERO

En cualquier referencia profesional a la cocina tailandesa inevitablemente se elogia su comida callejera. Aunque esto es cierto, la verdad es que no solo la comida de los carritos o puestos callejeros es buena. De hecho, Lonely Planet piensa que los mejores lugares donde comer no son los puestos ambulantes, sino los restaurantes familiares de toda la vida, localizados normalmente en las viejas tiendas-vivienda chino-portuguesas. Los cocineros de estos locales muy probablemente llevan décadas sirviendo el mismo plato, o un repertorio limitado de ellos, y saben de verdad lo que se traen entre manos. Quizá sean un poco más caros que en la calle, pero también son espacios más cómodos e higiénicos, por no mencionar el atractivo de saborear un pedazo de historia del país. Aunque habitualmente no disponen de carta en inglés, muchas veces se puede señalar una fotografía o un plato de muestra. Si no funciona, pruébese con el thai (véase p. 781).

Se recomienda comer en uno o dos puestos ambulantes, pues son una experiencia muy divertida, pero no hay que olvidar pasarse por algún restaurante tailandés a la vieja usanza.

cebolletas, etc., etc. Como su nombre sugiere, el cocinero prepara el plato que se le pida, algo difícil de conseguir si no se habla thai.

Vegetarianos y 'veganos'

La dieta vegetariana no está muy extendida en Tailandia, pero muchos restaurantes orientados al turismo incluyen algunos platos. Esto no significa que los tailandeses sean totalmente carnívoros, pues también los hay que siguen este tipo de dieta, que tiene su origen en una estricta interpretación del budismo que popularizó el antiguo gobernador de Bangkok Chamlong Srimuang. En la capital (véase recuadro en p. 113) y en varias ciudades de provincias hay algunos *ráhn ah·hăhn mang·sà·wí·rát* ("restaurantes vegetarianos"). Son de tipo bufé libre, muy económicos, y los platos suelen ser totalmente *veganos* (sin ningún tipo de carne, pescado, salsa de pescado ni productos derivados de la leche o el huevo).

Durante el Festival Vegetariano, que celebran los budistas chinos en octubre, muchos restaurantes y puestos callejeros de Bangkok, Phuket y de los barrios chinos de casi todas las ciudades dejan de servir carne durante todo un mes. Otros lugares, menos comunes, donde se puede degustar esta cocina son los restaurantes hindúes, cuya carta normalmente tiene un apartado específico.

En thai, "soy vegetariano" se dice *pŏm gin jair* (en masculino) y *dì·chăn gin jair* (femenino). Su traducción aproximada es "solo tomo comida vegetariana", lo que también afecta a huevos y productos lácteos.

Costumbres

Como casi todo en Tailandia, las convenciones sobre gastronomía, aunque parezcan relajadas e informales, siguen muchas pautas implícitas.

Bien sea en casa o en un restaurante, los platos tailandeses siempre se sirven para compartir, por lo general en bandejas que llegan a la mesa según salen de la cocina. No hay que servirse más de una cucharada de la fuente compartida cada vez. Llenarse el plato con diversas raciones es algo que los tailandeses no habituados a las costumbres occidentales pueden interpretar como glotonería. Otra característica es la búsqueda del equilibrio entre sabores y texturas. Tradicionalmente, se pide un *curry,* pescado frito o al vapor, verduras salteadas y sopa, en un intento de mantener el equilibrio entre platos fríos y calientes, picantes y suaves y más o menos salados.

Originalmente, la comida tailandesa se degustaba con los dedos, una práctica que todavía subsiste en algunas regiones. A comienzos del s. xx, los tailandeses empezaron a poner en las mesas tenedor y cuchara para adoptar cierto aire "regio", y estos cubiertos no tardaron en ser habituales en las mesas de Bangkok y posteriormente de todo el reino. Los tailandeses emplean una cuchara de servicio, o la propia si no la hay, para servirse una porción de la comida de la fuente central, que se vierte sobre el arroz del plato. El tenedor se emplea para acompañar el arroz empapado en la salsa hacia la cuchara, que es la que se lleva a la boca.

Si no ofrecen palillos, no hay que pedirlos. La comida tailandesa se come solo con cuchara y tenedor. Cuando los fa·ràngs (occidentales) piden palillos para la comida tailandesa, los dueños de los restaurantes se quedan desconcertados. Los palillos se reservan para la comida de estilo chino, en cuenco, o para los restaurantes exclusivamente chinos. En tal caso, los palillos se facilitan automáticamente, pues, a diferencia de lo que ocurre en los restaurantes tailandeses de Occidente, en Tailandia se da por sentado que se sabe comer con palillos.

La industria del sexo

Tailandia ha tenido una larga y compleja relación con la prostitución, que todavía perdura. El país es hoy es un destino internacional del turismo sexual, concepto nacido en la época de la Guerra de Vietnam. Este negocio es muy evidente en algunos barrios de Bangkok, Phuket y Pattaya. Sin embargo, existe también una industria del sexo nacional más clandestina e infinidad de canales extraoficiales de oferta sexual.

En teoría, la prostitución es ilegal en Tailandia. No obstante, las leyes, a veces demasiado ambiguas, no se cumplen y el incentivo económico proporciona un flujo constante de personal. Algunos analistas sostienen que la alta demanda de servicios sexuales en el país reduce las probabilidades de frenar este negocio. Por otra parte, el objetivo de activistas y agencias gubernamentales está más enfocado a que se limiten las prácticas abusivas en esta actividad.

Creado por un grupo de defensa de los trabajadores sexuales, el Museo Nacional de la Fundación Empower (☎0 2526 8311; 57/60 Th Tiwanon, Nonthaburi; abierto entre semana) explica a los visitantes la historia y las condiciones de los trabajadores sexuales en Tailandia.

Resulta difícil cifrar los trabajadores sexuales del país y obtener datos demográficos de esta industria y su relevancia económica, pues hay muchas formas indirectas de prostitución, su ilegalidad dificulta las investigaciones y cada organización emplea enfoques distintos en sus estudios. En el 2003 las medidas para legalizar la prostitución revelaban que esta industria generaba 4300 millones de US$ (cerca del 3% del PIB) y daba empleo a unas doscientas mil personas. Un estudio realizado el mismo año por la Universidad Chulalongkorn estimaba que había 2,8 millones de trabajadores sexuales, divididos en 1,98 millones de mujeres, 20 000 hombres y 800 000 niños (es decir, menores de 18 años).

Historia y usos culturales

La prostitución ya estaba extendida en Tailandia mucho antes de que el país adquiriera fama entre los turistas sexuales internacionales. A lo largo de la historia ha sido una práctica aceptada y habitual en muchos sectores, si bien la sociedad en general nunca la ha visto bien.

Debido a las presiones internacionales de la ONU, la prostitución fue declarada ilegal en 1960, aunque los locales de ocio (bares de bailarinas, de alterne y de karaoke, salones de masajes y saunas) se rigen por una ley especial de 1966. Estos establecimientos tienen licencia y pueden proporcionar servicios de carácter no sexual (baile, masajes, compañía, etc.), pero en la práctica se prestan servicios sexuales a través de ellos, aunque estos no sean su principal propósito comercial.

Con la llegada de las tropas estadounidenses al sureste asiático durante la Guerra de Vietnam, los empresarios del sector adaptaron su estructura para dar servicio a los extranjeros y crearon una industria internacional del turismo sexual que todavía perdura.

En 1998 la Organización Internacional del Trabajo (OIT) recomendó a los países del sureste asiático, Tailandia incluida, que reconocieran la prostitución como un sector económico generador de ingresos. Se calcula que un tercio de los locales de ocio están registrados oficialmente y que la mayoría abona un impuesto extraoficial en forma de sobornos. La directora de un bar declaró a este autor que pagaban 5000 THB al mes a la policía.

Motivos económicos

Independientemente de su extracción social, la mayoría de las mujeres que trabajan en la industria del sexo lo hace por razones económicas: muchas consideran que su trabajo es uno de los mejor pagados dentro del bajo nivel educativo, y, por supuesto, tienen que hacer frente a cargas económicas (personas a su cuidado o deudas). Los datos más exhaustivos sobre la economía del sexo proceden de un estudio de 1993, hecho por Kritaya Archavanitkul, según el cual estas personas ingresan 17 000 THB al mes (18 US$ al día), el equivalente a un cargo de funcionario de nivel medio, puesto que se adquiere con una educación superior y por medio de contactos familiares. Cuando se realizó este estudio, la mayoría de los trabajadores del sexo no habían completado sus estudios de secundaria. Sin embargo, la OIT calcula que el salario de estas personas rondaba los 9 US$ al día, como el de un trabajador medio del sector servicios.

Estos factores económicos son un gran incentivo para que las mujeres (y en menor medida, los hombres) sin estudios y procedentes de las zonas rurales se dediquen al sexo.

Como ocurre generalmente en la sociedad tailandesa, estos trabajadores envían buena parte de su salario al pueblo para mantener a su familia (padres, hermanos e hijos). Según el informe de Khun Kritaya de 1993, las comunidades rurales ingresaban entre 1800 y 6100 THB al mes por esta vía. Los hogares receptores solían adquirir bienes duraderos (TV y lavadoras), casas más grandes y motocicletas o automóviles. Su riqueza demostraba el éxito de sus hijas en el negocio y servía de estímulo para la siguiente generación.

A modo de anécdota, se sabe que, cuando las deudas aumentan, las familias del campo presionan a sus hijas para que ejerzan de prostitutas. La directora de bar entrevistada por un servidor manifestó que, después de un período como prostituta en Pattaya, quiso regresar a su casa y su madre la regañó diciendo: "Si todas pueden hacerlo, tú también".

Condiciones laborales

La consecuencia imprevista de las prohibiciones sobre la prostitución es un entorno laboral ilegal. La industria del sexo atrae a redes criminales que a menudo se dedican a otras actividades ilícitas y burlan las leyes mediante sobornos y violencia.

Los trabajadores sexuales no gozan de los mismos derechos que el resto de los trabajadores: no tienen salario mínimo, derecho a vacaciones, baja por enfermedad o descanso, deducciones por seguridad social, seguro médico contratado por el empresario ni derecho a compensaciones.

VIH/sida

Tailandia emprendió una enérgica campaña en la década de 1990 a favor del uso del preservativo. En el 2007, los índices de infección de las prostitutas habían caído hasta el 5%, pero últimamente este porcentaje se ha duplicado entre las prostitutas de la calle e independientes. Los analistas advierten que el país está al borde de un rebrote, pues las campañas informativas han disminuido y las conductas culturales hacia el sexo han cambiado. De las 610 000 personas del país que tienen VIH/sida, los infectados por vía intravenosa (drogas) son mayoría (30-50% en el 2007).

Los bares pueden fijar sus propias normas abusivas y multar a una trabajadora si no sonríe lo bastante, llega tarde o no alcanza una cuota de bebidas. La ONG Empower ha denunciado que a final de mes muchas empleadas deben dinero por estas deducciones salariales. En la práctica, tienen que pagar para prostituirse y las multas son proxenetismo encubierto.

La ECPAT (en España, www.ecpat-esp.org) es una organización mundial que trabaja allende las fronteras para frenar la prostitución infantil.

Gracias a la influencia ejercida por los grupos de apoyo a los trabajadores sexuales, como Empower, se espera que los legisladores reconozcan que todos los trabajadores de los locales de ocio (desde lavaplatos y cocineros a prostitutas) deben disfrutar de los mismos derechos y seguridad laboral.

Otras organizaciones (como la CATW, Coalición Contra el Tráfico de Mujeres) arguyen que la solución no es legalizar la prostitución, porque de esta manera se legitimaría una práctica que siempre será peligrosa y explotadora. Estos grupos buscan recursos que faciliten a las mujeres abandonar la prostitución y dedicarse a otras ocupaciones.

Prostitución infantil y tráfico de personas

Según la ECPAT (Red Internacional Contra la Explotación Sexual y el Tráfico de Menores, en sus siglas en inglés), en el país hay actualmente de 30 000 a 40 000 niños dedicados a la prostitución, aunque dichas estimaciones no son fiables. Según la Universidad Chulalongkorn, la cifra podría ascender a 800 000.

Tailandia aprobó en 1996 una reforma de la ley de la prostitución infantil (clasificada en dos tramos: de 15 a 18 años y menores de 15), por la que pueden imponerse multas y penas de cárcel a los clientes, dueños de establecimientos e incluso a los padres que intervengan en la prostitución de sus hijos (según la ley anterior, solo cometían delito las prostitutas). Muchos países también cuentan con una legislación extraterritorial por la que sus ciudadanos pueden ser procesados por delitos de este tipo cometidos en Tailandia.

La CATW (www.catwinternational.org) es una ONG que opera a escala internacional para combatir la prostitución y el tráfico de mujeres y niños.

Las grandes urbes, como Bangkok, Chiang Mai o Pattaya, y ciudades fronterizas como Mae Sai o Mae Sot, poseen muchos desplazados y marginados (inmigrantes birmanos, miembros de tribus de la montaña y campesinos pobres). Los hijos de estas familias rotas a menudo se dedican a la mendicidad, frecuente antesala de la prostitución a través de bandas criminales de baja estofa.

Tailandia es también un conducto y un destino del tráfico de adultos y niños desde Myanmar, Laos, Camboya y China. Según la ONU, el tráfico de personas es un delito contra la humanidad cometido al reclutar, transportar, transferir, esconder y recibir a alguien mediante el uso de la fuerza, el fraude o la coacción con el fin de explotarlo. En el 2007, el Departamento de Estado de EE UU determinó que Tailandia no cumplía las normas mínimas de prevención del tráfico humano.

Es difícil obtener datos fiables sobre las personas objeto de este tráfico, menores incluidos, pero un informe de 1997 sobre el trabajo infantil de inmigrantes, realizado por Kritaya Archwanitkul, descubrió que había 16 423 prostitutas extranjeras en activo en Tailandia y que el 30% (4900) eran chicas menores de 18 años. Otros estudios revelaron que entre 100 000 y 200 000 niños extranjeros trabajan en el país, aunque sin concretar su ocupación.

Los viajeros responsables pueden contribuir a frenar el turismo sexual con menores informando de cualquier conducta sospechosa al (☎1300) o denunciando en su embajada al individuo implicado.

Medio ambiente, flora y fauna

Los 1650 km que mide Tailandia de norte a sur abarcan 16 grados de latitud y una gran variedad de hábitats, lo que lo convierte en uno de los países del sureste asiático con mayor diversidad medioambiental.

El país

Su curiosa forma territorial recuerda la cabeza de un elefante, con la trompa en la península de Malaca y la cabeza en las montañas septentrionales. El norte de Tailandia está dominado por la cordillera de Dawna-Tenasserim, en realidad las estribaciones surorientales del Himalaya. A medida que se avanza hacia el centro, la topografía se suaviza hasta desembocar en las llanuras arroceras, regadas por unos ríos tan venerados como la familia real. El río más reverenciado de Tailandia es el Chao Phraya, formado por los afluentes norteños Ping, Wang, Yom y Nan. Los primeros reinos del país emergieron alrededor de la cuenca del Chao Phraya, que todavía ejerce de sede de la monarquía. Su delta aparece cultivado gran parte del año.

Por la frontera norte y noreste de Tailandia discurre otro célebre río, el Mekong, la arteria acuática principal del sureste asiático, que separa físicamente pero funde culturalmente a Tailandia con sus países vecinos. Interrumpido por las presas hidroeléctricas, su caudal depende de las lluvias estacionales. En la estación seca los campesinos siembran su cenagosa llanura aluvial, que cosechan antes de que el río la recupere con las lluvias.

El paisaje de la frontera noreste lo conforma la árida meseta de Khorat, que se eleva unos 300 m sobre la llanura central. Se trata de un territorio yermo donde llueve poco, el suelo es pobre y el polvo rojo se pega con tanto ahínco como el fruto del betel que mascan las abuelas.

Los ríos orientales del reino vierten sus aguas al golfo de Tailandia, una cuenca poco profunda situada junto al vecino mar de la China Meridional. Las cálidas y mansas aguas del golfo favorecen la proliferación de arrecifes de coral. Al otro lado de la larga y estrecha "trompa" se encuentra el mar de Andamán, un espléndido paisaje tropical de sensacionales aguas azules y salpicado con espectaculares islas calizas. En tierra firme, la península aún conserva retazos de selva tropical entre plantaciones cada vez mayores de caucho y palmeras para la producción de aceite.

Estadísticas

» Tailandia tiene 514 000 km², un poco más que España.

» Bangkok está a 14° de latitud norte, como Madrás, Manila, Guatemala o Jartum.

Fauna y flora

En la mitad norte del país, la mayoría de las especies indígenas están clasificadas zoogeográficamente como indochinas, en referencia a la fauna que se originó en el interior de Asia, mientras que las de la mitad sur son normalmente de tipo sondaico, típicas de la península de Malaca, Sumatra, Borneo y Java. Además alberga una interesante área, que va desde Uthai Thani hacia el sur hasta Prachuap Khiri Khan, en la región del golfo, que es una mezcla de ambos hábitats principales.

Tailandia es particularmente rica en aves, con más de un millar de especies entre residentes y migratorias, lo que aproximadamente representa el 10% de todas las que sobrevuelan el planeta. Las frescas montañas del norte están habitadas por aves de altitud y migratorias con clara afinidad al Himalaya, como los papamoscas y los tordos. Los áridos bosques del Parque Nacional de Khao Yai, al noreste, son el territorio favorito de los cálaos. Las aves de los pantanos prefieren los humedales de la región central, mientras que las de tipo sondaico, como el pítido, de la familia *Pitta gurneyi,* buscan cobijo en el clima más húmedo del sur.

Parques Nacionales

» Kaeng Krachan (provincia de Phetchaburi)

» Complejo Forestal Occidental (provincia de Kanchanaburi)

» Parque Nacional de Kuiburi (provincia de Prachuap Khiri Khan)

Además de la abundancia de aves, los animales más fáciles de ver en los parques naturales tailandeses son los monos. El país alberga cinco especies de macacos, cuatro de pequeños langures y tres de gibones. Aunque se enfrentan a la misma pérdida de hábitat que otros animales autóctonos, los monos a veces sobreviven en diferentes estados de domesticación junto a los humanos. Los gibones de largos brazos antiguamente se criaban con los niños en las zonas rurales. Hoy pueden encontrarse macacos en pequeñas áreas arboladas o en templos deshabitados de los centros urbanos.

Otras especies que pueblan los parques y reservas del reino incluyen el gaur (visonte indio), el bateng (toro de Bali), el serow (antílope asiático), el zambra (ciervo de Timor), el muntíaco, el ciervo ratón y el tapir, por nombrar solo unos pocos.

En Tailandia hay seis especies venenosas de serpientes: la cobra común, la cobra real, el búngaro, la víbora mocasín verde y la víbora de Russell. Las cobras reales son relativamente raras, pero no la pitón reticulada, que puede alcanzar 10 m.

Las numerosas especies de lagartos del país incluyen dos variedades muy comunes: el *đúk·gaa,* un geco solitario y no muy agraciado que al atardecer vocea su nombre, y el *jîng·jòk,* un brioso lagarto doméstico que suele pasearse por los techos y las paredes cazando insectos. El varano negro de cuello espinoso, que parece un dinosaurio en miniatura, vive en algunos bosques del sur.

RÍO MEKONG

El río Mekong puede equipararse al Amazonas en cuanto a biodiversidad. Da cobijo a especies en peligro de extinción y otras descubiertas recientemente, como la rana de boca grande Khorat, que emplea los colmillos para cazar.

Por su parte, los océanos son el hogar de cientos de corales diferentes, y los arrecifes formados por estas minúsculas criaturas proporcionan un hábitat perfecto para otras tantas especies de peces, crustáceos y pequeños invertebrados. Se puede encontrar desde el pez más pequeño del mundo (un góbido de 10 mm de largo) hasta el más grande (el tiburón ballena, de 18 m), y entre medio, peces payaso, peces loro, lábridos, peces ángel y peces escorpión. Los meros, las barracudas, los tiburones, las mantarrayas, los peces espada y los atunes prefieren las aguas más profundas. También se pueden ver tortugas, ballenas y delfines.

Por otro lado, los animales más famosos de Tailandia son también los más amenazados. Tal es el caso del elefante asiático, el primo pequeño del elefante africano, el mismo que no hace tanto vagaba libremente por los bosques vírgenes de Indochina en grandes manadas y que hoy está en peligro de extinción debido a la pérdida de hábitat y a la caza furtiva. Su población en Tailandia se estima en unos mil ejemplares.

Solitarios tigres vagan entre Tailandia y Myanmar, siempre en número decreciente. Es difícil obtener una cifra precisa de su población actual, pero los expertos la sitúan en unos doscientos o trescientos. Aunque la caza de este gran felino es ilegal, continúa practicándose debido al lucrativo mercado internacional.

El raro dugón (también llamado manatí o vaca marina), que se creía extinto en Tailandia, sobrevive en pequeños reductos de la zona de

Trang, aunque cada vez está más amenazado por la pérdida de su hábitat y las mortíferas hélices de los barcos turísticos.

Las selvas que quedan en Tailandia son de dos tipos: bosque monzónico (con una clara estación seca que dura tres meses o más) y selva tropical (donde llueve más de 9 meses al año). Las provincias más boscosas son Chiang Mai y Kanchanaburi.

El jardín botánico Reina Sirikit, en las afueras de Chiang Mai, acoge especies locales y autóctonas, como una hermosa colección de orquídeas y lotos.

Los bosques monzónicos del norte del país están formados por árboles de hoja caduca, verdes y exuberantes durante la temporada lluviosa pero desnudos y polvorientos en la seca. La teca es una de las especies más valoradas de estos bosques, si bien quedan pocas.

En el sur del país, donde llueve mucho y durante todo el año, los bosques son de selva tropical, con unas pocas zonas de tipo monzónico. Una planta destacada de estas latitudes es la *rafflesia kerrii,* una especie achaparrada cuya flor alcanza los 80 cm de diámetro; puede verse en el Parque Nacional de Khao Sok, cerca de Surat Thani.

En Tailandia crecen cerca de 75 especies de manglares costeros, pequeños árboles que toleran la sal y proporcionan un hábitat perfecto para la incubación a muchos peces y otros animales. Los programas de reforestación de manglares gozan del apoyo popular gracias al papel protector que ejercieron en el gran *tsunami* del 2004.

Las orquídeas constituyen la flor más exquisita de Tailandia. Existen más de mil cien especies autóctonas, que proliferan en una gran variedad de hábitats: terrestres, arbóreos y de afloramientos rocosos.

Cuestiones medioambientales

Deforestación

Tailandia ha castigado sus ecosistemas mediante el cultivo de la tierra en ciudades y granjas. La corteza boscosa ahora abarca cerca del 28% de la superficie terrestre del país, frente al 70% de hace medio siglo. El rápido retroceso de los bosques coincidió con el proceso de industrialización, la urbanización y la tala comercial. Aunque estas estadísticas son alarmantes, la pérdida de superficie forestal ha decrecido desde el año 2000 y hoy se cifra en, aproximadamente, un 0,4% anual.

CITA CON LOS ELEFANTES

Este emblemático animal ha cambiado muchas veces de oficio: desde bestia de carga y máquina bélica hasta atracción turística. El viajero puede relacionarse estrechamente con ellos asistiendo a clases de *mahout* o verlos de cerca desde una plataforma de observación.

Ban Ta Klang Este poblado tradicional dedicado a la cría de elefantes, en el noreste de Tailandia (p. 425), permite pasar un buen rato con los elefantes y sus *mahouts*.

Elephant Nature Park Excepcional refugio, a las afueras de Chiang Mai (p. 247), donde poder ver a los paquidermos disfrutar de su retiro semisalvaje después de una dura vida laboral.

Parque Nacional de Kuiburi Los elefantes salvajes se congregan por la noche en las charcas salinas de este parque situado al suroeste de Hua Hin (véase recuadro en p. 525).

Programa Elephantstay En la antigua capital real, el Elephant Palace de Ayutthaya lleva a cabo un programa de entrenamiento de *mahouts* para mantener esta tradición ancestral (véase recuadro en p. 157).

Centro para la Conservación del Elefante Tailandés El asilo estatal para elefantes ofrece diversas actividades educativas relacionadas con los elefantes, desde visitas de un día a formación de *mahouts* (p. 302).

En respuesta a la degradación medioambiental, desde la década de 1970 el Gobierno tailandés ha creado un gran número de áreas protegidas, con el objetivo de alcanzar el 40% de masa arbórea para mediados de siglo. En 1989 se prohibió la tala en Tailandia, tras la catástrofe sufrida por la provincia de Surat Thani, donde avalanchas de barro sepultaron pueblos enteros y causaron más de cien muertos. Actualmente es ilegal vender madera talada en el país, pero la ley muchas veces es transgredida por las poblaciones cercanas a los parques forestales y ciertas asociaciones de intereses.

Bangkok se hunde a un ritmo de 10 cm por año. Algunos científicos calculan que podría empezar a inundarse dentro de veinte años, debido a la subida del nivel del mar.

Una consecuencia lógica de la deforestación es la pérdida de hábitats. Los expertos convienen en que el mayor daño al que se enfrentan la fauna y la flora tailandesas no es la caza ni el comercio ilegal, sino la pérdida de hábitats. Entre las especies extinguidas en el país destacan el kouprey (un tipo de res salvaje), el ciervo de Schomburgk y el rinoceronte de Java, aunque hay otras muchas menores que también han desaparecido sin hacer apenas ruido.

Inundaciones

Debido al régimen de lluvias monzónicas, las inundaciones estacionales son un fenómeno natural en algunas zonas del país. Pero la frecuencia de las inundaciones importantes ha aumentado en los últimos años. En el 2010, la época de lluvias llegó con varios meses de retraso y desbordó las resecas presas de la provincia de Nakhon Ratchasima, provocando grandes inundaciones, algo que no se había visto en los últimos cincuenta años. Las crecidas de los ríos y los aguaceros prolongados extendieron

COMERCIO ILEGAL DE ANIMALES

A pesar de haber firmado la Convención de la ONU sobre el Comercio Internacional de Especies en Peligro de Extinción (CITES), Tailandia sigue siendo un importante nexo en el transporte y el mercado para el comercio mundial de animales salvajes, la actividad clandestina más importante del país después del tráfico de drogas y armas. Los animales en peligro de extinción se cazan furtivamente en los bosques del país o se importan de contrabando de países vecinos para enviarlos a los lucrativos mercados de China o EE UU. A pesar de los esfuerzos de la policía, el mercado de Chatuchak de Bangkok posee una sección clandestina dedicada a especies exóticas.

Aunque Tailandia realiza grandes esfuerzos por frenar este tráfico, la corrupción y la debilidad legislativa dificultan el cumplimiento de la ley. En el 2011, un ciudadano de los Emiratos Árabes fue arrestado en el aeropuerto de Bangkok con una maleta llena de animales drogados (cachorros de leopardo, oso y gibón). El hombre no llevaba la maleta al pasar por inmigración, por lo que debía de tener un compinche en el aeropuerto. Gracias a conexiones políticas, el contrabandista fue puesto en libertad y salió del país sin cargos ni multas. Aunque el caso hubiera llegado a los tribunales, la multa máxima es ridícula comparada con los beneficios de la venta de los animales; otro problema es que la ley tailandesa permite el comercio de animales salvajes criados en cautividad. La mayoría está de acuerdo en que la solución no está en el castigo, sino en la demanda: sin compradores no habrá comercio.

A una escala menor, varias ONG intentan reparar las consecuencias de este comercio. La **WARF** (Fundación Tailandesa para el Rescate de Animales Salvajes; www.warthai.org) fue creada hace treinta años por una ama de casa de Bangkok que convirtió el patio de su casa en un refugio para mascotas salvajes abandonadas. Actualmente colabora con el Departamento Forestal en redadas, programas de capacitación laboral y talleres educativos en las escuelas públicas. Algunos de los estudiantes que asisten a los talleres son hijos de cazadores furtivos; la WARF confía en que hagan extensivo a sus hogares y compañeros el mensaje de conservación. Con una mejor educación y formación laboral, tal vez se pueda disuadir a los furtivos en ciernes y convertir en conservacionistas a los actuales.

las anegaciones a las llanuras centrales y al sur, hasta Hat Yai. Hubo 177 muertos y las labores de socorro tuvieron que prolongarse hasta meses después de la bajada de las aguas. Otra inundación récord ocurrió en el 2006, con 46 provincias afectadas, principalmente del norte, y también en el 2008, esta en la cuenca del Mekong.

En el 2011, dos semanas de intensas lluvias antes de temporada provocaron graves inundaciones en el sur de Tailandia y afectaron a las playas. Los turistas quedaron aislados hasta que se restableció el transporte aéreo y marítimo. Pero lo peor fue que a continuación llegaron meses de fuertes aguaceros, y las devastadoras inundaciones que se produjeron (las peores en 50 años) anegaron muchas zonas del país, causaron centenares de muertos y afectaron a decenas de millones de personas. A finales de octubre, los habitantes de Bangkok emprendieron una lucha desesperada para impedir que la crecida llegara a la capital. A pesar de sus esfuerzos, muchas zonas residenciales e industriales de Bangkok se inundaron, aunque el centro, afortunadamente, se pudo salvar. Se instalaron varios centros de evacuación, incluso en el aeropuerto Don Muang.

Existen numerosas hipótesis de las razones de estos episodios climáticos extremos. Muchos expertos señalan como causas potenciales la deforestación y la alteración de los cursos de agua y de las barreras naturales protectoras. El aumento de las inundaciones en el Mekong se relaciona a menudo con la construcción de infraestructuras río arriba, como presas, o la eliminación de rápidos para facilitar la navegación, y también con el incremento de la población ribereña, que perjudica las llanuras aluviales y los humedales. Otro posible factor en el aumento de las lluvias estacionales es el cambio climático.

Degradación costera y marítima

La zona costera tailandesa está más poblada y es más rica que el resto del país. La mayor parte de la industria manufacturera del país se concentra en el litoral oriental y en la región del alto golfo. A mayor aumento de la población, mayor es la presión sobre el medio ambiente.

La erosión es un grave problema en el litoral. Según el Banco Mundial, Tailandia pierde cada año 2 km² de costa. Esto es debido en parte a la urbanización (embarcaderos, malecones, hoteles frente al mar y carreteras), al hundimiento del terreno (por la reducción de las aguas subterráneas) y a la subida del nivel del mar. No se tienen datos exactos de la calidad del agua en las costas, pero algunos análisis revelan que las instalaciones depuradoras de aguas residuales no dan abasto y que muchas industrias vierten al mar aguas poco tratadas.

La degradación de la costa pone en grave peligro los arrecifes de coral y el medio marino. Según un informe medioambiental del Banco Mundial del 2006, cerca de la mitad de los arrecifes de coral tailandeses están gravemente amenazados. En el 2010, el fenómeno de El Niño y el consiguiente aumento de la temperatura marina provocaron un blanqueo del coral, hecho que agravó el estado de los arrecifes del país. El Gobierno cerró al turismo 18 áreas de siete parques marinos que habían experimentado una decoloración generalizada. No está claro si estos arrecifes, afectados en un 80%, podrán recuperarse.

En la mala salud general del océano incide también la pesca a gran escala, que constituye un pilar importante de la economía tailandesa. Esta actividad experimenta un sucesivo descenso de las capturas, pues, si antaño estaba vinculada a pequeñas familias, hoy está dominada por grandes empresas, que pescan en aguas más profundas y dedican más recursos con fines lucrativos.

PESCA

Pranburi mantiene una próspera industria pesquera. Las barcas de arrastre recalan en la desembocadura del río, donde los obreros descargan las presas y ponen el pescado a secar por toda la ciudad. Los tailandeses opinan que este olor es sublime.

› Guía de supervivencia

Datos prácticos A-Z

Acceso a internet

En casi todos los lugares hay cibercafés, cuya tarifa habitual oscila entre 40 y 120 THB la hora, según si hay mucha o poca competencia. Las conexiones tienden a ser bastante rápidas y los ordenadores suelen estar en buen estado. Hay wifi en muchos hoteles y pensiones, aunque el personal no está capacitado para arreglar posibles fallos. La señal inalámbrica es más débil en los pisos superiores de un edificio alto; conviene comprobar si en el piso de la habitación hay un *router* cerca.

Aduanas

El **Departamento de Aduanas** (www.customsclinic.org) tiene una página web muy útil con información sobre normas aduaneras. Tailandia permite la entrada en el país de los siguientes bienes libres de impuestos:

» Una cantidad razonable de efectos personales (ropa y artículos de aseo)

» Instrumentos profesionales

» 200 cigarrillos

» 1 l de vino o licor

Tailandia prohíbe la importación de:

» Armas de fuego y municiones (excepto si se registran anticipadamente en la jefatura de policía)

» Drogas ilegales

» Material pornográfico

Al salir del país hay que obtener una licencia de exportación para las reproducciones de antigüedades o imágenes de Buda modernas (excepto amuletos personales). Hay que presentar dos fotografías frontales de cada objeto, una del pasaporte, el recibo de la compra y el objeto u objetos en cuestión, al **Departamento de Bellas Artes** (☎0 2628 5032). Los procesos de solicitud e inspección llevan unos cuatro días.

Alojamiento

El abanico de alojamientos en Tailandia es muy amplio, desde lugares baratos y básicos hasta los más caros y lujosos. Los precios facilitados en esta guía corresponden a la temporada alta. Los símbolos indican acceso a internet, wifi, piscina o aire acondicionado (si este no aparece, se presupone que hay un ventilador).

Se ha utilizado un sistema doble de tarifas para determinar la categoría económica (económico, precio medio y precio alto). En las ciudades grandes y en los centros costeros, los precios inferiores a 1000 THB corresponden a precio económico, por debajo de 3000 THB, a precio medio, y por encima de 3000 THB, a precio alto; para las poblaciones pequeñas, las correspondencias son 600 THB para los económicos, menos de 1500 THB para el precio medio y más de 1500 para precio alto.

LAS MOLESTAS COMISIONES

En los lugares más turísticos, el viajero es abordado por vendedores o conductores que reciben comisiones de algunas pensiones si les llevan clientes. Aunque resulte enojoso para el viajero, es una estrategia aceptable para los negocios pequeños. Si se sabe cómo funciona, no tiene por qué haber ningún problema. Estos promotores reciben su dinero hecho su trabajo, al margen de que luego el cliente se quede o no. Por otro lado, si un alojamiento se niega a dar comisiones, desvían de él a los posibles clientes diciéndoles que está cerrado o que se ha incendiado. Otros, menos escrupulosos, llegan a afirmar que el alojamiento solicitado les paga comisión. Si el comisionista se pone testarudo, basta con llamar a la pensión para que esta envíe un transporte, pues los alojamientos suelen estar enterados de semejantes tácticas.

Por si no hablaran nada de inglés, conviene saber decir en thai: *hôrng pát lom* ("habitación con ventilador") y *hôrng aa* ("habitación con aire acondicionado").

Pensiones

Por lo general, son los alojamientos más económicos y suelen encontrarse en las zonas de mochileros. En el noreste y partes del sureste del país, las pensiones, al igual que los turistas, escasean más.

Los precios varían según los servicios y la situación. En las ciudades pequeñas, el precio parte de 150-200 THB por, normalmente, una habitación con baño compartido y un ventilador desvencijado. Por unos 600-800 THB se puede disfrutar de baño privado, aire acondicionado y, a veces, TV. Los precios suben mucho más en los centros turísticos de playa, donde una habitación sencilla con ventilador cuesta desde 700-800 THB. Muchas pensiones también se ganan la vida con sus restaurantes, donde sirven la típica comida de mochilero (tortitas de banana y batidos de frutas), aunque son prácticos e ideales para conocer a otros viajeros.

Casi todas las pensiones tienen un ambiente de viajeros, un personal simpático y servicio de intercambio de libros. Pero también hay otras muchas con empleados malhumorados y, en teoría, descontentos.

Cada vez es más común que las pensiones gestionen reservas con antelación, pero, debido a la poca consistencia de la limpieza y la calidad, lo mejor sería echar una ojeada a la habitación antes de comprometerse. En los centros turísticos, si el lugar elegido está completo, suele haber numerosas alternativas similares en las inmediaciones. Por lo general, estos alojamientos solo aceptan el pago en efectivo.

DE INTERÉS

» *Bangkok Post* y *Nation* Noticias diarias en inglés.
» Hay más de cuatrocientas emisoras de AM y FM; los aparatos con onda corta pueden sintonizar emisoras de países muy lejanos.
» Hay seis cadenas de televisión VHF tailandesas, más la televisión por cable TrueVision, con programación internacional.
» El principal formato de vídeo es PAL.
» Tailandia se rige por el sistema métrico internacional. El oro y la plata se pesan en *bàats* (15 g).

Hoteles

En las capitales de provincia y pequeñas ciudades, muchas veces no queda más remedio que alojarse en los trasnochados hoteles chino-tailandeses, tan habituales en otra época por todo el país. La mayoría están pensados para los tailandeses, por lo que el inglés entre el personal es más bien limitado.

Estos hoteles son edificios de varias plantas y suelen ofrecer una gama de habitaciones que oscilan entre opciones de precio medio con baño, aire acondicionado y TV a cuartos más económicos con baño compartido y ventilador. En algunos de los más antiguos, los baños tienen letrinas y la "ducha" es una jarra de *klong* (una gran pila de terracota con la que se llena la bañera). Aunque los hoteles chino-tailandeses tienen encanto *retro* a raudales, sin pretenderlo, claro está, a menos que el establecimiento haya sido remodelado, suelen estar demasiado ajados para representar buena relación calidad/precio en comparación con las pensiones.

En los últimos tiempos se han hecho esfuerzos por llenar la laguna económica de los mochileros más veteranos o de los jóvenes pudientes, que desean el ambiente de una pensión pero las comodidades de un hotel. Así, en las principales poblaciones turísticas, estos nuevos hoteles han vestido las opciones prácticas del pasado con una decoración estilosa y más comodidades modernas.

Los hoteles de cadenas internacionales se hallan en Bangkok, Chiang Mai, Phuket y otros sofisticados enclaves turísticos de playa. Muchos de estos establecimientos aúnan tradición y modernidad, tanto en la arquitectura como en la decoración.

Casi todos los hoteles de precio alto, y algunos de precio medio, añaden un 7% de impuesto oficial (IVA) y un suplemento del 10% por el servicio (indicados casi siempre como "plus plus"). En el precio de la habitación acostumbra a estar incluido un bufé de desayuno que, si es de tipo occidental, se suele llamar "ABF", abreviatura de *american breakfast* ("desayuno americano").

En los alojamientos de precio medio y de cadena, sobre todo en los destinos turísticos más destacados, se puede reservar por adelantado, y algunos ofrecen descuentos si se hace a través de sus páginas web o de otras centrales de reserva en línea. También aceptan la mayoría de las tarjetas de crédito, aunque solo unos pocos establecimientos de lujo admiten American Express.

Alojamiento en los parques nacionales

Casi todos los parques nacionales tienen bungalós. Normalmente, estos tienen capacidad para hasta diez personas y cuestan entre 800 y 2000 THB, según el parque y su tamaño. Son populares entre las familias tailandesas numerosas, que cargan provisiones como si se acercara el fin del mundo. Unos cuantos parques también cuentan con *reu·an tăa·ou* ("cabañas largas").

Se puede acampar en muchos parques por 60-90 THB por noche. En algunos alquilan tiendas y equipos para dormir, pero tal vez no estén en el mejor estado.

Las reservas deben hacerse con antelación a través del **sistema central de reservas** (☎0 2561 0777; web2.dnp.go.th/parkreserve). Conviene destacar que las reservas para *campings* y bungalós figuran en páginas diferentes dentro de la web.

Comunidad homosexual

La cultura tailandesa es relativamente tolerante con la homosexualidad, tanto masculina como femenina. Hay un ambiente de gays y lesbianas bastante destacable en Bangkok, Pattaya y Phuket. Asimismo, su indumentaria y conducta se suelen aceptar sin reparos. No obstante, las muestras públicas de afecto (homosexuales o heterosexuales) no están bien vistas. **Utopia** (www.utopia-asia.com) cuelga en su web abundante información sobre la Tailandia homosexual y edita una guía completa.

Clima

Bangkok

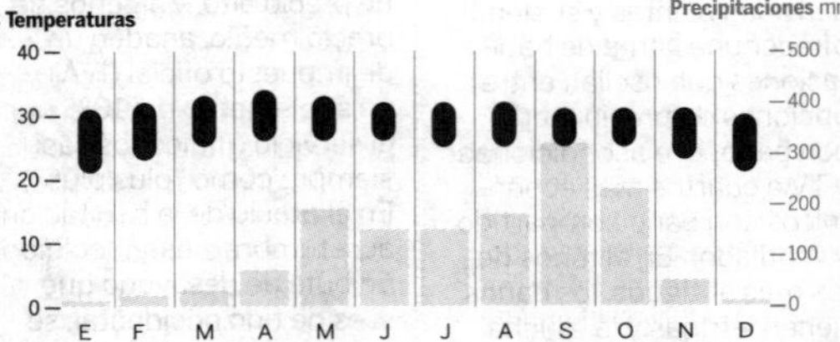

Chiang Mai

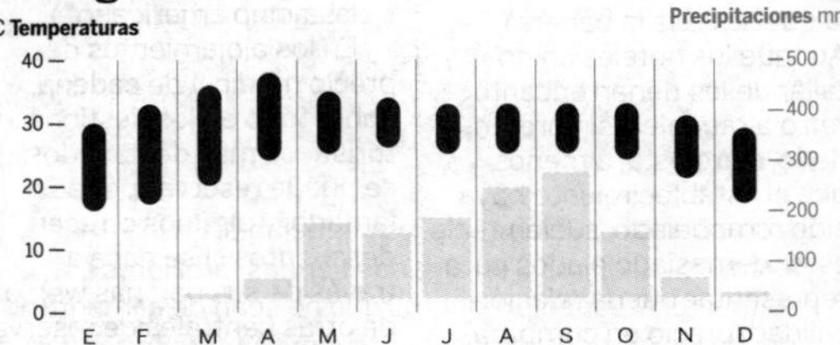

Phuket

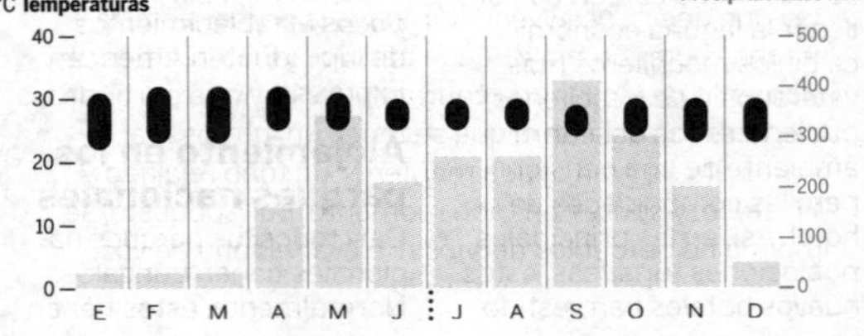

Correos

El servicio postal es muy eficiente y el franqueo interior es económico. Las oficinas de correos abren de 8.30 a 16.30 entre semana y de 9.00 a 12.00 los sábados. Las oficinas principales más grandes de las capitales de provincia puede que también abran los domingos por la mañana.

Casi todas las oficinas provinciales venden cajas. Nunca debe enviare dinero ni objetos de valor por correo.

El servicio de lista de correos de Tailandia normalmente es muy fiable, aunque hoy los turistas lo utilizan poco. Cuando se reciba algo, se debe mostrar el pasaporte y rellenar algunos impresos.

Cuestiones legales

En general, la policía tailandesa no incordia mucho a los extranjeros, especialmente si son turistas. Por lo general miran hacia otro lado para no tener que hablar en inglés, sobre todo en caso de infracciones de tráfico leves.

Una excepción importante la constituyen las drogas, consideradas por la mayoría de los policías una lacra social contra la que deben luchar con todas las de la ley, o quizá una oportunidad para conseguir ingresos libres de impuestos.

Si se es arrestado por cualquier delito, se permite una llamada a la embajada o consulado respectivos, o a un amigo o familiar si no existe representación diplomática. Hay toda una serie de consideraciones legales que dictan cuánto tiempo y de qué forma se puede retener a alguien antes de ser acusado o de celebrarse un juicio, aunque normalmente es el criterio de los agentes lo que se impone. Al tratarse de un extranjero, los policías probablemente flexibilizarán dichos trámites. Sin embargo, como en todas partes, no mostrarse respetuoso solo empeorará las cosas.

La ley tailandesa no presume que un detenido es "culpable" o "inocente", sino "sospechoso"; la culpabilidad o inocencia la dictaminan los tribunales. Los juicios son bastante rápidos.

La **policía turística** (☎1155) puede ser de gran ayuda en caso de arresto. Aunque no tienen jurisdicción sobre los asuntos gestionados por la policía normal, pueden ayudar con la interpretación u ofreciéndose a contactar con la embajada que corresponda. Hay una línea 24 horas donde se pueden plantear quejas o requerir ayuda en relación con la seguridad personal.

De compras

En Tailandia aguardan muchas gangas, pero no conviene ir de compras acompañado de agentes, guías turísticos o "nuevos amigos", pues inevitablemente cargarán su comisión a cualquier adquisición; este hecho eleva los precios por encima de lo aceptable, lo que perjudicará a futuros viajeros.

Antigüedades

Cada vez quedan menos auténticas. En la actualidad, la mayoría de los comerciantes venden reproducciones o artículos de Myanmar. Bangkok y Chiang Mai son los dos mejores centros del comercio para antigüedades y reproducciones.

No se pueden sacar del país antigüedades auténticas sin la licencia pertinente. Ninguna imagen de Buda, sea nueva o vieja, puede ser exportada sin el consentimiento del Departamento de Bellas Artes. Para más información, véase p. 752.

Cerámica

Por todo el país existen diversos tipos de cerámica, vieja o nueva, hecha a mano. En Bangkok abundan los diseños modernos, mientras que Chiang Mai se mantiene más fiel a la tradición. Ko Kret y Dan Kwian son dos pueblos con tradición alfarera.

Ropa

Tiende a ser barata, aunque las prendas confeccionadas no suelen estar cortadas para los cuerpos occidentales. Dicho esto, es verdad que en los centros comerciales de las grandes ciudades y los lugares turísticos cada vez es más común encontrar tallas grandes. Los mercados venden ropa barata de uso diario, y resultan prácticos cuando todo lo demás parece muy sucio. En cuanto a la ropa de marca, Bangkok y Ko Samui están a la cabeza. Encontrar zapatos para pies grandes es otro problema. En Tailandia, la costumbre de devolver los objetos no está extendida, por lo que se impone asegurarse de que todo encaja bien antes de salir de la tienda.

El país posee una larga tradición de sastrería, practicada principalmente por las familias sijs indo-tailandesas. No obstante, este negocio está lleno de ofertas de baja calidad y timos relacionados con las comisiones. Se recomienda tener cuidado con las sastrerías 24 horas; a menudo utilizan telas de poca calidad y emplean a gente poco cualificada. Lo mejor es dejarse aconsejar por algún residente extranjero y pasarse más de una vez a probarse el encargo.

Falsificaciones

Bangkok, Chiang Mai y otros centros turísticos disfrutan de un vibrante mercado negro de falsificaciones, sin que nadie pretenda hacerlas pasar por auténticas (al menos los vendedores). Técnicamente es ilegal producir y vender estas mercancías, y Tailandia ha sufrido presiones por parte de agencias que defienden la propiedad intelectual para que acabe con dicho negocio, pero la policía no se aplica con suficiente contundencia. Así, en el mercado de Patpong, por ejemplo, el vendedor enseña la fotografía de un reloj falso, el cliente paga y aquél va a buscarlo. Suelen regresar, aunque a veces se espera lo suficiente como para dudarlo.

Muebles

Los muebles de *rattan* y de maderas nobles suelen ser una buena compra, y además se pueden encargar a medida. Chiang Mai es el primer productor de muebles del país, con muchas tiendas al por menor en Bangkok. Debido a la prohibición sobre la tala de teca y al agotamiento consiguiente de reciclada, el 70% del mobiliario que se exporta es de madera procesada procedente de

REGATEO

Si un artículo no lleva precio, es negociable. En los mercados callejeros y en algunas tiendas familiares es habitual regatear en productos que no sean de alimentación. En los grandes almacenes, supermercados, tiendas 7-Eleven, etc., los precios son fijos.

Los tailandeses respetan al buen regateador. Siempre hay que dejar que el vendedor haga la primera oferta y entonces preguntar: "¿Puede bajarlo?". Si lo hace, es el momento de lanzar una contraoferta; hay que partir de una cifra baja, siempre que se tenga un interés real.

Resulta de gran ayuda mantener un tono relajado y amistoso, y sonreír en todo momento. Por supuesto, se impone no perder los nervios ni elevar el tono de voz.

los árboles del caucho que ya no pueden utilizarse para producir látex.

Gemas y joyas

Tailandia es un gran exportador de piedras preciosas y bisutería, con la India y Sri Lanka como principales competidores. En cambio, la producción de gemas en bruto ha disminuido de forma drástica por la fuerte competencia de Myanmar, Sri Lanka y otros países.

Aunque hay numerosas tiendas del sector, en los últimos tiempos resulta tan difícil eludir los timos que el país ya no constituye un lugar seguro para adquirir estos artículos. Lo mejor es limitarse a mirar escaparates.

Artículos lacados

Chiang Mai es famosa por sus objetos lacados en negro con motivos en oro. Los muebles y piezas decorativas lacadas solían hacerse con bambú y teca, pero en la actualidad la base puede ser de madera de mango. Si se trata de un artículo de máxima calidad, la estructura es de bambú y va envuelta con pelo de caballo o asno. Aquellas con toda la base de bambú son de inferior categoría. Hecha la base, a continuación se aplica la laca y se deja secar. Al cabo de varios días se lija con ceniza de cáscara de arroz y se aplica otra capa de laca. Una buena pieza puede sumar hasta siete capas de laca.

Entonces se graba, se pinta y se pule para quitar el exceso de pintura, excepto en el interior del grabado. El lacado multicolor se consigue mediante sucesivas aplicaciones. En total, se puede tardar de cinco a seis meses en producir una buena pieza, que puede ser hasta de cinco colores. La flexibilidad es una característica de un buen trabajo: en un cuenco bien hecho se pueden forzar sus bordes hasta tocarse sin que sufra daño alguno. Otro factor a tener en cuenta es la calidad y precisión del grabado.

Tejidos

El noreste es famoso por el *mát·mèe*, un paño de seda o algodón grueso elaborado con hilos atados y teñidos, similar a los *ikat* indonesios. La provincia de Surin es conocida por su *mát·mèe*, que a menudo muestra colores y diseños geométricos heredados de las tradiciones jemer.

En el norte las sedas reflejan la influencia de las tradiciones Lanna, traídas a Chiang Mai y las montañas circundantes por las distintas tribus thai.

En el sur hay un buen *ƃah đé* (batik) con motivos más malasios que indonesios.

Cada tribu de la montaña elabora bordados tradicionales, que pueden verse en los mercados modernos en forma de bolsas y joyas (aunque casi todos se han confeccionado a máquina). Los auténticos, hechos a mano, llegan a los compradores gracias a la ayuda de muchas ONG cooperativas. En Chiang Mai y Chiang Rai hay muchas tiendas de artesanía.

Dinero

El *baht es* la unidad básica de la moneda tailandesa. Un *baht* se compone de 100 *satang*; hay monedas de 25 y 50 *satangs* y de 1, 2, 5 y 10 THB. Las monedas más antiguas tienen los números solo en thai, mientras que las nuevas incluyen también los arábigos. La moneda de 2 THB tiene un tamaño similar a la de 1 THB, pero es de color dorado. Las monedas de 2 *satang* solo suelen utilizarse en supermercados, donde los precios no se redondean.

Hay billetes de 20 (verde), 50 (azul), 100 (rojo), 500 (violeta) y 1000 THB (beis).

Cajeros automáticos y tarjetas de crédito y débito

Las tarjetas de débito emitidas por el banco del país de origen del viajero permiten la retirada de dinero en efectivo (solo *bahts*) en los cajeros automáticos de Tailandia, cargándolo directamente a la cuenta. Hay cajeros de confianza por todo el país para sacar dinero para gastos personales. Asimismo, algunos bancos tienen mostradores de cambio de divisas con cajeros automáticos para comprar *bahts*.

Los cajeros automáticos tailandeses cobran una comisión de 150 THB por transacción en cuenta extranjera, además de la tasa de conversión aplicada y de las comisiones que el banco propio cobre por utilizar una red ajena. Esto significa que ahora resultan mucho más caros que en el pasado. Antes de viajar a Tailandia conviene buscar una cuenta bancaria que permita retirar dinero en los cajeros automáticos del extranjero gratis y que reembolse las comisiones de los cajeros automáticos de otras entidades.

Aeon es el único banco que este autor conoce en Tailandia que no cobra la comisión de 150 THB por utilizar cuentas extranjeras, pero su red nacional de cajeros automáticos es algo limitada; suelen encontrarse en las tiendas Big C.

Muchas tiendas, hoteles y restaurantes aceptan el pago con tarjetas de crédito y de débito, especialmente Visa y MasterCard. Solo los hoteles y restaurantes de precio alto suelen admitir American Express.

Para informar del robo o pérdida de una tarjeta, se puede llamar a los siguientes números de Bangkok.

American Express (☎0 2273 5544)

MasterCard (☎001 800 11887 0663)

Visa (☎001 800 441 3485)

Cambio de moneda

Los bancos y los escasos mostradores privados de cambio ofrecen las mejores tarifas. A la hora de comprar *bahts*, la moneda más aceptada es el dólar estadounidense, seguido del euro. Casi todos los bancos cobran una comisión y un impuesto por cada cheque de viaje operado.

El *Bangkok Post* y el *Nation* publican a diario los tipos de cambio oficiales; también se puede pedir una hoja con dicha cotización en cualquier banco.

Para información sobre precios en Tailandia, véase p. 18.

Entrada de divisas

Desde el 2008, al llegar y al salir del país los visitantes deben declarar toda cantidad que exceda de 20 000 US$. También hay ciertos requisitos monetarios para los extranjeros que llegan a Tailandia; la necesidad de demostrar que se poseen fondos suficientes varía según el tipo de visado, pero normalmente no sobrepasa el presupuesto estimado del viajero. Aunque no es habitual que pidan estas pruebas, hay que saber que existen leyes al respecto. El **Ministerio de Asuntos Exteriores** (www.mfa.go.th) puede ofrecer información más detallada.

Abrir una cuenta con moneda extranjera en cualquier banco comercial tailandés es una práctica legal; si los fondos provienen de otro país, no existen restricciones al ingresarlos o retirarlos.

Propinas

Dar propina no es una práctica habitual en Tailandia, con la excepción de la calderilla tras una consumición importante en un restaurante: si una comida cuesta 488 THB y se paga con un billete de 500, algunos tailandeses y extranjeros residentes dejarán los 12 THB restantes. No es exactamente propina, sino una forma de decir "no soy tan avaro como para quedarme hasta la última moneda".

En muchos restaurantes de hoteles o de alto nivel, al precio se incorpora un 10% de servicio. En este caso, no se espera propina. Bangkok ha adoptado algunas normas al respecto, sobre todo en restaurantes frecuentados por extranjeros.

Electricidad

En Tailandia la corriente es de 220 V. Los enchufes suelen tener dos clavijas redondas o planas.

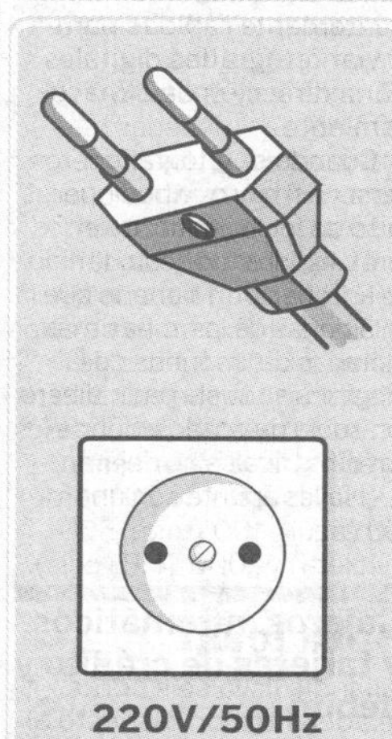

Embajadas y consulados

Las embajadas extranjeras están en Bangkok, y algunos países también tienen consulados en Chiang Mai, Phuket o Pattaya.

Argentina (☎0 259 0401; www.argentinaemb-bkk.com; Glas Haus Building 1, Suite 1601, Sukhunvit 25, Sukhunvit Road, 10110, Bangkok)

Camboya (☎0 2957 5851-2; 518/4 Pracha Uthit/Soi Ramkamhaeng 39, Bangkok)

Chile (☎0 267 96005; www.chile-thai.com; piso 18, Sathorn City Tower, 175 South Sathorn Road, 100120, Bangkok)

China Bangkok (☎0 2245 7044; www.chinaembassy.or.th; 57 Th Ratchadaphisek); consulado en Chiang Mai (plano p. 236; ☎0 5327 6125; 111 Th Chang Lor, Tambon Haiya)

Colombia (☎0 254 5105; The Park Place, 231, piso 9, Sarasin Road, Lumpini, Pathumwan, Bangkok)

Cuba (☎0 266 52803; Mela Mansion, Apt. 7Ac, Sukhumvit Soi 27, Bangkok)

EE UU Bangkok (plano p. 78; ☎0 2205 4049; http://bangkok.usembassy.gov; 95 Th Withayu/Wireless Rd); consulado en Chiang Mai (plano p. 236; ☎0 5310 7777; 387 Th Wichayanon)

España (plano p. 84; ☎0 2661 8284; Emb.Bangkok@maec.es; piso 23, Lake Ratchada Office Complex, 193 Th Ratchadaphisek, Bangkok)

India (plano p. 84; ☎0 2258 0300-6; indianembassy.in.th; 46 Soi Prasanmit/Soi 23, Th Sukhumvit); centro de solicitud de visados de Bangkok (plano p. 84; ☎02 6652 9681; www.ivac-th.com; Glass Haus Bldg, piso 15, suite 1503, Th Sukhumvit); consulado en Chiang Mai (☎0 5324 3066; 33/1 Th Thung Hotel, Wat Gate)

Indonesia (plano p. 78; ☎0 2252 3135; www.kemlu.go.id/

bangkok; 600-602 Th Phetchaburi, Bangkok)

Laos (✆0 2539 6678; www.bkklaoembassy.com; 502/1-3 Soi Sahakarnpramoon, Pracha Uthit/Soi 39, Th Ramkamhaeng, Bangkok)

Malasia (plano p. 82; ✆0 2629 6800; 35 Th Sathon Tai, Bangkok) También tiene consulado en Songkhla.

México (✆ 0 285 0995; www.sre.gob.mx/index.php/embajadas/tailandia; 21/60-62 Thai Wah Tower I, piso 20, South Sathorn Road, Yannawa, Bangkok)

Myanmar (Birmania; plano p. 74; ✆0 2233 2237; www.mofa.gov.mm; 132 Th Sathon Neua, Bangkok)

Perú (✆ 0 260 6243, Baan Chang Glas Haus Building, piso 16, 1, Soi Sukhumvit 25; Wattana, Bangkok)

Singapur (plano p. 74; ✆0 2286 2111; www.mfa.gov.sg/bangkok; 129 Th Sathon Tai, Bangkok)

Venezuela Embajada en Malasia (✆603- 2163-3444; www.venezuela.org.my; suite 20-05, piso 20, 207 Jalan Tun Razak, 50450 Kuala Lumpur)

Vietnam (plano p. 78; ✆0 2251 5836-8; www.vietnamembassy-thailand.org; 83/1 Th Withayu/Wireless Rd, Bangkok)

Festivos

Las oficinas gubernamentales y los bancos cierran las siguientes fechas.

1 enero Año Nuevo

Febrero (fechas variables) Día de Makha Bucha, fiesta sagrada budista

6 abril Festividad Chakri, en honor al fundador de la dinastía Chakri, Rama I

13-14 abril Songkran, Año Nuevo tailandés y fiesta del agua

5 mayo Día de la Coronación; conmemora la subida al trono en 1946 de los reyes actuales

1 mayo Día del Trabajo

Mayo/junio (fechas variables) Visakha Bucha, fiesta sagrada budista

Julio (fechas variables) Asahna Bucha, fiesta sagrada budista

12 agosto Cumpleaños de la reina

23 octubre Día de Chulalongkorn

Octubre/noviembre (las fechas varían) Ork Phansaa, final de la "Cuaresma budista"

5 diciembre Cumpleaños del rey

10 diciembre Día de la Constitución

31 diciembre Fin de Año

Fotografía

Los tailandeses son muy aficionados a los aparatos tecnológicos y, por supuesto, abundan también los móviles con cámara. Las tarjetas de memoria suelen estar disponibles en los formatos más habituales en las secciones de electrónica de casi todos los centros comerciales. En las zonas turísticas, muchas tiendas de internet tienen el equipo necesario para descargar fotografías. Como alternativa, la mayoría de los locales tienen conexiones lo suficientemente rápidas para enviar fotografías digitales a una dirección de almacenamiento.

Cuando se fotografía a personas, hay que pedir permiso de forma educada en thai y esperar un gesto tímido de aprobación. Mientras que en algunas de las zonas más visitadas de las tribus de la montaña se suele pedir dinero a cambio de posar, en otros pueblos tribales no dejarán que se les apunte con una cámara.

Hora local

Tailandia lleva seis horas de adelanto con respecto al GMT/HUC. En las oficinas gubernamentales y cines, la hora a menudo se expresa mediante el sistema de 24 horas (las 11 de la noche se transcribe como 23.00).

Horario comercial

Los horarios facilitados a continuación son los más habituales. Siempre que difieran de estos, se indican en las reseñas particulares. Todas las oficinas estatales y bancos cierran durante las fiestas oficiales (véase izquierda).

Bancos 9.30-15.30 lu-vi; cajeros automáticos 24 horas.

Bares 18.00-24.00 (oficial); los horarios varían según el cumplimiento de las leyes de cierre de los locales; cierran durante las elecciones y en determinadas fiestas religiosas oficiales.

Clubs (discotecas) 20.00-2.00; vale lo dicho para los bares.

Oficinas gubernamentales 8.30-16.30 lu-vi; algunas cierran para el almuerzo (12.00-13.00) y otras abren los sábados (9.00-15.00).

Actuaciones musicales en directo 18.00-1.00; vale lo dicho para los bares.

Restaurantes 10.00-22.00; algunos cierran por la tarde a partir de las 15.00.

Tiendas locales: 10.00-18.00 a diario; centros comerciales: 10.00-20.00 a diario. En algunos pueblos las tiendas cierran los domingos.

Información turística

El servicio de promoción e información turística gestionado por el Gobierno, la **Autoridad de Turismo de Tailandia** (TAT; www.tourismthailand.org) se fundó en 1960 y edita excelentes folletos sobre lugares de interés, alojamiento y transporte. La sede de la TAT se halla en Bangkok y tiene 22 oficinas regionales repartidas por todo el país. Para informarse sobre si hay sucursal en las poblaciones que se planeen visitar, véanse los capítulos correspondientes a cada destino.

Las siguientes son algunas de las oficinas de información de la TAT en el extranjero:

EE UU (☎323 461 9814; piso 1, 611 North Larchmont Blvd, Los Angeles, CA 90004) Funciona también como oficina para Centroamérica y Sudamérica.

España (www.turismotailandes.com; apdo. de correos 18121, 28080 Madrid)

Malasia (☎603 216 23480; www.thaitourism.com.my; Suite 22.01, Level 22, Menara Lion, 165 Jalan Ampang, Kuala Lumpur, 50450)

Singapur (☎65 6235 7901; c/o Royal Thai Embassy, 370 Orchard Rd, 238870)

Lavabos públicos

Cada vez es menos frecuente encontrar letrinas en Tailandia. Aunque todavía quedan algunas en zonas rurales, estaciones de autobuses de provincias, casas antiguas y restaurantes sencillos, el váter de estilo occidental gana terreno y está casi en todos los lugares donde hay turistas extranjeros.

De encontrase con una letrina, hay que situarse de pie con un pie a cada lado y mirando hacia la puerta. Al acabar se debe llenar un cuenco de plástico con agua del barreño y echarla en el retrete. En algunos aseos hay un montoncito de papel higiénico en la entrada (5 THB), pero también se puede llevar el propio o utilizar agua.

Incluso en lugares con váteres al estilo occidental el sistema séptico puede no estar diseñado para admitir papel higiénico. En tales casos habrá una papelera para echar el papel usado o los productos de higiene íntima. Algunos inodoros modernos poseen una pequeña manguera que se usa a modo de bidé.

Mapas

ThinkNet (www.thinknet.co.th) edita planos de ciudad y mapas del país bilingües y de alta calidad, con CD interactivos. La mayoría de los usuarios de GPS en el país prefieren los dispositivos Garmin y los planos asociados, pues son precisos y muy completos.

Mujeres viajeras

Las mujeres no encontrarán muchos problemas en Tailandia, y ese indicador de respeto del país frente a las viajeras debería corresponderse con la misma moneda.

Las tailandesas, sobre todo las más jóvenes, visten de forma más atrevida que en un pasado reciente. Esto significa que cualquier mujer de hoy viste como una chica de alterne, y la turista puede llevar camisetas de tirantes finos y enseñar el ombligo (si todavía está de moda) sin ofender a los autóctonos. Para ir sobre seguro, vale más taparse al visitar poblaciones rurales y siempre al entrar en los templos.

En Tailandia, los ataques y las violaciones no son comunes, pero a veces ocurren incidentes, especialmente en situaciones de especial vulnerabilidad, como una mujer sola o ebria. Si la viajera regresa a casa sin acompañante de un bar, ha de estar alerta. Puede ser en el caso de las fiestas de la luna llena de Ko Pha-Ngan. Se recomienda evitar las ofertas de transporte de desconocidos por la noche, así como viajar solas por zonas apartadas (cosas de sentido común que pueden pasar inadvertidas en un entorno nuevo lleno de gente hospitalaria).

Si para algunos hombres Bangkok es un paraíso, las mujeres extranjeras también tienen sus oportunidades en las playas tailandesas. Como cada vez hay más parejas mixtas, la disponibilidad de los hombres tailandeses es cada vez mayor. Que no se esté interesada en encuentros románticos no significa que alguien pueda pensar lo contrario. Si tras un simple coqueteo con un tailandés, la mujer dirige la atención a otro hombre, el primero puede sentirse despechado. En algunos casos, y si hay alcohol de por medio, el hombre rechazado puede tornarse desagradable e incluso violento.

Peligros y advertencias

Aunque Tailandia no es un país peligroso para el viajero, conviene actuar con prudencia, sobre todo al tratar con extraños (tailandeses o de otros países) o si se viaja en solitario. En general, es más probable caer víctima de un timo o hurto que sufrir algún daño físico.

Agresiones

No son habituales en Tailandia, pero a veces ocurren. Si se desprestigia o se hace quedar mal a un tailandés en público, este puede reaccionar de forma desmesurada y violenta. Muchas veces el alcohol es el principal causante de que el turista se meta en líos.

Las mujeres, sobre todo si viajan por libre, deben proceder con inteligencia y mantenerse sobrias al relacionarse con personas del sexo opuesto, ya se trate de tailandeses o de extranjeros. Los oportunistas suelen actuar cuando el exceso de *whisky* surte efecto. También cabe tener en cuenta que un inocente flirteo por parte de la viajera puede ser malinterpretado como una propuesta en firme por los autóctonos, que poseen otras actitudes respecto al sexo.

Problemas fronterizos y zonas conflictivas

Tailandia ha mejorado mucho las relaciones con sus vecinos y casi todas las fronteras terrestres permiten el paso de personas y bienes. Sin embargo, debido a la persistente violencia en las regiones del extremo sur (véase recuadro en p. 596), la frontera con Malasia en Sungai Kolok es una zona prohibida y no deberían visitarse por cuenta propia las provincias de mayoría musulmana (Yala, Pattani y Narathiwat).

Las relaciones transfronterizas entre Tailandia y Myanmar se han normalizado bastante, pero a veces las fronteras se cierran sin previo aviso, normalmente cuando se producen hechos relevantes, como las elecciones de Myanmar del 2010. Estar bien informado antes de presentarse en la frontera evitará estos inconvenientes.

La zona del Parque Nacional del Khao Phra Wihan (Preah Vihear en Camboya), en la frontera entre Tailandia y Camboya, ha sido objeto de largas disputas y todavía se producen enfrentamientos militares, por lo que debería evitarse hasta que las cosas se solucionen definitivamente.

Conviene consultar las recomendaciones actualizadas del Ministerio de Asuntos Exteriores del país de origen.

Posesión y consumo de drogas

En Tailandia es ilegal comprar, vender o poseer opio, heroína, anfetaminas, setas alucinógenas o marihuana. Detrás de la aparente imagen del todo vale, la posesión y el tráfico de drogas se castigan severamente, tanto si se es tailandés como si no. La posesión de estupefacientes está penada con un mínimo de un año de cárcel. El contrabando de los mismos (intentar cruzar la frontera con ellos) comporta penas más duras, incluida la de muerte.

Estafas

Los tailandeses pueden mostrarse tan afables y campechanos que algunos visitantes confiados pueden caer víctimas de estafas de todo tipo. Bangkok es un terreno propicio para estos sofisticados timos, como el de hacer creer al viajero que gracias a la amistad que acaba de entablar con un autóctono va a conseguir piedras preciosas carísimas a precios de ganga, pero que en realidad son falsas.

Hay que seguir el principal consejo de la TAT a los turistas: rechazar cualquier ofrecimiento de un extraño, ya sea para vender cosas o hacer de guía turístico, pues siempre comportan una comisión sobre los beneficios. Para más información, véase recuadro en p. 134.
Robos y fraudes El viajero debe proteger en todo momento sus pertenencias. Conviene asegurarse de que la habitación queda bien cerrada con llave al salir, y llevar siempre encima los efectos más importantes (pasaporte, dinero, tarjetas de crédito, etc.). Hay que ser muy precavido si se dejan objetos de valor en la caja fuerte de un hotel.

Hay que mostrarse igualmente cauteloso durante los viajes. Una maleta cerrada no evitará el robo en un trayecto largo de autobús.

Cuando se utilice la tarjeta de crédito, no hay que perderla nunca de vista, aunque el vendedor alegue que debe pasarla por la máquina. Algún que otro comerciante sin escrúpulos la ha pasado hasta tres veces o más por una sola compra. A veces esperan varias semanas o incluso meses para cargar los recibos por separado y así hacer dudar a su propietario de su uso.

Para evitar perder todo el dinero del viaje de una vez, conviene no utilizar tarjetas que supongan un cargo inmediato en la cuenta bancaria.

Hay que ponerse en contacto con la **policía turística** (☎1155) si se sospecha que se ha sido víctima de un fraude como consumidor.

Cazaclientes y comisiones

La caza de clientes es una actividad con una larga tradición en Asia, si bien en Tailandia no está tan extendida como, por ejemplo, en la India. En Bangkok, los conductores de *túk-túks*, los empleados de hotel y las chicas de alterne a menudo se ofrecen para hacer de cicerone al recién llegado, que al final suele verse apremiado a comprar en tiendas de sedas, joyas o artesanía.

Estos buscadores de inocentes también dirigen al viajero a pensiones que les pagan comisión. Se sabe de agencias de viajes que engatusan a los turistas recién llegados para que se alojen en hoteles mal situados y muy caros.

A veces las agencias de viajes aparentan pertenecer a la TAT, la oficina de turismo oficial. A menudo tienen agentes que llevan placas falsas o carteles con las siglas TAT bien visibles, para atraer al viajero a sus oficinas y venderle billetes de autobús o tren con comisión. Hay que saber que la TAT no realiza reservas de hotel ni de transporte. Si en alguna oficina ofrecen este servicio, se tratará de una agencia particular, no de una oficina de la Autoridad de Turismo de Tailandia (TAT).

Al contratar algún tipo de transporte, conviene comparar varias agencias para encontrar el precio más ventajoso, pues las comisiones varían mucho entre unas a otras. También hay que resistirse ante la táctica comercial de las agencias que intentan endilgar de todo: billetes de avión, hoteles, excursiones… Un tailandés honesto tiende a ser comedido cuando se trata de vender algo.

Seguro de viaje

Es buena idea suscribir un seguro de viaje que cubra posibles robos, pérdidas y problemas de salud. Algunos ofrecen mayor cobertura médica que otros. Existe una gran variedad de pólizas, por lo que siempre hay que leer la letra pequeña. Es conveniente que incluya el derecho a ambulancia y a la repatriación (vuelo) de emergencia.

Algunas pólizas excluyen actividades peligrosas como el submarinismo, el motociclismo e incluso el senderismo. Otras no aceptan los carnés para motocicletas adquiridos en el país de destino.

Quizá se prefiera un seguro que abone directamente los gastos médicos u hospitalarios a tener que adelantar el importe y solicitar su reembolso después. Es necesario conservar toda la documentación y facturas, por si hubiera que reclamar más tarde.

Para recomendaciones sobre seguros de enfermedad, véase p. 773, y para detalles sobre seguros de vehículos, véase p. 770.

Teléfono

El prefijo telefónico internacional de Tailandia es el ☎66, y se utiliza cuando se llama al país desde el extranjero. Todos los números de teléfono tailandeses van precedidos de un 0 para llamadas nacionales, que se omite cuando se llama desde el extranjero. Los tres números que siguen al 0 inicial representan el prefijo provincial, que ya no se utiliza de forma independiente. Si el número empieza por 08, se trata de un teléfono móvil.

¿LLEGARÁ LA 3G?

Las compañías de telecomunicaciones y las agencias estatales tailandesas han estado tantos años peleándose por la 3G (plataforma de banda ancha para móviles) que ya ha aparecido la 4G. Tailandia es el único país asiático que no cuenta con este servicio, a pesar del gran número de usuarios de teléfonos inteligentes. En el 2010 y el 2011, los tribunales autorizaron los contratos para ofrecer estos servicios, pero luego los suspendieron. La aprobación de equipos importados parece que tendrá luz verde a la 3G en el 2012, o no.

Llamadas internacionales

Si se desea efectuar una llamada internacional desde un teléfono tailandés, primero hay que marcar el prefijo de acceso internacional y a continuación el prefijo del país, seguido del número del abonado.

En Tailandia hay diferentes prefijos de acceso internacional, que a su vez tienen diferentes precios por minuto. El prefijo estándar directo es ☎001; está gestionado por la CAT, que tiene fama de ofrecer la mejor calidad de sonido y conecta con el número más amplio de países, pero también es la más cara. El siguiente en calidad es el ☎007, un prefijo operado por la TOT, con una calidad fiable y precios algo más económicos. Los precios más bajos corresponden al ☎008 y al ☎009; ambos utilizan Voice sobre internet Protocol (VoIP), con una calidad de sonido variable pero correcta.

Muchos residentes extranjeros utilizan **DeeDial** (www.deedial.com), un servicio de marcación directa que requiere una cuenta de prepago gestionada a través de internet. El servicio más económico que ofrece es el *ring back*, que logra sortear el pago de las tarifas locales.

También hay una variedad de tarjetas internacionales disponibles a través de la **CAT** (www.cthai.com) que ofrecen tarifas promocionales que pueden ser de menos de 1 THB por minuto.

Para hacer llamadas internacionales con la asistencia de una operadora hay que marcar el ☎100. Para llamar a cobro revertido se utiliza dicho prefijo. Otra alternativa es contactar con el proveedor de larga distancia del viajero para obtener el número de su operador para el extranjero –una llamada gratis– o bien marcar el ☎001 9991 2001 desde un teléfono de la CAT o el ☎1 800 000 120 desde un teléfono de la TOT.

Teléfonos móviles

Lo más sencillo es adquirir un teléfono móvil con una tarjeta SIM.

Tailandia pertenece a la red GSM y los operadores de móviles más conocidos son AIS, DTAC y True Move.

El viajero tiene dos opciones: comprar un teléfono móvil en Tailandia en uno de los centros comerciales de la ciudad o en una de las tiendas de telefonía que suele haber cerca de los mercados en las ciudades de provincias. También se puede utilizar un teléfono importado que no tenga la tarjeta SIM bloqueada (y que sea compatible con la red GSM). Para empezar hay que adquirir una tarjeta SIM de un operador concreto (AIS y DTAC son los más corrientes), con un número de teléfono asignado. Una vez habilitada la tarjeta SIM, se pueden adquirir minutos en tarjetas de prepago. Las tarjetas SIM y las tarjetas de recarga (generalmente con un saldo de 300 a 500 THB) pueden adquirirse en las tiendas 7-Eleven de todo el país.

Hay varias promociones, pero las tarifas suelen oscilar entre 1 y 2 THB por minuto a cualquier lugar de Tailandia y entre 5 y 9 THB para llamadas internacionales. Los SMS suelen costar 3 THB y son el medio de comunicación más barato.

Si no se tiene acceso a un fijo privado, se puede utilizar un sistema algo anticuado para llamar al extranjero a través de un servicio llamado Home Country Direct, disponible en algunas oficinas de correos y en centros de la CAT de todo el país.

Llamar al extranjero desde el teléfono de la habitación del hotel suele ser caro (a veces hasta un 50% o más con respecto a la tarifa de la CAT); sin embargo, en ocasiones, las llamadas locales son gratis o tienen un precio estándar. Algunas pensiones disponen de un teléfono móvil o fijo a disposición de los clientes que quieran llamar al extranjero a cambio de una tarifa por minuto.

También hay diferentes teléfonos públicos que funcionan con tarjetas de prepago para llamadas nacionales e internacionales, y otros, menos habituales, que funcionan con monedas y solo funcionan para llamadas nacionales. Utilizar los teléfonos públicos puede ser bastante enojoso, pues suelen estar situados en calles con mucho tráfico.

Viajeros con discapacidades

Tailandia representa una larga y continua carrera de obstáculos para las personas con problemas de movilidad. Bangkok, con sus altos bordillos, aceras irregulares y tráfico incesante, es especialmente difícil. En la capital hay muchas calles que han de cruzarse a través de puentes peatonales flanqueados por empinadas escaleras, mientras que los autobuses y barcos no paran el tiempo necesario siquiera para las personas con discapacidades leves. Tampoco abundan las rampas u otras formas de facilidades para sillas de ruedas.

Solo algunos hoteles de nivel medio-alto se esfuerzan por ofrecer instalaciones adaptadas a los discapacitados. Normalmente, los hoteles de lujo lo ponen más fácil, pues muchos de sus empleados ayudan cuando el diseño del edificio no facilita las cosas. Por lo demás, el viajero deberá valerse por sus propios medios.

Más acorde con los tiempos, **Worldwide Dive & Sail** (www.worldwidediveandsail.com) ofrece programas de submarinismo para clientes con problemas auditivos.

Entre las organizaciones y publicaciones específicas que ofrecen consejos sobre viajes al extranjeros se encuentran las siguientes.

Federación ECOM (www.ecom.cat)

Viajes 2000 (www.viajes2000.com)

Accessible Journeys (www.disabilitytravel.com)

Mobility International USA (www.miusa.org)

Society for Accessible Travel & Hospitality (www.sath.org)

Más información y enlaces útiles en **Discapnet** (www.discapnet.es).

Visados

El **Ministerio de Asuntos Exteriores** (www.mfa.go.th) supervisa los temas de inmigración y de visados. Consúltese en su página web o en la embajada o consulado tailandés más cercano para saber cómo debe solicitarse un visado y cuánto cuesta.

Visado de turista y exenciones

El Gobierno tailandés permite exención de visado turístico a 41 países, incluidos EE UU, la mayor parte de Europa, España incluida, y Argentina, Chile, Costa Rica, México, Panamá, Perú y Uruguay, lo que implica que se puede entrar al país sin un visado gestionado con anterioridad. Los que llegan en avión tienen derecho a un visado de 30 días gratis (15 días para los que arriban por tierra).

Al viajero que no disponga de billete para salir del país y dinero suficiente para la estancia planeada (una formalidad que no se suele practicar) se le puede negar la entrada en el país.

Si el viajero planea permanecer en Tailandia más de 30 días (o 15 para llegadas por tierra), debería solicitar el visado turístico de 60 días en una embajada o consulado tailandés antes de emprender el viaje. Contáctese con la embajada o consulado tailandés más próximo para informarse de los procedimientos y precio de los visados turísticos.

Visado de no inmigrante

Este visado sirve para 90 días y está pensado para los extranjeros en viaje de negocios, estudios, de visita familiar o jubilados. Para esta clase de documento existen visados de entrada múltiple; el viajero tiene más posibilidades de obtener entradas múltiples si solicita

OFICINAS DE INMIGRACIÓN

Las siguientes tramitan extensiones del visado y otros documentos. Para hacer gestiones oficiales en Tailandia conviene vestirse de domingo y acudir siempre en persona, no encargarlo a un representante. Para cualquier tipo de prórroga del visado se requieren dos fotografías tamaño carné y una fotocopia de las páginas del pasaporte donde figure la fotografía y los visados.

» **Oficina de inmigración de Bangkok** (☎0 2141 9889; edificio B, Bangkok Government Center, Th Chaeng Wattana; ⌚9.00-12.00 y 13.00-16.30 lu-vi)

» **Oficina de inmigración de Chiang Mai** (plano p. 232; ☎0 5320 1755-6; Th Mahidon; ⌚8.30-16.30 lu-vi)

el visado en un consulado tailandés europeo o estadounidense que si lo hace en otros lugares del mundo. Para solicitar un permiso de trabajo en Tailandia, hay que estar en posesión de un visado de este tipo.

Extensiones y renovaciones del visado

Si el viajero desea permanecer más tiempo en el país del que permite su visado, puede ampliar este a través de cualquier oficina de inmigración de Tailandia. La tasa habitual para una prórroga es de 1900 THB.

Quienes posean un visado estándar de 15 o 30 días de duración pueden prorrogarlo durante 7 o 10 días (dependiendo de la oficina de inmigración) si se gestiona antes de que el visado expire. El visado de turista de 60 días de duración puede prorrogarse otros 30 días a discreción de las autoridades de inmigración de Tailandia.

Otro medio para renovar el visado es cruzar una frontera terrestre. A la vuelta expedirán un nuevo visado para 15 días; la "excursión del visado" es un buen recurso para estancias cortas. En diferentes capítulos se encontrará más información sobre fronteras terrestres y trámites requeridos.

Si se permanece más tiempo del que permite el visado, el recargo habitual son 500 THB de multa por cada día de más hasta un máximo de 20 000 THB. Las multas se pueden abonar en el aeropuerto o, por adelantado, en cualquier oficina de inmigración. Si ha transcurrido solo un día, no se aplica ningún tipo de penalización; y tampoco a los menores de 14 años que viajen con sus padres.

Los residentes extranjeros en Tailandia deberían gestionar las prórrogas de visados en la oficina de inmigración más cercana a su domicilio.

Voluntariado

En Tailandia hay numerosas y excelentes organizaciones de voluntariado que ofertan trabajos útiles y actividades culturales. **Volunteer Work Thailand** (www.volunteerworkthailand.org) mantiene una base de datos de ofertas. Más información en p. 37. Véase también en los capítulos de los destinos.

Transporte

CÓMO LLEGAR Y SALIR

Llegada al país

Los trámites de entrada a Tailandia, en avión o por tierra, son sencillos: enseñar el pasaporte (para información sobre visados, véase p. 762) y entregar las tarjetas de llegada y salida cumplimentadas. Dichas tarjetas se suelen repartir durante el vuelo o se pueden recoger en la oficina de inmigración si se llega por tierra.

Si no se tiene nada que declarar, no hace falta rellenar el formulario en la aduana; en caso contrario, a la llegada, los agentes tailandeses de aduanas facilitan los impresos. Para información de la aduana tailandesa sobre el dinero mínimo que se ha de llevar para entrar en el país, véase p. 757.

Avión

Aeropuertos

El de Bangkok es el principal de Tailandia. En el país hay otros aeropuertos que acogen vuelos nacionales y, a veces, rutas interregionales.

Aeropuerto internacional Suvarnabhumi (BKK; ☎0 2132 1888) Recibe casi todos los vuelos internacionales y la mayor parte de los nacionales. Está en Samut Prakan, 30 km al este de Bangkok y a 110 km de Pattaya.

Aeropuerto Don Muang (DMK; ☎0 2535 1111) El segundo aeropuerto de Bangkok todavía acoge vuelos nacionales de Nok Air y Orient Thai (antes One-Two-Go). Hay que tener esto en cuenta al reservar vuelos de enlace con estas aerolíneas.

Aeropuerto internacional de Phuket (HKT; ☎0 7632 7230) Entre los destinos internacionales asiáticos destacan Hong Kong, Singapur y Bali, con Air Asia. También recibe vuelos chárteres directos desde Europa.

Aeropuerto internacional de Chiang Mai (CNX; www.chiangmaiairportonline.com) Entre los destinos de Asia que cubre están Kuala Lumpur, Taipéi y Singapur.

Aerolíneas

Thai Airways opera vuelos directos entre Madrid y Bangkok (12 h). No existen vuelos directos desde América Latina, por lo que habrá que hacer escala en EE UU (Thai Airways vuela desde Los Ángeles), Europa o Asia. Rumbo.com puede ser un buen inicio a la hora de buscar vuelos y conexiones.

Las siguientes compañías vuelan a/desde Bangkok:

Air Asia (☎0 2515 9999; www.airasia.com)

Air Berlin (☎0 2236 9779; www.airberlin.com)

Air Canada (☎0 2670 0400; www.aircanada.com)

Air China (☎0 2634 8991; www.fly-airchina.com)

EL CAMBIO CLIMÁTICO Y LOS VIAJES

Todos los viajes con motor generan una cierta cantidad de CO_2, la principal causa del cambio climático provocado por el hombre. En la actualidad, el principal medio de transporte para los viajes son los aviones, que emplean menos cantidad de combustible por kilómetro y persona que la mayoría de los automóviles, pero también recorren distancias mucho mayores. La altura a la que los aviones emiten gases (incluido el CO_2) y partículas también contribuye a su impacto en el cambio climático. Muchas páginas web ofrecen "calculadoras de carbono" que permiten al viajero hacer un cálculo estimado de las emisiones de carbono que genera en su viaje y, si lo desea, compensar el impacto de los gases invernadero emitidos participando en iniciativas de carácter ecológico por todo el mundo. Lonely Planet compensa todos los viajes de su personal y de los autores de sus guías.

Air France (☎0 2610 0808; www.airfrance.fr)

Air New Zealand (☎0 2235 8280; www.airnewzealand.com)

Bangkok Airways (☎1771; www.bangkokair.com)

British Airways (☎0 2627 1701; www.britishairways.com)

Cathay Pacific Airways (☎0 2263 0606; www.cathaypacific.com)

China Airlines (☎0 2250 9898; www.china-airlines.com)

Delta Airlines (☎0 2660 6900; www.delta.com)

Emirates (☎0 2664 1040; www.emirates.com)

Eva Air (☎0 2269 6288; www.evaair.com)

Garuda Indonesia (☎0 2679 7371; www.garuda-indonesia.com)

Gulf Air (☎0 2254 7931; www.gulfairco.com)

Japan Airlines (☎0 2649 9520; www.jal.co.jp)

Jetstar Airways (☎0 2267 5125; www.jetstar.com)

KLM-Royal Dutch Airlines (☎0 2610 0800; www.klm.com)

Korean Air (☎0 2620 6900; www.koreanair.com)

Lao Airlines (☎0 2236 9822; www.laoairlines.com)

Lufthansa Airlines (☎0 2264 2400; www.lufthansa.com)

Malaysia Airlines (☎0 2263 0565; www.mas.com.my)

Myanmar Airways International (☎0 2261 5060; www.maiair.com)

Nepal Airlines (☎0 2266 7146; www.nepalairlines.com.np)

Orient Thai (☎1126; www.flyorientthai.com)

Philippine Airlines (☎0 2263 0565; www.philippineairlines.com)

Qantas Airways (☎0 2236 2800; www.qantas.com.au)

Royal Brunei Airlines (☎0 2637 5151; www.bruneiair.com)

Scandinavian Airlines (☎0 2645 8200; www.flysas.com)

Singapore Airlines (☎0 2353 6000; www.singaporeair.com)

South African Airways (☎0 2635 1410; www.flysaa.com)

Thai Airways International (☎0 2288 7000; www.thaiair.com)

United Airlines (☎0 2353 3939; www.ual.com)

Vietnam Airlines (☎0 2655 4137; www.vietnamair.com.vn)

Billetes

En algunos casos, como cuando se viaja a países vecinos o a destinos nacionales, todavía se recomienda recurrir a una agencia de viajes de Tailandia. Como no todas aplican las mismas comisiones, conviene comparar unas cuantas. Para mayor seguridad, generalmente es preferible pagar con tarjeta de crédito, porque casi todas ellas ofrecen reembolsos si se puede probar que no se obtuvo el servicio que se había contratado. Las agencias que aceptan el pago en metálico deberían entregar los billetes al momento y no utilizar el recurrente "vuelva usted mañana". Después de hacer una reserva o pagar un depósito, se recomienda llamar a la aerolínea para confirmarlo.

Las tarifas aéreas en temporada alta (dic-mar) pueden ser caras.

VIAJAR EN BARCO A/DESDE TAILANDIA

Se puede entrar y salir de Tailandia en barco público desde la costa del Andamán hasta la isla malaya de Langkawi.

Todos los barcos, patrones y tripulación extranjeros deben registrarse ante la autoridad tailandesa pertinente tan pronto se entre en aguas tailandesas. Aunque los puertos más importantes cuentan con puntos de registro, casi todos los servicios turísticos suelen hacerlo en Phuket, Krabi, Ko Samui, Pranburi o Pattaya. Antes de salir de Tailandia, hay que informar a la oficina de inmigración, al agente de aduanas o a capitanía del puerto.

Por tierra

Tailandia comparte frontera terrestre con Laos, Malasia, Camboya y Myanmar (Birmania). Se puede viajar entre estos países por tierra a través de los pasos fronterizos autorizados. Con la mejora de las carreteras, ahora es más fácil viajar entre Tailandia y China. Para oficinas de inmigración en pasos fronterizos y un resumen del transporte, véase p. 766.

Autobús, automóvil y motocicleta

Tailandia está conectada con los países vecinos por carretera, las cuales se pueden transitar en autobús, taxi compartido y vehículo privado. En algunos casos se tomará un autobús hasta el puesto fronterizo, acto seguido se cruzará inmigración a pie y después se subirá a otro autobús o taxi compartido en el país vecino. En otros, especialmente en Malasia, el autobús se detendrá para las formalidades de inmigración y después continuará hacia su destino.

Tren

Las redes ferroviarias tailandesa y malaya se interconectan en Butterworth (93 km al sur de la frontera entre Tailandia y Malasia), que es el punto de enlace hacia Penang (en barco) o hacia Kuala Lumpur y Singapur (en tren malayo).

Hay varios pasos fronterizos a los que se puede llegar en tren y, una vez al otro lado de la frontera, seguir en automóvil. Dos de ellos son el paso entre Tailandia y Camboya en Aranya Prathet, para ir a Poipet, y el paso entre Tailandia y Laos en Nong Khai, para ir a Vientián.

Hay otra línea de tren que va hasta la localidad fronteriza de Sungai Kolok, en la costa este de Malasia, pero debido a los brotes de violencia en el sur profundo de Tailandia, Lonely Planet no la recomienda.

Pasos fronterizos

Camboya

En la frontera pueden obtenerse visados turísticos camboyanos por 20 US$, aunque en algunos pasos cobran 1200 THB. Hay que entregar una fotografía tamaño carné y evitar a los que se ofrecen para tramitar un certificado de salud u otros documentos "médicos" a cambio de una comisión.

De Aranya Prathet a Poipet (p. 500) Es la ruta terrestre más directa entre Bangkok y Angkor Wat.

De Hat Lek a Krong Koh Kong (p. 211) Es el paso costero para los viajeros a/desde Ko Chang/Sihanoukville.

De Pong Nam Ron a Pailin (p. 207) Es una ruta secreta desde Ko Chang (vía Chanthaburi) a Battambang y Angkor Wat.

Otros pasos fronterizos más remotos son el de O Smach a Chong Chom (cerrado esporádicamente por los enfrentamientos en el Khao Phra Wihan) y el de Chong Sa a Ngam Choam, pero no son tan convenientes porque hay que contratar un transporte privado (nada de taxis compartidos) en el lado camboyano.

China

Gracias a la ampliación y mejora de las infraestructuras, actualmente el interior meridional de China está conectado con Laos y el norte de Tailandia, de modo que ya es posible viajar de forma bastante directa entre ambos países. Se necesita tramitar el visado chino antes de la salida (mejor en Bangkok o en Chiang Mai).

EN BICICLETA POR TAILANDIA

Salvo en Bangkok, la bicicleta es un medio ideal para moverse por el país: es económico, no contaminante y permite disfrutar del entorno. Se pueden alquilar bicicletas en muchos lugares, entre otros en las pensiones, por tan solo 50 THB al día, aunque no siempre son de buena calidad. No suelen pedir depósito.

Hacer turismo en bicicleta es bastante popular, y casi todas las carreteras están asfaltadas y cuentan con arcenes amplios. Como se cargan muchos impuestos a las máquinas de importación, casi siempre sale más a cuenta llevar la bicicleta propia que comprar una en Tailandia. No se necesitan permisos especiales para entrar una bicicleta en el país, aunque en la aduana pueden registrarla; si se saliera del país sin ella, habría que pagar derechos de aduana. Es recomendable llevar un buen juego de herramientas y recambios.

Antes se podía atravesar Myanmar por tierra desde la localidad tailandesa de Mae Sai hasta la china de Daluo, cerca de Mong La, pero esta frontera permanece cerrada desde el 2005.

De Chiang Khong a Mengla (p. 328) La carretera principal China-Tailandia (ctra. 3) es una antigua ruta del contrabando de opio, modernizada y convertida en una importante vía comercial transnacional. A los 1800 km de carretera asfaltada entre Kunming (Yunnan, China) y Bangkok todavía les falta un enlace vital: el cuarto Puente de la Amistad Tailandesa-Laosiana en Chiang Khong-Huay Xai, sobre el Mekong, que se prevé estará listo en el 2014. Mientras tanto, el paso se realiza en barco; los autobuses parten de la ciudad laosiana de Huay Xai.

De Chiang Saen a Jinghong (p. 324) Un barco lento opera la travesía por el Mekong desde el norte de Tailandia a la provincia china de Yunnan.

Laos

Es bastante sencillo cruzar la frontera de Laos tanto por el norte como por el noreste de Tailandia. Los visados de Laos (30-42 US$) se pueden obtener a la llegada; hay que presentar una fotografía tamaño carné.

De Nong Khai a Vientián (p. 466) El primer Puente de la Amistad Tailandesa-Laosiana salva este tramo del Mekong y es la principal frontera entre ambos países. Es fácil llegar a Nong Khai en tren o autobús desde Bangkok.

De Chiang Khong a Huay Xai (p. 328) Es un transitado paso que une Chiang Mai y el norte de Tailandia con Luang Prabang en barco.

De Mukdahan a Savannakhet (p. 493) El segundo Puente de la Amistad Tailandesa-Laosiana es un enlace triple entre Tailandia, Laos y Vietnam.

De Nakhon Phanom a Tha Khaek (p. 483) El tercer Puente de la Amistad Tailandesa-Laosiana debería haberse terminado a finales del 2011.

De Chong Mek a Vangtao (p. 483) Desde el lado tailandés se llega mejor a la frontera por Ubon Ratchathani; es una buena opción para pasar a Pakse (Laos).

Otros pasos fronterizos apartados son Bueng Kan-Paksan (p. 478; los visados laosianos deben tramitarse previamente), Tha Li-Kaen Thao (p. 471; requiere transporte de alquiler) y Ban Huay Kon-Muang Ngeun (p. 343).

Tarifas aéreas y rutas ferroviarias tailandesas

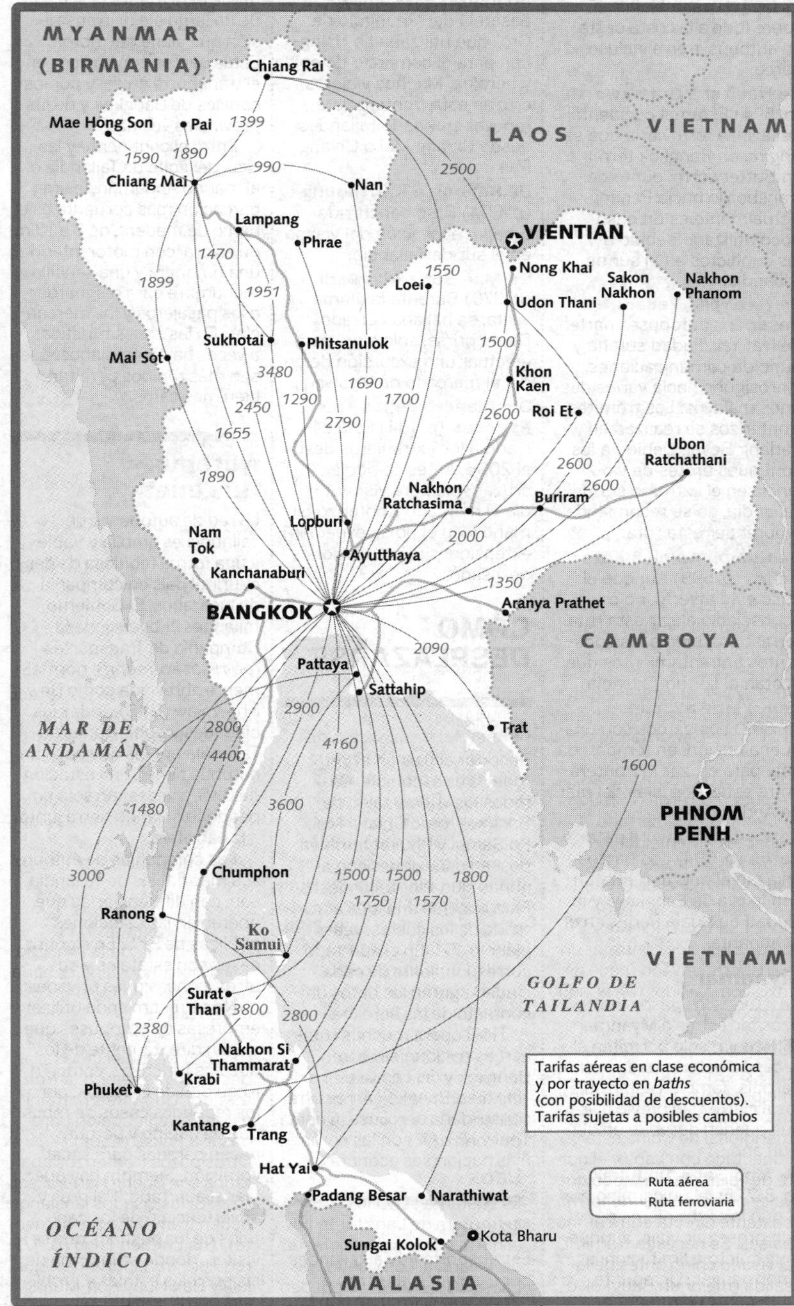

Malasia

Es fácil cruzar a Malasia, sobre todo a la costa oeste, en autobús, tren e incluso barco.

De Hat Yai a Butterworth (p. 594) El ramal occidental de la línea ferroviaria que se origina en Bangkok termina en Butterworth, punto de transbordo hacia Penang. Actualmente es un paso poco utilizado debido a los conflictos en el sur de Tailandia.

De Hat Yai a Padang Besar Los autobuses parten de Hat Yai, ciudad sureña y nudo de comunicaciones, y prosiguen hacia varios destinos malayos. Los trámites fronterizos se realizan en Padang Besar. Debido a los continuos brotes de violencia en el extremo sur de Tailandia, no se recomienda emprender esta ruta.

De Sungai Kolok a Kota Bahru (p. 599) Aunque el paso está abierto, no es aconsejable elegir esta ruta terrestre debido a los constantes enfrentamientos que azotan el sur de Tailandia.

De Ko Lipe a Langkawi (p. 692) Los barcos son una buena opción, en temporada alta, para cruzar la frontera entre estas dos islas del mar de Andamán.

Satun-Langkawi/Kuala Perlis (p. 694) Los barcos enlazan el puerto de Satun con la isla de Langkawi y la ciudad de Kuala Perlis, en el continente.

Myanmar

Casi todos los pasos fronterizos terrestres a Myanmar (Birmania) solo permiten el acceso a determinadas zonas del país. También están sujetos a cierres sin previo aviso que pueden durar de un día a un año.

De Mae Sai a Tachileik (p. 317) Es el único paso por el que los extranjeros pueden proseguir viaje, aunque muy sujeto a limitaciones y normativas. Un apunte interesante: el puente que conecta ambas ciudades fronterizas es la antigua pasarela del "Triángulo de Oro" que utilizaba Lo Hsing-han para el comercio de opio y heroína. Muchos viajeros cruzan esta frontera para renovar su visado tailandés desde Chiang Mai o Chiang Rai.

De Ranong a Kawthoung (p. 604) Paso concurrido para la renovación del visado en el sur de Tailandia.

De Mae Sot a Myawadi (p. 370) Durante la última visita, se hallaba cerrado. De reabrirse, solo sirve para efectuar una excursión de un día al mercado de Myawadi.

Desfiladero de las Tres Pagodas (p. 184) Está cerrado a los extranjeros desde el 2006. Antes se podía cruzar solo para visitar un día el mercado fronterizo birmano y en él no se expedían extensiones ni renovaciones de visado.

CÓMO DESPLAZARSE

Avión

Recorrer el país en avión todavía es asequible. Casi todos los vuelos salen de Bangkok, pero Chiang Mai, Ko Samui y Phuket también poseen conexiones con algunas ciudades tailandesas. Para hacerse una idea aproximada de los costes, véase plano p. 771. En el apartado correspondiente de cada ciudad figuran los datos de contacto de las aerolíneas.

THAI opera muchas rutas aéreas nacionales entre Bangkok y las capitales provinciales. Bangkok Air es otra consolidada aerolínea. Orient Thai y Nok Air son las compañías nacionales económicas.

Barco

El transporte fluvial tailandés por excelencia es el *reu·a hăhng yow* (barco de popa larga), llamado así porque la hélice está montada al final de un largo eje de transmisión que viene del motor. Estos barcos son básicos en el transporte fluvial y por los canales de Bangkok y de las provincias vecinas.

Entre el continente y las islas del golfo de Tailandia o el mar de Andamán, la embarcación más corriente es el barco de madera, de 8 a 10 m de eslora, con motor interior, una timonera y una sencilla techumbre para resguardar a los pasajeros y las mercancías. En las zonas turísticas a veces hay hidroplanos, que son más rápidos pero también más caros.

Autobús y furgoneta

La red de autobuses de Tailandia es amplia y fiable, y una forma fabulosa de descubrir el país en compañía de lugareños. El Gobierno tailandés subvenciona la Compañía de Transportes *(bò·rí·sàt kŏn sòng)*, normalmente abreviada como Baw Khaw Saw (BKS). Todas las ciudades y poblaciones de Tailandia por las que pasa un autobús tienen una estación de BKS, a veces tan solo un pequeño solar de tierra junto a la carretera.

Las compañías de autobuses más fiables de Tailandia son, con diferencia, las que operan en las estaciones públicas de BKS. En algunos casos son estatales y en otros, concesiones privadas.

No se recomienda utilizar empresas de autobuses que salgan directamente de los núcleos turísticos, como Th Khao San de Bangkok, por los repetidos casos de robos que ha habido y porque hacen paradas para sacar comisión. Siempre hay que leer el apartado "Peligros y advertencias" de los capítulos de los destinos que se visiten, donde se informa de las posibles estafas y problemas que puedan surgir.

	Aranya Prathet	Ayutthaya	Bangkok	Chiang Mai	Chiang Rai	Chumphon	Hat Yai	Hua Hin	Khon Kaen	Mae Hong Son	Mae Sai	Mukdahan	Nakhon Ratchasima	Nakhon Sawan	Nong Khai	Phitsanulok	Phuket	Sungai Kolok	Surat Thani	Tak	Trat
Ayutthaya	246																				
Bangkok	275	79																			
Chiang Mai	844	607	685																		
Chiang Rai	1014	777	775	191																	
Chumphon	727	531	452	1138	1308																
Hat Yai	1268	1072	993	1679	1849	555															
Hua Hin	458	262	183	869	1039	269	810														
Khon Kaen	432	397	440	604	774	902	1443	633													
Mae Hong Son	1013	767	800	225	406	1298	1839	1029	829												
Mae Sai	1082	845	746	259	68	1376	1917	1107	842	474											
Mukdahan	601	524	680	917	1087	1029	1570	760	313	1142	1155										
Nakhon Ratchasima	239	204	257	744	914	709	1250	440	193	969	982	320									
Nan	816	609	663	323	208	1139	1603	886	558	514	263	1000	760								
Nong Khai	598	563	516	720	890	1068	1609	799	166	945	958	347	359	1755							
Phitsanulok	535	298	420	309	479	829	1370	560	295	578	547	608	435	728	411						
Phuket	1125	929	862	1536	1706	412	474	667	1300	1696	1774	1427	1107	276	1466	1227					
Sungai Kolok	1555	1359	1210	1966	2136	842	287	1097	1730	2126	2204	1857	1357	1462	1896	1657	761				
Surat Thani	927	731	635	1338	1508	214	401	469	1102	1498	1576	1229	909	1288	1268	1029	286	791			
Tak	581	335	435	280	460	866	1407	597	441	432	528	754	544	354	557	146	1264	1694	1066		
Trat	285	392	313	999	1169	765	1306	496	717	1397	1237	886	524	996	883	690	1163	1593	965	727	
Ubon Ratchathani	444	367	620	881	1051	872	1413	603	277	1106	1119	157	163	1091	443	572	1270	1700	1072	707	729

Las furgonetas son el transporte de precio medio más utilizado. Pertenecen a empresas privadas y, al ser de dimensiones más reducidas, pueden salir de delante del mercado (en vez de las estaciones de autobuses, que están en las afueras de las ciudades) y dejar al pasajero en su hotel. No se recomienda sentarse delante (para no ver las temerarias maniobras del conductor).

Clases de autobús

Los vehículos más baratos y lentos son los *rót tam·má·dah* (autobuses normales con ventilador), que paran en todas las poblaciones y a los que se puede parar en cualquier punto de la carretera. Ya quedan muy pocos, hasta en las zonas rurales, pues la mayoría han sido sustituidos por otros con aire acondicionado.

Los autobuses más rápidos con aire acondicionado se llaman *rót aa* ("autobús con aire") y monopolizan el grueso de los servicios. Las rutas más largas cuentan al menos con dos tipos de autobuses con aire acondicionado: los de 2ª clase y los de 1ª; estos últimos con aseo. Los autobuses "VIP" y "Super VIP" disponen de menos asientos y son más cómodos. A veces se les llama *rót norn* ("autobús litera").

Conviene llevar una chaqueta, sobre todo en los viajes largos, pues el aire acondicionado se nota.

En estos autobuses el servicio suele ser bastante bueno y en algunas rutas, a veces, se incluye un servicio de bebidas y vídeo, cortesía de una azafata uniformada.

En los viajes nocturnos, los autobuses suelen detenerse para tomar un "*kôw đôm* de medianoche": se despierta a los pasajeros para ofrecerles una sopa de arroz gratis.

Reservas

Se pueden hacer para los autobuses de BKS con aire acondicionado en cualquier terminal de BKS, pero no para los servicios normales (con ventilador). Casi todos los hoteles y agencias de viajes venden billetes de autobuses de compañías privadas, pero es más seguro sacarlos directamente en la oficina de autobuses.

Automóvil y motocicleta

Permiso de conducir

Para conducir un vehículo (también motocicleta) en Tailandia, el visitante necesita un permiso de conducir internacional.

Combustible y piezas de recambio

Por todo el país abundan las gasolineras modernas, sobre todo junto a las carreteras. En zonas más remotas se puede conseguir *ben·sin/nám·man rót yon* (gasolina con benceno) en pequeños surtidores en los márgenes de la carretera o en los mismos pueblos. En Tailandia todo el combustible es sin plomo, y las camionetas y algunos automóviles utilizan gasóleo. En el 2007, Tailandia incorporó varios combustibles alternativos, como el gasohol (mezcla de petróleo y etanol con un octanaje del 91% o 95%) o el gas natural comprimido, utilizado en los taxis con sistema bi-fuel. Para novedades, combustibles de nueva generación y otros temas de interés automovilístico, véase la página web de **BKK Auto** (www.bkkautos.com).

Alquiler y compra

En casi todas las ciudades importantes y en los aeropuertos se pueden alquilar automóviles, todoterrenos y furgonetas. Las compañías nacionales suelen ser más económicas, pero su flota de vehículos acostumbra a ser más vieja y estar menos cuidada que la de las multinacionales. Antes de cerrar ningún trato, conviene comprobar el desgaste de los neumáticos y el mantenimiento general del vehículo.

Muchas pensiones y pequeños comercios familiares tanto de las localidades importantes como de los enclaves turísticos más pequeños alquilan motocicletas. En Tailandia, su alquiler es relativamente sencillo y es una manera fabulosa para realizar circuitos por libre. Para alquileres de un día, casi todos los establecimientos piden el pasaporte en depósito. Antes de firmar nada, se debe revisar el estado de la máquina y pedir un casco (obligatorio por ley).

Los accidentes en motocicleta son muy frecuentes entre los turistas, bien porque no saben manejarlas, bien porque no están familiarizados con las normas de tráfico locales y las malas condiciones de las carreteras. Se recomienda conducir con prudencia, sobre todo si el firme está resbaladizo, y asegurarse de contar con un buen seguro. Si nunca se ha conducido una moto, se debería optar por una de menos de 100 cc con cambio automático. Se aconseja repartir bien el peso.

Seguro

En Tailandia es obligatorio el seguro a terceros para todos los vehículos registrados que circulen por carretera. Las mejores compañías de alquiler ofrecen cobertura a todo riesgo. En cualquier caso, antes de firmar cualquier papel hay que verificar (fecha de la póliza) que el vehículo está asegurado a terceros. De sufrir un accidente con un vehículo no asegurado, se estará en un buen aprieto.

Normas de circulación y peligros en la carretera

En Tailandia se conduce por la izquierda. Aparte de eso, a pesar de las señales de tráfico y los límites de velocidad establecidos, todo es posible.

Primera lección: ceder siempre el paso al vehículo más grande; no es lo que dicen las normas de tráfico pero sí lo que aconseja la experiencia. La velocidad máxima en vías urbanas es de 50 km/h, y en casi todas las carreteras, de 80-100 km/h, aunque en algunos tramos rápidos pueden encontrarse vehículos que circulan entre 30 y 150 km/h. Suelen haber controles de velocidad en la carretera 4, en el sur, y en la 2, en el noreste.

En determinados avances conflictivos puede recurrirse a algunos códigos informales pero prácticos de advertencia. El intermitente izquierdo encendido indica que se puede adelantar, mientras que el derecho avisa que alguien se acerca en la dirección opuesta. El claxon se utiliza para avisar a los otros vehículos de que un conductor planea adelantar. Hacer un par de intermitencias con las largas advierte de que no se adelante.

En Bangkok, el caótico tráfico, las calles mal señalizadas y las vías cuyo sentido varía al azar (como en general las motocicletas) implican que de repente el viajero puede encontrarse con una batería de automóviles en sentido contrario al suyo.

Fuera de la capital, el principal peligro de conducir, aparte del menosprecio imperante por las normas de tráfico, es tener que compartir la calzada con tantos tipos diferentes de vehículos: camiones, bicicletas, *túk-túks* y motocicletas. A este desafío hay que añadir la falta de alumbrado nocturno. En las zonas rurales, el tráfico rodado es menor, pero entonces saltan a escena las gallinas, los perros y los búfalos de agua.

Autostop

Su práctica nunca es aconsejable, en cualquier parte del mundo, pues siempre acarrea cierto riesgo, por pequeño que sea. En concreto, en Tailandia no es muy común. Además, los tailandeses no "hacen dedo", sino que extienden un poco el brazo y lo mueven con la palma de la mano abierta hacia abajo. Pero como este mismo gesto se utiliza también para parar un taxi o un autobús, algunos conductores se detendrán para indicar al viajero la parada más próxima, si la hay. En algunos de los parques nacionales donde no hay transporte público, los tailandeses suelen recoger al pasajero que esté de pie a un lado de la carretera.

Transporte urbano

Autobús urbano y 'sŏrng•tăa•ou'

Bangkok posee la mayor red de autobuses urbanos del país, mientras que Udon Thani y otras capitales provinciales cuentan con algún tipo de autobús urbano. Para tomar uno, hay que esperar en la parada y hacerle señas agitando la mano con la palma hacia abajo. Normalmente el billete se paga al tomar asiento o, en algunos casos, al bajar del vehículo.

En el resto del país el transporte público se realiza en *sŏrng·tăa·ou* (pequeña camioneta descubierta dotada de dos hileras de bancos para los pasajeros). A veces se ciñen a unas rutas fijas, como los autobuses, pero otras también funcionan como taxis compartidos, siempre y cuando los pasajeros que las paren vayan en la misma dirección. En los centros turísticos, las *sŏrng·tăa·ous* se pueden contratar como taxis, pero habrá que negociar la tarifa por adelantado. Normalmente se puede parar una *sŏrng·tăa·ou* en cualquier punto del recorrido y pagar el billete al bajar.

En función de la región, las *sŏrng·tăa·ous* pueden tener una ruta fija desde el centro de la localidad y por los alrededores o incluso conectar con lugares más alejados de la provincia. Quizá estos vehículos sean más grandes, de seis ruedas (a veces llamados *rót hòk lór*).

'Skytrain' y metro

Bangkok es la única ciudad de Tailandia que tiene dos sistemas de transporte público sobre raíles, uno elevado y otro subterráneo. Conocidos como *skytrain* y metro, respectivamente, ambos han ayudado a aliviar los importantes atascos de la capital.

Mototaxi

En muchas ciudades hay *mor·đeu·sai ráp jâhng*, motocicletas de 100-125 cc con conductor a disposición de quienes las necesiten. Si el viajero no lleva equipaje, o solo una pequeña bolsa, son un transporte inmejorable para salir del paso.

Es más frecuente verlos concentrados cerca de los cruces importantes que patrullando las calles en busca de pasaje. Normalmente, los conductores visten unos jerséis con números. Las tarifas suelen oscilar entre 10 y 50 THB, según la distancia, y hay que acordar el precio de antemano. La excepción es Bangkok, donde el precio de los mototaxis entre *sois* es de 10 THB.

Taxi

Bangkok cuenta con el sistema más formal de taxis con taxímetro. En otras ciudades, taxi puede ser cualquier vehículo privado, con precios negociables. También se pueden utilizar como transporte entre ciudades, pero conviene acordar la tarifa con antelación.

Circuitos

En todo el mundo hay operadores que pueden organizar circuitos guiados por Tailandia. La mayoría son sencillamente intermediarios de compañías de viajes con sede en Tailandia. Las mejores empresas confeccionan sus propios recorridos por el país y escogen a los proveedores locales que dan un mejor servicio a lo largo de la ruta. Actualmente, muchas ofrecen programas de "voluntariado", en los que se puede comprar el almuerzo para un orfanato, visitar un hospital o enseñar inglés, además de visitar los lugares de interés. Para un viaje alternativo, véase también el apartado "Voluntariado" (p. 763).

Asian Trails (www.asiantrails.info) Operador que ofrece programas para intermediarios extranjeros; tiene circuitos que combinan los destinos más visitados con otros menos conocidos.

Hands Up Holidays (www.handsupholidays.com) Turismo de voluntariado y programas de visita a pueblos.

Intrepid Travel (www.intrepidtravel.com) Especialista

'SĂHM·LÓR' Y 'TÚK-TÚK'

Los *săhm·lór* (triciclos a pedales) se encuentran normalmente en las ciudades pequeñas, donde hay poco tráfico y aún sobreviven las tradiciones.

La versión moderna del *săhm·lór* es el *túk-túk*, un pequeño vehículo de colorines y motor ruidoso, que suele funcionar con autogás (gas licuado del petróleo).

En cualquier caso, la tarifa debe acordarse de antemano. En los lugares turísticos, los conductores de *túk-túks* a menudo se aprovechan de los extranjeros, por lo que conviene tener una idea de lo que cuesta una carrera. Los empleados del hotel pueden informar gustosos al respecto.

Los lectores interesados en triciclos a pedales, deberían echar un vistazo al libro de fotografías de tapa dura *Chasing Rickshaws*, de Tony Wheeler, el fundador de Lonely Planet.

en viajes para jóvenes en grupos reducidos.

Isan Explorer (www.isanexplorer.com) Circuitos a medida por el noreste.

I-to-I (www.i-to-i.com) Turismo de voluntariado y programas de año sabático.

Mekong Cruises (www.cruisemekong.com) Cruceros en un elegante navío por el Mekong.

Orient Express (www.orient-express.com) Circuitos de lujo a destinos conocidos y desconocidos de Tailandia.

Spice Roads (www.spiceroads.com) Varios programas ciclistas de ámbito regional.

Tiger Trails (www.tigertrailthailand.com) Naturaleza, cultura y agotadoras caminatas por Chiang Mai y el norte de Tailandia.

Tour de Thailand (www.tourdethailand.com) Organiza circuitos ciclistas benéficos por todo el país.

Tours with Kasma Loha-Unchit (www.thaifoodandtravel.com) Este escritor gastronómico monta circuitos personalizados de "inmersión cultural" por Tailandia.

Tren

La red ferroviaria tailandesa conecta los cuatro puntos cardinales del país y es una opción mejor que los autobuses para realizar el largo viaje al norte hasta Chiang Mai o al sur hasta Surat Thani. También es práctica para ir de Bangkok a las cercanas Ayutthaya y Lopburi, donde el tráfico por carretera es importante.

Ferrocarriles Estatales de Tailandia (SRT; ☎1690; www.railway.co.th) gestiona los 4500 km de red ferroviaria y las cuatro líneas principales: norte, sur, noreste y este. Todos los trenes de largo recorrido parten de la estación de Hua Lamphong, en Bangkok.

Clases

SRT opera trenes de pasajeros de 1ª, 2ª y 3ª clase, pero cada clase difiere mucho entre sí en función de si el tren es normal, rápido o exprés.

Primera clase Los vagones de primera con compartimentos privados son exclusivos de los servicios rápido, exprés y exprés especial.

Segunda clase La distribución de asientos en un vagón de 2ª clase sin literas es similar a la de un autobús: pares de butacas acolchadas, normalmente reclinables, y todas orientadas hacia delante. En los vagones con literas, los pares de butacas están colocados unos frente a otros y son abatibles para convertirse en litera, uno encima de otro. La litera inferior disfruta de más espacio de altura que la superior, pero también es más cara. A los niños siempre se les asigna la inferior. Esta clase solo la ofrecen los trenes rápidos y exprés. Hay vagones con aire acondicionado y con ventilador.

Tercera clase El típico vagón de tercera está formado por dos hileras de bancos dispuestos en pares encarados. Cada banco está pensado para dos o tres pasajeros, pero en los abarrotados trenes de las líneas rurales se sientan más. Los trenes exprés no tienen vagones de esta clase. Todos los trenes de cercanías de la zona de Bangkok son de 3ª clase.

Tarifas

Se determinan de acuerdo a un precio base al que se añaden los suplementos por distancia, clase y tipo de tren (exprés especial, exprés, rápido, normal). Hay que añadir suplementos si el vagón tiene aire acondicionado y si se opta por litera (superior o inferior).

Reservas

Pueden hacerse entre 1 y 60 días antes de la salida, personándose en cualquier estación de trenes. Los billetes también se pueden sacar a través de una agencia de viajes, que suele cobrar comisión por este servicio. Si se planea un viaje en un tren de largo recorrido desde el extranjero, se debería mandar un correo electrónico a **Ferrocarriles Estatales de Tailandia** (passenger-ser@railway.co.th) con dos semanas de antelación, como mínimo. Se recibirá un correo de confirmación. Se puede recoger y pagar el billete hasta una hora antes de la salida en la estación correspondiente.

Se recomienda reservar para los trenes de largo recorrido con literas entre Bangkok y Chiang Mai o de Bangkok a Surat Thani, sobre todo para fechas cercanas al Songkran (abr) y en la temporada turística alta (dic-ene).

Para viajes cortos, habría que sacar el billete al menos un día antes para conseguir asiento (más para las literas).

Se establecen reembolsos parciales en función del número de días con que se haga la cancelación respecto a la fecha reservada. Esta gestión se puede hacer en la ventanilla de reservas de la estación de trenes.

Servicios en la estación

Todas las estaciones de trenes de Tailandia tienen servicio de consigna (o "guardarropía") y casi todas cuentan con una taquilla de venta de billetes, que abre entre 15 y 30 minutos antes de la salida del tren. También hay quioscos de prensa y pequeños puestos de tentempiés, pero no restaurantes.

Menos en las más pequeñas, casi todas las estaciones de trenes facilitan los horarios impresos en inglés. La estación de Hua Lamphong es un buen lugar para conseguirlos.

Salud

Los riesgos para la salud y la calidad de los servicios médicos difieren según el lugar y el momento del viaje. La mayoría de las ciudades importantes y zonas turísticas de Tailandia están bien equipadas al respecto y ofrecen una atención médica adecuada, incluso excelente. Sin embargo, viajar a zonas rurales puede comportar ciertos riesgos.

Los viajeros suelen preocuparse por si contraerán enfermedades contagiosas tropicales, pero este tipo de infecciones son mucho menos habituales que las complicaciones de problemas de salud preexistentes (como las cardiopatías) o los accidentes, sobre todo de tráfico.

Sin embargo, es bastante normal que algunas personas se sientan mal en algún momento del viaje. Aunque las infecciones respiratorias, la diarrea y el dengue son riesgos específicos de Tailandia, afortunadamente la mayoría de los trastornos son leves y pueden prevenirse o tratarse fácilmente.

Los siguientes consejos se dan a modo de orientación general y nunca sustituyen el consejo de un especialista.

ANTES DE PARTIR

Conviene llevar los medicamentos en su envase original, con una carta del médico, fechada y firmada, en la que se describa el estado de salud del paciente, la medicación que debe tomar y si necesita accesorios, como jeringas y agujas. Es conveniente que los que padezcan alguna enfermedad cardiovascular lleven copia de un electrocardiograma realizado antes de la partida.

Si se toma algún medicamento, conviene llevar el doble de lo que se necesitaría y así prevenir posibles pérdidas o robos. En Tailandia se consiguen muchos medicamentos sin receta, pero podría ser difícil encontrar el fármaco que se necesita.

Seguro

Aunque el viajero se encuentre sano y en forma, no debería viajar sin un seguro médico, pues los accidentes, desgraciadamente, se producen. Puede que se requiera una cobertura adicional para actividades de aventura tales como escalada en roca o submarinismo, incluso para montar en motocicleta. Si la póliza del viajero no cubre los gastos médicos en el extranjero, es importantísimo contratar un seguro específico de viajes. La mayoría de los hospitales piden una garantía de pago (del interesado o de su aseguradora). Antes del viaje hay que informarse de cómo se realizan los pagos del servicio y conservar toda la documentación (informes médicos, facturas, etc.), para posibles reclamaciones.

Vacunas

Las clínicas especializadas en medicina tropical son la mejor fuente de información sobre vacunaciones. Como casi todas las vacunas empiezan a ser efectivas a las dos semanas de su administración, se recomienda acudir al médico de seis a ocho semanas antes de la partida, aunque nunca es demasiado tarde. También se aconseja solicitar un certificado internacional de vacunación en el que se detallen todas las dosis suministradas. Los Centros para el Control y la Prevención de Enfermedades (CDC; www.cdc.gov/spanish) poseen una sección sobre viajes y vacunas. La única exigida por las normas internacionales es la de la fiebre amarilla. Solo se pedirá la prueba de su aplicación si se ha visitado un país situado en la zona de fiebre amarilla seis días antes de entrar en Tailandia. Se recomienda averiguar si es necesaria desde Sudamérica.

Botiquín

Algunos artículos recomendados para llevar en el viaje:

» Crema fungicida (p. ej., Clotrimazol).

» Pomada antibacteriana (p. ej., mupirocina).

» Antibiótico para infecciones cutáneas (p. ej., amoxicilina/ácido clavulánico o cefalexina).

» Antibióticos para la diarrea como norfloxacina, ciprofloxacina o azitromicina para la diarrea bacteriana; para la giardiasis o la disentería amebiana, el tinidazol.

» Antihistamínicos (p. ej., la cetrizina para el día y la prometazina para la noche). Hay muchos.

» Antiséptico (p. ej., Betadine).

» Antiespasmódico para calambres estomacales (p. ej., Buscapina).

» Anticonceptivos.

» Descongestivo.

» Repelente de insectos con DEET.

» Solución oral rehidratante para la diarrea (p. ej., Suero-ral), una medida de choque para la diarrea (p. ej., loperamida) y una medicación contra las náuseas.

» Artículos de primeros auxilios, como tijeras, tiritas, vendas elásticas, gasas, termómetro (no de mercurio), agujas estériles y jeringas (con una carta del médico), imperdibles y pinzas.

» Gel desinfectante de manos (con alcohol) o toallitas humedecidas con alcohol.

» Ibuprofeno u otros antiinflamatorios.

» Pastillas o sobres para la indigestión (p. ej., Almax).

» Laxantes (p. ej., Plantabel).

» Remedio contra la migraña (en caso de sufrirla).

» Paracetamol.

» Piretrina para impregnar la ropa y las mosquiteras.

» Crema de esteroides para las irritaciones alérgicas o picores (p. ej., hidrocortisona al 1 o 2%).

» Protección solar, sombrero y gafas de sol.

» Pastillas para la garganta.

» Tratamiento de aftas vaginales (p. ej., óvulos de clotrimazol o comprimidos de fluconazol).

» Tratamiento para las infecciones de orina (si se es propenso).

DURANTE EL TRAYECTO

Trombosis venosa profunda (TVP)

Se produce cuando aparecen coágulos de sangre en las piernas en viajes largos (p. ej., en los vuelos) debido sobre todo a la inmovilidad prolongada. Cuanto más largo sea el viaje, mayor es el riesgo. Aunque casi todos los coágulos se reabsorben sin problemas, algunos se pueden romper y llegar a través de los vasos sanguíneos hasta los pulmones, donde pueden causar complicaciones.

Habitualmente, los principales síntomas de la TVP son hinchazón o dolor en los pies, tobillos o pantorrillas, aunque no siempre de un solo lado. Cuando un coágulo llega hasta los pulmones, puede causar dolores de pecho y dificultades respiratorias. Los viajeros que sufran alguno de estos síntomas deberían pedir inmediatamente auxilio.

Para evitar el desarrollo de la TVP en vuelos largos, hay que dar pequeños paseos

MÁS INFORMACIÓN

» **Viajes internacionales y salud** (http://www.who.int/ith/es/index.html) Guía de salud publicada por la Organización Mundial de la Salud (OMS).

» **Centros para el Control y la Prevención de Enfermedades** (www.cdc.gov/spanish).

» **La salud también viaja** (http://www.mspsi.gob.es/profesionales/saludPublica/sanidadExterior/salud/home.htm)

» El ministerio de Asuntos Exteriores de cada país publica recomendaciones y ofrece la posibilidad de registrarse antes de salir de viaje.

» **Argentina** (www.mrecic.gov.ar)

» **Chile** (www.minrel.cl)

» **España** (www.maec.es; http://www.maec.es/es/Home/Paginas/viaje-seguro.aspx)

» **México** (http://guiadelviajero.sre.gob.mx/)

» **Perú** (http://www.minsa.gob.pe/portada/viajeros.asp)

» *Healthy Travel - Asia & India* (Lonely Planet) Incluye consejos para planificar el viaje, primeros auxilios e información sobre enfermedades e inmunización.

» *Traveller's Health: How to Stay Healthy Abroad* (Dr. Richard Dawood) Considerada la obra más completa sobre salud del viajero.

» *Travelling Well* (Dra. Deborah Mills) Guía de salud y página web (www.travellingwell.com.au).

» *Healthy Living in Thailand* (Cruz Roja tailandesa) Recomendado para viajes largos.

» En castellano pueden consultarse:

» *Los viajes internacionales y la salud:* una guía para el turismo convencional y de aventura, del doctor Enrique Marcelino Otharán.

» *La salud en sus viajes en 200 preguntas*, de Jean-Paul Ehrhardt.

» *Salud y viajes: cómo prevenir contagios, infecciones y otros menesteres*, de Jane Wilson-Howarth

por la cabina, ejercitar la compresión en los músculos de las piernas mientras se está sentado y beber abundantes líquidos sin alcohol. Quienes sean propensos deberían hablar con un médico para que les facilitara medidas preventivas extra.

Desfase horario y mareo

El desfase horario es habitual cuando se atraviesan en avión más de cinco husos horarios. Los síntomas son insomnio, fatiga, malestar o náuseas. Para contrarrestarlo, hay que hidratarse bien (no alcohol) y consumir comidas ligeras. Al llegar al destino hay que exponerse un buen rato al aire libre, en contacto con la luz natural, y adaptarse al horario local cuanto antes. A algunas personas les ayuda la melatonina, pero no se puede encontrar en todos los países.

Los antihistamínicos sedantes, como el dimenhidrinato (Biodramina) o la proclorperazina, son normalmente el primer recurso para tratar el mareo cinético. Su principal efecto secundario es la somnolencia. Una alternativa natural es el jengibre. Los parches de escopolamina se consideran el método preventivo más eficaz.

EN TAILANDIA

Asistencia médica y coste

Muchos países del sureste asiático consideran que Bangkok es el lugar más próximo con una buena atención sanitaria. Los hospitales privados son más caros que otros servicios médicos, pero ofrecen un nivel superior de asistencia y personal de habla inglesa. Aparecen en el apartado "Información" de las ciudades y en algunos otros capítulos de este libro. La atención médica en Tailandia es más económica que en la mayoría de los países occidentales.

Puede ser conveniente automedicarse cuando se trata de trastornos menores (p. ej., diarrea del viajero), si se lleva el medicamento adecuado o no se puede acudir a una clínica u hospital de fiar. También debería evitarse comprar medicamentos, ya que podrían no estar bien almacenados, estar caducados o, incluso, ser falsificaciones.

Enfermedades infecciosas

Larva 'migrans' cutánea

Esta enfermedad, causada por la uncinaria perruna (también en gatos), es especialmente común en las playas de Tailandia. El sarpullido empieza como una pequeña protuberancia y después, poco a poco, se extiende como una línea sinuosa. Pica muchísimo, sobre todo por la noche. Se cura fácilmente con medicación y no debe cortarse ni congelarse.

Dengue

Esta enfermedad, transmitida por mosquitos, es un problema cada vez más extendido en el sureste asiático, sobre todo en las ciudades. Al no haber una vacuna desarrollada, lo único que se puede hacer es prevenir las picaduras. El mosquito portador pica de día, por lo que hay que protegerse a todas horas. Algunos de sus síntomas son fiebre alta, fuertes dolores de cabeza (sobre todo detrás de los ojos), náuseas y dolor en articulaciones y huesos (antiguamente el dengue se conocía como "fiebre rompehuesos"). Algunas personas desarrollan un sarpullido (a veces muy irritante) y diarrea. El riesgo es mayor en las islas del sur de Tailandia. No hay un tratamiento específico, solo descanso y paracetamol; evítense las aspirinas o el ibuprofeno, que solo aumentarán el riesgo de hemorragia. Se debe visitar a un médico para que establezca su diagnóstico y seguimiento. Puede poner en peligro la vida si el dengue deriva en fiebre hemorrágica, pero esto no suele pasar entre los turistas. Hay mayor riesgo de que esto ocurra si ya se ha estado infectado antes o si se trata de un serotipo diferente.

Hepatitis A

Es un problema en todo el país menos en Bangkok. Este virus transmitido por la comida y el agua daña el hígado, provocando ictericia (color amarillo de piel y ojos), náuseas y flojera. No existe tratamiento específico. En casos raros puede ser mortal para mayores de 40 años. Se recomienda vacunarse contra ella a todos los que viajen a Tailandia.

Hepatitis B

Es la única enfermedad de transmisión sexual (ETS) que puede prevenirse mediante una vacuna. Se contagia por fluidos corporales, incluido el contacto sexual. En algunas zonas de Tailandia hasta el 20% de la población es portadora de hepatitis B, muchas veces sin saberlo. A largo plazo puede derivar en cáncer de hígado, cirrosis y la muerte.

VIH

Es una de las mayores causas de mortandad entre menores de 50 años en Tailandia. Hay que mantener relaciones sexuales seguras y evitar hacerse tatuajes o usar jeringas no estériles.

Gripe

Está presente en el trópico durante todo el año y los síntomas incluyen fiebre, dolores musculares, moqueo constante, tos e irritación de garganta. Muy contagiosa, la gripe se puede prevenir con una vacuna, por lo que todo el mundo debería vacunarse. No hay tratamiento específi-

MÁS VALE PREVENIR

» Gripe aviar: la mayor parte de los infectados han tenido contacto directo con aves enfermas o muertas.

» Filariasis: se transmite por un mosquito y es muy común; hay que evitar las picaduras.

» Hepatitis E: se transmite por alimentos y agua contaminados y sus síntomas son similares a los de la hepatitis A. Puede ser grave en embarazadas. Hay que seguir las recomendaciones sobre comida y bebida.

» Encefalitis japonesa B: enfermedad viral transmitida por mosquitos, que suele darse en zonas rurales. Deberían vacunarse quienes vayan a permanecer más de un mes en estas zonas y los residentes.

» Melioidosis: se contrae por contacto de la piel con la tierra o el agua infectadas. Afecta hasta a un 30% de la población local del noreste de Tailandia. Los síntomas son muy similares a los de la tuberculosis (TB). No existe vacuna, pero se combate con medicamentos.

» Estrongiloides: son parásitos que se transmiten por el contacto de la piel con la tierra; es frecuente en la población local. Se caracteriza por una inusual erupción lineal e intermitente en el torso. Puede producir una virulenta infección. Se puede tratar.

» Tuberculosis: el personal sanitario, los cooperantes y viajeros que permanezcan mucho tiempo en el país y en contacto con la población deben tomar precauciones. Se recomienda vacunar a los niños que pasen más de tres meses en Tailandia. Los síntomas principales son fiebre, tos, pérdida de peso, sudores nocturnos y cansancio. Se puede curar con una combinación de fármacos a largo plazo.

» Tifus: el tifus murino se propaga por la picadura de una pulga, y el tifus del matorral, por los ácaros. Los síntomas incluyen fiebre, dolor muscular y erupciones. Se pueden tomar medidas de prevención contra los insectos y doxiciclina.

co, solo descanso y paracetamol. Complicaciones como bronquitis o infección del oído medio podrían precisar un tratamiento con antibióticos.

Leptospirosis

Se contrae por la exposición al agua dulce contaminada, muchas veces después de practicar *rafting* o barranquismo. Los primeros síntomas son parecidos a los de la gripe, e incluyen dolor de cabeza y fiebre. Puede acarrear desde una molestia ligera hasta la muerte. Hace falta un análisis de sangre para diagnosticarla.

Malaria

Existe mucha información errónea al respecto. La malaria la provoca un parásito transmitido por la picadura de un mosquito infectado. El síntoma más significativo es la fiebre, pero también pueden presentarse dolor de cabeza, diarrea, tos o escalofríos, los mismos síntomas que en muchas otras infecciones. Solo se puede diagnosticar mediante un análisis de sangre.

En casi todas las zonas visitadas por los turistas, sobre todo ciudades y centros turísticos, hay poco o ningún riesgo de contraer malaria; además, los posibles efectos secundarios del tratamiento preventivo pueden ser peores que el riesgo de sufrir la enfermedad. Si el viajero va a visitar zonas rurales de alto riesgo, cosa improbable, debe consultar al médico para que le recete la medicación adecuada y en la dosis correcta.

Las medidas siguientes previenen la picadura de mosquitos:

» Emplear un repelente con DEET sobre la piel expuesta; los naturales, como la citronela, pueden ser eficaces, pero deben aplicarse de forma reiterada.

» Dormir bajo una mosquitera, mejor impregnada con permetrina.

» Mejor una habitación con mosquiteras en la ventana y con ventiladores.

» Rociar la ropa con piretrina en la zonas de alto riesgo.

» Vestir manga larga y pantalones de colores claros.

» Usar espirales insecticidas.

» Rociar la habitación con repelente de insectos antes de salir a cenar.

Sarampión

Esta infección vírica, altamente contagiosa, se transmite con la tos y los estornudos. Casi todos los nacidos antes de 1966 están inmunizados ya que pasaron la enfermedad de pequeños. El sarampión empieza con fiebre alta y un sarpullido muy fuerte, y se puede complicar y derivar en neumonía o daño cerebral. No hay un tratamiento específico. Hay que asegurarse de que se está vacunado.

Rabia

Otra enfermedad potencialmente letal. Es transmitida por animales infectados, sobre todo por perros y monos. Es necesario ir al médico inmediatamente después de haber sido mordido y empezar con el tratamiento. Los que se hayan vacunado antes del viaje tendrán un tratamiento más sencillo.

La mordedura de cualquier animal debe lavarse con agua y jabón y después aplicar un antiséptico con base de yodo. Si no se está vacunado, hay que tomar inmunoglobulina lo antes posible, seguido de cinco inyecciones de la vacuna en los 28 días posteriores. Los ya vacunados necesitarán solo dos inyecciones en un intervalo de tres días.

Enfermedades de transmisión sexual

Las enfermedades de transmisión sexual (ETS; STD en sus siglas en inglés) más comunes en Tailandia son herpes, verrugas, sífilis, gonorrea y clamidias. Los preservativos solo previenen las dos últimas. Es frecuente que las personas portadoras de estas enfermedades no experimenten ningún síntoma o infección. Si después de tener relaciones sexuales surge un sarpullido, o salen bultos o se sienten molestias al orinar hay que ir al médico inmediatamente. Si se ha mantenido relaciones sexuales se recomienda hacerse una prueba de ETS a la vuelta a casa.

Fiebre tifoidea

Esta infección bacteriológica seria se transmite a través de la comida y el agua. Produce fiebre alta y progresiva, intensos dolores de cabeza y, a veces, tos seca y dolores de estómago. Se diagnostica mediante un análisis de sangre y se trata con antibióticos. Deberían vacunarse todos los viajeros que vayan a pasar más de una semana en Tailandia o que piensen ir por zonas rurales. Dado que la vacuna no es totalmente eficaz, siempre se ha de ir con cuidado con lo que se come y se bebe.

Diarrea

Es el trastorno más frecuente: hasta el 50% de los viajeros puede sufrirla en mayor o menor grado durante las dos primeras semanas del viaje. Provoca más de tres evacuaciones líquidas en 24 horas, junto con otros síntomas, como vómitos, fiebre, dolores abdominales, náuseas o malestar general. En más del 80% de los casos está originada por bacterias y el afectado responde rápidamente al tratamiento con antibióticos.

El tratamiento consiste en una buena hidratación: las soluciones rehidratantes ayudan mucho. También se puede tomar algún antibiótico para acabar con la bacteria más rápidamente.

La loperamida paraliza los intestinos, pero no ataca la causa del problema. Puede resultar útil, p. ej., si se tiene que hacer un largo trayecto en autobús. No se debe tomar con fiebre o si aparece sangre en las deposiciones. Es necesario consultar rápidamente con un médico si no se responde a los antibióticos.

La *giardia lamblia* es un parásito bastante común en los viajeros. Los síntomas son: náuseas, hinchazón, gases, fatiga y diarrea intermitente. Los eructos malolientes suelen atribuirse a la giardiasis. Si no se trata, el parásito acaba desapareciendo, aunque puede tardar meses.

La disentería amebiana es muy poco frecuente entre los viajeros y no suele detectarse en las pruebas realizadas en laboratorios básicos. Los síntomas son parecidos a los de la diarrea bacteriana. Es muy importante acudir a un médico de confianza si aparece sangre en las heces. El tratamiento está compuesto de dos medicamentos: uno para matar el parásito en el intestino y otro para acabar con el quiste. Si no se trata pueden surgir complicaciones como abscesos del hígado o del intestino.

Peligros medioambientales

Comida

Comer en restaurantes es el primer factor de riesgo para contraer la diarrea del viajero. Para evitarla hay que ingerir solo alimentos recién preparados y evitar la comida que haya estado expuesta mucho tiempo, pelar todas las frutas y consumir las verduras cocidas. Lo mejor es comer en restaurantes muy concurridos, donde haya una gran rotación de productos.

Calor

Muchas zonas de Tailandia son húmedas y calurosas durante todo el año. La mayoría de la gente necesita dos semanas para adaptarse a estas condiciones. Para prevenir la hinchazón de pies y tobillos, o los calambres musculares causados por una sudoración excesiva, hay que evitar la deshidratación y la actividad excesiva en las horas más calurosas.

El golpe de calor es una indisposición de emergencia médica grave y requiere tratamiento médico inmediato. Los síntomas aparecen de pronto e incluyen debilidad, náuseas, temperatura corporal superior a los 41°C, mareos, confusión, pérdida de coordinación, ataques y, en ocasiones, colapso y pérdida de conciencia.

Mordeduras y picaduras de insectos

Las picaduras de chinches pueden ser muy irritantes. Habitan en las grietas de los muebles y las paredes y actúan de noche. El picor se puede contrarrestar con un antihistamínico. Los piojos se instalan en varias partes del cuerpo, especialmente en el cuero cabelludo y el bello púbico, y se pillan por contacto muy cercano con las personas portadoras o a través de relaciones sexuales. Puede resultar difícil de combatir y tal vez haga falta varias aplicaciones de un champú específico.

Las garrapatas se pegan caminando por zonas rurales. Se suelen encontrar detrás de las orejas, en la barriga y en las axilas. Si tras una picadura de garrapata surgen síntomas alrededor de la picadura o en otras partes del cuerpo como un sarpullido, fiebre o dolor muscular, se recomienda ir al médico. La doxiciclina previene todas las enfermedades transmitidas por estos animales.

En las zonas de selva tropical hay sanguijuelas. No transmiten ninguna enfermedad pero sus picaduras pueden ser muy irritantes, incluso durante semanas, y se pueden infectar con facilidad. Se recomienda poner un antiséptico a base de yodo en las zonas afectadas.

Las picaduras de avispas y abejas solo son peligrosas para los alérgicos a estos insectos, en cuyo caso se debería llevar una inyección de adrenalina como medida de emergencia. Para los demás, el dolor es la única molestia y es conveniente aplicar hielo en la zona afectada y tomar algo contra el mismo.

Parásitos

Hay muchos parásitos que son comunes entre los tailandeses, pero muy raros entre los viajeros. Las dos reglas que hay que seguir si se quiere evitar las infecciones parasitarias son: ir siempre calzado y no tomar comida cruda, sobre todo pescado, cerdo y verduras. Algunos parásitos se transmiten por la piel al caminar descalzo, incluidos los *strongiloides*, los anquilostomas y las larvas *migrans* cutáneas.

Problemas cutáneos

El sarpullido por calor es una erupción cutánea frecuente en los trópicos, provocada por la obstrucción de las glándulas sudoríparas. Se trata con duchas frías y la aplicación de polvos talco.

Hay dos erupciones fúngicas que pueden afectar al viajero. La primera se da en ingles, axilas y entre los dedos de los pies. Empieza como una mancha roja que se extiende lentamente y suele provocar picor. El tratamiento incluye mantener la piel seca, evitar las rozaduras y aplicar crema antimicótica. La segunda es la tiña versicolor, que provoca pequeñas manchas claras, sobre todo en la espalda, pecho y hombros. Hay que consultar a un médico.

PICADURAS DE MEDUSA

Las medusas del género Cubozoa, también llamadas "avispas de mar", pueden causar picaduras de leves a mortales. Una buena prevención es suponer que siempre son peligrosas. Las hay de dos tipos: las de varios tentáculos y las de uno solo.

La cubomedusa de varios tentáculos habita en las aguas de Tailandia. Son en potencia las medusas más mortíferas y su picadura puede matar a un adulto en dos minutos. Suelen encontrarse en playas de arena, cerca de la desembocadura de los ríos y en los manglares durante los meses más calurosos.

Hay muchos tipos de cubomedusas de un solo tentáculo, algunas de las cuales pueden causar síntomas graves como el llamado síndrome Irukandji. La picadura inicial puede parecer inofensiva; sin embargo entre los 5 y 40 minutos posteriores a la misma se pueden presentar síntomas graves como dolor de espalda, náuseas, vómitos, sudoración, dificultad para respirar y una sensación de muerte inminente. Se sabe de algún fallecimiento por este síndrome debido a un derrame cerebral o ataque cardíaco derivado de la hipertensión arterial.

En Tailandia viven muchas otras medusas cuya picadura produce irritaciones sin efectos graves. La única forma de evitarlas es usar ropa como protección para que las medusas no toquen la piel.

Primeros auxilios para picaduras graves

Para un fuerte envenenamiento, la prioridad es mantener viva a la persona en cuestión. No hay que apartarse de su lado, mandar a alguien a por un médico y practicar una reanimación cardiopulmonar en caso de inconsciencia. Si la víctima está consciente, hay que mojar generosamente la zona de la picadura con vinagre durante 30 segundos. Para picaduras de medusa de un solo tentáculo hay que verter abundante vinagre sobre la zona afectada; si se hace en seguida el paciente notará un alivio rápido. Se recomienda buscar asistencia médica por si se manifiesta cualquier otro síntoma en los 40 minutos posteriores a la picadura.

Australia y Tailandia trabajan estrechamente para identificar las diferentes medusas que habitan en las aguas tailandesas, así como su ecología, para poder mejorar su detección y pronósticos.

Gracias al Dr. Peter Fenner por esta información.

Los cortes y arañazos se infectan con facilidad en climas húmedos. Hay que limpiar inmediatamente las heridas con agua limpia y aplicar un antiséptico. Si aparecen signos de infección, acúdase al médico. Los cortes provocados por el coral pueden infectarse con facilidad.

Serpientes

Aunque no es frecuente que muerdan al viajero, en Tailandia hay más de 85 especies de serpientes venenosas. Quienes se adentren en zonas donde pueda haberlas deben llevar siempre botas y pantalones largos. En caso de mordedura se deben aplicar los primeros auxilios: léase "inmovilización por presión" con una venda elástica alrededor de la extremidad afectada empezando en la mano o el pie (dependiendo de la extremidad atacada) y subiendo hasta el pecho. La venda no debe apretarse hasta el punto de cortar la circulación, y los dedos de las manos y de los pies deben quedar libres para poder comprobar que la circulación es correcta. Hay que inmovilizar la extremidad con una tablilla y trasladar al herido a un centro médico. Es muy importante que la víctima permanezca inmóvil. No se deben utilizar torniquetes ni tratar de extraer el veneno. La Cruz Roja tailandesa elabora antídotos para muchas serpientes venenosas.

Insolación

Puede producirse rápidamente, incluso en días nublados. Se previene usando cremas con filtro solar (mín. de factor 30) aplicadas nuevamente tras salir del agua. También ayuda llevar sombrero y gafas de sol. Evítese tomar el sol del mediodía (10.00-14.00). Una vez quemado, lo mejor es aplicarse paños fríos húmedos, tomar algo para aliviar el dolor (aplicar dos veces al día una crema con un 1% de hidrocortisona ayuda) y no volver a exponerse al sol hasta que se esté curado.

Viajar con niños

Tailandia es un país relativamente seguro para los niños desde el punto de vista sanitario. Antes de emprender el viaje se aconseja consultar a un especialista en medicina de viaje para verificar que los pequeños pueden viajar. Un botiquín para los niños debería incluir paracetamol infantil para la fiebre, un antihistamínico, crema antipruriginosa, artículos de primeros auxilios, tratamiento contra la dermatitis del pañal, protección solar y repelente de insectos. No es mala idea llevar un antibiótico general (mejor si es recetado por el médico); la azitromicina pediátrica se usa para tratar la diarrea bacteriana e infecciones de oído, pulmones y garganta.

El libro *Travel with Children*, *de Lonely Planet*, es una buena fuente de información, y *Your Child's Health Abroad* (La salud de tu hijo en el extranjero), de Jane Wilson-Howarth, es muy apropiado para casos de estancias largas. En castellano, se puede consultar *De viaje con niños*, de Claire Tristram y Lucille Tristram.

Salud de la mujer

Las mujeres embarazadas deberían consultar con su médico antes del viaje. El mejor momento para viajar es el segundo trimestre de gestación (semanas 16ª-28ª), cuando los riesgos son menores. Hay que evitar las zonas rurales con deficiencias de transporte y asistencia médica. Ante todo, conviene comprobar que el seguro de viaje cubre todo lo relacionado con el embarazo, incluido el parto prematuro.

La malaria es una enfermedad de alto riesgo durante el embarazo. La OMS recomienda que las personas embarazadas no viajen a zonas donde la malaria haya desarrollado resistencia a la cloroquina. Ninguno de los medicamentos más efectivos contra esta enfermedad es totalmente seguro durante la gestación.

La diarrea puede provocar rápidamente deshidratación y, en consecuencia, falta de riego sanguíneo en la placenta. Se recomienda no tomar muchos de los fármacos utilizados para tratar algunas bacterias que causan esta enfermedad. La azitromicina se considera segura.

En las zonas urbanas es fácil conseguir productos sanitarios, pero la variedad de anticonceptivos no es tan amplia, de modo que conviene llevar los necesarios de casa. El calor, la humedad y los antibióticos pueden contribuir a la aparición de aftas. El tratamiento consiste en la aplicación de cremas y óvulos fungicidas (clotrimazol). Una alternativa eficaz es tomar un único comprimido de fluconazol (Diflucan). Las infecciones del tracto urinario pueden ser causadas por la deshidratación o por los largos viajes en autobús donde no es posible parar e ir al lavabo; se recomienda llevar los antibióticos apropiados.

Idioma

En realidad, el idioma oficial de Tailandia es el dialecto que se habla y escribe en la región central.

En thai, el significado de una sílaba puede modificarse mediante los tonos. El thai estándar posee cinco: bajo, medio, descendente, alto y ascendente. La escala de los cinco valores está en función del registro vocal de cada hablante, de manera que no hay un "tono" intrínseco al idioma.

» **tono bajo:** "Plano" como el tono medio, pero su pronunciación se halla en la gama más baja de vocales de cada hablante. Es bajo, nivelado y sin inflexión, p. ej., *bàht* (baht, la moneda).

» **tono medio:** Se pronuncia "plano", en la zona media de la gama vocal del hablante, p. ej., *dee* ("bueno"); no se utiliza ninguna marca de tono.

» **tono descendente:** Empieza alto y decae bruscamente, como si se estuviera enfatizando una palabra o llamando a alguien desde lejos, p. ej., *mâi* ("no").

» **tono alto:** Suele ser el más difícil para los extranjeros. Se pronuncia en un tono alto y sostenido, p. ej. *máh* ("caballo").

» **tono ascendente:** Empieza bajo y poco a poco va subiendo, p. ej., *săhm* ("tres").

El Gobierno tailandés ha creado el Sistema General de Transcripción del Thai (RTGS), un método estándar de escritura con el alfabeto latino. Se emplea en documentos oficiales, señales de tráfico y mapas. Sin embargo, pueden verse variantes locales en rótulos, cartas de restaurantes, etc. Por lo general, los nombres que aparecen en este libro siguen la norma más extendida.

En la pauta de pronunciación, en color azul, los guiones indican las particiones en sílabas, algunas de las cuales se dividen a su vez con un punto para facilitar la pronunciación de vocales compuestas, p. ej. *mêu·a-rai* ("cuando").

CONVERSACIÓN

La estructura de la sociedad tailandesa exige diferentes registros de habla según la persona a quien el hablante se dirija. Para simplificar, aquí se ha escogido la forma más correcta según el contexto de cada frase.

En situaciones formales, el hablante termina la frase con *kráp* (para hombres) o *kâ* (para mujeres). Con ello se expresa el sexo del hablante, además de ser la forma más corriente de responder "sí" a una pregunta o de mostrar acuerdo.

Las formas masculina y femenina de las frases que aparecen en este capítulo se indican mediante "m/f" cuando es necesario.

Hola.	สวัสดี	*sà-wàt-dee*
Adiós.	ลาก่อน	*lah gòrn*
Sí.	ใช่	*châi*
No.	ไม่	*mâi*
Por favor.	ขอ	*kŏr*
Gracias.	ขอบคุณ	*kòrp kun*
De nada.	ยินดี	*yin dee*
Disculpe.	ขออภัย	*kŏr à-pai*
Perdón.	ขอโทษ	*kŏr tôht*

¿Cómo está usted?
สบายดีไหม *sà-bai dee măi*

Bien. ¿Y usted?
สบายดีครับ/ค่า แล้วคุณล่ะ *sà-bai dee kráp/kâ láa·ou kun lâ* (m/f)

¿Cómo te llamas?
คุณชื่ออะไร *kun chêu à-rai*

Me llamo...
ผม/ดิฉันชื่อ... (m/f) *pŏm/dì-chăn chêu ...*

¿Habla inglés?
คุณพูดภาษาอังกฤษได้ไหม *kun pôot pah-săh ang-grìt dâi măi*

No comprendo.
ผม/ดิฉันไม่เข้าใจ *pŏm/dì-chăn mâi kôw jai* (m/f)

ALOJAMIENTO

¿Dónde hay un/a...?	... อยู่ที่ไหน	*... yòo têe năi*
camping	ค่ายพักแรม	*kâi pák raam*
pensión	บ้านพัก	*bâhn pák*
hotel	โรงแรม	*rohng raam*
albergue juvenil	บ้านเยาวชน	*bâhn yow-wá-chon*

¿Tiene una habitación...?	มีห้องไหม	*...mee hôrng măi*
individual	เดี่ยว	*dèe·o*
doble	เตียงคู่	*đee·ang kôo*
con dos camas	สองเตียง	*sŏrng đee·ang*

aire acondicionado	แอร์	*aa*
baño	ห้องน้ำ	*hôrng nám*
lavandería	ห้องซักผ้า	*hôrng sák pâh*
mosquitera	มุ้ง	*múng*
ventana	หน้าต่าง	*nâh đàhng*

DIRECCIONES

¿Dónde está...?
... อยู่ที่ไหน *... yòo têe năi*

¿Cuál es la dirección?
ที่อยู่คืออะไร *têe yòo keu à-rai*

¿Podría escribirlo, por favor?
เขียนลงให้ได้ไหม *kĕe·an long hâi dâi măi*

¿Puede indicármelo (en el mapa)?
ให้ดู (ในแผนที่) ได้ไหม *hâi doo (nai păan têe) dâi măi*

Preguntas

¿Qué?	อะไร	*à-rai*
¿Cuándo?	เมื่อไร	*mêu·a-rai*
¿Dónde?	ที่ไหน	*têe năi*
¿Quién?	ใคร	*krai*
¿Por qué?	ทำไม	*tam-mai*

Gire a la izquierda/derecha.
เลี้ยวซ้าย/ขวา *lée·o sái/kwăh*

Está...	อยู่ ...	*yòo ...*
detrás	ที่หลัง	*têe lăng*
delante	ตรงหน้า	*đrong nâh*
cerca	ใกล้ๆ	*glâi glâi*
al lado	ข้างๆ	*kâhng kâhng*
siga recto	ตรงไป	*đrong bai*

COMER Y BEBER

Quisiera (la carta), por favor.
ขอ (รายการอาหาร) หน่อย *kŏr (rai gahn ah-hăhn) nòy*

¿Qué me recomienda?
คุณแนะนำอะไรบ้าง *kun náa-nam à-rai bâhng*

¡Estaba delicioso!
อร่อยมาก *à-ròy mâhk*

¡Salud!
ไชโย *chai-yoh*

La cuenta, por favor.
ขอบิลหน่อย *kŏr bin nòy*

No como...	ผม/ดิฉันไม่กิน ...	*pŏm/dì-chăn mâi gin ...* (m/f)
huevos	ไข่	*kài*
pescado	ปลา	*blah*
carne roja	เนื้อแดง	*néu·a daang*
frutos secos	ถั่ว	*tòo·a*

Palabras clave

bar	บาร์	*bah*
botella	ขวด	*kòo·at*
cuenco	ชาม	*chahm*
desayuno	อาหารเช้า	*ah-hăhn chów*
cafetería	ร้านกาแฟ	*ráhn gah-faa*
palillos	ไม้ตะเกียบ	*mái đà-gèe·ap*

frío	เย็น	*yen*
taza	ถ้วย	*tôo·ay*
postre	ของหวาน	*kŏrng wăhn*
cena	อาหารเย็น	*ah-hăhn yen*
carta de bebidas	รายการ เครื่องดื่ม	*rai gahn krêu·ang dèum*
tenedor	ส้อม	*sôrm*
vaso	แก้ว	*gâa·ou*
caliente	ร้อน	*rórn*
cuchillo	มีด	*mêet*
almuerzo	อาหาร กลางวัน	*ah-hăhn glahng wan*
mercado	ตลาด	*đà-làht*
carta	รานการ อาหาร	*rai gahn ah-hăhn*
plato	จาน	*jahn*
restaurante	ร้านอาหาร	*ráhn ah-hăhn*
picante	เผ็ด	*pèt*
cuchara	ช้อน	*chórn*
vegetariano	คนกินเจ	*kon gin jair*
con	มี	*mee*
sin	ไม่มี	*mâi mee*

Carne y pescado

ternera	เนื้อ	*néu·a*
pollo	ไก่	*gài*
cangrejo	ปู	*ɓoo*
pato	เป็ด	*ɓèt*
pescado	ปลา	*ɓlah*
carne	เนื้อ	*néu·a*

Señalización

ทางเข้า	Entrada
ทางออก	Salida
เปิด	Abierto
ปิด	Cerrado
ที่ติดต่อสอบถาม	Información
ห้าม	Prohibido
ห้องสุขา	Lavabos públicos
ชาย	Hombres
หยิง	Mujeres

cerdo	หมู	*mŏo*
marisco	อาหารทะเล	*ah-hăhn tá-lair*
calamar	ปลาหมึก	*ɓlah mèuk*

Fruta y verduras

plátano	กล้วย	*glôo·ay*
judías	ถั่ว	*tòo·a*
coco	มะพร้าว	*má-prów*
berenjena	มะเขือ	*má-kĕu·a*
fruta	ผลไม้	*pŏn-lá-mái*
guayaba	ฝรั่ง	*fa-ràng*
lima	มะนาว	*má-now*
mango	มะม่วง	*má-môo·ang*
mangostán	มังคุด	*mang-kút*
setas	เห็ด	*hèt*
frutos secos	ถั่ว	*tòo·a*
papaya	มะละกอ	*má-lá-gor*
patatas	มันฝรั่ง	*man fa-ràng*
rambután	เงาะ	*ngó*
tamarindo	มะขาม	*má-kăhm*
tomates	มะเขือเทศ	*má-kĕu·a têt*
verduras	ผัก	*pàk*
sandía	แตงโม	*đaang moh*

Otros

guindilla	พริก	*prík*
huevo	ไข่	*kài*
salsa de pescado	น้ำปลา	*nám ɓlah*
hielo	น้ำแข็ง	*nám kăang*
fideos	เส้น	*sên*
aceite	น้ำมัน	*nám man*
pimienta	พริกไทย	*prík tai*
arroz	ข้าว	*kôw*
ensalada	ผักสด	*pàk sòt*
sal	เกลือ	*gleu·a*
sopa	น้ำซุป	*nám súp*
salsa de soja	น้ำซีอิ๊ว	*nám see-éw*
azúcar	น้ำตาล	*nám đahn*
tofu	เต้าหู้	*đôw hôo*

Bebidas

cerveza	เบียร์	*bee·a*
café	กาแฟ	*gah-faa*
leche	นมจืด	*nom jèut*
zumo de naranja	น้ำส้ม	*nám sôm*
leche de soja	น้ำเต้าหู้	*nám đôw hôo*
zumo de caña de azúcar	น้ำอ้อย	*nám ôy*
té	ชา	*chah*
agua	น้ำดื่ม	*nám dèum*

URGENCIAS

¡Socorro!	ช่วยด้วย	*chôo·ay dôo·ay*
¡Márchese!	ไปให้พ้น	*ɓai hâi pón*

¡Llame a un médico!
เรียกหมอหน่อย *rêe·ak mŏr nòy*

¡Llame a la policía!
เรียกตำรวจหน่อย *rêe·ak đam·ròo·at nòy*

Estoy enfermo.
ผม/ดิฉันป่วย **(m/f)** *pŏm/dì-chăn ɓòo·ay*

Me he perdido.
ผม/ดิฉัน หลงทาง *pŏm/dì-chăn lŏng tahng* **(m/f)**

¿Dónde está el lavabo?
ห้องน้ำอยู่ที่ไหน *hôrng nám yòo têe năi*

COMPRAS Y SERVICIOS

Quisiera comprar...
อยากจะซื้อ ... *yàhk jà séu ...*

Sólo estoy mirando.
ดูเฉย ๆ *doo chĕu·i chĕu·i*

¿Puedo verlo?
ขอดูได้ไหม *kŏr doo dâi măi*

¿Cuánto cuesta?
เท่าไร *tôw-rai*

Es demasiado caro.
แพงไป *paang ɓai*

¿Puede hacerme una rebaja?
ลดราคาได้ไหม *lót rah-kah dâi măi*

Hay un error en la cuenta.
บิลใบนี้ผิด นะครับ/ค่ะ *bin bai née pìt ná kráp/kâ* **(m/f)**

HORAS Y FECHAS

¿Qué hora es?
กี่โมงแล้ว *gèe mohng láa·ou*

mañana	เช้า	*chów*
tarde	บ่าย	*bài*
noche	เย็น	*yen*
ayer	เมื่อวาน	*mêu·a wahn*
hoy	วันนี้	*wan née*
mañana	พรุ่งนี้	*prûng née*

lunes	วันจันทร์	*wan jan*
martes	วันอังคาร	*wan ang-kahn*
miércoles	วันพุธ	*wan pút*
jueves	วันพฤหัสฯ	*wan pá-réu-hàt*
viernes	วันศุกร	*wan sùk*
sábado	วันเสาร์	*wan sŏw*
domingo	วันอาทิตย์	*wan ah-tít*

TRANSPORTE

Transporte público

săhm-lór	สามล้อ	*săhm lór*

barco	เรือ	*reu·a*
autobús	รถเมล์	*rót mair*
automóvil	รถเก๋ง	*rót gĕng*
motocicleta	มอร์เตอร์ไซค์	*mor-đeu-sai*
taxi	รับจ้าง	*ráp jâhng*
avión	เครื่องบิน	*krêu·ang bin*
tren	รถไฟ	*rót fai*
túk-túk	ตุ๊ก ๆ	*đúk đúk*

¿Cuándo sale el... autobús?	รถเมล์คัน ... มาเมื่อไร	*rót mair kan ... mah mêu·a rai*
primer	แรก	*râak*
último	สุดท้าย	*sùt tái*
próximo	ต่อไป	*đòr ɓai*

Por favor, un billete...	ขอตั๋ว ...	*kŏr đŏo·a ...*
de ida	เที่ยวเดียว	*têe·o dee·o*
de ida y vuelta	ไปกลับ	*ɓai glàp*

Números

1	หนึ่ง	*nèung*
2	สอง	*sŏrng*
3	สาม	*săhm*
4	สี่	*sèe*
5	ห้า	*hâh*
6	หก	*hòk*
7	เจ็ด	*jèt*
8	แปด	*bàat*
9	เก้า	*gôw*
10	สิบ	*sìp*
11	สิบเอ็ด	*sìp-èt*
20	ยี่สิบ	*yêe-sìp*
21	ยี่สิบเอ็ด	*yêe-sìp-èt*
30	สามสิบ	*săhm-sìp*
40	สี่สิบ	*sèe-sìp*
50	ห้าสิบ	*hâh-sìp*
60	หกสิบ	*hòk-sìp*
70	เจ็ดสิบ	*jèt-sìp*
80	แปดสิบ	*bàat-sìp*
90	เก้าสิบ	*gôw-sìp*
100	หนึ่งร้อย	*nèung róy*
1000	หนึ่งพัน	*nèung pan*
10 000	หนึ่งหมื่น	*nèung mèun*
100 000	หนึ่งแสน	*nèung săan*
1 000 000	หนึ่งล้าน	*nèung láhn*

Quisiera	ต้องการ	*đôrng gahn*
un asiento de...	ที่นั่ง ...	*têe nâng ...*
pasillo	ติดทางเดิน	*đìt tahng deun*
ventana	ติดหน้าต่าง	*đìt nâh đàhng*
andén	ชานชาลา	*chan-chah-lah*
taquilla	ช่องขายตั๋ว	*chôrng kăi đŏo·a*
horario	ตารางเวลา	*đah-rahng wair-lah*

¿A qué hora llega a (Chiang Mai)?
ถึง (เชียงใหม่) กี่โมง — *tĕung (chee·ang mài) gèe mohng*

¿Para en (Saraburi)?
รถจอดที่ (สระบุรี) ไหม — *rót jòrt têe (sà-rà-bù-ree) măi*

Por favor, avíseme cuando lleguemos a (Chiang Mai).
เมื่อถึง (เชียงใหม่) กรุณาบอกด้วย — *mêu·a tĕung (chee·ang mài) gà-rú-nah bòrk dôo·ay*

Quisiera bajar en (Saraburi).
ขอลงที่(สระบุรี) — *kŏr long têe (sà-rà-bù-ree)*

Conducción y ciclismo

Quisiera alquilar un...	อยากจะเช่า ...	*yàhk jà chôw ...*
todoterreno	รถโฟร์วีล	*rót foh ween*
automóvil	รถเก๋ง	*rót gĕng*
motocicleta	รถมอร์เตอร์ไซค์	*rót mor-đeu-sai*
Quisiera...	ต้องการ ...	*đôrng gahn ...*
que me reparara la bicicleta	ซ่อมรถจักรยาน	*sôrm rót jàk-gà-yahn*
alquilar una bicicleta	เช่ารถจักรยาน	*chôw rót jàk-gà-yahn*

¿Es esta la carretera que va a (Ban Bung Wai)?
ทางนี้ไป (บ้านบุ่งหวาย) ไหม — *tahng née bai (bâhn bùng wăi) măi*

¿Dónde hay una gasolinera?
ปั๊มน้ำมันอยู่ที่ไหน — *bâm nám man yòo têe năi*

¿Puedo aparcar aquí?
จอดที่นี่ได้ไหม — *jòrt têe née dâi măi*

¿Cuánto rato puedo aparcar aquí?
จอดที่นี่ได้นานเท่าไร
jòrt têe née dâi nahn tôw-rai

Necesito un mecánico.
ต้องการช่างรถ — *đôrng gahn châhng rót*

Tengo una rueda pinchada.
ยางแบน — *yahng baan*

Me he quedado sin gasolina.
หมดน้ำมัน — *mòt nám man*

¿Necesito casco?
ต้องใช้หมวกกันน๊อกไหม — *đôrng chái mòo·ak gan nórk măi*

GLOSARIO

Se incluyen palabras en thai, pali (P) y sánscrito (S) así como vocabulario frecuentemente utilizado en la guía. Para las definiciones de términos relativos a la comida y bebida, véase p. 781.

ah·hăhn comida

ah·hăhn Ƅàh "comida de la selva", se suele referir a platos hechos con caza

ajahn *(aajaan)* título respetuoso para profesores; del sánscrito *acarya*

amphoe *(amphur)* distrito, comarca, la subdivisión posterior a provincia

amphoe meu·ang capital de provincia

AUA American University Alumni

bâhn *(ban)* casa o aldea

baht *(bàat)* moneda tailandesa

bàht unidad de peso equivalente a 15 g; cuenco redondo que los monjes utilizan para recibir comida de limosna

bai sĕe hilo sagrado de monjes o chamanes usado en ciertas ceremonias religiosas

ben·jà·rong cerámica tradicional de cinco colores

BKS Baw Khaw Saw (siglas de Compañía de Transportes)

BMA Autoridad Metropolitana de Bangkok; gobierno municipal de Bangkok

bodhisattva (S) en el budismo theravada, el término se utiliza para referirse a las vidas anteriores de Buda previas a su iluminación

bòht santuario central de un templo tailandés que se utiliza para asuntos oficiales de la orden monástica, tales como ordenaciones; procede de la palabra pali *uposatha (ubohsòt);* véase también *wí·hăhn*

bòr nám rórn aguas termales

brahman antigua tradición religiosa hindú perteneciente al brahmanismo y predecesora del hinduismo; no debe confundirse con "brahmán", clase sacerdotal perteneciente al sistema de castas en la India.

BTS Sistema de Transporte de Bangkok o *skytrain; rót fai fáh,* en thai

Ƅah·đé batik

Ƅàk đâi sur de Tailandia

Ƅèe·pâht orquesta clásica tailandesa

Ƅohng·lahng marimba (parecido a un xilófono) del noreste de Tailandia, hecha con troncos cortos

CAT CAT Telecom Public Company Limited

chedi véase *stupa*

chow pueblo; gente

chow lair *(chow nám)* gitanos del mar

chow nah granjero

CPT Partido Comunista de Tailandia

doy "montaña" en el dialecto del norte de Tailandia; escrito como "Doi" en los nombres propios

đà·làht mercado

đà·làht nám mercado flotante

đam·bon *(tambol)* circunscripción, posterior subdivisión gubernamental después de *amphoe*

đròrk *(trok)* callejón, más pequeño que una *soi*

fa·ràng un occidental (persona de origen europeo); también *guava*

gà·teu·i *(kàthoey)* el "tercer género" de Tailandia, normalmente travestidos u hombres transexuales; también llamados *ladyboys*

gopura (S) pabellón de entrada en templos de arquitectura tradicional hindú; se encuentra con frecuencia en monasterios del período Angkor

góo·ay hâang camisa de trabajo de estilo chino

grà·bee grà·borng un arte marcial tradicional tailandés que emplea espadas cortas y garrotes

gù·đì dependencias (celdas) monacales

hàht playa; escrito como "Hat" en los nombres propios

hĭn piedra

hŏr đrai biblioteca Tripitaka (escritura budista)

hŏr glorng torre de planta circular unida a muros de fortificaciones

hŏr rá·kang campanario

hôrng *(hong)* habitación; en el sur de Tailandia se refiere a las cuevas semisumergidas de una isla

hôrng tăa·ou casa pareada o tienda con vivienda

Isan *(ee·săhn)* término general para referirse al noreste del país

jataka (P) *(chah·dòk)* historias de vidas anteriores de Buda

jeen chino

jeen hor literalmente "chinos galopantes", hace referencia a los mercaderes a caballo que venían de Yunnan

jôw meu·ang jefe del principado; *jôw* significa noble, príncipe o ser sagrado

kaan instrumento de lengüeta común en el noreste

kàthoey véase *gà·teu·i*

klorng canal; escrito como "Khlong" en los nombres propios

kŏhn espectáculo de danza-teatro con máscaras basado en historias del *Ramakian*

kon ee·săhn la gente del

noreste de Tailandia; *kon* significa “persona”
kŏw colina o montaña; escrito como “Khao” en los nombres propios
KMT Kuomintang
KNU Unión Nacional Karen
kràbìi-kràbawng véase *grà·bèe grà·borng*
ku *chedi* pequeña, parcialmente hueca y abierta
kúay hâeng véase *góo·ay hâang*
kùtì véase *gù·đì*

lăam cabo; escrito como “Laem” en los nombres propios
làk meu·ang pilar de la ciudad
lá·kon espectáculo de danza-teatro clásico
lék pequeño; véase también *noi*
lí·gair espectáculo folclórico de danza-teatro
longyi *sarong* birmano
lôok tûng música tailandesa del campo
lôw kŏw *whisky* blanco, a menudo de arroz y casero
lôw tèu·an *whisky* ilegal (casero)
mâa chee monja budista tailandesa
mâa nám río; en nombres propios se escribe “Mae Nam”
mahanikai la mayor de las dos sectas budistas theravada tailandesas
mahathat *(má·hăh tâht)* nombre común para templos que contienen reliquias de Buda; del sánscrito-pali *mahadhatu*
má·noh·rah el teatro-danza tradicional más popular del sur de Tailandia
masjid *(mát·sà·yít)* mezquita
mát·mèe técnica de teñido de hilos de seda y algodón con nudos, que luego se tejen formando complejos diseños parecidos al *ikat* indonesio; utilizado también para referirse a los propios diseños
metta (P) *(mêt·đah)* práctica budista que prodiga la bondad
meu·ang ciudad o principado
mon·dòp pequeño edificio cuadrado acabado en punta en un *wat*; del sánscrito *mandapa*
moo·ay tai *(muay thai)* boxeo tailandés
mŏr lam una tradición musical isan similar al *lôok tûng*
mŏrn kwăhn cojín en forma de cuña popular en el norte y noreste de Tailandia
MRTA Metropolitan Rapid Transit Authority (Autoridad Metropolitana de Transporte Rápido), el sistema de metro de Bangkok; en thai, *rót fai fáh đâi din*
naga (P/S) *(nâhk)* un ser mítico que tiene poderes mágicos y se parece a la serpiente
ná·kon ciudad; del sánscrito-pali *nagara;* escrito como “Nakhon” en los nombres propios
nám agua
nám đòk cascada; escrito como “Nam Tok” en los nombres propios
năng đà·lung teatro tailandés de sombras
neun colina; escrito como “Noen” en los nombres propios
ngahn têt·sà·gahn festival
nibbana (P/S) nirvana; en las enseñanzas budistas es el estado de iluminación; la salida del reino del renacimiento; en thai, *níp·pahn*
noi *(nóy)* pequeño, poca cantidad; véase también *lék*
nôrk fuera, exterior; escrito como “Nok” en los nombres propios
ow bahía o golfo; escrito como “Ao” en los nombres propios
pâh ka·máh *sarong* de algodón para hombres
pâh mát·mèe tejido *mát·mèe*
pâh sîn *sarong* de algodón para mujeres
pâhk glahng centro de Tailandia
pâhk nĕua norte de Tailandia
pâhk tâi véase *ƀàk đâi*
pĕe fantasma, espíritu
pin pequeño laúd de tres cuerdas que se toca con una púa grande
pìi-phâat véase *ƀèe·pâht*
pík·sù monje budista; del sánscrito *bhikshu,* en pali *bhikkhu*
PLAT Ejército de Liberación Popular de Tailandia
pleng koh·râht canción folclórica de Khorat
pleng pêu·a chee·wít “canciones para la vida”, música folk-*rock* tailandesa
ponglang véase *ƀohng·lahng*
poo kŏw montaña
pôo yài bâhn jefe de aldea
prá una palabra honorífica utilizada para los monjes, nobles e imágenes de Buda; escrito como “Phra” en los nombres propios
prá krêu·ang amuletos de monjes, budas o deidades que se llevan al cuello como protección espiritual; también llamados *prá pim*
prá poom espíritus terrenales o guardianes
prang *(brahng)* torre de estilo jemer en los templos
prasada comida bendecida ofrecida a los asistentes a templos hindúes o sij
prasat *(ƀrah·sàht)* pequeño edificio ornamentado con planta cruciforme y chapitel en forma de aguja, utilizado con fines religiosos y ubicado en el recinto del templo; también se refiere a cualquiera de las diferentes salas o residencias de trascendencia religiosa o monárquica
PULO Organización para la Liberación de Pattani
râi unidad de medida de tierra equivalente a 1600 m^2
reu·a hăhng yow barco de popa larga
reu·an tăa·ou casa comunal

reu·sěe asceta, ermitaño o sabio (*rishi*, en hindi)

rót aa autobús blanquiazul con aire acondicionado

rót Ƀràp ah·gàht autobús con aire acondicionado

rót fai fáh *skytrain* de Bangkok

rót fai tâi din metro (subterráneo) de Bangkok

rót norn autobús con literas

rót tam·má·dah autobús o tren normal (sin aire acondicionado)

rót too·a autobús con aire acondicionado o para circuitos

săh·lah sala de reuniones o descanso abierta por los lados y cubierta; del término portugués *sala*, literalmente "habitación"

săhm·lór triciclo

săhn prá poom santuario de espíritus

săm·nák sŏng centro monástico **săm·nák wí·Ƿàt·sà·nah** centro de meditación

samsara (P) en la enseñanza budista, reino del renacimiento y lo ilusorio

sangha (P) la comunidad budista

satang *(sà·đahng)* moneda tailandesa; 100 satang equivalen a 1 baht (THB)

sèe yâak cruce, a menudo de diferentes carreteras con señales

sĕmaa mojones para consagrar el terreno que acoge ordenaciones monásticas

serow cabra montesa asiática

sêua môr hôrm camisa de granjero de algodón azul

soi calleja o calle pequeña

Songkran Año Nuevo tailandés, a mediados de abril

sŏo·an ah·hăhn restaurante al aire libre con algo de vegetación; literalmente "jardín de comida"

sŏrng·tăa·ou (literalmente "dos filas") pequeña camioneta con dos filas de bancos en la parte trasera, utilizada como autobús/taxi; también escrito como *săwngthăew*

SRT Ferrocarriles Estatales de Tailandia

stupa monumento cónico budista utilizado para enterrar objetos sagrados budistas

sù·săhn cementerio

tâh muelle, zona de desembarque; escrito como "Tha" en los nombres propios

tâht relicario budista curvilíneo de cuatro lados, típico del noreste de Tailandia; escrito como "That" en los nombres propios

tâht grà·dòok relicario de huesos; una pequeña *stupa* con los restos de un devoto budista

tàlàat náam véase *đà·làht nám*

tâm cueva; escrito como "Tham" en los nombres propios

tam bun hacer méritos

tambon véase *đam·bon*

TAT Autoridad de Turismo de Tailandia

têt·sà·bahn división gubernamental en pueblos y ciudades a modo de municipios

THAI Thai Airways International; compañía aérea nacional de Tailandia

thammájàk rueda budista de la ley; del pali *dhammacakka*

thammayut una de las dos sectas del budismo theravada; fundada por el rey Rama IV cuando aun era monje

thanŏn *(tà·nŏn)* calle; escrito como "Thanon" en los nombres propios y abreviado como "Th"

T-pop música pop para adolescentes

tràwk véase *đròrk*

trimurti (S) colocación de las tres principales deidades hindúes, Brahma, Siva y Visnu

Tripitaka (S) escrituras budistas theravada; (en pali: *Tipitaka*)

tú·dong serie de 13 prácticas ascéticas seguidas por monjes budistas, como tomar una comida al día o vivir al pie de un árbol; monje que adopta estas prácticas; período en el que los monjes deambulan a pie

túk-túk *(đúk-đúk) săhm·lór* motorizado

ùt·sà·nít ornamento en forma de llama sobre la cabeza de un buda

vipassana (P) *(wí·Ƿàt·sà·nah)* meditación introspectiva budista

wâi saludo tailandés en el que se juntan las palmas de las manos

wan prá días de precepto budista que coinciden con las principales fases de la luna (llena, nueva y media) de cada mes

wang palacio

wat templo-monasterio; del pali *avasa* que significa "vivienda de un monje"; escrito como "Wat" en los nombres propios

wá·tá·ná·tam cultura

wat Ƿàh monasterio del bosque

wí·hăhn *(wihan, viharn)* cualquier salón grande en un templo tailandés, normalmente abierto a los seglares; del sánscrito *vihara*, que significa "morada"

yawi lengua tradicional de algunas zonas malasias de Java, Sumatra y la península de Malaca, muy hablada en casi todas las provincias del sur de Tailandia; la forma escrita utiliza la grafía árabe clásica más cinco letras adicionales

yài grande

yâhm bolso con bandolera

LA OPINIÓN DEL LECTOR

Las cosas cambian: los precios suben, los horarios varían, los sitios buenos empeoran y los malos se arruinan. Por lo tanto, si el lector encuentra los lugares mejor o peor, recién inaugurados o cerrados desde hace tiempo, le agradeceremos que escriba para ayudar a que la próxima edición sea más útil y exacta. Todas las cartas, postales y correos electrónicos se leen y se estudian, garantizando de esta manera que hasta la mínima información llegue a los redactores, editores y cartógrafos para su verificación. Se agradece cualquier información recibida por pequeña que sea. Quienes escriban verán su nombre reflejado en el capítulo de agradecimientos de la siguiente edición.

Puede ocurrir que determinados fragmentos de la correspondencia de los lectores aparezcan en nuevas ediciones de las guías Lonely Planet, en la web de Lonely Planet, así como en la información personalizada. Se ruega a todo aquel que no desee ver publicadas sus cartas ni que figure su nombre que lo haga constar.

Toda la correspondencia debe enviarse, indicando en el sobre Lonely Planet/Actualizaciones, a la siguiente dirección de geoPlaneta en España:

Av. Diagonal 662-664. 08034 Barcelona

También puede remitirse un correo electrónico a la dirección siguiente:

viajeros@lonelyplanet.es

Para información, sugerencias y actualizaciones, se puede visitar la página web: www.lonelyplanet.es

NUESTROS LECTORES

Gracias a los viajeros que consultaron la última edición y escribieron a Lonely Planet para enviar información, consejos útiles y anécdotas interesantes:

A Emily Abbey, Abi, Anglade, Nidhi Akkaravivat, Henk Allebosch, Birgit Allmendinger, Pascal Ancher, Niels Andeweg, Sandro Antoniol, Armando, Georgina Arrambide, David Arrizon, Anton Asche, Ramin Assemi, Vallee Audree, Silas Aumell, Jayne Azzopardi, **B** Hervé B., Reinier Bakels, Eric Bakker, Anne Balamuth, Kunigunde Baldauf, Colin Barrow, Koen Bart, Gavin Bartle, Antony Barton, Hannah Battersby, Malcolm Battle, Nick Baum, Gill Beaumont, R. V. Beck, Angelika Berger, Simon Bevan-Davies, Jenny Birch, Daphne Bloem, Jiraporn Boonnark, Paolo Borraccetti, Maaike Bosschart, Nic Boulton, Dawn Bragg, Rogier Brand, Brett, Catherine Brien, James Briggs, Christian Brinch, Mark Brown, Oli Brown, Linda Bruce, Werner Bruyninx, Arabella Buchanan, Lisa Bunnak, Nikki Buran, K. J. Busbroek, Jihi y Andrew Bustamante, **C** Dalila Calabrese, Daniel Cao, Jordan Carnwath, Michael Carroll, Kevin Carty, Casper, Oswald y Rosalind Johnen, Thomas A. Mayes, Nelson Chen, Rachel Clewlow, Isabel Clough, Constance Cluset, Pierre-Jean Cobut, Dawn Marie Cooper, Sofie Coucke, Terry Crossley, Philip Crosson, Ashley Crowther, **D** Carl Danzig, Neil Davies, Daniel Davis, Charlotte De Koning, Eva De Jonckheere, Serge Desforges, Jean-Nicolas Dewaide, Emma Dhesi, Claudio Digennaro, Fredrik Divall, Peter Domcek, Daniel Donatelli, Missy Downey, Sophie Dubus, Jean Duggelby, **E** Mark Eckenrode, Glenn Edwards, Thor Egil Tonnessen, Christof Engl, Matt y Eileen Erskine, **F** Michael Falvella, Betina Faurschou Jensen, Rob Ferrara, Yung Fierens, Christian Fischer, Andrea Fisher, Suz Flach, Marloes Fortuijn, Charles Froeschle, **G** Uschi Gaida, Pierre Gallant, Julien Gamba, Stefan Gerke, Jack Gilead, Steve Gillatt, Marcos González Cabanas, Henrike Gootjes, Dianna Graham, Geraldine Grant, Connie Green, Dave Green, Tom Green, Julie Groves,

Mattiassg Grufberg, Tom Grundy, **H** Jesse Halperin, Joe Hammes, Pisit Hanvinyanan, Jamie Harling, Ronan Heeney, Cynthia Heiner, Max Henkle, Helen Henry, Hermann, Hubris18, Menard, Micahel, Michelle, Ramin, Sartorial, Christian Herwig, James Hodgson, Anne Hof, Mark Hoppe, Kevin Hunt, Ken Hyde, **I** Ambre Iris, Idoia Iturbe, Bjornar Ivarsen, **J** Esther Jackson, Kent Jakobsen, Dawon Jeong, Tracy Johnston, **K** Roozbeh Kaboli, Marta Kaminska, Kan7, Karin, Gijs Kattenpoel Oude Heerink, Chad Keenan, Chris Kelly, Rob Kerr, Douwe Kiela, Ilse Kijlstra, Anouk Korfage, David Kos, Suzanne Kuiper, Joep Kusters, Peter Ole Kvint, **L** Anique Landre, Renate Lang, Marius Laudan, Marije Laverman, Kristel Leconte, Melissa Leo, Arnoud Levenga, Alona Lisitsa, Jenny Little, Paul Lombart, Maik Long, Matthew Losee, Jade Lynch, **M** Lisa Machin, Ellen Macro, Andrew Maiorano, Zowie March, Mark, Alex Marques, Deborah Martell, Sebastien Maury, Philip McGarvey, Cath McGowan, Larry McGrath, David Mehler, Tamar Meijers, Carla Mensink, Lukas Messikommer, Lynda Miller, Alex Moore, Andrew Morecroft, Alan Morison, Jan Mulder, Karina Mullen, Andy Murdock, **N** Kavindra Nethsingha, Elisabeth Nielsen, Sarah-Jayne Nolan, Alexander Nowikow, **O** Joanne Oakes, Sean Offord, Colleen O'Flynn, Ben Ogden, Esther Oliveros, Bjoern Olsson, Jose Olsthoorn, Petra O'Neill, **P** Lyle Paul, Paul and Kumari Pease, Annika Pedersen, Laura Perkins, Rein Peter Vos, Guus Peters, Katrin Plichta, Jan Polatschek, Jenny Popoff, Kathrine Pratt, Erik Pravica, Steph Price, **R** Alan Ramsay, Tim Rawson, Stefano Razio, Paul Reardon, Jouni Remes, Richard Kendrick, Helen Richardson, Adam Ridley, Adrian Robert, Ivor Roberts, Philip and Helen Robinson, Jeffrey Rogers, Patrick Roman, Roee and Ofra Rotman, Robert Rozenberg, Samuele Rudelli, Karin Ruetsche, **S** Claire Sadler Penn, Napaporn Sai-Ngern, Brett Samuels, Komson Sander Nijboer-Puthitanont, Bret Sauels, Michelle Scaman, Johann Schmid, Ninalaurent Schmiter, Florian Schneider, Linda and Patrick Schneider and Sproll, Dorle Schreiber, Stephen Scott, William Seager, Alex Shields, Helen Shih, Reesa Simmonds, Joshua Singh, Jay Slangen, Kelly Sloane, Lisa Smieja, James Smith, Kristina Solheim, Bianca Son, Natalie Spink, Bart Steegmans, Leonard Storchevoy, Matthea Stoter, Gabi Suchantke-Rackner, Kathryn Sweeney, Steve Syder, **T** Norbert Taatgen, Ginny Tang, Hans Henrik Ter-Borch, Wieke Ter Weijde, Kris Terauds, Jenelle Theodore, Andy Thomas, Allan Thomson, Fred Tiedemann Croese, Claire Toepfer, Rebecca Tofield, **U** Oliver Uhl, **V** Adriaan Van Der Ploeg, Ankie Van Der Put, Arie Van Oosterwijk, Dave Van Duren, Emma Van Bergeijk, Guus Van Der Hoorn, Ilona Van Breugel, Irene Van Baarsen, Josine Van Der Wal, Kim Van Oudheusden, Raymond Van Den Berg, Sonja Van Der Lely, Viola Van Alphen, Diana Vancea, Peter Voelger, Alexandra Von Muralt, **W** Timmy Waiyarat, Sandra Walkert, Anthony Warren, Liu Way, Gerard Weegerink, Erica Wijarnako, David Wilcox, China Williams, Konstantin Willmann, Danielle Wolbers, Eddie Wooldridge, Ed Wright, Heuionalani Wyeth, **Y** Scott Yelin, Katy Young, Jennifer Yuill, **Z** Robert Zackowski, Adrienne Zinn, Anke Zylmann

AGRADECIMIENTOS

China Williams

Muchísimas gracias a Nong, que fue como una excelente segunda madre para Felix y una buena "esposa" para mí. Muchas gracias a Lisa, en Ko Chang, y a Chris y Gae por hacerme de guías en Hua Hin. A Ted y al coautor Mark por bordar Pattaya. Felix envía recuerdos para sus amigos del Seven Hotel (a Kan, Goong y también a Pa). Gracias a Mason y Jane por la gran cantidad de información y la apetecible cena; a Joe y a Kong por la charla frente a una taza de café; y a Ruengsang por su diplomacia. Y a mi marido, que ha sobrevivido después de tanto tiempo sin nosotros; es bueno estar en casa. Y un saludo final a los coautores y al equipo de Lonely Planet.

Mark Beales

Muchas gracias a Ilaria por invitarme a actualizar el capítulo de Tailandia Central y también a China por su excelente ayuda y sus consejos. En Lopburi, el estupendo Kook fue un *crack*, al igual que todos sus compañeros de la TAT; en Kanchanaburi, Bill de Hellfire Pass me fue de una gran ayuda. Finalmente, gracias a mi padre, Ted, por sus ánimos constantes y su apoyo.

Tim Bewer

Un cordial *kòrp jai lăi lăi dêu* a la siempre amable gente de Isan, que en todo momento, aunque les acribillara a preguntas, han hecho honor a la fama que tienen de simpáticos y hospitalarios. En particular, gracias a Chommanaad Booanree, Julian Wright, June Niampan, Netwaroon (Banjo) Khempila, Sujirat Janpan y Tanawan (Veena) Puntace, que me ofrecieron una gran ayuda y buena compañía. Deseo ofrecer también mi especial agradecimiento a Jookbang, por muchas razones.

Celeste Brash

Muchísimas gracias a mi esposo, Josh, y a mis hijos, a los que tanto he echado de menos en este larguísimo viaje. En Phuket, gracias a Celine Masson y Lauren Ladky; a Jade de Surin y a Aleksander Bochenek; a los compañeros escritores de Lonely Planet Adam Skolnick, Brandon Presser, Lisa Dunford y Greg Bloom, por su apoyo y experiencia; a Bodhi Garrett, experto en los mejores sitios, y a Starlight de Phayam y Dick de Sukorn. Y también a China e Ilaria por coordinar este libro.

Austin Bush

Gracias a los talentosos expertos de Lonely Planet: Ilaria Walker, David Connolly y Bruce Evans; a la entregada autora coordinadora China Williams; y a la amable gente que me encontré en Tailandia, como Joe Cummings, Greg Glachant, Craig Harrington, Richard Hermes, Natchaphat Itthi-chaiwarakom, Maher Satter, David Thompson, Pailin Wedel y Patrick Winn.

Alan Murphy

Muchas personas de Chiang Mai me ayudaron en este proyecto, como los colaboradores Reiko Harima y Jackie Pollock, que hicieron un trabajo estupendo. También deseo dar las gracias a mi amiga Laddawan, que me aconsejó muy bien sobre restaurantes. Y finalmente, deseo mostrar mi reconocimiento a todos los tailandeses que me dedicaron su tiempo durante las investigaciones; os lo agradezco sinceramente.

Brandon Presser

Como siempre, muchas gracias a los Bambridge por haberme acogido y haberme hecho sentir como en casa. Gracias también a Matt Bolton, Dena DiOrio, Crystal y Joanne. En Lonely Planet, doy las gracias a Ilaria Walker, China Williams, Bruce Evans, y a mis excepcionales coautores.

RECONOCIMIENTOS

Los datos del mapa climático han sido adaptados de Peel, M. C., Finlayson, B. L. y McMahon, T. A. (2007), "Updated World Map of the Köppen-Geiger Climate Classification", en *Hydrology and Earth System Sciences*, 11, 16331644.

Fotografía de cubierta: "Templo de Mármol" es el nombre turístico del Wat Benchamabophit, Paul Chesley, Getty Images.

Muchas de las imágenes de esta guía están disponibles bajo licencia de Lonely Planet Images en www.lonelyplanetimages.com.

ESTE LIBRO

Esta es la traducción al español de la 14ª edición de *Thailand*, de Lonely Planet. Ha sido coordinada por China Williams, veterana escritora de Lonely Planet y gran experta en Tailandia. Es la autora de los capítulos *Preparación del viaje* y *Comprender Tailandia* (excepto *Gastronomía*), *Guía de supervivencia*, *Hua Hin y el sur del golfo* y *Ko Chang y la costa oriental*. China ha contado con la colaboración de un extraordinario equipo de entusiastas de Tailandia: Mark Beales (*Tailandia central*), Tim Bewer (*Noreste de Tailandia*), Celeste Brash (*Phuket y la costa del Andamán*), Austin Bush (*Bangkok*, *Norte de Tailandia*, "Sur profundo" y *Gastronomía*), Alan Murphy (Provincia de *Chiang Mai*) y Brandon Presser (*Ko Samui y el bajo golfo* y una parte de *Turismo responsable*). El capítulo *Salud* se basa en el material facilitado por Trish Batchelor.

VERSIÓN EN ESPAÑOL

GeoPlaneta, que posee los derechos de traducción y distribución de las guías Lonely Planet en los países de habla hispana, ha adaptado para sus lectores los contenidos de este libro. Lonely Planet y GeoPlaneta quieren ofrecer al viajero independiente una selección de títulos en español; esta colaboración incluye, además, la distribución en España de los libros de Lonely Planet en inglés e italiano, así como un sitio web, www.lonelyplanet.es, donde el lector encontrará amplia información de viajes y las opiniones de los viajeros.

Gracias a Elin Berglund, Helen Christinis, Brendan Dempsey, Ryan Evans, Chris Girdler, Briohny Hooper, Corey Hutchison, Shawn Low, Alison Lyall, Wayne Murphy, Trent Paton, Averil Robertson, John Taufa, Juan Winata y Gerard Walker.

Índice

La **negrita** indica los mapas.
El **azul** indica las fotografías.

C

La **negrita** indica los mapas.
El **azul** indica las fotografías.

La **negrita** indica los mapas.
El **azul** indica las fotografías.

La **negrita** indica los mapas.
El azul indica las fotografías.

L

M

N

O

P

La **negrita** indica los mapas.
El **azul** indica las fotografías.

R

La **negrita** indica los mapas.
El **azul** indica las fotografías.

S

T

La **negrita** indica los mapas.
El **azul** indica las fotografías.

Y

Z

cómo utilizar esta guía

Simbología para encontrar el tema deseado:

- Puntos de interés
- Actividades
- Cursos
- Circuitos
- Fiestas y eventos
- Alojamiento
- Dónde comer
- Dónde beber
- Ocio
- Comercios
- Información/ transporte

Simbología de información práctica:

- Teléfono
- Horario
- Aparcamiento
- Prohibido fumar
- Aire acondicionado
- Acceso a internet
- Acceso wifi
- Piscina
- Buena selección vegetariana
- Menú en inglés
- Apto para niños
- Apto para mascotas
- Autobús
- *Ferry*
- Metro
- Subway
- London Tube
- Tranvía
- Tren

Las reseñas aparecen en orden de preferencia del autor.

Atención a estos iconos:

- Recomendación del autor
- GRATIS Gratis
- Propuesta sostenible

Los autores han seleccionado lugares que han demostrado un gran sentido de la responsabilidad, apoyando a comunidades y productores locales, habiendo creado un entorno laboral sostenible o llevando a cabo proyectos de conservación.

Leyenda de los mapas

Puntos de interés

- Playa
- Templo budista
- Castillo
- Templo cristiano
- Templo hindú
- Templo islámico
- Templo judío
- Monumento
- Museo/Galería de arte
- Ruinas
- Lagar/viñedo
- Zoo
- Otros puntos de interés

Actividades, cursos y circuitos

- Submarinismo/buceo
- Canoa/kayak
- Esquí
- Surf
- Natación
- Senderismo
- Windsurf
- Otra actividad/ curso/circuito

Alojamiento

- Alojamiento
- *Camping*

Dónde comer

- Lugar donde comer

Dónde beber

- Lugar donde beber
- Café

Ocio

- Ocio

De compras

- Comercio

Información

- Oficina de correos
- Información turística

Transporte

- Aeropuerto
- Puesto fronterizo
- Autobús
- Teleférico/ funicular
- Ciclismo
- *Ferry*
- Metro
- Monorraíl
- Aparcamiento
- S-Bahn
- Taxi
- Tren
- Tranvía
- Estación de metro
- U-Bahn
- Otros transportes

Red de carreteras

- Autopista
- Autovía
- Ctra. principal
- Ctra. secundaria
- Ctra. local
- Callejón
- Ctra. sin asfaltar
- Zona peatonal
- Escaleras
- Túnel
- Puente peatonal
- Circuito a pie
- Desvío del circuito
- Camino de tierra

Límites

- Internacional
- 2º rango, provincial
- En litigio
- Regional, suburbano
- Parque marino
- Acantilado
- Muralla

Núcleos de población

- Capital (nacional)
- Capital (2º rango)
- Ciudad/gran ciudad
- Pueblo/aldea

Otros

- Cabaña/refugio
- Faro
- Puesto de observación
- Montaña/volcán
- Oasis
- Parque
- Puerto de montaña
- Zona de *picnic*
- Cascada

Hidrografía

- Río/arroyo
- Agua estacional
- Pantano/manglar
- Arrecife
- Canal
- Agua
- Lago seco/ salado/estacional
- Glaciar

Áreas delimitadas

- Playa, desierto
- Cementerio cristiano
- Cementerio (otro tipo)
- Parque/bosque
- Zona deportiva
- Edificio de interés
- Edificio de especial interés

LOS AUTORES

China Williams
Coordinadora, Hua Hin y el sur del golfo, Ko Chang y la costa oriental ¡Ay, Tailandia!, parece que envejecemos juntas. China llegó por primera vez a Tailandia en 1997, para enseñar inglés en Surin, unos meses antes de la crisis monetaria tailandesa. Desde entonces ha cruzado el Pacífico repetidas veces para trabajar en varias guías de Tailandia durante nueve años. Esta es la tercera que viaja con su hijo, que ya tiene 4 años. No cabe duda de que todas las playas del sur del golfo y de la costa oriental han sido probadas por el pequeño y aprobadas por la madre, incluidas las de las zonas más saludables de Pattaya. China vive en Catonsville, Maryland (EE UU) con su esposo Matt y su hijo Felix.

Mark Beales
Tailandia central Tras recibir una beca de periodismo, Mark trabajó trece años como reportero. En el 2004 cambió el frío litoral inglés por el sol de Tailandia. Además de ser escritor *freelance*, ha trabajado como profesor y presentador de televisión. Los momentos estelares de este viaje fueron despertarse con un cálao gigante que intentaba abrir la puerta de su cabaña en lo alto de un árbol y encontrarse con un retoño de elefante en Ayutthaya. Cuando no está en la carretera, enseña inglés en una escuela internacional de Rayong. Su página web es: www.markbeales.com.

Tim Bewer
Noreste de Tailandia Durante toda su infancia y su adolescencia, Tim no viajó mucho, a excepción de Disneylandia y una semana anual de vacaciones en un lago, pero ha dedicado gran parte de su vida adulta a recuperar el tiempo perdido, y ya ha visitado más de setenta países, entre ellos la mayoría de los del sureste asiático. Ya licenciado, trabajó de asistente legal, pero lo dejó para recorrer África occidental en plan mochilero. Fue en este viaje cuando decidió convertirse en escritor de viajes *freelance* y fotógrafo, sus ocupaciones hasta el momento. Cuando no está con la mochila a cuestas, vive en Khon Kaen, Tailandia, donde corregenta la empresa de excursiones Isan Explorer (www.isanexplorer.com).

Celeste Brash
Phuket y la costa del Andamán Celeste fue a Tailandia para estudiar thai, historia y cultura en la Universidad de Chiang Mai. Desde entonces ha regresado muchas veces al país y ha pasado por todas sus experiencias, desde las noches locas de Ko Phang-Ngan a semanas de silencio en el Wat Suanmok. Sus galardonados relatos de viaje se han publicado en la colección *Travelers' Tales* y en numerosos periódicos y revistas, desde *Los Angeles Times* a la revista *Islands*. Celeste ha perdido la cuenta del número de guías de Lonely Planet en las que ha colaborado, pero sin duda está prendida del sureste asiático. Cuando no se lleva al marido y a sus dos hijos a lugares exóticos, está en Portland, Oregón. Su página web es: www.celestebrash.com.

Austin Bush
Bangkok, norte de Tailandia, sección del sur profundo, Gastronomía Austin llegó a Tailandia en 1998 con una beca para estudiar thai en la Universidad de Chiang Mai. La necesidad de vida urbana y de un empleo, además de comer picante, terminaron por llevarle a Bangkok, y allí lo retienen. Pero escaparse de Bangkok, sobre todo para visitar las montañas del norte de Tailandia, fue una de las experiencias que más disfrutó de su colaboración en esta guía. Austin, natural de Oregón, es un escritor y fotógrafo *freelance* que a menudo centra su trabajo en la gastronomía. Su obra puede verse en: www.austinbushphotography.com.

Alan Murphy

Provincia de Chiang Mai Alan descubrió el sureste asiático a mediados de la década de 1990, cuando lo recorrió a lo largo y ancho. Desde entonces ha regresado para vivir y trabajar como voluntario en Chiang Mai, en defensa de los derechos de los trabajadores inmigrantes de la zona del Mekong. Entre otras tareas periodísticas, ha escrito y actualizado guías para Lonely Planet desde 1999. Esta ha sido su primera colaboración en *Tailandia*. Se alegró mucho al recibir el encargo de escribir sobre Chiang Mai, una ciudad con un corazón auténtico y una fabulosa diversidad de gentes. Cada vez que regresa le parece un poco más su casa.

Brandon Presser

Ko Samui y el bajo golfo, parte del capítulo Turismo responsable Criado en una tierra de osos, este aventurero canadiense siempre anheló las palmeras al viento y las arenas doradas. Una decisiva excursión a través del sureste asiático cuando era adolescente le enganchó y ya no dejó de volver, año tras año, para bucear, broncearse y saborear muchas *sôm·đam* (ensalada picante de papaya). Tras dejar su trabajo en el Louvre, Brandon tomó el bolígrafo y la mochila y se convirtió en escritor de viajes *freelance* a tiempo completo. Desde entonces ha participado en más de veinte guías de Lonely Planet.

geoPlaneta
Av. Diagonal 662-664 08034 Barcelona
viajeros@lonelyplanet.es
www.geoplaneta.com - www.lonelyplanet.es

Lonely Planet Publications (oficina central)
Locked Bag 1, Footscray, Melbourne, VIC 3011, Australia
☎ 61 3 8379 8000 - fax 61 3 8379 8111
(oficinas también en Reino Unido y Estados Unidos)
www.lonelyplanet.com - talk2us@lonelyplanet.com.au

Tailandia
Traducción de Thailand, 14ª edición – febrero del 2012
5ª edición en español – junio del 2012

Editorial Planeta, S.A.
Con la autorización para la edición en español de Lonely Planet Publications Pty Ltd A.B.N. 36 005 607 983, Locked Bag 1, Footscray, Melbourne, VIC 3011, Australia

ISBN: 978-84-08-11184-9
Depósito legal: B.16.591-2012

Impresión y encuadernación: Talleres Gráficos Soler
Printed in Spain – Impreso en España